Das aktuelle Tarifrecht

Sichern Sie sich rechtzeitig die neue Ausgabe

TVöD-Jahrbuch Kommunen 2009

Ihre Vorteile im Abonnement:
- Sie wissen sofort über Änderungen Bescheid
- Sie kennen Ihre Rechte und Ansprüche

☐ **Ja**, ich bestelle die Ausgabe
TVöD-Jahrbuch Kommunen 2009
ISBN 978-3-8029-7994-1
ca. 19,90 EUR
im vorteilhaften Abonnement
(jederzeit schriftlich kündbar).
Lieferung zzgl. Versandkosten

Walhalla ONLINE:
www.WALHALLA.de
E-Mail:
WALHALLA@WALHALLA.de

Absender: ☐ privat ☐ dienstlich

Name, Vorname

Institution

Straße

PLZ, Ort

Telefon   Kundennummer

X
Datum, Unterschrift

Hinweis:
Die Preise verstehen sich inkl. der gesetzl. Mehrwertsteuer, zzgl. Versandkosten.

Bestellen Sie ohne Risiko, Sie haben 14 Tage Widerrufsrecht.

Bestellungen über Ihre Buchhandlung oder direkt bei

WALHALLA Fachverlag
Haus an der Eisernen Brücke
93042 Regensburg
Tel.: 09 41 / 56 84-0
Fax: 09 41 / 56 84-111

WALHALLA FACHVERLAG

Jörg Effertz

TVöD-Jahrbuch

Kommunen

2008/2009

Kommentierte Textsammlung
TVöD mit allen Besonderen Teilen
Überleitungstarifvertrag

Bibliografische Information Der Deutschen Bibliothek

Die Deutsche Bibliothek verzeichnet diese Publikation in der Deutschen Nationalbibliografie; detaillierte bibliografische Daten sind im Internet über http://dnb.ddb.de abrufbar.

Zitiervorschlag:
Jörg Effertz, TVöD Jahrbuch Kommunen 2008/2009
Walhalla Fachverlag, Regensburg

Hinweis: Unsere Werke sind stets bemüht, Sie nach bestem Wissen zu informieren. Die vorliegende Ausgabe beruht auf dem Stand vom 15. Juli 2008. Verbindliche Auskünfte holen Sie gegebenfalls beim Rechtsanwalt ein.

© Walhalla u. Praetoria Verlag GmbH & Co. KG, Regensburg
Alle Rechte, insbesondere das Recht der Vervielfältigung und Verbreitung sowie der Übersetzung, vorbehalten. Kein Teil des Werkes darf in irgendeiner Form (durch Fotokopie, Datentransfer oder ein anderes Verfahren) ohne schriftliche Genehmigung des Verlages reproduziert oder unter Verwendung elektronischer Systeme gespeichert, verarbeitet, vervielfältigt oder verbreitet werden.
Produktion: Walhalla Fachverlag, 93042 Regensburg
Umschlaggestaltung: grubergrafik, Augsburg
Druck und Bindung: Westermann Druck Zwickau GmbH
Printed in Germany
ISBN: 978-3-8029-7988-0

Vorbemerkung

Seit der großen Tarifreform und dem In-Kraft-Treten des Tarifvertrages für den öffentlichen Dienst (TVöD) sind nahezu drei Jahre vergangen; sie waren geprägt von der Überleitung der Beschäftigten in das neue Recht und im Regelfall von der übergangsweisen Fortzahlung der bisherigen Vergütung.

Im Zuge der letzten Lohnrunde hat das noch junge Recht die ersten größeren Änderungen erfahren. Neben der Erhöhung der Entgelte, der Erhöhung der Arbeitszeit und der Verlängerung der Übergangsfristen für Bewährungsaufstiege waren zahlreiche Detailregelungen vereinbart worden. Diese waren im Kern bereits kurz nach In-Kraft-Treten des TVöD ausgehandelt worden, letztlich aber wegen zunächst nicht überbrückbarer Differenzen in anderen Themenbereichen doch nicht bis zur Unterschriftsreife gelangt. Wie schwierig es für die Tarifpartner war, die bereits länger zurückliegende (sogenannte) Restantenliste sinnvoll an die geänderten tariflichen Rahmenbedingungen anzupassen, verdeutlicht die mehr als dreimonatige Verhandlungszeit zwischen dem Abschluss der Lohnrunde per Eckpunktepapier am 31. März 2008 und der redaktionellen Umsetzung in förmliche Tarifverträge Mitte Juli 2008.

Praxisorientiert arbeiten

Die neue Ausgabe des bewährten TVöD-Jahrbuchs soll Ihnen – bezogen auf den Bereich der Kommunen – die schwierige Rechtsanwendung erleichtern: Neben den aktuellen Tariftexten enthält sie eine ausführliche, auch die gesetzlichen Rahmenbedingungen erläuternde Kommentierung des neuen Rechts und der Überleitungs-/Übergangsvorschriften.

Eine zusätzliche Arbeitshilfe stellen die ergänzend abgedruckten maßgebenden gesetzlichen Regelungen dar, etwa das Arbeitszeitgesetz, das Teilzeit- und Befristungsgesetz; sie erleichtern das Arbeiten mit dem von den Tarifpartnern bewusst schlank gehaltenen Tarifrecht.

Kompakt und handlich enthält dieses Jahrbuch die folgenden Tarifvorschriften, Erläuterungen und ergänzenden Vorschriften
- TVöD unter Berücksichtigung des Änderungstarifvertrages vom 31. März 2008 mit fachlicher Kommentierung und allen Besonderen Teilen, d.h.: für die Bereiche Verwaltung, Krankenhäuser, Pflege- und Betreuungseinrichtungen, Entsorgung, Flughäfen und Sparkassen

- TVÜ-VKA (Tarifvertrag zur Überleitung der Beschäftigten der kommunalen Arbeitgeber in den TVöD und zur Regelung des Übergangsrechts) mit Hinweisen zur praktischen Umsetzung der Vorschriften – einschließlich der Änderungen durch den Tarifvertrag vom 31. März 2008
- Vergütungsordnung zum BAT in der für Angestellte der Kommunen geltenden Fassung. Die Eingruppierungsvorschriften des BAT (einschließlich der Vergütungsordnung) sind durch die Tarifreform zunächst nicht berührt. Die Tarifpartner streben zwar weiterhin die Ablösung des Eingruppierungsrechts an, jedoch gelten bis dahin die bisherigen Vorschriften fort. Sie sind unverzichtbare Grundlage für die Überleitung der am 30. September 2005 vorhandenen Angestellten in die neuen Entgeltgruppen und für die Bestimmung der Entgeltgruppen der nach dem In-Kraft-Treten des TVöD eingestellten Arbeitnehmer.
- Tarifvertrag für Auszubildende des öffentlichen Dienstes (TVAöD)
- Tarifvertrag für Ärzte an kommunalen Krankenhäusern (TV-Ärzte/VKA) und Überleitungstarifvertrag (TVÜ-Ärzte/VKA)
- Auszüge aus angrenzenden Vorschriften, etwa dem Arbeitszeitgesetz, dem Teilzeit- und Befristungsgesetz oder dem neuen Pflegezeitgesetz

Selbstverständlich enthält das Jahrbuch auch die von der Tarifreform unberührt gebliebenen Tarifverträge über Altersteilzeitarbeit und betriebliche Altersversorgung (Zusatzversorgung) in ihrer aktuellen Fassung, die auch nach dem In-Kraft-Treten des TVöD die Rechtsgrundlage für tarifvertragliche Leistungen bilden.

Bearbeiter und Verlag

Schnellübersicht

Tarifverträge für den öffentlichen Dienst	15
Auszubildende	641
Vergütung, Zulagen, Entgeltumwandlung	673
Vergütungsordnung, Eingruppierung	749
Alters- und Hinterbliebenenversorgung, Altersteilzeit	1151
Stichwortverzeichnis	1221

I Tarifverträge für den öffentlichen Dienst

Tarifvertragstexte mit Kommentierung

I.1	Tarifvertrag für den öffentlichen Dienst (TVöD)............	16
I.1.1	TVöD – Besonderer Teil Verwaltung (BT-V)	322
I.1.2	TVöD – Besonderer Teil Sparkassen (BT-S)	350
I.1.3	TVöD – Besonderer Teil Entsorgung (BT-E)	358
I.1.4	TVöD – Besonderer Teil Krankenhäuser (BT-K)	363
I.1.5	TVöD – Besonderer Teil Pflege- und Betreuungseinrichtungen (BT-B)...	393
I.1.6	TVöD – Besonderer Teil Flughäfen (BT-F)	407
I.2	Tarifvertrag zur Überleitung der Beschäftigten der kommunalen Arbeitgeber in den TVöD und zur Regelung des Übergangsrechts (TVÜ-VKA)	409

Ärztinnen und Ärzte an kommunalen Krankenhäusern

I.3	Tarifvertrag für Ärztinnen und Ärzte an kommunalen Krankenhäusern im Bereich der Vereinigung der kommunalen Arbeitgeberverbände (TV-Ärzte/VKA)	586
I.3.1	Tarifvertrag zur Überleitung der Ärztinnen und Ärzte an kommunalen Krankenhäusern in den TV-Ärzte/VKA und zur Regelung des Übergangsrechts (TVÜ-Ärzte/VKA)	627
I.3.2	Tarifeinigung in den Tarifverhandlungen für die Ärztinnen und Ärzte an kommunalen Krankenhäusern (Eckpunktepapier)	638

II Auszubildende

II.1	TV für Auszubildende des öffentlichen Dienstes (TVAöD) – Allgemeiner Teil –	642
II.1.1	TV für Auszubildende des öffentlichen Dienstes (TVAöD) – Besonderer Teil BBiG –	653
II.1.2	TV für Auszubildende des öffentlichen Dienstes (TVAöD) – Besonderer Teil Pflege –	660
II.1.3	Tarifvertrag über die Regelung der Arbeitsbedingungen der Praktikantinnen/Praktikanten (TV Prakt)	665
II.1.4	Tarifvertrag über die vorläufige Weitergeltung der Regelungen für die Praktikantinnen/Praktikanten	670

III Vergütung, Zulagen, Entgeltumwandlung

III.1.0	Tarifvertrag zur Umsetzung der Anhebung des Bemessungssatzes	674
III.1b	Erläuterungen zur Einführung von Leistungsentgelten gemäß § 18 TVöD	678
III.2	Tarifvertrag über die Gewährung von Zulagen gem. § 33 Abs. 1 Buchst. c BAT	735
III.2b	Tarifvertrag über Zulagen an Angestellte (VKA)	740
III.4	Tarifvertrag über einmalige Sonderzahlungen 2009	747

IV Eingruppierung

	Vorbemerkung des Bearbeiters	751
	Stichwortverzeichnis...	755
IV.2	**Allgemeine Vergütungsordnung für den Bereich der Vereinigung der kommunalen Arbeitgeberverbände (Anlage 1a zum BAT)**	
IV.2.1	Bemerkung zu allen Vergütungsgruppen................	761
IV.2.2	Allgemeiner Teil..	781
IV.2.3	Zusätzliche Tätigkeitsmerkmale	
IV.2.3.1	Angestellte im Sparkassendienst.............................	799
IV.2.3.2	Angestellte im Fremdsprachendienst	819
IV.2.3.3	Ärzte, Apotheker, Tierärzte, Zahnärzte	824
IV.2.3.4	Angestellte in der Datenverarbeitung.....................	828
IV.2.3.5	Angestellte im Sozial- und im Erziehungsdienst......	871
IV.2.3.6	Angestellte in Nahverkehrsbetrieben	887
IV.2.3.7	Angestellte an Theatern und Bühnen	895
IV.2.3.8	Angestellte in medizinischen Hilfsberufen und medizinisch-technischen Berufen	907
IV.2.3.9	Angestellte als Bezügerechner.................................	936
IV.2.3.10	Angestellte als Forstaufseher und Forstwarte	940
IV.2.3.11	Leiter von landwirtschaftlichen Betrieben.............	942
IV.2.3.12	Angestellte mit Restaurierungs-, Präparierungs- und Konservierungsarbeiten an kunstgeschichtlichen, kulturgeschichtlichen und naturkundlichen Sammlungen und Forschungseinrichtungen, an Archiven und bei der Denkmalpflege	951
IV.2.3.13	Angestellte in technischen Berufen sowie gartenbau-, landwirtschafts- und weinbautechnische Angestellte	971
IV.2.3.14	Angestellte im fernmeldetechnischen Dienst und im Fernmeldebetriebsdienst	1021
IV.2.3.15	Meister, technische Angestellte mit besonderen Aufgaben	1026
IV.2.3.16	Schwimmeister, Schwimmeistergehilfen	1036
IV.2.3.17	Musikschullehrer...	1040

Inhaltsübersicht

IV.2.3.18	Angestellte in der Fleischuntersuchung...................	1045
IV.2.3.19	Angestellte in Versorgungsbetrieben......................	1047
IV.2.3.20	Angestellte als Schulhausmeister	1077
IV.2.3.21	Angestellte im kommunalen feuerwehr-technischen Dienst...	1079
IV.2.3.22	Angestellte als Boten, Pförtner, Vervielfältiger, Kanzleivorsteher und im Registraturdienst..............	1081
IV.2.3.23	Angestellte im Kassen- und Rechnungswesen..........	1085
IV.2.3.24	Angestellte als Rettungsassistenten, Rettungssanitäter...	1089
IV.3	**Vergütungsordnung für Angestellte im Pflegedienst für die Bereiche des Bundes, der Tarifgemeinschaft deutscher Länder und der Vereinigung der kommunalen Arbeitgeberverbände (Anlage 1b zum BAT)**	
IV.3.1	Vorbemerkungen zu den Abschnitten A und B........	1093
IV.3.2	A. Pflegepersonal, das unter die Sonderregelung 2a oder 2e III BAT fällt	1095
IV.3.3	B. Pflegepersonal, das nicht unter die Sonderregelung 2a oder 2e III BAT fällt.............................	1118
IV.4	**Eingruppierungsrichtlinien (nur für die Bereiche der Tarifgemeinschaft deutscher Länder und der Vereinigung der kommunalen Arbeitgeberverbände)**	
IV.4.3	Richtlinien über die Eingruppierung der im Angestelltenverhältnis beschäftigten Lehrkräfte an allgemeinbildenden und berufsbildenden Schulen..	1126
IV.4.4	Richtlinien der Vereinigung der kommunalen Arbeitgeberverbände (VKA) für die im Angestelltenverhältnis beschäftigten Lehrkräfte an Musikschulen, die nicht unter den Geltungsbereich des BAT fallen (Musikschullehrer-Richtlinien)	1146

Inhaltsübersicht

V Alters- und Hinterbliebenenversorgung, Altersteilzeit

V.1	Tarifvertrag über die zusätzliche Altersversorgung der Beschäftigten des öffentlichen Dienstes (Altersvorsorge-TV-Kommunal - ATV-K)	1152
V.2	Tarifvertrag zur Regelung der Altersteilzeitarbeit (TV ATZ)	1197
V.2.1	Altersteilzeitgesetz	1206

Inhaltsübersicht

I Tarifverträge für den öffentlichen Dienst

Tarifvertragstexte mit Kommentierung

I.1	Tarifvertrag für den öffentlichen Dienst (TVöD)............	16
I.1.1	TVöD – Besonderer Teil Verwaltung (BT-V)	322
I.1.2	TVöD – Besonderer Teil Sparkassen (BT-S)	350
I.1.3	TVöD – Besonderer Teil Entsorgung (BT-E)	358
I.1.4	TVöD – Besonderer Teil Krankenhäuser (BT-K)	363
I.1.5	TVöD – Besonderer Teil Pflege- und Betreuungseinrichtungen (BT-B)...	393
I.1.6	TVöD – Besonderer Teil Flughäfen (BT-F)	407
I.2	Tarifvertrag zur Überleitung der Beschäftigten der kommunalen Arbeitgeber in den TVöD und zur Regelung des Übergangsrechts (TVÜ-VKA)	409

Ärztinnen und Ärzte an kommunalen Krankenhäusern

I.3	Tarifvertrag für Ärztinnen und Ärzte an kommunalen Krankenhäusern im Bereich der Vereinigung der kommunalen Arbeitgeberverbände (TV-Ärzte/VKA)	586
I.3.1	Tarifvertrag zur Überleitung der Ärztinnen und Ärzte an kommunalen Krankenhäusern in den TV-Ärzte/VKA und zur Regelung des Übergangsrechts (TVÜ-Ärzte/VKA)	627
I.3.2	Tarifeinigung in den Tarifverhandlungen für die Ärztinnen und Ärzte an kommunalen Krankenhäusern (Eckpunktepapier)	638

Tarifvertrag für den öffentlichen Dienst (TVöD)

Vom 13. September 2005 (GMBl. 2006 S. 459)
Zuletzt geändert durch
Änderungstarifvertrag Nr. 2 vom 31. März 2008[1]

Tarifvertragstext mit Erläuterungen

A. Allgemeiner Teil

Abschnitt I
Allgemeine Vorschriften
- § 1 Geltungsbereich
- § 2 Arbeitsvertrag, Nebenabreden, Probezeit
  Anhang 1: Nachweisgesetz
  Anhang 2: Niederschriftsmuster zum Nachweisgesetz
- § 3 Allgemeine Arbeitsbedingungen
  Anhang 1: Bildschirmarbeitsverordnung
- § 4 Versetzung, Abordnung, Zuweisung, Personalgestellung
- § 5 Qualifizierung

Abschnitt II
Arbeitszeit
- § 6 Regelmäßige Arbeitszeit
  Anhang zu § 6: Arbeitszeit von Cheffahrerinnen und Cheffahrern
  Anhang 1: Arbeitszeitgesetz
- § 7 Sonderformen der Arbeit
- § 8 Ausgleich für Sonderformen der Arbeit

---

[1] Die Änderungen stehen im Zusammenhang mit der Entgeltrunde 2008. Am 31. März 2008 wurden zunächst nur die Eckpunkte vereinbart; die redaktionelle Umsetzung erfolgte erst Mitte 2008.
Zu seinem Geltungsbereich bestimmt § 7 des Änderungstarifvertrages Nr. 2 Folgendes:
§ 7 Ausnahmen vom Geltungsbereich
[1]Für Beschäftigte, die spätestens mit Ablauf des 31. März 2008 aus dem Arbeitsverhältnis ausgeschieden sind, gilt dieser Tarifvertrag nur, wenn sie dies bis 30. September 2008 schriftlich beantragen. [2]Für Beschäftigte, die spätestens mit Ablauf des 31. März 2008 aufgrund eigenen Verschuldens ausgeschieden sind, gilt dieser Tarifvertrag nicht.

Inhaltsübersicht TVöD **I.1**

- § 9 Bereitschaftszeiten
  Anhang zu § 9
- § 10 Arbeitszeitkonto
- § 11 Teilzeitbeschäftigung

Abschnitt III
Eingruppierung, Entgelt und sonstige Leistungen
- § 12 Eingruppierung
- § 13 Eingruppierung in besonderen Fällen
- § 14 Vorübergehende Übertragung einer höherwertigen Tätigkeit
- § 15 Tabellenentgelt
- § 16 Stufen der Entgelttabelle
  Anhang zu § 16: Besondere Stufenregelungen für vorhandene und neu eingestellte Beschäftigte
- § 17 Allgemeine Regelungen zu den Stufen
- § 18 Leistungsentgelt
- § 19 Erschwerniszuschläge
- § 20 Jahressonderzahlung
- § 21 Bemessungsgrundlage für die Entgeltfortzahlung
- § 22 Entgelt im Krankheitsfall
  Anhang 1: Entgeltfortzahlungsgesetz
- § 23 Besondere Zahlungen
- § 24 Berechnung und Auszahlung des Entgelts
- § 25 Betriebliche Altersversorgung

Abschnitt IV
Urlaub und Arbeitsbefreiung
- § 26 Erholungsurlaub
  Anhang 1: Bundesurlaubsgesetz
- § 27 Zusatzurlaub
- § 28 Sonderurlaub
- § 29 Arbeitsbefreiung
  Anhang 1: Pflegezeitgesetz

Abschnitt V
Befristung und Beendigung des Arbeitsverhältnisses
- § 30 Befristete Arbeitsverträge
  Anhang 1: Teilzeit- und Befristungsgesetz
  Anhang 2: Wissenschaftszeitvertragsgesetz
- § 31 Führung auf Probe
- § 32 Führung auf Zeit
- § 33 Beendigung des Arbeitsverhältnisses ohne Kündigung

§ 34 Kündigung des Arbeitsverhältnisses
§ 35 Zeugnis

Abschnitt VI
Übergangs- und Schlussvorschriften
§ 36 Anwendung weiterer Tarifverträge (VKA)
§ 37 Ausschlussfrist
§ 38 Begriffsbestimmungen
§ 38a Übergangsvorschriften
§ 39 In-Kraft-Treten, Laufzeit

Anlagen
Anlage A
Tabellenentgelt Tarifgebiet West
Anlagen B
Tabellenentgelt Tarifgebiet Ost

Geltungsbereich TVöD **§ 1 I.1**

A.
Allgemeiner Teil

Abschnitt I
Allgemeine Vorschriften

§ 1 Geltungsbereich

(1) Dieser Tarifvertrag gilt für Arbeitnehmerinnen und Arbeitnehmer – nachfolgend Beschäftigte genannt –, die in einem Arbeitsverhältnis zum Bund oder zu einem Arbeitgeber stehen, der Mitglied eines Mitgliedverbandes der Vereinigung der kommunalen Arbeitgeberverbände (VKA) ist.

(2) Dieser Tarifvertrag gilt nicht für

a) Beschäftigte als leitende Angestellte im Sinne des § 5 Abs. 3 BetrVG, wenn ihre Arbeitsbedingungen einzelvertraglich besonders vereinbart sind, sowie Chefärztinnen/Chefärzte,

b) Beschäftigte, die ein über das Tabellenentgelt der Entgeltgruppe 15 hinausgehendes regelmäßiges Entgelt erhalten,

Niederschriftserklärung zu § 1 Abs. 2 Buchst. b:
Bei der Bestimmung des regelmäßigen Entgelts werden Leistungsentgelt, Zulagen und Zuschläge nicht berücksichtigt.

c) bei deutschen Dienststellen im Ausland eingestellte Ortskräfte,

d) Arbeitnehmerinnen/Arbeitnehmer, für die der TV-V oder der TV-WW/NW gilt, sowie für Arbeitnehmerinnen/Arbeitnehmer, die in rechtlich selbstständigen, dem Betriebsverfassungsgesetz unterliegenden und dem fachlichen Geltungsbereich des TV-V oder des TV-WW/NW zuzuordnenden Betrieben mit in der Regel mehr als 20 zum Betriebsrat wahlberechtigten Arbeitnehmerinnen/ Arbeitnehmern beschäftigt sind und Tätigkeiten auszuüben haben, welche dem fachlichen Geltungsbereich des TV-V oder des TV-WW/NW zuzuordnen sind,

Protokollerklärung zu Absatz 2 Buchst. d:
[1]Im Bereich des Kommunalen Arbeitgeberverbandes Nordrhein-Westfalen (KAV NW) sind auch die rechtlich selbstständigen Betriebe oder sondergesetzlichen Verbände, die kraft Gesetzes dem Landespersonalvertretungsgesetz des Landes Nordrhein-Westfalen unterliegen, von der Geltung des TVöD ausgenommen, wenn die Voraussetzungen des § 1 Abs. 2 Buchst. d im Übrigen gegeben sind.
[2]§ 1 Abs. 3 bleibt unberührt.

e) Arbeitnehmerinnen/Arbeitnehmer, für die ein TV-N gilt, sowie für Arbeitnehmerinnen/ Arbeitnehmer in rechtlich selbstständigen Nahverkehrsbetrieben, die in der Regel mehr als 50 zum Betriebs- oder Personalrat wahlberechtigte Arbeitnehmerinnen/Arbeitnehmer beschäftigen,

f) Angestellte, für die der TV Ang iöS, der TV Ang-O iöS, der TV Ang aöS oder der TV Ang-O aöS gilt,

§ 1 I.1 TVöD — Geltungsbereich

g) Beschäftigte, für die ein Tarifvertrag für Waldarbeiter tarifrechtlich oder einzelarbeitsvertraglich zur Anwendung kommt, sowie die Waldarbeiter im Bereich des Kommunalen Arbeitgeberverbandes Bayern,

h) Auszubildende, Schülerinnen/Schüler in der Gesundheits- und Krankenpflege, Gesundheits- und Kinderkrankenpflege, Entbindungspflege und Altenpflege, sowie Volontärinnen/Volontäre und Praktikantinnen/Praktikanten,

i) Beschäftigte, für die Eingliederungszuschüsse nach den §§ 217 ff. SGB III gewährt werden,

k) Beschäftigte, die Arbeiten nach den §§ 260 ff. SGB III verrichten,

l) Leiharbeitnehmerinnen/Leiharbeitnehmer von Personal-Service-Agenturen, sofern deren Rechtsverhältnisse durch Tarifvertrag geregelt sind,

m) geringfügig Beschäftigte im Sinne von § 8 Abs. 1 Nr. 2 SGB IV,

n) künstlerisches Theaterpersonal, technisches Theaterpersonal mit überwiegend künstlerischer Tätigkeit und Orchestermusikerinnen/Orchestermusiker,

o) Seelsorgerinnen/Seelsorger bei der Bundespolizei,

p) Beschäftigte als Hauswarte und/oder Liegenschaftswarte bei der Bundesanstalt für Immobilienaufgaben, die aufgrund eines Geschäftsbesorgungsvertrages tätig sind,

q) Beschäftigte im Bereich der VKA, die ausschließlich in Erwerbszwecken dienenden landwirtschaftlichen Verwaltungen und Betrieben, Weinbaubetrieben, Gartenbau- und Obstbaubetrieben und deren Nebenbetrieben tätig sind; dies gilt nicht für Beschäftigte in Gärtnereien, gemeindlichen Anlagen und Parks sowie in anlagenmäßig oder parkartig bewirtschafteten Gemeindewäldern,

r) Beschäftigte in Bergbaubetrieben, Brauereien, Formsteinwerken, Gaststätten, Hotels, Porzellanmanufakturen, Salinen, Steinbrüchen, Steinbruchbetrieben und Ziegeleien,

s) Hochschullehrerinnen/Hochschullehrer, wissenschaftliche und studentische Hilfskräfte und Lehrbeauftragte an Hochschulen, Akademien und wissenschaftlichen Forschungsinstituten sowie künstlerische Lehrkräfte an Kunsthochschulen, Musikhochschulen und Fachhochschulen für Musik,

Protokollerklärung zu Absatz 2 Buchst. s:
Ausgenommen sind auch wissenschaftliche Assistentinnen/Assistenten, Verwalterinnen/ Verwalter von Stellen wissenschaftlicher Assistentinnen/Assistenten und Lektorinnen/ Lektoren, soweit und solange entsprechende Arbeitsverhältnisse am 1. Oktober 2005 bestehen oder innerhalb der Umsetzungsfrist des § 72 Abs. 1 Satz 7 HRG begründet werden (gilt auch für Forschungseinrichtungen); dies gilt auch für nachfolgende Verlängerungen solcher Arbeitsverhältnisse.

Niederschriftserklärung zu § 1 Abs. 2 Buchst. s:
Die Tarifvertragsparteien gehen davon aus, dass studentische Hilfskräfte Beschäftigte sind, zu deren Aufgabe es gehört, das hauptberufliche wissenschaft-

Geltungsbereich TVöD § 1 I.1

liche Personal in Forschung und Lehre sowie bei außeruniversitären Forschungseinrichtungen zu unterstützen.

t) **Beschäftigte des Bundeseisenbahnvermögens.**

(3) [1]**Durch landesbezirklichen Tarifvertrag ist es in begründeten Einzelfällen möglich, Betriebe, die dem fachlichen Geltungsbereich des TV-V oder des TV-WW/NW entsprechen, teilweise oder ganz in den Geltungsbereich des TVöD einzubeziehen.** [2]**Durch landesbezirklichen Tarifvertrag ist es in begründeten Einzelfällen (z. B. für Bereiche außerhalb des Kerngeschäfts) möglich, Betriebsteile, die dem Geltungsbereich eines TV-N entsprechen, in den Geltungsbereich**

a) **des TV-V einzubeziehen, wenn für diesen Betriebsteil ein TV-N anwendbar ist und der Betriebsteil in der Regel nicht mehr als 50 zum Betriebs- oder Personalrat wahlberechtigte Arbeitnehmerinnen/Arbeitnehmer beschäftigt, oder**

b) **des TVöD einzubeziehen.**

Erläuterungen

§ 1 TVöD trifft Regelungen zum Geltungsbereich des TVöD und zu den Ausnahmen vom Geltungsbereich. Diese Themenbereiche waren im BAT in den §§ 1, 1a und 3 geregelt.

Auf die abweichenden Sonderregelungen in § 41 des Besonderen Teils Krankenhäuser wird hingewiesen.

Unmittelbarer Geltungsbereich (Abs. 1)

Der TVöD gilt zunächst für die Arbeitnehmer und Arbeitnehmerinnen (im TVöD nachfolgend „Beschäftigte") des Bundes und der Arbeitgeber, die Mitglied eines Mitgliedverbandes der Vereinigung der kommunalen Arbeitgeberverbände (VKA) sind.

Der TVöD gilt nicht im Bereich der Länder; dort löste mit Wirkung vom 1. November 2006 der Tarifvertrag für den öffentlichen Dienst der Länder (TV-L) den BAT ab.

Für die vom Marburger Bund vertretenen Ärzte wurde ein eigenständiger Tarifvertrag vereinbart – TV-Ärzte/VKA[1].

Entgegen den bisherigen, nach Angestellten (BAT) und Arbeitern (MTArb, BMT-G) differenzierenden Manteltarifverträgen des öffentlichen Dienstes gibt der TVöD diese Unterscheidung auf und gilt einheitlich für Arbeiter und Angestellte.

Ebenfalls aufgegeben wurde die Trennung in Tarifverträge für das Gebiet der alten Bundesrepublik („Tarifgebiet West") und das Bei-

---

[1] abgedruckt unter I.3

§ 1 I.1 TVöD — Geltungsbereich

trittsgebiet („Tarifgebiet Ost"). Der TVöD enthält aber in einigen Bereichen unterschiedliche Regelungen für das Tarifgebiet West und Ost.

Unter den Begriff „Bund" fällt nur der unmittelbare Bundesdienst, nicht aber vom Bund beherrschte Einrichtungen, Zuwendungsempfänger, etc. Bei den kommunalen Arbeitgebern reicht zwar nach dem Wortlaut die Mitgliedschaft in einem entsprechenden Arbeitgeberverband aus; eine sogenannte Gastmitgliedschaft, die die Einhaltung der satzungsgemäßen Pflichten (eines Vollmitgliedes) nicht verlangt, wird aber nicht genügen.

Nach allgemeinen tarifrechtlichen Grundsätzen werden vom Geltungsbereich nur diejenigen Beschäftigten erfasst, die entweder einer der am TVöD unmittelbar beteiligten Gewerkschaften angehören, oder die Mitglied einer sonstigen Gewerkschaft sind, die (künftig) durch einen Anschlusstarifvertrag in den Geltungsbereich des TVöD einbezogen wird. Der TVöD ist nicht allgemeinverbindlich im Sinne des § 5 des Tarifvertragsgesetzes. Für die tarifgebundenen Beschäftigten sind die Normen des TVöD Mindestbedingungen, die nicht zu Ungunsten der Beschäftigten abgedungen werden dürfen (siehe § 4 Abs. 3 Tarifvertragsgesetz). Übertarifliche Zahlungen sind tarifrechtlich ohne weiteres möglich, werden aber durch die haushaltsrechtlichen Vorschriften der öffentlichen Arbeitgeber meist untersagt bzw. streng reglementiert.

Mit den nicht tarifgebundenen Beschäftigten vereinbaren die Arbeitgeber des öffentlichen Dienstes in der Regel im Arbeitsvertrag die Anwendung des TVöD auf das Arbeitsverhältnis. Die Vorschriften des TVöD finden dann nicht kraft normativer Wirkung des Tarifvertrages, sondern kraft (arbeits-)vertraglicher Vereinbarung Anwendung. Auf diese Weise werden im öffentlichen Dienst einerseits einheitliche Arbeitsbedingungen erreicht und wird andererseits dem Umstand Rechnung getragen, dass eine mögliche Gewerkschaftsmitgliedschaft seitens des Arbeitgebers nicht erfragt werden darf.

Ausnahmen vom persönlichen Geltungsbereich (Abs. 2)

Absatz 2 enthält in seinen Buchstaben a bis t eine Reihe von Beschäftigtengruppen, die von der Geltung des TVöD ausgenommen sind. Es ist denkbar, dass Beschäftigte von mehreren Ausnahmetatbeständen gleichzeitig erfasst werden. Im Einzelnen handelt es sich um die folgenden Ausschlussgründe:

Geltungsbereich TVöD § 1 I.1

Buchstabe a)

Hiernach unterliegen leitende Angestellte nicht den Regelungen des TVöD, wenn ihre Arbeitsbedingungen besonders vereinbart sind. Ferner sind Chefärzte vom TVöD ausgenommen.

Die „besondere Vereinbarung" kann beispielsweise die Vereinbarung beamtenrechtlicher Versorgung oder eine Umsatz- oder Ergebnisbeteiligung sein.

Für die nähere Bestimmung, was „leitende Angestellte" sind, wird auf die Regelung des § 5 Abs. 3 Betriebsverfassungsgesetz Bezug genommen. Diese Vorschrift hat folgenden Wortlaut:

§ 5 Abs. 3 und 4 Betriebsverfassungsgesetz

(3) Dieses Gesetz findet, soweit in ihm nicht ausdrücklich etwas anderes bestimmt ist, keine Anwendung auf leitende Angestellte. Leitender Angestellter ist, wer nach Arbeitsvertrag und Stellung im Unternehmen oder im Betrieb

1. zur selbständigen Einstellung und Entlassung von im Betrieb oder in der Betriebsabteilung beschäftigten Arbeitnehmern berechtigt ist oder
2. Generalvollmacht oder Prokura hat und die Prokura auch im Verhältnis zum Arbeitgeber nicht unbedeutend ist oder
3. regelmäßig sonstige Aufgaben wahrnimmt, die für den Bestand und die Entwicklung des Unternehmens oder eines Betriebs von Bedeutung sind und deren Erfüllung besondere Erfahrungen und Kenntnisse voraussetzt, wenn er dabei entweder die Entscheidungen im Wesentlichen frei von Weisungen trifft oder sie maßgeblich beeinflusst; dies kann auch bei Vorgaben insbesondere aufgrund von Rechtsvorschriften, Plänen oder Richtlinien sowie bei Zusammenarbeit mit anderen leitenden Angestellten gegeben sein.

(4) Leitender Angestellter nach Absatz 3 Nr. 3 ist im Zweifel, wer

1. aus Anlass der letzten Wahl des Betriebsrats, des Sprecherausschusses oder von Aufsichtsratsmitgliedern der Arbeitnehmer oder durch rechtskräftige gerichtliche Entscheidung den leitenden Angestellten zugeordnet worden ist oder
2. einer Leitungsebene angehört, auf der in dem Unternehmen überwiegend leitende Angestellte vertreten sind, oder
3. ein regelmäßiges Jahresarbeitsentgelt erhält, das für leitende Angestellte in dem Unternehmen üblich ist, oder,
4. falls auch bei der Anwendung der Nummer 3 noch Zweifel bleiben, ein regelmäßiges Jahresarbeitsentgelt erhält, das das Dreifache der Bezugsgröße nach § 18 des Vierten Buches Sozialgesetzbuch überschreitet.

§ 1 I.1 TVöD — Geltungsbereich

Chefärzte im Sinne dieser Vorschrift sind die ärztlichen Direktoren der Krankenhäuser und die Chefärzte der Abteilungen (z. B. Chirurgie, Urologie) und Kliniken (z. B. Chirurgische Klinik, Kinderklinik).

Buchstabe b)

Nach dieser Vorschrift sind alle Beschäftigten, die ein über die höchste Entgeltgruppe des TVöD hinaus gehendes Entgelt erhalten, von der Geltung des TVöD ausgenommen. Dabei spielt es keine Rolle, ob die Vergütung frei oder in Anlehnung beispielsweise an B- oder C-Besoldungsgruppen vereinbart ist.

Während in einer ergänzenden Protokollnotiz zu der entsprechenden Vorschrift des BAT (§ 3 Buchst. h) definiert war, dass unter der höchsten Vergütung die Monatsvergütung i. S. d. § 26 BAT (also nur Grundvergütung und Ortszuschlag) zu verstehen war, enthält die Formulierung des TVöD keinerlei Einschränkungen. Die Tarifpartner haben aber in einer Niederschriftserklärung verdeutlicht, dass zur Bestimmung des regelmäßigen Entgelts Leistungsentgelt, Zulagen und Zuschläge nicht berücksichtigt werden.

Gemäß § 41 des Besonderen Teils Krankenhäuser fallen bestimmte Ärzte nicht unter die Vorschrift des § 1 Abs. 2 Buchst. b; sie unterliegen somit grundsätzlich dem Geltungsbereich des TVöD.

Buchstabe c)

Nach dieser Vorschrift sind die bei deutschen Dienststellen im Ausland eingestellten Ortskräfte von der Geltung des TVöD ausgenommen – und zwar unabhängig von ihrer Staatsangehörigkeit. Für diesen Personenkreis gilt – übergangsweise für Beschäftigte, deren Arbeitsverhältnis am 31. März 2000 bereits bestanden hatte – der „Tarifvertrag zur Regelung der Arbeitsbedingungen der bei Auslandsvertretungen der Bundesrepublik Deutschland beschäftigten deutschen nicht entsandten Beschäftigten vom 1. November 2006".

Zur Situation der unter den TVöD fallenden Beschäftigten des Bundes, die zu Auslandsdienststellen des Bundes entsandt sind → Abschnitt VIII § 45 des Besonderen Teils Verwaltung.

Buchstabe d)

Diese Vorschrift nimmt die unter den Geltungsbereich spezieller, kommunaler Tarifverträge – nämlich des TV-V (Tarifvertrag Versorgungsbetriebe) bzw. TVWW/NW (Tarifvertrag für die Arbeitnehmer/innen der Wasserwirtschaft in Nordrhein-Westfalen) – fallenden Beschäftigten von der Geltung des TVöD aus.

Geltungsbereich   TVöD § 1 I.1

Ebenfalls ausgenommen sind die Beschäftigten von rechtlich selbstständigen, dem Betriebsverfassungsgesetz unterliegenden Betrieben mit in der Regel mehr als 20 zum Betriebsrat wahlberechtigten Arbeitnehmern, wenn diese Beschäftigten Tätigkeiten ausüben, die unter den fachlichen Geltungsbereich der unter Ziffer 1 genannten Tarifverträge fallen.

Buchstabe e)

Nach dieser Vorschrift ausgenommen sind die unter einen TV-N (Tarifvertrag Nahverkehr) fallenden Beschäftigten.

Ebenfalls ausgenommen sind die Beschäftigten von rechtlich selbstständigen (also nicht mehr unmittelbar zum öffentlichen Dienst zählenden) Nahverkehrsbetrieben, wenn dort in der Regel mehr als 50 zum Betriebs- oder Personalrat wahlberechtigte Arbeitnehmer beschäftigt sind.

Buchstabe f)

Diese Vorschrift nimmt die unter die Tarifverträge über die Regelung der Rechtsverhältnisse der nicht vollbeschäftigten amtlichen Tierärzte und Fleischkontrolleure in öffentlichen Schlachthöfen und in Einfuhruntersuchungsstellen (TV Ang iöS/TV Ang-O iöS) und die Tarifverträge über die Regelung der Rechtsverhältnisse der amtlichen Tierärzte und Fleischkontrolleure außerhalb öffentlicher Schlachthöfe (TV Ang aöS/TV Ang-O aöS) von der Geltung des TVöD aus.

Buchstabe g)

Nach dieser Vorschrift ausgenommen sind Waldarbeiter. Für sie gelten eigenständige Tarifverträge.

Buchstabe h)

Ausgenommen vom Geltungsbereich des TVöD sind nach dieser Vorschrift die Auszubildenden, Schülerinnen/Schüler in der Gesundheits- und Krankenpflege, Gesundheits- und Kinderkrankenpflege, Entbindungspflege und Altenpflege sowie Praktikanten. Für diesen Personenkreis haben die Tarifpartner eigenständige tarifvertragliche Regelungen vereinbart. Im Einzelnen handelt es sich dabei um die folgenden Tarifverträge:

- Tarifvertrag für Auszubildende des öffentlichen Dienstes (TVAöD) sowie die diesen ergänzenden Besonderen Teile Pflege und BBiG vom 13. September 2005[1].

§ 1 I.1 TVöD — Geltungsbereich

- Tarifvertrag über die Regelung der Arbeitsbedingungen der Praktikantinnen/Praktikanten (TV Prakt) vom 22. März 1991 in Verbindung mit dem Tarifvertrag über die vorläufige Weitergeltung der Regelungen für die Praktikantinnen/Praktikanten vom 13. September 2005. Für nicht unter den Geltungsbereich des TV Prakt fallende Praktikanten ergeben sich Regelungen aus den Praktikanten-Richtlinien des Bundes, der Tarifgemeinschaft deutscher Länder und der Vereinigung der kommunalen Arbeitgeberverbände.

Ebenfalls nicht unter den TVöD fallen Volontäre. Dies sind – in Anlehnung an § 82a HGB – nach Definition des Bundesarbeitsgerichtes (siehe Urteil vom 27. 10. 1960 – 5 AZR 427/59 – AP Nr. 21 zu § 611 BGB Ärzte, Gehaltsansprüche) Personen, die – ohne als Auszubildender aufgenommen zu sein – zum Zwecke ihrer Ausbildung ohne ein echtes Entgelt beschäftigt werden.

Buchstabe i) und k)

Nach diesen Vorschriften sind Beschäftigte vom Geltungsbereich des TVöD ausgenommen worden, deren Beschäftigung von der Bundesagentur für Arbeit gefördert wird – sei es im Wege von Eingliederungszuschüssen nach den §§ 217 ff. SGB III (Buchst. i) oder als Arbeitsbeschaffungsmaßnahme (ABM) i. S. d. §§ 260 ff. SGB III (Buchst. k).

Nach gefestigter Rechtsprechung des BAG zu der vergleichbaren Vorschrift des § 3 Buchst. d) BAT verstößt die Herausnahme dieses Personenkreises aus dem BAT und die Vereinbarung einer hinter dem Tariflohn zurückbleibenden Vergütung nicht gegen den Gleichbehandlungsgrundsatz (siehe Urteil vom 18. 6. 1997 – 5 AZR 259/96; AP Nr. 2 zu § 3d BAT). Die öffentlichen Arbeitgeber haben demzufolge mit ABM-Kräften bereits in der Vergangenheit in der Regel eine abgesenkte Vergütung vereinbart (die entsprechenden Arbeitsvertragsmuster der Tarifgemeinschaft deutscher Länder sahen z. B. eine Vergütung in Höhe von 80 % der tarifvertraglichen Vergütung vor).

Durch Artikel 1 des Dritten Gesetzes für moderne Dienstleistungen am Arbeitsmarkt vom 23. Dezember 2003 (BGBl. I S. 2848) ist die Förderung von Arbeitsbeschaffungsmaßnahmen unter Zusammenlegung des bisherigen unterschiedlichen Förderungsrechts für Arbeitsbeschaffungs- und für Strukturanpassungsmaßnahmen durch Änderung der §§ 260 ff. SGB III neu geregelt worden. Die bisherige

---

[1]) abgedruckt unter **II.1**, **II.1.1** und **II.1.2**

Geltungsbereich   TVöD § 1 I.1

prozentuale Förderung ist dabei auf eine pauschalierte, nach Qualifikationsstufen gestaffelte Förderung umgestellt worden. Die Höhe des Zuschusses bemisst sich gemäß § 264 Abs. 2 SGB III n. F. nach der Art der Tätigkeit des geförderten Arbeitnehmers in der Maßnahme und beträgt monatlich – abhängig von dem in der Regel für die auszuübende Arbeit erforderlichen Qualifikationsniveau – 900 bis 1300 Euro.

Die Agentur für Arbeit kann den pauschalierten Zuschuss zum Ausgleich regionaler und in der Tätigkeit liegender Besonderheiten um bis zu 10 % erhöhen. Der Zuschuss wird höchstens bis zur Höhe des monatlich ausgezahlten Arbeitsentgelts gezahlt. Er ist bei Arbeitnehmern, die bei Beginn der Maßnahme das 25. Lebensjahr noch nicht vollendet haben, so zu bemessen, dass die Aufnahme einer Ausbildung nicht behindert wird. Im Regelfall dürfte arbeitsrechtlich nicht zu beanstanden sein, wenn den einer Arbeitsbeschaffungsmaßnahme zugewiesenen Arbeitnehmern nur der Zuschuss gemäß § 264 SGB III n. F. als Vergütung bzw. Lohn gewährt wird. Denn nach dem Urteil des BAG vom 23. 5. 2001 – 5 AZR 527/99; n. v. – kann bei einem Entgelt jedenfalls oberhalb eines Richtwertes von zwei Dritteln des verkehrsüblichen Entgelts nicht von einer gemäß §§ 134, 138 BGB nichtigen Entgeltvereinbarung wegen Lohnwuchers gesprochen werden, wobei zur Ermittlung des verkehrsüblichen Entgelts nicht nur auf den Vergleich mit den tariflichen Entgelten im öffentlichen Dienst abzustellen, sondern von dem allgemeinen Lohnniveau im Wirtschaftsgebiet auszugehen ist. In die Ermittlung der ortsüblichen Vergütung für vergleichbare Tätigkeiten ist demnach das von anderen Arbeitgebern in der betreffenden Region außerhalb des öffentlichen Dienstes für vergleichbare Tätigkeiten gezahlte Arbeitsentgelt einzubeziehen.

Bei der Beschäftigung von ABM-Kräften wird sich regelmäßig die Frage stellen, ob der Arbeitsvertrag befristet werden kann. Dazu hat das BAG mit Urteil vom 4. 6. 2003 – 7 AZR 489/02; AP Nr. 245 zu § 620 BGB Befristeter Arbeitsvertrag – entschieden, dass die Gewährung eines Eingliederungszuschusses für ältere Arbeitnehmer nach § 218 Abs. 1 Nr. 3 SGB III a. F. **allein** nicht die Befristung des Arbeitsvertrages mit dem geförderten Arbeitnehmer rechtfertigt. Diese Bestimmung sei – anders als die Förderung durch Lohnkostenzuschüsse für ältere Arbeitnehmer nach der Vorgängerregelung in § 97 AFG – keine Maßnahme der Arbeitsbeschaffung, sondern diene dem Ausgleich von Minderleistungen. Alleine die Abhängigkeit von Zuschüssen und

Fördermitteln stelle keinen Sachgrund für die Befristung von Arbeitsverträgen dar. Die Unsicherheit der finanziellen Entwicklung sei ein typisches Unternehmerrisiko, das nicht auf die Arbeitnehmer abgewälzt werden könne. Die Möglichkeit der Befristung wegen eines anderen Sachgrundes (z. B. wegen Aufgaben von begrenzter Dauer, Vertretung, . . .) bleibt aber ebenso unbenommen, wie – wenn die Voraussetzungen erfüllt sind – die Möglichkeit der sachgrundlosen Befristung i. S. v. § 14 Abs. 2 und 3 des Teilzeit- und Befristungsgesetzes. Hingegen hat das BAG mit Urteil vom 19. 1. 2005 – 7 AZR 250/04 – entschieden, dass die Förderung und Zuweisung eines Arbeitnehmers seitens der Arbeitsverwaltung i. S. v. §§ 260 ff. SGB III nicht nur die kalendermäßige Befristung des Arbeitsvertrages bis zum Ende der bei Vertragsschluss bereits bewilligten Förderung, sondern auch eine Zweckbefristung für die Gesamtdauer der längstens dreijährigen Förderung einschließlich etwaiger bei Vertragsschluss noch ungewisser Verlängerungen durch die Arbeitsverwaltung rechtfertigt.

Buchstabe l)

Nach dem Wortlaut dieser Vorschrift gilt der TVöD nicht für Leiharbeitnehmer von Personal-Service-Agenturen, soweit deren Rechtsverhältnisse durch Tarifverträge geregelt sind.

Da Leiharbeitnehmer – sofern es sich um eine rechtmäßige Arbeitnehmerüberlassung handelt – ohnehin kein Arbeitsverhältnis zu dem ausleihenden, sondern nur zu dem verleihenden Unternehmen begründen, dürfte diese Vorschrift ins Leere laufen.

Buchstabe m)

Diese Vorschrift nimmt geringfügig beschäftigte Arbeitnehmer i. S. v. § 8 Abs. 1 Nr. 2 SGB IV (das sind sogenannte kurzfristige Beschäftigungsverhältnisse) vom Geltungsbereich des TVöD aus. Die sozialversicherungsrechtliche Vorschrift hat folgenden Wortlaut:

§ 8 SGB IV Geringfügige Beschäftigung und geringfügige selbständige Tätigkeit

(1) Eine geringfügige Beschäftigung liegt vor, wenn

1. das Arbeitsentgelt aus dieser Beschäftigung regelmäßig im Monat 400 Euro nicht übersteigt,
2. die Beschäftigung innerhalb eines Kalenderjahres auf längstens zwei Monate oder 50 Arbeitstage nach ihrer Eigenart begrenzt zu sein pflegt oder im Voraus vertraglich begrenzt ist, es sei denn, dass die Beschäftigung berufsmäßig ausgeübt wird und ihr Entgelt 400 Euro im Monat übersteigt.

Geltungsbereich TVöD § 1 I.1

(2) Bei der Anwendung des Absatzes 1 sind mehrere geringfügige Beschäftigungen nach Nummer 1 oder Nummer 2 sowie geringfügige Beschäftigungen nach Nummer 1 mit Ausnahme einer geringfügigen Beschäftigung nach Nummer 1 und nicht geringfügige Beschäftigungen zusammenzurechnen. Eine geringfügige Beschäftigung liegt nicht mehr vor, sobald die Voraussetzungen des Absatzes 1 entfallen. Wird bei der Zusammenrechnung nach Satz 1 festgestellt, dass die Voraussetzungen einer geringfügigen Beschäftigung nicht mehr vorliegen, tritt die Versicherungspflicht erst mit dem Tage der Bekanntgabe der Feststellung durch die Einzugsstelle oder einen Träger der Rentenversicherung ein.

(3) Die Absätze 1 und 2 gelten entsprechend, soweit anstelle einer Beschäftigung eine selbständige Tätigkeit ausgeübt wird. Dies gilt nicht für das Recht der Arbeitsförderung.

Geringfügige Beschäftigungen nach Nr. 1 der Vorschrift („400-Euro-Jobs") sind nicht von der Geltung des TVöD ausgenommen.

§ 1 Abs. 3 des jeweiligen Überleitungs-Tarifvertrages (TVÜ-Bund, TVÜ-VKA)[1] enthält eine Übergangsregelung, nach der für geringfügig Beschäftigte i. S. v. § 8 Abs. 1 Nr. 2 SGB IV, die am 30. September 2005 unter den Geltungsbereich der Manteltarifverträge des öffentlichen Dienstes fallen, die bisher jeweils einschlägigen tarifvertraglichen Regelungen für die Dauer ihres ununterbrochen fortbestehenden Arbeitsverhältnisses weiterhin Anwendung finden. Im Hinblick auf die geringe Höchstdauer der kurzfristigen Beschäftigungsverhältnisse dürften die Auswirkungen der Übergangsvorschriften eher gering sein.

Buchstabe n)

Nach dieser Vorschrift sind Orchestermusiker und das überwiegend künstlerische Theaterpersonal von der Geltung des TVöD ausgenommen worden. Für diesen Personenkreis existieren spezielle Tarifverträge (z. B. der „Normalvertrag Bühne" oder der „Tarifvertrag für Musiker in Kulturorchestern").

Buchstabe o)

Diese Regelung nimmt Seelsorger bei der Bundespolizei vom Geltungsbereich des TVöD aus. Die Arbeitsbedingungen für diese Beschäftigten werden auf der Grundlage entsprechender Vereinbarungen zwischen dem Bund und den Kirchen vertraglich geregelt

---

[1] abgedruckt unter I.2

Buchstabe p)

Diese Vorschrift betrifft ausschließlich die Hauswarte und Liegenschaftswarte bei der Bundesanstalt für Immobilienaufgaben und nimmt diesen Personenkreis von der Geltung des TVöD aus.

Buchstabe q)

Nach dieser Vorschrift sind Arbeitnehmer im Bereich der Vereinigung der kommunalen Arbeitgeberverbände, die ausschließlich in Erwerbszwecken dienenden landwirtschaftlichen Verwaltungen und Betrieben, Weinbaubetrieben, Gartenbau- und Obstbaubetrieben und deren Nebenbetrieben beschäftigt sind, von der Geltung des TVöD ausgenommen worden.

Hingegen unterliegen Arbeitnehmer in Gärtnereien, gemeindlichen Anlagen und Parks sowie in anlagenmäßig und parkartig bewirtschafteten Gemeindewäldern den Regelungen des TVöD.

Buchstabe r)

Diese Vorschrift betrifft die Arbeitnehmer in Bergbaubetrieben, Brauereien, Formsteinwerken, Gaststätten, Hotels, Porzellanmanufakturen, Salinen, Steinbrüchen, Steinbruchbetrieben und Ziegeleien und nimmt diese Beschäftigten von der Geltung des TVöD aus.

Arbeitnehmer in Kantinen sind – wie zuvor schon in § 3 Buchst. a BAT – nicht erwähnt und unterliegen somit den Regelungen des TVöD.

Buchstabe s)

Nach dieser Vorschrift sind Hochschullehrer, wissenschaftliche und studentische Hilfskräfte und Lehrbeauftragte an Hochschulen, Akademien und wissenschaftlichen Forschungsinstituten sowie künstlerische Lehrkräfte an Kunst- und Musikhochschulen und an Fachhochschulen für Musik von der Geltung des TVöD ausgenommen.

Die Aufzählung ist abschließend. Für am 1. Oktober 2005 vorhandene Beschäftigte wird sie jedoch insoweit durch eine Protokollerklärung ergänzt, als dass auch wissenschaftliche Assistenten, Verwalter von Stellen wissenschaftlicher Assistenten und Lektoren vom TVöD weiter ausgenommen bleiben.

Wer zu den aufgezählten Beschäftigtengruppen zählt, bestimmt sich nach den jeweils einschlägigen Hochschulgesetzen.

In einer Niederschriftserklärung haben die Tarifpartner dokumentiert, dass sie davon ausgehen, dass studentische Hilfskräfte Beschäftigte sind, zu deren Aufgabe es gehört, das hauptberufliche wissenschaftliche Personal in Forschung und Lehre sowie bei außeruniversitären Forschungseinrichtungen zu unterstützen.

Buchstabe t)

Hier ist klargestellt, dass Beschäftigte des Bundeseisenbahnvermögens nicht unter den Geltungsbereich des TVöD fallen.

Freiwilliger Geltungsbereich (Abs. 3)

Absatz 3 Satz 1 eröffnet die Möglichkeit, Betriebe, die dem fachlichen Geltungsbereich des TV-V oder des TV-WW/NW entsprechen (und nach Absatz 2 Buchst. d nicht dem TVöD unterliegen), durch landesbezirklichen Tarifvertrag in den Geltungsbereich des TVöD einzubeziehen.

Absatz 3 Satz 2 ermöglicht es, durch landesbezirklichen Tarifvertrag Betriebsteile, die dem Geltungsbereich eines TV-N entsprechen (und nach Absatz 2 Buchst. e nicht dem TVöD unterliegen) in den Geltungsbereich des TVöD oder des TV-V einzubeziehen. Die Einbeziehung in den TV-V setzt aber voraus, dass in diesem Betriebsteil in der Regel nicht mehr als 50 zum Betriebs- oder Personalrat wahlberechtigte Arbeitnehmer beschäftigt sind.

§ 2 Arbeitsvertrag, Nebenabreden, Probezeit

(1) Der Arbeitsvertrag wird schriftlich abgeschlossen.

(2) ¹Mehrere Arbeitsverhältnisse zu demselben Arbeitgeber dürfen nur begründet werden, wenn die jeweils übertragenen Tätigkeiten nicht in einem unmittelbaren Sachzusammenhang stehen. ²Andernfalls gelten sie als ein Arbeitsverhältnis.

(3) ¹Nebenabreden sind nur wirksam, wenn sie schriftlich vereinbart werden. ²Sie können gesondert gekündigt werden, soweit dies einzelvertraglich vereinbart ist.

(4) ¹Die ersten sechs Monate der Beschäftigung gelten als Probezeit, soweit nicht eine kürzere Zeit vereinbart ist. ²Bei Übernahme von Auszubildenden im unmittelbaren Anschluss an das Ausbildungsverhältnis in ein Arbeitsverhältnis entfällt die Probezeit.

Erläuterungen

§ 2 TVöD trifft Regelungen über den Arbeitsvertrag, über Nebenabreden zum Arbeitsvertrag und zur Probezeit. Diese Themenbereiche waren im BAT in den §§ 4 und 5 geregelt.

Auf die abweichenden Sonderregelungen in § 55 (VKA) des Besonderen Teils Verwaltung wird hingewiesen.

Arbeitsvertrag (Abs. 1)

Auch das Arbeitsverhältnis zwischen dem Arbeitgeber des öffentlichen Dienstes und seinen Arbeitnehmern ist ein ausschließlich privatrechtliches Arbeitsverhältnis, für das die Regeln des Zivilrechtes (insbesondere § 611 BGB – Dienstvertrag) gelten.

Die in Absatz 1 getroffene Bestimmung, dass der Arbeitsvertrag schriftlich geschlossen wird, trägt dem Interesse der eindeutigen Vereinbarung der für das Arbeitsverhältnis maßgebenden Bedingungen und ihres Nachweises (z. B. bei Streitigkeiten vor den Arbeitsgerichten) Rechnung. Das Schriftformerfordernis umfasst auch spätere Änderungen des Arbeitsvertrages.

Gemäß § 22 Abs. 3 BAT ist die Vergütungsgruppe des Beschäftigten im Arbeitsvertrag anzugeben; diese Vorschrift gilt gemäß § 17 Abs. 1 TVÜ-Bund/TVÜ-VKA bis zum (noch offenen) In-Kraft-Treten der Eingruppierungsvorschriften des TVöD weiter.

Neben dem Schriftformerfordernis des Absatzes 1 sind die Dokumentationspflichten des Nachweisgesetzes[1]) zu beachten. Danach ist der

---

[1]) abgedruckt als **Anhang 1**

Arbeitgeber verpflichtet, spätestens einen Monat nach dem vereinbarten Beginn des Arbeitsverhältnisses die wesentlichen Vertragsbedingungen – sofern sie sich nicht bereits aus dem schriftlichen Arbeitsvertrag ergeben – in eine Niederschrift aufzunehmen.

Nach § 2 Abs. 1 Satz 2 Nr. 4 NachwG ist in die Niederschrift der Arbeitsort oder, falls der Arbeitnehmer nicht nur an einem bestimmten Arbeitsort tätig sein soll, ein Hinweis darauf aufzunehmen, dass der Angestellte an verschiedenen Orten beschäftigt werden kann. Als Arbeitsort ist in der Regel die politische Gemeinde anzugeben, in der die Beschäftigungsdienststelle ihren Sitz hat. Wird der Beschäftigte an einem anderen Ort als dem Sitz der Beschäftigungsdienststelle eingesetzt (z. B. in einer Außenstelle, an einem von mehreren Betriebshöfen), ist dieser Ort als Arbeitsort anzugeben. Wenn der Beschäftigte an verschiedenen Orten beschäftigt werden soll, ist in der Niederschrift darauf hinzuweisen.

Nach § 2 Abs. 1 Satz 2 Nr. 5 NachwG ist in der Niederschrift auch eine kurze Charakterisierung oder Beschreibung der von dem Beschäftigten zu leistenden Tätigkeit aufzunehmen. Nach der Gesetzesbegründung erfordert diese Kennzeichnung der von dem Beschäftigten zu erbringenden Tätigkeit keine detaillierten Ausführungen. Es reicht z. B. eine Umschreibung der zu leistenden Tätigkeit oder die Angabe eines der Tätigkeit entsprechenden charakteristischen Berufsbildes aus (z. B. „Angestellter im allgemeinen Verwaltungsdienst", „Technischer Angestellter", „Angestellter im Sparkassendienst").

Die oben dargestellten gesetzlichen Verpflichtungen muss der Arbeitgeber nicht nur bei neu eingestellten Arbeitnehmern erfüllen, sondern auf deren Verlangen auch bei Arbeitnehmern, deren Arbeitsverhältnis bereits bei Inkrafttreten des NachwG bestanden hat (siehe § 4 NachwG).

Die Niederschrift wird kein Bestandteil des Arbeitsvertrages; sie ist allein vom Arbeitgeber zu unterzeichnen (§ 2 Abs. 1 Satz 1 NachwG).

Dem Beschäftigten ist ein Exemplar der Niederschrift auszuhändigen (§ 2 Abs. 1 Satz 1 NachwG).

Eine Niederschrift ist nicht erforderlich bei Beschäftigten, die nur zur vorübergehenden Aushilfe von höchstens einem Monat eingestellt werden (§ 1 NachwG).

§2 I.1 TVöD — Arbeitsvertrag, Nebenabreden, Probezeit

Bei der Einstellung von Beschäftigten und bei einer Vielzahl von Vertragsänderungen sind die Mitwirkungsrechte der Personalvertretungen zu beachten, die sich aus den folgenden Vorschriften ergeben:

Personalvertretungsgesetze
- Bund: Bundespersonalvertretungsgesetz i. d. F. der Bekanntmachung vom 15. 3. 1974 (BGBl. I S. 693)
- Baden-Württemberg: Landespersonalvertretungsgesetz i. d. F. der Bekanntmachung vom 1. 2. 1996 (GBl. S. 205)
- Bayern: Bayerisches Personalvertretungsgesetz i. d. F. der Bekanntmachung vom 11. 11. 1986 (GVBl. S. 349)
- Berlin: Personalvertretungsgesetz i. d. F. der Bekanntmachung vom 14. 7. 1994 (GVBl. S. 337)
- Brandenburg: Landespersonalvertretungsgesetz vom 15. 9. 1993 (GVBl. S. 358)
- Bremen: Bremisches Personalvertretungsgesetz vom 5. 3. 1974 (Brem. GBl. S. 131)
- Hamburg: Hamburgisches Personalvertretungsgesetz vom 16. 1. 1979 (HmbGVBl. S. 17)
- Hessen: Hessisches Personalvertretungsgesetz i. d. F. der Bekanntmachung vom 31. 8. 2007 (GVBl. S. 586)
- Mecklenburg-Vorpommern: Personalvertretungsgesetz vom 24. 2. 1993 (GVOBl. M-V S. 125)
- Niedersachsen: Niedersächsisches Personalvertretungsgesetz in der Fassung vom 22. 1. 2007 (NdS. GVBl. S. 11)
- Nordrhein-Westfalen: Landespersonalvertretungsgesetz vom 3. 12. 1974 (GV. NRW. S. 1514)
- Rheinland-Pfalz: Personalvertretungsgesetz i. d. F. der Bekanntmachung vom 24. 11. 2000 (GVBl. S. 530)
- Saarland: Saarländisches Personalvertretungsgesetz i. d. F. der Bekanntmachung vom 2. 3. 1989 (Amtsbl. S. 413)
- Sachsen: Sächsisches Personalvertretungsgesetz i. d. F. der Bekanntmachung vom 25. 6. 1999 (SächsGVBl. S. 430)
- Sachsen-Anhalt: Landespersonalvertretungsgesetz Sachsen-Anhalt i. d. F. der Bekanntmachung vom 16. 3. 2004 (GVBl. S. 205)
- Schleswig-Holstein: Mitbestimmungsgesetz Schleswig-Holstein vom 11. 12. 1990 (GVOBl. Schl.-H. S. 577)
- Thüringen: Thüringer Personalvertretungsgesetz i. d. F. der Bekanntmachung vom 14. 9. 2001 (GVBl. S. 225)

Arbeitsvertrag, Nebenabreden, Probezeit TVöD **§ 2 I.1**

Auch aus den Gleichstellungsgesetzen des Bundes und der Länder können sich Mitwirkungsrechte (der Frauenbeauftragten) ergeben.

Gleichstellungsgesetze
- Bund: Bundesgleichstellungsgesetz vom 30. 11. 2001 (BGBl. I S. 3234)
- Baden-Württemberg: Gesetz zur Verwirklichung der Chancengleichheit von Frauen und Männern im öffentlichen Dienst des Landes Baden-Württemberg vom 11. 10. 2005 (GBl. S. 650)
- Bayern: Bayerisches Gleichstellungsgesetz vom 24. 5. 1996 (GVBl. S. 186)
- Berlin: Landesgleichstellungsgesetz i. d. F. der Bekanntmachung vom 6. 9. 2002 (GVBl. S. 280)
- Brandenburg: Landesgleichstellungsgesetz vom 4. 7. 1994 (GVBl. S. 254)
- Bremen: Landesgleichstellungsgesetz vom 20. 11. 1990 (GBl. S. 433)
- Hamburg: Gleichstellungsgesetz vom 19. 3. 1991 (GVBl. S. 75)
- Hessen: Hessisches Gleichberechtigungsgesetz i. d. F. der Bekanntmachung vom 31. 8. 2007 (GVBl. I S. 586)
- Mecklenburg-Vorpommern: Gleichstellungsgesetz i. d. F. der Bekanntmachung vom 27. 7. 1998 (GVOBl. M-V S. 697)
- Niedersachsen: Niedersächsisches Gleichberechtigungsgesetz vom 15. 6. 1994 (NdS. GVBl. S. 246)
- Nordrhein-Westfalen: Landesgleichstellungsgesetz vom 9. 11. 1999 (GV. NRW. S. 590)
- Rheinland-Pfalz: Landesgleichstellungsgesetz vom 11. 7. 1995 (GVBl. S. 209)
- Saarland: Landesgleichstellungsgesetz vom 24. 4. 1996 (Amtsbl. S. 623)
- Sachsen: Sächsisches Frauenförderungsgesetz vom 31. 3. 1994 (SächsGVBl. S. 684)
- Sachsen-Anhalt: Frauenfördergesetz vom 27. 5. 1997 (GVBl. LSA S. 516)
- Schleswig-Holstein: Gleichstellungsgesetz vom 13. 12. 1994 (GVOBl. Schl.-H. S. 562)
- Thüringen: Thüringer Gleichstellungsgesetz vom 3. 11. 1998 (GVBl. S. 309).

Einheitlicher Arbeitsvertrag (Abs. 2)

Wie bislang § 4 Abs. 1 Unterabs. 2 BAT schränkt § 2 Abs. 2 TVöD die Begründung mehrerer Arbeitsverhältnisse zu demselben Arbeitgeber ein. Sie sind nur dann zulässig, wenn sie in keinem unmittelbaren Sachzusammenhang miteinander stehen (z. B. bei Tätigkeit in zwei unterschiedlichen Dienststellen). Besteht ein unmittelbarer Sachzusammenhang, gelten die Beschäftigungen als **ein** Arbeitsverhältnis; die Eingruppierung ist auf der Grundlage der gesamten Tätigkeit zu bestimmen.

Wenn der Ausnahmetatbestand aber zu bejahen und somit von **mehreren** Arbeitsverhältnissen auszugehen ist, sind die Arbeitsverhältnisse mit allen Konsequenzen getrennt zu beurteilen und abzurechnen. Dies hat in der Regel in erster Linie Auswirkung auf die Eingruppierung, weil die Tätigkeiten separat zu beurteilen sind und dann auch Tätigkeiten eine Bedeutung erlangen können, die bei einer Gesamtbewertung keinen eingruppierungsrelevanten Umfang erreichen. Weitere Auswirkungen ergeben sich bei der Beurteilung von Stichtagen (z. B. bei der Jahressonderzahlung, bei Einmalzahlungen etc.). Auch hier kann – z. B. wenn eine der Tätigkeiten nicht ganzjährig bestand – eine getrennte Beurteilung zu anderen Ergebnissen führen wie eine Gesamtbetrachtung. Zwar sind abweichend von dem Grundsatz der isolierten Betrachtung aus arbeitszeitrechtlicher Sicht die Arbeits-/Einsatzzeiten beider Arbeitsverhältnisse bei der Prüfung der gesetzlichen Arbeitszeitgrenzen zusammenzurechnen (§ 2 Abs. 1 Satz 1 zweiter Halbsatz der Arbeitszeitgesetzes). Dies ist aber eine reine Frage des möglichen Höchsteinsatzes, der auch mit dritten Arbeitgebern abzustimmen wäre. Die Bezahlung der tatsächlichen Einsatzzeiten ist von der arbeitszeitrechtlichen Frage des rechtlich möglichen Einsatzes zu trennen. Sie ist für beide Tätigkeiten getrennt nach den Regeln des TVöD zu prüfen – und zwar ohne Querblick auf das zweite Arbeitsverhältnis. Da es sich bei den getrennten Arbeitsverhältnissen jeweils um eine Teilzeitbeschäftigung handelt, stellt die dort über das vertraglich vereinbarte Arbeitszeitmaß hinaus erbrachte Arbeitsleistung bis zum Erreichen der Regelarbeitszeit eines vergleichbar Vollbeschäftigten lediglich Mehrarbeit im Sinne des § 7 Abs. 6 TVöD dar und ist mit der individuellen Stundenvergütung zu entlohnen (§ 8 Abs. 2 TVöD). Erst wenn innerhalb des jeweiligen Arbeitsverhältnisses die Vollzeitgrenze überschritten werden sollte, können Überstunden im Sinne des § 7 Abs. 7 TVöD anfallen, die dann entsprechend zu vergüten wären und einen Anspruch auf Zeitzuschläge auslösten (§ 8 Abs. 1 TVöD).

Arbeitsvertrag, Nebenabreden, Probezeit TVöD **§ 2 I.1**

Nebenabreden (Abs. 3)

Satz 1 der Vorschrift bestimmt, dass Nebenabreden nur wirksam sind, wenn sie schriftlich vereinbart worden sind. Fehlt die Schriftform, sind sie gemäß § 125 Satz 2 BGB nichtig.

Typische Gegenstände einer Nebenabrede sind beispielsweise
- die Vereinbarung, Ausbildungskosten zurückzuzahlen, wenn das Beschäftigungsverhältnis nach Abschluss der Ausbildung nicht eine bestimmte Zeit fortgesetzt wird,
- die Verkürzung der Probezeit,
- die Genehmigung bestimmter Nebentätigkeiten,
- die Möglichkeit der ordentlichen Kündigung bei befristeten Arbeitsverhältnissen.

Weitere Abmachungen jedweder Art sind möglich, soweit sie nicht gegen zwingende gesetzliche oder tarifvertragliche Vorschriften verstoßen. Der Vereinbarung einer geringeren als der tarifvertraglich vorgesehenen Vergütung stünde z. B. das Tarifvertragsgesetz (§ 4 Abs. 4) entgegen.

In Satz 2 der Vorschrift ist festgelegt, dass Nebenabreden nur dann gesondert gekündigt werden können, wenn dies einzelvertraglich vereinbart ist. Fehlt diese ausdrückliche Festlegung im Arbeitsvertrag, können sich die Vertragspartner – ebenso wie vom übrigen Inhalt des Arbeitsvertrages – nur einvernehmlich durch einen Änderungsvertrag oder einseitig durch eine Änderungskündigung lösen. Für diese Kündigung gelten dann die Regeln und Fristen, die für die Kündigung des gesamten Arbeitsvertrages maßgebend sind. Wenn zwar die Kündigungsmöglichkeit des Arbeitsvertrages ausdrücklich vereinbart worden ist, jedoch keine Festlegung einer besonderen Kündigungsfrist (z. B. 14 Tage) erfolgt ist, sind die allgemeinen Kündigungsfristen des TVöD zu beachten.

Probezeit (Abs. 4)

Nach Satz 1 der Vorschrift gelten die ersten sechs Monate der Beschäftigung als Probezeit, ohne dass es einer besonderen Vereinbarung dazu bedarf. Durch eine Nebenabrede zum Arbeitsvertrag (→ Erläuterungen zu Absatz 2) kann aber eine kürzere Probezeit vereinbart werden.

Nach Satz 2 entfällt die Probezeit, wenn Auszubildende im unmittelbaren Anschluss an das Ausbildungsverhältnis in ein Arbeitsverhältnis übernommen werden. Dabei wird davon auszugehen sein, dass es sich um ein Rechtsverhältnis zu demselben Arbeitgeber handeln muss.

§ 2 I.1 TVöD — Arbeitsvertrag, Nebenabreden, Probezeit

Die in § 5 BAT vereinbarte Verlängerung der Probezeit um eine zehn Arbeitstage übersteigende Unterbrechungszeit ist in § 2 Abs. 4 nicht mehr enthalten. Auf die Probezeit werden jedoch aufgrund gesetzlicher Bestimmungen nicht angerechnet
- Zeiten der Teilnahme an einer Eignungsübung (§ 8 Satz 3 der VO zum Eignungsübungsgesetz)
- Zeiten des Grundwehrdienstes oder einer Wehrübung (§ 6 Abs. 3 des Arbeitsplatzschutzgesetzes)
- Zivildienstzeiten (§ 78 des Zivildienstgesetzes)
- Wehrdienstzeiten als Soldat auf Zeit und Zeiten einer Fachausbildung (§ 8 Abs. 5 des Soldatenversorgungsgesetzes).

Die rechtliche Bedeutung einer Probezeit darf nicht überschätzt werden. Auch während der Probezeit unterliegt das Beschäftigungsverhältnis uneingeschränkt den Vorschriften des TVöD. Die Probezeit ist daher z. B. Beschäftigungszeit i. S. v. § 34 Abs. 3. Die Probezeit zählt außerdem als Wartezeit im urlaubsrechtlichen Sinn (siehe § 4 BUrlG i. V. m. § 26 TVöD) und ist bei der Sechsmonatsfrist des § 1 Abs. 1 des Kündigungsschutzgesetzes zu berücksichtigen. Auch steuerlich, sozialversicherungsrechtlich und im Sinne der Zusatzversorgung gelten keine Besonderheiten.

Das Arbeitsverhältnis ist auch während der Probezeit unbefristet. Stellt der Arbeitgeber während der Probezeit fest, dass der Beschäftigte für die Tätigkeit nicht geeignet ist, muss er das Arbeitsverhältnis kündigen.

Die Kündigungsfrist nach § 34 beträgt unabhängig von der Probezeit nach § 2 Abs. 4 zwei Wochen zum Monatsschluss, das Kündigungsschutzgesetz gilt während der ersten sechs Monate nicht.

Die Möglichkeit, ein befristetes Arbeitsverhältnis zur Erprobung zu schließen, bleibt unberührt. Die Befristung zur Erprobung ist in § 14 Abs. 1 Satz 2 Nr. 5 TzBfG[1]) ausdrücklich als Sachgrund genannt.

---

[1]) abgedruckt als Anhang 1 in **§ 30 TVöD**

Gesetz über den Nachweis der für ein Arbeitsverhältnis geltenden wesentlichen Bedingungen
(Nachweisgesetz – NachwG)

Vom 20. Juli 1995 (BGBl. I S. 946)

Zuletzt geändert durch
Gesetz zur Anpassung der Formvorschriften des Privatrechts und anderer Vorschriften an den modernen Rechtsgeschäftsverkehr vom 13. Juli 2001 (BGBl. I S. 1542)

§ 1 Anwendungsbereich

Dieses Gesetz gilt für alle Arbeitnehmer, es sei denn, daß sie nur zur vorübergehenden Aushilfe von höchstens einem Monat eingestellt werden.

§ 2 Nachweispflicht

(1) Der Arbeitgeber hat spätestens einen Monat nach dem vereinbarten Beginn des Arbeitsverhältnisses die wesentlichen Vertragsbedingungen schriftlich niederzulegen, die Niederschrift zu unterzeichnen und dem Arbeitnehmer auszuhändigen. In die Niederschrift sind mindestens aufzunehmen:

1. der Name und die Anschrift der Vertragsparteien,
2. der Zeitpunkt des Beginns des Arbeitsverhältnisses,
3. bei befristeten Arbeitsverhältnissen: die vorhersehbare Dauer des Arbeitsverhältnisses,
4. der Arbeitsort oder, falls der Arbeitnehmer nicht nur an einem bestimmten Arbeitsort tätig sein soll, ein Hinweis darauf, daß der Arbeitnehmer an verschiedenen Orten beschäftigt werden kann,
5. eine kurze Charakterisierung oder Beschreibung der vom Arbeitnehmer zu leistenden Tätigkeit,
6. die Zusammensetzung und die Höhe des Arbeitsentgelts einschließlich der Zuschläge, der Zulagen, Prämien und Sonderzahlungen sowie anderer Bestandteile des Arbeitsentgelts und deren Fälligkeit,
7. die vereinbarte Arbeitszeit,
8. die Dauer des jährlichen Erholungsurlaubs,
9. die Fristen für die Kündigung des Arbeitsverhältnisses,

10. ein in allgemeiner Form gehaltener Hinweis auf die Tarifverträge, Betriebs- oder Dienstvereinbarungen, die auf das Arbeitsverhältnis anzuwenden sind.

Der Nachweis der wesentlichen Vertragsbedingungen in elektronischer Form ist ausgeschlossen. Bei Arbeitnehmern, die eine geringfügige Beschäftigung nach § 8 Abs. 1 Nr. 1 des Vierten Buches Sozialgesetzbuch ausüben, ist außerdem der Hinweis aufzunehmen, daß der Arbeitnehmer in der gesetzlichen Rentenversicherung die Stellung eines versicherungspflichtigen Arbeitnehmers erwerben kann, wenn er nach § 5 Abs. 2 Satz 2 des Sechsten Buches Sozialgesetzbuch auf die Versicherungsfreiheit durch Erklärung gegenüber dem Arbeitgeber verzichtet.

(2) Hat der Arbeitnehmer seine Arbeitsleistung länger als einen Monat außerhalb der Bundesrepublik Deutschland zu erbringen, so muß die Niederschrift dem Arbeitnehmer vor seiner Abreise ausgehändigt werden und folgende zusätzliche Angaben enthalten:

1. die Dauer der im Ausland auszuübenden Tätigkeit,
2. die Währung, in der das Arbeitsentgelt ausgezahlt wird,
3. ein zusätzliches mit dem Auslandsaufenthalt verbundenes Arbeitsentgelt und damit verbundene zusätzliche Sachleistungen,
4. die vereinbarten Bedingungen für die Rückkehr des Arbeitnehmers.

(3) Die Angaben nach Absatz 1 Satz 2 Nr. 6 bis 9 und Absatz 2 Nr. 2 und 3 können ersetzt werden durch einen Hinweis auf die einschlägigen Tarifverträge, Betriebs- oder Dienstvereinbarungen und ähnlichen Regelungen, die für das Arbeitsverhältnis gelten. Ist in den Fällen des Absatzes 1 Satz 2 Nr. 8 und 9 die jeweilige gesetzliche Regelung maßgebend, so kann hierauf verwiesen werden.

(4) Wenn dem Arbeitnehmer ein schriftlicher Arbeitsvertrag ausgehändigt worden ist, entfällt die Verpflichtung nach den Absätzen 1 und 2, soweit der Vertrag die in den Absätzen 1 bis 3 geforderten Angaben enthält.

§ 3 Änderung der Angaben

Eine Änderung der wesentlichen Vertragsbedingungen ist dem Arbeitnehmer spätestens einen Monat nach der Änderung schriftlich mitzuteilen. Satz 1 gilt nicht bei einer Änderung der gesetzlichen Vorschriften, Tarifverträge, Betriebs- oder Dienstvereinbarungen und ähnlichen Regelungen, die für das Arbeitsverhältnis gelten.

§ 4 Übergangsvorschrift

Hat das Arbeitsverhältnis bereits bei Inkrafttreten dieses Gesetzes bestanden, so ist dem Arbeitnehmer auf sein Verlangen innerhalb von zwei Monaten eine Niederschrift im Sinne des § 2 auszuhändigen. Soweit eine früher ausgestellte Niederschrift oder ein schriftlicher Arbeitsvertrag die nach diesem Gesetz erforderlichen Angaben enthält, entfällt diese Verpflichtung.

§ 5 Unabdingbarkeit

Von den Vorschriften dieses Gesetzes kann nicht zuungunsten des Arbeitnehmers abgewichen werden.

Anhang 2

Niederschrift nach dem Nachweisgesetz[1]

Nach dem Gesetz über den Nachweis der für ein Arbeitsverhältnis geltenden wesentlichen Bedingungen (Artikel 1 des Gesetzes zur Anpassung arbeitsrechtlicher Bestimmungen an das EG-Recht vom 20. Juli 1995 – BGBl. I S. 946) wird neben dem mit

Frau/Herrn ....
geboren am: ....
wohnhaft: ....
geschlossenen Arbeits-
vertrag vom ....
Folgendes niedergelegt:

1. Die Beschäftigung erfolgt
   - ☐ in... (Arbeitsort)
   - ☐ an verschiedenen Orten[2]

   Die tariflichen Vorschriften über die Versetzung, Abordnung, Zuweisung und Personalgestellung bleiben unberührt.

2. Frau/Herr ....
   wird als .... beschäftigt[3].
   Die Übertragung anderer Tätigkeiten bleibt vorbehalten.

....
     (Ort, Datum)   (Arbeitgeber)

---

[1] Die Niederschrift ist nicht erforderlich bei Beschäftigten, die nur zur vorübergehenden Aushilfe von höchstens einem Monat eingestellt werden (§ 1 NachwG).

[2] Diese Alternative kommt in Betracht, wenn die/der Beschäftigte nicht nur an einem Ort beschäftigt werden soll.

[3] Hier ist die Bezeichnung der zu leistenden Tätigkeit aufzunehmen, z. B. „Beschäftigter im allgemeinen Verwaltungsdienst".

Allgemeine Arbeitsbedingungen TVöD § 3 I.1

§ 3 Allgemeine Arbeitsbedingungen

(1) Die Beschäftigten haben über Angelegenheiten, deren Geheimhaltung durch gesetzliche Vorschriften vorgesehen oder vom Arbeitgeber angeordnet ist, Verschwiegenheit zu wahren; dies gilt auch über die Beendigung des Arbeitsverhältnisses hinaus.

(2) [1]Die Beschäftigten dürfen von Dritten Belohnungen, Geschenke, Provisionen oder sonstige Vergünstigungen in Bezug auf ihre Tätigkeit nicht annehmen. [2]Ausnahmen sind nur mit Zustimmung des Arbeitgebers möglich. [3]Werden den Beschäftigten derartige Vergünstigungen angeboten, haben sie dies dem Arbeitgeber unverzüglich anzuzeigen.

(3) [1]Nebentätigkeiten gegen Entgelt haben die Beschäftigten ihrem Arbeitgeber rechtzeitig vorher schriftlich anzuzeigen. [2]Der Arbeitgeber kann die Nebentätigkeit untersagen oder mit Auflagen versehen, wenn diese geeignet ist, die Erfüllung der arbeitsvertraglichen Pflichten der Beschäftigten oder berechtigte Interessen des Arbeitgebers zu beeinträchtigen. [3]Für Nebentätigkeiten bei demselben Arbeitgeber oder im übrigen öffentlichen Dienst (§ 34 Abs. 3 Satz 3 und 4) kann eine Ablieferungspflicht zur Auflage gemacht werden; für die Beschäftigten des Bundes sind dabei die für die Beamtinnen und Beamten des Bundes geltenden Bestimmungen maßgeblich.

(4) [1]Der Arbeitgeber ist bei begründeter Veranlassung berechtigt, die/den Beschäftigte/n zu verpflichten, durch ärztliche Bescheinigung nachzuweisen, dass sie/er zur Leistung der arbeitsvertraglich geschuldeten Tätigkeit in der Lage ist. [2]Bei der beauftragten Ärztin/dem beauftragten Arzt kann es sich um eine Betriebsärztin/einen Betriebsarzt handeln, soweit sich die Betriebsparteien nicht auf eine andere Ärztin/einen anderen Arzt geeinigt haben. [3]Die Kosten dieser Untersuchung trägt der Arbeitgeber.

(5) [1]Die Beschäftigten haben ein Recht auf Einsicht in ihre vollständigen Personalakten. [2]Sie können das Recht auf Einsicht auch durch eine/n hierzu schriftlich Bevollmächtigte/n ausüben lassen. [3]Sie können Auszüge oder Kopien aus ihren Personalakten erhalten.

(6) Die Schadenshaftung der Beschäftigten, die in einem Arbeitsverhältnis zu einem Arbeitgeber stehen, der Mitglied eines Mitgliedverbandes der VKA ist, ist bei dienstlich oder betrieblich veranlassten Tätigkeiten auf Vorsatz und grobe Fahrlässigkeit beschränkt.

(7) Für die Schadenshaftung der Beschäftigten des Bundes finden die Bestimmungen, die für die Beamtinnen und Beamten des Bundes gelten, entsprechende Anwendung.

Erläuterungen

§ 3 TVöD regelt die Bereiche Schweigepflicht (Absatz 1), Belohnungen/Geschenke (Absatz 2), Nebentätigkeiten (Absatz 3), ärztliche Untersuchung (Absatz 4) und Personalakten (Absatz 5). Diese Themenbereiche waren im BAT in den §§ 7 (ärztliche Untersuchung), 9

(Schweigepflicht), 10 (Belohnungen/Geschenke), 11 (Nebentätigkeit) und 13 (Personalakten) geregelt.

Auf die abweichenden Sonderregelungen in § 43 des Besonderen Teils Pflege- und Betreuungseinrichtungen bzw. § 42 des Besonderen Teils Krankenhäuser (Nebentätigkeit) wird hingewiesen.

Schweigepflicht (Abs. 1)

Nach dieser Vorschrift ist der Beschäftigte verpflichtet, über die Angelegenheiten, deren Geheimhaltung entweder durch Gesetz oder durch Anordnung des Arbeitgebers vorgeschrieben ist, Verschwiegenheit zu wahren.

Die Palette der in Betracht kommenden gesetzlichen Vorschriften ist vor dem Hintergrund der Bandbreite der Betätigungsfelder des öffentlichen Dienstes und der dabei anzutreffenden Berufsbilder sehr groß. Nachfolgend ist daher nur eine Auswahl der wichtigsten Gesetzesvorschriften aufgezählt. Dazu zählen

- die Datenschutzgesetze des Bundes und der Länder,
- die Abgabenordnung (§ 30: Steuergeheimnis),
- die Sozialgesetze (§ 35 SGB I: Sozialgeheimnis; §§ 130, 155 SGB IX: für Beschäftigte der Integrationsämter etc.),
- § 9 des Bundesarchivgesetzes für die Beschäftigten, die mit der Bearbeitung der Bundesstatistiken beschäftigt werden,
- das Strafgesetzbuch (§§ 93 bis 101a: Landesverrat und Gefährdung der äußeren Sicherheit, § 203: Verletzung der Schweigepflicht, § 353b: Verletzung eines Dienstgeheimnisses, § 353c: unbefugte Weitergabe geheimer Gegenstände oder Nachrichten).

Es ist ausdrücklich bestimmt, dass die Verschwiegenheitspflicht auch über die Beendigung des Arbeitsverhältnisses hinaus fortbesteht.

Ein Verstoß gegen die Pflicht zur Verschwiegenheit stellt eine erhebliche Beeinträchtigung für das Arbeitsverhältnis dar und berechtigt den Arbeitgeber zur ordentlichen oder – je nach Schwere des Einzelfalles – sogar zur fristlosen Kündigung. Dazu hat das BAG im Urteil vom 18. 6. 1970 – 2 AZR 369/69; AP Nr. 82 zu § 1 KSchG – festgestellt, dass der Angestellte des öffentlichen Dienstes keine Kündigung zu befürchten braucht, wenn er von seinem Petitionsrecht (Art. 17 GG) Gebrauch macht und dabei auf gewisse Missstände in seinem Amt aufmerksam macht. Mit seinem Urteil vom 3. 7. 2003 – 2 AZR 235/02; AP Nr. 45 zu § 1 KSchG 1969 Verhaltensbedingte Kündigung – hat sich das BAG ausführlich mit der Frage auseinander gesetzt, ob ein Arbeitnehmer wegen einer von ihm veranlassten Strafanzeige gegen

Allgemeine Arbeitsbedingungen TVöD §3 I.1

seinen Vorgesetzten (sog. „whistleblower") verhaltensbedingt gekündigt werden kann. Dies hat das BAG, das das Verfahren zur weiteren Entscheidung an die Vorinstanz zurückgewiesen hatte, für den Fall bejaht, dass der Arbeitnehmer in einer Strafanzeige gegen seinen Arbeitgeber oder dessen Repräsentanten wissentlich oder leichtfertig falsche Angaben gemacht hat. Auch die vorherige innerbetriebliche Meldung und Klärung des zur Anzeige gebrachten Missstandes sei dem Arbeitnehmer in gewissen Fällen zuzumuten.

Unabhängig von der im Einzelfall zu prüfenden Kündigungsmöglichkeit besteht bei Gesetzesverstößen (z. B. gegen die unter 2. genannten gesetzlichen Vorschriften) die Möglichkeit der strafrechtlichen Verfolgung.

Soweit die Pflicht zur Verschwiegenheit besteht, bedarf der Beschäftigte für die Aussage vor Gericht der vorherigen Genehmigung durch den Arbeitgeber (§ 376 ZPO, § 54 StPO, § 46 Abs. 2 ArbGG).

Belohnungen/Geschenke (Abs. 2)

Nach dieser Vorschrift ist es den Beschäftigten untersagt, von Dritten Belohnungen, Geschenke, Provisionen oder sonstige Vergünstigungen ohne Zustimmung des Arbeitgebers anzunehmen. Sie haben entsprechende Angebote unverzüglich ihrem Arbeitgeber anzuzeigen.

Auch wenn die Vorschrift praktisch unverändert aus dem BAT übernommen worden ist, so ist sie vor dem Hintergrund der in der Öffentlichkeit, aber auch innerhalb des öffentlichen Dienstes gesteigerten Sensibilität gegenüber der Korruption sicher deutlich enger auszulegen als bei Inkrafttreten des BAT. Die beispielsweise in der damaligen Zeit dem Vernehmen nach nicht unübliche, von den Amtsleitungen gebilligte oder zumindest stillschweigend tolerierte Praxis manches ortsansässigen Steuerberaters, in der Vorweihnachtszeit kleinere Präsente (meist in Flaschenform) in den Finanzämtern abzugeben, wird heute in einem anderen Licht zu beurteilen sein.

Ein Verstoß gegen das Verbot, Geschenke und dergleichen anzunehmen, stellt einen Grund für eine ordentliche oder – je nach Schwere des Einzelfalles – sogar zur fristlosen Kündigung dar. Der Beschäftigte macht sich unter Umständen schadensersatzpflichtig und muss die erlangten Vorteile herausgeben.

Daneben besteht die Möglichkeit der strafrechtlichen Verfolgung (wegen Bestechlichkeit bzw. Vorteilsannahme – §§ 331 bzw. 332 StGB).

Das Verbot der Annahme von Geschenken etc. gilt formal nur für den Zeitraum des Bestehens des Arbeitsverhältnisses; eine Nachwirkensklausel wie etwa bei der Verschwiegenheit (s. o.) ist nicht ausdrücklich vereinbart. Unter das Verbot fiele in diesem Fall – wenn und soweit nachweisbar – allenfalls das Sich-Versprechen-Lassen von Vorteilen.

Nebentätigkeiten (Abs. 3)

Während im Bereich des BAT bislang hinsichtlich der Nebentätigkeit von Angestellten die für die Beamten des Arbeitgebers geltenden Vorschriften (z. B. die Bundesnebentätigkeitsverordnung) sinngemäß Anwendung fanden, enthält der TVöD eigenständige, im Wesentlichen an das bislang für Arbeiter geltende Recht (siehe § 13 MTArb) angelehnte Bestimmungen. Es bestanden schnell Zweifel, ob diese Regelungen den Bedürfnissen der Praxis gerecht werden; denn gerade im Bereich der Angestellten höherer Vergütungsgruppen enthielt das beamtenrechtliche Nebentätigkeitsrecht viele sinnvolle Bestimmungen, die mit Inkrafttreten des TVöD fortgefallen sind (z. B. Limitierung der Höhe bestimmter Nebeneinkünfte; Abführungspflichten). Dieser Kritik haben die Tarifpartner im Zuge des 2. Änderungstarifvertrages vom 31. März 2008 Rechnung getragen und mit Wirkung vom 1. Juli 2008 Satz 3 der Vorschrift eingefügt. Zu den Folgen s. u.

Nach Satz 1 der Vorschrift hat der Beschäftigte Nebentätigkeiten gegen Entgelt seinem Arbeitgeber vorher – also vor deren Aufnahme – schriftlich anzuzeigen. Dabei ist der Begriff des Entgeltes weit zu fassen und schließt auch geldwerte Vorteile, aber nicht den Ersatz von Auslagen ein. Unentgeltliche Nebentätigkeiten (z. B. Ehrenämter) sind daher anzeigefrei.

Satz 2 der Vorschrift zählt abschließend auf, in welchen Fällen der Arbeitgeber berechtigt ist, die Nebentätigkeit zu untersagen oder mit Auflagen zu versehen. Dies ist der Fall, wenn die Nebentätigkeiten geeignet sind, entweder die Erfüllung der arbeitsvertraglichen Pflichten oder berechtigte Interessen des Arbeitgebers zu beeinträchtigen.

Dabei reicht es aus, dass die Nebentätigkeit lediglich von ihrer Art her „geeignet" sein muss, Beeinträchtigungen hervorzurufen. Eine tatsächliche Beeinträchtigung im konkreten Einzelfall ist nicht Voraussetzung für das Verbot durch den Arbeitgeber.

Von einer (ein Verbot rechtfertigenden) Beeinträchtigung der Erfüllung arbeitsvertraglicher Pflichten wird man davon ausgehen können, wenn die Tätigkeit zu einer zeitlichen oder physischen Überbeanspru-

Allgemeine Arbeitsbedingungen TVöD § 3 I.1

chung des Beschäftigten führt. Bei Teilzeitbeschäftigten scheidet eine zeitliche Überbeanspruchung so lange aus, wie Haupt- und Nebenbeschäftigung das Maß der regelmäßigen Arbeitszeit eines Vollbeschäftigten nicht überschreiten.

Ein zur Untersagung der Nebentätigkeit führender Interessenkonflikt ist bei Überschneidung von dienstlichen und nebenberuflichen Tätigkeiten anzunehmen (z. B. wenn ein im Bauamt für die Bewilligung von Bauvoranfragen etc. zuständiger Beschäftigter nebenbei für ein Architekturbüro arbeitet und Bauvoranfragen etc. erstellt).

Der Arbeitgeber kann seine Zustimmung auch von Auflagen abhängig machen (z. B. einer zeitlichen Obergrenze).

Der Verstoß gegen die Pflicht, Nebentätigkeiten anzuzeigen, und die Ausübung untersagter Nebentätigkeiten können arbeitsrechtliche Sanktionen (je nach Schwere des Einzelfalles von der Abmahnung bis zur fristlosen Kündigung) nach sich ziehen.

Satz 3 ist mit Wirkung vom 1. Juli 2008 angefügt worden. Die neue Regelung ermöglicht es, die im BAT automatisch durch Inbezugnahme des Nebentätigkeitsrechts für Beamte geltenden Abführungspflichten bei Nebentätigkeiten beim selben Arbeitgeber oder im öffentlichen Dienst (im Sinne der Vorschrift des § 34 Abs. 3 Satz 3 und 4) zur Auflage zu machen und einzelvertraglich zu vereinbaren. Bei den Beschäftigten des Bundes soll dies durch Inbezugnahme der für die Bundesbeamten geltenden Vorschriften des Nebentätigkeitsrechts geschehen. Bei Beschäftigten der Kommunen sind die Regeln im Arbeitsvertrag zu benennen; es dürften auch hier keine Bedenken bestehen, wenn insoweit das Nebentätigkeitsrecht des Bundes (oder ggf. eines Landes) einzelvertraglich in Bezug genommen wird.

Ärztliche Untersuchungen (Abs. 4)

Die Vorschrift des Absatzes 4 regelt – im Vergleich zur bisher maßgebenden Vorschrift (§ 7 BAT) in verkürzter Form – das Recht des Arbeitgebers, den Arbeitnehmer „...bei begründeter Veranlassung... zu verpflichten, durch ärztliche Bescheinigung nachzuweisen, ob er zur Leistung der arbeitsvertraglich geschuldeten Arbeit in der Lage ist".

Was unter einem „begründeten Anlass" zu verstehen ist, ist nicht festgelegt. Darunter werden aber – auch wenn eine in § 7 Abs. 1 BAT entsprechende Bestimmung fehlt – die Einstellungsuntersuchung vor Beginn des Beschäftigungsverhältnisses und eine Untersuchung bei

Zweifeln an einer behaupteten Arbeitsfähigkeit bzw. behaupteten Arbeitsunfähigkeit gehören.

Bestehende gesetzliche Regelungen zur ärztlichen Untersuchung von Arbeitnehmern bleiben durch die Tarifvorschrift unberührt. Dabei kommen insbesondere die folgenden Gesetze in Betracht:
- das Arbeitssicherheitsgesetz
- die Biostoffverordnung
- das Jugendarbeitsschutzgesetz
- die Gefahrstoffverordnung
- die Röntgenverordnung
- die Strahlenschutzverordnung
- die Unfallverhütungsvorschriften und
- die Bildschirmarbeitsverordnung[1])

Satz 3 der Vorschrift bestimmt, dass der Arbeitgeber die Kosten der ärztlichen Untersuchung zu tragen hat.

Der mit der Untersuchung zu beauftragende Arzt ist von den Parteien gemeinsam festzulegen; er ist – wenn eine Einigung erfolgt – letztlich beliebig. Die Einschaltung des Betriebsarztes, die in Satz 2 vorgeschlagen wird, ist nicht verbindlich, sondern zeigt nur eine der denkbaren Möglichkeiten auf.

Personalakten (Abs. 5)

Die Bestimmung entspricht im Wesentlichen der Regelung in § 13 Abs. 1 BAT.

Die Vorschrift enthält keine Bestimmung darüber, ob, in welcher Weise und in welchem Umfang Personalakten für den Beschäftigten geführt werden. § 3 Abs. 5 TVöD setzt das Vorhandensein von Personalakten voraus.

Satz 1 begründet das Recht zur Einsichtnahme in die vollständigen Personalakten, schließt also die Einsichtnahme in Bei-, Hilfs- oder Nebenakten ein. Ein besonderer Anlass muss für den Wunsch der Einsichtnahme nicht genannt werden; der Beschäftigte hat jederzeit ein Recht auf Akteneinsicht.

Nach Satz 2 kann der Beschäftigte das Recht der Akteneinsicht auch durch einen von ihm dazu schriftlich Bevollmächtigten ausüben lassen. Besondere Anforderungen an eine etwaige Qualifikation (z. B. Rechtsanwalt) oder Funktion (z. B. Personalratsmitglied) stellt

---

[1]) abgedruckt in **Anhang 1**

Allgemeine Arbeitsbedingungen TVöD § 3 I.1

die Vorschrift nicht. Es kommt also jede bevollmächtigte Person in Betracht. Entgegen der Regelung in § 13 Abs. 1 Satz 4 BAT wird dem Arbeitgeber keine besondere Berechtigung eingeräumt, einen Bevollmächtigten aus dienstlichen oder betrieblichen Gründen zurückzuweisen.

Nach Satz 3 können die Beschäftigten Auszüge oder Kopien aus ihren Personalakten erhalten. In der Praxis dürften Ablichtungen das geeignete Mittel sein. Satz 3 enthält keine Regelung über die Tragung der dadurch entstehenden Kosten. Sie gehen, da die Kopie im Interesse und für den Beschäftigten gefertigt wird, zu Lasten des Beschäftigten, wenn und soweit der Arbeitgeber nicht von der Geltendmachung der Kosten absieht.

Schadenshaftung (Abs. 6 bzw. 7)

Die Absätze 6 und 7 sind im Zuge des 2. Änderungstarifvertrages vom 31. März 2008 mit Wirkung vom 1. Juli 2008 angefügt worden.

Sie treffen – getrennt nach Kommunen (Absatz 6) und Bund (Absatz 7) – Regelungen dazu, ob und in welchem Umfang die Beschäftigten im Schadensfall haften und grenzen das gesetzliche Haftungsrisiko ein.

Für die Beschäftigten der Kommunen ist dies in Absatz 6 durch die Beschränkung der Haftung auf Fälle des Vorsatzes und der groben Fahrlässigkeit geschehen.

Für die Beschäftigten des Bundes ist in Absatz 7 vereinbart, dass für sie die für Bundesbeamte geltenden Bestimmungen zur Schadenshaftung Anwendung finden. Die Regelung entspricht im Ergebnis § 14 BAT und stellt eine Angleichung an die vergleichbare Regelung in § 3 Abs. 7 TV-L dar.

Verordnung über Sicherheit und Gesundheitsschutz bei der Arbeit an Bildschirmgeräten (Bildschirmarbeitsverordnung – BildscharbV)

Vom 4. Dezember 1996 (BGBl. I S. 1841)

Zuletzt geändert durch
Neunte Zuständigkeitsanpassungsverordnung
vom 31. Oktober 2006 (BGBl. I S. 2407)

§ 1 Anwendungsbereich

(1) Diese Verordnung gilt für die Arbeit an Bildschirmgeräten.

(2) Diese Verordnung gilt nicht für die Arbeit an

1. Bedienerplätzen von Maschinen oder an Fahrerplätzen von Fahrzeugen mit Bildschirmgeräten,
2. Bildschirmgeräten an Bord von Verkehrsmitteln,
3. Datenverarbeitungsanlagen, die hauptsächlich zur Benutzung durch die Öffentlichkeit bestimmt sind,
4. Bildschirmgeräten für den ortsveränderlichen Gebrauch, sofern sie nicht regelmäßig an einem Arbeitsplatz eingesetzt werden,
5. Rechenmaschinen, Registrierkassen oder anderen Arbeitsmitteln mit einer kleinen Daten- oder Meßwertanzeigevorrichtung, die zur unmittelbaren Benutzung des Arbeitsmittels erforderlich ist, sowie
6. Schreibmaschinen klassischer Bauart mit einem Display.

(3) Die Verordnung gilt nicht in Betrieben, die dem Bundesberggesetz unterliegen.

(4) Das Bundeskanzleramt, das Bundesministerium des Innern, das Bundesministerium für Verkehr, Bau und Stadtentwicklung, das Bundesministerium der Verteidigung oder das Bundesministerium der Finanzen können, soweit sie hierfür jeweils zuständig sind, im Einvernehmen mit dem Bundesministerium für Arbeit und Soziales und, soweit nicht das Bundesministerium des Innern selbst zuständig ist, im Einvernehmen mit dem Bundesministerium des Innern bestimmen, daß für bestimmte Tätigkeiten im öffentlichen Dienst des Bundes, insbesondere bei der Bundeswehr, der Polizei, den Zivil- und Katastrophenschutzdiensten, dem Zoll oder den Nachrichtendiensten, Vorschriften dieser Verordnung ganz oder zum Teil nicht anzuwenden sind, soweit öffentliche Belange dies zwingend erfordern, insbeson-

dere zur Aufrechterhaltung oder Wiederherstellung der öffentlichen Sicherheit. In diesem Fall ist gleichzeitig festzulegen, wie die Sicherheit und der Gesundheitsschutz der Beschäftigten nach dieser Verordnung auf andere Weise gewährleistet werden.

§ 2 Begriffsbestimmungen

(1) Bildschirmgerät im Sinne dieser Verordnung ist ein Bildschirm zur Darstellung alphanumerischer Zeichen oder zur Grafikdarstellung, ungeachtet des Darstellungsverfahrens.

(2) Bildschirmarbeitsplatz im Sinne dieser Verordnung ist ein Arbeitsplatz mit einem Bildschirmgerät, der ausgestattet sein kann mit

1. Einrichtungen zur Erfassung von Daten,
2. Software, die den Beschäftigten bei der Ausführung ihrer Arbeitsaufgaben zur Verfügung steht,
3. Zusatzgeräten und Elementen, die zum Betreiben oder Benutzen des Bildschirmgeräts gehören, oder
4. sonstigen Arbeitsmitteln,

sowie die unmittelbare Arbeitsumgebung.

(3) Beschäftigte im Sinne dieser Verordnung sind Beschäftigte, die gewöhnlich bei einem nicht unwesentlichen Teil ihrer normalen Arbeit ein Bildschirmgerät benutzen.

§ 3 Beurteilung der Arbeitsbedingungen

Bei der Beurteilung der Arbeitsbedingungen nach § 5 des Arbeitsschutzgesetzes hat der Arbeitgeber bei Bildschirmarbeitsplätzen die Sicherheits- und Gesundheitsbedingungen insbesondere hinsichtlich einer möglichen Gefährdung des Sehvermögens sowie körperlicher Probleme und psychischer Belastungen zu ermitteln und zu beurteilen.

§ 4 Anforderungen an die Gestaltung

(1) Der Arbeitgeber hat geeignete Maßnahmen zu treffen, damit die Bildschirmarbeitsplätze den Anforderungen des Anhangs und sonstiger Rechtsvorschriften entsprechen.

(2) Bei Bildschirmarbeitsplätzen, die bis zum 20. Dezember 1996 in Betrieb sind, hat der Arbeitgeber die geeigneten Maßnahmen nach Absatz 1 dann zu treffen,

1. wenn diese Arbeitsplätze wesentlich geändert werden oder
2. wenn die Beurteilung der Arbeitsbedingungen nach § 3 ergibt, daß durch die Arbeit an diesen Arbeitsplätzen Leben oder Gesundheit der Beschäftigten gefährdet ist,

spätestens jedoch bis zum 31. Dezember 1999.

(3) Von den Anforderungen des Anhangs darf abgewichen werden, wenn

1. die spezifischen Erfordernisse des Bildschirmarbeitsplatzes oder Merkmale der Tätigkeit diesen Anforderungen entgegenstehen oder
2. der Bildschirmarbeitsplatz entsprechend den jeweiligen Fähigkeiten der daran tätigen Behinderten unter Berücksichtigung von Art und Schwere der Behinderung gestaltet wird

und dabei Sicherheit und Gesundheitsschutz auf andere Weise gewährleistet sind.

§ 5 Täglicher Arbeitsablauf

Der Arbeitgeber hat die Tätigkeit der Beschäftigten, so zu organisieren, daß die tägliche Arbeit an Bildschirmgeräten regelmäßig durch andere Tätigkeiten oder durch Pausen unterbrochen wird, die jeweils die Belastung durch die Arbeit am Bildschirmgerät verringern.

§ 6 Untersuchung der Augen und des Sehvermögens

(1) Der Arbeitgeber hat den Beschäftigten vor Aufnahme ihrer Tätigkeit an Bildschirmgeräten, anschließend in regelmäßigen Zeitabständen sowie bei Auftreten von Sehbeschwerden, die auf die Arbeit am Bildschirmgerät zurückgeführt werden können, eine angemessene Untersuchung der Augen und des Sehvermögens durch eine fachkundige Person anzubieten. Erweist sich aufgrund der Ergebnisse einer Untersuchung nach Satz 1 eine augenärztliche Untersuchung als erforderlich, ist diese zu ermöglichen.

(2) Den Beschäftigten sind im erforderlichen Umfang spezielle Sehhilfen für ihre Arbeit an Bildschirmgeräten zur Verfügung zu stellen, wenn die Ergebnisse einer Untersuchung nach Absatz 1 ergeben, daß spezielle Sehhilfen notwendig und normale Sehhilfen nicht geeignet sind.

§ 7 Ordnungswidrigkeiten

Ordnungswidrig im Sinne des § 25 Abs. 1 Nr. 1 des Arbeitsschutzgesetzes handelt, wer vorsätzlich oder fahrlässig entgegen § 6 Abs. 1 Satz 1 die dort bezeichneten Untersuchungen nicht oder nicht rechtzeitig anbietet.

§ 31.1 Anhang 1: BildschirmarbeitsVO   Anhang

Anhang über an Bildschirmarbeitsplätze zu stellende Anforderungen

Bildschirmgerät und Tastatur

1. Die auf dem Bildschirm dargestellten Zeichen müssen scharf, deutlich und ausreichend groß sein sowie einen angemessenen Zeichen- und Zeilenabstand haben.
2. Das auf dem Bildschirm dargestellte Bild muß stabil und frei von Flimmern sein; es darf keine Verzerrungen aufweisen.
3. Die Helligkeit der Bildschirmanzeige und der Kontrast zwischen Zeichen und Zeichenuntergrund auf dem Bildschirm müssen einfach einstellbar sein und den Verhältnissen der Arbeitsumgebung angepaßt werden können.
4. Der Bildschirm muß frei von störenden Reflexionen und Blendungen sein.
5. Das Bildschirmgerät muß frei und leicht drehbar und neigbar sein.
6. Die Tastatur muß vom Bildschirmgerät getrennt und neigbar sein, damit die Benutzer eine ergonomisch günstige Arbeitshaltung einnehmen können.
7. Die Tastatur und die sonstigen Eingabemittel müssen auf der Arbeitsfläche variabel angeordnet werden können. Die Arbeitsfläche vor der Tastatur muß ein Auflegen der Hände ermöglichen.
8. Die Tastatur muß eine reflexionsarme Oberfläche haben.
9. Form und Anschlag der Tasten müssen eine ergonomische Bedienung der Tastatur ermöglichen. Die Beschriftung der Tasten muß sich vom Untergrund deutlich abheben und bei normaler Arbeitshaltung lesbar sein.

Sonstige Arbeitsmittel

10. Der Arbeitstisch beziehungsweise die Arbeitsfläche muß eine ausreichend große und reflexionsarme Oberfläche besitzen und eine flexible Anordnung des Bildschirmgeräts, der Tastatur, des Schriftguts und der sonstigen Arbeitsmittel ermöglichen. Ausreichender Raum für eine ergonomisch günstige Arbeitshaltung muß vorhanden sein. Ein separater Ständer für das Bildschirmgerät kann verwendet werden.
11. Der Arbeitsstuhl muß ergonomisch gestaltet und standsicher sein.
12. Der Vorlagenhalter muß stabil und verstellbar sein sowie so angeordnet werden können, daß unbequeme Kopf- und Augenbewegungen soweit wie möglich eingeschränkt werden.
13. Eine Fußstütze ist auf Wunsch zur Verfügung zu stellen, wenn eine ergonomisch günstige Arbeitshaltung ohne Fußstütze nicht erreicht werden kann.

Anhang Anhang 1: BildschirmarbeitsVO **§ 3 I.1**

Arbeitsumgebung

14. Am Bildschirmarbeitsplatz muß ausreichender Raum für wechselnde Arbeitshaltungen und -bewegungen vorhanden sein.
15. Die Beleuchtung muß der Art der Sehaufgabe entsprechen und an das Sehvermögen der Benutzer angepaßt sein; dabei ist ein angemessener Kontrast zwischen Bildschirm und Arbeitsumgebung zu gewährleisten. Durch die Gestaltung des Bildschirmarbeitsplatzes sowie Auslegung und Anordnung der Beleuchtung sind störende Blendwirkungen, Reflexionen oder Spiegelungen auf dem Bildschirm und den sonstigen Arbeitsmitteln zu vermeiden.
16. Bildschirmarbeitsplätze sind so einzurichten, daß leuchtende oder beleuchtete Flächen keine Blendung verursachen und Reflexionen auf dem Bildschirm soweit wie möglich vermieden werden. Die Fenster müssen mit einer geeigneten verstellbaren Lichtschutzvorrichtung ausgestattet sein, durch die sich die Stärke des Tageslichteinfalls auf den Bildschirmarbeitsplatz vermindern läßt.
17. Bei der Gestaltung des Bildschirmarbeitsplatzes ist dem Lärm, der durch die zum Bildschirmarbeitsplatz gehörenden Arbeitsmittel verursacht wird, Rechnung zu tragen, insbesondere um eine Beeinträchtigung der Konzentration und der Sprachverständlichkeit zu vermeiden.
18. Die Arbeitsmittel dürfen nicht zu einer erhöhten Wärmebelastung am Bildschirmarbeitsplatz führen, die unzuträglich ist. Es ist für eine ausreichende Luftfeuchtigkeit zu sorgen.
19. Die Strahlung muß – mit Ausnahme des sichtbaren Teils des elektromagnetischen Spektrums – so niedrig gehalten werden, daß sie für Sicherheit und Gesundheit der Benutzer des Bildschirmgerätes unerheblich ist.

Zusammenwirken Mensch – Arbeitsmittel

20. Die Grundsätze der Ergonomie sind insbesondere auf die Verarbeitung von Informationen durch den Menschen anzuwenden.
21. Bei Entwicklung, Auswahl, Erwerb und Änderung von Software sowie bei der Gestaltung der Tätigkeit an Bildschirmgeräten hat der Arbeitgeber den folgenden Grundsätzen insbesondere im Hinblick auf die Benutzerfreundlichkeit Rechnung zu tragen:
21.1 Die Software muß an die auszuführende Aufgabe angepaßt sein.
21.2 Die Systeme müssen den Benutzern Angaben über die jeweiligen Dialogabläufe unmittelbar oder auf Verlangen machen.

§ 3 I.1 Anhang 1: BildschirmarbeitsVO

21.3 Die Systeme müssen den Benutzern die Beeinflussung der jeweiligen Dialogabläufe ermöglichen sowie eventuelle Fehler bei der Handhabung beschreiben und deren Beseitigung mit begrenztem Arbeitsaufwand erlauben.

21.4 Die Software muß entsprechend den Kenntnissen und Erfahrungen der Benutzer im Hinblick auf die auszuführende Aufgabe angepaßt werden können.

22. Ohne Wissen der Benutzer darf keine Vorrichtung zur qualitativen oder quantitativen Kontrolle verwendet werden.

Versetzung, Abordnung TVöD § 4 I.1

§ 4 Versetzung, Abordnung, Zuweisung, Personalgestellung

(1) ¹Beschäftigte können aus dienstlichen oder betrieblichen Gründen versetzt oder abgeordnet werden. ²Sollen Beschäftigte an eine Dienststelle oder einen Betrieb außerhalb des bisherigen Arbeitsortes versetzt oder voraussichtlich länger als drei Monate abgeordnet werden, so sind sie vorher zu hören.

Protokollerklärungen zu Absatz 1:

1. Abordnung ist die Zuweisung einer vorübergehenden Beschäftigung bei einer anderen Dienststelle oder einem anderen Betrieb desselben oder eines anderen Arbeitgebers unter Fortsetzung des bestehenden Arbeitsverhältnisses.
2. Versetzung ist die Zuweisung einer auf Dauer bestimmten Beschäftigung bei einer anderen Dienststelle oder einem anderen Betrieb desselben Arbeitgebers unter Fortsetzung des bestehenden Arbeitsverhältnisses.

Niederschriftserklärung zu § 4 Abs. 1:
Der Begriff „Arbeitsort" ist ein generalisierter Oberbegriff; die Bedeutung unterscheidet sich nicht von dem bisherigen Begriff „Dienstort".

(2) ¹Beschäftigten kann im dienstlichen/betrieblichen oder öffentlichen Interesse mit ihrer Zustimmung vorübergehend eine mindestens gleich vergütete Tätigkeit bei einem Dritten zugewiesen werden. ²Die Zustimmung kann nur aus wichtigem Grund verweigert werden. ³Die Rechtsstellung der Beschäftigten bleibt unberührt. ⁴Bezüge aus der Verwendung nach Satz 1 werden auf das Entgelt angerechnet.

Protokollerklärung zu Absatz 2:
Zuweisung ist – unter Fortsetzung des bestehenden Arbeitsverhältnisses – die vorübergehende Beschäftigung bei einem Dritten im In- und Ausland, bei dem der Allgemeine Teil des TVöD nicht zur Anwendung kommt.

(3) ¹Werden Aufgaben der Beschäftigten zu einem Dritten verlagert, ist auf Verlangen des Arbeitgebers bei weiter bestehendem Arbeitsverhältnis die arbeitsvertraglich geschuldete Arbeitsleistung bei dem Dritten zu erbringen (Personalgestellung). ²§ 613a BGB sowie gesetzliche Kündigungsrechte bleiben unberührt.

Protokollerklärung zu Absatz 3:
¹Personalgestellung ist – unter Fortsetzung des bestehenden Arbeitsverhältnisses – die auf Dauer angelegte Beschäftigung bei einem Dritten. ²Die Modalitäten der Personalgestellung werden zwischen dem Arbeitgeber und dem Dritten vertraglich geregelt.

Erläuterungen

§ 4 TVöD regelt die Bereiche Versetzung und Abordnung (Absatz 1), Zuweisung (Absatz 2) und Personalgestellung (Absatz 3). Diese Themenbereiche waren bislang weitgehend in § 12 BAT geregelt. Auf die abweichenden Sonderregelungen in § 45 (Bund) des Besonderen Teils Verwaltung wird hingewiesen.

§ 4 I.1 TVöD — Versetzung, Abordnung

Die Vorschrift des § 4 konkretisiert bzw. erweitert die sich schon aus dem allgemeinen Direktionsrecht des Arbeitgebers ergebenden Möglichkeiten des flexiblen Personaleinsatzes. Dabei handelt es sich um einseitige Maßnahmen des Arbeitgebers, von denen er stets nur nach pflichtgemäßem Ermessen – also nicht willkürlich – Gebrauch machen darf. Das in Absatz 1 und 2 der tariflichen Regelung verlangte Erfordernis dienstlicher oder betrieblicher Gründe für die Umsetzung ist zu beachten. Es dürfte bei Umorganisationen aber ebenso zu bejahen sein wie bei kurzfristiger Umsetzung Beschäftigter als Ersatz für Personalausfälle.

Das Arbeitsverhältnis zwischen den Vertragspartnern besteht fort; Rechtsverhältnisse bestehen somit auch im Fall der Zuweisung und der Personalgestellung nur zwischen dem Arbeitnehmer und dem „alten" Arbeitgeber.

Auch in den Fällen, in denen eine Abordnung oder Versetzung grundsätzlich möglich ist, sind Grenzen zu beachten. So kann zwar der Arbeitgeber im Rahmen und in den Grenzen der Tarifvorschrift den Einsatzort des Beschäftigten einseitig verändern. Die übrigen Arbeitsbedingungen – insbesondere die Vergütung – bleiben dadurch aber unberührt und können nur durch eine einvernehmliche Änderung des Arbeitsvertrages oder im Rahmen einer Änderungskündigung modifiziert werden. Der Einsatz auf einem geringer bewerteten Einsatzplatz ist selbst dann ausgeschlossen, wenn der Arbeitgeber die bisherige Vergütung fortzahlt (siehe BAG-Urteile vom 8. 10. 1962 – 2 AZR 550/61 – und vom 14. 7. 1965 – 4 AZR 347/63 – AP Nr. 18 bzw. Nr. 19 zu § 611 BGB Direktionsrecht).

Bei Abordnung und Versetzung sind nach dem Bundespersonalvertretungsgesetz bzw. den Personalvertretungsgesetzen der Länder Mitbestimmungsrechte der Personalvertretung zu beachten. Eine Liste der in Frage kommenden Gesetze ist bei den Erläuterungen zu § 2 Abs. 1 abgedruckt. Entsprechendes gilt im Geltungsbereich des Betriebsverfassungsgesetzes.

Versetzung, Abordnung (Abs. 1)

Die Vorschrift des Absatzes 1, in der die Möglichkeiten der Abordnung und Versetzung bestimmt sind, entspricht der Regelung des § 12 Abs. 1 BAT. Beschäftigte können demnach aus dienstlichen oder betrieblichen Gründen versetzt oder abgeordnet werden (Satz 1). Sollen sie an eine Dienststelle oder einen Betrieb außerhalb ihres

Versetzung, Abordnung TVöD **§ 4 I.1**

bisherigen Arbeitsortes versetzt oder für voraussichtlich mehr als drei Monate abgeordnet werden, sind sie vorher zu hören (Satz 2).

In zwei Protokollerklärungen zu Absatz 1 haben die Tarifpartner – im Gegensatz zur Regelung des § 12 BAT, die auf eine eigene Begriffsbestimmung verzichtete – definiert, was sie unter den Begriffen „Abordnung" bzw. „Versetzung" verstehen. Abordnung ist demnach (siehe Protokollerklärung Nr. 1) die vorübergehende, Versetzung (siehe Protokollerklärung Nr. 2) die auf Dauer angelegte Beschäftigung bei einer anderen Dienststelle oder einem anderen Betrieb desselben Arbeitgebers. In beiden Fällen besteht das Arbeitsverhältnis fort.

Die Versetzung zu einem anderen Arbeitgeber ist somit nicht möglich, und zwar auch dann nicht, wenn der Beschäftigte einer solchen Maßnahme zustimmen würde. Wenn kein Fall des Absatzes 2 oder 3 vorliegt, muss das bisherige Arbeitsverhältnis in solchen Fällen beendet und mit dem neuen Arbeitgeber ein neues Arbeitsverhältnis begründet werden.

Nicht unter den Begriff der Abordnung bzw. Versetzung fällt der Wechsel des Arbeitsplatzes innerhalb derselben Dienststelle oder desselben Betriebs; hierbei handelt es sich um eine Umsetzung, die nach den Regeln des allgemeinen Direktionsrechtes zu beurteilen ist.

Der Beschäftigte ist in den Fällen des Satzes 2 (s. o.) vor der Abordnung bzw. Versetzung zu hören. Ihm ist somit die Gelegenheit zu geben, sich zu der beabsichtigten Maßnahme zu äußern, damit seine Interessen bei der Ermessensentscheidung des Arbeitgebers hinreichend berücksichtigt werden können. Eine Zustimmung des Beschäftigten ist aber nicht erforderlich.

In einer Niederschriftserklärung zu § 4 Abs. 1 haben die Tarifpartner klargestellt, dass der in Absatz 1 der Vorschrift verwendete Begriff des „Arbeitsortes" ein Oberbegriff sein soll, dessen Bedeutung sich nicht von dem bislang verwendeten Begriff des „Dienstortes" unterscheidet.

Zuweisung (Abs. 2)

In Absatz 2 ist das Verfahren der Zuweisung geregelt. Dem Beschäftigten kann demnach im dienstlichen/betrieblichen oder im öffentlichen Interesse vorübergehend eine Tätigkeit bei einem Dritten zugewiesen werden, die Tätigkeit muss mindestens gleich vergütet werden und die Zuweisung bedarf der Zustimmung des Beschäftigten (Satz 1). Er darf sie aber nur aus wichtigem Grund verweigern (Satz 2).

Die Rechtsstellung des Beschäftigten bleibt – ebenso wie das Arbeitsverhältnis – unberührt (Satz 3). In Satz 4 ist vereinbart, dass die (von dem Dritten gezahlten) Bezüge auf das Entgelt (aus dem fortbestehenden Arbeitsverhältnis) angerechnet werden. Im Ergebnis führt diese Formulierung dazu, dass der Beschäftigte mindestens sein bisheriges Entgelt erhält und darüber hinausgehende Zahlungen behalten darf. Wäre gewollt gewesen, dass der Beschäftigte nur sein bisheriges Vergütungsniveau behält, hätten die Tarifpartner an Stelle des Begriffes „anrechnen" den Begriff „abführen" verwenden müssen.

In einer Protokollerklärung zu Absatz 2 ist bestimmt, was unter dem Begriff der „Zuweisung" zu verstehen ist. Zuweisung ist demnach die vorübergehende Beschäftigung bei einem Dritten im In- oder Ausland, bei dem der allgemeine Teil des TVöD nicht zur Anwendung kommt. Eine Zuweisung von der Verwaltung einer Kommune zur Verwaltung einer anderen Kommune oder zum Bund ist daher nicht vom Begriff der Zuwendung erfasst. Wie bei der Abordnung und Versetzung besteht das Arbeitsverhältnis fort.

Personalgestellung (Abs. 3)

Absatz 3 regelt den (Sonder-)Fall der Personalgestellung und bestimmt, dass Beschäftigte auf Verlangen des Arbeitgebers bei einer Verlagerung von Aufgaben auf Dritte ihre vertraglich geschuldete Arbeitsleistung bei diesem Dritten erbringen müssen (Satz 1). Satz 2 der Vorschrift stellt klar, dass § 613a BGB und gesetzliche Kündigungsrechte unberührt bleiben.

§ 613a BGB Rechte und Pflichten bei Betriebsübergang

(1) Geht ein Betrieb oder ein Betriebsteil durch Rechtsgeschäft auf einen anderen Inhaber über, so tritt dieser in die Rechte und Pflichten aus den im Zeitpunkt des Übergangs bestehenden Arbeitsverhältnissen ein. Sind diese Rechte und Pflichten durch Rechtsnormen eines Tarifvertrags oder durch eine Betriebsvereinbarung geregelt, so werden sie Inhalt des Arbeitsverhältnisses zwischen dem neuen Inhaber und dem Arbeitnehmer und dürfen nicht vor Ablauf eines Jahres nach dem Zeitpunkt des Übergangs zum Nachteil des Arbeitnehmers geändert werden. Satz 2 gilt nicht, wenn die Rechte und Pflichten bei dem neuen Inhaber durch Rechtsnormen eines anderen Tarifvertrags oder durch eine andere Betriebsvereinbarung geregelt werden. Vor Ablauf der Frist nach Satz 2 können die Rechte und Pflichten geändert werden, wenn der Tarifvertrag oder die Betriebsvereinbarung nicht mehr gilt oder bei fehlender beiderseitiger Tarifgebundenheit im Geltungsbereich eines anderen

Versetzung, Abordnung — TVöD § 4 I.1

> Tarifvertrags dessen Anwendung zwischen dem neuen Inhaber und dem Arbeitnehmer vereinbart wird.
>
> (2) Der bisherige Arbeitgeber haftet neben dem neuen Inhaber für Verpflichtungen nach Absatz 1, soweit sie vor dem Zeitpunkt des Übergangs entstanden sind und vor Ablauf von einem Jahr nach diesem Zeitpunkt fällig werden, als Gesamtschuldner. Werden solche Verpflichtungen nach dem Zeitpunkt des Übergangs fällig, so haftet der bisherige Arbeitgeber für sie jedoch nur in dem Umfang der dem im Zeitpunkt des Übergangs abgelaufenen Teil ihres Bemessungszeitraums entspricht.
>
> (3) Absatz 2 gilt nicht, wenn eine juristische Person oder eine Personenhandelsgesellschaft durch Umwandlung erlischt.
>
> (4) Die Kündigung des Arbeitsverhältnisses eines Arbeitnehmers durch den bisherigen Arbeitgeber oder durch den neuen Inhaber wegen des Übergangs eines Betriebs oder eines Betriebsteils ist unwirksam. Das Recht zur Kündigung des Arbeitsverhältnisses aus anderen Gründen bleibt unberührt.
>
> (5) Der bisherige Arbeitgeber oder der neue Inhaber hat die von einem Übergang betroffenen Arbeitnehmer vor dem Übergang in Textform zu unterrichten über:
>
> 1. den Zeitpunkt oder den geplanten Zeitpunkt des Übergangs,
> 2. den Grund für den Übergang,
> 3. die rechtlichen, wirtschaftlichen und sozialen Folgen des Übergangs für die Arbeitnehmer und
> 4. die hinsichtlich der Arbeitnehmer in Aussicht genommenen Maßnahmen.
>
> (6) Der Arbeitnehmer kann dem Übergang des Arbeitsverhältnisses innerhalb eines Monats nach Zugang der Unterrichtung nach Absatz 5 schriftlich widersprechen. Der Widerspruch kann gegenüber dem bisherigen Arbeitgeber oder dem neuen Inhaber erklärt werden.

In einer Protokollerklärung haben die Tarifpartner den Begriff der Personalgestellung als die auf Dauer angelegte Beschäftigung bei einem Dritten definiert. Das Arbeitsverhältnis zum bisherigen Arbeitgeber besteht auch im Fall der Personalgestellung zu den bisherigen Bedingungen fort. Die Einzelheiten der Personalgestellung werden „auf Arbeitgeberebene" zwischen dem ausleihenden alten Arbeitgeber und dem Dritten vereinbart.

Die denkbaren Anwendungsfälle dieser Vorschrift sind im Wesentlichen in drei Fallgruppen zu suchen.

Da § 613a BGB in Absatz 1 vorsieht, dass das Arbeitsverhältnis bei einem rechtsgeschäftlichen (also vertraglichen) Übergang eines Betriebs/Betriebsteils ebenfalls auf den Erwerber übergeht, bleibt in

§ 4 I.1 TVöD — Versetzung, Abordnung

diesem Fall kein Raum für eine Personalgestellung. Dies wird auch in Satz 2 des § 4 Abs. 3 deutlich, wonach die Vorschrift des § 613a BGB unberührt bleibt. Bei grundsätzlich zu bejahender Anwendbarkeit des § 613a BGB können nur die Fälle von § 4 Abs. 3 TVöD erfasst werden, in denen der Beschäftigte nach § 613a Abs. 6 BGB dem Übergang seines Arbeitsverhältnisses widersprochen hat und deshalb beim alten Arbeitgeber verbleibt. Daneben sind Fälle des Aufgabenübergangs auf Dritte denkbar, die nicht von § 613a BGB erfasst werden, weil der Übergang eines Betriebs/Betriebsteils auf Dritte nicht vertraglich, sondern gesetzlich geregelt ist, oder weil der Aufgabenübergang auf Dritte nicht mit dem Übergang eines Betriebs/Betriebsteils einhergeht.

Wenn – wie oben dargestellt – die Voraussetzungen gegeben sind, dass zwar Aufgaben auf Dritte übergehen, der mit den Aufgaben betraute Beschäftigte aber beim alten Arbeitgeber bleibt, kann der alte Arbeitgeber den Beschäftigten an den Dritten ausleihen und die Einzelheiten dazu mit dem anderen Arbeitgeber vertraglich regeln.

Neben organisatorischen und finanziellen Fragen wird die Frage sein, inwieweit das Direktionsrecht auf den Dritten übertragen wird.

Der „Entleiher" kann nur insoweit ein Direktionsrecht ausüben, als nicht in die unverändert bestehenden Vertragsbeziehungen zwischen Arbeitnehmer und Arbeitgeber eingegriffen wird. Arbeitsvertragliche Beziehungen bestehen nämlich weiterhin nur zwischen dem Arbeitgeber und dem Arbeitnehmer, nicht jedoch zwischen dem Dritten und dem Arbeitnehmer. Diese Rechtsbeziehungen werden durch die Personalgestellung im Sinne des § 4 Abs. 3 TVöD nicht berührt – im Gegenteil: der Fortbestand des Arbeitsverhältnisses zum ursprünglichen Arbeitgeber wird von den Tarifpartnern in der Protokollerklärung zu § 4 Abs. 3 ausdrücklich bekräftigt. Es entspricht allgemeinen arbeits- und zivilrechtlichen Grundsätzen, ist aber an sich auch eine Selbstverständlichkeit, dass die Berechtigung zu in den Arbeitsvertrag eingreifenden Maßnahmen nicht auf den Dritten übertragen werden kann. Diese bleiben – wenn es sich um einseitige Maßnahmen wie z. B. Kündigungen, Abmahnungen etc handelt – dem Arbeitgeber vorbehalten bzw. sind als zweiseitige Maßnahmen (Vertragsänderungen jeder Art; z. B. Änderungen der Wochenarbeitszeit) nur zwischen Arbeitgeber und Arbeitnehmer wirksam möglich. So hätte z. B. eine vom „Entleiher" ausgesprochene Abmahnung vor Gericht keinen Bestand, weil sie ein Arbeitsverhältnis mit ihm voraussetzte. Der „Entleiher" müsste in diesem Fall den Arbeitgeber rechtzeitig und

Versetzung, Abordnung — TVöD § 4 I.1

umfassend von einem abmahnungswürdigen Verhalten des entliehenen Arbeitnehmers in Kenntnis setzen, damit dieser dann die Abmahnung aussprechen könnte.

Soweit die vertraglichen Beziehungen zwischen Arbeitnehmer und Arbeitgeber nicht betroffen sind, kann der die Arbeitskraft des Beschäftigten entgegen nehmende Dritte das Direktionsrecht ausüben und z. B. im Rahmen der allgemeinen gesetzlichen und tarifvertraglichen Grenzen Zeit und Ort der Arbeit bestimmen, fachliche Weisungen erteilen, Dienstreisen anordnen und Erholungsurlaub, Arbeitsbefreiung erteilen.

Übertragbar ist somit im Ergebnis lediglich die „Regie des Tagesgeschäftes", die nun durch den „Entleiher" bestimmt werden kann; insoweit kann er das Direktionsrecht übernehmen.

Die Möglichkeit, dem im eigenen Betrieb u. U. wegen des Fortfalls seines Aufgabenbereiches nicht mehr benötigten Beschäftigten bei Vorliegen aller übrigen Anforderungen an eine Kündigung betriebsbedingt zu kündigen, bleibt dem Arbeitgeber – wie in Satz 2 der Vorschrift verdeutlicht – unbenommen.

§ 5 Qualifizierung

(1) ¹Ein hohes Qualifikationsniveau und lebenslanges Lernen liegen im gemeinsamen Interesse von Beschäftigten und Arbeitgebern. ²Qualifizierung dient der Steigerung von Effektivität und Effizienz des öffentlichen Dienstes, der Nachwuchsförderung und der Steigerung von beschäftigungsbezogenen Kompetenzen. ³Die Tarifvertragsparteien verstehen Qualifizierung auch als Teil der Personalentwicklung.

(2) ¹Vor diesem Hintergrund stellt Qualifizierung nach diesem Tarifvertrag ein Angebot dar, aus dem für die Beschäftigten kein individueller Anspruch außer nach Absatz 4 abgeleitet, aber das durch freiwillige Betriebsvereinbarung wahrgenommen und näher ausgestaltet werden kann. ²Entsprechendes gilt für Dienstvereinbarungen im Rahmen der personalvertretungsrechtlichen Möglichkeiten. ³Weitergehende Mitbestimmungsrechte werden dadurch nicht berührt.

(3) ¹Qualifizierungsmaßnahmen sind

a) die Fortentwicklung der fachlichen, methodischen und sozialen Kompetenzen für die übertragenen Tätigkeiten (Erhaltungsqualifizierung),

b) der Erwerb zusätzlicher Qualifikationen (Fort- und Weiterbildung),

c) die Qualifizierung zur Arbeitsplatzsicherung (Qualifizierung für eine andere Tätigkeit; Umschulung) und

d) die Einarbeitung bei oder nach längerer Abwesenheit (Wiedereinstiegsqualifizierung).

²Die Teilnahme an einer Qualifizierungsmaßnahme wird dokumentiert und den Beschäftigten schriftlich bestätigt.

(4) ¹Beschäftigte haben – auch in den Fällen des Abatzes 3 Satz 1 Buchst. d – Anspruch auf ein regelmäßiges Gespräch mit der jeweiligen Führungskraft, in dem festgestellt wird, ob und welcher Qualifizierungsbedarf besteht. ²Dieses Gespräch kann auch als Gruppengespräch geführt werden. ³Wird nichts anderes geregelt, ist das Gespräch jährlich zu führen.

(5) ¹Die Kosten einer vom Arbeitgeber veranlassten Qualifizierungsmaßnahme – einschließlich Reisekosten – werden, soweit sie nicht von Dritten übernommen werden, grundsätzlich vom Arbeitgeber getragen. ²Ein möglicher Eigenbetrag wird durch eine Qualifizierungsvereinbarung geregelt. ³Die Betriebsparteien sind gehalten, die Grundsätze einer fairen Kostenverteilung unter Berücksichtigung des betrieblichen und individuellen Nutzens zu regeln. ⁴Ein Eigenbeitrag der Beschäftigten kann in Geld und/oder Zeit erfolgen.

(6) Zeiten von vereinbarten Qualifizierungsmaßnahmen gelten als Arbeitszeit.

(7) Gesetzliche Förderungsmöglichkeiten können in die Qualifizierungsplanung einbezogen werden.

gsbesch. Teil II (Nr.131)
.123)

ad (Nr.227.2)

L-Krad (Nr.227.2)

BE-Fz (Nr.221)

Nr.227.1 bis 227.5)

Qualifizierung

TVöD § 5 I.1

(8) Für Beschäftigte mit individuellen Arbeitszeiten sollen Qualifizierungsmaßnahmen so angeboten werden, dass ihnen eine gleichberechtigte Teilnahme ermöglicht wird.

Erläuterungen

In § 5 TVöD haben die Tarifvertragsparteien im Wesentlichen den besonderen Wert, den Qualifizierungsmaßnahmen nach ihrer Auffassung haben, dokumentiert, die verschiedenen Arten von entsprechenden Maßnahmen aufgeführt und Öffnungsklauseln für weitergehende Betriebs- oder Dienstvereinbarungen vereinbart. Abgesehen von dem Anspruch auf regelmäßige Mitarbeitergespräche zum Thema Qualifizierungsbedarf können die Beschäftigten aber keine Ansprüche – insbesondere keinen Anspruch auf individuelle Qualifizierung – ableiten. Eine vergleichbare Vorschrift enthielt der BAT nicht, gleichwohl waren Qualifizierungsmaßnahmen natürlich auch in der Vergangenheit möglich und üblich. Die Zukunft wird zeigen, ob die Vorschrift des § 5 in Bezug auf Qualifikation Änderungen in der alltäglichen Praxis bewirken kann.

Auf die abweichenden Sonderregelungen in § 44 des Besonderen Teils Pflege- und Betreuungseinrichtungen bzw. § 43 des Besonderen Teils Krankenhäuser wird hingewiesen.

„Präambel" (Abs. 1)

Absatz 1 enthält keine konkrete Regelung, sondern beschreibt – fast im Stil einer Präambel – das gemeinsame Interesse von Arbeitgebern und Beschäftigten an einem hohen Qualifikationsniveau und den hohen Nutzen der Qualifizierung.

Rechtscharakter der Vorschrift (Abs. 2)

In Absatz 2 beschreiben die Tarifpartner, dass Qualifizierung als Angebot zu verstehen ist, ohne dass die Beschäftigten daraus einen individuellen Anspruch auf Qualifizierung herleiten können. Die Vorschrift lässt Raum, das Angebot durch freiwillige Betriebsvereinbarungen näher zu konkretisieren.

Definition der Qualifizierungsmaßnahmen (Abs. 3)

Satz 1 der Vorschrift enthält eine Aufzählung der unterschiedlichen Arten von Qualifizierungsmaßnahmen, nämlich die Erhaltungsqualifizierung (Buchst. a), die Fort- und Weiterbildung (Buchst. b), die Umschulung bzw. Qualifizierung für eine andere Tätigkeit (Buchst. c)

§5 I.1 TVöD — Qualifizierung

und die Wiedereinstiegsqualifizierung (Buchst. d). Die Grenzen zwischen diesen Gruppen dürften teilweise fließend sein.

In Satz 2 ist bestimmt, dass die Teilnahme an Qualifizierungsmaßnahmen zu dokumentieren und den Beschäftigten schriftlich zu bestätigen ist.

Regelmäßiges Gespräch (Abs. 4)

Die Regelung des Absatzes 4 räumt den Beschäftigten einen Anspruch auf regelmäßige Mitarbeitergespräche mit der jeweiligen Führungskraft zum Thema Qualifizierungsbedarf ein. Es soll – wenn keine anderen Vereinbarungen getroffen werden – jährlich erfolgen und darf auch in der Form eines Gruppengespräches stattfinden.

Kosten/Eigenbeitrag (Abs. 5)

Nach Satz 1 der Vorschrift sollen die Kosten einer Qualifizierungsmaßnahme grundsätzlich vom Arbeitgeber getragen werden, soweit es nicht einen Dritten als Kostenträger gibt. Dies gilt auch für eventuelle Reisekosten.

Die Sätze 2 bis 4 höhlen diesen Grundsatz insoweit aus, als dass dort auch ein Eigenbetrag des Beschäftigten – sei es in Form von Geld oder in Form von „geopferter" Zeit – zugelassen wird. Dies ist durch eine Qualifizierungsvereinbarung zu regeln, wobei Satz 3 einen Appell an die Betriebsparteien enthält, eine faire Kostenverteilung unter Abwägung des beiderseitigen Nutzens vorzunehmen.

Die Vorschrift enthält keine – z. B. der Nr. 7 der SR 2a zum BAT entsprechende – Regelung, wonach der Beschäftigte bei auf Veranlassung und im Interesse des Arbeitgebers durchgeführten Weiterbildungsmaßnahmen die entstandenen Kosten bzw. Teile davon zurückzahlen muss, wenn er sein Arbeitsverhältnis kurz darauf beendet. Es dürften aber keine Bedenken bestehen, solche Regelungen in Qualifizierungsvereinbarungen oder individuell zu vereinbaren; dabei sind natürlich die von der gefestigten Rechtsprechung des BAG zur Zulässigkeit und zu den Grenzen von Rückzahlungsvereinbarungen aufgestellten Grundsätze zu beachten (siehe z. B. Urteil vom 6. 11. 1996 – 5 AZR 598/95 – NZA 1997, S. 663).

Qualifizierungsmaßnahmen als Arbeitszeit (Abs. 6)

In Absatz 6 ist bestimmt, dass die Zeiten einer vereinbarten Qualifizierungsmaßnahme als Arbeitszeit gelten. Dies steht nicht im Widerspruch zur in Absatz 5 beschriebenen Möglichkeit, dass der Beschäftigte einen Eigenbeitrag in Zeit leisten kann; denn der Verzicht auf (die Bezahlung von) Zeit setzt ja gerade voraus, dass diese eingesetzte Zeit grundsätzlich als Arbeitszeit zählt und zu vergüten ist.

Gesetzliche Regelungen (Abs. 7)

Nach dieser Vorschrift können gesetzliche Förderungsmöglichkeiten in die Qualifizierungsplanung einbezogen werden. Die Ansprüche des Beschäftigten, die sich u. a. aus den Weiterbildungs- bzw. Bildungsfreistellungsgesetzen einiger Länder (→ Erläuterungen zu § 29), aus dem Personalvertretungsrecht und anderen gesetzlichen Vorschriften ergeben können, bleiben von der Regelung des § 5 TVöD ohnehin unberührt.

Beschäftigte mit individuellen Arbeitszeiten (Abs. 8)

Die Regelung des Absatzes 8 legt – wohl in erster Linie den Arbeitgebern – nahe, Beschäftigte mit individuellen Arbeitszeiten in die Qualifizierungsmaßnahmen einzubeziehen und ihnen eine gleichberechtigte Teilnahme zu ermöglichen. Im Hinblick auf die Bandbreite der im öffentlichen Dienst möglichen und praktizierten Teilzeitvarianten (Beschäftigung nur an bestimmten Wochentagen, Wechsel zwischen Vormittags- und Nachmittagstätigkeit, Arbeitsplatzteilung, rotierende Systeme etc.) wird die Umsetzung dieser Vorschrift eine Herausforderung an die Praxis sein.

Abschnitt II
Arbeitszeit

§ 6 Regelmäßige Arbeitszeit

(1) ¹Die regelmäßige Arbeitszeit beträgt ausschließlich der Pausen für
a) die Beschäftigten des Bundes durchschnittlich 39 Stunden wöchentlich,
b) die Beschäftigten der Mitglieder eines Mitgliedverbandes der VKA im Tarifgebiet West durchschnittlich 39 Stunden wöchentlich, im Tarifgebiet Ost durchschnittlich 40 Stunden wöchentlich.

²Bei Wechselschichtarbeit werden die gesetzlich vorgeschriebenen Pausen in die Arbeitszeit eingerechnet. ³Die regelmäßige Arbeitszeit kann auf fünf Tage, aus notwendigen betrieblichen/dienstlichen Gründen auch auf sechs Tage verteilt werden.

(2) ¹Für die Berechnung des Durchschnitts der regelmäßigen wöchentlichen Arbeitszeit ist ein Zeitraum von bis zu einem Jahr zugrunde zu legen. ²Abweichend von Satz 1 kann bei Beschäftigten, die ständig Wechselschicht- oder Schichtarbeit zu leisten haben, ein längerer Zeitraum zugrunde gelegt werden.

(3) ¹Soweit es die betrieblichen/dienstlichen Verhältnisse zulassen, wird die/der Beschäftigte am 24. Dezember und am 31. Dezember unter Fortzahlung des Entgelts nach § 21 von der Arbeit freigestellt. ²Kann die Freistellung nach Satz 1 aus betrieblichen/dienstlichen Gründen nicht erfolgen, ist entsprechender Freizeitausgleich innerhalb von drei Monaten zu gewähren. ³Die regelmäßige Arbeitszeit vermindert sich für jeden gesetzlichen Feiertag, sowie für den 24. Dezember und 31. Dezember, sofern sie auf einen Werktag fallen, um die dienstplanmäßig ausgefallenen Stunden.

Protokollerklärung zu Absatz 3 Satz 3:
Die Verminderung der regelmäßigen Arbeitszeit betrifft die Beschäftigten, die wegen des Dienstplans am Feiertag frei haben und deshalb ohne diese Regelung nacharbeiten müssten.

(4) Aus dringenden betrieblichen/dienstlichen Gründen kann auf der Grundlage einer Betriebs-/Dienstvereinbarung im Rahmen des § 7 Abs. 1, 2 und des § 12 ArbZG von den Vorschriften des Arbeitszeitgesetzes abgewichen werden.

Protokollerklärung zu Absatz 4:
In vollkontinuierlichen Schichtbetrieben kann an Sonn- und Feiertagen die tägliche Arbeitszeit auf bis zu zwölf Stunden verlängert werden, wenn dadurch zusätzliche freie Schichten an Sonn- und Feiertagen erreicht werden.

(5) Die Beschäftigten sind im Rahmen begründeter betrieblicher/dienstlicher Notwendigkeiten zur Leistung von Sonntags-, Feiertags-, Nacht-, Wechselschicht-, Schichtarbeit sowie – bei Teilzeitbeschäftigung aufgrund arbeitsvertraglicher Regelung oder mit ihrer Zustimmung – zu Bereitschaftsdienst, Rufbereitschaft, Überstunden und Mehrarbeit verpflichtet.

Regelmäßige Arbeitszeit TVöD § 6 I.1

(6) ¹Durch Betriebs-/Dienstvereinbarung kann ein wöchentlicher Arbeitszeitkorridor von bis zu 45 Stunden eingerichtet werden. ²Die innerhalb eines Arbeitszeitkorridors geleisteten zusätzlichen Arbeitsstunden werden im Rahmen des nach Absatz 2 Satz 1 festgelegten Zeitraums ausgeglichen.

(7) ¹Durch Betriebs-/Dienstvereinbarung kann in der Zeit von 6 bis 20 Uhr eine tägliche Rahmenzeit von bis zu zwölf Stunden eingeführt werden. ²Die innerhalb der täglichen Rahmenzeit geleisteten zusätzlichen Arbeitsstunden werden im Rahmen des nach Absatz 2 Satz 1 festgelegten Zeitraums ausgeglichen.

(8) Die Absätze 6 und 7 gelten nur alternativ und nicht bei Wechselschicht- und Schichtarbeit.

(9) Für einen Betrieb/eine Verwaltung, in dem/der ein Personalvertretungsgesetz Anwendung findet, kann eine Regelung nach den Absätzen 4, 6 und 7 in einem landesbezirklichen Tarifvertrag – für den Bund in einem Tarifvertrag auf Bundesebene – getroffen werden, wenn eine Dienstvereinbarung nicht einvernehmlich zustande kommt und der Arbeitgeber ein Letztentscheidungsrecht hat.

Protokollerklärung zu § 6:
Gleitzeitregelungen sind unter Wahrung der jeweils geltenden Mitbestimmungsrechte unabhängig von den Vorgaben zu Arbeitszeitkorridor und Rahmenzeit (Absätze 6 und 7) möglich. Sie dürfen keine Regelungen nach Absatz 4 enthalten.

Erläuterungen

§ 6 TVöD trifft Regelungen zur regelmäßigen Arbeitszeit. Der Regelungsinhalt gehört zu den Kernbereichen des TVöD, um ihn haben die Tarifpartner in den Verhandlungen zum TVöD heftig gerungen. Letztlich war nur eine hinsichtlich der regelmäßigen wöchentlichen Arbeitszeit unterschiedliche Lösung für den Bund einerseits und die Kommunen andererseits kompromissfähig.

Die regelmäßige Arbeitszeit war bislang in § 15 BAT geregelt.

Auf die abweichenden Sonderregelungen in nahezu allen Bereichen der Abschnitte VIII (Bund) bzw. VIII (VKA) des § 42 (Saisonaler Ausgleich) des Besonderen Teils Verwaltung und in den Besonderen Teilen Pflege- und Betreuungseinrichtungen bzw. Krankenhäuser wird hingewiesen.

Regelmäßige wöchentliche Arbeitszeit (Abs. 1)

Die regelmäßige wöchentliche Arbeitszeit beträgt im Bereich des Bundes mit In-Kraft-Treten des TVöD einheitlich für das Tarifgebiet West und das Tarifgebiet Ost 39 Stunden (Absatz 1 Satz 1 Buchst. a).

§ 6 I.1 TVöD — Regelmäßige Arbeitszeit

Im Bereich der Kommunen betrug die regelmäßige wöchentliche Arbeitszeit bei Inkrafttreten des TVöD zunächst unverändert im Tarifgebiet West 38,5 Stunden und im Tarifgebiet Ost 40 Stunden. Es bestand aber die Möglichkeit, sie durch landesbezirkliche Regelungen auch im Tarifgebiet West auf bis zu 40 Stunden zu verlängern (Absatz 1 Satz 1 Buchstabe b alte Fassung). Zur Durchsetzung entsprechender Vorstellungen wurde den Mitgliedsverbänden der VKA in § 39 Abs. 3 a. F. die Möglichkeit eingeräumt, die Arbeitszeitregelung auf landesbezirklicher Ebene mit einer Frist von einem Monat zum Monatsende zu kündigen.

Von der Verlängerungsmöglichkeit war in den Ländern Baden-Württemberg, Hessen und Niedersachsen Gebrauch gemacht worden.

Im Zuge des Änderungstarifvertrages Nr. 2 vom 31. März 2008 wurde die Vorschrift des Absatzes 1 Satz 1 Buchstabe b neu gefasst und die Arbeitszeit in den Kommunen des Tarifgebietes West mit Wirkung vom 1. Juli 2008 auf 39 Stunden erhöht. Die Option, die Arbeitszeit auf landesbezirklicher Ebene zu verlängern, wurde ebenso gestrichen wie das Sonderkündigungsrecht in § 39 Abs. 3. § 38a (VKA) enthält Übergangsvorschriften zur Einführung der geänderten Arbeitszeit und trifft Bestimmungen zur Fortgeltung bzw. Aufhebung der landesbezirklichen Regelungen.

Im Bereich des Tarifgebietes Ost bleibt es für die Beschäftigten der Kommunen unverändert bei einer Arbeitszeit von 40 Stunden.

Pausen zählen nach Absatz 1 Satz 1 grundsätzlich nicht zur regelmäßigen Arbeitszeit; nach Satz 2 werden aber bei Wechselschichtarbeit (→ § 7 Abs. 1) die gesetzlich vorgeschriebenen Pausen in die Arbeitszeit eingerechnet.

Als Ruhepause können dabei nur Zeiten der völligen Freistellung von der Arbeit gelten. Zeiten der Ruf- oder Arbeitsbereitschaft sind keine Pausenzeit (siehe BAG-Urteil vom 27. 2. 1992 – 6 AZR 478/90, AP Nr. 5 zu § 3 AZO Kr.).

Die Mindestdauer der Pausen ist gesetzlich geregelt. Gemäß § 4 des Arbeitszeitgesetzes[1] muss die Arbeit durch im Voraus festgelegte Ruhepausen von mindestens 30 (bei einer täglichen Arbeitszeit von mehr als sechs Stunden) bzw. 45 Minuten (bei einer Arbeitszeit von mehr als neun Stunden) unterbrochen werden. Die Ruhepausen

---

[1] abgedruckt als **Anhang 1**

Regelmäßige Arbeitszeit — TVöD § 6 I.1

dürfen in mehrere Zeitabschnitte von jeweils mindestens 15 Minuten aufgeteilt werden.

Bei jugendlichen Beschäftigten ist § 11 Abs. 1 des Jugendarbeitsschutzgesetzes zu beachten. Nach dieser Vorschrift sind Jugendlichen Ruhepausen von 30 (bei einer täglichen Arbeitszeit von mehr als viereinhalb Stunden) bzw. 60 Minuten (bei einer Arbeitszeit von mehr als sechs Stunden) zu gewähren.

Neben weiteren gesetzlichen Vorschriften (z. B. für Kraftfahrer oder für stillende Mütter) sind tarifliche Bestimmungen über Pausenregelungen (z. B. in den Tarifverträgen über die Arbeitsbedingungen an Bildschirmarbeitsplätzen) zu beachten.

Die regelmäßige Arbeitszeit ist grundsätzlich auf fünf, sie kann aus notwendigen betrieblichen/dienstlichen Gründen auch auf sechs Tage verteilt werden (Absatz 1 Satz 3).

Durchschnitt der regelmäßigen wöchentlichen Arbeitszeit (Abs. 2)

Nach Absatz 2 Satz 1 ist für die Berechnung der regelmäßigen wöchentlichen Arbeitszeit ein Zeitraum von bis zu einem Jahr zugrunde zu legen. Die Regelung ist erheblich flexibler als der im BAT geltende Ausgleichszeitraum, der durch die Kündigung des § 15 Abs. 1 Satz 2 BAT seit dem 1. März 1998 26 Wochen beträgt. Der Jahreszeitraum des TVöD ermöglicht eine flexiblere Arbeitszeitgestaltung und hilft, jahreszeitliche Belastungsspitzen abzufangen. Nach Satz 2 der Vorschrift kann in den Fällen ständiger (Wechsel-)Schichtarbeit ein „längerer" von den Tarifpartnern nicht nach oben begrenzter Zeitraum zugrunde gelegt werden.

Heiligabend, Silvester, Feiertage (Abs. 3)

Nach Satz 1 der Vorschrift wird der Beschäftigte am Heiligabend und an Silvester unter Fortzahlung des Entgelts von der Arbeit freigestellt, wenn die betrieblichen/dienstlichen Verhältnisse dies zulassen. Wenn die Freistellung aus betrieblichen/dienstlichen Gründen nicht erfolgen kann, ist innerhalb von drei Monaten ein Freizeitausgleich zu gewähren (Satz 2). Unabhängig davon wird für die Arbeit am 24. und 31. 12. nach 6 Uhr ein Zuschlag in Höhe von 35 % (§ 8 Absatz 1 Satz 2 Buchst. e) gezahlt.

Nach Satz 3 der Vorschrift vermindert sich die regelmäßige Arbeitszeit für jeden gesetzlichen Feiertag und für den 24. und 31. 12., sofern diese Tage auf einen Werktag fallen, um die dienstplanmäßig ausgefallenen Stunden. Dies gilt nach der Protokollerklärung zu Absatz 3

§ 6 I.1 TVöD — Regelmäßige Arbeitszeit

Satz 3 aber nur für die Beschäftigten, die wegen des Dienstplanes an dem Feiertag ohnehin frei haben und deshalb ohne die Regelung des Satzes 3 die ausgefallene Zeit nacharbeiten müssten. Beschäftigte, bei denen die Arbeitszeit wegen des Feiertages ausfällt (die also an sich an dem Tag hätten arbeiten müssen), brauchen die Zeit nicht nacharbeiten und haben Anspruch auf Entgeltfortzahlung gemäß § 2 Abs. 1 des Entgeltfortzahlungsgesetzes. Beschäftigte, die an einem Feiertag arbeiten, erhalten neben ihrem Entgelt einen Feiertagszuschlag in Höhe von 35 % bzw. 135 % (mit/ohne Freizeitausgleich) (§ 8 Abs. 1 Satz 2 Buchst. d).

Die gesetzlichen Feiertage ergeben sich aus den folgenden Ländergesetzen:

- Baden-Württemberg: Gesetz über die Sonntage und Feiertage in der Fassung vom 8. 5. 1995 (GBl. S. 450),
- Bayern: Gesetz über den Schutz der Sonn- und Feiertage (Feiertagsgesetz – FTG) vom 21. 5. 1980 (GVBl. S. 215), zuletzt geändert durch das Gesetz vom 27. 12. 2004 (GVBl. S. 539),
- Berlin: Gesetz über die Sonn- und Feiertage vom 28. 10. 1954 (GVBl. S. 615), zuletzt geändert durch das Gesetz vom 2. 12. 1994 (GVBl. S. 491),
- Brandenburg: Gesetz über die Sonn- und Feiertage (Feiertagsgesetz – FTG) vom 21. 3. 1991 (GVBl. S. 44), zuletzt geändert durch das Gesetz vom 20. 11. 2003 (GVBl. S. 287),
- Bremen: Gesetz über die Sonn- und Feiertage vom 12. 11. 1954 (GBl. S. 115), zuletzt geändert durch Gesetz vom 26. 3. 2002 (GBl. S. 473),
- Hamburg: Gesetz über Sonntage, Feiertage, Gedenktage und Trauertage (Feiertagsgesetz) vom 16. 10. 1953 (GVOBl. S. 289), zuletzt geändert durch Gesetz vom 6. 10. 2000 (GVOBl. S. 358),
- Hessen: Hessisches Feiertagsgesetz (HFeiertagsG) i. d. F. der Bekanntmachung 29. 12. 1971 (GVBl. I S. 343/344), zuletzt geändert durch Gesetz vom 26. 11. 1997 (GVBl. I S. 396),
- Mecklenburg-Vorpommern: Gesetz über Sonn- und Feiertage (Feiertagsgesetz Mecklenburg-Vorpommern – FTG-MV) i. d. F. der Bekanntmachung vom 8. 3. 2002 (GVOBl. M-V S. 145), geändert durch Gesetz vom 20. 7. 2004 (GVOBl. M-V S. 390),
- Niedersachsen: Niedersächsisches Gesetz über die Feiertage i. d. F. der Bekanntmachung vom 7. 3. 1995 (Nds. GVBl. S. 50), zuletzt geändert durch Gesetz vom 23. 6. 2005 (Nds. GVBl. S. 207),

Regelmäßige Arbeitszeit TVöD **§ 6 I.1**

- Nordrhein-Westfalen: Gesetz über Sonn- und Feiertage (Feiertagsgesetz NRW) i. d. F. der Bekanntmachung vom 23. April 1989 (GV. NRW. 1989 S. 222), zuletzt geändert durch Gesetz vom 20. Dezember 1994 (GV. NRW. S. 1114),
- Rheinland-Pfalz: Landesgesetz über den Schutz der Sonn- und Feiertage (Feiertagsgesetz – LFtG –) vom 15. 7. 1970 (GVBl. S. 225), zuletzt geändert durch Gesetz vom 22. 12. 2003 (GVBl. S. 396),
- Saarland: Gesetz Nr. 1040 über die Sonn- und Feiertage (Feiertagsgesetz – SFG) vom 18. 2. 1976 (ABl. S. 213), zuletzt geändert durch Gesetz vom 21. 11. 2007 (ABl. 2008 S. 75),
- Sachsen: Gesetz über Sonn- und Feiertage im Freistaat Sachsen (SächsSFG) vom 10. 11. 1992 (GVBl. S. 536), zuletzt geändert durch Gesetz vom 27. 3. 2008 (GVBl. S. 274),
- Sachsen-Anhalt: Gesetz über die Sonn- und Feiertage (FeiertG LSA) i. d. F. der Bekanntmachung vom 25. 8. 2004 (GVBl. S. 538),
- Schleswig-Holstein: Gesetz über Sonn- und Feiertage i. d. F. vom 28. 6. 2004 (GVOBl. S. 213),
- Thüringen: Thüringer Feiertagsgesetz (ThürFtG) vom 21. 12. 1994 (GVBl. S. 1221), zuletzt geändert durch Gesetz vom 20 12. 2007 (GVBl. S. 267).

Für alle Länder gilt außerdem Artikel 2 Abs. 2 des Einigungsvertrages vom 31. August 1990 (BGBl. II S. 885), der den 3. Oktober (Tag der Deutschen Einheit) als Feiertag bestimmt.

Arbeitszeitgesetz, abweichende Regelungen (Abs. 4 und 9)

Das Arbeitszeitgesetz[1]) enthält in seinen §§ 7 und 12 verschiedene Öffnungsklauseln für von den gesetzlichen Vorschriften abweichende tarifvertragliche Regelungen (hinsichtlich der Höchstarbeitszeit und Sonn- und Feiertagsarbeit). Die Vorschrift des Absatzes 4 schöpft die gesetzlich vorgesehene Möglichkeit aus, dass die abweichenden Regelungen durch einen Tarifvertrag einer Betriebs-/Dienstvereinbarung überlassen – also „nach unten" delegiert – werden kann. Für die Abweichung von den gesetzlichen Bestimmungen müssen dringende betriebliche/dienstliche Gründe vorliegen.

Absatz 9 sieht für den Fall, dass eine solche Betriebs-/Dienstvereinbarung nicht „einvernehmlich" (→ dazu § 38 Abs. 3) zustande kommt, eine Regelung durch landesbezirklichen Tarifvertrag (Kommunen) bzw. Tarifvertrag auf Bundesebene (Bund) vor. Dies gilt aber nur in

---

[1]) abgedruckt als **Anhang 1**

den Betrieben/Verwaltungen, in denen ein Personalvertretungsgesetz Anwendung findet, und ist darauf beschränkt, dass der Arbeitgeber ein Letztentscheidungsrecht hat.

Nach der Protokollerklärung zu Absatz 4 ist die Möglichkeit gegeben, in vollkontinuierlichen Schichtbetrieben die tägliche Arbeitszeit an Sonn- und Feiertagen auf bis zu zwölf Stunden zu verlängern, wenn dadurch zusätzliche freie Schichten an Sonn- und Feiertagen erreicht werden.

Verpflichtung zu Sonderformen der Arbeit (Abs. 5)

Nach dieser Vorschrift, mit der die sich aus dem allgemeinen Direktionsrecht des Arbeitgebers ergebenden Rechte bzw. Pflichten konkretisiert werden, ist der Beschäftigte verpflichtet, verschiedene Sonderformen der Arbeit im Rahmen begründeter betrieblicher/ dienstlicher Notwendigkeiten auszuüben. Für Teilzeitbeschäftigte ergibt sich die Verpflichtung zu Bereitschaftsdienst, Rufbereitschaft, Überstunden und Mehrarbeit nach dem Willen der Tarifpartner nur, wenn dies im Arbeitsvertrag vereinbart ist oder die Betroffenen zustimmen. Wegen der Definition der besonderen Arbeitsformen siehe §§ 7 und 9.

Arbeitszeitkorridor (Abs. 6, 8 und 9)

Für Verwaltungen und Verwaltungsteile, die nicht in Schicht oder Wechselschicht arbeiten, kann nach Absatz 6 ein Arbeitszeitkorridor eingerichtet werden. Dieser ermöglicht die Anordnung von bis zu 45 Arbeitsstunden pro Woche, ohne dass dafür ein Überstundenzuschlag gezahlt werden müsste. Andere anfallende Zeitzuschläge, z. B. für Nachtarbeit, müssen bezahlt werden. Die durchschnittliche Wochenarbeitszeit muss im einjährigen Ausgleichszeitraum erreicht werden (→ auch zu Absatz 2). Können die angeordneten Mehrstunden bis zum Ablauf des Ausgleichszeitraums nicht ausgeglichen werden, sind sie mit 100 % des individuellen Entgelts abzugelten zzgl. etwaiger Zeitzuschläge.

Die Einführung des Arbeitszeitkorridors setzt eine entsprechende Dienst- bzw. Betriebsvereinbarung und die Einrichtung eines Arbeitszeitkontos (→ § 10 Abs. 1 Satz 3) voraus. Die Regelung des Absatzes 9 (→ Erläuterungen zu Absatz 4) ist zu beachten.

Rahmenzeit (Abs. 7, 8 und 9)

Für Verwaltungen und Verwaltungsteile, die nicht in Schicht oder Wechselschicht arbeiten, kann eine bis zu zwölfstündige Rahmenzeit

Regelmäßige Arbeitszeit   TVöD **§ 6 I.1**

zwischen 6 und 20 Uhr eingerichtet werden. Innerhalb dieser Rahmenzeit bleibt eine angeordnete Mehrarbeit zuschlagsfrei. Andere anfallende Zeitzuschläge, z. B. für Samstagsarbeit, müssen bezahlt werden. Die durchschnittliche Wochenarbeitszeit muss im einjährigen Ausgleichszeitraum erreicht werden (→ auch zu Absatz 2). Können die angeordneten Mehrstunden bis zum Ablauf des Ausgleichszeitraums nicht ausgeglichen werden, sind sie mit 100 % des individuellen Entgelts abzugelten zzgl. etwaiger Zeitzuschläge.

Auch die Einführung der Rahmenzeit setzt eine entsprechende Dienst- bzw. Betriebsvereinbarung und die Einrichtung eines Arbeitszeitkontos voraus (s. o.). Arbeitszeitkorridor und Rahmenzeit können nur alternativ, nicht nebeneinander vereinbart werden.

Die Regelung des Absatzes 9 (→ Erläuterungen zu Absatz 4) ist zu beachten.

Gleitzeit (Protokollerklärung)

Gleitzeitregelungen (bestehende und neu vereinbarte) sind unabhängig von den Vorgaben zu Arbeitszeitkorridor, Arbeitszeitkonto und Rahmenzeit unter Wahrung der jeweiligen Mitbestimmungsrechte der Personalvertretung möglich. Sie dürfen aber keine die gesetzlichen Vorschriften abdingende Regelungen (→ Absatz 4) enthalten.

Anhang zu § 6 (VKA)

Gewerkschaften und kommunale Arbeitgeber haben im Zuge des Änderungstarifvertrages Nr. 2 vom 31. März 2008 mit Wirkung vom 1. Juli 2008 den Anhang zu § 6 vereinbart.

Die Regelungen gelten nur für die Cheffahrer im Bereich der Kommunen. Die Tarifpartner haben die Öffnungsklauseln des Arbeitszeitgesetzes genutzt und im Interesse eines möglichst flexiblen Einsatzes der Cheffahrer vom Arbeitszeitgesetz abweichende Arbeitszeiten vereinbart. Die besonderen Arbeitszeiten bedürfen zu ihrer Wirksamkeit im Einzelfall noch einer Zustimmung des jeweiligen Beschäftigten (so genannte „opt-out"-Erklärung), zu der er nicht gezwungen werden kann.

Für den Bereich des Bundes sind vergleichbare Regelungen im Kraftfahrer-TV vereinbart worden.

§ 6 I.1 TVöD — Anhang zu § 6 (VKA)

Anhang zu § 6 (VKA)

Arbeitszeit von Cheffahrerinnen und Cheffahrern

(1) Cheffahrerinnen und Cheffahrer sind die persönlichen Fahrer von Oberbürgermeisterinnen/Oberbürgermeistern, Bürgermeisterinnen/Bürgermeistern, Landrätinnen/Landräten, Beigeordneten/Dezernentinnen/Dezernenten, Geschäftsführerinnen/Geschäftsführern, Vorstandsmitgliedern und vergleichbaren Leitungskräften.

(2) [1]Abweichend von § 3 Satz 1 ArbZG kann die tägliche Arbeitszeit im Hinblick auf die in ihr enthaltenen Wartezeiten auf bis zu 15 Stunden täglich ohne Ausgleich verlängert werden (§ 7 Abs. 2a ArbZG). [2]Die höchstzulässige Arbeitszeit soll 288 Stunden im Kalendermonat ohne Freizeitausgleich nicht übersteigen.

(3) Die tägliche Ruhezeit kann auf bis zu neun Stunden verkürzt werden, wenn spätestens bis zum Ablauf der nächsten Woche ein Zeitausgleich erfolgt.

(4) Eine Verlängerung der Arbeitszeit nach Absatz 2 und die Verkürzung der Ruhezeit nach Absatz 3 sind nur zulässig, wenn

1. geeignete Maßnahmen zur Gewährleistung des Gesundheitsschutzes getroffen sind, wie insbesondere das Recht der Cheffahrerin/des Cheffahrers auf eine jährliche, für die Beschäftigten kostenfreie arbeitsmedizinische Untersuchung bei einem Betriebsarzt oder bei einem Arzt mit entsprechender arbeitsmedizinischer Fachkunde, auf den sich die Betriebsparteien geeinigt haben, und/oder die Gewährung eines Freizeitausgleichs möglichst durch ganze Tage oder durch zusammenhängende arbeitsfreie Tage zur Regenerationsförderung,
2. die Cheffahrerin/der Cheffahrer gemäß § 7 Abs. 7 ArbZG schriftlich in die Arbeitszeitverlängerung eingewilligt hat.

(5) § 9 TVöD bleibt unberührt.

Arbeitszeitgesetz
(ArbZG)

Vom 6. Juni 1994 (BGBl. I S. 1170)

Zuletzt geändert durch
Neunte Zuständigkeitsanpassungsverordnung
vom 31. Oktober 2006 (BGBl. I S. 2407)

Erster Abschnitt
Allgemeine Vorschriften

§ 1 Zweck des Gesetzes

Zweck des Gesetzes ist es,

1. die Sicherheit und den Gesundheitsschutz der Arbeitnehmer bei der Arbeitszeitgestaltung zu gewährleisten und die Rahmenbedingungen für flexible Arbeitszeiten zu verbessern sowie

2. den Sonntag und die staatlich anerkannten Feiertage als Tage der Arbeitsruhe und der seelischen Erhebung der Arbeitnehmer zu schützen.

§ 2 Begriffsbestimmungen

(1) Arbeitszeit im Sinne dieses Gesetzes ist die Zeit vom Beginn bis zum Ende der Arbeit ohne die Ruhepausen; Arbeitszeiten bei mehreren Arbeitgebern sind zusammenzurechnen. Im Bergbau unter Tage zählen die Ruhepausen zur Arbeitszeit.

(2) Arbeitnehmer im Sinne dieses Gesetzes sind Arbeiter und Angestellte sowie die zu ihrer Berufsbildung Beschäftigten.

(3) Nachtzeit im Sinne dieses Gesetzes ist die Zeit von 23 bis 6 Uhr, in Bäckereien und Konditoreien die Zeit von 22 bis 5 Uhr.

(4) Nachtarbeit im Sinne dieses Gesetzes ist jede Arbeit, die mehr als zwei Stunden der Nachtzeit umfaßt.

(5) Nachtarbeitnehmer im Sinne dieses Gesetzes sind Arbeitnehmer, die

1. auf Grund ihrer Arbeitszeitgestaltung normalerweise Nachtarbeit in Wechselschicht zu leisten haben oder

2. Nachtarbeit an mindestens 48 Tagen im Kalenderjahr leisten.

Zweiter Abschnitt
Werktägliche Arbeitszeit und arbeitsfreie Zeiten

§ 3 Arbeitszeit der Arbeitnehmer

Die werktägliche Arbeitszeit der Arbeitnehmer darf acht Stunden nicht überschreiten. Sie kann auf bis zu zehn Stunden nur verlängert werden, wenn innerhalb von sechs Kalendermonaten oder innerhalb von 24 Wochen im Durchschnitt acht Stunden werktäglich nicht überschritten werden.

§ 4 Ruhepausen

Die Arbeit ist durch im voraus feststehende Ruhepausen von mindestens 30 Minuten bei einer Arbeitszeit von mehr als sechs bis zu neun Stunden und 45 Minuten bei einer Arbeitszeit von mehr als neun Stunden insgesamt zu unterbrechen. Die Ruhepausen nach Satz 1 können in Zeitabschnitte von jeweils mindestens 15 Minuten aufgeteilt werden. Länger als sechs Stunden hintereinander dürfen Arbeitnehmer nicht ohne Ruhepause beschäftigt werden.

§ 5 Ruhezeit

(1) Die Arbeitnehmer müssen nach Beendigung der täglichen Arbeitszeit eine ununterbrochene Ruhezeit von mindestens elf Stunden haben.

(2) Die Dauer der Ruhezeit des Absatzes 1 kann in Krankenhäusern und anderen Einrichtungen zur Behandlung, Pflege und Betreuung von Personen, in Gaststätten und anderen Einrichtungen zur Bewirtung und Beherbergung, in Verkehrsbetrieben, beim Rundfunk sowie in der Landwirtschaft und in der Tierhaltung um bis zu eine Stunde verkürzt werden, wenn jede Verkürzung der Ruhezeit innerhalb eines Kalendermonats oder innerhalb von vier Wochen durch Verlängerung einer anderen Ruhezeit auf mindestens zwölf Stunden ausgeglichen wird.

(3) Abweichend von Absatz 1 können in Krankenhäusern und anderen Einrichtungen zur Behandlung, Pflege und Betreuung von Personen Kürzungen der Ruhezeit durch Inanspruchnahme während der Rufbereitschaft, die nicht mehr als die Hälfte der Ruhezeit betragen, zu anderen Zeiten ausgeglichen werden.

§ 6 Nacht- und Schichtarbeit

(1) Die Arbeitszeit der Nacht- und Schichtarbeitnehmer ist nach den gesicherten arbeitswissenschaftlichen Erkenntnissen über die menschengerechte Gestaltung der Arbeit festzulegen.

(2) Die werktägliche Arbeitszeit der Nachtarbeitnehmer darf acht Stunden nicht überschreiten. Sie kann auf bis zu zehn Stunden nur verlängert werden, wenn abweichend von § 3 innerhalb von einem Kalendermonat oder innerhalb von vier Wochen im Durchschnitt acht Stunden werktäglich nicht überschritten werden. Für Zeiträume, in denen Nachtarbeitnehmer im Sinne des § 2 Abs. 5 Nr. 2 nicht zur Nachtarbeit herangezogen werden, findet § 3 Satz 2 Anwendung.

(3) Nachtarbeitnehmer sind berechtigt, sich vor Beginn der Beschäftigung und danach in regelmäßigen Zeitabständen von nicht weniger als drei Jahren arbeitsmedizinisch untersuchen zu lassen. Nach Vollendung des 50. Lebensjahres steht Nachtarbeitnehmern dieses Recht in Zeitabständen von einem Jahr zu. Die Kosten der Untersuchungen hat der Arbeitgeber zu tragen, sofern er die Untersuchungen den Nachtarbeitnehmern nicht kostenlos durch einen Betriebsarzt oder einen überbetrieblichen Dienst von Betriebsärzten anbietet.

(4) Der Arbeitgeber hat den Nachtarbeitnehmer auf dessen Verlangen auf einen für ihn geeigneten Tagesarbeitsplatz umzusetzen, wenn

a) nach arbeitsmedizinischer Feststellung die weitere Verrichtung von Nachtarbeit den Arbeitnehmer in seiner Gesundheit gefährdet oder

b) im Haushalt des Arbeitnehmers ein Kind unter zwölf Jahren lebt, das nicht von einer anderen im Haushalt lebenden Person betreut werden kann, oder

c) der Arbeitnehmer einen schwerpflegebedürftigen Angehörigen zu versorgen hat, der nicht von einem anderen im Haushalt lebenden Angehörigen versorgt werden kann,

sofern dem nicht dringende betriebliche Erfordernisse entgegenstehen. Stehen der Umsetzung des Nachtarbeitnehmers auf einen für ihn geeigneten Tagesarbeitsplatz nach Auffassung des Arbeitgebers dringende betriebliche Erfordernisse entgegen, so ist der Betriebs- oder Personalrat zu hören. Der Betriebs- oder Personalrat kann dem Arbeitgeber Vorschläge für eine Umsetzung unterbreiten.

(5) Soweit keine tarifvertraglichen Ausgleichsregelungen bestehen, hat der Arbeitgeber dem Nachtarbeitnehmer für die während der Nachtzeit geleisteten Arbeitsstunden eine angemessene Zahl bezahl-

ter freier Tage oder einen angemessenen Zuschlag auf das ihm hierfür zustehende Bruttoarbeitsentgelt zu gewähren.

(6) Es ist sicherzustellen, daß Nachtarbeitnehmer den gleichen Zugang zur betrieblichen Weiterbildung und zu aufstiegsfördernden Maßnahmen haben wie die übrigen Arbeitnehmer.

§ 7 Abweichende Regelungen

(1) In einem Tarifvertrag oder auf Grund eines Tarifvertrags in einer Betriebs- oder Dienstvereinbarung kann zugelassen werden,

1. abweichend von § 3
   a) die Arbeitszeit über zehn Stunden werktäglich zu verlängern, wenn in die Arbeitszeit regelmäßig und in erheblichem Umfang Arbeitsbereitschaft oder Bereitschaftsdienst fällt,
   b) einen anderen Ausgleichszeitraum festzulegen,
2. abweichend von § 4 Satz 2 die Gesamtdauer der Ruhepausen in Schichtbetrieben und Verkehrsbetrieben auf Kurzpausen von angemessener Dauer aufzuteilen,
3. abweichend von § 5 Abs. 1 die Ruhezeit um bis zu zwei Stunden zu kürzen, wenn die Art der Arbeit dies erfordert und die Kürzung der Ruhezeit innerhalb eines festzulegenden Ausgleichszeitraums ausgeglichen wird,
4. abweichend von § 6 Abs. 2
   a) die Arbeitszeit über zehn Stunden werktäglich hinaus zu verlängern, wenn in die Arbeitszeit regelmäßig und in erheblichem Umfang Arbeitsbereitschaft oder Bereitschaftsdienst fällt,
   b) einen anderen Ausgleichszeitraum festzulegen,
5. den Beginn des siebenstündigen Nachtzeitraums des § 2 Abs. 3 auf die Zeit zwischen 22 und 24 Uhr festzulegen.

(2) Sofern der Gesundheitsschutz der Arbeitnehmer durch einen entsprechenden Zeitausgleich gewährleistet wird, kann in einem Tarifvertrag oder auf Grund eines Tarifvertrags in einer Betriebs- oder Dienstvereinbarung ferner zugelassen werden,

1. abweichend von § 5 Abs. 1 die Ruhezeiten bei Rufbereitschaft den Besonderheiten dieses Dienstes anzupassen, insbesondere Kürzungen der Ruhezeit infolge von Inanspruchnahmen während dieses Dienstes zu anderen Zeiten auszugleichen,
2. die Regelungen der §§ 3, 5 Abs. 1 und § 6 Abs. 2 in der Landwirtschaft der Bestellungs- und Erntezeit sowie den Witterungseinflüssen anzupassen,

3. die Regelungen der §§ 3, 4, 5 Abs. 1 und § 6 Abs. 2 bei der Behandlung, Pflege und Betreuung von Personen der Eigenart dieser Tätigkeit und dem Wohl dieser Personen entsprechend anzupassen,
4. die Regelungen der §§ 3, 4, 5 Abs. 1 und § 6 Abs. 2 bei Verwaltungen und Betrieben des Bundes, der Länder, der Gemeinden und sonstigen Körperschaften, Anstalten und Stiftungen des öffentlichen Rechts sowie bei anderen Arbeitgebern, die der Tarifbindung eines für den öffentlichen Dienst geltenden oder eines im wesentlichen inhaltsgleichen Tarifvertrags unterliegen, der Eigenart der Tätigkeit bei diesen Stellen anzupassen.

(2a) In einem Tarifvertrag oder auf Grund eines Tarifvertrags in einer Betriebs- oder Dienstvereinbarung kann abweichend von den §§ 3, 5 Abs. 1 und § 6 Abs. 2 auch zugelassen werden, die werktägliche Arbeitszeit auch ohne Ausgleich über acht Stunden zu verlängern, wenn in die Arbeitszeit regelmäßig und in erheblichem Umfang Arbeitsbereitschaft oder Bereitschaftsdienst fällt und durch besondere Regelungen sichergestellt wird, dass die Gesundheit der Arbeitnehmer nicht gefährdet wird.

(3) Im Geltungsbereich eines Tarifvertrags nach Absatz 1, 2 oder 2a können abweichende tarifvertragliche Regelungen im Betrieb eines nicht tarifgebundenen Arbeitgebers durch Betriebs- oder Dienstvereinbarung oder, wenn ein Betriebs- oder Personalrat nicht besteht, durch schriftliche Vereinbarung zwischen dem Arbeitgeber und dem Arbeitnehmer übernommen werden. Können auf Grund eines solchen Tarifvertrags abweichende Regelungen in einer Betriebs- oder Dienstvereinbarung getroffen werden, kann auch in Betrieben eines nicht tarifgebundenen Arbeitgebers davon Gebrauch gemacht werden. Eine nach Absatz 2 Nr. 4 getroffene abweichende tarifvertragliche Regelung hat zwischen nicht tarifgebundenen Arbeitgebern und Arbeitnehmern Geltung, wenn zwischen ihnen die Anwendung der für den öffentlichen Dienst geltenden tarifvertraglichen Bestimmungen vereinbart ist und die Arbeitgeber die Kosten des Betriebs überwiegend mit Zuwendungen im Sinne des Haushaltsrechts decken.

(4) Die Kirchen und die öffentlich-rechtlichen Religionsgesellschaften können die in Absatz 1, 2 oder 2a genannten Abweichungen in ihren Regelungen vorsehen.

(5) In einem Bereich, in dem Regelungen durch Tarifvertrag üblicherweise nicht getroffen werden, können Ausnahmen im Rahmen des Absatzes 1, 2 oder 2a durch die Aufsichtsbehörde bewilligt werden,

wenn dies aus betrieblichen Gründen erforderlich ist und die Gesundheit der Arbeitnehmer nicht gefährdet wird.

(6) Die Bundesregierung kann durch Rechtsverordnung mit Zustimmung des Bundesrates Ausnahmen im Rahmen des Absatzes 1 oder 2 zulassen, sofern dies aus betrieblichen Gründen erforderlich ist und die Gesundheit der Arbeitnehmer nicht gefährdet wird.

(7) Auf Grund einer Regelung nach Absatz 2a oder den Absätzen 3 bis 5 jeweils in Verbindung mit Absatz 2a darf die Arbeitszeit nur verlängert werden, wenn der Arbeitnehmer schriftlich eingewilligt hat. Der Arbeitnehmer kann die Einwilligung mit einer Frist von sechs Monaten schriftlich widerrufen. Der Arbeitgeber darf einen Arbeitnehmer nicht benachteiligen, wenn dieser die Einwilligung zur Verlängerung der Arbeitszeit nicht erklärt oder die Einwilligung widerrufen hat.

(8) Werden Regelungen nach Absatz 1 Nr. 1 und 4, Absatz 2 Nr. 2 bis 4 oder solche Regelungen auf Grund der Absätze 3 und 4 zugelassen, darf die Arbeitszeit 48 Stunden wöchentlich im Durchschnitt von zwölf Kalendermonaten nicht überschreiten. Erfolgt die Zulassung auf Grund des Absatzes 5, darf die Arbeitszeit 48 Stunden wöchentlich im Durchschnitt von sechs Kalendermonaten oder 24 Wochen nicht überschreiten.

(9) Wird die werktägliche Arbeitszeit über zwölf Stunden hinaus verlängert, muss im unmittelbaren Anschluss an die Beendigung der Arbeitszeit eine Ruhezeit von mindestens elf Stunden gewährt werden.

§ 8 Gefährliche Arbeiten

Die Bundesregierung kann durch Rechtsverordnung mit Zustimmung des Bundesrates für einzelne Beschäftigungsbereiche, für bestimmte Arbeiten oder für bestimmte Arbeitnehmergruppen, bei denen besondere Gefahren für die Gesundheit der Arbeitnehmer zu erwarten sind, die Arbeitszeit über § 3 hinaus beschränken, die Ruhepausen und Ruhezeiten über die §§ 4 und 5 hinaus ausdehnen, die Regelungen zum Schutz der Nacht- und Schichtarbeitnehmer in § 6 erweitern und die Abweichungsmöglichkeiten nach § 7 beschränken, soweit dies zum Schutz der Gesundheit der Arbeitnehmer erforderlich ist. Satz 1 gilt nicht für Beschäftigungsbereiche und Arbeiten in Betrieben, die der Bergaufsicht unterliegen.

**Dritter Abschnitt
Sonn- und Feiertagsruhe**

§ 9 Sonn- und Feiertagsruhe

(1) Arbeitnehmer dürfen an Sonn- und gesetzlichen Feiertagen von 0 bis 24 Uhr nicht beschäftigt werden.

(2) In mehrschichtigen Betrieben mit regelmäßiger Tag- und Nachtschicht kann Beginn oder Ende der Sonn- und Feiertagsruhe um bis zu sechs Stunden vor- oder zurückverlegt werden, wenn für die auf den Beginn der Ruhezeit folgenden 24 Stunden der Betrieb ruht.

(3) Für Kraftfahrer und Beifahrer kann der Beginn der 24stündigen Sonn- und Feiertagsruhe um bis zu zwei Stunden vorverlegt werden.

§ 10 Sonn- und Feiertagsbeschäftigung

(1) Sofern die Arbeiten nicht an Werktagen vorgenommen werden können, dürfen Arbeitnehmer an Sonn- und Feiertagen abweichend von § 9 beschäftigt werden
1. in Not- und Rettungsdiensten sowie bei der Feuerwehr,
2. zur Aufrechterhaltung der öffentlichen Sicherheit und Ordnung sowie der Funktionsfähigkeit von Gerichten und Behörden und für Zwecke der Verteidigung,
3. in Krankenhäusern und anderen Einrichtungen zur Behandlung, Pflege und Betreuung von Personen,
4. in Gaststätten und anderen Einrichtungen zur Bewirtung und Beherbergung sowie im Haushalt,
5. bei Musikaufführungen, Theatervorstellungen, Filmvorführungen, Schaustellungen, Darbietungen und anderen ähnlichen Veranstaltungen,
6. bei nichtgewerblichen Aktionen und Veranstaltungen der Kirchen, Religionsgesellschaften, Verbände, Vereine, Parteien und anderer ähnlicher Vereinigungen,
7. beim Sport und in Freizeit-, Erholungs- und Vergnügungseinrichtungen, beim Fremdenverkehr sowie in Museen und wissenschaftlichen Präsenzbibliotheken,
8. beim Rundfunk, bei der Tages- und Sportpresse, bei Nachrichtenagenturen sowie bei den der Tagesaktualität dienenden Tätigkeiten für andere Presseerzeugnisse einschließlich des Austragens, bei der Herstellung von Satz, Filmen und Druckformen für tagesaktuelle Nachrichten und Bilder, bei tagesaktuellen Aufnahmen auf Ton- und Bildträger sowie beim Transport und Kommissionie-

ren von Presseerzeugnissen, deren Ersterscheinungstag am Montag oder am Tag nach einem Feiertag liegt,
9. bei Messen, Ausstellungen und Märkten im Sinne des Titels IV der Gewerbeordnung sowie bei Volksfesten,
10. in Verkehrsbetrieben sowie beim Transport und Kommissionieren von leichtverderblichen Waren im Sinne des § 30 Abs. 3 Nr. 2 der Straßenverkehrsordnung,
11. in den Energie- und Wasserversorgungsbetrieben sowie in Abfall- und Abwasserentsorgungsbetrieben,
12. in der Landwirtschaft und in der Tierhaltung sowie in Einrichtungen zur Behandlung und Pflege von Tieren,
13. im Bewachungsgewerbe und bei der Bewachung von Betriebsanlagen,
14. bei der Reinigung und Instandhaltung von Betriebseinrichtungen, soweit hierdurch der regelmäßige Fortgang des eigenen oder eines fremden Betriebs bedingt ist, bei der Vorbereitung der Wiederaufnahme des vollen werktägigen Betriebs sowie bei der Aufrechterhaltung der Funktionsfähigkeit von Datennetzen und Rechnersystemen,
15. zur Verhütung des Verderbens von Naturerzeugnissen oder Rohstoffen oder des Mißlingens von Arbeitsergebnissen sowie bei kontinuierlich durchzuführenden Forschungsarbeiten,
16. zur Vermeidung einer Zerstörung oder erheblichen Beschädigung der Produktionseinrichtungen.

(2) Abweichend von § 9 dürfen Arbeitnehmer an Sonn- und Feiertagen mit den Produktionsarbeiten beschäftigt werden, wenn die infolge der Unterbrechung der Produktion nach Absatz 1 Nr. 14 zulässigen Arbeiten den Einsatz von mehr Arbeitnehmern als bei durchgehender Produktion erfordern.

(3) Abweichend von § 9 dürfen Arbeitnehmer an Sonn- und Feiertagen in Bäckereien und Konditoreien für bis zu drei Stunden mit der Herstellung und dem Austragen oder Ausfahren von Konditorwaren und an diesem Tag zum Verkauf kommenden Bäckerwaren beschäftigt werden.

(4) Sofern die Arbeiten nicht an Werktagen vorgenommen werden können, dürfen Arbeitnehmer zur Durchführung des Eil- und Großbetragszahlungsverkehrs und des Geld-, Devisen-, Wertpapier- und Derivatehandels abweichend von § 9 Abs. 1 an den auf einen Werktag fallenden Feiertagen beschäftigt werden, die nicht in allen Mitgliedstaaten der Europäischen Union Feiertage sind.

§ 11 Ausgleich für Sonn- und Feiertagsbeschäftigung

(1) Mindestens 15 Sonntage im Jahr müssen beschäftigungsfrei bleiben.

(2) Für die Beschäftigung an Sonn- und Feiertagen gelten die §§ 3 bis 8 entsprechend, jedoch dürfen durch die Arbeitszeit an Sonn- und Feiertagen die in den §§ 3, 6 Abs. 2, §§ 7 und 21a Abs. 4 bestimmten Höchstarbeitszeiten und Ausgleichszeiträume nicht überschritten werden.

(3) Werden Arbeitnehmer an einem Sonntag beschäftigt, müssen sie einen Ersatzruhetag haben, der innerhalb eines den Beschäftigungstag einschließenden Zeitraums von zwei Wochen zu gewähren ist. Werden Arbeitnehmer an einem auf einen Werktag fallenden Feiertag beschäftigt, müssen sie einen Ersatzruhetag haben, der innerhalb eines den Beschäftigungstag einschließenden Zeitraums von acht Wochen zu gewähren ist.

(4) Die Sonn- oder Feiertagsruhe des § 9 oder der Ersatzruhetag des Absatzes 3 ist den Arbeitnehmern unmittelbar in Verbindung mit einer Ruhezeit nach § 5 zu gewähren, soweit dem technische oder arbeitsorganisatorische Gründe nicht entgegenstehen.

§ 12 Abweichende Regelungen

In einem Tarifvertrag oder auf Grund eines Tarifvertrags in einer Betriebs- oder Dienstvereinbarung kann zugelassen werden,

1. abweichend von § 11 Abs. 1 die Anzahl der beschäftigungsfreien Sonntage in den Einrichtungen des § 10 Abs. 1 Nr. 2, 3, 4 und 10 auf mindestens zehn Sonntage, im Rundfunk, in Theaterbetrieben, Orchestern sowie bei Schaustellungen auf mindestens acht Sonntage, in Filmtheatern und in der Tierhaltung auf mindestens sechs Sonntage im Jahr zu verringern,
2. abweichend von § 11 Abs. 3 den Wegfall von Ersatzruhetagen für auf Werktage fallende Feiertage zu vereinbaren oder Arbeitnehmer innerhalb eines festzulegenden Ausgleichszeitraums beschäftigungsfrei zu stellen,
3. abweichend von § 11 Abs. 1 bis 3 in der Seeschiffahrt die den Arbeitnehmern nach diesen Vorschriften zustehenden freien Tage zusammenhängend zu geben,
4. abweichend von § 11 Abs. 2 die Arbeitszeit in vollkontinuierlichen Schichtbetrieben an Sonn- und Feiertagen auf bis zu zwölf Stunden zu verlängern, wenn dadurch zusätzliche freie Schichten an Sonn- und Feiertagen erreicht werden.

§ 7 Abs. 3 bis 6 findet Anwendung.

§ 13 Ermächtigung, Anordnung, Bewilligung

(1) Die Bundesregierung kann durch Rechtsverordnung mit Zustimmung des Bundesrates zur Vermeidung erheblicher Schäden unter Berücksichtigung des Schutzes der Arbeitnehmer und der Sonn- und Feiertagsruhe

1. die Bereiche mit Sonn- und Feiertagsbeschäftigung nach § 10 sowie die dort zugelassenen Arbeiten näher bestimmen,
2. über die Ausnahmen nach § 10 hinaus weitere Ausnahmen abweichend von § 9
   a) für Betriebe, in denen die Beschäftigung von Arbeitnehmern an Sonn- oder Feiertagen zur Befriedigung täglicher oder an diesen Tagen besonders hervortretender Bedürfnisse der Bevölkerung erforderlich ist,
   b) für Betriebe, in denen Arbeiten vorkommen, deren Unterbrechung oder Aufschub
      aa) nach dem Stand der Technik ihrer Art nach nicht oder nur mit erheblichen Schwierigkeiten möglich ist,
      bb) besondere Gefahren für Leben oder Gesundheit der Arbeitnehmer zur Folge hätte,
      cc) zu erheblichen Belastungen der Umwelt oder der Energie- oder Wasserversorgung führen würde,
   c) aus Gründen des Gemeinwohls, insbesondere auch zur Sicherung der Beschäftigung,

zulassen und die zum Schutz der Arbeitnehmer und der Sonn- und Feiertagsruhe notwendigen Bedingungen bestimmen.

(2) Soweit die Bundesregierung von der Ermächtigung des Absatzes 1 Nr. 2 Buchstabe a keinen Gebrauch gemacht hat, können die Landesregierungen durch Rechtsverordnung entsprechende Bestimmungen erlassen. Die Landesregierungen können diese Ermächtigung durch Rechtsverordnung auf oberste Landesbehörden übertragen.

(3) Die Aufsichtsbehörde kann

1. feststellen, ob eine Beschäftigung nach § 10 zulässig ist,
2. abweichend von § 9 bewilligen, Arbeitnehmer zu beschäftigen
   a) im Handelsgewerbe an bis zu zehn Sonn- und Feiertagen im Jahr, an denen besondere Verhältnisse einen erweiterten Geschäftsverkehr erforderlich machen,

b) an bis zu fünf Sonn- und Feiertagen im Jahr, wenn besondere Verhältnisse zur Verhütung eines unverhältnismäßigen Schadens dies erfordern,

c) an einem Sonntag im Jahr zur Durchführung einer gesetzlich vorgeschriebenen Inventur,

und Anordnungen über die Beschäftigungszeit unter Berücksichtigung der für den öffentlichen Gottesdienst bestimmten Zeit treffen.

(4) Die Aufsichtsbehörde soll abweichend von § 9 bewilligen, daß Arbeitnehmer an Sonn- und Feiertagen mit Arbeiten beschäftigt werden, die aus chemischen, biologischen, technischen oder physikalischen Gründen einen ununterbrochenen Fortgang auch an Sonn- und Feiertagen erfordern.

(5) Die Aufsichtsbehörde hat abweichend von § 9 die Beschäftigung von Arbeitnehmern an Sonn- und Feiertagen zu bewilligen, wenn bei einer weitgehenden Ausnutzung der gesetzlich zulässigen wöchentlichen Betriebszeiten und bei längeren Betriebszeiten im Ausland die Konkurrenzfähigkeit unzumutbar beeinträchtigt ist und durch die Genehmigung von Sonn- und Feiertagsarbeit die Beschäftigung gesichert werden kann.

Vierter Abschnitt
Ausnahmen in besonderen Fällen

§ 14 Außergewöhnliche Fälle

(1) Von den §§ 3 bis 5, 6 Abs. 2, §§ 7, 9 bis 11 darf abgewichen werden bei vorübergehenden Arbeiten in Notfällen und in außergewöhnlichen Fällen, die unabhängig vom Willen der Betroffenen eintreten und deren Folgen nicht auf andere Weise zu beseitigen sind, besonders wenn Rohstoffe oder Lebensmittel zu verderben oder Arbeitsergebnisse zu mißlingen drohen.

(2) Von den §§ 3 bis 5, 6 Abs. 2, §§ 7, 11 Abs. 1 bis 3 und § 12 darf ferner abgewichen werden,

1. wenn eine verhältnismäßig geringe Zahl von Arbeitnehmern vorübergehend mit Arbeiten beschäftigt wird, deren Nichterledigung das Ergebnis der Arbeiten gefährden oder einen unverhältnismäßigen Schaden zur Folge haben würden,

2. bei Forschung und Lehre, bei unaufschiebbaren Vor- und Abschlußarbeiten sowie bei unaufschiebbaren Arbeiten zur Behandlung, Pflege und Betreuung von Personen oder zur Behandlung und Pflege von Tieren an einzelnen Tagen,

wenn dem Arbeitgeber andere Vorkehrungen nicht zugemutet werden können.

(3) Wird von den Befugnissen nach Absatz 1 oder 2 Gebrauch gemacht, darf die Arbeitszeit 48 Stunden wöchentlich im Durchschnitt von sechs Kalendermonaten oder 24 Wochen nicht überschreiten.

§ 15 Bewilligung, Ermächtigung

(1) Die Aufsichtsbehörde kann

1. eine von den §§ 3, 6 Abs. 2 und § 11 Abs. 2 abweichende längere tägliche Arbeitszeit bewilligen
    a) für kontinuierliche Schichtbetriebe zur Erreichung zusätzlicher Freischichten,
    b) für Bau- und Montagestellen,
2. eine von den §§ 3, 6 Abs. 2 und § 11 Abs. 2 abweichende längere tägliche Arbeitszeit für Saison- und Kampagnebetriebe für die Zeit der Saison oder Kampagne bewilligen, wenn die Verlängerung der Arbeitszeit über acht Stunden werktäglich durch eine entsprechende Verkürzung der Arbeitszeit zu anderen Zeiten ausgeglichen wird,
3. eine von den §§ 5 und 11 Abs. 2 abweichende Dauer und Lage der Ruhezeit bei Arbeitsbereitschaft, Bereitschaftsdienst und Rufbereitschaft den Besonderheiten dieser Inanspruchnahmen im öffentlichen Dienst entsprechend bewilligen,
4. eine von den §§ 5 und 11 Abs. 2 abweichende Ruhezeit zur Herbeiführung eines regelmäßigen wöchentlichen Schichtwechsels zweimal innerhalb eines Zeitraums von drei Wochen bewilligen.

(2) Die Aufsichtsbehörde kann über die in diesem Gesetz vorgesehenen Ausnahmen hinaus weitergehende Ausnahmen zulassen, soweit sie im öffentlichen Interesse dringend nötig werden.

(3) Das Bundesministerium der Verteidigung kann in seinem Geschäftsbereich durch Rechtsverordnung mit Zustimmung des Bundesministeriums für Arbeit und Soziales aus zwingenden Gründen der Verteidigung Arbeitnehmer verpflichten, über die in diesem Gesetz und in den auf Grund dieses Gesetzes erlassenen Rechtsverordnungen und Tarifverträgen festgelegten Arbeitszeitgrenzen und -beschränkungen hinaus Arbeit zu leisten.

(4) Werden Ausnahmen nach Absatz 1 oder 2 zugelassen, darf die Arbeitszeit 48 Stunden wöchentlich im Durchschnitt von sechs Kalendermonaten oder 24 Wochen nicht überschreiten.

Fünfter Abschnitt
Durchführung des Gesetzes

§ 16 Aushang und Arbeitszeitnachweise

(1) Der Arbeitgeber ist verpflichtet, einen Abdruck dieses Gesetzes, der auf Grund dieses Gesetzes erlassenen, für den Betrieb geltenden Rechtsverordnungen und der für den Betrieb geltenden Tarifverträge und Betriebs- oder Dienstvereinbarungen im Sinne des § 7 Abs. 1 bis 3, §§ 12 und 21a Abs. 6 an geeigneter Stelle im Betrieb zur Einsichtnahme auszulegen oder auszuhängen.

(2) Der Arbeitgeber ist verpflichtet, die über die werktägliche Arbeitszeit des § 3 Satz 1 hinausgehende Arbeitszeit der Arbeitnehmer aufzuzeichnen und ein Verzeichnis der Arbeitnehmer zu führen, die in eine Verlängerung der Arbeitszeit gemäß § 7 Abs. 7 eingewilligt haben. Die Nachweise sind mindestens zwei Jahre aufzubewahren.

§ 17 Aufsichtsbehörde

(1) Die Einhaltung dieses Gesetzes und der auf Grund dieses Gesetzes erlassenen Rechtsverordnungen wird von den nach Landesrecht zuständigen Behörden (Aufsichtsbehörden) überwacht.

(2) Die Aufsichtsbehörde kann die erforderlichen Maßnahmen anordnen, die der Arbeitgeber zur Erfüllung der sich aus diesem Gesetz und den auf Grund dieses Gesetzes erlassenen Rechtsverordnungen ergebenden Pflichten zu treffen hat.

(3) Für den öffentlichen Dienst des Bundes sowie für die bundesunmittelbaren Körperschaften, Anstalten und Stiftungen des öffentlichen Rechts werden die Aufgaben und Befugnisse der Aufsichtsbehörde vom zuständigen Bundesministerium oder den von ihm bestimmten Stellen wahrgenommen; das gleiche gilt für die Befugnisse nach § 15 Abs. 1 und 2.

(4) Die Aufsichtsbehörde kann vom Arbeitgeber die für die Durchführung dieses Gesetzes und der auf Grund dieses Gesetzes erlassenen Rechtsverordnungen erforderlichen Auskünfte verlangen. Sie kann ferner vom Arbeitgeber verlangen, die Arbeitszeitnachweise und Tarifverträge oder Betriebs- oder Dienstvereinbarungen im Sinne des § 7 Abs. 1 bis 3, §§ 12 und 21a Abs. 6 vorzulegen oder zur Einsicht einzusenden.

(5) Die Beauftragten der Aufsichtsbehörde sind berechtigt, die Arbeitsstätten während der Betriebs- und Arbeitszeit zu betreten und zu besichtigen; außerhalb dieser Zeit oder wenn sich die Arbeitsstätten

in einer Wohnung befinden, dürfen sie ohne Einverständnis des Inhabers nur zur Verhütung von dringenden Gefahren für die öffentliche Sicherheit und Ordnung betreten und besichtigt werden. Der Arbeitgeber hat das Betreten und Besichtigen der Arbeitsstätten zu gestatten. Das Grundrecht der Unverletzlichkeit der Wohnung (Artikel 13 des Grundgesetzes) wird insoweit eingeschränkt.

(6) Der zur Auskunft Verpflichtete kann die Auskunft auf solche Fragen verweigern, deren Beantwortung ihn selbst oder einen der in § 383 Abs. 1 Nr. 1 bis 3 der Zivilprozeßordnung bezeichneten Angehörigen der Gefahr strafgerichtlicher Verfolgung oder eines Verfahrens nach dem Gesetz über Ordnungswidrigkeiten aussetzen würde.

**Sechster Abschnitt
Sonderregelungen**

§ 18 Nichtanwendung des Gesetzes

(1) Dieses Gesetz ist nicht anzuwenden auf
1. leitende Angestellte im Sinne des § 5 Abs. 3 des Betriebsverfassungsgesetzes sowie Chefärzte,
2. Leiter von öffentlichen Dienststellen und deren Vertreter sowie Arbeitnehmer im öffentlichen Dienst, die zu selbständigen Entscheidungen in Personalangelegenheiten befugt sind,
3. Arbeitnehmer, die in häuslicher Gemeinschaft mit den ihnen anvertrauten Personen zusammenleben und sie eigenverantwortlich erziehen, pflegen oder betreuen,
4. den liturgischen Bereich der Kirchen und der Religionsgemeinschaften.

(2) Für die Beschäftigung von Personen unter 18 Jahren gilt anstelle dieses Gesetzes das Jugendarbeitsschutzgesetz.

(3) Für die Beschäftigung von Arbeitnehmern auf Kauffahrteischiffen als Besatzungsmitglieder im Sinne des § 3 des Seemannsgesetzes gilt anstelle dieses Gesetzes das Seemannsgesetz.

§ 19 Beschäftigung im öffentlichen Dienst

Bei der Wahrnehmung hoheitlicher Aufgaben im öffentlichen Dienst können, soweit keine tarifvertragliche Regelung besteht, durch die zuständige Dienstbehörde die für Beamte geltenden Bestimmungen über die Arbeitszeit auf die Arbeitnehmer übertragen werden; insoweit finden die §§ 3 bis 13 keine Anwendung.

§ 20 Beschäftigung in der Luftfahrt

Für die Beschäftigung von Arbeitnehmern als Besatzungsmitglieder von Luftfahrzeugen gelten anstelle der Vorschriften dieses Gesetzes über Arbeits- und Ruhezeiten die Vorschriften über Flug-, Flugdienst- und Ruhezeiten der Zweiten Durchführungsverordnung zur Betriebsordnung für Luftfahrtgerät in der jeweils geltenden Fassung.

§ 21 Beschäftigung in der Binnenschiffahrt

Die Vorschriften dieses Gesetzes gelten für die Beschäftigung von Fahrpersonal in der Binnenschiffahrt, soweit die Vorschriften über Ruhezeiten der Rheinschiffs-Untersuchungsordnung und der Binnenschiffs-Untersuchungsordnung in der jeweils geltenden Fassung dem nicht entgegenstehen. Sie können durch Tarifvertrag der Eigenart der Binnenschiffahrt angepaßt werden.

§ 21a Beschäftigung im Straßentransport

(1) Für die Beschäftigung von Arbeitnehmern als Fahrer oder Beifahrer bei Straßenverkehrstätigkeiten im Sinne der Verordnung (EG) Nr. 561/2006 des Europäischen Parlaments und des Rates vom 15. März 2006 zur Harmonisierung bestimmter Sozialvorschriften im Straßenverkehr und zur Änderung der Verordnungen (EWG) Nr. 3821/85 und (EG) Nr. 2135/98 des Rates sowie zur Aufhebung der Verordnung (EWG) Nr. 3820/85 des Rates (ABl. EG Nr. L 102 S. 1) oder des Europäischen Übereinkommens über die Arbeit des im internationalen Straßenverkehr beschäftigten Fahrpersonals (AETR) vom 1. Juli 1970 (BGBl. II 1974 S. 1473) in ihren jeweiligen Fassungen gelten die Vorschriften dieses Gesetzes, soweit nicht die folgenden Absätze abweichende Regelungen enthalten. Die Vorschriften der Verordnung (EG) Nr. 561/2006 und des AETR bleiben unberührt.

(2) Eine Woche im Sinne dieser Vorschriften ist der Zeitraum von Montag 0 Uhr bis Sonntag 24 Uhr.

(3) Abweichend von § 2 Abs. 1 ist keine Arbeitszeit:
1. die Zeit, während derer sich ein Arbeitnehmer am Arbeitsplatz bereithalten muss, um seine Tätigkeit aufzunehmen,
2. die Zeit, während derer sich ein Arbeitnehmer bereithalten muss, um seine Tätigkeit auf Anweisung aufnehmen zu können, ohne sich an seinem Arbeitsplatz aufhalten zu müssen,
3. für Arbeitnehmer, die sich beim Fahren abwechseln, die während der Fahrt neben dem Fahrer oder in einer Schlafkabine verbrachte Zeit.

§ 6 I.1 Anhang 1: ArbeitszeitG § 22

Für die Zeiten nach Satz 1 Nr. 1 und 2 gilt dies nur, wenn der Zeitraum und dessen voraussichtliche Dauer im Voraus, spätestens unmittelbar vor Beginn des betreffenden Zeitraums bekannt ist. Die in Satz 1 genannten Zeiten sind keine Ruhezeiten. Die in Satz 1 Nr. 1 und 2 genannten Zeiten sind keine Ruhepausen.

(4) Die Arbeitszeit darf 48 Stunden wöchentlich nicht überschreiten. Sie kann auf bis zu 60 Stunden verlängert werden, wenn innerhalb von vier Kalendermonaten oder 16 Wochen im Durchschnitt 48 Stunden wöchentlich nicht überschritten werden.

(5) Die Ruhezeiten bestimmen sich nach den Vorschriften der Europäischen Gemeinschaften für Kraftfahrer und Beifahrer sowie nach dem AETR. Dies gilt auch für Auszubildende und Praktikanten.

(6) In einem Tarifvertrag oder auf Grund eines Tarifvertrags in einer Betriebs- oder Dienstvereinbarung kann zugelassen werden,
1. nähere Einzelheiten zu den in Absatz 3 Satz 1 Nr. 1, 2 und Satz 2 genannten Voraussetzungen zu regeln,
2. abweichend von Absatz 4 sowie den §§ 3 und 6 Abs. 2 die Arbeitszeit festzulegen, wenn objektive, technische oder arbeitszeitorganisatorische Gründe vorliegen. Dabei darf die Arbeitszeit 48 Stunden wöchentlich im Durchschnitt von sechs Kalendermonaten nicht überschreiten.

§ 7 Abs. 1 Nr. 2 und Abs. 2a gilt nicht. § 7 Abs. 3 gilt entsprechend.

(7) Der Arbeitgeber ist verpflichtet, die Arbeitszeit der Arbeitnehmer aufzuzeichnen. Die Aufzeichnungen sind mindestens zwei Jahre aufzubewahren. Der Arbeitgeber hat dem Arbeitnehmer auf Verlangen eine Kopie der Aufzeichnungen seiner Arbeitszeit auszuhändigen.

(8) Zur Berechnung der Arbeitszeit fordert der Arbeitgeber den Arbeitnehmer schriftlich auf, ihm eine Aufstellung der bei einem anderen Arbeitgeber geleisteten Arbeitszeit vorzulegen. Der Arbeitnehmer legt diese Angaben schriftlich vor.

Siebter Abschnitt
Straf- und Bußgeldvorschriften

§ 22 Bußgeldvorschriften

(1) Ordnungswidrig handelt, wer als Arbeitgeber vorsätzlich oder fahrlässig

1. entgegen §§ 3, 6 Abs. 2 oder § 21a Abs. 4, jeweils auch in Verbindung mit § 11 Abs. 2, einen Arbeitnehmer über die Grenzen der Arbeitszeit hinaus beschäftigt,
2. entgegen § 4 Ruhepausen nicht, nicht mit der vorgeschriebenen Mindestdauer oder nicht rechtzeitig gewährt,
3. entgegen § 5 Abs. 1 die Mindestruhezeit nicht gewährt oder entgegen § 5 Abs. 2 die Verkürzung der Ruhezeit durch Verlängerung einer anderen Ruhezeit nicht oder nicht rechtzeitig ausgleicht,
4. einer Rechtsverordnung nach § 8 Satz 1, § 13 Abs. 1 oder 2 oder § 24 zuwiderhandelt, soweit sie für einen bestimmten Tatbestand auf diese Bußgeldvorschrift verweist,
5. entgegen § 9 Abs. 1 einen Arbeitnehmer an Sonn- oder Feiertagen beschäftigt,
6. entgegen § 11 Abs. 1 einen Arbeitnehmer an allen Sonntagen beschäftigt oder entgegen § 11 Abs. 3 einen Ersatzruhetag nicht oder nicht rechtzeitig gewährt,
7. einer vollziehbaren Anordnung nach § 13 Abs. 3 Nr. 2 zuwiderhandelt,
8. entgegen § 16 Abs. 1 die dort bezeichnete Auslage oder den dort bezeichneten Aushang nicht vornimmt,
9. entgegen § 16 Abs. 2 oder § 21a Abs. 7 Aufzeichnungen nicht oder nicht richtig erstellt oder nicht für die vorgeschriebene Dauer aufbewahrt oder
10. entgegen § 17 Abs. 4 eine Auskunft nicht, nicht richtig oder nicht vollständig erteilt, Unterlagen nicht oder nicht vollständig vorlegt oder nicht einsendet oder entgegen § 17 Abs. 5 Satz 2 eine Maßnahme nicht gestattet.

(2) Die Ordnungswidrigkeit kann in den Fällen des Absatzes 1 Nr. 1 bis 7, 9 und 10 mit einer Geldbuße bis zu fünfzehntausend Euro, in den Fällen des Absatzes 1 Nr. 8 mit einer Geldbuße bis zu zweitausendfünfhundert Euro geahndet werden.

§ 23 Strafvorschriften

(1) Wer eine der in § 22 Abs. 1 Nr. 1 bis 3, 5 bis 7 bezeichneten Handlungen

1. vorsätzlich begeht und dadurch Gesundheit oder Arbeitskraft eines Arbeitnehmers gefährdet oder
2. beharrlich wiederholt,

wird mit Freiheitsstrafe bis zu einem Jahr oder mit Geldstrafe bestraft.

(2) Wer in den Fällen des Absatzes 1 Nr. 1 die Gefahr fahrlässig verursacht, wird mit Freiheitsstrafe bis zu sechs Monaten oder mit Geldstrafe bis zu 180 Tagessätzen bestraft.

Achter Abschnitt
Schlußvorschriften

§ 24 Umsetzung von zwischenstaatlichen Vereinbarungen und Rechtsakten der EG

Die Bundesregierung kann mit Zustimmung des Bundesrates zur Erfüllung von Verpflichtungen aus zwischenstaatlichen Vereinbarungen oder zur Umsetzung von Rechtsakten des Rates oder der Kommission der Europäischen Gemeinschaften, die Sachbereiche dieses Gesetzes betreffen, Rechtsverordnungen nach diesem Gesetz erlassen.

§ 25 Übergangsregelung für Tarifverträge

Enthält ein am 1. Januar 2004 bestehender oder nachwirkender Tarifvertrag abweichende Regelungen nach § 7 Abs. 1 oder 2 oder § 12 Satz 1, die den in diesen Vorschriften festgelegten Höchstrahmen überschreiten, bleiben diese tarifvertraglichen Bestimmungen bis zum 31. Dezember 2006 unberührt. Tarifverträgen nach Satz 1 stehen durch Tarifvertrag zugelassene Betriebsvereinbarungen sowie Regelungen nach § 7 Abs. 4 gleich.

§ 7 Sonderformen der Arbeit

(1) ¹Wechselschichtarbeit ist die Arbeit nach einem Schichtplan, der einen regelmäßigen Wechsel der täglichen Arbeitszeit in Wechselschichten vorsieht, bei denen Beschäftigte durchschnittlich längstens nach Ablauf eines Monats erneut zur Nachtschicht herangezogen werden. ²Wechselschichten sind wechselnde Arbeitsschichten, in denen ununterbrochen bei Tag und Nacht, werktags, sonntags und feiertags gearbeitet wird. ³Nachtschichten sind Arbeitsschichten, die mindestens zwei Stunden Nachtarbeit umfassen.

(2) Schichtarbeit ist die Arbeit nach einem Schichtplan, der einen regelmäßigen Wechsel des Beginns der täglichen Arbeitszeit um mindestens zwei Stunden in Zeitabschnitten von längstens einem Monat vorsieht, und die innerhalb einer Zeitspanne von mindestens 13 Stunden geleistet wird.

(3) Bereitschaftsdienst leisten Beschäftigte, die sich auf Anordnung des Arbeitgebers außerhalb der regelmäßigen Arbeitszeit an einer vom Arbeitgeber bestimmten Stelle aufhalten, um im Bedarfsfall die Arbeit aufzunehmen.

(4) ¹Rufbereitschaft leisten Beschäftigte, die sich auf Anordnung des Arbeitgebers außerhalb der regelmäßigen Arbeitszeit an einer dem Arbeitgeber anzuzeigenden Stelle aufhalten, um auf Abruf die Arbeit aufzunehmen. ²Rufbereitschaft wird nicht dadurch ausgeschlossen, dass Beschäftigte vom Arbeitgeber mit einem Mobiltelefon oder einem vergleichbaren technischen Hilfsmittel ausgestattet sind.

(5) Nachtarbeit ist die Arbeit zwischen 21 Uhr und 6 Uhr.

(6) Mehrarbeit sind die Arbeitsstunden, die Teilzeitbeschäftigte über die vereinbarte regelmäßige Arbeitszeit hinaus bis zur regelmäßigen wöchentlichen Arbeitszeit von Vollbeschäftigten (§ 6 Abs. 1 Satz 1) leisten.

(7) Überstunden sind die auf Anordnung des Arbeitgebers geleisteten Arbeitsstunden, die über die im Rahmen der regelmäßigen Arbeitszeit von Vollbeschäftigten (§ 6 Abs. 1 Satz 1) für die Woche dienstplanmäßig bzw. betriebsüblich festgesetzten Arbeitsstunden hinausgehen und nicht bis zum Ende der folgenden Kalenderwoche ausgeglichen werden.

(8) Abweichend von Absatz 7 sind nur die Arbeitsstunden Überstunden, die

a) im Falle der Festlegung eines Arbeitszeitkorridors nach § 6 Abs. 6 über 45 Stunden oder über die vereinbarte Obergrenze hinaus,

b) im Falle der Einführung einer täglichen Rahmenzeit nach § 6 Abs. 7 außerhalb der Rahmenzeit,

c) im Falle von Wechselschicht- oder Schichtarbeit über die im Schichtplan festgelegten täglichen Arbeitsstunden einschließlich der im Schichtplan vorgesehenen Arbeitsstunden, die bezogen auf die regelmäßige wöchentliche Arbeitszeit im Schichtplanturnus nicht ausgeglichen werden,

angeordnet worden sind.

§ 7 I.1 TVöD — Sonderformen der Arbeit

Erläuterungen

§ 7 TVöD definiert die Begriffe für Sonderformen der Arbeit und korrespondiert mit § 8 TVöD, in dem der (finanzielle) Ausgleich für diese besonderen Formen der Arbeit bestimmt ist, und hinsichtlich des Zusatzurlaubs für (Wechsel-)Schichtarbeit mit § 27 TVöD. Die Begriffsbestimmungen waren bislang in den §§ 15 (Absätze 6a, 6b und 8) und in § 17 BAT enthalten; der Zusatzurlaub ergab sich aus § 48a BAT.

Anders als im Geltungsbereich des BAT trifft die Vorschrift des TVöD lediglich Begriffsbestimmungen, enthält aber keine Verpflichtung des Arbeitnehmers, bestimmte Sonderformen der Arbeit (z. B. Rufbereitschaft, Bereitschaftsdienst oder Überstunden) auszuüben. Diese Verpflichtung ergibt sich jedoch aus § 6 Abs. 5 TVöD. Unabhängig davon besteht die Möglichkeit, Sonderformen der Arbeit anzuordnen, bereits auf der Grundlage des allgemeinen Direktionsrechtes des Arbeitgebers.

Auf die abweichenden Sonderregelungen in §§ 46 und 48 (Bund) bzw. §§ 46, 47 und 48 (VKA) des Besonderen Teils Verwaltung, die abweichenden Sonderregelungen in §§ 45, 46 des Besonderen Teils Pflege- und Betreuungseinrichtungen, der §§ 44 ff. des Besonderen Teils Krankenhäuser sowie die Regelung des § 43 (Überstunden) des Besonderen Teils Verwaltung wird hingewiesen.

Wechselschicht/Nachtschicht (Abs. 1)

Die in Satz 1 und Satz 2 der Vorschrift getroffene Definition der Begriffe Wechselschichtarbeit und Wechselschicht entspricht der bisherigen Begriffsbestimmung in § 15 Abs. 8 BAT. Wechselschichtarbeit liegt vor, wenn die Arbeit nach einem Schichtplan ausgeführt wird, der den regelmäßigen Wechsel des Beginns der regelmäßigen Arbeitszeit vorsieht und den Beschäftigten durchschnittlich spätestens nach Ablauf eines Monats erneut zur Nachtschicht heranzieht. Die gelegentliche Heranziehung zur Nachtschicht reicht somit zur Annahme von Wechselschichtarbeit nicht aus. Wechselschichten setzen den ununterbrochenen Betrieb bei Tag und Nacht sowie an Sonn- und Feiertagen (also einen „Rund-um-die-Uhr-Betrieb") voraus.

Satz 3 bestimmt, dass Nachtschicht (im Sinne des Satzes 1) die Arbeitsschichten sind, die mindestens zwei Stunden Nachtarbeit umfassen. Der Begriff der Nachtarbeit ist in Absatz 5 der Vorschrift definiert; darunter ist die Arbeit zwischen 21 Uhr und 6 Uhr zu verstehen.

Sonderformen der Arbeit TVöD **§ 7 I.1**

Schichtarbeit (Abs. 2)

Die Definition der Schichtarbeit lehnt sich an die bisherigen Regelungen des § 15 Abs. 8 bzw. § 33a Abs. 2 Unterabs. 1 Buchst. b Doppelbuchst. bb BAT an. Die Voraussetzungen für das Vorliegen von Schichtarbeit im tariflichen Sinne entsprechen weitgehend denen der Wechselschichtarbeit, bleiben aber insgesamt hinter den dort geforderten Mindestbedingungen zurück. Schichtarbeit liegt vor, wenn die Arbeit nach einem Schichtplan ausgeführt wird, der den regelmäßigen Wechsel des Beginns der regelmäßigen Arbeitszeit vorsieht. Weitere Voraussetzung für das Vorliegen von Schichtarbeit im Sinne des TVöD ist, dass der Wechsel des Beginns der täglichen Arbeitszeit in Zeitabschnitten von höchstens einem Monat erfolgt (der Wechsel von sechs Wochen Frühschicht mit sechs Wochen Spätschicht ist folglich keine Schichtarbeit), die Schichten um mindestens zwei Stunden zueinander verschoben sind (der Wechsel zwischen einer um 7 Uhr beginnenden Frühschicht und einer um 8 Uhr beginnenden Spätschicht führt also auch nicht zu Schichtarbeit) und dass die Arbeit innerhalb einer Zeitspanne von mindestens 13 Stunden, bezogen auf den Beginn der frühesten und das Ende der spätesten Schicht geleistet wird (bei einer Frühschicht von 6 bis 16 Uhr und einer Spätschicht von 9 bis 18 Uhr liegt somit keine Schichtarbeit vor).

Bereitschaftsdienst (Abs. 3)

Die Vorschrift definiert – wie § 15 Abs. 6a BAT – Bereitschaftsdienst als die Zeit, in der sich der Arbeitnehmer auf Weisung des Arbeitgebers außerhalb der regelmäßigen Arbeitszeit an einer vom Arbeitgeber bestimmten Stelle (in der Regel dürfte dies die Arbeitsstelle sein) aufhält, um im Bedarfsfall die Arbeit aufzunehmen. Die in § 15 Abs. 6a BAT enthaltene Einschränkung, dass der Arbeitgeber Bereitschaftsdienst nur anordnen darf, wenn zwar zu erwarten ist, dass Arbeit anfällt, die Zeit ohne Arbeit aber erfahrungsgemäß überwiegt, ist nicht in den TVöD übernommen worden.

Eine Regelung des Begriffes der Bereitschaftszeiten (im Sinne der Arbeitsbereitschaft in den bisherigen Arbeitertarifverträgen) bzw. der Voraussetzungen und Folgen haben die Tarifpartner in § 9 getroffen.

Wegen der Auswirkungen der gesetzlichen Arbeitszeitregelungen → Erläuterungen zu § 9.

§ 7 I.1 TVöD — Sonderformen der Arbeit

Rufbereitschaft (Abs. 4)

Satz 1 der Vorschrift definiert – wie § 15 Abs. 6b BAT – Rufbereitschaft als die Zeit, in der sich der Arbeitnehmer auf Anordnung des Arbeitgebers außerhalb der regelmäßigen Arbeitszeit an einer dem Arbeitgeber anzuzeigenden (nicht vom Arbeitgeber bestimmten; in der Regel dürfte dies die Wohnung sein) Stelle aufhält, um auf Abruf die Arbeit aufzunehmen. Die in § 15 Abs. 6b BAT enthaltene Einschränkung, dass der Arbeitgeber Rufbereitschaft nur anordnen darf, wenn erfahrungsgemäß nur in Ausnahmefällen Arbeit anfällt, ist nicht in den TVöD übernommen worden.

In Satz 2 der Vorschrift ist – abweichend von der bislang dazu im Schrifttum vertretenen Meinung – ausdrücklich bestimmt, dass die Ausstattung des Arbeitnehmers mit einem Mobiltelefon oder einem vergleichbaren technischen Hilfsmittel Rufbereitschaft nicht ausschließt.

Zeiten der Rufbereitschaft sind auch unter Zugrundelegung der EUGH-Rechtsprechung zum gesetzlichen Arbeitszeitrecht (→ § 9 Erläuterungen) keine Arbeitszeit; lediglich die Zeiten der tatsächlichen Inanspruchnahme während der Rufbereitschaft stellen Arbeitszeit im arbeitszeitrechtlichen Sinne dar.

Nachtarbeit (Abs. 5)

Nachtarbeit ist nach dieser Definition die Zeit zwischen 21 Uhr und 6 Uhr. Die Festlegung der Tarifpartner weicht damit von der bisherigen Regelung in § 15 Abs. 8 BAT (20 Uhr bis 6 Uhr) und der Definition des § 2 Abs. 3 des Arbeitszeitgesetzes (23 Uhr bis 6 Uhr) ab.

Mehrarbeit (Abs. 6)

Mit der Regelung in Absatz 6 greifen die Tarifpartner den bisher (teilweise) in § 34 Abs. 1 Unterabs. 1 Satz 2 BAT geregelten Sachverhalt auf, dass Teilzeitbeschäftigte über das mit ihnen individuell vereinbarte Arbeitspensum hinaus zusätzliche Arbeit leisten. Diese Mehrarbeit führt – so lange nicht die Regelarbeitszeit eines vollbeschäftigten Arbeitnehmers erreicht bzw. überschritten wird – nicht zu mit Zuschlägen vergütenden Überstunden, sondern zu lediglich mit der anteiligen Vergütung zu bezahlender Mehrarbeit (→ § 8 Abs. 2). Erst beim Überschreiten der Regelarbeitszeit eines Vollbeschäftigten entstehen auch bei teilzeitbeschäftigten Arbeitnehmern Überstunden.

Sonderformen der Arbeit TVöD § 7 I.1

Beispiele

- Individuelle vertragliche Arbeitszeit 30 Stunden, tatsächliche Arbeitszeit 35 Stunden: Die fünf überplanmäßigen Stunden sind mit der anteiligen Vergütung zu entlohnen.

- Individuelle vertragliche Arbeitszeit 30 Stunden, tatsächliche Arbeitszeit 40 Stunden: Auf der Grundlage der Regelarbeitszeit für Arbeitnehmer des Bundes (39 Stunden) sind 9 Stunden mit der anteiligen Vergütung und eine Stunde mit der Überstundenvergütung zu entlohnen.

Die Rechtmäßigkeit dieser Verfahrensweise ist höchstrichterlich bestätigt worden (siehe BAG-Urteil vom 25. 7. 1996 – 6 AZR 138/94, AP Nr. 6 zu § 35 BAT). Sie hält auch einer kritischen Betrachtung im Hinblick auf das nach dem Teilzeit- und Befristungsgesetz (TzBfG) zu beachtenden Nachteilsverbot Teilzeitbeschäftigter und vergleichbare europarechtliche Grenzen stand; denn auch Vollbeschäftigte erhalten Überstundenzuschläge erst, wenn die durchschnittliche regelmäßige wöchentliche Arbeitszeit überschritten ist. Vor dem Hintergrund des Nachteilsverbotes kann den Betroffenen die anteilige Zahlung von in Monatsbeträgen festgelegten Zulagen/Zuschlägen, die auch ein Vollbeschäftigter erhält und die bei dem Teilzeitbeschäftigten zuvor gemäß § 24 TVöD auf den Umfang der vetraglichen Teilzeit reduziert worden sind, nach Auffassung des Verfassers jedoch nicht verweigert werden.

Beispiel

Die Wechselschichtzulage, die auf ein angenommenes vertragliches Arbeitszeitvolumen von 50 % reduziert wurde, ist – wenn der Betroffene Mehrarbeit leistet und damit auf 75 % der Arbeitszeit kommt – ebenfalls auf 75 % aufzustocken.

Zuschläge für z. B. Feiertags- oder Nachtarbeit und andere unständige Bezügebestandteile werden ohnehin „spitz" nach der geleisteten Arbeit berechnet und sind deshalb auch für Mehrarbeitsstunden zu zahlen.

Überstunden (Abs. 7)

Die Definition der Überstunden entspricht weitgehend der bisherigen Regelung in § 17 Abs. 1 BAT. Sie ist aber im Hinblick auf die neu aufgenommene, spezielle Vorschrift für Mehrarbeit Teilzeitbeschäftigter (→ Absatz 6) auf Vollbeschäftigte beschränkt. Ferner gelten Mehrarbeitszeiten nur dann als Überstunden im tariflichen Sinne, wenn sie nicht bis zum Ende der folgenden Kalenderwoche ausgeglichen werden. Im Ergebnis ist der Ausgleichszeitraum im Vergleich zum BAT damit von maximal einer auf maximal zwei Wochen angehoben worden.

Überstunden sind nach der Tarifvorschrift die auf Anordnung des Arbeitgebers geleisteten, über den Rahmen der für die Woche dienstplanmäßig bzw. betriebsüblich festgesetzten Arbeitszeit hinausgehenden Arbeitsstunden. Es gilt die wöchentliche Überstundenberechnung; somit führen Überschreitungen der täglichen dienstplanmäßigen bzw. betriebsüblichen Arbeitszeit, die innerhalb derselben Woche ausgeglichen werden, nicht zu Überstunden. Weitere Voraussetzung ist, dass kein Ausgleich bis zum Ende der folgenden (also der zweiten) Woche erfolgt (s. o.).

Entgegen der bisherigen Regelung in § 17 BAT enthält die Vorschrift des TVöD keine Bestimmungen, ob und ggf. mit welchen Einschränkungen Überstunden angeordnet werden können. Es ist somit nach den allgemeinen Grundsätzen des Direktionsrechts zu verfahren.

Überstunden in besonderen Fällen (Abs. 8)

Bei dieser Bestimmung handelt es sich um eine Ausnahmeregelung zu Absatz 7. Abweichend von den dort vereinbarten Grundsätzen sollen Überstunden in bestimmten Fällen unter anderen Voraussetzungen – insbesondere in Bezug auf Ausgleichszeiträume – entstehen.

Nach Satz 1 Buchst. a entstehen Überstunden im Falle der Festlegung eines wöchentlichen Arbeitszeitkorridors (→ § 6 Abs. 6) erst bei Überschreiten der in diesem Zusammenhang durch Betriebs-/Dienstvereinbarung festgelegten Obergrenze des Zeitkorridors (max. 45 Stunden).

Nach Satz 1 Buchst. b können im Fall der Einführung einer täglichen Rahmenzeit (→ § 6 Abs. 7) Überstunden erst bei Überschreiten des durch Dienst- oder Betriebsvereinbarung festgelegten Rahmens entstehen.

Nach Satz 1 Buchst. c entstehen im Fall der Wechselschicht/Schichtarbeit Überstunden nur dann, wenn erstens die im Schichtplan festgelegten täglichen Arbeitsstunden überschritten werden und diese zweitens – bezogen auf die wöchentliche Arbeitszeit – nicht im Schichtplanturnus ausgeglichen werden können.

§ 8 Ausgleich für Sonderformen der Arbeit

(1) ¹Der/Die Beschäftigte erhält neben dem Entgelt für die tatsächliche Arbeitsleistung Zeitzuschläge. ²Die Zeitzuschläge betragen – auch bei Teilzeitbeschäftigten – je Stunde

a) für Überstunden	
in den Entgeltgruppen 1 bis 9	30 v. H.,
in den Entgeltgruppen 10 bis 15	15 v. H.,
b) für Nachtarbeit	20 v. H.,
c) für Sonntagsarbeit	25 v. H.,
d) bei Feiertagsarbeit	
– ohne Freizeitausgleich	135 v. H.,
– mit Freizeitausgleich	35 v. H.,
e) für Arbeit am 24. Dezember und am 31. Dezember jeweils ab 6 Uhr	35 v. H.,
f) für Arbeit an Samstagen von 13 bis 21 Uhr, soweit diese nicht im Rahmen von Wechselschicht- oder Schichtarbeit anfällt	20 v. H.

des auf eine Stunde entfallenden Anteils des Tabellenentgelts der Stufe 3 der jeweiligen Entgeltgruppe. ³Beim Zusammentreffen von Zeitzuschlägen nach Satz 2 Buchstabe c bis f wird nur der höchste Zeitzuschlag gezahlt. ⁴Auf Wunsch der/des Beschäftigten können, soweit ein Arbeitszeitkonto (§ 10) eingerichtet ist und die betrieblichen/dienstlichen Verhältnisse es zulassen, die nach Satz 2 zu zahlenden Zeitzuschläge entsprechend dem jeweiligen Vomhundertsatz einer Stunde in Zeit umgewandelt und ausgeglichen werden. ⁵Dies gilt entsprechend für Überstunden als solche.

Protokollerklärung zu Absatz 1 Satz 1:
Bei Überstunden richtet sich das Entgelt für die tatsächliche Arbeitsleistung nach der jeweiligen Entgeltgruppe und der individuellen Stufe, höchstens jedoch nach der Stufe 4.

Protokollerklärung zu Absatz 1 Satz 2 Buchst. d:
¹Der Freizeitausgleich muss im Dienstplan besonders ausgewiesen und bezeichnet werden. ²Falls kein Freizeitausgleich gewährt wird, werden als Entgelt einschließlich des Zeitzuschlags und des auf den Feiertag entfallenden Tabellenentgelts höchstens 235 v. H. gezahlt.

(2) Für Arbeitsstunden, die keine Überstunden sind und die aus betrieblichen/dienstlichen Gründen nicht innerhalb des nach § 6 Abs. 2 Satz 1 oder 2 festgelegten Zeitraums mit Freizeit ausgeglichen werden, erhält der/die Beschäftigte je Stunde 100 v. H. des auf eine Stunde entfallenden Anteils des Tabellenentgelts der jeweiligen Entgeltgruppe und Stufe.

Protokollerklärung zu Absatz 2:
Mit dem Begriff „Arbeitsstunden" sind nicht die Stunden gemeint, die im Rahmen von Gleitzeitregelungen im Sinne der Protokollerklärung zu § 6 anfallen, es sei denn, sie sind angeordnet worden.

§ 8 I.1 TVöD — Ausgleich für Sonderformen der Arbeit

(3) ¹Für die Rufbereitschaft wird eine tägliche Pauschale je Entgeltgruppe bezahlt. ²Sie beträgt für die Tage Montag bis Freitag das Zweifache, für Samstag, Sonntag sowie für Feiertage das Vierfache des tariflichen Stundenentgelts nach Maßgabe der Entgelttabelle. ³Maßgebend für die Bemessung der Pauschale nach Satz 2 ist der Tag, an dem die Rufbereitschaft beginnt. ⁴Für die Arbeitsleistung innerhalb der Rufbereitschaft außerhalb des Aufenthaltsortes im Sinne des § 7 Abs. 4 wird die Zeit jeder einzelnen Inanspruchnahme einschließlich der hierfür erforderlichen Wegezeiten jeweils auf eine volle Stunde gerundet und mit dem Entgelt für Überstunden sowie mit etwaigen Zeitzuschlägen nach Absatz 1 bezahlt. ⁵Wird die Arbeitsleistung innerhalb der Rufbereitschaft am Aufenthaltsort im Sinne des § 7 Abs. 4 telefonisch (z. B. in Form einer Auskunft) oder mittels technischer Einrichtungen erbracht, wird abweichend von Satz 4 die Summe dieser Arbeitsleistungen auf die nächste volle Stunde gerundet und mit dem Entgelt für Überstunden sowie mit etwaigen Zeitzuschlägen nach Absatz 1 bezahlt. ⁶Absatz 1 Satz 4 gilt entsprechend, soweit die Buchung auf das Arbeitszeitkonto nach § 10 Abs. 3 Satz 2 zulässig ist. ⁷Satz 1 gilt nicht im Falle einer stundenweisen Rufbereitschaft. ⁸Eine Rufbereitschaft im Sinne von Satz 7 liegt bei einer ununterbrochenen Rufbereitschaft von weniger als zwölf Stunden vor. ⁹In diesem Fall wird abweichend von den Sätzen 2 und 3 für jede Stunde der Rufbereitschaft 12,5 v. H. des tariflichen Stundenentgelts nach Maßgabe der Entgelttabelle gezahlt.

Protokollerklärung zu Absatz 3:
Zur Ermittlung der Tage einer Rufbereitschaft, für die eine Pauschale gezahlt wird, ist auf den Tag des Beginns der Rufbereitschaft abzustellen.

Niederschriftserklärung zu § 8 Abs. 3:
Zur Erläuterung von § 8 Abs. 3 und der dazugehörigen Protokollerklärung sind sich die Tarifvertragsparteien über folgendes Beispiel einig: „Beginnt eine Wochenendrufbereitschaft am Freitag um 15 Uhr und endet am Montag um 7 Uhr, so erhalten Beschäftigte folgende Pauschalen: Zwei Stunden für Freitag, je vier Stunden für Samstag und Sonntag, keine Pauschale für Montag. Sie erhalten somit zehn Stundenentgelte."

(4) ¹Das Entgelt für Bereitschaftsdienst wird landesbezirklich – für den Bund in einem Tarifvertrag auf Bundesebene – geregelt. ²Bis zum In-Kraft-Treten einer Regelung nach Satz 1 gelten die in dem jeweiligen Betrieb/der jeweiligen Verwaltung/Dienststelle am 30. September 2005 jeweils geltenden Bestimmungen fort.

(5) ¹Beschäftigte, die ständig Wechselschichtarbeit leisten, erhalten eine Wechselschichtzulage von 105 Euro monatlich. ²Beschäftigte, die nicht ständig Wechselschichtarbeit leisten, erhalten eine Wechselschichtzulage von 0,63 Euro pro Stunde.

(6) ¹Beschäftigte, die ständig Schichtarbeit leisten, erhalten eine Schichtzulage von 40 Euro monatlich. ²Beschäftigte, die nicht ständig Schichtarbeit leisten, erhalten eine Schichtzulage von 0,24 Euro pro Stunde.

Ausgleich für Sonderformen der Arbeit TVöD **§ 8 I.1**

Erläuterungen

§ 8 TVöD regelt den finanziellen Ausgleich für Sonderformen der Arbeit und ergänzt insoweit die in § 7 und 9 TVöD getroffene Definition der einzelnen Arten besonderer Arbeitsformen. Dieser Themenbereich war bislang in den §§ 33a (Wechselschicht- und Schichtzulagen) und 35 BAT (Zeitzuschläge, Überstundenvergütung) geregelt. Die Möglichkeit der Pauschalierung von Zeitzuschlägen entsprechend § 35 Abs. 4 BAT findet sich nun in § 24 (Berechnung und Auszahlung des Entgelts) Abs. 6 TVöD.

Auf die abweichenden Sonderregelungen in vielen Bereichen des Besonderen Teils Verwaltung (z. B. §§ 45, 46 und 47 des Abschnitts VIII Bund, auf die §§ 45, 46 und 48 bis 50 des Besonderen Teils Krankenhäuser sowie die Regelung des § 43 (Überstunden) des Besonderen Teils Verwaltung wird hingewiesen.

Zeitzuschläge (Abs. 1)

In dieser Vorschrift sind die Zeitzuschläge festgelegt, die neben dem Entgelt für die Arbeitsleistung zu zahlen sind.

Die Zuschläge betragen

- für Überstunden (→ § 7 Abs. 7 und 8) 30 v. H. in den Entgeltgruppen 1 bis 9 und 15 v. H. in den Entgeltgruppen 10 bis 15. Wegen der Ausnahmen für bestimmte Beschäftigte der obersten Bundesbehörden → § 43 Abs. 2 des Besonderen Teils Verwaltung wird hingewiesen,
- für Nachtarbeit (→ § 7 Abs. 5) 20 v. H.,
- für Sonntagsarbeit 25 v. H. Sonntagsarbeit ist die Zeit an einem Sonntag in der Zeit zwischen 0 Uhr und 24 Uhr,
- für Feiertagsarbeit ohne Freizeitausgleich 135 v. H., mit Freizeitausgleich 35 v. H. Nach Maßgabe der Protokollerklärung hierzu muss der Freizeitausgleich im Dienstplan besonders ausgewiesen und bezeichnet werden. Falls kein Freizeitausgleich gewährt wird, werden als Ausgleich für Feiertagsentgelt und Zeitzuschlag höchstens 235 v. H. gezahlt. Feiertage i. S. dieser Vorschrift sind die gesetzlichen Feiertage (→ dazu Erläuterungen zu § 6 Abs. 3),
- für Arbeit am Heiligabend und an Silvester jeweils ab 6 Uhr 35 v. H. Besondere Zuschläge für an diesen Tagen in der Zeit vor 6 Uhr anfallende Arbeit sind nicht vorgesehen,
- für Arbeit an Samstagen in der Zeit von 13 Uhr bis 21 Uhr 20 v. H. Außerhalb dieses Zeitrahmens liegende Arbeitszeiten bleiben zuschlagsfrei. Ebenfalls ausgeschlossen sind Zuschläge, wenn die

§ 8 I.1 TVöD — Ausgleich für Sonderformen der Arbeit

Samstagsarbeit im Rahmen von Wechselschicht- oder Schichtarbeit (→ § 7 Abs. 1 und 2) anfällt.

Bemessungsgrundlage ist gemäß Satz 2 der Vorschrift das Stundenentgelt der Stufe 3 der jeweiligen Entgeltgruppe (→ Entgelttabelle zum TVöD)[1]), und zwar auch dann, wenn der Beschäftigte tatsächlich nach einer anderen Stufe vergütet wird. Die tatsächliche Arbeitsleistung wird bei Überstunden nach der individuellen Stufe der jeweiligen Entgeltgruppe, höchstens aber nach Stufe 4, vergütet (Protokollerklärung zu Absatz 1 Satz 1). Die Tarifpartner haben keine ausdrückliche Regelung dazu getroffen, ob Zeitzuschläge auch für Stundenbruchteile zu zahlen sind. Der Wortlaut der Tarifvorschrift, wonach die Zeitzuschläge „je Stunde" (→ § 8 Abs. 1 Satz 2) gezahlt werden, ist nicht eindeutig. Er lässt sowohl die Auslegung zu, dass Zeitzuschläge auch für Bruchteile von Stunden abzugelten sind, als auch die Auffassung, dass Zeitzuschläge nur für volle Stunden zustehen. Bei der vergleichbaren Vorschrift des § 35 Abs. 1 BAT hat sich zwar in der Literatur und in der Praxis die Meinung durchgesetzt, Zuschläge seien auch zeitanteilig für Stundenbruchteile zu gewähren. Zur Regelung des § 10 des Tarifvertrages Versorgungsbetriebe, der unmittelbares Vorbild für die Vorschrift des TVöD war, finden sich aber auch Meinungsäußerungen, nach denen die Zeitzuschläge nur für volle Stunden zu zahlen sind. Der Bund hat sich in ersten Hinweisen zur Anwendung des TVöD für eine zeitanteilige Gewährung der Zuschläge entschlossen. Es bleibt abzuwarten, ob sich die Kommunen dieser Auslegung anschließen oder Zeitzuschläge nur für volle Stunden gewähren.

Beim Zusammentreffen der Zeitzuschläge nach den Buchstaben c bis f (also für Sonntags- und Feiertagsarbeit sowie für Arbeit an Samstagen bzw. Heiligabend und Silvester) wird gemäß Satz 3 jeweils nur der höchste Zeitzuschlag gezahlt. Folglich wird für Arbeit an auf einen Sonntag fallenden Feiertagen der höhere Feiertagszuschlag gezahlt, der geringere Sonntagszuschlag geht unter. Zuschläge für Überstunden (Buchst. a) und Nachtarbeit (Buchst. b) hingegen können nebeneinander und auch neben den Zuschlägen nach den Buchstaben c und f gezahlt werden.

Nach den Sätzen 4 und 5 der Vorschrift können auf Wunsch des Arbeitnehmers die entsprechend dem jeweiligen Vomhundertsatz (also 6 Minuten für 10 v. H. Zuschlag) in Arbeitszeit umgerechneten

---

[1]) abgedruckt unter **I.1 Anhang als Anlagen A und B**

Zuschläge (Satz 4) und die Überstunden als solche (Satz 5) einem Arbeitszeitkonto gutgeschrieben werden, wenn die betrieblichen/ dienstlichen Verhältnisse dies zulassen. Voraussetzung dafür ist, dass ein Arbeitszeitkonto (→ § 10) durch Betriebs-/Dienstvereinbarung eingerichtet worden ist und dass der betroffene Arbeitnehmer unter diese Regelung fällt.

Bestimmte Zuschläge können steuerfrei gezahlt werden. Die Steuerfreiheit der Zuschläge für Sonntags-, Feiertags- und Nachtarbeit ist durch das Steuerreformgesetz 1990 mit Wirkung ab 1. 1. 1990 neu geregelt und ist durch das Steueränderungsgesetz 2003 geändert worden. § 3b des Einkommensteuergesetzes in der aktuellen Fasssung lautet wie folgt:

§ 3b EStG Steuerfreiheit von Zuschlägen für Sonntags-, Feiertags- oder Nachtarbeit

(1) Steuerfrei sind Zuschläge, die für tatsächlich geleistete Sonntags-, Feiertags- oder Nachtarbeit neben dem Grundlohn gezahlt werden, soweit sie

1. für Nachtarbeit 25 Prozent,
2. vorbehaltlich der Nummern 3 und 4 für Sonntagsarbeit 50 Prozent,
3. vorbehaltlich der Nummer 4 für Arbeit am 31. Dezember ab 14 Uhr und an den gesetzlichen Feiertagen 125 Prozent,
4. für Arbeit am 24. Dezember ab 14 Uhr, am 25. und 26. Dezember sowie am 1. Mai 150 Prozent

des Grundlohns nicht übersteigen.

(2) [1]Grundlohn ist der laufende Arbeitslohn, der dem Arbeitnehmer bei der für ihn maßgebenden regelmäßigen Arbeitszeit für den jeweiligen Lohnzahlungszeitraum zusteht; er ist in einen Stundenlohn umzurechnen und mit höchstens 50 Euro anzusetzen. [2]Nachtarbeit ist die Arbeit in der Zeit von 20 Uhr bis 6 Uhr. [3]Sonntagsarbeit und Feiertagsarbeit ist die Arbeit in der Zeit von 0 Uhr bis 24 Uhr des jeweiligen Tages. [4]Die gesetzlichen Feiertage werden durch die am Ort der Arbeitsstätte geltenden Vorschriften bestimmt.

(3) Wenn die Nachtarbeit vor 0 Uhr aufgenommen wird, gilt abweichend von den Absätzen 1 und 2 Folgendes:

1. Für Nachtarbeit in der Zeit von 0 Uhr bis 4 Uhr erhöht sich der Zuschlagssatz auf 40 Prozent,
2. als Sonntagsarbeit und Feiertagsarbeit gilt auch die Arbeit in der Zeit von 0 Uhr bis 4 Uhr des auf den Sonntag oder Feiertag folgenden Tages.

§ 8 I.1 TVöD — Ausgleich für Sonderformen der Arbeit

Mehrarbeitsvergütung (Abs. 2)

Für nicht durch Freizeit ausgeglichene (Mehr-)Arbeitsstunden, die keine Überstunden im tariflichen Sinne darstellen, erhält der Beschäftigte je Stunde 100 v. H. des auf seine Entgeltgruppe und -stufe entfallenden Stundenentgelts. Die in Absatz 1 vereinbarte Pauschalierung auf das Stundenentgelt der Stufe 3 findet nicht statt. Einziger erkennbarer Anwendungsfall sind die Mehrarbeitsstunden Teilzeitbeschäftigter (→ § 7 Abs. 6 und die dortigen Erläuterungen).

Durch Protokollerklärung ist klargestellt, dass im Rahmen von Gleitzeitregelungen anfallende Stundenguthaben nicht unter die auszugleichende Mehrarbeit fallen. Diese Zeitguthaben sind unter Beachtung der Gleitzeitvereinbarung nur durch Freizeit auszugleichen.

Vergütung der Rufbereitschaft (Abs. 3)

In Absatz 3 haben die Tarifpartner geregelt, wie die Rufbereitschaft (Sätze 1 bis 3) bzw. die tatsächliche Arbeitsleistung innerhalb der Rufbereitschaft (Satz 4) zu vergüten sind. Die Sätze 7 bis 9 treffen besondere Regelungen für die Fälle stundenweiser Rufbereitschaft. Die Definition des Begriffes der Rufbereitschaft ergibt sich aus § 7 Abs. 4.

Das Entgelt für die Rufbereitschaft ist – unabhängig von der tatsächlich anfallenden, gesondert zu vergütenden Arbeitsleistung – als Tagespauschale mit einem Vielfachen des Stundenentgelts der Entgelttabelle zum TVöD bestimmt worden. Für die Tage Montag bis Freitag beträgt das Entgelt für die Rufbereitschaft das Zweifache, für Samstage, Sonn- und Feiertage das Vierfache des maßgebenden Stundenentgelts. Für die Bemessung der Pauschale (also die Frage, ob das Zwei- oder Vierfache des Stundenentgelts zu zahlen ist) ist der Tag des Beginns der Rufbereitschaft maßgebend. In einer Niederschriftserklärung haben die Tarifpartner mit einem Beispiel verdeutlicht, wie die Stundenpauschale zu berechnen ist. Bei einer Wochenendrufbereitschaft von Freitag 15 Uhr bis Montag 7 Uhr erhält der Beschäftigte demnach folgende Stundenpauschalen: für Freitag zwei Stunden, für Samstag und Sonntag je vier Stunden, für Montag keine Pauschale; ergibt zehn Stundenpauschalen für die Rufbereitschaft (zzgl. ggf. ein Entgelt für die tatsächlich angefallene Arbeitsleistung).

In den Fällen stundenweiser Rufbereitschaft (diese liegt nach Satz 8 bei einer ununterbrochenen Rufbereitschaft von weniger als zwölf Stunden vor) wird nach Satz 9 an Stelle der Tagespauschale ein Stundensatz von 12,5 v. H. des tariflichen Stundenentgeltes gezahlt.

Ausgleich für Sonderformen der Arbeit TVöD §8 I.1

Die Regelung enthält keine Rundungsvorschrift; Stundenbruchteile sind daher nicht zu vergüten.

Die tatsächliche Arbeitszeit während der Rufbereitschaft sowie die damit verbundenen Wegezeiten sind mit dem Entgelt für Überstunden sowie etwaiger Zeitzuschläge (z. B. für Sonntagsarbeit) zu vergüten. Dazu ist bei Einsätzen außerhalb des Aufenthaltsortes im Sinne des 7 Abs. 4 gemäß § 8 Abs. 5 Satz 4 die Zeit jeder Inanspruchnahme einschließlich der erforderlichen Wegezeiten auf volle Stunden aufzurunden.

> **Beispiel**
>
> Während der Rufbereitschaft fallen drei Einsätze von jeweils (einschließlich Wegezeit) 45 Minuten an. Die Einsätze sind für die Vergütung einzeln auf drei mal eine Stunde – somit auf insgesamt drei Stunden aufzurunden.

Wenn die Arbeitsleistung ohne Verlassen des Aufenthaltsortes (z. B. telefonisch) erbracht wird, wird die Arbeitsleistung nach § 8 Abs. 5 Satz 5 erst am Ende der Rufbereitschaft auf die nächste volle Stunde aufgerundet.

> **Beispiel**
>
> Wie Beispiel oben, aber Einsatz jeweils nur per Telefon ohne Verlassen des Aufenthaltsortes. Die Einsätze von insgesamt 135 Minuten (2 Stunden und 15 Minuten), sind für die Vergütung zunächst zu addieren und erst am Ende der Rufbereitschaft auf drei Stunden aufzurunden.

In Satz 6 der Vorschrift haben die Tarifpartner bestimmt, dass Absatz 1 Satz 4 entsprechend gilt, so dass bei Vorhandensein eines auf der Grundlage von Bezirks-/Dienstvereinbarungen eingerichteten Arbeitszeitkontos die Rufbereitschaft und die tatsächliche Arbeitszeit auch in Form einer Zeitgutschrift abgegolten werden kann, soweit dies nach der jeweiligen Bezirks-/Dienstvereinbarung möglich ist.

Vergütung des Bereitschaftsdienstes (Abs. 4)

Hinsichtlich der Bereitschaftsdienstvergütung (zur Definition des Bereitschaftsdienstes → § 7 Abs. 3 und § 9) trifft der TVöD keine eigenständige Regelung, sondern überlässt dies landesbezirklichen

Tarifverträgen (Kommunen) bzw. einem entsprechenden Tarifvertrag für den Bund. Bis zum In-Kraft-Treten entsprechender – noch auszuhandelnder – Tarifverträge soll es nach dem Willen der Tarifpartner bei den am 30. September 2005 in der jeweiligen Verwaltung bzw. dem jeweiligen Betrieb geltenden Regelungen bleiben. Dies sind in der Regel die Vorschriften des § 15 Abs. 6a BAT und der Sonderregelungen (z. B. in den SR 2a, 2b und 2c) dazu.

Wechselschichtzulage/Schichtzulage (Abs. 5 und 6)

In Absatz 5 bzw. 6 ist geregelt, dass der Arbeitnehmer, der ständig Wechselschichtarbeit/ Schichtarbeit leistet, eine monatliche Zulage von 105 Euro (Wechselschichtarbeit/Abs. 5) bzw. 40 Euro (Schichtarbeit/Abs. 6) erhält. Wegen der Definition der Begriffe Wechselschichtarbeit/Schichtarbeit → § 7 Abs. 1 bzw. 2.

Wer nicht ständig Wechselschichtarbeit/Schichtarbeit leistet, erhält eine Schichtzulage von 0,63 Euro (Wechselschichtarbeit) bzw. 0,24 Euro (Schichtarbeit) pro Stunde.

Was unter „ständiger" Wechselschichtarbeit/Schichtarbeit zu verstehen ist, ist in der Tarifvorschrift nicht näher definiert worden. Nach dem allgemeinen Sprachgebrauch wird man davon ausgehen können, dass „ständig" nicht im Sinne von „ausschließlich" zu verstehen ist, dass aber eine lediglich gelegentliche Heranziehung zur (Wechsel-)Schichtarbeit – beispielsweise im Rahmen der Vertretung – nicht ausreicht, um entsprechende Ansprüche zu begründen. Die Ausübung arbeitszeitlich wechselnder (Wechsel-)Schichtarbeit muss zum normalen Dienstablauf des Arbeitnehmers gehören.

§ 9 Bereitschaftszeiten

(1) ¹Bereitschaftszeiten sind die Zeiten, in denen sich die/der Beschäftigte am Arbeitsplatz oder einer anderen vom Arbeitgeber bestimmten Stelle zur Verfügung halten muss, um im Bedarfsfall die Arbeit selbständig, ggf. auch auf Anordnung, aufzunehmen und in denen die Zeiten ohne Arbeitsleistung überwiegen. ²Für Beschäftigte, in deren Tätigkeit regelmäßig und in nicht unerheblichem Umfang Bereitschaftszeiten fallen, gelten folgende Regelungen:

a) Bereitschaftszeiten werden zur Hälfte als tarifliche Arbeitszeit gewertet (faktorisiert).
b) Sie werden innerhalb von Beginn und Ende der regelmäßigen täglichen Arbeitszeit nicht gesondert ausgewiesen.
c) Die Summe aus den faktorisierten Bereitschaftszeiten und der Vollarbeitszeit darf die Arbeitszeit nach § 6 Abs. 1 nicht überschreiten.
d) Die Summe aus Vollarbeits- und Bereitschaftszeiten darf durchschnittlich 48 Stunden wöchentlich nicht überschreiten.

³Ferner ist Voraussetzung, dass eine nicht nur vorübergehend angelegte Organisationsmaßnahme besteht, bei der regelmäßig und in nicht unerheblichem Umfang Bereitschaftszeiten anfallen.

(2) ¹Im Bereich der VKA bedarf die Anwendung des Absatzes 1 im Geltungsbereich eines Personalvertretungsgesetzes einer einvernehmlichen Dienstvereinbarung. ²§ 6 Abs. 9 gilt entsprechend. ³Im Geltungsbereich des Betriebsverfassungsgesetzes unterliegt die Anwendung dieser Vorschrift der Mitbestimmung im Sinne des § 87 Abs. 1 Nr. 2 BetrVG.

(3) Im Bereich des Bundes gilt Absatz 1 für Beschäftigte im Sinne des Satzes 2, wenn betrieblich Beginn und Ende der täglichen Arbeitszeit unter Einschluss der Bereitschaftszeiten für diese Beschäftigtengruppen festgelegt werden.

Protokollerklärung zu § 9:
Diese Regelung gilt nicht für Wechselschicht- und Schichtarbeit.

Erläuterungen

In § 9 TVöD haben die Tarifvertragsparteien den Begriff der Bereitschaftszeiten definiert und Regeln für diese besondere Form der Arbeitszeitgestaltung bestimmt. Sie folgen damit den Regelungen zur „Arbeitsbereitschaft", die bislang in erster Linie im bisherigen Recht der Arbeiter (z. B. § 18 MTArb) zu finden waren. Die Rechtsprechung zu den bisherigen Vorschriften zur Arbeitsbereitschaft hat diese besondere Form der Arbeit treffend als „Zeit wacher Achtsamkeit im Zustand der Entspannung" bezeichnet.

Auf die abweichenden Sonderregelungen in §§ 45, 46 des Besonderen Teils Krankenhäuser wird hingewiesen.

§ 9 I.1 TVöD — Bereitschaftszeiten

Begriffsbestimmung; Bewertung (Abs. 1)

Nach der Definition in Satz 1 der Vorschrift sind Bereitschaftszeiten Zeiten, in denen der Beschäftigte sich bereithalten muss, um im Bedarfsfall die Arbeit aufzunehmen. Den Aufenthaltsort bestimmt der Arbeitgeber; es kann der Arbeitsplatz oder ein anderer Ort sein. Grundvoraussetzung für die Annahme von Bereitschaftszeiten ist, dass die Zeiten ohne Arbeitsleistung überwiegen.

Für Beschäftigte, in deren Tätigkeit regelmäßig und in nicht unerheblichem Umfang Bereitschaftszeiten fallen, und die in entsprechenden organisierten Bereichen arbeiten, gelten die Regelungen des Satzes 2 Buchst. a bis d. Demnach werden Bereitschaftszeiten

- abweichend von den Vorschriften des Arbeitszeitgesetzes zur Hälfte als Arbeitszeit gewertet (Buchst. a),
- innerhalb der regelmäßigen Arbeitszeit nicht gesondert ausgewiesen (Buchst. b),
- zusammen mit der Vollarbeitszeit auf die Regelarbeitszeit des § 6 Abs. 1 begrenzt (Buchst. c; dabei ist die Summe aus der Vollarbeitszeit und der faktorisierten, d. h. halbierten Bereitschaftszeit maßgebend),
- zusammen mit der Vollarbeitszeit auf 48 Wochenstunden begrenzt (Buchst. d); dabei ist die Summe aus Vollarbeitszeit und tatsächlichen Bereitschaftszeiten nicht halbiert, sondern 1 : 1 zu bilden.

Maßgaben im Bereich der VKA (Abs. 2)

Die Vorschrift des Absatzes 2 schränkt die Anwendung des Absatzes 1 im Bereich der Kommunen ein.

Die Anwendung setzt im Geltungsbereich eines Personalvertretungsgesetzes[1] eine „einvernehmliche" Dienstvereinbarung voraus. Was darunter zu verstehen ist, haben die Tarifpartner in § 38 Abs. 3 definiert. § 6 Abs. 9 gilt entsprechend, somit kann die Dienstvereinbarung auch durch einen landesbezirklichen Tarifvertrag ersetzt werden.

Im Bereich des Betriebsverfassungsgesetzes unterliegt die Anwendung des Absatzes 1 der Mitbestimmung.

---

[1] Liste der Personalvertretungsgesetze abgedruckt bei der **Erläuterung zu § 2 Abs. 1 TVöD**

Bereitschaftszeiten TVöD § 9 I.1

Maßgaben im Bereich des Bundes (Abs. 3)

Im Bereich des Bundes setzt die Anwendung des Absatzes 1 lediglich die betriebliche Festlegung des Beginns und des Endes der täglichen Arbeitszeit unter Einschluss der Bereitschaftszeiten voraus.

Protokollerklärung

In einer Protokollerklärung haben die Tarifpartner vereinbart, dass die Regelungen des § 9 über Bereitschaftszeiten nicht für Wechselschicht- und Schichtarbeit gelten.

Sonderregelungen

In einem **Anhang zu § 9** haben die Tarifpartner spezielle Regelungen zu den Bereitschaftszeiten von Hausmeistern (Abschnitt A) und von Beschäftigten im Rettungsdienst und in Leitstellen getroffen (Abschnitt B). Die §§ 22 TVÜ-Bund bzw. 24 TVÜ-VKA bestimmen, dass die Nr. 3 (regelmäßige Arbeitszeit) der Sonderregelungen SR 2r des BAT und entsprechende Regelungen fortgelten. Sie sind jedoch an die Bestimmungen des Anhangs anzupassen.

Daneben enthalten die Besonderen Teile Krankenhäuser (BT-K)[1] und Pflege- und Betreuungseinrichtungen (BT-B)[2] des TVöD für die Beschäftigten seines Geltungsbereichs spezielle Regelungen des Bereitschaftsdienstes etc.

---

[1] abgedruckt unter **I.1.4**
[2] abgedruckt unter **I.1.5**

Anhang zu § 9

A. Bereitschaftszeiten Hausmeisterinnen/Hausmeister

¹Für Hausmeisterinnen/Hausmeister, in deren Tätigkeit regelmäßig und in nicht unerheblichem Umfang Bereitschaftszeiten fallen, gelten folgende besondere Regelungen zu § 6 Abs. 1 Satz 1 TVöD:

²Die Summe aus den faktorisierten Bereitschaftszeiten und der Vollarbeitszeit darf die Arbeitszeit nach § 6 Abs. 1 nicht überschreiten. ³Die Summe aus Vollarbeits- und Bereitschaftszeiten darf durchschnittlich 48 Stunden wöchentlich nicht überschreiten. ⁴Bereitschaftszeiten sind die Zeiten, in denen sich die Hausmeisterin/ der Hausmeister am Arbeitsplatz oder einer anderen vom Arbeitgeber bestimmten Stelle zur Verfügung halten muss, um im Bedarfsfall die Arbeit selbständig, ggf. auch auf Anordnung, aufzunehmen und in denen die Zeiten ohne Arbeitsleistung überwiegen. ⁵Bereitschaftszeiten werden zur Hälfte als Arbeitszeit gewertet (faktorisiert). ⁶Bereitschaftszeiten werden innerhalb von Beginn und Ende der regelmäßigen täglichen Arbeitszeit nicht gesondert ausgewiesen.

B. Bereitschaftszeiten im Rettungsdienst und in Leitstellen

(1) ¹Für Beschäftigte im Rettungsdienst und in den Leitstellen, in deren Tätigkeit regelmäßig und in nicht unerheblichem Umfang Bereitschaftszeiten fallen, gelten folgende besondere Regelungen zu § 6 Abs. 1 Satz 1 TVöD: ²Die Summe aus den faktorisierten Bereitschaftszeiten und der Vollarbeitszeit darf die Arbeitszeit nach § 6 Abs. 1 nicht überschreiten. ³Die Summe aus Vollarbeits- und Bereitschaftszeiten darf durchschnittlich 48 Stunden wöchentlich nicht überschreiten. ⁴Bereitschaftszeiten sind die Zeiten, in denen sich die/der Beschäftigte am Arbeitsplatz oder einer anderen vom Arbeitgeber bestimmten Stelle zur Verfügung halten muss, um im Bedarfsfall die Arbeit selbständig, ggf. auch auf Anordnung, aufzunehmen und in denen die Zeiten ohne Arbeitsleistung überwiegen. ⁵Bereitschaftszeiten werden zur Hälfte als tarifliche Arbeitszeit gewertet (faktorisiert). ⁶Bereitschaftszeiten werden innerhalb von Beginn und Ende der regelmäßigen täglichen Arbeitszeit nicht gesondert ausgewiesen.

(2) Die zulässige tägliche Höchstarbeitszeit beträgt zwölf Stunden zuzüglich der gesetzlichen Pausen.

(3) Die allgemeinen Regelungen des TVöD zur Arbeitszeit bleiben im Übrigen unberührt.

(4) Für Beschäftigte, die unter die Sonderregelungen für den kommunalen feuerwehrtechnischen Dienst fallen, gilt § 46 Nr. 2 Abs. 1 BT-V (VKA) auch soweit sie in Leitstellen tätig sind.

§ 10 Arbeitszeitkonto

(1) ¹Durch Betriebs-/Dienstvereinbarung kann ein Arbeitszeitkonto eingerichtet werden. ²Für einen Betrieb/eine Verwaltung, in dem/der ein Personalvertretungsgesetz Anwendung findet, kann eine Regelung nach Satz 1 auch in einem landesbezirklichen Tarifvertrag – für den Bund in einem Tarifvertrag auf Bundesebene – getroffen werden, wenn eine Dienstvereinbarung nicht einvernehmlich zustande kommt und der Arbeitgeber ein Letztentscheidungsrecht hat. ³Soweit ein Arbeitszeitkorridor (§ 6 Abs. 6) oder eine Rahmenzeit (§ 6 Abs. 7) vereinbart wird, ist ein Arbeitszeitkonto einzurichten.

(2) ¹In der Betriebs-/Dienstvereinbarung wird festgelegt, ob das Arbeitszeitkonto im ganzen Betrieb/in der ganzen Verwaltung oder Teilen davon eingerichtet wird. ²Alle Beschäftigten der Betriebs-/Verwaltungsteile, für die ein Arbeitszeitkonto eingerichtet wird, werden von den Regelungen des Arbeitszeitkontos erfasst.

(3) ¹Auf das Arbeitszeitkonto können Zeiten, die bei Anwendung des nach § 6 Abs. 2 festgelegten Zeitraums als Zeitguthaben oder als Zeitschuld bestehen bleiben, nicht durch Freizeit ausgeglichene Zeiten nach § 8 Abs. 1 Satz 5 und Abs. 2 sowie in Zeit umgewandelte Zuschläge nach § 8 Abs. 1 Satz 4 gebucht werden. ²Weitere Kontingente (z. B. Rufbereitschafts-/Bereitschaftsdienstentgelte) können durch Betriebs-/Dienstvereinbarung freigegeben werden. ³Die/Der Beschäftigte entscheidet für einen in der Betriebs-/Dienstvereinbarung festgelegten Zeitraum, welche der in Satz 1 genannten Zeiten auf das Arbeitszeitkonto gebucht werden.

(4) Im Falle einer unverzüglich angezeigten und durch ärztliches Attest nachgewiesenen Arbeitsunfähigkeit während eines Zeitausgleichs vom Arbeitszeitkonto (Zeiten nach Absatz 3 Satz 1 und 2) tritt eine Minderung des Zeitguthabens nicht ein.

Niederschriftserklärung zu § 10 Abs. 4:
Durch diese Regelung werden aus dem Urlaubsrecht entlehnte Ansprüche nicht begründet.

(5) In der Betriebs-/Dienstvereinbarung sind insbesondere folgende Regelungen zu treffen:
a) Die höchstmögliche Zeitschuld (bis zu 40 Stunden) und das höchstzulässige Zeitguthaben (bis zu einem Vielfachen von 40 Stunden), die innerhalb eines bestimmten Zeitraums anfallen dürfen;
b) nach dem Umfang des beantragten Freizeitausgleichs gestaffelte Fristen für das Abbuchen von Zeitguthaben oder für den Abbau von Zeitschulden durch die/den Beschäftigten;
c) die Berechtigung, das Abbuchen von Zeitguthaben zu bestimmten Zeiten (z. B. an so genannten Brückentagen) vorzusehen;
d) die Folgen, wenn der Arbeitgeber einen bereits genehmigten Freizeitausgleich kurzfristig widerruft.

Arbeitszeitkonto TVöD **§10 I.1**

(6) ¹Der Arbeitgeber kann mit der/dem Beschäftigten die Einrichtung eines Langzeitkontos vereinbaren. ²In diesem Fall ist der Betriebs-/Personalrat zu beteiligen und – bei Insolvenzfähigkeit des Arbeitgebers – eine Regelung zur Insolvenzsicherung zu treffen.

Erläuterungen

§ 10 TVöD trifft erstmalig Regelungen zur Einrichtung und zum Inhalt eines Arbeitszeitkontos. Der BAT enthielt bislang keine vergleichbare Regelung.

Auf die abweichenden Sonderregelungen in § 48 (Bund) des Besonderen Teils Verwaltung wird hingewiesen.

Arbeitszeitkonten sind wichtige Hilfsmittel, um die Arbeitszeit flexibler zu gestalten. Während in der Privatwirtschaft schon seit geraumer Zeit die unterschiedlichsten Modelle von Arbeitszeitkonten existieren, enthielten der BAT und die übrigen Manteltarifverträge des öffentlichen Dienstes keine Regelungen zur Einrichtung und Führung von Arbeitszeitkonten.

Die in der Privatwirtschaft anzutreffenden Modelle eines Arbeitszeitkontos lassen sich im Wesentlichen zwei verschiedenen Hauptarten zuordnen, nämlich dem Kurzzeitkonto und dem Langzeitkonto.

Das Kurzzeitkonto lässt sich als eine Art „Girokonto" definieren, auf dem kurzfristige Bewegungen (hier: von Zeitbuchungen) abgewickelt werden. Hauptziel ist es dabei, einerseits Ausgleichsmöglichkeiten für Beschäftigungsschwankungen innerhalb eines bestimmten Zeitrahmens (häufig ein Jahr) zu schaffen, andererseits den Beschäftigten zu ermöglichen, innerhalb näher bestimmter Grenzen die individuelle Arbeitszeitgestaltung selbst zu bestimmen und so beispielsweise auch erwirtschaftete Zeitguthaben in zusätzliche freie Stunden/Tage umzusetzen.

Das Langzeitkonto lässt sich – um bei den Begrifflichkeiten des Bankwesens, die eine bildhafte Darstellung ermöglichen, zu bleiben – als eine Art „Sparbuch" oder „Sparplan" charakterisieren. Hierbei geht es um den langfristigen Aufbau von Arbeitszeitguthaben, die dann einen zeitweiligen (Sabbatjahr, Langzeiturlaub) Ausstieg aus dem Berufsleben, oder – wenn sie ans Ende der Berufszeit gelegt werden – faktisch einen vorzeitigen Ausstieg aus dem Berufsleben ermöglichen.

Einrichtung des Arbeitszeitkontos (Abs. 1)

Hierbei handelt es sich grundsätzlich um eine **Kann**-Vorschrift, die die Einrichtung eines Arbeitszeitkontos durch Betriebs-/Dienstvereinbarung zulässt (Satz 1). Soweit in Betrieben/Verwaltungen ein Arbeitszeitkorridor (§ 6 Abs. 6) oder eine Rahmenzeit (§ 6 Abs. 7) vereinbart ist, **muss** ein Arbeitszeitkonto eingerichtet werden (Satz 3).

Satz 2 sieht – wie § 6 Abs. 9 für den Fall, dass eine solche Betriebs-/Dienstvereinbarung nicht einvernehmlich zustande kommt – eine Regelung durch landesbezirklichen Tarifvertrag (Kommunen) bzw. Tarifvertrag auf Bundesebene (Bund) vor. Dies gilt aber nur in den Betrieben/Verwaltungen, in denen ein Personalvertretungsgesetz Anwendung findet und ist auf die Situation beschränkt, dass der Arbeitgeber ein Letztentscheidungsrecht hat.

Was unter einer „einvernehmlichen" Dienstvereinbarung zu verstehen ist, haben die Tarifpartner in § 38 Abs. 3 definiert.

Geltungsbereich des Arbeitszeitkontos (Abs. 2)

Die Betriebsparteien legen in der Betriebs-/Dienstvereinbarung fest, ob das Arbeitszeitkonto im gesamten Betrieb/der gesamten Verwaltung, oder nur in Teilen davon eingerichtet wird (Satz 1). Der exakten Abgrenzung wird dabei in der Praxis große Bedeutung zukommen; denn nach Satz 2 der Vorschrift gilt das Arbeitszeitkonto für alle Beschäftigten in diesen festgelegten Bereichen.

In das Arbeitszeitkonto einfließende Zeiten (Abs. 3)

In Satz 1 der Vorschrift ist bestimmt, welche Zeiten zur Auffüllung des Arbeitszeitkontos zur Verfügung stehen. Hierbei handelt es sich um

- das nach der Durchschnittsberechnung der regelmäßigen Arbeitszeit innerhalb des festgelegten Ausgleichszeitraums (§ 6 Abs. 2) verbleibende Zeitguthaben (ggf. auch Zeitschuld),
- nicht bereits durch Freizeit ausgeglichene Überstunden (§ 8 Abs. 1 Satz 5),
- nicht bereits durch Freizeit ausgeglichene Mehrarbeit (§ 8 Abs. 2),
- auf Wunsch des Arbeitnehmers in Zeit umgerechnete Zeitzuschläge (§ 8 Abs. 1 Satz 4).

Die Freigabe weiterer Zeiten, die (ggf. nach Umrechnung von Geld in Zeit) in das Arbeitszeitkonto einfließen können, kann gemäß Satz 2 nur durch Betriebs- oder Dienstvereinbarung – also eine kollektive Regelung – und nicht etwa auf Wunsch einzelner Arbeitnehmer erfolgen. Die in der Vorschrift genannten Beispiele (Entgelt für Bereitschaftsdienste/Rufbereitschaft) sind nicht abschließend.

Die Entscheidung darüber, welche der zulässigen Zeiten letzten Endes auf dem Arbeitszeitkonto gebucht werden, liegt gemäß Satz 3 der

Arbeitszeitkonto TVöD **§10 I.1**

Vorschrift beim Arbeitnehmer. Im Interesse der Planungssicherheit und Praktikabilität muss dazu die Betriebs-/Dienstvereinbarung eine Bestimmung enthalten, für welchen Zeitraum der Arbeitnehmer an seine Entscheidung gebunden sein soll. Eine unterschiedliche Handhabung „von Fall zu Fall" wird dadurch ausgeschlossen.

Folgen einer Erkrankung (Abs. 4)

Absatz 4 regelt den Fall, dass eine beantragte/genehmigte Inanspruchnahme von Zeitguthaben an einer Erkrankung des Beschäftigten scheitert. Sofern der Beschäftigte seine Arbeitsunfähigkeit unverzüglich anzeigt und durch ein ärztliches Attest nachweist, tritt eine Minderung des Zeitguthabens nicht ein.

Mit der Niederschriftserklärung zu § 10 Abs. 4 TVöD haben die Tarifpartner klargestellt, dass mit dieser dem Urlaubsrecht entlehnten Regelung (wie Erkrankung während des Erholungsurlaubs) keine weitergehenden Ansprüche aus dem Urlaubsrecht wie z. B. Abgeltung, Übertragung und dergleichen begründet werden können.

In der Betriebs- oder Dienstvereinbarung zu regelnde Kernpunkte (Abs. 5)

Die Vorschrift gibt Rahmenbedingungen vor, die bei Betriebs-/Dienstvereinbarungen zu beachten sind.

- Nach Buchstabe a) muss die Betriebs-/Dienstvereinbarung Regelungen über die höchstmögliche Zeitschuld (bis zu 40 Stunden) und das höchstzulässige Zeitguthaben (bis zu einem Vielfachen von 40 Stunden) innerhalb eines bestimmten Zeitraumes enthalten,
- gemäß Buchstabe b) muss die Betriebs-/Dienstvereinbarung Fristen für das Abbuchen von Zeitguthaben vorsehen, die nach dem Umfang des beantragten Freizeitausgleiches zu staffeln sind. Dabei versteht es sich von selbst, dass die „Vorlaufzeit" bei Inanspruchnahme einiger freier Stunden bedeutend geringer sein kann, als bei längerfristigen Abwesenheiten aufgrund eines Freizeitausgleichs. Die nähere Ausgestaltung wird den Betriebsparteien vor Ort überlassen. Buchstabe b) legt den Betriebspartnern auch auf, die Fristen für den Abbau von Zeitschulden zu bestimmen,
- Buchstabe c) enthält die in Betriebs-/Dienstvereinbarungen zu konkretisierende Berechtigung des Arbeitgebers, zu bestimmten Zeiten (z. B. an Brückentagen) das Abbuchen von Zeitguthaben vorzusehen,

§ 10 I.1 TVöD — Arbeitszeitkonto

– in Buchstabe d) wird den Betriebspartnern auferlegt, in der Betriebs-/Dienstvereinbarung auch Regelungen über die Folgen eines Widerrufs bereits genehmigter Freizeitausgleiche durch den Arbeitgeber zu regeln. Hier wäre denkbar, dass der Arbeitgeber einen „Strafzuschlag" entrichten muss und somit die auf seine Veranlassung nicht abgerufenen Zeiten nicht nur im Verhältnis 1 : 1, sondern mit einem höheren Wert dem Konto weiterhin gutschreibt.

Langzeitkonto (Abs. 6)

Während es sich bei dem Arbeitszeitkonto auf der Grundlage des § 10 im Regelfall um ein Kurzzeitkonto handelt, schafft Absatz 6 die Möglichkeit, auch ein Langzeitkonto einzurichten. Entgegen den üblichen Grundsätzen setzt dies keine Betriebs-/Dienstvereinbarung, sondern – unter Beteiligung des Betriebs-/Personalrates – eine individuelle Vereinbarung zwischen Arbeitgeber und Arbeitnehmer voraus. Rahmenbedingungen dafür werden tarifvertraglich nicht vorgegeben. Lediglich für den Fall, dass der Arbeitgeber insolvenzfähig ist, schreibt Satz 2 der Vorschrift eine Regelung zur Insolvenzsicherung vor. Anhaltspunkte für die Inhalte einer Schutzvorschrift im Insolvenzfall kann z. B. § 8a des Altersteilzeitgesetzes[1]) bieten.

Gleitzeitregelungen (Protokollnotiz zu Abschnitt II)

Nach der Protokollnotiz zu Abschnitt II bleiben bei In-Kraft-Treten des TVöD bestehende Gleitzeitregelungen unberührt, brauchen also insbesondere nicht an die Vorgaben des Absatzes 5 angepasst zu werden.

---

[1]) abgedruckt unter **V.2.1**

Teilzeitbeschäftigung TVöD **§ 11 I.1**

§ 11 Teilzeitbeschäftigung

(1) ¹Mit Beschäftigten soll auf Antrag eine geringere als die vertraglich festgelegte Arbeitszeit vereinbart werden, wenn sie
a) mindestens ein Kind unter 18 Jahren oder
b) einen nach ärztlichem Gutachten pflegebedürftigen sonstigen Angehörigen

tatsächlich betreuen oder pflegen und dringende dienstliche bzw. betriebliche Belange nicht entgegenstehen. ²Die Teilzeitbeschäftigung nach Satz 1 ist auf Antrag auf bis zu fünf Jahre zu befristen. ³Sie kann verlängert werden; der Antrag ist spätestens sechs Monate vor Ablauf der vereinbarten Teilzeitbeschäftigung zu stellen. ⁴Bei der Gestaltung der Arbeitszeit hat der Arbeitgeber im Rahmen der dienstlichen bzw. betrieblichen Möglichkeiten der besonderen persönlichen Situation der/des Beschäftigten nach Satz 1 Rechnung zu tragen.

(2) Beschäftigte, die in anderen als den in Absatz 1 genannten Fällen eine Teilzeitbeschäftigung vereinbaren wollen, können von ihrem Arbeitgeber verlangen, dass er mit ihnen die Möglichkeit einer Teilzeitbeschäftigung mit dem Ziel erörtert, zu einer entsprechenden Vereinbarung zu gelangen.

(3) Ist mit früher Vollbeschäftigten auf ihren Wunsch eine nicht befristete Teilzeitbeschäftigung vereinbart worden, sollen sie bei späterer Besetzung eines Vollzeitarbeitsplatzes bei gleicher Eignung im Rahmen der dienstlichen bzw. betrieblichen Möglichkeiten bevorzugt berücksichtigt werden.

Protokollerklärung zu Abschnitt II:
Bei In-Kraft-Treten dieses Tarifvertrages bestehende Gleitzeitregelungen bleiben unberührt.

Erläuterungen

§ 11 TVöD trifft Regelungen zum Anspruch auf Teilzeitbeschäftigung. Die Vorschrift entspricht – von redaktionellen Änderungen abgesehen – § 15b BAT.

Die Regelung des § 11 TVöD stellt nicht die alleinige Grundlage für einen Anspruch auf Teilzeitbeschäftigung dar. Neben den in den Gleichstellungs- bzw. Frauenfördergesetzen des Bundes und der Länder (→ dazu Erläuterung Nr. 6 zu § 2 Abs. 1) enthaltenen Regeln zur Förderung der Teilzeitbeschäftigung und dem Teilzeitanspruch nach § 3 des Pflegezeitgesetzes[1]) ist insbesondere das Teilzeit- und Befristungsgesetz (TzBfG)[2]) zu beachten. Es enthält in § 8 Abs. 1 einen allgemeinen Anspruch auf Teilzeitarbeit, der über die tariflichen

---

[1]) abgedruckt als Anhang 1 in **§ 29 TVöD**
[2]) abgedruckt als Anhang 1 in **§ 30 TVöD**

Ansprüche hinausgeht. Da – von wenigen Ausnahmen abgesehen – von den Regelungen des TzBfG weder durch Tarif- noch durch Arbeitsvertrag zuungunsten der Beschäftigten abgewichen werden darf (→ § 22 TzBfG), wird häufig auch dann ein Anspruch auf Reduzierung der Arbeitszeit zu bejahen sein, wenn die Voraussetzungen des § 11 TVöD nicht vorliegen. Nach dem so genannten Günstigkeitsprinzip finden die Tarifvorschriften uneingeschränkt Anwendung, wenn sie günstiger als die Gesetzesnorm sind. Dies ist insbesondere während der ersten neun Monate des Arbeitsverhältnisses der Fall; denn das TzBfG verlangt im Gegensatz zur tariflichen Anspruchsgrundlage eine Wartezeit von sechs Monaten und eine nach Ablauf der Wartezeit beginnende Frist von drei Monaten zur Geltendmachung des Anspruches.

Teilzeitbeschäftigung aus familiären Gründen (Abs. 1)

Nach Satz 1 der Vorschrift soll mit Beschäftigten, die mindestens ein Kind unter 18 Jahren (Buchst. a) oder einen nach ärztlichem Gutachten pflegebedürftigen sonstigen Angehörigen (Buchst. b) tatsächlich betreuen oder pflegen, eine geringere als die vertraglich festgelegte Arbeitszeit vereinbart werden. Zwar handelt es sich um eine „Soll-Vorschrift", die vom Wortlaut keinen unbedingten, sondern einen „weichen" Rechtsanspruch schafft. Gleichwohl kann bei Soll-Bestimmungen generell das Begehren nicht nach dem beliebigen Ermessen des Arbeitgebers, sondern nur bei Vorliegen wichtiger Gründe abgelehnt werden. Hinzu kommt bei § 11 TVöD, dass die Vorschrift selbst aufführt, dass (nur) **dringende** dienstliche bzw. betriebliche Belange der Bewilligung entgegenstehen können. Daran sind sehr strenge Maßstäbe anzulegen. Eine Ablehnung wird in der Praxis allenfalls in sehr kleinen Verwaltungen/ Betrieben möglich sein können, wenn dort der Beschäftigte für eine begrenzte Übergangszeit unverzichtbar ist. In der Regel ist jeder Arbeitsausfall (hier: durch die Reduzierung der Arbeitszeit) durch organisatorische Maßnahmen aufzufangen.

Die Tarifvorschrift gilt – entgegen § 15b BAT – nicht nur für vollbeschäftigte, sondern auch für ohnehin nichtvollbeschäftigte Arbeitnehmer, die folglich einen Anspruch auf weitere Reduzierung ihrer individuellen Arbeitszeit haben. Damit haben die Tarifpartner die Konsequenzen aus der Rechtsprechung des BAG gezogen, das in seinem Urteil vom 18. 3. 2003 – 9 AZR 126/02, AP Nr. 3 zu § 8 TzBfG – in dem Ausschluss Teilzeitbeschäftigter eine rechtlich unwirksame Benachteiligung Teilzeitbeschäftigter gesehen hat.

Teilzeitbeschäftigung TVöD § 11 I.1

Die Tarifpartner haben auf eine eigene Festlegung, was unter den Begriffen „Kind", „Angehöriger" und „pflegebedürftig" zu verstehen ist, verzichtet. Insoweit muss auf allgemein gültige Definitionen zurückgegriffen werden.

Zur Frage, wer als **Kind** im Sinne des Absatzes 1 Satz 1 Buchst. a anzusehen ist, kann auf die kindergeldrechtlichen Begriffsbestimmungen (§ 63 i. V. m. § 32 Abs. 1 Einkommensteuergesetz, § 2 Abs. 1 Bundeskindergeldgesetz) zurückgegriffen werden. Diese Vorschriften haben folgenden Wortlaut:

§ 63 EStG Kinder

(1) ¹Als Kinder werden berücksichtigt
1. Kinder im Sinne des § 32 Abs. 1,
2. vom Berechtigten in seinen Haushalt aufgenommene Kinder seines Ehegatten,
3. vom Berechtigten in seinen Haushalt aufgenommene Enkel.

²§ 32 Abs. 3 bis 5 gilt entsprechend. ³Kinder, die weder einen Wohnsitz noch ihren gewöhnlichen Aufenthalt im Inland, in einem Mitgliedstaat der Europäischen Union oder in einem Staat, auf den das Abkommen über den Europäischen Wirtschaftsraum Anwendung findet, haben, werden nicht berücksichtigt, es sei denn, sie leben im Haushalt eines Berechtigten im Sinne des § 62 Abs. 1 Nr. 2 Buchstabe a. ⁴Kinder im Sinne von § 2 Abs. 4 Satz 2 des Bundeskindergeldgesetzes werden nicht berücksichtigt.

(2) Die Bundesregierung wird ermächtigt, durch Rechtsverordnung, die nicht der Zustimmung des Bundesrates bedarf, zu bestimmen, dass einem Berechtigten, der im Inland erwerbstätig ist oder sonst seine hauptsächlichen Einkünfte erzielt, für seine in Absatz 1 Satz 3 erster Halbsatz bezeichneten Kinder Kindergeld ganz oder teilweise zu leisten ist, soweit dies mit Rücksicht auf die durchschnittlichen Lebenshaltungskosten für Kinder in deren Wohnsitzstaat und auf die dort gewährten dem Kindergeld vergleichbaren Leistungen geboten ist.

§ 32 EStG Kinder, Freibeträge für Kinder

(1) Kinder sind
1. im ersten Grad mit dem Steuerpflichtigen verwandte Kinder,
2. Pflegekinder (Personen, mit denen der Steuerpflichtige durch ein familienähnliches, auf längere Dauer berechnetes Band verbunden ist, sofern er sie nicht zu Erwerbszwecken in seinen Haushalt aufgenommen hat und das Obhuts- und Pflegeverhältnis zu den Eltern nicht mehr besteht).

...

§ 2 BKGG Kinder

(1) Als Kinder werden auch berücksichtigt

1. vom Berechtigten in seinen Haushalt aufgenommene Kinder seines Ehegatten,
2. Pflegekinder (Personen, mit denen der Berechtigte durch ein familienähnliches, auf längere Dauer berechnetes Band verbunden ist, sofern er sie nicht zu Erwerbszwecken in seinen Haushalt aufgenommen hat und das Obhuts- und Pflegeverhältnis zu den Eltern nicht mehr besteht),
3. vom Berechtigten in seinen Haushalt aufgenommene Enkel.

...

Es ist aber nicht Voraussetzung, dass der Angestellte auch das Kindergeld erhält.

Bezüglich des in Absatz 1 Satz 1 Buchst. b verwendeten Begriffs **„Angehörigen"** kann die Legaldefinition § 20 Abs. 5 Verwaltungsverfahrensgesetzes herangezogen werden. Diese Vorschrift hat folgenden Wortlaut:

§ 20 VwVfG Ausgeschlossene Personen

...

(5) Angehörige im Sinne des Absatzes 1 Nr. 2 und 4 sind:
1. der Verlobte,
2. der Ehegatte,
3. Verwandte und Verschwägerte gerader Linie,
4. Geschwister,
5. Kinder der Geschwister,
6. Ehegatten der Geschwister und Geschwister der Ehegatten,
7. Geschwister der Eltern,
8. Personen, die durch ein auf längere Dauer angelegtes Pflegeverhältnis mit häuslicher Gemeinschaft wie Eltern und Kind miteinander verbunden sind (Pflegeeltern und Pflegekinder).

Angehörige sind die in Satz 1 aufgeführten Personen auch dann, wenn
1. in den Fällen der Nummern 2, 3 und 6 die die Beziehung begründende Ehe nicht mehr besteht;
2. in den Fällen der Nummern 3 bis 7 die Verwandtschaft oder Schwägerschaft durch Annahme als Kind erloschen ist;
3. im Falle der Nummer 8 die häusliche Gemeinschaft nicht mehr besteht, sofern die Personen weiterhin wie Eltern und Kind miteinander verbunden sind.

Partner einer eingetragenen Lebenspartnerschaft gelten gem. § 11 Abs. 1 Lebenspartnerschaftsgesetz als Familienangehöriger des anderen Lebenspartners.

„**Pflegebedürftigkeit**" ist anzunehmen, wenn die betroffene Person infolge ihrer körperlichen, seelischen und/oder geistigen Behinderung zu den Verrichtungen des täglichen Lebens aus eigener Kraft nicht imstande ist, so dass für ihre Pflege die Arbeitskraft einer anderen Person in Anspruch genommen werden muss. Vergleiche auch § 14 SGB XI:

§ 14 SGB XI Begriff der Pflegebedürftigkeit

(1) Pflegedürftig im Sinne dieses Buches sind Personen, die wegen einer körperlichen, geistigen oder seelischen Krankheit oder Behinderung für die gewöhnlichen und regelmäßig wiederkehrenden Verrichtungen im Ablauf des täglichen Lebens auf Dauer, voraussichtlich für mindestens sechs Monate, in erheblichem oder höherem Maße (§ 15) der Hilfe bedürfen.

(2) Krankheiten oder Behinderungen im Sinne des Absatzes 1 sind:
1. Verluste, Lähmungen oder andere Funktionsstörungen am Stütz- und Bewegungsapparat,
2. Funktionsstörungen der inneren Organe oder der Sinnesorgane,
3. Störungen des Zentralnervensystems wie Antriebs-, Gedächtnis- oder Orientierungsstörungen sowie endogene Psychosen, Neurosen oder geistige Behinderungen.

(3) Die Hilfe im Sinne des Absatzes 1 besteht in der Unterstützung, in der teilweisen oder vollständigen Übernahme der Verrichtungen im Ablauf des täglichen Lebens oder in Beaufsichtigung oder Anleitung mit dem Ziel der eigenständigen Übernahme dieser Verrichtungen.

(4) Gewöhnliche und regelmäßig wiederkehrende Verrichtungen im Sinne des Absatzes 1 sind:
1. im Bereich der Körperpflege das Waschen, Duschen, Baden, die Zahnpflege, das Kämmen, Rasieren, die Darm- oder Blasenentleerung,
2. im Bereich der Ernährung das mundgerechte Zubereiten oder die Aufnahme der Nahrung,
3. im Bereich der Mobilität das selbständige Aufstehen und Zu-Bett-Gehen, An- und Auskleiden, Gehen, Stehen, Treppensteigen oder das Verlassen und Wiederaufsuchen der Wohnung,
4. im Bereich der hauswirtschaftlichen Versorgung das Einkaufen, Kochen, Reinigen der Wohnung, Spülen, Wechseln und Waschen der Wäsche und Kleidung oder das Beheizen.

§ 11 I.1 TVöD — Teilzeitbeschäftigung

Das Vorliegen der Voraussetzungen ist vom Angestellten durch ein ärztliches Gutachten nachzuweisen; ein amtsärztliches Gutachten ist in der Regel nicht erforderlich.

Die im Falle des Absatzes 1 Satz 1 Buchst. a bzw. b geforderte **tatsächliche Betreuung oder Pflege** erfordert nicht, dass die Betreuung oder Pflege durch den Angestellten zwingend geboten ist, d. h. keine andere Person hierfür zur Verfügung steht.

Die Teilzeitbeschäftigung ist auf Antrag des Beschäftigten auf bis zu fünf Jahre zu befristen. Wird kein entsprechender Antrag gestellt, ist die Teilzeitbeschäftigung unbefristet. Bei rechtzeitiger Antragstellung (spätestens sechs Monate vor Ablauf der Befristung) kann die Teilzeitbeschäftigung über den ursprünglichen Zeitpunkt hinaus verlängert werden. Die Verlängerung ist vom Zeitrahmen beliebig, sie unterliegt – anders als die erstmalige Befristung – keinen zeitlichen Begrenzungen, solange die Anspruchsvoraussetzungen (z. B. an das Höchstalter des betreuten Kindes) noch vorliegen.

Fallen nach der Bewilligung der Teilzeitbeschäftigung die Voraussetzungen des Absatzes 1 Satz 1 Buchst. a oder b weg, z. B. weil das Kind den Haushalt verlassen hat oder der Pflegebedürftige verstorben ist, bleibt die vereinbarte Ermäßigung der Arbeitszeit bestehen. Dies gilt auch, wenn es sich um eine zeitlich befristete Verkürzung der wöchentlichen Arbeitszeit gehandelt hat (z. B. für die Dauer von fünf Jahren). Die Voraussetzungen müssen lediglich zum Zeitpunkt der Vereinbarung nach Absatz 1 vorgelegen haben. Auf Wunsch der Beschäftigten sollte in solchen Fällen jedoch geprüft werden, ob im Rahmen der jeweiligen dienstlichen oder betrieblichen Möglichkeiten eine Änderung der Vereinbarung erfolgen kann.

Satz 4 legt dar, dass der Arbeitgeber bei der Gestaltung der Arbeitszeit den Belangen der Kinder oder sonstige pflegebedürftige betreuenden/pflegenden Beschäftigten im Rahmen der dienstlichen/betrieblichen Möglichkeiten Rechnung tragen soll.

Teilzeitbeschäftigung aus anderen Gründen (Abs. 2)

Die Regelung in Absatz 2 eröffnet die Möglichkeit einer Teilzeitbeschäftigung auch aus anderen als familiären Gründen. Der Beschäftigte kann – falls dies notwendig sein sollte – von seinem Arbeitgeber verlangen, dass er mit ihm die Möglichkeit einer Teilzeitbeschäftigung mit dem Ziel erörtert, zu einer entsprechenden Vereinbarung zu gelangen. In jedem Einzelfall ist das persönliche Interesse des Angestellten an der Vereinbarung einer Teilzeitbeschäftigung mit den

Teilzeitbeschäftigung   TVöD **§ 11 I.1**

dienstlichen Belangen abzuwägen. Personalwirtschaftliche und organisatorische Gesichtspunkte sind zu berücksichtigen; die Berufung auf organisatorische Schwierigkeiten kann für sich allein jedoch nicht als Grund angesehen werden, den Antrag eines Angestellten auf Teilzeitbeschäftigung abzulehnen.

Rückkehr zur Vollbeschäftigung (Abs. 3)

Absatz 3 enthält eine Bemühensklausel, wonach der Arbeitgeber auf der Grundlage des § 11 Abs. 1 oder 2 TVöD teilzeitbeschäftigte Beschäftigte im Rahmen der dienstlichen bzw. betrieblichen Möglichkeiten bei der Besetzung eines Vollzeitarbeitsplatzes bevorzugt berücksichtigen soll. Nach der Regelung soll der teilzeitbeschäftigte Angestellte bei der Besetzung eines Vollzeitarbeitsplatzes bevorzugt berücksichtigt werden, wenn er für den zu besetzenden Arbeitsplatz die gleiche Eignung wie ein anderer Bewerber hat.

Mit Urteil vom 13. 11. 2001 – 9 AZR 442/00, AP Nr. 1 zu § 15b BAT – hat das BAG zur inhaltsgleichen Vorschrift des § 15b Abs. 3 BAT entschieden, dass eine Angestellte, deren Arbeitszeit wegen der Betreuung ihres Kindes antragsgemäß und ohne zeitliche Begrenzung auf die Hälfte der regelmäßigen tariflichen Wochenarbeitszeit verkürzt worden war, später nicht einseitig die Erhöhung ihrer Arbeitszeit verlangen kann – und zwar auch dann nicht, wenn der Arbeitgeber die Angestellte vor der Verringerung der Arbeitszeit nicht auf die Möglichkeit hingewiesen hatte, die Herabsetzung der Arbeitszeit zeitlich zu befristen.

Auswirkungen einer Teilzeitbeschäftigung

Nachfolgend sind die Auswirkungen einer Arbeitszeitreduzierung auf das Arbeitsverhältnis bzw. Leistungsansprüche dargestellt.

Beschäftigungszeit: Zeiten der Teilzeitbeschäftigung zählen uneingeschränkt zur Beschäftigungszeit i. S. d. § 34 Abs. 3.

Entgelt: Der teilzeitbeschäftigte Beschäftigte erhält den Teil des Entgelts, der dem Maß der mit ihm vereinbarten Arbeitszeit entspricht (→ § 24 Abs. 2).

Jubiläumsgeld: Der nicht vollbeschäftigte Beschäftigte erhält das Jubiläumsgeld in voller Höhe (→ § 23 Abs. 2 Satz 2). Zeiten einer Teilzeitbeschäftigung werden im vollen Umfang bei der Festsetzung der dem Jubiläumsgeld zugrunde liegenden Beschäftigungszeit berücksichtigt.

Jahressonderzahlung: Ist die regelmäßige Arbeitszeit in mindestens einem der Monate Juli, August und September herabgesetzt, ergibt sich über die Ermäßigung des für die Jahressonderzahlung maßgeblichen Durchschnittsentgelts eine Verringerung des Grundbetrages der jährlichen Zuwendung (→ § 24 Abs. 2 i. V. m. § 20 Abs. 2).

Vermögenswirksame Leistungen: Nicht Vollbeschäftigte erhalten von der vermögenswirksamen Leistung für Vollbeschäftigte den Teil, der dem Maß der mit ihnen vereinbarten regelmäßigen wöchentlichen Arbeitszeit entspricht (→ § 23 Abs. 1 Satz 2 i. V. m. § 24 Abs. 2).

Zusatzversorgung: Seit der Neuregelung des Rechts der Zusatzversorgung durch den Tarifvertrag Altersversorgung (ATV/ATV-K)[1] sind teilzeitbeschäftigte Arbeitnehmer nicht mehr von der Pflicht zur Versicherung bei der VBL ausgenommen.

Eine Minderung der Zusatzrente im Vergleich zur Zusatzversorgung eines Vollbeschäftigten ergibt sich in Folge des im Vergleich zur Vollbeschäftigung geringeren Entgelts und der entsprechend niedrigeren Einzahlungen bei der VBL.

---

[1] abgedruckt unter **V.1**

Abschnitt III
Eingruppierung, Entgelt und sonstige Leistungen

§ 12 Eingruppierung

[Derzeit nicht belegt, wird im Zusammenhang mit der Entgeltordnung geregelt.]

Erläuterungen

Zwar tritt der TVöD grundsätzlich am 1. Oktober 2005 in Kraft. Eine neue Entgeltordnung, die die Vergütungsordnung für Angestellte und das Lohngruppenverzeichnis für Arbeiter ablöst, soll jedoch erst zum 1. Januar 2007 vereinbart werden.

Bis dahin gilt das bisherige Recht der Eingruppierung/Einreihung fort. Einzelheiten dazu enthalten die §§ 17 bis 19 der Überleitungs-Tarifverträge (TVÜ-Bund, TVÜ-VKA)[1].

---

[1] abgedruckt unter **I.2**

§ 13 Eingruppierung in besonderen Fällen

[Derzeit nicht belegt, wird im Zusammenhang mit der Entgeltordnung geregelt.]

Erläuterungen

Zwar tritt der TVöD grundsätzlich am 1. Oktober 2005 in Kraft. Eine neue Entgeltordnung, die die Vergütungsordnung für Angestellte und das Lohngruppenverzeichnis für Arbeiter ablöst, soll jedoch erst zum 1. Januar 2007 vereinbart werden.

Bis dahin gilt das bisherige Recht der Eingruppierung/Einreihung fort. Einzelheiten dazu enthalten die §§ 17 bis 19 der Überleitungs-Tarifverträge (TVÜ-Bund, TVÜ-VKA)[1].

---

[1] **abgedruckt** unter I.2

§ 14 Vorübergehende Übertragung einer höherwertigen Tätigkeit

(1) Wird der/dem Beschäftigten vorübergehend eine andere Tätigkeit übertragen, die den Tätigkeitsmerkmalen einer höheren als ihrer/seiner Eingruppierung entspricht, und hat sie/er diese mindestens einen Monat ausgeübt, erhält sie/er für die Dauer der Ausübung eine persönliche Zulage rückwirkend ab dem ersten Tag der Übertragung der Tätigkeit.

Niederschriftserklärung zu § 14 Abs. 1:

1. Ob die vorübergehend übertragene höherwertige Tätigkeit einer höheren Entgeltgruppe entspricht, bestimmt sich nach den gemäß § 18 Abs. 3 TVÜ-Bund/VKA fortgeltenden Regelungen des § 22 Abs. 2 BAT/BAT-O bzw. den entsprechenden Regelungen für Arbeiterinnen und Arbeiter. Die Tarifvertragsparteien stellen klar, dass diese Niederschriftserklärung im Zusammenhang mit der neuen Entgeltordnung überprüft wird.
2. Die Tarifvertragsparteien stellen klar, dass die vertretungsweise Übertragung einer höherwertigen Tätigkeit ein Unterfall der vorübergehenden Übertragung einer höherwertigen Tätigkeit ist.

(2) Durch landesbezirklichen Tarifvertrag – für den Bund durch einen Tarifvertrag auf Bundesebene – wird im Rahmen eines Kataloges, der die hierfür in Frage kommenden Tätigkeiten aufführt, bestimmt, dass die Voraussetzung für die Zahlung einer persönlichen Zulage bereits erfüllt ist, wenn die vorübergehend übertragene Tätigkeit mindestens drei Arbeitstage angedauert hat und die/der Beschäftigte ab dem ersten Tag der Vertretung in Anspruch genommen worden ist.

(3) ¹Die persönliche Zulage bemisst sich für Beschäftigte, die in eine der Entgeltgruppen 9 bis 14 eingruppiert sind, aus dem Unterschiedsbetrag zu dem Tabellenentgelt, dass sich für die/den Beschäftigten bei dauerhafter Übertragung nach § 17 Abs. 4 Satz 1 und 2 ergeben hätte. ²Für Beschäftigte, die in eine der Entgeltgruppen 1 bis 8 eingruppiert sind, beträgt die Zulage 4,5 v. H. des individuellen Tabellenentgelts der/des Beschäftigten.

Erläuterungen

§ 14 bestimmt, dass ein Beschäftigter, der vorübergehend im Vergleich zu seiner arbeitsvertraglich bestimmten Tätigkeit höherwertige Aufgaben erledigt, für die Dauer der anspruchsvolleren Tätigkeit eine Zulage erhält. In einer Niederschriftserklärung ist klargestellt, dass die vertretungsweise Übertragung höherwertiger Tätigkeiten eine „vorübergehende" Übertragung im tarifvertraglichen Sinne ist. Dieser Sachverhalt war bislang in § 24 BAT geregelt.

Auf die abweichenden Sonderregelungen in § 45 (Bund) des Besonderen Teils Verwaltung wird hingewiesen.

Die Vorschrift des § 14 korrespondiert mit den Regelungen zur Eingruppierung – bis zum In-Kraft-Treten eines neuen Eingruppierungssystems also mit den Eingruppierungsvorschriften des BAT bzw. des MTArb/BMT-G. § 14 trifft Regelungen für die Fälle, in denen der Beschäftigte auf Veranlassung des Arbeitgebers vorübergehend eine höherwertige Tätigkeit ausübt.

Die Interessenlage von Arbeitgeber und Beschäftigten dürfte in der Regel so sein, dass der Beschäftigte natürlich an einer dauerhaft höheren Eingruppierung interessiert ist, während der Arbeitgeber im Interesse eines flexiblen Personaleinsatzes eher eine vorübergehende, ohne besondere (Änderungs-)Kündigung rückgängig zu machende Maßnahme bevorzugt.

Wegen der unterschiedlichen Interessenlage sind Meinungsverschiedenheiten und gerichtliche Auseinandersetzungen über die Zulässigkeit einer nur vorübergehenden Übertragung und Zahlung einer Zulage (in Konkurrenz zur stabilen Höhergruppierung) vorprogrammiert. Das BAG hat sich folglich in langjähriger Rechtsprechung zu der im Kern vergleichbaren Regelung des § 24 BAT mit dieser Frage auseinander gesetzt und über lange Zeit zunächst die Auffassung vertreten, die vorübergehende – an Stelle einer dauerhaften – Übertragung einer höherwertigen Tätigkeit bedürfe – ähnlich wie im Fall befristeter Arbeitsverhältnisse – eines Sachgrundes. Diese Linie hat das BAG in seinem Urteil vom 17. 4. 2002 – 4 AZR – 174/01, AP Nr. 23 zu § 24 BAT – verlassen, weil nach seiner (neuen) Auffassung an die Voraussetzungen einer vorübergehenden Übertragung höherwertiger Tätigkeiten im Rahmen des dem Arbeitgeber nach § 315 BGB grundsätzlich zustehenden Direktionsrechts nicht die gleichen strengen Maßstäbe anzulegen sind wie in den Fällen befristeter Arbeitsverhältnisse, wo es im Ergebnis um die Frage der Umgehung des gesetzlichen Kündigungsschutzes gehe. Nach der jetzigen Rechtsmeinung des BAG muss im Wege einer so genannten „doppelten Billigkeitsprüfung" erstens geprüft werden, ob die eigentliche Übertragung der höherwertigen Tätigkeit billigem Ermessen entspricht, und zweitens, ob es auch billigem Ermessen entspricht, die Tätigkeit nur vorübergehend (und nicht auf Dauer) zu übertragen.

An die zweite Stufe der Ermessensprüfung – also an die Beurteilung der Frage, ob es gerechtfertigt ist, die Tätigkeit nicht auf Dauer sondern nur vorübergehend zu übertragen – werden in den Fällen längerfristiger oder aufeinander folgender vorübergehender Übertragungen strenge Maßstäbe anzulegen sein. Eine generelle Höchstdauer für den Begriff der „vorübergehenden" Übertragung gibt es

Vorübergehende höherwertige Tätigkeit — TVöD § 14 I.1

aber weder in der Tarifvorschrift, noch lässt sie sich aus der langjährigen arbeitsrechtlichen Rechtsprechung dazu entnehmen.

Bei der Billigkeitsprüfung handelt es sich stets um eine Einzelfallprüfung, bei der der Arbeitgeber als Ausübender des Direktionsrechtes die Beweislast dafür zu tragen hat, dass sowohl die Übertragung der Tätigkeit als auch deren vorübergehender Charakter billigem Ermessen entspricht. Trotz der unentbehrlichen Einzelfallprüfung kann in den folgenden typischen Beispielsfällen jedoch von einer in der Regel zulässigerweise nur vorübergehenden Übertragung höherwertiger Tätigkeiten ausgegangen werden:

- Erprobung: Eine vorübergehende Übertragung zur Erprobung des Beschäftigten ist zulässig; allein der Begriff der Erprobung beinhaltet jedoch, dass hier enge zeitliche Grenzen gesetzt sind.
- Übertragung von Führungspositionen auf Probe oder auf Zeit: Es wird davon auszugehen sein, dass die in der Natur der Tätigkeit liegende Instabilität ausreicht, um an Stelle einer dauerhaften Höhergruppierung die Zahlung einer Zulage für die Zeit der Führungstätigkeit zu rechtfertigen (→ § 31 Abs. 3 und § 32 Abs. 3).
- Organisationsentscheidungen, wie beispielsweise die Entscheidung, die Stelle nur vorübergehend mit dem Beschäftigten zu besetzen, um nach Ablauf einiger Zeit (nach Abschluss der Laufbahnprüfung) dort einen Beamtenanwärter oder einen besser qualifizierten Beschäftigten einzusetzen. Entsprechendes gilt während des Laufs einer Stellenausschreibung oder für die Zeit im Vorfeld einer geplanten Neuorganisation der Arbeitsbereiche.

Ebenfalls schon unter den Begriff der vorübergehenden Tätigkeit lassen sich Vertretungssituationen fassen. Gleichwohl sind sie in der Tarifnorm bzw. der Niederschriftserklärung dazu besonders erwähnt. Bei der Vertretung ist zu beachten, dass es sich bei der Vertretungstätigkeit um eine „andere" als die eigentlich vom Beschäftigten auszuübende Tätigkeit handeln muss. Die übliche Urlaubs-, die kurzfristige Krankheitsvertretung o. Ä. fällt also nicht darunter. Entsprechendes gilt für die Tätigkeit des so genannten ständigen Vertreters, bei dem die Vertretungstätigkeit Gegenstand seiner arbeitsvertraglichen Beschäftigung ist und sich in der Regel schon in der Eingruppierung niedergeschlagen hat (zumindest wenn ein eingruppierungsrelevanter Umfang erreicht wird bzw. ein Eingruppierungsmerkmal für ständige Vertreter vorgesehen ist). Die von dem Arbeitgeberkreis der BAT-Kommission in seiner Sitzung vom 8. Oktober 1996 zu § 24 BAT vertretene Auffassung, dass auch in den Fällen der ständigen

Vertretung keine Bedenken gegen eine Zulage für diese Tätigkeit bestehen, wenn es sich um eine langfristige Vertretung handelt (z. B. bei Vertretung während der Elternzeit) wird im Lichte der Entscheidung des BAG vom 21. 10. 1998 – 10 AZR 224/98, ZTR 1999 S. 177 – kritisch zu beurteilen sein. Jedenfalls ist bei der Zahlung einer Zulage an ständige Vertreter ein strenger Maßstab anzulegen.

Die persönliche Zulage fällt weg, wenn die höherwertige Tätigkeit endet. Einer Änderungskündigung bedarf es nicht.

Voraussetzungen zur Gewährung einer Zulage (Abs. 1)

Wenn die oben erläuterten Billigkeitsprüfungen zu dem Ergebnis kommen, dass die befristete Übertragung einer höherwertigen Tätigkeit rechtlich möglich ist, stellt sich die Frage, ob die höherwertige Tätigkeit, die ja – wegen des vorübergehenden Charakters – nicht zu einer Höhergruppierung führt, eine Zulage nach sich zieht. Dies ist nach der Niederschriftserklärung zu Absatz 1 nach § 18 Abs. 3 TVÜ in Verbindung mit den danach fortgeltenden Eingruppierungsregelungen der Fall, wenn sie den Tätigkeitsmerkmalen einer höheren als der eigenen Eingruppierung entspricht. Es muss also für einen Vergleich der vertraglichen mit der ausgeübten Tätigkeit eine detaillierte Bewertung der vorübergehenden Tätigkeit erfolgen. Der Beschäftigte muss alle Voraussetzungen der höheren Entgeltgruppe (also auch die persönlichen Qualifikationsmerkmale) erfüllen. Die bloße Ausübung der Tätigkeit genügt nicht, es sei denn, das in Frage kommende Eingruppierungsmerkmal ist auch offen für die so genannten „sonstigen Beschäftigten".

Die höherwertige Tätigkeit muss mindestens einen Monat lang ausgeübt worden sein. Ist diese Voraussetzung erfüllt, wird die Zulage rückwirkend ab Beginn der höherwertigen Tätigkeit gezahlt. Höherwertige Tätigkeiten von weniger als einem Monat Dauer werden, wenn es keine landesbezirkliche Vereinbarung bzw. einen entsprechenden Tarifvertrag des Bundes im Sinne des Absatzes 2 gibt, nicht honoriert.

Öffnungsklausel für landesbezirkliche Tarifverträge (Abs. 2)

Absatz 2 enthält eine Öffnungsklausel, nach der für von den Tarifpartnern genau zu bestimmende Tätigkeiten nach näherer Maßgabe eines landesbezirklichen Tarifvertrages (Kommunen) bzw. Bundestarifvertrag (Bund) an die Stelle der Monatsfrist des Absatzes 1 eine Frist von drei Arbeitstagen treten kann.

Vorübergehende höherwertige Tätigkeit   TVöD § 14 I.1

Die Niederschriftserklärung zu § 18 des TVÜ-Bund bzw. TVÜ-VKA enthält den Auftrag an die Tarifpartner, durch einen spätestens zum 1. Juli 2007 in Kraft tretenden Tarifvertrag zu bestimmen, in welchen zu katalogisierenden Tätigkeiten eine Zulage bereits nach einer Frist von drei Tagen (statt einem Monat) gezahlt wird.

Es bleibt abzuwarten, ob und in welcher Form die Tarifpartner von dieser Öffnungsklausel Gebrauch machen werden.

Höhe der Zulage (Abs. 3)

Wenn die oben beschriebenen Voraussetzungen erfüllt sind, erhält der Beschäftigte der Entgeltgruppen 9 bis 14 eine Zulage in Höhe des Unterschiedsbetrages zwischen seinem jetzigen Tabellenentgelt und dem Tabellenentgelt, das dem Beschäftigten zustehen würde, wenn ihm die vorübergehende Tätigkeit auf Dauer übertragen worden wäre. Das Verfahren, wie das Tabellenentgelt bei Höhergruppierungen ermittelt wird, ist in § 17 Abs. 4 Satz 1 und 2 geregelt.

Beschäftigte der Entgeltgruppen 1 bis 8 erhalten als Zulage für die vorübergehend oder vertretungsweise ausgeübte höherwertige Tätigkeit 4,5 v. H. ihres individuellen Tabellenentgelts.

Aus der Bestimmung des § 24 Abs. 3 i. V. m. Abs. 5 ergibt sich, dass die Zulage, wenn sie nur für Teile eines Monates zusteht, taggenau anteilig gewährt wird.

Die Zulage ist Entgelt im sozialversicherungsrechtlichen Sinn, sie ist steuerpflichtig. Für die Zulage sind daher auch Umlagen an die VBL zu entrichten.

Übergangsregelungen

Die §§ 10 bzw. 18 der Überleitungstarifverträge[1] enthalten Übergangsregelungen für Beschäftigte, die im Zeitpunkt der Überleitung in den TVöD bereits eine Zulage für höherwertige Tätigkeiten bekamen und die entsprechende Tätigkeit fortführen (§ 10), bzw. übergeleitete Beschäftigte, denen zwischen dem Überleitungsstichtag (30. September 2005) und dem 30. September 2007 erstmals eine höherwertige Tätigkeit übertragen wird (§ 18).

---

[1] abgedruckt unter **I.2**

§ 15 Tabellenentgelt

(1) ¹Die/Der Beschäftigte erhält monatlich ein Tabellenentgelt. ²Die Höhe bestimmt sich nach der Entgeltgruppe, in die sie/er eingruppiert ist, und nach der für sie/ihn geltenden Stufe.

Protokollerklärungen zu Absatz 1:

1. (weggefallen)
2. ¹Für Beschäftigte der Entgeltgruppen 1 bis 9 im Bereich der VKA, für die die Regelungen des Tarifgebiets Ost Anwendung finden, beträgt der Bemessungssatz für das Tabellenentgelt und – soweit nicht besonders geregelt – die sonstigen Entgeltbestandteile in diesem Tarifvertrag sowie in den diesen Tarifvertrag ergänzenden Tarifverträgen und -regelungen ab 1. Januar 2008 100 v. H. der nach den jeweiligen Tarifvorschriften für Beschäftigte im Bereich der VKA, für die die Regelungen des Tarifgebiets West Anwendung finden, geltenden Beträge. ²Für Beschäftigte der Entgeltgruppen 10 und höher im Bereich der VKA, für die die Regelungen des Tarifgebiets Ost Anwendung finden, beträgt der Bemessungssatz nach Satz 1 97 v. H.
3. Die Protokollerklärung Nr. 2 gilt nicht für Ansprüche aus § 23 Abs. 1 und 2.

(2) ¹Alle Beschäftigten des Bundes erhalten ab 1. April 2008 Entgelt nach Anlage A (Bund). ²Die Beschäftigten der Mitglieder eines Mitgliedverbandes der VKA im Tarifgebiet West erhalten Entgelt nach Anlage A (VKA); die Beschäftigten der Mitglieder eines Mitgliedverbandes der VKA im Tarifgebiet Ost erhalten Entgelt nach Anlage B (VKA).

(3) ¹Im Rahmen von landesbezirklichen bzw. für den Bund in bundesweiten tarifvertraglichen Regelungen können für an- und ungelernte Tätigkeiten in von Outsourcing und/oder Privatisierung bedrohten Bereichen in den Entgeltgruppen 1 bis 4 Abweichungen von der Entgelttabelle bis zu einer dort vereinbarten Untergrenze vorgenommen werden. ²Die Untergrenze muss im Rahmen der Spannbreite des Entgelts der Entgeltgruppe 1 liegen. ³Die Umsetzung erfolgt durch Anwendungsvereinbarung, für den Bund durch Bundestarifvertrag.

Erläuterungen

§ 15 TVöD bestimmt das so genannte Tabellenentgelt als Grundlage der Leistungen an den Beschäftigten. Die Entgelttabellen – getrennt nach West (Anlage A) und Ost (Anlage B) – sind nun Bestandteil des TVöD. Sie sind ohne Einhaltung einer Frist, jedoch frühestens zum 31. Dezember 2007, gesondert kündbar (§ 39 Abs. 4 Buchst. c). Dadurch wurde die bisherige Verfahrensweise, die Vergütung in eigenständigen Vergütungstarifverträgen zu regeln, aufgegeben.

Auf die abweichenden Sonderregelungen in §§ 45 und 46 (Bund) des Besonderen Teils Verwaltung wird hingewiesen.

Tabellenentgelt TVöD **§ 15 I.1**

Begriffsbestimmung (Abs. 1)

Die Höhe des Tabellenentgelts bestimmt sich nach der für den Beschäftigten maßgebenden Eingruppierungsgruppe und seiner individuellen Entgeltstufe und kann dann aus der jeweiligen Tabelle der Anlage A bzw. Anlage B abgelesen werden. Vorläufig sind zur Ermittlung der Entgeltgruppe und -stufe die Vorschriften der Überleitungs-Tarifverträge zu beachten.

Bemessungssätze (Protokollerklärungen zu Abs. 1)

In den Protokollerklärungen zu § 15 Absatz 1 ist bestimmt, wie hoch der Bemessungssatz für Entgelte an Beschäftigte im Tarifgebiet Ost ist. Wegen der Abgrenzung der Tarifgebiete West und Ost → § 38 Abs. 1.

Für den Bereich des Bundes ist bzw. war die Protokollerklärung Nr. 1 maßgebend. Bei Inkrafttreten des TVöD sah sie einen Bemessungssatz von 92,5 v. H. vor. Im Zuge der Entgeltrunde 2008 bzw. des darauf zurückgehenden Änderungstarifvertrages Nr. 2 vom 31. März 2008 wurde der Bemessungssatz für die Beschäftigten des Bundes auf 100 v. H. angehoben; für die Beschäftigten in den Entgeltgruppen 1 bis 9 trat die Angleichung an die West-Beträge am 1. Januar 2008, für die übrigen Beschäftigten am 1. April 2008 in Kraft. Die Protokollerklärung Nr. 1 ist daher zum 1. April 2008 gegenstandslos geworden und durch den Änderungstarifvertrag Nr. 2 aufgehoben worden.

Für die Beschäftigten der Kommunen betrug der Bemessungssatz bei Inkrafttreten des TVöD am 1. Oktober 2005 zunächst 94 v. H.; er erhöhte sich zum 1. Juli 2006 auf 95,5 v. H. und am 1. Juli 2007 auf 97 v. H. Durch den Änderungstarifvertrag Nr. 2 wurde er für die Beschäftigten der Entgeltgruppen 1 bis 9 zum 1. Januar 2008 auf 100 v. h. angehoben, für die Beschäftigten der Entgeltgruppen 10 und höher bleibt es bei dem Satz von 97 v. H. Eine Besonderheit gilt bei der Anwendung der Protokollerklärung Nr. 2 in der Zeit vom 1. Januar 2008 bis zum 31. März 2008: Da der erste Erhöhungsschritt der Entgeltrunde im Tarifgebiet West bereits zum 1. Januar 2008, im Tarifgebiet Ost jedoch erst zum 1. April 2008 erfolgt, ist in dieser Zeit der Bemessungssatz Ost auf die am 31. Dezember 2007 maßgebenden Beträge (also die noch nicht erhöhten Beträge) anzuwenden. Dies haben die Tarifpartner in § 38a Abs. 6 festgelegt.

Nach der Protokollerklärung Nr. 3 erhalten Beschäftigte im Tarifgebiet Ost – abweichend von den Grundsätzen der Protokollerklärungen

Nr. 1 und 2 – bei vermögenswirksamen Leistungen (→ § 23 Abs. 1) und beim Jubiläumsgeld (→ § 23 Abs. 2) die vollen Beträge.

Benennung der maßgebenden Tabellen (Abs. 2)

Absatz 2 verweist auf die Entgelttabellen, die als Anlage A (Tarifgebiet West) bzw. Anlage B (Tarifgebiet Ost) – getrennt nach Bund und Kommunen – bezeichnet und im Anschluss an den TVöD abgedruckt sind.

Öffnungsklausel (Abs. 3)

Absatz 3 enthält eine Öffnungsklausel, die es in von Outsourcing (Auslagerung auf andere Dienstleister) und/oder Privatisierung bedrohten Bereichen ermöglicht, durch landesbezirkliche (Kommunen) bzw. durch bundesweite (Bund) tarifvertragliche Regelungen von der Entgelttabelle (nach unten) abweichende Entgelte für un- oder angelernte Tätigkeiten zu vereinbaren. Untergrenze dafür ist die Spannbreite der Entgeltgruppe 1. Es bleibt abzuwarten, ob und in welchem Umfang die Tarifpartner von dieser Öffnungsmöglichkeit Gebrauch machen werden.

§ 16 (VKA) Stufen der Entgelttabelle

(1) ¹Die Entgeltgruppen 2 bis 15 umfassen sechs Stufen. ²Die Abweichungen von Satz 1 sind im Anhang zu § 16 (VKA) geregelt.

(2) ¹Bei Einstellung werden die Beschäftigten der Stufe 1 zugeordnet, sofern keine einschlägige Berufserfahrung vorliegt. ²Verfügt die/der Beschäftigte über eine einschlägige Berufserfahrung von mindestens einem Jahr, erfolgt die Einstellung in die Stufe 2; verfügt sie/er über eine einschlägige Berufserfahrung von mindestens drei Jahren, erfolgt bei Einstellung nach dem 31. Dezember 2008 in der Regel eine Zuordnung zur Stufe 3. ³Unabhängig davon kann der Arbeitgeber bei Neueinstellungen zur Deckung des Personalbedarfs Zeiten einer vorherigen beruflichen Tätigkeit ganz oder teilweise für die Stufenzuordnung berücksichtigen, wenn diese Tätigkeit für die vorgesehene Tätigkeit förderlich ist.

Protokollerklärung zu Absatz 2:
Ein Berufspraktikum nach dem Tarifvertrag über die vorläufige Weitergeltung der Regelungen für die Praktikantinnen/Praktikanten vom 13. September 2005 gilt grundsätzlich als Erwerb einschlägiger Berufserfahrung.

Niederschriftserklärung zu § 16 (VKA) Abs. 2 Satz 2:
Die Tarifvertragsparteien sind sich darüber einig, dass stichtagsbezogene Verwerfungen zwischen übergeleiteten Beschäftigten und Neueinstellungen entstehen können.

(2a) Bei Einstellung von Beschäftigten in unmittelbarem Anschluss an ein Arbeitsverhältnis im öffentlichen Dienst (§ 34 Abs. 3 Satz 3 und 4) oder zu einem Arbeitgeber, der einen dem TVöD vergleichbaren Tarifvertrag anwendet, kann die in dem vorhergehenden Arbeitsverhältnis erworbene Stufe bei der Stufenzuordnung ganz oder teilweise berücksichtigt werden; Absatz 2 Satz 3 bleibt unberührt.

Niederschriftserklärung zu § 16 (VKA) Abs. 2a:
Die Tarifvertragsparteien sind sich darüber einig, dass die erworbene Stufe im Sinne des § 16 (VKA) Abs. 2a auch eine individuelle Endstufe im Sinne des § 6 Abs. 1 Satz 1, § 7 Abs. 3 Satz 1 oder § 8 Abs. 3 Satz 2 TVÜ-VKA oder eine individuelle Zwischenstufe im Sinne des § 7 Abs. 3 Satz 1 oder § 8 Abs. 3 Satz 2 TVÜ-VKA sein kann.

(3) ¹Die Beschäftigten erreichen – von Stufe 3 an die jeweils nächste Stufe in Abhängigkeit von ihrer Leistung gemäß § 17 Abs. 2 – nach folgenden Zeiten einer ununterbrochenen Tätigkeit innerhalb derselben Entgeltgruppe bei ihrem Arbeitgeber (Stufenlaufzeit):

- Stufe 2 nach einem Jahr in Stufe 1,
- Stufe 3 nach zwei Jahren in Stufe 2,
- Stufe 4 nach drei Jahren in Stufe 3,
- Stufe 5 nach vier Jahren in Stufe 4 und
- Stufe 6 nach fünf Jahren in Stufe 5.

²Die Abweichungen von Satz 1 sind im Anhang zu § 16 (VKA) geregelt.

§ 16 VKA I.1 TVöD — Stufen der Entgelttabelle

(4) ¹Die Entgeltgruppe 1 umfasst fünf Stufen. ²Einstellungen erfolgen in der Stufe 2 (Eingangsstufe). ³Die jeweils nächste Stufe wird nach vier Jahren in der vorangegangenen Stufe erreicht; § 17 Abs. 2 bleibt unberührt.

Erläuterungen

§ 16 TVöD regelt – in zwei getrennten Vorschriften für den Bund bzw. die Kommunen – die Grundsätze der Zuweisung zu den Entgeltstufen bei Einstellung sowie den späteren Aufstieg in den Stufen. In zwei Anhängen zu der jeweiligen Vorschrift des § 16 sind (ebenfalls getrennt nach Bund und Kommunen) abweichende Regelungen zu den Grundsätzen des § 16 vereinbart worden. Die Anlagen sind im Anschluss an die jeweilige Tarifvorschrift abgedruckt.

Die Zuweisung der (Lebens-)Altersstufen war – soweit das Entgeltsystem des BAT überhaupt mit dem des TVöD vergleichbar ist – zuvor in § 27 BAT geregelt.

Hinweis auf Übergangsregelungen

Bei den Beschäftigten, die zum 1. Oktober 2005 aus dem Geltungsbereich eines der bisherigen Tarifverträge (BAT, MTArb, BMT-G und die entsprechenden Tarifverträge des Tarifgebietes Ost) in den TVöD übergeleitet worden sind, sind bei der Stufenzuweisung die besonderen Vorschriften der Überleitungs-Tarifverträge zu beachten.

Verkürzt dargestellt erfolgt die Überleitung der ehemaligen Angestellten in der Regel in der Weise, dass sie betragsgenau in eine individuelle Zwischenstufe ihrer neuen Entgeltgruppe übergeleitet werden und von dort zum 1. Oktober 2007 in die nächst höhere Stufe aufsteigen. Wegen Einzelheiten → § 6 der Überleitungs-Tarifverträge[1]).

Arbeiter werden in der Regel der Stufe zugeordnet, die sie erreicht hätten, wenn der TVöD bereits seit Beginn ihrer Beschäftigungszeit für sie gegolten hätte. Wegen Einzelheiten → § 7 der Überleitungs-Tarifverträge.

Stufen der Entgeltgruppen (Abs. 1)

Nach Satz 1 der Vorschrift umfassen die Entgeltgruppen 2 bis 15 grundsätzlich sechs Stufen. In Absatz 1 des Teils I (Beschäftigte außerhalb des Pflegedienstes) bzw. im Teil II Abs. 1 und 2 (Angestellte im Pflegedienst) des Anhangs zu § 16, der in Satz 2 in Bezug genommen

---

[1]) abgedruckt unter I.2

wird, haben die Tarifpartner für eine Reihe von bestimmten Tätigkeiten andere Stufen zur Eingangs-/Endstufe bestimmt.

Einstellungsstufe; Entgeltgruppen 2 bis 15 (Abs. 2)

Die Beschäftigten der Entgeltgruppen 2 bis 15 werden bei ihrer Einstellung grundsätzlich der Stufe 1 zugeordnet (Satz 1). Nach Satz 2 erfolgt die Einstellung in Stufe 2, wenn der Beschäftigte mindestens eine einjährige einschlägige Berufserfahrung mitbringt.

Nach Satz 2 2. Halbsatz erfolgt bei Beschäftigten, die über eine einschlägige Berufserfahrung von mindestens drei Jahren (unabhängig davon, wo sie erworben worden ist) verfügen, bei Einstellung nach dem 31. Dezember 2008 die Einstufung in Stufe 3.

In einer Protokollerklärung zu Absatz 2 haben die Tarifpartner festgelegt, dass auch ein Berufspraktikum nach dem TV-Prakt als Erwerb einschlägiger Berufserfahrung gilt.

Satz 3 enthält eine im Kern mit § 27 Abschn. C BAT vergleichbare Regelung, nach der der Arbeitgeber zur Deckung des Personalbedarfs förderliche Zeiten beruflicher Tätigkeit ganz oder teilweise bei der Stufenzuordnung berücksichtigen kann.

Zur Niederschriftserklärung

In einer Niederschriftserklärung zu Absatz 2 Satz 2 haben die Tarifpartner zum Ausdruck gebracht, dass sie stichtagsbezogene Unterschiede zwischen übergeleiteten und neu eingestellten Beschäftigten erkannt, aber augenscheinlich für unvermeidbar gehalten haben.

Wechsel innerhalb des öffentlichen Dienstes (Abs. 2a)

Die Vorschrift des Absatzes 2a ist mit dem Änderungstarifvertrag Nr. 2 vom 31. März 2008 mit Wirkung vom 1. Januar 2008 eingefügt worden. Die Tarifpartner haben mit dieser Regelung auf die Erfahrungen der Praxis reagiert, die gezeigt hatten, dass das bisher geltende Prinzip der Stufenzuordnung den gewünschten Wechsel zwischen Arbeitgebern des öffentlichen Dienstes häufig hemmt, weil Vorzeiten nicht bzw. nicht vollständig berücksichtigt werden konnten bzw. weil sich selbst unter Berücksichtigung von Vorzeiten die im Zuge der Überleitung in den TVöD „mitgebrachte" Entgeltstufe nicht erreichen ließ.

Die Regelung im neuen Absatz 2a ermöglicht es dem Arbeitgeber nun, den im unmittelbaren Anschluss an ein Arbeitsverhältnis zu einem anderen Arbeitgeber des öffentlichen Dienstes eingestellten

§ 16 VKA I.1 TVöD — Stufen der Entgelttabelle

Beschäftigten weiterhin der Stufe zuzuordnen, die er dort bereits erlangt hatte. In einer ergänzenden Niederschriftserklärung haben die Tarifpartner festgehalten, dass sie auch eine individuelle Zwischen- oder Endstufe als Stufe im Sinne dieser Vorschrift ansehen. Wenn die Voraussetzungen des Absatzes 2a dem Grunde nach vorliegen, ist auch eine teilweise Berücksichtigung der beim vorangehenden Arbeitgeber erlangten Stufe denkbar.

> **Beispiel:**
>
> Eine Kommune stellt einen Beschäftigten im unmittelbaren Anschluss an ein Beschäftigungsverhältnis im Landesdienst ein. Die Vorzeiten führen nach Maßgabe des Absatzes 2 zur Zuordnung zu Stufe 2, der Beschäftigte war beim Land in der gleichen Entgeltgruppe der Stufe 4 zugeordnet. Die aufnehmende Kommune kann den Beschäftigten entweder der Stufe 2 (nach Absatz 2) oder nach Absatz 2a entweder der Stufe 3 oder 4 zuordnen.

Als Arbeitgeber des öffentlichen Dienstes sind die unter die Regelung des § 34 Absatz 3 Sätze 3 und 4 fallenden Arbeitgeber anzusehen – also im wesentlichen Bund, Kommunen und Länder. Die Regelung des Absatzes 2a bezieht aber zusätzlich auch solche Arbeitgeber ein, die einem dem TVöD vergleichbaren Tarifvertrag anwenden. Dies sind beispielsweise Einrichtungen, die den TVöD durch Haustarifverträge in Bezug nehmen. Nach Auffassung des Verfassers dürften keine Bedenken bestehen, Einrichtungen dazu zu rechnen, die den TV-L anwenden; denn auch dieser Tarifvertrag ist mit dem TVöD in seiner Grundsystematik und vor allen Dingen den Regelungen zur Stufenzuordnung vergleichbar.

Die Regelung ist zusätzlich zu der Vorschrift des Absatzes 2 Satz 3 aufgenommen worden, nach der – das Vorliegen entsprechender förderlicher Zeiten vorausgesetzt – zur Deckung des Personalbedarfs schon bisher eine höhere Stufenzuordnung möglich war. Durch den Schlusshalbsatz, dass „Absatz 2 Satz 3 unberührt (bleibt)" haben die Tarifpartner verdeutlicht, dass die Anrechnung förderlicher Zeiten über die Vorschrift des Absatzes 2a hinaus erfolgen kann.

> **Beispiel:**
>
> Grundbeispiel wie oben. Sofern es zur Deckung des Personalbedarfs erforderlich ist und der Beschäftigte über förderliche Zeiten

> verfügt, kann auch eine darüber noch hinausgehende Zuordnung nach Maßgabe des Absatzes 2 Satz 3 in Betracht kommen (also bis zur Endstufe). Dies ist insbesondere dann denkbar, wenn der bisherige Arbeitgeber entsprechende Zeiten nicht berücksichtigt hatte.

Die Tarifpartner haben Absatz 2a als „Kann-Vorschrift" ausgestaltet und ihre Anwendung in das Ermessen des Arbeitgebers gestellt. Sie ermöglicht es dem Arbeitgeber also flexibel (und bedarfsgerecht) von ihr Gebrauch zu machen. Nach Auffassung des Verfassers unterliegt die Stufenzuordnung nicht der Mitbestimmung. Eine höchstrichterliche Klärung der Grundsatzfrage der Mitbestimmung steht im Anschluss an mehrere zweitinstanzliche Entscheidungen dazu aber noch aus (z. B. Urteil des OVG Rheinland-Pfalz vom 22. Februar 2008 – 5 A 11160/07.OVG – Mitbestimmungsrecht verneint; Beschluss des VG Halle vom 29. April 2008 – 11 A 3/08 HAL – Mitbestimmungsrecht bejaht; Beschluss des VG Stuttgart vom 4. Juni 2008 – PL 22 K 3929/07 – Mitbestimmungsrecht verneint; Beschluss des VG Braunschweig vom 22. 05. 2007 – 10 A 1/07 – Mitbestimmungsrecht verneint).

Die Regelung korrespondiert mit der Vorschrift des § 17 Absatz 7 Satz 2 n. F. TVÜ-VKA, wonach auch die „mitgebrachte" Entgeltgruppe in gewissen Fällen beibehalten werden kann.

Stufenaufstieg (Abs. 3)

In Satz 1 sind die Fristen für den Stufenaufstieg geregelt, wobei ab dem Aufstieg von Stufe 3 nach Stufe 4 auch leistungsbezogene Verkürzungen/Verlängerungen der Fristen möglich sind (→ § 17 Abs. 2). Die Zeiten sind bei demselben Arbeitgeber zu absolvieren; sie dürfen – abgesehen von den Ausnahmen des § 17 Abs. 3 – nicht unterbrochen sein.

In Absatz 3 des Anhangs zu § 16 (sowohl in Teil I als auch Teil II – zur Abgrenzung → bei Absatz 1), der in Satz 2 in Bezug genommen wird, haben die Tarifpartner für eine Reihe von bestimmten Tätigkeiten andere Zeiten für den Stufenaufstieg bestimmt.

Entgeltgruppe 1 (Abs. 4)

Absatz 4 enthält nur die Entgeltgruppe 1 betreffende Regelungen. Nach Satz 1 hat diese Entgeltgruppe fünf Stufen; Einstellungen erfolgen zwingend in Stufe 2 (Satz 2). Die folgenden Stufen werden grundsätzlich nach vier Jahren erreicht, wobei auch hier Verkürzungen/Verlängerungen der Fristen auf der Grundlage des § 17 Abs. 2 möglich sind.

Anhang zu § 16 (VKA)

Besondere Stufenregelungen für vorhandene und neu eingestellte Beschäftigte (VKA)

I.

(1) Abweichend von § 16 (VKA) Abs. 1 Satz 1 ist Endstufe

a) in der Entgeltgruppe 2 die Stufe 5 bei Tätigkeiten entsprechend
   - Vergütungsgruppe X BAT/BAT-O/BAT-Ostdeutsche Sparkassen,
   - Vergütungsgruppe IX BAT/BAT-O/BAT-Ostdeutsche Sparkassen nach Aufstieg aus X,
   - Lohngruppe 1 BMT-G/BMT-G-O mit ausstehendem Aufstieg nach 1a,
   - Lohngruppe 1a BMT-G/BMT-G-O,

b) in der Entgeltgruppe 9 die Stufe 4 bei Tätigkeiten entsprechend
   - Lohngruppe 9 BMT-G/BMT-G-O,

c) in der Entgeltgruppe 9 die Stufe 5 bei Tätigkeiten entsprechend
   - Vergütungsgruppe Vb BAT/BAT-O/BAT-Ostdeutsche Sparkassen ohne Aufstieg nach IVb,
   - Vergütungsgruppe Vb BAT/BAT-O/BAT-Ostdeutsche Sparkassen nach Aufstieg aus Vc,
   - Vergütungsgruppe Vb BAT/BAT-O nach Aufstieg aus VIb (Lehrkräfte),

d) in der Entgeltgruppe 15 die Stufe 5 bei Tätigkeiten entsprechend
   - Vergütungsgruppe Ib BAT/BAT-O/BAT-Ostdeutsche Sparkassen mit ausstehendem Aufstieg nach Ia.

(2) Abweichend von § 16 (VKA) Abs. 2 werden Beschäftigte mit Tätigkeiten entsprechend der Vergütungsgruppe Vb BAT/BAT-O/BAT-Ostdeutsche Sparkassen mit ausstehendem Aufstieg nach IVb und IVa der Stufe 1 zugeordnet.

(3) Abweichend von § 16 (VKA) Abs. 3 Satz 1 gelten für die Stufenlaufzeiten folgende Sonderregelungen:

a) In der Entgeltgruppe 9 wird die Stufe 4 nach sieben Jahren in Stufe 3 bei Tätigkeiten entsprechend der Lohngruppe 9 BMT-G/BMT-G-O erreicht.

b) In der Entgeltgruppe 9 wird die Stufe 5 nach neun Jahren in Stufe 4 bei Tätigkeiten entsprechend der Vergütungsgruppe Vb BAT/BAT-O/BAT-Ostdeutsche Sparkassen ohne Aufstieg nach IVb und der Vergütungsgruppe Vb BAT/BAT-O/BAT-Ostdeutsche Sparkassen nach Aufstieg aus Vc erreicht.

II.

(1) Abweichend von § 16 (VKA) Abs. 1 Satz 1 ist für die Beschäftigten im Pflegedienst (Anlage 1b zum BAT/BAT-O) Eingangsstufe

a) in den Entgeltgruppen 9 und 11 die Stufe 4 bei Tätigkeiten entsprechend
   - Kr. XI mit Aufstieg nach Kr. XII
   - Kr. VIII mit Aufstieg nach Kr. IX
   - Kr. VII mit Aufstieg nach Kr. VIII (9b)

b) in den Entgeltgruppen 7 und 9 bis 12 die Stufe 3 bei Tätigkeiten entsprechend
   - Kr. XII mit Aufstieg nach Kr. XIII
   - Kr. X mit Aufstieg nach Kr. XI
   - Kr. IX mit Aufstieg nach Kr. X
   - Kr. VI mit Aufstieg nach Kr. VII
   - Kr. VII ohne Aufstieg
   - Kr. VI ohne Aufstieg

c) in der Entgeltgruppe 7 die Stufe 2 bei Tätigkeiten entsprechend
   - Kr. Va mit Aufstieg nach Kr. VI
   - Kr. V mit Aufstieg nach Kr. Va und weiterem Aufstieg nach Kr. VI
   - Kr. V mit Aufstieg nach Kr. Va

(2) Abweichend von § 16 (VKA) Abs. 1 Satz 1 ist für die Beschäftigten im Pflegedienst (Anlage 1b zum BAT/BAT-O) EndStufe in den Entgeltgruppen 7 und 9 bis 11 die Stufe 5 bei Tätigkeiten entsprechend
- Kr. X mit Aufstieg nach Kr. XI
- Kr. IX mit Aufstieg nach Kr. X
- Kr. VI mit Aufstieg nach Kr. VII
- Kr. VII ohne Aufstieg
- Kr. VI ohne Aufstieg
- Kr. IV mit Aufstieg nach Kr. V

(3) Abweichend von § 16 (VKA) Abs. 3 Satz 1 gelten für die Beschäftigten im Pflegedienst (Anlage 1b zum BAT/BAT-O) für die Stufenlaufzeiten folgende Sonderregelungen:

a) in der Entgeltgruppe 12 wird die Stufe 4 nach zwei Jahren in Stufe 3 und die Stufe 5 nach drei Jahren in Stufe 4 bei Tätigkeiten entsprechend der Vergütungsgruppe Kr. XII mit Aufstieg nach Kr. XIII,

b) in der Entgeltgruppe 11 wird die Stufe 4 nach zwei Jahren in Stufe 3 und die Stufe 5 nach fünf Jahren in Stufe 4 bei Tätigkeiten entsprechend der Vergütungsgruppe Kr. X mit Aufstieg nach Kr. XI,

Anhang zu § 16 VKA   TVöD **§ 16 VKA I.1**

c) in der Entgeltgruppe 10 wird die Stufe 4 nach zwei Jahren in Stufe 3 und die Stufe 5 nach drei Jahren in Stufe 4 bei Tätigkeiten entsprechend der Vergütungsgruppe Kr. IX mit Aufstieg nach Kr. X,
d) in der Entgeltgruppe 9 wird die Stufe 6 nach zwei Jahren in Stufe 5 bei Tätigkeiten entsprechend der Vergütungsgruppe Kr. VIII mit Aufstieg nach Kr. IX,
e) in der Entgeltgruppe 9 (9b) wird die Stufe 5 nach fünf Jahren in Stufe 4 bei Tätigkeiten entsprechend der Vergütungsgruppe Kr. VII mit Aufstieg nach Kr. VIII,
f) in der Entgeltgruppe 9 wird die Stufe 4 nach fünf Jahren in Stufe 3 und die Stufe 5 (9b) nach fünf Jahren in Stufe 4 bei Tätigkeiten entsprechend der Vergütungsgruppen Kr. VI mit Aufstieg nach Kr. VII, Kr. VII ohne Aufstieg,
g) in der Entgeltgruppe 9 wird die Stufe 4 (9b) nach fünf Jahren in Stufe 3 und die Stufe 5 (9b) nach fünf Jahren in Stufe 4 bei Tätigkeiten entsprechend der Vergütungsgruppen Kr. VI ohne Aufstieg

erreicht.

§ 17 Allgemeine Regelungen zu den Stufen

(1) Die Beschäftigten erhalten vom Beginn des Monats an, in dem die nächste Stufe erreicht wird, das Tabellenentgelt nach der neuen Stufe.

(2) ¹Bei Leistungen der/des Beschäftigten, die erheblich über dem Durchschnitt liegen, kann die erforderliche Zeit für das Erreichen der Stufen 4 bis 6 jeweils verkürzt werden. ²Bei Leistungen, die erheblich unter dem Durchschnitt liegen, kann die erforderliche Zeit für das Erreichen der Stufen 4 bis 6 jeweils verlängert werden. ³Bei einer Verlängerung der Stufenlaufzeit hat der Arbeitgeber jährlich zu prüfen, ob die Voraussetzungen für die Verlängerung noch vorliegen. ⁴Für die Beratung von schriftlich begründeten Beschwerden von Beschäftigten gegen eine Verlängerung nach Satz 2 bzw. 3 ist eine betriebliche Kommission zuständig. ⁵Die Mitglieder der betrieblichen Kommission werden je zur Hälfte vom Arbeitgeber und vom Betriebs-/Personalrat benannt; sie müssen dem Betrieb/der Dienststelle angehören. ⁶Der Arbeitgeber entscheidet auf Vorschlag der Kommission darüber, ob und in welchem Umfang der Beschwerde abgeholfen werden soll.

Protokollerklärung zu Absatz 2:
¹Die Instrumente der materiellen Leistungsanreize (§ 18) und der leistungsbezogene Stufenaufstieg bestehen unabhängig voneinander und dienen unterschiedlichen Zielen. ²Leistungsbezogene Stufenaufstiege unterstützen insbesondere die Anliegen der Personalentwicklung.

Protokollerklärung zu Absatz 2 Satz 2:
Bei Leistungsminderungen, die auf einem anerkannten Arbeitsunfall oder einer Berufskrankheit gemäß §§ 8 und 9 SGB VII beruhen, ist diese Ursache in geeigneter Weise zu berücksichtigen.

Protokollerklärung zu Absatz 2 Satz 6:
Die Mitwirkung der Kommission erfasst nicht die Entscheidung über die leistungsbezogene Stufenzuordnung.

(3) ¹Den Zeiten einer ununterbrochenen Tätigkeit im Sinne des § 16 (Bund) Abs. 4 Satz 1 und des § 16 (VKA) Abs. 3 Satz 1 stehen gleich:
a) Schutzfristen nach dem Mutterschutzgesetz,
b) Zeiten einer Arbeitsunfähigkeit nach § 22 bis zu 39 Wochen,
c) Zeiten eines bezahlten Urlaubs,
d) Zeiten eines Sonderurlaubs, bei denen der Arbeitgeber vor dem Antritt schriftlich ein dienstliches bzw. betriebliches Interesse anerkannt hat,
e) Zeiten einer sonstigen Unterbrechung von weniger als einem Monat im Kalenderjahr,
f) Zeiten der vorübergehenden Übertragung einer höherwertigen Tätigkeit.

²Zeiten der Unterbrechung bis zu einer Dauer von jeweils drei Jahren, die nicht von Satz 1 erfasst werden, und Elternzeit bis zu jeweils fünf Jahren sind unschädlich, werden aber nicht auf die Stufenlaufzeit angerechnet. ³Bei einer Unterbrechung von mehr als drei Jahren, bei Elternzeit von mehr als fünf Jahren, erfolgt eine Zuordnung zu der Stufe, die der vor der Unterbrechung

Allgemeine Regelungen zu den Stufen TVöD § 17 I.1

erreichten Stufe vorangeht, jedoch nicht niedriger als bei einer Neueinstellung; die Stufenlaufzeit beginnt mit dem Tag der Arbeitsaufnahme. [4]Zeiten, in denen Beschäftigte mit einer kürzeren als der regelmäßigen wöchentlichen Arbeitszeit eines entsprechenen Vollbeschäftigten beschäftigt waren, werden voll angerechnet.

(4) [1]Bei Eingruppierung in eine höhere Entgeltgruppe werden die Beschäftigten derjenigen Stufe zugeordnet, in der sie mindestens ihr bisheriges Tabellenentgelt erhalten, mindestens jedoch der Stufe 2. [2]Beträgt der Unterschiedsbetrag zwischen dem derzeitigen Tabellenentgelt und dem Tabellenentgelt nach Satz 1 ab 1. Januar 2008 weniger als 30 Euro in den Entgeltgruppen 1 bis 8 bzw. weniger als 60 Euro in den Entgeltgruppen 9 bis 15, so erhält die/der Beschäftigte während der betreffenden Stufenlaufzeit anstelle des Unterschiedsbetrages einen Garantiebetrag von monatlich 30 Euro (Entgeltgruppen 1 bis 8) bzw. 60 Euro (Entgeltgruppen 9 bis 15). [3]Wird die/der Beschäftigte nicht in die nächsthöhere, sondern in eine darüber liegende Entgeltgruppe höhergruppiert, ist das Tabellenentgelt für jede dazwischen liegende Entgeltgruppe nach Satz 1 zu berechnen; Satz 2 gilt mit der Maßgabe, dass auf das derzeitige Tabellenentgelt und das Tabellenentgelt der Entgeltgruppe abzustellen ist, in die die/der Beschäftigte höhergruppiert wird. [4]Die Stufenlaufzeit in der höheren Entgeltgruppe beginnt mit dem Tag der Höhergruppierung. [5]Bei einer Eingruppierung in eine niedrigere Entgeltgruppe ist die/der Beschäftigte der in der höheren Entgeltgruppe erreichten Stufe zuzuordnen. [6]Die/Der Beschäftigte erhält vom Beginn des Monats an, in dem die Veränderung wirksam wird, das entsprechende Tabellenentgelt aus der in Satz 1 oder Satz 5 festgelegten Stufe der betreffenden Entgeltgruppe, ggf. einschließlich des Garantiebetrags.

Protokollerklärung zu Absatz 4 Satz 2:
Die Garantiebeträge nehmen an allgemeinen Entgeltanpassungen teil.

Protokollerklärung zu Absatz 4 Satz 3:
Satz 3 gilt bis zum Inkrafttreten der Eingruppierungsvorschriften des TVöD (Entgeltordnung) nicht für Beschäftigte im Sinne von § 38 Abs. 5 Satz 1, wenn sie von der Entgeltgruppe 3 in die Entgeltgruppe 5 oder von der Entgeltgruppe 6 in die Entgeltgruppe 8 höhergruppiert werden.

Erläuterungen

In § 17 TVöD haben die Tarifvertragsparteien allgemeine Regeln für den Stufenaufstieg (Absätze 1 und 2), die Berücksichtigung bestimmter Zeiten bei der Stufenzuordnung (Absatz 3) und das Verfahren bei Höher-/Herabgruppierungen (Absatz 4) geregelt. Die Vorschrift gilt – anders als die für Bund und Kommunen teilweise abweichende Regelung der Stufenzuordnung im jeweiligen § 16 – sowohl im Bereich des Bundes als auch der Kommunen. Die Vorschrift des § 17 setzt den Kerngedanken der Tarifreform um und regelt den Stufen-

§ 17 I.1 TVöD — Allgemeine Regelungen zu den Stufen

aufstieg erstmalig nicht nur zeit-, sondern auch leistungsabhängig. Sie stellt damit hohe Anforderungen an die Praxis, da zukünftig nicht nur die Beamten, sondern auch die Tarifbeschäftigten einer Leistungsbeurteilung unterzogen werden müssen und betriebliche Kommissionen zur Beratung über Beschwerden gegen (wegen unterdurchschnittlicher Leistung) verzögerte Stufenaufstiege einzurichten sind.

Übergangsrecht

Bei der Stufenzuweisung und beim Stufenaufstieg der von den bisherigen Vorschriften in den TVöD übergeleiteten Beschäftigten sind die besonderen Regelungen der §§ 6 und 7 der Überleitungs-Tarifverträge[1]) zu beachten. Demnach erfolgt bei ehemaligen Angestellten – unabhängig davon, in welche individuelle Zwischenstufe sie betragsgenau übergeleitet worden sind – der erste Stufenaufstieg grundsätzlich zum 1. Oktober 2007 (§ 6 TVÜ-Bund, § 6 TVÜ-VKA). Bei ehemaligen Arbeitern erfolgt der Stufenaufstieg zwar nach näherer Maßgabe des § 7 TVÜ-Bund bzw. § 7 TVÜ-VKA grundsätzlich bereits nach den Regeln des TVöD, die Arbeiter werden aber so gestellt, als habe der TVöD bereits zu Beginn ihrer Beschäftigungszeit Anwendung gefunden.

Grundsatz (Abs. 1)

In Absatz 1 ist der Grundsatz festgelegt, dass das entsprechende Tabellenentgelt bereits von dem Beginn des Monats an gezahlt wird, in dem die neue Stufe erreicht wird. Dies gilt für alle Stufenveränderungen – also sowohl für die zeit- als auch für die leistungsabhängigen.

Leistungsabhängiger Stufenaufstieg (Abs. 2)

Mit dieser Vorschrift haben die Tarifpartner erstmals eine Leistungskomponente beim Stufenaufstieg eingeführt. Sie gilt für den Aufstieg in die Stufen 4 bis 6; die Stufen 2 und 3 werden weiterhin nach Zeitablauf erreicht.

In einer Protokollerklärung zu Absatz 2 haben die Tarifvertragsparteien klargestellt, dass der leistungsbezogene Stufenaufstieg unabhängig von den materiellen Leistungsanreizen des § 18 zu sehen ist.

Nach den Sätzen 1 bzw. 2 und 3 der Vorschrift kann die notwendige Zeit für das Erreichen der Stufen 4 bis 6 (also für das Aufrücken aus

---

[1]) abgedruckt unter I.2

Allgemeine Regelungen zu den Stufen TVöD § 17 I.1

den Stufen 3 bis 5) bei überdurchschnittlicher Leistung verkürzt (Satz 1) und bei unterdurchschnittlicher Leistung verlängert (Satz 2) werden. Im Fall der Verlängerung ist nach Satz 3 jährlich zu prüfen, ob die Voraussetzungen für die Verlängerung (also die Leistungsschwäche) weiterhin gegeben sind.

Bei Leistungsminderungen, die infolge eines Berufsunfalls oder einer Berufskrankheit auftreten, soll die Ursache in geeigneter Weise berücksichtigt werden. Es ist augenscheinlich der Wille der Tarifpartner, dass in diesen Fällen keine oder deutlich mildere Konsequenzen aus der – unverschuldeten – Leistungsminderung gezogen werden (Protokollerklärung zu Absatz 2 Satz 2).

Grenzen der Verkürzung oder Verlängerung enthält die Vorschrift über den leistungsbezogenen Stufenaufstieg nicht; es sind somit leistungsstarke „Überflieger", die nur ganz kurz auf den nächsten Stufenaufstieg warten müssen, ebenso möglich, wie leistungsschwächere Beschäftigte, die über eine bestimmte Entgeltstufe nicht mehr hinauskommen.

Die Sätze 4 bis 6 regeln den Umgang mit schriftlich begründeten Beschwerden gegen eine Verlängerung der Stufenlaufzeit gemäß Satz 2 bzw. die Bestätigung der Verlängerung im Rahmen der jährlichen Prüfung im Sinne des Satzes 3. Für die Beratung über die Beschwerden ist eine betriebliche Kommission einzurichten, deren Mitglieder je zur Hälfte vom Arbeitgeber und vom Betriebs-/Personalrat benannt werden. Die in die Kommission entsandten Mitglieder müssen der Dienststelle angehören – es reicht also nicht, wenn sie lediglich bei dem gleichen Arbeitgeber beschäftigt sind. Die Kommission kann dem Arbeitgeber zwar Lösungsvorschläge darüber unterbreiten, ob und in welchem Umfang der Beschwerde abgeholfen werden sollte. Die Entscheidung darüber obliegt aber allein dem Arbeitgeber (Satz 6). In einer Protokollerklärung zu Absatz 2 Satz 6 ist ausdrücklich vereinbart worden, dass die Kommission nicht über die leistungsbezogene Stufenzuordnung entscheidet; es handelt sich um eine reine Beschwerdekommission. In der Niederschriftserklärung Nr. 2 zu § 18 (VKA) Abs. 7 haben die Verhandlungsführer der kommunalen Arbeitgeber und die Gewerkschaften erklärt, dass die nach § 17 Abs. 2 und nach § 18 Abs. 7 gebildeten Kommissionen identisch sind.

Nach dem Wortlaut des § 6 Abs. 1 Satz 3 der Überleitungstarifverträge („Der **weitere** Stufenaufstieg richtet sich nach den Regelungen des TVöD.") wird eine Anwendung der Vorschrift für in eine indivduelle

§ 17 I.1 TVöD — Allgemeine Regelungen zu den Stufen

Zwischenstufe übergeleitete Beschäftigte vor dem 1. 10. 2007 nicht in Betracht kommen.

Berücksichtigungsfähige Zeiten/Unterbrechungen (Abs. 3)

Nach § 16 (Bund) Abs. 4 Satz 1 bzw. § 16 (VKA) Abs. 3 Satz 1 müssen Tätigkeitszeiten ununterbrochen zurückgelegt worden sein, um bei den (Regel-)Zeiten für Stufenaufstiege berücksichtigt zu werden. § 17 Abs. 3 enthält für eine Reihe von Fällen von diesem Grundsatz abweichende Regelungen.

In den Buchstaben a) bis f) des Satzes 1 ist abschließend aufgezählt, welche Unterbrechungszeiten die Tarifpartner als unschädlich ansehen. In den in diesem Katalog erwähnten Fällen werden auch die Unterbrechungszeiten (z. B. wegen Mutterschutz, Krankheit, bezahltem Urlaub etc.) mit der „ununterbrochenen Tätigkeit" gleichgestellt. Sie zählen also bei den Zeiten des Stufenaufstiegs in vollem Umfang mit.

Für von der Aufzählung des Satzes 1 nicht erfasste Unterbrechungszeiten bestimmt Satz 2 der Vorschrift, dass sie bis zur Dauer von drei bzw. bei Elternzeit bis zur Dauer von fünf Jahren unschädlich sind. Die davor liegenden Zeiten bleiben folglich als Stufenlaufzeit erhalten; die Unterbrechung selbst zählt aber nicht dazu.

Unterbrechungszeiten von mehr als drei bzw. fünf Jahren führen bei der Wiederaufnahme der Arbeit dazu, dass der Beschäftigte der Stufe unterhalb der vor der Unterbrechung erreichten Stufe zugeordnet wird. Dabei darf das Ergebnis jedoch nicht geringer sein als bei einer Neueinstellung. Die Stufenlaufzeit beginnt mit dem Wiederaufnahmetag der Arbeit erneut zu laufen (Satz 3).

In Satz 4 haben die Tarifpartner klargestellt, dass die Zeiten einer Teilzeitbeschäftigung voll berücksichtigt werden. Mit dieser Vorschrift tragen die Tarifpartner dem Diskriminierungsverbot des § 4 Abs. 1 des Teilzeit- und Befristungsgesetzes Rechnung.

Höhergruppierungen, Herabgruppierungen (Abs. 4)

Absatz 4 regelt die Stufenzuordnung bei Veränderungen der Engeltgruppe.

Im Falle der Höhergruppierung wird der Beschäftigte der Stufe zugeordnet, deren Tabellenentgelt mindestens dem bisherigen Tabellenentgelt des Angestellten entspricht (Satz 1), mindestens aber der Stufe 2. Für bestimmte Höhergruppierungen im Tarifgebiet Ost ab dem 1. 1. 2008 (→ § 38a Abs. 7) garantiert Satz 2 der Vorschrift dem

Allgemeine Regelungen zu den Stufen TVöD **§ 17 I.1**

Beschäftigten einen „Mindest-Beförderungsgewinn" ab 1. Januar 2008 von 30 Euro (Entgeltgruppen 1 bis 8) bzw. 60 Euro (Entgeltgruppen 9 bis 15; dabei wird auch der Aufstieg von Entgeltgruppe 8 nach 9 bereits diesen höheren Garantiebetrag auslösen). Unterschreitet der Unterschiedsbetrag zwischen dem derzeitigen und dem künftigen Tabellenentgelt diese Grenzen, so erhält der Beschäftigte neben seinem bisherigen Entgelt anstelle des Unterschiedsbetrages den Garantiebetrag. Nach der Protokollerklärung zu Absatz 2 Satz 2 nehmen die Garantiebeträge an den allgemeinen Entgeltanpassungen teil.

Aufgrund der Lohnrunde 2008 ergeben sich im Bereich des Bundes die folgenden Garantiebeträge:

Geltungsbereich	bis 31.12.2007	ab 1.1.2008	ab 1.4.2008
West	25 € (bis EG 8) 50 € (ab EG 9)	30 € (bis EG 8) 60 € (ab EG 9)	
Ost		30 € (bis EG 8) 60 € (EG 9) 58,20 € (ab EG 10 97 %)	30 € (bis EG 8) 60 € (ab EG 9) (alle Beträge wie West)

Im Bereich VKA gelten folgende Garantiebeträge:

Geltungsbereich	bis 31.12.2007	ab 1.1.2008
West	25 € (bis EG 8) 50 € (ab EG 9)	30 € (bis EG 8) 60 € (ab EG 9)
Ost		30 € (bis EG 8) 60 € (EG 9) 58,20 € (ab EG 10 97 %)

Nach Satz 3 der Vorschrift wird ein Aufstieg über zwei oder mehr Entgeltgruppen in mehrere Einzelschritte unterteilt; dies führt für die Beschäftigten zu günstigeren Ergebnissen. Der Garantiebetrag wird jedoch nach Satz 3 zweiter Halbsatz ggf. nur einmal – nämlich am Schluss beim Vergleich zwischen der ursprünglichen Ausgangsentgeltgruppe und der neuen Zielentgeltgruppe – gewährt. Nach der Protokollerklärung zu Absatz 4 gilt Satz 3 bis zum Inkrafttreten einer neuen Entgeltordnung nicht für den Aufstieg ehemaliger Angestellter von Entgeltgruppe 3 nach 5 sowie 6 nach 8. Damit tragen die Tarifpartner dem Umstand Rechnung, dass es die Entgeltgruppen 4 bzw. 7 für ehemalige Angestellte nicht gibt und nach bisherigem Recht die neue Tätigkeit u. U. nur um eine Vergütungsgruppe höher bewertet war (z. B. war die Vergütungsgruppe VIb BAT nur eine Vergütungsgruppe niedriger als Vc BAT; die entsprechenden Entgeltgruppen 6 und 8 liegen aber zwei Gruppen auseinander).

Die Stufenlaufzeit in der höheren Entgeltgruppe beginnt gemäß Satz 4 mit dem Tag der Höhergruppierung.

Im Falle einer Herabgruppierung wird die in der bisherigen Entgeltgruppe erreichte Stufe in der niedrigeren Entgeltgruppe behalten (Satz 5).

Die Veränderungen werden nach Satz 6 jeweils bereits zum Monatsanfang wirksam. Dies gilt auch in den Fällen, in denen die Veränderungen erst im Laufe oder zum Ende eines Monats eintreten.

Leistungsentgelt TVöD **§ 18 VKA I.1**

§ 18 (VKA) Leistungsentgelt

(1) ¹Die leistungs- und/oder erfolgsorientierte Bezahlung soll dazu beitragen, die öffentlichen Dienstleistungen zu verbessern. ²Zugleich sollen Motivation, Eigenverantwortung und Führungskompetenz gestärkt werden.

(2) ¹Ab dem 1. Januar 2007 wird ein Leistungsentgelt eingeführt. ²Das Leistungsentgelt ist eine variable und leistungsorientierte Bezahlung zusätzlich zum Tabellenentgelt.

(3) ¹Ausgehend von einer vereinbarten Zielgröße von 8 v. H. entspricht bis zu einer Vereinbarung eines höheren Vomhundertsatzes das für das Leistungsentgelt zur Verfügung stehende Gesamtvolumen 1 v. H. der ständigen Monatsentgelte des Vorjahres aller unter den Geltungsbereich des TVöD fallenden Beschäftigten des jeweiligen Arbeitgebers. ²Das für das Leistungsentgelt zur Verfügung stehende Gesamtvolumen ist zweckentsprechend zu verwenden; es besteht die Verpflichtung zu jährlicher Auszahlung der Leistungsentgelte.

Protokollerklärung zu Absatz 3 Satz 1:
¹Ständige Monatsentgelte sind insbesondere das Tabellenentgelt (ohne Sozialversicherungsbeiträge des Arbeitgebers und dessen Kosten für die betriebliche Altersvorsorge), die in Monatsbeträgen festgelegten Zulagen einschließlich Besitzstandszulagen sowie Entgelt im Krankheitsfall (§ 22) und bei Urlaub, soweit diese Entgelte in dem betreffenden Kalenderjahr ausgezahlt worden sind; nicht einbezogen sind dagegen insbesondere Abfindungen, Aufwandsentschädigungen, Einmalzahlungen, Jahressonderzahlungen, Leistungsentgelte, Strukturausgleiche, unständige Entgeltbestandteile und Entgelte der außertariflichen Beschäftigten. ²Unständige Entgeltbestandteile können betrieblich einbezogen werden.

Niederschriftserklärung zu § 18 (VKA) Abs. 3:
Das als Zielgröße zu erreichende Gesamtvolumen von 8 v. H. wird wie folgt finanziert
– Anteil aus auslaufenden Besitzständen in pauschalierter Form,
– im Rahmen zukünftiger Tarifrunden.

Die Tarifvertragsparteien führen erstmals Mitte 2008 Gespräche über den Anteil aus auslaufenden Besitzständen und über eine mögliche Berücksichtigung von Effizienzgewinnen.

(4) ¹Das Leistungsentgelt wird zusätzlich zum Tabellenentgelt als Leistungsprämie, Erfolgsprämie oder Leistungszulage gewährt; das Verbinden verschiedener Formen des Leistungsentgelts ist zulässig. ²Die Leistungsprämie ist in der Regel eine einmalige Zahlung, die im Allgemeinen auf der Grundlage einer Zielvereinbarung erfolgt; sie kann auch in zeitlicher Abfolge gezahlt werden. ³Die Erfolgsprämie kann in Abhängigkeit von einem bestimmten wirtschaftlichen Erfolg neben dem gemäß Absatz 3 vereinbarten Startvolumen gezahlt werden. ⁴Die Leistungszulage ist eine zeitlich befristete, widerrufliche, in der Regel monatlich wiederkehrende Zahlung. ⁵Leistungsentgelte können auch an Gruppen von Beschäftigten gewährt werden. ⁶Leistungsent-

§ 18 VKA I.1 TVöD — Leistungsentgelt

gelt muss grundsätzlich allen Beschäftigten zugänglich sein. [7]Für Teilzeitbeschäftigte kann von § 24 Abs. 2 abgewichen werden.

Protokollerklärungen zu Absatz 4:

1. [1]Die Tarifvertragsparteien sind sich darüber einig, dass die zeitgerechte Einführung des Leistungsentgelts sinnvoll, notwendig und deshalb beiderseits gewollt ist. [2]Sie fordern deshalb die Betriebsparteien dazu auf, rechtzeitig vor dem 1. Januar 2007 die betrieblichen Systeme zu vereinbaren. [3]Kommt bis zum 30. September 2007 keine betriebliche Regelung zustande, erhalten die Beschäftigten mit dem Tabellenentgelt des Monats Dezember 2008 6 v. H. des für den Monat September jeweils zustehenden Tabellenentgelts. [4]Das Leistungsentgelt erhöht sich im Folgejahr um den Restbetrag des Gesamtvolumens. [5]Solange auch in den Folgejahren keine Einigung entsprechend Satz 2 zustande kommt, gelten die Sätze 3 und 4 ebenfalls. [6]Für das Jahr 2007 erhalten die Beschäftigten mit dem Tabellengehalt des Monats Dezember 2007 12 v. H. des für den Monat September 2007 jeweils zustehenden Tabellenentgelts ausgezahlt, insgesamt jedoch nicht mehr als das Gesamtvolumen gemäß Absatz 3 Satz 1, wenn bis zum 31. Juli 2007 keine Einigung nach Satz 3 zustande gekommen ist.

2. Die Tarifvertragsparteien bekennen sich zur weiteren Stärkung der Leistungsorientierung im öffentlichen Dienst.

Protokollerklärung zu Absatz 4 Satz 3:

1. [1]Die wirtschaftlichen Unternehmensziele legt die Verwaltungs-/Unternehmensführung zu Beginn des Wirtschaftsjahres fest. [2]Der wirtschaftliche Erfolg wird auf der Gesamtebene der Verwaltung/des Betriebes festgestellt.

2. [1]Soweit Beschäftigte im Sinne von § 38 Abs. 5 Satz 1 eine Tätigkeit ausüben, bei der sie nach Maßgabe von § 33 Abs. 1 Buchst. b BAT/BAT-O in Verbindung mit den Abschnitten IV und V der Verordnung über die Vergütung für Beamte im Vollstreckungsdienst (Vollstreckungsvergütungsverordnung) in der Fassung der Bekanntmachung vom 6. Januar 2003 (BGBl. I S. 8) nach dem 30. September 2005 eine Vollstreckungsdienstzulage hätten beanspruchen können, erhalten sie diejenigen Leistungen, die sie bei Fortgeltung des bis zum 30. September 2005 geltenden Rechts beanspruchen könnten, als Erfolgsprämie, die neben dem im übrigen nach § 18 zustehenden Leistungsentgelt zu zahlen ist. [2]Darüber hinaus bleibt die Zahlung höherer Erfolgsprämien bei Überschreiten vereinbarter Ziele möglich.

(5) [1]Die Feststellung oder Bewertung von Leistungen geschieht durch das Vergleichen von Zielerreichungen mit den in der Zielvereinbarung angestrebten Zielen oder über eine systematische Leistungsbewertung. [2]Zielvereinbarung ist eine freiwillige Abrede zwischen der Führungskraft und einzelnen Beschäftigten oder Beschäftigtengruppen über objektivierbare Leistungsziele und die Bedingungen ihrer Erfüllung. [3]Leistungsbewertung ist die auf einem betrieblich vereinbarten System beruhende Feststellung der erbrachten Leistung nach möglichst messbaren oder anderweitig objektivierbaren Kriterien oder durch aufgabenbezogene Bewertung.

Leistungsentgelt TVöD § 18 VKA I.1

Niederschriftserklärung zu § 18 (VKA) Abs. 5 Satz 2:
¹Die Tarifvertragsparteien stimmen darin überein, dass aus Motivationsgründen die Vereinbarung von Zielen freiwillig geschieht. ²Eine freiwillige Zielvereinbarung kann auch die Verständigung auf zum Teil vorgegebene oder übergeordnete Ziele sein, z. B. bei der Umsetzung gesetzlicher oder haushaltsrechtlicher Vorgaben, Grundsatzentscheidungen der Verwaltungs-/Unternehmensführung.

Niederschriftserklärung zu § 18 (VKA) Abs. 5 Satz 3:
Die systematische Leistungsbewertung entspricht nicht der Regelbeurteilung.

(6) ¹Das jeweilige System der leistungsbezogenen Bezahlung wird betrieblich vereinbart. ²Die individuellen Leistungsziele von Beschäftigten bzw. Beschäftigtengruppen müssen beeinflussbar und in der regelmäßigen Arbeitszeit erreichbar sein. ³Die Ausgestaltung geschieht durch Betriebsvereinbarung oder einvernehmliche Dienstvereinbarung, in der insbesondere geregelt werden:

– Verfahren der Einführung von leistungs- und/oder erfolgsorientierten Entgelten,
– zulässige Kriterien für Zielvereinbarungen,
– Ziele zur Sicherung und Verbesserung der Effektivität und Effizienz, insbesondere für Mehrwertsteigerungen (z. B. Verbesserung der Wirtschaftlichkeit, – der Dienstleistungsqualität, – der Kunden-/Bürgerorientierung),
– Auswahl der Formen von Leistungsentgelten, der Methoden sowie Kriterien der systematischen Leistungsbewertung und der aufgabenbezogenen Bewertung (messbar, zählbar oder anderweitig objektivierbar), ggf. differenziert nach Arbeitsbereichen, u. U. Zielerreichungsgrade,
– Anpassung von Zielvereinbarungen bei wesentlichen Änderungen von Geschäftsgrundlagen,
– Vereinbarung von Verteilungsgrundsätzen,
– Überprüfung und Verteilung des zur Verfügung stehenden Finanzvolumens, ggf. Begrenzung individueller Leistungsentgelte aus umgewidmetem Entgelt,
– Dokumentation und Umgang mit Auswertungen über Leistungsbewertungen.

Protokollerklärung zu Absatz 6:
Besteht in einer Dienststelle/in einem Unternehmen kein Personal- oder Betriebsrat, hat der Dienststellenleiter/Arbeitgeber die jährliche Ausschüttung der Leistungsentgelte im Umfang des Vomhundertsatzes der Protokollerklärung Nr. 1 zu Absatz 4 sicherzustellen, solange eine Kommission im Sinne des Absatzes 7 nicht besteht.

(7) ¹Bei der Entwicklung und beim ständigen Controlling des betrieblichen Systems wirkt eine betriebliche Kommission mit, deren Mitglieder je zur Hälfte vom Arbeitgeber und vom Betriebs-/Personalrat aus dem Betrieb benannt werden. ²Die betriebliche Kommission ist auch für die Beratung von schriftlich begründeten Beschwerden zuständig, die sich auf Mängel des

§ 18 VKA I.1 TVöD — Leistungsentgelt

Systems bzw. seiner Anwendung beziehen. ³Der Arbeitgeber entscheidet auf Vorschlag der betrieblichen Kommission, ob und in welchem Umfang der Beschwerde im Einzelfall abgeholfen wird. ⁴Folgt der Arbeitgeber dem Vorschlag nicht, hat er seine Gründe darzulegen. ⁵Notwendige Korrekturen des Systems bzw. von Systembestandteilen empfiehlt die betriebliche Kommission. ⁶Die Rechte der betrieblichen Mitbestimmung bleiben unberührt.

Niederschriftserklärung zu § 18 (VKA) Abs. 7:
1. Die Mitwirkung der Kommission erfasst nicht die Vergabeentscheidung über Leistungsentgelte im Einzelfall.
2. Die nach Abs. 7 und die für Leistungsstufen nach § 17 Abs. 2 gebildeten betrieblichen Kommissionen sind identisch.

(8) Die ausgezahlten Leistungsentgelte sind zusatzversorgungspflichtiges Entgelt.

Niederschriftserklärung zu § 18 (VKA) Abs. 8:
Die Tarifvertragsparteien wirken darauf hin, dass der ATV, der ATV-K sowie die Satzungen der VBL und der kommunalen Zusatzversorgungskassen bis spätestens 31. Dezember 2006 entsprechend angepasst werden.

Protokollerklärungen zu § 18:
1. ¹Eine Nichterfüllung der Voraussetzungen für die Gewährung eines Leistungsentgelts darf für sich genommen keine arbeitsrechtlichen Maßnahmen auslösen. ²Umgekehrt sind arbeitsrechtliche Maßnahmen nicht durch Teilnahme an einer Zielvereinbarung bzw. durch Gewährung eines Leistungsentgelts ausgeschlossen.
2. ¹Leistungsgeminderte dürfen nicht grundsätzlich aus Leistungsentgelten ausgenommen werden. ²Ihre jeweiligen Leistungsminderungen sollen angemessen berücksichtigt werden.
3. Die Vorschriften des § 18 sind sowohl für die Parteien der betrieblichen Systeme als auch für die Arbeitgeber und Beschäftigten unmittelbar geltende Regelungen.
4. Die Beschäftigten in Sparkassen sind ausgenommen.
5. Die landesbezirklichen Regelungen in Baden-Württemberg, in Nordrhein-Westfalen und im Saarland zu Leistungszuschlägen zu § 20 BMT-G bleiben unberührt.

Niederschriftserklärung zu § 18 (VKA):
Die Tarifvertragsparteien gehen davon aus, dass Leistungsentgelte Bezüge im Sinne des § 4 TV ATZ sind.

Erläuterungen

§ 18 TVöD regelt – in zwei getrennten Vorschriften für den Bund bzw. die Kommunen – die Grundsätze der zum 1. Januar 2007 vorgesehenen Einführung eines Leistungsentgelts. Die Vorschrift des § 18 setzt damit den Kerngedanken der Tarifreform um, die Einführung leistungsbezogener Zahlungen. § 18 enthält noch keine konkreten Regelungen für Zahlungen an die Beschäftigten, sondern legt insbesondere den Berechnungsrahmen für das ausschüttungsfähige

Leistungsentgelt   TVöD § 18 VKA I.1

Gesamtvolumen fest. Daneben enthält die Vorschrift die Rahmenbedingungen für die noch in Betriebs- oder Dienstvereinbarungen zu regelnden Details.

Zweck des Leistungsentgelts (Abs. 1)

Nach Auffassung der Tarifpartner erfüllen Leistungsentgelte im kommunalen Bereich einen äußeren und einen inneren Zweck. Sie erwarten zum einen, dass die leistungsbezogene Bezahlung zur Verbesserung der öffentlichen Dienstleistungen beiträgt. Zum anderen sollen dadurch Motivation, Eigenverantwortung und Führungskompetenz gestärkt werden.

Einführung des Leistungsentgelts (Abs. 2)

In Absatz 2 Satz 1 ist festgelegt, dass das Gesamtvolumen der für das Leistungsentgelt zur Verfügung zu stellenden Mittel zunächst 1 v. H. der ständigen Monatsentgelte des Vorjahres aller unter den TVöD fallenden Beschäftigten des jeweiligen Arbeitgebers ist. Angestrebt wird zu einem späteren, nicht näher bestimmten Zeitpunkt ein Gesamtvolumen von 8 v. H.

In einer Protokollerklärung zu Absatz 2 Satz 1 haben die Tarifpartner detailliert geregelt, welche Bestandteile des Entgelts in das „Ständige Monatsentgelt" einfließen bzw. nicht einfließen.

Die Regelung in Absatz 2 Satz 1 verpflichtet die jeweiligen Arbeitgeber, das zur Verfügung stehende Gesamtvolumen nur zweckentsprechend zu verwenden und die Leistungsentgelte jährlich auszuzahlen. Die entsprechenden Gelder dürfen daher nicht zur Haushaltssanierung verwendet werden.

In einer Niederschriftserklärung zu Absatz 2 haben die Tarifpartner dargelegt, dass die Aufstockung der leistungsbezogenen Entgelte von 1. v. H. auf die Zielgröße von 8 v. H. durch Verwendung von Mitteln, die durch auslaufende Besitzstände (z. B. für Kinderanteile im Ortszuschlag) frei werden und im Rahmen zukünftiger Lohnrunden finanziert werden soll.

Volumen des Leistungsentgelts (Abs. 3)

Nach Absatz 3 bleiben nähere Regelungen zur Zahlung von Leistungsentgelten dem Leistungs-TV-Bund vorbehalten. Damit sind die in der Protokollerklärung Nr. 1 beschriebenen Mechanismen („Ausschüttung an alle") weitgehend außer Kraft gesetzt (→ aber § 16 des Leistungs-TV-Bund).

§ 18 VKA I.1 TVöD — Leistungsentgelt

In zwei Protokollerklärungen zu Absatz 3 hatten die Tarifpartner festgelegt, wie zu verfahren ist, wenn der Tarifvertrag des Absatzes 3 nicht rechtzeitig vereinbart werden kann.

Protokollerklärung Nr. 1 sah dazu vor, dass die Beschäftigten mit dem Monatsentgelt für Dezember 2008 zusätzlich 6 v. H. des Tabellenentgelts für September 2008 als Leistungsentgelt erhalten, wenn der Tarifvertrag bis zum 30. September 2007 nicht vereinbart werden konnte. Restbeträge des Gesamtvolumens (6. v. H. eines Monatstabellenentgelts sind weniger als 1 v. H. des aufs Jahr bezogenen ständigen Monatsentgelts) sind in das Folgejahr zu übertragen und erhöhen das dann zur Verfügung stehende Gesamtvolumen.

Im Jahr 2007 hätten die Beschäftigten mit dem Monatstabellenentgelt des Monats Dezember zusätzlich 12 v. H. des Tabellenentgelts für September 2007 als Leistungsentgelt erhalten, wenn der Bundestarifvertrag nicht bis zum 31. Juli 2007 zustande gekommen wäre.

Protokollerklärung Nr. 2 a. F. enthielt die Absprache der Tarifvertragsparteien, in der Lohnrunde 2008 die Umsetzung des § 18 zu analysieren und sowohl die Höchstgrenzen der Übertragung nicht ausgeschütteter Gesamtvolumina ins Folgejahr als auch deren Verzinsung zu regeln. Die Protokollerklärung ist durch den Änderungstarifvertrag Nr. 2 vom 31. März 2008 geändert worden und enthält nun ein allgemeines Bekenntnis zur weiteren Stärkung der Leistungsorientierung.

Arten und Grundsätze des Leistungsentgelts (Abs. 4)

Satz 1 bestimmt, dass das Leistungsentgelt zusätzlich zum Tabellenentgelt zu zahlen ist und als Leistungsprämie, Erfolgsprämie oder Leistungszulage (oder als Verbindung dieser Arten) erbracht werden kann. Die einzelnen Begriffe sind in den Sätzen 2 bis 4 erläutert worden.

Leistungsprämie ist demnach eine Einmalzahlung auf der Grundlage einer Zielvereinbarung (Satz 2).

Die Erfolgsprämie kann nach Satz 3 in Abhängigkeit eines bestimmten wirtschaftlichen Erfolges gezahlt werden; sie ist neben dem Startvolumen (1 v. H. → Absatz 3) möglich. In der Protokollerklärung Nr. 1 dazu haben die Tarifpartner ergänzend bestimmt, dass die wirtschaftlichen Ziele zu Beginn des Jahres von der Verwaltungs-/Unternehmensführung festgelegt werden. Der wirtschaftliche Erfolg ist auf der Gesamtebene des Betriebs/der Verwaltung festzustellen. Protokollerklärung Nr. 2 enthält eine besondere Regelung für ehemalige

Angestellte, die nach altem Recht Anspruch auf eine Vollstreckungsdienstzulage gehabt hätten. Demnach erhalten sie die Vollstreckungsdienstzulage nun als Erfolgsprämie. Die übrigen Leistungen nach § 18 (z. B. Leistungszulagen) können noch zusätzlich gezahlt werden. Die Protokollerklärung ist durch den Änderungstarifvertrag Nr. 2 vom 31. März 2008 mit Wirkung vom 1. Juli 2008 angefügt worden.

Die Leistungszulage ist nach Satz 4 im Gegensatz zur Leistungsprämie keine einmalige, sondern eine (in der Regel monatlich) wiederkehrende Zahlung. Sie ist widerruflich.

Satz 5 lässt es zu, Leistungsentgelte auch an Gruppen von Beschäftigten zu zahlen.

Nach Satz 6 sollen Leistungsentgelte grundsätzlich allen Beschäftigten zugänglich sein – ggf. sind die Anforderungen im Einzelfall herabzusetzen. Wegen des Falls der leistungsgeminderten Mitarbeiter siehe auch Protokollerklärung Nr. 2 (→ Erläuterungen dazu am Schluss dieses Beitrags).

Satz 7 lässt es zu, bei Teilzeitbeschäftigten von dem in § 24 Abs. 2 vereinbarten Grundsatz, dass Teilzeitbeschäftigte tarifvertragliche Leistungen nur anteilig erhalten, abzuweichen.

In zwei Protokollerklärungen zu Absatz 4 haben die Tarifpartner festgelegt, wie zu verfahren ist, wenn die Betriebsparteien nicht rechtzeitig betriebliche Systeme zum Leistungsentgelt vereinbaren.

Leistungsbewertung (Abs. 5)

In Absatz 5 Satz 1 zeigen die Tarifpartner zwei mögliche Wege zur Feststellung und Bewertung von Leistungen auf.

Die erste Alternative ist der Vergleich zwischen Zielvereinbarung und tatsächlich erreichtem Ziel, wobei nach Satz 2 eine Zielvereinbarung eine freiwillige Abrede zwischen Beschäftigten (Gruppen) und ihrer Führungskraft über objektivierbare Leistungsziele ist. Das Prinzip der Freiwilligkeit haben die Tarifpartner in einer Niederschriftserklärung zu Absatz 5 Satz 2 ausdrücklich bestätigt und daneben auch die Verständigung auf vorgegebene Ziele (z. B. bei der Umsetzung von Vorgaben) als mögliche Zielvereinbarung zugelassen.

Die zweite, in Satz 3 vereinbarte Alternative ist die Leistungsbewertung auf der Grundlage eines betrieblich vereinbarten Systems. In einer Niederschriftserklärung dazu haben die Tarifvertragsparteien einvernehmlich erklärt, dass die systematische Leistungsbeurteilung nicht der Regelbeurteilung entspricht – sie muss also zusätzlich erfolgen.

§ 18 VKA I.1 TVöD — Leistungsentgelt

Betriebliche Vereinbarungen (Abs. 6)

Gemäß der Bestimmung des Absatzes 6 wird das System der leistungsbezogenen Bezahlung betrieblich vereinbart (Satz 1), und zwar nach Satz 3 durch Betriebsvereinbarung oder einvernehmliche Dienstvereinbarung. Was unter einer „einvernehmlichen" Dienstvereinbarung zu verstehen ist, ist in § 38 Abs. 3 erläutert worden.

Die Vereinigung der kommunalen Arbeitgeberverbände (VKA) und der kommunalen Arbeitgeberverband Nordrhein-Westfalen (KAV NW) haben mit dem Rundschreiben „R 144/06" vom 10. Mai 2006 bzw. „M 05/2006" vom 11. Mai 2006[1]) ausführliche Hinweise zur Leistungsbezahlung im Kommunalen Bereich gegeben. Das Rundschreiben der VKA „R 164/2007" vom 16. August 2007[2]) enthält dazu ergänzende Hinweise.

Satz 2 enthält den allgemeinen Grundsatz, dass die Leistungsziele in der regelmäßigen Arbeitszeit erreichbar sein und von den Beschäftigten beeinflussbar sein müssen.

Satz 3 enthält eine Reihe von Vorgaben für die Ausgestaltung von Betriebs- oder Dienstvereinbarungen, die die Betriebsparteien „vor Ort" beachten müssen.

In einer Protokollerklärung zu Absatz 6 ist der Fall geregelt, dass es in einer Dienststelle bzw. einem Unternehmen keinen Personal- bzw. Betriebsrat gibt. In diesem Fall hat der Dienststellenleiter/Arbeitgeber die jährliche Ausschüttung der Leistungsentgelte sicherzustellen. Dies gilt aber nicht, wenn dort eine betriebliche Kommission im Sinne des Absatzes 7 eingerichtet ist, die diese Aufgabe übernimmt.

Betriebliche Kommissionen (Abs. 7)

Absatz 7 schreibt die Gründung von betrieblichen Kommissionen vor, die beim ständigen Controlling des betrieblichen Systems mitwirken (Satz 1). Sie sind daneben für die Beratung über schriftlich begründete Beschwerden über Mängel des Systems bzw. seiner Anwendung zuständig (Satz 2). Die Mitglieder der betrieblichen Kommission werden je zur Hälfte vom Arbeitgeber und vom Betriebs-/Personalrat benannt (Satz 1). Die in die Kommission entsandten Mitglieder müssen der Dienststelle angehören – es reicht also nicht, wenn sie lediglich bei dem gleichen Arbeitgeber beschäftigt sind. Die Kommis-

---

[1]) Auszug abgedruckt unter **III.1b**
[2]) Auszug abgedruckt unter **III.1b**

Leistungsentgelt TVöD **§ 18 VKA I.1**

sion kann dem Arbeitgeber zwar Lösungsvorschläge darüber unterbreiten, ob und in welchem Umfang der Beschwerde abgeholfen werden sollte (Satz 3), und notwendige Korrekturen des Systems empfehlen (Satz 5). Die Entscheidung darüber obliegt allein dem Arbeitgeber (Satz 3); ggf. muss er aber darlegen, warum er der Kommissionsempfehlung nicht folgt (Satz 4).

In der Niederschriftserklärung Nr. 1 zu Absatz 7 ist ausdrücklich erklärt worden, dass die Kommission nicht bei der Vergabeentscheidung über die Leistungsentgelte entscheidet.

In der Niederschriftserklärung Nr. 2 zu § 18 Abs. 7 haben die Verhandlungsführer der kommunalen Arbeitgeber und die Gewerkschaften erklärt, dass die nach § 17 Abs. 2 (→ Erläuterung dort) und nach § 18 Abs. 7 gebildeten Kommissionen identisch sind. Die Bildung einer Kommission reicht also aus.

Zusatzversorgung (Abs. 8)

In Absatz 8 ist ausdrücklich vereinbart worden, dass die Leistungsentgelte zusatzversorgungspflichtiges Entgelt darstellen. In einer Niederschriftserklärung dazu hatten sich die Tarifpartner verpflichtet, auf eine entsprechende Änderung der Tarifverträge zur Altersversorgung (ATV und ATV-K)[1], der Satzung der Versorgungsanstalt des Bundes und der Länder (VBL) und der kommunalen Zusatzversorgungskassen spätestens bis zum 31. Dezember 2006 hinzuwirken. Dies ist zwar bislang noch nicht geschehen. Aufgrund der eindeutigen Regelung in Absatz 8 können aber keine Zweifel an der Zusatzversorgungspflicht bestehen.

Zu den Protokollerklärungen zu § 18

Neben den oben bereits dargestellten Protokollerklärungen haben die Tarifpartner fünf weitere Protokollerklärungen zu § 18 vereinbart.

In der Protokollerklärung Nr. 1 ist klargestellt, dass die Gewährung bzw. Nichtgewährung von Leistungsentgelten allein weder arbeitsrechtliche Maßnahmen verhindern noch auslösen kann. Die Feststellung, dass ein Beschäftigter die Voraussetzungen für ein Leistungsentgelt nicht erfüllt, rechtfertigt somit für sich allein betrachtet keine Abmahnung wegen Schlechtleistung (Satz 1). Umgekehrt schließt die Gewährung eines Leistungsentgeltes arbeitsrechtliche Maßnahmen nicht aus (Satz 2).

---

[1] abgedruckt unter **V.1**

§ 18 VKA I.1 TVöD — Leistungsentgelt

Protokollerklärung 2 legt fest, dass leistungsgeminderte Beschäftigte nicht generell von Leistungsentgelten ausgeschlossen werden dürfen. Ihre Leistungsminderung ist angemessen zu berücksichtigen; d. h. auch ihr Bemühen und ihr Einsatz werden zu würdigen sein.

In Protokollerklärung Nr. 3 ist bestimmt worden, dass es sich bei den Regelungen des § 18 um für alle Beteiligten unmittelbar geltendes Recht handelt. Gleichwohl müssen viele Punkte erst noch durch betriebliche Vereinbarungen mit Leben gefüllt werden.

Die Protokollerklärung Nr. 4 nimmt die Beschäftigten der Sparkassen von der Regelung des § 18 aus.

Nach Protokollerklärung Nr. 5 bleiben bestimmte landesbezirkliche Regelungen zu Leistungszuschlägen zu § 20 BMT-G unberührt – sie gelten also weiter.

Weitere Niederschriftserklärung zu § 18

Neben den oben erwähnten Niederschriftserklärungen wurde in einer weiteren Niederschriftserklärung dokumentiert, dass die Tarifpartner davon ausgehen, dass die Leistungsbezüge Entgelte i. S. v. § 4 (Bezüge) des Tarifvertrages zur Regelung der Altersteilzeitarbeit sind, sie also ggf. auch aufgestockt werden.

§ 19 Erschwerniszuschläge

(1) ¹Erschwerniszuschläge werden für Arbeiten gezahlt, die außergewöhnliche Erschwernisse beinhalten. ²Dies gilt nicht für Erschwernisse, die mit dem der Eingruppierung zugrunde liegenden Berufs- oder Tätigkeitsbild verbunden sind.

(2) Außergewöhnliche Erschwernisse im Sinne des Absatzes 1 ergeben sich grundsätzlich nur bei Arbeiten
a) mit besonderer Gefährdung,
b) mit extremer nicht klimabedingter Hitzeeinwirkung,
c) mit besonders starker Schmutz- oder Staubbelastung,
d) mit besonders starker Strahlenexposition oder
e) unter sonstigen vergleichbar erschwerten Umständen.

(3) Zuschläge nach Absatz 1 werden nicht gewährt, soweit der außergewöhnlichen Erschwernis durch geeignete Vorkehrungen, insbesondere zum Arbeitsschutz, ausreichend Rechnung getragen wird.

(4) ¹Die Zuschläge betragen in der Regel 5 bis 15 v. H. – in besonderen Fällen auch abweichend – des auf eine Stunde entfallenden Anteils des monatlichen Tabellenentgelts der Stufe 2 der Entgeltgruppe 2. ²Teilzeitbeschäftigte erhalten Erschwerniszuschläge, die nach Stunden bemessen werden, in voller Höhe; sofern sie pauschaliert gezahlt werden, gilt dagegen § 24 Abs. 2.

(5) ¹Die zuschlagspflichtigen Arbeiten und die Höhe der Zuschläge werden im Bereich der VKA landesbezirklich – für den Bund durch einen Tarifvertrag auf Bundesebene – vereinbart. ²Für den Bund gelten bis zum In-Kraft-Treten eines entsprechenden Tarifvertrages die bisherigen tarifvertraglichen Regelungen des Bundes fort.

Niederschriftserklärung zu § 19 Abs. 5 Satz 2:
Zwischen den Tarifvertragsparteien besteht Einigkeit, dass im Bereich des Bundes bei der Berechnung des Vomhundertsatzes in § 5 LohnzuschlagsTV ab 1. Januar 2008 3,1 v. H. und ab 1. Januar 2009 weitere 2,8 v. H. zu berücksichtigen sind.

Erläuterungen

§ 19 TVöD legt die Rahmenbedingungen für die Bezahlung von Erschwerniszuschlägen fest. Einzelheiten dazu bleiben ausfüllenden Tarifverträgen überlassen. Der Themenbereich war bislang in § 33 Abs. 1 Buchst. c) BAT, § 23 BMT-G und § 29 MTArb sowie in den diese Vorschriften ergänzenden Tarifverträgen (Tarifvertrag über die Gewährung von Zulagen gemäß § 33 Abs. 1 Buchst. c) BAT vom 11. Januar 1962, Tarifvertrag über die Lohnzuschläge gemäß § 29 MTL vom 9. Oktober 1963 und die bezirklichen Tarifverträge zu § 23 Abs. 3 BMT-G) geregelt. Diese Tarifverträge gelten übergangsweise fort (Absatz 5 Satz 2).

§ 19 I.1 TVöD — Erschwerniszuschläge

Auf die abweichenden Sonderregelungen in §§ 46 und 47 (Bund) und 46 (VKA) des Besonderen Teils Verwaltung wird hingewiesen.

Grundsätze für Erschwerniszuschläge (Abs. 1)

Die Vorschrift legt fest, dass grundsätzlich Erschwerniszuschläge für Arbeiten mit besonderen Erschwernissen zu zahlen sind. Ausgenommen davon sind aber nach Satz 2 solche Erschwernisse, die mit dem Berufs- oder Tätigkeitsbild verbunden sind und daher schon in die Eingruppierung eingeflossen sind.

Außergewöhnliche Erschwernisse (Abs. 2)

In den Buchstaben a) bis e) ist abschließend aufgezählt, bei welchen Arbeiten „außergewöhnliche Erschwernisse" vorliegen, die einen Anspruch auf Erschwerniszuschläge begründen können.

Ausschluss der Erschwerniszuschläge durch besondere Vorkehrungen (Abs. 3)

Absatz 3 schließt die Zahlung von Erschwerniszuschlägen in den Fällen aus, in denen den Erschwernissen durch besondere Vorkehrungen – insbesondere hinsichtlich des Arbeitsschutzes – Rechnung getragen wird.

Betragsmäßiger Rahmen der Erschwerniszuschläge, Tarifvertrag (Abs. 4 und 5)

Absatz 4 gibt den Tarifpartnern den Rahmen für Erschwerniszuschläge vor. Diese sollen in der Regel – je nach Grad der Erschwernis – zwischen 5 und 15 v. H. des auf eine Stunde entfallenden Anteils des monatlichen Tabellenentgelts der Stufe 2 der Entgeltgruppe 2 betragen. In besonderen Fällen kann davon (nach oben oder unten) abgewichen werden. Der im Zuge des Änderungstarifvertrages Nr. 2 vom 31. März 2008 mit Wirkung vom 1. Juli 2008 eingefügte Satz 2 bewirkt im Ergebnis, dass Teilzeitbeschäftigte – bezogen auf die einzelne Arbeitsstunde – die gleichen Erschwerniszuschläge erhalten wie Vollbeschäftigte. Damit tragen die Tarifpartner den Erfordernissen des Teilzeit- und Befristungsgesetzes[1] Rechnung, dessen § 4 Absatz 1 eine Diskriminierung Teilzeitbeschäftigter verbietet.

Absatz 5 bestimmt, dass die zuschlagspflichtigen Arbeiten und die Höhe der Zuschläge durch landesbezirkliche Tarifverträge (für die Kommunen) bzw. durch einen Bundestarifvertrag (für den Bund)

---

[1] abgedruckt als Anhang 1 unter **I.1 § 30**

Erschwerniszuschläge TVöD **§ 19 I.1**

festzulegen sind. Entsprechende Tarifverträge sind bislang noch nicht vereinbart worden. Übergangsweise gelten somit die bisherigen Tarifverträge fort. Rechtsgrundlage dafür ist § 19 Abs. 5 Satz 2 TVöD, für die Kommunen § 23 TVÜ-VKA[1]) (s.u). Für den Bereich des Bundes ist in einer Niederschriftserklärung festgehalten worden, dass der sich aus § 5 Lohnzuschlags-TV ergebende Betrag zum 1. 1. 2008 um 3,1 v. H. und zum 1. 1. 2009 um weitere 2,8 v. H. zu erhöhen ist.

Übergangsrecht gemäß § 23 TVÜ-VKA

Die Vorschrift des § 23 des Tarifvertrages zur Überleitung der Beschäftigten der kommunalen Arbeitgeber in den TVöD und zur Regelung des Übergangsrechts (TVÜ-VKA) bestimmt, dass die bislang im Bereich der Kommunen einschlägigen tarifvertraglichen Vorschriften über Erschwerniszuschläge (s. o.) bis zur (Neu-)Regelung durch einen landesbezirklichen Tarifvertrag fortgelten. Sofern die entsprechenden Verhandlungen nicht bis zum 31. Dezember 2007 abgeschlossen sein sollten, gelten bei Weitergeltung der landesbezirklichen Regelungen im Übrigen die Grenzen und Bemessungsgrundlagen.

Für den Bund ergibt sich die übergangsweise Weitergeltung des bisherigen Rechts aus § 19 Abs. 5 Satz 2.

---

[1]) abgedruckt unter **I.2**

§ 20 Jahressonderzahlung

(1) Beschäftigte, die am 1. Dezember im Arbeitsverhältnis stehen, haben Anspruch auf eine Jahressonderzahlung.

(2) [1]Die Jahressonderzahlung beträgt bei Beschäftigten, für die die Regelungen des Tarifgebiets West Anwendung finden,

in den Entgeltgruppen 1 bis 8	90 v. H.
in den Entgeltgruppen 9 bis 12	80 v. H. und
in den Entgeltgruppen 13 bis 15	60 v. H.

des der/dem Beschäftigten in den Kalendermonaten Juli, August und September durchschnittlich gezahlten monatlichen Entgelts; unberücksichtigt bleiben hierbei das zusätzlich für Überstunden und Mehrarbeit gezahlte Entgelt (mit Ausnahme der im Dienstplan vorgesehenen Überstunden und Mehrarbeit), Leistungszulagen, Leistungs- und Erfolgsprämien. [2]Der Bemessungssatz bestimmt sich nach der Entgeltgruppe am 1. September. [3]Bei Beschäftigten, deren Arbeitsverhältnis nach dem 30. September begonnen hat, tritt an die Stelle des Bemessungszeitraums der erste volle Kalendermonat des Arbeitsverhältnisses. [4]In den Fällen, in denen im Kalenderjahr der Geburt des Kindes während des Bemessungszeitraums eine elterngeldunschädliche Teilzeitbeschäftigung ausgeübt wird, bemisst sich die Jahressonderzahlung nach dem Beschäftigungsumfang am Tag vor dem Beginn der Elternzeit.

Protokollerklärung zu Absatz 2:
[1]Bei der Berechnung des durchschnittlich gezahlten monatlichen Entgelts werden die gezahlten Entgelte der drei Monate addiert und durch drei geteilt; dies gilt auch bei einer Änderung des Beschäftigungsumfangs. [2]Ist im Bemessungszeitraum nicht für alle Kalendertage Entgelt gezahlt worden, werden die gezahlten Entgelte der drei Monate addiert, durch die Zahl der Kalendertage mit Entgelt geteilt und sodann mit 30,67 multipliziert. [3]Zeiträume, für die Krankengeldzuschuss gezahlt worden ist, bleiben hierbei unberücksichtigt. [4]Besteht während des Bemessungszeitraums an weniger als 30 Kalendertagen Anspruch auf Entgelt, ist der letzte Kalendermonat, in dem für alle Kalendertage Anspruch auf Entgelt bestand, maßgeblich.

Niederschriftserklärung zu § 20 Abs. 2 Satz 1:
Die Tarifvertragsparteien stimmen überein, dass die Beschäftigten der Entgeltgruppe 2Ü zu den Entgeltgruppen 1 bis 8 und die Beschäftigten der Entgeltgruppe 15Ü zu den Entgeltgruppen 13 bis 15 gehören.

(3) Für Beschäftigte, für die die Regelungen des Tarifgebiets Ost Anwendung finden, gilt Absatz 2 mit der Maßgabe, dass die Bemessungssätze für die Jahressonderzahlung 75 v. H. der dort genannten Vomhundertsätze betragen.

(4) [1]Der Anspruch nach den Absätzen 1 bis 3 vermindert sich um ein Zwölftel für jeden Kalendermonat, in dem Beschäftigte keinen Anspruch auf Entgelt oder Fortzahlung des Entgelts nach § 21 haben. [2]Die Verminderung unterbleibt für Kalendermonate,

Jahressonderzahlung TVöD § 20 I.1

1. für die Beschäftigte kein Tabellenentgelt erhalten haben wegen
   a) Ableistung von Grundwehrdienst oder Zivildienst, wenn sie diesen vor dem 1. Dezember beendet und die Beschäftigung unverzüglich wieder aufgenommen haben,
   b) Beschäftigungsverboten nach § 3 Abs. 2 und § 6 Abs. 1 MuSchG,
   c) Inanspruchnahme der Elternzeit nach dem Bundeselterngeld- und Elternzeitgesetz bis zum Ende des Kalenderjahres, in dem das Kind geboren ist, wenn am Tag vor Antritt der Elternzeit Entgeltanspruch bestanden hat;
2. in denen Beschäftigten Krankengeldzuschuss gezahlt wurde oder nur wegen der Höhe des zustehenden Krankengelds ein Krankengeldzuschuss nicht gezahlt worden ist.

Niederschriftserklärung zu § 20 Abs. 4 Satz 2 Nr. 1 Buchst. c:
Dem Entgeltanspruch steht der Anspruch auf Zuschuss zum Mutterschaftsgeld gleich.

(5) ¹Die Jahressonderzahlung wird mit dem Tabellenentgelt für November ausgezahlt. ²Ein Teilbetrag der Jahressonderzahlung kann zu einem früheren Zeitpunkt ausgezahlt werden.

(6) ¹Beschäftigte, die bis zum 31. März 2005 Altersteilzeitarbeit vereinbart haben, erhalten die Jahressonderzahlung auch dann, wenn das Arbeitsverhältnis wegen Rentenbezugs vor dem 1. Dezember endet. ²In diesem Falle treten an die Stelle des Bemessungszeitraums gemäß Absatz 2 die letzten drei Kalendermonate vor Beendigung des Arbeitsverhältnisses.

Erläuterungen

Im Geltungsbereich des TVöD ist das bisherige Urlaubsgeld und die bisherige Zuwendung (Weihnachtsgeld) in einer Sonderzahlung zusammengefasst worden. Während die Anspruchsgrundlagen und Verfahrensgrundsätze bislang in eigenständigen Tarifverträgen (z. B. Tarifvertrag über ein Urlaubsgeld für Angestellte vom 16. März 1977 und Tarifvertrag eine Zuwendung für Angestellte vom 12. Oktober 1973) geregelt waren, ist die Vorschrift über eine Sonderzahlung nun in den TVöD einbezogen worden.

Auf die besondere Regelung in § 44 des Besonderen Teils Sparkassen wird hingewiesen.

Übergangsrecht

Die Regelungen des § 20 gelten erst ab dem Kalenderjahr 2007. Für die Jahre 2005 und 2006 enthalten die Überleitungstarifverträge eigene Regelungen. Auf die Darstellung dieses mittlerweile nicht mehr bedeutsamen Übergangsrechts wird an dieser Stelle verzichtet.

§ 20 I.1 TVöD — Jahressonderzahlung

Anspruchsvoraussetzung (Abs. 1)

Im Gegensatz zu den bisherigen Regelungen der Zuwendungstarifverträge verzichtet der TVöD auf weitreichende Anspruchsvoraussetzungen und verlangt nur, dass der Beschäftigte am 1. Dezember in einem Arbeitsverhältnis steht. Eine Mindestzeit der Beschäftigung wird nicht vorausgesetzt. Eine Beurlaubung ohne Bezüge im Dezember ist ebenso unschädlich wie das Ausscheiden aus dem Arbeitsverhältnis zu Beginn des Folgejahres.

Höhe der Sonderzahlung (Abs. 2 und 3)

Die Zuwendung und das Urlaubsgeld werden ab dem Jahr 2007 in einer dynamischen Jahressonderzahlung zusammengefasst. Sie bemisst sich im Tarifgebiet West nach folgenden gestaffelten Prozentsätzen:

– 90 % für die Entgeltgruppen 1 bis 8
– 80 % für die Entgeltgruppen 9 bis 12
– 60 % für die Entgeltgruppen 13 bis 15

Maßgebend ist die Entgeltgruppe am 1. September (bzw. dem ersten Beschäftigungsmonat, wenn das Arbeitsverhältnis später begonnen hat).

Im Tarifgebiet Ost beträgt die Jahressonderzahlung gemäß Absatz 3 75 % der Vomhundertsätze im Tarifgebiet West (also 67,5 %, 60 %, 45 %).

Bemessungsgrundlage ist grundsätzlich das in den Monaten Juli, August und September gezahlte monatliche Entgelt, jedoch ohne das Entgelt für nicht dienstplanmäßige Überstunden, nicht dienstplanmäßige Mehrarbeit, Leistungszulagen/-prämien und Ertrags- und Erfolgsprämien. Satz 3 und die Protokollerklärung zu Absatz 2 treffen Sonderregelungen für den Fall, dass das Arbeitsverhältnis erst nach dem 30. September begonnen hat (dann wird der erste volle Beschäftigungsmonat als Bemessungsgrundlage herangezogen) bzw. für den Fall, dass nicht für alle Kalendertage des Bemessungszeitraumes Entgelt gezahlt wird (dann wird grundsätzlich „spitz" nach Tagen gerechnet bzw. hochgerechnet). Nach Absatz 2 Satz 4 bemisst sich die Sonderzahlung in den Fällen, in denen eine elterngeldunschädliche Teilzeitbeschäftigung (i. S. d. § 15 Abs. 4 BEEG) ausgeübt wird, abweichend von dem Beschäftigungsumfang im Bemessungsmonat nach dem Beschäftigungsumfang am Tage vor dem Beginn der Elternzeit. Dies gilt aber nur für das Kalenderjahr der Geburt des

Jahressonderzahlung TVöD § 20 I.1

Kindes; im Folgejahr gelten dann die allgemeinen Grundsätze zur Bemessung der Jahressonderzahlung.

In einer Niederschriftserklärung zu Absatz 2 Satz 1 haben die Tarifpartner festgelegt, dass die Beschäftigten der Entgeltgruppe 2 Ü zu den Beschäftigten der Entgeltgruppen 1 bis 8 gehören (und folglich eine 90%ige Sonderzahlung erhalten) und die Beschäftigten der Entgeltgruppe 15 Ü zu den Beschäftigten der Entgeltgruppe 13 bis 15 gehören (und somit eine 60%ige Sonderzahlung erhalten).

Zwölftelung (Abs. 4)

Nach dem in Satz 1 der Vorschrift aufgestellten Grundsatz vermindert sich die Jahressonderzahlung um ein Zwölftel für jeden Kalendermonat, in dem der Beschäftigte keinen Anspruch auf Entgelt, Urlaubsentgelt oder Entgeltfortzahlung hat. Die Kürzung kommt dabei nur in Betracht, wenn für den vollen Monat kein Entgelt o. Ä. gezahlt wird; erhält der Beschäftigte auch nur für einen Tag Entgelt, muss die Kürzung unterbleiben.

Satz 2 der Vorschrift enthält eine abschließende Aufzählung von Ausnahmen, in denen eine Kürzung der Sonderzahlung unterbleibt, obwohl der Beschäftigte kein Entgelt erhalten hat.

Dies sind zunächst die Fälle, in denen die Entgeltzahlung wegen Grundwehr- oder Zivildienst (Voraussetzung ist aber, dass der Beschäftigte am 1. Dezember die Beschäftigung wieder ausübt), Beschäftigungsverboten nach dem Mutterschutzgesetz (sechs Wochen vor und grundsätzlich acht Wochen nach der Entbindung) und Inanspruchnahme von Elternzeit nach dem BEEG (aber nur in dem Geburtsjahr des Kindes und nur, wenn vor Antritt der Elternzeit Entgeltanspruch oder Anspruch auf Zuschuss zum Mutterschaftsgeld bestand) unterblieben ist.

Ferner unterbleibt die Kürzung, wenn den Beschäftigten Krankengeldzuschuss gezahlt oder nur wegen der Höhe des Krankengeldes kein Krankengeldzuschuss gezahlt wurde.

Die Regelung des Absatzes 4 entspricht im Wesentlichen der Vorschrift des § 2 Absatz 2 der Zuwendungstarifverträge.

Fälligkeit der Zahlung (Abs. 5)

Die Sonderzahlung ist – wie bisher die Zuwendung – mit dem Entgelt für den Monat November zu zahlen (Satz 1). Ein Teilbetrag der Sonderzahlung kann nach Satz 2 der Vorschrift zu einem früheren

Zeitpunkt ausgezahlt werden. Einzelheiten zu dieser Vorschusszahlung haben die Tarifpartner nicht vereinbart.

Besonderheit bei Altersteilzeitarbeit (Abs. 6)

Die Regelungen des TVöD zur Jahressonderzahlung sehen – im Gegensatz zur Vorschrift des § 1 Abs. 2 der bisherigen Zuwendungstarifverträge – keine Teilzahlung bei unterjährigem Ausscheiden aus dem Beschäftigungsverhältnis beispielsweise wegen Erreichens der Altersgrenze, Erwerbsunfähigkeit oder im Anschluss an Altersteilzeitarbeit vor.

(Nur) für den Fall der Altersteilzeitarbeit enthält Absatz 6 eine Besitzstandsregelung. Demnach erhalten Beschäftigte, die bis zum 31. März 2005 ein Altersteilzeitarbeitsverhältnis vereinbart haben, die Jahressonderzahlung auch dann, wenn sie vor dem 1. Dezember (also dem anspruchsbegründenden Zeitpunkt) wegen Rentenbezuges aus dem Arbeitsverhältnis ausscheiden. Bemessungsgrundlage für die Sonderzahlung sind dann die letzten drei Kalendermonate vor Beendigung des Arbeitsverhältnisses.

Bemessungsgrundlage für die Entgeltfortzahlung TVöD § 21 I.1

§ 21 Bemessungsgrundlage für die Entgeltfortzahlung

¹In den Fällen der Entgeltfortzahlung nach § 6 Abs. 3 Satz 1, § 22 Abs. 1, § 26, § 27 und § 29 werden das Tabellenentgelt sowie die sonstigen in Monatsbeträgen festgelegten Entgeltbestandteile weitergezahlt. ²Die nicht in Monatsbeträgen festgelegten Entgeltbestandteile werden als Durchschnitt auf Basis der dem maßgebenden Ereignis für die Entgeltfortzahlung vorhergehenden letzten drei vollen Kalendermonate (Berechnungszeitraum) gezahlt. ³Ausgenommen hiervon sind das zusätzlich für Überstunden und Mehrarbeit gezahlte Entgelt (mit Ausnahme der im Dienstplan vorgesehenen Überstunden und Mehrarbeit), Leistungsentgelte, Jahressonderzahlungen sowie besondere Zahlungen nach § 23 Abs. 2 und 3.

Protokollerklärungen zu den Sätzen 2 und 3:

1. ¹Volle Kalendermonate im Sinne der Durchschnittsberechnung nach Satz 2 sind Kalendermonate, in denen an allen Kalendertagen das Arbeitsverhältnis bestanden hat. ²Hat das Arbeitsverhältnis weniger als drei Kalendermonate bestanden, sind die vollen Kalendermonate, in denen das Arbeitsverhältnis bestanden hat, zugrunde zu legen. ³Bei Änderungen der individuellen Arbeitszeit werden die nach der Arbeitszeitänderung liegenden vollen Kalendermonate zugrunde gelegt.
2. ¹Der Tagesdurchschnitt nach Satz 2 beträgt bei einer durchschnittlichen Verteilung der regelmäßigen wöchentlichen Arbeitszeit auf fünf Tage 1/65 aus der Summe der zu berücksichtigenden Entgeltbestandteile, die für den Berechnungszeitraum zugestanden haben. ²Maßgebend ist die Verteilung der Arbeitszeit zu Beginn des Berechnungszeitraums. ³Bei einer abweichenden Verteilung der Arbeitszeit ist der Tagesdurchschnitt entsprechend Satz 1 und 2 zu ermitteln. ⁴Sofern während des Berechnungszeitraums bereits Fortzahlungstatbestände vorlagen, bleiben die in diesem Zusammenhang auf Basis der Tagesdurchschnitte zustehenden Beträge bei der Ermittlung des Durchschnitts nach Satz 2 unberücksichtigt.
3. Tritt die Fortzahlung des Entgelts nach einer allgemeinen Entgeltanpassung ein, ist die/der Beschäftigte so zu stellen, als sei die Entgeltanpassung bereits mit Beginn des Berechnungszeitraums eingetreten.

Erläuterungen

In § 21 TVöD haben die Tarifvertragsparteien die Höhe der Entgeltfortzahlung geregelt. Die Rechtsgrundlage für eine Entgeltfortzahlung ergibt sich nicht aus § 21, sondern aus verschiedenen, in der Tarifvorschrift näher benannten Vorschriften des TVöD.

Im Bereich des BAT wurde bislang als Entgeltfortzahlung weitgehend die in § 47 Abs. 2 BAT näher bestimmte Urlaubsvergütung gewährt.

Durchführung der Entgeltfortzahlung

Die Tarifvorschrift regelt nicht den Anspruch auf Entgeltfortzahlung, sondern bestimmt in den abschließend aufgezählten Fällen dessen

§ 21 I.1 TVöD Bemessungsgrundlage für die Entgeltfortzahlung

Höhe. Rechtsgrundlage für eine Entgeltfortzahlung i. S. d. § 21 sind die Vorschriften des § 6 Abs. 3 Satz 1 (Lohnfortzahlung wegen Freistellung am 24. und 31. Dezember), § 22 Abs. 1 (Lohnfortzahlung im Krankheitsfall), § 26 (Lohnfortzahlung bei Erholungsurlaub), § 27 Lohnfortzahlung bei Zusatzurlaub) und § 29 (Lohnfortzahlung bei Arbeitsbefreiung).

In den in Satz 1 der Vorschrift abschließend genannten Fällen werden als Entgeltfortzahlung das Tabellenentgelt und die in Monatsbeträgen festgelegten Entgeltbestandteile weitergezahlt. In Monatsbeträgen werden beispielsweise die Zulage nach § 14 (vorübergehende Ausübung einer höherwertigen Tätigkeit) und Zulagen nach den Überleitungs-Tarifverträgen (Besitzstandszulagen, Strukturausgleiche) gezahlt. Für nicht in Monatsbeträgen festgelegte Entgeltbestandteile sieht Satz 2 der Vorschrift eine Durchschnittsberechnung auf der Grundlage der letzten drei Monate vor. Die Auszahlung des Tagesdurchschnitts erfolgt gemäß der Fälligkeitsregelung in § 24 Abs. 1 Satz 3 TVöD erst am Zahltag des zweiten Monats, der auf ihre Entstehung folgt. Zu den nicht in Monatsbeträgen festgelegten Entgeltbestandteilen zählen insbesondere die in § 8 (Ausgleich für Sonderformen der Arbeit) genannten Stundenzuschläge und -pauschalen. Ausdrücklich ausgenommen von der Durchschnittsberechnung und somit von der Berücksichtigung im Rahmen der Entgeltfortzahlung sind nach Satz 3 das Überstundenentgelt (mit Ausnahme des Entgelts für im Dienstplan vorgesehene Überstunden und Mehrarbeit, das in die Berechnungsgrundlage einfließt), Leistungsentgelte (§ 18), Jahressonderzahlungen (§ 20) und die besonderen Zahlungen nach § 23 Abs. 2 und 3 (Jubiläumsgeld und Sterbegeld).

Ergänzende Vereinbarungen zur Durchschnittsberechnung

Die Tarifpartner haben in drei Protokollerklärungen ergänzende Vereinbarungen zur Durchschnittsberechnung für nicht in Monatsbeträgen festgelegte Entgeltbestandteile vereinbart.

Die Protokollerklärung Nr. 1 befasst sich mit der Frage, welche Monate in bestimmten Sonderfällen bei der Durchschnittsberechnung zugrunde zu legen sind. Satz 2 der Tarifvorschrift bestimmt, dass der Entgeltdurchschnitt der letzten drei vollen Kalendermonate zu ermitteln ist. Nach Satz 1 der Protokollerklärung sind „volle" Kalendermonate solche Monate, in denen das Arbeitsverhältnis an allen Kalendertagen bestanden hat. Satz 2 der Protokollerklärung legt fest, dass in den Fällen, in denen das Arbeitsverhältnis weniger als drei Kalender-

Bemessungsgrundlage für die Entgeltfortzahlung TVöD §21 I.1

monate bestanden hat, nur die vollen Kalendermonate zugrunde zu legen sind. Satz 3 löst den Fall der Veränderung der individuellen Arbeitszeit während des Berechnungszeitraums und bestimmt, dass dann nur die nach der Änderung der Arbeitszeit liegenden vollen Kalendermonate maßgebend sind.

Protokollerklärung Nr. 2 regelt die Berechnung des Tagesdurchschnitts der nicht in Monatsbeträgen festgelegten Entgeltbestandteile. Dieser beträgt nach Satz 1 der Protokollerklärung $1/65$ der im dreimonatigen Berechnungszeitraum zu berücksichtigenden Entgeltbestandteile. Der Divisor 65 berücksichtigt dabei die durchschnittliche Anzahl der Arbeitstage in drei Monaten – bezogen auf eine Fünftage-Woche. Er ist bei einer abweichenden Verteilung der Arbeitszeit (z. B. auf vier oder sechs Tage in der Woche) anzupassen (Satz 3). Entsprechendes wird gelten müssen, wenn nicht drei, sondern weniger Monate der Durchschnittsberechnung zugrunde liegen. Maßgebend bei der Verteilung der Arbeitszeit sind die Verhältnisse zu Beginn des Berechnungszeitraums (Satz 2). Satz 4 stellt sicher, dass nicht der „Durchschnitt vom Durchschnitt" ermittelt wird und nimmt während des Berechnungszeitraumes vorliegende Fortzahlungstatbestände von der Durchschnittsberechnung aus. Konsequenterweise werden in diesem Fall auch die entsprechenden Tage unberücksichtigt bleiben und der Nenner entsprechend angepasst werden müssen.

Protokollerklärung Nr. 3 stellt sicher, dass vor einer Entgeltfortzahlung eingetretene allgemeine Entgeltanpassungen (z. B. aufgrund von Lohnrunden) bei der Fortzahlung des Entgelts in vollem Umfang berücksichtigt werden.

[handschriftliche Notizen am Seitenrand: "6Wo LFZ → Krankengeld b. ol. KK beantragen → wir zahlen uns mit d. KK in Verbindung wegen Zuschuss"]

§ 22 I.1 TVöD — Entgelt im Krankheitsfall

§ 22 Entgelt im Krankheitsfall

[handschriftliche Notiz: "6 Wo LFZ für alle aber K67 je nach Beschäftigung"]

(1) ¹Werden Beschäftigte durch Arbeitsunfähigkeit infolge Krankheit an der Arbeitsleistung verhindert, ohne dass sie ein Verschulden trifft, erhalten sie bis zur Dauer von sechs Wochen das Entgelt nach § 21. ²Bei erneuter Arbeitsunfähigkeit infolge derselben Krankheit sowie bei Beendigung des Arbeitsverhältnisses gelten die gesetzlichen Bestimmungen. ³Als unverschuldete Arbeitsunfähigkeit im Sinne der Sätze 1 und 2 gilt auch die Arbeitsverhinderung in Folge einer Maßnahme der medizinischen Vorsorge und Rehabilitation im Sinne von § 9 EFZG.

Protokollerklärung zu Absatz 1 Satz 1:
Ein Verschulden liegt nur dann vor, wenn die Arbeitsunfähigkeit vorsätzlich oder grob fahrlässig herbeigeführt wurde.

(2) ¹Nach Ablauf des Zeitraums gemäß Absatz 1 erhalten die Beschäftigten für die Zeit, für die ihnen Krankengeld oder entsprechende gesetzliche Leistungen gezahlt werden, einen Krankengeldzuschuss in Höhe des Unterschiedsbetrags zwischen den tatsächlichen Barleistungen des Sozialleistungsträgers und dem Nettoentgelt. ²Nettoentgelt ist das um die gesetzlichen Abzüge verminderte Entgelt im Sinne des § 21 (mit Ausnahme der Leistungen nach § 23 Abs. 1); bei freiwillig in der gesetzlichen Krankenversicherung versicherten Beschäftigten ist dabei deren Gesamtkranken- und Pflegeversicherungsbeitrag abzüglich Arbeitgeberzuschuss zu berücksichtigen. ³Für Beschäftigte, die nicht der Versicherungspflicht in der gesetzlichen Krankenversicherung unterliegen und bei einem privaten Krankenversicherungsunternehmen versichert sind, ist bei der Berechnung des Krankengeldzuschusses der Krankengeldhöchstsatz, der bei Pflichtversicherung in der gesetzlichen Krankenversicherung zustünde, zugrunde zu legen. ⁴Bei Teilzeitbeschäftigten ist das nach Satz 3 bestimmte fiktive Krankengeld entsprechend § 24 Abs. 2 zeitanteilig umzurechnen.

(3) ¹Der Krankengeldzuschuss wird bei einer Beschäftigungszeit (§ 34 Abs. 3)
- von mehr als einem Jahr längstens bis zum Ende der 13. Woche und
- von mehr als drei Jahren längstens bis zum Ende der 39. Woche

seit dem Beginn der Arbeitsunfähigkeit infolge derselben Krankheit gezahlt. ²Maßgeblich für die Berechnung der Fristen nach Satz 1 ist die Beschäftigungszeit, die im Laufe der krankheitsbedingten Arbeitsunfähigkeit vollendet wird.

(4) ¹Entgelt im Krankheitsfall wird nicht über das Ende des Arbeitsverhältnisses hinaus gezahlt; § 8 EFZG bleibt unberührt. ²Krankengeldzuschuss wird zudem nicht über den Zeitpunkt hinaus gezahlt, von dem an Beschäftigte eine Rente oder eine vergleichbare Leistung auf Grund eigener Versicherung aus der gesetzlichen Rentenversicherung, aus einer zusätzlichen Alters- und Hinterbliebenenversorgung oder aus einer sonstigen Versorgungseinrichtung erhalten, die nicht allein aus Mitteln der Beschäftigten finanziert ist. ³Innerhalb eines Kalenderjahres kann das Entgelt im Krankheitsfall nach Absatz 1

Entgelt im Krankheitsfall TVöD § 22 I.1

und 2 insgesamt längstens bis zum Ende der in Absatz 3 Satz 1 genannten Fristen bezogen werden; bei jeder neuen Arbeitsunfähigkeit besteht jedoch mindestens der sich aus Absatz 1 ergebende Anspruch. ⁴Überzahlter Krankengeldzuschuss und sonstige Überzahlungen gelten als Vorschuss auf die in demselben Zeitraum zustehenden Leistungen nach Satz 2; die Ansprüche der Beschäftigten gehen insoweit auf den Arbeitgeber über. ⁵Der Arbeitgeber kann von der Rückforderung des Teils des überzahlten Betrags, der nicht durch die für den Zeitraum der Überzahlung zustehenden Bezüge im Sinne des Satzes 2 ausgeglichen worden ist, absehen, es sei denn, die/der Beschäftigte hat dem Arbeitgeber die Zustellung des Rentenbescheids schuldhaft verspätet mitgeteilt.

Erläuterungen

In § 22 TVöD haben die Tarifvertragsparteien die Entgeltfortzahlung im Krankheitsfall geregelt. Dabei haben sie in vielen Bereichen auf eigenständige Regelungen verzichtet – insoweit gelten die Vorschriften des Entgeltfortzahlungsgesetzes (EFZG)[1]. Der Tatbestand der Entgeltfortzahlung im Krankheitsfall war bislang in § 37 (Krankenbezüge) und § 71 BAT (Übergangsregelung für die Zahlung von Krankenbezügen) geregelt. Die Vorschriften der §§ 37a (Anzeige- und Nachweispflichten) und 38 (Forderungsübergang bei Drittheftung) enthielten Regelungen zu Randfragen der Entgeltfortzahlung, die sich nun nach den gesetzlichen Vorschriften des EFZG bestimmen.

Auf die Sonderregelungen für bestimmte Bereiche in § 45 des Besonderen Teils Verwaltung (BT-V) wird hingewiesen.

Übergangsrecht

Vor einer Betrachtung der aktuellen Vorschrift des § 22 TVöD ist zunächst auf die Übergangsregelungen des jeweiligen § 13 der Überleitungstarifverträge des Bundes bzw. der Kommunen (TVÜ-Bund bzw. TVÜ-VKA)[2] hinzuweisen.

Diese Übergangsvorschriften enthalten besondere Regelungen für die zum Zeitpunkt der Überleitung in den TVöD (30. September 2005) von § 71 BAT erfassten Beschäftigten und gelten nur für danach ohne Unterbrechung fortgesetzte Arbeitsverhältnisse. Schon § 71 BAT war eine Übergangsvorschrift, die nur für die Angestellten galt, die sich bereits vor dem 1. Juli 1994 in einem Arbeitsverhältnis befunden hatten, das seitdem ununterbrochen fortbestanden hat. Sie ist im

---

[1] abgedruckt als **Anhang 1**
[2] abgedruckt unter **I.2**

§ 22 I.1 TVöD — Entgelt im Krankheitsfall

Rahmen der Systemumstellung der Entgeltfortzahlung im Krankheitsfall mit dem 69. Änderungs-Tarifvertrag zum BAT vom 25. April 1994 vereinbart worden und bewirkte, dass der davon erfasste Personenkreis auch nach dem In-Kraft-Treten der Änderungen am 1. Juli 1994 nicht wie die übrigen Angestellten im Krankheitsfall eine sechswöchige Entgeltfortzahlung und anschließend (nur noch) einen Zuschuss zum Krankengeld der Krankenkassen, sondern weiterhin eine Lohnfortzahlung von bis zu sechs Monaten Dauer erhielt. So gesehen handelt es sich nun bei der Vorschrift des § 13 TVÜ um eine Übergangsvorschrift für bereits von einer älteren Übergangsvorschrift geschützte Beschäftigte.

Die jetzige Vorschrift führt zum einen zwar dazu, dass die ursprünglich von § 71 BAT erfassten Beschäftigten im Falle einer Krankheit nun – wie zuvor die übrigen, nicht von § 71 BAT erfassten Angestellten und die übrigen, unter den TVöD fallenden Beschäftigten – auch nur noch sechs Wochen Entgeltfortzahlung bekommen und anschließend einen Krankengeldzuschuss erhalten. Dieser ist aber nach der Regelung des § 13 Abs. 1 TVÜ insoweit höher als der Krankengeldzuschuss nach § 22 TVöD, als dass in diesen Fällen die Differenz zwischen dem **Netto**krankengeld (das ist das um Beiträge des Beschäftigten zur Renten- und Arbeitslosenversicherung bereinigte „Bruttokrankengeld", das von den Tarifpartnern in Anlehnung an die gesetzlichen Vorschriften mit „tatsächliche Barleistung des Sozialversicherungsträgers" bezeichnet wird) und dem Nettoentgelt ausgeglichen wird. Der Beschäftigte erhält somit im Ergebnis weitgehend sein bisheriges Nettoentgelt weiter; die einzige Einbuße besteht für ihn darin, dass bei der Berechnung des „Nettoentgelts" nur die gesetzlichen, nicht aber tarifvertragliche Abzüge (z. B. Arbeitnehmerbeitrag zur VBL) berücksichtigt werden. Nach den Vorschriften des TVöD würde (nur) die Differenz zwischen den „tatsächlichen Barleistungen" (= **Brutto**krankengeld) und dem Nettoentgelt ausgeglichen – der Beschäftigte bliebe also zusätzlich durch seine Beitragsanteile zur Renten- und Arbeitslosenversicherung belastet.

In § 13 Abs. 2 Satz 1 TVÜ ist über die oben dargestellte Besitzstandsregelung hinaus geregelt, dass diejenigen unter § 71 BAT fallenden Beschäftigten, die zum Zeitpunkt der Überleitung arbeitsunfähig erkrankt sind (und deshalb bereits Entgeltfortzahlung erhalten), für die Dauer dieser Krankheit auch nach In-Kraft-Treten des TVöD bis zu insgesamt höchstens 26 Wochen Entgeltfortzahlung erhalten. Faktisch gilt insoweit also das alte Recht weiter. Sollten die Betroffenen nach dem 1. Oktober 2005 wegen derselben Krankheit erneut arbeits-

Entgelt im Krankheitsfall TVöD **§ 22 I.1**

unfähig werden, gilt § 22 TVöD (in Verbindung mit § 13 Abs. 1 TVÜ). In diesem Fall wird gemäß § 13 Abs. 2 Satz 2 TVÜ der Entgeltfortzahlungszeitraum nach Absatz 2 Satz 1 auf die Fristen der Entgeltfortzahlung bzw. des Krankengeldzuschusses des § 22 TVöD angerechnet.

Entgeltfortzahlung (Abs. 1)

Grundsätze

Satz 1 der Vorschrift trifft eine dem EFZG entsprechende Regelung zur Entgeltfortzahlung im Krankheitsfall und wiederholt die gesetzlichen Bestimmungen. Der Spielraum der Tarifpartner ist in diesem Bereich sehr gering; denn die Vorschriften des EFZG sind – abgesehen von der Höhe der Entgeltfortzahlung – nicht abdingbar. Günstigere, über die Mindestanforderungen des EFZG hinausgehende tarifvertragliche Regelungen sind natürlich zulässig, so dass die Tarifpartner in § 22 von einer der Vorschrift des § 3 Abs. 3 EFZG (dort ist ein mindestens vierwöchiger Bestand des Arbeitsverhältnisses als Anspruchsvoraussetzung für die Entgeltfortzahlung im Krankheitsfall festgelegt) entsprechenden Wartezeit absehen konnten.

Grundvoraussetzung für die sechswöchige Entgeltfortzahlung ist sowohl nach § 3 Abs. 1 EFZG als auch nach § 22 Abs. 1 Satz 1 die unverschuldete Arbeitsunfähigkeit infolge Krankheit.

Der Begriff der Krankheit ist weder durch den Gesetzgeber im Rahmen des EFZG noch durch die Tarifpartner näher bestimmt worden. Nach dem allgemeinen und dem medizinischen Sprachgebrauch wird man davon ausgehen können, dass „Krankheit" jeder regelwidrige körperliche oder geistige Zustand ist – unabhängig von den Ursachen, die dazu geführt haben. Krankheit allein reicht als Auslöser des Entgeltfortzahlungsanspruchs aber nicht aus, sie muss grundsätzlich auch zur Arbeitsunfähigkeit führen. Arbeitsunfähigkeit ist auch dann gegeben, wenn die geschuldete Arbeitsleistung nicht voll, sondern nur zum Teil erbracht werden kann. Maßnahmen einer medizinischen Vorsorge oder Rehabilitation sind gemäß § 9 EFZG bzw. § 22 Abs. 1 Satz 3 als unverschuldete Arbeitsunfähigkeit im Sinne des Entgeltfortzahlungsrechtes anzusehen. Nach § 3 Abs. 2 EFZG gilt Entsprechendes für die nicht rechtswidrige Sterilisation und den nicht rechtswidrigen Schwangerschaftsabbruch.

Auch der Begriff der Arbeitsunfähigkeit ist in der Tarifvorschrift und im EFZG nicht näher definiert. Hilfen zur Begriffsbestimmung liefern aber die „Richtlinien des Gemeinsamen Bundesausschusses (der Ärzte

§ 22 I.1 TVöD — Entgelt im Krankheitsfall

und Krankenkassen) über die Beurteilung der Arbeitsunfähigkeit und die Maßnahmen zur stufenweisen Wiedereingliederung (Arbeitsunfähigkeits-Richtlinien) nach § 92 Abs. 1 Satz 2 Nr. 7 SGB V".

Wiederholungserkrankungen

In diesem Fall gelten gemäß Satz 2 der Vorschrift die gesetzlichen Bestimmungen. Sie ergeben sich aus § 3 Abs. 1 Satz 2 EFZG. Dabei ist zunächst der Grundsatz zu beachten, dass für jede Krankheit grundsätzlich nur einmal ein sechswöchiger Entgeltfortzahlungsanspruch besteht. Wird der Beschäftigte wegen derselben Krankheit erneut arbeitsunfähig, so kann er zwar ggf. noch nicht ausgeschöpfte Zeiten des Sechswochenzeitraums in Anspruch nehmen; ein erneuter Anspruch entsteht jedoch grundsätzlich nicht. Etwas anderes gilt gemäß § 3 Abs. 1 Satz 2 Ziffer 1 bzw. 2 nur, wenn der Beschäftigte vor Beginn der Wiederholungserkrankung sechs Monate nicht infolge dieser Krankheit arbeitsunfähig war, oder seit dem Beginn der ersten Arbeitsunfähigkeit wegen dieser Krankheit eine Frist von zwölf Monaten abgelaufen ist.

> **Beispiel**
>
> Der Beschäftigte ist an Rheuma erkrankt und fällt deshalb ab dem 15. März für die Dauer von vier Wochen aus. Ende September des gleichen Jahres fällt er für weitere drei Wochen wegen der gleichen Krankheit aus. Da das halbe Jahr (siehe § 3 Abs. 1 Satz 2 Nr. 1 EFZG) seit Ende der ersten Erkrankung noch nicht abgelaufen ist und somit kein erneuter Anspruch entstanden ist, hat er nur noch Anspruch auf zwei Wochen Entgeltfortzahlung; für die übrige Zeit hat er nur Anspruch auf Krankengeldzuschuss. Ende März des Folgejahres schließt sich die dritte Erkrankung wegen der gleichen Ursache an. Obwohl seit dem Ende der letzten Arbeitsunfähigkeit keine sechs Monate vergangen sind, entsteht nach § 3 Abs. 1 Satz 2 Nr. 2 EFZG ein neuer sechswöchiger Anspruch auf Entgeltfortzahlung, weil seit dem Beginn der ersten Arbeitsunfähigkeit (15. März des Vorjahres) mehr als zwölf Monate vergangen sind.

Entgelt im Krankheitsfall TVöD **§ 22 I.1**

Beendigung des Arbeitsverhältnisses während der Arbeitsunfähigkeit

Auch in diesem Fall gelten gemäß Satz 2 der Vorschrift die gesetzlichen Bestimmungen. Sie ergeben sich aus § 8 EFZG.

Das EFZG unterscheidet zwei Fallgruppen. Zum einen sind es die Fälle, dass der Arbeitgeber das Arbeitsverhältnis während der Arbeitsunfähigkeit krankheitsbedingt kündigt oder sich so verhält (z. B. durch Zahlungsverweigerung), dass der Arbeitnehmer das Arbeitsverhältnis fristlos kündigt. Zum anderen handelt es sich um jene Fallgestaltungen, dass das Arbeitsverhältnis während der Arbeitsunfähigkeit durch Kündigung aus anderen Gründen oder ohne dass es einer Kündigung bedarf (z. B. Fristablauf bei befristeten Arbeitsverträgen) endet. In der ersten Fallgruppe ist der Arbeitgeber verpflichtet, die Entgeltfortzahlung auch über das Ende der (durch diese Vorschrift nicht berührten) Kündigung hinaus zu zahlen, höchstens natürlich bis zum Ende der Sechswochenfrist. Die zweite Fallgruppe führt zum Erlöschen des Entgeltfortzahlungsanspruchs zum Zeitpunkt der Beendigung des Arbeitsverhältnisses.

Aus Anlass der Krankheit auf Veranlassung des Arbeitgebers geschlossene Auflösungsverträge sind nach Auffassung des BAG (Urteil vom 20. 8. 1980 – 5 AZR 227/79 – AP Nr. 14 zu § 6 LohnFG) der ersten Fallgruppe zuzuordnen, führen also nicht zum Erlöschen des Entgeltfortzahlungsanspruchs.

Verschulden

Nur eine „unverschuldete" Arbeitsunfähigkeit löst den Anspruch auf Entgeltfortzahlung aus. Die Tarifpartner haben jedoch – wie zuvor in § 37 BAT – in einer Protokollerklärung zu Absatz 1 Satz 1 vereinbart, dass ein den Anspruch zunichte machendes „Verschulden" i. S. des Absatzes 1 Satz 1 nur vorliegt, wenn der Beschäftigte die Arbeitsunfähigkeit durch Vorsatz oder grobe Fahrlässigkeit herbeigeführt hat. Dies ist nach der Rechtsprechung zu den bisherigen Entgeltfortzahlungsregeln, die weiterhin herangezogen werden kann, jedoch nur in Ausnahmefällen zu vermuten und jeweils im Einzelfall zu prüfen. So kann beispielsweise davon ausgegangen werden, dass selbst ein Selbstmordversuch in der Regel nicht schuldhaft ist (weil der Betroffene krankheitsbedingt in seiner Willensbildung eingeschränkt und daher „schuldunfähig" ist) – siehe BAG vom 28. 2. 1979 – 5 AZR 611/77 – AP Nr. 44 zu § 1 LohnFG. Hingegen können die vermeidbaren Unfallfolgen, die infolge der Verletzung der Anschnallpflicht entstanden sind, ebenso als selbst verschuldet angesehen werden (BAG vom 7. 10. 1981 – 5 AZR 1113/79 – AP Nr. 46 zu § 1 LohnFG) wie die Verletzungen infolge eines Unfalls wegen grober Verstöße gegen die Verkehrsregeln (BAG vom 23. 11. 1971 – 1 AZR 388/70 – AP Nr. 8 zu § 1 LohnFG).

Krankengeldzuschuss (Abs. 2)

Im Anschluss an die sechswöchige Entgeltfortzahlung nach Absatz 1 der Vorschrift erhalten die Beschäftigten für die Zeit, für die ihnen Krankengeld oder entsprechende gesetzliche Leistungen zustehen, einen Krankengeldzuschuss (Satz 1). Wegen der Höchstdauer siehe aber Absatz 3. „Entsprechende gesetzliche Leistungen" im Sinne des Satzes 1 sind das Übergangsgeld nach § 20 SGB VI bei stationären Rehabilitationsmaßnahmen und entsprechende Zahlungen von Unfallversicherungsträgern oder nach dem Bundesversorgungsgesetz.

Beschäftigte, die nicht in der gesetzlichen Krankenversicherung, sondern privat versichert sind, werden nach Satz 3 mit den Empfängern von Krankengeld gleichgestellt. Bei ihnen ist für die Berechnung des Krankengeldzuschusses der Krankengeldhöchstsatz, der bei unterstellter Pflichtversicherung in der gesetzlichen Krankenversicherung zustünde, zugrunde zu legen. Der Betrag ist nach Satz 4 der Vorschrift bei Teilzeitbeschäftigten zeitanteilig umzurechnen.

Die Höhe des Krankengeldzuschusses bestimmt sich, soweit nicht die Übergangsvorschrift des § 13 Abs. 1 TVÜ zu beachten ist, nach Satz 1 in Verbindung mit Satz 2 der Vorschrift. Die Berechnung des Krankengeldzuschusses nach den Grundsätzen des TVöD einerseits und dem Übergangsrecht andererseits ist oben im Zusammenhang mit der Erläuterung des Übergangsrechts dargestellt. Ergänzend ist auf die Berechnung des Nettoentgelts bei freiwillig in der gesetzlichen Krankenversicherung versicherten Beschäftigten hinzuweisen. Bei diesen Beschäftigten ist nach Absatz 2 Satz 2 zweiter Halbsatz anstelle der (bei ihnen nicht anfallenden) gesetzlichen Abzüge für Kranken- und Pflegeversicherung der gesamte Kranken- und Pflegeversicherungsbeitrag abzüglich des entsprechenden Arbeitgeberzuschusses als „gesetzlicher Abzug" zu berücksichtigen.

Der Krankengeldzuschuss ist nach § 2 Abs. 2 Nr. 5 LStDV steuerpflichtiger Arbeitslohn. Soweit die Summe von Krankengeld und Krankengeldzuschuss nicht das Nettoarbeitsentgelt überschreitet (was ein absoluter Ausnahmefall sein dürfte), gehört der Krankengeldzuschuss nicht zum sozialversicherungsrechtlichen Entgelt (§ 49

Entgelt im Krankheitsfall TVöD **§ 22 I.1**

Abs. 1 Nr. 1 SGB V, § 162 SGB VI und § 342 SGB III). Gemäß § 15 Abs. 2 ATV/ATV-K[1]) in Verbindung mit Anlage 3 Satz 1 Nr. 8 zum ATV/ATV-K gehört er nicht zum zusatzversorgungspflichtigen Entgelt.

Dauer des Krankengeldzuschusses (Abs. 3)

Die Regelung des Absatzes 3 begrenzt die Dauer der Bezugsfristen des Krankengeldzuschusses in Abhängigkeit von der Beschäftigungszeit (→ dazu § 34 Abs. 3). Bei einer Beschäftigungszeit von mehr als einem Jahr wird der Krankengeldzuschuss längstens bis zum Ende der 13. Woche, bei einer Beschäftigungszeit von mehr als drei Jahren längstens bis zum Ende der 39. Woche seit Beginn der Arbeitsunfähigkeit infolge derselben Krankheit gezahlt. Bei einer Beschäftigungszeit bis zu einem Jahr besteht somit kein Anspruch auf Krankengeldzuschuss. Maßgebend ist nach Satz 2 der Vorschrift die im Laufe der Arbeitsunfähigkeit vollendete Beschäftigungszeit.

Zu beachten ist bei der Berechnung der Bezugsdauer des Krankengeldzuschusses, dass sich die Frist von Beginn der Arbeitsunfähigkeit berechnet, so dass der Zeitraum der sechswöchigen Entgeltfortzahlung nach Absatz 1 mitgezählt wird. Der Zeitraum, für den ein Krankengeldzuschuss gezahlt wird, beträgt somit höchstens 7 bzw. 33 Wochen.

Wegen der Begrenzung der Gesamtdauer der Krankenbezüge siehe Absatz 4 Satz 3 und die Erläuterungen dazu.

Da auch die Bezugsfristen des Krankengeldzuschusses krankheitsbezogen sind, gelten hier ebenfalls die Grundsätze für Wiederholungserkrankungen (s. o.). Dem Beschäftigten steht der Krankengeldzuschuss deshalb bei einer Wiederholungserkrankung nur einmal für höchstens 39 Wochen zu. Auch der Anspruch auf Krankengeldzuschuss lebt wieder auf, wenn die Entgeltfortzahlungsfrist erneut beginnt.

Krankengeld und -zuschuss bei Beendigung des Arbeitsverhältnisses (Abs. 4)

Nach Satz 1 der Vorschrift wird das Entgelt im Krankheitsfall (unter diesen Oberbegriff fallen sowohl die Entgeltfortzahlung als auch der Krankengeldzuschuss) nicht über das Ende des Arbeitsverhältnisses hinaus gezahlt. Zwar bleibt nach dem zweiten Halbsatz des Satzes 1 „§ 8 EFZG unberührt". Diese gesetzliche Vorschrift betrifft aber nur

---

[1]) abgedruckt unter **V.1**

§ 22 I.1 TVöD — Entgelt im Krankheitsfall

die reine Entgeltfortzahlung, nicht jedoch den Krankengeldzuschuss. Während somit ein Anspruch auf Entgeltfortzahlung unter den Voraussetzungen des § 8 EFZG auch nach dem Ende des Arbeitsverhältnisses besteht (→ dazu Erläuterungen Nr. 3 zu Absatz 1), erlischt der Anspruch auf Krankengeldzuschuss ausnahmslos mit dem Ende des Arbeitsverhältnisses.

Satz 2 der Vorschrift bestimmt darüber hinaus, dass der Krankengeldzuschuss nicht über den Zeitpunkt hinaus gezahlt wird, von dem an der Beschäftigte Anspruch auf eine Rente aus der gesetzlichen Rentenversicherung, aus der zusätzlichen Alters- und Hinterbliebenenversorgung oder aus einer sonstigen Versorgungseinrichtung (z. B. berufsständische Versorgungseinrichtung der Ärzte oder Apotheker) erhält, zu der auch der Arbeitgeber Beiträge erbracht hat.

Der im Zuge des Änderungstarifvertrages Nr. 2 vom 31. März 2008 mit Wirkung vom 1. Juli 2008 eingefügte Satz 3 des Absatzes 4 begrenzt die Bezugsfristen für das Entgelt im Krankheitsfall (also sowohl für die Entgeltfortzahlung als auch für den Krankengeldzuschuss) auf 13. bzw. 39 Wochen innerhalb eines Kalenderjahres. Bei jeder neuen Erkrankung besteht jedoch mindestens Anspruch auf die sechswöchige Entgeltfortzahlung nach Absatz 1.

Nach Satz 4 gelten die über den Rentenbeginn hinaus gezahlten Krankengeldzuschüsse oder sonstigen Zahlungen als Vorschuss auf die entsprechende Rente; die Rentenansprüche des Beschäftigten gehen insoweit auf den Arbeitgeber über (Satz 4 zweiter Halbsatz). Klassischer Anwendungsfall ist die (in der Regel rückwirkende) Gewährung von Erwerbsunfähigkeitsrenten. In diesem Fall entfällt rückwirkend der Anspruch auf Krankengeldzuschuss; bereits geleistete Zahlungen sind mit den für den gleichen Zeitraum zustehenden Rentenansprüchen (die auf den Arbeitgeber übergehen) zu verrechnen.

Kommt es dabei zu Überzahlungen (weil der Rentenanspruch hinter den für denselben Zeitraum geleisteten Zahlungen des Arbeitgebers zurückbleibt), so kann der Arbeitgeber nach Satz 5 von der Rückforderung des nicht gedeckten Betrages absehen. Voraussetzung für den Verzicht ist aber, dass der Beschäftigte nicht die Zustellung des Rentenbescheides schuldhaft verspätet mitgeteilt (und dadurch selbst die Ursache für die Überzahlung gesetzt) hat. Die Regelung des Satzes 5 entspricht der Vorschrift des § 37 Abs. 7 Unterabs. 3 BAT. Die Zukunft wird zeigen, ob die öffentlichen Arbeitgeber von der Verzichtsmöglichkeit weiterhin Gebrauch machen und auf die Rück-

Entgelt im Krankheitsfall TVöD **§ 22 I.1**

forderung verzichten bzw. sie begrenzen (bislang wurde der Rückforderungsbetrag häufig auf ein Monatsentgelt begrenzt).

Nachweispflichten

Die Tarifpartner haben auf eine eigenständige Regelung – wie z. B. § 37a BAT – verzichtet. Die Nachweispflichten (für eine Krankheit/Arbeitsunfähigkeit) ergeben sich stattdessen aus § 5 EZFG. Wesentliche materielle Änderungen zum bisherigen Rechtszustand ergeben sich dadurch nicht; denn § 37a BAT entsprach im Kern der gesetzlichen Regelung.

Forderungsübergang bei Dritthaftung

Ebenfalls verzichtet haben die Tarifpartner auf eine § 38 BAT entsprechende Vorschrift zum Forderungsübergang bei Dritthaftung. Eine entsprechende Schutzvorschrift für die Beschäftigten (darum handelte es sich, weil der Arbeitgeber hinsichtlich der Lohnfortzahlung zunächst in Vorlage ging, auf diese Weise den Lebensunterhalt des Beschäftigten sicherstellte und sich das Geld erst anschließend von dem zum Schadenersatz Verpflichteten erstatten ließ) ist im Hinblick auf die entsprechenden Regelungen der §§ 6 und 7 EFZG weitgehend entbehrlich. Materielle Änderungen zum bisherigen Recht ergeben sich aber in Bezug auf den Forderungsübergang beim Krankengeldzuschuss, der von der gesetzlichen Vorschrift nicht erfasst wird. Soweit gewollt (zweckmäßig wäre es), muss der Arbeitgeber den Forderungsübergang mit dem Beschäftigten einzelvertraglich vereinbaren.

Gesetz über die Zahlung des Arbeitsentgelts an Feiertagen und im Krankheitsfall (Entgeltfortzahlungsgesetz)

Vom 26. Mai 1994 (BGBl. I S. 1014)

Zuletzt geändert durch
Drittes Gesetz für moderne Dienstleistungen am Arbeitsmarkt
vom 23. Dezember 2003 (BGBl. I S. 2848)

§ 1 Anwendungsbereich

(1) Dieses Gesetz regelt die Zahlung des Arbeitsentgelts an gesetzlichen Feiertagen und die Fortzahlung des Arbeitsentgelts im Krankheitsfall an Arbeitnehmer sowie die wirtschaftliche Sicherung im Bereich der Heimarbeit für gesetzliche Feiertage und im Krankheitsfall.

(2) Arbeitnehmer im Sinne dieses Gesetzes sind Arbeiter und Angestellte sowie die zu ihrer Berufsbildung Beschäftigten.

§ 2 Entgeltzahlung an Feiertagen

(1) Für Arbeitszeit, die infolge eines gesetzlichen Feiertages ausfällt, hat der Arbeitgeber dem Arbeitnehmer das Arbeitsentgelt zu zahlen, das er ohne den Arbeitsausfall erhalten hätte.

(2) Die Arbeitszeit, die an einem gesetzlichen Feiertag gleichzeitig infolge von Kurzarbeit ausfällt und für die an anderen Tagen als an gesetzlichen Feiertagen Kurzarbeitergeld geleistet wird, gilt als infolge eines gesetzlichen Feiertages nach Absatz 1 ausgefallen.

(3) Arbeitnehmer, die am letzten Arbeitstag vor oder am ersten Arbeitstag nach Feiertagen unentschuldigt der Arbeit fernbleiben, haben keinen Anspruch auf Bezahlung für diese Feiertage.

§ 3 Anspruch auf Entgeltfortzahlung im Krankheitsfall

(1) Wird ein Arbeitnehmer durch Arbeitsunfähigkeit infolge Krankheit an seiner Arbeitsleistung verhindert, ohne daß ihn ein Verschulden trifft, so hat er Anspruch auf Entgeltfortzahlung im Krankheitsfall durch den Arbeitgeber für die Zeit der Arbeitsunfähigkeit bis zur Dauer von sechs Wochen. Wird der Arbeitnehmer infolge derselben Krankheit erneut arbeitsunfähig, so verliert er wegen der erneuten Arbeitsunfähigkeit den Anspruch nach Satz 1 für einen weiteren Zeitraum von höchstens sechs Wochen nicht, wenn

1. er vor der erneuten Arbeitsunfähigkeit mindestens sechs Monate nicht infolge derselben Krankheit arbeitsunfähig war oder
2. seit Beginn der ersten Arbeitsunfähigkeit infolge derselben Krankheit eine Frist von zwölf Monaten abgelaufen ist.

(2) Als unverschuldete Arbeitsunfähigkeit im Sinne des Absatzes 1 gilt auch eine Arbeitsverhinderung, die infolge einer nicht rechtswidrigen Sterilisation oder eines nicht rechtswidrigen Abbruchs der Schwangerschaft eintritt. Dasselbe gilt für einen Abbruch der Schwangerschaft, wenn die Schwangerschaft innerhalb von zwölf Wochen nach der Empfängnis durch einen Arzt abgebrochen wird, die schwangere Frau den Abbruch verlangt und dem Arzt durch eine Bescheinigung nachgewiesen hat, daß sie sich mindestens drei Tage vor dem Eingriff von einer anerkannten Beratungsstelle hat beraten lassen.

(3) Der Anspruch nach Absatz 1 entsteht nach vierwöchiger ununterbrochener Dauer des Arbeitsverhältnisses.

§ 4 Höhe des fortzuzahlenden Arbeitsentgelts

(1) Für den in § 3 Abs. 1 bezeichneten Zeitraum ist dem Arbeitnehmer das ihm bei der für ihn maßgebenden regelmäßigen Arbeitszeit zustehende Arbeitsentgelt fortzuzahlen.

(1a) Zum Arbeitsentgelt nach Absatz 1 gehören nicht das zusätzlich für Überstunden gezahlte Arbeitsentgelt und Leistungen für Aufwendungen des Arbeitnehmers, soweit der Anspruch auf sie im Falle der Arbeitsfähigkeit davon abhängig ist, daß dem Arbeitnehmer entsprechende Aufwendungen tatsächlich entstanden sind, und dem Arbeitnehmer solche Aufwendungen während der Arbeitsunfähigkeit nicht entstehen. Erhält der Arbeitnehmer eine auf das Ergebnis der Arbeit abgestellte Vergütung, so ist der von dem Arbeitnehmer in der für ihn maßgebenden regelmäßigen Arbeitszeit erzielbare Durchschnittsverdienst der Berechnung zugrunde zu legen.

(2) Ist der Arbeitgeber für Arbeitszeit, die gleichzeitig infolge eines gesetzlichen Feiertages ausgefallen ist, zur Fortzahlung des Arbeitsentgelts nach § 3 verpflichtet, bemißt sich die Höhe des fortzuzahlenden Arbeitsentgelts für diesen Feiertag nach § 2.

(3) Wird in dem Betrieb verkürzt gearbeitet und würde deshalb das Arbeitsentgelt des Arbeitnehmers im Falle seiner Arbeitsfähigkeit gemindert, so ist die verkürzte Arbeitszeit für ihre Dauer als die für den Arbeitnehmer maßgebende regelmäßige Arbeitszeit im Sinne des Absatzes 1 anzusehen. Dies gilt nicht im Falle des § 2 Abs. 2.

(4) Durch Tarifvertrag kann eine von den Absätzen 1, 1a und 3 abweichende Bemessungsgrundlage des fortzuzahlenden Arbeitsentgelts festgelegt werden. Im Geltungsbereich eines solchen Tarifvertrages kann zwischen nichttarifgebundenen Arbeitgebern und Arbeitnehmern die Anwendung der tarifvertraglichen Regelung über die Fortzahlung des Arbeitsentgelts im Krankheitsfalle vereinbart werden.

§ 4a Kürzung von Sondervergütungen

Eine Vereinbarung über die Kürzung von Leistungen, die der Arbeitgeber zusätzlich zum laufenden Arbeitsentgelt erbringt (Sondervergütungen), ist auch für Zeiten der Arbeitsunfähigkeit infolge Krankheit zulässig. Die Kürzung darf für jeden Tag der Arbeitsunfähigkeit infolge Krankheit ein Viertel des Arbeitsentgelts, das im Jahresdurchschnitt auf einen Arbeitstag entfällt, nicht überschreiten.

§ 5 Anzeige- und Nachweispflichten

(1) Der Arbeitnehmer ist verpflichtet, dem Arbeitgeber die Arbeitsunfähigkeit und deren voraussichtliche Dauer unverzüglich mitzuteilen. Dauert die Arbeitsunfähigkeit länger als drei Kalendertage, hat der Arbeitnehmer eine ärztliche Bescheinigung über das Bestehen der Arbeitsunfähigkeit sowie deren voraussichtliche Dauer spätestens an dem darauffolgenden Arbeitstag vorzulegen. Der Arbeitgeber ist berechtigt, die Vorlage der ärztlichen Bescheinigung früher zu verlangen. Dauert die Arbeitsunfähigkeit länger als in der Bescheinigung angegeben, ist der Arbeitnehmer verpflichtet, eine neue ärztliche Bescheinigung vorzulegen. Ist der Arbeitnehmer Mitglied einer gesetzlichen Krankenkasse, muß die ärztliche Bescheinigung einen Vermerk des behandelnden Arztes darüber enthalten, daß der Krankenkasse unverzüglich eine Bescheinigung über die Arbeitsunfähigkeit mit Angaben über den Befund und die voraussichtliche Dauer der Arbeitsunfähigkeit übersandt wird.

(2) Hält sich der Arbeitnehmer bei Beginn der Arbeitsunfähigkeit im Ausland auf, so ist er verpflichtet, dem Arbeitgeber die Arbeitsunfähigkeit, deren voraussichtliche Dauer und die Adresse am Aufenthaltsort in der schnellstmöglichen Art der Übermittlung mitzuteilen. Die durch die Mitteilung entstehenden Kosten hat der Arbeitgeber zu tragen. Darüber hinaus ist der Arbeitnehmer, wenn er Mitglied einer gesetzlichen Krankenkasse ist, verpflichtet, auch dieser die Arbeitsunfähigkeit und deren voraussichtliche Dauer unverzüglich anzuzei-

gen. Dauert die Arbeitsunfähigkeit länger als angezeigt, so ist der Arbeitnehmer verpflichtet, der gesetzlichen Krankenkasse die voraussichtliche Fortdauer der Arbeitsunfähigkeit mitzuteilen. Die gesetzlichen Krankenkassen können festlegen, daß der Arbeitnehmer Anzeige- und Mitteilungspflichten nach den Sätzen 3 und 4 auch gegenüber einem ausländischen Sozialversicherungsträger erfüllen kann. Absatz 1 Satz 5 gilt nicht. Kehrt ein arbeitsunfähig erkrankter Arbeitnehmer in das Inland zurück, so ist er verpflichtet, dem Arbeitgeber und der Krankenkasse seine Rückkehr unverzüglich anzuzeigen.

§ 6 Forderungsübergang bei Dritthaftung

(1) Kann der Arbeitnehmer auf Grund gesetzlicher Vorschriften von einem Dritten Schadensersatz wegen des Verdienstausfalls beanspruchen, der ihm durch die Arbeitsunfähigkeit entstanden ist, so geht dieser Anspruch insoweit auf den Arbeitgeber über, als dieser dem Arbeitnehmer nach diesem Gesetz Arbeitsentgelt fortgezahlt und darauf entfallende vom Arbeitgeber zu tragende Beiträge zur Bundesagentur für Arbeit, Arbeitgeberanteile an Beiträgen zur Sozialversicherung und zur Pflegeversicherung sowie zu Einrichtungen der zusätzlichen Alters- und Hinterbliebenenversorgung abgeführt hat.

(2) Der Arbeitnehmer hat dem Arbeitgeber unverzüglich die zur Geltendmachung des Schadensersatzanspruchs erforderlichen Angaben zu machen.

(3) Der Forderungsübergang nach Absatz 1 kann nicht zum Nachteil des Arbeitnehmers geltend gemacht werden.

§ 7 Leistungsverweigerungsrecht des Arbeitgebers

(1) Der Arbeitgeber ist berechtigt, die Fortzahlung des Arbeitsentgelts zu verweigern,
1. solange der Arbeitnehmer die von ihm nach § 5 Abs. 1 vorzulegende ärztliche Bescheinigung nicht vorlegt oder den ihm nach § 5 Abs. 2 obliegenden Verpflichtungen nicht nachkommt;
2. wenn der Arbeitnehmer den Übergang eines Schadensersatzanspruchs gegen einen Dritten auf den Arbeitgeber (§ 6) verhindert.

(2) Absatz 1 gilt nicht, wenn der Arbeitnehmer die Verletzung dieser ihm obliegenden Verpflichtungen nicht zu vertreten hat.

§ 8 Beendigung des Arbeitsverhältnisses

(1) Der Anspruch auf Fortzahlung des Arbeitsentgelts wird nicht dadurch berührt, daß der Arbeitgeber das Arbeitsverhältnis aus Anlaß der Arbeitsunfähigkeit kündigt. Das gleiche gilt, wenn der Arbeitnehmer das Arbeitsverhältnis aus einem vom Arbeitgeber zu vertretenden Grunde kündigt, der den Arbeitnehmer zur Kündigung aus wichtigem Grund ohne Einhaltung einer Kündigungsfrist berechtigt.

(2) Endet das Arbeitsverhältnis vor Ablauf der in § 3 Abs. 1 bezeichneten Zeit nach dem Beginn der Arbeitsunfähigkeit, ohne daß es einer Kündigung bedarf, oder infolge einer Kündigung aus anderen als den in Absatz 1 bezeichneten Gründen, so endet der Anspruch mit dem Ende des Arbeitsverhältnisses.

§ 9 Maßnahmen der medizinischen Vorsorge und Rehabilitation

(1) Die Vorschriften der §§ 3 bis 4a und 6 bis 8 gelten entsprechend für die Arbeitsverhinderung infolge einer Maßnahme der medizinischen Vorsorge oder Rehabilitation, die ein Träger der gesetzlichen Renten-, Kranken- oder Unfallversicherung, eine Verwaltungsbehörde der Kriegsopferversorgung oder ein sonstiger Sozialleistungsträger bewilligt hat und die in einer Einrichtung der medizinischen Vorsorge oder Rehabilitation durchgeführt wird. Ist der Arbeitnehmer nicht Mitglied einer gesetzlichen Krankenkasse oder nicht in der gesetzlichen Rentenversicherung versichert, gelten die §§ 3 bis 4a und 6 bis 8 entsprechend, wenn eine Maßnahme der medizinischen Vorsorge oder Rehabilitation ärztlich verordnet worden ist und in einer Einrichtung der medizinischen Vorsorge oder Rehabilitation oder einer vergleichbaren Einrichtung durchgeführt wird.

(2) Der Arbeitnehmer ist verpflichtet, dem Arbeitgeber den Zeitpunkt des Antritts der Maßnahme, die voraussichtliche Dauer und die Verlängerung der Maßnahme im Sinne des Absatzes 1 unverzüglich mitzuteilen und ihm

a) eine Bescheinigung über die Bewilligung der Maßnahme durch einen Sozialleistungsträger nach Absatz 1 Satz 1 oder

b) eine ärztliche Bescheinigung über die Erforderlichkeit der Maßnahme im Sinne des Absatzes 1 Satz 2

unverzüglich vorzulegen.

§ 10 Wirtschaftliche Sicherung für den Krankheitsfall im Bereich der Heimarbeit

(1) In Heimarbeit Beschäftigte (§ 1 Abs. 1 des Heimarbeitsgesetzes) und ihnen nach § 1 Abs. 2 Buchstabe a bis c des Heimarbeitsgesetzes Gleichgestellte haben gegen ihren Auftraggeber oder, falls sie von einem Zwischenmeister beschäftigt werden, gegen diesen Anspruch auf Zahlung eines Zuschlags zum Arbeitsentgelt. Der Zuschlag beträgt

1. für Heimarbeiter, für Hausgewerbetreibende ohne fremde Hilfskräfte und die nach § 1 Abs. 2 Buchstabe a des Heimarbeitsgesetzes Gleichgestellten 3,4 vom Hundert,
2. für Hausgewerbetreibende mit nicht mehr als zwei fremden Hilfskräften und die nach § 1 Abs. 2 Buchstabe b und c des Heimarbeitsgesetzes Gleichgestellten 6,4 vom Hundert

des Arbeitsentgelts vor Abzug der Steuern, des Beitrags zur Bundesagentur für Arbeit und der Sozialversicherungsbeiträge ohne Unkostenzuschlag und ohne die für den Lohnausfall an gesetzlichen Feiertagen, den Urlaub und den Arbeitsausfall infolge Krankheit zu leistenden Zahlungen. Der Zuschlag für die unter Nummer 2 aufgeführten Personen dient zugleich zur Sicherung der Ansprüche der von ihnen Beschäftigten.

(2) Zwischenmeister, die den in Heimarbeit Beschäftigten nach § 1 Abs. 2 Buchstabe d des Heimarbeitsgesetzes gleichgestellt sind, haben gegen ihren Auftraggeber Anspruch auf Vergütung der von ihnen nach Absatz 1 nachweislich zu zahlenden Zuschläge.

(3) Die nach den Absätzen 1 und 2 in Betracht kommenden Zuschläge sind gesondert in den Entgeltbeleg einzutragen.

(4) Für Heimarbeiter (§ 1 Abs. 1 Buchstabe a des Heimarbeitsgesetzes) kann durch Tarifvertrag bestimmt werden, daß sie statt der in Absatz 1 Satz 2 Nr. 1 bezeichneten Leistungen die den Arbeitnehmern im Falle ihrer Arbeitsunfähigkeit nach diesem Gesetz zustehenden Leistungen erhalten. Bei der Bemessung des Anspruchs auf Arbeitsentgelt bleibt der Unkostenzuschlag außer Betracht.

(5) Auf die in den Absätzen 1 und 2 vorgesehenen Zuschläge sind die §§ 23 bis 25, 27 und 28 des Heimarbeitsgesetzes, auf die in Absatz 1 dem Zwischenmeister gegenüber vorgesehenen Zuschläge außerdem § 21 Abs. 2 des Heimarbeitsgesetzes entsprechend anzuwenden. Auf die Ansprüche der fremden Hilfskräfte der in Absatz 1 unter Nummer 2 genannten Personen auf Entgeltfortzahlung im Krankheitsfall ist § 26 des Heimarbeitsgesetzes entsprechend anzuwenden.

§ 11 Feiertagsbezahlung der in Heimarbeit Beschäftigten

(1) Die in Heimarbeit Beschäftigten (§ 1 Abs. 1 des Heimarbeitsgesetzes) haben gegen den Auftraggeber oder Zwischenmeister Anspruch auf Feiertagsbezahlung nach Maßgabe der Absätze 2 bis 5. Den gleichen Anspruch haben die in § 1 Abs. 2 Buchstabe a bis d des Heimarbeitsgesetzes bezeichneten Personen, wenn sie hinsichtlich der Feiertagsbezahlung gleichgestellt werden; die Vorschriften des § 1 Abs. 3 Satz 3 und Abs. 4 und 5 des Heimarbeitsgesetzes finden Anwendung. Eine Gleichstellung, die sich auf die Entgeltregelung erstreckt, gilt auch für die Feiertagsbezahlung, wenn diese nicht ausdrücklich von der Gleichstellung ausgenommen ist.

(2) Das Feiertagsgeld beträgt für jeden Feiertag im Sinne des § 2 Abs. 1 0,72 vom Hundert des in einem Zeitraum von sechs Monaten ausgezahlten reinen Arbeitsentgelts ohne Unkostenzuschläge. Bei der Berechnung des Feiertagsgeldes ist für die Feiertage, die in den Zeitraum von 1. Mai bis 31. Oktober fallen, der vorhergehende Zeitraum vom 1. November bis 30. April und für die Feiertage, die in den Zeitraum vom 1. November bis 30. April fallen, der vorhergehende Zeitraum vom 1. Mai bis 31. Oktober zugrunde zu legen. Der Anspruch auf Feiertagsgeld ist unabhängig davon, ob im laufenden Halbjahreszeitraum noch eine Beschäftigung in Heimarbeit für den Auftraggeber stattfindet.

(3) Das Feiertagsgeld ist jeweils bei der Entgeltzahlung vor dem Feiertag zu zahlen. Ist die Beschäftigung vor dem Feiertag unterbrochen worden, so ist das Feiertagsgeld spätestens drei Tage vor dem Feiertag auszuzahlen. Besteht bei der Einstellung der Ausgabe von Heimarbeit zwischen den Beteiligten Einvernehmen, das Heimarbeitsverhältnis nicht wieder fortzusetzen, so ist dem Berechtigten bei der letzten Entgeltzahlung das Feiertagsgeld für die noch übrigen Feiertage des laufenden sowie für die Feiertage des folgenden Halbjahreszeitraumes zu zahlen. Das Feiertagsgeld ist jeweils bei der Auszahlung in die Entgeltbelege (§ 9 des Heimarbeitsgesetzes) einzutragen.

(4) Übersteigt das Feiertagsgeld, das der nach Absatz 1 anspruchsberechtigte Hausgewerbetreibende oder im Lohnauftrag arbeitende Gewerbetreibende (Anspruchsberechtigte) für einen Feiertag auf Grund des § 2 seinen fremden Hilfskräften (§ 2 Abs. 6 des Heimarbeitsgesetzes) gezahlt hat, den Betrag, den er auf Grund der Absätze 2 und 3 für diesen Feiertag erhalten hat, so haben ihm auf Verlangen seine Auftraggeber oder Zwischenmeister den Mehrbetrag anteilig zu erstatten. Ist der Anspruchsberechtigte gleichzeitig Zwi-

schenmeister, so bleibt hierbei das für die Heimarbeiter oder Hausgewerbetreibenden empfangene und weiter gezahlte Feiertagsgeld außer Ansatz. Nimmt ein Anspruchsberechtigter eine Erstattung nach Satz 1 in Anspruch, so können ihm bei Einstellung der Ausgabe von Heimarbeit die erstatteten Beträge auf das Feiertagsgeld angerechnet werden, das ihm auf Grund des Absatzes 2 und des Absatzes 3 Satz 3 für die dann noch übrigen Feiertage des laufenden sowie für die Feiertage des folgenden Halbjahreszeitraumes zu zahlen ist.

(5) Das Feiertagsgeld gilt als Entgelt im Sinne der Vorschriften des Heimarbeitsgesetzes über Mithaftung des Auftraggebers (§ 21 Abs. 2), über Entgeltschutz (§§ 23 bis 27) und über Auskunftspflicht über Entgelte (§ 28); hierbei finden die §§ 24 bis 26 des Heimarbeitsgesetzes Anwendung, wenn ein Feiertagsgeld gezahlt ist, das niedriger ist als das in diesem Gesetz festgesetzte.

§ 12 Unabdingbarkeit

Abgesehen von § 4 Abs. 4 kann von den Vorschriften dieses Gesetzes nicht zuungunsten des Arbeitnehmers oder der nach § 10 berechtigten Personen abgewichen werden.

§ 13 Übergangsvorschrift

Ist der Arbeitnehmer von einem Tag nach dem 9. Dezember 1998 bis zum 1. Januar 1999 oder darüber hinaus durch Arbeitsunfähigkeit infolge Krankheit oder infolge einer Maßnahme der medizinischen Vorsorge oder Rehabilitation an seiner Arbeitsleistung verhindert, sind für diesen Zeitraum die seit dem 1. Januar 1999 geltenden Vorschriften maßgebend, es sei denn, daß diese für den Arbeitnehmer ungünstiger sind.

§ 23 Besondere Zahlungen

(1) ¹Nach Maßgabe des Vermögensbildungsgesetzes in seiner jeweiligen Fassung haben Beschäftigte, deren Arbeitsverhältnis voraussichtlich mindestens sechs Monate dauert, einen Anspruch auf vermögenswirksame Leistungen. ²Für Vollbeschäftigte beträgt die vermögenswirksame Leistung für jeden vollen Kalendermonat 6,65 Euro. ³Der Anspruch entsteht frühestens für den Kalendermonat, in dem die/der Beschäftigte dem Arbeitgeber die erforderlichen Angaben schriftlich mitteilt, und für die beiden vorangegangenen Monate desselben Kalenderjahres; die Fälligkeit tritt nicht vor acht Wochen nach Zugang der Mitteilung beim Arbeitgeber ein. ⁴Die vermögenswirksame Leistung wird nur für Kalendermonate gewährt, für die den Beschäftigten Tabellenentgelt, Entgeltfortzahlung oder Krankengeldzuschuss zusteht. ⁵Für Zeiten, für die Krankengeldzuschuss zusteht, ist die vermögenswirksame Leistung Teil des Krankengeldzuschusses. ⁶Die vermögenswirksame Leistung ist kein zusatzversorgungspflichtiges Entgelt.

(2) ¹Beschäftigte erhalten ein Jubiläumsgeld bei Vollendung einer Beschäftigungszeit (§ 34 Abs. 3)
a) von 25 Jahren in Höhe von 350 Euro,
b) von 40 Jahren in Höhe von 500 Euro.

²Teilzeitbeschäftigte erhalten das Jubiläumsgeld in voller Höhe. ³Im Bereich der VKA können durch Betriebs-/Dienstvereinbarung günstigere Regelungen getroffen werden.

(3) ¹Beim Tod von Beschäftigten, deren Arbeitsverhältnis nicht geruht hat, wird der Ehegattin/dem Ehegatten oder der Lebenspartnerin/dem Lebenspartner im Sinne des Lebenspartnerschaftsgesetzes oder den Kindern ein Sterbegeld gewährt. ²Als Sterbegeld wird für die restlichen Tage des Sterbemonats und – in einer Summe – für zwei weitere Monate das Tabellenentgelt der/des Verstorbenen gezahlt. ³Die Zahlung des Sterbegeldes an einen der Berechtigten bringt den Anspruch der Übrigen gegenüber dem Arbeitgeber zum Erlöschen; die Zahlung auf das Gehaltskonto hat befreiende Wirkung. ⁴Für den Bereich der VKA können betrieblich eigene Regelungen getroffen werden.

Erläuterungen

§ 23 TVöD trifft Regelungen über „Besondere Zahlungen". Dies sind vermögenswirksame Leistungen (Absatz 1), Jubiläumsgeld (Absatz 2) und Sterbegeld (Absatz 3). Diese Tatbestände waren bislang in § 39 (Jubiläumsgeld), § 41 (Sterbegeld) BAT bzw. den vergleichbaren Vorschriften der Manteltarifverträge für Arbeiter geregelt. Die Anspruchsgrundlagen und Verfahrensgrundsätze zur Zahlung vermögenswirksamer Leistungen waren bislang in eigenständigen, in ihrem Kern an das Fünfte Vermögensbildungsgesetz angelehnten Tarifverträgen (z. B. Tarifvertrag über vermögenswirksame Leistungen an Angestellte vom 17. Dezember 1970) geregelt worden und sind nun in den TVöD einbezogen worden.

Auf die abweichenden Sonderregelungen in § 45 (Bund) des Besonderen Teils Verwaltung wird hingewiesen.

Vermögenswirksame Leistungen (Abs. 1)

Wie in der Einleitung bereits dargestellt, sind die Vorschriften über vermögenswirksame Leistungen nun in den TVöD einbezogen worden.

Da die Regelung recht kurz gehalten ist, richten sich Einzelheiten weitgehend nach dem Fünften Vermögensbildungsgesetz (s. o.). An den bisherigen Grundsätzen ändert sich aber im Wesentlichen nichts. Wie bisher beträgt die Leistung des Arbeitgebers 6,65 Euro monatlich für Vollbeschäftigte. Dieser Betrag reduziert sich bei Teilzeitkräften entsprechend dem Verhältnis ihrer Arbeitszeit zur Arbeitszeit eines Vollbeschäftigten (→ § 23 Abs. 1 Satz 2 i. V. m. § 24 Abs. 2). Die vermögenswirksame Leistung ist weiterhin kein zusatzversorgungspflichtiges Entgelt (§ 23 Abs. 1 Satz 6).

Beschäftigte im Tarifgebiet Ost erhalten – abweichend von den bei der Vergütung ansonsten geltenden Grundsätzen – die vollen Beträge (Protokollerklärung Nr. 3 zu § 15 Abs. 1).

Wegen der abweichenden Vereinbarung für Beschäftigte und Auszubildende der Sparkassen → § 49 des Besonderen Teils Sparkassen.

Jubiläumsgeld (Abs. 2)

Absatz 2 bestimmt, dass der Beschäftigte nach langjähriger (nämlich 25-jähriger und 40-jähriger Beschäftigungszeit) ein Jubiläumsgeld von 350 bzw. 500 Euro erhält. Ein Jubiläumsgeld nach 50jähriger Beschäftigungszeit ist tarifvertraglich nicht mehr vorgesehen.

Der Begriff der Beschäftigungszeit ist in § 34 Abs. 3 definiert. Hinsichtlich der im „alten Recht" absolvierten Zeiten ist aber § 14 Abs. 2 TVÜ/TVÜ-VKA[1]) zu beachten. Dort ist bestimmt, dass für die Festsetzung des Jubiläumsgeldes nach den Vorschriften des TVöD nach altem Recht anerkannte Dienst- (BAT), Beschäftigungs- (BAT-O und MTArb-O) bzw. Jubiläumszeiten (MTArb) berücksichtigt werden.

Die vereinbarten Beträge gelten ungekürzt auch für Nichtvollbeschäftigte (Satz 2). Die Tarifpartner haben in diesem Punkt der zu § 39 BAT

---

[1]) abgedruckt unter **I.2**

ergangenen Rechtsprechung Rechnung getragen (siehe Urteil des BAG vom 22. Mai 1996 – 10 AZR 618/95, AP Nr. 1 zu § 39 BAT).

Das Jubiläumsgeld ist steuer- und sozialversicherungspflichtiger Arbeitslohn. Es ist jedoch gemäß Nr. 9 der Anlage 3 zum ATV/ATV-K[1]) kein zusatzversorgungspflichtiges Entgelt. Dabei ist davon auszugehen, dass der dortige Begriff „Jubiläumszuwendungen" auch das Jubiläumsgeld nach dem TVöD erfasst.

Beschäftigte im Tarifgebiet Ost erhalten – abweichend von den bei der Vergütung ansonsten geltenden Grundsätzen – die vollen Beträge (Protokollerklärung Nr. 3 zu § 15 Abs. 1).

Sterbegeld (Abs. 3)

Die Vorschrift entspricht in ihrem Kern § 41 BAT und sieht vor, dass der hinterbliebene Ehegatte, der Lebenspartner nach dem Lebenspartnerschaftsgesetz bzw. die Kinder des verstorbenen, in einem nicht ruhenden Arbeitsverhältnis tätigen Beschäftigten ein Sterbegeld erhalten. Die Zahlung an einen der in Frage kommenden Angehörigen bringt den Anspruch weiterer Berechtigter ebenso zum Erlöschen wie die Zahlung auf das Gehaltskonto des Verstorbenen.

Das Sterbegeld besteht aus dem restlichen Entgelt für den Sterbemonat und zwei weiteren Monatsentgelten des Verstorbenen.

Im Bereich der VKA können eigene (abweichende) betriebliche Regelungen getroffen werden (Satz 4).

Wie bisher wird der allgemeine Rechtsgrundsatz, dass derjenige, der den Tod des Beschäftigten vorsätzlich herbeigeführt hat, keinen Anspruch auf Sterbegeld hat, zu beachten sein.

---

[1]) abgedruckt unter **V.1**

§ 24 Berechnung und Auszahlung des Entgelts

(1) ¹Bemessungszeitraum für das Tabellenentgelt und die sonstigen Entgeltbestandteile ist der Kalendermonat, soweit tarifvertraglich nicht ausdrücklich etwas Abweichendes geregelt ist. ²Die Zahlung erfolgt am letzten Tag des Monats (Zahltag) für den laufenden Kalendermonat auf ein von der/dem Beschäftigten benanntes Konto innerhalb eines Mitgliedstaats der Europäischen Union. ³Fällt der Zahltag auf einen Samstag, einen Wochenfeiertag oder den 31. Dezember, gilt der vorhergehende Werktag, fällt er auf einen Sonntag, gilt der zweite vorhergehende Werktag als Zahltag. ⁴Entgeltbestandteile, die nicht in Monatsbeträgen festgelegt sind, sowie der Tagesdurchschnitt nach § 21 sind am Zahltag des zweiten Kalendermonats, der auf ihre Entstehung folgt, fällig.

Protokollerklärungen zu Absatz 1:
1. Teilen Beschäftigte ihrem Arbeitgeber die für eine kostenfreie bzw. kostengünstigere Überweisung in einen anderen Mitgliedstaat der Europäischen Union erforderlichen Angaben nicht rechtzeitig mit, so tragen sie die dadurch entstehenden zusätzlichen Überweisungskosten.
2. Soweit Arbeitgeber die Bezüge am 15. eines jeden Monats für den laufenden Monat zahlen, können sie jeweils im Dezember eines Kalenderjahres den Zahltag vom 15. auf den letzten Tag des Monats gemäß Absatz 1 Satz 1 verschieben.

(2) Soweit tarifvertraglich nicht ausdrücklich etwas anderes geregelt ist, erhalten Teilzeitbeschäftigte das Tabellenentgelt (§ 15) und alle sonstigen Entgeltbestandteile in dem Umfang, der dem Anteil ihrer individuell vereinbarten durchschnittlichen Arbeitszeit an der regelmäßigen Arbeitszeit vergleichbarer Vollzeitbeschäftigter entspricht.

(3) ¹Besteht der Anspruch auf das Tabellenentgelt oder die sonstigen Entgeltbestandteile nicht für alle Tage eines Kalendermonats, wird nur der Teil gezahlt, der auf den Anspruchszeitraum entfällt. ²Besteht nur für einen Teil eines Kalendertags Anspruch auf Entgelt, wird für jede geleistete dienstplanmäßige oder betriebsübliche Arbeitsstunde der auf eine Stunde entfallende Anteil des Tabellenentgelts sowie der sonstigen in Monatsbeträgen festgelegten Entgeltbestandteile gezahlt. ³Zur Ermittlung des auf eine Stunde entfallenden Anteils sind die in Monatsbeträgen festgelegten Entgeltbestandteile durch das 4,348-fache der regelmäßigen wöchentlichen Arbeitszeit (§ 6 Abs. 1 und entsprechende Sonderregelungen) zu teilen.

(4) ¹Ergibt sich bei der Berechnung von Beträgen ein Bruchteil eines Cents von mindestens 0,5, ist er aufzurunden; ein Bruchteil von weniger als 0,5 ist abzurunden. ²Zwischenrechnungen werden jeweils auf zwei Dezimalstellen durchgeführt. ³Jeder Entgeltbestandteil ist einzeln zu runden.

(5) Entfallen die Voraussetzungen für eine Zulage im Laufe eines Kalendermonats, gilt Absatz 3 entsprechend.

(6) Einzelvertraglich können neben dem Tabellenentgelt zustehende Entgeltbestandteile (z. B. Zeitzuschläge, Erschwerniszuschläge) pauschaliert werden.

§ 24 I.1 TVöD — Berechnung und Auszahlung des Entgelts

Erläuterungen

§ 24 TVöD trifft Regelungen zur Berechnung und Auszahlung des Entgelts. Dies war bislang in den §§ 34 und 36 BAT bzw. den vergleichbaren Bestimmungen für Arbeiter geregelt.

Bemessungszeitraum, Zahlungstermin (Abs. 1)

Bemessungszeitraum für das Tabellenentgelt und die sonstigen Entgeltbestandteile ist nach Satz 1 der Vorschrift grundsätzlich der Kalendermonat, soweit nicht tarifvertraglich etwas Abweichendes bestimmt ist. Abweichende Regelungen enthalten beispielsweise § 8 (Ausgleich für Sonderformen der Arbeit) oder § 19 Abs. 4 (Erschwerniszuschläge), wonach Zuschläge stundenbezogen berechnet werden.

Zahltag ist grundsätzlich der letzte Tag des Monats (Satz 2). Entgeltbestandteile, die nicht in Monatsbeträgen festgelegt sind (z. B. die o. g. Zuschläge) und bestimmte, nach einem Tagesdurchschnitt fortzuzahlende Entgeltbestandteile (→ § 21 Abs. 1 Satz 2) sind jedoch erst am letzten des zweiten auf ihre Entstehung folgenden Kalendermonats fällig (Satz 3).

§ 24 Abs. 1 enthielt zunächst – im Gegensatz zu § 36 Abs. 1 Satz 3 BAT – keine Regelung darüber, wie zu verfahren ist, wenn der Zahltag auf einen Sonn-, Feier- oder Samstag fällt. Erst im Zuge des Änderungstarifvertrages Nr. 2 vom 31. März 2008 haben die Tarifpartner mit Wirkung vom 1. Juli 2008 mit Satz 3 n. F. wieder eine verbindliche Regelung getroffen, wonach in den Fällen in denen der Zahltag auf einen Samstag, den 31. Dezember oder einen Sonn- oder Feiertag fällt, der letzte bzw. im Falle des Sonntags der vorletzte davor liegende Werktag zum Zahltag wird. Da die Arbeitgeber in weiten Bereichen zuvor schon auf freiwilliger Basis so verfahren sind, dient diese neue Regelung weitgehend der Klarstellung bzw. der rechtlichen Absicherung der entsprechenden Verfahrensweise.

Nach der Protokollerklärung Nr. 2 zu Absatz 1 bleibt für Arbeitgeber, die noch nicht von der im Rahmen der Lohnrunde 2003 vereinbarten Verschiebung des Zahlungstermins vom 15. auf den letzten des Monats Gebrauch gemacht haben, diese Möglichkeit weiterhin erhalten. Von ihr kann jedoch nur im Monat Dezember Gebrauch gemacht werden. Der Bund hat den Zahlungstermin im Dezember 2006 umgestellt (RdSchr. d. BMI v. 15. August 2006, GMBl. S. 1151).

Die Zahlung hat unbar auf ein vom Beschäftigten benanntes Konto innerhalb der Europäischen Union zu erfolgen (Satz 2). Nach der Protokollerklärung Nr. 1 muss der Beschäftigte, der seinem Arbeit-

Berechnung und Auszahlung des Entgelts TVöD § 24 I.1

geber nicht rechtzeitig die notwendigen Angaben für eine kostenfreie bzw. kostengünstige Überweisung in einen anderen EU-Staat mitteilt, die zusätzlichen Überweisungskosten tragen.

Zur Frage der Rückforderung überzahlten Entgelts wird auf das Rundschreiben des Bundesministerium des Innern hingewiesen:

> **Auszug aus dem RdSchr. d. BMI v. 27. 7. 2006 (GMBl. S. 903)**
>
> Im Falle der Überzahlung von Entgelt an Tarifbeschäftigte bitte ich im Einvernehmen mit dem Bundesministerium der Finanzen, bei der Rückforderung nach folgenden Grundsätzen zu verfahren:
>
> Zuviel gezahltes Entgelt ist – unbeschadet von § 37 TVöD – grundsätzlich nach den Vorschriften des Bürgerlichen Gesetzbuchs über die Verpflichtung zur Herausgabe einer ungerechtfertigten Bereicherung (§§ 812 ff. BGB) zurückzufordern.
>
> Eine Rückforderung ist nach diesen Regelungen ausgeschlossen, soweit die/der Beschäftigte nicht mehr bereichert ist (§ 818 Abs. 3 BGB). Dies ist nur dann der Fall, wenn das Erlangte ersatzlos weggefallen ist und kein Überschuss zwischen dem vorhandenen Vermögen und dem Vermögen mehr besteht, das ohne den bereichernden Vorgang vorhanden wäre. Von dem Fortbestehen einer Bereicherung ist auch dann auszugehen, wenn die Bereicherungsschuldnerin/der Bereicherungsschuldner mit der Ausgabe des Erlangten anderweitige Aufwendungen erspart hat. Ebenso besteht die Bereicherung in Höhe der Befreiung von einer Verbindlichkeit fort, soweit die Empfängerin/der Empfänger mit dem Erlangten bestehende Schulden tilgt. Ein Wegfall der Bereicherung ist dagegen anzunehmen, wenn die Empfängerin/der Empfänger die rechtsgrundlose Leistung ersatzlos für Ausgaben verwendet hat, die er/sie sonst nicht gemacht hätte.
>
> Bei geringen Überzahlungen des laufenden Arbeitsentgelts spricht ein Beweis des ersten Anscheins dafür, dass das überzahlte Entgelt für den laufenden Lebensunterhalt verbraucht wird. Wird von der/dem Beschäftigten gegen einen Rückforderungsanspruch der Wegfall der Bereicherung eingewendet, kann dieser daher ohne nähere Prüfung unterstellt werden, wenn das im jeweiligen Monat zuviel gezahlte Entgelt 10 v. H. des ingesamt zustehenden Betrages, höchstens aber 150 Euro, nicht übersteigt. Dies gilt nicht, sofern die Voraussetzungen des § 818 Abs. 4 BGB oder des § 819 BGB vorliegen.
>
> Entgelt im Sinne dieses Rundschreibens sind alle Geldleistungen, die der Arbeitgeber erbracht hat (z. B. Tabellenentgelt, Leistungsentgelt, Zuschläge, Entgeltfortzahlung, Krankengeldzuschuss, Trennungsgeld, Reise- und Umzugskostenvergütung, Beihilfe, Einmalzahlungen).
>
> § 59 BHO und die dazu bestehenden Verwaltungsvorschriften bleiben unberührt.

Vergütung Teilzeitbeschäftigter (Abs. 2)

Nach Absatz 2 erhalten Teilzeitbeschäftigte das Tabellenentgelt und die übrigen Entgeltbestandteile grundsätzlich nur anteilig – d. h. in dem Verhältnis ihrer individuell vereinbarten Arbeitszeit zur regelmäßigen Arbeitszeit eines vergleichbaren Vollbeschäftigten. Ausnahmen von diesem Grundsatz gelten nur, wenn tarifvertraglich etwas anderes vereinbart ist. Dies ist z. B. beim Jubiläumsgeld der Fall; denn in § 23 Abs. 2 Satz 2 haben die Tarifpartner ausdrücklich bestimmt, dass auch Teilzeitbeschäftigte ein volles Jubiläumsgeld erhalten.

Vergütung für Bruchteile eines Monats (Abs. 3)

Satz 1 der Vorschrift regelt die Fälle, in denen nicht für alle Tage des Kalendermonats Anspruch auf das Tabellenentgelt und die sonstigen Entgeltbestandteile bestand (z. B. weil das Arbeitsverhältnis im Laufe des Monats beginnt oder endet). In diesen Fällen ist das Entgelt nur für den Anspruchszeitraum zu zahlen. Zur Berechnung sind dabei die Tage mit Entgeltanspruch in Relation zur Gesamtzahl der (Kalender-)Tage des Monats zu setzen. Je nach Monat stehen somit für den einzelnen Tag $1/28$, $1/29$, $1/30$ oder $1/31$ zu.

In Satz 2 und 3 ist geregelt, wie zu verfahren ist, wenn nicht für den gesamten Tag, sondern nur für einen Teil des Tages Anspruch auf Entgelt bestand (z. B. wegen Teilnahme an einem Streik). In diesem Fall ist nur das Entgelt für den Anspruchszeitraum des Tages zu zahlen. Mangels Rundungsvorschrift sind die Zeitanteile dabei bis auf Minuten zu ermitteln. Zur Ermittlung des auf eine Stunde entfallenden Entgeltanteils sind die in Monatsbeträgen festgelegten Entgeltbestandteile – insbesondere der Tabellenlohn – durch das 4,348-fache der regelmäßigen wöchentlichen Arbeitszeit zu teilen. Der Faktor 4,348 drückt dabei die durchschnittliche Wochenzahl eines Monats aus (7 Tage × 4,348 = 30,436 Tage).

> **Beispiel**
>
> Ein Beschäftigter des Bundes (39 Stunden Wochenarbeitszeit) arbeitet nur sechs von acht Stunden. Das Monatsentgelt (Tabellenentgelt sowie sonstige Entgeltbestandteile) von angenommen 2000 Euro entspricht einem Stundenentgelt von 11,79 Euro (4,348 × 39 = 169,572; 2000 Euro ÷ durch 169,572 = 11,79).

Rundung (Abs. 4)

In Absatz 4 haben die Tarifpartner Vereinbarungen zur Rundung von Entgelt und Entgeltbestandteilen getroffen.
- Die Beträge sind gemeinüblich zu runden (also ab 0,5 Cent nach oben, sonst nach unten – Satz 1).
- Zwischenrechnungen sind auf zwei Dezimalstellen durchzuführen (Satz 2).
- Jeder Entgeltbestandteil ist einzeln zu runden.

Zulagen für Bruchteile eines Monats (Abs. 5)

Absatz 5 bestimmt, dass in dem Fall, in dem die Voraussetzungen für eine Zulage im Laufe eines Monats entfallen, das Berechnungsverfahren nach Absatz 3 Anwendung findet.

Pauschalierung (Abs. 6)

Absatz 6 lässt – wie zuvor z. B. § 35 Abs. 4 BAT – die einzelvertragliche Pauschalierung von Entgeltbestandteilen (z. B. Zeitzuschlägen, Erschwerniszuschlägen) zu. Die Aufzählung ist nicht abschließend, so dass davon ausgegangen werden kann, dass auch eine Pauschalierung von Überstunden möglich ist. Die Vereinbarung dient der Vereinfachung und erscheint dort sinnvoll, wo aus stets wiederkehrendem Anlass Zuschläge in etwa gleichem Umfang anfallen.

§ 25 Betriebliche Altersversorgung

Die Beschäftigten haben Anspruch auf Versicherung unter eigener Beteiligung zum Zwecke einer zusätzlichen Alters- und Hinterbliebenenversorgung nach Maßgabe des Tarifvertrages über die betriebliche Altersversorgung der Beschäftigten des öffentlichen Dienstes (Tarifvertrag Altersversorgung – ATV) bzw. des Tarifvertrages über die zusätzliche Altersvorsorge der Beschäftigten des öffentlichen Dienstes – Altersvorsorge-TV-Kommunal – (ATV-K) in ihrer jeweils geltenden Fassung.

Niederschriftserklärung zu Abschnitt III:
Die Tarifvertragsparteien werden zeitnah Tarifverhandlungen zur Regelung der Entgeltsicherung bei Leistungsminderung in Ergänzung des TVöD aufnehmen.

Erläuterungen

Die Regelungen des § 25 zur betrieblichen Altersversorgung entsprechen in ihrer Struktur den bisherigen Bestimmungen – z. B. in § 46 BAT.

Wie bisher wird den Beschäftigten kein tarifvertraglicher Anspruch auf betriebliche Altersversorgung eingeräumt, sondern nur ein Anspruch auf Versicherung zum Zwecke einer zusätzlichen Alters- und Hinterbliebenenversorgung nach näherer Maßgabe des Tarifvertrages Altersversorgung (ATV) bzw. des Altersvorsorge-TV-Kommunal (ATV-K)[1]. Weitere Vorschriften zur Durchführung der zusätzlichen Alters- und Hinterbliebenenversorgung ergeben sich aus der Satzung der Versorgungskassen – z. B. der Satzung für die Versorgungsanstalt des Bundes und der Länder (VBL).

Wegen der in ihren Grundzügen vergleichbaren Regelung kann das in den letzten Jahr(zehnt)en gewachsene Recht bzw. die dazu ergangene Rechtsprechung weiterhin zu Rate gezogen werden. Besonders zu beachten sind dabei die folgenden Grundsätze:

Anspruch auf Versicherung

Die tarifliche Regelung verpflichtet den Arbeitgeber, die unter den BAT/TVöD fallenden Beschäftigten zum Zwecke einer zusätzlichen Alters- und Hinterbliebenenversorgung zu versichern. Die Versicherung ist so auszugestalten, dass der pflichtversicherte Arbeitnehmer für sich und seine Hinterbliebenen eine Anwartschaft auf eine neben der gesetzlichen Rente zustehende Rente erwerben kann. Die tarifliche Regelung begründet keinen Anspruch auf zusätzliche Alters- und Hinterbliebenenversorgung unmittelbar gegenüber dem Arbeitgeber.

---

[1] abgedruckt unter **V.1**

Betriebliche Altersversorgung — TVöD § 25 I.1

Der Anspruch richtet sich lediglich auf Versicherung zum Zwecke der zusätzlichen Alters- und Hinterbliebenenversorgung. Unterlässt der Arbeitgeber es schuldhaft, den Beschäftigten (überhaupt oder rechtzeitig) entsprechend den tariflichen Vorschriften zu versichern, so haftet er dem Beschäftigten für die diesem daraus entstehenden Nachteile (Urteil des BAG vom 26. 11. 1964 – 5 AZR 48/64, AP Nr. 20 zu § 10 AOGÖ – und vom 9. 9. 1966 – 1 AZR 259/65, AP Nr. 76 zu § 611 BGB Fürsorgepflicht). Lehnt ein Beschäftigter die Anwendung des BAT auf sein Arbeitsverhältnis ab, weil er eine höhere als die tarifliche Vergütung behalten möchte, so hat er nach dem Urteil des BAG vom 25. Februar 1999 – 3 AZR 113/97 – (BB 1999 S. 1388) keinen Anspruch darauf, dass der Arbeitgeber ihm aus Gründen der Gleichbehandlung mit BAT-Kräften die tariflich geregelte Zusatzversorgung verschafft. Arbeitgeber, die an der Versorgungsanstalt des Bundes und der Länder (VBL) beteiligt sind, müssen jedem ihrer Beschäftigten die Satzung der Versorgungseinrichtung aushändigen. Eine schuldhafte Verletzung dieser Pflicht kann zu Schadenersatzansprüchen führen, wenn Beschäftigte aus Unkenntnis sinnvolle Versicherungsanträge nicht stellen und dadurch einen Versorgungsschaden erleiden (Urteil des BAG v. 15. 10. 1985 – 3 AZR 612/83 – NZA Heft 11/1986 S. 360). Ebenso können Schadenersatzansprüche des Beschäftigten entstehen, wenn es der Arbeitgeber schuldhaft unterlässt, den Beschäftigten auf die zu dessen Gunsten bestehenden Versorgungsmöglichkeiten hinzuweisen (Urteil des BAG vom 22. 11. 1963 – 1 AZR 17/63, AP Nr. 6 zu § 611 BGB Öffentlicher Dienst). Auskünfte, die der Arbeitgeber dem Beschäftigten hinsichtlich seiner Zusatzversicherung erteilt, müssen richtig und vollständig sein (auch anlässlich der Beendigung des Arbeitsverhältnisses); wenn ein Personalsachbearbeiter Zweifel hat, ob er nach seiner Kenntnis über die Satzung der Zusatzversorgungskasse ein Auskunftsersuchen zutreffend beantworten kann, so muss er sich bei der Kasse unterrichten oder die Anfrage des Beschäftigten dorthin zur Beantwortung weitergeben. Nimmt er diese Möglichkeit nicht wahr und gibt von sich aus eine falsche Auskunft, handelt er schuldhaft. Ein Beschäftigter des öffentlichen Dienstes handelt dagegen nicht schuldhaft, wenn er sich auf eine von dem Personalsachbearbeiter erteilte Auskunft verlässt, die nach den Umständen klar und vollständig erscheint (Urteil des BAG vom 24. 5. 1974 – 3 AZR 422/73, AP Nr. 6 zu § 242 BGB Ruhegehalt VBL).

§ 25 I.1 TVöD — Betriebliche Altersversorgung

Eigenbeteiligung

Nach dem Wortlaut des Tarifvertrages hat sich der Beschäftigte an den Aufwendungen für die Versicherung zu beteiligen. Diese Voraussetzung war mit der (stufenweisen) Übernahme des Arbeitnehmeranteils am Versicherungsbeitrag durch den Arbeitgeber praktisch entfallen. Seit dem 1. 7. 1973 trug der Arbeitgeber die Aufwendungen für die Zusatzversicherung nämlich zunächst allein.

Die grundsätzliche Beteiligung der Beschäftigten an den Kosten der Zusatzversorgung war seit dem 1. 1. 1999 aber durch den 24. Änd-TV zum Versorgungs-TV v. 20. 5. 1998, den 22. Änd-TV zum VersTV-Saar v. 20. 5. 1998 und den 32. Änd-TV zum VersTV-G v. 22. 6. 1998 wieder eingeführt worden. Dort war festgelegt worden, dass die Arbeitnehmer bei künftigen Erhöhungen des Umlagesatzes den Erhöhungsbetrag zur Hälfte tragen mussten, sobald der Umlagesatz ihrer Zusatzversorgungseinrichtung 5,2 v. H. des zusatzversorgungspflichtigen Entgelts übersteigt. Während viele bei kommunalen Zusatzversorgungskassen (z. B. rheinische ZVK) versicherte Angestellte weiterhin von einem Eigenanteil verschont blieben, weil der Umlagesatz ihrer Kasse weiterhin die Grenze von 5,2 v. H. nicht überstieg, wurden die bei der VBL Versicherten ab dem 1. 1. 1999 wieder zu einem Arbeitnehmeranteil herangezogen. Da seit dem 1. 1. 1999 der Umlagesatz zur VBL 7,7 v. H. betrug, mussten sich die Arbeitnehmer daran mit 1,25 v. H. [(7,7 − 5,2) ÷ 2] beteiligen; der Arbeitgeber trug den Rest, somit 6,45 v. H.

Im Zusammenhang mit dem Umstieg auf das neue, im ATV verankerte Zusatzversorgungssystem wurde der Arbeitnehmerbeitrag zur VBL ab dem 1. 1. 2002 auf 1,41 v. H. festgelegt. Wegen der Arbeitnehmerbeiträge im Tarifgebiet Ost vgl. § 37a ATV bzw. § 66a der VBL-Satzung (dort ist der Einstieg ins Kapitaldeckungsverfahren geregelt).

Versicherungsleistungen

Die Tarifpartner haben in der Lohnrunde 2000 – vor allem vor dem Hintergrund sich abzeichnender Deckungslücken bei der VBL – vereinbart, Verhandlungen mit dem Ziel zu führen, die Zusatzversorgung auf eine dauerhaft finanzierbare Grundlage zu stellen. Ergebnis der Verhandlungen war der Altersvorsorgeplan 2001, der mit dem ATV bzw. ATV-K umgesetzt worden ist.

Kernpunkt des neuen Rechts, das die zusätzliche Alters- und Hinterbliebenenversorgung auf eine völlig neue Grundlage stellt, ist die Abkehr vom zuvor geltenden System der Gesamtversorgung. Dieses

System wurde rückwirkend zum 31. 12. 2000 geschlossen und durch ein Betriebsrentensystem in Form eines versicherungsmathematischen Punktemodells, das die Leistungen unabhängig von dritten Bezugssystemen (Rentenversicherung, Beamtenversorgung, Steuerrecht) definiert, ersetzt.

Nach dem neuen Recht tritt eine nach Entgeltpunkten bemessene Zusatzversorgungsrente additiv zu der Grundversorgung der gesetzlichen Rente hinzu. Die Versorgungspunkte ergeben sich aus dem Produkt von Beiträgen und einem Altersfaktor. Das Verfahren ähnelt dem aus der gesetzlichen Rentenversicherung bekannten Verfahren der Ermittlung von Entgeltpunkten. Es spiegelt im Ergebnis die gesamte Lebensarbeitsleistung wider.

In das neue Betriebsrentensystem werden alle aktiv Beschäftigten übergeleitet. Für die rentennahen Jahrgänge (dies sind Beschäftigte, die am 1. Januar 2002 das 55. Lebensjahr vollendet haben) werden die zu übertragenden Anwartschaften unter weiterer Berücksichtigung des alten Systems, bei den übrigen Arbeitnehmern in Anlehnung an das BetrAVG ermittelt.

Mit dem Umstieg vom Gesamtversorgungssystem auf das neue Punktemodell wird der Arbeitnehmerbeitrag zur VBL-West auf 1,41 v. H. (statt 1,25 v. H. bis 31. 12. 2001) festgeschrieben. Wegen der Arbeitnehmerbeiträge im Tarifgebiet Ost vgl. § 37aATV bzw. § 66a der VBL-Satzung (dort ist der Einstieg ins Kapitaldeckungsverfahren geregelt). Den Beschäftigten wird indessen eine spätere Rentenleistung garantiert, die sich bei einem kapitalgedeckten (und damit gesicherten) System aus einer Beitragsleistung von 4 v. H. ergibt.

Durch den Systemwechsel erhalten die Beschäftigten nunmehr auch die Möglichkeit, darüber hinaus eine private Altersvorsorge mit der so genannten Riesterförderung zu betreiben, da der in § 10a Abs. 1 Satz 4 EStG normierte Ausschluss der bei einer Zusatzversorgungskasse des öffentlichen Dienstes Pflichtversicherten mit Anspruch auf eine beamtenähnliche Gesamtversorgung nicht mehr greift. Die Beschäftigten des öffentlichen Dienstes gehören nunmehr ab 2002 zum Kreis der nach § 10a EStG begünstigten Personen. Sie haben damit die Möglichkeit, ab 1. Januar 2002 aus ihrem individuell versteuerten und verbeitragten Nettoeinkommen – neben der neuen Betriebsrente – eine zusätzliche kapitalgedeckte Altersversorgung freiwillig und unter Inanspruchnahme der steuerlichen Förderung aufzubauen. Klarstellend sei darauf hingewiesen, dass der Arbeitneh-

§ 25 I.1 TVöD — Betriebliche Altersversorgung

merbeitrag zur Umlage (Abrechnungsverband West) steuerlich nicht förderfähig ist.

Die Möglichkeit der Entgeltumwandlung im kommunalen Bereich ist im TV Entgeltumwandlung geregelt.

Abschnitt IV
Urlaub und Arbeitsbefreiung

§ 26 Erholungsurlaub

(1) ¹Beschäftigte haben in jedem Kalenderjahr Anspruch auf Erholungsurlaub unter Fortzahlung des Entgelts (§ 21). ²Bei Verteilung der wöchentlichen Arbeitszeit auf fünf Tage in der Kalenderwoche beträgt der Urlaubsanspruch in jedem Kalenderjahr

bis zum vollendeten 30. Lebensjahr	26 Arbeitstage,
bis zum vollendeten 40. Lebensjahr	29 Arbeitstage und
nach dem vollendeten 40. Lebensjahr	30 Arbeitstage.

³Maßgebend für die Berechnung der Urlaubsdauer ist das Lebensjahr, das im Laufe des Kalenderjahres vollendet wird. ⁴Bei einer anderen Verteilung der wöchentlichen Arbeitszeit als auf fünf Tage in der Woche erhöht oder vermindert sich der Urlaubsanspruch entsprechend. ⁵Verbleibt bei der Berechnung des Urlaubs ein Bruchteil, der mindestens einen halben Urlaubstag ergibt, wird er auf einen vollen Urlaubstag aufgerundet; Bruchteile von weniger als einem halben Urlaubstag bleiben unberücksichtigt. ⁶Der Erholungsurlaub muss im laufenden Kalenderjahr gewährt und kann auch in Teilen genommen werden.

Protokollerklärung zu Absatz 1 Satz 6:
Der Urlaub soll grundsätzlich zusammenhängend gewährt werden; dabei soll ein Urlaubsteil von zwei Wochen Dauer angestrebt werden.

(2) Im Übrigen gilt das Bundesurlaubsgesetz mit folgenden Maßgaben:
a) Im Falle der Übertragung muss der Erholungsurlaub in den ersten drei Monaten des folgenden Kalenderjahres angetreten werden. Kann der Erholungsurlaub wegen Arbeitsunfähigkeit oder aus betrieblichen/dienstlichen Gründen nicht bis zum 31. März angetreten werden, ist er bis zum 31. Mai anzutreten.
b) Beginnt oder endet das Arbeitsverhältnis im Laufe eines Jahres, erhält die/der Beschäftigte als Erholungsurlaub für jeden vollen Monat des Arbeitsverhältnisses ein Zwölftel des Urlaubsanspruchs nach Absatz 1; § 5 BUrlG bleibt unberührt.
c) Ruht das Arbeitsverhältnis, so vermindert sich die Dauer des Erholungsurlaubs einschließlich eines etwaigen Zusatzurlaubs für jeden vollen Kalendermonat um ein Zwölftel.
d) Das nach Absatz 1 Satz 1 fortzuzahlende Entgelt wird zu dem in § 24 genannten Zeitpunkt gezahlt.

Erläuterungen

§ 26 TVöD trifft Regelungen zum Anspruch auf Erholungsurlaub und konkretisiert damit die gesetzlichen Vorschriften des Bundesurlaubsgesetzes (BUrlG)[1]. Dieser Themenbereich war bislang in den §§ 47, 48 BAT bzw. den vergleichbaren Bestimmungen für Arbeiter geregelt. Im Gegensatz zum bisherigen Recht haben die Tarifpartner weitgehend auf eigene Regelungen verzichtet. Stattdessen gilt (z. B. für die Urlaubsabgeltung) das Bundesurlaubsgesetz.

Auf die abweichenden Sonderregelungen in §§ 45 und 46 (Bund) und 51 und 52 (VKA) des Besonderen Teils Verwaltung sowie den § 52 des Besonderen Teils Pflege- und Betreuungseinrichtungen wird hingewiesen.

Berechnung des Urlaubsanspruchs (Abs. 1)

In dieser Vorschrift sind die Urlaubsdauer und die Berechnung des Anspruchs auf Erholungsurlaub geregelt.

Der jährliche Anspruch auf Erholungsurlaub beträgt – gestaffelt nach Alter des Beschäftigten – 26 bis 30 Arbeitstage (Satz 2). Die bisher in § 48 BAT enthaltene Differenzierung nach Vergütungsgruppen ist im TVöD aufgegeben worden; zu den Übergangsregelungen siehe unten.

Wie bisher (siehe z. B. § 48 Abs. 6 BAT) ist für die Urlaubsdauer das Lebensalter maßgebend, das im Laufe des Kalenderjahres vollendet wird (Satz 3). Für die Berechnung sind, da von den Tarifpartnern nicht anders geregelt, die Bestimmungen des Bürgerlichen Gesetzbuches anzuwenden. Das führt dazu, dass derjenige, der am 1. Januar Geburtstag hat, bereits für das Vorjahr einen höheren Urlaubsanspruch hat, weil (z. B. das 40.) Lebensjahr bereits mit Ablauf des 31. Dezember vollendet worden ist.

> **Beispiel**
>
> Beschäftigter, geb. 1. 1. 1967, Vollendung des 40. Lebensjahres mit Ablauf des 31. 12. 2006. Bereits im Jahr 2006 besteht ein Anspruch auf 30 Tage Erholungsurlaub.

Die tarifliche Urlaubsdauer ist auf der Grundlage einer Fünf-Tage-Woche festgelegt worden (Satz 2); bei einer anderen Verteilung der wöchentlichen Arbeitszeit ist der Urlaubsanspruch entsprechend umzurechnen (Satz 4). Ein bestimmtes Verfahren dazu haben die Tarifpartner im TVöD nicht festgelegt. Es dürften somit keine Bedenken

---

[1] abgedruckt als **Anhang 1**

Erholungsurlaub   TVöD § 26 I.1

bestehen, nach allgemeinen mathematischen Grundsätzen zu verfahren, so dass der Urlaubsanspruch jeweils durch fünf (wegen der zugrunde liegenden Fünf-Tage-Woche) zu teilen und mit der tatsächlichen wöchentlichen Arbeitszeit zu multiplizieren ist.

> **Beispiel**
>
> Beschäftigter, 45 Jahre, arbeitet in der Sechs-Tage-Woche. Der Urlaubsanspruch von 30 Tagen ist durch fünf zu teilen und mit sechs zu multiplizieren. Der Urlaubsanspruch ist somit auf 36 Tage zu erhöhen. Bei im Laufe des Jahres wechselnder Arbeitsverteilung ist der Urlaubsanspruch ggf. getrennt für jeden Zeitraum zu ermitteln.

Nach Satz 5 der Vorschrift sind Bruchteile von Urlaubstagen (die sich z. B. bei der Berechnung nach Satz 4 ergeben) auf einen vollen Tag aufzurunden, wenn der Bruchteil mindestens einen halben Tag beträgt. Darunter liegende Bruchteile bleiben unberücksichtigt, sie verfallen somit.

Satz 6 der Vorschrift bestimmt, dass der Erholungsurlaub im laufenden Kalenderjahr gewährt werden muss und auch in Teilen genommen werden kann. Die Protokollerklärung dazu legt ergänzend fest, dass der Urlaub grundsätzlich zusammenhängend genommen werden muss und ein Urlaubsteil dabei die Dauer von mindestens zwei Wochen erreichen soll. Mit dieser Regelung wird dem Erholungszweck des Urlaubs Rechnung getragen.

Maßgaben bei Anwendung des Bundesurlaubsgesetzes (Abs. 2)

In Absatz 2 haben die Tarifpartner im Eingangssatz zunächst vereinbart, dass „im Übrigen" (also soweit Absatz 1 keine Regelungen enthält) grundsätzlich das BUrlG gilt. In den Buchstaben a bis d des Absatzes 2 wurden jedoch „Maßgaben" (abweichende Regeln) bei der Anwendung des BUrlG vereinbart.

Zu Buchst. a)

In dieser Vorschrift ist die Urlaubsübertragung in das dem Urlaubsjahr folgende Kalenderjahr teilweise abweichend von § 7 Abs. 3 BUrlG geregelt. In Ermangelung einer eigenen Regelung im TVöD gilt hinsichtlich der Übertragung zunächst der Grundsatz des BUrlG, nach dem die Übertragungsmöglichkeit auf betriebliche oder in der Person des Beschäftigten liegende Gründe beschränkt ist. Die Gründe müssen aber im Gegensatz zur Regelung im BUrlG nicht „dringend" sein. Ebenfalls abweichend von den Vorschriften des BUrlG kann – anstelle der im BUrlG vorgesehenen maximalen Übertragungsdauer bis zum 31. März des Folgejahres – der Urlaub bis zum 31. Mai des Folgejahres **angetreten** werden, wenn er in Folge von Arbeitsunfähigkeit oder betrieblichen/dienstlichen Gründen nicht bis zum 31. März genommen werden konnte. Im Ergebnis kann der Beschäftigte, der seinen Urlaub bis zum 31. März aus den genannten Gründen nicht antreten konnte, den Urlaub bis weit in den Juni hineinziehen; er muss ihn nur bis zum 31. Mai angetreten (im Sinne von begonnen) haben. Mit RdSchr. vom 23. April 1998 – D II 4 – 220223 – 1/5 (GMBl. S. 304) hatte das Bundesministerium des Innern im Einvernehmen mit dem Bundesministerium der Finanzen für den Bereich des Bundes übertariflich zugelassen, dass hinsichtlich der Übertragung von Urlaubsansprüchen in das Folgejahr entsprechend der für die Beamten des Bundes geltenden Vorschriften verfahren werden kann. Das bedeutet, dass der Urlaub bis zum 30. September des Folgejahres genommen (nicht angetreten!) werden muss. Das Bundesministerium des Innern hat diese Verfahrensweise mit Zustimmung des Bundesministeriums der Finanzen mit RdSchr. vom 16. August 2005 – D II 2 – 220223 – 1/5 (GMBl. S. 1061) zunächst auch für die Übertragung des Urlaubs des Jahres 2005 in das Jahr 2006 und mit RdSchr. vom 25. Januar 2006 – D II 2 – 220223 – 1/5 (GMBl. S. 240) – generell zugelassen.

Zu Buchst. b) und c)

Diese Regelungen konkretisieren die Vorschrift des § 5 BUrlG zur anteiligen Urlaubsgewährung und bestimmen, dass der Urlaubsanspruch zu zwölfteln ist, wenn das Arbeitsverhältnis nicht das ganze Jahr besteht (Buchst. b) bzw. wenn es ruht (Buchst. c). Der Beschäftigte erhält somit bei nur in Teilen des Jahres bestehendem Beschäftigungsverhältnis für jeden vollen Monat ein Zwölftel des tariflichen Urlaubsanspruches. Dabei ist aber zu beachten, dass zuungunsten des Beschäftigten nicht von den Vorschriften des BUrlG abgewichen werden darf. Dies ist in erster Linie beim Ausscheiden des Beschäftigten im zweiten Kalenderhalbjahr der Fall. In diesem Fall kann der tarifvertragliche Urlaubsanspruch hinter dem gesetzlichen Anspruch auf Mindesturlaub mit der Folge zurückbleiben, dass der vorrangige gesetzliche Anspruch erfüllt werden muss.

Erholungsurlaub TVöD § 26 I.1

Beispiel

Ein 45-jähriger Beschäftigter scheidet zum 1. August aus dem Beschäftigungsverhältnis aus. Er hat einen tarifvertraglichen Anspruch auf $^7/_{12}$ des tariflichen Jahresurlaubs von 30 Tagen; das sind 17,5, aufgerundet 18 Tage. Der gesetzliche Urlaubsanspruch beträgt, da die Kürzungsvorschrift des § 5 Abs. 1 Buchst. c BUrlG beim Ausscheiden in der zweiten Jahreshälfte nicht greift und somit der Urlaubsanspruch in voller Höhe besteht, 24 Werktage, umgerechnet von der dem BUrlG zugrunde liegenden Sechs- auf eine Fünf-Tage-Woche somit 20 Tage. Der gesetzliche Anspruch ist zu erfüllen, dem Beschäftigten stehen 20 Tage Erholungsurlaub zu.

Zu Buchst. d)

In Buchstabe d) ist bestimmt, dass das Entgelt zum üblichen Zahlungszeitpunkt (→ § 24) und nicht – wie in § 11 Abs. 2 BUrlG vorgesehen – vor Antritt des Urlaubs auszuzahlen ist.

Zusatzurlaub nach § 125 SGB XI

Wegen der Besonderheiten der Berechnung des (Zusatz-)Urlaubs nach § 125 SGB IX → die Erläuterungen zu § 27 Zusatzurlaub.

Übergangsvorschriften

In den Überleitungstarifverträgen (TVÜ/Bund, TVÜ/VKA)[1] haben die Tarifpartner im jeweiligen § 15 Übergangsbestimmungen getroffen. Auf die Erläuterungen dazu wird Bezug genommen. Besonders hinzuweisen ist an dieser Stelle auf die Vorschrift des § 15 Abs. 2 der Überleitungstarifverträge. Dort haben die Tarifpartner vereinbart, dass diejenigen Angestellten, die für das Jahr 2005 einen Urlaubsanspruch von 30 Tagen erworben hatten, diesen auch nach In-Kraft-Treten des TVöD weiterhin haben. Betroffen sind die zwischen 30- und 40-jährigen Angestellten der Vergütungsgruppen I und Ia BAT, die nach Maßgabe des § 48 Abs. 1 BAT einen Anspruch auf 30 Arbeitstage Erholungsurlaub hatten, gemäß § 26 Abs. 1 aber nur noch Anspruch auf 29 Arbeitstage Erholungsurlaub haben.

---

[1] abgedruckt unter **I.2**

Mindesturlaubsgesetz für Arbeitnehmer (Bundesurlaubsgesetz)

Vom 8. Januar 1963 (BGBl. I S. 2)

Zuletzt geändert durch
Post- und telekommunikationsrechtliches Bereinigungsgesetz
vom 7. Mai 2002 (BGBl. I S. 1529)

§ 1 Urlaubsanspruch

Jeder Arbeitnehmer hat in jedem Kalenderjahr Anspruch auf bezahlten Erholungsurlaub.

§ 2 Geltungsbereich

Arbeitnehmer im Sinne des Gesetzes sind Arbeiter und Angestellte sowie die zu ihrer Berufsausbildung Beschäftigten. Als Arbeitnehmer gelten auch Personen, die wegen ihrer wirtschaftlichen Unselbständigkeit als arbeitnehmerähnliche Personen anzusehen sind; für den Bereich der Heimarbeit gilt § 12.

§ 3 Dauer des Urlaubs

(1) Der Urlaub beträgt jährlich mindestens 24 Werktage.

(2) Als Werktage gelten alle Kalendertage, die nicht Sonn- oder gesetzliche Feiertage sind.

§ 4 Wartezeit

Der volle Urlaubsanspruch wird erstmalig nach sechsmonatigem Bestehen des Arbeitsverhältnisses erworben.

§ 5 Teilurlaub

(1) Anspruch auf ein Zwölftel des Jahresurlaubs für jeden vollen Monat des Bestehens des Arbeitsverhältnisses hat der Arbeitnehmer

a) für Zeiten eines Kalenderjahres, für die er wegen Nichterfüllung der Wartezeit in diesem Kalenderjahr keinen vollen Urlaubsanspruch erwirbt;

b) wenn er vor erfüllter Wartezeit aus dem Arbeitsverhältnis ausscheidet;

c) wenn er nach erfüllter Wartezeit in der ersten Hälfte eines Kalenderjahres aus dem Arbeitsverhältnis ausscheidet.

(2) Bruchteile von Urlaubstagen, die mindestens einen halben Tag ergeben, sind auf volle Urlaubstage aufzurunden.

(3) Hat der Arbeitnehmer im Falle des Absatzes 1 Buchstabe c bereits Urlaub über den ihm zustehenden Umfang hinaus erhalten, so kann das dafür gezahlte Urlaubsentgelt nicht zurückgefordert werden.

§ 6 Ausschluß von Doppelansprüchen

(1) Der Anspruch auf Urlaub besteht nicht, soweit dem Arbeitnehmer für das laufende Kalenderjahr bereits von einem früheren Arbeitgeber Urlaub gewährt worden ist.

(2) Der Arbeitgeber ist verpflichtet, bei Beendigung des Arbeitsverhältnisses dem Arbeitnehmer eine Bescheinigung über den im laufenden Kalenderjahr gewährten oder abgegoltenen Urlaub auszuhändigen.

keine Regelung mehr im TVöD

§ 7 Zeitpunkt, Übertragbarkeit und Abgeltung des Urlaubs

(1) Bei der zeitlichen Festlegung des Urlaubs sind die Urlaubswünsche des Arbeitsnehmers zu berücksichtigen, es sei denn, daß ihrer Berücksichtigung dringende betriebliche Belange oder Urlaubswünsche anderer Arbeitnehmer, die unter sozialen Gesichtspunkten den Vorrang verdienen, entgegenstehen. Der Urlaub ist zu gewähren, wenn der Arbeitnehmer dies im Anschluß an eine Maßnahme der medizinischen Vorsorge oder Rehabilitation verlangt.

(2) Der Urlaub ist zusammenhängend zu gewähren, es sei denn, daß dringende betriebliche oder in der Person des Arbeitnehmers liegende Gründe eine Teilung des Urlaubs erforderlich machen. Kann der Urlaub aus diesen Gründen nicht zusammenhängend gewährt werden, und hat der Arbeitnehmer Anspruch auf Urlaub von mehr als zwölf Werktagen, so muß einer der Urlaubsteile mindestens zwölf aufeinanderfolgende Werktage umfassen.

(3) Der Urlaub muß im laufenden Kalenderjahr gewährt und genommen werden. Eine Übertragung des Urlaubs auf das nächste Kalenderjahr ist nur statthaft, wenn dringende betriebliche oder in der Person des Arbeitnehmers liegende Gründe dies rechtfertigen. Im Fall der Übertragung muß der Urlaub in den ersten drei Monaten des folgenden Kalenderjahres gewährt und genommen werden. Auf Verlangen des Arbeitnehmers ist ein nach § 5 Abs. 1 Buchstabe a entstehender Teilurlaub jedoch auf das nächste Kalenderjahr zu übertragen.

(4) Kann der Urlaub wegen Beendigung des Arbeitsverhältnisses ganz oder teilweise nicht mehr geändert werden, so ist er abzugelten.

§ 8 Erwerbstätigkeit während des Urlaubs

Während des Urlaubs darf der Arbeitnehmer keine dem Urlaubszweck widersprechende Erwerbstätigkeit leisten.

§ 9 Erkrankung während des Urlaubs

Erkrankt ein Arbeitnehmer während des Urlaubs, so werden die durch ärztliches Zeugnis nachgewiesenen Tage der Arbeitsunfähigkeit auf den Jahresurlaub nicht angerechnet.

§ 10 Maßnahmen der medizinischen Vorsorge oder Rehabilitation

Maßnahmen der medizinischen Vorsorge oder Rehabilitation dürfen nicht auf den Urlaub angerechnet werden, soweit ein Anspruch auf Fortzahlung des Arbeitsentgelts nach den gesetzlichen Vorschriften über die Entgeltfortzahlung im Krankheitsfall besteht.

§ 11 Urlaubsentgelt

(1) Das Urlaubsentgelt bemißt sich nach dem durchschnittlichen Arbeitsverdienst, das der Arbeitnehmer in den letzten dreizehn Wochen vor dem Beginn des Urlaubs erhalten hat, mit Ausnahme des zusätzlich für Überstunden gezahlten Arbeitsverdienstes. Bei Verdiensterhöhungen nicht nur vorübergehender Natur, die während des Berechnungszeitraums oder des Urlaubs eintreten, ist von dem erhöhten Verdienst auszugehen. Verdienstkürzungen, die im Berechnungszeitraum infolge von Kurzarbeit, Arbeitsausfällen oder unverschuldeter Arbeitsversäumnis eintreten, bleiben für die Berechnung des Urlaubsentgelts außer Betracht. Zum Arbeitsentgelt gehörende Sachbezüge, die während des Urlaubs nicht weitergewährt werden, sind für die Dauer des Urlaubs angemessen in bar abzugelten.

(2) Das Urlaubsentgelt ist vor Antritt des Urlaubs auszuzahlen.

§ 12 Urlaub im Bereich der Heimarbeit

Für die in Heimarbeit Beschäftigten und die ihnen nach § 1 Abs. 2 Buchstaben a bis c des Heimarbeitsgesetzes Gleichgestellten, für die die Urlaubsregelung nicht ausdrücklich von der Gleichstellung ausgenommen ist, gelten die vorstehenden Bestimmungen mit Ausnahme der §§ 4 bis 6, 7 Abs. 3 und 4 und § 11 nach Maßgabe der folgenden Bestimmungen:

Anhang 1: BundesurlaubsG § 26 I.1

1. Heimarbeiter (§ 1 Abs. 1 Buchstabe a des Heimarbeitsgesetzes) und nach § 1 Abs. 2 Buchstabe a des Heimarbeitsgesetzes Gleichgestellte erhalten von ihrem Auftraggeber oder falls sie von einem Zwischenmeister beschäftigt werden, von diesem bei einem Anspruch auf 24 Werktage ein Urlaubsentgelt von 9,1 vom Hundert des in der Zeit vom 1. Mai bis zum 30. April des folgenden Jahres oder bis zur Beendigung des Beschäftigungsverhältnisses verdienten Arbeitsentgelts vor Abzug der Steuern und Sozialversicherungsbeiträge ohne Unkostenzuschlag und ohne die für den Lohnausfall an Feiertagen, den Arbeitsausfall infolge Krankheit und den Urlaub zu leistenden Zahlungen.

2. War der Anspruchsberechtigte im Berechnungszeitraum nicht ständig beschäftigt, so brauchen unbeschadet des Anspruches auf Urlaubsentgelt nach Nummer 1 nur so viele Urlaubstage gegeben zu werden, wie durchschnittliche Tagesverdienste, die er in der Regel erzielt hat, in dem Urlaubsentgelt nach Nummer 1 enthalten sind.

3. Das Urlaubsentgelt für die in Nummer 1 bezeichneten Personen soll erst bei der letzten Entgeltzahlung vor Antritt des Urlaubs ausgezahlt werden.

4. Hausgewerbetreibende (§ 1 Abs. 1 Buchstabe b des Heimarbeitsgesetzes) und nach § 1 Abs. 2 Buchstaben b und c des Heimarbeitsgesetzes Gleichgestellte erhalten von ihrem Auftraggeber oder, falls sie von einem Zwischenmeister beschäftigt werden, von diesem, als eigenes Urlaubsentgelt und zur Sicherung der Urlaubsansprüche der von ihnen Beschäftigten einen Betrag von 9,1 vom Hundert des an sie ausgezahlten Arbeitsentgelts vor Abzug der Steuern und Sozialversicherungsbeiträge ohne Unkostenzuschlag und ohne die für den Lohnausfall an Feiertagen, den Arbeitsausfall infolge Krankheit und den Urlaub zu leistenden Zahlungen.

5. Zwischenmeister, die den in Heimarbeit Beschäftigten nach § 1 Abs. 2 Buchstabe d des Heimarbeitsgesetzes gleichgestellt sind, haben gegen ihren Auftraggeber Anspruch auf die von ihnen nach den Nummern 1 und 4 nachweislich zu zahlenden Beträge.

6. Die Beträge nach den Nummern 1, 4 und 5 sind gesondert im Entgeltbeleg auszuweisen.

7. Durch Tarifvertrag kann bestimmt werden, daß Heimarbeiter (§ 1 Abs. 1 Buchstabe a des Heimarbeitsgesetzes), die nur für einen Auftraggeber tätig sind und tariflich allgemein wie Betriebsarbei-

ter behandelt werden, Urlaub nach den allgemeinen Urlaubsbestimmungen erhalten.

8. Auf die in den Nummern 1, 4 und 5 vorgesehenen Beträge finden die §§ 23 bis 25, 27 und 28 und auf die in den Nummern 1 und 4 vorgesehenen Beträge außerdem § 21 Abs. 2 des Heimarbeitsgesetzes entsprechende Anwendung. Für die Urlaubsansprüche der fremden Hilfskräfte der in Nummer 4 genannten Personen gilt § 26 des Heimarbeitergesetzes entsprechend.

§ 13 Unabdingbarkeit

(1) Von den vorstehenden Vorschriften mit Ausnahme der §§ 1, 2 und 3 Abs. 1 kann in Tarifverträgen abgewichen werden. Die abweichenden Bestimmungen haben zwischen nichttarifgebundenen Arbeitgebern und Arbeitnehmern Geltung, wenn zwischen diesen die Anwendung der einschlägigen tariflichen Urlaubsregelung vereinbart ist. Im übrigen kann von den Bestimmungen dieses Gesetzes nicht zuungunsten des Arbeitnehmers abgewichen werden.

(2) Für das Baugewerbe oder sonstige Wirtschaftszweige, in denen als Folge häufigen Ortswechsels der von den Betrieben zu leistenden Arbeit Arbeitsverhältnisse von kürzerer Dauer als einem Jahr in erheblichem Umfange üblich sind, kann durch Tarifvertrag von den vorstehenden Vorschriften über die in Absatz 1 Satz 1 vorgesehene Grenze hinaus abgewichen werden, soweit dies zur Sicherung eines zusammenhängenden Jahresurlaubs für alle Arbeitnehmer erforderlich ist. Absatz 1 Satz 2 findet entsprechende Anwendung.

(3) Für den Bereich der Deutsche Bahn Aktiengesellschaft sowie einer gemäß § 2 Abs. 1 und § 3 Abs. 3 des Deutsche Bahn Gründungsgesetzes vom 27. Dezember 1993 (BGBl. I S. 2378, 2386) ausgegliederten Gesellschaft und für den Bereich der Nachfolgeunternehmen der Deutschen Bundespost kann von der Vorschrift über das Kalenderjahr als Urlaubsjahr (§ 1) in Tarifverträgen abgewichen werden.

§ 14 (gegenstandslos)

§ 15 Änderung und Aufhebung von Gesetzen

(1) Unberührt bleiben die urlaubsrechtlichen Bestimmungen des Arbeitsplatzschutzgesetzes vom 30. März 1957 (Bundesgesetzbl. I S. 293), geändert durch Gesetz vom 22. März 1962 (Bundesgesetzbl. I S. 169), des Neunten Buches Sozialgesetzbuch, des Jugendarbeitsschutzgesetzes vom 9. August 1960 (Bundesgesetzbl. I S. 665), geän-

dert durch Gesetz vom 20. Juli 1962 (Bundesgesetzbl. I S. 449), und des Seemannsgesetzes vom 26. Juli 1957 (Bundesgesetzbl. II S. 713), geändert durch Gesetz vom 25. August 1961 (Bundesgesetzbl. II S. 1391), jedoch wird

a) in § 19 Abs. 6 Satz 2 des Jugendarbeitsschutzgesetzes der Punkt hinter dem letzten Wort durch ein Komma ersetzt und folgender Satzteil angefügt: „und in diesen Fällen eine grobe Verletzung der Treuepflicht aus dem Beschäftigungsverhältnis vorliegt.";

b) § 53 Abs. 2 des Seemannsgesetzes durch folgende Bestimmungen ersetzt: „Das Bundesurlaubsgesetz vom 8. Januar 1963 (Bundesgesetzbl. I S. 2) findet auf den Urlaubsanspruch des Besatzungsmitglieds nur insoweit Anwendung, als es Vorschriften über die Mindestdauer des Urlaubs enthält."

(2) Mit dem Inkrafttreten dieses Gesetzes treten die landesrechtlichen Vorschriften über den Erholungsurlaub außer Kraft. In Kraft bleiben jedoch die landesrechtlichen Bestimmungen über den Urlaub für Opfer des Nationalsozialismus und für solche Arbeitnehmer, die geistig oder körperlich in ihrer Erwerbsfähigkeit behindert sind.

§ 15a Übergangsvorschrift

Befindet sich der Arbeitnehmer von einem Tag nach dem 9. Dezember 1998 bis zum 1. Januar 1999 oder darüber hinaus in einer Maßnahme der medizinischen Vorsorge oder Rehabilitation, sind für diesen Zeitraum die seit dem 1. Januar 1999 geltenden Vorschriften maßgebend, es sei denn, daß diese für den Arbeitnehmer ungünstiger sind.

§ 16 Inkrafttreten

Dieses Gesetz tritt mit Wirkung vom 1. Januar 1963 in Kraft.

§ 27 Zusatzurlaub

(1) Beschäftigte, die ständig Wechselschichtarbeit nach § 7 Abs. 1 oder ständig Schichtarbeit nach § 7 Abs. 2 leisten und denen die Zulage nach § 8 Abs. 5 Satz 1 oder Abs. 6 Satz 1 zusteht, erhalten

a) bei Wechselschichtarbeit für je zwei zusammenhängende Monate und

b) bei Schichtarbeit für je vier zusammenhängende Monate

einen Arbeitstag Zusatzurlaub.

(2) Im Falle nicht ständiger Wechselschicht- oder Schichtarbeit (z. B. ständige Vertreter) erhalten Beschäftigte des Bundes, denen die Zulage nach § 8 Abs. 5 Satz 2 oder Abs. 6 Satz 2 zusteht, einen Arbeitstag Zusatzurlaub für

a) je drei Monate im Jahr, in denen sie überwiegend Wechselschichtarbeit geleistet haben, und

b) je fünf Monate im Jahr, in denen sie überwiegend Schichtarbeit geleistet haben.

Protokollerklärung zu den Absätzen 1 und 2:
[1]Der Anspruch auf Zusatzurlaub bemisst sich nach der abgeleisteten Schicht- oder Wechselschichtarbeit und entsteht im laufenden Jahr, sobald die Voraussetzungen nach Absatz 1 oder 2 erfüllt sind. [2]Für die Feststellung, ob ständige Wechselschichtarbeit oder ständige Schichtarbeit vorliegt, ist eine Unterbrechung durch Arbeitsbefreiung, Freizeitausgleich, bezahlten Urlaub oder Arbeitsunfähigkeit in den Grenzen des § 22 unschädlich.

(3) Im Falle nicht ständiger Wechselschichtarbeit und nicht ständiger Schichtarbeit im Bereich der VKA soll bei annähernd gleicher Belastung die Gewährung zusätzlicher Urlaubstage durch Betriebs-/Dienstvereinbarung geregelt werden.

(4) [1]Zusatzurlaub nach diesem Tarifvertrag und sonstigen Bestimmungen mit Ausnahme von § 125 SGB IX wird nur bis zu insgesamt sechs Arbeitstagen im Kalenderjahr gewährt. [2]Erholungsurlaub und Zusatzurlaub (Gesamturlaub) dürfen im Kalenderjahr zusammen 35 Arbeitstage nicht überschreiten. [3]Satz 2 ist für Zusatzurlaub nach den Absätzen 1 und 2 hierzu nicht anzuwenden. [4]Bei Beschäftigten, die das 50. Lebensjahr vollendet haben, gilt abweichend von Satz 2 eine Höchstgrenze von 36 Arbeitstagen; § 26 Abs. 1 Satz 3 gilt entsprechend.

(5) Im Übrigen gilt § 26 mit Ausnahme von Absatz 2 Buchst. b entsprechend.

Erläuterungen

§ 27 TVöD trifft Regelungen zum Anspruch auf Zusatzurlaub. Dieser Themenbereich war bislang in den §§ 48a, 49 BAT bzw. den vergleichbaren Bestimmungen für Arbeiter geregelt. Gesetzliche Bestimmungen (insbesondere § 125 SGB IX) bleiben unberührt.

03/16

00831 5622

| Verw. Freigabe |

5 Mte nicht st.
§ 27 TVöD →

---

ug-Ident-Nr.

lzahl	Kontonummer

bweichender Kontoinhaber (Name, Vorname):
hegatten oder gesetzliche Vertreter möglich)

---

chrift des Fahrzeughalters/der Fahrzeughalterin:

Zusatzurlaub

TVöD § 27 I.1

Auf die abweichenden Sonderregelungen in §§ 46 und 47 (Bund) des Besonderen Teils Verwaltung sowie den Besonderen Teilen Pflege- und Betreuungseinrichtungen bzw. Krankenhäuser wird hingewiesen.

Zusatzurlaub bei ständiger (Wechsel-)Schichtarbeit (Abs. 1)

In Absatz 1 ist festgelegt, dass die Beschäftigten, die ständig Wechselschichtarbeit bzw. ständig Schichtarbeit leisten und deshalb eine Zulage nach § 8 Abs. 5 Satz 1 bzw. § 8 Abs. 6 Satz 1 erhalten, Anspruch auf einen Arbeitstag Zusatzurlaub für je zwei bzw. vier zusammenhängende Monate erhalten (Buchst. a – Wechselschichtarbeit bzw. Buchst. b – Schichtarbeit).

Wegen der Begriffsdefinition → § 7 Abs. 1 und 2.

In einer Protokollerklärung zu den Absätzen 1 und 2 haben die Tarifpartner vereinbart, dass sich der Anspruch auf Zusatzurlaub nach den abgeleisteten Schichten bemisst und im laufenden Jahr entsteht, sobald die Voraussetzungen der Absätze 1 und 2 (also z. B. zwei zusammenhängende Monate Wechselschichtarbeit) erfüllt sind. Nach Satz 2 der Protokollnotiz sind Unterbrechungen der (Wechsel-)Schichtarbeit wegen Arbeitsbefreiung, Freizeitausgleich, bezahlten Urlaub oder Arbeitsunfähigkeit in den Grenzen des § 22 unschädlich.

Zusatzurlaub bei nicht ständiger (Wechsel-)Schichtarbeit (Abs. 2)

In Absatz 2 ist bestimmt, dass die Beschäftigten, die nicht ständig Wechselschichtarbeit bzw. nicht ständig Schichtarbeit leisten und deshalb eine Zulage nach § 8 Abs. 5 Satz 2 bzw. § 8 Abs. 6 Satz 2 erhalten, Anspruch auf einen Arbeitstag Zusatzurlaub für je drei bzw. fünf Monate haben, in denen sie im Kalenderjahr überwiegend Wechselschicht- (Buchst. a) bzw. Schichtarbeit (Buchst. b) geleistet haben.

Wegen der Begriffsdefinitionen und der Abgrenzung von ständiger zu nicht ständiger (Wechsel-)Schichtarbeit → § 7 Abs. 1 und 2 und die dortigen Erläuterungen.

Zur Protokollerklärung → bei Absatz 1.

Regelung durch Bezirks-/Dienstvereinbarung (Abs. 3)

Absatz 3 ist ein Appell an die Tarifpartner, im Bereich der Kommunen bei annähernd gleicher Belastung den Anspruch auf Zusatzurlaub in den Fällen nicht ständiger (Wechsel-)Schichtarbeit durch Betriebs- oder Dienstvereinbarung zu regeln. Solange entsprechende Verein-

§ 27 I.1 TVöD — Zusatzurlaub

barungen nicht zustande kommen, bleibt es bei der Regelung des Absatzes 2.

Höchstgrenze (Abs. 4)

Diese Vorschrift beschränkt den Anspruch auf Zusatzurlaub in doppelter Hinsicht.

Satz 1 begrenzt den Zusatzurlaub nach dem TVöD und sonstigen Bestimmungen (darunter fallen insbesondere die Überleitungs-Tarifverträge und bezirkliche Regelungen) auf sechs Arbeitstage im Kalenderjahr.

In den Sätzen 2 bis 4 ist eine Obergrenze für die Summe von Erholungs- und Zusatzurlaubstagen festgelegt worden. Sie darf 35 Arbeitstage (bei Beschäftigten, die das 50. Lebensjahr vollendet haben, 36 Arbeitstage) im Kalenderjahr nicht überschreiten. Für die Altersberechnung gilt § 26 Abs. 1 Satz 3 entsprechend; d. h., das Lebensjahr, das im Laufe des Kalenderjahres vollendet wird, ist maßgebend. Die Begrenzung des Satzes 2 für die Summe von Erholungs- und Zusatzurlaub gilt nach Satz 4 nicht für den Zusatzurlaub nach den Absätzen 1 und 2 (für Wechselschicht- bzw. Schichtarbeit) – insoweit kann also die Höchstgrenze von 35 bzw. 36 Arbeitstagen überschritten werden.

Übrige Bestimmungen (Abs. 5)

Gemäß Absatz 5 gelten – mit Ausnahme der Zwölftelungsvorschrift des § 26 Abs. 2 Buchst. b (Beginn oder Ende des Arbeitsverhältnisses im Laufe des Jahres) – im Übrigen die Vorschriften des § 26. Dieser Verweis auf die übrigen urlaubsrechtlichen Vorschriften hat insbesondere Bedeutung hinsichtlich der Urlaubsübertragung in das Folgejahr.

Zusatzurlaub nach § 125 SGB IX

Die Regelungen des § 125 SGB IX über die Gewährung von Zusatzurlaub für schwerbehinderte Beschäftigte bleiben von der Tarifvorschrift unberührt. Insbesondere die Zwölftelungsvorschriften des Tarifvertrages gelten nicht. § 125 SGB IX hat folgenden Wortlaut:

> **§ 125 SGB IX Zusatzurlaub**
>
> (1) Schwerbehinderte Menschen haben Anspruch auf einen bezahlten zusätzlichen Urlaub von fünf Arbeitstagen im Urlaubsjahr; verteilt sich die regelmäßige Arbeitszeit des schwerbehinderten Menschen auf mehr oder weniger als fünf Arbeitstage in der Kalenderwoche, erhöht oder vermindert sich der Zusatzurlaub entsprechend. Soweit tarifliche, be-

Zusatzurlaub

TVöD **§ 27 I.1**

> triebliche oder sonstige Urlaubsregelungen für schwerbehinderte Menschen einen längeren Zusatzurlaub vorsehen, bleiben sie unberührt.
>
> (2) Besteht die Schwerbehinderteneigenschaft nicht während des gesamten Kalenderjahres, so hat der schwerbehinderte Mensch für jeden vollen Monat der im Beschäftigungsverhältnis vorliegenden Schwerbehinderteneigenschaft einen Anspruch auf ein Zwölftel des Zusatzurlaubs nach Absatz 1 Satz 1. Bruchteile von Urlaubstagen, die mindestens einen halben Tag ergeben, sind auf volle Urlaubstage aufzurunden. Der so ermittelte Zusatzurlaub ist dem Erholungsurlaub hinzuzurechnen und kann bei einem nicht im ganzen Kalenderjahr bestehenden Beschäftigungsverhältnis nicht erneut gemindert werden.
>
> (3) Wird die Eigenschaft als schwerbehinderter Mensch nach § 69 Abs. 1 und 2 rückwirkend festgestellt, finden auch für die Übertragbarkeit des Zusatzurlaubs in das nächste Kalenderjahr die dem Beschäftigungsverhältnis zugrunde liegenden urlaubsrechtlichen Regelungen Anwendung.

Nach der Rechtsprechung des Bundesarbeitsgerichts (BAG) bestand in der Vergangenheit ein Anspruch auf den vollen Zusatzurlaub auch dann, wenn die Schwerbehinderteneigenschaft erst im Laufe des Jahres entstand oder anerkannt wurde (s. Urteile des BAG vom 8. 3. 1994 – 9 AZR 49/93 – und vom 21. 2. 1995 – 9 AZR 166/94 – AP Nrn. 5 und 7 zu § 47 SchwbG 1986).

Diese Rechtsprechung ist überholt, seit (mit Wirkung vom 1. 5. 2004) durch das „Gesetz zur Förderung der Ausbildung und Beschäftigung schwerbehinderter Menschen" vom 23. 4. 2004 (BGBl. I S. 606) in § 125 SGB IX eigenständige Vorschriften zur Zwölftelung des Zusatzurlaubs für schwerbehinderte Arbeitnehmer aufgenommen worden sind. Besteht die Schwerbehinderteneigenschaft nicht das ganze Jahr, hat der schwerbehinderte Arbeitnehmer gemäß § 125 Abs. 2 SGB IX für jeden vollen Monat der im Beschäftigungsverhältnis vorliegenden Schwerbehinderteneigenschaft einen Anspruch auf ein Zwölftel des Zusatzurlaubs. Bruchteile von Urlaubstagen, die mindestens einen halben Tag ergeben, sind auf volle Urlaubstage aufzurunden. Der Umgang mit Bruchteilen von Urlaubstagen, die weniger als einen halben Tag ergeben, ist nicht gesetzlich geregelt. Es wird davon auszugehen sein, dass diese nicht abzurunden, sondern in dem geringeren Umfang zu gewähren sind. Bei rückwirkender Feststellung der Schwerbehinderteneigenschaft finden nach der – ebenfalls neu angefügten – Vorschrift des § 125 Abs. 3 SGB IX für die Übertragbarkeit des Zusatzurlaubs in das nächste Kalenderjahr die „dem

Beschäftigungsverhältnis zugrunde liegenden urlaubsrechtlichen Regelungen" (also § 26 Abs. 2 Buchstabe a TVöD) Anwendung. Bei länger andauernden Feststellungsverfahren wird der Zusatzurlaub für zurückliegende Kalenderjahre daher trotz rückwirkender Anerkennung der Schwerbehinderteneigenschaft in der Regel verfallen sein.

Während die oben aufgeführte Rechtsprechung des BAG in den Fällen, in denen die Schwerbehinderteneigenschaft erst im Laufe des Jahres eintritt, überholt ist, ist die Zwölftelung nach den Grundsätzen des BAG weiterhin nicht zulässig, wenn der Beschäftigte

– in der ersten Hälfte des Kalenderjahres in das Arbeitsverhältnis eintritt oder
– in der zweiten Hälfte des Kalenderjahres nach erfüllter Wartezeit (§ 4 BUrlG) aus dem Arbeitsverhältnis ausscheidet.

In diesen Fällen steht dem Angestellten der ungekürzte Zusatzurlaub zu.

Übergangsvorschriften

In den Überleitungstarifverträgen (TVÜ/Bund, TVÜ/VKA)[1] haben die Tarifpartner im jeweiligen § 15 Übergangsbestimmungen getroffen. Auf die Erläuterungen dazu wird Bezug genommen.

---

[1] abgedruckt unter **I.2**

§ 28 Sonderurlaub

Beschäftigte können bei Vorliegen eines wichtigen Grundes unter Verzicht auf die Fortzahlung des Entgelts Sonderurlaub erhalten.

Erläuterungen

Die Möglichkeit, Sonderurlaub unter Verzicht auf die Fortzahlung des Entgelts zu gewähren, war bislang in § 50 BAT bzw. den vergleichbaren Vorschriften für Arbeiter geregelt. Die Vorschrift wird in der Praxis nur dann von Bedeutung sein, wenn keine gesetzlichen Freistellungsansprüche (→ dazu Erläuterungen zu § 29) bestehen.

Voraussetzungen der Urlaubsgewährung

Die Tarifpartner haben hinsichtlich der Gewährung von unbezahltem Sonderurlaub eine denkbar „offene" Formulierung gewählt, nach der ein (aus Sicht des Beschäftigten) „wichtiger Grund" Anlass genug für die Möglichkeit der Beurlaubung ist. Es handelt sich um eine Kann-Vorschrift, bei deren Anwendung dem Arbeitgeber ein Ermessen bleibt, das er aber nach einheitlichen Kriterien ausüben muss.

Tarifliche Folgen der Urlaubsgewährung

Die Folgen der Beurlaubung sollten nicht unterschätzt werden. Zur Vermeidung von Missverständnissen und eventueller Forderungen wegen unterlassener Hinweise auf die Folgen sollten die Beschäftigten bei Beantragung des Sonderurlaubs auf die Auswirkungen auf das Arbeitsverhältnis und auf die sozialversicherungsrechtlichen Folgen hingewiesen werden.

Durch die Beurlaubung ruht das Arbeitsverhältnis mit allen seinen Rechten und Pflichten. Es bestehen keine Ansprüche auf Entgelt, Krankenbezüge etc., die Sonderzahlung wird für jeden Monat um ein Zwölftel gekürzt.

Die Zeit des Sonderurlaubs gilt gemäß § 34 Abs. 3 grundsätzlich nicht als Beschäftigungszeit. Ein Sonderurlaub kann somit Auswirkungen auf alle von der Beschäftigungszeit abhängenden tarifvertraglichen Leistungen (insbesondere Bezugsdauer des Krankengeldzuschusses, Kündigungsfristen) haben. Nur wenn der Arbeitgeber vor Antritt des Sonderurlaubs schriftlich ein dienstliches oder betriebliches Interesse an der Beurlaubung anerkannt hat, wird die Zeit der Beurlaubung als Beschäftigungszeit berücksichtigt (→ § 34 Abs. 3 Satz 2). Entsprechendes gilt für die Berücksichtigung des Sonderurlaubs bei der Stufenzuweisung der Entgeltgruppen (→ § 17 Abs. 3 Satz 1 Buchst. d).

Weitere Folgen ergeben sich bei der Anwendung der Vorschriften des § 9 (Vergütungsgruppenzulagen) bzw. § 11 (kinderbezogene Entgeltbestandteile) der Überleitungstarifverträge[1]. Auch dort ist ein Sonderurlaub anspruchsvernichtend.

Versicherungsrechtliche Folgen der Urlaubsgewährung

Mit dem Beginn der Beurlaubung endet die Versicherungs- und Beitragspflicht zu den Zweigen der Sozialversicherung.

In der gesetzlichen Krankenversicherung besteht ggf. Anspruch auf Leistungen für einen Monat nach dem Ende der Mitgliedschaft (§ 19 Abs. 2 SGB V). Der Beschäftigte kann sich – soweit kein Anspruch auf Familienversicherung (§ 10 SGB V) besteht – für die Zeit des unbezahlten Sonderurlaubs in der gesetzlichen Krankenversicherung freiwillig versichern. Dieses Recht besteht nur für Personen, die als Mitglieder aus der Versicherungspflicht ausgeschieden sind und in den letzten 5 Jahren vor dem Ausscheiden mindestens 24 Monate oder unmittelbar vor dem Ausscheiden ununterbrochen mindestens 12 Monate versichert waren (vgl. § 9 Abs. 1 Nr. 1 SGB V). Einzelheiten über den Beginn dieser freiwilligen Versicherung und über die Höhe der zu entrichtenden Beiträge ergeben sich aus § 188 SGB V bzw. § 240 SGB V und den Regelungen der einzelnen Krankenkassen. Für eine solche Versicherung während eines unbezahlten Sonderurlaubs trägt der Arbeitgeber weder einen Arbeitgeberbeitragsanteil zu dieser Versicherung noch einen Zuschuss zu einer privaten oder freiwilligen Krankenversicherung.

Der Beschäftigte kann sich für die Zeit des unbezahlten Sonderurlaubs auch in der gesetzlichen Rentenversicherung freiwillig versichern (§ 7 Abs. 1 SGB VI). Auch für solche Versicherungen werden keine Arbeitgeberbeitragsanteile oder Zuschüsse gewährt. Die Beiträge hat die/der Versicherte selbst zu tragen (§ 171 SGB VI). Hinsichtlich eines Anspruchs auf Renten wegen verminderter Erwerbsfähigkeit (§ 43 SGB V) wird darauf hingewiesen, dass die Zeit einer Beurlaubung ohne Bezüge zu einem Wegfall der Anspruchsvoraussetzungen zum Bezug der genannten Renten führen kann, da Versicherte grundsätzlich nur dann einen Anspruch auf diese Renten haben, wenn sie die Wartezeit erfüllen und in den letzten 5 Jahren vor Eintritt der Minderung der Erwerbsfähigkeit drei Jahre Pflichtbeiträge entrichtet haben (vgl. § 43 Abs. 1 bzw. Abs. 2 SGB VI). Die gesetzlichen

---

[1] abgedruckt unter **I.2**

Bestimmungen sehen unter bestimmten Voraussetzungen (§ 43 Abs. 4 SGB VI) die Verlängerung des Zeitraums von fünf Jahren vor. Hinsichtlich der Frage, ob diese Bestimmungen im Einzelfall Anwendung finden, können allein die zuständigen Rentenversicherungsträger Auskunft erteilen.

Während der Zeit der Beurlaubung nach § 28 TVöD bleibt die Pflichtversicherung bei der VBL bestehen (§ 2 Abs. 1 Tarifvertrag Altersversorgung – ATV/ATV-K)[1]. Da während der Zeit der Beurlaubung ohne Bezüge kein laufendes zusatzversorgungspflichtiges Entgelt gezahlt wird, ist in dieser Zeit auch keine Umlage zur VBL zu entrichten (vgl. §§ 15, 16 ATV/ATV-K).

Der Beschäftigte verliert grundsätzlich nicht wegen der Beurlaubung einen etwaigen Anspruch auf eine Zusatzversorgung. Während der Zeit der Beurlaubung wächst jedoch die Zusatzversorgung grundsätzlich nicht weiter an, sofern sich aus § 9 ATV (soziale Komponenten) oder Satz 5 und 6 der Anlage 3 zum ATV keine Besonderheiten ergeben.

Eine Anwartschaft auf Zusatzversorgung bleibt auch dann erhalten, wenn eine bis zum Eintritt des Versicherungsfalles dauernde Beurlaubung (sog. Altersurlaub) ausgesprochen wird. Es bestehen daher aus dieser Sicht keine Bedenken, einen Altersurlaub zu bewilligen.

---

[1] abgedruckt unter **V.1**

§ 29 Arbeitsbefreiung

(1) ¹Als Fälle nach § 616 BGB, in denen Beschäftigte unter Fortzahlung des Entgelts nach § 21 im nachstehend genannten Ausmaß von der Arbeit freigestellt werden, gelten nur die folgenden Anlässe:

a) Niederkunft der Ehefrau/der Lebenspartnerin im Sinne des Lebenspartnerschaftsgesetzes — ein Arbeitstag,

b) Tod der Ehegattin/des Ehegatten, der Lebenspartnerin/ des Lebenspartners im Sinne des Lebenspartnerschaftsgesetzes, eines Kindes oder Elternteils — zwei Arbeitstage,

c) Umzug aus dienstlichem oder betrieblichem Grund an einen anderen Ort — ein Arbeitstag,

d) 25- und 40-jähriges Arbeitsjubiläum — ein Arbeitstag,

e) schwere Erkrankung

   aa) einer/eines Angehörigen, soweit sie/er in demselben Haushalt lebt, — ein Arbeitstag im Kalenderjahr,

   bb) eines Kindes, das das 12. Lebensjahr noch nicht vollendet hat, wenn im laufenden Kalenderjahr kein Anspruch nach § 45 SGB V besteht oder bestanden hat, — bis zu vier Arbeitstage im Kalenderjahr,

   cc) einer Betreuungsperson, wenn Beschäftigte deshalb die Betreuung ihres Kindes, das das 8. Lebensjahr noch nicht vollendet hat oder wegen körperlicher, geistiger oder seelischer Behinderung dauernd pflegebedürftig ist, übernehmen müssen, — bis zu vier Arbeitstage im Kalenderjahr.

²Eine Freistellung erfolgt nur, soweit eine andere Person zur Pflege oder Betreuung nicht sofort zur Verfügung steht und die Ärztin/der Arzt in den Fällen der Doppelbuchstaben aa und bb die Notwendigkeit der Anwesenheit der/des Beschäftigten zur vorläufigen Pflege bescheinigt. ³Die Freistellung darf insgesamt fünf Arbeitstage im Kalenderjahr nicht überschreiten.

f) Ärztliche Behandlung von Beschäftigten, wenn diese während der Arbeitszeit erfolgen muss, — erforderliche nachgewiesene Abwesenheitszeit einschließlich erforderlicher Wegezeiten.

Niederschriftserklärung zu § 29 Abs. 1 Buchst. f:
Die ärztliche Behandlung erfasst auch die ärztliche Untersuchung und die ärztlich verordnete Behandlung.

Arbeitsbefreiung TVöD § 29 I.1

(2) ¹Bei Erfüllung allgemeiner staatsbürgerlicher Pflichten nach deutschem Recht, soweit Arbeitsbefreiung gesetzlich vorgeschrieben ist und soweit die Pflichten nicht außerhalb der Arbeitszeit, gegebenenfalls nach ihrer Verlegung, wahrgenommen werden können, besteht der Anspruch auf Fortzahlung des Entgelts nach § 21 nur insoweit, als Beschäftigte nicht Ansprüche aus Ersatz des Entgelts geltend machen können. ²Das fortgezahlte Entgelt gilt in Höhe des Ersatzanspruchs als Vorschuss auf die Leistungen der Kostenträger. ³Die Beschäftigten haben den Ersatzanspruch geltend zu machen und die erhaltenen Beträge an den Arbeitgeber abzuführen.

(3) ¹Der Arbeitgeber kann in sonstigen dringenden Fällen Arbeitsbefreiung unter Fortzahlung des Entgelts nach § 21 bis zu drei Arbeitstagen gewähren. ²In begründeten Fällen kann bei Verzicht auf das Entgelt kurzfristige Arbeitsbefreiung gewährt werden, wenn die dienstlichen oder betrieblichen Verhältnisse es gestatten.

Protokollerklärung zu Absatz 3 Satz 2:
Zu den „begründeten Fällen" können auch solche Anlässe gehören, für die nach Absatz 1 kein Anspruch auf Arbeitsbefreiung besteht (z. B. Umzug aus persönlichen Gründen).

(4) ¹Zur Teilnahme an Tagungen kann den gewählten Vertreterinnen/Vertretern der Bezirksvorstände, der Landesbezirksvorstände, der Landesfachbereichsvorstände, der Bundesfachbereichsvorstände, der Bundesfachgruppenvorstände sowie des Gewerkschaftsrates bzw. entsprechender Gremien anderer vertragsschließender Gewerkschaften auf Anfordern der Gewerkschaften Arbeitsbefreiung bis zu acht Werktagen im Jahr unter Fortzahlung des Entgelts nach § 21 erteilt werden, sofern nicht dringende dienstliche oder betriebliche Interessen entgegenstehen. ²Zur Teilnahme an Tarifverhandlungen mit dem Bund und der VKA oder ihrer Mitgliedverbände kann auf Anfordern einer der vertragsschließenden Gewerkschaften Arbeitsbefreiung unter Fortzahlung des Entgelts nach § 21 ohne zeitliche Begrenzung erteilt werden.

(5) Zur Teilnahme an Sitzungen von Prüfungs- und von Berufsbildungsausschüssen nach dem Berufsbildungsgesetz sowie für eine Tätigkeit in Organen von Sozialversicherungsträgern kann den Mitgliedern Arbeitsbefreiung unter Fortzahlung des Entgelts nach § 21 gewährt werden, sofern nicht dringende dienstliche oder betriebliche Interessen entgegenstehen.

Erläuterungen

§ 29 TVöD trifft Regelungen zum Anspruch auf Arbeitsbefreiung aus bestimmten persönlichen Anlässen. Die Vorschrift entspricht im Kern § 52 BAT bzw. den entsprechenden Vorschriften für Arbeiter.

Die tarifliche Vorschrift regelt die Fälle der Arbeitsbefreiung unter Wegfall bzw. unter Weiterzahlung des Entgelts (Entgelt im vorstehenden Sinne ist das Entgelt nach § 21 TVöD).

§ 29 I.1 TVöD — Arbeitsbefreiung

Sie greift dabei teilweise in den Regelungsbereich des bürgerlichen Gesetzbuches ein. Nach § 616 Satz 1 BGB „wird der zur Dienstleistung Verpflichtete des Anspruchs auf die Vergütung nicht dadurch verlustig, dass er für eine verhältnismäßig nicht erhebliche Zeit durch einen in seiner Person liegenden Grund ohne sein Verschulden an der Dienstleistung verhindert wird". Diese Vorschrift, die für Fälle gilt, „in denen der Angestellte aus bestimmten persönlichen Gründen an der Arbeitsleistung verhindert wird", ist tarifvertraglich abdingbar (siehe dazu Urteil des BAG vom 24. 11. 1988 – 6 AZR 423/86 – AP Nr. 4 zu § 52 BAT –). Von dieser Möglichkeit haben die Tarifvertragsparteien mit § 29 TVöD Gebrauch gemacht.

Freistellung aus persönlichen Gründen (Abs. 1)

Die tarifliche Regelung legt fest, welche Anlässe aus dem persönlichen Bereich des Beschäftigten als Freistellungsfälle i. S. d. § 616 BGB anzusehen sind. Bezahlte Freistellung aus persönlichen Gründen ist nur für die Dauer der in Absatz 1 festgelegten Tage zu gewähren; über die tariflich vorgesehenen Freistellungen hinaus bestehen keine weiteren Ansprüche nach § 616 BGB. Reichen diese Tage nicht aus, ist eine darüber hinausgehende Freistellung nur im Wege der Inanspruchnahme von Erholungsurlaub, ggf. Freistellungen im Rahmen von Gleitzeitregelungen oder der Beantragung unbezahlter Arbeitsbefreiung nach Absatz 3 Satz 2 möglich.

Fällt der Anlass für die Freistellung auf einen für den Beschäftigten arbeitsfreien Tag, ist eine Arbeitsbefreiung an einem anderen Tag nicht ausgeschlossen. In der Vorschrift ist nämlich nicht bestimmt, dass die Arbeitsbefreiung genau an dem Tag erfolgen muss, auf den das jeweilige Ereignis fällt. Gleichwohl jedoch ist bei der Arbeitsbefreiung aus persönlichen Gründen ein enger zeitlicher Zusammenhang zwischen dem Anlass der Freistellung und der Freistellung selbst unverzichtbar.

Die Freistellung erfolgt (mit Ausnahme des Buchstaben f dieser Regelung) für volle Arbeitstage. Bricht der Beschäftigte aus einem der aufgeführten Anlässe seine Arbeit im Verlaufe eines Arbeitstages ab, zählt dieser Tag als Freistellungstag bzw. als erster Freistellungstag. Zu den einzelnen Freistellungstatbeständen ist Folgendes anzumerken:

Zu Buchstabe a

Bei Niederkunft der Ehefrau besteht ein Freistellungsanspruch für einen Arbeitstag. Dieser Anspruch besteht auch, wenn die Ehegatten nicht in häuslicher Gemeinschaft leben; ausschlaggebend ist, dass die Ehe besteht. Die Niederkunft der nichtehelichen Lebensgefährtin eines Beschäftigten ist nicht von der Vorschrift erfasst (vgl. Urteil des BAG vom 25. 2. 1987 – 8 AZR 430/84 – AP Nr. 3 zu § 52 BAT –). Hingegen besteht ein Freistellungsanspruch im Falle der Niederkunft einer in einer eingetragenen Lebenspartnerschaft lebende Partnerin; denn sie ist in der Tarifvorschrift der „Ehefrau" gleichgestellt worden. Ein Freistellungsanspruch besteht auch, wenn das Kind nicht lebend geboren wird. Bei Mehrlingsgeburten ist der Freistellungsanspruch auf einen Arbeitstag begrenzt.

Zu Buchstabe b

Die Freistellung im Todesfall ist auf den Tod des Ehegatten, des eingetragenen Lebenspartners nach dem Lebenspartnerschaftsgesetz, eines Kindes oder Elternteils begrenzt. Unter „Elternteil" sind nur die leiblichen Eltern zu verstehen. Adoptiveltern haben die Rechtsstellung leiblicher Eltern, wobei das familienrechtliche Verhältnis zu den leiblichen Eltern mit der Adoption jedoch erloschen ist.

Der Freistellungsanspruch ist nicht davon abhängig, dass die Verstorbenen in häuslicher Gemeinschaft mit dem Beschäftigten gelebt haben. Beim Tod eines geschiedenen Ehegatten besteht jedoch kein Freistellungsanspruch, ebenso wenig beim Tod eines nichtehelichen Lebensgefährten. Nicht erfasst sind ferner Schwiegereltern, Großeltern, Stiefeltern und Pflegeeltern. Nach dem Wortlaut der Vorschrift auch nicht erfasst sind Enkel, Pflege-, Stief- und Schwiegerkinder. Dass die hinsichtlich von Stief- und Pflegekindern gegenteilige Aussage der Tarifpartner anlässlich der Tarifverhandlungen zur vergleichbaren Vorschrift des § 52 BAT am 16./17. 10. 1956 noch Bestand hat, muss bezweifelt werden.

Die beiden Tage der Freistellung müssen nicht zusammenhängend in Anspruch genommen werden. Eine Aufteilung z. B. in der Weise, dass der erste Tag unmittelbar in zeitlichem Zusammenhang mit dem Todesfall und der zweite Tag anlässlich der Beisetzung gewährt wird, ist zulässig.

Zu Buchstabe c

Die Regelung gilt nur für einen Umzug aus dienstlichen oder betrieblichen Gründen an einen anderen Ort. Handelt es sich um einen privat veranlassten Umzug oder um einen dienstlichen Umzug an demselben Ort, ist eine bezahlte Arbeitsbefreiung nicht möglich. Es ist im Übrigen unerheblich, in welcher Entfernung sich der neue

Wohnort befindet, d. h. auch bei einem Umzug über eine große Entfernung besteht ein Freistellungsanspruch lediglich für einen Arbeitstag.

Zu Buchstabe d

Der Zeitpunkt des Jubiläumstages ergibt sich aus der Berechnung im Rahmen des § 23 Abs. 2. Der Anspruch auf Freistellung besteht auch dann, wenn der Jubiläumstag auf einen arbeitsfreien Tag fällt. Es muss aber ein zeitlicher Zusammenhang zwischen dem Anlass (Arbeitsjubiläum) und der Freistellung gewahrt bleiben. Anspruch auf Freistellung aus Anlass des 50jährigen Arbeitsjubiläums besteht danach nicht; der Arbeitgeber kann aber eine Freistellung nach Absatz 3 Satz 1 bewilligen.

Zu Buchstabe e

Die Regelung erfasst alle Fälle einer schweren Erkrankung Dritter, aufgrund derer dem Beschäftigten Arbeitsbefreiung unter Fortzahlung der Bezüge gewährt werden kann. Die Dauer der Freistellung ist je nach Anlass unterschiedlich und darf insgesamt fünf Arbeitstage im Kalenderjahr nicht überschreiten. Die Freistellung dient nur der unvorhersehbaren, kurzfristig eintretenden, vorübergehenden Übernahme der notwendigen Pflege oder Betreuung und der Organisation der weiteren Pflege des Erkrankten oder der Betreuung seines Kindes durch den Beschäftigten. Die Freistellung ist daher nur möglich, wenn eine andere Person zur Übernahme dieser Aufgabe nicht sofort zur Verfügung steht und – in den Fällen der Doppelbuchstaben aa und bb – eine ärztliche Bescheinigung vorliegt, welche die Notwendigkeit der Anwesenheit des Beschäftigten (bzw. einer anderen Person) zur vorläufigen Pflege bestätigt; in dem Fall des Doppelbuchstaben cc ist diese Notwendigkeit wegen des Alters oder wegen der Behinderung des Kindes des Beschäftigten unterstellt. Dass eine andere Person nicht sofort zur Übernahme der Pflege oder Betreuung zur Verfügung steht, hat der Beschäftigte in allen Fällen der Doppelbuchstaben aa bis cc darzulegen.

Auch § 2 des am 1. Juli 2008 in Kraft getretenen Pflegezeitgesetzes (Artikel 3 des Pflege-Weiterentwicklungsgesetzes vom 28. Mai – BGBl. I S. 874)[1] ermöglicht eine kurzfristige Freistellung bis zur Dauer von 10 Arbeitstagen zur Pflege bzw. Organisaiton der Pflege naher

---

[1] abgedruckt als **Anhang 1**

Arbeitsbefreiung TVöD § 29 I.1

Angehöriger (Definition → § 7 des Gesetzes). Ein Anspruch auf Entgeltfortzahlung besteht nicht.

Neben dieser kurzfristigen Arbeitsbefreiung ermöglicht das Pflegezeitgesetz eine bis zu sechsmonatige vollständige oder teilweise (also Teilzeit) Freistellung zur Betreuung naher Angehöriger (Pflegezeit → §§ 3 und 4 des Gesetzes). Auch für die Pflegezeit besteht kein Anspruch auf Entgeltfortzahlung. Die Verpflichtung zur Freistellung besteht nicht bei Arbeitgebern mit in der Regel 15 oder weniger Beschäftigten.

Zu Doppelbuchstabe aa

Bei schwerer Erkrankung eines Angehörigen des Beschäftigten kann für einen Arbeitstag im Kalenderjahr Arbeitsbefreiung gewährt werden. Ein solcher Anlass kann daher nur einmal im Kalenderjahr zur Freistellung führen. Voraussetzung ist, dass der erkrankte Angehörige mit dem Angestellten in demselben Haushalt lebt. Zum Kreis der Angehörigen in diesem Sinne können die in § 20 Abs. 5 Verwaltungsverfahrensgesetz (VwVfG, → Erläuterung zu § 11) genannten Personen gezählt werden. Partner einer eingetragenen Lebenspartnerschaft gelten gem. § 11 Abs. 1 Lebenspartnerschaftsgesetz ebenfalls als Familienangehöriger des anderen Partners. Für die Pflege eines schwer erkrankten Kindes, das das 12. Lebensjahr noch nicht vollendet hat, wird, obwohl es zu dem Personenkreis i. S. d. § 20 Abs. 5 VwVfG rechnet, nicht Freistellung nach Doppelbuchstabe aa, sondern nach der speziellen Regelung des Doppelbuchstaben bb gewährt.

Zu Doppelbuchstabe bb

Bezüglich der Pflege erkrankter Kinder ist zunächst zu beachten, dass – bei Vorliegen der gesetzlichen Voraussetzungen – vorrangig ein Freistellungsanspruch nach § 45 SGB V besteht. Die Vorschrift hat folgenden Wortlaut:

> **§ 45 SGB V Krankengeld bei Erkrankung des Kindes**
>
> (1) Versicherte haben Anspruch auf Krankengeld, wenn es nach ärztlichem Zeugnis erforderlich ist, daß sie zur Beaufsichtigung, Betreuung oder Pflege ihres erkrankten und versicherten Kindes der Arbeit fernbleiben, eine andere in ihrem Haushalt lebende Person das Kind nicht beaufsichtigen, betreuen oder pflegen kann und das Kind das zwölfte Lebensjahr noch nicht vollendet hat oder behindert und auf Hilfe angewiesen ist. § 10 Abs. 4 und § 44 Abs. 1 Satz 2 gelten.

§ 29 I.1 TVöD — Arbeitsbefreiung

(2) Anspruch auf Krankengeld nach Absatz 1 besteht in jedem Kalenderjahr für jedes Kind längstens für 10 Arbeitstage, für alleinerziehende Versicherte längstens für 20 Arbeitstage. Der Anspruch nach Satz 1 besteht für Versicherte für nicht mehr als 25 Arbeitstage, für alleinerziehende Versicherte für nicht mehr als 50 Arbeitstage je Kalenderjahr.

(3) Versicherte mit Anspruch auf Krankengeld nach Absatz 1 haben für die Dauer dieses Anspruchs gegen ihren Arbeitgeber Anspruch auf unbezahlte Freistellung von der Arbeitsleistung, soweit nicht aus dem gleichen Grund Anspruch auf bezahlte Freistellung besteht. Wird der Freistellungsanspruch nach Satz 1 geltend gemacht, bevor die Krankenkasse ihre Leistungsverpflichtung nach Absatz 1 anerkannt hat, und sind die Voraussetzungen dafür nicht erfüllt, ist der Arbeitgeber berechtigt, die gewährte Freistellung von der Arbeitsleistung auf einen späteren Freistellungsanspruch zur Beaufsichtigung, Betreuung oder Pflege eines erkrankten Kindes anzurechnen. Der Freistellungsanspruch nach Satz 1 kann nicht durch Vertrag ausgeschlossen oder beschränkt werden.

(4) Versicherte haben ferner Anspruch auf Krankengeld, wenn sie zur Beaufsichtigung, Betreuung oder Pflege ihres erkrankten und versicherten Kindes der Arbeit fernbleiben, sofern das Kind das zwölfte Lebensjahr noch nicht vollendet hat oder behindert und auf Hilfe angewiesen ist und nach ärztlichem Zeugnis an einer Erkrankung leidet,
a) die progredient verläuft und bereits ein weit fortgeschrittenes Stadium erreicht hat,
b) bei der eine Heilung ausgeschlossen und eine palliativ-medizinische Behandlung notwendig oder von einem Elternteil erwünscht ist und
c) die lediglich eine begrenzte Lebenserwartung von Wochen oder wenigen Monaten erwarten lässt.

Der Anspruch besteht nur für ein Elternteil. Absatz 1 Satz 2 und Absatz 3 gelten entsprechend.

(5) Anspruch auf unbezahlte Freistellung nach den Absätzen 3 und 4 haben auch Arbeitnehmer, die nicht Versicherte mit Anspruch auf Krankengeld nach Absatz 1 sind.

Gemäß § 45 Abs. 1 SGB V besteht ein Anspruch auf Krankengeld für die Betreuung eines erkrankten Kindes, das das zwölfte Lebensjahr noch nicht vollendet hat. Der Anspruch besteht in jedem Kalenderjahr für jedes Kind längstens für 10 Arbeitstage, für allein erziehende Versicherte längstens 20 Arbeitstage. Insgesamt steht der Anspruch im Kalenderjahr für nicht mehr als 25 Arbeitstage bzw. bei Alleinerziehenden für nicht mehr als 50 Arbeitstage zu (§ 45 Abs. 2 SGB V).

Für die Beaufsichtigung, Betreuung und Pflege **schwerstkranker** Kinder, die das zwölfte Lebensjahr noch nicht vollendet haben oder

Arbeitsbefreiung TVöD § 29 I.1

behindert und auf Pflege angewiesen sind, besteht ein zeitlich unbegrenzter Freistellungsanspruch (§ 45 Abs. 4 SGB V).

Für eine Freistellung auf der Grundlage dieser gesetzlichen Vorschrift ist keine Vergütung zu zahlen; es besteht vielmehr grundsätzlich ein Anspruch auf Krankengeld gegenüber der zuständigen Krankenkasse.

Voraussetzung für die Anwendung der tariflichen Vorschrift und somit für eine vom Arbeitgeber bezahlte Freistellung ist, dass im laufenden Kalenderjahr kein Anspruch nach § 45 SGB V besteht oder bestanden hat. Die Vorschrift kann daher in der Regel nur bei solchen Angestellten in Betracht kommen, die entweder selbst nicht in der gesetzlichen Krankenversicherung (GKV) versichert sind oder deren Kind aufgrund des Ausschlusses von der Familienversicherung (§ 10 Abs. 3 SGB V) nicht in der GKV versichert sind.

Zwar sieht § 45 Abs. 5 SGB V mittlerweile selbst in diesen Fällen einen Anspruch auf unbezahlte Freistellung vor, der bei einer streng am Wortlaut orientierten Auslegung der Tarifvorschrift die tariflichen Ansprüche auf bezahlte Freistellung zunichte machte. Zur inhaltsgleichen Vorschrift des § 52 BAT haben die öffentlichen Arbeitgeber jedoch die Auffassung vertreten, dass der gesetzliche Anspruch auf unbezahlte Freistellung den tariflichen Anspruch auf bezahlte Freistellung nicht vernichtet.

Die Arbeitsbefreiung beträgt höchstens vier Arbeitstage im Kalenderjahr, wobei zusätzlich die Höchstbegrenzung auf insgesamt fünf Arbeitstage nach Buchstabe e Satz 3 für den Fall des Zusammentreffens mit Tatbeständen nach dem Doppelbuchstaben aa und cc zu beachten ist.

Zu Doppelbuchstabe cc

Die Vorschrift regelt den Fall der schweren Erkrankung einer Betreuungsperson, die dazu führt, dass der Beschäftigte selbst die Betreuung seines Kindes, das das achte Lebensjahr noch nicht vollendet hat oder wegen körperlicher, geistiger oder seelischer Behinderung dauernd pflegebedürftig ist, selbst übernehmen muss. Die Arbeitsbefreiung beträgt höchstens vier Arbeitstage im Kalenderjahr, wobei zusätzlich die Höchstbegrenzung (auf maximal fünf Arbeitstage im Kalenderjahr) nach Buchstabe e Satz 3 für den Fall des Zusammentreffens mit Tatbeständen nach den Doppelbuchstaben aa und bb zu beachten ist.

§ 29 I.1 TVöD — Arbeitsbefreiung

Zu Buchstabe f

Die Freistellung zur ärztlichen Behandlung ist ohne Beschränkung auf bestimmte Gruppen von Ärzten geregelt. Es kann sich um einen Kassen- oder einen Privatarzt, aber auch um einen Amts-, Betriebs-, Versorgungs- oder Vertrauensarzt handeln. Der Begriff der ärztlichen Behandlung erfasst – wie die Tarifpartner in einer Niederschriftserklärung ausdrücklich klargestellt haben – auch die ärztliche Untersuchung und die ärztlich verordnete Behandlung. Die Behandlung braucht nicht von einem Arzt durchgeführt zu werden. Erfasst werden deshalb z. B. auch medizinische Massagen, wenn sie von einem Arzt verordnet worden sind. Dies gilt ebenso für ambulant durchgeführte Rehabilitationsmaßnahmen, soweit sie ärztlich verordnet sind.

Der Anspruch auf Freistellung unter Fortzahlung der Vergütung besteht nur dann, wenn die ärztliche Behandlung während der Arbeitszeit erfolgen muss. Der Beschäftigte muss sich deshalb bemühen, einen Untersuchungs- oder Behandlungstermin außerhalb seiner Arbeitszeit zu vereinbaren. Wenn ein Termin außerhalb der Arbeitszeit möglich und zumutbar ist, darf die Behandlung nicht während der Arbeitszeit erfolgen. Der Beschäftigte muss hierzu auch die Möglichkeiten seiner Gleitzeitgestaltung nutzen.

Die Dauer der Freistellung ist auf die erforderliche, d. h. die unumgänglich notwendige, nachgewiesene Abwesenheit von der Arbeit beschränkt. Die „nachgewiesene Abwesenheitszeit" ist zwar nicht dahingehend auszulegen, dass bei jedem Arztbesuch ein besonderer Nachweis, etwa in Form einer ärztlichen Bescheinigung über die erforderliche Zeit der Abwesenheit erbracht werden muss, doch kann bei jedem Arztbesuch ein entsprechender Nachweis verlangt werden. Die Art und Weise des Nachweises ist nicht spezifiziert. Das bedeutet, dass jede Form des Nachweises möglich ist. Entscheidend ist, dass die Erforderlichkeit der Abwesenheit schlüssig dargelegt und plausibel ist.

Im Allgemeinen dürfte es ausreichen, wenn der Beschäftigte glaubhaft erklärt, dass die ärztliche Behandlung nur während der Arbeitszeit durchgeführt werden kann. Hält der Arbeitgeber diese Aussage (z. B. im Falle häufiger Wiederholungen) nicht für ausreichend, kann er einen darüber hinausgehenden Nachweis verlangen. Dieser ist insbesondere in der Vorlage einer Bescheinigung der Arztpraxis oder des Instituts zu sehen. Weigert sich der Beschäftigte, eine solche Bescheinigung beizubringen, entfällt der Freistellungsanspruch unter Fortzahlung der Bezüge.

Arbeitsbefreiung TVöD **§ 29 I.1**

Die Freistellung schließt auch unvermeidbare Wartezeiten beim Arzt und die erforderlichen Wegezeiten zu und von der ärztlichen Behandlung ein.

Freistellung zur Erfüllung staatsbürgerlicher Pflichten (Abs. 2)

Die tarifliche Regelung setzt voraus, dass für die Erfüllung allgemeiner staatsbürgerlicher Pflichten eine Arbeitsbefreiung bereits gesetzlich vorgeschrieben ist. Die Tarifvorschrift regelt lediglich die Bezahlung der Zeit des Arbeitsausfalls.

Allgemeine staatsbürgerliche Pflichten sind solche, die sich aus der Rechtsstellung des Einzelnen als Staatsbürger ergeben, die also grundsätzlich jeden Bürger ohne weiteres treffen können. Spezielle oder besondere Pflichten, die von der Zugehörigkeit zu einer bestimmten gesellschaftlichen Gruppe, einem Berufsstand o. a. abhängen, fallen nicht hierunter. Durch die Einschränkung auf Pflichten nach deutschem Recht wird klargestellt, dass Ansprüche aus Absatz 2 nicht entstehen, wenn es sich um die staatsbürgerliche Pflicht gegenüber einem anderen Staat handelt (z. B. gesetzliche Wahlpflicht in einem ausländischen Staat).

Nicht zu den allgemeinen staatsbürgerlichen Pflichten rechnen danach z. B. die folgenden Tatbestände:

Ausübung des Wahl- und Stimmrechts nach den Wahlgesetzen für die Wahl zum Europäischen Parlament, zum Deutschen Bundestag, zum Landtag und zu den Kommunalparlamenten, da es sich insoweit nicht um die Erfüllung einer rechtlichen Pflicht handelt; im Übrigen bleibt dem Angestellten die Möglichkeit der Briefwahl.

Ausübung folgender öffentlicher Ehrenämter:
- Mitgliedschaft in den Selbstverwaltungsorganen der Sozialversicherungsträger,
- Tätigkeit in den Wahlorganen zur Durchführung der Sozialversicherungswahlen,
- Tätigkeit der Versichertenältesten und der Vertrauensmänner,
- Mitgliedschaft in Prüfungsausschüssen nach dem Berufsbildungsgesetz,
- Mitgliedschaft in den Organen der Bundesagentur für Arbeit,
- Tätigkeit in den Organen und Ausschüssen der als öffentlich-rechtliche Körperschaften ausgestatteten Berufskammern,
- Tätigkeit im Prüfungsausschuss in einer Industrie- und Handelskammer,
- Aufgaben in einem Beirat für Landschaftspflege.

§ 29 I.1 TVöD — Arbeitsbefreiung

Wegen der Freistellung für die Teilnahme an Sitzungen von Prüfungs- und Berufsbildungsausschüssen nach dem Berufsbildungsgesetz sowie für eine Tätigkeit in Organen von Sozialversicherungsträgern → aber Absatz 5.

Teilnahme an Wahlen der Organe der gesetzlichen Sozialversicherung und anderer öffentlicher Einrichtungen.

Wahrnehmung amtlicher, insbesondere gerichtlicher oder polizeilicher Termine, auch wenn sie nicht durch private Angelegenheiten des Angestellten veranlasst sind; eine Ausnahme gilt jedoch dann, wenn der Angestellte in Angelegenheiten Dritter als Zeuge oder Sachverständiger geladen ist.

Beteiligung an Notfalldiensten, es sei denn, die Heranziehung erfolgt auf der Grundlage landesrechtlicher Gesetze (z. B. aufgrund des nordrhein-westfälischen Gesetzes über den Feuerschutz und die Hilfeleistung vom 10. Februar 1998 – GV. NRW. S. 122 –).

Für die öffentlichen Ehrenämter des Schöffen oder des ehrenamtlichen Richters ergibt sich ein Freistellungsanspruch mittelbar aus dem Gesetz: für die Wahl und Heranziehung der Schöffen aus §§ 31 bis 56 des Gerichtsverfassungsgesetzes; für die ehrenamtlichen Richter in der Arbeits-, Sozial- und Verwaltungsgerichtsbarkeit aus den §§ 16, 20 ff., 35, 43 des Arbeitsgerichtsgesetzes, den §§ 9, 30, 38 des Sozialgerichtsgesetzes und den § 19 ff. der Verwaltungsgerichtsordnung; in diesen Vorschriften wird die Arbeitsbefreiung für die Heranziehung als ehrenamtlicher Richter vorausgesetzt. Ungeachtet bestehender Unterschiede in den einzelnen Zweigen der Gerichtsbarkeit kann daher für jede Heranziehung als Schöffe oder ehrenamtlicher Richter Arbeitsbefreiung nach Absatz 2 gewährt werden.

Hinsichtlich der Tätigkeit in Wahlausschüssen und Wahlvorständen nach dem Bundeswahlgesetz, dem Europawahlgesetz und den Landes- bzw. Kommunalwahlgesetzen besteht eine Verpflichtung zur Übernahme dieses Ehrenamtes und eine gesetzliche Anwesenheitspflicht. Dies steht einer ausdrücklichen Verpflichtung des Arbeitgebers gleich, Arbeitsbefreiung zu gewähren. In diesen Fällen sind die Bezüge entsprechend der Regelung in Absatz 2 fortzuzahlen.

Der Anspruch auf Fortzahlung des Entgelts setzt voraus, dass die gesetzlich vorgeschriebene Arbeitsbefreiung für die Erfüllung allgemeiner staatsbürgerlicher Pflichten nach deutschem Recht in die Arbeitszeit des Beschäftigten fällt. Bei Vorliegen aller Voraussetzungen hat der Arbeitgeber daher das Entgelt für die versäumte Arbeitszeit fortzuzahlen. Steht dem Beschäftigten ein Ersatzanspruch zu, gilt das vom Arbeitgeber fortgezahlte Entgelt in Höhe des Ersatzanspruchs als Vorschuss auf diese Leistungen. Der Beschäftigte hat den Ersatzanspruch geltend zu machen und die erhaltenen Beträge an den Arbeitgeber abzuführen. Die Höhe des Ersatzanspruchs richtet sich nach den gesetzlichen Vorschriften, die der Heranziehung des Beschäftigten zugrunde liegen. Soweit der Erstattungsanspruch hinter dem fortgezahlten Entgelt zurückbleibt, bleibt der Arbeitgeber belastet. Das gilt bei einer Erstattung selbst der Bruttovergütung immer noch für die Arbeitgeberanteile zur Sozialversicherung und die Umlage zur Zusatzversorgung.

Führt der Beschäftigte die erlangten Ersatzleistungen nicht an den Arbeitgeber ab, hat dieser gegen den Beschäftigten einen Anspruch auf Rückzahlung des Vorschusses. Der Arbeitgeber hat keinen Anspruch gegen den Kostenträger, es sei denn, der Beschäftigte habe ihm den Erstattungsanspruch abgetreten.

Aufwandsentschädigungen (z. B. für Fahrtkosten nach § 5 des Justizvergütungs- und -entschädigungsgesetzes) muss der Beschäftigte nicht abführen.

Für den Bereich des Bundes ist das RdSchr. d. BMI vom 29. Januar 2008 (GMBl. S. 263) zu beachten. Damit hat das BMI im Einvernehmen mit dem BMF zugelassen, dass abweichend von § 29 Abs. 2 TVöD bei Tätigkeiten als ehrenamtliche Richter oder bei Inanspruchnahme als Zeugen außertariflich das Entgelt fortgezahlt wird (und zwar in vollem Umfang, und nicht nur hinsichtlich desjenigen Teils, der den Ersatzanspruch des Beschäftigten übersteigt).

Arbeitsbefreiung in sonstigen dringenden Fällen (Abs. 3)

Die Vorschrift überlässt es dem Ermessen des Arbeitgebers, bei Verhinderungen anderer Art in Einzelfällen unter Fortzahlung (Satz 1) bzw. unter Wegfall (Satz 2) des Entgelts Arbeitsbefreiung zu gewähren.

Bei der Regelung des Fernbleibens von der Arbeit unter Fortzahlung der Vergütung nach Satz 1 ist zu berücksichtigen, dass es sich nach der umfassenden Regelung in den Absätzen 1 und 2 nur um Ausnahmefälle handeln kann. Die Freistellung ist auf drei Arbeitstage (pro Anlass, nicht je Kalenderjahr) begrenzt.

Zu den „begründeten Fällen" der Freistellung ohne Entgelt i. S. d. Satzes 2 nennt die zu dieser Regelung vereinbarte Protokollerklärung z. B. einen „Umzug aus persönlichen Gründen", für die die tarifliche Regelung in Absatz 1 keine Freistellungsmöglichkeit enthält. Eben-

§ 29 I.1 TVöD — Arbeitsbefreiung

falls darunter fallen dürften nicht von Buchst. b erfasste Todesfälle sowie das 50-jährige Dienstjubiläum. Eine Definition der „kurzfristigen" Arbeitsbefreiung enthält die tarifliche Vorschrift nicht, gegen eine Freistellung von maximal zwei Wochen dürften jedoch keine Bedenken bestehen. Längerfristige Freistellungen unterliegen den Vorschriften über Sonderurlaub (→ § 28).

Für die Vertreter in den Organen der Versorgungsanstalt des Bundes und der Länder und der kommunalen Zusatzversorgungseinrichtungen ist die Teilnahme an den Sitzungen der Organe Dienst. Einer Arbeitsbefreiung nach § 29 bedarf es nicht.

Sonstige Grundlagen für Arbeitsbefreiung
Gesetzliche Grundlagen

Während durch § 29 Abs. 1 die Regelung des § 616 BGB abgedungen wurde, bleibt eine Vielzahl gesetzlicher Regelungen unberührt und hat Vorrang vor der Tarifvorschrift. Die wichtigsten gesetzlichen Freistellungsmöglichkeiten sind nachfolgend aufgelistet.

Abgeordnetengesetze

- Europäisches Parlament: Europaabgeordnetengesetz vom 6. 4. 1979 (BGBl. I S. 413)
- Bundestag: Gesetz über die Rechtsverhältnisse der Mitglieder des deutschen Bundestages i. d. F. der Bekanntmachung vom 21. 2. 1996 (BGBl. I S. 326)
- Baden-Württemberg: Abgeordnetengesetz vom 12. 9. 1978 (GBl. S. 473)
- Bayern: Bayerisches Abgeordnetengesetz i. d. F. der Bekanntmachung vom 6. 3. 1996 (GVBl. S. 82)
- Berlin: Landesabgeordnetengesetz vom 21. 7. 1978 (GVBl. S. 1497)
- Brandenburg: Abgeordnetengesetz i. d. F. der Bekanntmachung vom 1.11. 2007 (GVBl. I S. 146)
- Bremen: Bremisches Abgeordnetengesetz vom 16. 10. 1978 (Brem. GBl. S. 209)
- Hamburg: Hamburgisches Abgeordnetengesetz vom 21. 6. 1996 (GVBl. S. 141)
- Hessen: Hessisches Abgeordnetengesetz vom 18. 10. 1989 (GVBl. I S. 261)
- Mecklenburg-Vorpommern: Abgeordnetengesetz i. d. F. der Bekanntmachung vom 1. 2. 2007 (GVOBl. M-V S. 54)
- Niedersachsen: Niedersächsisches Abgeordnetengesetz i. d. F. der Bekanntmachung vom 20. 6. 2000 (Nds. GVBl. S. 129)

Arbeitsbefreiung TVöD **§ 29 I.1**

- Nordrhein-Westfalen: Abgeordnetengesetz vom 24. 4. 1979 (GV. NRW. S. 238)
- Rheinland-Pfalz: Abgeordnetengesetz Rheinland-Pfalz vom 21. 7. 1978 (GVBl. S. 587)
- Saarland: Abgeordnetengesetz i. d. F. der Bekanntmachung vom 27.2. 1991 (Amtsbl. S. 430)
- Sachsen: Abgeordnetengesetz i. d. F. der Bekanntmachung vom 4. 7. 2000 (SächsGVBl. S. 326)
- Sachsen-Anhalt: Abgeordnetengesetz Sachsen-Anhalt i. d. F. der Bekanntmachung vom 21. 7. 1994 (GVBl. LSA S. 908)
- Schleswig-Holstein: Schleswig-Holsteinisches Abgeordnetengesetz i. d. F. der Bekanntmachung vom 13. 2. 1991 (GVOBl. Schl.-H. S. 100)
- Thüringen: Thüringer Abgeordnetengesetz i. d. F. der Bekanntmachung vom 9. 3. 1995 (GVBl. S. 121)

sowie die jeweiligen Kommunalwahl- und Kommunalverfassungsgesetze.

Bildungsurlaubs-, Bildungsfreistellungs- und Weiterbildungsgesetze der Länder

- Berlin: Bildungsurlaubsgesetz vom 24. 10. 1990 (GVBl. S. 2209)
- Brandenburg: Weiterbildungsgesetz vom 15. 12. 1993 (GVBl. I S. 498)
- Bremen: Bildungsurlaubsgesetz vom 18. 12. 1974 (BremGBl. S. 348)
- Hamburg: Bildungsurlaubsgesetz vom 21. 1. 1974 (Hamburgisches GVBl. S. 6)
- Hessen: Bildungsurlaubsgesetz vom 28. 7. 1998 (GVBl. S. 294, ber. 348)
- Mecklenburg-Vorpommern: Bildungsfreistellungsgesetz vom 7. 5. 2001 (GVOBl. M-V S. 112)
- Niedersachsen: Bildungsurlaubsgesetz vom 25. 1. 1991 (Nds. GVBl. S. 29)
- Nordrhein-Westfalen: Arbeitnehmerweiterbildungsgesetz vom 6. 11. 1984 (GV. NRW. S. 678)
- Rheinland-Pfalz: Bildungsfreistellungsgesetz vom 30. 3. 1993 (GVBl. S. 157)
- Saarland: Weiterbildungs- und Bildungsfreistellungsgesetz vom 15. 9. 1994 (Amtsbl. S. 1359)
- Sachsen-Anhalt: Bildungsfreistellungsgesetz vom 4. 3. 1998 (GVBl. LSA S. 92)

§ 29 I.1 TVöD — Arbeitsbefreiung

- Schleswig-Holstein: Bildungsfreistellungs- und Qualifizierungsgesetz vom 7. 6. 1990 (GVOBl. Schl.-H. S. 364)

Weitere gesetzliche Freistellungsmöglichkeiten

- § 14 des Arbeitsplatzschutzgesetzes i. d. F. der Bekanntmachung vom 14. 2. 2001 (BGBl. I S. 253)
- § 2 bzw. § 5 des Gesetzes über Betriebsärzte, Sicherheitsingenieure und andere Fachkräfte für Arbeitssicherheit vom 12. 12. 1973 (BGBl. I S. 1885)
- § 37 des Betriebsverfassungsgesetzes i. d. F. der Bekanntmachung vom 25. 9. 2001 (BGBl. I S. 3443)
- Freizeit zur Stellungssuche: § 626 BGB
- Freistellung zur Arbeitsplatzsuche: § 2 Abs. 2 Satz 2 SGB III
- Frauenförder-/Gleichstellungsgesetze: → dazu § 2 Abs. 1
- Personalvertretungsgesetze: → dazu § 2 Abs. 1
- §§ 2 und 3 des Pflegezeitgesetzes vom 28. 5. 2008 (BGBl. I S. 874)[1]
- Mutterschutzgesetz i. d. F. der Bekanntmachung vom 20. 6. 2002 (BGBl. I S. 2318)
- Freistellung der Vertrauensperson schwerbehinderter Menschen gem. § 96 SGB IX
- Freistellung nach dem Zivildienstgesetz i. d. F. der Bekanntmachung vom 17. 5. 2005 (BGBl. I S. 1346)

Außer-/übertarifliche Regelungen

Neben den tarifvertraglichen bzw. gesetzlichen Regelungen haben die öffentlichen Arbeitgeber in der Vergangenheit vielfach zugelassen, dass den Beschäftigten in Anlehnung an die jeweilige beamtenrechtliche Sonderurlaubsverordnung außer- bzw. übertariflich Arbeitsbefreiung gewährt wird.

Es bleibt abzuwarten, ob die Arbeitgeber diese Praxis fortsetzen werden. Dem könnte vor allen Dingen die Intention der Tarifpartner, mit dem TVöD ein eigenständiges, vom Beamtenrecht gelöstes Tarifrecht zu schaffen, entgegenstehen.

Das Bundesministerium des Innern hat sich aber inzwischen mit Rundschreiben vom 8. Januar 2007 (GMBl. S. 281) im Einvernehmen mit dem Bundesministerium der Finanzen damit einverstanden erklärt, dass aus folgenden besonderen Anlässen außertarifliche Arbeitsbefreiung unter Fortzahlung des Entgelts in entsprechender

---

[1] abgedruckt als **Anhang 1**

Anwendung folgender Vorschriften der Verordnung über Sonderurlaub für Bundesbeamtinnen, Bundesbeamte, Richterinnen und Richter des Bundes (Sonderurlaubsverordnung – SUrlV) in der Fassung der Bekanntmachung vom 11. November 2004 (BGBl. I S. 2836), zuletzt geändert durch Verordnung vom 23. Februar 2006 (BGBl. I S. 427) gewährt werden kann:

- § 4 SUrlV: Ausbildung als Schwesternhelfer/in
- § 5 Satz 1 SUrlV: Teilnahme an Veranstaltungen militärischer und ziviler Verteidigung, soweit nicht bereits nach gesetzlichen Vorschriften entsprechende Arbeitsbefreiung gewährt werden kann; die Dauer richtet sich nach § 8 SUrlV
- § 6 SUrlV: gewerkschaftliche Zwecke, soweit diese Vorschrift über die in § 29 Abs. 4 TVöD getroffene Regelung hinausgeht; der Begriff „Sitzungen" in § 6 SUrlV entspricht dem Begriff „Tagungen" in § 29 Abs. 4 TVöD
- § 7 SUrlV: fachliche, staatspolitische, kirchliche und sportliche Zwecke
  - Nr. 1 und Nr. 2
  - Nr. 3 sofern kein Freistellungsanspruch nach einem Bildungsurlaubsgesetz eines Landes besteht
  - Nr. 4 unter Anrechnung der Tage der Arbeitsbefreiung, die nach landesrechtlichen Vorschriften als Sonderurlaub für Jugendleiter/Jugendgruppenleiter gewährt werden, jedoch kann für diese Tage das Entgelt im Rahmen des Abschnitts C fortgezahlt werden
  - Nr. 5 bis Nr. 9, die Dauer richtet sich nach § 8 SUrlV
- § 10 SUrlV: fremdsprachliche Aus- oder Fortbildung im Ausland – mit schriftlicher Vereinbarung einer Rückzahlungsverpflichtung des gezahlten Entgelts bei vorzeitiger Beendigung des Arbeitsverhältnisses (bis zu zwei Jahren nach Ausbildungsende) aus einem vom Beschäftigten zu vertretenden Grund
- § 11 SUrlV: Familienheimfahrten
- § 12 Abs. 3 Nr. 4 SUrlV: grenzüberschreitende Umzüge aus dienstlichem Anlass
- § 15 SUrlV: Widerruf
- § 16 Abs. 1 SUrlV: Ersatz von Aufwendungen
- § 17 Abs. 2 SUrlV: Zuwendung von anderer Seite

§ 29 I.1 TVöD — Arbeitsbefreiung

Freistellung für gewerkschaftliche Zwecke (Abs. 4)

Absatz 4 eröffnet die Möglichkeit, Vertreter der vertragsschließenden Gewerkschaften zur Teilnahme an Tagungen (Satz 1) und zur Teilnahme an Tarifverhandlungen (Satz 2) unter Fortzahlung der Bezüge freizustellen.

Die Aufzählung der gewerkschaftlichen Gremien und Organe in Satz 1 berücksichtigt im Wesentlichen die Organisationsstrukturen der Gewerkschaft ver.di und ist bei den übrigen vertragsschließenden Gewerkschaften entsprechend anzuwenden.

Nur die gewählten Funktionsträger, nicht aber einfache Mitglieder haben einen Freistellungsanspruch.

Lehrgänge, Schulungen etc. fallen nicht unter den Begriff der Tagung.

Die Freistellung setzt eine Anforderung durch die jeweilige Gewerkschaft voraus. In der Praxis wird ein entsprechendes Einladungsschreiben ausreichen.

Der Freistellungsanspruch nach Satz 1 ist auf acht Werktage im Jahr begrenzt – in § 52 BAT waren für diese Zwecke höchstens sechs Freistellungstage vereinbart.

Die Freistellung kann seitens des Arbeitgebers abgelehnt werden, wenn dringende dienstliche oder betriebliche Interessen dem entgegenstehen.

Zur Teilnahme an den Tarifverhandlungen gehört nicht die Teilnahme an vorbereitenden Sitzungen oder an Sitzungen der Großen Tarifkommission. Reisezeiten zum und vom Verhandlungsort können jedoch berücksichtigt werden.

Auch für die Freistellung nach Satz 2 wird die Anforderung durch die jeweilige Gewerkschaft gefordert.

Der Freistellungsanspruch nach Satz 2 ist zeitlich nicht begrenzt.

Freistellung für Tätigkeiten in Ausschüssen nach dem Berufsbildungsgesetz und in Organen der Sozialversicherungsträger (Abs. 5)

Absatz 5 ermöglicht es, für die Teilnahme an Sitzungen von Prüfungs- und von Berufsbildungsausschüssen nach dem Berufsbildungsgesetz sowie für eine Tätigkeit in Organen von Sozialversicherungsträgern den Mitgliedern bezahlte Arbeitsbefreiung zu gewähren, sofern nicht dringende dienstliche oder betriebliche Interessen entgegenstehen.

Gesetz über die Pflegezeit
(Pflegezeitgesetz – PflegeZG)
Vom 28. Mai 2008 (BGBl. I S. 874)

§ 1 Ziel des Gesetzes

Ziel des Gesetzes ist, Beschäftigten die Möglichkeit zu eröffnen, pflegebedürftige nahe Angehörige in häuslicher Umgebung zu pflegen und damit die Vereinbarkeit von Beruf und familiärer Pflege zu verbessern.

§ 2 Kurzzeitige Arbeitsverhinderung

(1) Beschäftigte haben das Recht, bis zu zehn Arbeitstage der Arbeit fernzubleiben, wenn dies erforderlich ist, um für einen pflegebedürftigen nahen Angehörigen in einer akut aufgetretenen Pflegesituation eine bedarfsgerechte Pflege zu organisieren oder eine pflegerische Versorgung in dieser Zeit sicherzustellen.

(2) Beschäftigte sind verpflichtet, dem Arbeitgeber ihre Verhinderung an der Arbeitsleistung und deren voraussichtliche Dauer unverzüglich mitzuteilen. Dem Arbeitgeber ist auf Verlangen eine ärztliche Bescheinigung über die Pflegebedürftigkeit des nahen Angehörigen und die Erforderlichkeit der in Absatz 1 genannten Maßnahmen vorzulegen.

(3) Der Arbeitgeber ist zur Fortzahlung der Vergütung nur verpflichtet, soweit sich eine solche Verpflichtung aus anderen gesetzlichen Vorschriften oder aufgrund Vereinbarung ergibt.

§ 3 Pflegezeit

(1) Beschäftigte sind von der Arbeitsleistung vollständig oder teilweise freizustellen, wenn sie einen pflegebedürftigen nahen Angehörigen in häuslicher Umgebung pflegen (Pflegezeit). Der Anspruch nach Satz 1 besteht nicht gegenüber Arbeitgebern mit in der Regel 15 oder weniger Beschäftigten.

(2) Die Beschäftigten haben die Pflegebedürftigkeit des nahen Angehörigen durch Vorlage einer Bescheinigung der Pflegekasse oder des Medizinischen Dienstes der Krankenversicherung nachzuweisen. Bei in der privaten Pflege-Pflichtversicherung versicherten Pflegebedürftigen ist ein entsprechender Nachweis zu erbringen.

(3) Wer Pflegezeit beanspruchen will, muss dies dem Arbeitgeber spätestens zehn Arbeitstage vor Beginn schriftlich ankündigen und gleichzeitig erklären, für welchen Zeitraum und in welchem Umfang die Freistellung von der Arbeitsleistung in Anspruch genommen werden soll. Wenn nur teilweise Freistellung in Anspruch genommen wird, ist auch die gewünschte Verteilung der Arbeitszeit anzugeben.

(4) Wenn nur teilweise Freistellung in Anspruch genommen wird, haben Arbeitgeber und Beschäftigte über die Verringerung und die Verteilung der Arbeitszeit eine schriftliche Vereinbarung zu treffen. Hierbei hat der Arbeitgeber den Wünschen der Beschäftigten zu entsprechen, es sei denn, dass dringende betriebliche Gründe entgegenstehen.

§ 4 Dauer der Pflegezeit

(1) Die Pflegezeit nach § 3 beträgt für jeden pflegebedürftigen nahen Angehörigen längstens sechs Monate (Höchstdauer). Für einen kürzeren Zeitraum in Anspruch genommene Pflegezeit kann bis zur Höchstdauer verlängert werden, wenn der Arbeitgeber zustimmt. Eine Verlängerung bis zur Höchstdauer kann verlangt werden, wenn ein vorgesehener Wechsel in der Person des Pflegenden aus einem wichtigen Grund nicht erfolgen kann. Die Pflegezeit wird auf Berufsbildungszeiten nicht angerechnet.

(2) Ist der nahe Angehörige nicht mehr pflegebedürftig oder die häusliche Pflege des nahen Angehörigen unmöglich oder unzumutbar, endet die Pflegezeit vier Wochen nach Eintritt der veränderten Umstände. Der Arbeitgeber ist über die veränderten Umstände unverzüglich zu unterrichten. Im Übrigen kann die Pflegezeit nur vorzeitig beendet werden, wenn der Arbeitgeber zustimmt.

§ 5 Kündigungsschutz

(1) Der Arbeitgeber darf das Beschäftigungsverhältnis von der Ankündigung bis zur Beendigung der kurzzeitigen Arbeitsverhinderung nach § 2 oder der Pflegezeit nach § 3 nicht kündigen.

(2) In besonderen Fällen kann eine Kündigung von der für den Arbeitsschutz zuständigen obersten Landesbehörde oder der von ihr bestimmten Stelle ausnahmsweise für zulässig erklärt werden. Die Bundesregierung kann hierzu mit Zustimmung des Bundesrates allgemeine Verwaltungsvorschriften erlassen.

§ 6 Befristete Verträge

(1) Wenn zur Vertretung einer Beschäftigten oder eines Beschäftigten für die Dauer der kurzzeitigen Arbeitsverhinderung nach § 2 oder der Pflegezeit nach § 3 eine Arbeitnehmerin oder ein Arbeitnehmer eingestellt wird, liegt hierin ein sachlicher Grund für die Befristung des Arbeitsverhältnisses. Über die Dauer der Vertretung nach Satz 1 hinaus ist die Befristung für notwendige Zeiten einer Einarbeitung zulässig.

(2) Die Dauer der Befristung des Arbeitsvertrages muss kalendermäßig bestimmt oder bestimmbar sein oder den in Absatz 1 genannten Zwecken zu entnehmen sein.

(3) Der Arbeitgeber kann den befristeten Arbeitsvertrag unter Einhaltung einer Frist von zwei Wochen kündigen, wenn die Pflegezeit nach § 4 Abs. 2 Satz 1 vorzeitig endet. Das Kündigungsschutzgesetz ist in diesen Fällen nicht anzuwenden. Satz 1 gilt nicht, soweit seine Anwendung vertraglich ausgeschlossen ist.

(4) Wird im Rahmen arbeitsrechtlicher Gesetze oder Verordnungen auf die Zahl der beschäftigten Arbeitnehmerinnen und Arbeitnehmer abgestellt, sind bei der Ermittlung dieser Zahl Arbeitnehmerinnen und Arbeitnehmer, die nach § 2 kurzzeitig an der Arbeitsleistung verhindert oder nach § 3 freigestellt sind, nicht mitzuzählen, solange für sie auf Grund von Absatz 1 eine Vertreterin oder ein Vertreter eingestellt ist. Dies gilt nicht, wenn die Vertreterin oder der Vertreter nicht mitzuzählen ist. Die Sätze 1 und 2 gelten entsprechend, wenn im Rahmen arbeitsrechtlicher Gesetze oder Verordnungen auf die Zahl der Arbeitsplätze abgestellt wird.

§ 7 Begriffsbestimmungen

(1) Beschäftigte im Sinne dieses Gesetzes sind
1. Arbeitnehmerinnen und Arbeitnehmer,
2. die zu ihrer Berufsbildung Beschäftigten,
3. Personen, die wegen ihrer wirtschaftlichen Unselbständigkeit als arbeitnehmerähnliche Personen anzusehen sind; zu diesen gehören auch die in Heimarbeit Beschäftigten und die ihnen Gleichgestellten.

(2) Arbeitgeber im Sinne dieses Gesetzes sind natürliche und juristische Personen sowie rechtsfähige Personengesellschaften, die Personen nach Absatz 1 beschäftigen. Für die arbeitnehmerähnlichen Personen, insbesondere für die in Heimarbeit Beschäftigten und die

ihnen Gleichgestellten, tritt an die Stelle des Arbeitgebers der Auftraggeber oder Zwischenmeister.

(3) Nahe Angehörige im Sinne dieses Gesetzes sind
1. Großeltern, Eltern, Schwiegereltern,
2. Ehegatten, Lebenspartner, Partner einer eheähnlichen Gemeinschaft, Geschwister,
3. Kinder, Adoptiv- oder Pflegekinder, die Kinder, Adoptiv- oder Pflegekinder des Ehegatten oder Lebenspartners, Schwiegerkinder und Enkelkinder.

(4) Pflegebedürftig im Sinne dieses Gesetzes sind Personen, die die Voraussetzungen nach den §§ 14 und 15 des Elften Buches Sozialgesetzbuch erfüllen. Pflegebedürftig im Sinne von § 2 sind auch Personen, die die Voraussetzungen nach den §§ 14 und 15 des Elften Buches Sozialgesetzbuch voraussichtlich erfüllen.

§ 8 Unabdingbarkeit

Von den Vorschriften dieses Gesetzes kann nicht zuungunsten der Beschäftigten abgewichen werden.

Abschnitt V
Befristung und Beendigung des Arbeitsverhältnisses

§ 30 Befristete Arbeitsverträge

(1) ¹Befristete Arbeitsverträge sind nach Maßgabe des Teilzeit- und Befristungsgesetzes sowie anderer gesetzlicher Vorschriften über die Befristung von Arbeitsverträgen zulässig. ²Für Beschäftigte, auf die die Regelungen des Tarifgebiets West Anwendung finden und deren Tätigkeit vor dem 1. Januar 2005 der Rentenversicherung der Angestellten unterlegen hätte, gelten die in den Absätzen 2 bis 5 geregelten Besonderheiten; dies gilt nicht für Arbeitsverhältnisse, für die die §§ 57a ff. HRG, das Gesetz über befristete Arbeitsverträge in der Wissenschaft (Wissenschaftszeitvertragsgesetz) oder gesetzliche Nachfolgeregelungen unmittelbar oder entsprechend gelten.

(2) ¹Kalendermäßig befristete Arbeitsverträge mit sachlichem Grund sind nur zulässig, wenn die Dauer des einzelnen Vertrages fünf Jahre nicht übersteigt; weitergehende Regelungen im Sinne von § 23 TzBfG bleiben unberührt. ²Beschäftigte mit einem Arbeitsvertrag nach Satz 1 sind bei der Besetzung von Dauerarbeitsplätzen bevorzugt zu berücksichtigen, wenn die sachlichen und persönlichen Voraussetzungen erfüllt sind.

(3) ¹Ein befristeter Arbeitsvertrag ohne sachlichen Grund soll in der Regel zwölf Monate nicht unterschreiten; die Vertragsdauer muss mindestens sechs Monate betragen. ²Vor Ablauf des Arbeitsvertrages hat der Arbeitgeber zu prüfen, ob eine unbefristete oder befristete Weiterbeschäftigung möglich ist.

(4) ¹Bei befristeten Arbeitsverträgen ohne sachlichen Grund gelten die ersten sechs Wochen und bei befristeten Arbeitsverträgen mit sachlichem Grund die ersten sechs Monate als Probezeit. ²Innerhalb der Probezeit kann der Arbeitsvertrag mit einer Frist von zwei Wochen zum Monatsschluss gekündigt werden.

(5) ¹Eine ordentliche Kündigung nach Ablauf der Probezeit ist nur zulässig, wenn die Vertragsdauer mindestens zwölf Monate beträgt. ²Nach Ablauf der Probezeit beträgt die Kündigungsfrist in einem oder mehreren aneinander gereihten Arbeitsverhältnissen bei demselben Arbeitgeber

von insgesamt mehr als sechs Monaten	vier Wochen,
von insgesamt mehr als einem Jahr zum Schluss eines Kalendermonats,	sechs Wochen
von insgesamt mehr als zwei Jahren	drei Monate,
von insgesamt mehr als drei Jahren zum Schluss eines Kalendervierteljahres.	vier Monate

³Eine Unterbrechung bis zu drei Monaten ist unschädlich, es sei denn, dass das Ausscheiden von der/dem Beschäftigten verschuldet oder veranlasst war. ⁴Die Unterbrechungszeit bleibt unberücksichtigt.

§ 30 I.1 TVöD — Befristete Arbeitsverträge

Protokollerklärung zu Absatz 5:
Bei mehreren aneinander gereihten Arbeitsverhältnissen führen weitere vereinbarte Probezeiten nicht zu einer Verkürzung der Kündigungsfrist.

(6) Die §§ 31, 32 bleiben von den Regelungen der Absätze 3 bis 5 unberührt.

Erläuterungen

In § 30 TVöD haben die Tarifvertragsparteien Regelungen über befristete Arbeitsverhältnisse getroffen, die für die Angestellten des Tarifgebietes West aus den bisherigen Regelungen der SR 2y BAT abgeleitet worden sind. Für die übrigen Beschäftigten ist die Befristung nach gesetzlichen Vorschriften zugelassen worden.

Grundzüge des Teilzeit- und Befristungsgesetzes

Die Möglichkeiten und Grenzen der Befristung von Arbeitsverträgen sind weitgehend durch das Gesetz über Teilzeitarbeit und befristete Arbeitsverträge (Teilzeit- und Befristungsgesetz – TzBfG)[1] gesetzlich vorgegeben worden. Da das TzBfG nur in Randbereichen Öffnungsklauseln für abweichende tarifvertragliche Regelungen enthält, ist der Spielraum für die Tarifvertragsparteien begrenzt. Letztlich können sie wirksam nur dann vom Gesetz abweichende Regelungen vereinbaren, wenn diese günstiger als das Gesetz sind. Da es sich beim TzBfG um eine Vorschrift zum Schutze des Arbeitnehmers handelt, die eine Schlechterstellung des befristeten im Vergleich zum dauerhaft Beschäftigten und die Umgehung des Kündigungsschutzes verhindern soll, sind in diesem Fall „günstigere" Regelungen solche, die eine Befristung erschweren bzw. einschränken.

An dieser Stelle sei kurz auf die wichtigsten Kernvorschriften des TzBfG – soweit die im öffentlichen Dienst typischen Fallgestaltungen berührt werden dürften – hingewiesen:

§ 4 Abs. 2 (Diskriminierungsverbot)

Nach dieser Vorschrift darf ein befristet Beschäftigter ohne sachlichen Grund nicht schlechter gestellt werden als vergleichbare unbefristete Arbeitnehmer. Er muss insbesondere die gleiche Vergütung erhalten (einschließlich eventueller Stufenaufstiege bei längerer Befristung) und die gleichen, von der Dauer der Beschäftigung abhängenden Rechte erwerben (z. B. Hineinwachsen in längere Bezugsfristen zum Krankengeldzuschuss).

---

[1] abgedruckt als **Anhang 1**

Befristete Arbeitsverträge — TVöD § 30 I.1

§ 14 Abs. 1, 2 und 3 (Zulässigkeit der Befristung)

Die Zulässigkeit der Befristung ist nach Absatz 1 grundsätzlich vom Vorliegen eines Sachgrundes abhängig. Der in Absatz 1 Satz 2 enthaltene Katalog von Sachgründen ist nicht abschließend, er bietet aber einen guten Anhaltspunkt für Prüfung der Frage, ob sachliche Gründe die Befristung des Arbeitsverhältnisses rechtfertigen.

Nach Absatz 2 ist bei der erstmaligen Begründung eines Arbeitsverhältnisses zu dem Arbeitgeber auch eine sachgrundlose Befristung bis zur Gesamtdauer von höchstens zwei Jahren zulässig. Der Zeitraum muss nicht mit einem Arbeitsvertrag ausgeschöpft werden; es ist auch eine dreimalige Verlängerung – also die Aufteilung in vier Verträge – möglich. Die Verlängerungsverträge dürfen aber keine Abweichungen der Arbeitsbedingungen enthalten.

Das BAG hat mit Urteil vom 16. Januar 2008 – 7 AZR 603/06 – entschieden, dass auch eine zusammen mit der Verlängerung vereinbarte Erhöhung der Wochenarbeitszeit (im Urteilsfall von bisher 20 auf 30 Stunden) einer weiteren sachgrundlosen Befristung entgegensteht. In Fortsetzung dazu hat das BAG mit Urteil vom 20. Februar 2008 – 7 AZR 786/06 – entschieden, dass sogar dann keine bloße Verlängerung, sondern die Begründung eines neuen Arbeitsverhältnisses gegeben ist, wenn in dem Verlängerungsvertrag lediglich auf ein im ursprünglichen Vertrag enthaltenes Kündigungsrecht i. S. d. § 15 Abs. 3 TzBfG verzichtet wurde. Vor dem Hintergrund dieser gefestigten Rechtsprechung ist ein vorsichtiger Umgang mit der Vorschrift angezeigt, weil ansonsten ein hohes Risiko besteht, ungewollt unbefristete Arbeitsverhältnisse zu begründen.

Absatz 3 in der Fassung des Gesetzes zur Verbesserung der Beschäftigungschancen älterer Menschen vom 19. April 2007 (BGBl. I S. 538) behandelt den Sonderfall der Einstellung älterer Arbeitnehmer (nach Vollendung des 52. Lebensjahres). Die gesetzliche Vorschrift gilt nur in den Fällen, in denen der Arbeitnehmer unmittelbar zuvor mindestens vier Monate beschäftigungslos im Sinne des § 119 Abs. 1 Nr. 1 SGB III („arbeitslos") gewesen ist, Transferarbeitslosengeld bezogen oder an einer öffentlich geförderten Beschäftigungsmaßnahme nach dem SGB II oder III teilgenommen hat. Die Neufassung dieser Vorschrift trägt der Rechtsprechung des EUGH Rechnung, der die bis dahin geltende Regelung für eine verbotene Diskriminierung älterer Arbeitnehmer gehalten hatte (Urteil vom 22. 11. 2005 – C 144/04).

Die Befristung ist bis zur Gesamtdauer von höchstens fünf Jahren zulässig. Der Zeitraum muss nicht mit einem Arbeitsvertrag ausgeschöpft werden; es ist auch eine mehrfache Verlängerung – also die Aufteilung in mehrere Verträge – möglich.

§ 14 Abs. 5 (Schriftform)

Die Befristung bedarf der Schriftform. Diese Vorschrift kann sich in der Praxis als Fußangel erweisen, weil ihre Missachtung zur Begründung eines unbefristeten Arbeitsverhältnisses führt, das frühestens zum vereinbarten Ende der gescheiterten Befristung ordentlich (d. h. nur bei Vorliegen eines Kündigungsgrundes im Sinne des Kündigungsschutzgesetzes und unter Beachtung der Kündigungsfristen) gekündigt werden kann (→ § 16 TzBfG). Für den nicht selten anzutreffenden Fall, dass ein befristeter Arbeitsvertrag erst nach Aufnahme der Beschäftigung schriftlich fixiert wird, bedeutet dies, dass zwar ein Arbeitsverhältnis bereits mit Arbeitsaufnahme zustande gekommen ist, die Befristung aber wegen Missachtung der Schriftform nicht wirksam ist. Das Arbeitsverhältnis ist somit ein Arbeitsverhältnis auf unbestimmte Zeit (unbefristetes Arbeitsverhältnis); die nachträgliche schriftliche Vereinbarung der zuvor mündlich getroffenen Befristungsvereinbarung ändert daran nichts (vgl. BAG-Urteil vom 1. 12. 2004 – 7 AZR 198/04, ZTR 2005, S. 428–429).

Das Schriftformerfordernis gilt nur für die Befristungsabrede, nicht jedoch für den Sachgrund (vgl. BAG-Urteil vom 23. 6. 2004 – 7 AZR 636/03, AP Nr. 12 zu § 14 TzBfG).

§ 15 Abs. 1 und 2 (Ende des befristeten Arbeitsvertrages)

Ein kalendermäßig bestimmter (Zeit-)Arbeitsvertrag endet mit Fristablauf, ohne dass es besonderer Hinweise oder sonstiger Schritte des Arbeitgebers bedarf (Absatz 1).

Ein zweckbefristeter Arbeitsvertrag endet zwar grundsätzlich mit Erreichen des Zwecks, frühestens aber zwei Wochen nach Zugang der schriftlichen Unterrichtung des Arbeitgebers über den Zeitpunkt der Zweckerreichung beim Arbeitnehmer (Absatz 2).

§ 15 Abs. 3 und 4 (Kündigung des befristeten Arbeitsverhältnisses)

Ein befristetes Arbeitsverhältnis ist gemäß Absatz 3 nur dann ordentlich kündbar, wenn dies im Arbeitsvertrag oder tarifvertraglich vereinbart ist. Die Möglichkeit der außerordentlichen (fristlosen) Kündigung i. S. d. § 626 BGB ist bei Vorliegen entsprechender Gründe auch ohne ausdrückliche Vereinbarung möglich. Absatz 4 enthält eine besondere Kündigungsfrist für befristete Arbeitsverhältnisse, die auf mehr als fünf Jahre oder für die Lebenszeit einer Person eingegangen worden sind.

Befristete Arbeitsverträge — TVöD § 30 I.1

§ 15 Abs. 5 (Verlängerung auf unbestimmte Zeit)

Nach dieser Vorschrift gilt ein befristetes Arbeitsverhältnis als auf unbestimmte Zeit fortgesetzt, wenn es nach Fristablauf oder nach Erreichen des Zwecks mit Wissen des Arbeitgebers fortgesetzt wird. Zur Vermeidung muss der Arbeitgeber der Fortsetzung unverzüglich widersprechen bzw. dem Arbeitgeber unverzüglich die Erreichung des Zwecks mitteilen.

§ 16 (Folgen unwirksamer Befristung)

Ist eine Befristung unwirksam (z. B. wegen Nichtbeachtung der Schriftform oder weil der angegebene Sachgrund nicht trägt), so gilt das Arbeitsverhältnis als auf unbestimmte Zeit abgeschlossen (→ zu § 14 Abs. 5 TzBfG).

§ 17 (Anrufung des Arbeitsgerichts)

Nach dieser Vorschrift muss der Arbeitnehmer, der die Unwirksamkeit einer Befristungsabrede gerichtlich geltend machen möchte, spätestens drei Wochen nach dem vereinbarten Ende des befristeten Arbeitsvertrages Klage beim zuständigen Arbeitsgericht erheben.

Geltungsbereich der Vorschrift (Abs. 1)

Mit dieser Vorschrift teilen die Tarifvertragspartner die Beschäftigten in zwei Gruppen ein, für die unterschiedliche Regelungen hinsichtlich der Befristung von Arbeitsverhältnissen gelten.

Zunächst wird in Satz 1 der Vorschrift klargestellt, dass befristete Arbeitsverträge nach dem TzBfG und anderen gesetzlichen Vorschriften zur Befristung von Arbeitsverträgen zulässig sind.

Zu den „anderen gesetzlichen Regelungen" zählen zum Beispiel
- § 21 Bundeselterngeld- und Elternzeitgesetz (Befristung zur Vertretung während Mutterschutz- und Erziehungsurlaubszeiten),
- das Gesetz über befristete Arbeitsverträge mit Ärzten in der Weiterbildung,
- § 6 des Pflegezeitgesetzes[1],
- das Wissenschaftszeitvertragsgesetz[2].

In Satz 2 haben die Tarifpartner anschließend bestimmt, dass für die zum Tarifgebiet West gehörenden Beschäftigten, die nach altem Rentenrecht Angestellte gewesen wären (zur Begriffsbestimmung → auch § 38 Abs. 5), bestimmte, in den Absätzen 2 bis 5 genannte

---

[1] abgedruckt als Anhang 1 in **I.1 § 29**
[2] abgedruckt als **Anhang 2**

§ 30 I.1 TVöD — Befristete Arbeitsverträge

Besonderheiten gelten. Dabei handelt es sich im Verhältnis zur gesetzlichen Regelung um „günstigere" Bestimmungen. Sie sollen nicht in den Befristungsfällen des Wissenschaftszeitvertragsgesetzes zur Anwendung kommen.

Maßgaben für Befristungen mit Sachgrund (Abs. 2)

Nach dem Willen der Tarifpartner sind kalendermäßig befristete Arbeitsverträge (Zeitverträge) mit Sachgrund für den in Absatz 1 Satz 2 genannten Personenkreis nur zulässig, wenn die Dauer des einzelnen Vertrages fünf Jahre nicht übersteigt (Satz 1). Die Aneinanderreihung mehrerer Zeitverträge über die Dauer von mehr als fünf Jahren ist aber möglich, wenn und solange entsprechende Sachgründe gegeben sind. Andere Arten nicht kalendermäßig befristeter Arbeitsverträge (z. B. Zweckbefristung) sind von der Einschränkung nicht berührt.

Nach Satz 1 zweiter Halbsatz bleiben auch weitergehende gesetzliche Befristungsmöglichkeiten i. S. d. § 23 TzBfG unberührt.

Nach Satz 2 der Vorschrift sind mit Zeitvertrag beschäftigte Angestellte bei der Besetzung von Dauerarbeitsplätzen bevorzugt zu berücksichtigen, wenn sie die sachlichen und persönlichen Voraussetzungen erfüllen. Das Auswahlermessen des Arbeitgebers bei der Stellenbesetzung wird durch diese Vorschrift eingeschränkt – zumindest in den Fällen, in denen der bislang befristet Beschäftigte in Eignung, Befähigung und fachlicher Leistung mit den übrigen Bewerbern gleichrangig ist.

Maßgaben für Befristungen ohne Sachgrund (Abs. 3)

Eine sachgrundlose Befristung (→ § 14 Abs. 2 und 3 TzBfG) soll zwölf und darf sechs Monate nicht unterschreiten. Der Arbeitgeber hat vor Ablauf des Arbeitsverhältnisses zu prüfen, ob eine unbefristete oder befristete Weiterarbeit möglich ist. Abgesehen von der Untergrenze von sechs Monaten handelt es sich um eine Bemühensklausel, die keine verbindlichen Rechtsansprüche begründet. Die Vorschrift gilt nur für den in Absatz 1 Satz 2 genannten Personenkreis.

Probezeit (Abs. 4)

In dieser Vorschrift sind die Dauer der Probezeit für mit (sechs Monate) und ohne (sechs Wochen) sachlichen Grund befristete Arbeitsverträge sowie die Kündigungsmöglichkeit und Frist (zwei Wochen zum Monatsende) festgelegt worden. Die Regelungen gelten nur für den in Absatz 1 Satz 2 genannten Personenkreis.

Befristete Arbeitsverträge TVöD **§ 30 I.1**

Kündigung (Abs. 5)

In Absatz 5 haben die Tarifpartner die in § 15 Abs. 3 TzBfG genannte Möglichkeit genutzt, die ordentliche Kündigung befristeter Arbeitsverhältnisse tarifvertraglich zuzulassen. Die Regelung gilt gemäß § 22 Abs. 2 TzBfG auch für nicht tarifgebundene Arbeitnehmer.

Die Kündigung setzt eine Mindestvertragsdauer von zwölf Monaten voraus und sieht nach der Beschäftigungsdauer gestaffelte Kündigungsfristen vor. Arbeitsverhältnisse von weniger als zwölf Monaten Dauer können außerhalb der Probezeit nicht ordentlich gekündigt werden.

Die Regelungen des Absatzes 5 gelten nur für den in Absatz 1 Satz 2 genannten Personenkreis.

Ausnahmen vom Geltungsbereich (Abs. 6)

In Absatz 6 ist vereinbart worden, dass die besonderen Vorschriften für befristete Arbeitsverträge für Führungspositionen auf Probe (§ 31) bzw. auf Zeit (§ 32) nicht von den Regelungen/Einschränkungen der Absätze 3 bis 5 erfasst werden.

Gesetz über Teilzeitarbeit und befristete Arbeitsverträge (Teilzeit- und Befristungsgesetz – TzBfG)

Vom 21. Dezember 2000 (BGBl. I S. 1966)

Zuletzt geändert durch
Gesetz zur Verbesserung der Beschäftigungschancen
älterer Menschen
vom 19. April 2007 (BGBl. I S. 538)

**Erster Abschnitt
Allgemeine Vorschriften**

§ 1 Zielsetzung

Ziel des Gesetzes ist, Teilzeitarbeit zu fördern, die Voraussetzungen für die Zulässigkeit befristeter Arbeitsverträge festzulegen und die Diskriminierung von teilzeitbeschäftigten und befristet beschäftigten Arbeitnehmern zu verhindern.

§ 2 Begriff des teilzeitbeschäftigten Arbeitnehmers

(1) Teilzeitbeschäftigt ist ein Arbeitnehmer, dessen regelmäßige Wochenarbeitszeit kürzer ist als die eines vergleichbaren vollzeitbeschäftigten Arbeitnehmers. Ist eine regelmäßige Wochenarbeitszeit nicht vereinbart, so ist ein Arbeitnehmer teilzeitbeschäftigt, wenn seine regelmäßige Arbeitszeit im Durchschnitt eines bis zu einem Jahr reichenden Beschäftigungszeitraums unter der eines vergleichbaren vollzeitbeschäftigten Arbeitnehmers liegt. Vergleichbar ist ein vollzeitbeschäftigter Arbeitnehmer des Betriebes mit derselben Art des Arbeitsverhältnisses und der gleichen oder einer ähnlichen Tätigkeit. Gibt es im Betrieb keinen vergleichbaren vollzeitbeschäftigten Arbeitnehmer, so ist der vergleichbare vollzeitbeschäftigte Arbeitnehmer auf Grund des anwendbaren Tarifvertrages zu bestimmen; in allen anderen Fällen ist darauf abzustellen, wer im jeweiligen Wirtschaftszweig üblicherweise als vergleichbarer vollzeitbeschäftigter Arbeitnehmer anzusehen ist.

(2) Teilzeitbeschäftigt ist auch ein Arbeitnehmer, der eine geringfügige Beschäftigung nach § 8 Abs. 1 Nr. 1 des Vierten Buches Sozialgesetzbuch ausübt.

§ 3 Begriff des befristet beschäftigten Arbeitnehmers

(1) Befristet beschäftigt ist ein Arbeitnehmer mit einem auf bestimmte Zeit geschlossenen Arbeitsvertrag. Ein auf bestimmte Zeit geschlossener Arbeitsvertrag (befristeter Arbeitsvertrag) liegt vor, wenn seine Dauer kalendermäßig bestimmt ist (kalendermäßig befristeter Arbeitsvertrag) oder sich aus Art, Zweck oder Beschaffenheit der Arbeitsleistung ergibt (zweckbefristeter Arbeitsvertrag).

(2) Vergleichbar ist ein unbefristet beschäftigter Arbeitnehmer des Betriebes mit der gleichen oder einer ähnlichen Tätigkeit. Gibt es im Betrieb keinen vergleichbaren unbefristet beschäftigten Arbeitnehmer, so ist der vergleichbare unbefristet beschäftigte Arbeitnehmer auf Grund des anwendbaren Tarifvertrages zu bestimmen; in allen anderen Fällen ist darauf abzustellen, wer im jeweiligen Wirtschaftszweig üblicherweise als vergleichbarer unbefristet beschäftigter Arbeitnehmer anzusehen ist.

§ 4 Verbot der Diskriminierung

(1) Ein teilzeitbeschäftigter Arbeitnehmer darf wegen der Teilzeitarbeit nicht schlechter behandelt werden als ein vergleichbarer vollzeitbeschäftigter Arbeitnehmer, es sei denn, dass sachliche Gründe eine unterschiedliche Behandlung rechtfertigen. Einem teilzeitbeschäftigten Arbeitnehmer ist Arbeitsentgelt oder eine andere teilbare geldwerte Leistung mindestens in dem Umfang zu gewähren, der dem Anteil seiner Arbeitszeit an der Arbeitszeit eines vergleichbaren vollzeitbeschäftigten Arbeitnehmers entspricht.

(2) Ein befristet beschäftigter Arbeitnehmer darf wegen der Befristung des Arbeitsvertrages nicht schlechter behandelt werden als ein vergleichbarer unbefristet beschäftigter Arbeitnehmer, es sei denn, dass sachliche Gründe eine unterschiedliche Behandlung rechtfertigen. Einem befristet beschäftigten Arbeitnehmer ist Arbeitsentgelt oder eine andere teilbare geldwerte Leistung, die für einen bestimmten Bemessungszeitraum gewährt wird, mindestens in dem Umfang zu gewähren, der dem Anteil seiner Beschäftigungsdauer am Bemessungszeitraum entspricht. Sind bestimmte Beschäftigungsbedingungen von der Dauer des Bestehens des Arbeitsverhältnisses in demselben Betrieb oder Unternehmen abhängig, so sind für befristet beschäftigte Arbeitnehmer dieselben Zeiten zu berücksichtigen wie für unbefristet beschäftigte Arbeitnehmer, es sei denn, dass eine unterschiedliche Berücksichtigung aus sachlichen Gründen gerechtfertigt ist.

§ 5 Benachteiligungsverbot

Der Arbeitgeber darf einen Arbeitnehmer nicht wegen der Inanspruchnahme von Rechten nach diesem Gesetz benachteiligen.

Zweiter Abschnitt
Teilzeitarbeit

§ 6 Förderung von Teilzeitarbeit

Der Arbeitgeber hat den Arbeitnehmern, auch in leitenden Positionen, Teilzeitarbeit nach Maßgabe dieses Gesetzes zu ermöglichen.

§ 7 Ausschreibung; Information über freie Arbeitsplätze

(1) Der Arbeitgeber hat einen Arbeitsplatz, den er öffentlich oder innerhalb des Betriebes ausschreibt, auch als Teilzeitarbeitsplatz auszuschreiben, wenn sich der Arbeitsplatz hierfür eignet.

(2) Der Arbeitgeber hat einen Arbeitnehmer, der ihm den Wunsch nach einer Veränderung von Dauer und Lage seiner vertraglich vereinbarten Arbeitszeit angezeigt hat, über entsprechende Arbeitsplätze zu informieren, die im Betrieb oder Unternehmen besetzt werden sollen.

(3) Der Arbeitgeber hat die Arbeitnehmervertretung über Teilzeitarbeit im Betrieb und Unternehmen zu informieren, insbesondere über vorhandene oder geplante Teilzeitarbeitsplätze und über die Umwandlung von Teilzeitarbeitsplätzen in Vollzeitarbeitsplätze oder umgekehrt. Der Arbeitnehmervertretung sind auf Verlangen die erforderlichen Unterlagen zur Verfügung zu stellen; § 92 des Betriebsverfassungsgesetzes bleibt unberührt.

§ 8 Verringerung der Arbeitszeit

(1) Ein Arbeitnehmer, dessen Arbeitsverhältnis länger als sechs Monate bestanden hat, kann verlangen, dass seine vertraglich vereinbarte Arbeitszeit verringert wird.

(2) Der Arbeitnehmer muss die Verringerung seiner Arbeitszeit und den Umfang der Verringerung spätestens drei Monate vor deren Beginn geltend machen. Er soll dabei die gewünschte Verteilung der Arbeitszeit angeben.

(3) Der Arbeitgeber hat mit dem Arbeitnehmer die gewünschte Verringerung der Arbeitszeit mit dem Ziel zu erörtern, zu einer Vereinbarung zu gelangen. Er hat mit dem Arbeitnehmer Einverneh-

men über die von ihm festzulegende Verteilung der Arbeitszeit zu erzielen.

(4) Der Arbeitgeber hat der Verringerung der Arbeitszeit zuzustimmen und ihre Verteilung entsprechend den Wünschen des Arbeitnehmers festzulegen, soweit betriebliche Gründe nicht entgegenstehen. Ein betrieblicher Grund liegt insbesondere vor, wenn die Verringerung der Arbeitszeit die Organisation, den Arbeitsablauf oder die Sicherheit im Betrieb wesentlich beeinträchtigt oder unverhältnismäßige Kosten verursacht. Die Ablehnungsgründe können durch Tarifvertrag festgelegt werden. Im Geltungsbereich eines solchen Tarifvertrages können nicht tarifgebundene Arbeitgeber und Arbeitnehmer die Anwendung der tariflichen Regelungen über die Ablehnungsgründe vereinbaren.

(5) Die Entscheidung über die Verringerung der Arbeitszeit und ihre Verteilung hat der Arbeitgeber dem Arbeitnehmer spätestens einen Monat vor dem gewünschten Beginn der Verringerung schriftlich mitzuteilen. Haben sich Arbeitgeber und Arbeitnehmer nicht nach Absatz 3 Satz 1 über die Verringerung der Arbeitszeit geeinigt und hat der Arbeitgeber die Arbeitszeitverringerung nicht spätestens einen Monat vor deren gewünschtem Beginn schriftlich abgelehnt, verringert sich die Arbeitszeit in dem vom Arbeitnehmer gewünschten Umfang. Haben Arbeitgeber und Arbeitnehmer über die Verteilung der Arbeitszeit kein Einvernehmen nach Absatz 3 Satz 2 erzielt und hat der Arbeitgeber nicht spätestens einen Monat vor dem gewünschten Beginn der Arbeitszeitverringerung die gewünschte Verteilung der Arbeitszeit schriftlich abgelehnt, gilt die Verteilung der Arbeitszeit entsprechend den Wünschen des Arbeitnehmers als festgelegt. Der Arbeitgeber kann die nach Satz 3 oder Absatz 3 Satz 2 festgelegte Verteilung der Arbeitszeit wieder ändern, wenn das betriebliche Interesse daran das Interesse des Arbeitnehmers an der Beibehaltung erheblich überwiegt und der Arbeitgeber die Änderung spätestens einen Monat vorher angekündigt hat.

(6) Der Arbeitnehmer kann eine erneute Verringerung der Arbeitszeit frühestens nach Ablauf von zwei Jahren verlangen, nachdem der Arbeitgeber einer Verringerung zugestimmt oder sie berechtigt abgelehnt hat.

(7) Für den Anspruch auf Verringerung der Arbeitszeit gilt die Voraussetzung, dass der Arbeitgeber, unabhängig von der Anzahl der Personen in Berufsbildung, in der Regel mehr als 15 Arbeitnehmer beschäftigt.

§ 9 Verlängerung der Arbeitszeit

Der Arbeitgeber hat einen teilzeitbeschäftigten Arbeitnehmer, der ihm den Wunsch nach einer Verlängerung seiner vertraglich vereinbarten Arbeitszeit angezeigt hat, bei der Besetzung eines entsprechenden freien Arbeitsplatzes bei gleicher Eignung bevorzugt zu berücksichtigen, es sei denn, dass dringende betriebliche Gründe oder Arbeitszeitwünsche anderer teilzeitbeschäftigter Arbeitnehmer entgegenstehen.

§ 10 Aus- und Weiterbildung

Der Arbeitgeber hat Sorge zu tragen, dass auch teilzeitbeschäftigte Arbeitnehmer an Aus- und Weiterbildungsmaßnahmen zur Förderung der beruflichen Entwicklung und Mobilität teilnehmen können, es sei denn, dass dringende betriebliche Gründe oder Aus- und Weiterbildungswünsche anderer teilzeit- oder vollzeitbeschäftigter Arbeitnehmer entgegenstehen.

§ 11 Kündigungsverbot

Die Kündigung eines Arbeitsverhältnisses wegen der Weigerung eines Arbeitnehmers, von einem Vollzeit- in ein Teilzeitarbeitsverhältnis oder umgekehrt zu wechseln, ist unwirksam. Das Recht zur Kündigung des Arbeitsverhältnisses aus anderen Gründen bleibt unberührt.

§ 12 Arbeit auf Abruf

(1) Arbeitgeber und Arbeitnehmer können vereinbaren, dass der Arbeitnehmer seine Arbeitsleistung entsprechend dem Arbeitsanfall zu erbringen hat (Arbeit auf Abruf). Die Vereinbarung muss eine bestimmte Dauer der wöchentlichen und täglichen Arbeitszeit festlegen. Wenn die Dauer der wöchentlichen Arbeitszeit nicht festgelegt ist, gilt eine Arbeitszeit von zehn Stunden als vereinbart. Wenn die Dauer der täglichen Arbeitszeit nicht festgelegt ist, hat der Arbeitgeber die Arbeitsleistung des Arbeitnehmers jeweils für mindestens drei aufeinander folgende Stunden in Anspruch zu nehmen.

(2) Der Arbeitnehmer ist nur zur Arbeitsleistung verpflichtet, wenn der Arbeitgeber ihm die Lage seiner Arbeitszeit jeweils mindestens vier Tage im Voraus mitteilt.

(3) Durch Tarifvertrag kann von den Absätzen 1 und 2 auch zuungunsten des Arbeitnehmers abgewichen werden, wenn der Tarifvertrag Regelungen über die tägliche und wöchentliche Arbeitszeit und die Vorankündigungsfrist vorsieht. Im Geltungsbereich eines solchen

Tarifvertrages können nicht tarifgebundene Arbeitgeber und Arbeitnehmer die Anwendung der tariflichen Regelungen über die Arbeit auf Abruf vereinbaren.

§ 13 Arbeitsplatzteilung

(1) Arbeitgeber und Arbeitnehmer können vereinbaren, dass mehrere Arbeitnehmer sich die Arbeitszeit an einem Arbeitsplatz teilen (Arbeitsplatzteilung). Ist einer dieser Arbeitnehmer an der Arbeitsleistung verhindert, sind die anderen Arbeitnehmer zur Vertretung verpflichtet, wenn sie der Vertretung im Einzelfall zugestimmt haben. Eine Pflicht zur Vertretung besteht auch, wenn der Arbeitsvertrag bei Vorliegen dringender betrieblicher Gründe eine Vertretung vorsieht und diese im Einzelfall zumutbar ist.

(2) Scheidet ein Arbeitnehmer aus der Arbeitsplatzteilung aus, so ist die darauf gestützte Kündigung des Arbeitsverhältnisses eines anderen in die Arbeitsplatzteilung einbezogenen Arbeitnehmers durch den Arbeitgeber unwirksam. Das Recht zur Änderungskündigung aus diesem Anlass und zur Kündigung des Arbeitsverhältnisses aus anderen Gründen bleibt unberührt.

(3) Die Absätze 1 und 2 sind entsprechend anzuwenden, wenn sich Gruppen von Arbeitnehmern auf bestimmten Arbeitsplätzen in festgelegten Zeitabschnitten abwechseln, ohne dass eine Arbeitsplatzteilung im Sinne des Absatzes 1 vorliegt.

(4) Durch Tarifvertrag kann von den Absätzen 1 und 3 auch zuungunsten des Arbeitnehmers abgewichen werden, wenn der Tarifvertrag Regelungen über die Vertretung der Arbeitnehmer enthält. Im Geltungsbereich eines solchen Tarifvertrages können nicht tarifgebundene Arbeitgeber und Arbeitnehmer die Anwendung der tariflichen Regelungen über die Arbeitsplatzteilung vereinbaren.

Dritter Abschnitt
Befristete Arbeitsverträge

§ 14 Zulässigkeit der Befristung

(1) Die Befristung eines Arbeitsvertrages ist zulässig, wenn sie durch einen sachlichen Grund gerechtfertigt ist. Ein sachlicher Grund liegt insbesondere vor, wenn

1. der betriebliche Bedarf an der Arbeitsleistung nur vorübergehend besteht,

2. die Befristung im Anschluss an eine Ausbildung oder ein Studium erfolgt, um den Übergang des Arbeitnehmers in eine Anschlussbeschäftigung zu erleichtern,
3. der Arbeitnehmer zur Vertretung eines anderen Arbeitnehmers beschäftigt wird,
4. die Eigenart der Arbeitsleistung die Befristung rechtfertigt,
5. die Befristung zur Erprobung erfolgt,
6. in der Person des Arbeitnehmers liegende Gründe die Befristung rechtfertigen, *z. B. befristete Arbeits- u. Aufenthaltserlaubnis*
7. der Arbeitnehmer aus Haushaltsmitteln vergütet wird, die haushaltsrechtlich für eine befristete Beschäftigung bestimmt sind, und er entsprechend beschäftigt wird oder
8. die Befristung auf einem gerichtlichen Vergleich beruht.

(2) Die kalendermäßige Befristung eines Arbeitsvertrages ohne Vorliegen eines sachlichen Grundes ist bis zur Dauer von zwei Jahren zulässig; bis zu dieser Gesamtdauer von zwei Jahren ist auch die höchstens dreimalige Verlängerung eines kalendermäßig befristeten Arbeitsvertrages zulässig. Eine Befristung nach Satz 1 ist nicht zulässig, wenn mit demselben Arbeitgeber bereits zuvor ein befristetes oder unbefristetes Arbeitsverhältnis bestanden hat. Durch Tarifvertrag kann die Anzahl der Verlängerungen oder die Höchstdauer der Befristung abweichend von Satz 1 festgelegt werden. Im Geltungsbereich eines solchen Tarifvertrages können nicht tarifgebundene Arbeitgeber und Arbeitnehmer die Anwendung der tariflichen Regelungen vereinbaren.

evtl. bis 5 J. obs?

(2a) In den ersten vier Jahren nach der Gründung eines Unternehmens ist die kalendermäßige Befristung eines Arbeitsvertrages ohne Vorliegen eines sachlichen Grundes bis zur Dauer von vier Jahren zulässig; bis zu dieser Gesamtdauer von vier Jahren ist auch die mehrfache Verlängerung eines kalendermäßig befristeten Arbeitsvertrages zulässig. Dies gilt nicht für Neugründungen im Zusammenhang mit der rechtlichen Umstrukturierung von Unternehmen und Konzernen. Maßgebend für den Zeitpunkt der Gründung des Unternehmens ist die Aufnahme einer Erwerbstätigkeit, die nach § 138 der Abgabenordnung der Gemeinde oder dem Finanzamt mitzuteilen ist. Auf die Befristung eines Arbeitsvertrages nach Satz 1 findet Absatz 2 Satz 2 bis 4 entsprechende Anwendung.

(3) Die kalendermäßige Befristung eines Arbeitsvertrages ohne Vorliegen eines sachlichen Grundes ist bis zu einer Dauer von fünf Jahren zulässig, wenn der Arbeitnehmer bei Beginn des befristeten Arbeits-

verhältnisses das 52. Lebensjahr vollendet hat und unmittelbar vor Beginn des befristeten Arbeitsverhältnisses mindestens vier Monate beschäftigungslos im Sinne des § 119 Abs. 1 Nr. 1 des Dritten Buches Sozialgesetzbuch gewesen ist, Transferkurzarbeitergeld bezogen oder an einer öffentlich geförderten Beschäftigungsmaßnahme nach dem Zweiten oder Dritten Buch Sozialgesetzbuch teilgenommen hat. Bis zu der Gesamtdauer von fünf Jahren ist auch die mehrfache Verlängerung des Arbeitsvertrages zulässig.

(4) Die Befristung eines Arbeitsvertrages bedarf zu ihrer Wirksamkeit der Schriftform.

§ 15 Ende des befristeten Arbeitsvertrages

(1) Ein kalendermäßig befristeter Arbeitsvertrag endet mit Ablauf der vereinbarten Zeit.

(2) Ein zweckbefristeter Arbeitsvertrag endet mit Erreichen des Zwecks, frühestens jedoch zwei Wochen nach Zugang der schriftlichen Unterrichtung des Arbeitnehmers durch den Arbeitgeber über den Zeitpunkt der Zweckerreichung.

(3) Ein befristetes Arbeitsverhältnis unterliegt nur dann der ordentlichen Kündigung, wenn dies einzelvertraglich oder im anwendbaren Tarifvertrag vereinbart ist.

(4) Ist das Arbeitsverhältnis für die Lebenszeit einer Person oder für längere Zeit als fünf Jahre eingegangen, so kann es von dem Arbeitnehmer nach Ablauf von fünf Jahren gekündigt werden. Die Kündigungsfrist beträgt sechs Monate.

(5) Wird das Arbeitsverhältnis nach Ablauf der Zeit, für die es eingegangen ist, oder nach Zweckerreichung mit Wissen des Arbeitgebers fortgesetzt, so gilt es als auf unbestimmte Zeit verlängert, wenn der Arbeitgeber nicht unverzüglich widerspricht oder dem Arbeitnehmer die Zweckerreichung nicht unverzüglich mitteilt.

§ 16 Folgen unwirksamer Befristung

Ist die Befristung rechtsunwirksam, so gilt der befristete Arbeitsvertrag als auf unbestimmte Zeit geschlossen; er kann vom Arbeitgeber frühestens zum vereinbarten Ende ordentlich gekündigt werden, sofern nicht nach § 15 Abs. 3 die ordentliche Kündigung zu einem früheren Zeitpunkt möglich ist. Ist die Befristung nur wegen des Mangels der Schriftform unwirksam, kann der Arbeitsvertrag auch vor dem vereinbarten Ende ordentlich gekündigt werden.

§ 17 Anrufung des Arbeitsgerichts

Will der Arbeitnehmer geltend machen, dass die Befristung eines Arbeitsvertrages rechtsunwirksam ist, so muss er innerhalb von drei Wochen nach dem vereinbarten Ende des befristeten Arbeitsvertrages Klage beim Arbeitsgericht auf Feststellung erheben, dass das Arbeitsverhältnis auf Grund der Befristung nicht beendet ist. Die §§ 5 bis 7 des Kündigungsschutzgesetzes gelten entsprechend. Wird das Arbeitsverhältnis nach dem vereinbarten Ende fortgesetzt, so beginnt die Frist nach Satz 1 mit dem Zugang der schriftlichen Erklärung des Arbeitgebers, dass das Arbeitsverhältnis auf Grund der Befristung beendet sei.

§ 18 Information über unbefristete Arbeitsplätze

Der Arbeitgeber hat die befristet beschäftigten Arbeitnehmer über entsprechende unbefristete Arbeitsplätze zu informieren, die besetzt werden sollen. Die Information kann durch allgemeine Bekanntgabe an geeigneter, den Arbeitnehmern zugänglicher Stelle im Betrieb und Unternehmen erfolgen.

§ 19 Aus- und Weiterbildung

Der Arbeitgeber hat Sorge zu tragen, dass auch befristet beschäftigte Arbeitnehmer an angemessenen Aus- und Weiterbildungsmaßnahmen zur Förderung der beruflichen Entwicklung und Mobilität teilnehmen können, es sei denn, dass dringende betriebliche Gründe oder Aus- und Weiterbildungswünsche anderer Arbeitnehmer entgegenstehen.

§ 20 Information der Arbeitnehmervertretung

Der Arbeitgeber hat die Arbeitnehmervertretung über die Anzahl der befristetet beschäftigten Arbeitnehmer und ihren Anteil an der Gesamtbelegschaft des Betriebes und des Unternehmens zu informieren.

§ 21 Auflösend bedingte Arbeitsverträge

Wird der Arbeitsvertrag unter einer auflösenden Bedingung geschlossen, gelten § 4 Abs. 2, § 5, § 14 Abs. 1 und 4, § 15 Abs. 2, 3 und 5 sowie die §§ 16 bis 20 entsprechend.

Vierter Abschnitt
Gemeinsame Vorschriften

§ 22 Abweichende Vereinbarungen

(1) Außer in den Fällen des § 12 Abs. 3, § 13 Abs. 4 und § 14 Abs. 2 Satz 3 und 4 kann von den Vorschriften dieses Gesetzes nicht zuungunsten des Arbeitnehmers abgewichen werden.

(2) Enthält ein Tarifvertrag für den öffentlichen Dienst Bestimmungen im Sinne des § 8 Abs. 4 Satz 3 und 4, § 12 Abs. 3, § 13 Abs. 4, § 14 Abs. 2 Satz 3 und 4 oder § 15 Abs. 3, so gelten diese Bestimmungen auch zwischen nicht tarifgebundenen Arbeitgebern und Arbeitnehmern außerhalb des öffentlichen Dienstes, wenn die Anwendung der für den öffentlichen Dienst geltenden tarifvertraglichen Bestimmungen zwischen ihnen vereinbart ist und die Arbeitgeber die Kosten des Betriebes überwiegend mit Zuwendungen im Sinne des Haushaltsrechts decken.

§ 23 Besondere gesetzliche Regelungen

Besondere Regelungen über Teilzeitarbeit und über die Befristung von Arbeitsverträgen nach anderen gesetzlichen Vorschriften bleiben unberührt.

Gesetz über befristete Arbeitsverträge in der Wissenschaft
(Wissenschaftszeitvertragsgesetz – WissZeitVG)[1])
Vom 12. April 2007 (BGBl. I S. 506)

§ 1 Befristung von Arbeitsverträgen

(1) Für den Abschluss von Arbeitsverträgen für eine bestimmte Zeit (befristete Arbeitsverträge) mit wissenschaftlichem und künstlerischem Personal mit Ausnahme der Hochschullehrerinnen und Hochschullehrer an Einrichtungen des Bildungswesens, die nach Landesrecht staatliche Hochschulen sind, gelten die §§ 2 und 3. Von diesen Vorschriften kann durch Vereinbarung nicht abgewichen werden. Durch Tarifvertrag kann für bestimmte Fachrichtungen und Forschungsbereiche von den in § 2 Abs. 1 vorgesehenen Fristen abgewichen und die Anzahl der zulässigen Verlängerungen befristeter Arbeitsverträge festgelegt werden. Im Geltungsbereich eines solchen Tarifvertrages können nicht tarifgebundene Vertragsparteien die Anwendung der tariflichen Regelungen vereinbaren. Die arbeitsrechtlichen Vorschriften und Grundsätze über befristete Arbeitsverträge und deren Kündigung sind anzuwenden, soweit sie den Vorschriften der §§ 2 bis 6 nicht widersprechen.

(2) Unberührt bleibt das Recht der Hochschulen, das in Absatz 1 Satz 1 bezeichnete Personal auch in unbefristeten oder nach Maßgabe des Teilzeit- und Befristungsgesetzes befristeten Arbeitsverhältnissen zu beschäftigen.

§ 2 Befristungsdauer; Befristung wegen Drittmittelfinanzierung

(1) Die Befristung von Arbeitsverträgen des in § 1 Abs. 1 Satz 1 genannten Personals, das nicht promoviert ist, ist bis zu einer Dauer von sechs Jahren zulässig. Nach abgeschlossener Promotion ist eine

---

[1]) **Hinweis des Bearbeiters:**
Das Wissenschaftszeitvertragsgesetz, das als Artikel 1 des Gesetzes zur Änderung arbeitsrechtlicher Vorschriften in der Wissenschaft bekannt gegeben worden ist, trifft eigenständige Regelungen über die Befristung von Arbeitsverhältnissen im Hochschulbereich. Die bisherigen Regelungen in den §§ 57a bis 57f des Hochschulrahmengesetzes sind zeitgleich aufgehoben worden.

Befristung bis zu einer Dauer von sechs Jahren, im Bereich der Medizin bis zu einer Dauer von neun Jahren zulässig; die zulässige Befristungsdauer verlängert sich in dem Umfang, in dem Zeiten einer befristeten Beschäftigung nach Satz 1 und Promotionszeiten ohne Beschäftigung nach Satz 1 zusammen weniger als sechs Jahre betragen haben. Die nach den Sätzen 1 und 2 insgesamt zulässige Befristungsdauer verlängert sich bei Betreuung eines oder mehrerer Kinder unter 18 Jahren um zwei Jahre je Kind. Innerhalb der jeweils zulässigen Befristungsdauer sind auch Verlängerungen eines befristeten Arbeitsvertrages möglich.

(2) Die Befristung von Arbeitsverträgen des in § 1 Abs. 1 Satz 1 genannten Personals ist auch zulässig, wenn die Beschäftigung überwiegend aus Mitteln Dritter finanziert wird, die Finanzierung für eine bestimmte Aufgabe und Zeitdauer bewilligt ist und die Mitarbeiterin oder der Mitarbeiter überwiegend der Zweckbestimmung dieser Mittel entsprechend beschäftigt wird. Unter den Voraussetzungen des Satzes 1 ist auch die Befristung von Arbeitsverträgen des nichtwissenschaftlichen und nichtkünstlerischen Personals zulässig.

(3) Auf die in Absatz 1 geregelte zulässige Befristungsdauer sind alle befristeten Arbeitsverhältnisse mit mehr als einem Viertel der regelmäßigen Arbeitszeit, die mit einer deutschen Hochschule oder einer Forschungseinrichtung im Sinne des § 5 abgeschlossen wurden, sowie entsprechende Beamtenverhältnisse auf Zeit und Privatdienstverträge nach § 3 anzurechnen. Angerechnet werden auch befristete Arbeitsverhältnisse, die nach anderen Rechtsvorschriften abgeschlossen wurden. Zeiten eines befristeten Arbeitsverhältnisses, die vor dem Abschluss des Studiums liegen, sind auf die nach Absatz 1 zulässige Befristungsdauer nicht anzurechnen.

(4) Im Arbeitsvertrag ist anzugeben, ob die Befristung auf den Vorschriften dieses Gesetzes beruht. Fehlt diese Angabe, kann die Befristung nicht auf Vorschriften dieses Gesetzes gestützt werden. Die Dauer der Befristung muss bei Arbeitsverträgen nach Absatz 1 kalendermäßig bestimmt oder bestimmbar sein.

(5) Die jeweilige Dauer eines befristeten Arbeitsvertrages nach Absatz 1 verlängert sich im Einverständnis mit der Mitarbeiterin oder dem Mitarbeiter um

1. Zeiten einer Beurlaubung oder einer Ermäßigung der Arbeitszeit um mindestens ein Fünftel der regelmäßigen Arbeitszeit, die für die Betreuung oder Pflege eines oder mehrerer Kinder unter

18 Jahren oder pflegebedürftiger sonstiger Angehöriger gewährt worden sind,
2. Zeiten einer Beurlaubung für eine wissenschaftliche oder künstlerische Tätigkeit oder eine außerhalb des Hochschulbereichs oder im Ausland durchgeführte wissenschaftliche, künstlerische oder berufliche Aus-, Fort- oder Weiterbildung,
3. Zeiten einer Inanspruchnahme von Elternzeit nach dem Bundeselterngeld- und Elternzeitgesetz und Zeiten eines Beschäftigungsverbots nach den §§ 3, 4, 6 und 8 des Mutterschutzgesetzes in dem Umfang, in dem eine Erwerbstätigkeit nicht erfolgt ist,
4. Zeiten des Grundwehr- und Zivildienstes und
5. Zeiten einer Freistellung im Umfang von mindestens einem Fünftel der regelmäßigen Arbeitszeit zur Wahrnehmung von Aufgaben in einer Personal- oder Schwerbehindertenvertretung, von Aufgaben eines oder einer Frauen- oder Gleichstellungsbeauftragten oder zur Ausübung eines mit dem Arbeitsverhältnis zu vereinbarenden Mandats.

Eine Verlängerung nach Satz 1 wird nicht auf die nach Absatz 1 zulässige Befristungsdauer angerechnet. Sie soll in den Fällen des Satzes 1 Nr. 1, 2 und 5 die Dauer von jeweils zwei Jahren nicht überschreiten.

§ 3 Privatdienstvertrag

Für einen befristeten Arbeitsvertrag, den ein Mitglied einer Hochschule, das Aufgaben seiner Hochschule selbständig wahrnimmt, zur Unterstützung bei der Erfüllung dieser Aufgaben mit überwiegend aus Mitteln Dritter vergütetem Personal im Sinne von § 1 Abs. 1 Satz 1 abschließt, gelten die Vorschriften der §§ 1, 2 und 6 entsprechend. Für nichtwissenschaftliches und nichtkünstlerisches Personal gilt § 2 Abs. 2 Satz 2 und Abs. 4 Satz 1 und 2 entsprechend.

§ 4 Wissenschaftliches Personal an staatlich anerkannten Hochschulen

Für den Abschluss befristeter Arbeitsverträge mit wissenschaftlichem und künstlerischem Personal an nach Landesrecht staatlich anerkannten Hochschulen gelten die Vorschriften der §§ 1 bis 3 und 6 entsprechend. Für nichtwissenschaftliches und nichtkünstlerisches Personal gilt § 2 Abs. 2 Satz 2 und Abs. 4 Satz 1 und 2 entsprechend.

§ 5 Wissenschaftliches Personal an Forschungseinrichtungen

Für den Abschluss befristeter Arbeitsverträge mit wissenschaftlichem Personal an staatlichen Forschungseinrichtungen sowie an überwiegend staatlich, an institutionell überwiegend staatlich oder auf der Grundlage von Artikel 91b des Grundgesetzes finanzierten Forschungseinrichtungen gelten die Vorschriften der §§ 1 bis 3 und 6 entsprechend. Für nichtwissenschaftliches Personal gilt § 2 Abs. 2 Satz 2 und Abs. 4 Satz 1 und 2 entsprechend.

§ 6 Rechtsgrundlage für bereits abgeschlossene Verträge; Übergangsregelung

(1) Für die seit dem 23. Februar 2002 bis zum 17. April 2007 an staatlichen und staatlich anerkannten Hochschulen sowie an Forschungseinrichtungen im Sinne des § 5 abgeschlossenen Arbeitsverträge gelten die §§ 57a bis 57f des Hochschulrahmengesetzes in der ab 31. Dezember 2004 geltenden Fassung fort. Für vor dem 23. Februar 2002 an staatlichen und staatlich anerkannten Hochschulen sowie an Forschungseinrichtungen im Sinne des § 5 abgeschlossene Arbeitsverträge gelten die §§ 57a bis 57e des Hochschulrahmengesetzes in der vor dem 23. Februar 2002 geltenden Fassung fort. Satz 2 gilt entsprechend für Arbeitsverträge, die zwischen dem 27. Juli 2004 und dem 31. Dezember 2004 abgeschlossen wurden.

(2) Der Abschluss befristeter Arbeitsverträge nach § 2 Abs. 1 Satz 1 und 2 mit Personen, die bereits vor dem 23. Februar 2002 in einem befristeten Arbeitsverhältnis zu einer Hochschule, einem Hochschulmitglied im Sinne von § 3 oder einer Forschungseinrichtung im Sinne von § 5 standen, ist auch nach Ablauf der in § 2 Abs. 1 Satz 1 und 2 geregelten jeweils zulässigen Befristungsdauer mit einer Laufzeit bis zum 29. Februar 2008 zulässig. Satz 1 gilt entsprechend für Personen, die vor dem 23. Februar 2002 in einem Dienstverhältnis als wissenschaftlicher oder künstlerischer Assistent standen. § 2 Abs. 5 gilt entsprechend.

§ 31 Führung auf Probe

(1) ¹Führungspositionen können als befristetes Arbeitsverhältnis bis zur Gesamtdauer von zwei Jahren vereinbart werden. ²Innerhalb dieser Gesamtdauer ist eine höchstens zweimalige Verlängerung des Arbeitsvertrages zulässig. ³Die beiderseitigen Kündigungsrechte bleiben unberührt.

(2) Führungspositionen sind die ab Entgeltgruppe 10 zugewiesenen Tätigkeiten mit Weisungsbefugnis, die vor Übertragung vom Arbeitgeber ausdrücklich als Führungspositionen auf Probe bezeichnet worden sind.

(3) ¹Besteht bereits ein Arbeitsverhältnis mit demselben Arbeitgeber, kann der/dem Beschäftigten vorübergehend eine Führungsposition bis zu der in Absatz 1 genannten Gesamtdauer übertragen werden. ²Der/Dem Beschäftigten wird für die Dauer der Übertragung eine Zulage in Höhe des Unterschiedsbetrags zwischen dem Tabellenentgelten nach der bisherigen Entgeltgruppe und dem sich bei Höhergruppierung nach § 17 Abs. 4 Satz 1 und 2 ergebenden Tabellenentgelt gewährt. ³Nach Fristablauf endet die Erprobung. ⁴Bei Bewährung wird die Führungsfunktion auf Dauer übertragen; ansonsten erhält die/der Beschäftigte eine der bisherigen Eingruppierung entsprechende Tätigkeit.

Erläuterungen

§ 31 eröffnet die Möglichkeit, Führungspositionen befristet auf Probe zu vergeben und folgt damit den heutigen Üblichkeiten im Beamtenbereich. Das Instrument der „Führung auf Probe" soll in erster Linie der Personalentwicklung und Verbesserung der Führungsqualität dienen. Um dies zu erreichen, können Führungspositionen bis zur Dauer von zwei Jahren befristet übertragen werden. Ziel hierbei ist die Übertragung der Führungsfunktion auf Dauer.

Wegen der ebenfalls neu geschaffenen Möglichkeit, Führungspositionen auf Zeit zu vergeben → § 32.

Führungsposition als befristetes Arbeitsverhältnis (Abs. 1)

Absatz 1 regelt den Fall des „von außen" in eine Führungsposition neu eingestellten Beschäftigten. Das entsprechende Arbeitsverhältnis kann befristet werden. Die Befristungshöchstdauer beträgt insgesamt zwei Jahre. Der Zweijahreszeitraum braucht nicht schon zu Beginn des Arbeitsverhältnisses voll ausgeschöpft werden, er kann auch in insgesamt drei Zeiträume aufgeteilt werden (Satz 2). Der Beschäftigte erhält während dieser Zeit das Entgelt, das der Führungsaufgabe – wäre sie auf Dauer vergeben – zugeordnet ist.

Nach Satz 3 der Vorschrift bleiben „die beiderseitigen Kündigungsrechte" unberührt. Damit dürfte den Erfordernissen des § 14 Abs. 3 Teilzeit- und Befristungsgesetz (→ Erläuterung bei § 30) hinreichend

Rechnung getragen sein, so dass trotz der Befristung des Arbeitsverhältnisses auch eine ordentliche Kündigung möglich ist. Die besonderen Regelungen des § 30 Abs. 3 bis 5 gelten bei der befristeten Vergabe von Führungspositionen nicht (→ § 30 Abs. 6).

Begriffsbestimmung (Abs. 2)

Nach der Definition des Absatzes 2 sind Führungspositionen Tätigkeiten mit Weisungsbefugnis ab der Entgeltgruppe 10. Im Zuge des Änderungstarifvertrages Nr. 2 vom 31. März 2008 haben die Tarifpartner mit Wirkung vom 1. Juli 2008 den Zusatz aufgenommen, dass die zugewiesenen Tätigkeiten vom Arbeitgeber ausdrücklich als Führungsposition auf Probe bezeichnet werden müssen. Damit wird der bereits in Absatz 1 Satz 1 bestimmte Charakter der Vorschrift als „Kann-Vorschrift" gestärkt und verhindert, dass (letztlich gegen den Willen des Arbeitgebers) bestimmte Führungspositionen automatisch in ein befristetes Arbeitsverhältnis (Absatz 1) bzw. eine befristete Zulagensituation (Absatz 3) führen.

Beide Voraussetzungen müssen nebeneinander erfüllt sein; d. h., Tätigkeiten einer niedrigeren Entgeltgruppe sind trotz Weisungsbefugnis ebenso wenig Führungsposition im tariflichen Sinne wie Tätigkeiten der Entgeltgruppe 10 und aufwärts ohne Weisungsbefugnis.

Zulage für Führungspositionen (Abs. 3)

Absatz 3 regelt den Fall, dass einem „von innen" kommenden Beschäftigten aus einem bestehenden Arbeitsverhältnis heraus eine Führungsposition übertragen wird. Auch in diesem Fall kann die Führungstätigkeit befristet werden; insoweit gelten die in Absatz 1 vereinbarten Fristen. Der Beschäftigte erhält für die Dauer der Tätigkeit eine Zulage in Höhe des Unterschiedsbetrages zwischen dem Tabellenentgelt nach der bisherigen Entgeltgruppe und dem Tabellenentgelt, das er bei Höhergruppierung in die Entgeltgruppe, die der übertragenen Funktion entspricht, erhielte. Nach erfolgreichem Ende der Bewährung wird die Führungsfunktion auf Dauer übertragen und der Beschäftigte wird entsprechend eingruppiert. Ansonsten wird ihm die Führungsposition entzogen und er erhält wieder das seiner bisherigen Eingruppierung entsprechende Entgelt.

§ 32 Führung auf Zeit

(1) ¹Führungspositionen können als befristetes Arbeitsverhältnis bis zur Dauer von vier Jahren vereinbart werden. ²Folgende Verlängerungen des Arbeitsvertrages sind zulässig:
a) in den Entgeltgruppen 10 bis 12 eine höchstens zweimalige Verlängerung bis zu einer Gesamtdauer von acht Jahren,
b) ab Entgeltgruppe 13 eine höchstens dreimalige Verlängerung bis zu einer Gesamtdauer von zwölf Jahren.

³Zeiten in einer Führungsposition nach Buchstabe a bei demselben Arbeitgeber können auf die Gesamtdauer nach Buchstabe b zur Hälfte angerechnet werden. ⁴Die allgemeinen Vorschriften über die Probezeit (§ 2 Abs. 4) und die beiderseitigen Kündigungsrechte bleiben unberührt.

(2) Führungspositionen sind die ab Entgeltgruppe 10 zugewiesenen Tätigkeiten mit Weisungsbefugnis, die vor Übertragung vom Arbeitgeber ausdrücklich als Führungspositionen auf Zeit bezeichnet worden sind.

(3) ¹Besteht bereits ein Arbeitsverhältnis mit demselben Arbeitgeber, kann der/dem Beschäftigten vorübergehend eine Führungsposition bis zu den in Absatz 1 genannten Fristen übertragen werden. ²Der/Dem Beschäftigte wird für die Dauer der Übertragung eine Zulage gewährt in Höhe des Unterschiedsbetrags zwischen den Tabellenentgelten nach der bisherigen Entgeltgruppe und dem sich bei Höhergruppierung nach § 17 Abs. 4 Satz 1 und 2 ergebenden Tabellenentgelt, zuzüglich eines Zuschlags von 75 v. H. des Unterschiedsbetrags zwischen den Tabellenentgelten der Entgeltgruppe, die der übertragenen Funktion entspricht, zur nächsthöheren Entgeltgruppe nach § 17 Abs. 4 Satz 1 und 2. ³Nach Fristablauf erhält die/der Beschäftigte eine der bisherigen Eingruppierung entsprechende Tätigkeit; der Zuschlag entfällt.

Erläuterungen

§ 32 eröffnet die Möglichkeit, Führungspositionen lediglich befristet zu vergeben und folgt damit den heutigen Üblichkeiten im Beamtenbereich. Im Gegensatz zur „Führung auf Probe" (→ § 31) ist das Instrument der „Führung auf Zeit" nicht auf eine dauerhafte Übertragung der Führungsposition gerichtet.

Führungsposition als befristetes Arbeitsverhältnis (Abs. 1)

Absatz 1 regelt den Fall des „von außen" in eine Führungsposition neu eingestellten Beschäftigten. Das entsprechende Arbeitsverhältnis kann befristet werden. Von der Entgeltgruppe 10 bis 12 können die Aufgaben bis zu einer Dauer von (bei Ausschöpfung aller Verlängerungsmöglichkeiten) insgesamt 8 Jahren, ab der Entgeltgruppe 13 bis zu insgesamt 12 Jahren befristet übertragen werden. Der höchstmögliche Befristungszeitraum braucht nicht schon zu Beginn des

Führung auf Zeit TVöD § 32 I.1

Arbeitsverhältnisses voll ausgeschöpft werden, er kann auch in insgesamt drei (bis Entgeltgruppe 12) bzw. vier (ab Entgeltgruppe 13) Zeiträume aufgeteilt werden. Der Beschäftigte erhält während dieser Zeit das Entgelt, das der Führungsaufgabe – wäre sie auf Dauer vergeben – zugeordnet ist.

Satz 3 der Vorschrift sieht vor, dass Zeiten einer Führungsposition in den Entgeltgruppen 10 bis 12 auf die Gesamtdauer der Führungspositionen in Entgeltgruppe 13 zur Hälfte angerechnet werden können, wenn sie bei demselben Arbeitgeber zurückgelegt worden sind.

Nach Satz 4 der Vorschrift bleiben die Vorschriften über die Probezeit (→ § 2 Abs. 4) und „die beiderseitigen Kündigungsrechte" unberührt. Damit dürfte den Erfordernissen des § 14 Abs. 3 Teilzeit- und Befristungsgesetz (→ Erläuterungen bei § 30) hinreichend Rechnung getragen sein, so dass trotz der Befristung des Arbeitsverhältnisses auch eine ordentliche Kündigung möglich ist. Die besonderen Regelungen des § 30 Abs. 3 bis 5 gelten bei der befristeten Vergabe von Führungspositionen nicht (→ § 30 Abs. 6).

Begriffsbestimmung (Abs. 2)

Nach der Definition des Absatzes 2 sind Führungspositionen Tätigkeiten mit Weisungsbefugnis ab der Entgeltgruppe 10. Im Zuge des Änderungstarifvertrages Nr. 2 vom 31. März 2008 haben die Tarifpartner mit Wirkung vom 1. Juli 2008 den Zusatz aufgenommen, dass die zugewiesenen Tätigkeiten vom Arbeitgeber ausdrücklich als Führungsposition auf Zeit bezeichnet werden müssen. Damit wird der bereits in Absatz 1 Satz 1 bestimmte Charakter der Vorschrift als „Kann-Vorschrift" gestärkt und verhindert, dass (letztlich gegen den Willen des Arbeitgebers) bestimmte Führungspositionen automatisch in ein befristetes Arbeitsverhältnis (Absatz 1) bzw. eine befristete Zulagensituation (Absatz 3) führen.

Beide Voraussetzungen müssen nebeneinander erfüllt sein; d. h., Tätigkeiten einer niedrigeren Entgeltgruppe sind trotz Weisungsbefugnis ebenso wenig Führungsposition im tariflichen Sinne wie Tätigkeiten der Entgeltgruppe 10 und aufwärts ohne Weisungsbefugnis.

Zulage für Führungspositionen (Abs. 3)

Absatz 3 regelt den Fall, dass einem „von innen" kommenden Beschäftigten aus einem bestehenden Arbeitsverhältnis heraus eine Führungsposition übertragen wird. Auch in diesem Fall kann die

§ 32 I.1 TVöD — Führung auf Zeit

Führungstätigkeit befristet werden; insoweit gelten die in Absatz 1 vereinbarten Fristen. Neben dem Tabellenentgelt für die befristete Führungsaufgabe (als Differenz zwischen der Entgeltgruppe der Führungsaufgabe zur bisherigen Entgeltgruppe) wird eine Zulage in Höhe von 75 % des Unterschiedsbetrages zwischen den Tabellenentgelten der Entgeltgruppe, die der übertragenen Funktion entspricht, zur nächsthöheren Engeltgruppe gezahlt.

> **Beispiel**
>
> Beschäftigter, Entgeltgruppe 11, übt auf Zeit eine Führungsposition der Entgeltgruppe 12 aus. Somit erhält er neben seiner bisherigen Vergütung den Differenzbetrag zur Entgeltgruppe 12 zuzüglich 75 % des Differenzbetrages zwischen den Entgeltgruppen 12 und 13 – jeweils so, als hätte eine Höhergruppierung stattgefunden.

Nach Ablauf der Befristung erhält der Beschäftigte wieder das seiner bisherigen Eingruppierung entsprechende Entgelt.

§ 33 Beendigung des Arbeitsverhältnisses ohne Kündigung

(1) Das Arbeitsverhältnis endet, ohne dass es einer Kündigung bedarf,

a) mit Ablauf des Monats, in dem die/der Beschäftigte das gesetzlich festgelegte Alter zum Erreichen der Regelaltersrente vollendet hat,

b) jederzeit im gegenseitigen Einvernehmen (Auflösungsvertrag).

(2) [1]Das Arbeitsverhältnis endet ferner mit Ablauf des Monats, in dem der Bescheid eines Rentenversicherungsträgers (Rentenbescheid) zugestellt wird, wonach die/der Beschäftigte voll oder teilweise erwerbsgemindert ist. [2]Die/Der Beschäftigte hat den Arbeitgeber von der Zustellung des Rentenbescheids unverzüglich zu unterrichten. [3]Beginnt die Rente erst nach der Zustellung des Rentenbescheids, endet das Arbeitsverhältnis mit Ablauf des dem Rentenbeginn vorangehenden Tages. [4]Liegt im Zeitpunkt der Beendigung des Arbeitsverhältnisses eine nach § 92 SGB IX erforderliche Zustimmung des Integrationsamtes noch nicht vor, endet das Arbeitsverhältnis mit Ablauf des Tages der Zustellung des Zustimmungsbescheids des Integrationsamtes. [5]Das Arbeitsverhältnis endet nicht, wenn nach dem Bescheid des Rentenversicherungsträgers eine Rente auf Zeit gewährt wird. [6]In diesem Fall ruht das Arbeitsverhältnis für den Zeitraum, für den eine Rente auf Zeit gewährt wird; beginnt die Rente rückwirkend, ruht das Arbeitsverhältnis ab dem ersten Tag des Monats, der auf den Monat der Zustellung des Rentenbescheids folgt.

(3) Im Falle teilweiser Erwerbsminderung endet bzw. ruht das Arbeitsverhältnis nicht, wenn der Beschäftigte nach seinem vom Rentenversicherungsträger festgestellten Leistungsvermögen auf seinem bisherigen oder einem anderen geeigneten und freien Arbeitsplatz weiterbeschäftigt werden könnte, soweit dringende dienstliche bzw. betriebliche Gründe nicht entgegenstehen, und der Beschäftigte innerhalb von zwei Wochen nach Zugang des Rentenbescheids seine Weiterbeschäftigung schriftlich beantragt.

(4) [1]Verzögert die/der Beschäftigte schuldhaft den Rentenantrag oder bezieht sie/er Altersrente nach § 236 oder § 236a SGB VI oder ist sie/er nicht in der gesetzlichen Rentenversicherung versichert, so tritt an die Stelle des Rentenbescheids das Gutachten einer Amtsärztin/eines Amtsarztes oder einer/eines nach § 3 Abs. 4 Satz 2 bestimmten Ärztin/Arztes. [2]Das Arbeitsverhältnis endet in diesem Fall mit Ablauf des Monats, in dem der/dem Beschäftigten das Gutachten bekannt gegeben worden ist.

(5) [1]Soll die/der Beschäftigte, deren/dessen Arbeitsverhältnis nach Absatz 1 Buchst. a geendet hat, weiterbeschäftigt werden, ist ein neuer schriftlicher Arbeitsvertrag abzuschließen. [2]Das Arbeitsverhältnis kann jederzeit mit einer Frist von vier Wochen zum Monatsende gekündigt werden, wenn im Arbeitsvertrag nichts anderes vereinbart ist.

Erläuterungen

§ 33 legt die Fälle fest, in denen das Arbeitsverhältnis ohne besondere Kündigung endet. Diese Sachverhalte waren bislang in § 60 (Beendigung durch Erreichen der Altersgrenze), § 58 (Auflösungsvertrag) und § 59 BAT (Beendigung wegen verminderter Erwerbsfähigkeit) bzw. den vergleichbaren Regelungen für Arbeiter geregelt.

Auf die abweichenden Sonderregelungen in § 45 (Bund) und § 51 (VKA) des Besonderen Teils Verwaltung wird hingewiesen.

Beendigung wegen Alters/Auflösungsvertrag (Abs. 1)

In Absatz 1 sind zwei verschiedene Beendigungsgründe zusammengefasst, nämlich die Beendigung wegen Erreichens der Altersgrenze (Buchstabe a) und die Beendigung durch Auflösungsvertrag (Buchstabe b).

Zu Buchstabe a

Nach dieser Vorschrift endet das Arbeitsverhältnis automatisch mit Vollendung des Monats, in dem der Beschäftigte das gesetzliche Alter zum Erreichen einer Regelaltersrente vollendet – und zwar unabhängig davon, ob er Anspruch auf eine Rente und/oder Zusatzversorgung hat.

Die jetzige Formulierung ist im Zuge des Änderungstarifvertrages Nr. 2 vom 31. März 2008 mit Wirkung vom 1. Juli 2008 vereinbart worden. Zuvor war die Beendigung des Arbeitsverhältnisses mit der Vollendung des 65. Lebensjahres verknüpft worden. Mit der jetzigen Regelung tragen die Tarifpartner dem gesetzlich hinausgeschobenen Renteneintrittsalter Rechnung.

Wegen der Möglichkeit, den Beschäftigten über das 65. Lebensjahr hinaus zu beschäftigen, → Absatz 5.

Zu Buchstabe b

In Buchstabe b haben die Tarifpartner bestimmt, dass die Beendigung des Arbeitsverhältnisses durch Auflösungsvertrag im gegenseitigen Einvernehmen jederzeit (ohne Bindung an Fristen) möglich ist.

Die Beendigung von Arbeitsverhältnissen durch Kündigung oder Auflösungsvertrag bedarf zu ihrer Wirksamkeit gemäß § 623 BGB der Schriftform; die elektronische Form ist ausgeschlossen.

Beendigung wegen Erwerbsminderung (Abs. 2)

Absatz 2 regelt – weitgehend in Anlehnung an das bisherige Recht – die Grundsätze der Beendigung des Arbeitsverhältnisses bei verminderter Erwerbsfähigkeit.

Beendigung ohne Kündigung — TVöD § 33 I.1

Die Definition des Begriffs der verminderten Erwerbsfähigkeit ergibt sich aus dem Recht der gesetzlichen Rentenversicherung, und zwar im Wesentlichen aus § 43 SGB VI.

Voll erwerbsgemindert sind Versicherte, die wegen Krankheit oder Behinderung auf nicht absehbare Zeit außerstande sind, unter den üblichen Bedingungen des allgemeinen Arbeitsmarktes mindestens drei Stunden täglich erwerbstätig zu sein (§ 43 Abs. 2 Satz 2 SGB VI);

Teilweise erwerbsgemindert sind Versicherte, die wegen Krankheit oder Behinderung auf nicht absehbare Zeit außerstande sind, unter den üblichen Bedingungen des allgemeinen Arbeitsmarktes mindestens sechs Stunden täglich erwerbstätig zu sein (§ 43 Abs. 1 Satz 2 SGB VI). Dabei wird auf die konkrete Situation des (Teilzeit-)Arbeitsmarktes abgestellt, so dass Versicherte, die das verbliebene Restleistungsvermögen wegen Arbeitslosigkeit nicht in Erwerbseinkommen umsetzen können, anstelle der halben die volle Erwerbsminderungsrente erhalten (vgl. BT-Drs. 14/230, Seiten 23, 25);

Keine Erwerbsminderungsrente: Ein Restleistungsvermögen auf dem allgemeinen Arbeitsmarkt von sechs Stunden und mehr schließt den Anspruch auf Erwerbsminderungsrente aus; dabei ist die jeweilige Arbeitsmarktlage nicht zu berücksichtigen (§ 43 Abs. 3 SGB VI).

Übergangsweise können nach § 240 SGB VI diejenigen Versicherten, die vor dem 2. Januar 1961 geboren sind und in ihrem bisherigen Beruf nicht mindestens sechs Stunden täglich arbeiten können, eine halbe Erwerbsminderungsrente unabhängig von den Verhältnissen des Arbeitsmarktes erhalten. Der Begriff der Berufsunfähigkeit ist in § 240 Abs. 2 SGB VI definiert.

Nach Satz 1 der Vorschrift endet das Arbeitsverhältnis grundsätzlich mit Ablauf des Monats, in dem der Rentenbescheid, wonach der Beschäftigte ganz oder teilweise erwerbsgemindert ist, zugestellt wird.

Satz 2 verpflichtet den Beschäftigten, den Arbeitgeber unverzüglich von der Zustellung des Rentenbescheides zu unterrichten.

Satz 3 bestimmt – abweichend von dem Grundsatz des Satzes 1, dass das Arbeitsverhältnis erst mit Ablauf des dem Rentenbeginn vorangehenden Tages endet, wenn der Rentenbescheid einen in der Zukunft liegenden Rentenbeginn festlegt. Dabei dürfte es sich um einen Ausnahmefall handeln; denn in der Regel wird – allein schon wegen der Verfahrensdauer – ein zurückliegendes Datum als Rentenbeginn festgelegt.

§ 33 I.1 TVöD — Beendigung ohne Kündigung

Satz 4 enthält eine weitere Ausnahme zum Beendigungszeitpunkt des Arbeitsverhältnisses. Sofern bei schwerbehinderten Beschäftigten die nach § 92 SGB IX erforderliche Zustimmung des Integrationsamtes bei Zustellung des Rentenbescheides noch nicht vorlag, endet das Arbeitsverhältnis mit schwerbehinderten Beschäftigten erst mit Ablauf des Tages vor der Zustellung des Zustimmungsbescheides des Integrationsamtes.

Nach den Sätzen 5 und 6 endet das Arbeitsverhältnis nicht, wenn nach dem Bescheid des Trägers der Rentenversicherung (nur) eine Rente auf Zeit bewilligt wird. In diesem Fall ruht das Arbeitsverhältnis für den Zeitraum der Rente auf Zeit – bei rückwirkender Zuerkennung einer Rente ggf. ab dem ersten Tag des Monats, der auf die Zustellung des Rentenbescheides folgt.

Besondere Beachtung verdienen einige Urteile des BAG zu § 59 BAT, der bisherigen Vorschrift zur Beendigung des Arbeitsverhältnisses bei verminderter Erwerbsfähigkeit. Da die Vorschrift des TVöD materiell weitgehend der bisherigen Regelung entspricht, können die vom BAG aufgestellten Grundsätze weiterhin zur Lösung von Zweifelsfragen herangezogen werden.

– Mit Urteil vom 23. 6. 2004 – 7 AZR 440/03; DB S. 2586 f. hat das BAG eine bedeutsame Entscheidung zum Beendigungszeitpunkt des Arbeitsverhältnisses in den Fällen der Erwerbsminderung getroffen. Das BAG zieht in der Entscheidung erstmals die seit 1. Januar 2001 geltende Vorschrift des § 15 Abs. 2 des Teilzeit- und Befristungsgesetzes (TzBfG), die bei auflösend bedingten Arbeitsverhältnissen entsprechend gilt (§ 21 TzBfG), heran, so dass auch in den Fällen des § 59 BAT/§ 62 MTArb (auflösende Bedingung ist hier der Eintritt der Erwerbsminderung) das Arbeitsverhältnis frühestens zwei Wochen nach Zugang der schriftlichen Unterrichtung des Arbeitnehmers durch den Arbeitgeber über den Zeitpunkt des Eintritts der auflösenden Bedingung endet. Nach Auffassung des BAG ist § 59 Abs. 1 BAT ergänzend gesetzeskonform dahin auszulegen, dass nicht schon der Rentenbescheid, sondern erst ein darauf Bezug nehmendes Schreiben des Arbeitgebers das Arbeitsverhältnis unter Beachtung der gesetzlichen Auslauffrist beenden soll. Erhält der Arbeitgeber Kenntnis von der Zuerkennung einer Erwerbsminderungsrente, muss er den Arbeitnehmer schriftlich auf die Beendigung oder das Ruhen des Arbeitsverhältnisses hinweisen. Die Rechtswirkungen des § 59 BAT treten frühestens zwei Wochen nach Zugang dieser schriftlichen Mitteilung ein.

Beendigung ohne Kündigung TVöD § 33 I.1

– Zu der Frage, welche weitreichenden Folgen sich ergeben (können), wenn ein Angestellter trotz der Beendigung des Arbeitsverhältnisses nach § 59 Abs. 1 BAT seine bisherige Tätigkeit fortsetzt, ohne seinen Arbeitgeber von der Zustellung des Rentenbescheides zu unterrichten, wird auf das Urteil des BAG vom 30. 4. 1997 – 7 AZR 122/96, AP Nr. 20 zu § 812 BGB – hingewiesen. Nach Auffassung des BAG erfolgt die Rückabwicklung der rechtsgrundlos erbrachten Arbeitgeberleistungen nach Bereicherungsrecht; die Grundsätze des faktischen Arbeitsverhältnisses finden keine Anwendung. Nach dem der Entscheidung zugrunde liegenden Sachverhalt war der Rentenbescheid im Monat März 1993 zugestellt worden, der Angestellte unterrichtete den Arbeitgeber hierüber aber erst ein Jahr später am 12. April 1994. Der Arbeitgeber verlangte daraufhin die Rückzahlung des Urlaubsgeldes, der Urlaubsvergütung, der geleisteten Krankenbezüge, der Zuschüsse zum Krankenversicherungsbeitrag und der vermögenswirksamen Leistungen sowie der für den Monat April 1994 überzahlten Vergütung. Das BAG hat den Rückzahlungsanspruch des Arbeitgebers weitgehend für berechtigt angesehen. Es stellt zunächst fest, dass zwischen den Arbeitsvertragsparteien seit dem 1. April 1993 kein Arbeitsverhältnis mehr bestand. Die nach diesem Zeitpunkt vom Arbeitgeber erbrachten Zahlungen hat der Angestellte nach den Bestimmungen über die ungerechtfertigte Bereicherung herauszugeben, wobei er für die tatsächlich erbrachte Arbeitsleistung Wertersatz in Höhe der monatlichen Vergütung verlangen kann. Zur Rückzahlung des Urlaubsentgelts sowie des Urlaubsgeldes ist er jedoch verpflichtet, da nach der Rechtsprechung des BAG der Urlaub keine Gegenleistung des Arbeitgebers für erbrachte oder noch zu erbringende Arbeitsleistungen darstellt. Der Rückzahlungsanspruch besteht auch hinsichtlich der geleisteten Krankenbezüge und der während der Arbeitsunfähigkeit geleisteten Zuschüsse zur Krankenversicherung, weil der Arbeitgeber während der Arbeitsunfähigkeit keine wertersetzende Gegenleistung erhalten hat. Das BAG hat den Angestellten auch zur Rückzahlung der anteiligen Sonderzuwendung verurteilt, weil auch die Zuwendung nicht reines Arbeitsentgelt für die erbrachte Arbeitsleistung darstellt, sondern auch der Belohnung vergangener und künftiger Treue zum öffentlichen Dienst dient. Lediglich die vermögenswirksamen Leistungen konnte der Arbeitgeber nicht zurückverlangen, weil diese als Bestandteil der Vergütung für geleistete Arbeit anzusehen sind.

– Das Arbeitsverhältnis eines Angestellten endet nicht nach § 59 Abs. 1 Unterabs. 1 BAT mit Ablauf des Monats, in dem ihm ein Bescheid eines Rentenversicherungsträgers über die Feststellung einer Berufs- oder Erwerbsunfähigkeit zugestellt wird, wenn der Angestellte den Rentenantrag bis zum Ablauf der Widerspruchsfrist des § 84 SGG zurücknimmt (vgl. BAG-Urteil vom 11. 3. 1998 – 7 AZR 101/97, AP Nr. 8 zu § 59 BAT). Hingegen hat das BAG mit Urteil vom 3. 9. 2003 – 7 AZR 661/02, AP Nr. 1 zu § 59 BAT-O – entschieden, dass ein Arbeitsverhältnis, das aufgrund § 59 BAT wegen der Gewährung einer unbefristeten Erwerbsunfähigkeitsrente geendet hatte, nicht wieder auflebt, wenn der schon formell bestandskräftig gewordene Rentenbescheid später wieder aufgehoben wird. In diesem Fall bleibt es bei der bereits eingetretenen Beendigung des Arbeitsverhältnisses. Die Vorschrift des § 59 BAT, die dem beim Ausscheiden bereits unkündbaren Angestellten im Fall der Wiederherstellung der Berufsfähigkeit einen Wiedereinstellungsanspruch (Sollregelung) verschafft, bleibt aber unberührt.

Weiterbeschäftigung bei teilweiser Erwerbsminderung (Abs. 3)

Die Regelung in Absatz 3 entspricht § 59 Abs. 3 BAT.

Nach dieser Vorschrift kommt es nicht zur Beendigung oder zum Ruhen des Arbeitsverhältnisses, wenn der Beschäftigte eine Weiterbeschäftigung schriftlich beantragt und eine solche auch möglich ist. Antragsberechtigt sind nur Beschäftigte, bei denen eine teilweise Erwerbsminderung, nicht aber eine volle Erwerbsminderung festgestellt ist. Eine Weiterbeschäftigung kommt aber nur in Betracht, wenn im Umfang des vom Rentenversicherungsträger festgestellten Restleistungsvermögens eine Tätigkeit auf dem bisherigen oder auf einem anderen geeigneten und freien Arbeitsplatz noch möglich ist und dringende dienstliche bzw. betriebliche Gründe nicht entgegenstehen. Der Arbeitgeber ist aber nicht verpflichtet, durch Umorganisation einen neuen Arbeitsplatz zu schaffen, auf dem der Arbeitnehmer trotz seiner Beeinträchtigung beschäftigt werden könnte (vgl. Urteil des BAG vom 9. 8. 2000 – 7 AZR 749/98 – n. v. – sowie Urteil des LAG Niedersachsen vom 1. 12. 2000 – 12 Sa 1849/95 – ZTR 2001, S. 523). Der Beschäftigte, der weiterbeschäftigt werden möchte, muss seine Weiterbeschäftigung innerhalb von zwei Wochen nach Zugang des Rentenbescheides schriftlich beantragen (Ausschlussfrist). Sowohl das Schriftformerfordernis als auch die relativ kurze Zweiwochenfrist sind vom BAG in seinem Urteil vom 1. 12. 2004 – 7 AZR 135/04 – ausdrücklich bestätigt worden.

Endet der Monat, in dem der Rentenbescheid zugestellt worden ist, noch vor Ablauf der 2-Wochen-Frist und hat der Beschäftigte den Antrag auf Weiterbeschäftigung bis zum Monatsschluss noch nicht gestellt, endet bzw. ruht das Arbeitsverhältnis mit Ablauf dieses Monats gemäß der Regelung in Absatz 1. Stellt der Beschäftigte den Antrag auf Weiterbeschäftigung sodann im Folgemonat, aber noch innerhalb der 2-Wochen-Frist, und ist eine Weiterbeschäftigung auch möglich, so fällt die Wirkung des Absatzes 1 nachträglich wieder weg.

Ist eine Weiterbeschäftigung nur mit geringerer Wochenstundenzahl möglich, muss der Arbeitsvertrag entsprechend geändert werden.

Eine Weiterbeschäftigung des Beschäftigten schließt die Anwendung des § 22 Abs. 4 Satz 2 nicht aus, so dass ab dem Zeitpunkt, von dem ab die Erwerbsminderungsrente zusteht, Krankenbezüge höchstens für den gesetzlichen Entgeltfortzahlungszeitraum von sechs Wochen gezahlt werden.

Sonderfälle (Abs. 4)

Absatz 4 regelt die Fälle, in denen nicht zeitgerecht ein Rentenbescheid vorliegt, weil der Beschäftigte den entsprechenden Rentenantrag (auf Rente wegen Erwerbsminderung) schuldhaft verzögert, er Altersrente für langjährig Versicherte (§ 236 SGB VI) oder für schwerbehinderte Menschen (§ 236a SGB VI) erhält, oder er nicht in der gesetzlichen Rentenversicherung versichert ist. In diesen Fällen tritt an die Stelle des Rentenbescheides das Gutachten eines Amtsarztes oder eines sonstigen nach § 3 Abs. 4 bestimmten Arztes. Das Arbeitsverhältnis endet somit mit Ablauf des Monats, in dem das entsprechende Gutachten dem Beschäftigten bekannt gegeben worden ist.

Weiterbeschäftigung (Abs. 5)

Absatz 5 regelt den Fall, dass Beschäftigte über das 65. Lebensjahr hinaus weiterbeschäftigt werden sollen. Dies kann nach der Bestimmung in Satz 1 nur auf der Grundlage eines neuen schriftlichen Arbeitsvertrages erfolgen. Dieser unterliegt den Regeln des TVöD; lediglich hinsichtlich der Kündigungsmöglichkeiten gelten abweichende Fristen. In Satz 2 ist bestimmt, dass das Arbeitsverhältnis jederzeit mit einer Frist von vier Wochen zum Monatsende gekündigt werden kann; abweichende Vereinbarungen sind möglich.

Informationspflichten des Arbeitgebers

Wegen der besonderen Informationspflichten des Arbeitgebers bei Kündigungen, Aufhebungsverträgen und Befristungen nach § 2 Abs. 2 Satz 2 Nr. 3 SGB III → Erläuterung zu § 34.

Kündigung des Arbeitsverhältnisses TVöD **§ 34 I.1**

§ 34 Kündigung des Arbeitsverhältnisses

(1) ¹Bis zum Ende des sechsten Monats seit Beginn des Arbeitsverhältnisses beträgt die Kündigungsfrist zwei Wochen zum Monatsschluss. ²Im Übrigen beträgt die Kündigungsfrist bei einer Beschäftigungszeit (Absatz 3 Satz 1 und 2)

bis zu einem Jahr	ein Monat zum Monatsschluss,
von mehr als einem Jahr	6 Wochen,
von mindestens 5 Jahren	3 Monate,
von mindestens 8 Jahren	4 Monate,
von mindestens 10 Jahren	5 Monate,
von mindestens 12 Jahren	6 Monate

zum Schluss eines Kalendervierteljahres.

(2) ¹Arbeitsverhältnisse von Beschäftigten, die das 40. Lebensjahr vollendet haben und für die die Regelungen des Tarifgebiets West Anwendung finden, können nach einer Beschäftigungszeit (Absatz 3) von mehr als 15 Jahren durch den Arbeitgeber nur aus einem wichtigen Grund gekündigt werden. ²Soweit Beschäftigte nach den bis zum 30. September 2005 geltenden Tarifregelungen unkündbar waren, verbleibt es dabei.

(3) ¹Beschäftigungszeit ist die bei demselben Arbeitgeber im Arbeitsverhältnis zurückgelegte Zeit, auch wenn sie unterbrochen ist. ²Unberücksichtigt bleibt die Zeit eines Sonderurlaubs gemäß § 28, es sei denn, der Arbeitgeber hat vor Antritt des Sonderurlaubs schriftlich ein dienstliches oder betriebliches Interesse anerkannt. ³Wechseln Beschäftigte zwischen Arbeitgebern, die vom Geltungsbereich dieses Tarifvertrages erfasst werden, werden die Zeiten bei dem anderen Arbeitgeber als Beschäftigungszeit anerkannt. ⁴Satz 3 gilt entsprechend bei einem Wechsel von einem anderen öffentlich-rechtlichen Arbeitgeber.

Erläuterungen

Auch wenn die Überschrift des § 34 TVöD etwas anderes vermuten lässt, so handelt es sich bei dieser Vorschrift letztlich nur um eine tarifvertragliche Regelung der Kündigungsfristen und der so genannten Unkündbarkeit für bestimmte Beschäftigte. Diese Bereiche waren bislang in den §§ 53, 55 BAT bzw. den entsprechenden Vorschriften für Arbeiter geregelt.

Im Übrigen ist hinsichtlich der Kündigung weiterhin das allgemeine Arbeitsrecht (des BGB und des Kündigungsschutzgesetzes) und die in den letzten Jahr(zehnt)en dazu gewachsene Rechtsprechung zu beachten.

§ 34 Abs. 3 enthält eine – im Vergleich zum bisherigen Recht weiter gefasste – Definition des Begriffes der Beschäftigungszeit. Die war bislang in § 19 (und § 50 Abs. 3) BAT bzw. den vergleichbaren Regelungen für Arbeiter geregelt.

1. Allgemeines zur Kündigung

Die ordentliche Kündigung

Unter der ordentlichen Kündigung versteht man eine Maßnahme, ein auf unbestimmte Zeit abgeschlossenes (also unbefristetes) Arbeitsverhältnis unter Einhaltung bestimmter (gesetzlicher, tarifvertraglicher oder arbeitsvertraglicher) Fristen zu beenden.

Berechtigt zur Kündigung sind der Arbeitgeber und der Arbeitnehmer. Die Kündigung ist eine einseitige, grundsätzlich bedingungsfeindliche, empfangsbedürftige und unwiderrufliche Willenserklärung. Der Kündigende kann daher die Kündigung nicht einseitig widerrufen oder zurücknehmen. Selbstverständlich können sich die Vertragspartner aber einvernehmlich darauf verständigen, dass eine Kündigung nicht vollzogen und das Arbeitsverhältnis fortgesetzt wird.

Die Änderungskündigung

Die sogenannte Änderungskündigung ist eine Variante der „normalen" Kündigung – es handelt sich folglich um eine echte Kündigung. Abweichend von der Beendigungskündigung hat der Beschäftigte im Fall der Änderungskündigung aber die Wahl, ob er das Arbeitsverhältnis zu den vom Arbeitgeber für die Zukunft angebotenen (in der Regel verschlechterten) Arbeitsbedingungen fortsetzen möchte, oder ob er das Angebot ablehnt. Lehnt er das Angebot ab, endet das Arbeitsverhältnis fristgemäß. Der Beschäftigte kann das Angebot auch unter Vorbehalt annehmen und die soziale Rechtfertigung der Änderungskündigung durch die Arbeitsgerichte im Rahmen eines Kündigungsschutzprozesses nachprüfen lassen.

Die außerordentliche Kündigung

Die Regeln der außerordentlichen Kündigung ergeben sich aus § 626 BGB. Demnach kann das Dienstverhältnis von jedem Vertragsteil aus wichtigem Grund ohne Einhaltung einer Kündigungsfrist gekündigt werden, wenn Tatsachen vorliegen, auf Grund derer dem Kündigenden unter Berücksichtigung aller Umstände des Einzelfalles und unter Abwägung der Interessen beider Vertragsteile die Fortsetzung des Dienstverhältnisses bis zum Ablauf der Kündigungsfrist oder bis zu der vereinbarten Beendigung des Dienstverhältnisses nicht zugemutet werden kann.

Kündigung des Arbeitsverhältnisses — TVöD § 34 I.1

Wichtige Gründe i. S. dieser Vorschrift können beispielsweise sein:

- Androhung einer Krankheit für den Fall, dass der Arbeitgeber Urlaub nicht bewilligt bzw. nicht verlängert (BAG v. 5. 11. 1992 – 2 AZR 147/92 – AP Nr. 4 zu § 626 BGB Krankheit),
- beharrliche Arbeitsverweigerung (BAG v. 21. 11. 1996 – 2 AZR 357/95 – AP Nr. 130 zu § 626 BGB),
- Diebstahl, auch von Sachen von geringem Wert (Grundsätze siehe sogenanntes Bienenstich-Urteil des BAG v. 17. 5. 1984 – 2 AZR 3/83, NZA 1985, 91)
- Gleitzeitbetrug (BAG v. 27. 1. 1977 – 2 AZR 77/76 – AP Nr. 7 zu § 103 BetrVG 1972),
- Schmiergeldannahme (BAG v. 17. 8. 1972 – 2 AZR 425/71 – AP Nr. 65 zu § 626 BGB),
- schwere Straftaten (außerhalb des Dienstes) (BAG v. 6. 8. 2000 – 2 AZR 638/99 – AP Nr. 163 zu § 626 BAG).

Die Kündigung kann nur innerhalb von zwei Wochen erfolgen. Die Frist beginnt aber erst mit dem Zeitpunkt, in dem der Kündigungsberechtigte von den für die Kündigung maßgebenden Tatsachen Kenntnis erlangt.

Der Kündigende muss dem anderen Teil auf Verlangen den Kündigungsgrund unverzüglich schriftlich mitteilen.

Es ist durchaus zulässig, neben einer außerordentlichen Kündigung hilfsweise ordentlich zu kündigen. Eine Umdeutung der außerordentlichen in eine ordentliche Kündigung ist aber nur möglich, wenn aus der Kündigung oder sonst eindeutig erkennbar ist, dass das Arbeitsverhältnis in jedem Fall, d. h. auch wenn die Kündigungsgründe für eine außerordentliche Kündigung nicht ausreichen sollten, beendet werden soll.

Schriftform

Die Beendigung des Arbeitsverhältnisses durch Kündigung (oder Auflösungsvertrag) bedarf zu ihrer Wirksamkeit gemäß § 623 BGB ausnahmslos der Schriftform; die elektronische Form (also Kündigung durch E-Mail, SMS etc.) ist ausdrücklich ausgeschlossen. Einer besonderen tariflichen Regelung (wie z. B. in § 57 BAT) bedurfte es nicht. Die Außerachtlassung der Schriftform hat die Nichtigkeit der Kündigung zur Folge (siehe z. B. Urteil des BAG vom 9. 2. 1972 – 4 AZR 149/71 – AP Nr. 1 zu § 4 BAT).

2. Die gesetzlichen Grenzen durch das Kündigungsschutzgesetz und andere Gesetze

Das Kündigungsrecht des Arbeitgebers ist durch verschiedene gesetzliche Regelungen eingeschränkt worden. Das Kündigungsrecht des Arbeitnehmers wird dadurch nicht begrenzt.

Kündigungsschutzgesetz

Geltungsbereich: Das Kündigungsschutzgesetz (KSchG) gilt nur in Verwaltungen und Betrieben mit mindestens fünf Arbeitnehmern (ohne Auszubildende). In Verwaltungen mit weniger als zehn Arbeitnehmern gilt der Kündigungsschutz nicht für nach dem 31. Dezember 2003 eingestellte Arbeitnehmer (§ 23 Abs. 1 KSchG). Bei der Feststellung der durchschnittlichen Arbeitnehmerzahl werden Teilzeitbeschäftigte mit einer regelmäßigen wöchentlichen Arbeitszeit von bis zu 20 Stunden mit 0,5, bei bis zu 30 Stunden mit 0,75 berücksichtigt (§ 23 Abs. 1 Satz 4 KSchG).

Geschützter Personenkreis: Der Schutz des Kündigungsschutzgesetzes tritt ein für Arbeitnehmer, deren Arbeitsverhältnis ohne Unterbrechung mehr als sechs Monate bestanden hat.

Folgen des Kündigungsschutzes: Wenn das Kündigungsschutzgesetz Anwendung findet, ist eine Kündigung nur wirksam, wenn sie nicht sozial ungerechtfertigt ist. Nach der Definition in § 1 Abs. 2 Satz 1 KSchG gibt es nur drei Fallgruppen von Gründen, die zur sozialen Rechtfertigung einer Kündigung führen, und zwar
- personenbedingte,
- verhaltensbedingte und
- betriebsbedingte Gründe.

Personenbedingte Kündigung

Als personenbedingter Kündigungsgrund kommt – neben z. B. den Fällen fehlender Arbeits- oder Berufserlaubnis – insbesondere die Beeinträchtigung des Arbeitsverhältnisses durch Krankheit des Beschäftigten in Betracht. Dazu ist nach der gefestigten Rechtsprechung der Arbeitsgerichtsbarkeit in einem dreistufigen Prüfverfahren (ggf. unter Beteiligung von Ärzten) zunächst zu prüfen, ob in der Vergangenheit krankheitsbedingte Fehlzeiten zu erheblichen Beeinträchtigungen des Arbeitsverhältnisses (z. B. durch Kosten, Produktionsausfälle, Vertretungsbedarf, etc.) geführt haben. Danach ist in einem zweiten Schritt eine Prognose über die zukünftige Arbeitsunfähigkeit des Beschäftigten zu stellen. Während z. B. eine ausgestandene Bruchverletzung – auch wenn sie in der zurückliegenden Zeit erhebliche Fehlzeiten verursacht hat – für die Zukunft keine weiteren Ausfallzeiten erwarten lässt, wird bei chronischen Rückenleiden häufig von weiteren Fehlzeiten auszugehen sein. In einem dritten Schritt sind die Interessen der Vertragspartner gegeneinander abzuwägen; insbesondere ist zu prüfen, ob dem Arbeitgeber die Weiterbeschäftigung zuzumuten ist. Dies wird bei einem älteren Arbeitnehmer nach einem langjährigen ungestörten Arbeitsverhältnis anders zu beurteilen sein als bei einem, erst kurze Zeit Beschäftigen, der ständig krankheitsbedingt ausgefallen ist. Von der Tendenz stellt die Rechtsprechung im Fall der krankheitsbedingten Kündigung strenge Anforderungen an die soziale Rechtfertigung einer Kündigung (vgl. BAG vom 12. 3. 1968 – 1 AZR 413/67, AP Nr. 1 zu § 1 KSchG 1951 Krankheit, sowie BAG vom 25. 11. 1982 – 2 AZR 140/81, AP Nr. 7 zu § 1 KSchG 1969 Krankheit –). Häufige, nicht nur kurzfristige Krankheiten können eine Kündigung sozial rechtfertigen (BAG vom 19. 8. 1976 – 3 AZR 512/75, AP Nr. 2 zu § 1 KSchG 1969 Krankheit –). Dies gilt insbesondere auch dann, wenn im Augenblick der Kündigung weiterhin mit sich wiederholenden Erkrankungen zu rechnen ist, die sich belastend auf den Betrieb auswirken. Entsprechendes gilt nach dem Urteil des BAG v. 21. 5. 1992 – 2 AZR 399/91, AP Nr. 30 zu § 1 KSchG 1969 Krankheit – in den Fällen, in denen der Arbeitnehmer bereits längere Zeit (hier 1½ Jahre) krank und im Zeitpunkt der Kündigung die Wiederherstellung der Arbeitsfähigkeit noch völlig ungewiss war. Diese Ungewissheit kann wie eine feststehende dauernde Arbeitsunfähigkeit zu einer erheblichen Beeinträchtigung betrieblicher Interessen führen. Nach gefestigter Rechtsprechung des BAG – siehe z. B. Urteil vom 5. 7. 1990 – 2 AZR 154/90, AP Nr. 26 zu § 1 KSchG 1969 Krankheit – kann eine Kündigung auch bei häufigen Kurzerkrankungen sozial gerechtfertigt sein.

Ist ein Arbeitnehmer auf Dauer krankheitsbedingt nicht mehr in der Lage, die geschuldete Arbeit auf seinem bisherigen Arbeitsplatz zu leisten, so ist er nach dem Urteil des BAG v. 29. 1. 1997 – 2 AZR 9/96 – (NZA 13/1997 S. 709) zur Vermeidung einer Kündigung auf einem leidensgerechten Arbeitsplatz im Betrieb oder Unternehmen weiter zu beschäftigen, falls ein solch gleichwertiger oder jedenfalls zumutbarer Arbeitsplatz frei und der Arbeitnehmer für die dort zu leistende Arbeit geeignet ist. Gegebenenfalls hat der Arbeitgeber einen solchen Arbeitsplatz durch Ausübung seines Direktionsrechts frei zu machen und sich – falls erforderlich – auch um die eventuell erforderliche Zustimmung der Personalvertretung zu bemühen. Zu einer weitergehenden Umorganisation ist der Arbeitgeber dagegen nicht verpflichtet.

Die Frage, ob eine Krankheit auf betriebliche Ursachen zurückzuführen ist, ist nach dem Urteil des BAG v. 6. 9. 1989 – 2 AZR 118/89 – (RdA 1990 S. 61) im Rahmen der Interessenabwägung von erheblicher Bedeutung. In solchen Fällen trägt der Arbeitgeber die Darlegungs- und Beweislast dafür, dass ein solcher vom Arbeitnehmer behaupteter ursächlicher Zusammenhang **nicht** besteht.

Die Beurteilung einer Kündigung wegen Trunksucht richtet sich grundsätzlich nach den Grundsätzen über die personenbedingte Kündigung. Aus den Besonderheiten der Trunksucht kann sich aber die Notwendigkeit ergeben, an die Prognose im Hinblick auf die weitere Entwicklung der Alkoholabhängigkeit geringere Anforderungen zu stellen. Ist der Arbeitnehmer im Zeitpunkt der Kündigung nicht therapiebereit, kann davon ausgegangen werden, dass er von dieser Krankheit in absehbarer Zeit nicht geheilt wird. Eine von ihm nach Ausspruch der Kündigung durchgeführte Therapie und ihr Ergebnis können daher nicht zur Korrektur der Prognose herangezogen werden (BAG vom 9. 4. 1987 – 2 AZR 210/86 – Betriebs-Berater 1987 S. 1815 –). Nach der Entscheidung des BAG vom 12. 12. 1984 7 AZR 418/83 – AP Nr. 21 zu Art. 140 GG – kann bei einem in einem katholischen Krankenhaus beschäftigten Assistenzarzt der Austritt aus der katholischen Kirche einen personenbedingten Grund für eine ordentliche Kündigung darstellen.

Verhaltensbedingte Kündigung

Die Gründe für eine verhaltensbedingte Kündigung sind mit denen einer außerordentlichen Kündigung vergleichbar. Hauptunterschied ist aber, dass die Gründe hinsichtlich ihrer Schwere und ihrer Auswirkungen geringer einzustufen sind und es dem Arbeitgeber zuzumuten ist, den Beschäftigten bis zum Ende der ordentlichen Kündigungsfrist weiter zu beschäftigen. In der Regel ist auch eine vorherige Abmahnung erforderlich, damit der Beschäftigte sein Fehlverhalten abstellen kann. Erst wenn er es nicht tut, ist die Kündigung möglich.

Betriebsbedingte Kündigung

Gründe für eine betriebsbedingte Kündigung sind gegeben, wenn aufgrund von Aufgabenfortfall (z. B. durch geänderte Rahmenbedingungen wie deutlich zurückgehende Zahlen von Asylbewerbern oder Spätaussiedlern) oder durch Rationalisierungsmaßnahmen ein Arbeitsmangel eintritt. Ein betriebliches Erfordernis im Sinne des Kündigungsschutzgesetzes liegt im öffentlichen Dienst auch dann vor, wenn durch den Haushaltsplan bestimmte, nach sachlichen Merkmalen bezeichnete Stellen gestrichen werden. Allgemeine Sparmaßnahmen reichen nicht aus.

Als Besonderheit ist bei betriebsbedingten Kündigungen im öffentlichen Dienst die Vorschrift des § 1 Abs. 2 Satz 2 Nr. 2 Buchst. b KSchG zu beachten. Der dortige Grundsatz, dass eine Versetzung der Kündigung vorzuziehen und die Kündigung nur als letzte denkbare Maßnahme in Betracht kommt („Umsetzung geht vor Freisetzung") schränkt die Kündigungsmöglichkeiten des öffentlichen Arbeitgebers erheblich ein.

Als weitere Besonderheit ist innerhalb des Geltungsbereiches der – auch nach Inkrafttreten des TV-L weiter geltenden – Rationalisierungsschutztarifverträge die darin vereinbarte weitere Einschränkung der Kündigungsmöglichkeiten und die soziale Abfederung eventueller Kündigungen zu beachten.

Weitere gesetzliche Grenzen

Neben dem oben dargestellten allgemeinen Kündigungsschutz nach dem Kündigungsschutzgesetz ist z. B. in folgenden Fällen aufgrund besonderer gesetzlicher Regelungen i. d. R. eine Kündigung nicht möglich:

- § 9 MuSchG: Kündigung während der Schwangerschaft und bis zum Ablauf von vier Monaten nach der Entbindung
- § 18 BEEG i. V. mit den Allgemeinen Verwaltungsvorschriften zum Kündigungsschutz beim Erziehungsurlaub (jetzt: Elternzeit) vom 2. 1. 1986 (Bundesanzeiger Nr. 1 vom 3. 1. 1986): Kündigung während der Elternzeit; ab 1. Januar 2007 ist der Kündigungsschutz im § 18 BEEG geregelt (bis 31. 12. 2006 in § 18 BErzGG).
- § 85 SGB IX: Kündigung eines schwerbehinderten Menschen bedarf der Zustimmung des Integrationsamtes
- § 2 ArbplSchG: Kündigung während des Grundwehrdienstes oder während einer Wehrübung (Entsprechendes gilt nach § 78 ZDG bei Ableistung des Zivildienstes)
- § 15 Abs. 2 KSchG: Kündigung eines Mitgliedes einer Personalvertretung
- § 96 Abs. 3 SGB IX: Kündigung der Vertrauenspersonen schwerbehinderter Menschen
- § 2 Abs. 3 Abgeordnetengesetz: Kündigung wegen Annahme oder Ausübung eines Bundestagsmandates

3. Beteiligung der Personalvertretung

Nach dem Bundespersonalvertretungsgesetz bzw. den Personalvertretungsgesetzen der Länder – ggf. bei ausgegliederten Gesellschaften „am Rande des öffentlichen Dienstes" auch aus dem Betriebsverfassungsgesetz – ergeben sich Beteiligungsrechte der Personalvertretung im Falle der Kündigung. Zur Liste der Personalvertretungsgesetze → Erläuterung 5 zu § 2 Abs. 1.

Eine nicht ordnungsgemäß erfolgte Beteiligung der Personalvertretung führt zur Unwirksamkeit der Kündigung.

Zu beachten ist, dass nur die Kündigungsgründe zum Tragen kommen können, die der Personalvertretung genannt worden sind.

Soll im Falle der außerordentlichen Kündigung hilfsweise eine ordentliche Kündigung ausgesprochen werden, oder geht es um die Umdeutung einer außerordentlichen in eine ordentliche Kündigung, so setzt dies die entsprechende Information/Beteiligung/Anhörung der Personalvertretung voraus.

4. Informationspflichten des Arbeitgebers

Nach § 2 Abs. 2 Satz 2 Nr. 3 SGB III, der durch das Erste Gesetz für moderne Dienstleistungen am Arbeitsmarkt vom 23. Dezember 2002 (BGBl I S. 4607) in das SGB III eingefügt wurde, soll der Arbeitgeber den Arbeitnehmer vor der Beendigung des Arbeitsverhältnisses frühzeitig über die Notwendigkeit eigener Aktivitäten bei der Suche nach einer anderen Beschäftigung sowie über die Verpflichtung unverzüglicher Meldung bei der Agentur für Arbeit informieren, ihn hierzu freistellen und die Teilnahme an erforderlichen Qualifizierungsmaßnahmen ermöglichen.

Im Zusammenhang hiermit steht der seit dem 1. Juli 2003 geltende § 37b SGB III, der eine Person, deren Arbeitsverhältnis endet, verpflichtet, sich spätestens drei Monate vor dessen Beendigung persönlich bei der Agentur für Arbeit arbeitsuchend zu melden. Die Pflicht zur Meldung besteht unabhängig davon, ob der Fortbestand des Arbeitsverhältnisses gerichtlich geltend gemacht wird. Für Auszubildende in betrieblicher Ausbildung gilt die Verpflichtung zur frühzeitigen Meldung grundsätzlich nicht, da über die weitere berufliche Situation meist erst unmittelbar nach der Abschlussprüfung entschieden werden kann.

Hat sich der Arbeitslose entgegen § 37b SGB III nicht unverzüglich arbeitsuchend gemeldet, droht nach § 144 SGB III eine Sperrzeit.

Kündigung des Arbeitsverhältnisses — TVöD § 34 I.1

Um der gesetzlichen Informationspflicht des Arbeitgebers zu genügen, ist zu empfehlen, im Falle der Kündigung oder Aufhebung eines Arbeitsvertrages (z. B. 58er-Regelung, goldener Handschlag), sowie bei Abschluss befristeter Arbeitsverträge wie folgt vorzugehen:

a) Kündigung/Aufhebung eines Arbeitsvertrages

In das Kündigungsschreiben oder in den Aufhebungsvertrag sollte folgender Mustertext aufgenommen werden:

„Zur Aufrechterhaltung ungekürzter Ansprüche auf Arbeitslosengeld sind Sie verpflichtet, sich spätestens drei Monate vor Ablauf des Beschäftigungsverhältnisses persönlich bei der Agentur für Arbeit arbeitsuchend zu melden. Weiterhin sind Sie verpflichtet, aktiv nach einer Beschäftigung zu suchen."

b) Abschluss eines befristeten Arbeitsvertrages

Bereits bei Abschluss des befristeten Arbeitsvertrages sollte folgender Mustertext aufgenommen werden:

„Zur Aufrechterhaltung ungekürzter Ansprüche auf Arbeitslosengeld sind Sie verpflichtet, sich spätestens drei Monate vor Ablauf des Vertragsverhältnisses persönlich bei der Agentur für Arbeit arbeitsuchend zu melden. Sofern dieses Arbeitsverhältnis für eine kürzere Dauer als drei Monate befristet ist, besteht diese Verpflichtung unverzüglich nach Abschluss des Vertrages. Weiterhin sind Sie verpflichtet, aktiv nach einer Beschäftigung zu suchen."

Zur ergänzenden Information hat die Bundesagentur für Arbeit einen Leitfaden „Frühzeitige Arbeitsuche gemäß § 37b SGB III und zur Sanktionsfolge der Pflichtverletzung nach § 144 SGB III" herausgegeben.

Es wird empfohlen, den betroffenen Beschäftigten das Merkblatt bei Beendigung des Arbeitsverhältnisses auszuhändigen. Die Unterlassung der Informationspflicht durch den Arbeitgeber führt nicht zu Schadensersatzpflichten (Urteil des BAG vom 29. 9. 2005 – 8 AZR 571/04).

5. Die Tarifvorschrift (§ 34)

Kündigungsfristen (Abs. 1)

Die Vorschrift des Absatzes 1 ist als abweichende Regelung i. S. d. § 622 Abs. 4 BGB zu sehen; sie ersetzt die Kündigungsfristen des BGB (§ 622 Abs. 1 bis 3 BGB). Dies gilt auch für nicht tarifgebundene

Arbeitgeber und Arbeitnehmer, wenn die Anwendung des § 34 TVöD zwischen ihnen vereinbart worden ist (§ 622 Abs. 4 Satz 2 BGB).

Die Kündigungsfristen gelten sowohl für den Arbeitgeber als auch den Beschäftigten. Kommt der Beschäftigte während der auch von ihm einzuhaltenden Kündigungsfrist seiner Arbeitsverpflichtung nicht mehr nach, kann er sich schadensersatzpflichtig machen (siehe BAG-Urteil v. 20. 12. 1990 – 2 AZR 412/90 – AP Nr. 3 zu § 53 BAT).

Unkündbare Beschäftigte (Abs. 2)

Bei Beschäftigten des Tarifgebietes West, die das 40. Lebensjahr vollendet haben, tritt nach Satz 1 der Vorschrift weiterhin nach einer Beschäftigungszeit (→ zu Absatz 3) von 15 Jahren ein erweiterter Kündigungsschutz ein. Entsprechendes gilt gemäß Satz 2 für Beschäftigte, die nach bisherigem Recht unkündbar waren. Die Betroffenen sind nur noch aus in ihrer Person oder ihrem Verhalten liegendem wichtigem Grund (also außerordentlich – s. o.) kündbar. Andere wichtige Gründe, insbesondere dringende betriebliche Erfordernisse, berechtigen nicht zur fristlosen Beendigung des Arbeitsverhältnisses.

Kommt ausnahmsweise eine außerordentliche Kündigung wegen krankheitsbedingter Fehlzeiten in Betracht, ist grundsätzlich eine der ordentlichen Kündigungsfrist (also sechs Monate zum Schluss des Kalendervierteljahres) entsprechende Auslauffrist einzuhalten (siehe BAG-Urteil v. 18. 10. 2000 – 2 AZR 627/99 – DB 2001 S. 388).

Beschäftigungszeit (Abs. 3)

In Absatz 3 haben die Tarifparteien definiert, was sie unter dem Begriff der Beschäftigungszeit, der für den Eintritt der Unkündbarkeit, aber z. B. auch für die Dauer der Bezugsfristen des Krankengeldzuschusses von Bedeutung ist, verstehen.

Beschäftigungszeit ist demnach die bei demselben Arbeitgeber (→ aber Satz 3 und 4!) im Arbeitsverhältnis (also nicht als Auszubildender, Praktikant etc.) zurückgelegte Zeit. Unterbrechungen sind unschädlich. Dies gilt auch für Unterbrechungen in Folge von Sonderurlaub i. S. v. § 28 TVöD. Die Zeit der Beurlaubung zählt aber nur dann als Bewährungszeit, wenn der Arbeitgeber vor Antritt des Sonderurlaubs ein dienstliches oder betriebliches Interesse an der Beurlaubung anerkannt hat. Satz 3 und 4 bestimmen – als Ausnahme von Satz 1, dass auch frühere Zeiten bei einem anderen Arbeitgeber, der unter den Geltungsbereich des TVöD fällt, und Zeiten bei einem anderen

Kündigung des Arbeitsverhältnisses TVöD **§ 34 I.1**

öffentlich-rechtlichen Arbeitgeber (der u. U. unter den BAT fällt) als Beschäftigungszeit anerkannt werden.

Da bei der Berechnung der Kündigungsfristen § 34 Absatz 1 und der Unkündbarkeit nach Absatz 2 nur die Beschäftigungszeit nach „Absatz 3 Satz 1 und 2" berücksichtigt wird, wirken sich die bei anderen Arbeitgebern des öffentlichen Dienstes zurückgelegten Zeiten somit nur auf die Jubiläumszeit (§ 23 Absatz 2) und die Bezugsdauer des Krankengeldzuschusses (§ 22 Absatz 3) aus.

Die Berücksichtigung bestimmter Zeiten als Beschäftigungszeit kann sich auch aus gesetzlichen Bestimmungen ergeben. Hierzu gehören z. B. Zeiten

- im Soldatenverhältnis bei der Bundeswehr nach dem Soldatenversorgungsgesetz,
- des Grundwehrdienstes und der Wehrübungen nach dem Arbeitsplatzschutzgesetz,
- im Polizeivollzugs- oder Grenzschutzdienst des Bundes nach dem Bundespolizeibeamtengesetz,
- im Zivildienst nach dem Zivildienstgesetz,
- im Zivilschutz nach dem Zivilschutzgesetz,
- im Dienst als THW-Helfer nach dem THW-Helferrechtsgesetz,
- im Katastrophenschutz nach den Katastrophenschutzgesetzen,
- im Bergbau unter Tage nach den Gesetzen über den Bergmannsversorgungsschein des Landes Nordrhein-Westfalen und des Saarlandes.

Übergangsvorschriften

Für die vom bisherigen Recht in den TVöD übergeleiteten Beschäftigten enthalten § 14 TVÜ-Bund bzw. § 14 TVÜ-VKA[1]) Übergangsbestimmungen, die im Wesentlichen den Fortbestand der bis zum 30. September 2005 erreichten Beschäftigungszeiten sichern.

In der Überleitungs-Vorschrift des Bundes ist dabei klargestellt, dass für den Eintritt der Unkündbarkeit vor der Wiedervereinigung im Osten zurückgelegte Zeiten unberücksichtigt bleiben.

Die Überleitungs-Vorschrift im TVÜ-VKA bestimmt in Absatz 3 ergänzend zur Regelung der Unkündbarkeit in § 34 Abs. 2 TVöD, dass aus dem Geltungsbereich des BMT-G übergeleitete Beschäftigte, die am 30. September 2005 eine Beschäftigungszeit (§ 6 BMT-G ohne die nach

---

[1]) abgedruckt unter **I.2**

§ 68a BMT-G berücksichtigten Ost-Zeiten) von mindestens zehn Jahren zurückgelegt haben, abweichend von § 34 Abs. 2 Satz 1 TVöD den besonderen Kündigungsschutz „nach Maßgabe des § 52 Abs. 1 BMT-G" (also nach 15 Jahren Beschäftigungszeit ohne Mindestalter) noch erlangen.

§ 35 Zeugnis

(1) Bei Beendigung des Arbeitsverhältnisses haben die Beschäftigten Anspruch auf ein schriftliches Zeugnis über Art und Dauer ihrer Tätigkeit, das sich auch auf Führung und Leistung erstrecken muss (Endzeugnis).

(2) Aus triftigen Gründen können Beschäftigte auch während des Arbeitsverhältnisses ein Zeugnis verlangen (Zwischenzeugnis).

(3) Bei bevorstehender Beendigung des Arbeitsverhältnisses können die Beschäftigten ein Zeugnis über Art und Dauer ihrer Tätigkeit verlangen (vorläufiges Zeugnis).

(4) Die Zeugnisse gemäß den Absätzen 1 bis 3 sind unverzüglich auszustellen.

Erläuterungen

§ 35 TVöD trifft Regelungen zur Zeugniserteilung und konkretisiert damit die gesetzlichen Vorschriften des § 630 BGB und § 109 Gewerbeordnung. Dieser Themenbereich war bislang in § 61 BAT geregelt.

Die Formulierung des Zeugnisses ist Sache des Arbeitgebers. Er ist hier grundsätzlich frei bei seiner Entscheidung, welche Eigenschaften des Beschäftigten er mehr hervorheben oder eher zurücktreten lassen möchte. Der Inhalt des Zeugnisses muss jedoch der Wahrheit verpflichtet sein und darf daher weder falsche noch in wesentlichen Punkten unvollständige Angaben enthalten bzw. wichtige Dinge verschweigen. Das Zeugnis soll zudem das Fortkommen des Beschäftigten nicht erschweren und soll daher – natürlich nur im Rahmen der Wahrheit – auch wohlwollend formuliert sein.

Die Kosten für die Ausstellung des Zeugnisses trägt der Arbeitgeber; er hat jedoch keine Übersendungs- oder Nachsendepflicht. Seine Arbeitspapiere, zu denen auch das Zeugnis gehört, muss der Beschäftigte nach dem Urteil des BAG vom 8. 3. 1995 – 5 AZR 848/93, AP Nr. 21 zu § 630 BGB – beim Arbeitgeber abholen. Nach § 242 BGB (Treu und Glauben) kann der Arbeitgeber allerdings im Einzelfall gehalten sein, das Arbeitszeugnis nachzuschicken. Dabei ist sicher auch abzuwägen, dass der Aufwand für den Arbeitgeber, ein Zeugnis zu kuvertieren und gegen geringes Entgelt zu verschicken, bedeutend geringer ist als der Aufwand des Beschäftigten, von einem u. U. recht weit entfernten Wohnort anzureisen und das Zeugnis abzuholen.

Die Erteilung des Zeugnisses in elektronischer Form ist ausgeschlossen; dies ergibt sich sowohl aus § 35 Abs. 1 TVöD („schriftliches Zeugnis"), als auch aus den in der Vorbemerkung genannten gesetzlichen Grundlagen.

Endzeugnis (Abs. 1)

Die Beschäftigten haben nach Absatz 1 der Vorschrift bei Beendigung des Arbeitsverhältnisses Anspruch auf ein Zeugnis über Art und Dauer der Beschäftigung, das sich auch auf Führung und Leistung erstrecken muss (so genanntes qualifiziertes, erweitertes Zeugnis). Entgegen der in § 61 BAT getroffenen Regelung, dass ein qualifiziertes Zeugnis von einem entsprechenden Antrag abhing und ansonsten ein auf Art und Dauer der Beschäftigung beschränktes (so genanntes einfaches) Zeugnis zu erteilen war, besteht nach der Regelung des TVöD stets ein Anspruch auf ein qualifiziertes Zeugnis. Der Grund für die Beendigung des Arbeitsverhältnisses (z. B. Kündigung durch den Arbeitgeber oder Beschäftigten, Auflösungsvertrag) ist für den Anspruch auf ein Zeugnis ohne Bedeutung.

Zwischenzeugnis (Abs. 2)

Nach Absatz 2 der Vorschrift können die Beschäftigten aus triftigen Gründen auch während des Arbeitsverhältnisses ein (Zwischen-)Zeugnis verlangen. An den Begriff der „triftigen Gründe" werden keine sehr hohen Ansprüche gestellt werden können. Hierzu zählen beispielsweise die Suche nach einem anderen Arbeitsplatz, eine vom Arbeitgeber ins Auge gefasste Kündigung, zur Vorlage bei Behörden, für einen Kreditantrag etc. In seinem Urteil vom 1. 10. 1998 – 6 AZR 176/97, AP Nr. 2 zu § 61 BAT – hat das BAG selbst das Ausscheiden eines langjährigen Vorgesetzten als triftigen Grund für die Erteilung eines Zwischenzeugnisses angesehen. Nach dem Urteil des BAG vom 21. 1. 1993 – 6 AZR 171/92, AP Nr. 1 zu § 61 BAT – liegt ein triftiger Grund für die Erteilung eines Zwischenzeugnisses aber nicht vor, wenn der Arbeitnehmer das Zeugnis allein deshalb verlangt, weil er es in einem Eingruppierungsrechtsstreit als Beweismittel verwenden möchte. Absatz 2 enthält keine ausdrücklichen Bestimmungen zu Form und Inhalt des Zwischenzeugnisses. Nach Auffassung der Autoren müssen hierzu dieselben Normen herangezogen werden, wie für das Endzeugnis, so dass auch das Zwischenzeugnis als qualifiziertes Zeugnis auszufertigen ist.

Vorläufiges Zeugnis (Abs. 3)

Nach Absatz 3 der Vorschrift können Beschäftigte bei bevorstehender Beendigung ihres Arbeitsverhältnisses ein vorläufiges Zeugnis verlangen. Von dieser Vorschrift sind die Fälle erfasst, in denen das Ende des Arbeitsverhältnisses zwar absehbar ist, es aber noch besteht. Dies ist beispielsweise während des Laufs der Kündigungsfrist sowie bei dem absehbaren Ende eines befristeten Arbeitsverhältnisses der Fall. Der Beschäftigte kann nur ein vorläufiges Zeugnis über Art und Dauer der Beschäftigung, also ein einfaches Zeugnis, verlangen.

Zeitrahmen (Abs. 4)

Die Zeugnisse sind nach Absatz 4 der Vorschrift jeweils „unverzüglich" auszustellen. „Unverzüglich" bedeutet dabei im rechtlichen Sinne nach § 121 Abs. 1 Satz 1 BGB „ohne schuldhaftes Zögern".

Sowohl der Anspruch auf Erteilung als auch der Anspruch auf Berichtigung eines Zeugnisses unterliegen der Ausschlussfrist des § 37 TVöD. Dies hat das BAG in seinen Entscheidungen vom 23. 2. 1983 – 5 AZR 515/80, AP Nr. 10 zu § 70 BAT – bzw. 11. 6. 1980 – 4 AZR 443/78, AP Nr. 7 zu § 70 BAT – zur Ausschlussfrist des § 70 BAT ausdrücklich bestätigt.

Der Anspruch auf Erteilung eines qualifizierten Zeugnisses unterliegt der dreijährigen Verjährungsfrist des § 195 BGB, beginnend mit dem Schluss des Kalenderjahres, in dem der Anspruch entstanden ist.

Auch eine Verwirkung des Anspruchs ist denkbar, wenn der Beschäftigte sich nur sehr schleppend um die Angelegenheit kümmert und beim Arbeitgeber der Eindruck entstehen muss, der Beschäftigte verfolge die Angelegenheit nicht weiter – siehe BAG, Urteil vom 17. 2. 1988 – 5 AZR 638/86, AP Nr. 17 zu § 630 BGB.

Weitere Arbeitspapiere

Neben dem Zeugnis sind dem Beschäftigten bei Beendigung des Arbeitsverhältnisses aufgrund von gesetzlichen Vorschriften verschiedene Unterlagen bzw. Bescheinigungen auszuhändigen. Im Einzelnen handelt es sich hierbei um

- die Lohnsteuerkarte und den Verdienstnachweis (§§ 39, 39b und 41b EStG). Ab dem 1. Januar 2004 wird auf die Lohnsteuerbescheinigung in Papierform verzichtet und stattdessen die elektronische Lohnsteuerbescheinigung eingeführt. Der Arbeitgeber hat die Daten, die bisher auf der Lohnsteuerkarte bescheinigt werden, auf elektronischem Wege direkt und ohne Umweg über den Arbeitnehmer an die Finanzverwaltung zu übermitteln – und zwar bis zum 28. Februar des Folgejahres.

   Damit entfällt einerseits für den Arbeitgeber das aufwendige Aufkleben der Bescheinigung auf die Lohnsteuerkarte. Andererseits verfügt die Finanzverwaltung über die Lohndaten der Arbeitnehmer und kann sie automatisch in die Steuerveranlagung des

§ 35 I.1 TVöD — Zeugnis

Arbeitnehmers einfließen lassen. Für die elektronische Datenübertragung bildet der Arbeitgeber eine so genannte eTIN (electronical Taxpayer Identification Number). Diese besteht aus dem Vor- und Zunamen sowie dem Geburtsdatum des Arbeitnehmers. Mittels dieser eTIN kann die Finanzverwaltung die vom Arbeitgeber gemeldeten Daten dem einzelnen Arbeitnehmer zuordnen.

Der Arbeitnehmer erhält künftig vom Arbeitgeber – immer noch in Papierform oder per E-Mail – nach amtlich vorgeschriebenem Muster einen Ausdruck der Daten, die der Arbeitgeber elektronisch an die Finanzverwaltung übermittelt hat. Dieser Ausdruck enthält auch die eTIN, die in der Steuererklärung in der "Anlage N" anzugeben ist,

- die schriftliche Mitteilung über den Inhalt der Meldung an die Einzugsstelle für den Gesamtsozialversicherungsbeitrag (§ 28a Abs. 5 SGB IV),
- eine Arbeitsbescheinigung nach § 312 SGB III,
- den Versicherungsnachweis der Zusatzversorgung nach § 21 ATV/ATV-K[1]) über die bisher insgesamt erworbene Anwartschaft auf Betriebsrente,
- auf Verlangen die Vorausbescheinigung über Arbeitsentgelt in der gesetzlichen Rentenversicherung nach § 194 SGB VI,
- eine Bescheinigung über den im laufenden Urlaubsjahr gewährten oder abgegoltenen Urlaub (§ 6 Abs. 2 BUrlG)[2],
- bei jugendlichen Beschäftigten die nach § 32 ff. JArbSchG ausgestellten ärztlichen Bescheinigungen (§ 41 Abs. 2 JArbSchG).

---

[1]) abgedruckt unter **V.1**
[2]) abgedruckt als Anhang 1 bei **§ 26 TVöD**

Anwendung weiterer Tarifverträge (VKA) TVöD **§ 36 I.1**

Abschnitt VI
Übergangs- und Schlussvorschriften

§ 36 Anwendung weiterer Tarifverträge (VKA)

Neben diesem Tarifvertrag sind die nachfolgend aufgeführten Tarifverträge in ihrer jeweils geltenden Fassung anzuwenden:

a) Tarifverträge über die Bewertung der Personalunterkünfte vom 16. März 1974,

b) Tarifverträge über den Rationalisierungsschutz vom 9. Januar 1987,

c) Tarifvertrag zur sozialen Absicherung (TVsA) vom 13. September 2005,

d) Tarifvertrag zur Regelung der Altersteilzeitarbeit (TV ATZ) vom 5. Mai 1998,

e) Tarifvertrag zur Regelung des Übergangs in den Ruhestand für Angestellte im Flugverkehrskontrolldienst durch Altersteilzeitarbeit vom 26. März 1999,

f) Tarifvertrag zur Entgeltumwandlung für Arbeitnehmer/-innen im kommunalen öffentlichen Dienst (TV-EUmw/VKA) vom 18. Februar 2003,

g) Rahmentarifvertrag zur Regelung der Arbeitszeit der Beschäftigten des Feuerwehr- und Sanitätspersonals an Flughäfen vom 8. September 2004.

Erläuterungen

Entwicklung der Tarifvorschrift

§ 36 TVöD, der nur im Bereich der Kommunen gilt, enthielt zunächst keinen Text, sondern bestand nur aus einer Protokollerklärung der Tarifpartner.

Darin wurde klargestellt, dass die Tarifvertragsparteien bis zum 30. Juni 2006 regeln werden, welche bislang den BAT/BAT-O/BAT-Ostdeutsche Sparkassen, BMT-G und BMT-G-O ergänzenden Tarifverträge im Geltungsbereich des TVöD weiter gelten werden (Satz 1). Bis dahin sollten nach Satz 2 der Protokollerklärung alle ergänzenden Tarifverträge in ihrem bisherigen Bereich (z. B. Ost/West, Arbeiter/Angestellte) weiter Anwendung finden.

Erst durch Vereinbarung der Tarifpartner vom 7. Februar 2006 hat die Tarifvorschrift ihre heute Form – die kataloghafte Aufzählung der neben dem TVöD weiterhin anzuwendenden Tarifverträge – erhalten. Satz 2 der Protokollerklärung (s. o. – generelle Weitergeltung aller ergänzenden Tarifverträge) ist gestrichen worden; Satz 1 wurde zunächst redaktionell angepasst und durch den Änderungstarifvertrag Nr. 2 vom 31. März 2008 mit Wirkung vom 1. Januar 2008 gestrichen.

§ 36 I.1 TVöD — Anwendung weiterer Tarifverträge (VKA)

Hintergrund/Zweck der Vorschrift

Die Vorschrift stellt eine notwendige Ergänzung zu § 2 Abs. 1 TVÜ-VKA[1]) dar. Dort ist nämlich geregelt, dass im Bereich der Kommunen auch die die bisherigen Manteltarifverträge ergänzenden Tarifverträge außer Kraft treten, soweit nicht im TVÜ-VKA oder im TVöD ausdrücklich etwas anderes bestimmt ist.

Ohne die Regelung des § 36 wären – da nicht an anderer Stelle „geschützt" – beispielsweise die unverzichtbaren Tarifverträge über Altersteilzeitarbeit oder über Rationalisierungsschutz mit Inkrafttreten des TVöD untergegangen. Dies haben die Tarifpartner mit der hier getroffenen Regelung verhindert.

---

[1]) abgedruckt unter I.2

§ 37 Ausschlussfrist

(1) ¹Ansprüche aus dem Arbeitsverhältnis verfallen, wenn sie nicht innerhalb einer Ausschlussfrist von sechs Monaten nach Fälligkeit von der/dem Beschäftigten oder vom Arbeitgeber schriftlich geltend gemacht werden. ²Für denselben Sachverhalt reicht die einmalige Geltendmachung des Anspruchs auch für später fällige Leistungen aus.

(2) Absatz 1 gilt nicht für Ansprüche aus einem Sozialplan.

Erläuterungen

§ 37 TVöD legt fest, dass Ansprüche aus dem Arbeitsverhältnis verfallen, wenn sie nicht innerhalb von sechs Monaten nach ihrer Fälligkeit schriftlich geltend gemacht werden. Die Regelung entspricht § 70 BAT; auf die Erfahrungen mit dieser Vorschrift und die dazu ergangene Rechtsprechung kann somit zurückgegriffen werden.

Die in § 70 BAT enthaltene Formulierung, dass die Ausschlussfrist sechs Monate beträgt, „soweit tarifvertraglich nichts anderes bestimmt ist", wurde nicht in den TVöD übernommen. Da der TVöD (im Gegensatz z. B. zu § 21 BAT) keine „anderen Bestimmungen" zur Dauer der Ausschlussfrist enthält, liefe sie ohnehin ins Leere.

Neu aufgenommen wurde die Vereinbarung des Absatzes 2, dass Ansprüche aus dem Sozialplan nicht der Ausschlussfrist unterliegen.

Auf die abweichenden Sonderregelungen in § 45 (Bund) des Besonderen Teils Verwaltung wird hingewiesen.

Die nachfolgenden Hinweise basieren auf der gefestigten Rechtsprechung zu den bisherigen Vorschriften über Ausschlussfristen in den Manteltarifverträgen des öffentlichen Dienstes.

Zweck/Allgemeines

Die Ausschlussfrist hat den Zweck, die Parteien des Arbeitsvertrages zur alsbaldigen Geltendmachung und Klärung ihrer Ansprüche zu veranlassen.

Für den Lauf der Ausschlussfrist ist das Kennen oder Kennen müssen des Anspruchs im Allgemeinen ohne Bedeutung. Besteht Unsicherheit, ob ein Anspruch auf eine bestimmte Leistung gegen das Land besteht, muss der Beschäftigte eine Klärung innerhalb der Ausschlussfrist herbeiführen oder den Anspruch schriftlich geltend machen. Eine ungeklärte Rechtsfrage steht der Anwendung der Ausschlussfrist jedenfalls nicht entgegen (BAG vom 1. 8. 1966 – 3 AZR 60/66, AP Nr. 34 zu § 4 TVG Ausschlussfristen –).

§ 37 I.1 TVöD — Ausschlussfrist

Die Ausschlussfrist gilt grundsätzlich sowohl für Arbeitnehmer- als auch für Arbeitgeberansprüche.

Es reicht nicht aus, wenn ein Anspruch von einem Dritten geltend gemacht wird, es sei denn, dieser hat erkennbar in Vollmacht des Anspruchsberechtigten gehandelt.

Die Ausschlussfrist gilt auch für nicht tarifgebundene Beschäftigte, wenn mit diesen im Arbeitsvertrag die Anwendung des TVöD vereinbart ist. Ansprüche, die nicht innerhalb der Ausschlussfrist geltend gemacht werden, erlöschen, wobei es auf die Kenntnis der Ausschlussfrist nicht ankommt.

Die Gerichte für Arbeitssachen haben die Ausschlussfrist von Amts wegen zu beachten (vgl. Urteile des BAG vom 13. 5. 1970 – 1 AZR 336/69, AP Nr. 56 zu § 611 BGB Haftung des Arbeitnehmers und vom 3. 5. 1972 – 4 AZR 259/71, AP Nr. 3 zu §§ 22, 23 BAT Krankenkassen).

Die Ansprüche sind schriftlich geltend zu machen.

Erfasste Ansprüche

Von der Ausschlussfrist wird grundsätzlich jeder Anspruch aus dem Arbeitsverhältnis erfasst, d. h. nicht nur arbeitsvertragliche, sondern auch auf Gesetz beruhende, mit dem Arbeitsverhältnis in sachlichem Zusammenhang stehende Ansprüche. So verfällt neben einem Schadensersatzanspruch des Arbeitgebers wegen schuldhafter Verletzung einer arbeitsvertraglichen Pflicht auch ein aus demselben Vorfall entstandener Anspruch des Arbeitgebers gegen den Beschäftigten aus unerlaubter Handlung. Ein Anspruch, der nur mittelbar mit dem Arbeitsverhältnis zusammenhängt, z. B. der Schadensersatzanspruch aus einem Kraftfahrzeugunfall, den der Arbeitnehmer mit dem ihm zugewiesenen Dienstkraftwagen während der dienstfreien Zeit verursacht, fällt dagegen nicht unter die Ausschlussfrist.

Als weitere Beispiele unter die Ausschlussfrist fallender Ansprüche sind zu nennen

- Ansprüche des Beschäftigten auf Fürsorgeverletzung des Arbeitgebers,
- Lohnerstattungsansprüche des Arbeitgebers (bei Überzahlungen),
- Anspruch auf Zeugniserteilung.

Nicht unter die Ausschlussfrist fallen hingegen beispielsweise

- Ansprüche des Arbeitnehmers auf Verletzung des Persönlichkeitsrechts,

Ausschlussfrist

TVöD § 37 I.1

- Ansprüche des Arbeitnehmers auf Verschaffung einer Zusatzversorgung und eventuelle Schadensersatzansprüche gegen den Arbeitgeber wegen der Verletzung der Verschaffungspflicht,
- Anspruch auf Kindergeld nach dem EStG bzw. dem BKGG,
- Anspruch des Arbeitnehmers auf den Arbeitgeberzuschuss zur Krankenversicherung nach § 257 SGB V; dieser verjährt in vier Jahren nach Ablauf des Kalenderjahres, in dem er fällig geworden ist. Ist ein Beitragszuschuss für Zeiträume gezahlt worden, in denen die Voraussetzungen des § 257 SGB V nicht vorlagen, unterliegt der Erstattungsanspruch des Arbeitgebers gegenüber dem Arbeitnehmer allerdings der sechsmonatigen Ausschlussfrist.

Fälligkeit als Beginn der Ausschlussfrist

Die Ausschlussfrist beginnt mit der Fälligkeit des Anspruchs, d. h. regelmäßig schon mit seiner Entstehung (vgl. § 271 Abs. 1 BGB; Regeltatbestand der sofortigen Fälligkeit) zu laufen. Auf die Kenntnis des Anspruchsberechtigten kommt es grundsätzlich nicht an. Es gilt z. B. für die nachstehenden Ansprüche des Arbeitgebers hinsichtlich der Fälligkeit Folgendes:

- Bei Ansprüchen auf Rückforderung zu viel gezahlter Bezüge wird der Anspruch grundsätzlich im Zeitpunkt der Überzahlung fällig. Auf die hier dargestellten Sonderfälle wird hingewiesen.
- Bei Schadensersatzansprüchen aufgrund unmittelbarer Schädigung des Arbeitgebers tritt die Fälligkeit im Zeitpunkt der Schadensentstehung ein.

Ist der Arbeitgeber z. B. durch eine Überzahlung von Bezügen geschädigt worden, so beginnt die Ausschlussfrist für den Schadensersatzanspruch gegen den für die Überzahlung Verantwortlichen entsprechend der Rechtsprechung des Bundesarbeitsgerichts dann zu laufen, wenn der Arbeitgeber die Möglichkeit hat, die ihm gegenüber dem Beschäftigten zustehenden Schadenersatzansprüche wenigstens in etwa zu beziffern. Voraussetzung hierfür ist, dass der Arbeitgeber vom Schadensereignis Kenntnis erlangt oder bei Beachtung der gebotenen Sorgfalt Kenntnis erlangt hätte.

Entsteht der Schaden dem Arbeitgeber nicht unmittelbar, sondern einem Dritten, der seinerseits den Arbeitgeber haftbar macht, so wird die Regressforderung des Arbeitgebers gegen den Beschäftigten nicht vor dem Zeitpunkt fällig, in dem der Dritte bei dem Arbeitgeber Ansprüche auf Schadenersatz geltend macht oder in dem der Arbeitgeber in sonstiger Weise von einer drohenden

Schadenersatzforderung erfährt (vgl. Urteil des BAG vom 16. 3. 1966 – 1 AZR 411/65, AP Nr. 32 zu § 4 TVG Ausschlussfristen).
– Der „normale" Fälligkeitszeitpunkt verändert sich, wenn der Anspruchsgegner durch sein Verhalten bewirkt, dass der Anspruchsinhaber seine Berechtigung nicht erkennen kann.
In einem solchen Fall wird der Beginn der Ausschlussfrist bis zu dem Zeitpunkt hinausgeschoben, in dem das Hindernis für die Geltendmachung (etwa die falsche Darstellung eines Unfallhergangs durch den Arbeitnehmer) entfallen ist. Sobald der Anspruchsberechtigte jedoch aufgrund der ihm neu bekannt werdenden Tatsachen mit einigermaßen sicherer Aussicht auf Erfolg Klage erheben kann – sei es auch nur eine Feststellungsklage –, ist mit dieser Kenntnismöglichkeit zugleich der Zeitpunkt der Fälligkeit im Sinne der tariflichen Ausschlussregelung gegeben. Um den Beginn der Ausschlussfrist in Lauf zu setzen, genügt also die objektive Möglichkeit, etwaige Ansprüche geltend zu machen; endgültige Kenntnis ist nicht erforderlich (BAG v. 10. 8. 1967 – 3 AZR 221/66, AP Nr. 37 zu § 4 TVG Ausschlussfristen).
– In seinem Urteil vom 19. Februar 2004 – 6 AZR 664/02, AP Nr. 3 zu § 70 BAT-O – hat sich das Bundesarbeitsgericht (BAG) erneut mit der Frage befasst, wann ein Rückzahlungsanspruch fällig wird, wenn ein Beschäftigter die allein ihm bekannten tatbestandlichen Voraussetzungen eines Vergütungsbestandteils – hier: Wegfall der Berechtigung zum Bezug des Ortszuschlags der Stufe 2 – pflichtwidrig nicht mitteilt. Das BAG hat seine bisher dazu vertretene Auffassung bestätigt und ist zu dem Schluss gekommen, dass in diesen Fällen die Fälligkeit (und damit der Beginn der Ausschlussfrist) erst eintreten, wenn der Arbeitgeber erstmals von dem vergütungsrelevanten Tatbestand Kenntnis erlangt.

Beginn der Ausschlussfrist bei neuen Tarifverträgen

Zu der Frage des Beginns des Laufs von Ausschlussfristen bei neuen Regelungen bestand nach der Niederschrift über das Termingespräch vom 19. 6. 1991 zwischen den Tarifvertragsparteien Einvernehmen, dass die Ausschlussfrist für Ansprüche aus neuen Tarifregelungen frühestens beginnt mit dem Erscheinungsdatum der amtlichen Veröffentlichung (z. B. Ministerialblatt, Amtsblatt) bzw. (im VKA-Bereich) mit dem Eingang der Rundschreiben des kommunalen Arbeitgeberverbandes (KAV) mit dem endgültigen Tariftext beim Arbeitgeber. Es bleibt abzuwarten, ob sich die Tarifpartner auch bei der umfassenden Tarifreform weiter zu dieser Vereinbarung bekennen werden.

Ausschlussfrist TVöD § 37 I.1

Wiederkehrende Leistungen

Durch die Regelung in Satz 2 soll vermieden werden, bestimmte Ansprüche allmonatlich geltend machen zu müssen (z. B. auf einen monatlichen Zuschlag). Zu der wortgleichen Vorschrift des § 63 Satz 2 BMT-G II hat das BAG mit Urteil vom 11. 12. 2003 – 6 AZR 539/02 (AP Nr. 1 zu § 63 BMT-G II) entschieden, dass bei so genannten unständigen Bezügebestandteilen eine einmalige Geltendmachung nicht ausreicht, um die Ausschlussfrist auch für später fällig werdende Leistungen unwirksam zu machen. So genannte unständige Bezügebestandteile, die nicht monatlich wiederkehrend oder in unterschiedlicher Höhe anfallen, würden nicht denselben Sachverhalt im Sinne dieser Tarifvorschrift betreffen und seien deshalb nicht von ihr erfasst.

Treu und Glauben

In Ausnahmefällen kann der Berufung auf den Ablauf der Ausschlussfrist der Einwand der unzulässigen Rechtsausübung entgegenstehen (§ 242 BGB), z. B. wenn der Schuldner den Anspruch vor Ablauf der Ausschlussfrist anerkannt hat oder durch sein Verhalten den Gläubiger von der rechtzeitigen Geltendmachung abgehalten hat. Nach dem Urteil des BAG vom 27. 10. 1970 – 1 AZR 216/70, AP Nr. 44 zu § 4 TVG Ausschlussfristen – kann sich der Beschäftigte nicht auf den Ablauf der Ausschlussfrist berufen, wenn er die Kenntnisnahme des Arbeitgebers von den Mängeln der Arbeit arglistig verhindert hat.

Verjährung

Von den Ausschlussfristen zu unterscheiden sind die Verjährungsfristen nach dem BGB. Nach § 196 Nr. 8 BGB in der bis zum 31. 12. 2001 geltenden Fassung betrug die Verjährungsfrist für Vergütungsansprüche zwei Jahre. Sie ist durch das Gesetz zur Modernisierung des Schuldrechts vom 26. November 2001 (BGBl. I S. 3138) auf drei Jahre verlängert worden und findet sich nun im § 195 BGB n. F. (Eine Neufassung des BGB ist am 2. 1. 2002 – BGBl. I S. 42 veröffentlicht worden.) Für zum 1. 1. 2002 vorhandene Ansprüche enthält Artikel 2 Abs. 6 des obigen Gesetzes eine Überleitungsvorschrift. Die Verjährung beginnt mit dem Schluss des Jahres, in dem der Anspruch entstanden ist (§ 201 BGB a. F., § 199 Abs. 1 BGB n. F.). Nur ausnahmsweise kann die Einrede der Verjährung gegen Treu und Glauben verstoßen und eine unzulässige Rechtsausübung darstellen.

§ 37 I.1 TVöD — Ausschlussfrist

Verwirkung

Unabhängig von Ausschlussfrist und Verjährung können Ansprüche aus dem Beschäftigungsverhältnis auch durch Verwirkung untergehen. Verwirkung als Sonderfall der unzulässigen Rechtsausübung tritt dadurch ein, dass sich der Gläubiger in bestimmter Weise verhält und der Schuldner sich auf dieses Verhalten des Gläubigers einrichtet (vgl. dazu z. B. Urteil des BAG v. 23. 12. 1957 – 1 AZR 565/56, AP Nr. 4 zu § 242 BGB Verwirkung –).

Wegfall der Bereicherung

→ dazu das bei der Erläuterung zu § 24 Abs. 1 abgedruckte Rundschreiben des Innern.

§ 38 Begriffsbestimmungen

(1) Sofern auf die Tarifgebiete Ost und West Bezug genommen wird, gilt Folgendes:

a) Die Regelungen für das Tarifgebiet Ost gelten für die Beschäftigten, deren Arbeitsverhältnis in dem in Art. 3 des Einigungsvertrages genannten Gebiet begründet worden ist und bei denen der Bezug des Arbeitsverhältnisses zu diesem Gebiet fortbesteht.

b) Für die übrigen Beschäftigten gelten die Regelungen für das Tarifgebiet West.

(2) Sofern auf die Begriffe „Betrieb", „betrieblich" oder „Betriebspartei" Bezug genommen wird, gilt die Regelung für Verwaltungen sowie für Parteien nach dem Personalvertretungsrecht entsprechend, es sei denn, es ist etwas anderes bestimmt.

(3) Eine einvernehmliche Dienstvereinbarung liegt nur ohne Entscheidung der Einigungsstelle vor.

(4) Leistungsgeminderte Beschäftigte sind Beschäftigte, die ausweislich einer Bescheinigung des beauftragten Arztes (§ 3 Abs. 4) nicht mehr in der Lage sind, auf Dauer die vertraglich geschuldete Arbeitsleistung in vollem Umfang zu erbringen, ohne deswegen zugleich teilweise oder in vollem Umfang erwerbsgemindert im Sinne des SGB VI zu sein.

(5) [1]Die Regelungen für Angestellte finden Anwendung auf Beschäftigte, deren Tätigkeit vor dem 1. Januar 2005 der Rentenversicherung der Angestellten unterlegen hätte. [2]Die Regelungen für Arbeiterinnen und Arbeiter finden Anwendung auf Beschäftigte, deren Tätigkeit vor dem 1. Januar 2005 der Rentenversicherung der Arbeiter unterlegen hätte.

Erläuterungen

§ 38 TVöD definiert die Tarifgebiete Ost und West (Absatz 1) und den Anwendungsbereich der Begriffe „Betrieb", „betrieblich", „Betriebspartei" (Absatz 2), beschreibt, was die Tarifpartner unter einer „einvernehmlichen Dienstvereinbarung" (Absatz 3) und „Leistungsgeminderten Beschäftigten" (Absatz 4) verstehen und grenzt die Begriffe Arbeiter und Angestellte ab (Absatz 5). Die Abgrenzung Angestellte/Arbeiter ist im BAT in § 1 vorgenommen worden. Die Abgrenzung der Tarifgebiete Ost/West ergab sich aus dem Tarifvertrag über den Geltungsbereich der für den öffentlichen Dienst in der Bundesrepublik Deutschland bestehenden Tarifverträge vom 1. August 1990 (danach fanden die bis dahin geschlossenen Tarifverträge im Gebiet der ehemaligen DDR auch nach deren Beitritt keine Anwendung) und aus § 1 BAT-O.

§ 38 I.1 TVöD — Begriffsbestimmungen

Abgrenzung der Tarifgebiete (Abs. 1)

Der TVöD gilt zwar auch für die Beschäftigten im Tarifgebiet Ost. Da jedoch die Entgelte in den beiden Tarifgebieten bis zur vollständigen Angleichung des Bemessungssatzes noch voneinander abweichen (→ z. B. Protokollerklärungen zu § 15 Abs. 1 und § 20 Abs. 3) und der TVöD zudem Regelungen enthält, die sich nur auf das Tarifgebiet West beziehen (→ z. B. bei § 30 oder § 34 Abs. 2), ist die Abgrenzung der Tarifgebiete weiterhin vorzunehmen.

Gemäß Absatz 1 Buchst. a) gelten die Regelungen für das Tarifgebiet Ost für die Beschäftigten, deren Arbeitsverhältnis in dem in Art. 3 Einigungsvertrages genannten Gebiet begründet worden ist und bei denen der Bezug des Arbeitsverhältnisses zu diesem Gebiet fortbesteht. Für die übrigen Beschäftigten gelten gem. Buchstabe b) die Regelungen für das Tarifgebiet West. Diese Festlegung folgt der bisherigen Abgrenzung der Tarifgebiete. Sie trägt der mittlerweile gefestigten Rechtsprechung zur Abgrenzung der Tarifgebiete Rechnung, indem im Rahmen der Vorschrift zur Anwendung des Tarifrechts Ost nicht nur die Begründung des Arbeitsverhältnisses im Beitrittsgebiet, sondern auch der fortdauernde Bezug zu diesem Gebiet gefordert wird. Das BAG hat in seinem Urteil vom 20. 3. 1997 – 6 AZR 10/96, AP Nr. 8 zu § 1 BAT-O – Klarheit zu den Rechtsfolgen eines vorübergehenden Einsatzes eines Beschäftigten im Tarifgebiet West geschaffen, dessen Arbeitsverhältnis im Tarifgebiet Ost begründet worden ist. Danach beurteilt sich die Frage, ob für die vorübergehende Tätigkeit im Tarifgebiet West das Ost- oder das Westtarifrecht gilt, vorrangig nach dem Zweck der Tätigkeit. Auf die Dauer der Tätigkeit kommt es nur insoweit an, als sie noch durch den Zweck gerechtfertigt sein muss. Wird ein Beschäftigter, dessen Arbeitsverhältnis im Tarifgebiet Ost begründet worden ist, zu einer Dienststelle im Tarifgebiet West entsandt, um – sei es auch nur befristet oder auf kurze Dauer – Aufgaben dieser Dienststelle wahrzunehmen, ist nach der o. g. Entscheidung des BAG für die Dauer der Entsendung das Westtarifrecht anzuwenden. Die Fortgeltung des Osttarifrechts während einer Tätigkeit im Tarifgebiet West kommt nach Aussage des BAG nur in Betracht, wenn

– der Beschäftigte durch die Arbeit im Tarifgebiet West Aufgaben seiner im Tarifgebiet Ost liegenden Dienststelle wie ein „verlängerter Arm" wahrnimmt (das BAG nennt in seiner Entscheidung die Beispiele einer Montage, einer Kundenberatung oder die Einarbeitung neuer Ortskräfte) oder

Begriffsbestimmungen — TVöD § 38 I.1

– die Tätigkeit auch im Interesse der im Tarifgebiet Ost liegenden Dienststelle ist (z. B. bei einer Fortbildung).

Dabei muss nach Auffassung des BAG allerdings die Dauer der Tätigkeit im Tarifgebiet West von vornherein vom Arbeitgeber festgelegt werden und im Hinblick auf den Zweck sachgerecht – also nicht unangemessen lang – sein.

Übertragung der Begriffe „Betrieb" etc. auf andere Bereiche (Abs. 2)

Mit der Regelung in Absatz 2 stellen die Tarifpartner klar, dass Tarifvorschriften, die die dem Sprachgebrauch des Betriebsverfassungsgesetzes entnommenen Begriffe „Betrieb", „betrieblich" und „Betriebspartei" verwenden, grundsätzlich auch in den einem Personalvertretungsgesetz unterliegenden Bereichen anzuwenden sind.

Einvernehmliche Dienstvereinbarung (Abs. 3)

In dieser Vorschrift ist bestimmt, dass eine „einvernehmliche" Dienstvereinbarung (z. B. i. S. v. § 6 Abs. 9, § 9 Abs. 2 oder § 10 Abs. 1) nur vorliegt, wenn sie ohne Entscheidung der Einigungsstelle zustande gekommen ist.

Leistungsgeminderte Beschäftigte (Abs. 4)

Nach der Definition sind leistungsgeminderte Beschäftigte solche Beschäftigte, die nach ärztlichen Feststellungen nicht mehr in der Lage sind, auf Dauer die vertraglich geschuldete Leistung zu erbringen, ohne dass sie erwerbsgemindert im Sinne des SGB VI sind (→ dazu die Erläuterungen zu § 33 Abs. 2).

Abgrenzung Arbeiter/Angestellte (Abs. 5)

Im TVöD ist die im bisherigen Tarifrecht vorgenommene Trennung von Arbeitern und Angestellten zwar aufgehoben worden. Für die Überleitung und die Anwendung von Sonderregelungen ist die Abgrenzung der Statusgruppen jedoch weiterhin vorzunehmen.

Die bislang in § 1 BAT getroffene Zuordnung in Anlehnung an das Recht der Rentenversicherung (Arbeitnehmer in einer der Rentenversicherung der Angestellten unterliegenden Beschäftigung galten als Angestellte, die in einer der Rentenversicherung der Arbeiter unterliegenden Beschäftigung galten als Arbeiter) läuft ins Leere, seitdem durch das im Wesentlichen zum 1. Januar 2005 in Kraft getretene Gesetz zur Organisationsreform in der gesetzlichen Rentenversicherung vom 9. Dezember 2004 (BGBl. I S. 3242) die bislang getrennten Rentenversicherungszweige für Arbeiter und Angestellte in der Deutschen Rentenversicherung Bund vereinheitlicht worden sind. Die Tarifpartner haben die Zuordnung zur Gruppe der Arbeiter bzw. Angestellten daher davon abhängig gemacht, ob die Tätigkeit des jeweiligen Beschäftigten vor dem 1. Januar 2005 der Rentenversicherung der Arbeiter bzw. Angestellten unterlegen hätte.

§ 38a (VKA) Übergangsvorschriften

(1) Folgende Tarifverträge sind mit Ablauf des 30. Juni 2008 aufzuheben:

a) Landesbezirklicher Tarifvertrag zur Regelung der Arbeitszeit (Arbeitszeit-TV Baden-Württemberg) vom 5. April 2006,

b) Landesbezirklicher Tarifvertrag zur Regelung der Arbeitszeit (Arbeitszeit-TV Niedersachsen) vom 31. März 2006, soweit in Absatz 4 nichts Abweichendes geregelt ist.

(2) Die landesbezirklichen Tarifvertragsparteien in Hamburg haben den landesbezirklichen Tarifvertrag zur Arbeitszeit vom 1. März 2006, der auf die Beschäftigten der Flughafen Hamburg GmbH Anwendung findet, an die Festlegung der regelmäßigen Arbeitszeit ausschließlich der Pausen in § 6 Abs. 1 Satz 1 Buchst. b auf 39 Stunden wöchentlich ab 1. Juli 2008 anzupassen.

(3) Der Landesbezirkliche Tarifvertrag zur Regelung der Arbeitszeit (Arbeitszeit-TV Hessen) vom 7. Dezember 2006 ist mit Ablauf des 31. Dezember 2009 mit der Maßgabe aufzuheben, dass die Protokollerklärung zu § 2 Abs. 1 über den 31. Dezember 2009 hinaus Anwendung findet.

(4) ¹Die Regelungen der §§ 6 und 7 Arbeitszeit-TV Niedersachsen finden über den 30. Juni 2008 hinaus weiterhin Anwendung. Für Beschäftigte kommunaler Gebietskörperschaften in Niedersachsen beträgt bis 28. Februar 2010 die regelmäßige Arbeitszeit ausschließlich der Pausen durchschnittlich 38,5 Stunden wöchentlich, wenn für diese ein Beschäftigungssicherungstarifvertrag gilt, der einen finanziellen Eigenbeitrag der Beschäftigten zur Zusatzversorgung durch entsprechende Verminderung des Bruttoentgelts vorsieht und am 1. April 2006 anwendbar war.

(5) Für Beschäftigte, die sich in einem Altersteilzeitarbeitsverhältnis befinden oder deren Altersteilzeitarbeitsverhältnis spätestens am 1. Juli 2008 beginnt, gilt § 6 Abs. 1 Satz 1 Buchst. b 1. Halbsatz in der bis zum 30. Juni 2008 geltenden Fassung bei der Berechnung des Tabellenentgelts und von in Monatsbeträgen zustehenden Zulagen.

Protokollerklärung zu Absatz 5:
Dem Tabellenentgelt stehen individuelle Zwischen- und Endstufen gleich.

(6) ¹Soweit sich für Vollbeschäftigte bei den Mitgliedern eines Mitgliedverbandes der VKA im Tarifgebiet West die regelmäßige durchschnittliche wöchentliche Arbeitszeit nach § 6 Abs. 1 Satz 1 Buchst. b oder aufgrund abweichender Regelungen der tariflichen regelmäßigen Wochenarbeitszeit für besondere Beschäftigtengruppen ab dem 1. Juli 2008 erhöht, ist mit Teilzeitbeschäftigten, deren Arbeitsvertrag die Vereinbarung einer festen Wochenstundenzahl enthält, auf Antrag die Wochenstundenzahl so zu erhöhen, dass das Verhältnis der neu vereinbarten Wochenstundenzahl zu der ab 1. Juli 2008 geltenden regelmäßigen Wochenarbeitszeit dem Verhältnis zwischen der am 30. Juni 2008 maßgebenden Wochenstundenzahl und der bis zum 30. Juni 2008 geltenden regelmäßigen Wochenarbeitszeit entspricht; der Antrag muss bis spätestens 30. September 2008 gestellt werden. ²Die sich

§ 38a VKA I.1 TVöD — Übergangsvorschriften (VKA)

daraus rechnerisch ergebende Wochenarbeitszeit kann im Wege der Anwendung der kaufmännischen Rundungsregelungen auf- oder abgerundet werden.

(7) Für die Zeit vom 1. Januar 2008 bis 31. März 2008 sind bei der Anwendung der Protokollerklärung Nr. 2 zu § 15 Abs. 1 die für das Tarifgebiet West geltenden Tarifvorschriften nach dem Stand vom 31. Dezember 2007 maßgebend.

(8) [1]Werden Beschäftigten im Tarifgebiet Ost, die am 1. Januar 2008 in eine der Entgeltgruppen 1 bis 9 eingruppiert sind, nach dem 31. Dezember 2007 auf Dauer Tätigkeiten übertragen, die zu einer Eingruppierung in die Entgeltgruppe 10 oder höher führen, gelten für die Stufenzuordnung die jeweiligen Tabellenwerte der Anlage B zu § 15 Abs. 2; Absatz 6 gilt entsprechend. [2]Dabei ist diejenige Stufe maßgebend, die sich ergeben würde, wenn für alle Tabellenwerte ein einheitlicher Bemessungssatz gelten würde. [3]§ 17 Abs. 4 Satz 2 bleibt unberührt.

Erläuterungen

Die in § 38a vereinbarten Übergangsvorschriften wurden im Zuge des Änderungstarifvertrages Nr. 2 vom 31. März 2008 mit Wirkung vom 1. Juli 2008 vereinbart. Sie stehen im Zusammenhang mit der Erhöhung der durchschnittlichen regelmäßigen wöchentlichen Arbeitszeit im Bereich der Kommunen und gelten daher nur für die Beschäftigten der Kommunen, nicht jedoch für die Beschäftigten des Bundes.

Aufhebung landesbezirklicher Tarifverträge zur Arbeitszeit (Abs. 1 bis 4)

§ 6 Abs. 1 Satz 1 Buchstabe b a.F. ermöglichte es, auf landesbezirklicher Ebene eine höhere als die an sich für das Tarifgebiet West geltende Regelarbeitszeit zu vereinbaren. Diese Möglichkeit ist mit Wirkung vom 1. Juli 2008 abgeschafft worden. Stattdessen wurde im Bereich der Kommunen des Tarifgebietes West eine generelle Arbeitszeiterhöhung auf 39 Stunden vereinbart. In den Absätzen 1 bis 4 haben die Tarifpartner differenzierte Regelungen dazu getroffen, ob, in welchem Umfang und zu welchem Zeitpunkt die seit Inkrafttreten des TVöD vereinbarten landesbezirklichen Regelungen (der Länder Baden-Württemberg, Hessen, Niedersachsen und der Flughafen Hamburg GmbH) aufgehoben werden.

Altersteilzeit (Abs. 5)

Beschäftigte, die sich spätestens am 1. Juli 2008 in einem Altersteilzeitarbeitsverhältnis befinden, werden von der Arbeitszeiterhöhung

Übergangsvorschriften (VKA) TVöD **§ 38a VKA I.1**

ausgenommen. Damit tragen die Tarifpartner dem Umstand Rechnung, dass Beschäftigte in Altersteilzeit die Arbeitszeit nicht unbeschadet anpassen können. Dies widerspräche § 2 Abs. 1 Nr. 2 des Altersteilzeitgesetzes und würde das Altersteilzeitverhältnis zunichte machen. Die Regelung verhindert im Ergebnis somit, dass den Beschäftigten Einbußen durch die Arbeitszeiterhöhung entstehen, die sie nicht durch eine Erhöhung der Arbeitszeit auffangen können.

Anpassungsklausel (Abs. 6)

Mit dieser Vorschrift folgen die Tarifpartner dem in den Änderungstarifvertrag Nr. 2 eingeflossenen Kerngedanken der Entgeltrunde 2008, dass sich die regelmäßige wöchentliche Arbeitszeit für die Beschäftigten im Zuge der Tarifrefom erhöhen soll.

Die Erhöhung lässt sich bei Vollbeschäftigten und bei Teilzeitbeschäftigten, in deren Arbeitsvertrag ein Bruchteil der Regelarbeitszeit (z. B. „die Hälfte" oder 75 %,...) vereinbart ist, unproblematisch umsetzen – die Arbeitszeit der Betroffenen erhöht sich.

Bei denjenigen Teilzeitbeschäftigten, in deren Arbeitsvertrag anstelle eines Bruchteils der Regelarbeitszeit eine feste Stundenzahl vereinbart worden ist, gilt diese arbeitsvertragliche Vereinbarung aber auch nach der Erhöhung der Arbeitszeit zum 1. Juli 2008 weiter. Dies hätte eine Kürzung der Vergütung zur Folge. Um die Kürzung zu vermeiden, kann der Betroffene seine Arbeitszeit auf der Grundlage des Absatzes 6 entsprechend erhöhen. Einen Antrag dazu muss er bis zum 30. September 2008 stellen.

Beispiel:

Bei einer angenommenen Monatsvergütung von 3000 Euro erhielte ein mit 20 Stunden Beschäftigter bis zum 30. Juni 2008 20/38,5 also ca. 1558 Euro. Bei einer unterstellten Arbeitszeiterhöhung auf 39 Stunden verminderte sich die Vergütung auf 20/39 von 3000 Euro, also ca. 1538 Euro. Die Regelung des Absatz 6 bewirkt, dass der Beschäftigte seine Arbeitszeit auf 20,26 Stunden erhöhen darf, so dass er die gleiche Vergütung wie bisher erhält (20,26/29 von 3000 Euro sind ca. 1558 Euro).

§ 38a VKA I.1 TVöD — Übergangsvorschriften (VKA)

Anwendung des Bemessungssatzes Ost während der Zeit vom 1. Januar bis 31. März 2008 (Abs. 7)

Für die Beschäftigten der Kommunen betrug der Bemessungssatz bei Inkrafttreten des TVöD am 1. Oktober 2005 zunächst 94 v. H.; er erhöhte sich zum 1. Juli 2006 auf 95,5 v. H. und am 1. Juli 2007 auf 97 v. H. Durch den Änderungstarifvertrag Nr. 2 wurde er für die Beschäftigten der Entgeltgruppen 1 bis 9 zum 1. Januar 2008 auf 100 v. H. angehoben, für die Beschäftigten der Entgeltgruppen 10 und höher bleibt es bei dem Satz von 97 v. H. Eine Besonderheit gilt bei der Anwendung der Protokollerklärung Nr. 2 zu § 15 Abs. 1 in der Zeit vom 1. Januar 2008 bis zum 31. März 2008: Da der erste Erhöhungsschritt der Entgeltrunde im Tarifgebiet West bereits zum 1. Januar 2008, im Tarifgebiet Ost jedoch erst zum 1. April 2008 erfolgt, ist in dieser Zeit der Bemessungssatz Ost auf die am 31. Dezember 2007 maßgebenden Beträge (also die noch nicht erhöhten Beträge) anzuwenden. Dies haben die Tarifpartner in § 38a Abs. 7 festgelegt.

Stufenzuordnung bei Höhergruppierung (Abs. 8)

Mit der Regelung des Absatzes 8 begegnen die Tarifpartner Problemen, die bei der Stufenzuweisung im Zuge einer Höhergruppierung von Beschäftigten des Tarifgebietes Ost aus den Entgeltgruppen 1 bis 9 in die Entgeltgruppen 10 und höher resultieren.

Bei einer Höhergruppierung sind Beschäftigte nach den Grundsätzen des § 17 Abs. 4 der Stufe zugeordnet, in der sie mindestens ihr bisheriges Entgelt erhalten. In den o. g. Fällen tritt das Problem auf, dass für die Entgeltgruppen 1 bis 9 ein Bemessungssatz ab dem 1. Januar 1008 von 100 v. H. (also die West-Tabelle) gilt, für die höheren Entgeltgruppen aber weiterhin ein Bemessungssatz von 97 v. H. (also die Ost-Tabelle). Eine sachgerechte Stufenzuweisung ist beim Vergleich der verschiedenen Tabellen aber nicht möglich. Die Tarifpartner lösen das Problem in der Form, dass sie für die Stufenzuweisung nur die Tabellenwerte der „B-Tabelle" (Tarifgebiet Ost) heranziehen. Durch die daraus resultierende Benutzung eines einheitlichen Bemessungssatzes ist weiterhin eine Vergleichbarkeit und eine sachgerechte Stufenzuordnung gewährleistet.

Für die Zeit vom 1. Januar 2008 bis zum 31. März 2008 sind dabei ggf. noch die Besonderheiten des Absatzes 7 (s. o.) zu beachten.

Die Frage, ob ein ggf. Garantiebetrag zusteht, ist erst nach der Stufenzuordnung zu prüfen.

In-Kraft-Treten, Laufzeit TVöD § 39 I.1

§ 39 In-Kraft-Treten, Laufzeit

(1) ¹Dieser Tarifvertrag tritt am 1. Oktober 2005 in Kraft. ²Abweichend von Satz 1 treten

a) § 20 am 1. Januar 2007,

b) § 26 Abs. 1 und Abs. 2 Buchst. b und c sowie § 27 am 1. Januar 2006

in Kraft.

(2) Dieser Tarifvertrag kann von jeder Tarifvertragspartei mit einer Frist von drei Monaten zum Schluss eines Kalenderhalbjahres schriftlich gekündigt werden, frühestens jedoch zum 31. Dezember 2009.

(3) (weggefallen)

(4) Abweichend von Absatz 2 können schriftlich gekündigt werden

a) die Vorschriften des Abschnitts II einschließlich des Anhangs zu § 9 mit einer Frist von einem Monat zum Schluss eines Kalendermonats, frühestens jedoch zum 31. Dezember 2007 (Bund) bzw. 31. Dezember 2009 (VKA);

b) unabhängig von Buchst. a § 8 Abs. 1 mit einer Frist von drei Monaten zum Schluss eines Kalendervierteljahres, frühestens jedoch zum 31. Dezember 2007;

c) die jeweiligen Anlagen A (Bund bzw. VKA) und B (Bund bzw. VKA) zu § 15 ohne Einhaltung einer Frist, frühestens jedoch zum 31. Dezember 2009;

d) § 20 zum 31. Dezember eines jeden Jahres, frühestens jdoch zum 31. Dezember 2008;

e) § 23 Abs. 1 mit einer Frist von einem Monat zum Schluss eines Kalendermonats, frühestens jedoch zum 31. Dezember 2007;

f) § 26 Abs. 1 mit einer Frist von drei Monaten zum Schluss eines Kalenderjahres, frühestens jedoch zum 31. Dezember 2007.

Protokollerklärung zu Absatz 4:
¹Die Tarifvertragsparteien werden prüfen, ob die getroffenen Kündigungsregelungen den beiderseitigen Interessen hinreichend Rechnung tragen oder gegebenenfalls einer Änderung oder Ergänzung bedürfen. ²Sollten bis zum 30. Juni 2006 keine Änderungen vereinbart worden sein, bleibt Absatz 4 unverändert in Kraft. ³Die Tarifvertragsparteien werden im Zusammenhang mit den Verhandlungen zur neuen Entgeltordnung gesonderte Kündigungsregelungen zu den §§ 12, 13 und der Anlage (Entgeltordnung) vereinbaren.

Erläuterungen

In § 39 TVöD haben die Tarifpartner Regelungen zum In-Kraft-Treten und zu den Kündigungsmöglichkeiten des TVöD vereinbart. Hinsichtlich des Inkrafttretens sind daneben die besonderen Vorschriften der Überleitungs-Tarifverträge (TVÜ-Bund, TVÜ-VKA)[1] zu beachten.

---

[1] abgedruckt unter I.2

§ 39 I.1 TVöD — In-Kraft-Treten, Laufzeit

Inkrafttreten (Abs. 1)

Der TVöD ist grundsätzlich am 1. Oktober 2005 in Kraft getreten. Ausnahmen davon gelten hinsichtlich der Sonderzahlung (§ 20, Inkrafttreten 1. Januar 2007; → dazu auch die §§ 20 der Überleitungstarifverträge) und bestimmter Urlaubs-/Zusatzurlaubsregelungen (§§ 26, 27, Inkrafttreten 1. Januar 2006; → dazu die §§ 15 der Überleitungstarifverträge).

Generell empfiehlt sich vor der Anwendung der Tarifvorschriften ein Blick in die Überleitungstarifverträge, weil häufig für die übergeleiteten Beschäftigten Besonderheiten (z. B. bei der Entgeltfortzahlung im Krankheitsfall, Beschäftigungszeit etc.) zu beachten sind.

Kündigungsfrist; Grundsatz (Abs. 2)

Der Tarifvertrag kann grundsätzlich mit einer Frist von drei Monaten zum Halbjahresende – frühestens zum 31. Dezember 2009 – gekündigt werden. Die Kündigung bedarf der Schriftform.

Kündigungsfrist; Ausnahme Wochenarbeitszeit/Kommunen (Abs. 3)

Absatz 3 in der bis zum 30. Juni 2008 geltenden Fassung räumte den landesbezirklichen Arbeitgeberverbänden der Kommunen ein Sonderkündigungsrecht der in § 6 Absatz 1 Satz 1 Buchstabe b vereinbarten regelmäßigen wöchentlichen Arbeitszeit ein. Damit sollte die Umsetzung der in § 6 Absatz 1 Satz 1 Buchstabe b a.F. enthaltenen Möglichkeit der Erhöhung der Regelarbeitszeit auf landesbezirklicher Ebene auf bis zu 40 Stunden unterstützt werden.

Da im Zuge des Änderungstarifvertrages Nr. 2 vom 31. März 2008 mit Wirkung vom 1. Juli 2008 eine allgemeine Arbeitszeiterhöhung vereinbart worden ist, wurden sowohl die Möglichkeit einer Arbeitszeitverlängerung auf landesbezirklicher Ebene als auch das damit im Zusammenhang stehende Kündigungsrecht aufgehoben.

Kündigungsfrist; weitere Ausnahmen (Abs. 4)

Absatz 4 enthält eine abschließende Aufzählung von weiteren abweichenden Kündigungsmöglichkeiten. Hierbei handelt es sich im Einzelnen um die folgenden Vereinbarungen:

Zu Buchstabe a)

Hiernach können die Vorschriften des Abschnitts II (§§ 6 bis 11 – Arbeitszeit) einschließlich des Anhangs zu § 9 (Bereitschaftszeiten für Hausmeister und im Rettungsdienst) mit einer Frist von einem Monat zum Monatsende, frühestens aber zum 31. Dezember 2007 (Bund) bzw. 31. Dezember 2009 (VKA), gekündigt werden.

Zu Buchstabe b)

Diese Vorschrift beinhaltet ein Sonderkündigungsrecht für § 8 Abs. 1 (Zeitzuschläge für Sonderformen der Arbeit), das unabhängig von der Kündigungsmöglichkeit des Buchst. a ausgeübt werden kann. Die Kündigungsfrist beträgt drei Monate zum Quartalsende, frühestens jedoch zum 31. Dezember 2007.

Zu Buchstabe c)

Nach dieser Vorschrift können die Entgelttabellen ohne Einhaltung einer Frist, die in der Entgeltrunde 2008 vereinbarten Tabellen frühestens jedoch zum 31. Dezember 2009, gekündigt werden.

Zu Buchstabe d)

Hiernach können die Regelungen über Sonderzahlungen ohne besondere Frist zum Jahresende, frühestens jedoch zum 31. Dezember 2008, gekündigt werden.

Zu Buchstabe e)

Diese Vorschrift ermöglicht es, die Vorschriften über vermögenswirksame Leistungen mit einer Frist von einem Monat zum Monatsende, frühestens jedoch zum 31. Dezember 2007, zu kündigen.

Zu Buchstabe f)

Nach dieser Vorschrift kann die Regelung der Dauer des Erholungsurlaubs mit einer Frist von drei Monaten zum Jahresende, frühestens jedoch zum 31. Dezember 2007, gekündigt werden.

Auch die Kündigung nach den abweichenden Kündigungsvorschriften des Absatzes 4 bedarf generell der Schriftform.

Protokollerklärung

Die Tarifvertragsparteien haben in einer Protokollerklärung vereinbart, bis zum 30. Juni 2006 zu prüfen, ob die besonderen Kündigungsregelungen des Absatzes 4 ihren Interessen ausreichend Rechnung tragen oder geändert werden sollten. Werden bis zu diesem Stichtag keine Änderungen vereinbart, bleibt es bei der jetzigen Regelung. In Satz 3 der Vorschrift ist festgelegt worden, dass im Zusammenhang mit den Verhandlungen über eine neue Entgeltordnung (angestrebtes Ziel ist der 1. Januar 2007) ein Sonderkündigungsrecht der Eingruppierungsvorschriften vereinbart wird.

Anlage A (VKA): 1.1.2008 bis 31.12.2008 TVöD **Anlagen I.1**

Anlage A (VKA)

Tabelle TVöD/VKA

– Tarifgebiet West –

(Gültig von 1. Januar 2008 bis 31. Dezember 2008)

(monatlich in Euro)

Entgelt-gruppe	Grundentgelt		Entwicklungsstufen			
	Stufe 1	Stufe 2	Stufe 3	Stufe 4	Stufe 5	Stufe 6
15	3540,45	3928,11	4072,45	4587,95	4979,73	5237,48[1]
14	3206,41	3556,95	3763,15	4072,45	4546,71	4804,46
13	2955,88	3278,58	3453,85	3794,08	4268,34	4464,23
12	2649,67	2938,35	3350,75	3711,60	4175,55	4381,75
11	2556,88	2835,25	3041,45	3350,75	3799,24	4005,44
10	2464,09	2732,15	2938,35	3144,55	3536,33	3629,12
9[2]	2176,44	2412,54	2536,26	2866,18	3123,93	3330,13
8	2037,26	2257,89	2360,99	2453,78	2556,88	2621,83[3]
7	1907,35[4]	2113,55	2247,58	2350,68	2428,01	2500,18
6	1870,23	2072,31	2175,41	2273,36	2340,37	2407,39[5]
5	1791,88	1984,68	2082,62	2180,57	2252,74	2304,29
4	1703,21[6]	1886,73	2010,45	2082,62	2154,79	2197,06
3	1675,38	1855,80	1907,35	1989,83	2051,69	2108,40
2	1545,47	1711,46	1763,01	1814,56	1927,97	2046,54
1		1377,42	1402,16	1433,09	1461,96	1536,19

Für Ärztinnen und Ärzte, die unter den Besonderen Teil Pflege- und Betreuungseinrichtungen fallen:

[1] 5309,65

[2] Für Beschäftigte im Pflegedienst:

E 9b	Stufe 3	Stufe 4	Stufe 5	Stufe 6
	2623,90	2783,70	2979,59	3165,17

[3] 2663,07
[4] 1958,90
[5] 2464,09
[6] 1754,76

Anlagen I.1 TVöD

Anlage A (VKA): ab 1.1.2009

Anlage A (VKA)

Tabelle TVöD/VKA
– Tarifgebiet West –
(Gültig ab 1. Januar 2009)
(monatlich in Euro)

Entgeltgruppe	Grundentgelt		Entwicklungsstufen			
	Stufe 1	Stufe 2	Stufe 3	Stufe 4	Stufe 5	Stufe 6
15	3639,58	4038,10	4186,48	4716,41	5119,16	5384,13[1]
14	3296,19	3656,54	3868,52	4186,48	4674,02	4938,98
13	3038,64	3370,38	3550,56	3900,31	4387,85	4589,23
12	2723,86	3020,62	3444,57	3815,52	4292,47	4504,44
11	2628,47	2914,64	3126,61	3444,57	3905,62	4117,59
10	2533,08	2808,65	3020,62	3232,60	3635,35	3730,74
9[2]	2237,38	2480,09	2607,28	2946,43	3211,40	3423,37
8	2094,30	2321,11	2427,10	2522,49	2628,47	2695,24[3]
7	1960,76[4]	2172,73	2310,51	2416,50	2495,99	2570,19
6	1922,60	2130,33	2236,32	2337,01	2405,90	2474,80[5]
5	1842,05	2040,25	2140,93	2241,63	2315,82	2368,81
4	1750,90[6]	1939,56	2066,74	2140,93	2215,12	2258,58
3	1722,29	1907,76	1960,76	2045,55	2109,14	2167,44
2	1588,74	1759,38	1812,37	1865,37	1981,95	2103,84
1		1415,99	1441,42	1473,22	1502,89	1579,20

Für Ärztinnen und Ärzte, die unter den Besonderen Teil Pflege- und Betreuungseinrichtungen fallen:

[1] 5458,32

[2] Für Beschäftigte im Pflegedienst:

E 9b	Stufe 3	Stufe 4	Stufe 5	Stufe 6
	2697,37	2861,64	3063,02	3253,79

[3] 2737,64

[4] 2013,75

[5] 2533,08

[6] 1803,89

Anlage B (VKA): 1.1.2008 bis 31.3.2008 — TVöD **Anlagen I.1**

Anlage B (VKA)

Tabelle TVöD/VKA

– Tarifgebiet Ost –

(Gültig vom 1. Januar 2008 bis zum 31. März 2008)

(monatlich in Euro)

Entgelt-gruppe	Grundentgelt		Entwicklungsstufen			
	Stufe 1	Stufe 2	Stufe 3	Stufe 4	Stufe 5	Stufe 6
15	3282,00	3647,00	3783,00	4268,00	4637,00	4879,00[1]
14	2968,00	3298,00	3492,00	3783,00	4229,00	4472,00
13	2732,00	3036,00	3201,00	3521,00	3967,00	4152,00
12	2444,00	2716,00	3104,00	3444,00	3880,00	4074,00
11	2357,00	2619,00	2813,00	3104,00	3526,00	3720,00
10	2270,00	2522,00	2716,00	2910,00	3279,00	3366,00
9[2]	2061,00	2290,00	2410,00	2730,00	2980,00	3180,00
8	1926,00	2140,00	2240,00	2330,00	2430,00	2493,00[3]
7	1800,00[4]	2000,00	2130,00	2230,00	2305,00	2375,00
6	1764,00	1960,00	2060,00	2155,00	2220,00	2285,00[5]
5	1688,00	1875,00	1970,00	2065,00	2135,00	2185,00
4	1602,00[6]	1780,00	1900,00	1970,00	2040,00	2081,00
3	1575,00	1750,00	1800,00	1880,00	1940,00	1995,00
2	1449,00	1610,00	1660,00	1710,00	1820,00	1935,00
1		1286,00	1310,00	1340,00	1368,00	1440,00

Für Ärztinnen und Ärzte, die unter den Besonderen Teil Pflege- und Betreuungseinrichtungen fallen:

[1] 4947,00

[2] Für Beschäftigte im Pflegedienst:

E 9b	Stufe 3	Stufe 4	Stufe 5	Stufe 6
	2495,00	2650,00	2840,00	3020,00

[3] 2533,00
[4] 1850,00
[5] 2340,00
[6] 1652,00

Anlagen I.1 TVöD Anlage B (VKA): 1.4.2008 bis 31.12.2008

Anlage B (VKA)

Tabelle TVöD/VKA

– Tarifgebiet Ost –

(Gültig vom 1. April 2008 bis zum 31. Dezember 2008)

(monatlich in Euro)

Entgelt-gruppe	Grundentgelt		Entwicklungsstufen			
	Stufe 1	Stufe 2	Stufe 3	Stufe 4	Stufe 5	Stufe 6
15	3434,24	3810,27	3950,28	4450,31	4830,34	5080,36[1]
14	3110,22	3450,24	3650,26	3950,28	4410,31	4660,33
13	2867,20	3180,22	3350,23	3680,26	4140,29	4330,30
12	2570,18	2850,20	3250,23	3600,25	4050,28	4250,30
11	2480,17	2750,19	2950,21	3250,23	3685,26	3885,28
10	2390,17	2650,19	2850,20	3050,21	3430,24	3520,25
9[2]	2176,44	2412,54	2536,26	2866,18	3123,93	3330,13
8	2037,26	2257,89	2360,99	2453,78	2556,88	2621,83[3]
7	1907,35[4]	2113,55	2247,58	2350,68	2428,01	2500,18
6	1870,23	2072,31	2175,41	2273,36	2340,37	2407,39[5]
5	1791,88	1984,68	2082,62	2180,57	2252,74	2304,29
4	1703,21[6]	1886,73	2010,45	2082,62	2154,79	2197,06
3	1675,38	1855,80	1907,35	1989,83	2051,69	2108,40
2	1545,47	1711,46	1763,01	1814,56	1927,97	2046,54
1		1377,42	1402,16	1433,09	1461,96	1536,19

Für Ärztinnen und Ärzte, die unter den Besonderen Teil Pflege- und Betreuungseinrichtungen fallen:

[1] 5150,36

[2] Für Beschäftigte im Pflegedienst:

E 9b	Stufe 3	Stufe 4	Stufe 5	Stufe 6
	2623,90	2783,70	2979,59	3165,17

[3] 2663,07

[4] 1958,90

[5] 2464,09

[6] 1754,76

Anlage B (VKA): ab 1.1.2009   TVöD **Anlagen I.1**

Anlage B (VKA)

Tabelle TVöD/VKA

– Tarifgebiet Ost –

(Gültig ab 1. Januar 2009)

(monatlich in Euro)

Entgeltgruppe	Grundentgelt		Entwicklungsstufen			
	Stufe 1	Stufe 2	Stufe 3	Stufe 4	Stufe 5	Stufe 6
15	3530,39	3916,96	4060,89	4574,92	4965,59	5222,61[1]
14	3197,30	3546,84	3752,46	4060,89	4533,80	4790,81
13	2947,48	3269,27	3444,04	3783,30	4256,21	4451,55
12	2642,14	2930,00	3341,23	3701,05	4163,70	4369,31
11	2549,62	2827,20	3032,81	3341,23	3788,45	3994,06
10	2457,09	2724,39	2930,00	3135,62	3526,29	3618,82
9[2]	2237,38	2480,09	2607,28	2946,43	3211,40	3423,37
8	2094,30	2321,11	2427,10	2522,49	2628,47	2695,24[3]
7	1960,76[4]	2172,73	2310,51	2416,50	2495,99	2570,19
6	1922,60	2130,33	2236,32	2337,01	2405,90	2474,80[5]
5	1842,05	2040,25	2140,93	2241,63	2315,82	2368,81
4	1750,90[6]	1939,56	2066,74	2140,93	2215,12	2258,58
3	1722,29	1907,76	1960,76	2045,55	2109,14	2167,44
2	1588,74	1759,38	1812,37	1865,37	1981,95	2103,84
1		1415,99	1441,42	1473,22	1502,89	1579,20

Für Ärztinnen und Ärzte, die unter den Besonderen Teil Pflege- und Betreuungseinrichtungen fallen:

[1] 5294,57

[2] Für Beschäftigte im Pflegedienst:

E 9b	Stufe 3	Stufe 4	Stufe 5	Stufe 6
	2697,37	2861,64	3063,02	3253,79

[3] 2737,64
[4] 2013,75
[5] 2533,08
[6] 1803,89

Anlagen I.1 TVöD — Anhang zu den Anl. A und B

Anhang zu den Anlagen A und B

I.
Beschäftigte im Pflegedienst

Abweichend von § 15 Abs. 2 Satz 1 erhalten die Beschäftigten im Pflegedienst (Anlage 1b zum BAT/BAT-O)

a) in der Entgeltgruppe 7 bei Tätigkeiten entsprechend den Vergütungsgruppen Kr. Va mit Aufstieg nach Kr. VI, Kr. V mit Aufstieg nach Kr. Va und weiterem Aufstieg nach Kr. VI
   - in der Stufe 2 den Tabellenwert der Stufe 3,
   - in der Stufe 3 den Tabellenwert der Entgeltgruppe 8 Stufe 3,
   - in der Stufe 4 den Tabellenwert der Entgeltgruppe 8 Stufe 4,
   - in der Stufe 5 den Tabellenwert der Entgeltgruppe 9b Stufe 3,
   - in der Stufe 6 den Tabellenwert der Entgeltgruppe 9b Stufe 4,

b) in der Entgeltgruppe 7 bei Tätigkeiten entsprechend den Vergütungsgruppen Kr. V mit Aufstieg nach Kr. VI
   - in der Stufe 1 den Tabellenwert der Stufe 2,
   - in der Stufe 2 den Tabellenwert der Stufe 3,
   - in der Stufe 3 den Tabellenwert der Entgeltgruppe 8 Stufe 3,
   - in der Stufe 4 den Tabellenwert der Entgeltgruppe 8 Stufe 4,
   - in der Stufe 5 den Tabellenwert der Entgeltgruppe 9b Stufe 3,
   - in der Stufe 6 den Tabellenwert der Entgeltgruppe 9b Stufe 4,

c) in der Entgeltgruppe 7 bei Tätigkeiten entsprechend der Vergütungsgruppe Kr. V mit Aufstieg nach Kr. Va BAT
   - in der Stufe 4 den Tabellenwert der Entgeltgruppe 8 Stufe 4,
   - in der Stufe 5 den Tabellenwert der Entgeltgruppe 8 Stufe 5,
   - in der Stufe 6 den Tabellenwert der Entgeltgruppe 8 Stufe 6,

d) in der Entgeltgruppe 7 bei Tätigkeiten entsprechend der Vergütungsgruppe Kr. IV mit Aufstieg nach Kr. V und weiterem Aufstieg nach Kr. Va BAT
   - in der Stufe 4 den Tabellenwert der Entgeltgruppe 8 Stufe 4,
   - in der Stufe 5 den Tabellenwert der Entgeltgruppe 8 Stufe 5,
   - in der Stufe 6 den Tabellenwert der Entgeltgruppe 8 Stufe 6,

e) in der Entgeltgruppe 7 bei Tätigkeiten entsprechend der Vergütungsgruppe Kr. IV mit Aufstieg nach Kr. V BAT
   - in der Stufe 4 den Tabellenwert der Entgeltgruppe 8 Stufe 4,
   - in der Stufe 5 den Tabellenwert der Entgeltgruppe 8 Stufe 5,

f) in der Entgeltgruppe 4 bei Tätigkeiten entsprechend den Vergütungsgruppen Kr. II mit Aufstieg nach Kr. III und weiterem Aufstieg nach Kr. IV sowie Kr. III mit Aufstieg nach Kr. IV BAT
   - in der Stufe 4 den Tabellenwert der Entgeltgruppe 6 Stufe 4,
   - in der Stufe 5 den Tabellenwert der Entgeltgruppe 6 Stufe 5,
   - in der Stufe 6 den Tabellenwert der Entgeltgruppe 6 Stufe 6,
g) in der Entgeltgruppe 3 bei Tätigkeiten entsprechend der Vergütungsgruppe Kr. I mit Aufstieg nach Kr. II BAT
   - in der Stufe 6 den Tabellenwert der Entgeltgruppe 4 Stufe 6.

II.
Ärztinnen und Ärzte

Abweichend von § 15 Absatz 2 Satz 1 erhalten die Ärztinnen und Ärzte, die unter den Geltungsbereich des Besonderen Teils Pflege- und Betreuungseinrichtungen fallen, in der Entgeltgruppe 14
- in der Stufe 3 den Tabellenwert der Stufe 4 und
- in der Stufe 4 den Tabellenwert der Stufe 5.

Tarifvertrag für den öffentlichen Dienst (TVöD)
– Besonderer Teil Verwaltung (BT-V) –

Vom 13. September 2005

Zuletzt geändert durch
Änderungstarifvertrag Nr. 2 vom 31. März 2008[1])

Hinweise des Bearbeiters:

Der besondere Teil Verwaltung schließt sich an den Allgemeinen Teil des TVöD an und bildet zusammen mit diesem den Tarifvertrag für die Sparte Verwaltung. Der BT-V bildet die Abschnitte VII bis IX dieses Spartentarifvertrages; die Abschnitte I bis VI sind im allgemeinen Teil des TVöD enthalten.

Der Abschnitt VII enthält allgemeine Vorschriften, die alle unter den Spartentarifvertrag fallende Beschäftigte betreffen. Die Abschnitte VIII und IX enthalten – getrennt für Bund einerseits und Kommunen andererseits – an die Stelle bestimmter Vorschriften des TVöD tretende Sonderregelungen für Beschäftigte in bestimmten Bereichen (in Auslandsdienststellen, im Bundesministerium der Verteidigung, im Bundesministerium für Verkehr, Bau- und Wohnungswesen, im forstlichen Außendienst, bei nichtbundeseigenen Eisenbahnen, im kommunalen Feuerwehrdienst, in Kernforschungseinrichtungen, in Hafenbetrieben, in der Landwirtschaft, für Lehrkräfte, für Schulhausmeister, im Straßenbau, bei Theatern und Bühnen) und Schlussvorschriften (In-Kraft-Treten, Laufzeit).

Von Erläuterungen der nur für bestimmte Bereiche bedeutsamen Sonderregelungen wurde zunächst abgesehen.

---

[1]) Die Änderungen stehen im Zusammenhang mit der Entgeltrunde 2008. Am 31. März 2008 wurden zunächst nur die Eckpunkte vereinbart; die redaktionelle Umsetzung erfolgte erst Mitte Juli 2008.
Zu seinem Geltungsbereich bestimmt § 5 des Änderungstarifvertrages Nr. 1 Folgendes:
§ 5 Ausnahmen vom Geltungsbereich
[1]Für Beschäftigte, die spätestens mit Ablauf des 31. März 2008 aus dem Arbeitsverhältnis ausgeschieden sind, gilt dieser Tarifvertrag nur, wenn sie dies bis 30. September 2008 schriftlich beantragen. [2]Für Beschäftigte, die spätestens mit Ablauf des 31. März 2008 aufgrund eigenen Verschuldens ausgeschieden sind, gilt dieser Tarifvertrag nicht.

Inhaltsübersicht

B. Besonderer Teil Verwaltung (BT-V)
Abschnitt VII
Allgemeine Vorschriften

- § 40 Geltungsbereich
- § 41 Allgemeine Pflichten
- § 42 Saisonaler Ausgleich
- § 43 Überstunden
- § 44 Reise- und Umzugskosten, Trennungsgeld

Abschnitt VIII Sonderregelungen (VKA)

- § 45 (VKA) Beschäftigte im Betriebs- und Verkehrsdienst von nichtbundeseigenen Eisenbahnen und deren Nebenbetrieben
- § 46 (VKA) Beschäftigte im kommunalen feuerwehrtechnischen Dienst
- § 47 (VKA) Beschäftigte in Forschungseinrichtungen mit kerntechnischen Forschungsanlagen
- § 48 Beschäftigte im forstlichen Außendienst
- § 49 (VKA) Beschäftigte in Hafenbetrieben, Hafenbahnbetrieben und deren Nebenbetrieben
- § 50 (VKA) Beschäftigte in landwirtschaftlichen Verwaltungen und Betrieben, Weinbau- und Obstanbaubetrieben
- § 51 (VKA) Beschäftigte als Lehrkräfte
- § 52 (VKA) Beschäftigte als Lehrkräfte an Musikschulen
- § 53 (VKA) Beschäftigte als Schulhausmeister
- § 54 (VKA) Beschäftigte beim Bau und Unterhaltung von Straßen
- § 55 (VKA) Beschäftigte an Theatern und Bühnen
- § 56 (VKA) Beschäftigte im Erziehungsdienst (Tarifgebiet West)

Abschnitt IX
Übergangs- und Schlussvorschriften (VKA)

- § 57 (VKA) Inkrafttreten, Laufzeit

Abschnitt VII
Allgemeine Vorschriften

§ 40 Geltungsbereich

(1) ¹Dieser Tarifvertrag gilt für alle Beschäftigten, die unter § 1 des Tarifvertrages für den öffentlichen Dienst (TVöD) fallen, soweit sie nicht von anderen Besonderen Teilen des TVöD erfasst sind. ²Der Tarifvertrag für den öffentlichen Dienst (TVöD) – Besonderer Teil Verwaltung (BT-V) bildet im Zusammenhang mit dem Tarifvertrag für den öffentlichen Dienst – Allgemeiner Teil – den Tarifvertrag für die Sparte Verwaltung.

(2) Soweit in den nachfolgenden Bestimmungen auf die §§ 1 bis 39 verwiesen wird, handelt es sich um die Regelungen des TVöD – Allgemeiner Teil –.

Erläuterungen

In der Vorschrift des § 40 haben die Tarifpartner den Geltungsbereich des BT-V geregelt und bestimmt, dass er für alle unter den TVöD fallenden Beschäftigten gilt, soweit sie nicht von einem anderen Besonderen Teil (Krankenhäuser, Flughäfen, Entsorgung, Sparkassen) erfasst werden.

In Absatz 1 Satz 2 wird klargestellt, dass der BT-V in Verbindung mit dem Allgemeinen Teil des TVöD den Tarifvertrag für die Sparte Verwaltung bildet.

§ 41 Allgemeine Pflichten

¹Die im Rahmen des Arbeitsvertrages geschuldete Leistung ist gewissenhaft und ordnungsgemäß auszuführen. ²Beschäftigte des Bundes und anderer Arbeitgeber, in deren Aufgabenbereichen auch hoheitliche Tätigkeiten wahrgenommen werden, müssen sich durch ihr gesamtes Verhalten zur freiheitlich demokratischen Grundordnung im Sinne des Grundgesetzes bekennen.

Erläuterungen

In § 41 weisen die Tarifpartner auf die allgemeinen Pflichten hin und bestimmen zudem (in Satz 2 der Vorschrift), dass in hoheitlichen Bereichen Beschäftigte sich zur freiheitlich demokratischen Grundordnung der Bundesrepublik bekennen müssen. Die Regelung in Satz 2 entspricht weitgehend der Bestimmung des § 8 Abs. 1 Satz 2 BAT.

Gewissenhafte Aufgabenerledigung (Satz 1)

Bei der Bestimmung des Satzes 1, dass der Beschäftigte die im Rahmen des Arbeitsvertrages geschuldete Leistung gewissenhaft und ordnungsgemäß durchzuführen hat, handelt es sich eigentlich um eine Selbstverständlichkeit. Schon das allgemeine Arbeitsrecht beinhaltet den Grundsatz, dass der Arbeitnehmer die vertraglich geschuldete Leistung erbringen muss. Bei Nicht- oder Schlechterfüllung des Arbeitsvertrages sind die üblichen arbeitsrechtlichen Instrumente (Abmahnung, Kündigung → § 34) gegeben.

Politische Treuepflicht (Satz 2)

Satz 2 entspricht dem Kern der Vorschrift des § 8 Abs. 1 Satz 2 BAT, beschränkt die Pflicht, sich zur freiheitlich demokratischen Grundordnung im Sinne des Grundgesetzes zu bekennen, aber auf Beschäftigte des Bundes und von Arbeitgebern, in deren Aufgabenbereichen auch hoheitliche Aufgaben wahrgenommen werden. Auch der Beschäftigte, der selbst nicht hoheitlich tätig wird und ggf. nicht einmal in den hoheitlichen Bereichen des Arbeitgebers beschäftigt ist, kann unter diese Vorschrift fallen. Es reicht aus, dass der jeweilige Arbeitgeber auch hoheitlich tätig wird. Dies wird für die meisten Kommunen, nicht aber für deren ausgelagerte Wirtschaftsbetriebe zutreffen.

Über das Verfahren zur Überprüfung der Verfassungstreue bei der Einstellung von Beschäftigten bestehen keine gesetzlichen und auch keine tariflichen Vorschriften. Zur Frage der sogenannten politischen

Treuepflicht der Beschäftigten des öffentlichen Dienstes wird auf nachstehende Rechtsprechung verwiesen:

- Beschluss des Bundesverfassungsgerichts vom 22. 5. 1975 – 2 BvL 13/73 – (BVerfGE 39, 334):

  „Auch die Angestellten des öffentlichen Dienstes schulden dem Arbeitgeber Loyalität und die gewissenhafte Erfüllung ihrer dienstlichen Verpflichtungen; auch sie dürfen den Staat, in dessen Dienst sie stehen, und seine Verfassungsordnung nicht angreifen; auch sie können wegen grober Verletzung dieser Dienstpflichten fristlos entlassen werden; und auch ihre Einstellung kann abgelehnt werden, wenn damit zu rechnen ist, daß sie ihre mit der Einstellung verbundenen Pflichten nicht werden erfüllen können oder wollen."

- Urteil des BAG vom 31. 3. 1976 – 5 AZR 104/74 (AP Nr. 2 zu Art. 33 Abs. 2 GG):

  „Nicht allen Angestellten und Arbeitern des öffentlichen Dienstes ist das gleiche Maß an politischer Treue abzuverlangen wie den Beamten. Bei Angestellten und Arbeitern müssen sich die in politischer Hinsicht zu stellenden Anforderungen aus dem jeweiligen Amt ergeben. Ein Lehrer und Erzieher muss (insoweit) gesteigerten Anforderungen genügen."

- Urteil des BAG vom 20. 7. 1977 – 4 AZR 142/76 (AP Nr. 3 zu Art. 33 Abs. 2 GG):

  „aa) Art. 12 Abs. 1 GG steht der Kündigung eines Lehrers während der schulpraktischen Ausbildung nach dem Berliner Lehrerbildungsgesetz nicht entgegen.

  bb) Art. 33 Abs. 2 GG kann zur Unwirksamkeit einer Kündigung des Arbeitsverhältnisses führen, wenn der Arbeitnehmer einen unmittelbaren Wiedereinstellungsanspruch haben würde. Das setzt jedoch voraus, dass entsprechende Eignung, Befähigung und fachliche Leistung i. S. von Art. 33 Abs. 2 GG vorliegen.

  cc) Eignung i. S. von Art. 33 Abs. 2 GG umfaßt auch die Bereitschaft, der dem Amt entsprechenden politischen Treuepflicht zu genügen; das gilt insbesondere für Lehrer, die Schulunterricht halten. Deshalb kann einem Lehrer wegen aktiver Mitgliedschaft in einer verfassungswidrigen Organisation und entsprechender Betätigung auch während der schulpraktischen Ausbildung gekündigt werden."

- Urteil des BAG vom 6. 6. 1984 – 7 AZR 456/82 – (AP Nr. 11 zu § 1 KSchG Verhaltensbedingte Kündigung):
 „Eine ordentliche Kündigung aus verhaltensbedingten Gründen setzt voraus, daß das Arbeitsverhältnis durch die im außerdienstlichen Bereich entfaltete politische Betätigung konkret beeinträchtigt wird, sei es im Leistungsbereich, im Bereich der Verbundenheit aller bei der Dienststelle beschäftigten Mitarbeiter, im personalen Vertrauensbereich oder im behördlichen Aufgabenbereich." (Dies hat das BAG im Falle eines im Bereich der Bundesanstalt für Arbeit beschäftigten Hauptvermittlers verneint.)

§ 42 Saisonaler Ausgleich

In Verwaltungen und Betrieben, in denen auf Grund spezieller Aufgaben (z. B. Ausgrabungen, Expeditionen, Schifffahrt) oder saisonbedingt erheblich verstärkte Tätigkeiten anfallen, kann für diese Tätigkeiten die regelmäßige Arbeitszeit auf bis zu 60 Stunden in einem Zeitraum von bis zu sieben Tagen verlängert werden, wenn durch Verkürzung der regelmäßigen wöchentlichen Arbeitszeit bis zum Ende des Ausgleichszeitraums nach § 6 Abs. 2 Satz 1 ein entsprechender Zeitausgleich durchgeführt wird.

Erläuterungen

In § 42 haben die Tarifpartner in bestimmten Verwaltungen und Betrieben unter gewissen Voraussetzungen die Verlängerung der Arbeitszeit auf bis zu 60 Stunden in der Woche zugelassen. Die Regelung entspricht weitgehend der Bestimmung des § 15 Abs. 4 Satz 2 BAT.

Zur Tarifvorschrift

§ 42 regelt den so genannten Jahreszeitausgleich für diejenigen Verwaltungen und Betriebe, in denen auf Grund spezieller Aufgaben oder saisonaler Schwankungen Zeiten mit erheblich verstärkten Tätigkeiten anfallen. Für diese Bereiche haben die Tarifpartner – abweichend von der grundsätzlichen Regelung in § 6 Abs. 1 – eine Verlängerung der Arbeitszeit auf bis zu 60 Stunden in einem Siebentagezeitraum (der nicht der Kalenderwoche entsprechen muss) zugelassen. Voraussetzung ist allerdings, dass innerhalb des jährlichen Ausgleichszeitraumes des § 6 Abs. 2 Satz 1 ein Zeitausgleich erreicht wird. Im Ergebnis muss also – auf ein Jahr bezogen – wieder eine durchschnittliche Wochenarbeitszeit von 39 (Bund) bzw. 38,5 Stunden (Kommunen) erreicht werden. Die Ausdehnung des Ausgleichszeitraums auf ein Jahr ist durch § 7 Abs. 1 Nr. 1 Buchst. b des Arbeitszeitgesetzes (→ § 6) gedeckt.

§ 43 Überstunden

(1) ¹Überstunden sind grundsätzlich durch entsprechende Freizeit auszugleichen. ²Sofern kein Arbeitszeitkonto nach § 10 eingerichtet ist, oder wenn ein solches besteht, die/der Beschäftigte jedoch keine Faktorisierung nach § 8 Abs. 1 geltend macht, erhält die/der Beschäftigte für Überstunden (§ 7 Abs. 7), die nicht bis zum Ende des dritten Kalendermonats – möglichst aber schon bis zum Ende des nächsten Kalendermonats – nach deren Entstehen mit Freizeit ausgeglichen worden sind, je Stunde 100 v. H. des auf die Stunde entfallenden Anteils des Tabellenentgelts der jeweiligen Entgeltgruppe und Stufe, höchstens jedoch nach der Stufe 4. ³Der Anspruch auf den Zeitzuschlag für Überstunden nach § 8 Abs. 1 besteht unabhängig von einem Freizeitausgleich.

(2) ¹Für Beschäftigte der Entgeltgruppe 15 bei obersten Bundesbehörden sind Mehrarbeit und Überstunden durch das Tabellenentgelt abgegolten. ²Beschäftigte der Entgeltgruppen 13 und 14 bei obersten Bundesbehörden erhalten nur dann ein Überstundenentgelt, wenn die Leistung der Mehrarbeit oder der Überstunden für sämtliche Beschäftigte der Behörde angeordnet ist; im Übrigen ist über die regelmäßige Arbeitszeit hinaus geleistete Arbeit dieser Beschäftigten durch das Tabellenentgelt abgegolten. ³Satz 1 gilt auch für Leiterinnen/Leiter von Dienststellen und deren ständige Vertreterinnen/Vertreter, die in die Entgeltgruppen 14 und 15 eingruppiert sind.

Erläuterungen

In § 43 Abs. 1 haben die Tarifpartner den Ausgleich für Überstunden geregelt und insoweit die Vorschriften des § 7 Abs. 7 und § 8 Abs. 1 TVöD ergänzt. In § 43 Abs. 2 haben sie besondere Vereinbarungen für bestimmte Beschäftigte in obersten Bundesbehörden und für Leiter von Dienststellen getroffen. Diese Tatbestände waren bislang in § 17 Abs. 5, 6 und 7 BAT geregelt.

Überstundenausgleich (Abs. 1)

Satz 1 der Vorschrift enthält den Grundsatz, dass Überstunden durch Freizeit auszugleichen sind; und zwar möglichst bis zum Ende des nächsten Kalendermonats nach ihrem Entstehen (Satz 2).

Satz 2 bestimmt, dass Überstunden, die nicht bis zum Ende des dritten Kalendermonats nach ihrem Entstehen durch Freizeit ausgeglichen werden, mit dem auf eine Stunde entfallenden Anteil des Tabellenentgelts der individuellen Entgeltgruppe und -stufe (höchstens aber Stufe 4) zu vergüten sind. Dies gilt jedoch nicht, wenn die Überstunden einem Arbeitszeitkonto im Sinne des § 10 gutgeschrieben werden.

Der Anspruch auf Überstundenzuschlag gemäß § 8 Abs. 1 besteht unabhängig davon, ob ein Zeitausgleich oder eine Bezahlung der Überstunden erfolgt (Satz 3).

Beschäftigte oberster Bundesbehörden; Dienststellenleiter (Abs. 2)

Absatz 2 enthält Ausnahmen hinsichtlich der Mehrarbeits- und Überstundenvergütung für bestimmte Beschäftigte der obersten Bundesbehörden (Sätze 1 und 2) und für die Leiter von Dienststellen und deren ständige Vertreter (Satz 3).

Oberste Bundesbehörden sind im Wesentlichen die Bundesministerien. Die dortigen, in der Entgeltgruppe 15 eingruppierten Beschäftigten erhalten kein besonderes Entgelt für Mehrarbeit und Überstunden, die Mehrbelastung gilt durch das Grundgehalt als abgegolten (Satz 1). Die entsprechenden Beschäftigten der Entgeltgruppen 13 und 14 erhalten ein besonderes Entgelt für Mehrarbeit und Überstunden nur, wenn die zusätzliche Arbeit für alle Beschäftigten der Behörde angeordnet worden ist; anderenfalls gilt auch diese über das übliche Maß hinausgehende Arbeitsleistung als durch das Grundentgelt abgegolten (Satz 2).

Satz 1 – also die uneingeschränkte Abgeltung von Mehrarbeit und Überstunden durch das Grundentgelt – gilt auch für Dienststellenleiter und ihre ständigen Vertreter, soweit sie in die Entgeltgruppen 14 oder 15 eingruppiert sind.

Die praktische Bedeutung dieser Regelung dürfte im Hinblick auf die in diesen Bereichen in der Regel geltenden Gleitzeitvereinbarungen eher gering sein.

§ 44 Reise- und Umzugskosten, Trennungsgeld

(1) Für die Erstattung von Reise- und Umzugskosten sowie Trennungsgeld finden die für die Beamtinnen und Beamten jeweils geltenden Bestimmungen entsprechende Anwendung.

(2) ¹Bei Dienstreisen gilt nur die Zeit der dienstlichen Inanspruchnahme am auswärtigen Geschäftsort als Arbeitszeit. ²Für jeden Tag einschließlich der Reisetage wird jedoch mindestens die auf ihn entfallende regelmäßige, durchschnittliche oder dienstplanmäßige Arbeitszeit berücksichtigt, wenn diese bei Nichtberücksichtigung der Reisezeit nicht erreicht würde. ³Überschreiten nicht anrechenbare Reisezeiten insgesamt 15 Stunden im Monat, so werden auf Antrag 25 v. H. dieser überschreitenden Zeiten bei fester Arbeitszeit als Freizeitausgleich gewährt und bei gleitender Arbeitszeit im Rahmen der jeweils geltenden Vorschriften auf die Arbeitszeit angerechnet. ⁴Der besonderen Situation von Teilzeitbeschäftigten ist Rechnung zu tragen.

(3) Soweit Einrichtungen in privater Rechtsform oder andere Arbeitgeber nach eigenen Grundsätzen verfahren, sind diese abweichend von den Absätzen 1 und 2 maßgebend.

Erläuterungen

In § 44 Abs. 1 haben die Tarifpartner hinsichtlich der Erstattung von Reise- und Umzugskosten sowie Trennungsgeld die für Beamte jeweils geltenden Vorschriften in Bezug genommen. In Absatz 2 ist die Berücksichtigung von Reisezeiten im Rahmen von Dienstreisen als Arbeitszeit geregelt. Absatz 3 lässt für bestimmte Arbeitgeber von den Grundsätzen der Absätze 1 und 2 abweichende Regelungen zu.

Die Tatbestände waren bislang in den §§ 42, 44 und § 17 Abs. 2 BAT geregelt.

Auf die abweichenden Sonderregelungen in den §§ 45 und 47 (Bund) bzw. §§ 54 und 55 (VKA) des Besonderen Teils Verwaltung wird hingewiesen.

Anwendung beamtenrechtlicher Bestimmungen (Abs. 1)

In Absatz 1 ist bestimmt, dass für die Erstattung von Reise- und Umzugskosten sowie Trennungsgeld die für Beamte jeweils geltenden Vorschriften entsprechende – also sinngleiche – Anwendung finden sollen. Die Tarifpartner haben insoweit auf eine eigene Regelung verzichtet und nehmen die – bewährten – Regelungen für Beamte in Bezug.

Die wichtigsten Bestimmungen im Sinne dieser Vorschrift für Beamte sind:

Reisekostengesetze

- Baden-Württemberg: Landesreisekostengesetz vom 20. 5. 1996 (GBl. S. 466)
- Bayern: Bayerisches Reisekostengesetz i. d. F. der Bekanntmachung vom 24. 4. 2001 (GVBl. S. 133)
- Berlin: es gilt das Bundesreisekostengesetz i. d. F. der Bekanntmachung vom 11. 12. 1990 (BGBl. I S. 2682)
- Brandenburg: es gilt das Bundesreisekostengesetz i. d. F. der Bekanntmachung vom 11. 12. 1990 (BGBl. I S. 2682)
- Bremen: Bremisches Reisekostengesetz i. d. F. der Bekanntmachung vom 28. 3. 2003 (Brem. GBl. S. 187)
- Hamburg: Hamburgisches Reisekostengesetz i. d. F. der Bekanntmachung vom 21. 5. 1974 (HmbGVBl. S. 159)
- Hessen: Hessisches Reisekostengesetz vom 27. 8. 1976 (GVBl. I S. 390)
- Mecklenburg-Vorpommern: Reisekostengesetz vom 3. 6. 1998 (GVOBl. M-V S. 554)
- Niedersachsen: es gilt weitgehend das Bundesreisekostengesetz i. d. F. der Bekanntmachung vom 11. 12. 1990 (BGBl. I S. 2682)
- Nordrhein-Westfalen: Landesreisekostengesetz i. d. F. der Bekanntmachung vom 16. 12. 1998 (GV. NRW. S. 738)
- Rheinland-Pfalz: Landesreisekostengesetz i. d. F. der Bekanntmachung vom 24. 3. 1999 (GVBl. S. 89)
- Saarland: Saarländisches Reisekostengesetz i. d. F. der Bekanntmachung vom 13. 8. 1976 (Amtsbl. S. 857)
- Sachsen: Sächsisches Reisekostengesetz i. d. F. der Bekanntmachung vom 8. 7. 1998 (SächsGVBl. S. 346)
- Sachsen-Anhalt: es gilt das Bundesreisekostengesetz i. d. F. der Bekanntmachung vom 11. 12. 1990 (BGBl. I S. 2682)
- Schleswig-Holstein: es gilt weitgehend das Bundesreisekostengesetz i. d. F. der Bekanntmachung vom 11. 12. 1990 (BGBl. I S. 2682)
- Thüringen: Thüringer Reisekostengesetz vom 10. 3. 1994 (GVBl. S. 265)

Umzugskostengesetze

- Baden-Württemberg: Landesumzugskostengesetz i. d. F. der Bekanntmachung vom 12. 2. 1996 (GBl. S. 127)
- Bayern: Bayerisches Umzugskostengesetz vom 24. 6. 2005 (GVBl. S. 192)
- Berlin: es gilt das Bundesumzugskostengesetz

- Brandenburg: es gilt das Bundesumzugskostengesetz
- Bremen: Bremisches Umzugskostengesetz i. d. F. der Bekanntmachung vom 18. 2. 1975 (Brem. GBl. S. 110)
- Hamburg: es gilt das Bundesumzugskostengesetz
- Hessen: Hessisches Umzugskostengesetz vom 26. 10. 1993 (GVBl. I S. 464)
- Mecklenburg-Vorpommern: Landesumzugskostengesetz vom 3. 6. 1998 (GVOBl. M-V S. 559)
- Niedersachsen: es gilt weitgehend das Bundesumzugskostengesetz
- Nordrhein-Westfalen: es gilt weitgehend das Bundesumzugskostengesetz
- Rheinland-Pfalz: Landesumzugskostengesetz vom 22. 12. 1992 (GVBl. S. 377)
- Saarland: Saarländisches Umzugskostengesetz i. d. F. der Bekanntmachung vom 13. 8. 1976 (Amtsbl. S. 863)
- Sachsen: Sächsisches Umzugskostengesetz vom 23. 11. 1993 (SächsGVBl. S. 1070)
- Sachsen-Anhalt: es gilt weitgehend das Bundesumzugskostengesetz
- Schleswig-Holstein: es gilt weitgehend das Bundesumzugskostengesetz
- Thüringen: Thüringer Umzugskostengesetz vom 10. 3. 1994 (GVBl. S. 271)

Berücksichtigung von Reisezeiten (Abs. 2)

In Absatz 2 haben die Tarifpartner geregelt, inwieweit Dienstreisezeiten als Arbeitszeit berücksichtigt werden. Nach Satz 1 der Vorschrift gilt grundsätzlich nur die Zeit des reinen Dienstgeschäftes als Arbeitszeit. In jedem Fall wird aber mindestens die auf den Dienstreisetag entfallende regelmäßige, durchschnittliche oder dienstplanmäßige Arbeitszeit berücksichtigt (Satz 2). Satz 3 legt fest, dass in den Fällen, in denen nicht anrechenbare Reisezeiten von mehr als 15 Stunden im Monat angefallen sind, 25 v. H. auf Antrag als Arbeitszeit gewertet und durch Freizeit ausgeglichen bzw. dem Gleitzeitkonto gutgeschrieben werden können. In Satz 4 ist bestimmt, dass der besonderen Situation von Teilzeitbeschäftigten besonders Rechnung getragen wird. Dies kann in der Praxis nur so aussehen, dass eine während Dienstreisen ggf. erfolgte – bezogen auf die individuelle Arbeitszeit – überproportionale Inanspruchnahme durch Freizeit ausgeglichen wird.

Beschäftigte anderer Arbeitgeber (Abs. 3)

Soweit Einrichtungen in privater Rechtsform oder andere Arbeitgeber eigene Grundsätze zur Erstattung von Reise- und Umzugskosten sowie zur Erstattung von Trennungsgeld und zur Berücksichtigung von Reisezeiten als Arbeitszeit haben, sind diese Grundsätze maßgebend – die beamtenrechtlichen Bestimmungen finden dann keine Anwendung.

B. Besonderer Teil Verwaltung (BT-V)
Abschnitt VIII
Sonderregelungen (VKA)

§ 45 (VKA) Beschäftigte im Betriebs- und Verkehrsdienst von nichtbundeseigenen Eisenbahnen und deren Nebenbetrieben

Für Beschäftigte im Betriebs- und Verkehrsdienst von nichtbundeseigenen Eisenbahnen und deren Nebenbetrieben können landesbezirklich besondere Vereinbarungen abgeschlossen werden.

§ 46 (VKA) Beschäftigte im kommunalen feuerwehrtechnischen Dienst

Zu Abschnitt I
Allgemeine Vorschriften

Nr. 1 Zu § 1 Abs. 1 – Geltungsbereich –

Diese Sonderregelungen gelten für Beschäftigte, die hauptamtlich im kommunalen feuerwehrtechnischen Dienst beschäftigt sind.

Zu Abschnitt II
Arbeitszeit
und zu
Abschnitt III
Eingruppierung, Entgelt und sonstige Leistungen

Nr. 2

(1) ¹Die §§ 6 bis 9 und 19 finden keine Anwendung. ²Es gelten die Bestimmungen für die entsprechenden Beamten. ³§ 27 findet unbeschadet der Sätze 1 und 2 Anwendung.

(2) ¹Beschäftigte im Einsatzdienst erhalten eine monatliche Zulage (Feuerwehrzulage) in Höhe von
– 63,69 Euro nach einem Jahr Beschäftigungszeit und
– 127,38 Euro nach zwei Jahren Beschäftigungszeit.
²Die Regelungen des TVöD über die Bezahlung im Tarifgebiet Ost gelten entsprechend.

(3) ¹Die Feuerwehrzulage wird nur für Zeiträume gezahlt, für die Entgelt, Urlaubsentgelt oder Entgelt im Krankheitsfall zusteht. ²Sie ist bei der Bemessung des Sterbegeldes (§ 23 Abs. 3) zu berücksichtigen. ³Die Feuerwehrzulage ist kein zusatzversorgungspflichtiges Entgelt.

Zu Abschnitt V
Befristung und Beendigung des Arbeitsverhältnisses

Nr. 3 – Feuerwehrdienstuntauglichkeit –[1])

Nr. 4 – Übergangsversorgung für Beschäftigte im Einsatzdienst –

(1) [1]Das Arbeitsverhältnis von Beschäftigten im Einsatzdienst endet auf schriftliches Verlangen vor Vollendung des 65. Lebensjahres zu dem Zeitpunkt, zu dem vergleichbare Beamtinnen und Beamte im Einsatzdienst der Berufsfeuerwehr in den gesetzlichen Ruhestand treten. [2]Die/Der Beschäftigte hat das Verlangen mindestens drei Monate vor Erreichen dieses Zeitpunktes zu erklären.

(2) [1]Beschäftigte, deren Arbeitsverhältnis nach Absatz 1 geendet hat, erhalten für jedes volle Beschäftigungsjahr im Einsatzdienst bei demselben Arbeitgeber oder bei einem anderen Arbeitgeber, der einem Mitgliedverband der VKA angehört, eine Übergangszahlung in Höhe von 45 v. H. des monatlichen Tabellenentgelts der Entgeltgruppe 6 Stufe 6, höchstens das 35-fache dieses Betrages. [2]Die Übergangszahlung erfolgt in einer Summe mit dem Ausscheiden der/des Beschäftigten.

(3) [1]Der Anspruch auf Übergangszahlung besteht nur dann, wenn Beschäftigte den Abschluss einer auf eine Kapitalleistung gerichteten Versicherung und die Entrichtung der Beiträge mit einer garantierten Ablaufleistung zum voraussichtlichen Zeitpunkt der Beendigungsmöglichkeit des Arbeitsverhältnisses nach Absatz 1, mindestens in Höhe von 30 v. H. des monatlichen Tabellenentgelts der Entgeltgruppe 6 Stufe 6, multipliziert mit 35 nachweisen. [2]Ist die/der Beschäftigte bei erstmaliger Tätigkeit im Einsatzdienst älter als 25 Jahre, verringert sich die garantierte Ablaufleistung, auf die die Versicherung nach Satz 1 mindestens abzuschließen ist, um $1/35$ für jedes übersteigende Jahr. [3]Von der Entrichtung der Beiträge kann vorübergehend bei einer wirtschaftlichen Notlage der/des Beschäftigten abgesehen werden.

(4) [1]Beschäftigte, die am 30. September 2005 schon und am 1. Oktober 2005 noch im Einsatzdienst beschäftigt sind, erhalten

a) eine Übergangszahlung in Höhe von 100 v. H., wenn sie am Stichtag das 55. Lebensjahr vollendet haben,

b) eine Übergangszahlung in Höhe von 95 v. H., wenn sie am Stichtag das 50. Lebensjahr vollendet haben,

---

) derzeit nicht belegt

§ 47 (VKA) TVöD BT-V **I.1.1**

c) eine Übergangszahlung in Höhe von 87,5 v. H., wenn sie am Stichtag das 45. Lebensjahr vollendet haben,

d) eine Übergangszahlung in Höhe von 77,5 v. H., wenn sie am Stichtag das 40. Lebensjahr vollendet haben,

e) eine Übergangszahlung in Höhe von 62,5 v. H., wenn sie am Stichtag das 37. Lebensjahr vollendet haben,

des 26,3-fachen des monatlichen Tabellenentgelts der Entgeltgruppe 6 Stufe 6, wenn sie zum Zeitpunkt der Beendigung des Arbeitsverhältnisses nach Absatz 1 mindestens 35 Jahre im Einsatzdienst bei demselben Arbeitgeber oder einem anderen Arbeitgeber, der einem Mitgliedverband der VKA angehört, tätig waren. ²Bei einer kürzeren Beschäftigung im Einsatzdienst verringert sich die Übergangszahlung um $1/35$ für jedes fehlende Jahr. ³In den Fällen der Buchstaben c bis e besteht der Anspruch auf Übergangszahlung nur dann, wenn Beschäftigte den Abschluss einer auf eine Kapitalleistung gerichteten Versicherung und die Entrichtung der Beiträge mit einer garantierten Ablaufleistung zum voraussichtlichen Zeitpunkt der Beendigungsmöglichkeit des Arbeitsverhältnisses nach Absatz 1 mindestens in Höhe der Differenz zu einer Übergangszahlung in Höhe von 100 v. H. nachweisen.

(5) ¹Einem Antrag von Beschäftigten im Einsatzdienst auf Vereinbarung von Altersteilzeitarbeit nach dem Tarifvertrag zur Regelung der Altersteilzeitarbeit (TV ATZ) soll auch schon vor der Vollendung des 60. Lebensjahres entsprochen werden. ²§ 5 Abs. 7 TV ATZ gilt in diesen Fällen mit der Maßgabe, dass an die Stelle des Vomhundertsatzes von 5 v. H. ein Vomhundertsatz von 8,33 v. H. tritt.

(6) ¹Im Tarifgebiet Ost findet abweichend von den Absätzen 2 bis 4 bis zum 31. Dezember 2009 die Nr. 5 SR 2x BAT-O weiterhin Anwendung. ²Ab dem 1. Januar 2010 findet Absatz 4 mit der Maßgabe Anwendung, dass für die Altersgrenze nach Abs. 4 Satz 1 Buchst. a bis e die Vollendung des Lebensjahres am 1. Januar 2010 maßgebend ist.

Niederschriftserklärungen zu Abschnitt VIII (Sonderregelungen VKA) § 46 Nr. 4:

1. Die Tarifvertragsparteien (VKA und ver.di) verpflichten sich, bei Anhebung der Altersgrenze für das Ausscheiden vergleichbarer Beamtinnen und Beamter und bei einem Wegfall der Möglichkeit der Altersteilzeitarbeit vor dem 31. Dezember 2009 in Gespräche über die sich dadurch ergebende Situation einzutreten.

2. Der Arbeitgeber hat dem Beschäftigten die Höhe der garantierten Ablaufleistung nach Absätzen 3 und 4, auf die die Versicherung abzuschließen ist, mitzuteilen.

§ 47 (VKA) Beschäftigte in Forschungseinrichtungen mit kerntechnischen Forschungsanlagen

Zu Abschnitt I
Allgemeine Vorschriften

Nr. 1 Zu § 1 Abs. 1 – Geltungsbereich –

Diese Sonderregelungen gelten für Beschäftigte in Forschungseinrichtungen mit kerntechnischen Forschungsanlagen, wie Reaktoren sowie Hochenergiebeschleuniger- und Plasmaforschungsanlagen und ihre hiermit räumlich oder funktionell verbundenen Institute und Einrichtungen.

Protokollerklärung:
[1]Hochenergiebeschleunigeranlagen im Sinne dieser Sonderregelungen sind solche, deren Endenergie bei der Beschleunigung von Elektronen 100 Mill. Elektronenvolt (MeV), bei Protonen, Deuteronen und sonstigen schweren Teilchen 20 MeV überschreitet. [2]Plasmaforschungsanlagen i. S. dieser Sonderregelungen sind solche Anlagen, deren Energiespeicher mindestens 1 Million Joule aufnimmt und mindestens 1 Million VA als Impulsleistung abgibt oder die für länger als 1 msec mit Magnetfeldern von mindestens 50 000 Gauss arbeiten und in denen eine kontrollierte Kernfusion angestrebt wird.

Nr. 2 Zu § 3 – Allgemeine Arbeitsbedingungen –

(1) Der Beschäftigte hat sich auch – unbeschadet seiner Verpflichtung, sich einer aufgrund von Strahlenschutzvorschriften behördlich angeordneten Untersuchung zu unterziehen – auf Verlangen des Arbeitgebers im Rahmen von Vorschriften des Strahlenschutzrechts ärztlich untersuchen zu lassen.

(2) Der Beschäftigte ist verpflichtet, die zum Schutz Einzelner oder der Allgemeinheit vor Strahlenschäden an Leben, Gesundheit und Sachgütern getroffenen Anordnungen zu befolgen.

(3) Zur Vermeidung oder Beseitigung einer erheblichen Störung des Betriebsablaufs oder einer Gefährdung von Personen hat der Beschäftigte vorübergehend jede ihm aufgetragene Arbeit zu verrichten, auch wenn sie nicht in sein Arbeitsgebiet fällt; er hat sich – innerhalb der regelmäßigen Arbeitszeit unter Fortzahlung des Entgelts, außerhalb der regelmäßigen Arbeitszeit unter Zahlung von Überstundenentgelt – einer seinen Kräften und Fähigkeiten entsprechenden Ausbildung in der Hilfeleistung und Schadensbekämpfung zu unterziehen.

(4) [1]Ist nach den Strahlenschutzvorschriften eine Weiterbeschäftigung des Beschäftigten, durch die er ionisierenden Strahlen oder der

§ 47 (VKA)　　　　　　　　　　　　　TVöD BT-V **I.1.1**

Gefahr einer Aufnahme radioaktiver Stoffe in den Körper ausgesetzt wäre, nicht zulässig, so kann er auch dann zu anderen Aufgaben herangezogen werden, wenn der Arbeitsvertrag nur eine bestimmte Beschäftigung vorsieht. ²Dem Beschäftigten dürfen jedoch keine Arbeiten übertragen werden, die mit Rücksicht auf seine bisherige Tätigkeit ihm nicht zugemutet werden können.

Zu Abschnitt II
Arbeitszeit

Nr. 3　Zu § 7 Abs. 4 – Rufbereitschaft –

Rufbereitschaft darf bis zu höchstens 12 Tagen im Monat, in Ausnahmefällen bis zu höchstens 30 Tagen im Vierteljahr angeordnet werden.

Zu Abschnitt III
Eingruppierung, Entgelt und sonstige Leistungen

Nr. 4

(1) ¹Beschäftigten, die in Absatz 2 aufgeführt sind, kann im Einzelfall zum jeweiligen Entgelt eine jederzeit widerrufliche Zulage bis zu höchstens 14 v. H. in den Entgeltgruppen 3 bis 8 und 16 v. H. in den Entgeltgruppen 9 bis 15 des Betrages der Stufe 2 der Anlage A der Entgelttabelle zu § 15 Abs. 2 gewährt werden; die jeweils tariflich zustehende letzte Entwicklungsstufe der Entgelttabelle darf hierdurch nicht überschritten werden. ²Die Zulage vermindert sich jeweils um den Betrag, um den sich bei einer Stufensteigerung das Entgelt erhöht, es sei denn, dass der Arbeitgeber die Zulage zu diesem Zeitpunkt anderweitig festsetzt. ³Der Widerruf wird mit Ablauf des zweiten auf den Zugang folgenden Kalendermonats wirksam, es sei denn, die Zulage wird deswegen widerrufen, weil der Beschäftigte in eine andere Entgeltgruppe eingruppiert wird oder eine Zulage nach § 14 erhält.

(2) ¹Im Einzelfall kann eine jederzeit widerrufliche Zulage außerhalb des Absatz 1

a) an Beschäftigte mit abgeschlossener naturwissenschaftlicher, technischer oder medizinischer Hochschulbildung sowie sonstige Beschäftigte der Entgeltgruppen 13 bis 15, die aufgrund gleichwertiger Fähigkeiten und Erfahrungen entsprechende Tätigkeiten wie Beschäftigte mit abgeschlossener naturwissenschaftlicher, technischer oder medizinischer Hochschulbildung ausüben,

b) an technische Beschäftigte der Entgeltgruppen 3 bis 12, Beschäftigte im Dokumentationsdienst, im Programmierdienst, Übersetzerinnen und Übersetzer sowie Laborantinnen und Laboranten gewährt werden,

wenn sie Forschungsaufgaben vorbereiten, durchführen oder auswerten.

²Die Zulage darf in den Entgeltgruppen 3 bis 8 14 v. H., in den Entgeltgruppen 9 bis 15 16 v. H. des Betrages der Stufe 2 der Anlage A zu § 15 Abs. 2 nicht übersteigen. ³Der Widerruf wird mit Ablauf des zweiten auf den Zugang des Widerrufs folgenden Kalendermonats wirksam, es sei denn, die Zulage wird deswegen widerrufen, weil Beschäftigte in eine andere Entgeltgruppe eingruppiert werden oder eine Zulage nach § 14 erhalten.

(3) ¹Die Zulagen einschließlich der Abgeltung nach Nr. 3 können durch Nebenabreden zum Arbeitsvertrag ganz oder teilweise pauschaliert werden. ²Die Nebenabrede ist mit einer Frist von zwei Wochen zum Monatsende kündbar.

§ 48 Beschäftigte im forstlichen Außendienst

Zu Abschnitt I
Allgemeine Vorschriften

Nr. 1 Zu § 1 – Geltungsbereich –

Diese Sonderregelungen gelten für Beschäftigte im forstlichen Außendienst, die nicht von § 1 Abs. 2 Buchst. g erfasst werden.

§§ 49 – 50 (VKA)　　　　　　　　　　　TVöD BT-V **I.1.1**

Zu Abschnitt II
Arbeitsbereich

Nr. 2

(1) ¹Der tarifliche wöchentliche Arbeitszeitkorridor beträgt 48 Stunden. ²Abweichend von § 7 Abs. 7 sind nur die Arbeitsstunden Überstunden, die über den Arbeitszeitkorridor nach Satz 1 hinaus auf Anordnung geleistet worden sind. ³§ 10 Abs. 1 Satz 3 findet keine Anwendung; auf Antrag können Beschäftigte ein Arbeitszeitkonto in vereinfachter Form durch Selbstaufschreibung führen.

(2) Absatz 1 gilt nicht, wenn Dienstvereinbarungen zur Gleitzeit bestehen oder vereinbart werden.

§ 49 (VKA)　Beschäftigte in Hafenbetrieben, Hafenbahnbetrieben und deren Nebenbetrieben

Für Beschäftigte in Hafenbetrieben, Hafenbahnbetrieben und deren Nebenbetrieben können landesbezirklich besondere Vereinbarungen abgeschlossen werden.

§ 50 (VKA)　Beschäftigte in landwirtschaftlichen Verwaltungen und Betrieben, Weinbau- und Obstanbaubetrieben

Zu Abschnitt I
Allgemeine Vorschriften

Nr. 1　Zu § 1 Abs. 1 – Geltungsbereich –

Diese Sonderregelungen gelten für Beschäftigte in landwirtschaftlichen Verwaltungen und Betrieben, Weinbau- und Obstanbaubetrieben.

Nr. 2　Zu § 6 – Regelmäßige Arbeitszeit –

¹Die regelmäßige Arbeitszeit kann in vier Monaten bis auf 50 und weiteren vier Monaten des Jahres auf bis zu 56 Stunden festgesetzt werden. ²Sie darf aber 2214 Stunden im Jahr nicht übersteigen. ³Dies gilt nicht für Beschäftigte im Sinne des § 38 Abs. 5 Satz 1, denen Arbeiten übertragen sind, deren Erfüllung zeitlich nicht von der Eigenart der Verwaltung oder des Betriebes abhängig ist.

§ 51 (VKA) Beschäftigte als Lehrkräfte

Zu Abschnitt I
Allgemeine Vorschriften

Nr. 1 Zu § 1 Abs. 1 – Geltungsbereich –

¹Diese Sonderregelungen gelten für Beschäftigte als Lehrkräfte an allgemeinbildenden Schulen und berufsbildenden Schulen (Berufs-, Berufsfach- und Fachschulen). ²Sie gelten nicht für Lehrkräfte an Schulen und Einrichtungen der Verwaltung, die der Ausbildung oder Fortbildung von Angehörigen des öffentlichen Dienstes dienen, sowie an Krankenpflegeschulen und ähnlichen der Ausbildung dienenden Einrichtungen.

Protokollerklärung:
Lehrkräfte im Sinne dieser Sonderregelungen sind Personen, bei denen die Vermittlung von Kenntnissen und Fertigkeiten im Rahmen eines Schulbetriebes der Tätigkeit das Gepräge gibt.

Zu Abschnitt II
Arbeitszeit

Nr. 2

¹Die §§ 6 bis 10 finden keine Anwendung. ²Es gelten die Bestimmungen für die entsprechenden Beamten. ³Sind entsprechende Beamte nicht vorhanden, so ist die Arbeitszeit im Arbeitsvertrag zu regeln.

Zu Abschnitt IV
Urlaub und Arbeitsbefreiung

Nr. 3

(1) ¹Der Urlaub ist in den Schulferien zu nehmen. ²Wird die Lehrkraft während der Schulferien durch Unfall oder Krankheit arbeitsunfähig, so hat sie dies unverzüglich anzuzeigen. ³Die Lehrkraft hat sich nach Ende der Schulferien oder, wenn die Krankheit länger dauert, nach Wiederherstellung der Arbeitsfähigkeit zur Arbeitsleistung zur Verfügung zu stellen.

(2) ¹Für eine Inanspruchnahme der Lehrkraft während der den Urlaub in den Schulferien übersteigenden Zeit gelten die Bestimmungen für die entsprechenden Beamten. ²Sind entsprechende Beamte nicht vorhanden, regeln dies die Betriebsparteien.

§ 52 (VKA) TVöD BT-V **I.1.1**

Zu Abschnitt V
Befristung und Beendigung des Arbeitsverhältnisses

Nr. 4

Das Arbeitsverhältnis endet, ohne dass es einer Kündigung bedarf, mit Ablauf des Schulhalbjahres (31. Januar bzw. 31. Juli), in dem die Lehrkraft das gesetzlich festgelegte Alter zum Erreichen der Regelaltersrente vollendet hat.

§ 52 (VKA) Beschäftigte als Lehrkräfte an Musikschulen

Zu Abschnitt I
Allgemeine Vorschriften

Nr. 1 Zu § 1 – Geltungsbereich –

[1]Diese Sonderregelungen gelten für Beschäftigte als Musikschullehrerinnen und Musikschullehrer an Musikschulen. [2]Musikschulen sind Bildungseinrichtungen, die die Aufgabe haben, ihre Schüler an die Musik heranzuführen, ihre Begabungen frühzeitig zu erkennen, sie individuell zu fördern und bei entsprechender Begabung ihnen gegebenenfalls eine studienvorbereitende Ausbildung zu erteilen.

Zu Abschnitt II
Arbeitszeit

Nr. 2 Zu § 6 – Regelmäßige Arbeitszeit –

(1) [1]Vollbeschäftigt sind Musikschullehrerinnen und Musikschullehrer, wenn die arbeitsvertraglich vereinbarte durchschnittliche regelmäßige wöchentliche Arbeitszeit 30 Unterrichtsstunden zu je 45 Minuten (= 1350 Unterrichtsminuten) beträgt. [2]Ist die Dauer einer Unterrichtsstunde auf mehr oder weniger als 45 Minuten festgesetzt, tritt an die Stelle der 30 Unterrichtsstunden die entsprechende Zahl von Unterrichtsstunden.

Protokollerklärung zu Absatz 1:

[1]Bei der Festlegung der Zahl der Unterrichtsstunden ist berücksichtigt worden, dass Musikschullehrer neben der Erteilung von Unterricht insbesondere folgende Aufgaben zu erledigen haben:

a) Vor- und Nachbereitung des Unterrichts (Vorbereitungszeiten),
b) Abhaltung von Sprechstunden,
c) Teilnahme an Schulkonferenzen und Elternabenden,
d) Teilnahme am Vorspiel der Schülerinnen und Schüler, soweit dieses außerhalb des Unterrichts stattfindet,

e) Mitwirkung an Veranstaltungen der Musikschule sowie Mitwirkung im Rahmen der Beteiligung der Musikschule an musikalischen Veranstaltungen (z. B. Orchesteraufführungen, Musikwochen und ähnliche Veranstaltungen), die der Arbeitgeber, einer seiner wirtschaftlichen Träger oder ein Dritter, dessen wirtschaftlicher Träger der Arbeitgeber ist, durchführt,

f) Mitwirkung an Musikwettbewerben und ähnlichen Veranstaltungen,

g) Teilnahme an Musikschulfreizeiten an Wochenenden und in den Ferien.

[2]Durch Nebenabrede kann vereinbart werden, dass Musikschullehrerinnen und Musikschullehrern Aufgaben übertragen werden, die nicht durch diese Protokollerklärung erfasst sind. [3]In der Vereinbarung kann ein Zeitausgleich durch Reduzierung der arbeitsvertraglich geschuldeten Unterrichtszeiten getroffen werden. [4]Satz 3 gilt entsprechend für Unterricht in den Grundfächern (z. B. musikalische Früherziehung, musikalische Grundausbildung, Singklassen). [5]Die Nebenabrede ist mit einer Frist von 14 Tagen zum Monatsende kündbar.

(2) Für die unter Nr. 1 fallenden Beschäftigten, die seit dem 28. Februar 1987 in einem Arbeitsverhältnis zu demselben Arbeitgeber stehen, wird eine günstigere einzelvertragliche Regelung zur Arbeitszeit durch das In-Kraft-Treten dieser Regelung nicht berührt.

Zu Abschnitt IV
Urlaub und Arbeitsbefreiung

Nr. 3   Zu § 26 – Erholungsurlaub –

Musikschullehrerinnen und Musikschullehrer sind verpflichtet, den Urlaub während der unterrichtsfreien Zeit zu nehmen; außerhalb des Urlaubs können sie während der unterrichtsfreien Zeit zur Arbeit herangezogen werden.

§ 53 (VKA)   Beschäftigte als Schulhausmeister

Zu Abschnitt I
Allgemeine Vorschriften

Nr. 1   Zu § 1 – Geltungsbereich –

Diese Sonderregelungen gelten für Beschäftigte als Schulhausmeister.

Nr. 2

Durch landesbezirklichen Tarifvertrag können nähere Regelungen über die den Schulhausmeistern obliegenden Aufgaben unter Anwendung des Abschnitts A des Anhangs zu § 9 getroffen werden.

§ 54 (VKA) TVöD BT-V **I.1.1**

Protokollerklärung:
Landesbezirkliche Regelungen weitergehenden Inhalts bleiben, ungeachtet § 24 TVÜ-VKA, unberührt.

Zu Abschnitt III
Eingruppierung, Entgelt und sonstige Leistungen

Nr. 3

(1) Durch landesbezirklichen Tarifvertrag können abweichend von § 24 Abs. 6 Rahmenregelungen zur Pauschalierung getroffen werden.

(2) ¹Soweit sich die Arbeitszeit nicht nach dem Anhang zu § 9 bestimmt, kann durch landesbezirklichen Tarifvertrag für Arbeiten außerhalb der regelmäßigen Arbeitszeit (§ 6 Abs. 1) im Zusammenhang mit der Beanspruchung der Räumlichkeiten für nichtschulische Zwecke ein Entgelt vereinbart werden. ²Solange ein landesbezirklicher Tarifvertrag nicht abgeschlossen ist, ist das Entgelt arbeitsvertraglich oder betrieblich zu regeln.

(3) Bei der Festsetzung der Pauschale nach Absatz 1 kann ein geldwerter Vorteil aus der Gestellung einer Werkdienstwohnung berücksichtigt werden.

§ 54 (VKA) Beschäftigte beim Bau und Unterhaltung von Straßen

Zu Abschnitt I
Allgemeine Vorschriften

Nr. 1 Zu § 1 – Geltungsbereich –

Diese Sonderregelungen gelten für Beschäftigte beim Bau und bei der Unterhaltung von Straßen der Landkreise und der Kommunalverbände höherer Ordnung.

Nr. 2 Zu § 44 – Reise- und Umzugskosten, Trennungsgeld –

Durch landesbezirklichen Tarifvertrag sind abweichend von § 44 nähere Regelungen zur Ausgestaltung zu treffen.

Protokollerklärung:
Landesbezirkliche Regelungen weitergehenden Inhalts bleiben unberührt.

§ 55 (VKA) Beschäftigte an Theatern und Bühnen

Zu Abschnitt I
Allgemeine Vorschriften

Nr. 1 Zu § 1 – Geltungsbereich –

(1) ¹Diese Sonderregelungen gelten für die Beschäftigten in Theatern und Bühnen, die nicht von § 1 Abs. 2 Buchst. n erfasst werden. ²Unter diese Sonderregelung fallen Beschäftigte in der Verwaltung und Orchesterwarte, ferner Beschäftigte mit mechanischen, handwerklichen oder technischen Tätigkeiten, einschließlich Meisterinnen und Meister, insbesondere in den Bereichen

- Licht-, Ton- und Bühnentechnik,
- handwerkliche Bühnengestaltung (z. B. Dekorationsabteilung, Requisite),
- Vorderhaus,
- Garderobe,
- Kostüm und Maske.

(2) Unter diese Sonderregelungen fallen auch die folgenden Beschäftigten:

- technische Oberinspektorin und Oberinspektor, Inspektorin und Inspektor, soweit nicht technische Leiterin oder Leiter,
- Theater- und Kostümmalerin und Theater- und Kostümmaler,
- Maskenbildnerin und Maskenbildner,
- Kascheurin und Kascheur (Theaterplastikerin und Theaterplastiker),
- Gewandmeisterin und Gewandmeister,

es sei denn, sie sind überwiegend künstlerisch tätig.

Nr. 2 Zu § 2 – Arbeitsvertrag, Nebenabrede, Probezeit –

Im Arbeitsvertrag kann eine Probezeit bis zur Dauer einer Spielzeit vereinbart werden.

Nr. 3 Zu § 3 – Allgemeine Arbeitsbedingungen –

Beschäftigte sind verpflichtet, an Abstechern und Gastspielreisen teilzunehmen.

Protokollerklärung:

Bei Abstechern und Gastspielreisen ist die Zeit einer aus betrieblichen Gründen angeordneten Mitfahrt auf dem Wagen, der Geräte oder Kulissen befördert, als Arbeitszeit zu bewerten.

§ 55 (VKA) TVöD BT-V **I.1.1**

Zu Abschnitt II
Arbeitszeit

Nr. 4

(1) ¹Beschäftigte sind an Sonn- und Feiertagen ebenso zu Arbeitsleistungen verpflichtet wie an Werktagen. ²Zum Ausgleich für die Arbeit an Sonntagen wird jede Woche ein ungeteilter freier Tag gewährt. ³Dieser soll mindestens in jeder siebenten Woche auf einen Sonn- und Feiertag fallen.

(2) Die regelmäßige Arbeitszeit der Beschäftigten, die eine Theaterbetriebszulage (Absatz 5) erhalten, kann um sechs Stunden wöchentlich verlängert werden.

(3) Beschäftigte erhalten für jede Arbeitsstunde, um die die allgemeine regelmäßige Arbeitszeit (§ 6 Abs. 1) nach Absatz 2 verlängert worden ist, 100 v. H. des auf eine Stunde entfallenden Anteils des monatlichen Entgelts der jeweiligen Entgeltgruppe und Stufe nach Maßgabe der Entgelttabelle.

(4) ¹Überstunden dürfen nur angeordnet werden, wenn ein außerordentliches dringendes betriebliches Bedürfnis besteht oder die besonderen Verhältnisse des Theaterbetriebes es erfordern. ²Für Überstunden ist neben dem Entgelt für die tatsächliche Arbeitsleistung der Zeitzuschlag nach § 8 Abs. 1 Satz 2 Buchst. a zu zahlen. ³Die Protokollerklärung zu § 8 Abs. 1 Satz 1 findet Anwendung.

(5) ¹§ 8 Abs. 1 und § 8 Abs. 5 und 6 gelten nicht für Beschäftigte, die eine Theaterbetriebszulage nach einem landesbezirklichen Tarifvertrag erhalten. ²Landesbezirklich kann Abweichendes geregelt werden.

Nr. 5 Zu § 44 – Reise- und Umzugskosten, Trennungsgeld –

Die Abfindung bei Abstechern und Gastspielen kann im Rahmen des für die Beamten des Arbeitgebers jeweils geltenden Reisekostenrechts landesbezirklich vereinbart werden.

Zu Abschnitt IV
Urlaub und Arbeitsbefreiung

Nr. 6

Der Urlaub ist in der Regel während der Theaterferien zu gewähren und zu nehmen.

§ 56 (VKA) Beschäftigte im Erziehungsdienst (Tarifgebiet West)

¹Bei Beschäftigten im Erziehungsdienst im Tarifgebiet West werden – soweit gesetzliche Regelungen bestehen, zusätzlich zu diesen gesetzlichen Regelungen – im Rahmen der regelmäßigen durchschnittlichen wöchentlichen Arbeitszeit im Kalenderjahr 19,5 Stunden für Zwecke der Vorbereitung und Qualifizierung verwendet. ²Bei Teilzeitbeschäftigten gilt Satz 1 entsprechend mit der Maßgabe, dass sich die Stundenzahl nach Satz 1 in dem Umfang, der dem Verhältnis ihrer individuell vereinbarten durchschnittlichen Arbeitszeit zu der regelmäßigen Arbeitszeit vergleichbarer Vollzeitbeschäftigter entspricht, reduziert. ³Im Erziehungsdienst tätig sind insbesondere Beschäftigte als Kinderpflegerin/Kinderpfleger bzw. Sozialassistentin/Sozialassistent, Heilerziehungspflegehelferin/Heilerziehungspflegehelfer, Erzieherin/Erzieher, Heilerziehungspflegerin/Heilerziehungspfleger, im handwerklichen Erziehungsdienst, als Leiterinnen/Leiter oder ständige Vertreterinnen/Vertreter von Leiterinnen/Leiter von Kindertagesstätten oder Erziehungsheimen sowie andere Beschäftigte mit erzieherischer Tätigkeit in der Erziehungs- oder Eingliederungshilfe.

Protokollerklärung zu Absatz 1 Satz 3:
Soweit Berufsbezeichnungen aufgeführt sind, werden auch Beschäftigte erfasst, die eine entsprechende Tätigkeit ohne staatliche Anerkennung oder staatliche Prüfung ausüben.

Niederschrifterklärung zu Abschnitt VIII (Sonderregelungen VKA) § 56 Abs. 1 Satz 3:
Beschäftigte im handwerklichen Erziehungsdienst müssen in Einrichtungen tätig sein, in denen auch Kinder oder Jugendliche mit wesentlichen Erziehungsschwierigkeiten zum Zwecke der Erziehung, Ausbildung oder Pflege betreut werden, und für Kinder oder Jugendliche erzieherisch tätig sein.

Abschnitt IX
Übergangs- und Schlussvorschriften (VKA)

§ 57 (VKA) Inkrafttreten, Laufzeit

(1) ¹Dieser Tarifvertrag tritt am 1. Oktober 2005 in Kraft. ²Er kann mit einer Frist von drei Monaten zum Schluss eines Kalenderhalbjahres schriftlich gekündigt werden, frühestens jedoch zum 31. Dezember 2009.

(2) Abweichend von Absatz 1 können auf landesbezirklicher Ebene im Tarifgebiet West § 46 Nr. 2 Abs. 1, § 51 Nr. 2 und § 52 Nr. 2 Abs. 1

gesondert mit einer Frist von einem Monat zum Ende eines Kalendermonats schriftlich gekündigt werden, frühestens zum 30. November 2005.

Tarifvertrag für den öffentlichen Dienst (TVöD)
– Besonderer Teil Sparkassen (TVöD BT-S) –

Vom 13. September 2005

Zuletzt geändert durch
Änderungstarifvertrag Nr. 1 vom 31. März 2008[1])

§ 40 Geltungsbereich

(1) [1]Dieser Tarifvertrag gilt für Beschäftigte der Sparkassen. [2]Er bildet im Zusammenhang mit dem Allgemeinen Teil des Tarifvertrages für den öffentlichen Dienst (TVöD) den Tarifvertrag für die Sparte Sparkassen (TV-S).

(2) Soweit in den nachfolgenden Bestimmungen auf die §§ 1 bis 39 verwiesen wird, handelt es sich um die Regelungen des TVöD – Allgemeiner Teil –.

§ 41 Grundsätze für leistungs- und erfolgsorientierte variable Entgelte

(1) [1]Durch einvernehmliche Dienstvereinbarung (befristet, unter Ausschluss der Nachwirkung) können individuelle und/oder teambezogene leistungs- und/oder erfolgsorientierte Prämien und/oder Zulagen als betriebliche Systeme eingeführt werden. [2]Bemessungsmethoden sind die Zielvereinbarung (§ 42) und die systematische Leistungsbewertung (§ 43).

(2) Bei der Entwicklung, Einführung und dem Controlling der betrieblichen Systeme (Kriterien und Verfahren einschl. Weiterentwicklung/Plausibilitätsprüfung) nach Absatz 1 und § 44 wirkt ein Gemeinsamer Ausschuss mit, dessen Mitglieder je zur Hälfte vom Arbeitgeber und vom Personalrat aus dem Betrieb benannt werden.

(3) [1]Der Gemeinsame Ausschuss ist auch für die Beratung von schriftlich begründeten Beschwerden zuständig, die sich auf Mängel des Systems bzw. seiner Anwendung beziehen. [2]Der Arbeitgeber entscheidet auf Vorschlag des Gemeinsamen Ausschusses darüber, ob

---

[1]) Die Änderungen stehen im Zusammenhang mit der Entgeltrunde 2008. Am 31. März 2008 wurden zunächst nur die Eckpunkte vereinbart; die redaktionelle Umsetzung erfolgte erst Mitte Juli 2008.

und in welchem Umfang der Beschwerde im Wege der Korrektur des Systems bzw. von Systembestandteilen oder auch von einzelnen konkreten Anwendungsfällen abgeholfen werden soll. ³Die Rechte der betrieblichen Mitbestimmung bleiben unberührt.

§ 42 Zielvereinbarung

(1) ¹In Zielvereinbarungen legen Arbeitgeber und Beschäftigte gemeinsam für einen bestimmten Zeitraum die anzustrebenden Ergebnisse fest, welche insbesondere mit Leistungsprämien honoriert werden. ²Pro Zielvereinbarungszeitraum sollten mehrere Ziele vereinbart werden. ³Quantitative und qualitative Ziele sind möglich. ⁴Sie können unterschiedlich gewichtet werden. ⁵Für einzelne Ziele können Zielerreichungsstufen festgelegt werden. ⁶Die Ziele und die Kriterien der Zielerreichung müssen sich auf den Arbeitsplatz/das Team und die damit verbundenen Arbeitsaufgaben beziehen. ⁷Die Erfüllung der Ziele muss in der vertraglich geschuldeten Arbeitszeit möglich sein.

(2) Im Ausnahmefall sind Korrekturen der Zielvereinbarung einvernehmlich dann möglich, wenn sich maßgebliche Rahmenbedingungen gravierend geändert haben.

(3) ¹Die jeweilige Zielerreichung wird auf der Grundlage eines Soll-Ist-Vergleichs festgestellt und auf Wunsch den Beschäftigten erläutert. ²Die Feststellung, dass Ziele nicht erreicht wurden, darf für sich allein nicht zu arbeitsrechtlichen Maßnahmen führen. ³Umgekehrt schließt die Teilnahme an einer Zielvereinbarung arbeitsrechtliche Maßnahmen nicht aus.

§ 43 Systematische Leistungsbewertung

(1) Die Leistungsbewertung knüpft im Rahmen eines Systems an konkrete Tatsachen und Verhaltensweisen an; sie begründet insbesondere Leistungszulagen.

(2) ¹Bewertungskriterien (z. B. Arbeitsquantität, Arbeitsqualität, Kundenorientierung, Teamfähigkeit, Führungsverhalten) sowie deren ggf. unterschiedlich gewichtete Abstufung werden in einer einvernehmlichen Dienstvereinbarung festgelegt. ²Es können nur Kriterien herangezogen werden, die für den Arbeitsplatz relevant und von der/dem Beschäftigten beeinflussbar sind. ³Die Leistungsbewertung nimmt die zuständige Führungskraft vor. ⁴Der Bewertungsentwurf wird mit der/dem Beschäftigten besprochen, von der Führungskraft begründet und entschieden.

Niederschriftserklärung:
Regelbeurteilungen sind für die Feststellung von Leistungszulagen ausgeschlossen.

§ 44 Sparkassensonderzahlung

(1) [1]Bankspezifisch Beschäftigte haben in jedem Kalenderjahr Anspruch auf eine Sparkassensonderzahlung (SSZ). [2]Sie besteht aus einem garantierten und einem variablen Anteil. [3]Der garantierte Anteil in Höhe eines Monatstabellenentgelts steht jedem Beschäftigten zu. [4]Der variable Anteil ist individuell-leistungsbezogen und unternehmenserfolgsbezogen. [5]Er bestimmt sich nach den Absätzen 3 und 4.

[6]Alle ausgezahlten Anteile sind zusatzversorgungspflichtiges Entgelt.

[7]Voraussetzung für die SSZ ist, dass der Beschäftigte am 1. Dezember des jeweiligen Kalenderjahres im Arbeitsverhältnis steht.

[8]Die SSZ vermindert sich um ein Zwölftel für jeden Kalendermonat, in dem Beschäftigte keinen Anspruch auf Entgelt, Entgelt im Krankheitsfall (§ 22) oder Fortzahlung des Entgelts während des Erholungsurlaubs (§ 26) haben. [9]Die Verminderung unterbleibt für Kalendermonate,

1. für die Beschäftigte kein Entgelt erhalten haben wegen
   a) Ableistung von Grundwehrdienst oder Zivildienst, wenn sie diesen vor dem 1. Dezember beendet und die Beschäftigung unverzüglich wieder aufgenommen haben,
   b) Beschäftigungsverboten nach § 3 Abs. 2 und § 6 Abs. 1 des Mutterschutzgesetzes,
   c) Inanspruchnahme der Elternzeit nach dem Bundeserziehungsgeldgesetz bis zum Ende des Kalenderjahres, in dem das Kind geboren ist, wenn am Tag vor Antritt der Elternzeit Entgeltanspruch bestanden hat,
2. in denen Beschäftigten nur wegen der Höhe des zustehenden Krankengeldes ein Krankengeldzuschuss nicht gezahlt worden ist.

Protokollerklärungen zu § 44 Abs. 1:
1. [1]Bankspezifisch Beschäftigte im Sinne von § 44 Abs. 1 Satz 1 sind Beschäftigte gemäß § 38 Abs. 5 Satz 1. [2]Die übrigen Beschäftigten haben Anspruch auf den garantierten Anteil der SSZ gemäß Absatz 1 Sätze 2 und 3; eigene leistungsdifferenzierende Systeme für diese Beschäftigten sind nicht ausgeschlossen.
2. Der variable Anteil der SSZ wird abhängig von der Ausweitung der Leistungsbezahlung im TVöD – Allgemeiner Teil – wie folgt wachsen (Grundlage: 14 Monatstabellenentgelte pro Jahr):

a) Solange bis der Zuwachs der Variabilität in der SSZ 1,36 v. H. (= 8,5 v. H. insgesamt) nicht erreicht, wird dieser dem individuell-leistungsbezogenen Anteil der SSZ zugeschlagen.
b) Hat der Zuwachs 1,36 v. H. erreicht, werden darüber hinaus gehende Zuwächse jeweils zur Hälfte dem garantierten Anteil und zur Hälfte dem variablen Anteil zugeordnet ($^1/_4$ individuell-leistungsbezogen, $^1/_4$ unternehmenserfolgsbezogen).
c) Eine ggf. andere Verteilung der Anteile bleibt späteren Tarifverhandlungen vorbehalten.
3. ¹Beschäftigte, die bis zum 31. März 2005 Altersteilzeitarbeit vereinbart haben, erhalten die SSZ auch dann, wenn das Arbeitsverhältnis wegen Rentenbezugs vor dem 1. Dezember endet. ²In diesem Fall tritt an die Stelle des Bemessungsmonats Oktober der letzte Kalendermonat vor Beendigung des Arbeitsverhältnisses.

(2) Das Monatstabellenentgelt gemäß Absatz 1 Satz 3 ist das Entgelt des Beschäftigten für den Monat Oktober, das sich aufgrund der individuell für diesen Monat vereinbarten durchschnittlichen regelmäßigen Arbeitszeit ergibt.

(3) ¹Der individuell-leistungsbezogene Teil des variablen Anteils der SSZ bestimmt sich wie folgt:

²Für jeden Beschäftigten wird jährlich ein Betrag in Höhe eines halben Monatstabellenentgelts (Absatz 2) in ein Leistungsbudget eingestellt. ³Die jährliche Ausschüttung des Leistungsbudgets an die Beschäftigten erfolgt in Form von Leistungszulagen und/oder Leistungsprämien auf der Grundlage individueller und/oder teambezogener Leistungskriterien. ⁴Bemessungsmethode für Leistungszulagen ist die systematische Leistungsbewertung (§ 43) und für Leistungsprämien die Zielvereinbarung (§ 42). ⁵Es ist sicherzustellen, dass das jeweilige Auszahlungsvolumen den beteiligten Beschäftigten nach einem ratierlichen auf alle anzuwendenden Maßstab zugeordnet wird. ⁶Bei teilweiser Zielerreichung können Teilzahlungen erfolgen, wenn es die Zielvereinbarung vorsieht. ⁷Die vollständige Ausschüttung des Gesamtbudgets ist zu gewährleisten.

⁸Die weiteren Einzelheiten werden in einer einvernehmlichen Dienstvereinbarung geregelt. ⁹Bis zu dem Abschluss und der Anwendung der Dienstvereinbarung werden 25 v. H. eines Monatstabellenentgelts gezahlt.

Niederschriftserklärungen zu § 44 Abs. 3:
1. ¹Wann immer praktizierbar und zweckmäßig, sind Zielvereinbarungen abzuschließen. ²Ansonsten werden systematische Leistungsbewertungen durchgeführt. ³Mischformen sind möglich.
2. Bei noch ausstehender Dienstvereinbarung werden die vorerst nicht auszuzahlenden 25 v. H. eines Monatstabellenentgelts gestundet.

I.1.2 TVöD BT-S § 44

(4) ¹Der unternehmenserfolgsbezogene Teil des variablen Anteils der SSZ bestimmt sich wie folgt:

²Für jeden Beschäftigten wird jährlich ein Betrag in Höhe eines halben Monatstabellenentgelts (Absatz 2) in ein Unternehmenserfolgsbudget eingestellt. ³Die Höhe des Ausschüttungsvolumens bestimmt sich nach der Erreichung von institutsindividuellen Geschäftszielen der Sparkasse. ⁴Die Definition der Geschäftsziele erfolgt vor Beginn des Kalenderjahres durch den Arbeitgeber im Rahmen der Unternehmensplanung. ⁵Die für den unternehmenserfolgsabhängigen Anteil relevanten Ziele müssen den definierten Geschäftszielen entsprechen. ⁶Die weiteren Einzelheiten, insbesondere der/ein Katalog relevanter Ziele und Kriterien für die Geschäftszielerreichung und die Fälligkeit (in der Regel im Monat nach der Schlussbesprechung), werden in einer einvernehmlichen Dienstvereinbarung geregelt.

⁷Bei Zielerreichung ist jeder/m Beschäftigten das halbe Monatstabellenentgelt auszuzahlen. ⁸Eine teilweise Zielerreichung kann nach den Maßgaben der Dienstvereinbarung zur anteiligen Ausschüttung führen. ⁹Zielübererfüllungen können zu einer höheren Ausschüttung führen.

¹⁰Kommt bis zum Ende des zu bewertenden Kalenderjahres keine Einigung über die Dienstvereinbarung zustande, besteht abweichend von Satz 2 nur Anspruch auf 25 v. H. eines Monatstabellenentgelts; der restliche Anteil verfällt.

Niederschriftserklärung zu § 44 Abs. 4:
¹Zeichnet sich ab, dass keine Dienstvereinbarung zu dem unternehmenserfolgsbezogenen Teil der SSZ zustande kommt, wird auf Antrag einer Betriebspartei der Gemeinsame Ausschuss um jeweils einen Vertreter der Landesbezirkstarifvertragsparteien ergänzt. ²Der ergänzte Gemeinsame Ausschuss unterbreitet den für die Vereinbarung zuständigen Betriebsparteien einen Konsensvorschlag spätestens bis zum 30. Juni.

(5) Der garantierte Anteil der SSZ wird mit dem Entgelt des Monats November, der variable Anteil gemäß Absatz 3 wird spätestens mit dem Entgelt für den Monat April des folgenden Kalenderjahres ausgezahlt.

(6) Im Übergangsjahr – in der Regel im Jahr 2006 – ist sicherzustellen, dass durch Abschlagszahlung auf die nach Absatz 1 Sätze 2 bis 4 zustehenden Anteile der SSZ 1,75 Monatstabellenentgelte (= 87,5 v. H. der SSZ) zur Ausschüttung kommen; die Einzelheiten werden in der Dienstvereinbarung geregelt.

§§ 45–47 TVöD BT-S **I.1.2**

(7) Die Beschäftigten haben keinen tarifvertraglichen Anspruch auf weitere Jahressonder- bzw. mantelrechtliche Einmalzahlungen.

Niederschriftserklärungen zu § 44:
1. ¹Die Tarifvertragsparteien gehen davon aus, dass es aus Anlass der Einführung dieser neuen Regelungen nicht zu einer Verrechnung von bestehenden Hausregelungen kommt. ²Sie erheben keine Bedenken gegen eine Volumen erhöhende Einbeziehung in die SSZ gemäß den Absätzen 3 und 4.
2. Die Vereinbarung der SSZ dient nicht zur Einsparung von Personalkosten.
3. Um insbesondere eine ausreichende Einführungs- oder Übergangsphase für die SSZ zu ermöglichen, können – das Einvernehmen der Betriebsparteien vorausgesetzt – die betrieblichen Systeme auch eine undifferenzierte Verteilung der variablen Entgeltbestandteile vorsehen.

§ 45 Beschäftigte der Entgeltgruppe 15

Mit Beschäftigten der Entgeltgruppe 15 können einzelarbeitsvertraglich vom Tarifrecht abweichende Regelungen zum Entgelt und zur Arbeitszeit getroffen werden.

§ 46 Bankgeheimnis, Schweigepflicht

¹Die Beschäftigten haben über Angelegenheiten, deren Geheimhaltung durch gesetzliche Vorschriften vorgesehen oder vom Arbeitgeber angeordnet worden ist, Verschwiegenheit zu wahren; dies gilt auch über die Beendigung des Arbeitsverhältnisses hinaus. ²Der Beschäftigte hat das Bankgeheimnis auch dann zu wahren, wenn dies nicht ausdrücklich vom Arbeitgeber angeordnet ist.

Niederschriftserklärung zu Beihilfen in Krankheitsfällen:
Der TVöD bzw. der TV-S greift in bei dem Arbeitgeber geltende Bestimmungen nicht ein, wenn Beschäftigte vor der Überleitung Beihilfe in Krankheitsfällen wie Beamte erhalten hätten.

§ 47 Qualifizierung

(1) ¹Ein hohes Qualifikationsniveau und lebenslanges Lernen liegen im gemeinsamen Interesse von Beschäftigten und Arbeitgebern. ²Qualifizierung dient der Steigerung von Effektivität und Effizienz der Sparkassen, der Nachwuchsförderung und der Steigerung von beschäftigungsbezogenen Kompetenzen. ³Die Tarifvertragsparteien verstehen Qualifizierung auch als Teil der Personalentwicklung.

(2) ¹Vor diesem Hintergrund stellt Qualifizierung nach diesem Tarifvertrag ein Angebot dar, aus dem für die Beschäftigten kein individueller Anspruch außer nach Absatz 4 abgeleitet werden kann. ²Das Angebot kann durch einvernehmliche Dienstvereinbarung wahr-

genommen und näher ausgestaltet werden. ³Weitergehende Mitbestimmungsrechte werden dadurch nicht berührt.

(3) ¹Qualifizierungsmaßnahmen sind

a) die Fortentwicklung der fachlichen, methodischen und sozialen Kompetenzen für die übertragenen Tätigkeiten (Erhaltungsqualifizierung),
b) der Erwerb zusätzlicher Qualifikationen (Fort- und Weiterbildung),
c) die Qualifizierung zur Arbeitsplatzsicherung (Qualifizierung für eine andere Tätigkeit; Umschulung),
d) die Einarbeitung bei längerer Abwesenheit (Wiedereinstiegsqualifizierung).

²Die Teilnahme an einer Qualifizierungsmaßnahme wird dokumentiert und den Beschäftigten schriftlich bestätigt.

(4) ¹Beschäftigte haben – auch in den Fällen des Absatzes 3 Satz 1 Buchst. d – Anspruch auf ein regelmäßiges Gespräch mit der jeweiligen Führungskraft, in dem festgestellt wird, ob und welcher Qualifizierungsbedarf besteht. ²Dieses Gespräch kann auch als Gruppengespräch geführt werden. ³Wird nichts anderes geregelt, ist das Gespräch jährlich zu führen.

(5) ¹Die Kosten einer vom Arbeitgeber veranlassten Qualifizierungsmaßnahme – einschließlich Reisekosten – werden, soweit sie nicht von Dritten übernommen werden, grundsätzlich vom Arbeitgeber getragen. ²Ein möglicher Eigenbeitrag und eventuelle Rückzahlungspflichten bei vorzeitigem Ausscheiden werden in einer Qualifizierungsvereinbarung geregelt. ³Die Betriebsparteien sind gehalten, die Grundsätze einer fairen Kostenverteilung unter Berücksichtigung des betrieblichen und individuellen Nutzens zu regeln. ⁴Ein Eigenbeitrag des/der Beschäftigten kann in Geld und/oder Zeit erfolgen.

(6) ¹Zeiten von vereinbarten Qualifizierungsmaßnahmen gelten als Arbeitszeit. ²Absatz 5 Sätze 2 bis 4 bleiben unberührt.

(7) Gesetzliche Förderungsmöglichkeiten können in die Qualifizierungsplanung einbezogen werden.

(8) Für Beschäftigte mit individuellen Arbeitszeiten sollen Qualifizierungsmaßnahmen so angeboten werden, dass ihnen eine gleichberechtigte Teilnahme ermöglicht wird.

§ 48 Entgelt für Auszubildende

Die unter den Tarifvertrag für Auszubildende des öffentlichen Dienstes (TVAöD) vom 13. September 2005 fallenden Auszubildenden der

Sparkassen erhalten im ersten, zweiten und dritten Ausbildungsjahr das nach dem TVAöD maßgebende Ausbildungsentgelt für das zweite, dritte bzw. vierte Ausbildungsjahr.

§ 49 Vermögenswirksame Leistungen

(1) ¹Nach Maßgabe des Vermögensbildungsgesetzes in seiner jeweiligen Fassung haben Beschäftigte, deren Arbeitsverhältnis voraussichtlich mindestens sechs Monate dauert, einen Anspruch auf vermögenswirksame Leistungen. ²Für Vollbeschäftigte beträgt die vermögenswirksame Leistung für jeden vollen Kalendermonat 40 Euro. ³Der Anspruch entsteht frühestens für den Kalendermonat, in dem Beschäftigte dem Arbeitgeber die erforderlichen Angaben schriftlich mitteilen, und für die beiden vorangegangenen Monate desselben Kalenderjahres; die Fälligkeit tritt nicht vor acht Wochen nach Zugang der Mitteilung beim Arbeitgeber ein. ⁴Die vermögenswirksame Leistung wird nur für Kalendermonate gewährt, für die den Beschäftigten Tabellenentgelt, Entgeltfortzahlung oder Krankengeldzuschuss zusteht. ⁵Für Zeiten, für die Krankengeldzuschuss zusteht, ist die vermögenswirksame Leistung Teil des Krankengeldzuschusses. ⁶Die vermögenswirksame Leistung ist kein zusatzversorgungspflichtiges Entgelt.

(2) Absatz 1 gilt auch für die Auszubildenden der Sparkassen.

Protokollerklärung:
Die Protokollerklärung Nr. 2 zu § 15 Abs. 1 TVöD gilt nicht.

§ 50 Reise- und Umzugskosten

Die Erstattung von Reise- und Umzugskosten richtet sich nach den beim Arbeitgeber geltenden Grundsätzen.

§ 51 In-Kraft-Treten, Laufzeit

(1) ¹Dieser Tarifvertrag tritt am 1. Oktober 2005 in Kraft. ²Er kann mit einer Frist von drei Monaten zum Schluss eines Kalenderhalbjahres schriftlich gekündigt werden, frühestens jedoch zum 31. Dezember 2009.

(2) Abweichend von Absatz 1 kann § 49 mit einer Frist von einem Monat zum Schluss eines Kalendermonats, frühestens jedoch zum 31. Dezember 2007, schriftlich gekündigt werden.

Tarifvertrag für den öffentlichen Dienst (TVöD)
– Besonderer Teil Entsorgung (TVöD BT-E) –
Vom 13. September 2005
Zuletzt geändert durch
Änderungstarifvertrag Nr. 1 vom 31. März 2008[1])

§ 40 Geltungsbereich

(1) [1]Dieser Tarifvertrag gilt für Beschäftigte der Entsorgungsbetriebe, unabhängig von deren Rechtsform. [2]Er bildet im Zusammenhang mit dem Allgemeinen Teil des Tarifvertrages für den öffentlichen Dienst (TVöD) den Tarifvertrag für die Sparte Entsorgung (TV-E).

(2) Soweit in den nachfolgenden Bestimmungen auf die §§ 1 bis 39 verwiesen wird, handelt es sich um die Regelungen des TVöD – Allgemeiner Teil –.

§ 41 Tägliche Rahmenzeit

Die tägliche Rahmenzeit kann auf bis zu zwölf Stunden in der Zeitspanne von 6 bis 22 Uhr vereinbart werden.

§ 42 Öffnungsregelung zu § 14 TzBfG

(1) Die kalendermäßige Befristung eines Arbeitsvertrages ohne Vorliegen eines sachlichen Grundes ist nach Maßgabe der Absätze 2 bis 4 bis zur Dauer von vier Jahren zulässig; bis zu dieser Gesamtdauer ist auch die höchstens dreimalige Verlängerung eines kalendermäßig befristeten Arbeitsvertrages möglich.

(2) Die Befristung nach Absatz 1 über die Dauer von zwei Jahren hinaus bedarf der vorherigen Zustimmung des Personalrats/Betriebsrats.

(3) Die Befristung nach Absatz 1 über die Dauer von zwei Jahren hinaus ist unzulässig, wenn mit dem Abschluss des Arbeitsvertrages mehr als 40 v. H. der bei dem Arbeitgeber begründeten Arbeits-

---

[1]) Die Änderungen stehen im Zusammenhang mit der Entgeltrunde 2008. Am 31. März 2008 wurden zunächst nur die Eckpunkte vereinbart; die redaktionelle Umsetzung erfolgte erst Mitte Juli 2008.

verhältnisse ohne Vorliegen eines sachlichen Grundes abgeschlossen wären.

(4) ¹Soweit von der Befristung nach Absatz 1 über die Dauer von zwei Jahren hinaus Gebrauch gemacht wird, ist die Beschäftigung von Leiharbeitnehmerinnen/Leiharbeitnehmern nicht zulässig. ²In begründeten Einzelfällen kann mit Zustimmung des Personalrats/Betriebsrats von Satz 1 abgewichen werden.

(5) Beschäftigte, mit denen eine Befristung nach Absatz 1 über die Dauer von zwei Jahren hinaus vereinbart ist, sind nach Ablauf der vereinbarten Zeit in ein Arbeitsverhältnis auf unbestimmte Dauer zu übernehmen, sofern im Falle des Ausscheidens dieser Beschäftigten für den betreffenden Funktionsbereich ein befristetes Arbeitsverhältnis mit anderen Beschäftigten begründet würde.

(6) Beim Abschluss von nach Absatz 1 befristeten Arbeitsverträgen über die Dauer von zwei Jahren hinaus sind Auszubildende, die bei demselben Arbeitgeber ausgebildet worden sind, nach erfolgreich abgeschlossener Abschlussprüfung bei gleicher Eignung und Befähigung vorrangig zu berücksichtigen.

§ 43 Betrieblicher Gesundheits- und Arbeitsschutz

(1) Arbeiten in der Abfall- und Entsorgungswirtschaft verpflichten Arbeitgeber und Beschäftigte in besonders hohem Maße zur Einhaltung aller einschlägigen Arbeitsschutz- und Sicherheitsvorschriften.

(2) Es sind ein sicherheitsgerechter Arbeitsplatz und eine Arbeitsumgebung zur Verfügung zu stellen, die eine Gefährdung nach Möglichkeit ausschließen, wobei gesicherte arbeitswissenschaftliche Erkenntnisse über menschengerechte Arbeitsplatzgestaltung berücksichtigt werden.

(3) ¹Neben den allgemeinen Bestimmungen der gesetzlichen Unfallversicherungsträger, den Rechten und Pflichten, die sich aus dem Betriebsverfassungsgesetz und den Personalvertretungsgesetzen sowie dem Arbeitssicherheitsgesetz ergeben, hat der Arbeitgeber dafür Sorge zu tragen, dass

1. die Beschäftigten mindestens im Turnus von einem Jahr über die zu beachtenden Gesetze, Verordnungen und Unfallverhütungsvorschriften unterrichtet werden sowie bei Einführung neuer Arbeitsverfahren und neuer Arbeitsstoffe bzw. vor der Arbeitsaufnahme an einem neuen Arbeitsplatz. ²Bei Bedarf sind Unterweisungen öfter durchzuführen. ³Beschäftigte, die der deutschen Sprache nicht ausreichend mächtig sind, müssen in einer ihnen verständli-

chen Sprache unterwiesen werden. [4]Dieses kann auch in schriftlicher Form in der jeweiligen Landessprache erfolgen,

2. die für die Beschäftigten und die Ausführung der Arbeiten erforderlichen Schutzausrüstungen, Werkzeuge, Maschinen und Fahrzeuge im betriebssicheren Zustand zur Verfügung gestellt werden,

3. Arbeits- und Schutzkleidung den Witterungsbedingungen entsprechend zur Verfügung gestellt, gereinigt und instand gesetzt wird.

(4) [1]Die Beschäftigten sind verpflichtet, die sicherheitstechnischen Vorschriften und die turnusmäßigen betrieblichen Belehrungen zu beachten. [2]Sie sind ferner dazu verpflichtet, die ihnen vom Betrieb gestellten Schutzausrüstungen, Werkzeuge, Maschinen und Fahrzeuge zur Herstellung der Arbeitssicherheit zu verwenden und sich vor dem Einsatz von dem ordnungsgemäßen Zustand zu überzeugen. [3]Weitergehende Arbeitsschutzvorschriften der jeweiligen Arbeitgeber sind vorrangig einzuhalten.

(5) Beschäftigte, die sich über die Arbeitssicherheit zur Ausführung eines bestimmten Auftrages nicht ausreichend belehrt fühlen, haben das Recht und die Pflicht, dies dem betrieblich Verantwortlichen vor der Arbeitsaufnahme zu melden.

(6) In den Betriebsstätten und festen Baustellen haben die allgemeinen und für die jeweilige Arbeit speziellen Unfallverhütungsvorschriften der gesetzlichen Unfallversicherungsträger den Beschäftigten während der Arbeitszeit zugänglich zu sein.

(7) Näheres soll durch Betriebs-/Dienstvereinbarung zum betrieblichen Arbeits- und Gesundheitsschutz geregelt werden.

§ 44 Erfolgsbeteiligung

[1]Die Beschäftigten können an einem auf ihrer Mehrleistung beruhenden Betriebsergebnis im Abrechnungszeitraum beteiligt werden. [2]Qualität und Menge der erbrachten Mehrleistung sind nachzuweisen. [3]Die Kriterien für diese Erfolgsbeteiligung und das Verfahren werden in einem betrieblich zu vereinbarenden System festgelegt. [4]Die Erfolgsbeteiligung ist kein zusatzversorgungspflichtiges Entgelt.

§ 45 Qualifizierung

(1) [1]Ein hohes Qualifikationsniveau und lebenslanges Lernen liegen im gemeinsamen Interesse von Beschäftigten und Arbeitgebern. [2]Qualifizierung dient der Steigerung von Effektivität und Effizienz des Betriebes, der Nachwuchsförderung und der Steigerung von

beschäftigungsbezogenen Kompetenzen. ³Die Tarifvertragsparteien verstehen Qualifizierung auch als Teil der Personalentwicklung.

(2) ¹Vor diesem Hintergrund stellt Qualifizierung nach diesem Tarifvertrag ein Angebot dar, aus dem für die Beschäftigten kein individueller Anspruch außer nach Absatz 4 abgeleitet werden kann. ²Das Angebot kann durch freiwillige Betriebsvereinbarung/Dienstvereinbarung wahrgenommen und näher ausgestaltet werden. ³Weitergehende Mitbestimmungsrechte werden dadurch nicht berührt.

(3) ¹Qualifizierungsmaßnahmen sind
a) die Fortentwicklung der fachlichen, methodischen und sozialen Kompetenzen für die übertragenen Tätigkeiten (Erhaltungsqualifizierung),
b) der Erwerb zusätzlicher Qualifikationen (Fort- und Weiterbildung),
c) die Qualifizierung zur Arbeitsplatzsicherung (Qualifizierung für eine andere Tätigkeit; Umschulung),
d) die Einarbeitung bei längerer Abwesenheit (Wiedereinstiegsqualifizierung).

²Die Teilnahme an einer Qualifizierungsmaßnahme wird dokumentiert und den Beschäftigten schriftlich bestätigt.

(4) ¹Beschäftigte haben – auch in den Fällen des Absatzes 3 Satz 1 Buchst. d – Anspruch auf ein regelmäßiges Gespräch mit der jeweiligen Führungskraft, in dem festgestellt wird, ob und welcher Qualifizierungsbedarf besteht. ²Dieses Gespräch kann auch als Gruppengespräch geführt werden. ³Wird nichts anderes geregelt, ist das Gespräch jährlich zu führen.

(5) ¹Die Kosten einer vom Arbeitgeber veranlassten Qualifizierungsmaßnahme – einschließlich Reisekosten – werden, soweit sie nicht von Dritten übernommen werden, grundsätzlich vom Arbeitgeber getragen. ²Ein möglicher Eigenbeitrag und eventuelle Rückzahlungspflichten bei vorzeitigem Ausscheiden werden in einer Qualifizierungsvereinbarung geregelt. ³Die Betriebsparteien sind gehalten, die Grundsätze einer fairen Kostenverteilung unter Berücksichtigung des betrieblichen und individuellen Nutzens zu regeln. ⁴Ein Eigenbeitrag des/der Beschäftigten kann in Geld und/oder Zeit erfolgen.

(6) ¹Zeiten von vereinbarten Qualifizierungsmaßnahmen gelten als Arbeitszeit. ²Absatz 5 Sätze 2 bis 4 bleiben unberührt.

(7) Gesetzliche Förderungsmöglichkeiten können in die Qualifizierungsplanung einbezogen werden.

(8) Für Beschäftigte mit individuellen Arbeitszeiten sollen Qualifizierungsmaßnahmen so angeboten werden, dass ihnen eine gleichberechtigte Teilnahme ermöglicht werden kann.

§ 46 Reise- und Umzugskosten

¹Die Erstattung von Reise- und Umzugskosten richtet sich nach den beim Arbeitgeber geltenden Grundsätzen. ²Für Arbeitgeber, die dem öffentlichen Haushaltsrecht unterliegen, finden, wenn diese nicht nach eigenen Grundsätzen verfahren, die für Beamtinnen und Beamten geltenden Bestimmungen Anwendung.

§ 47 In-Kraft-Treten, Laufzeit

¹Dieser Tarifvertrag tritt am 1. Oktober 2005 in Kraft. ²Er kann mit einer Frist von drei Monaten zum Schluss eines Kalenderhalbjahres schriftlich gekündigt werden, frühestens jedoch zum 31. Dezember 2009.

Tarifvertrag für den öffentlichen Dienst (TVöD)
– Besonderer Teil Krankenhäuser (TVöD BT-K) –

Vom 1. August 2006[1])

Zuletzt geändert durch
Änderungstarifvertrag Nr. 1 vom 31. März 2008[2])

§ 40 Geltungsbereich

(1) Dieser Besondere Teil gilt für Beschäftigte, die in einem Arbeitsverhältnis zu einem Arbeitgeber stehen, der Mitglied eines Mitgliedverbandes der VKA ist, wenn sie in

a) Krankenhäusern, einschließlich psychiatrischen Fachkrankenhäusern,

b) medizinischen Instituten von Krankenhäusern oder

c) sonstigen Einrichtungen (z. B. Reha-Einrichtungen, Kureinrichtungen), in denen die betreuten Personen in ärztlicher Behandlung stehen, wenn die Behandlung durch in den Einrichtungen selbst beschäftigte Ärztinnen oder Ärzte stattfindet,

beschäftigt sind.

Protokollerklärung zu Absatz 1:
[1]Von dem Geltungsbereich werden auch Fachabteilungen (z. B. Pflege-, Altenpflege- und Betreuungseinrichtungen) in psychiatrischen Zentren bzw. Rehabilitations- oder Kureinrichtungen erfasst, soweit diese mit einem psychiatrischen Fachkrankenhaus bzw. einem Krankenhaus desselben Trägers einen Betrieb bilden. [2]Von Satz 1

---

[1]) Zeitgleich mit den Tarifverhandlungen zwischen Kommunen und Marburger Bund wurden vergleichbare Regelungen für die nicht vom Marburger Bund vertretenen Ärzte (abgedruckt unter I.3) vereinbart.

[2]) Die Änderungen stehen im Zusammenhang mit der Entgeltrunde 2008. Am 31. März 2008 wurden zunächst nur die Eckpunkte vereinbart; die redaktionelle Umsetzung erfolgte erst Mitte Juli 2008.
Zu seinem Geltungsbereich bestimmt § 6 des Änderungstarifvertrages Nr. 1 Folgendes:
§ 6 Ausnahmen vom Geltungsbereich
[1]Für Beschäftigte, die spätestens mit Ablauf des 31. März 2008 aus dem Arbeitsverhältnis ausgeschieden sind, gilt dieser Tarifvertrag nur, wenn sie dies bis 30. September 2008 schriftlich beantragen. [2]Für Beschäftigte, die spätestens mit Ablauf des 31. März 2008 aufgrund eigenen Verschuldens ausgeschieden sind, gilt dieser Tarifvertrag nicht.

erfasste Einrichtungen können durch landesbezirkliche Anwendungsvereinbarung aus dem Geltungsbereich ausgenommen werden. ³Im Übrigen werden Altenpflegeeinrichtungen eines Krankenhauses von dem Geltungsbereich des BT-K nicht erfasst, auch soweit sie mit einem Krankenhaus desselben Trägers einen Betrieb bilden. ⁴Vom Geltungsbereich des BT-B erfasste Einrichtungen können durch landesbezirkliche Anwendungsvereinbarung in diesen Tarifvertrag einbezogen werden.

Niederschriftserklärung zu Absatz 1:
Lehrkräfte an Krankenpflegeschulen und ähnlichen der Ausbildung dienenden Einrichtungen nach Absatz 1 fallen unter den BT-K.

(2) Soweit in den nachfolgenden Bestimmungen auf die §§ 1 bis 39 verwiesen wird, handelt es sich um die Regelungen des TVöD – Allgemeiner Teil –.

§ 41 Besondere Regelung zum Geltungsbereich TVöD

¹§ 1 Abs. 2 Buchst. b findet auf Ärztinnen und Ärzte keine Anwendung. ²Eine abweichende einzelvertragliche Regelung für Oberärztinnen und Oberärzte im Sinne des § 51 Abs. 3 und 4 ist zulässig.

Protokollerklärungen zu § 41:
1. Ärztinnen und Ärzte nach diesem Tarifvertrag sind auch Zahnärztinnen und Zahnärzte.
2. ¹Für Ärztinnen und Ärzte, die sich am 1. August 2006 in der Altersteilzeit befinden, verbleibt es bei der Anwendung des BT-K in der bis zum 31. Juli 2006 geltenden Fassung. ²Mit Ärztinnen und Ärzten, die Altersteilzeit vor dem 1. August 2006 vereinbart, diese aber am 1. August 2006 noch nicht begonnen haben, ist auf Verlangen die Aufhebung der Altersteilzeitvereinbarung zu prüfen. ³Satz 2 gilt entsprechend in den Fällen des Satzes 1,
   a) bei Altersteilzeit im Blockmodell, wenn am 1. August 2006 ein Zeitraum von nicht mehr als einem Drittel der Arbeitsphase,
   b) bei Altersteilzeit im Teilzeitmodell, wenn am 1. August 2006 ein Zeitraum von nicht mehr als einem Drittel der Altersteilzeit

   zurückgelegt ist.

§ 42 Allgemeine Pflichten der Ärztinnen und Ärzte

(1) ¹Zu den den Ärztinnen und Ärzten obliegenden ärztlichen Pflichten gehört es auch, ärztliche Bescheinigungen auszustellen. ²Die Ärztinnen und Ärzte können vom Arbeitgeber auch verpflichtet werden, im Rahmen einer zugelassenen Nebentätigkeit von leitenden Ärztinnen und Ärzten oder für Belegärztinnen und Belegärzte innerhalb der Einrichtung ärztlich tätig zu werden.

(2) ¹Zu den aus der Haupttätigkeit obliegenden Pflichten der Ärztinnen und Ärzte gehört es ferner, am Rettungsdienst in Notarztwagen und Hubschraubern teilzunehmen. ²Für jeden Einsatz in diesem

§ 43 TVöD BT-K I.1.4

Rettungsdienst erhalten Ärztinnen und Ärzte einen nicht zusatzversorgungspflichtigen Einsatzzuschlag ab 1. Januar 2008 in Höhe von 21,00 Euro. ³Dieser Betrag verändert sich zu demselben Zeitpunkt und in dem gleichen Ausmaß wie das Tabellenentgelt der Entgeltgruppe II Stufe 1 (Ärztinnen/Ärzte).

Protokollerklärung zu Absatz 2:
1. Eine Ärztin/ein Arzt, die/der nach der Approbation noch nicht mindestens ein Jahr klinisch tätig war, ist grundsätzlich nicht zum Einsatz im Rettungsdienst heranzuziehen.
2. Eine Ärztin/ein Arzt, der/dem aus persönlichen oder fachlichen Gründen (z. B. Vorliegen einer anerkannten Minderung der Erwerbsfähigkeit, die dem Einsatz im Rettungsdienst entgegensteht, Flugunverträglichkeit) die Teilnahme am Rettungsdienst nicht zumutbar ist, darf grundsätzlich nicht zum Einsatz im Rettungsdienst herangezogen werden.

(3) ¹Die Erstellung von Gutachten, gutachtlichen Äußerungen und wissenschaftlichen Ausarbeitungen, die nicht von einem Dritten angefordert und vergütet werden, gehört zu den den Ärztinnen und Ärzten obliegenden Pflichten aus der Haupttätigkeit.

(4) ¹Ärztinnen und Ärzte können vom Arbeitgeber verpflichtet werden, als Nebentätigkeit Unterricht zu erteilen sowie Gutachten, gutachtliche Äußerungen und wissenschaftliche Ausarbeitungen, die von einem Dritten angefordert und vergütet werden, zu erstellen, und zwar auch im Rahmen einer zugelassenen Nebentätigkeit der leitenden Ärztin/des leitenden Arztes. ²Steht die Vergütung für das Gutachten, die gutachtliche Äußerung oder wissenschaftliche Ausarbeitung ausschließlich dem Arbeitgeber zu, haben Ärztinnen und Ärzte nach Maßgabe ihrer Beteiligung einen Anspruch auf einen Teil dieser Vergütung. ³In allen anderen Fällen sind Ärztinnen und Ärzte berechtigt, für die Nebentätigkeit einen Anteil der von dem Dritten zu zahlenden Vergütung anzunehmen. ⁴Ärztinnen und Ärzte können die Übernahme der Nebentätigkeit verweigern, wenn die angebotene Vergütung offenbar nicht dem Maß ihrer Beteiligung entspricht; im Übrigen kann die Übernahme der Nebentätigkeit nur in besonders begründeten Ausnahmefällen verweigert werden.

§ 43 Zu § 5 Qualifizierung – Ärztinnen/Ärzte

(1) Für Beschäftigte, die sich in Facharzt-, Schwerpunktweiterbildung oder Zusatzausbildung nach dem Gesetz über befristete Arbeitsverträge mit Ärzten in der Weiterbildung befinden, ist ein Weiterbildungsplan aufzustellen, der unter Berücksichtigung des Standes der

Weiterbildung die zu vermittelnden Ziele und Inhalte der Weiterbildungsabschnitte sachlich und zeitlich gegliedert festlegt.

(2) Die Weiterbildung ist vom Betrieb im Rahmen seines Versorgungsauftrags bei wirtschaftlicher Betriebsführung so zu organisieren, dass die/der Beschäftigte die festgelegten Weiterbildungsziele in der nach der jeweiligen Weiterbildungsordnung vorgesehenen Zeit erreichen kann.

(3) [1]Können Weiterbildungsziele aus Gründen, die der Arbeitgeber zu vertreten hat, in der vereinbarten Dauer des Arbeitsverhältnisses nicht erreicht werden, so ist die Dauer des Arbeitsvertrages entsprechend zu verlängern. [2]Die Regelungen des Gesetzes über befristete Arbeitsverträge mit Ärzten in der Weiterbildung bleiben hiervon unberührt und sind für den Fall lang andauernder Arbeitsunfähigkeit sinngemäß anzuwenden. [3]Absatz 2 bleibt unberührt.

(4) [1]Zur Teilnahme an Arztkongressen, Fachtagungen und ähnlichen Veranstaltungen ist der Ärztin/dem Arzt Arbeitsbefreiung bis zu drei Arbeitstagen im Kalenderjahr unter Fortzahlung des Entgelts zu gewähren. [2]Die Arbeitsbefreiung wird auf einen Anspruch nach den Weiterbildungsgesetzen der Länder angerechnet. [3]Bei Kostenerstattung durch Dritte kann eine Freistellung für bis zu fünf Arbeitstage erfolgen.

§ 44 Zu § 6 Regelmäßige Arbeitszeit

(1) [1]Die regelmäßige Arbeitszeit beträgt für Beschäftigte der Mitglieder eines Mitgliedverbandes der VKA im Tarifgebiet West ausschließlich der Pausen

a) im Tarifgebiet West abweichend von § 6 Abs. 1 Satz 1 Buchst. b durchschnittlich 38,5 Stunden wöchentlich,

b) im Tarifgebiet Ost durchschnittlich 40 Stunden wöchentlich.

[2]Für Beschäftigte der Mitglieder des Kommunalen Arbeitgeberverbandes Baden-Württemberg beträgt die regelmäßige Arbeitszeit ausschließlich der Pausen abweichend von Satz 1 Buchst. a durchschnittlich 39 Stunden wöchentlich. [3]Satz 2 gilt nicht für Auszubildende, Schülerinnen/Schüler sowie Praktikantinnen/Praktikanten der Mitglieder des Kommunalen Arbeitgeberverbandes Baden-Württemberg; für sie beträgt die regelmäßige Arbeitszeit ausschließlich der Pausen durchschnittlich 38,5 Stunden wöchentlich.

(2) Für Ärztinnen und Ärzte beträgt die regelmäßige Arbeitszeit ausschließlich der Pausen durchschnittlich 40 Stunden wöchentlich.

(3) Die Arbeitszeiten der Ärztinnen und Ärzte sind durch elektronische Zeiterfassung oder auf andere Art und Weise zu dokumentieren.

(4) ¹Unter den Voraussetzungen des Arbeitszeitgesetzes und des Arbeitsschutzgesetzes, insbesondere des § 5 ArbSchG, kann die tägliche Arbeitszeit der Ärztinnen und Ärzte im Schichtdienst auf bis zu zwölf Stunden ausschließlich der Pausen ausgedehnt werden. ²In unmittelbarer Folge dürfen nicht mehr als vier Zwölf-Stunden-Schichten und innerhalb von zwei Kalenderwochen nicht mehr als acht Zwölf-Stunden-Schichten geleistet werden. ³Solche Schichten können nicht mit Bereitschaftsdienst kombiniert werden.

§ 45 Bereitschaftsdienst und Rufbereitschaft

(1) ¹Bereitschaftsdienst leisten die Beschäftigten, die sich auf Anordnung des Arbeitgebers außerhalb der regelmäßigen Arbeitszeit an einer vom Arbeitgeber bestimmten Stelle aufhalten, um im Bedarfsfall die Arbeit aufzunehmen. ²Der Arbeitgeber darf Bereitschaftsdienst nur anordnen, wenn zu erwarten ist, dass zwar Arbeit anfällt, erfahrungsgemäß aber die Zeit ohne Arbeitsleistung überwiegt.

(2) Abweichend von den §§ 3, 5 und 6 Abs. 2 ArbZG kann im Rahmen des § 7 ArbZG die tägliche Arbeitszeit im Sinne des Arbeitszeitgesetzes über acht Stunden hinaus verlängert werden, wenn mindestens die acht Stunden überschreitende Zeit im Rahmen von Bereitschaftsdienst geleistet wird, und zwar wie folgt:

a) bei Bereitschaftsdiensten der Stufe I bis zu insgesamt maximal 16 Stunden täglich; die gesetzlich vorgeschriebene Pause verlängert diesen Zeitraum nicht,

b) bei Bereitschaftsdiensten der Stufen II und III bis zu insgesamt maximal 13 Stunden täglich; die gesetzlich vorgeschriebene Pause verlängert diesen Zeitraum nicht.

(3) ¹Im Rahmen des § 7 ArbZG kann unter den Voraussetzungen

a) einer Prüfung alternativer Arbeitszeitmodelle,

b) einer Belastungsanalyse gemäß § 5 ArbSchG und

c) ggf. daraus resultierender Maßnahmen zur Gewährleistung des Gesundheitsschutzes

aufgrund einer Betriebs-/Dienstvereinbarung von den Regelungen des Arbeitszeitgesetzes abgewichen werden. ²Für einen Betrieb/eine Verwaltung, in dem/der ein Personalvertretungsgesetz Anwendung findet, kann eine Regelung nach Satz 1 in einem landesbezirklichen Tarifvertrag getroffen werden, wenn eine Dienstvereinbarung nicht einvernehmlich zustande kommt (§ 38 Abs. 3) und der Arbeitgeber ein

Letztentscheidungsrecht hat. ³Abweichend von den §§ 3, 5 und 6 Abs. 2 ArbZG kann die tägliche Arbeitszeit im Sinne des Arbeitszeitgesetzes über acht Stunden hinaus verlängert werden, wenn in die Arbeitszeit regelmäßig und in erheblichem Umfang Bereitschaftsdienst fällt. ⁴Hierbei darf die tägliche Arbeitszeit ausschließlich der Pausen maximal 24 Stunden betragen.

(4) Unter den Voraussetzungen des Absatzes 3 Satz 1 und 2 kann die tägliche Arbeitszeit gemäß § 7 Abs. 2a ArbZG ohne Ausgleich verlängert werden, wobei

a) bei Bereitschaftsdiensten der Stufe I eine wöchentliche Arbeitszeit von bis zu maximal durchschnittlich 58 Stunden,

b) bei Bereitschaftsdiensten der Stufen II und III eine wöchentliche Arbeitszeit von bis zu maximal durchschnittlich 54 Stunden

zulässig ist.

(5) Für den Ausgleichszeitraum nach den Absätzen 2 bis 4 gilt § 6 Abs. 2 Satz 1.

(6) Bei Aufnahme von Verhandlungen über eine Betriebs-/Dienstvereinbarung nach den Absätzen 3 und 4 sind die Tarifvertragsparteien auf landesbezirklicher Ebene zu informieren.

(7) ¹In den Fällen, in denen Beschäftigte Teilzeitarbeit gemäß § 11 vereinbart haben, verringern sich die Höchstgrenzen der wöchentlichen Arbeitszeit nach den Absätzen 2 bis 4 in demselben Verhältnis wie die Arbeitszeit dieser Beschäftigten zu der regelmäßigen Arbeitszeit der Vollbeschäftigten. ²Mit Zustimmung der/des Beschäftigten oder aufgrund von dringenden dienstlichen oder betrieblichen Belangen kann hiervon abgewichen werden.

(8) ¹Der Arbeitgeber darf Rufbereitschaft nur anordnen, wenn erfahrungsgemäß lediglich in Ausnahmefällen Arbeit anfällt. ²Durch tatsächliche Arbeitsleistung innerhalb der Rufbereitschaft kann die tägliche Höchstarbeitszeit von zehn Stunden (§ 3 ArbZG) überschritten werden (§ 7 ArbZG).

(9) § 6 Abs. 4 bleibt im Übrigen unberührt.

(10) ¹Für Beschäftigte in Einrichtungen und Heimen, die der Förderung der Gesundheit, der Erziehung, Fürsorge oder Betreuung von Kindern und Jugendlichen, der Fürsorge und Betreuung von obdachlosen, alten, gebrechlichen, erwerbsbeschränkten oder sonstigen hilfsbedürftigen Personen dienen, auch wenn diese Einrichtungen nicht der ärztlichen Behandlung der betreuten Personen dienen, gelten die Absätze 1 bis 9 mit der Maßgabe, dass die Grenzen für die

Stufe I einzuhalten sind. ²Dazu gehören auch die Beschäftigten in Einrichtungen, in denen die betreuten Personen nicht regelmäßig ärztlich behandelt und beaufsichtigt werden (Erholungsheime).

§ 46 Bereitschaftsdienstentgelt

(1) Zum Zwecke der Entgeltberechnung wird nach dem Maß der während des Bereitschaftsdienstes erfahrungsgemäß durchschnittlich anfallenden Arbeitsleistungen die Zeit des Bereitschaftsdienstes einschließlich der geleisteten Arbeit wie folgt als Arbeitszeit gewertet:

Stufe	Arbeitsleistung innerhalb des Bereitschaftsdienstes	Bewertung als Arbeitszeit
I	bis zu 25 v. H.	60 v. H.
II	mehr als 25 bis 40 v. H.	75 v. H.
III	mehr als 40 bis 49 v. H.	90 v. H.

(2) ¹Die Zuweisung zu den einzelnen Stufen des Bereitschaftsdienstes erfolgt durch die Betriebsparteien. ²Bei Ärztinnen und Ärzten erfolgt die Zuweisung zu den einzelnen Stufen des Bereitschaftsdienstes als Nebenabrede (§ 2 Abs. 3) zum Arbeitsvertrag. ³Die Nebenabrede ist mit einer Frist von drei Monaten jeweils zum Ende eines Kalenderhalbjahres kündbar.

(3) Für die Beschäftigten gemäß § 45 Abs. 10 wird zum Zwecke der Entgeltabrechnung die Zeit des Bereitschaftsdienstes einschließlich der geleisteten Arbeit mit 28,5 v. H. als Arbeitszeit bewertet.

(4) Das Entgelt für die nach den Absätzen 1 und 3 zum Zwecke der Entgeltabrechnung als Arbeitszeit gewertete Bereitschaftsdienstzeit bestimmt sich nach der Anlage G.

(5) ¹Die Beschäftigten erhalten zusätzlich zu dem Entgelt nach Absatz 4 für jede nach den Absätzen 1 und 3 als Arbeitszeit gewertete Stunde, die an einem Feiertag geleistet worden ist, einen Zeitzuschlag in Höhe von 25 v. H. des Stundenentgelts ihrer jeweiligen Entgeltgruppe nach der Anlage G. ²Im Übrigen werden für die Zeit des Bereitschaftsdienstes einschließlich der geleisteten Arbeit und für die Zeit der Rufbereitschaft Zeitzuschläge nach § 8 nicht gezahlt.

(6) ¹Anstelle der Auszahlung des Entgelts nach Absatz 4 für die nach den Absätzen 1 und 3 gewertete Arbeitszeit kann diese bei Ärztinnen und Ärzten bis zum Ende des dritten Kalendermonats auch durch entsprechende Freizeit abgegolten werden (Freizeitausgleich). ²Die Möglichkeit zum Freizeitausgleich nach Satz 1 umfasst auch die dem Zeitzuschlag nach Absatz 5 1:1 entsprechende Arbeitszeit. ³Für die

Zeit des Freizeitausgleichs werden das Entgelt (§ 15) und die in Monatsbeträgen festgelegten Zulagen fortgezahlt. ⁴Nach Ablauf der drei Monate wird das Bereitschaftsdienstentgelt am Zahltag des folgenden Kalendermonats fällig.

(7) ¹An Beschäftigte, die nicht von Absatz 6 erfasst werden, wird das Bereitschaftsdienstentgelt gezahlt (§ 24 Abs. 1 Satz 3), es sei denn, dass ein Freizeitausgleich zur Einhaltung der Vorschriften des Arbeitszeitgesetzes erforderlich ist oder eine entsprechende Regelung in einer Betriebs- oder einvernehmlichen Dienstvereinbarung getroffen wird oder die/der Beschäftigte dem Freizeitausgleich zustimmt. ²In diesem Fall gilt Absatz 6 entsprechend.

(8) ¹Das Bereitschaftsdienstentgelt nach den Absätzen 1, 3, 4 und 5 kann im Falle der Faktorisierung nach § 10 Abs. 3 in Freizeit abgegolten werden. ²Dabei entspricht eine Stunde Bereitschaftsdienst

a) nach Absatz 1
    aa) in der Stufe I   37 Minuten,
    bb) in der Stufe II   46 Minuten und
    cc) in der Stufe III   55 Minuten,
b) nach Absatz 3   17,5 Minuten und
c) bei Feiertagsarbeit nach Absatz 5 jeweils zuzüglich   15 Minuten,

§ 47 Sonderkündigungsrecht der Bereitschaftsdienst- und Rufbereitschaftsregelung

¹Die §§ 45 und 46 können mit einer Frist von drei Monaten gekündigt werden, wenn infolge einer Änderung des Arbeitszeitgesetzes sich materiellrechtliche Auswirkungen ergeben oder weitere Regelungsmöglichkeiten für die Tarifvertragsparteien eröffnet werden. ²Rein formelle Änderungen berechtigen nicht zu einer Ausübung des Sonderkündigungsrechts.

§ 48 Wechselschichtarbeit

(1) Abweichend von § 6 Abs. 1 Satz 2 werden die gesetzlichen Pausen bei Wechselschichtarbeit nicht in die Arbeitszeit eingerechnet.

(2) Abweichend von § 7 Abs. 1 Satz 1 ist Wechselschichtarbeit die Arbeit nach einem Schichtplan/Dienstplan, der einen regelmäßigen Wechsel der täglichen Arbeitszeit in Wechselschichten vorsieht, bei denen die/der Beschäftigte längstens nach Ablauf eines Monats erneut zu mindestens zwei Nachtschichten herangezogen wird.

Niederschriftserklärung zu § 48 Abs. 2:
Der Anspruch auf die Wechselschichtzulage ist auch erfüllt, wenn unter Einhaltung der Monatsfrist zwei Nachtdienste geleistet wurden, die nicht zwingend unmittelbar aufeinander folgen müssen.

§ 49 Arbeit an Sonn- und Feiertagen

Abweichend von § 6 Abs. 3 Satz 3 und in Ergänzung zu § 6 Abs. 5 gilt für Sonn- und Feiertage Folgendes:

(1) ¹Die Arbeitszeit an einem gesetzlichen Feiertag, der auf einen Werktag fällt, wird durch eine entsprechende Freistellung an einem anderen Werktag bis zum Ende des dritten Kalendermonats – möglichst aber schon bis zum Ende des nächsten Kalendermonats – ausgeglichen, wenn es die betrieblichen Verhältnisse zulassen. ²Kann ein Freizeitausgleich nicht gewährt werden, erhält die/der Beschäftigte je Stunde 100 v. H. des auf eine Stunde entfallenden Anteils des monatlichen Entgelts der jeweiligen Entgeltgruppe und Stufe nach Maßgabe der Entgelttabelle. ³Ist ein Arbeitszeitkonto eingerichtet, ist eine Buchung gemäß § 10 Abs. 3 zulässig. ⁴§ 8 Abs. 1 Satz 2 Buchst. d bleibt unberührt.

(2) ¹Für Beschäftigte, die regelmäßig nach einem Dienstplan eingesetzt werden, der Wechselschicht- oder Schichtdienst an sieben Tagen in der Woche vorsieht, vermindert sich die regelmäßige Wochenarbeitszeit um ein Fünftel der arbeitsvertraglich vereinbarten durchschnittlichen Wochenarbeitszeit, wenn sie an einem gesetzlichen Feiertag, der auf einen Werktag fällt,

a) Arbeitsleistung zu erbringen haben oder
b) nicht wegen des Feiertags, sondern dienstplanmäßig nicht zur Arbeit eingeteilt sind und deswegen an anderen Tagen der Woche ihre regelmäßige Arbeitszeit erbringen müssen.

²Absatz 1 gilt in diesen Fällen nicht. ³§ 8 Abs. 1 Satz 2 Buchst. d bleibt unberührt.

(3) ¹Beschäftigte, die regelmäßig an Sonn- und Feiertagen arbeiten müssen, erhalten innerhalb von zwei Wochen zwei arbeitsfreie Tage. ²Hiervon soll ein freier Tag auf einen Sonntag fallen.

§ 50 Ausgleich für Sonderformen der Arbeit

Die Zeitzuschläge betragen für Beschäftigte nach § 38 Abs. 5 Satz 1 abweichend von § 8 Abs. 1 Satz 2 Buchst. b und f für
a) Nachtarbeit   1,28 Euro,
b) Arbeit an Samstagen von 13 bis 21 Uhr   0,64 Euro.

I.1.4 TVöD BT-K § 51

Niederschriftserklärung zu den §§ 6 bis 10 i. V. m. §§ 44 bis 50:
¹Die Dokumentation der Arbeitszeit, der Mehrarbeit, der Überstunden, der Bereitschaftsdienste etc. ist nicht mit dem Arbeitszeitkonto gem. § 10 TVöD gleichzusetzen. ²Arbeitszeitkonten könnten nur auf der Grundlage des § 10 TVöD durch Betriebs- bzw. einvernehmliche Dienstvereinbarungen eingerichtet und geführt werden.

§ 51 Eingruppierung der Ärztinnen und Ärzte

(1) ¹Ärztinnen und Ärzte sind mit folgender besonderer Stufenzuordnung wie folgt eingruppiert:

a) Entgeltgruppe I:

Ärztinnen und Ärzte mit entsprechender Tätigkeit, und zwar in

Stufe 1: mit weniger als einjähriger ärztlicher Berufserfahrung,
Stufe 2: nach einjähriger ärztlicher Berufserfahrung,
Stufe 3: nach dreijähriger ärztlicher Berufserfahrung,
Stufe 4: nach fünfjähriger ärztlicher Berufserfahrung,
Stufe 5: nach neunjähriger ärztlicher Berufserfahrung

b) Entgeltgruppe II:

Fachärztinnen und Fachärzte mit entsprechender Tätigkeit, und zwar in

Stufe 1: mit weniger als vierjähriger fachärztlicher Berufserfahrung,
Stufe 2: nach vierjähriger fachärztlicher Berufserfahrung,
Stufe 3: nach achtjähriger fachärztlicher Berufserfahrung,
Stufe 4: nach zwölfjähriger fachärztlicher Berufserfahrung.

²§§ 16 und 17 bleiben unberührt.

Protokollerklärungen zu Absatz 1:
Fachärztinnen und Fachärzte nach diesem Tarifvertrag sind auch Fachzahnärztinnen und Fachzahnärzte.

(2) ¹Bei Einstellung von Ärztinnen und Ärzten der Entgeltgruppe I werden Zeiten ärztlicher Berufserfahrung bei der Stufenzuordnung angerechnet. ²Eine Tätigkeit als Arzt im Praktikum gilt als ärztliche Berufserfahrung. ³Bei der Einstellung von Fachärztinnen und Fachärzten der Entgeltgruppe II werden Zeiten fachärztlicher Berufserfahrung in der Regel angerechnet. ⁴Unabhängig davon kann der Arbeitgeber bei Neueinstellungen zur Deckung des Personalbedarfs Zeiten einer vorherigen beruflichen Tätigkeit ganz oder teilweise für die Stufenzuordnung berücksichtigen, wenn diese Tätigkeit für die vorgesehene Tätigkeit förderlich ist.

§ 51

Protokollerklärungen zu Absatz 2:
Zeiten ärztlicher Tätigkeit sind nur solche, die von einem gemäß § 10 BÄO oder einer vergleichbaren Qualifikation eines EU-Mitgliedstaates approbierten Beschäftigten geleistet worden sind.

(3) Fachärztinnen und Fachärzte, die als ständige Vertreter der/des leitenden Ärztin/Arztes (Chefärztin/Chefarzt) durch ausdrückliche Anordnung bestellt sind (Leitende Oberärztin/Leitender Oberarzt), erhalten für die Dauer der Bestellung eine Funktionszulage ab 1. Januar 2008 von monatlich 770,00 Euro.

Protokollerklärungen zu Absatz 3:
[1]Leitende Oberärztin/leitender Oberarzt im Sinne des Tätigkeitsmerkmals ist nur die/der Ärztin/Arzt, der die/den leitende/n Ärztin/Arzt in der Gesamtheit seiner Dienstaufgaben vertritt. [2]Das Tätigkeitsmerkmal kann daher innerhalb einer Abteilung (Klinik) nur von einer/einem Ärztin/Arzt erfüllt werden.

(4) Ärztinnen und Ärzte, denen aufgrund ausdrücklicher Anordnung die medizinische Verantwortung für einen selbstständigen Funktionsbereich innerhalb einer Fachabteilung oder eines Fachbereichs seit dem 1. September 2006 übertragen worden ist, erhalten für die Dauer der Anordnung eine Funktionszulage ab 1. Januar 2008 von monatlich 515,00 Euro.

Protokollerklärungen zu Absatz 4:
Funktionsbereiche sind wissenschaftlich anerkannte Spezialgebiete innerhalb eines ärztlichen Fachgebietes, z. B. Kardiologie, Unfallchirurgie, Neuroradiologie, Intensivmedizin, oder sonstige vom Arbeitgeber ausdrücklich definierte Funktionsbereiche.

(5) [1]Die Funktionszulagen nach den Absätzen 3 und 4 sind dynamisch und entfallen mit dem Wegfall der Funktion. [2]Sind die Voraussetzungen für mehr als eine Funktionszulage erfüllt, besteht nur Anspruch auf eine Funktionszulage. [3]Bei unterschiedlicher Höhe der Funktionszulagen wird die höhere gezahlt.

(6) Die Absätze 1 bis 5 finden auf Apothekerinnen/Apotheker und Tierärztinnen/Tierärzte keine Anwendung.

Niederschriftserklärung zu § 51 Abs. 6:
Für die in Absatz 6 genannten Beschäftigten gelten die Regelungen des Allgemeinen Teils sowie die entsprechenden Regelungen des TVÜ-VKA.

Die Funktionszulage beträgt ab 1. Januar 2009:

– für Leitende Oberärztin/Leitender Oberarzt nach Abs. 3: 800 Euro

– für Ärztinnen/Ärzte nach Abs. 4: 535 Euro

§ 52 Zu § 15 – Tabellenentgelt

(1) ¹Abweichend von § 15 Abs. 2 erhalten Beschäftigte, für die die Regelungen des Tarifgebiets West Anwendung finden, Entgelt nach der Anlage A (BT-K). ²Beschäftigte, für die die Regelungen des Tarifgebiets Ost Anwendung finden, erhalten Entgelt nach der Anlage B (BT-K).

(2) Ärztinnen und Ärzte erhalten Entgelt nach der Anlage C.

Protokollerklärung zu Absatz 2:
Die Protokollerklärung Nr. 2 zu § 15 Abs. 1 findet auf Ärztinnen und Ärzte keine Anwendung.

(3) ¹Beschäftigte, die in eine der Entgeltgruppen 5 bis 15 eingruppiert sind, erhalten zuzüglich zu dem Tabellenentgelt gemäß § 15 Abs. 1 eine nicht dynamische Zulage ab 1. Juli 2008 in Höhe von monatlich 25,00 Euro. ²§ 24 Abs. 2 findet Anwendung.

(4) ¹Beschäftigte, denen die Leitung einer Station übertragen worden ist, erhalten für die Dauer der Übertragung der Stationsleitung eine Funktionszulage in Höhe von monatlich 30,00 Euro, soweit diesen Beschäftigten im gleichen Zeitraum keine anderweitige Funktionszulage gezahlt wird. ²§ 24 Abs. 2 findet Anwendung. ³Diese Regelung gilt nicht für Ärztinnen und Ärzte.

Niederschriftserklärung zu § 52 Abs. 4:
Von der Regelung werden alle auf der Grundlage der Tätigkeitsmerkmale nach der Anlage 1b zum BAT eingruppierten Beschäftigten erfasst.

(5) ¹Beschäftigte, die in eine der Entgeltgruppen 1 bis 4 eingruppiert sind, erhalten zuzüglich zu dem Tabellenentgelt gemäß § 15 Abs. 1 einmalig im Kalenderjahr eine Einmalzahlung ab 1. Juli 2008 in Höhe von 10,2 v. H. der Stufe 2 ihrer jeweiligen Entgeltgruppe im Auszahlungsmonat. ²Die Einmalzahlung nach Satz 1 wird mit dem Tabellenentgelt für den Monat Juli ausgezahlt. ³§ 24 Abs. 2 findet Anwendung.

Niederschriftserklärung zu § 52 Abs. 5:
Von § 52 Abs. 5 werden auch diejenigen Beschäftigten erfasst, die in Entgeltgruppe 2Ü eingruppiert sind.

Protokollerklärungen zu den Absätzen 3 und 5:
1. Abweichend von den Absätzen 3 und 5 beträgt bei Beschäftigten der Mitglieder des Kommunalen Arbeitgeberverbandes Baden-Württemberg und im Tarifgebiet Ost die Zulage nach Absatz 3 Satz 1 monatlich 35,00 Euro und die Einmalzahlung nach Absatz 5 Satz 1 12 v. H.
2. Für Krankenpflegehelferinnen und Krankenpflegehelfer bzw. Gesundheits- und Krankenpflegehelferinnen und Gesundheits- und Krankenpflegehelfer gelten die Regelungen des Absatzes 3; die Protokollerklärung Nr. 1 gilt entsprechend.

Die Einmalzahlung nach § 52 Abs. 5 Satz 1 beträgt ab 1.1.2009 8,4 v. H.

§ 53 Zu § 17 Allgemeine Regelungen zu den Stufen

¹Soweit es zur regionalen Differenzierung, zur Deckung des Personalbedarfs oder zur Bindung von qualifizierten Fachkräften erforderlich ist, kann Beschäftigten im Einzelfall, abweichend von dem sich aus der nach § 16 einschließlich des Anhangs zu § 16, § 17 Abs. 4 sowie § 51 Abs. 1 und 2 ergebenden Stufe ihrer jeweiligen Entgeltgruppe zustehenden Entgelt, ein um bis zu zwei Stufen höheres Entgelt ganz oder teilweise vorweggewährt werden. ²Haben Beschäftigte bereits die Endstufe ihrer jeweiligen Entgeltgruppe erreicht, kann ihnen unter den Voraussetzungen des Satzes 1 ein bis zu 20 v. H. der Stufe 2 ihrer jeweiligen Entgeltgruppe höheres Entgelt gezahlt werden. ³Im Übrigen bleibt § 17 TVöD unberührt.

§ 53a Zu § 18 (VKA) Leistungsentgelt

¹Das für das Leistungsentgelt zur Verfügung stehende Gesamtvolumen nach § 18 Abs. 3 Satz 1 reduziert sich um einen Prozentpunkt. ²Satz 1 gilt nicht für Ärztinnen und Ärzte, für Beschäftigte der Mitglieder des Kommunalen Arbeitgeberverbandes Baden-Württemberg und im Tarifgebiet Ost.

> Zum 1.1.2009 wird folgende Protokollerkärung zu § 53a eingefügt:
>
> Abweichend von Satz 1 beträgt das für das Leistungsentgelt zur Verfügung stehende Gesamtvolumen nach § 18 Abs. 3 Satz 1 im Kalenderjahr 2009 0,5 v.H.; im Fall der Sätze 3 und 5 der Protokollerklärung Nr. 1 zu § 18 Abs. 4 erhalten die Beschäftigten mit dem Tabellenentgelt des Monats Dezember 2009 6 v.H. des für den Monat September 2009 jeweils zustehenden Tabellenentgelts.

§ 54 Zu § 20 Jahressonderzahlung

(1) ¹Beschäftigte erhalten die Jahressonderzahlung auch dann, wenn ihr Arbeitsverhältnis vor dem 1. Dezember endet. ²Bei Beschäftigten, deren Arbeitsverhältnis vor dem 1. Dezember geendet hat, tritt an die Stelle des Bemessungszeitraums nach § 20 Abs. 2 der letzte volle Kalendermonat des Arbeitsverhältnisses mit der Maßgabe, dass Bemessungsgrundlage für die Jahressonderzahlung nur das Tabellenentgelt und die in Monatsbeträgen festgelegten Zulagen sind.

Niederschriftserklärung zu § 54 Abs. 1:
In § 54 Abs. 1 Satz 2 BT-K tritt bei Beschäftigten, die sich in einer individuellen Zwischen- bzw. Endstufe befinden, an die Stelle des Tabellenentgelts das sich aus der jeweiligen Zwischen- bzw. Endstufe ergebende Entgelt.

(2) § 20 findet auf Ärztinnen und Ärzte keine Anwendung.

§ 55 Zusatzurlaub

(1) ¹Beschäftigte erhalten bei einer Leistung im Kalenderjahr von mindestens

150 Nachtarbeitsstunden	1 Arbeitstag
300 Nachtarbeitsstunden	2 Arbeitstage
450 Nachtarbeitsstunden	3 Arbeitstage
600 Nachtarbeitsstunden	4 Arbeitstage

Zusatzurlaub im Kalenderjahr. ²Nachtarbeitsstunden, die in Zeiträumen geleistet werden, für die Zusatzurlaub für Wechselschicht- oder Schichtarbeit zusteht, bleiben unberücksichtigt. ³§ 27 Abs. 4 findet mit der Maßgabe Anwendung, dass Erholungsurlaub und Zusatzurlaub insgesamt im Kalenderjahr 35 Tage, bei Zusatzurlaub wegen Wechselschichtarbeit 36 Tage, nicht überschreiten. ⁴§ 27 Abs. 5 findet Anwendung.

Protokollerklärung zu Absatz 1:
Der Anspruch auf Zusatzurlaub bemisst sich nach den abgeleisteten Nachtarbeitsstunden und entsteht im laufenden Jahr, sobald die Voraussetzungen nach Satz 1 erfüllt sind.

(2) Bei Anwendung des Absatzes 1 werden nur die im Rahmen der regelmäßigen Arbeitszeit (§ 6) in der Zeit zwischen 21 Uhr und 6 Uhr dienstplanmäßig bzw. betriebsüblich geleisteten Nachtarbeitsstunden berücksichtigt.

(3) Bei Teilzeitbeschäftigten ist die Zahl der nach Absatz 1 geforderten Nachtarbeitsstunden entsprechend dem Verhältnis ihrer individuell vereinbarten durchschnittlichen regelmäßigen Arbeitszeit zur regelmäßigen Arbeitszeit vergleichbarer Vollzeitbeschäftigter zu kürzen. Ist die vereinbarte Arbeitszeit im Durchschnitt des Urlaubsjahres auf weniger als fünf Arbeitstage in der Kalenderwoche verteilt, ist der Zusatzurlaub in entsprechender Anwendung des § 26 Abs. 1 Sätze 4 und 5 zu ermitteln.

§ 56 Haftung

Die Haftung der Beschäftigten bei betrieblich veranlassten Tätigkeiten ist auf Vorsatz und grobe Fahrlässigkeit beschränkt.

§ 57 Reise- und Umzugskosten

¹Die Erstattung von Reise- und ggf. Umzugskosten richtet sich nach den beim Arbeitgeber geltenden Grundsätzen. ²Für Arbeitgeber, die öffentlichem Haushaltsrecht unterliegen, finden, wenn diese nicht

nach eigenen Grundsätzen verfahren, die für Beamtinnen und Beamte geltenden Bestimmungen Anwendung.

§ 58 In-Kraft-Treten, Laufzeit[1])

(1) ¹Dieser Tarifvertrag tritt am 1. August 2006 in Kraft. ²Er kann mit einer Frist von drei Monaten zum Schluss eines Kalenderhalbjahres

---

[1]) Übergangsregelung:

In § 3 des Änderungstarifvertrages Nr. 1 vom 1. August 2006 zum Tarifvertrag für den öffentlichen Dienst (TVöD) – Besonderer Teil Krankenhäuser – (BT-K) – haben die Taifpartner folgende Übergangsregelungen vereinbart:
„Die vom Geltungsbereich des Tarifvertrag für den öffentlichen Dienst (TVöD)– Besonderer Teil Krankenhäuser – (BT-K) – in der Fassung vom 1. August 2006 erfassten Beschäftigten werden am 1. August 2006 gemäß den nachfolgenden Regelungen in diesen Tarifvertrag übergeleitet:

1. ¹Für die Überleitung werden Ärztinnen und Ärzte, die sich nicht in einer individuellen Zwischen- oder Endstufe befinden und Entgelt
   – der Entgeltgruppe 14 Stufen 1 und 2 erhalten, der Entgeltgruppe I,
   – der Entgeltgruppe 14 Stufen 3 und 4 sowie Entgeltgruppe 15 Stufen 5 und 6 erhalten, der Entgeltgruppe II
   zugeordnet. ²Die Stufenzuordnung sowie der weitere Stufenaufstieg richten sich nach den Regelungen des BT-K.
2. ¹Ärztinnen und Ärzte ohne Facharztanerkennung, die einer individuellen Zwischenstufe oder individuellen Endstufe zugeordnet sind, werden der Entgeltgruppe I, Fachärztinnen und Fachärzte, die einer individuellen Zwischenstufe oder individuellen Endstufe zugeordnet sind, werden der Entgeltgruppe II zugeordnet. ²Für die Stufenzuordnung wird das im Monat Juli 2006 zustehende Vergleichsentgelt (§ 5 TVÜ-VKA) um den Faktor 0,0775 (Tarifgebiet West) bzw. den Faktor 0,0375 (Tarifgebiet Ost) erhöht.
3. ¹Ärztinnen und Ärzte werden gemäß der Regelungen des § 51 BT-K einer Stufe ihrer Entgeltgruppe zugeordnet. ²Übersteigt das Vergleichsentgelt nach Ziffer 2 die sich nach Satz 1 ergebende Stufe, werden diese Beschäftigten einer dem Vergleichsentgelt entsprechenden individuellen Zwischenstufe zugeordnet. ³Liegt das Vergleichsentgelt über der höchsten Stufe ihrer jeweiligen Entgeltgruppe, werden Beschäftigte abweichend von Satz 2 einer dem Vergleichsentgelt entsprechenden individuellen Endstufe zugeordnet. ⁴Der weitere Stufenaufstieg richtet sich nach den Regelungen des BT-K.
4. Das Vergleichsentgelt gemäß vorstehender Ziffer 2 wird bei Ärztinnen und Ärzten, die im Monat Juli 2006 Anspruch auf eine Zulage gemäß § 51 Abs. 4 BT-K in der bis zum 31. Juli 2006 geltenden Fassung hatten,

Anlage A zu § 52 Abs. 1 BT-K

– Tarifgebiet West –

(Gültig vom 1. Januar 2008 bis 31. Dezember 2008)

(monatlich in Euro)

Entgelt-gruppe	Grundentgelt		Entwicklungsstufen			
	Stufe 1	Stufe 2	Stufe 3	Stufe 4	Stufe 5	Stufe 6
15	3488,94	3870,96	4013,20	4521,20	4907,28	5161,28 [1]
14	3159,76	3505,20	3708,40	4013,20	4480,56	4734,56
13	2912,87	3230,88	3403,60	3738,88	4206,24	4399,28
12	2611,12	2895,60	3302,00	3657,60	4114,80	4318,00
11	2519,68	2794,00	2997,20	3302,00	3743,96	3947,16
10	2428,24	2692,40	2895,60	3098,80	3484,88	3576,32
9 [2]	2144,78	2377,44	2499,36	2824,48	3078,48	3281,68
8	2007,62	2225,04	2326,64	2418,08	2519,68	2583,69 [3]
7	1879,60 [4]	2082,80	2214,88	2316,48	2392,68	2463,80
6	1843,02	2042,16	2143,76	2240,28	2306,32	2372,36 [5]
5	1765,81	1955,80	2052,32	2148,84	2219,96	2270,76
4	1678,43 [6]	1859,28	1981,20	2052,32	2123,44	2165,10
3	1651,00	1828,80	1879,60	1960,88	2021,84	2077,72
2	1522,98	1686,56	1737,36	1788,16	1899,92	2016,76
1		1357,38	1381,76	1412,24	1440,69	1513,84

Für Ärztinnen und Ärzte, die unter den Besonderen Teil Pflege- und Betreuungseinrichtungen fallen:

[1] (nicht besetzt)

Für Beschäftigte im Pflegedienst:

[2]

E 9b	Stufe 3	Stufe 4	Stufe 5	Stufe 6
	2585,72	2743,20	2936,24	3119,12

[3] 2624,33

[4] 1930,40

[5] 2428,24

[6] 1729,23

Anlage A zu § 52 Abs. 1: ab 1.1.2009   TVöD BT-K **I.1.4**

Anlage A zu § 52 Abs. 1 BT-K

– Tarifgebiet West –

(Gültig ab 1. Januar 2009)

(monatlich in Euro)

Entgelt-gruppe	Grundentgelt	Entwicklungsstufen				
	Stufe 1	Stufe 2	Stufe 3	Stufe 4	Stufe 5	Stufe 6
15	3639,58	4038,10	4186,48	4716,41	5119,16	5384,13 [1]
14	3296,19	3656,54	3868,52	4186,48	4674,02	4938,98
13	3038,64	3370,38	3550,56	3900,31	4387,85	4589,23
12	2723,86	3020,62	3444,57	3815,52	4292,47	4504,44
11	2628,47	2914,64	3126,61	3444,57	3905,62	4117,59
10	2533,08	2808,65	3020,62	3232,60	3635,35	3730,74
9 [2]	2237,38	2480,09	2607,28	2946,43	3211,40	3423,37
8	2094,30	2321,11	2427,10	2522,49	2628,47	2695,24 [3]
7	1960,76 [4]	2172,73	2310,51	2416,50	2495,99	2570,19
6	1922,60	2130,33	2236,32	2337,01	2405,90	2474,80 [5]
5	1842,05	2040,25	2140,93	2241,63	2315,82	2368,81
4	1750,90 [6]	1939,56	2066,74	2140,93	2215,12	2258,58
3	1722,29	1907,76	1960,76	2045,55	2109,14	2167,44
2	1588,74	1759,38	1812,37	1865,37	1981,95	2103,84
1		1415,99	1441,42	1473,22	1502,89	1579,20

Für Ärztinnen und Ärzte, die unter den Besonderen Teil Pflege- und Betreuungseinrichtungen fallen:

[1] (nicht besetzt)

Für Beschäftigte im Pflegedienst:

[2]

E 9b	Stufe 3	Stufe 4	Stufe 5	Stufe 6
	2697,37	2861,64	3063,02	3253,79

[3] 2737,64

[4] 2013,75

[5] 2533,08

[6] 1803,89

Anlage B zu § 52 Abs. 1 BT-K

– Tarifgebiet Ost –

(Gültig ab 1. Januar 2008 bis 31. März 2008)

(monatlich in Euro)

Entgeltgruppe	Grundentgelt	Entwicklungsstufen				
	Stufe 1	Stufe 2	Stufe 3	Stufe 4	Stufe 5	Stufe 6
15	3282,00	3647,00	3783,00	4268,00	4637,00	4879,00 [1]
14	2968,00	3298,00	3492,00	3783,00	4229,00	4472,00
13	2732,00	3036,00	3201,00	3521,00	3967,00	4152,00
12	2444,00	2716,00	3104,00	3444,00	3880,00	4074,00
11	2357,00	2619,00	2813,00	3104,00	3526,00	3720,00
10	2270,00	2522,00	2716,00	2910,00	3279,00	3366,00
9 [2]	2061,00	2290,00	2410,00	2730,00	2980,00	3180,00
8	1926,00	2140,00	2240,00	2330,00	2430,00	2493,00 [3]
7	1800,00 [4]	2000,00	2130,00	2230,00	2305,00	2375,00
6	1764,00	1960,00	2060,00	2155,00	2220,00	2285,00 [5]
5	1688,00	1875,00	1970,00	2065,00	2135,00	2185,00
4	1602,00 [6]	1780,00	1900,00	1970,00	2040,00	2081,00
3	1575,00	1750,00	1800,00	1880,00	1940,00	1995,00
2	1449,00	1610,00	1660,00	1710,00	1820,00	1935,00
1		1286,00	1310,00	1340,00	1368,00	1440,00

Für Ärztinnen und Ärzte, die unter den Besonderen Teil Pflege- und Betreuungseinrichtungen fallen:

[1] (nicht besetzt)

Für Beschäftigte im Pflegedienst:

[2]

E 9b	Stufe 3	Stufe 4	Stufe 5	Stufe 6
	2495,00	2650,00	2840,00	3020,00

[3] 2533,00

[4] 1850,00

[5] 2340,00

[6] 1652,00

Anlage B zu § 52 Abs. 1 BT-K

– Tarifgebiet Ost –

(Gültig ab 1. April 2008 bis 31. Dezember 2008)

(monatlich in Euro)

Ent-gelt-gruppe	Grundentgelt	Entwicklungsstufen				
	Stufe 1	Stufe 2	Stufe 3	Stufe 4	Stufe 5	Stufe 6
15	3384,27	3754,83	3892,80	4385,56	4760,06	5006,44 [1]
14	3064,97	3400,04	3597,15	3892,80	4346,14	4592,52
13	2825,48	3133,95	3301,49	3626,71	4080,05	4267,30
12	2532,79	2808,73	3202,94	3547,87	3991,36	4188,46
11	2444,09	2710,18	2907,28	3202,94	3631,64	3828,75
10	2355,39	2611,63	2808,73	3005,84	3380,33	3469,03
9 [2]	2144,78	2377,44	2499,36	2824,48	3078,48	3281,68
8	2007,62	2225,04	2326,64	2418,08	2519,68	2583,69 [3]
7	1879,60 [4]	2082,80	2214,88	2316,48	2392,68	2463,80
6	1843,02	2042,16	2143,76	2240,28	2306,32	2372,36 [5]
5	1765,81	1955,80	2052,32	2148,84	2219,96	2270,76
4	1678,43 [6]	1859,28	1981,20	2052,32	2123,44	2165,10
3	1651,00	1828,80	1879,60	1960,88	2021,84	2077,72
2	1522,98	1686,56	1737,36	1788,16	1899,92	2016,76
1		1357,38	1381,76	1412,24	1440,69	1513,84

Für Ärztinnen und Ärzte, die unter den Besonderen Teil Pflege- und Betreuungseinrichtungen fallen:

[1] (nicht besetzt)

Für Beschäftigte im Pflegedienst:

[2]

E 9b	Stufe 3	Stufe 4	Stufe 5	Stufe 6
	2585,72	2743,20	2936,24	3119,12

[3] 2624,33
[4] 1930,40
[5] 2428,24
[6] 1729,23

Anlage B zu § 52 Abs. 1 BT-K

– Tarifgebiet Ost –

(Gültig ab 1. Januar 2009)

(monatlich in Euro)

Entgeltgruppe	Grundentgelt	Entwicklungsstufen				
	Stufe 1	Stufe 2	Stufe 3	Stufe 4	Stufe 5	Stufe 6
15	3530,39	3916,96	4060,89	4574,92	4965,59	5222,61 [1]
14	3197,30	3546,84	3752,46	4060,89	4533,80	4790,81
13	2947,48	3269,27	3444,04	3783,30	4256,21	4451,55
12	2642,14	2930,00	3341,23	3701,05	4163,70	4369,31
11	2549,62	2827,20	3032,81	3341,23	3788,45	3994,06
10	2457,09	2724,39	2930,00	3135,62	3526,29	3618,82
9 [2]	2237,38	2480,09	2607,28	2946,43	3211,40	3423,37
8	2094,30	2321,11	2427,10	2522,49	2628,47	2695,24 [3]
7	1960,76 [4]	2172,73	2310,51	2416,50	2495,99	2570,19
6	1922,60	2130,33	2236,32	2337,01	2405,90	2474,80 [5]
5	1842,05	2040,25	2140,93	2241,63	2315,82	2368,81
4	1750,90 [6]	1939,56	2066,74	2140,93	2215,12	2258,58
3	1722,29	1907,76	1960,76	2045,55	2109,14	2167,44
2	1588,74	1759,38	1812,37	1865,37	1981,95	2103,84
1		1415,99	1441,42	1473,22	1502,89	1579,20

Für Ärztinnen und Ärzte, die unter den Besonderen Teil Pflege- und Betreuungseinrichtungen fallen:

[1] (nicht besetzt)

Für Beschäftigte im Pflegedienst:

[2]

E 9b	Stufe 3	Stufe 4	Stufe 5	Stufe 6
	2697,37	2861,64	3063,02	3253,79

[3] 2737,64
[4] 2013,75
[5] 2533,08
[6] 1803,89

Anlage C zu § 52 Abs. 2 BT-K

– Tarifgebiet West –

(Gültig vom 1. Januar 2008 bis 31. Dezember 2008)

(monatlich in Euro)

Entgelt-gruppe	Grund-entgelt	Entwicklungsstufen			
	Stufe 1	Stufe 2	Stufe 3	Stufe 4	Stufe 5
II	4419,60	4876,80	5283,20	5740,40	
I	3505,20	3779,52	3962,40	4114,80	4216,40

Hinweis des Bearbeiters:
Ab 1. April 2008 gilt diese Anlage auch für das Tarifgebiet Ost; die bis zum 31. März 2008 geltende Anlage D wird zu diesem Zeitpunkt aufgehoben.

Anlage C zu § 52 Abs. 2 BT-K

– Tabelle –

(Gültig ab 1. Januar 2009)

(monatlich in Euro)

Entgelt-gruppe	Grund-entgelt	Entwicklungsstufen			
	Stufe 1	Stufe 2	Stufe 3	Stufe 4	Stufe 5
II	4609,64	5086,50	5510,38	5987,24	
I	3655,92	3942,04	4132,78	4291,74	4397,71

Anlage D zu § 52 Abs. 2 BT-K

– Tarifgebiet Ost –

(Gültig vom 1. Januar 2008 bis 31. März 2008)

(monatlich in Euro)

Entgelt-gruppe	Grund-entgelt	Entwicklungsstufen			
	Stufe 1	Stufe 2	Stufe 3	Stufe 4	Stufe 5
II	4171,00	4608,00	4996,00	5432,00	
I	3298,00	3560,00	3735,00	3880,00	3977,00

Hinweis des Bearbeiters:
Zum 1. April 2008 entfällt diese Tabelle; ab diesem Zeitpunkt gilt für alle Beschäftigten der Entgeltgruppen I und II die Anlage C.

**Anlage G
zu § 46 Abs. 4 BT-K (Bereitschaftsdienstentgelt)**

I. Beschäftigte, auf die die Anlagen 1 und 3 des TVÜ-VKA Anwendung finden

Entgeltgruppe	Stundenentgelt (in Euro)	
	Tarifgebiet West	Tarifgebiet Ost
15	23,70	22,99
14	21,80	21,15
13	20,80	20,18
12	19,75	19,16
11	18,00	17,46
10	16,60	16,10
9	15,65	15,65
8	14,90	14,90
7	14,30	14,30
6	13,65	13,65
5	13,10	13,10
4	12,50	12,50
3	12,00	12,00
2	11,20	11,20
1	9,10	9,10
2Ü	11,50	11,50
15Ü	27,00	26,19

II. Ärztinnen und Ärzte

Entgeltgruppe	Stundenentgelt (in Euro)	
	Tarifgebiet West	Tarifgebiet Ost
I	22,30	21,63
II	27,10	26,29
Ärztinnen und Ärzte gem. § 51 Abs. 4 BT-K	30,00	29,10
Ärztinnen und Ärzte gem. § 51 Abs. 3 BT-K	32,00	31,04

Anlage G zu § 46 Abs.4: 1.1.2008 bis 31.3.2008   TVöD BT-K **I.1.4**

III. Beschäftigte, auf die die Anlagen 4 und 5 des TVÜ-VKA Anwendung finden

Entgeltgruppe	Stundenentgelt (in Euro)	
	Tarifgebiet West	Tarifgebiet Ost
12a	21,40	20,76
11b	20,00	19,40
11a	18,90	18,33
10a	17,70	17,17
9d	17,05	17,05
9c	16,45	16,45
9b	15,70	15,70
9a	15,45	15,45
8a	14,75 [1]	14,75 [1]
7a	14,15 [2]	14,15 [2]
4a	13,10	13,10
3a	12,15	12,15

---

[1] Für Beschäftigte, die Entgelt nach der Entgeltgruppe 8a Stufen 5 und 6 sowie einer individuellen Zwischen- oder Endstufe oberhalb der Stufe 5 der Anlagen 4 und 5 zum TVÜ-VKA erhalten, richtet sich das Bereitschaftsdienstentgelt nach der Entgeltgruppe 9a.

[2] Für Beschäftigte, die Entgelt nach der Entgeltgruppe 7a Stufen 4 bis 6 sowie einer individuellen Zwischen- oder Endstufe oberhalb der Stufe 4 der Anlagen 4 und 5 zum TVÜ-VKA erhalten, richtet sich das Bereitschaftsdienstentgelt nach der Entgeltgruppe 8a.

Anlage G
zu § 46 Abs. 4 BT-K (Bereitschaftsdienstentgelt)

I. Beschäftigte, auf die die Anlagen 1 und 3 des TVÜ-VKA Anwendung finden

Entgeltgruppe	Stundenentgelt (in Euro)	
	Tarifgebiet West	Tarifgebiet Ost
15	23,70	22,99
14	21,80	21,15
13	20,80	20,18
12	19,75	19,16
11	18,00	17,46
10	16,60	16,10
9	15,65	15,65
8	14,90	14,90
7	14,30	14,30
6	13,65	13,65
5	13,10	13,10
4	12,50	12,50
3	12,00	12,00
2	11,20	11,20
1	9,10	9,10
2Ü	11,50	11,50
15Ü	27,00	26,19

II. Ärztinnen und Ärzte

Entgeltgruppe	Stundenentgelt (in Euro)
I	22,30
II	27,10
Ärztinnen und Ärzte gem. § 51 Abs. 4 BT-K	30,00
Ärztinnen und Ärzte gem. § 51 Abs. 3 BT-K	32,00

Anlage G zu § 46 Abs.4: ab 1.4.2008   TVöD BT-K **I.1.4**

III. Beschäftigte, auf die die Anlagen 4 und 5 des TVÜ-VKA Anwendung finden

Entgeltgruppe	Stundenentgelt (in Euro)	
	Tarifgebiet West	Tarifgebiet Ost
12a	21,40	20,76
11b	20,00	19,40
11a	18,90	18,33
10a	17,70	17,17
9d	17,05	17,05
9c	16,45	16,45
9b	15,70	15,70
9a	15,45	15,45
8a	14,75 [1]	14,75 [1]
7a	14,15 [2]	14,15 [2]
4a	13,10	13,10
3a	12,15	12,15

---

[1] Für Beschäftigte, die Entgelt nach der Entgeltgruppe 8a Stufen 5 und 6 sowie einer individuellen Zwischen- oder Endstufe oberhalb der Stufe 5 der Anlagen 4 und 5 zum TVÜ-VKA erhalten, richtet sich das Bereitschaftsdienstentgelt nach der Entgeltgruppe 9a.

[2] Für Beschäftigte, die Entgelt nach der Entgeltgruppe 7a Stufen 4 bis 6 sowie einer individuellen Zwischen- oder Endstufe oberhalb der Stufe 4 der Anlagen 4 und 5 zum TVÜ-VKA erhalten, richtet sich das Bereitschaftsdienstentgelt nach der Entgeltgruppe 8a.

Anwendung auf Krankenhäuser mit Sanierungstarifvertrag

§ 5 des Änderungstarifvertrages Nr. 1 bestimmt für Krankenhäuser mit Sanierungstarifvertrag:

Für Krankenhäuser, die gemäß § 4 Abs. 2 des Änderungstarifvertrages Nr. 1 vom 1. August 2006 zu dem Tarifvertrag für den öffentlichen Dienst (TVöD) - Besonderer Teil Krankenhäuser - (BT-K) - vom Geltungsbereich des BT-K in der Fassung vom 1. August 2006 ausgenommen sind, gelten § 44 Abs. 1, § 52 Abs. 1, § 53 a und die Anlagen A (BT-K) und B (BT-K) in der Fassung dieses Änderungstarifvertrages sowie die Protokollerklärung zu § 4 Abs. 1 und die Anlagen 4 und 5 zum Tarifvertrag zur Überleitung der Beschäftigten der kommunalen Arbeitgeber in den TVöD und zur Regelung des Übergangsrechts (TVÜ-VKA) in der Fassung des Änderungstarifvertrages Nr. 2 vom 31. März 2008. Das Tabellenentgelt der in diesen Einrichtungen tätigen Ärztinnen und Ärzte bestimmt sich nach der Anlage zu diesem Tarifvertrag. Anstelle der in § 42 Abs. 2 Satz 2 und § 51 Abs. 2 bis 4 BT-K in der bis zum 31. Juli 2006 geltenden Fassung ausgewiesenen Beträge gelten folgende Beträge:

	gültig ab 1. Januar 2008	gültig ab 1. Januar 2008
§ 42 Abs. 2 Satz 2	15,66	16,33
§ 51 Abs. 2	355,60	370,95
§ 51 Abs. 3 und 4	254,00	264,97

Soweit zur Entgeltentwicklung in den abgeschlossenen Sanierungs- und Notlagentarifverträgen oder Tarifverträgen zur Zukunftssicherung und anderweitigen Tarifverträgen zur Beschäftigungssicherung einschließlich Tarifverträgen nach dem TVsA hiervon abweichende bzw. speziellere Regelungen getroffen sind, gehen diese den Sätzen 1 bis 3 und dem Tarifvertrag über die einmalige Sonderzahlung 2009 vom 31. März 2008 vor.

Anlage zum Änderungstarifvertrag Nr. 1 vom 31. März 2008 zum BT-K

Beschäftigte gem. § 4 Abs. 2 Änderungstarifvertrag Nr. 1 vom 1. August 2006 zum TVöD – BT-K

Tabelle TVöD – BT-K
– Tarifgebiet West –
(Gültig ab 1. Januar 2008)

(monatlich in Euro)

Entgeltgruppe	Grundentgelt	Entwicklungsstufen				
	Stufe 1	Stufe 2	Stufe 3	Stufe 4	Stufe 5	Stufe 6
15	–	–	–	–	4907,28	5232,40
14	3159,76	3505,20	4013,20	4480,56	–	–

Tabelle TVöD – BT-K
– Tarifgebiet West –
(Gültig ab 1. Januar 2009)

(monatlich in Euro)

Entgeltgruppe	Grundentgelt	Entwicklungsstufen				
	Stufe 1	Stufe 2	Stufe 3	Stufe 4	Stufe 5	Stufe 6
15	–	–	–	–	5119,16	5458,32
14	3296,19	3656,54	4186,48	4674,02	–	–

Tabelle TVöD – BT-K
– Tarifgebiet Ost –
(Gültig bis 31. März 2008)
(monatlich in Euro)

Entgeltgruppe	Grundentgelt		Entwicklungsstufen			
	Stufe 1	Stufe 2	Stufe 3	Stufe 4	Stufe 5	Stufe 6
15	–	–	–	–	4637,00	4947,00
14	2968,00	3298,00	3783,00	4229,00	–	–

Tabelle TVöD – BT-K
– Tarifgebiet Ost –
(Gültig ab 1. April 2008)
(monatlich in Euro)

Entgeltgruppe	Grundentgelt		Entwicklungsstufen			
	Stufe 1	Stufe 2	Stufe 3	Stufe 4	Stufe 5	Stufe 6
15	–	–	–	–	4761,99	5076,95
14	3066,29	3401,57	3894,33	4347,46	–	–

Tabelle TVöD – BT-K
– Tarifgebiet Ost –
(Gültig ab 1. Januar 2009)
(monatlich in Euro)

Entgeltgruppe	Grundentgelt		Entwicklungsstufen			
	Stufe 1	Stufe 2	Stufe 3	Stufe 4	Stufe 5	Stufe 6
15	–	–	–	–	4965,59	5222,61
14	3197,30	3546,84	4060,89	4533,80	–	–

Tarifvertrag für den öffentlichen Dienst (TVöD)
– Besonderer Teil Pflege- und Betreuungseinrichtungen (TVöD BT-B) –

Vom 13. September 2005

Zuletzt geändert durch
Änderungstarifvertrag Nr. 1 vom 31. März 2008[1])

§ 40 Geltungsbereich

(1) Dieser Besondere Teil gilt für Beschäftigte, die in einem Arbeitsverhältnis zu einem Arbeitgeber stehen, der Mitglied eines Mitgliedverbandes der VKA ist, wenn sie in

a) Heil-, Pflege- und Entbindungseinrichtungen,

b) medizinischen Instituten von Kranken-, Heil- und Pflegeeinrichtungen,

c) sonstigen Einrichtungen und Heimen, in denen die betreuten Personen in ärztlicher Behandlung stehen, wenn die Behandlung durch nicht in den Einrichtungen selbst beschäftigte Ärztinnen oder Ärzte stattfindet, oder in

d) Einrichtungen und Heimen, die der Förderung der Gesundheit, der Erziehung, Fürsorge oder Betreuung von Kindern und Jugendlichen, der Fürsorge oder Betreuung von obdachlosen, alten, gebrechlichen, erwerbsbeschränkten oder sonstigen hilfsbedürftigen Personen dienen, auch wenn diese Einrichtungen nicht der ärztlichen Behandlung der betreuten Personen dienen,

---

[1]) Die Änderungen stehen im Zusammenhang mit der Entgeltrunde 2008. Am 31. März 2008 wurden zunächst nur die Eckpunkte vereinbart; die redaktionelle Umsetzung erfolgte erst Mitte Juli 2008.
Zu seinem Geltungsbereich bestimmt § 4 des Änderungstarifvertrages Nr. 1 Folgendes:
§ 4 Ausnahmen vom Geltungsbereich
[1]Für Beschäftigte, die spätestens mit Ablauf des 31. März 2008 aus dem Arbeitsverhältnis ausgeschieden sind, gilt dieser Tarifvertrag nur, wenn sie dies bis 30. September 2008 schriftlich beantragen. [2]Für Beschäftigte, die spätestens mit Ablauf des 31. März 2008 aufgrund eigenen Verschuldens ausgeschieden sind, gilt dieser Tarifvertrag nicht.

beschäftigt sind, soweit die Einrichtungen nicht vom Geltungsbereich des Besonderen Teils Krankenhäuser (BT-K) erfasst werden.

Protokollerklärung zu Absatz 1:
Auf Lehrkräfte findet § 51 Besonderer Teil Verwaltung (BT-V) Anwendung.

Niederschriftserklärung zu § 40 Abs. 1:
Unter Buchstabe c fallen auch Kureinrichtungen und Kurheime.

Niederschriftserklärung zur Protokollerklärung zu § 40 Abs. 1:
[1]Vom Geltungsbereich des BT-B nicht erfasst werden insbesondere Lehrkräfte an Heim- und Internatsschulen. [2]Für diese gelten die Sonderregelungen des § 51 BT-V. [3]Lehrkräfte an Krankenpflegeschulen und ähnlichen der Ausbildung dienenden Einrichtungen fallen unter den BT-B, soweit diese nicht unter den BT-K fallen.

(2) Soweit in den nachfolgenden Bestimmungen auf die §§ 1 bis 39 verwiesen wird, handelt es sich um die Regelungen des TVöD – Allgemeiner Teil –.

§ 41 Besondere Regelung zum Geltungsbereich TVöD

[1]§ 1 Abs. 2 Buchst. b findet auf

a) Ärztinnen und Ärzte als ständige Vertreterinnen/Vertreter der/des leitenden Ärztin/Arztes,

b) Ärztinnen und Ärzte, die einen selbständigen Funktionsbereich innerhalb einer Fachabteilung oder innerhalb eines Fachbereichs mit mindestens zehn Mitarbeiter/-innen leiten oder

c) Ärztinnen und Ärzte, denen mindestens fünf Ärzte unterstellt sind, sowie

d) ständige Vertreterinnen und Vertreter von leitenden Zahnärztinnen und Zahnärzten mit fünf unterstellten Zahnärztinnen und Zahnärzten

keine Anwendung. [2]Eine abweichende einzelvertragliche Regelung ist zulässig.

§ 42 Allgemeine Pflichten der Ärztinnen und Ärzte

(1) [1]Zu den den Ärztinnen und Ärzten obliegenden ärztlichen Pflichten gehört es auch, ärztliche Bescheinigungen auszustellen. [2]Die Ärztinnen und Ärzte können vom Arbeitgeber auch verpflichtet werden, im Rahmen einer zugelassenen Nebentätigkeit von leitenden Ärztinnen und Ärzten oder für Belegärztinnen und Belegärzte innerhalb der Einrichtung ärztlich tätig zu werden.

(2) [1]Zu den aus der Haupttätigkeit obliegenden Pflichten der Ärztinnen und Ärzte gehört es ferner, am Rettungsdienst in Notarztwagen und Hubschraubern teilzunehmen. [2]Für jeden Einsatz in diesem

Rettungsdienst erhalten Ärztinnen und Ärzte einen nicht zusatzversorgungspflichtigen Einsatzzuschlag ab 1. Januar 2008 in Höhe von 16,30 Euro. ³Dieser Betrag verändert sich zu demselben Zeitpunkt und in dem gleichen Ausmaß wie das Tabellenentgelt der Entgeltgruppe 14 Stufe 3 (Ärztinnen/Ärzte).

Protokollerklärungen zu Absatz 2:
1. Eine Ärztin/ein Arzt, die/der nach der Approbation noch nicht mindestens ein Jahr klinisch tätig war, ist grundsätzlich nicht zum Einsatz im Rettungsdienst heranzuziehen.
2. Eine Ärztin/ein Arzt, der/dem aus persönlichen oder fachlichen Gründen (z. B. Vorliegen einer anerkannten Minderung der Erwerbsfähigkeit, die dem Einsatz im Rettungsdienst entgegensteht, Flugunverträglichkeit, langjährige Tätigkeit als Bakteriologin) die Teilnahme am Rettungsdienst nicht zumutbar ist, darf grundsätzlich nicht zum Einsatz im Rettungsdienst herangezogen werden.
3. In Fällen, in denen kein grob fahrlässiges und kein vorsätzliches Handeln der Ärztin/des Arztes vorliegt, ist die Ärztin/der Arzt von etwaigen Haftungsansprüchen freizustellen.
4. ¹Der Einsatzzuschlag steht nicht zu, wenn der Ärztin/dem Arzt wegen der Teilnahme am Rettungsdienst außer den tariflichen Bezügen sonstige Leistungen vom Arbeitgeber oder von einem Dritten (z. B. private Unfallversicherung, für die der Arbeitgeber oder ein Träger des Rettungsdienstes die Beiträge ganz oder teilweise trägt, Liquidationsansprüche usw.) zustehen. ²Die Ärztin/Der Arzt kann auf die sonstigen Leistungen verzichten.

(3) ¹Die Erstellung von Gutachten, gutachtlichen Äußerungen und wissenschaftlichen Ausarbeitungen, die nicht von einem Dritten angefordert und vergütet werden, gehört zu den den Ärztinnen und Ärzten obliegenden Pflichten aus der Haupttätigkeit.

§ 43 Nebentätigkeit von Ärztinnen und Ärzten

Ärztinnen und Ärzte können vom Arbeitgeber verpflichtet werden, als Nebentätigkeit Unterricht zu erteilen.

§ 44 Zu § 5 Qualifizierung

(1) Für Beschäftigte, die sich in Facharzt-, Schwerpunktweiterbildung oder Zusatzausbildung nach dem Gesetz über befristete Arbeitsverträge mit Ärzten in der Weiterbildung befinden, ist ein Weiterbildungsplan aufzustellen, der unter Berücksichtigung des Standes der Weiterbildung die zu vermittelnden Ziele und Inhalte der Weiterbildungsabschnitte sachlich und zeitlich gegliedert festlegt.

(2) Die Weiterbildung ist vom Betrieb im Rahmen seines Versorgungsauftrags bei wirtschaftlicher Betriebsführung so zu organisieren, dass die/der Beschäftigte die festgelegten Weiterbildungsziele in der nach

der jeweiligen Weiterbildungsordnung vorgesehenen Zeit erreichen kann.

(3) [1]Können Weiterbildungsziele aus Gründen, die der Arbeitgeber zu vertreten hat, in der vereinbarten Dauer des Arbeitsverhältnisses nicht erreicht werden, so ist die Dauer des Arbeitsvertrages entsprechend zu verlängern. [2]Die Regelungen des Gesetzes über befristete Arbeitsverträge mit Ärzten in der Weiterbildung bleiben hiervon unberührt und sind für den Fall lang andauernder Arbeitsunfähigkeit sinngemäß anzuwenden. [3]Absatz 2 bleibt unberührt.

(4) [1]Bei Beschäftigten im Erziehungsdienst im Tarifgebiet West werden – soweit gesetzliche Regelungen bestehen, zusätzlich zu diesen gesetzlichen Regelungen – im Rahmen der regelmäßigen durchschnittlichen wöchentlichen Arbeitszeit im Kalenderjahr 19,5 Stunden für Zwecke der Vorbereitung und Qualifizierung verwendet. [2]Bei Teilzeitbeschäftigten gilt Satz 1 entsprechend mit der Maßgabe, dass sich die Stundenzahl nach Satz 1 in dem Umfang, der dem Verhältnis ihrer individuell vereinbarten durchschnittlichen Arbeitzeit zu der regelmäßigen Arbeitszeit vergleichbarer Vollzeitbeschäftigter entspricht, reduziert. [3]Im Erziehungsdienst tätig sind insbesondere Beschäftigte als Kinderpflegerin/Kinderpfleger bzw. Sozialassistentin/Sozialassistent, Heilerziehungspflegehelferin/Heilerziehungspflegehelfer, Erzieherin/Erzieher, Heilerziehungspflegerin/Heilerziehungspfleger, im handwerklichen Erziehungsdienst, als Leiterinnen/Leiter oder ständige Vertreterinnen/Vertreter von Leiterinnen/Leiter von Kindertagesstätten oder Erziehungsheimen sowie andere Beschäftigte mit erzieherischer Tätigkeit in der Erziehungs- oder Eingliederungshilfe.

Protokollerklärung zu Absatz 4 Satz 3:
Soweit Berufsbezeichnungen aufgeführt sind, werden auch Beschäftigte erfasst, die eine entsprechende Tätigkeit ohne staatliche Anerkennung oder staatliche Prüfung ausüben.

Niederschriftserklärung zu § 44 Abs. 4 Satz 3:
Beschäftigte im handwerklichen Erziehungsdienst müssen in Einrichtungen tätig sein, in denen auch Kinder oder Jugendliche mit wesentlichen Erziehungsschwierigkeiten zum Zwecke der Erziehung, Ausbildung oder Pflege betreut werden, und für Kinder oder Jugendliche erzieherisch tätig sein.

Für das Jahr 2008 gilt § 44 Abs. 4 Satz 1 BT-B mit der Maßgabe, dass 9,75 Stunden für Zwecke der Vorbereitung und Qualifizierung verwendet werden. (§ 5 Absatz 2 des Änderungstarifvertrages Nr. 1)

§ 45 Bereitschaftsdienst und Rufbereitschaft

(1) ¹Bereitschaftsdienst leisten die Beschäftigten, die sich auf Anordnung des Arbeitgebers außerhalb der regelmäßigen Arbeitszeit an einer vom Arbeitgeber bestimmten Stelle aufhalten, um im Bedarfsfall die Arbeit aufzunehmen. ²Der Arbeitgeber darf Bereitschaftsdienst nur anordnen, wenn zu erwarten ist, dass zwar Arbeit anfällt, erfahrungsgemäß aber die Zeit ohne Arbeitsleistung überwiegt.

(2) Abweichend von den §§ 3, 5 und 6 Abs. 2 ArbZG kann im Rahmen des § 7 ArbZG die tägliche Arbeitszeit im Sinne des Arbeitszeitgesetzes über acht Stunden hinaus verlängert werden, wenn mindestens die acht Stunden überschreitende Zeit im Rahmen von Bereitschaftsdienst geleistet wird, und zwar wie folgt:

a) bei Bereitschaftsdiensten der Stufen A und B bis zu insgesamt maximal 16 Stunden täglich; die gesetzlich vorgeschriebene Pause verlängert diesen Zeitraum nicht,

b) bei Bereitschaftsdiensten der Stufen C und D bis zu insgesamt maximal 13 Stunden täglich; die gesetzlich vorgeschriebene Pause verlängert diesen Zeitraum nicht.

(3) ¹Im Rahmen des § 7 ArbZG kann unter den Voraussetzungen

a) einer Prüfung alternativer Arbeitszeitmodelle,

b) einer Belastungsanalyse gemäß § 5 ArbSchG und

c) ggf. daraus resultierender Maßnahmen zur Gewährleistung des Gesundheitsschutzes

aufgrund einer Betriebs-/Dienstvereinbarung von den Regelungen des Arbeitszeitgesetzes abgewichen werden. ²Für einen Betrieb/eine Verwaltung, in dem/der ein Personalvertretungsrecht Anwendung findet, kann eine Regelung nach Satz 1 in einem landesbezirklichen Tarifvertrag getroffen werden, wenn eine Dienstvereinbarung nicht einvernehmlich zustande kommt (§ 38 Abs. 3) und der Arbeitgeber ein Letztentscheidungsrecht hat. ³Abweichend von den §§ 3, 5 und 6 Abs. 2 ArbZG kann die tägliche Arbeitszeit im Sinne des Arbeitszeitgesetzes über acht Stunden hinaus verlängert werden, wenn in die Arbeitszeit regelmäßig und in erheblichem Umfang Bereitschaftsdienst fällt. ⁴Hierbei darf die tägliche Arbeitszeit ausschließlich der Pausen maximal 24 Stunden betragen.

(4) Unter den Voraussetzungen des Absatzes 3 Satz 1 und 2 kann die tägliche Arbeitszeit gemäß § 7 Abs. 2a ArbZG ohne Ausgleich verlängert werden, wobei

a) bei Bereitschaftsdiensten der Stufen A und B eine wöchentliche Arbeitszeit von bis zu maximal durchschnittlich 58 Stunden,
b) bei Bereitschaftsdiensten der Stufen C und D eine wöchentliche Arbeitszeit von bis zu maximal durchschnittlich 54 Stunden

zulässig ist.

(5) Für den Ausgleichszeitraum nach den Absätzen 2 bis 4 gilt § 6 Abs. 2 Satz 1.

(6) Bei Aufnahme von Verhandlungen über eine Betriebs-/Dienstvereinbarung nach den Absätzen 3 und 4 sind die Tarifvertragsparteien auf landesbezirklicher Ebene zu informieren.

(7) [1]In den Fällen, in denen Beschäftigte Teilzeitarbeit gemäß § 11 vereinbart haben, verringern sich die Höchstgrenzen der wöchentlichen Arbeitszeit nach den Absätzen 2 bis 4 in demselben Verhältnis wie die Arbeitszeit dieser Beschäftigten zu der regelmäßigen Arbeitszeit der Vollbeschäftigten. [2]Mit Zustimmung der/des Beschäftigten oder aufgrund von dringenden dienstlichen oder betrieblichen Belangen kann hiervon abgewichen werden.

(8) [1]Der Arbeitgeber darf Rufbereitschaft nur anordnen, wenn erfahrungsgemäß lediglich in Ausnahmefällen Arbeit anfällt. [2]Durch tatsächliche Arbeitsleistung innerhalb der Rufbereitschaft kann die tägliche Höchstarbeitszeit von zehn Stunden (§ 3 ArbZG) überschritten werden (§ 7 ArbZG).

(9) § 6 Abs. 4 bleibt im Übrigen unberührt.

(10) [1]Für Beschäftigte gemäß § 40 Abs. 1 Buchst. d gelten die Absätze 1 bis 9 mit der Maßgabe, dass die Grenzen für die Stufen A und B einzuhalten sind. [2]Dazu gehören auch die Beschäftigten in Einrichtungen, in denen die betreuten Personen nicht regelmäßig ärztlich behandelt und beaufsichtigt werden (Erholungsheime).

(11) Für die Ärztinnen und die Ärzte in Einrichtungen nach Absatz 10 gelten die Absätze 1 bis 9 ohne Einschränkungen.

§ 46 Bereitschaftsdienstentgelt

(1) Zum Zwecke der Entgeltberechnung wird die Zeit des Bereitschaftsdienstes einschließlich der geleisteten Arbeit wie folgt als Arbeitszeit gewertet:

a) Nach dem Maß der während des Bereitschaftsdienstes erfahrungsgemäß durchschnittlich anfallenden Arbeitsleistungen wird die Zeit des Bereitschaftsdienstes wie folgt als Arbeitszeit gewertet:

§ 46

Stufe	Arbeitsleistung innerhalb des Bereitschaftsdienstes	Bewertung als Arbeitszeit
A	0 bis 10 v. H.	15 v. H.
B	mehr als 10 bis 25 v. H.	25 v. H.
C	mehr als 25 bis 40 v. H.	40 v. H.
D	mehr als 40 bis 49 v. H.	55 v. H.

a) Ein hiernach der Stufe A zugeordneter Bereitschaftsdienst wird der Stufe B zugeteilt, wenn der Beschäftigte während des Bereitschaftsdienstes in der Zeit von 22 bis 6 Uhr erfahrungsgemäß durchschnittlich mehr als dreimal dienstlich in Anspruch genommen wird.

b) Entsprechend der Zahl der vom Beschäftigten je Kalendermonat abgeleisteten Bereitschaftsdienste wird die Zeit eines jeden Bereitschaftsdienstes zusätzlich wie folgt als Arbeitszeit gewertet:

Zahl der Bereitschaftsdienste im Kalendermonat	Bewertung als Arbeitszeit
1. bis 8. Bereitschaftsdienst	25 v. H.
9. bis 12. Bereitschaftsdienst	35 v. H.
13. und folgende Bereitschaftsdienste	45 v. H.

(2) Die Zuweisung zu den einzelnen Stufen des Bereitschaftsdienstes erfolgt durch die Betriebsparteien.

(3) ¹Für die Beschäftigten gemäß § 45 Abs. 10 wird zum Zwecke der Entgeltberechnung die Zeit des Bereitschaftsdienstes einschließlich der geleisteten Arbeit mit 25 v. H. als Arbeitszeit bewertet. ²Leistet die/der Beschäftigte in einem Kalendermonat mehr als acht Bereitschaftsdienste, wird die Zeit eines jeden über acht Bereitschaftsdienste hinausgehenden Bereitschaftsdienstes zusätzlich mit 15 v. H. als Arbeitszeit gewertet.

(4) ¹Das Entgelt für die nach den Absätzen 1 und 3 zum Zwecke der Entgeltberechnung als Arbeitszeit gewertete Bereitschaftsdienstzeit bestimmt sich für übergeleitete Beschäftigte auf der Basis ihrer Eingruppierung am 30. September 2005, für nach dem 30. September 2005 eingestellte Beschäftigte und in den Fällen der Übertragung einer höher oder niedriger bewerteten Tätigkeit nach der Vergütungs- bzw. Lohngruppe, die sich zum Zeitpunkt der Einstellung bzw. der Höher- oder Herabgruppierung bei Fortgeltung des bisherigen Tarifrechts ergeben hätte, nach der Anlage G. ²Für die Zeit des Bereitschaftsdienstes einschließlich der geleisteten

Arbeit und für die Zeit der Rufbereitschaft werden Zeitzuschläge nach § 8 nicht gezahlt.

(5) Das Bereitschaftsdienstentgelt kann im Falle der Faktorisierung nach § 10 Abs. 3 im Verhältnis 1:1 in Freizeit abgegolten werden.

§ 47 Sonderkündigungsrecht der Bereitschaftsdienst- und Rufbereitschaftsregelung

¹Die §§ 45 und 46 können mit einer Frist von drei Monaten gekündigt werden, wenn infolge einer Änderung des Arbeitszeitgesetzes sich materiellrechtliche Auswirkungen ergeben oder weitere Regelungsmöglichkeiten für die Tarifvertragsparteien eröffnet werden. ²Rein formelle Änderungen berechtigen nicht zu einer Ausübung des Sonderkündigungsrechts.

§ 48 Wechselschichtarbeit

(1) Abweichend von § 6 Abs. 1 Satz 2 werden die gesetzlichen Pausen bei Wechselschichtarbeit nicht in die Arbeitszeit eingerechnet.

(2) Abweichend von § 7 Abs. 1 Satz 1 ist Wechselschichtarbeit die Arbeit nach einem Schichtplan/Dienstplan, der einen regelmäßigen Wechsel der täglichen Arbeitszeit in Wechselschichten vorsieht, bei denen die/der Beschäftigte längstens nach Ablauf eines Monats erneut zu mindestens zwei Nachtschichten herangezogen wird.

Niederschriftserklärung zu § 48 Abs. 2:
Der Anspruch auf die Wechselschichtzulage ist auch erfüllt, wenn unter Einhaltung der Monatsfrist zwei Nachtdienste geleistet wurden, die nicht zwingend unmittelbar aufeinander folgen müssen.

§ 49 Arbeit an Sonn- und Feiertagen

Abweichend von § 6 Abs. 3 Satz 3 und in Ergänzung zu § 6 Abs. 5 gilt für Sonn- und Feiertage Folgendes:

(1) ¹Die Arbeitszeit an einem gesetzlichen Feiertag, der auf einen Werktag fällt, wird durch eine entsprechende Freistellung an einem anderen Werktag bis zum Ende des dritten Kalendermonats – möglichst aber schon bis zum Ende des nächsten Kalendermonats – ausgeglichen, wenn es die betrieblichen Verhältnisse zulassen. ²Kann ein Freizeitausgleich nicht gewährt werden, erhält die/der Beschäftigte je Stunde 100 v. H. des auf eine Stunde entfallenden Anteils des monatlichen Entgelts der jeweiligen Entgeltgruppe und Stufe nach Maßgabe der Entgelttabelle. ³Ist ein Arbeitszeitkonto eingerichtet, ist

eine Buchung gemäß § 10 Abs. 3 zulässig. [4]§ 8 Abs. 1 Satz 2 Buchst. d bleibt unberührt.

(2) [1]Für Beschäftigte, die regelmäßig nach einem Dienstplan eingesetzt werden, der Wechselschicht- oder Schichtdienst an sieben Tagen in der Woche vorsieht, vermindert sich die regelmäßige Wochenarbeitszeit um ein Fünftel der arbeitsvertraglich vereinbarten durchschnittlichen Wochenarbeitszeit, wenn sie an einem gesetzlichen Feiertag, der auf einen Werktag fällt,

a) Arbeitsleistung zu erbringen haben oder
b) nicht wegen des Feiertags, sondern dienstplanmäßig nicht zur Arbeit eingeteilt sind und deswegen an anderen Tagen der Woche ihre regelmäßige Arbeitszeit erbringen müssen.

[2]Absatz 1 gilt in diesen Fällen nicht. [3]§ 8 Abs. 1 Satz 2 Buchst. d bleibt unberührt.

(3) [1]Beschäftigte, die regelmäßig an Sonn- und Feiertagen arbeiten müssen, erhalten innerhalb von zwei Wochen zwei arbeitsfreie Tage. [2]Hiervon soll ein freier Tag auf einen Sonntag fallen.

§ 50 (Nicht besetzt)

Niederschriftserklärung zu den §§ 6 bis 10 i. V. m. §§ 45 bis 50:
[1]Die Dokumentation der Arbeitszeit, der Mehrarbeit, der Überstunden, der Bereitschaftsdienste etc. ist nicht mit dem Arbeitszeitkonto gem. § 10 TVöD gleichzusetzen. [2]Arbeitszeitkonten können nur auf der Grundlage des § 10 TVöD durch Betriebs- bzw. einvernehmliche Dienstvereinbarungen eingerichtet und geführt werden.

§ 51 Eingruppierung der Ärztinnen und Ärzte

(1) [1]Ärztinnen und Ärzte sind mit folgender besonderer Stufenzuordnung wie folgt eingruppiert:

a) Entgeltgruppe 14 Stufe 1:
   Ärztinnen und Ärzte ohne Berufserfahrung mit entsprechender Tätigkeit
b) Entgeltgruppe 14 Stufe 2:
   Ärztinnen und Ärzte mit entsprechender Tätigkeit nach einjähriger Berufserfahrung
c) Entgeltgruppe 14 Stufe 3[1]:
   Fachärztinnen und Fachärzte mit entsprechender Tätigkeit
d) Entgeltgruppe 14 Stufe 4[2]:

) Tabellenwert entspricht Entgeltgruppe 14 Stufe 4

Fachärztinnen und Fachärzte nach fünfjähriger entsprechender Tätigkeit
e) Entgeltgruppe 15 Stufe 5:
Fachärztinnen und Fachärzte nach neunjähriger entsprechender Tätigkeit
f) Entgeltgruppe 15 Stufe 6[1]):
Fachärztinnen und Fachärzte nach dreizehnjähriger entsprechender Tätigkeit

[2]§§ 16 und 17 bleiben unberührt.

(2) Ärztinnen und Ärzte, die als ständige Vertreter der/des leitenden Ärztin/Arztes durch ausdrückliche Anordnung bestellt sind, erhalten für die Dauer der Bestellung eine Funktionszulage ab 1. Januar 2008 von monatlich 360,00 €.

(3) Ärztinnen und Ärzte, die aufgrund ausdrücklicher Anordnung innerhalb einer Fachabteilung oder eines Fachbereichs einen selbständigen Funktionsbereich mit mindestens zehn Beschäftigten leiten, erhalten für die Dauer der Anordnung eine Funktionszulage ab 1. Januar 2008 von monatlich 260,00 €.

(4) Ärztinnen und Ärzte, denen aufgrund ausdrücklicher Anordnung mindestens fünf Ärzte unterstellt sind, erhalten für die Dauer der Anordnung eine Funktionszulage ab 1. Januar 2008 von monatlich 260,00 €.

(5) [1]Die Funktionszulagen nach den Absätzen 2 bis 4 sind dynamisch und entfallen mit dem Wegfall der Funktion. [2]Sind die Voraussetzungen für mehr als eine Funktionszulage erfüllt, besteht nur Anspruch auf eine Funktionszulage. [3]Bei unterschiedlicher Höhe der Funktionszulagen wird die höhere gezahlt.

(6) Die Absätze 1 bis 5 finden auf Zahnärztinnen/Zahnärzte, Apothekerinnen/Apotheker und Tierärztinnen/Tierärzte keine Anwendung.

Protokollerklärungen zu § 51:

1. [1]Ständige Vertreterinnen/Vertreter im Sinne des Tätigkeitsmerkmals ist nur die/der Ärztin/Arzt, der die/den leitende/n Ärztin/Arzt in der Gesamtheit seiner Dienstaufgaben vertritt. [2]Das Tätigkeitsmerkmal kann daher innerhalb einer Abteilung (Klinik) nur von einer/einem Ärztin/Arzt erfüllt werden.

) Die Stufe 6 der Entgeltgruppe 15 weist einen besonderen Tabellenwert gemäß Anlagen A und B (VKA) TVöD aus.

2. Ist der Anspruch auf Zahlung der Funktionszulage nach den Absätzen 2 bis 5 von der Zahl der unterstellten Ärztinnen/Ärzte abhängig, gilt folgendes:
   a) Für den Anspruch auf Zahlung der Funktionszulage nach den Absätzen 2 bis 5 ist es unschädlich, wenn im Organisations- und Stellenplan zur Besetzung ausgewiesene Stellen nicht besetzt sind.
   b) Bei der Zahl der unterstellten Ärztinnen/Ärzte zählen nur diejenigen unterstellten Ärzte mit, die in einem Arbeits- oder Beamtenverhältnis zu demselben Arbeitgeber (Dienstherrn) stehen oder im Krankenhaus von einem sonstigen öffentlichen Arbeitgeber (Dienstherrn) zur Krankenversorgung eingesetzt werden.
   c) Teilbeschäftigte zählen entsprechend dem Verhältnis der mit ihnen im Arbeitsvertrag vereinbarten Arbeitszeit zur regelmäßigen Arbeitszeit eines Vollbeschäftigten.
3. Funktionsbereiche sind wissenschaftlich anerkannte Spezialgebiete innerhalb eines ärztlichen Fachgebietes, z. B. Nephrologie, Handchirurgie, Neuroradiologie, Elektroencephalographie, Herzkatheterisierung.

Niederschriftserklärung zu § 51 Abs. 6:
Für die in Absatz 6 genannten Beschäftigten gelten die Regelungen des Allgemeinen Teils sowie die entsprechenden Regelungen des TVÜ-VKA.

Die Funktionszulage beträgt ab 1. Januar 2009:
- für Ärztinnen/Ärzte nach Abs. 2: 370 Euro
- für Ärztinnen/Ärzte nach Abs. 3 und 4: 265 Euro

§ 52 Erholungsurlaub

¹Die Beschäftigten an Heimschulen und Internaten haben den Urlaub in der Regel während der Schulferien zu nehmen. ²Die Sonderregelungen für Lehrkräfte bleiben unberührt.

§ 53 Zusatzurlaub

(1) ¹Beschäftigte erhalten bei einer Leistung im Kalenderjahr von mindestens

150 Nachtarbeitsstunden	1 Arbeitstag
300 Nachtarbeitsstunden	2 Arbeitstage
450 Nachtarbeitsstunden	3 Arbeitstage
600 Nachtarbeitsstunden	4 Arbeitstage

Zusatzurlaub im Kalenderjahr. ²Nachtarbeitsstunden, die in Zeiträumen geleistet werden, für die Zusatzurlaub für Wechselschicht- oder Schichtarbeit zusteht, bleiben unberücksichtigt. ³§ 27 Abs. 4 findet mit der Maßgabe Anwendung, dass Erholungsurlaub und Zusatzurlaub insgesamt im Kalenderjahr 35 Tage, bei Zusatzurlaub wegen Wechselschichtarbeit 36 Tage, nicht überschreiten. ⁴§ 27 Abs. 5 findet Anwendung.

Protokollerklärung zu § 53 Abs. 1:
Der Anspruch auf Zusatzurlaub bemisst sich nach den abgeleisteten Nachtarbeitsstunden und entsteht im laufenden Jahr, sobald die Voraussetzungen nach Satz 1 erfüllt sind.

(2) Bei Anwendung des Absatzes 1 werden nur die im Rahmen der regelmäßigen Arbeitszeit (§ 6) in der Zeit zwischen 21 Uhr und 6 Uhr dienstplanmäßig bzw. betriebsüblich geleisteten Nachtarbeitsstunden berücksichtigt.

(3) [1]Bei Teilzeitbeschäftigten ist die Zahl der nach Absatz 1 geforderten Nachtarbeitsstunden entsprechend dem Verhältnis ihrer individuell vereinbarten durchschnittlichen regelmäßigen Arbeitszeit zur regelmäßigen Arbeitszeit vergleichbarer Vollzeitbeschäftigter zu kürzen. [2]Ist die vereinbarte Arbeitszeit im Durchschnitt des Urlaubsjahres auf weniger als fünf Arbeitstage in der Kalenderwoche verteilt, ist der Zusatzurlaub in entsprechender Anwendung des § 26 Abs. 1 Sätze 4 und 5 zu ermitteln.

§ 54 Reise- und Umzugskosten

Die Erstattung von Reise- und ggf. Umzugskosten richtet sich nach den beim Arbeitgeber geltenden Grundsätzen. Für Arbeitgeber, die öffentlichem Haushaltsrecht unterliegen, finden, wenn diese nicht nach eigenen Grundsätzen verfahren, die für Beamtinnen und Beamte geltenden Bestimmungen Anwendung.

§ 55 In-Kraft-Treten, Laufzeit

[1]Dieser Tarifvertrag tritt am 1. Oktober 2005 in Kraft. [2]Die Bestimmungen dieses Tarifvertrages sind mit der Kündigung der entsprechenden Vorschriften des Besonderen Teils Krankenhäuser (BT-K) zum gleichen Zeitpunkt gekündigt.

Anlage G
zu § 46 Abs. 4

(Bereitschaftsdienstentgelt)

A. Beschäftigte, deren Eingruppierung sich nach der Anlage 1a zum BAT/BAT-O richtet

Vergütungsgruppe	Tarifgebiet West	Tarifgebiet Ost
Vergr. I	30,20 €	28,19 €
Vergr. Ia	27,68 €	25,85 €
Vergr. Ib	25,46 €	23,77 €
Vergr. II	23,32 €	21,77 €
Vergr. III	21,06 €	19,66 €
Vergr. IVa	19,38 €	18,08 €
Vergr. IVb	17,84 €	16,65 €
Vergr. Vb	17,20 €	16,06 €
Vergr. Vc	16,36 €	15,75 €
Vergr. VIb	15,19 €	14,62 €
Vergr. VII	14,25 €	13,72 €
Vergr. VIII	13,39 €	12,89 €
Vergr. IXa	12,89 €	12,41 €
Vergr. IX	12,65 €	12,18 €
Vergr. X	12,01 €	11,56 €

B. Beschäftigte, deren Eingruppierung sich nach der Anlage 1b zum BAT/BAT-O richtet

Vergütungsgruppe	Tarifgebiet West	Tarifgebiet Ost
Kr. XIII	25,07 €	23,41 €
Kr. XII	23,10 €	21,57 €
Kr. XI	21,79 €	20,35 €
Kr. X	20,49 €	19,13 €
Kr. IX	19,29 €	18,00 €
Kr. VIII	18,95 €	18,24 €
Kr. VII	17,88 €	17,21 €
Kr. VI	17,34 €	16,69 €
Kr. Va	16,70 €	16,07 €

Kr. V	16,25 €	15,64 €
Kr. IV	15,44 €	14,86 €
Kr. III	14,64 €	14,09 €
Kr. II	13,93 €	13,41 €
Kr. I	13,30 €	12,80 €

C. Beschäftigte, deren Eingruppierung sich nach dem BMT-G/BMT-G-O richtet

Lohngruppe	Tarifgebiet West	Tarifgebiet Ost
Lgr. 9	17,63 €	16,97 €
Lgr. 8a	17,24 €	16,59 €
Lgr. 8	16,86 €	16,23 €
Lgr. 7a	16,50 €	15,88 €
Lgr. 7	16,13 €	15,53 €
Lgr. 6a	15,80 €	15,21 €
Lgr. 6	15,44 €	14,86 €
Lgr. 5a	15,11 €	14,54 €
Lgr. 5	14,78 €	14,23 €
Lgr. 4a	14,46 €	13,92 €
Lgr. 4	14,14 €	13,61 €
Lgr. 3a	13,83 €	13,31 €
Lgr. 3	13,53 €	13,02 €
Lgr. 2a	13,25 €	12,75 €
Lgr. 2	12,95 €	12,46 €
Lgr. 1a	12,68 €	12,20 €
Lgr. 1	12,39 €	11,93 €

Tarifvertrag für den öffentlichen Dienst (TVöD)
– Besonderer Teil Flughäfen (TVöD BT-F) –

Vom 13. September 2005

Zuletzt geändert durch
Änderungstarifvertrag Nr. 1 vom 31. März 2008[1])

§ 40 Geltungsbereich

(1) [1]Dieser Tarifvertrag gilt für Beschäftigte der Verkehrsflughäfen. [2]Er bildet im Zusammenhang mit dem Allgemeinen Teil des Tarifvertrages für den öffentlichen Dienst (TVöD) den Tarifvertrag für die Sparte Flughäfen (TV-F).

(2) Soweit in den nachfolgenden Bestimmungen auf die §§ 1 bis 39 verwiesen wird, handelt es sich um die Regelungen des TVöD – Allgemeiner Teil.

§ 41 Wechselschichtarbeit

Durch landesbezirklichen Tarifvertrag kann bestimmt werden, dass abweichend von

a) § 6 Abs. 1 Satz 2 die gesetzlichen Pausen bei Wechselschichtarbeit nicht in die Arbeitszeit einzurechnen sind und

b) § 7 Abs. 1 Satz 1 Wechselschichtarbeit erst dann vorliegt, wenn die/der Beschäftigte längstens nach Ablauf eines Monats erneut zu mindestens zwei Nachtschichten herangezogen wird.

§ 42 Rampendienst

(1) [1]Beschäftigten im Rampendienst wird für je sechs Arbeitstage ein freier Arbeitstag gewährt. [2]Im Jahresdurchschnitt soll mindestens jeder dritte freie Tag auf einen Sonntag fallen.

(2) [1]Als freier Tag gilt in der Regel eine arbeitsfreie Zeit von 36 Stunden. [2]Diese kann in Ausnahmefällen auf 32 Stunden verringert werden, wenn die Betriebsverhältnisse es erfordern. Werden zwei zusammenhängende freie Tage gewährt, gilt in der Regel eine

---

[1]) Die Änderungen stehen im Zusammenhang mit der Entgeltrunde 2008. Am 31. März 2008 wurden zunächst nur die Eckpunkte vereinbart; die redaktionelle Umsetzung erfolgte erst Mitte Juli 2008.

arbeitsfreie Zeit von 60 Stunden, die in Ausnahmefällen auf 56 Stunden verringert werden kann, als zwei freie Tage. ³Für weitere freie Tage erhöhen sich die Zeiten um jeweils 24 Stunden für einen Tag.

(3) Die Zeitzuschläge nach § 8 Abs. 1 werden pauschal mit einem Zuschlag von 12 v. H. des auf eine Stunde entfallenden Anteils des monatlichen Entgelts der Stufe 3 der jeweiligen Entgeltgruppe nach Maßgabe der Entgelttabelle abgegolten.

§ 43 Feuerwehr- und Sanitätspersonal

(1) Für das Feuerwehr- und Sanitätspersonal wird – unter Einbeziehung der Zeitzuschläge nach § 8 Abs. 1 – das monatliche Entgelt landesbezirklich oder betrieblich geregelt.

(2) Wenn das Feuerwehr- und Sanitätspersonal in Ausnahmefällen aus der zusammenhängenden Ruhezeit zur Arbeit gerufen wird, ist diese – einschließlich etwaiger Zeitzuschläge – neben dem Tabellenentgelt besonders zu vergüten.

§ 44 Reise- und Umzugskosten

Die Erstattung von Reise- und Umzugskosten richtet sich nach den beim Arbeitgeber geltenden Grundsätzen.

§ 45 In-Kraft-Treten, Laufzeit

¹Dieser Tarifvertrag tritt am 1. Oktober 2005 in Kraft. ²Er kann mit einer Frist von drei Monaten zum Schluss eines Kalenderhalbjahres schriftlich gekündigt werden, frühestens jedoch zum 31. Dezember 2009.

> # I.2 VKA

Tarifvertrag zur Überleitung der Beschäftigten der kommunalen Arbeitgeber in den TVöD und zur Regelung des Übergangsrechts (TVÜ-VKA)

Vom 13. September 2005

Zuletzt geändert durch
Änderungstarifvertrag Nr. 2 vom 31. März 2008[1])

---

[1]) Die Änderungen stehen im Zusammenhang mit der Entgeltrunde 2008. Am 31. März 2008 wurden zunächst nur die Eckpunkte vereinbart; die redaktionelle Umsetzung erfolgte erst Mitte Juli 2008.
Zu seinem Geltungsbereich bestimmt § 5 des Änderungstarifvertrages Nr. 2 Folgendes:
§ 5 Ausnahmen vom Geltungsbereich
[1]Für Beschäftigte, die spätestens mit Ablauf des 31. März 2008 aus dem Arbeitsverhältnis ausgeschieden sind, gilt dieser Tarifvertrag nur, wenn sie dies bis 30. September 2008 schriftlich beantragen. [2]Für Beschäftigte, die spätestens mit Ablauf des 31. März 2008 aufgrund eigenen Verschuldens ausgeschieden sind, gilt dieser Tarifvertrag nicht.

1. Abschnitt
Allgemeine Vorschriften

§ 1 Geltungsbereich

(1) ¹Dieser Tarifvertrag gilt für Angestellte, Arbeiterinnen und Arbeiter, deren Arbeitsverhältnis zu einem tarifgebundenen Arbeitgeber, der Mitglied eines Mitgliedverbandes der Vereinigung der kommunalen Arbeitgeberverbände (VKA) ist, über den 30. September 2005 hinaus fortbesteht, und die am 1. Oktober 2005 unter den Geltungsbereich des Tarifvertrages für den öffentlichen Dienst (TVöD) fallen, für die Dauer des ununterbrochen fortbestehenden Arbeitsverhältnisses. ²Dieser Tarifvertrag gilt ferner für die unter § 19 Abs. 2 fallenden sowie für die von § 2 Abs. 6 erfassten Beschäftigten hinsichtlich § 21 Abs. 5.

Protokollerklärung zu Absatz 1 Satz 1:
Unterbrechungen von bis zu einem Monat sind unschädlich.

Protokollerklärung zu Absatz 1:
Tritt ein Arbeitgeber erst nach dem 30. September 2005 einem der Mitgliedverbände der VKA als ordentliches Mitglied bei und hat derselbe Arbeitgeber vor dem 1. September 2002 einem Mitgliedverband der VKA als ordentliches Mitglied angehört, so ist Absatz 1 mit der Maßgabe anzuwenden, dass an die Stelle des 30. September 2005 das Datum tritt, welches dem Tag der Wiederbegründung der Verbandsmitgliedschaft vorausgeht, während das Datum des Wirksamwerdens der Verbandsmitgliedschaft den 1. Oktober 2005 ersetzt.

Niederschriftserklärung zu § 1 Abs. 1:
¹Werden Beschäftigte nach dem 1. Oktober 2005 in den TVöD übergeleitet, wird der Stichtag „30. September 2005" durch das Datum des Tages vor der Überleitung und, soweit der 1. Oktober 2005 als Stichtag genannt ist, dieser durch das Datum des Tages der Überleitung ersetzt. ²Beginn- und Endzeitpunkt von Fristen im TVÜ-VKA verschieben sich in diesen Fällen um den Zeitraum der späteren Überleitung in den TVöD.

(2) Nur soweit nachfolgend ausdrücklich bestimmt, gelten die Vorschriften dieses Tarifvertrages auch für Beschäftigte, deren Arbeitsverhältnis zu einem Arbeitgeber im Sinne des Absatzes 1 nach dem 30. September 2005 beginnt und die unter den Geltungsbereich des TVöD fallen.

(3) Für geringfügig Beschäftigte im Sinne des § 8 Abs. 1 Nr. 2 SGB IV, die am 30. September 2005 unter den Geltungsbereich des BAT/BAT-O/BAT-Ostdeutsche Sparkassen/BMT-G/BMT-G-O fallen, finden die bisher jeweils einschlägigen tarifvertraglichen Regelungen für die Dauer ihres ununterbrochen fortbestehenden Arbeitsverhältnisses weiterhin Anwendung.

(4) Die Bestimmungen des TVöD gelten, soweit dieser Tarifvertrag keine abweichenden Regelungen trifft.

Geltungsbereich TVÜ § 1 VKA I.2

Erläuterungen

Die Vorschrift entspricht – hier natürlich bezogen auf die Kommunen – weitestgehend der Regelung des § 1 TVÜ-Bund. Durch die im Vergleich zur Bundesregelung erweiterte Formulierung in Absatz 1 Satz 2 werden bestimmte Beschäftigte in Versorgungsbetrieben, in Nahverkehrsbetrieben und in der Wasserwirtschaft Nordrhein-Westfalen in den Kreis der Beschäftigten aufgenommen, die Einmalzahlungen erhalten.

Nach Maßgabe des § 1 gilt der TVÜ-VKA für die Beschäftigten, die am 30. September 2005 in einem Beschäftigungsverhältnis stehen, das über den 1. Oktober hinaus fortgesetzt wird (und deshalb dem TVöD unterliegt). Ferner gilt der TVöD für die in § 19 Abs. 2 TVÜ fallenden Beschäftigten. Dies sind die „Spitzenangestellten" (Angestellte der Vergütungsgruppe I BAT).

Von § 1 Abs. 1 TVÜ erfasst sind auch Beschäftigte, die im September 2005 – z. B. aufgrund Beurlaubung, Mutterschutz oder Elternzeit, Wehr- oder Zivildienst – keine oder nur für Teile des Monats September Bezüge erhalten. Maßgeblich ist allein, dass zum Überleitungsstichtag ein Arbeitsverhältnis besteht, welches über den 1. Oktober 2005 hinaus fortbesteht. Wegen der Berechnung des Vergleichsentgelt in diesen Fällen siehe § 5 Abs. 6 TVÜ.

Der Schutz durch den Überleitungs-TV ist grundsätzlich auf die Dauer des nach dem 1. Oktober 2005 ununterbrochen fortbestehenden Arbeitsverhältnisses begrenzt, wobei Unterbrechungen von bis zu einem Monat unschädlich sind. Die zunächst in der Protokollerklärung zu § 1 Abs. 1 Satz 1 vereinbarte Befristung (bis 30. September 2007) ist durch den Änderungs-TV Nr. 2 vom 31. März 2008 gestrichen worden.

Voraussetzung ist der Fortbestand des Arbeitsverhältnisses, das zum Überleitungsstichtag in den TVöD (1. 10. 2006) bestanden hat. Dabei kann für die Frage der Fortdauer des Arbeitsverhältnisses nicht nur formal auf den Bestand eines bestimmten Arbeitsvertrages abgestellt werden; auch die Verlängerung befristeter Arbeitsverträge zu gleichen oder nur geringfügig (z. B. in Bezug auf den Umfang der wöchentlichen Arbeitszeit) geänderten Bedingungen führt nach herrschender Meinung nicht zur Beendigung des Arbeitsverhältnisses. Davon abzugrenzen ist aber die Fortsetzung eines Arbeitsverhältnisses zu völlig geänderten Konditionen (z. B. bis zum 31. 3. 2007 befristetes Arbeitsverhältnis eines zunächst unterwertig eingesetzten Hochschulabsolventen in Entgeltgruppe 9, ab dem 1. 4. 2007 Wei-

§ 1 VKA I.2 TVÜ — Geltungsbereich

terbeschäftigung bei demselben Arbeitgeber in anderer, der Entgeltgruppe 13 zuzurechnenden Tätigkeit); in diesen Fällen ist von einer im Hinblick auf § 1 TVÜ schädlichen Beendigung des übergeleiteten und Begründung eines neuen Arbeitsverhältnisses auszugehen. Folge ist, dass der TVÜ auf das neue Arbeitsverhältnis keine Anwendung findet.

Für Beschäftigte, deren Arbeitsverhältnis nach dem 30. September 2005 beginnt und die unter den Geltungsbereich des TVöD fallen, gelten die Regelungen des TVÜ nur, wenn es im TVÜ ausdrücklich bestimmt ist (z. B. § 11 Abs. 3 Buchst. b und § 17).

Die Vorschrift des Absatzes 3, wonach so genannte kurzfristig Beschäftigte nach dem 30. September 2005 weiterhin unter den BAT usw. fallen, hat im Hinblick auf die Höchstdauer dieser Beschäftigungsverhältnisse (50 Tage) relativ geringe Bedeutung.

§ 2 Ablösung bisheriger Tarifverträge durch den TVöD

(1) ¹Der TVöD ersetzt in Verbindung mit diesem Tarifvertrag bei tarifgebundenen Arbeitgebern, die Mitglied eines Mitgliedverbandes der VKA sind, den
- Bundes-Angestelltentarifvertrag (BAT) vom 23. Februar 1961
- Tarifvertrag zur Anpassung des Tarifrechts – Manteltarifliche Vorschriften – (BAT-O) vom 10. Dezember 1990
- Tarifvertrag zur Anpassung des Tarifrechts – Manteltarifliche Vorschriften – (BAT-Ostdeutsche Sparkassen) vom 21. Januar 1991
- Bundesmanteltarifvertrag für Arbeiter gemeindlicher Verwaltungen und Betriebe – BMT-G II – vom 31. Januar 1962
- Tarifvertrag zur Anpassung des Tarifrechts – Manteltarifliche Vorschriften für Arbeiter gemeindlicher Verwaltungen und Betriebe – (BMT-G-O) vom 10. Dezember 1990
- Tarifvertrag über die Anwendung von Tarifverträgen auf Arbeiter (TV Arbeiter-Ostdeutsche Sparkassen) vom 25. Oktober 1990

sowie die diese Tarifverträge ergänzenden Tarifverträge der VKA, soweit in diesem Tarifvertrag oder im TVöD nicht ausdrücklich etwas anderes bestimmt ist. ²Die Ersetzung erfolgt mit Wirkung vom 1. Oktober 2005, soweit kein abweichender Termin bestimmt ist.

Protokollerklärung zu Absatz 1:
Von der ersetzenden Wirkung werden von der VKA abgeschlossene ergänzende Tarifverträge nicht erfasst, soweit diese anstelle landesbezirklicher Regelungen vereinbart sind.

Niederschriftserklärung zur Protokollerklärung zu § 2 Abs. 1 (ver.di):
Landesbezirkliche Regelungen sind auch Regelungen, die vor der ver.di-Gründung im Tarifrecht als bezirkliche Regelungen bezeichnet sind.

Niederschriftserklärung zur Protokollerklärung zu § 2 Abs. 1 (dbb tarifunion):
Landesbezirkliche Regelungen sind auch Regelungen, die von der dbb tarifunion und ihren Mitgliedsgewerkschaften im Tarifrecht als bezirkliche Regelungen bezeichnet sind.

(2) ¹Die von den Mitgliedverbänden der VKA abgeschlossenen Tarifverträge sind durch die landesbezirklichen Tarifvertragsparteien hinsichtlich ihrer Weitergeltung zu prüfen und bei Bedarf bis zum 31. Dezember 2006 an den TVöD anzupassen; die landesbezirklichen Tarifvertragsparteien können diese Frist verlängern. ²Das Recht zur Kündigung der in Satz 1 genannten Tarifverträge bleibt unberührt.

Protokollerklärung zu Absatz 2:
Entsprechendes gilt hinsichtlich der von der VKA abgeschlossenen Tarifverträge, soweit diese anstelle landesbezirklicher Regelungen vereinbart sind.

(3) ¹Sind in Tarifverträgen nach Absatz 2 Satz 1 Vereinbarungen zur Beschäftigungssicherung/Sanierung und/oder Steigerung der Wettbewerbsfähigkeit getroffen, findet ab dem 1. Oktober 2005 der TVöD unter Berücksichtigung

§ 2 VKA I.2 TVÜ — Ablösung bisheriger TVe

der materiellen Wirkungsgleichheit dieser Tarifverträge Anwendung. ²In diesen Fällen ist durch die landesbezirklichen Tarifvertragsparteien baldmöglichst die redaktionelle Anpassung der in Satz 1 genannten Tarifverträge vorzunehmen. ³Bis dahin wird auf der Grundlage der bis zum 30. September 2005 gültigen Tarifregelungen weiter gezahlt. ⁴Die Überleitung in den TVöD erfolgt auf der Grundlage des Rechtsstandes vom 30. September 2005. ⁵Familienbezogene Entgeltbestandteile richten sich ab 1. Oktober 2005 nach diesem Tarifvertrag.

Protokollerklärung zu Absatz 3:
¹Der Rahmentarifvertrag vom 13. Oktober 1998 zur Erhaltung der Wettbewerbsfähigkeit der deutschen Verkehrsflughäfen und zur Sicherung der Arbeitsplätze (Fassung vom 28. November 2002) wird in seinen Wirkungen nicht verändert. ²Er bleibt mit gleichem materiellen Inhalt und gleichen Laufzeiten als Rechtsgrundlage bestehen. ³Beschäftigte in Unternehmen, für die Anwendungstarifverträge zum Rahmentarifvertrag nach Satz 1 vereinbart worden sind, werden zum 1. Oktober 2005 übergeleitet. ⁴Die tatsächliche personalwirtschaftliche Überleitung – einschließlich individueller Nachberechnungen – erfolgt zu dem Zeitpunkt, zu dem die Verständigung über den angepassten Anwendungstarifvertrag erzielt ist.

(4) Unabhängig von den Absätzen 1 und 2 gelten Tarifverträge gemäß § 3 des Tarifvertrages zur sozialen Absicherung fort und sind bei Bedarf an den TVöD anzupassen.

(5) Absatz 1 gilt nicht für Beschäftigte in Versorgungsbetrieben, Nahverkehrsbetrieben und für Beschäftigte in Wasserwirtschaftsverbänden in Nordrhein-Westfalen, die gemäß § 1 Abs. 2 Buchst. d und e TVöD vom Geltungsbereich des TVöD ausgenommen sind, es sei denn, Betriebe oder Betriebsteile, die dem fachlichen Geltungsbereich des TV-V, eines TV-N oder des TV-WW/NW entsprechen, werden in begründeten Einzelfällen durch landesbezirklichen Tarifvertrag in den Geltungsbereich des TVöD und dieses Tarifvertrages einbezogen.

Protokollerklärung zu Absatz 5:
Die Möglichkeit, Betriebsteile, die dem Geltungsbereich eines TV-N entsprechen, in den Geltungsbereich eines anderen Spartentarifvertrages (TV-V, TV-WW/NW) einzubeziehen, bleibt unberührt.

(6) ¹Absatz 1 gilt längstens bis zum 31. Dezember 2007 nicht für Beschäftigte von Arbeitgebern, wenn die Anwendung des TV-V, eines TV-N oder des TV-WW/NW auf diese Beschäftigten beabsichtigt ist und vor dem 1. Oktober 2005 Tarifverhandlungen zur Einführung eines dieser Tarifverträge aufgenommen worden sind. ²Dies gilt auch dann, wenn die Tarifverhandlungen erst nach dem 1. Oktober 2005, aber spätestens mit Ablauf des 31. Dezember 2007 zu der Überleitung in diese Tarifverträge führen.

Protokollerklärung zu Absatz 6:
¹Tarifverhandlungen zur – ggf. teilbetrieblichen – Einführung der genannten Spartentarifverträge sind auch dann aufgenommen, wenn auf landesbezirklicher Ebene die jeweils andere Tarifvertragspartei zum Abschluss eines Tarifvertrages zur

Ablösung bisheriger TVe   TVÜ **§ 2 VKA I.2**

Einbeziehung aufgefordert worden ist. ²Kommt bis zum 31. Dezember 2007 eine Vereinbarung über die Anwendung eines der genannten Spartentarifverträge nicht zustande, findet ab dem 1. Januar 2008 der TVöD und dieser Tarifvertrag auf Beschäftigte Anwendung, die nicht im Geltungsbereich des BAT/BAT-O/BMT-G/BMT-G-O verbleiben. ³Absatz 5 bleibt unberührt.

Niederschriftserklärung zu § 2:
¹Die Tarifvertragsparteien gehen davon aus, dass der TVöD und dieser Tarifvertrag bei tarifgebundenen Arbeitgebern das bisherige Tarifrecht auch dann ersetzen, wenn arbeitsvertragliche Bezugnahmen nicht ausdrücklich den Fall der ersetzenden Regelung beinhalten. ²Die Geltungsbereichsregelungen des TV-V, der TV-N und des TV-WW/NW bleiben hiervon unberührt.

Erläuterungen

§ 2 bestimmt, welche Tarifverträge zum 1. Oktober 2005 durch den TVöD ersetzt werden. Absatz 1 enthält dazu eine Auflistung der fortfallenden Tarifverträge (BAT, BAT-O, BAT-Ostdeutsche Sparkassen, BMT-G-II, TV Arbeiter-Ostdeutsche Sparkassen). In einer Protokollerklärung zu § 36 TVöD haben die Tarifpartner vereinbart, dass sie bis zum 30. Juni 2006 regeln werden, welche der den BAT etc. ergänzenden Tarifverträge weiter anzuwenden sind. Bis dahin sind alle ergänzenden Tarifverträge weiter anzuwenden.

In den Absätzen 2 bis 6 und in den dazu vereinbarten Protokoll- und Niederschriftserklärungen ist im Detail vereinbart, welches Schicksal landesbezirkliche Tarifverträge erfahren bzw. wie in den Bereichen Versorgungsbetriebe, Nahverkehrsbetriebe und Wasserwirtschaft Nordrhein-Westfalen zu verfahren ist. Teilweise besteht auf landesbezirklicher Ebene weiterer Anpassungs- bzw. Verhandlungsbedarf.

Durch eine Niederschriftserklärung ist von den Tarifvertragsparteien klar gestellt worden, dass der TVöD das bisherige Tarifrecht auch dann ersetzen soll, wenn arbeitsvertragliche Bezugnahmen nicht ausdrücklich den Fall der ersetzenden Regelung beinhalten. Dies dürfte im Hinblick auf die in der Praxis verwendeten Musterarbeitsverträge, die regelmäßig vorsehen, dass das Arbeitsverhältnis sich „nach dem BAT und den diesen ergänzenden, ändernden und ersetzenden Tarifverträgen ..." bestimmt, ohnehin die Ausnahme sein.

2. Abschnitt
Überleitungsregelungen

§ 3 Überleitung in den TVöD

Die von § 1 Abs. 1 erfassten Beschäftigten werden am 1. Oktober 2005 gemäß den nachfolgenden Regelungen in den TVöD übergeleitet.

Erläuterungen

§ 3 bestimmt, dass die Beschäftigten zum 1. Oktober 2005 unter Beachtung der Regelungen des TVÜ in den TVöD übergeleitet werden.

§ 4 Zuordnung der Vergütungs- und Lohngruppen

(1) ¹Für die Überleitung der Beschäftigten wird ihre Vergütungs- bzw. Lohngruppe (§ 22 BAT/ BAT-O/BAT-Ostdeutsche Sparkassen bzw. entsprechende Regelungen für Arbeiterinnen und Arbeiter bzw. besondere tarifvertragliche Vorschriften für bestimmte Berufsgruppen) nach der Anlage 1 den Entgeltgruppen des TVöD zugeordnet. ²Abweichend von Satz 1 gilt für Ärztinnen und Ärzte die Entgeltordnung gemäß § 51 Besonderer Teil Krankenhäuser (BT-K) bzw. gemäß § 51 Besonderer Teil Pflege- und Betreuungseinrichtungen (BT-B), soweit sie unter den BT-K bzw. den BT-B fallen.

Protokollerklärung zu § 4 Abs. 1:
¹Bis zum Inkrafttreten der neuen Entgeltordnung verständigen sich die Tarifvertragsparteien zwecks besserer Übersichtlichkeit für die Zuordnung der Beschäftigten gemäß Anlage 1b zum BAT auf folgende Anwendungstabellen:

Anlage 4:

Beschäftigte, für die die Regelungen des Tarifgebiets West Anwendung finden und die dem Geltungsbereich nach § 40 BT-K unterfallen;

Anlage 5:

Beschäftigte, für die die Regelungen des Tarifgebiets Ost Anwendung finden und die dem Geltungsbereich nach § 40 BT-K unterfallen;

Anlage 6:

Beschäftigte, für die die Regelungen des Tarifgebiets West Anwendung finden und die dem Geltungsbereich nach § 40 BT-B unterfallen;

Anlage 7:

Beschäftigte, für die die Regelungen des Tarifgebiets Ost Anwendung finden und die dem Geltungsbereich nach § 40 BT-B unterfallen;

dies gilt auch für Beschäftigte im Sinne des § 1 Abs. 2. ²Die Tarifvertragsparteien sind sich darin einig, dass diese Anwendungstabellen – insbesondere die Bezeichnung der Entgeltgruppen – keinen Vorgriff auf die Verhandlungen zur neuen Entgeltordnung darstellen.

Niederschriftserklärungen zu § 4 Abs. 1:
1. Die Tarifvertragsparteien stimmen darin überein, dass die Ergebnisse der unterschiedlichen Überleitung (ohne bzw. mit vollzogenem Aufstieg) der Lehrkräfte im Rahmen der Tarifverhandlungen zu einer neuen Entgeltordnung einer Lösung nach den Grundsätzen der neuen Entgeltordnung zuzuführen sind. Die Vertreter der VKA erklären, dass damit keine Verhandlungszusage zur Einbeziehung der Lehrkräfte in die neue Entgeltordnung verbunden ist.
2. Lehrkräfte, die ihre Lehrbefähigung nach dem Recht der DDR erworben haben und zur Anerkennung als Lehrkräfte nach Abschnitt A der Lehrer-Richtlinien der VKA auf Grund beamtenrechtlicher Regelungen unterschiedlich lange Bewährungszeiten durchlaufen mussten bzw. müssen, gehören nicht zur Gruppe der Lehrkräfte nach Abschnitt B der Lehrer-Richtlinien der VKA.

(2) Beschäftigte, die im Oktober 2005 bei Fortgeltung des bisherigen Tarifrechts die Voraussetzungen für einen Bewährungs-, Fallgruppen- oder Tätig-

§ 4 VKA I.2 TVÜ — Zuordnung

keitsaufstieg erfüllt hätten, werden für die Überleitung so behandelt, als wären sie bereits im September 2005 höhergruppiert worden.

(3) Beschäftigte, die im Oktober 2005 bei Fortgeltung des bisherigen Tarifrechts in eine niedrigere Vergütungs- bzw. Lohngruppe eingruppiert worden wären, werden für die Überleitung so behandelt, als wären sie bereits im September 2005 herabgruppiert worden.

Erläuterungen

Bei dieser Vorschrift handelt es sich um eine der Kernvorschriften des TVÜ, ohne die die Tarifreform nicht denkbar wäre.

Zu § 4 Abs. 1

Für die Überleitung der Beschäftigten werden die bisherigen Vergütungs- bzw. Lohngruppen einer neuen Entgeltgruppe des TVöD zugeordnet, § 4 Abs. 1 TVÜ. Maßgeblich ist die Vergütungs- bzw. Lohngruppe am 30. September 2005. Die Zuordnung der Vergütungsgruppen der Anlage 1a zum BAT/BAT-O und der Lohngruppen des Lohngruppenverzeichnisses ist für die Überleitung in die neuen Entgeltgruppen in der Anlage 1 des TVÜ festgelegt.

Für Ärzte gelten – soweit sie nicht unter den Geltungsbereich des mit dem Marburger Bund vereinbarten TV-Ärzte/VKA fallen – die besonderen Eingruppierungsvorschriften des § 51 des Besonderen Teils Pflege- und Betreuungseinrichtungen (BT-B) bzw. § 51 des Besonderen Teils Krankenhäuser (BT-K).

Für das Pflegepersonal, das unter die Anlage 1b zum BAT/BAT-O fällt, ergibt sich die Zuordnung ihrer bisherigen Vergütungsgruppen zu den neuen Entgeltgruppen aus den sog. Kr.-Anwendungstabellen. Diese sind dem TVÜ-VKA als Anlagen 4 bis 7 beigefügt. Diese Kr.-Anwendungstabellen sind auch für neue Eingruppierungsvorgänge ab 1. Oktober 2005 maßgebend. Bei der Bestimmung der maßgebenden Vergütungsgruppe ist dabei der Verlauf der Eingruppierung, nicht aber die aktuelle Position innerhalb dieses Verlaufs maßgebend.

Beispiele

- Eine Krankenschwester ist am 1. Oktober 2005 in der VergGr. Kr. VI Fallgruppe 19 eingruppiert, in die sie aus der VergGr. Kr. V Fallgruppe 14 nach sechsjähriger Bewährung aufgestiegen ist. Sie befindet sich also in diesem Falle in dem Verlauf „V mit Aufstieg nach VI" in der dritten Spalte von links der

Zuordnung TVÜ § 4 VKA I.2

> Kr.-Anwendungstabelle und wird daher der Entgeltgruppe Kr. 8a TVöD zugeordnet.
>
> - Eine Krankenschwester ist in der VergGr. Kr. VI Fallgruppe 6a eingruppiert, hat also keinen weiteren Aufstieg in die VergGr. Kr. VII. Sie befindet sich damit in dem Verlauf „VI ohne Aufstieg" und wird somit der Entgeltgruppe Kr. 9a zugeordnet.

Außerhalb des Bereichs der Pflegekräfte und der Ärzte i. S. d. § 51 BT-B bzw. § 51 BT-K ist für neue Eingruppierungsvorgänge ab 1. Oktober 2005 ausschließlich die Anlage 3 TVÜ maßgebend, § 17 Abs. 7 TVÜ.

Die Zuordnung erfolgt bei den bisherigen Statusgruppen nach unterschiedlichen Grundsätzen.

Arbeiter

Bei den Arbeitern erfolgt die Zuordnung anhand der Lohn- und Fallgruppe, die im September 2005 maßgeblich ist. Es kommt dabei allerdings nicht allein auf die zum Stichtag erreichte Lohngruppe an; die Überleitung richtet sich vielmehr nach der Lohngruppenentwicklung, die der Tätigkeit zugeordnet ist. Anknüpfungspunkt ist daher die jeweils einschlägige „Aufstiegskette" aus Grundtätigkeit und Bewährungs- bzw. Tätigkeitsaufstiegen. Unerheblich ist, in welcher Stufe dieser Kette sich der Beschäftigte zum Stichtag befindet. Die verschiedenen Fallgestaltungen sind in Anlage 1 TVÜ einzeln aufgeführt.

Beispiele

- Ein Arbeiter erhält im September 2005 Lohn der Lohngruppe 4 Fallgruppe 1. Da ihm die zum Überleitungszeitpunkt ausgeübte Tätigkeit nach bisherigem Recht den Aufstieg in die Lohngruppen 5 und 5a eröffnet hätte, wird er gemäß Anlage 1 TVÜ der Entgeltgruppe 5 zugeordnet.
- Dem Arbeiter aus Beispiel 1 ist eine Tätigkeit der Lohngruppe 4 Fallgruppe 3 übertragen, die nach bisherigem Recht zu einem Aufstieg in die Lohngruppe 4a geführt hätte. In diesem Fall erfolgt die Zuordnung zur Entgeltgruppe 4.
- Einem Arbeiter ist eine Tätigkeit der Lohngruppe 1 Fallgruppe 1 übertragen, das bisherige Recht eröffnet den Aufstieg nach Lohngruppe 2 und 2a. Die Zuordnung erfolgt nach

§ 4 VKA I.2 TVÜ — Zuordnung

> Anlage 1 TVÜ übergangsweise bis zum In-Kraft-Treten einer neuen Entgeltordnung in die Entgeltgruppe 2 Ü. Gleiches gilt für Arbeiter mit Tätigkeiten der Lohngruppe 2 mit Aufstieg nach Lohngruppe 2a.

Angestellte

Bei den Angestellten ergibt sich die Zuordnung der einzelnen Vergütungsgruppen zu den Entgeltgruppen ebenfalls aus Anlage 1 TVÜ. Dabei kann wie folgt unterschieden werden:

– Für die Entgeltgruppe 2 sowie die Entgeltgruppen 9 bis 15 richtet sich die Zuordnung ebenfalls nach der übertragenen Tätigkeit und der zugeordneten Vergütungsentwicklung. Bei Tätigkeitsmerkmalen ohne Bewährungs- oder Fallgruppenaufstieg wird demnach die zum Stichtag einschlägige Vergütungsgruppe zugrunde gelegt. Sieht die Vergütungsordnung dagegen für die einschlägige Fallgruppe Bewährungs- oder Fallgruppenaufstiege vor, wird in der Anlage 1 TVÜ vorgegeben, an welche „Aufstiegskette" anzuknüpfen ist und ob es darauf ankommt, ob der Beschäftigte zum Überleitungszeitpunkt Bewährungs- oder Fallgruppenaufstiege erreicht hat.

– Für die Zuordnung zu den Entgeltgruppen 3, 5, 6 und 8 ist allein die Vergütungsgruppe am 30. September 2005 entscheidend. Ob die einschlägige Fallgruppe weitere Bewährungs- oder Fallgruppenaufstiege vorsieht oder im Wege eines solchen Aufstiegs erreicht wurde, spielt für die Zuordnung keine Rolle.

Die vorstehenden Grundsätze lassen sich durch folgende Beispiele verdeutlichen:

Beispiele

- Eine Verwaltungsangestellte mit Tätigkeiten der Vergütungsgruppe BAT VIII Fallgruppe 1b ist am 1. April 2005 im Wege des Aufstiegs in die Vergütungsgruppe VII Fallgruppe 1c aufgerückt. Sie wird daher nach Anlage 1 TVÜ mit ihrer im September 2005 maßgeblichen Vergütungsgruppe BAT VII der Entgeltgruppe 5 zugeordnet.

- Der Aufstieg der in Beispiel 1 genannten Verwaltungsangestellten steht erst am 1. April 2006 an, am 30. September 2005 ist sie (noch) in Vergütungsgruppe BAT VIII eingruppiert. Nach

Zuordnung

TVÜ § 4 VKA I.2

> Anlage 1 TVÜ erfolgt die Zuordnung in dieser Konstellation zur Entgeltgruppe 3. Der „spätere Aufstieg" ist nach § 8 Abs. 1 TVÜ erst zum individuellen „Aufstiegszeitpunkt" zu berücksichtigen (hier 1. April 2006).
>
> - Eine Verwaltungsangestellte der Vergütungsgruppe BAT IVa Fallgruppe 1b ist am 1. April 2005 im Wege des Fallgruppenaufstieges in die Vergütungsgruppe BAT III Fallgruppe 1b aufgerückt. Entsprechend Anlage 1 TVÜ wird sie zum 1. Oktober 2005 der Entgeltgruppe 11 zugeordnet.
> - Abweichend von Beispiel 3 steht der Aufstieg der dort genannten Verwaltungsangestellten erst zum 1. April 2006 an. Anders als nach der Systematik in Beispiel 2 erfolgt die Zuordnung hier nicht zu der niedrigeren, sondern zu derselben Entgeltgruppe. Die Verwaltungsangestellte wird also ebenfalls der Entgeltgruppe 11 zugeordnet. Der „spätere Aufstieg" ist nach § 8 Abs. 2 TVÜ erst zum individuellen „Aufstiegszeitpunkt" (hier 1. April 2006) durch Neuberechnung des Vergleichsentgelts zu berücksichtigen.
> - Der Verwaltungsangestellten aus Beispiel 3 ist eine Tätigkeit der Vergütungsgruppe BAT IVa Fallgruppe 1a übertragen worden. Diese Tätigkeit eröffnet nicht den Aufstieg in die Vergütungsgruppe BAT III. In diesem Fall erfolgt die Zuordnung zur Entgeltgruppe 10.

Der TVÜ ordnet auf Grundlage der Eingruppierung/Einreihung bei Überleitung die Beschäftigten anhand der Anlage 1 TVÜ einer neuen Entgeltgruppe zu. Wird nachträglich festgestellt, dass die Eingruppierung unzutreffend gewesen ist, bleiben die allgemeinen arbeits- und tarifrechtlichen Regelungen – insbesondere die Regelungen der korrigierenden Rückgruppierung – unberührt.

Erhalten Beschäftigte am 30. September 2005 eine persönliche Zulage für die Ausübung einer höherwertigen Tätigkeit nach § 24 BAT/BAT-O bzw. den entsprechenden Regelungen für Arbeiterinnen und Arbeiter, ist für die Überleitung die Vergütungs- bzw. Lohngruppe maßgeblich, in die die Beschäftigten eingruppiert sind; sie erhalten aber ab dem 1. Oktober 2005 eine Besitzstandszulage nach Maßgabe des § 10 TVÜ.

Die bisherige Vergütungsgruppe I BAT/BAT-O ist in der Entgelttabelle des TVöD nicht mehr abgebildet. Die Beschäftigungsverhältnisse bei

Übertragung entsprechender Tätigkeiten sind ab dem 1. Oktober 2005 außertariflich zu regeln (§ 17 Abs. 2 TVÜ). Bei Überleitung vorhandene Angestellte der Vergütungsgruppe I BAT/BAT-O unterliegen dem TVöD und werden in eine besondere Entgeltgruppe 15 Ü übergeleitet; Stufen, Werte und regelmäßige Verweildauer sind in § 19 Abs. 2 TVÜ näher geregelt.

Außertarifliche Angestellte, für die der BAT nach dessen § 3 Buchst. h nicht galt, werden auch vom TVÜ nicht erfasst. Ihre außertarifliche Vergütung gilt fort. Nach den arbeitsvertraglichen Abreden bestimmt sich, inwieweit die Regelungen des TVöD und des diesen ergänzenden TVÜ ab dem 1. Oktober 2005 auch für diese Beschäftigten zur Anwendung kommen. Wird arbeitsvertraglich auf Regelungen des BAT/BAT-O verwiesen, treten an deren Stelle die entsprechenden Regelungen des TVöD, ggf. in Verbindung mit dem TVÜ.

Zu den Niederschriftserklärungen zu § 4 Abs. 1

Zu Nr. 1: Die Tarifparteien stimmen darin überein, dass sie nach Vereinbarung einer Entgeltordnung die dort gefundenen Ergebnisse/Lösungen der Frage unterschiedlicher Überleitung von Beschäftigten mit/ohne vollzogenem Aufstieg auf den Lehrbereich übertragen möchten. Eine Einbeziehung der Lehrkräfte in eine tarifliche Entgeltordnung ist damit ausdrücklich nicht verbunden.

Zu Nr. 2: In dieser Protokollerklärung haben die Tarifpartner klargestellt, dass die Lehrkräfte, die über eine Lehrbefähigung nach DDR-Recht verfügen, auch dann systematisch dem Bereich „Erfüller" (Abschnitt A der Lehrer-Richtlinien) zuzuordnen sind, wenn sie sich bis zur Anerkennung ihrer Lehrbefähigung einige Zeit bewähren mussten/müssen.

Zu § 4 Abs. 2 und 3

In Absatz 2 bzw. Absatz 3 der Vorschrift ist bestimmt, dass Bewährungs-, Fallgruppen- oder Tätigkeitsaufstiege sowie Herabgruppierungen, die bei Fortgeltung des bisherigen Rechts im Monat Oktober 2005 vollzogen worden wären, für die Überleitung so behandelt werden, als wären sie bereits im September 2005 vollzogen worden.

Vergleichsentgelt TVÜ **§ 5 VKA I.2**

§ 5 Vergleichsentgelt

(1) Für die Zuordnung zu den Stufen der Entgelttabelle des TVöD wird für die Beschäftigten nach § 4 ein Vergleichsentgelt auf der Grundlage der im September 2005 erhaltenen Bezüge gemäß den Absätzen 2 bis 7 gebildet.

(2) [1]Bei Beschäftigten aus dem Geltungsbereich des BAT/BAT-O/BAT-Ostdeutsche Sparkassen setzt sich das Vergleichsentgelt aus der Grundvergütung, der allgemeinen Zulage und dem Ortszuschlag der Stufe 1 oder 2 zusammen. [2]Ist auch eine andere Person im Sinne von § 29 Abschn. B Abs. 5 BAT/BAT-O/BAT-Ostdeutsche Sparkassen ortszuschlagsberechtigt oder nach beamtenrechtlichen Grundsätzen familienzuschlagsberechtigt, wird nur die Stufe 1 zugrunde gelegt; findet der TVöD am 1. Oktober 2005 auch auf die andere Person Anwendung, geht der jeweils individuell zustehende Teil des Unterschiedsbetrages zwischen den Stufen 1 und 2 des Ortszuschlages in das Vergleichsentgelt ein. [3]Ferner fließen im September 2005 tarifvertraglich zustehende Funktionszulagen insoweit in das Vergleichsentgelt ein, als sie nach dem TVöD nicht mehr vorgesehen sind. [4]Erhalten Beschäftigte eine Gesamtvergütung (§ 30 BAT/BAT-O/BAT-Ostdeutsche Sparkassen), bildet diese das Vergleichsentgelt. [5]Bei Lehrkräften, die die Zulage nach Abschnitt A Unterabschnitt II der Lehrer-Richtlinien der VKA erhalten, wird diese Zulage und bei Lehrkräften, die am 30. September 2005 einen arbeitsvertraglichen Anspruch auf Zahlung einer allgemeinen Zulage wie die unter die Anlage 1a zum BAT/BAT-O fallenden Angestellten haben, wird dieser Betrag in das Vergleichsentgelt eingerechnet.

Protokollerklärung zu Absatz 2 Satz 2:

1. Findet der TVöD am 1. Oktober 2005 für beide Beschäftigte Anwendung und hat einer der beiden im September 2005 keine Bezüge erhalten wegen Elternzeit, Wehr- oder Zivildienstes, Sonderurlaubs, bei dem der Arbeitgeber vor Antritt ein dienstliches oder betriebliches Interesse an der Beurlaubung anerkannt hat, Bezuges einer Rente auf Zeit wegen verminderter Erwerbsfähigkeit oder wegen Ablaufs der Krankenbezugsfristen, erhält die/der andere Beschäftigte zusätzlich zu ihrem/seinem Entgelt den Differenzbetrag zwischen dem ihr/ihm im September 2005 individuell zustehenden Teil des Unterschiedsbetrages zwischen der Stufe 1 und 2 des Ortszuschlags und dem vollen Unterschiedsbetrag als Besitzstandszulage.

2. Hat die andere ortszuschlagsberechtigte oder nach beamtenrechtlichen Grundsätzen familienzuschlagsberechtigte Person im September 2005 aus den in Nr. 1 genannten Gründen keine Bezüge erhalten, erhält die/der in den TVöD übergeleitete Beschäftigte zusätzlich zu ihrem/seinem Entgelt den vollen Unterschiedsbetrag zwischen der Stufe 1 und der Stufe 2 des Ortszuschlags als Besitzstandszulage.

3. [1]Ist die andere ortszuschlagsberechtigte oder familienzuschlagsberechtigte Person im September 2005 aus dem öffentlichen Dienst ausgeschieden, ist das Tabellenentgelt ab dem 1. Juli 2008 auf Antrag neu zu ermitteln. [2]Basis ist dabei die Stufenzuordnung nach § 6 Abs. 1 Satz 2, die sich zum 1. Oktober 2007

§ 5 VKA I.2 TVÜ — Vergleichsentgelt

ergeben hätte, wenn das Vergleichsentgelt unter Berücksichtigung der Stufe 2 des Ortszuschlags gebildet worden wäre.

4. ¹Die Besitzstandszulage nach den Nrn. 1 und 2 oder das neu ermittelte Tabellenentgelt nach Nr. 3 wird auf einen bis zum 30. September 2008 zu stellenden schriftlichen Antrag (Ausschlussfrist) vom 1. Juli 2008 an gezahlt. ²Ist eine entsprechende Leistung bis zum 31. März 2008 schriftlich geltend gemacht worden, erfolgt die Zahlung vom 1. Juni 2008 an.

5. ¹In den Fällen der Nrn. 1 und 2 wird bei Stufensteigerungen und Höhergruppierungen der Unterschiedsbetrag zum bisherigen Entgelt auf die Besitzstandszulage angerechnet. ²Die/Der Beschäftigte hat das Vorliegen der Voraussetzungen der Nrn. 1 und 2 nachzuweisen und Änderungen anzuzeigen. ³Die Besitzstandszulage nach den Nrn. 1 und 2 entfällt mit Ablauf des Monats, in dem die/der andere Beschäftigte die Arbeit wieder aufnimmt.

Protokollerklärung zu Absatz 2 Satz 3:
Vorhandene Beschäftigte erhalten bis zum In-Kraft-Treten der neuen Entgeltordnung ihre Techniker-, Meister- und Programmiererzulage unter den bisherigen Voraussetzungen als persönliche Besitzstandszulage.

(3) ¹Bei Beschäftigten aus dem Geltungsbereich des BMT-G/BMT-G-O/TV Arbeiter-Ostdeutsche Sparkassen wird der Monatstabellenlohn als Vergleichsentgelt zugrunde gelegt. ²Absatz 2 Satz 3 gilt entsprechend. ³Erhalten Beschäftigte nicht den Vollohn (§ 21 Abs. 1 Buchst. a BMT-G/BMT-G-O), gilt Absatz 2 Satz 4 entsprechend.

(4) ¹Beschäftigte, die im Oktober 2005 bei Fortgeltung des bisherigen Rechts die Grundvergütung bzw. den Monatstabellenlohn der nächsthöheren Stufe erhalten hätten, werden für die Bemessung des Vergleichsentgelts so behandelt, als wäre der Stufenaufstieg bereits im September 2005 erfolgt. ²§ 4 Abs. 2 und 3 gilt bei der Bemessung des Vergleichsentgelts entsprechend.

Protokollerklärung zu Absatz 4:
Fällt bei Beschäftigten aus dem Geltungsbereich des BAT/BAT-O/BAT-Ostdeutsche Sparkassen, bei denen sich bisher die Grundvergütung nach § 27 Abschn. A BAT/BAT-O/BAT-Ostdeutsche Sparkassen bestimmt, im Oktober 2005 eine Stufensteigerung mit einer Höhergruppierung zusammen, ist zunächst die Stufensteigerung in der bisherigen Vergütungsgruppe und danach die Höhergruppierung durchzuführen.

(5) ¹Bei Teilzeitbeschäftigten wird das Vergleichsentgelt auf der Grundlage eines vergleichbaren Vollzeitbeschäftigten bestimmt. ²Satz 1 gilt für Beschäftigte, deren Arbeitszeit nach § 3 des Tarifvertrages zur sozialen Absicherung vom 6. Juli 1992 herabgesetzt ist, entsprechend.

Niederschriftserklärung zu Absatz 5:
¹Lediglich das Vergleichsentgelt wird auf der Grundlage eines entsprechenden Vollzeitbeschäftigten ermittelt; sodann wird nach der Stufenzuordnung das zustehende Entgelt zeitratierlich berechnet. ²Diese zeitratierliche Kürzung des auf den Ehegattenanteil im Ortszuschlag entfallenden Betrag unterbleibt nach Maßgabe des

Vergleichsentgelt TVÜ **§ 5 VKA I.2**

§ 29 Abschn. B Abs. 5 Satz 2 BAT/BAT-O/BAT-Ostdeutsche Sparkassen. [3]Neue Ansprüche entstehen hierdurch nicht.

(6) Für Beschäftigte, die nicht für alle Tage im September 2005 oder für keinen Tag dieses Monats Bezüge erhalten, wird das Vergleichsentgelt so bestimmt, als hätten sie für alle Tage dieses Monats Bezüge erhalten; in den Fällen des § 27 Abschn. A Abs. 3 Unterabs. 6 und Abschn. B Abs. 3 Unterabs. 4 BAT/BAT-O/BAT-Ostdeutsche Sparkassen bzw. der entsprechenden Regelungen für Arbeiterinnen und Arbeiter werden die Beschäftigten für das Vergleichsentgelt so gestellt, als hätten sie am 1. September 2005 die Arbeit wieder aufgenommen.

(7) Abweichend von den Absätzen 2 bis 6 wird bei Beschäftigten, die gemäß § 27 Abschn. A Abs. 6 oder Abschn. B Abs. 7 BAT/BAT-O/BAT-Ostdeutsche Sparkassen bzw. den entsprechenden Regelungen für Arbeiterinnen und Arbeiter den Unterschiedsbetrag zwischen der Grundvergütung bzw. dem Monatstabellenlohn ihrer bisherigen zur nächsthöheren Stufe im September 2005 nur zur Hälfte erhalten, für die Bestimmung des Vergleichsentgelts die volle Grundvergütung bzw. der volle Monatstabellenlohn aus der nächsthöheren Stufe zugrunde gelegt.

Erläuterungen

Während in § 4 die Zuordnung zu den Entgeltgruppen festgelegt ist, bestimmen die §§ 5 bis 7 das Verfahren der Zuordnung zu den Entgeltstufen.

Zu § 5 Abs. 1

Hierzu ist zunächst ein Vergleichsentgelt zu ermitteln, und zwar grundsätzlich auf der Basis der Bezüge des Monats September 2005.

Zu § 5 Abs. 2

Im Vergleichsentgelt sind bei Angestellten gem. § 5 Abs. 2 zu berücksichtigen:

Grundvergütung und **Allgemeine Zulage**;

Funktionszulagen nur insoweit, als sie nach dem TVöD nicht mehr vorgesehen sind.

Die **Vergütungsgruppenzulage** fließt nicht in das Vergleichsentgelt ein; es ist aber eine Besitzstandsregelung vereinbart (siehe § 9 des TVÜ).

Bis zum Inkrafttreten der noch zu vereinbarenden neuen Entgeltordnung erhalten vorhandene Beschäftigte ihre **Meister-, Techniker- und Programmiererzulage** unter den bisherigen Voraussetzungen als Besitzstandszulage (siehe Protokollerklärung zu § 5 Abs. 2 Satz 3 TVÜ).

§ 5 VKA I.2 TVÜ — Vergleichsentgelt

Familienbezogene Entgeltbestandteile – und damit auch der Verheiratetenzuschlag nach § 29 Abschn. B Abs. 2 BAT/BAT-O/BAT-Ostdeutsche Sparkassen – sind im TVöD nicht mehr vorgesehen. In das Vergleichsentgelt fließt zur Sicherung des bisherigen Gehaltsniveaus grundsätzlich der individuell nach § 29 Abschn. B Abs. 2 BAT/BAT-O/BAT-Ostdeutsche Sparkassen zustehende Ortszuschlag der Stufe 1 oder 2 ein. Ausschlaggebend sind die Bezüge im September 2005. Veränderungen im Familienstand (z. B. Eheschließung, Scheidung) ab Oktober 2005 wirken sich auf das Vergleichsentgelt nicht mehr aus. Es bleibt bei der Einbeziehung desjenigen Ortszuschlages in das Vergleichsentgelt, der im September 2005 zugestanden hat.

Ist zum Überleitungszeitpunkt auch eine andere Person im Sinne des § 29 Abschn. B Abs. 5 BAT/BAT-O/BAT-Ostdeutsche Sparkassen ortszuschlagsberechtigt oder nach § 40 Abs. 4 BBesG familienzuschlagsberechtigt (Konkurrenzfall), gilt für die Ermittlung des Vergleichsentgelts eine gesonderte Regelung (§ 5 Abs. 2 Satz 2 TVÜ): Kann der Ehegatte des Angestellten – mit Rücksicht auf den Wegfall des Ortzuschlags im Geltungsbereich des TVöD – den vollen Ortszuschlag der Stufe 2 oder Familienzuschlag der Stufe 1 bei seinem Arbeitgeber oder Dienstherrn beanspruchen (z. B. wenn der Ehegatte Angestellter eines noch den BAT oder BAT-O anwendenden Arbeitgebers oder Beamter ist), wird für das Vergleichsentgelt lediglich die Stufe 1 des bisherigen Ortszuschlags zugrunde gelegt.

Werden beide Personen, im Regelfall also beide Ehepartner, am 1. Oktober 2005 in den TVöD übergeleitet, erfolgt die Überleitung jeweils mit dem Ortszuschlag der Stufe 1 zuzüglich des individuell zustehenden Teils des Unterschiedsbetrages zwischen den Stufen 1 und 2 des Ortszuschlags.

Für eingetragene Lebenspartnerschaften nach dem Lebenspartnerschaftsgesetz gilt Entsprechendes.

Das Familieneinkommen soll durch die Überleitung eines Berechtigten in den TVöD nicht erhöht werden. Hierzu dient die Einbeziehung nur des Ortszuschlags der Stufe 1 statt der Stufe 1½ bzw. des bislang individuell zustehenden Anteils am Ehegattenanteil in das Vergleichsentgelt bei Eingreifen der Konkurrenzregelung des § 29 Abschn. B Abs. 5 BAT/BAT-O/BAT-Ostdeutsche Sparkassen. Der Grund: Wird der andere Berechtigte nicht ebenfalls gleichzeitig in den TVöD übergeleitet, hat dieser wegen Wegfalls der Voraussetzungen für ein Eingreifen der Konkurrenzregelung ab dem 1. Oktober 2005 Anspruch auf den Ortszuschlag der Stufe 2 bzw. eine vergleichbare Leistung.

Vergleichsentgelt TVÜ §5 VKA I.2

Der kinderbezogene Anteil des Ortszuschlags (Stufe 3 und weitere Stufen) wird nach § 11 TVÜ als dynamische Besitzstandszulage fortgezahlt und fließt nicht in das Vergleichsentgelt ein.

Unter Berücksichtigung dieser Grundsätze sind folgende Fallgestaltungen besonders zu erwähnen:

In den Konkurrenzfällen des § 29 Abschn. B Abs. 5 BAT/BAT-O/BAT-Ostdeutsche Sparkassen ist danach zu unterscheiden, ob die andere Person ebenfalls in den TVöD übergeleitet wird. In diesem Fall wird bei beiden Personen der bisher zustehende Ortszuschlag der Stufe 1 zuzüglich des halben Ehegattenanteils (Stufe 1½) in das Vergleichsentgelt einbezogen.

Wird die andere Person nicht in den TVöD übergeleitet, etwa weil sie Beamter, Versorgungsempfänger oder als Angestellter bei einem anderen, noch den BAT/BAT-O/BAT-Ostdeutsche Sparkassen anwendenden öffentlichen Arbeitgeber einschließlich der dem öffentlichen Dienst gleichgestellten Arbeitgeber im Sinne des § 29 Abschn. B Abs. 7 BAT/BAT-O/BAT-Ostdeutsche Sparkassen tätig ist, ist in das Vergleichsentgelt der Ortszuschlag der Stufe 1 einzubeziehen. Die andere Person hat vom 1. Oktober 2005 an Anspruch auf den Ortszuschlag der Stufe 2 bzw. eine entsprechende Leistung. Durch die Einbeziehung nur des Ortszuschlags der Stufe 1 in diesen Fällen wird eine überleitungsbedingte Erhöhung des Entgelts der beiden im öffentlichen Dienst beschäftigten Personen vermieden. Etwaige Verluste, die dadurch eintreten können, dass der andere Ehegatte, z. B. als Beamter, wegen der unterschiedlichen Höhe von Familienzuschlag und Ortszuschlag keinen vollen Ausgleich erhält, werden nicht ausgeglichen.

Bestimmte Arbeitsvertragsrichtlinien und tarifvertragliche Regelungen von Arbeitgebern des öffentlichen Dienstes im Sinne des Ortszuschlagsrechts enthalten sog. Gegenkonkurrenzregelungen. Nach diesen wird der Ortszuschlag der Stufe 2 bzw. eine entsprechende Leistung nicht gezahlt, wenn dessen Ehepartner Anspruch auf den Ortszuschlag der Stufe 2 hat. Folge hiervon ist, dass die Konkurrenzregelung des § 29 Abschn. B Abs. 5 BAT/BAT-O/BAT-Ostdeutsche Sparkassen in diesen Fällen keine Anwendung findet, also bislang Ortszuschlag der Stufe 2 zu zahlen war. Da die sog. Gegenkonkurrenzregel mit der Überleitung des Angestellten in den TVöD nicht mehr greift, die andere Person also Anspruch auf den Ortszuschlag der Stufe 2 bzw. eine vergleichbare Leistung vom 1. Oktober 2005 an hat,

§ 5 VKA I.2 TVÜ — Vergleichsentgelt

ist in diesen Fällen der Ortszuschlag der Stufe 1 in das Vergleichsentgelt einzubeziehen.

Hat der überzuleitende Angestellte im Monat September 2005 keine Bezüge erhalten, z. B. aufgrund Elternzeit oder Sonderurlaub, wird das Vergleichsentgelt gemäß § 5 Absatz 6 TVÜ so bestimmt, als hätte er für alle Tage dieses Monats Bezüge erhalten, wobei er in den Fällen des § 27 Abschnitt A Absatz 6, Absatz 7 BAT/BAT-O/BAT-Ostdeutsche Sparkassen und § 27 Abschnitt B Absatz 3 Unterabsatz 4 BAT/BAT-O/BAT-Ostdeutsche Sparkassen für das Vergleichsentgelt so gestellt wird, als wäre am 1. September 2005 die Arbeit wieder aufgenommen worden. Bezogen auf den Ortszuschlag bedeutet diese Regelung, dass zu prüfen ist, welche Stufe beim Ortszuschlag zugestanden hätte, wenn Anspruch auf Vergütung bestanden hätte. Hätte hiernach im September 2005 Ortszuschlag der Stufe 1 oder der Stufe 2 zugestanden, ist auch die Stufe 1 bzw. die Stufe 2 in das – fiktive – Vergleichsentgelt einzubeziehen und der Angestellte damit überzuleiten. Bei Eingreifen der Konkurrenzregelung, also der Beschäftigung einer anderen Person ebenfalls im öffentlichen Dienst, gilt die oben dargestellte Grundregel. Wird die andere ortszuschlagsberechtigte Person ebenfalls in den TVöD übergeleitet, ist hiernach der Ortszuschlag mit dem individuell zustehenden Anteil am Ehegattenanteil in das Vergleichsentgelt einzubeziehen, andernfalls der Ortszuschlag der Stufe 1.

Zur Protokollerkärung zu Absatz 2 Satz 2

Im Zuge des 2. Änderungstarifvertrages vom 31. März 2008 haben die Tarifpartner mit Wirkung vom 1. Juli 2008 eine neue Protokollerklärung vereinbart. Inhalt dieser Vorschrift sind Regelungen, die Härten aufgrund der (teilweisen) Nichtberücksichtigung des Ortszuschlages bei der Ermittlung des Vergleichsentgeltes ausgleichen sollen. Die Regelungen sollten an sich schon unmittelbar nach dem Inkrafttreten des TVöD/TVÜ vereinbart werden und waren in ihrem Kern schon lange Zeit ausgehandelt. Die Tarifpartner haben sie dann aber wegen übergeordneter Meinungsverschiedenheiten (z. B. in der Arbeitszeitfrage) „auf Eis gelegt" und erst im Rahmen der Entgeltrunde 2008 vereinbart.

Ausgeglichen werden Verluste beim Ortszuschlag (OZ), die eintreten in folgenden Fällen:

1. Beide OZ-Partner werden in den TVöD übergeleitet, der Verheiratetenanteil wird bei beiden grundsätzlich zur Hälfte im Vergleichsentgelt berücksichtigt (OZ 1½). Aus den in Ziffer 1 der

Vergleichsentgelt TVÜ **§ 5 VKA I.2**

Protokollerklärung abschließend genannten Gründen (z. B. Elternzeit, Wehrdienst, Ablauf der Krankenbezugsfristen) erhielt einer der OZ-Partner im September 2005 keine Bezüge; der hälftige OZ-Anteil geht also unter. Nach Ziffer 1 aaO findet ein Ausgleich statt. Die Zahlung ist antraggebunden, der bis zum 30. September 2008 gestellt werden muss; Zahlungsaufnahme ist dann der 1. Juli 2008, bei bis zum 31. März 2008 gestellten Anträgen der 1. Juni 2008. Die entsprechende Zahlung ist bei Stufensteigerungen und Höhergruppierungen aufzehrbar, sie entfällt, sobald der andere OZ-Partner die Arbeit wieder aufnimmt (Ziffer 5 aaO).

2. Sachverhalt wie 1; der andere OZ-Partner ist aber Beamter oder ansonsten OZ-berechtigt. In diesem Fall liegt ein Verlust in Höhe des vollen OZ vor, weil dieser ja an sich dem anderen Partner gezahlt werden musste, aber wegen des Ruhens der Bezüge nicht zusteht. Auch hier besteht Antragspflicht (Ziffer 4 aaO), damit ein Ausgleich stattfindet. Aufzehrbarkeit bzw. Zahlungsende ergeben sich ebenfalls aus Ziffer 5 aaO.

3. Ziffer 3aaO regelt die „Septemberfälle". Das sind die Fälle, in denen der andere OZ-Partner bereits im September 2005 aus dem öffentlichen Dienst ausgeschieden war, so dass das Vergleichsentgelt im Ergebnis schon im Oktober 2005 falsch (zu niedrig) war. Auf Antrag (nach Ziffer 4 aaO – s. o.) wird das Vergleichsentgelt zum 1. Oktober 2007 auf Grundlage des OZ Stufe 2 neu berechnet und der erhöhte Betrag ab 1. Juli 2008 gezahlt.

Die Aufzählung der Sonderfälle in der Protokollerklärung ist abschließend, weitere denkbare Sachverhalte werden nicht berücksichtigt.

Zu § 5 Abs. 3

Bei Arbeitern bildet der Monatstabellenlohn das Vergleichsentgelt. Hinsichtlich der Funktionszulagen gilt die Regelung für Angestellte entsprechend.

Zu § 5 Abs. 4

Stufenaufstiege (sowohl für Arbeiter als auch für Angestellte), die bei Fortgeltung des bisherigen Rechts im Monat Oktober 2005 vollzogen worden wären, werden für die Ermittlung des Vergleichsentgelts so behandelt, als wären sie bereits im September 2005 vollzogen worden.

§ 5 VKA I.2 TVÜ — Vergleichsentgelt

Zu § 5 Abs. 5

Bei Teilzeitbeschäftigten wird zum Zweck der Stufenzuordnung das Vergleichsentgelt zunächst auf der Grundlage eines vergleichbaren Vollbeschäftigten berechnet und dann die maßgebende Stufe ermittelt.

In der Niederschriftserklärung zu dieser Vorschrift ist festgelegt, dass das monatliche Entgelt des Teilzeitbeschäftigten dann der seiner Arbeitszeit entsprechende Bruchteil des Tabellenwertes ist. Wegen Ausnahmen beim Ehegattenanteil im Ortszuschlag siehe Satz 2 der Protokollerklärung.

Zu § 5 Abs. 6

In Absatz 6 der Vorschrift ist bestimmt, dass die Beschäftigten, die für den Monat September 2005 entweder gar keine Bezüge oder nicht für alle Tage des Monats Bezüge erhalten, so gestellt werden, als hätten sie Bezüge für den vollen Monat September 2005 erhalten.

Zu § 5 Abs. 7

Absatz 7 befasst sich mit dem Sonderfall, dass Beschäftigte – wie in der Lohnrunde 2003 vereinbart und in § 27 Abschn. A Abs. 6 oder Abschn. B Abs. 7 BAT/BAT-O bzw. den entsprechenden Regelungen für Arbeiter im Detail festgelegt – nach bisherigem Recht den Unterschiedsbetrag zwischen zwei Stufen für die Dauer eines Jahres nur zur Hälfte erhalten. § 5 Abs. 7 TVÜ bestimmt dazu, dass zur Ermittlung des Vergleichsentgelts der ungekürzte Stufenbetrag zugrunde zu legen ist.

Im Hinblick darauf, dass diese Regelung nur bis zum 31. Dezember 2004 galt, die letzten Fälle somit Ende 2005 (Stufensteigerung und Kürzung auf die Hälfte im Dezember 2004, Dauer der Kürzung ein Jahr) auslaufen, ist die praktische Bedeutung dieser Vorschrift eher gering.

§ 6 Stufenzuordnung der Angestellten

(1) ¹Beschäftigte aus dem Geltungsbereich des BAT/BAT-O/BAT-Ostdeutsche Sparkassen werden einer ihrem Vergleichsentgelt entsprechenden individuellen Zwischenstufe der gemäß § 4 bestimmten Entgeltgruppe zugeordnet. ²Zum 1. Oktober 2007 steigen diese Beschäftigten in die dem Betrag nach nächsthöhere reguläre Stufe ihrer Entgeltgruppe auf. ³Der weitere Stufenaufstieg richtet sich nach den Regelungen des TVöD. ⁴Das Entgelt der individuellen Zwischenstufe nach Satz 1 wird für Beschäftigte, auf die die Regelungen des Tarifgebiets Ost Anwendung finden, am 1. Juli 2006 um den Faktor 1,01596 und am 1. Juli 2007 nochmals um den Faktor 1,01571 erhöht.

(2) ¹Werden Beschäftigte vor dem 1. Oktober 2007 höhergruppiert (nach § 8 Abs. 1 und 3 1. Alt., § 9 Abs. 3 Buchst. a oder aufgrund Übertragung einer mit einer höheren Entgeltgruppe bewerteten Tätigkeit), so erhalten sie in der höheren Entgeltgruppe Entgelt nach der regulären Stufe, deren Betrag mindestens der individuellen Zwischenstufe entspricht, jedoch nicht weniger als das Entgelt der Stufe 2; der weitere Stufenaufstieg richtet sich nach den Regelungen des TVöD. ²In den Fällen des Satzes 1 gilt § 17 Abs. 4 Satz 2 TVöD entsprechend. ³Werden Beschäftigte vor dem 1. Oktober 2007 herabgruppiert, werden sie in der niedrigeren Entgeltgruppe derjenigen individuellen Zwischenstufe zugeordnet, die sich bei Herabgruppierung im September 2005 ergeben hätte; der weitere Stufenaufstieg richtet sich nach Absatz 1 Satz 2 und 3.

(3) ¹Ist bei Beschäftigten, deren Eingruppierung sich nach der Vergütungsordnung für Angestellte im Pflegedienst (Anlage 1b zum BAT) richtet, das Vergleichsentgelt niedriger als das Entgelt der Stufe 3, entspricht es aber mindestens dem Mittelwert aus den Beträgen der Stufen 2 und 3 und ist die/der Beschäftigte am Stichtag mindestens drei Jahre in einem Arbeitsverhältnis bei dem selben Arbeitgeber beschäftigt, wird sie/er abweichend von Absatz 1 bereits zum 1. Oktober 2005 in die Stufe 3 übergeleitet. ²Der weitere Stufenaufstieg richtet sich nach den Regelungen des TVöD.

(4) ¹Liegt das Vergleichsentgelt über der höchsten Stufe der gemäß § 4 bestimmten Entgeltgruppe, werden Beschäftigte abweichend von Absatz 1 einer dem Vergleichsentgelt entsprechenden individuellen Endstufe zugeordnet. ²Werden Beschäftigte aus einer individuellen Endstufe höhergruppiert, so erhalten sie in der höheren Entgeltgruppe mindestens den Betrag, der ihrer bisherigen individuellen Endstufe entspricht. ³Im Übrigen gilt Absatz 2 entsprechend. ⁴Die individuelle Endstufe verändert sich um denselben Vomhundertsatz bzw. in demselben Umfang wie die höchste Stufe der jeweiligen Entgeltgruppe. ⁵Absatz 1 Satz 4 gilt entsprechend. ⁶Am 1. Januar 2008 wird das Entgelt der individuellen Endstufe für Beschäftigte der Entgeltgruppen 1 bis 9, auf die die Regelungen des Tarifgebiets Ost Anwendung finden, um den Faktor 1,03093 erhöht. ⁷Der Berechnungsschritt für allgemeine Tariferhöhungen zum 1. Januar 2008 ist erst im Anschluss an die Faktorisierung nach Satz 6 zu vollziehen.

§ 6 VKA I.2 — Stufenzuordnung Angestellte

(5) ¹Beschäftigte, deren Vergleichsentgelt niedriger ist als das Entgelt in der Stufe 2, werden abweichend von Absatz 1 der Stufe 2 zugeordnet. ²Der weitere Stufenaufstieg richtet sich nach den Regelungen des TVöD. ³Abweichend von Satz 1 werden Beschäftigte, denen am 30. September 2005 eine in der Vergütungsordnung (Anlage 1a zum BAT) durch die Eingruppierung in Vergütungsgruppe Vb BAT/BAT-O/BAT-Ostdeutsche Sparkassen mit Aufstieg nach IVb und IVa abgebildete Tätigkeit übertragen ist, der Stufe 1 der Entgeltgruppe 10 zugeordnet.

(6) ¹Für Ärztinnen und Ärzte gelten die Absätze 1 bis 5, soweit nicht im Folgenden etwas Abweichendes geregelt ist. ²Ärztinnen und Ärzte ohne Facharztanerkennung, die in der Entgeltgruppe 14 einer individuellen Zwischenstufe zwischen Stufe 1 und Stufe 2 zugeordnet werden, steigen nach einem Jahr in die Stufe 2 auf. ³Ärztinnen und Ärzte ohne Facharztanerkennung, die in der Entgeltgruppe 14 einer individuellen Zwischenstufe zwischen Stufe 2 und Stufe 3 zugeordnet werden, steigen mit der Facharztanerkennung in die Stufe 3 auf. ⁴Ärztinnen und Ärzte mit Facharztanerkennung am 30. September 2005 steigen zum 1. Oktober 2006 in die Stufe 3 auf, wenn sie in eine individuelle Zwischenstufe unterhalb der Stufe 3 übergeleitet worden sind. ⁵Ärztinnen und Ärzte mit Facharztanerkennung am 30. September 2005, die in eine individuelle Zwischenstufe oberhalb der Stufe 3 übergeleitet worden sind, steigen in die nächsthöhere Stufe nach den Regelungen des § 51 BT-B auf, frühestens zum 1. Oktober 2006. ⁶Die weiteren Stufenaufstiege richten sich jeweils nach dem § 51 BT-B. ⁷Zeiten als Fachärztin oder Facharzt mit entsprechender Tätigkeit bei anderen Arbeitgebern werden abweichend von § 51 BT-B i. V. m. § 16 Abs. 3 Satz 1 TVöD auf den weiteren Stufenverlauf angerechnet.

Protokollerklärung zu Absatz 6:

¹Die Überleitungsregelungen für Ärztinnen und Ärzte folgen den Regelungen in § 51 BT-K, wonach Ärztinnen und Ärzte bis zur Facharztanerkennung und der Übertragung entsprechender Tätigkeiten in der Stufe 2 verbleiben. ²Übergeleitete Ärztinnen und Ärzte ohne Facharztanerkennung und mit einem Vergleichsentgelt oberhalb der Stufe 2 verbleiben in ihrer individuellen Zwischenstufe bis zur Facharztanerkennung und der Übertragung entsprechender Tätigkeiten.

(7) ¹Die Funktionszulagen gemäß § 51 Abs. 2 bis 5 BT-B stehen bei Erfüllung der Voraussetzungen auch übergeleiteten Ärztinnen und Ärzten zu und werden zusätzlich zu dem jeweiligen Vergleichsentgelt bzw. zum jeweiligen Tabellenentgelt gezahlt. ²Der Zahlbetrag aus Vergleichsentgelt und Funktionszulage ist auf die Summe aus dem Tabellenentgelt der Entgeltgruppe 15 Stufe 6 und der jeweiligen Zulage nach § 51 Abs. 2 bis 5 BT-B begrenzt. ³Übersteigt das Vergleichsentgelt die Summe aus dem Tabellenentgelt der Entgeltgruppe 15 Stufe 6 und der jeweiligen Zulage nach § 51 Abs. 2 bis 5 BT-B, werden auf den Differenzbetrag zukünftige allgemeine Entgelterhöhungen jeweils zur Hälfte angerechnet.

Stufenzuordnung Angestellte § 6 VKA I.2

Protokollerklärungen zu §§ 4 und 6:
Für die Überleitung in die Entgeltgruppe 8a gemäß Anlage 4 TVÜ-VKA gilt für übergeleitete Beschäftigte
- der Vergütungsgruppe Kr. V vier Jahre, Kr. Va zwei Jahre Kr. VI
- der Vergütungsgruppe Kr. Va drei Jahre Kr. VI
- der Vergütungsgruppe Kr. Va fünf Jahre Kr. VI
- der Vergütungsgruppe Kr. V sechs Jahre Kr. VI

mit Ortszuschlag der Stufe 2 folgendes:
1. Zunächst erfolgt die Überleitung nach den allgemeinen Grundsätzen.
2. Die Verweildauer in Stufe 3 wird von drei Jahren auf zwei Jahre verkürzt.
3. Der Tabellenwert der Stufe 4 wird nach der Überleitung um 100 Euro erhöht.

Erläuterungen

Zu § 6 Abs. 1

Am 1. Oktober 2005 werden die Angestellten mit dem zum Stichtag ermittelten Vergleichsentgelt in eine individuelle Zwischenstufe ihrer neuen Entgeltgruppe übergeleitet. Es erfolgt zum Stichtag also keine direkte Zuordnung der Angestellten zu einer bestimmten Grundentgelt- oder Entwicklungsstufe der neuen Tabelle, sie werden in der Übergangszeit zwischen der betragsmäßig nächstniedrigeren und der nächsthöheren Stufe ihrer neuen Entgeltgruppe geführt. Zum 1. Oktober 2007 steigen die der individuellen Zwischenstufe zugeordneten ehemaligen Angestellten in die nächsthöhere Stufe auf und erhalten das dort vorgesehene Entgelt. Der weitere Stufenaufstieg richtet sich dann nach den Regelungen des TVöD.

> **Beispiel**
>
> Angestellter Tarifgebiet West, BAT VII ohne Aufstieg nach VIb, Stufe 3
>
> | | |
> |---|---:|
> | Grundvergütung: | 1295,27 Euro |
> | Ortszuschlag Stufe 1 | 473,21 Euro |
> | Allgemeine Zulage | 107,44 Euro |
> | Vergleichsentgelt | 1875,92 Euro |
>
> Laut Anlage 1 zum TVÜ Überleitung in EG 5 zwischen Stufe 2 (1875) und Stufe 3 (1970); das Vergleichsentgelt von 1875,92 Euro wird bis zum 30. September 2007 gezahlt; zum 1. Oktober 2007 Aufrücken in Stufe 3; der weitere Stufenaufstieg richtet sich nach den Regeln des TVöD. Wäre der Angestellte bislang von der Regelung des § 27 Abschn. A Abs. 6 BAT erfasst worden und hätte den Unterschiedsbetrag zwischen der 27. und der 29. Lebensaltersstufe nur zur Hälfte erhalten, wäre das oben dargestellte

§ 6 VKA I.2 — Stufenzuordnung Angestellte

> Ergebnis wegen § 5 Abs. 7 TVÜ unverändert (siehe Erläuterungen dort).

Mit Satz 4 stellen die Tarifpartner den Effekt der Erhöhung des Bemessungssatzes der Kommunen im Tarifgebiet Ost zum 1. 7. 2006 und 2007 auch beim Vergleichsentgelt sicher.

zum 1. Januar 2008 erfolgt für die Beschäftigten der Entgeltgruppen 1 bis 8 TVöD und für bestimmte Beschäftigte der Entgeltgruppe 9 TVöD eine weitere Erhöhung um den Faktor 1,03093. Dies ist Folge des Tarifvertrages zur Anhebung des Bemessungssatzes vom 16. November 2007 (s. die Erläuterungen zu den Protokollerklärungen zu § 15 TVöD unter Leitziffer **I.1 § 15**).

Zu § 6 Abs. 2

Beschäftigte in einer individuellen Zwischenstufe, die vor dem 1. Oktober 2007 höhergruppiert werden, erhalten in der höheren Entgeltgruppe gemäß § 6 Abs. 2 Satz 1 Entgelt nach der regulären Stufe, deren Betrag mindestens das bisherige Vergleichsentgelt erreicht, mindestens aber das Entgelt der Stufe 2 der neuen Entgeltgruppe („doppelte Absicherung nach unten"). Der weitere Stufenaufstieg richtet sich gemäß Satz 3 „nach Absatz 1 Satz 2 und 3". Das bedeutet, dass zum 1. Oktober 2007 der Aufstieg aus der individuellen Zwischenstufe in die darüber liegende Stufe erfolgt; spätere Stufenaufstiege erfolgen nach den Regeln des TVöD.

Herabgruppierungen in der Zeit vor dem 1. Oktober 2007 werden so gehandhabt, als sei die Herabgruppierung bereits im September erfolgt; die Stufenzuweisung und der weitere Stufenaufstieg richten sich nach den allgemeinen Grundsätzen.

Zu § 6 Abs. 3

Bei den unter die Anlage 1b zum BAT fallenden Angestellten im Pflegedienst erfolgt unter den höher beschriebenen Voraussetzungen die Überleitung nicht in eine individuelle Zwischenstufe, sondern in Stufe 3.

Zu § 6 Abs. 4

Die Tarifvertragsparteien haben sich darauf verständigt, dass niemand nach Überleitung in den TVöD weniger verdienen soll als vorher. Liegt das Vergleichsentgelt daher über der Endstufe der maßgeblichen

Stufenzuordnung Angestellte § 6 VKA I.2

Entgeltgruppe, werden diese Beschäftigten am 1. Oktober 2005 einer individuellen Endstufe jenseits der Tabellenendstufe zugeordnet. Die individuelle Endstufe ist dynamisch ausgestaltet; d. h., sie wird bei Lohnerhöhungen/-minderungen (z. B. aufgrund künftiger Lohnrunden) in dem gleichen Maß erhöht bzw. vermindert wie die höchste Stufe der jeweiligen Entgeltgruppe (Satz 4). Auch nach einer Höhergruppierung bleibt mindestens der Betrag der individuellen Endstufe erhalten. Der durch den Änderungstarifvertrag Nr. 2 vom 31. März 2008 eingefügte Satz 6 bewirkt, dass das Entgelt der individuellen Endstufe für Beschäftigte der Entgeltgruppen 1 und 9, auf die die Regelungen des Tarifgebiets Ost Anwendung finden, zum 1. Januar 2008 von 97 v. H. auf 100 v. H. erhöht wird.

Zu § 6 Abs. 5

Absatz 5 garantiert, dass die Beschäftigten grundsätzlich mindestens der Stufe 2 zugeordnet werden, und zwar auch dann, wenn ihr Vergleichsentgelt unterhalb der Stufe 2 liegt. Da es sich bei der Zuweisung zu Stufe 2 nicht um die Zuweisung zu einer individuellen Zwischenstufe handelt, erfolgt der weitere Aufstieg in den Stufen nach den allgemeinen Regelungen des TVöD. Die Stufe 3 ist somit nach zwei Jahren erreichbar.

Eine Ausnahme gilt nach Satz 3 der Vorschrift für die Angestellten, denen am 30. September 2005 eine Tätigkeit der Vergütungsgruppe Vb BAT/BAT-O mit Aufstieg nach IVb und IVa BAT/BAT-O übertragen ist. Diese Beschäftigten sind der Stufe 1 der Entgeltgruppe 10 zugeordnet.

Zu § 6 Abs. 6 und 7

Die Absätze 6 und 7 sowie die Protokollerklärung zu Absatz 6 enthalten spezielle, zum Teil erheblich von den allgemeinen Grundsätzen abweichende Überleitungsvorschriften für Ärzte.

Zu der Protokollerklärung zu den §§ 4 und 6

Die Protokollerklärungen schaffen Sonderregelungen zur Überleitung bestimmter Beschäftigter des Krankenpflegepersonals (Verkürzung der Verweildauer in Stufe 3, Zulage).

§ 7 Stufenzuordnung der Arbeiterinnen und Arbeiter

(1) ¹Beschäftigte aus dem Geltungsbereich des BMT-G/BMT-G-O/TV Arbeiter-Ostdeutsche Sparkassen werden entsprechend ihrer Beschäftigungszeit nach § 6 BMT-G/BMT-G-O der Stufe der gemäß § 4 bestimmten Entgeltgruppe zugeordnet, die sie erreicht hätten, wenn die Entgelttabelle des TVöD bereits seit Beginn ihrer Beschäftigungszeit gegolten hätte; Stufe 1 ist hierbei ausnahmslos mit einem Jahr zu berücksichtigen. ²Der weitere Stufenaufstieg richtet sich nach den Regelungen des TVöD.

(2) § 6 Abs. 4 und Abs. 5 Satz 1 und 2 gilt für Beschäftigte gemäß Absatz 1 entsprechend.

(3) ¹Ist das Entgelt nach Absatz 1 Satz 1 niedriger als das Vergleichsentgelt, werden Beschäftigte einer dem Vergleichsentgelt entsprechenden individuellen Zwischenstufe zugeordnet. ²Der Aufstieg aus der individuellen Zwischenstufe in die dem Betrag nach nächsthöhere reguläre Stufe ihrer Entgeltgruppe findet zu dem Zeitpunkt statt, zu dem sie gemäß Absatz 1 Satz 1 die Voraussetzungen für diesen Stufenaufstieg aufgrund der Beschäftigungszeit erfüllt haben. ³§ 6 Abs. 4 Satz 4 gilt entsprechend.

(4) ¹Werden Beschäftigte während ihrer Verweildauer in der individuellen Zwischenstufe höhergruppiert, erhalten sie in der höheren Entgeltgruppe Entgelt nach der regulären Stufe, deren Betrag mindestens der individuellen Zwischenstufe entspricht, jedoch nicht weniger als das Entgelt der Stufe 2; der weitere Stufenaufstieg richtet sich nach den Regelungen des TVöD. ²§ 17 Abs. 4 Satz 2 TVöD gilt entsprechend. ³Werden Beschäftigte während ihrer Verweildauer in der individuellen Zwischenstufe herabgruppiert, erfolgt die Stufenzuordnung in der niedrigeren Entgeltgruppe, als sei die niedrigere Eingruppierung bereits im September 2005 erfolgt; der weitere Stufenaufstieg richtet sich bei Zuordnung zu einer individuellen Zwischenstufe nach Absatz 3 Satz 2, sonst nach Absatz 1 Satz 2.

Protokollerklärung zu den Absätzen 2 bis 4:
¹Das Entgelt der individuellen Zwischenstufe wird für Beschäftigte, auf die die Regelungen des Tarifgebiets Ost Anwendung finden, am 1. Juli 2006 um den Faktor 1,01596 und am 1. Juli 2007 nochmals um den Faktor 1,01571 erhöht. ²Am 1. Januar 2008 wird das Entgelt der individuellen Zwischenstufe für Beschäftigte der Entgeltgruppen 1 bis 9, auf die die Regelungen des Tarifgebiets Ost Anwendung finden, um den Faktor 1,03093 erhöht. ³Der Berechnungsschritt für allgemeine Tariferhöhungen zum 1. Januar 2008 ist erst im Anschluss an die Faktorisierung nach Satz 2 zu vollziehen.

Erläuterungen

Zu § Abs. 1

Arbeiter werden zum Stichtag 1. Oktober 2005 zunächst nach ihrer Beschäftigungszeit (§ 6 BMT-G/BMT-G-O) in die Entgeltstufe ihrer neuen Entgeltgruppe übergeleitet, die sie erreicht hätten, wenn die

Stufenzuordnung Arbeiter/innen **§ 7 VKA I.2**

neue Entgelttabelle bereits seit dem Beginn ihrer Beschäftigungszeit gegolten hätte; dabei wird die Stufe 1 in jedem Fall mit einem Jahr berücksichtigt. Der weitere Stufenaufstieg erfolgt nach den Grundsätzen des TVöD.

Zu § 7 Abs. 2

Gemäß § 7 Abs. 2 gelten § 6 Abs. 4 (individuelle Endstufe oberhalb der höchsten Stufe einer Entgeltgruppe) und Abs. 5 Satz 1 und 2 (Zuweisung mindestens zur Stufe 2) entsprechend. Einzelheiten dazu siehe unter Erläuterungen zu § 6 Abs. 4 und 5.

Zu § 7 Abs. 3

Absatz 3 bestimmt, dass auch den Arbeitern nach der Überführung in das neue Entgeltsystem mindestens das Vergleichsentgelt erhalten bleibt. Sofern es höher ist, als das nach Absatz 1 Satz 1 zustehende Entgelt, wird das Vergleichsentgelt – wie bei den Angestellten – als individuelle Zwischenstufe weiter gewährt (Satz 1).

Anders als bei ehemaligen Angestellten richtet sich die Verweildauer in der individuellen Zwischenstufe – ebenso wie die Verweildauer in einer „normalen" neuen Entgeltstufe – nach der für das Erreichen der nächsten Stufe noch verbleibenden individuellen Beschäftigungszeit. Ein genereller „Beförderungstag" (wie der 1. Oktober 2007 bei ehemaligen Angestellten) ist bei ehemaligen Arbeitern nicht vorgesehen.

Beispiel

Überleitung eines Arbeiters der Lohngruppe 5a zum 1. Oktober 2005, Beginn der Beschäftigungszeit am 1. August 1996 = 9 Jahre, Monatstabellenlohn der Lohnstufe 5: 2.073,19 EUR, Tarifgebiet West
1. Schritt: Überleitung in Entgeltgruppe 5
2. Schritt: Stufenzuordnung nach Beschäftigungszeit
Aufgrund der Beschäftigungszeit von 9 Jahren erfolgt die Zuordnung zur Stufe 4 = 2.065,00 EUR
Berechnung des Vergleichsentgelts: Das Entgelt der Stufe 4 ist niedriger als das Vergleichsentgelt (entspricht Monatstabellenlohn). Der Arbeiter wird deshalb nach § 7 Abs. 3 Satz 1 TVÜ mit dem Betrag von 2.073,19 EUR in die individuelle Zwischenstufe 4+ übergeleitet.

§ 7 VKA I.2 — Stufenzuordnung Arbeiter/innen

Weiterer Stufenaufstieg:

Im Gegensatz zur Stufenzuordnung nach der Beschäftigungszeit bleibt in den Fällen, in denen die Überleitung in eine individuelle Zwischenstufe erfolgt, die bisher erreichte Beschäftigungszeit des Arbeiters für den Aufstieg in die nächsthöhere reguläre Stufe weiter relevant. Der Aufstieg in die reguläre Stufe 5 erfolgt somit am 1. August 2006, da die nächsthöhere reguläre Stufe 5 eine Beschäftigungszeit von 10 Jahren voraussetzt und diese am 1. August 2006 erfüllt ist.

Durch den im Zuge des Änderungstarifvertrages Nr. 2 vom 31. März 2008 mit Wirkung vom 1. Januar 2008 angefügten Satz 3 wird (durch Verweis auf die entsprechende Regelung in § 6 Abs. 4 Satz 4) sichergestellt, dass auch das individuelle Vergleichsentgelt bei allgemeinen Entgelterhöhungen angepasst wird.

Zu § 7 Abs. 4

Die Regelung des § 7 Abs. 4 in den Fällen der Höher- bzw. Herabgruppierung von ehemaligen Arbeitern während der Zeit der Verweildauer in einer individuellen Zwischenstufe entspricht im Kern der Regelung in § 6 Abs. 2 (siehe Erläuterung zu § 6 Abs. 2).

Zur Protokollerklärung zu den Absätzen 2 und 4:

Mit der Protokollerklärung zu den Absätzen 2 und 4 stellen die Tarifpartner den Effekt der Erhöhung des Bemessungssatzes der Kommunen im Tarifgebiet Ost zum 1. Juli 2006, 1. Juli 2007 und 1. Januar 2008 auch beim Vergleichsentgelt sicher.

3. Abschnitt
Besitzstandsregelungen

§ 8 Bewährungs- und Fallgruppenaufstiege

(1) [1]Aus dem Geltungsbereich des BAT/BAT-O/BAT-Ostdeutsche Sparkassen in eine der Entgeltgruppen 3, 5, 6 oder 8 übergeleitete Beschäftigte, die am 1. Oktober 2005 bei Fortgeltung des bisherigen Tarifrechts die für eine Höhergruppierung erforderliche Zeit der Bewährung oder Tätigkeit zur Hälfte erfüllt haben, sind zu dem Zeitpunkt, zu dem sie nach bisherigem Recht höhergruppiert wären, in die nächsthöhere Entgeltgruppe des TVöD eingruppiert. [2]Abweichend von Satz 1 erfolgt die Höhergruppierung in die Entgeltgruppe 5, wenn die Beschäftigten aus der Vergütungsgruppe VIII BAT/BAT-O/BAT-Ostdeutsche Sparkassen mit ausstehendem Aufstieg nach Vergütungsgruppe VII BAT/BAT-O/BAT-Ostdeutsche Sparkassen übergeleitet worden sind; sie erfolgt in die Entgeltgruppe 8, wenn die Beschäftigten aus der Vergütungsgruppe VIb BAT/BAT-O/BAT-Ostdeutsche Sparkassen mit ausstehendem Aufstieg nach Vergütungsgruppe Vc BAT/BAT-O/BAT-Ostdeutsche Sparkassen übergeleitet worden sind. [3]Voraussetzung für die Höhergruppierung nach Satz 1 und 2 ist, dass

- zum individuellen Aufstiegszeitpunkt keine Anhaltspunkte vorliegen, die bei Fortgeltung des bisherigen Rechts einer Höhergruppierung entgegengestanden hätten, und
- bis zum individuellen Aufstiegszeitpunkt nach Satz 1 weiterhin eine Tätigkeit auszuüben ist, die diesen Aufstieg ermöglicht hätte.

[4]Die Sätze 1 bis 3 gelten nicht in den Fällen des § 4 Abs. 2. [5]Erfolgt die Höhergruppierung vor dem 1. Oktober 2007, gilt – gegebenenfalls unter Berücksichtigung des Satzes 2 – § 6 Abs. 2 Satz 1 und 2 entsprechend.

(2) [1]Aus dem Geltungsbereich des BAT/BAT-O/BAT-Ostdeutsche Sparkassen in eine der Entgeltgruppen 2 sowie 9 bis 15 übergeleitete Beschäftigte, die am 1. Oktober 2005 bei Fortgeltung des bisherigen Tarifrechts die für eine Höhergruppierung erforderliche Zeit der Bewährung oder Tätigkeit zur Hälfte erfüllt haben und in der Zeit zwischen dem 1. November 2005 und dem 30. September 2007 höhergruppiert wären, erhalten ab dem Zeitpunkt, zu dem sie nach bisherigem Recht höhergruppiert wären, in ihrer bisherigen Entgeltgruppe Entgelt nach derjenigen individuellen Zwischen- bzw. Endstufe, die sich ergeben hätte, wenn sich ihr Vergleichsentgelt (§ 5) nach der Vergütung aufgrund der Höhergruppierung bestimmt hätte. [2]Voraussetzung für diesen Stufenaufstieg ist,

- zum individuellen Aufstiegszeitpunkt keine Anhaltspunkte vorliegen, die bei Fortgeltung des bisherigen Rechts einer Höhergruppierung entgegengestanden hätten, und

§ 8 VKA I.2 Bewährungs- und Fallgruppenaufstiege

– bis zum individuellen Aufstiegszeitpunkt nach Satz 1 weiterhin eine Tätigkeit auszuüben ist, die diesen Aufstieg ermöglicht hätte.

[3]Ein etwaiger Strukturausgleich wird ab dem individuellen Aufstiegszeitpunkt nicht mehr gezahlt. [4]Der weitere Stufenaufstieg richtet sich bei Zuordnung zu einer individuellen Zwischenstufe nach § 6 Abs. 1. [5]§ 4 Abs. 2 bleibt unberührt. [6]Zur Ermittlung einer neuen individuellen Zwischenstufe gemäß Satz 1 ist für Beschäftigte, für die die Regelungen des Tarifgebiets Ost Anwendung finden, das auf den Rechtsstand vom 30. September 2005 festgestellte neue Vergleichsentgelt um den Faktor 1,01596 zu erhöhen, wenn die Neuberechnung des Vergleichsentgelts in der Zeit vom 1. Juli 2006 bis 30. Juni 2007, und um den Faktor 1,03191, wenn die Neuberechnung des Vergleichsentgelts nach dem 30. Juni 2007 zu erfolgen hat.

Protokollerklärung zu Absatz 2:
Erfolgt die Neuberechnung des Vergleichsentgelts nach dem 30. Juni 2006, aber vor dem 1. Juli 2007, ist das Vergleichsentgelt gemäß § 6 Abs. 1 Satz 4 am 1. Juli 2007 um den Faktor 1,01571 zu erhöhen.

Niederschriftserklärung zu § 8 Abs. 2:
Die Neuberechnung der Vergleichsentgelts führt nicht zu einem Wechsel der Entgeltgruppe.

(3) [1]Abweichend von Absatz 1 Satz 1 und Absatz 2 Satz 1 gelten die Absätze 1 bzw. 2 auf schriftlichen Antrag entsprechend für übergeleitete Beschäftigte, die bei Fortgeltung des BAT/BAT-O/BAT-Ostdeutsche Sparkassen bis spätestens zum 31. Dezember 2009 wegen Erfüllung der erforderlichen Zeit der Bewährung oder Tätigkeit höhergruppiert worden wären, unabhängig davon, ob die Hälfte der erforderlichen Bewährungs- oder Tätigkeitszeit am Stichtag erfüllt ist. [2]In den Fällen des Absatzes 2 Satz 1 erhalten Beschäftigte, die in der Zeit zwischen dem 1. Oktober 2007 und dem 31. Dezember 2009 bei Fortgeltung des BAT/BAT-O/BAT-Ostdeutsche Sparkassen höhergruppiert worden wären, in ihrer bisherigen Entgeltgruppe Entgelt nach derjenigen individuellen Zwischen- oder Endstufe, die sich aus der Summe des bisherigen Tabellenentgelts und dem nach Absatz 2 ermittelten Höhergruppierungsgewinn nach bisherigem Recht ergibt; die Stufenlaufzeit bleibt hiervon unberührt. [3]Bei Beschäftigten mit individueller Endstufe erhöht sich in diesen Fällen ihre individuelle Endstufe um den nach bisherigem Recht ermittelten Höhergruppierungsgewinn. [4]Der Höhergruppierungsgewinn nach Satz 2 oder 3 wird für Beschäftigte, auf die die Regelungen des Tarifgebiets Ost Anwendung finden, in den Entgeltgruppen 2 und 9 um den Faktor 1,06383 und in den Entgeltgruppen 10 bis 15 um den Faktor 1,03191 erhöht. [5]§ 6 Abs. 4 Satz 4 gilt entsprechend.

Protokollerklärung zu Absatz 3:
Wäre die/der Beschäftigte bei Fortgeltung des BAT/BAT-O/BAT-Ostdeutsche Sparkassen in der Zeit vom 1. Oktober 2007 bis 31. Dezember 2007 wegen Erfüllung der Voraussetzungen des Absatzes 3 höhergruppiert worden, findet Absatz 3 auf schriftlichen Antrag vom 1. Januar 2008 an Anwendung.

Bewährungs- und Fallgruppenaufstiege **§ 8 VKA I.2**

(4) Die Absätze 1 bis 3 finden auf übergeleitete Beschäftigte, deren Eingruppierung sich nach der Vergütungsordnung für Angestellte im Pflegedienst (Anlage 1b zum BAT) richtet, und auf unter § 51 Abs. 1 bis 5 BT-B bzw. § 51 Abs. 1 bis 5 BT-K fallende Ärztinnen und Ärzte keine Anwendung.

(5) [1]Ist bei einer Lehrkraft, die gemäß Nr. 5 der Bemerkung zu allen Vergütungsgruppen nicht unter die Anlage 1a zum BAT fällt, eine Höhergruppierung nur vom Ablauf einer Bewährungszeit und von der Bewährung abhängig und ist am Stichtag die Hälfte der Mindestzeitdauer für einen solchen Aufstieg erfüllt, erfolgt in den Fällen des Absatzes 1 unter den weiteren dort genannten Voraussetzungen zum individuellen Aufstiegszeitpunkt der Aufstieg in die nächsthöhere Entgeltgruppe. [2]Absatz 1 Satz 2 und Höhergruppierungsmöglichkeiten durch entsprechende Anwendung beamtenrechtlicher Regelungen bleiben unberührt. [3]Im Fall des Absatzes 2 gilt Satz 1 mit der Maßgabe, dass anstelle der Höhergruppierung eine Neuberechnung des Vergleichsentgelts nach Absatz 2 erfolgt.

Erläuterungen

Die Vorschrift bestimmt – unterschiedlich für die Beschäftigten der Entgeltgruppen 3, 5, 6 oder 8 (Absatz 1) einerseits und die Beschäftigten der Entgeltgruppen 2 sowie 9 bis 15 (Absatz 2) andererseits, inwieweit sich bei der Überleitung bereits zurückgelegte Bewährungs-/Tätigkeitszeiten in der neuen Entgeltordnung auswirken. Es handelt sich dabei im Ergebnis um eine Besitzstandsregelung für „abgeschnittene" Bewährungs-/Tätigkeitsaufstiege.

Zu § 8 Abs. 1

Für Angestellte, die in eine der Entgeltgruppen 3, 5, 6 oder 8 überführt werden und am Stichtag (1. Oktober 2005) die Hälfte der Zeitdauer für einen Aufstieg in die nächst höhere BAT-Vergütungsgruppe erfüllt haben, erfolgt zum individuellen Aufstiegszeitpunkt der „Aufstieg" in die nächsthöhere Entgeltgruppe entsprechend den Regelungen des TVöD über Höhergruppierungen, soweit der Beschäftigte zum Stichtag die persönlichen Voraussetzungen erfüllt hätte (Satz 1 und 3).

Beschäftigte der Vergütungsgruppe VIII BAT/BAT-O mit ausstehendem Aufstieg nach Vergütungsgruppe VII BAT/BAT-O werden (von Entgeltgruppe 3) in die Entgeltgruppe 5, Beschäftigte der Vergütungsgruppe VIb BAT/BAT-O mit ausstehendem Aufstieg nach Vergütungsgruppe Vc BAT/BAT-O werden (von Entgeltgruppe 6) in die Entgeltgruppe 8 höhergruppiert, denn die Entgeltgruppen 4 und 7 sind nur für ehemalige Arbeiter vorgesehen (Satz 2).

§ 8 VKA I.2 — Bewährungs- und Fallgruppenaufstiege

Die von § 4 Abs. 2 erfassten Beschäftigten (das sind die Höhergruppierungsfälle im Oktober 2005, die für die Ermittlung des Vergleichsentgelts ohnehin berücksichtigt werden – siehe Erläuterungen zu § 4 Abs. 2) sind von dem oben dargestellten Grundsatz ausgenommen (Satz 4).

Wenn die Höhergruppierung aufgrund dieser Vorschrift in der Zeit vor dem 1. Oktober 2007 erfolgt, sind die Grundsätze des § 6 Abs. 2 Satz 1 (siehe Erläuterung zu § 6 Abs. 2) zu beachten (Satz 5). Wegen der Besonderheiten in den Fällen, in denen im Anschluss an einen Aufstieg noch eine Vergütungsgruppenzulage vorgesehen ist, siehe Erläuterungen zu § 9 Abs. 3 Buchstabe a.

Zu § 8 Abs. 2

Angestellte, die in eine der Entgeltgruppen 2 sowie 9 bis 15 überführt werden und am Stichtag die Hälfte der Zeitdauer für einen Aufstieg in die nächsthöhere BAT-Vergütungsgruppe erfüllt haben, steigen zwar zum individuellen Aufstiegszeitpunkt nicht in die nächsthöhere Entgeltgruppe auf.

Bei Beschäftigten, die am 1. Oktober 2005 die Hälfte der Zeitdauer für einen Aufstieg in die nächsthöhere BAT-Vergütungsgruppe erfüllt haben, in der Zeit zwischen dem 1. November 2005 und dem 30. September 2007 höhergruppiert worden wären, und die zum Stichtag die persönlichen Voraussetzungen erfüllt hätten, wird aber zu dem individuellen Aufstiegszeitpunkt das für die Überleitung maßgebende Vergleichsentgelt (siehe Erläuterungen zu § 5) neu berechnet. Dabei wird anstelle der tatsächlichen Vergütungsgruppe die bei unterstellter Höhergruppierung erreichte Vergütungsgruppe zugrunde gelegt. Auf dieser Basis wird dann das zustehende Entgelt nach der individuellen Zwischenstufe (der durch die Überleitung erreichten Entgeltgruppe) bzw. ggf. der Endstufe nach den allgemeinen Grundsätzen (siehe Erläuterungen zu § 6) neu ermittelt (Satz 1 und 2). Ein Wechsel der Entgeltgruppe ist damit nicht verbunden (Niederschriftserklärung zu § 8 Abs. 2).

Etwaige Strukturausgleiche (siehe § 12) werden ab diesem Zeitpunkt nicht mehr gezahlt (Satz 3).

Ist im Wege des „fiktiven Aufstieges" die Zuordnung zu einer individuellen Zwischenstufe erfolgt, richtet sich der weitere Stufenaufstieg nach § 6 Abs. 1 – er erfolgt somit zum 1. Oktober 2007 (Satz 4; siehe auch Erläuterungen zu § 6 Abs. 1).

Bewährungs- und Fallgruppenaufstiege § 8 VKA I.2

Nach Satz 5 der Vorschrift bleibt § 4 Abs. 2 unberührt – bei den darunter fallenden Beschäftigten (das sind die Höhergruppierungsfälle im Oktober 2005) wird die Höhergruppierung für die Ermittlung des Vergleichsentgelts ohnehin berücksichtigt (siehe Erläuterungen zu § 4).

Zur Protokollerklärung zu Absatz 2

Mit Absatz 2 Satz 6 bzw. der Protokollerklärung zu Absatz 2 stellen die Tarifpartner den Effekt der Erhöhung des Bemessungssatzes der Kommunen im Tarifgebiet Ost zum 1. 7. 2006 und 2007 auch beim Vergleichsentgelt sicher.

Zu § 8 Abs. 3

Nach Absatz 3 a. F. erfolgte der Bewährungs-/Fallgruppenaufstieg nach Absatz 1 bzw. der „fiktive Bewährungs-/Fallgruppenaufstieg" nach Absatz 2 in den Fällen, in denen der tatsächliche Aufstieg bei Weitergeltung alten Rechts bis zum 30. September 2007 erfolgt wäre, auch dann, wenn die in den Absätzen 1 und 2 geforderte „Halbzeit" noch nicht erreicht war.

Die praktische Bedeutung dieser Vorschrift war eher gering; sie konnte unter Berücksichtigung der Datenlage nur dann zur Anwendung kommen, wenn zwischen der Grund- und der Aufstiegsvergütungs-/-Lohngruppe nur eine relativ kurze Zeit lag.

Absatz 3 ist im Zuge des Änderungstarifvertrages Nr. 2 vom 31. März 2008 mit Wirkung vom 1. Januar 2008 erheblich geändert und hinsichtlich seiner Wirkung erweitert worden. Im Ergebnis finden nach der Neufassung des Absatzes 3 auch die Aufstiege, die bei Fortgeltung des bisherigen (BAT-)Rechts in der Zeit vom 1. Januar 2008 bis zum ~~31. Dezember 2009~~ erfolgt wären, noch statt, wenn die Betroffenen dies beantragen. Im Eckpunktepapier zur Lohnrunde 2008 haben die Tarifpartner schon festgelegt, dass über eine Verlängerung dieser Regelung im Rahmen der Lohnrunde 2010 beraten werden kann.

Im Fall der in die Entgeltgruppen 3, 5, 6 oder 8 übergeleiteten Beschäftigten erfolgt entsprechend der Regelung in Absatz 1 ein „echter" Aufstieg zum individuellen Aufstiegszeitpunkt (Satz 1). In den Fällen der in die Entgeltgruppen 2 und 9 bis 15 übergeleiteten ehemaligen Angestellten wird in Anlehnung an das Verfahren des Absatzes 2 der nach bisherigem Recht ermittelte Höhergruppierungsgewinn zusätzlich zum Tabellenentgelt als individuelle Zwischen- oder Endstufe der individuellen Entgeltgruppe gezahlt. Die Stufen-

§ 8 VKA I.2 — Bewährungs- und Fallgruppenaufstiege

zuweisung wird davon nicht berührt; die betroffenen Beschäftigten steigen somit erst zum regulär vorgesehenen Zeitpunkt in die nächst höhere Stufe auf (Satz 2 und 3).

Die Regelung des Satzes 4 stellt in den Fällen des Satzes 2 und 3 bei Beschäftigten des Tarifgebietes Ost sicher, dass die noch nach bisherigem Recht und den bisherigen Bemessungssätzen ermittelten Beträge an das jeweils aktuelle Niveau des Bemessungssatzes angepasst werden.

In einer Protokollerklärung zu Absatz 3 n. F. haben die Tarifpartner vereinbart, dass die Vorschrift auf Antrag auch für solche Aufstiege anzuwenden ist, die in der Zeit vom 1. Oktober 2007 (also nach dem Auslaufen der Regelung des Absatzes 3 a. F.) und dem Inkrafttreten der Neufassung (1. Januar 2008) stattgefunden hätten. Die erhöhten Beträge stehen dann ab dem 1. Januar 2008 zu.

Zu § 8 Abs. 4

In Absatz 4 haben die Tarifpartner vereinbart, dass die Grundsätze zur Sicherung von Bewährungs-/Fallgruppenaufstiegen nicht für Angestellte der Anlage 1b zum BAT und unter § 51 Abs. 1 bis 5 BT-B bzw. § 51 Abs. 1 bis 5 BT-K fallende Ärztinnen und Ärzte gelten.

Zu § 8 Abs. 5

In Absatz 5 ist die sinngleiche Übertragung der Grundsätze zur Sicherung von Bewährungs-/Fallgruppenaufstiegen auf (die nicht unter die Anlage 1a zum BAT fallenden) Lehrkräfte geregelt.

Zur Niederschriftserklärung

In einer Niederschriftserklärung zu § 8 Abs. 1 Satz 2 und Abs. 2 Satz 2 sowie § 9 Abs. 2 bis 4 (abgedruckt am Ende des § 9) haben die Tarifvertragspartner bestimmt, dass eine missbräuchliche Entziehung der bisherigen Tätigkeit mit dem ausschließlichen Ziel, eine Höhergruppierung zu verhindern, nicht zulässig ist.

Dadurch wird das allgemeine Direktionsrecht des Arbeitgebers, nach dem er an sich berechtigt wäre, dem Arbeitnehmer anstelle einer zum Aufstieg führenden Tätigkeit die Tätigkeit der gleichen Vergütungsgruppe, aber einer nicht zum Aufstieg führenden Fallgruppe, zuzuweisen, eingeschränkt. Die Einschränkung gilt aber nur, wenn die Verhinderung des Aufstieges das ausschließliche Ziel der Entziehung der zum Aufstieg berechtigenden Tätigkeit ist. Die Zuweisung einer anderen, nicht zum Aufstieg berechtigenden Tätigkeit im Rahmen beispielsweise einer Neustrukturierung der Dienststelle wird durch die Niederschriftserklärung nicht blockiert.

§ 9 Vergütungsgruppenzulagen

(1) Aus dem Geltungsbereich des BAT/BAT-O/BAT-Ostdeutsche Sparkassen übergeleitete Beschäftigte, denen am 30. September 2005 nach der Vergütungsordnung zum BAT eine Vergütungsgruppenzulage zusteht, erhalten in der Entgeltgruppe, in die sie übergeleitet werden, eine Besitzstandszulage in Höhe ihrer bisherigen Vergütungsgruppenzulage.

(2) [1]Aus dem Geltungsbereich des BAT/BAT-O/BAT-Ostdeutsche Sparkassen übergeleitete Beschäftigte, die bei Fortgeltung des bisherigen Rechts nach dem 30. September 2005 eine Vergütungsgruppenzulage ohne vorausgehenden Bewährungs- oder Fallgruppenaufstieg erreicht hätten, erhalten ab dem Zeitpunkt, zu dem ihnen die Zulage nach bisherigem Recht zugestanden hätte, eine Besitzstandszulage. [2]Die Höhe der Besitzstandszulage bemisst sich nach dem Betrag, der als Vergütungsgruppenzulage zu zahlen gewesen wäre, wenn diese bereits am 30. September 2005 zugestanden hätte. [3]Voraussetzung ist, dass

– am 1. Oktober 2005 die für die Vergütungsgruppenzulage erforderliche Zeit der Bewährung oder Tätigkeit nach Maßgabe des § 23b Abschn. B BAT/BAT-O/BAT-Ostdeutsche Sparkassen zur Hälfte erfüllt ist,

– zu diesem Zeitpunkt keine Anhaltspunkte vorliegen, die bei Fortgeltung des bisherigen Rechts der Vergütungsgruppenzulage entgegengestanden hätten und

– bis zum individuellen Zeitpunkt nach Satz 1 weiterhin eine Tätigkeit auszuüben ist, die zu der Vergütungsgruppenzulage geführt hätte.

(2a) [1]Absatz 2 gilt auf schriftlichen Antrag entsprechend für übergeleitete Beschäftigte, die bei Fortgeltung des bisherigen Rechts des BAT/BAT-O/BAT-Ostdeutsche Sparkassen bis spätestens zum 31. Dezember 2009 wegen Erfüllung der erforderlichen Zeit der Bewährung oder Tätigkeit die Voraussetzungen der Vergütungsgruppenzulage erfüllt hätten, unabhängig davon, ob die Hälfte der erforderlichen Zeit der Bewährung oder Tätigkeit am Stichtag nicht erfüllt ist. [2]Die Protokollerklärung zu § 8 Abs. 3 gilt entsprechend.

(3) [1]Für aus dem Geltungsbereich des BAT/BAT-O/BAT-Ostdeutsche Sparkassen übergeleitete Beschäftigte, die bei Fortgeltung des bisherigen Rechts nach dem 30. September 2005 im Anschluss an einen Fallgruppenaufstieg eine Vergütungsgruppenzulage erreicht hätten, gilt Folgendes:

a) [1]In eine der Entgeltgruppen 3, 5, 6 oder 8 übergeleitete Beschäftigte, die den Fallgruppenaufstieg am 30. September 2005 noch nicht erreicht haben, sind zu dem Zeitpunkt, zu dem sie nach bisherigem Recht höhergruppiert worden wären, in die nächsthöhere Entgeltgruppe des TVöD eingruppiert; § 8 Abs. 1 Satz 2 bis 5 gilt entsprechend. [2]Eine Besitzstandszulage für eine Vergütungsgruppenzulage steht nicht zu.

b) [1]Ist ein der Vergütungsgruppenzulage vorausgehender Fallgruppenaufstieg am 30. September 2005 bereits erfolgt, gilt Absatz 2 mit der Maßgabe, dass am 1. Oktober 2005 die Hälfte der Gesamtzeit für den

Vergütungsgruppenzulagen § 9 VKA I.2

Anspruch auf die Vergütungsgruppenzulage einschließlich der Zeit für den vorausgehenden Aufstieg zurückgelegt sein muss oder die Vergütungsgruppenzulage bei Fortgeltung des bisherigen Rechts bis zum 31. Dezember 2009 erworben worden wäre. ²Im Fall des Satzes 1 2. Alternative wird die Vergütungsgruppenzulage auf schriftlichen Antrag gewährt. ³Die Protokollerklärung zu § 8 Abs. 3 gilt entsprechend.

c) ¹Wäre im Fall des Buchstaben a nach bisherigem Recht der Fallgruppenaufstieg spätestens am 30. September 2007 erreicht worden, gilt Absatz 2 mit der Maßgabe, dass am 1. Oktober 2007 die Hälfte der Gesamtzeit für den Anspruch auf die Vergütungsgruppenzulage einschließlich der Zeit für den vorausgehenden Aufstieg erreicht worden sein muss und die Vergütungsgruppenzulage bei Fortgeltung des bisherigen Rechts bis zum 31. Dezember 2009 erworben worden wäre. ²Die Protokollerklärung zu § 8 Abs. 3 gilt entsprechend.

(4) ¹Die Besitzstandszulage nach den Absätzen 1, 2 und 3 Buchst. b wird so lange gezahlt, wie die anspruchsbegründende Tätigkeit ununterbrochen ausgeübt wird und die sonstigen Voraussetzungen für die Vergütungsgruppenzulage nach bisherigem Recht weiterhin bestehen. ²Sie verändert sich bei allgemeinen Entgeltanpassungen um den von den Tarifvertragsparteien für die jeweilige Entgeltgruppe festgelegten Vomhundertsatz.

Protokollerklärung zu Absatz 4 Satz 1:
¹Unterbrechungen wegen Elternzeit, Wehr- oder Zivildienstes, Sonderurlaubs, bei dem der Arbeitgeber vor Antritt ein dienstliches oder betriebliches Interesse an der Beurlaubung anerkannt hat, Bezuges einer Rente auf Zeit wegen verminderter Erwerbsfähigkeit oder wegen Ablaufs der Krankenbezugsfristen sowie wegen vorübergehender Übertragung einer höherwertigen Tätigkeit sind unschädlich. ²In den Fällen, in denen eine Unterbrechung aus den in Satz 1 genannten Gründen nach dem 30. September 2005 und vor dem 1. Juli 2008 endet, wird eine Besitzstandszulage nach § 9 Abs. 1, 2 oder 3 Buchst. b oder c vom 1. Juli 2008 an gezahlt, wenn bis zum 30. September 2008 ein entsprechender schriftlicher Antrag (Ausschlussfrist) gestellt worden ist. ³Ist eine entsprechende Leistung bis zum 31. März 2008 schriftlich geltend gemacht worden, erfolgt die Zahlung vom 1. Juni 2008 an.

Protokollerklärung zu Absatz 4 Satz 2:
Die Besitzstandszulage erhöht sich ab 1. Januar 2008 um 6,0 v. H.

Niederschriftserklärung zu § 8 Abs. 1 Satz 3 und Abs. 2 Satz 2 sowie § 9 Abs. 2 bis 4:
Eine missbräuchliche Entziehung der Tätigkeit mit dem ausschließlichen Ziel, eine Höhergruppierung zu verhindern, ist nicht zulässig.

Erläuterungen

Die Vorschrift regelt, inwieweit Vergütungsgruppenzulagen bzw. „Anwartschaftszeiten" auf Vergütungsgruppenzulagen beim Wechsel in die neue Entgeltordnung berücksichtigt werden. Dabei sind unterschiedliche Regelungen vereinbart worden für aus dem BAT/

§ 9 VKA I.2 — Vergütungsgruppenzulagen

BAT-O übergeleitete Beschäftigte, die am 30. September 2005 bereits eine Vergütungsgruppenzulage erhalten, für Beschäftigte, die nach altem Recht Anspruch auf eine Vergütungsgruppenzulage ohne vorausgehenden Fallgruppenaufstieg hatten, und für Beschäftigte, die nach altem Recht Anspruch auf eine Vergütungsgruppenzulage nach vorausgehenden Fallgruppenaufstieg hatten.

Zu § 9 Abs. 1

Beschäftigte, die am Stichtag bereits eine Vergütungsgruppenzulage erhalten, erhalten in der übergeleiteten Entgeltgruppe eine der bislang gezahlten Vergütungsgruppenzulage entsprechende Besitzstandszulage.

Sie wird nach Absatz 4 solange fortgezahlt, wie die anspruchsbegründende Tätigkeit ununterbrochen ausgeübt wird und die sonstigen Voraussetzungen für eine Vergütungsgruppenzulage weiterhin bestehen. Unterbrechungen aus den in der Protokollerklärung zu Absatz 4 Satz 1 genannten Gründen (z. B. wegen Elternzeit, Wehrdienst) sind unschädlich. Die Protokollerklärung ist im Zuge der Entgeltrunde 2008 durch den Änderungstarifvertrag Nr. 2 vom 31. März mit Wirkung vom 1. Juli 2008 eingeführt worden. Für zurückliegende Zeiträume gilt diese Regelung nur auf Antrag, der bis zum 30. September 2008 gestellt werden muss. Die Zulage ist dynamisch gestaltet; d. h., sie wird bei Entgeltanpassungen um den gleichen Prozentsatz verändert wie das Entgelt der Entgeltgruppe, in die der Beschäftigte eingruppiert ist (Absatz 4 Satz 2). Für die Entgeltrunde 2008 siehe aber Protokollerklärung zu Absatz 4 Satz 2.

Zu § 9 Abs. 2

Beschäftigte, die nach altem Recht Anspruch auf eine Vergütungsgruppenzulage ohne vorausgehenden Fallgruppenaufstieg hatten, erhalten in der übergeleiteten Entgeltgruppe ab dem Zeitpunkt, in dem die Vergütungsgruppenpauschale nach altem Recht zugestanden hätte, eine Besitzstandszulage in Höhe dieser Vergütungsgruppenzulage (Satz 1 und 2), wenn sie am 1. Oktober 2005 die für die Vergütungsgruppenzulage erforderliche Bewährungszeit zur Hälfte zurückgelegt haben und die persönlichen Voraussetzungen für die Zulage erfüllen (Satz 3). Auch diese Zulage ist dynamisch und wird so lange gezahlt, wie die anspruchsbegründende Tätigkeit ununterbrochen ausgeübt wird und die sonstigen Voraussetzungen für eine Vergütungsgruppenzulage weiterhin bestehen (→ Erläuterungen zu Absatz 1).

Vergütungsgruppenzulagen §9 VKA I.2

Zu § 9 Abs. 2a

Absatz 2a ist im Zuge des Änderungstarifvertrages Nr. 2 vom 31. März 2008 mit Wirkung vom 1. Januar 2008 eingefügt worden. Die Vorschrift erweitert den Geltungsbereich der Regelung des Absatzes 2 auch auf die Fälle, die am 1. Oktober 2005 noch nicht die nach Absatz 2 erforderliche „Halbzeit" für die Vergütungsgruppenzulage erfüllt hatten. Auch in diesen Fällen wird nach der Neuregelung des Absatzes 2a eine Vergütungsgruppenzulage gezahlt, wenn bei Fortgeltung des bisherigen (BAT-)Rechts der Beginn der Zulagenzahlung in der Zeit vom 1. Januar 2008 bis zum 31. Dezember 2009 gelegen hätte. Die Zahlungsaufnahme setzt einen entsprechenden schriftlichen Antrag der Betroffenen voraus. Im Eckpunktepapier zur Lohnrunde 2008 haben die Tarifpartner schon festgelegt, dass über eine Verlängerung dieser Regelung im Rahmen der Lohnrunde 2010 beraten werden kann. Nach Satz 2 der Vorschrift gilt die Protokollerklärung zu § 8 Absatz 3 entsprechend. Somit ist die Vorschrift des Absatzes 2a auf schriftlichen Antrag auch für solche Vergütungsgruppenzulagen anzuwenden, die in der Zeit vom 1. Oktober 2007 und dem 1. Januar 2008 begonnen hätten. Die erhöhten Beträge stehen dann ab dem 1. Januar 2008 zu.

Zu § 9 Abs. 3

In eine der Entgeltgruppen 3, 5, 6 oder 8 übergeleitete Beschäftigte bei noch nicht erreichtem Fallgruppenaufstieg:

Diese Beschäftigten, für die nach bisherigem Recht zunächst ein Fallgruppenaufstieg und danach eine Vergütungsgruppenzulage vorgesehen war („doppelter Bewährungsaufstieg"), werden zu dem Zeitpunkt, zu dem sie nach bisherigem Recht höhergruppiert worden wären, in die nächsthöhere Entgeltgruppe eingruppiert (Absatz 3 Buchst. a). Dabei gilt die Vorschrift der Sätze 2 bis 5 des § 8 entsprechend (→ Erläuterungen zu § 8 Abs. 1).

Eine Besitzstandszulage für eine (verpasste) Vergütungsgruppenzulage steht in diesen Fällen nicht zu.

In andere Entgeltgruppen übergeleitete Beschäftigte bei noch nicht erreichtem Fallgruppenaufstieg:

Dieser Fall ist nicht geregelt. Sofern entsprechende Fallgestaltungen in der Praxis überhaupt auftreten können, wird dann weder – wie in den Fällen der Entgeltgruppen 3, 5, 6 oder 8 – eine Höhergruppierung vollzogen noch besteht Anspruch auf eine Besitzstandszulage. Die

§ 9 VKA I.2
Vergütungsgruppenzulagen

Besitzstandsregelungen des § 8 Abs. 2 sind aber ggf. zu beachten (→ Erläuterungen zu § 8 Abs. 2).

Besitzstandszulagen für Vergütungsgruppenzulagen bei bereits erreichtem Fallgruppenaufstieg:

In diesen Fällen gilt gemäß Absatz 3 Buchstabe b die Vorschrift des Absatzes 2 (→ Erläuterungen zu Absatz 2) mit der Maßgabe, dass am 1. Oktober 2005 die Hälfte der **Gesamtzeit** für den Anspruch auf die Vergütungsgruppenzulage einschließlich der Zeit für den vorausgegangenen Aufstieg zurückgelegt sein muss.

Auch diese Vorschrift ist im Zuge des Änderungstarifvertrages Nr. 2 vom 31. März 2008 mit Wirkung vom 1. Januar 2008 modifiziert worden. Nach näherer Maßgabe der neu in den Satz 1 aufgenommenen zweiten Alternative genügt es auch hier, dass der Anspruch auf Vergütungsgruppenzulage nach bisherigem Recht bis zum 31. Dezember 2009 erworben worden wäre (zur möglichen Verlängerung dieses Datums im Rahmen der Entgeltrunde 2010 siehe bei den Erläuterungen zum Absatz 2a). Die Zahlungsaufnahme setzt einen entsprechenden schriftlichen Antrag der Betroffenen voraus. Nach Satz 2 der Vorschrift gilt die Protokollerklärung zu § 8 Absatz 3 entsprechend. Somit ist die Regelung auf schriftlichen Antrag auch für solche Vergütungsgruppenzulagen anzuwenden, die in der Zeit vom 1. Oktober 2007 und dem 1. Januar 2008 begonnen hätten. Die erhöhten Beträge stehen dann ab dem 1. Januar 2008 zu.

Auch diese Zulage ist dynamisch und wird so lange gezahlt, wie die anspruchsbegründende Tätigkeit ununterbrochen ausgeübt wird und die sonstigen Voraussetzungen für eine Vergütungsgruppenzulage weiterhin bestehen (→ Erläuterungen zu Absatz 1).

Der durch den Änderungstarifvertrag Nr. 2 eingefügte Buchstabe c des Absatzes 3 führt zu einer Ausweitung des für eine Besitzstandszulage in Frage kommenden Personenkreises. Bis dahin hatten die unter Absatz 3 Buchstabe a fallenden Beschäftigten unter den dort genannten Voraussetzungen nur einen Anspruch auf den Aufstieg, nicht aber auf eine sich daran anschließende Vergütungsgruppenzulage. Nach der Neuregelung kommt eine Zulage (nach Aufstieg) auch in den Fällen noch in Betracht, in denen der Aufstieg nach bisherigem Recht spätestens am 30. September 2007 erfolgt wäre, am 1. Oktober 2007 die Gesamtzeit für den Aufstieg und den Anspruch auf Vergütungsgruppenzulage insgesamt zur Hälfte absolviert war und der Anspruch auf Zulage bis zum 31. Dezember 2009 erworben wird. Ist dies der Fall, so steigen die Beschäftigten nicht nur zum individuellen Zeitpunkt auf, sondern erhalten dann zu dem Zeitpunkt, an dem nach altem Recht der Anspruch auf eine Vergütungsgruppenzulage entstanden wäre, eine Besitzstandszulage. Weitere Voraussetzung ist ein schriftlicher Antrag der Betroffenen. Zur möglichen Verlängerung des Enddatums 31. Dezember 2009 im Rahmen der Entgeltrunde 2010 siehe bei den Erläuterungen zum Absatz 2a. Nach Satz 3 der Vorschrift gilt die Protokollerklärung zu § 8 Absatz 3 entsprechend. Somit ist die Regelung auf schriftlichen Antrag auch für solche Vergütungsgruppenzulagen anzuwenden, die in der Zeit vom 1. Oktober 2007 und dem 1. Januar 2008 begonnen hätten. Die erhöhten Beträge stehen dann ab dem 1. Januar 2008 zu.

Zur Protokollerklärung zu Absatz 4 Satz 2:

Diese Protokollerklärung ist im Zuge des Änderungstarifvertrages Nr. 2 vom 31. März 2008 mit Wirkung vom 1. Januar 2008 eingefügt worden. Die Tarifpartner modifizieren damit den Grundsatz des Absatzes 4 Satz 2 zur Erhöhung der Besitzstandszulage bei allgemeinen Entgeltanpassungen insoweit, als sie zum 1. Januar 2008 einen pauschalen Erhöhungsbetrag von 6 v. H. vereinbart haben. Sie tragen damit dem Umstand Rechnung, dass wegen des Effektes Sockelbetrages (Erhöhung zum 1. Januar 2008 um 50 Euro, danach prozentuale Erhöhung) es kaum mit angemessenem Aufwand möglich wäre den bei jeder Entgeltgruppe (und sogar Entgeltstufe) unterschiedlichen Erhöhungssatz auf die Besitzstandszulage anzuwenden.

Zur Niederschriftserklärung

→ hierzu Erläuterungen zu § 8.

§ 10 Fortführung vorübergehend übertragener höherwertiger Tätigkeit

(1) ¹Beschäftigte, denen am 30. September 2005 eine Zulage nach § 24 BAT/BAT-O/BAT-Ostdeutsche Sparkassen zusteht, erhalten nach Überleitung in den TVöD eine Besitzstandszulage in Höhe ihrer bisherigen Zulage, solange sie die anspruchsbegründende Tätigkeit weiterhin ausüben und die Zulage nach bisherigem Recht zu zahlen wäre. ²Wird die anspruchsbegründende Tätigkeit über den 30. September 2007 hinaus beibehalten, finden mit Wirkung ab dem 1. Oktober 2007 die Regelungen des TVöD über die vorübergehende Übertragung einer höherwertigen Tätigkeit Anwendung. ³Für eine vor dem 1. Oktober 2005 vorübergehend übertragene höherwertige Tätigkeit, für die am 30. September 2005 wegen der zeitlichen Voraussetzungen des § 24 Abs. 1 bzw. 2 BAT/BAT-O/BAT-Ostdeutsche Sparkassen noch keine Zulage gezahlt wird, gilt Satz 1 und 2 ab dem Zeitpunkt entsprechend, zu dem nach bisherigem Recht die Zulage zu zahlen gewesen wäre. ⁴Sätze 1 bis 3 gelten für landesbezirkliche Regelungen gemäß § 9 Abs. 3 BMT-G und nach Abschnitt I. der Anlage 3 des Tarifvertrages zu § 20 Abs. 1 BMT-G-O (Lohngruppenverzeichnis) entsprechend. ⁵Sätze 1 bis 4 gelten bei besonderen tarifvertraglichen Vorschriften über die vorübergehende Übertragung höherwertiger Tätigkeiten entsprechend. ⁶Ist Beschäftigten, die eine Besitzstandszulage nach Satz 1 erhalten, die anspruchsbegründende Tätigkeit bis zum 30. September 2007 dauerhaft übertragen worden, erhalten sie eine persönliche Zulage. ⁷Die Zulage nach Satz 6 wird für die Dauer der Wahrnehmung dieser Tätigkeit auf einen bis zum 30. September 2008 zu stellenden schriftlichen Antrag (Ausschlussfrist) der/des Beschäftigten vom 1. Juli 2008 an gezahlt. ⁸Die Höhe der Zulage bemisst sich nach dem Unterschiedsbetrag zwischen dem am 1. Oktober 2005 nach § 6 oder § 7 zustehenden Tabellenentgelt oder Entgelt nach einer individuellen Zwischen- oder Endstufe einschließlich der Besitzstandszulage nach Satz 1 und dem Tabellenentgelt nach der Höhergruppierung. ⁹Allgemeine Entgeltanpassungen, Erhöhungen des Entgelts durch Stufenaufstiege und Höhergruppierungen sowie Zulagen gemäß § 14 Abs. 3 TVöD und gemäß § 18 Abs. 4 Satz 1 sind auf die persönliche Zulage in voller Höhe anzurechnen.

Protokollerklärung zu Absatz 1 Satz 9:
Die Anrechnung umfasst auch entsprechende Entgeltsteigerungen, die nach dem 30. September 2005 und vor dem 1. Juli 2008 erfolgt sind.

(2) ¹Beschäftigte, denen am 30. September 2005 eine Zulage nach § 2 der Anlage 3 zum BAT zustand, erhalten eine Besitzstandszulage in Höhe ihrer bisherigen Zulage, solange sie die anspruchsbegründende Tätigkeit weiterhin ausüben und die Zulage nach bisherigem Recht zu zahlen wäre. ²Soweit sich bei entsprechender Anwendung von Absatz 1 Satz 2 eine Zulage ergäbe, die höher ist als die Besitzstandszulage nach Satz 1, wird die höhere Zulage gezahlt. ³Absatz 1 Satz 3 gilt entsprechend.

Höherwertige Tätigkeiten § 10 VKA I.2

Niederschriftserklärung zu Absatz 1 und 2:
Die Tarifvertragsparteien stellen klar, dass die vertretungsweise Übertragung einer höherwertigen Tätigkeit ein Unterfall der vorübergehenden Übertragung einer höherwertigen Tätigkeit ist. Gleiches gilt für die Zulage nach § 2 der Anlage 3 zum BAT.

Erläuterungen

Diese Regelung bewirkt im Ergebnis, dass die Vorschriften des § 24 BAT/BAT-O bzw. § 9 BMT-G/BMT-G-O für die übergeleiteten Beschäftigten, denen am 30. September 2005 vorübergehend (oder vertretungsweise – siehe Niederschriftserklärung zu § 10) höherwertige Tätigkeiten übertragen waren, die sie auch nach dem 1. Oktober 2005 fortführen, bis zum 30. September 2007 weiter gelten. Danach sind die Vorschriften des TVöD anzuwenden.

Mit den im Zuge des 2. Änderungstarifvertrages vom 31. März 2008 mit Wirkung vom 1. Juli 2008 angefügten Sätzen 6 bis 9 des Absatzes 1 haben die Tarifpartner eine besondere Regelung für den Fall getroffen, dass Beschäftigten in der Zeit bis zum 30. September 2007 die anspruchsbegründende Tätigkeit dauerhaft übertragen wird. Zum Ausgleich der in diesen Fällen denkbaren Gehaltsminderung, die daraus resultiert, dass das Vergleichsentgelt zuzüglich der nach bisherigem Recht berechneten Zulage höher ist als der „Beförderungsgewinn", haben die Tarifpartner eine Zulage vereinbart. Sie wird zunächst in Höhe des Differenzbetrages zwischen der Summe aus Vergleichsentgelt bei Überleitung in den TVöD und der nach bisherigem Recht (z. B. § 24 BAT) ermittelten Zulage einerseits und dem Tabellenentgelt nach Höhergruppierung andererseits gezahlt. Die Zulage wird grundsätzlich zwar für die Zeit der Wahrnehmung der dauerhaft übertragenen Tätigkeit gewährt. Sie ist aber aufzehrbar; Entgeltsteigerungen durch allgemeine Entgeltanpassungen, Stufenaufstiege und Höhergruppierungen, sowie Zulagen i. S. des § 14 Absatz 3 TVöD bzw. § 18 Absatz 4 Satz 1 TVÜ sind auf die Differenzzulage voll anzurechnen.

Die Zulagenzahlung ist antragsgebunden und setzt einen schriftlichen Antrag bis zum 30. September 2008 voraus. Zahlungsbeginn ist bei rechtzeitiger Antragstellung der 1. Juli 2008.

Zu § 10 Abs. 2

Absatz 2 erweitert die Regelung des Absatzes 1 insoweit, als dass die für Zulagen für vorübergehend ausgeübte höherwertige Tätigkeit geltenden Grundsätze (Absatz 1) auch in den Fällen des § 2 der

Anlage 3 zum BAT (dort sind Zulagen an Angestellte im kommunalen Verwaltungs- und Kassendienst sowie im Sparkassendienst während Ausbildungs-/Prüfungszeiten geregelt) zu beachten sind.

§ 11 Kinderbezogene Entgeltbestandteile

(1) ¹Für im September 2005 zu berücksichtigende Kinder werden die kinderbezogenen Entgeltbestandteile des BAT/BAT-O/BAT-Ostdeutsche Sparkassen oder BMT-G/BMT-G-O in der für September 2005 zustehenden Höhe als Besitzstandszulage fortgezahlt, solange für diese Kinder Kindergeld nach dem Einkommensteuergesetz (EStG) oder nach dem Bundeskindergeldgesetz (BKGG) ununterbrochen gezahlt wird oder ohne Berücksichtigung des § 64 oder § 65 EStG oder des § 3 oder § 4 BKGG gezahlt würde. ²Die Besitzstandszulage entfällt ab dem Zeitpunkt, zu dem einer anderen Person, die im öffentlichen Dienst steht oder auf Grund einer Tätigkeit im öffentlichen Dienst nach beamtenrechtlichen Grundsätzen oder nach einer Ruhelohnordnung versorgungsberechtigt ist, für ein Kind, für welches die Besitzstandszulage gewährt wird, das Kindergeld gezahlt wird; die Änderung der Kindergeldberechtigung hat die/der Beschäftigte dem Arbeitgeber unverzüglich schriftlich anzuzeigen. ³Unterbrechungen wegen der Ableistung von Grundwehrdienst, Zivildienst oder Wehrübungen sowie die Ableistung eines freiwilligen sozialen oder ökologischen Jahres sind unschädlich; soweit die unschädliche Unterbrechung bereits im Monat September 2005 vorliegt, wird die Besitzstandszulage ab dem Zeitpunkt des Wiederauflebens der Kindergeldzahlung gewährt.

Protokollerklärungen zu Absatz 1:

1. ¹Die Unterbrechung der Entgeltzahlung im September 2005 wegen Elternzeit, Wehr- oder Zivildienstes, Sonderurlaubs, bei dem der Arbeitgeber vor Antritt ein dienstliches oder betriebliches Interesse an der Beurlaubung anerkannt hat, Bezuges einer Rente auf Zeit wegen verminderter Erwerbsfähigkeit oder wegen des Ablaufs der Krankenbezugsfristen ist für das Entstehen des Anspruchs auf die Besitzstandszulage unschädlich. ²Für die Höhe der Besitzstandszulage nach Satz 1 gilt § 5 Abs. 6 entsprechend.

2. Ist die andere Person im September 2005 aus dem öffentlichen Dienst ausgeschieden und entfiel aus diesem Grund der kinderbezogene Entgeltbestandteil, entsteht der Anspruch auf die Besitzstandszulage bei dem in den TVöD übergeleiteten Beschäftigten.

3. ¹Beschäftigte mit mehr als zwei Kindern, die im September 2005 für das dritte und jedes weitere Kind keinen kinderbezogenen Entgeltanteil erhalten haben, weil sie nicht zum Kindergeldberechtigten bestimmt waren, haben Anspruch auf die Besitzstandszulage für das dritte und jedes weitere Kind, sofern und solange sie für diese Kinder Kindergeld erhalten, wenn sie bis zum 30. September 2008 einen Berechtigtenwechsel beim Kindergeld zu ihren Gunsten vornehmen und der Beschäftigungsumfang der kindergeldberechtigten anderen Person am 30. September 2005 30 Wochenstunden nicht überstieg. ³Die Höhe der Besitzstandszulage ist so zu bemessen, als hätte die/der Beschäftigte bereits im September 2005 Anspruch auf Kindergeld gehabt.

4. ¹Bei Tod der/des Kindergeldberechtigten wird ein Anspruch nach Absatz 1 für den anderen in den TVöD übergeleiteten Beschäftigten auch nach dem 1. Oktober 2005 begründet. ²Die Höhe der Besitzstandszulage ist so zu bemessen, als hätte sie/er bereits im September 2005 Anspruch auf Kindergeld gehabt.

§ 11 VKA I.2 — Kinderbezogene Entgeltbestandteile

5. ¹Endet eine Unterbrechung aus den in Nr. 1 Satz 1 genannten Gründen vor dem 1. Juli 2008, wird die Besitzstandszulage vom 1. Juli 2008 an gezahlt, wenn bis zum 30. September 2008 ein entsprechender schriftlicher Antrag (Ausschlussfrist) gestellt worden ist. ²Wird die Arbeit nach dem 30. Juni 2008 wieder aufgenommen oder erfolgt die Unterbrechung aus den in Nr. 1 Satz 1 genannten Gründen nach dem 30. Juni 2008, wird die Besitzstandszulage nach Wiederaufnahme der Arbeit auf schriftlichen Antrag gezahlt. ³In den Fällen der Nrn. 2 und 3 wird die Besitzstandszulage auf einen bis zum 30. September 2008 zu stellenden schriftlichen Antrag (Ausschlussfrist) vom 1. Juli 2008 an gezahlt. ⁴Ist eine den Nrn. 1 bis 3 entsprechende Leistung bis zum 31. März 2008 schriftlich geltend gemacht worden, erfolgt die Zahlung vom 1. Juni 2008 an. ⁵In den Fällen der Nr. 4 wird die Besitzstandszulage auf schriftlichen Antrag ab dem ersten Tag des Monats, der dem Sterbemonat folgt, frühestens jedoch ab dem 1. Juli 2008, gezahlt. ⁶Die/der Beschäftigte hat das Vorliegen der Voraussetzungen der Nrn. 1 bis 4 nachzuweisen und Änderungen anzuzeigen.

(2) ¹§ 24 Abs. 2 TVöD ist anzuwenden. ²Die Besitzstandszulage nach Absatz 1 Satz 1 verändert sich bei allgemeinen Entgeltanpassungen um den von den Tarifvertragsparteien für die jeweilige Entgeltgruppe festgelegten Vomhundertsatz. ³Ansprüche nach Absatz 1 können für Kinder ab dem vollendeten 16. Lebensjahr durch Vereinbarung mit der/dem Beschäftigten abgefunden werden. ⁴§ 6 Abs. 1 Satz 4 findet entsprechende Anwendung.

Protokollerklärung zu Absatz 2 Satz 1:
Die tarifliche Arbeitszeitverlängerung zum 1. Juli 2008 führt nicht zu einer Veränderung der Besitzstandszulage, sofern als Besitzstandszulage die kinderbezogenen Entgeltbestandteile aufgrund vor dem 1. Oktober 2005 anzuwendender Konkurrenzregelungen (§ 29 Abschn. B Abs. 6 BAT/BAT-O/BAT-Ostdeutsche Sparkassen und entsprechende Arbeiterregelungen) in ungekürzter Höhe zustehen.

Protokollerklärung zu Absatz 2 Satz 2 (ab 1.1.2008):
Die Besitzstandszulage erhöht sich ab 1. Januar 2008 um 3,1 v. H., für Beschäftigte, die unter den Geltungsbereich des BT-K fallen, um 1,6 v. H.

Protokollerklärung zu Absatz 2 Satz 2 (ab 1.1.2009):
¹Die Besitzstandszulage erhöht sich ab 1. Januar 2009 um 2,8 v. H. ²Für Beschäftigte, die unter den Geltungsbereich des BT-K fallen, gelten ab 1. Januar 2009 die für die übrigen Beschäftigten geltenden Beträge.

(3) Die Absätze 1 und 2 gelten entsprechend für

a) zwischen dem 1. Oktober 2005 und dem 31. Dezember 2005 geborene Kinder der übergeleiteten Beschäftigten,

b) die Kinder von bis zum 31. Dezember 2005 in ein Arbeitsverhältnis übernommenen Auszubildenden, Schülerinnen/Schüler in der Gesundheits- und Krankenpflege, Gesundheits- und Kinderkrankenpflege und in der Entbindungspflege sowie Praktikantinnen und Praktikanten aus tarifvertraglich geregelten Beschäftigungsverhältnissen, soweit diese Kinder vor dem 1. Januar 2006 geboren sind.

Kinderbezogene Entgeltbestandteile § 11 VKA I.2

Erläuterungen

Zu § 11 Abs. 1

Die Fortzahlung der bisherigen kinderbezogenen Entgeltbestandteile (§ 29 Abschn. B Abs. 3, 4 und 6 BAT/BAT-O/BAT-Ostdeutsche Sparkassen, § 41 MTAr /MTArb-O) als Besitzstandszulage ab 1. Oktober 2005 setzt grundsätzlich voraus, dass im September 2005 tatsächlich entsprechende kinderbezogene Entgeltbestandteile zugestanden haben. Folgende Fallgestaltungen verdienen besondere Betrachtung:

Die Fortzahlung der tariflichen Besitzstandszulage ab dem 1. Oktober 2005 erfolgt nur, solange für die Kinder nach dem Einkommensteuergesetz (EStG) oder Bundeskindergeldgesetz (BKGG) ununterbrochen Kindergeld gezahlt wird oder ohne Berücksichtigung des § 64 oder § 65 EStG oder des § 3 oder § 4 BKGG gezahlt würde. Daher sind Unterbrechungen beim gesetzlichen Kindergeld grundsätzlich schädlich und haben den endgültigen Wegfall der Besitzstandszulage zur Folge.

Ein späteres Wiederaufleben der tariflichen Besitzstandszulage mit der Wiederaufnahme der Kindergeldzahlung im Anschluss an den Wegfall des Unterbrechungsgrundes erfolgt nur in den abschließend genannten Ausnahmefällen: Also bei der Ableistung von Grundwehrdienst, Zivildienst oder Wehrübungen (§ 11 Abs. 1 Satz 3 TVÜ). Soweit eine solche Unterbrechung bereits im September 2005 vorgelegen hat, wird die Besitzstandszulage mit dem Wiederaufleben der Zahlung des gesetzlichen Kindergeldes gewährt.

Erhält nach der Überleitung eine andere Person, die im öffentlichen Dienst tätig ist, Kindergeld für ein Kind, für das bisher die Besitzstandszulage nach § 11 TVÜ gewährt wird, so entfällt die Besitzstandszulage mit dem Wechsel der Kindergeldzahlung, § 11 Abs. 1 Satz 2 TVÜ. Die Besitzstandszulage entfällt auch, wenn die andere Person auf Grund einer Tätigkeit im öffentlichen Dienst nach beamtenrechtlichen Grundsätzen oder nach einer Ruhelohnordnung versorgungsberechtigt ist.

Bei sog. Gegenkonkurrenzregelungen, also wenn kinderbezogene Entgeltbestandteile nicht gewährt werden und der andere Anspruchsberechtigte im öffentlichen Dienst tätig ist, kommt es auf den tatsächlichen Kindergeldbezug im September 2005 an. Erhält der andere Anspruchsberechtigte, für den bisher die Gegenkonkurrenzklausel gegolten hat, tatsächlich das Kindergeld, so steht dem in den TVöD übergeleiteten Beschäftigten eine Besitzstandszulage nicht zu. Die sog. Gegenkonkurrenzklausel greift mit der Überleitung des

§ 11 VKA I.2 — Kinderbezogene Entgeltbestandteile

Beschäftigten in den TVöD nicht mehr; die andere Person hat Anspruch auf kinderbezogene Leistungen vom 1. Oktober 2005 an. Etwas anderes kann nur gelten, wenn mit Wirkung vom 1. Oktober 2005 an aufgrund Änderung des auf das Beschäftigungsverhältnis der anderen Person zur Anwendung kommenden Rechts, z. B. Arbeitsvertragsrichtlinien, die andere Person keinen Anspruch auf kinderbezogene Leistungen hat.

Waren die bisherigen Konkurrenzregelungen aus anderen Gründen, z. B. wegen Elternzeit der anderen Person, im September 2005 nicht einschlägig, leben sie aber nach dem 30. September 2005 wieder auf und erhält die andere Person für das Kind Kindergeld, fällt die Besitzstandszulage ebenfalls weg, § 11 Abs. 1 Satz 2 1. Halbsatz TVÜ. Die Änderung der Kindergeldberechtigung bzw. die Zahlungsaufnahme von kinderbezogenen Entgeltbestandteilen bei einer anderen für das Kind kindergeldberechtigten Person ist von dem Beschäftigten unverzüglich schriftlich anzuzeigen.

Zu den Protokollerklärungen zu Absatz 1

Im Zuge des 2. Änderungstarifvertrages vom 31. März 2008 haben die Tarifpartner mit Wirkung vom 1. Juli 2008 Protokollerklärungen zu Absatz 1 vereinbart. Inhalt dieser Vorschriften sind Regelungen, die Härten bei der Zahlung des Kinderbesitzstandes ausgleichen sollen. Die Regelungen sollten an sich schon unmittelbar nach dem Inkrafttreten des TVöD/TVÜ vereinbart werden und waren in ihrem Kern schon lange Zeit ausgehandelt. Die Tarifpartner haben sie dann aber wegen übergeordneter Meinungsverschiedenheiten (z. B. in der Arbeitszeitfrage) „auf Eis gelegt" und erst im Rahmen der Entgeltrunde 2008 vereinbart.

Die Protokollerklärungen regeln folgende Sonderfälle:

1. Die Entgeltzahlung des in den TVöD übergeleiteten Beschäftigten war im für den Kinderbesitzstand maßgebenden Monat September aus den in Protokollerklärung Nr. 1 abschließend genannten Gründen (z. B. Elternzeit, Wehrdienst, Ablauf der Krankenbezugsfristen) unterbrochen. Ein Anspruch auf die Besitzstandszahlung trat somit nicht ein. Nach Protokollerklärung Nr. 1 aaO wird die Besitzstandszulage grundsätzlich ab Wiederaufnahme der Entgeltzahlung gezahlt. Die Zahlung ist antragsgebunden, der Antrag muss bis zum 30. September 2008 gestellt werden. Zahlungsaufnahme ist dann der 1. Juli 2008, bei bis zum 31. März 2008 gestellten Anträgen der 1. Juni 2008 (siehe Protokollerklärung Nr. 5). Auch wenn die Entgeltzahlung aus den genannten Gründen

Kinderbezogene Entgeltbestandteile § 11 VKA I.2

zu einem späteren Zeitpunkt unterbrochen wird, ist dies unschädlich. Der Anspruch auf den Kinderbesitzstand lebt auch in diesem Fall bei Wiederaufnahme der Entgeltzahlung auf.

2. Protokollerklärung Nr. 2 regelt die „Septemberfälle". Das sind die Fälle, in denen „die andere Person" im Sinne des § 11 Absatz 1 Satz 2 bereits im September 2005 aus dem öffentlichen Dienst ausgeschieden war. Die kinderbezogenen Entgeltbestandteile können somit bei der anderen Person wegen deren Ausscheiden aus dem öffentlichen Dienst nicht mehr realisiert werden und würden ohne Ausgleich entfallen. Auf Antrag (nach Protokollerklärung Nr. 5 – s. o.) wird der Kinderbesitzstand entgegen dem Wortlaut des Absatzes 1 Satz 2 doch noch gezahlt.

3. Protokollerklärung Nr. 3 räumt Beschäftigten mit mindestens drei Kindern ein, durch einen Wechsel der Kindergeldberechtigung doch noch in den Genuss des Kinderbesitzstandes zu gelangen, der bislang wegen der Kindergeldberechtigung der „anderen Person" nicht zustand. Voraussetzung ist jedoch, dass der Beschäftigungsumfang der anderen Person am 30. September 2005 30 Wochenstunden nicht überstieg. Der Wechsel ist bis zum 30. September 2008 vorzunehmen; die Zahlungsaufnahme ist antragsgebunden (nach Protokollerklärung Nr. 5 – s. o.).

4. Protokollerklärung Nr. 4 regelt den Härtefall, dass der der Kindergeldberechtigte stirbt. Die Tarifpartner haben vereinbart, dass in diesem Fall der Beschäftigte auf Antrag ab dem 1. des auf den Sterbemonat folgenden Monats (frühestens aber ab dem 1. Juli 2008) den Kinderbesitzstand erhalten kann.

5. Protokollerklärung Nr. 5 regelt die Antragsfristen und die frühesten Zahlungstermine für die Leistungen nach den Protokollerklärungen 1 bis 4 (s. o.).

Die Aufzählung der Sonderfälle in den Protokollerklärungen ist abschließend, weitere denkbare Sachverhalte werden nicht berücksichtigt.

Zu § 11 Abs. 2

Ausgangsbetrag für die Besitzstandszulage ist der letztgültige Wert aus dem Vergütungstarifvertrag Nr. 35 zum BAT: 90,57 Euro. Dieser Betrag ist bei allgemeinen Entgeltanpassungen um den von den Tarifpartnern für die jeweilige Entgeltgruppe festgelegten Vomhundertsatz zu erhöhen und wird im Tarifgebiet Ost noch mit dem Bemessungssatz multipliziert.

§ 11 VKA I.2 Kinderbezogene Entgeltbestandteile

Unter Berücksichtigung des Ergebnisses der Lohnrunde 2008 ergeben sich die nachstehenden Beträge, bei deren Ermittlung nach Auffassung des Bearbeiters der Sockelbetrag von 50 Euro unberücksichtigt bleibt, weil er keinen Einfluss auf den „festgelegten Vomhundertsatz" im Sinne des § 11 Absatz 2 Satz 2 hat (so auch Protokollerklärung zu Absatz 2 Satz 2):

West	ab 1. 1. 2008		ab 1. 1. 2009	
Allgemein	93,38 €	+ 3,1 %	95,99 €	+ 2,8 %
Kr.-Bereich	92,02 €	+ 1,6 %	95,95 €	+ 4,3 %

Ost	ab 1. 1. 2008	ab 1. 4. 2008		ab 1. 1. 2009	
Allgemein	90,57 € (bis EG 9)	93,38 € (bis EG 9)	+ 3,1 %	95,99 € (bis EG 9)	+ 2,8 %
	87,85 € (ab EG 10 97 %)	90,58 € (ab EG 10 97 %)		93,11 € (ab EG 10 97 %)	
Kr.-Bereich	90,57 € (bis EG 9)	92,02 € (bis EG 9)	+ 1,6 %	95,98 € (bis EG 9)	+ 4,3 %
	87,85 € (ab EG 10 97 %)	89,26 € (ab EG 10 97 %)		93,10 € (ab EG 10 97 %)	

Hinzu kommen die sog. Kindererhöhungsbeträge, die bisherigen Angestellten der VergGrn. X bis VIII BAT/BAT-O und bisherigen Arbeitern der LoGrn. 1 bis 4 im September 2005 zustanden. Die Weiterzahlung der sog. Kindererhöhungsbeträge als Besitzstandszulage ist an den Kindergeldanspruch für dieses Kind, nicht aber an weitere Voraussetzungen geknüpft. Ein nach dem 30. September 2005 eintretender Wegfall bei der Anzahl der im Rahmen der Besitzstandszulage berücksichtigten Kinder führt demzufolge nicht zu einer Anpassung oder zum Wegfall des sog. Kindererhöhungsbetrages in der Besitzstandszulage für die weiter berücksichtigungsfähigen Kinder. Auch eine spätere Höhergruppierung des Beschäftigten hat auf die Höhe der Besitzstandzulage einschließlich etwaiger Kindererhöhungsbeträge keine Auswirkungen.

Teilzeitbeschäftigte erhalten die Besitzstandszulage dann in voller Höhe, wenn ihnen im September 2005 der kinderbezogene Entgeltbestandteil auch in voller Höhe zustand (z. B. aufgrund des § 29 Abschn. B Abs. 6 Satz 3 BAT/BAT-O/BAT-Ostdeutsche Sparkassen). Dies ergibt sich aus § 11 Abs. 1 Satz 1 TVÜ. In den übrigen Fällen erhalten Teilzeitbeschäftigte die Besitzstandszulage zeitanteilig.

Kinderbezogene Entgeltbestandteile § 11 VKA I.2

Bei individuellen Arbeitszeitveränderungen nach dem 30. September 2005 ist die Besitzstandszulage neu zu berechnen. Hier gilt die allgemeine Regelung zur zeitanteiligen Bemessung des Entgelts von Teilzeitbeschäftigten nach § 24 Absatz 2 TVöD. Erhöht oder vermindert sich die Arbeitszeit, so verändert sich die Besitzstandszulage ebenfalls entsprechend § 24 Absatz 2 TVöD.

> **Beispiel**
>
> Eine Beschäftigte war im September 2005 vollzeitbeschäftigt und hat den Kinderanteil für ein Kind bezogen, der ihr ab Oktober 2005 als Besitzstandszulage in voller Höhe zusteht. Ab März 2006 beträgt ihr Arbeitszeitumfang 50 v. H. und ab August 2006 wieder 100 v. H.
>
> Die Besitzstandszulage steht in den Monaten März bis Juli 2006 in Höhe von 50 v. H. zu und ab August 2006 wieder in Höhe von 100 v. H.

In der Protokollerklärung zu Absatz 2 Satz 1 haben die Tarifpartner klargestellt, dass die allgemeine tarifliche Arbeitszeitverlängerung von 38,5 auf 39 Stunden aufgrund der Entgeltrunde 2008 bzw. dem Änderungstarifvertrag Nr. 2 zum 1. Juli 2008 nicht zu einer Neuberechnung der Zulage führt, wenn die Zulage ursprünglich in voller Höhe zustand. Dieser Grundsatz gilt nach Auffassung des Bearbeiters auch in den Fällen, in denen Beschäftigte zu einem vertraglich vereinbarten prozentualen Anteil der Arbeitszeit arbeiten (also z. B. 75 % oder einem Drittel, einem Viertel usw.); auch in diesem Fall erhöht sich zwar die tatsächliche Arbeitszeit, nicht aber die Relation zur Vollzeitbeschäftigung. Anders dürfte der Fall zu beurteilen sein, wenn ein Beschäftigter vertraglich eine feste Stundenzahl (z. B. 20 Stunden) arbeitet und nicht von der bestehenden Möglichkeit des § 38a Absatz 5 TVöD Gebrauch macht, diese Stundenzahl an die neue Regelarbeitszeit anzupassen. In diesem Fall ändert sich der Entgeltanspruch und entsprechend der Anspruch auf den Kinderbesitzstand von 20/38,5 auf 20/39.

Standen im September 2005 die kinderbezogenen Entgeltbestandteile nur anteilig zu, weil das Arbeitsverhältnis erst im Laufe des Monats September 2005 begründet worden ist, gilt Folgendes: In diesen Fällen ist die Besitzstandszulage gleichwohl in der Höhe zu zahlen, die maßgebend gewesen wäre, wenn die kinderbezogenen

Entgeltbestandteile im gesamten Monat September 2005 zugestanden hätten.

Die Besitzstandszulage verändert sich bei allgemeinen Entgeltanpassungen um den von den Tarifvertragsparteien für die jeweilige Entgeltgruppe des Beschäftigten festgelegten Vomhundertsatz. Die Änderungen des Bemessungssatzes Ost sind zu berücksichtigen.

Eine Nutzung der Möglichkeit zur Abfindung im Sinne des § 11 Abs. 2 Satz 3 TVÜ obliegt der Entscheidung des jeweiligen Arbeitgebers.

§ 12 Strukturausgleich

(1) ¹Aus dem Geltungsbereich des BAT/BAT-O/BAT-Ostdeutsche Sparkassen übergeleitete Beschäftigte erhalten ausschließlich in den in Anlage 2 aufgeführten Fällen zusätzlich zu ihrem monatlichen Entgelt einen nicht dynamischen Strukturausgleich. ²Für Beschäftigte der Entgeltgruppen 2 bis 9, auf die die Regelungen des Tarifgebiets Ost Anwendung finden, bestimmt sich der Strukturausgleich ab 1. Januar 2008 nach den für das Tarifgebiet West ausgewiesenen Beträgen. ³Maßgeblicher Stichtag für die anspruchsbegründenden Voraussetzungen (Vergütungsgruppe, Stufe, Ortszuschlag, Aufstiegszeiten) ist der 1. Oktober 2005, sofern in Anlage 2 nicht ausdrücklich etwas anderes geregelt ist.

(2) Die Zahlung des Strukturausgleichs beginnt im Oktober 2007, sofern in Anlage 2 nicht etwas anderes bestimmt ist.

(3) ¹Bei Teilzeitbeschäftigung steht der Strukturausgleich anteilig zu (§ 24 Abs. 2 TVöD). ²§ 5 Abs. 5 Satz 2 gilt entsprechend.

Protokollerklärung zu Absatz 3:
Bei späteren Veränderungen der individuellen regelmäßigen Arbeitszeit der/des Beschäftigten ändert sich der Strukturausgleich entsprechend.

(4) Bei Höhergruppierungen wird der Unterschiedsbetrag zum bisherigen Entgelt auf den Strukturausgleich angerechnet.

(5) Einzelvertraglich kann der Strukturausgleich abgefunden werden.

(6) Die Absätze 1 bis 5 finden auf Ärztinnen und Ärzte, die unter § 51 BT-K bzw. § 51 BT-B fallen, keine Anwendung.

Niederschriftserklärung:

1. ¹Die Tarifvertragsparteien sind sich angesichts der Fülle der denkbaren Fallgestaltungen bewusst, dass die Festlegung der Strukturausgleiche je nach individueller Fallgestaltung in Einzelfällen sowohl zu überproportional positiven Wirkungen als auch zu Härten führen kann. ²Sie nehmen diese Verwerfungen im Interesse einer für eine Vielzahl von Fallgestaltungen angestrebten Abmilderung von Exspektanzverlusten hin.

2. ¹Die Tarifvertragsparteien erkennen unbeschadet der Niederschriftserklärung Nr. 1 zu § 12 an, dass die Strukturausgleiche in einem Zusammenhang mit der zukünftigen Entgeltordnung stehen. ²Die Tarifvertragsparteien werden nach einer Vereinbarung der Entgeltordnung zum TVöD, rechtzeitig vor Ablauf des 30. September 2007, prüfen, ob und in welchem Umfang sie neben den bereits verbindlich vereinbarten Fällen, in denen Strukturausgleichsbeträge festgelegt sind, für einen Zeitraum bis längstens Ende 2014 in weiteren Fällen Regelungen, die auch in der Begrenzung der Zuwächse aus Strukturausgleichen bestehen können, vornehmen müssen. ³Sollten zusätzliche Strukturausgleiche vereinbart werden, sind die sich daraus ergebenden Kostenwirkungen in der Entgeltrunde 2008 zu berücksichtigen.

§ 12 VKA I.2 — Strukturausgleich

Erläuterungen

Anders als der Besitzstand dient der Strukturausgleich nicht der Sicherung einer bestehenden Vergütungshöhe, sondern als Ausgleich für fiktive zukünftige Einkommenseinbußen. Grundsätzlich werden nicht mehr realisierte Erwerbsaussichten nach dem alten Recht im TVöD nicht geschützt. Nach Überführung in die neue Tabelle können sich aber bei einzelnen Gruppen von bisherigen Angestellten im Vergleich zu der Einkommensentwicklung, die sie nach BAT gehabt hätten, Differenzen ergeben, die die Tarifvertragsparteien unter Vertrauensschutzgesichtspunkten teilweise ausgleichen wollten.

Dabei sind sich die Tarifvertragsparteien bewusst, dass durch die Strukturausgleiche Verwerfungen entstehen können, weil im Einzelfall Härten oder überproportionale Begünstigungen eintreten können. Sie haben dies im Interesse einer für eine Vielzahl von Fallgestaltungen angestrebten Abmilderung von Expektanzverlusten in Kauf genommen, werden die Regelungen aber vor dem 30. September 2007 überprüfen (siehe Niederschriftserklärung zu § 12).

Die VKA hat mit Rundschreiben 223/2007 vom 23. Juli 2007 umfassende Hinweise zur Anwendung der Vorschrift des § 12 TVÜ gegeben (abgedruckt als Anhang 1).

Anhang 1: Hinweise d. VKA TVÜ **§ 12 VKA I.2**

Hinweise zum Strukturausgleich gemäß § 12 TVÜ-VKA

Vom 23. Juli 2007 (RdSchr. 223/2007)

1. Vorbemerkungen

Einzelne Gruppen früherer Angestellter, die aus dem Geltungsbereich des BAT/BAT-O/BAT-Ostdeutsche Sparkassen in den TVöD übergeleitet worden sind, erhalten nach § 12 unter bestimmten Voraussetzungen zusätzlich zu ihrem monatlichen Entgelt einen Strukturausgleich, der je nach Fallgestaltung unterschiedlich hoch sein und für unterschiedlich lange Zeit bezogen werden kann.

Zum Hintergrund sei auf Folgendes hingewiesen:

Bei der Tabellengestaltung und den Tabellenwerten des TVöD ist das in den Bewährungs-, Fallgruppen- und Zeitaufstiegen enthaltene Finanzvolumen ebenso berücksichtigt worden wie das Volumen des bisherigen Verheiratetenanteils im Ortszuschlag der Angestellten. Zudem galt es, die Absicht der Tarifvertragsparteien zu verwirklichen, die Einkommensentwicklung für jüngere Beschäftigte attraktiver zu gestalten und im Gegenzug die bisherigen Tabellenwerte in den Endstufen vielfach etwas abzuflachen. Neben einer Angleichung der Werte von Bund und VKA wurde bei der Findung der neuen Entgelttabelle auch mitberücksichtigt, dass die früheren Stufen der Angestellten einvernehmlich durch tätigkeits- und leistungsbezogene Entwicklungsstufen ersetzt und dabei die bisherige Stufenzahl verringert werden sollte (bis zu zwölf Stufen der unter die Anlage 1a zum BAT fallenden Angestellten, neun Stufen bei den unter die Anlage 1b zum BAT fallenden Angestellten und acht Stufen bei den Arbeitern). Auf Grund dieser strukturellen Unterschiede ist ein individueller Vergleich der früheren Lohn- und Vergütungstabellen mit der Entgelttabelle des TVöD nicht möglich. Gleichwohl haben sich die Tarifvertragsparteien dazu entschlossen, flankierend für eine eng begrenzte Zahl von Fallgestaltungen sog. Strukturausgleiche einzuführen. Die Strukturausgleiche haben nicht die Funktion, Exspektanzen der Beschäftigten, die bei Fortgeltung des BAT/BAT-O/BAT-Ostdeutsche Sparkassen ggf. bestanden hätten, im Einzelfall zu sichern oder zu kompensieren. Die Tarifvertragsparteien haben insoweit

– keine einzelfallbezogene, sondern eine typisierte Betrachtung vorgenommen,

– sich auf einige, aus übereinstimmender Sicht regelungsbedürftige Fallgestaltungen beschränkt und

– keine volle Kompensation, sondern einen begrenzten Ausgleich bzw. eine Abmilderung veränderter Perspektiven angestrebt.

Keinen Strukturausgleich erhalten Ärztinnen und Ärzte, auf die der TVöD-K oder der TVöD-B Anwendung findet (§ 12 Abs. 6). Für Ärztinnen und Ärzte, die unter den TV-Ärzte/VKA fallen, sind Strukturausgleiche ebenfalls nicht vereinbart (§ 10 Abs. 1 TVÜ-Ärzte/VKA).

Ebenfalls von den Regelungen zum Strukturausgleich nicht erfasst sind ehemalige Arbeiterinnen und Arbeiter; auch bei diesen Beschäftigten bestehen im Regelfall keine vergleichbaren Exspektanzverluste.

Bei der Regelung des § 12 waren sich die Tarifvertragsparteien damit verbundener Härten und Verwerfungen bewusst. Sie haben deshalb in der Niederschriftserklärung Nr. 1 zu § 12 ausdrücklich Folgendes festgehalten:

„Die Tarifvertragsparteien sind sich angesichts der Fülle der denkbaren Fallgestaltungen bewusst, dass die Festlegung der Strukturausgleiche je nach individueller Fallgestaltung in Einzelfällen sowohl zu überproportional positiven Wirkungen als auch zu Härten führen kann. Sie nehmen diese Verwerfungen im Interesse einer für eine Vielzahl von Fallgestaltungen angestrebten Abmilderung von Exspektanzverlusten hin."

2. Aufbau der Regelung in § 12 und der Anlage 2 zum TVÜ-VKA

Anspruchsvoraussetzungen (dazu im Folgenden Ziff. 3) und Rechtsfolgen (dazu im Folgenden Ziff. 4) für den Erhalt eines Strukturausgleiches sind im Wesentlichen in § 12 Abs. 1 in Verbindung mit der Anlage 2 TVÜ-VKA und der dort aufgeführten Tabelle (nachfolgend kurz: Tabelle) geregelt. Die Tabelle gliedert sich in acht Spalten. Dabei nennen die Spalten 1 bis 4 die Anspruchsvoraussetzungen. In den Spalten 5 bis 8 sind die Rechtsfolgen genannt, also Zahlungsbeginn, Höhe und Dauer der Zahlung des Strukturausgleiches. Sind alle Voraussetzungen der Spalten 1 bis 4 einer Zeile der Tabelle erfüllt, ist der Anspruch für den in der jeweiligen Zeile der Tabelle genannten Strukturausgleich grundsätzlich von dem angegebenen Zeitpunkt in der dort genannten Höhe und Dauer gegeben.

Spalte 1	Spalte 2	Spalte 3	Spalte 4	Spalte 5	Spalte 6	Spalte 7	Spalte 8
EG	Vergütungsgruppe	OZ-Stufe $1/2$	Überleitung aus Stufe	nach	für	Betrag Tarifgebiet West	Betrag Tarifgebiet Ost

Anhang 1: Hinweise d. VKA   TVÜ **§ 12 VKA I.2**

Spalte 1	Spalte 2	Spalte 3	Spalte 4	Spalte 5	Spalte 6	Spalte 7	Spalte 8
Anspruchsvoraussetzungen				Rechtsfolge			

Hierbei beschreibt
- die Spalte 1 die Entgeltgruppe, in die die/der ehemalige Angestellte übergeleitet worden ist,
- die Spalte 2 die Vergütungsgruppe der/des Angestellten nach der Anlage 1a bzw. der Anlage 1b zum BAT, aus der die Überleitung nach Anlage 1 bzw. nach Anlage 4 oder 5 zum TVÜ-VKA erfolgt ist,
- die Spalte 3 die Ortszuschlagsstufe 1 bzw. 2 der/des Angestellten zum 1. Oktober 2005,
- die Spalte 4 die Stufe der Grundvergütung der Vergütungsgruppe, aus der die Überleitung erfolgt sein muss,
- die Spalte 5 den Beginn des Strukturausgleichs,
- die Spalte 6 die Dauer, für den der Strukturausgleich gezahlt wird,
- die Spalte 7 den Betrag des Strukturausgleichs im Tarifgebiet West und
- die Spalte 8 den Betrag des Strukturausgleichs im Tarifgebiet Ost.

Weitere Voraussetzungen und Rechtsfolgen finden sich außerdem in § 12 Abs. 2 bis 6 sowie in den Vorbemerkungen in Anlage 2 TVÜ-VKA (nachfolgend kurz: Vorbemerkungen).

Besteht ein Anspruch auf Strukturausgleich, handelt es sich um einen regelmäßigen, statischen und zusätzlichen Entgeltbestandteil. Strukturausgleiche werden zusätzlich zum monatlichen Entgelt gezahlt (§ 12 Abs. 1 Satz 1). Der Strukturausgleich ist nicht dynamisch (§ 12 Abs. 1 Satz 1), wird also bei linearen Einkommenssteigerungen nicht erhöht. Einkommenssteigerungen werden – mit Ausnahme bei Höhergruppierungen (§ 12 Abs. 4, siehe dazu unten Ziff. 4.3 und 4.4.1) – grundsätzlich nicht auf die Höhe des Strukturausgleiches angerechnet.

Im Einzelnen ist bei der Festsetzung von Strukturausgleichen wie folgt zu verfahren:

3. Anspruchsvoraussetzungen

Einen Anspruch auf Strukturausgleich haben
- aus dem Geltungsbereich von BAT/BAT-O/BAT-Ostdeutsche Sparkassen in den TVöD übergeleitete Beschäftigte im Sinne des § 1 Abs. 1 (Ziff. 3.1),
- die bei Inkrafttreten des TVÜ-VKA (Ziff. 3.2),

§ 12 VKA I.2 TVÜ Anhang 1: Hinweise d. VKA

- in eine der in Spalte 1 genannten Entgeltgruppen übergeleitet wurden (Ziff. 3.3) und
- in einer der in Spalte 2 bezeichneten Vergütungsgruppen eingruppiert waren (Ziff. 3.4),
- Anspruch auf den in Spalte 3 ausgewiesenen Ortszuschlag (Ziff. 3.5) gehabt hätten und
- die in Spalte 4 ausgewiesene Stufe der Grundvergütung (Ziff. 3.6) erreicht hatten,
- sofern kein unter Ziff. 5 beschriebener Sonderfall wegen Eingreifens des Konkurrenzfalles im Ortszuschlag besteht.

Die Anspruchsvoraussetzungen richten sich also im Wesentlichen nach den ersten vier Spalten der Tabelle, die alle kumulativ erfüllt sein müssen.

3.1 Überleitung aus BAT/BAT-O/BAT-Ostdeutsche Sparkassen in den TVöD (§ 12 Abs. 1)

Ein Anspruch auf Strukturausgleich setzt voraus, dass es sich um übergeleitete ehemalige Angestellte im Sinne des § 1 Abs. 1 handelt.

3.2 Stichtag

Stichtag für das Vorliegen der Tatbestandsvoraussetzungen eines Strukturausgleichsanspruchs ist der 1. Oktober 2005 (§ 12 Abs. 1 Satz 2). Dies wirkt sich insbesondere für die Beurteilung von Tatbestandsmerkmalen aus, die sich auf Regelungen des BAT/BAT-O/BAT-Ostdeutsche Sparkassen beziehen. Da der BAT/BAT-O/BAT-Ostdeutsche Sparkassen mit Ablauf des 30. September 2005 auf in den TVöD übergeleitete Beschäftigte keine Anwendung mehr gefunden hat, ist bei Veränderungen nach dem 30. September 2005 zu prüfen, welche Rechtsfolgen sich bei fiktiver Weitergeltung von BAT/BAT-O/BAT-Ostdeutsche Sparkassen am 1. Oktober 2005 ergeben hätten.

Im Regelfall kommt es darauf an, auf Grund welcher Vergütungsmerkmale die/der Beschäftigte nach dem TVÜ-VKA in die Entgelttabelle des TVöD übergeleitet worden ist. Durch den Stichtag „1. Oktober 2005" können sich allerdings im Einzelfall – über § 4 Abs. 2 und 3 hinaus – Korrekturen ergeben, etwa bei Heirat am 1. Oktober 2005 oder in den sog. Konkurrenzfällen des § 5 Abs. 2 (siehe Ziff. 3.5). **Ein tatsächlicher Bezug von Entgelt am 1. Oktober 2005 ist nicht Voraussetzung.** Ebenso wenig erfolgt ein Abgleich mit der Höhe des Vergleichsentgelts bei der Überleitung i. S. v. § 5.

Anhang 1: Hinweise d. VKA TVÜ **§ 12 VKA I.2**

3.3 Spalte 1 – „Entgeltgruppe"

Für die weitere Prüfung des Anspruchs auf Strukturausgleich ist nach Spalte 1 der Tabelle die Entgeltgruppe maßgeblich, in welche die/der Beschäftigte nach § 4 Abs. 1 bis 3 i. V. m. der Anlage 1 bzw. der Anlagen 4 und 5 TVÜ-VKA zum 1. Oktober 2005 übergeleitet worden ist. Soweit Beschäftigte bei der Überleitung übertariflich eingruppiert waren, bestehen keine Bedenken, wenn der Anspruch auf einen Strukturausgleich für die Dauer der übertariflichen Eingruppierung nach der übertariflichen Entgeltgruppe – sowie der (früheren) übertariflichen Vergütungsgruppe – bestimmt wird.

Entgeltgruppen, in die die/der Beschäftigte auf Grund von Höher- oder Herabgruppierungen nach der Überleitung – einschließlich solcher im Sinne des § 6 Abs. 2 – eingruppiert ist, begründen keine erstmaligen oder neuen Ansprüche aus § 12. Eine Höhergruppierung nach dem 1. Oktober 2005 – auch nach § 8 Abs. 1 und Abs. 3 1. Alternative – führt jedoch zu einer Anrechnung des Höhergruppierungsgewinns (siehe Ziff. 4.3). Bei einer Herabgruppierung entfällt der Anspruch (siehe Ziff. 4.4.2). Gleiches gilt in den Fällen der Neuberechnung des Vergleichsentgelts gemäß § 8 Abs. 2 und Abs. 3 2. Alternative (siehe Ziff. 4.4.1).

3.4 Spalte 2 „Vergütungsgruppe"
3.4.1 Allgemeines

Es ist auf die Vergütungsgruppe abzustellen, die bei Weitergeltung von BAT/BAT-O/BAT-Ostdeutsche Sparkassen am 1. Oktober 2005 maßgeblich gewesen wäre. Hierbei wird in der Tabelle unterschieden zwischen Fallgestaltungen,

– bei denen es ausschließlich auf die Vergütungsgruppe als solche ankommt, aus der die Überleitung nach § 4 i. V. m. der Anlage 1 bzw. der Anlage 4 oder 5 TVÜ-VKA erfolgt ist (vgl. Ziff. 3.4.2) und
– bei denen auch eine höhere Eingruppierung infolge von Bewährungs-, Fallgruppen- und Zeitaufstieg zu einem Anspruch auf Strukturausgleich nach der in der Tabelle ausgewiesenen originären Vergütungsgruppe führt (vgl. Ziff. 3.4.3).

Soweit Angestellten am 1. Oktober 2005 eine vorübergehend höherwertige Tätigkeit übertragen war und die/der Angestellte eine Zulage nach § 10 erhalten hat, bleibt gleichwohl die Vergütungsgruppe maßgeblich, in die die/der Angestellte am 1. Oktober 2005 eingruppiert gewesen wäre und nicht die Vergütungsgruppe, die der Berechnung der Zulage nach § 10 zu Grunde liegt.

3.4.2 Vergütungsgruppen ohne Zusatz

Soweit die in Spalte 2 ausgewiesene Vergütungsgruppe keinerlei Zusatz enthält, wie z. B. die zur Entgeltgruppe 6 zugeordnete VergGr VIb, kommt es auf die tatsächliche Vergütungsgruppe bei der Überleitung an. Davon werden erfasst Angestellte,

- die in der entsprechenden Vergütungsgruppe originär ohne Möglichkeit eines Bewährungs-, Zeit- oder Tätigkeitsaufstiegs in die nächsthöhere Vergütungsgruppe eingruppiert waren,
- die im Wege des Bewährungs-, Zeit- oder Tätigkeitsaufstiegs in der entsprechenden Vergütungsgruppe eingruppiert waren, auch soweit aus der entsprechenden Vergütungsgruppe ein weiterer (am Stichtag noch nicht vollzogener) Bewährungs-, Zeit- oder Tätigkeitsaufstieg folgt,
- die in der entsprechenden Vergütungsgruppe originär mit der Möglichkeit eines (am Stichtag noch nicht vollzogenen) Bewährungs-, Zeit- oder Tätigkeitsaufstiegs in die nächsthöhere Vergütungsgruppe bei Fortgeltung des früheren Rechts eingruppiert waren,

soweit nicht bei den beiden letztgenannten Fallgestaltungen ein besonderer Strukturausgleich ausgewiesen ist (siehe hierzu nachfolgend Ziff. 3.4.3 und 3.4.4).

Beispiel 1:

Ein Angestellter war in VergGr VIb eingruppiert. Der Ortszuschlag bestimmte sich nach Stufe 2. Grundvergütung erhielt er nach Stufe 7. Die Überleitung erfolgte in die Entgeltgruppe 6.

Für die Prüfung der Anspruchsvoraussetzungen ist diejenige Zeile der Tabelle heranzuziehen, welche in Spalte 1 die Entgeltgruppe 6 und in Spalte 2 die VergGr VIb ausweist. Die Spalten 3 und 4 geben die erforderlichen persönlichen Daten des Beschäftigten wieder, die hier erfüllt sind. Somit besteht nach zwei Jahren, also vom 1. Oktober 2007 an, dauerhaft ein Anspruch auf Strukturausgleich in Höhe von 90 € bzw. 87 € monatlich:

EG	Vergütungsgruppe	Ortszuschlag Stufe 1/2	Überleitung aus Stufe	nach	für	Betrag Tarifgebiet West	Betrag Tarifgebiet Ost
6	VIb	OZ 2	7	2 Jahren	dauerhaft	90,– €	87,– €

Anhang 1: Hinweise d. VKA TVÜ **§ 12 VKA I.2**

Beispiel 2:

Ein Angestellter war in VergGr IVa eingruppiert, ohne dass seine Tätigkeit einen Bewährungs-, Zeit- oder Tätigkeitsaufstieg vorsah. Der Ortszuschlag bestimmte sich nach Stufe 2. Grundvergütung erhielt er nach Stufe 8. Die Überleitung erfolgte in die Entgeltgruppe 10.

Für die Prüfung der Anspruchsvoraussetzungen ist diejenige Zeile der Tabelle heranzuziehen, welche in Spalte 1 die Entgeltgruppe 10 und in Spalte 2 die VergGr IVa ausweist. Die Spalten 3 und 4 geben die erforderlichen persönlichen Daten des Beschäftigten wieder, die hier erfüllt sind. Somit besteht nach zwei Jahren, also vom 1. Oktober 2007 an, für fünf Jahre Anspruch auf Strukturausgleich in Höhe von 50 € bzw. 48 € monatlich, und danach, also vom 1. Oktober 2012 an, Anspruch auf dauerhaften Strukturausgleich in Höhe von 25 € bzw. 24 € monatlich:

EG	Vergütungsgruppe	Ortszuschlag Stufe 1/2	Überleitung aus Stufe	nach	für	Betrag Tarifgebiet West	Betrag Tarifgebiet Ost
10	IVa	OZ 2	8	2 Jahren	5 Jahre danach	50,– € 25,– €	48,– € 24,– €

Beispiel 3:

Ein Angestellter war in VergGr Kr. VII (ohne ausstehenden Aufstieg) eingruppiert. Der Ortszuschlag bestimmte sich nach Stufe 2. Grundvergütung erhielt er nach Stufe 6. Die Überleitung erfolgte in die Entgeltgruppe 9b nach der Kr.-Anwendungstabelle gem. Anlage 4 bzw. 5 zum TVÜ-VKA.

Für die Prüfung der Anspruchsvoraussetzungen ist diejenige Zeile der Tabelle heranzuziehen, welche in Spalte 1 die Entgeltgruppe 9b und in Spalte 2 die VergGr Kr. VII ausweist. Die Spalten 3 und 4 geben die erforderlichen persönlichen Daten des Beschäftigten wieder, die hier erfüllt sind. Somit besteht nach zwei Jahren für zwei Jahre, also vom 1. Oktober 2007 bis zum 30. September 2009, Anspruch auf Strukturausgleich in Höhe von 40 € bzw. 38 € monatlich und anschließend für drei Jahre, also vom 1. Oktober 2009 bis zum 30. September 2012, Anspruch auf Strukturausgleich in Höhe von 100 € bzw. 97 € monatlich:

§ 12 VKA I.2 TVÜ Anhang 1: Hinweise d. VKA

EG	Vergütungsgruppe	Ortszuschlag Stufe 1/2	Überleitung aus Stufe	nach	für	Betrag Tarifgebiet West	Betrag Tarifgebiet Ost
9b	Kr. VII	OZ 2	6	2 Jahren	2 Jahre danach	40,– €	38,– €
					für 3 Jahre	100,– €	97,– €

3.4.3 Vergütungsgruppen mit ausgewiesenem Aufstieg

Ist in der Spalte 2 eine Vergütungsgruppe mit einem Bewährungs-, Zeit- oder Tätigkeitsaufstieg von bestimmter Dauer ausgewiesen, wie z. B. bei der der Entgeltgruppe 12 zugeordneten VergGr III mit fünfjährigem Aufstieg, werden hier erfasst ehemalige Angestellte, die bei der Überleitung

– in der entsprechenden Vergütungsgruppe originär eingruppiert waren und einen mit der angegebenen Anzahl von Jahren in der Vergütungsordnung ausgewiesenen Bewährungs-, Zeit- oder Tätigkeitsaufstieg in die nächsthöhere Vergütungsgruppe noch vor sich hatten und

– die aus der ausgewiesenen originären Vergütungsgruppe kommend im Wege des Bewährungs-, Zeit- oder Tätigkeitsaufstiegs mit der angegebenen Anzahl von Jahren bereits in der nächsthöheren Vergütungsgruppe eingruppiert waren, auch soweit aus der entsprechenden Vergütungsgruppe ein weiterer (am Stichtag noch nicht vollzogener) Bewährungs-, Zeit- oder Tätigkeitsaufstieg folgt.

Soweit eine Vergütungsgruppe einen Bewährungs-, Zeit- oder Tätigkeitsaufstieg von bestimmter Dauer ausweist, werden davon sämtliche sich aus der Vergütungsordnung (Anlage 1a und Anlage 1b zum BAT) ergebenden Aufstiege mit der angegebenen Anzahl von Jahren erfasst. Dabei ist für die Zuordnung zu Spalte 2 ohne Bedeutung, ob es sich um einen nach § 8 weiterlaufenden Aufstieg handelt oder nicht.

Beispiel 4:

Ein Angestellter war in VergGr III mit ausstehendem fünfjährigen Aufstieg in VergGr II eingruppiert. Der Ortszuschlag bestimmte sich nach Stufe 2. Grundvergütung erhielt er nach Stufe 7. Die Überleitung erfolgte in die Entgeltgruppe 12.

Anhang 1: Hinweise d. VKA TVÜ **§ 12 VKA I.2**

Für die Prüfung der Anspruchsvoraussetzungen ist diejenige Zeile der Tabelle heranzuziehen, welche in Spalte 1 die Entgeltgruppe 12 und in Spalte 2 die VergGr III/5 J. II ausweist. Die Spalten 3 und 4 geben die erforderlichen persönlichen Daten des Beschäftigten wieder, die hier erfüllt sind. Somit besteht nach vier Jahren, also vom 1. Oktober 2009 an, dauerhaft Anspruch auf Strukturausgleich in Höhe von 60 € bzw. 58 € monatlich:

EG	Vergütungsgruppe	Ortszuschlag Stufe 1/2	Überleitung aus Stufe	nach	für	Betrag Tarifgebiet West	Betrag Tarifgebiet Ost
12	III/5 J. II	OZ 2	7	4 Jahren	dauerhaft	60,– €	58,– €

Beispiel 5:

Der Angestellte im Beispiel 4 war im Wege des fünfjährigen Aufstiegs bereits in VergGr II eingruppiert und erhielt Grundvergütung nach Stufe 7.

Auch dieser Beschäftigte erhält nach vier Jahren, also ab 1. Oktober 2009, ebenfalls dauerhaft einen Strukturausgleich in Höhe von 60 € bzw. 58 € monatlich.

Beispiel 6:

Ein Angestellter war in VergGr Kr. VIII mit ausstehendem fünfjährigen Aufstieg nach VergGr Kr. IX eingruppiert. Der Ortszuschlag bestimmte sich nach Stufe 2. Grundvergütung erhielt er nach Stufe 5. Die Überleitung erfolgte in die Entgeltgruppe 9d nach der Kr.-Anwendungstabelle gem. Anlage 4 bzw. 5 zum TVÜ-VKA.

Für die Prüfung der Anspruchsvoraussetzungen ist diejenige Zeile der Tabelle heranzuziehen, welche in Spalte 1 die Entgeltgruppe 9d und in Spalte 2 die VergGr Kr. VIII 5 Jahre Kr. IX ausweist. Die Spalten 3 und 4 geben die erforderlichen persönlichen Daten des Beschäftigten wieder, die hier erfüllt sind. Somit besteht nach sechs Jahren, also vom 1. Oktober 2011 an, dauerhaft Anspruch auf Strukturausgleich in Höhe von 15 € bzw. 14 € monatlich:

§ 12 VKA I.2 TVÜ Anhang 1: Hinweise d. VKA

EG	Vergütungs-gruppe	Ortszu-schlag Stufe ½	Über-lei-tung aus Stufe	nach	für	Betrag Tarif-gebiet West	Betrag Tarif-gebiet Ost
9d	Kr. VIII 5 Jahre Kr. IX	OZ 2	5	6 Jahren	dauer-haft	15,– €	14,– €

Beispiel 7:

Der Angestellte im Beispiel 6 war im Wege des fünfjährigen Aufstiegs bereits in VergGr Kr. IX eingruppiert und erhielt Grundvergütung nach Stufe 5.

Auch dieser Beschäftigte erhält nach sechs Jahren, also ab 1. Oktober 2011, dauerhaft einen Strukturausgleich in Höhe von 15 € bzw. 14 € monatlich.

Beispiel 8:

Ein Angestellter war in VergGr Kr. V mit noch ausstehendem vierjährigen Aufstieg nach VergGr Kr. Va und weiterem Aufstieg nach zwei Jahren nach VergGr Kr. VI eingruppiert. Der Ortszuschlag bestimmte sich nach Stufe 2. Grundvergütung erhielt er nach Stufe 3. Die Überleitung erfolgte in die Entgeltgruppe 8a nach der Kr.-Anwendungstabelle gem. Anlage 4 bzw. 5 zum TVÜ-VKA.

Für die Prüfung der Anspruchsvoraussetzungen ist diejenige Zeile der Tabelle heranzuziehen, welche in Spalte 1 die Entgeltgruppe 8a und in Spalte 2 die VergGr Kr. V 4 Jahre, Kr. Va 2 Jahre, Kr. VI ausweist. Die Spalten 3 und 4 geben die erforderlichen persönlichen Daten des Beschäftigten wieder, die hier erfüllt sind. Somit besteht nach vier Jahren, also vom 1. Oktober 2009 an, für die Dauer von sieben Jahren Anspruch auf Strukturausgleich in Höhe von 60 € bzw. 58 € monatlich:

EG	Vergütungs-gruppe	Ortszu-schlag Stufe ½	Über-lei-tung aus Stufe	nach	für	Betrag Tarif-gebiet West	Betrag Tarif-gebiet Ost
8a	Kr. V 4 Jahre, Kr. Va 2 Jahre, Kr. VI	OZ 2	3	4 Jahren	7 Jahre	60,– €	58,– €

Beispiel 9:

Der Angestellte im Beispiel 8 war im Wege des Aufstiegs bereits in VergGr Kr. Va mit noch ausstehendem Aufstieg nach VergGr Kr. VI eingruppiert und erhielt Grundvergütung nach Stufe 3.

Dieser Beschäftigte erhält nach vier Jahren, also vom 1. Oktober 2009 an, für die Dauer von sieben Jahren einen Strukturausgleich in Höhe von 60 € bzw. 58 € monatlich.

Der Strukturausgleich steht auch dann zu, wenn der Beschäftigte bei der Überleitung bereits in VergGr Kr. VI nach vorheriger vierjähriger Tätigkeit in Kr. V und weiterer zweijähriger Tätigkeit in VergGr Kr. Va eingruppiert war und Grundvergütung nach Stufe 3 erhielt.

3.4.4 Sonderregelung für die Entgeltgruppe 12

Der Grundsatz, dass auch diejenigen Angestellten den Strukturausgleich erhalten, die bei der Überleitung im Wege des Bewährungs-, Zeit- oder Tätigkeitsaufstiegs bereits in der höheren Vergütungsgruppe eingruppiert waren, gilt allerdings dann nicht, wenn in der Spalte „Überleitung aus Stufe" in einem Klammerzusatz ausdrücklich angeben ist, aus welcher Vergütungsgruppe die Überleitung erfolgt sein muss. Dies betrifft ausschließlich Fälle der Überleitung in die Entgeltgruppe 12.

Es handelt sich hierbei um folgende Fallgestaltungen:

EG	Vergütungsgruppe	Ortszuschlag Stufe 1/2	Überleitung aus Stufe	nach	für	Betrag Tarifgebiet West	Betrag Tarifgebiet Ost
12	III/ 5J. II	OZ 2	4 (aus III)	1 Jahr	2 Jahre	110,– €	106,– €
	III/ 5J. II	OZ 2	4 (aus II)	2 Jahren	4 Jahre	90,– €	87,– €
	III/ 6J. II	OZ 2	4 (aus III)	2 Jahren	5 Jahre	70,– €	67,– €
	III/ 6J. II	OZ 2	4 (aus II)	2 Jahren	4 Jahre	90,– €	87,– €
	III/ 8J. II	OZ 1	5 (aus III)	2 Jahren	5 Jahre	70,– €	67,– €
	III/ 8J. II	OZ 1	5 (aus II)	2 Jahren	4 Jahre	90,– €	87,– €
	III/ 8J. II	OZ 2	5 (aus III)	2 Jahren	4 Jahre	130,– €	126,– €
	III/ 10J. II	OZ 1	6 (aus III)	2 Jahren	4 Jahre	90,- €	87,– €
	III/ 10J. II	OZ 2	6 (aus III)	2 Jahren	4 Jahre danach	110,– € 60,– €	106,– € 58,– €
	III/ 10J. II	OZ 2	6 (aus II)	4 Jahren	dauerhaft	30,– €	29,– €

§ 12 VKA I.2 TVÜ Anhang 1: Hinweise d. VKA

Soweit der Klammerzusatz „aus III" lautet, erhalten nur die Beschäftigten, die bei der Überleitung noch in VergGr III eingruppiert waren, in den ausgewiesenen Fällen den Strukturausgleich. Lautet der Klammerzusatz „aus II", erhalten nur die Beschäftigten in den ausgewiesenen Fällen den Strukturausgleich, die am Stichtag bereits im Wege des Bewährungs-, Zeit- oder Tätigkeitsaufstiegs in VergGr II eingruppiert waren.

3.4.5 Konkurrenzen

Soweit in einer Entgeltgruppe Strukturausgleiche sowohl für eine bestimmte Vergütungsgruppe mit einem Bewährungs-, Zeit- oder Tätigkeitsaufstieg von bestimmter Dauer wie auch für eine Vergütungsgruppe ohne weiteren Zusatz ausgewiesen sind, steht in den ausgewiesenen Aufstiegsfällen stets nur der für die Vergütungsgruppe mit Aufstieg ausgewiesene Strukturausgleich zu.

Beispiel 10:

Ein Angestellter war in VergGr IVa im Wege des fünfjährigen Aufstiegs aus VergGr IVb eingruppiert. Der Ortszuschlag bestimmte sich nach Stufe 2. Grundvergütung erhielt er nach Stufe 4. Die Überleitung erfolgte in die Entgeltgruppe 10.

Es kommen folgende Strukturausgleiche in Betracht:

EG	Vergütungsgruppe	Ortszuschlag Stufe 1/2	Überleitung aus Stufe	nach	für	Betrag Tarifgebiet West	Betrag Tarifgebiet Ost
10	IVa	OZ 2	4	2 Jahren	4 Jahre	30,– €	29,– €
	IVb/5J. IVa	OZ 2	4	1 Jahr	6 Jahre	90,– €	87,– €

Der Beschäftigte erhält den besonderen für Angestellte der VergGr IVb mit fünfjährigem Aufstieg nach VergGr IVa ausgewiesenen Strukturausgleich; mithin nach einem Jahr, also vom 1. Oktober 2006 an, einen Strukturausgleich für sechs Jahre in Höhe von 90 € bzw. 87 € monatlich.

Ist in solchen Fällen z. B. für eine bestimmte Stufe, aus der die Überleitung erfolgt ist, zwar in der Vergütungsgruppe ohne weiteren Zusatz, nicht aber in der Vergütungsgruppe mit Aufstieg ein Strukturausgleich ausgewiesen, steht ein Strukturausgleich nicht zu.

Anhang 1: Hinweise d. VKA   TVÜ **§ 12 VKA I.2**

Beispiel 11:

In der Entgeltgruppe 10 sind für Angestellte mit der Ortszuschlagsstufe 1 folgende Zeilen enthalten:

EG	Vergütungsgruppe	Ortszuschlag Stufe 1/2	Überleitung aus Stufe	nach	für	Betrag Tarifgebiet West	Betrag Tarifgebiet Ost
10	IVb/5J. IVa	OZ 1	4	1 Jahr	8 Jahre	90,– €	87,– €
10	IVb/6J. IVa	OZ 1	4	2 Jahren	7 Jahre	90,– €	87,– €
10	IVb/8J. IVa	OZ 1	4	4 Jahren	5 Jahre	90,– €	87,– €
10	IVb/8J. IVa	OZ 1	5	2 Jahren	7 Jahre	180,– €	174,– €
9	IVb	OZ 1	5	2 Jahren	4 Jahre	50,– €	48,– €
9	IVb	OZ 1	8	2 Jahren	5 Jahre	50,– €	48,– €

Einem Angestellten der VergGr IVb mit z. B. ausstehendem achtjährigem Aufstieg nach VergGr IVa der Stufe 8 und Ortszuschlag der Stufe 1 steht kein Strukturausgleich zu. In den Fällen VergGr IVb mit achtjährigem Aufstieg erhalten mit der Ortszuschlagsstufe 1 übergeleitete Angestellte nur einen Strukturausgleich bei Überleitung aus der Stufe 4 oder 5 der VergGr IVb. Bei Überleitung aus einer anderen Stufe steht ein Strukturausgleich nicht zu.

3.4.6 Sonderregelungen für die Entgeltgruppe 7a (Hebammen, Altenpflegerinnen)

Für in Entgeltgruppe 7a nach der Kr.-Anwendungstabelle gem. Anlage 4 bzw. 5 zum TVÜ-VKA eingruppierte Hebammen und Altenpflegerinnen sieht die Strukturausgleichstabelle folgende Besonderheit vor:

EG	Vergütungsgruppe	Ortszuschlag Stufe 1/2	Überleitung aus Stufe	nach	für	Betrag Tarifgebiet West	Betrag Tarifgebiet Ost
7a	Kr. IV 2 Jahre (Hebammen 1 Jahr, Altenpflegerinnen 3 Jahre)	OZ 2	3	2 Jahren (Altenpflegerinnen nach 3 Jahren)	9 Jahre (Altenpflegerinnen für 8 Jahre)	50,– €	48,– €

§ 12 VKA I.2 TVÜ — Anhang 1: Hinweise d. VKA

EG	Vergütungs-gruppe	Ortszu-schlag Stufe ½	Über-leitung aus Stufe	nach	für	Betrag Tarif-gebiet West	Betrag Tarif-gebiet Ost
	Kr. V 4 Jahre						
	Kr. Va						

Hier sind zusammengefasst dargestellt
- Krankenpflegekräfte der VerGr. Kr. IV mit zweijährigem Aufstieg nach VergGr Kr. V und weiterem vierjährigen Aufstieg nach VergGr Kr. Va,
- Hebammen der VerGr. Kr. IV mit einjährigem Aufstieg nach VergGr Kr. V und weiterem vierjährigen Aufstieg nach VergGr Kr. Va und
- Altenpflegerinnen der VerGr. Kr. IV mit dreijährigem Aufstieg nach VergGr Kr. V und weiterem vierjährigen Aufstieg nach VergGr Kr. Va.

Krankenpflegekräfte und Hebammen, die am Stichtag Ortszuschlag der Stufe 2 und Grundvergütung nach Stufe 3 erhalten haben, erhalten einen Strukturausgleich nach zwei Jahren, also vom 1. Oktober 2007 an, für neun Jahre in Höhe von 50 € bzw. 48 €. Altenpflegerinnen, die am Stichtag Ortszuschlag der Stufe 2 und Grundvergütung nach Stufe 3 erhalten haben, erhalten diesen Strukturausgleich nach drei Jahren, also vom 1. Oktober 2008 an, für acht Jahre.

3.5 Spalte 3 – „Ortszuschlag Stufe 1/2"

Maßgeblich ist nach § 12 Abs. 1 Satz 2 die Stufe des Ortszuschlags, welche die/der Beschäftigte am 1. Oktober 2005 bei Weitergeltung von BAT/BAT-O/BAT-Ostdeutsche Sparkassen erhalten hätte. Nicht entscheidend ist, welche Stufe des Ortszuschlags in das Vergleichsentgelt eingeflossen ist. Es kommt vielmehr auf die tatsächlichen Verhältnisse des Familienstandes am 1. Oktober 2005 an. Für Fälle, in denen § 29 Abschn. B Abs. 5 BAT/BAT-O/BAT-Ostdeutsche Sparkassen Anwendung finden würde (Konkurrenzregelung), gelten die unter Ziff. 5 dargestellten Besonderheiten.

Soweit also noch am 1. Oktober 2005 eine Änderung des Familienstandes eingetreten ist, die nach altem Recht im Monat Oktober 2005 zu einem Anspruch auf Ortszuschlag der Stufe 2 geführt hätte, ist dies beim Strukturausgleich zu berücksichtigen. Änderungen im Familienstand nach dem 1. Oktober 2005 wirken sich auf den Anspruch auf

Strukturausgleich nicht mehr aus. § 29 Abschn. C Abs. 2 BAT/BAT-O/BAT-Ostdeutsche Sparkassen, wonach der Ortszuschlag einer höheren Stufe vom Ersten des Monats an gezahlt wird, in den das für die Erhöhung maßgebende Ereignis fällt, findet keine, auch keine entsprechende Anwendung.

Bei einer – bislang nicht bekannten – Änderung des Familienstandes im September 2005, die im Monat Oktober 2005 zu einem Anspruch auf Ortszuschlag der Stufe 1 statt der bisherigen Stufe 2, z. B. wegen rechtskräftiger Scheidung im September 2005, oder zu einem Anspruch auf Ortszuschlag der Stufe 2 statt der Stufe 1 geführt hätte, muss die/der Beschäftigte einen daraus folgenden Anspruch auf Strukturausgleich nachweisen. Im Übrigen bestehen keine Bedenken, bei der Feststellung, ob die Konkurrenzregelung des § 29 Abschn. B Abs. 5 BAT/BAT-O/Ostdeutsche Sparkassen eingreift (vgl. hierzu nachfolgend unter Ziff. 5), auf die bekannten Verhältnisse am 30. September 2005 abzustellen und nur auf Antrag der/des Beschäftigten den Wegfall der Konkurrenzregelung infolge Ausscheidens des Ehegatten aus dem öffentlichen Dienst spätestens mit Ablauf des 30. September 2005 zu berücksichtigen.

3.6 Spalte 4 – „Überleitung aus Stufe"

Die Spalte 4 „Überleitung aus Stufe" der Tabelle enthält die Stufe, die für die/den in den TVöD übergeleiteten Beschäftigten bei Fortgeltung des BAT/BAT-O/BAT-Ostdeutsche Sparkassen am 1. Oktober 2005 gegolten hätte. Bis zur Überleitung vorweggewährte Lebensaltersstufen (§ 27 Abschn. C BAT/BAT-O bzw. § 27 Abs. 7 BAT-Ostdeutsche Sparkassen) werden berücksichtigt. Da nach § 5 Abs. 4 eine im Oktober 2005 eine bei Fortgeltung des bisherigen Rechts eingetretene Stufensteigerung beim Vergleichsentgelt ohnehin berücksichtigt worden ist, ist stets die Stufe maßgebend, mit der die Beschäftigten in den TVöD übergeleitet worden sind. Soweit Angestellten gemäß § 27 Abschn. A Abs. 6 oder Abschn. B Abs. 7 BAT/BAT-O/BAT-Ostdeutsche Sparkassen der Unterschiedsbetrag zwischen der Grundvergütung ihrer bisherigen zur nächsthöheren Stufe im September 2005 nur zur Hälfte erhalten haben, ist für den Strukturausgleich die nächsthöhere Stufe zugrunde gelegt.

4. Rechtsfolgen

Liegen die unter Ziffer 2 näher bezeichneten Tatbestandsvoraussetzungen vor, besteht dem Grunde nach Anspruch auf Strukturausgleich. Der Inhalt des Anspruchs, insbesondere Beginn, Höhe und

§ 12 VKA I.2 TVÜ — Anhang 1: Hinweise d. VKA

Zahlungsdauer, richtet sich nach den Spalten 5 bis 8 der Tabelle sowie § 12 Abs. 2 bis 5. Danach besteht der Anspruch auf Strukturausgleich

- in der Höhe gemäß Spalten 7 bzw. 8 der Tabelle (Ziff. 4.1),
- ab dem in § 12 Abs. 2 und Spalte 5 bestimmten Zeitpunkt (Ziff. 4.2.1),
- für die Dauer gemäß Spalte 6 der Tabelle (Ziff. 4.2.2 und 4.2.3) und
- in dem in § 12 Abs. 3 sowie in den Vorbemerkungen der Anlage 2 TVÜ-VKA bestimmten Umfang (Ziff. 4.2.3),
- sofern keine Anrechnung von Höhergruppierungsgewinnen erfolgt (Ziff. 4.3.1) oder der Anspruch wegfällt (Ziff. 4.4) und
- kein unter Ziff. 5 beschriebener Konkurrenzfall im Ortszuschlag besteht.

4.1 Höhe der Ausgleichszahlung

4.1.1 Allgemeines

Beschäftigte erhalten den Strukturausgleich zusätzlich zu ihrem monatlichen Entgelt (§ 12 Abs. 1 Satz 1). Die Zahlung eines Strukturausgleiches setzt daher die Zahlung von Entgelt an mindestens einem Tag des Kalendermonats voraus. Der Begriff des Entgelts umfasst neben dem Tabellenentgelt die sonstigen in Monatsbeträgen festgelegten Entgeltbestandteile sowie den Krankengeldzuschuss nach § 22 Abs. 2 TVöD, auch wenn er wegen der Höhe der Barleistungen des Sozialleistungsträgers nicht gezahlt wird.

Die Ausgleichsbeträge sind nicht dynamisch (§ 12 Abs. 1 Satz 1). Sie nehmen daher an allgemeinen Entgeltanpassungen nicht teil, sondern bleiben für die Dauer der Zahlung in der Höhe grundsätzlich unverändert. Andererseits sind allgemeine Entgeltanpassungen auch nicht auf den Strukturausgleich anzurechnen. Die Strukturausgleichsbeträge können sich aber bei einer Änderung der individuellen regelmäßigen Arbeitszeit (siehe Ziff. 4.1.2), bei der Anrechnung in Folge einer Höhergruppierung (siehe Ziff. 4.3.1) oder bei einer Herabgruppierung (siehe Ziff. 4.4.2) nachträglich ändern bzw. bei einer Neuberechnung des Vergleichsentgelts entfallen (siehe Ziff. 4.4.1).

Die Höhe des Ausgleichsbetrages ist – nach Tarifgebiet West und Ost getrennt – den Spalten 7 und 8 der Tabelle zu entnehmen. Die für das Tarifgebiet Ost ausgewiesenen Beträge sind bereits auf der Grundlage des Bemessungssatzes von 97 v.H. berechnet, wobei die Beträge abgerundet sind. Dafür steht der Strukturausgleich in der ausgewiesenen Höhe auch in den Fällen zu, in denen bereits seit Oktober 2006 ein Strukturausgleich zusteht (vgl. hierzu Ziff. 4.2.1). Die Strukturausgleichsbeträge sind zusatzversorgungspflichtiges Entgelt (§ 15 Abs. 2 Satz 1 ATV-K/ATV); sie fließen als sonstige in Monatsbeträgen festgelegte Entgeltbestandteile in die Bemessungsgrundlage für die Entgeltfortzahlung (§ 21 Satz 1 TVöD) ein. Beim Gesamtvolumen des Leistungsentgelts im Sinne von § 18 Abs. 3 TVöD werden die Strukturausgleiche nicht berücksichtigt (Satz 1 zweiter Teilsatz der Protokollerklärung zu § 18 Abs. 3 Satz 1 TVöD).

Besteht nicht für alle Tage eines Kalendermonats ein Anspruch auf Entgelt, wird ein Strukturausgleich nur anteilig für den Zeitraum gezahlt, für den ein Entgeltanspruch besteht (vgl. § 24 Abs. 3 Satz 1 TVöD). Dies gilt sinngemäß bei Änderungen des Teilzeitumfangs im Laufe eines Kalendermonats.

Steht ein Strukturausgleichsbetrag aufgrund von Teilzeitbeschäftigung nur anteilig zu, ist die Rundungsregelung des § 24 Abs. 4 TVöD zu berücksichtigen.

4.1.2 Teilzeitbeschäftigung

Teilzeitbeschäftigten steht der Strukturausgleich – mit Ausnahme der unter Ziff. 5.1 dargestellten Sonderfalls – zeitanteilig zu (§ 12 Abs. 3 Satz 1 i. V. m. § 24 Abs. 2 TVöD). Für Beschäftigte, deren Arbeitszeit nach § 3 des Tarifvertrages zur sozialen Absicherung vom 13. September 2005 herabgesetzt ist, gilt dies gem. § 12 Abs. 3 Satz 2 i. V. m. § 5 Abs. 5 Satz 2 TVÜ-VKA entsprechend.

Bei individuellen Veränderungen des Arbeitszeitumfangs (also Erhöhungen und Reduzierungen) ändert sich der Strukturausgleich entsprechend. Dies gilt sowohl für Arbeitszeitänderungen vor wie nach dem in Spalte 5 festgelegten Zahlungsbeginn (Protokollerklärung zu § 12 Abs. 3).

Beispiel 12:

Ein vollzeitbeschäftigter Angestellter war in VergGr IVa eingruppiert. Der Ortszuschlag bestimmte sich nach Stufe 2. Grundvergütung erhielt er nach Stufe 4. Die Überleitung erfolgte in die Entgeltgruppe 10.

Er erhält ab 1. Oktober 2007 für die Dauer von vier Jahren einen monatlichen Strukturausgleich in Höhe von 30 € bzw. 29 € aus folgender Zeile der Tabelle:

§ 12 VKA I.2 TVÜ — Anhang 1: Hinweise d. VKA

EG	Vergü- tungs- gruppe	Ortszu- schlag Stufe ½	Über- leitung aus Stufe	nach	für	Betrag Tarif- gebiet West	Betrag Tarif- gebiet Ost
10	IVa	OZ 2	4	2 Jahren	4 Jahre	30,– €	29,– €

Ab 16. April 2008 reduziert er seine wöchentliche Arbeitszeit auf 75 v.H. eines Vollzeitbeschäftigten.

Für April 2008 beträgt der Strukturausgleich 26 € bzw. 25,38 € (15/30 aus 30 € bzw. 29 € und 15/30 aus 22 € bzw. 21,75 €), ab Mai 2008 erhält der Beschäftigte 75 v.H. des vollen Strukturausgleiches, somit 22 € bzw. 21,75 € monatlich.

Bei Veränderung des Arbeitszeitumfangs von Beschäftigten, deren Ortszuschlag sich nach § 29 Abschn. B Abs. 5 BAT/BAT-O (Konkurrenzregelung) bemisst, gelten auf Grund der insoweit vorgehenden besonderen Regelungen in der Vorbemerkung die unter Ziff. 5.4.2 dargestellten Besonderheiten.

4.2 Zahlungsbeginn und -dauer, Unterbrechungen

4.2.1 Zahlungsbeginn

Der Beginn der Zahlung des Strukturausgleichs ist der Monat Oktober 2007 (§ 24 Abs. 1 TVöD), sofern in Spalte 5 der Tabelle nicht etwas anderes bestimmt ist (§ 12 Abs. 2, vgl. auch Absatz 2 Satz 1 der Vorbemerkungen).

In einigen Fällen war Beginn der Zahlung bereits der Monat Oktober 2006:

– Angestellte, die aus der Anlage 1a zum BAT/BAT-O/BAT-Ostdeutsche Sparkassen übergeleitet wurden

EG	Vergü- tungs- gruppe	Ortszu- schlag Stufe ½	Über- leitung aus Stufe	nach	für	Betrag Tarif- gebiet West	Betrag Tarif- gebiet Ost
14	II/ 5J. Ib	OZ 1	4	1 Jahr	8 Jahre	110,– €	106,– €
12	III/ 5J. II	OZ 2	4 (aus III)	1 Jahr	2 Jahre	110,– €	106,– €
10	IV b/ 5J. IVa	OZ 1	4	1 Jahr	8 Jahre	90,– €	87,– €
10	IV b/ 5J. IVa	OZ 2	4	1 Jahr	6 Jahre	90,– €	87,– €
9	Vb/ 5J. IVb	OZ 1	4	1 Jahr	2 Jahre	110,– €	106,– €
9	Vb/ 5J. IVb	OZ 2	4	1 Jahr	5 Jahre	80,– €	77,– €

Anhang 1: Hinweise d. VKA TVÜ § 12 VKA I.2

– Angestellte, die aus der Anlage 1b zum BAT/BAT-O übergeleitet wurden

EG	Vergütungsgruppe	Ortszuschlag Stufe 1/2	Überleitung aus Stufe	nach	für	Betrag Tarifgebiet West	Betrag Tarifgebiet Ost
12	Kr. XII 5 Jahre Kr. XIII	OZ 2	6	1 Jahr	6 Jahre	90,– €	87,– €
11b	Kr. XI 5 Jahre Kr. XII	OZ 2	6	1 Jahr	6 Jahre	150,– €	145,– €
11b	Kr. XI 5 Jahre Kr. XII	OZ 1	6	1 Jahr	6 Jahre	90,– €	87,– €
11	Kr. X 5 Jahre Kr. XI	OZ 1	6	1 Jahr	6 Jahre	260,– €	252,– €
10a	Kr. IX 5 Jahre Kr. X	OZ 1	6	1 Jahr	4 Jahre	240,– €	232,– €
9d	Kr. VIII 5 Jahre Kr. IX	OZ 2	6	1 Jahr	3 Jahre, danach dauerhaft	140,– € 15,– €	135,– € 14,– €
9d	Kr. VIII 5 Jahre Kr. IX	OZ 1	6	1 Jahr	1 Jahr, danach für 2 Jahre	200,– € 60,– €	194,– € 58,– €
9c	Kr. VII 5 Jahre Kr. VIII	OZ 2	6	1 Jahr	6 Jahre	140,– €	135,– €
9c	Kr. VII 5 Jahre Kr. VIII	OZ 1	6	1 Jahr	9 Jahre	150,– €	145,– €
9b	Kr. VI 5 Jahre Kr. VII	OZ 2	6	1 Jahr	6 Jahre	90,– €	87,– €
9b	Kr. VI 5 Jahre Kr. VII	OZ 1	6	1 Jahr	1 Jahr	200,– €	194,– €

§ 12 VKA I.2 TVÜ — Anhang 1: Hinweise d. VKA

EG	Vergütungsgruppe	Ortszuschlag Stufe 1/2	Überleitung aus Stufe	nach	für	Betrag Tarifgebiet West	Betrag Tarifgebiet Ost
9b	Kr. VI 7 Jahre Kr. VII	OZ 2	7	1 Jahr	1 Jahr danach für 5 Jahre	200,– € 120,– €	194,– € 116,– €
9b	Kr. VI 7 Jahre Kr. VII	OZ 1	7	1 Jahr	1 Jahr danach für 5 Jahre	190,– € 20,– €	184,– € 19,– €
8	Kr. V 4 Jahre, Kr. Va 2 Jahre, Kr. VI	OZ 2	5	1 Jahr	2 Jahre, danach für 4 Jahre	25,– € 80,– €	24,– € 77,– €
8	Kr. V 4 Jahre, Kr. Va 2 Jahre, Kr. VI	OZ 2	7	1 Jahr	1 Jahr	40,– €	38,– €
8	Kr. V 4 Jahre, Kr. Va 2 Jahre, Kr. VI	OZ 2	8	1 Jahr	1 Jahr	40,– €	38,– €
3	Kr. I 3 Jahre Kr. II	OZ 2	2	1 Jahr	10 Jahre	55,– €	53,– €
3	Kr. I 3 Jahre Kr. II	OZ 1	2	1 Jahr	3 Jahre	30,– €	29,– €

In anderen Fällen ist ein späterer Zeitpunkt als der 1. Oktober 2007 bestimmt (z. B. nach 4 Jahren – also vom 1. Oktober 2009 an, nach 9 Jahren – also vom 1. Oktober 2014 an).

Unterbrechungen der Entgeltzahlung vor dem in Spalte 5 der Tabelle bestimmten Zeitpunkt führen nicht zu einer Verschiebung des Zahlungsbeginns (vgl. auch Ziff. 4.2.3). Dies ergibt sich aus Absatz 2 Satz 2 der Vorbemerkungen.

Beispiel 13:

Wird in Spalte 5 als Zahlungsbeginn „nach 4 Jahren" genannt, bedeutet dies einen Zahlungsbeginn nach 4 Jahren, gerechnet vom 1. Oktober 2005 an, also vom 1. Oktober 2009 an.

Anhang 1: Hinweise d. VKA   TVÜ **§ 12 VKA I.2**

4.2.2 Zahlungsdauer

Die Dauer der Zahlung richtet sich nach den Angaben in Spalte 6 der Tabelle. In einer Mehrzahl der Fälle wird der Strukturausgleich dauerhaft zusätzlich zum monatlichen Entgelt gezahlt, d. h. für den gesamten Zeitraum des Arbeitsverhältnisses, sofern Entgelt geschuldet wird (vgl. § 12 Abs. 1 Satz 1 i. V. m. Absatz 2 Satz 3 der Vorbemerkungen). Teilweise ist die Bezugsdauer aber befristet; dabei bezieht sich diese Angabe auf konkrete Kalenderzeiträume, stets gerechnet ab dem in der Tabelle ausgewiesenen Zahlungsbeginn (vgl. Absatz 3 Satz 1 der Vorbemerkungen). Die Angabe z. B. „nach zwei Jahren für 3 Jahre" bedeutet einen Zahlungsanspruch von Oktober 2007 bis September 2010. Die Angabe z. B. „nach 4 Jahren für 7 Jahre" bedeutet Zahlungsbeginn am 1. Oktober 2009 und letzte Zahlung im September 2016. Zu Unterbrechungen vgl. Ziff. 4.2.3.

Bei der befristeten Zahlung des Strukturausgleichs ist hinsichtlich der Beendigung folgende – in Absatz 3 Satz 2 der Vorbemerkungen geregelte – Besonderheit zu beachten: Eine tarifvertragliche Ausnahme zu Gunsten der Beschäftigten besteht dann, wenn das Ende des Zahlungszeitraumes zeitlich nicht mit einem Stufenaufstieg in der jeweiligen Entgeltgruppe zusammenfällt; in diesen Fällen wird der Strukturausgleich bis zum nächsten, ggf. gemäß § 17 Abs. 2 Satz 1 TVöD verkürzten oder gemäß § 17 Abs. 2 Satz 2, § 17 Abs. 3 Satz 2 TVöD verlängerten Stufenaufstieg fortgezahlt. Da hierdurch bei Beschäftigten, welche die Endstufe noch nicht erreicht haben, eine Verringerung der monatlichen Bezüge vermieden werden soll, gilt diese Ausnahmeregelung nicht, wenn der Stufenaufstieg in die Endstufe erfolgt; in diesen Fällen bleibt es bei der festgelegten Dauer.

Beispiel 14:

Ein vollzeitbeschäftigter Angestellter war in VergGr. Kr. V eingruppiert. Der Ortszuschlag bestimmte sich nach Stufe 2. Grundvergütung erhielt er nach Stufe 5. Die Überleitung erfolgte in eine individuelle Zwischenstufe zwischen die Stufen 3 und 4 (Stufe 3+) der Entgeltgruppe 7a der Kr.-Anwendungstabelle gemäß Anlage 4 bzw. 5 TVÜ-VKA. Der Beschäftigte hat nach folgender Zeile der Tabelle Anspruch auf einen Strukturausgleich von 25 € bzw. von 24 € monatlich für die Dauer von 3 Jahren:

EG	Vergü- tungs- gruppe	Ortszu- schlag Stufe 1/2	Über- leitung aus Stufe	nach	für	Betrag Tarif- gebiet West	Betrag Tarif- gebiet Ost
7a	Kr. V 4 Jahre	OZ 2	5	4 Jah- ren	3 Jahre	70,– €	67,– €

Am 1. Oktober 2007 rückt der Beschäftigte gemäß § 6 Abs. 1 Satz 2 in die nächsthöhere reguläre Stufe 4 auf. Bei durchschnittlicher Leistung rückt er nach vierjähriger Stufenlaufzeit am 1. Oktober 2011 in die Stufe 5 und am 1. Oktober 2016 in die Stufe 6 auf. Beginnend ab 1. Oktober 2009 erhält er erstmalig einen monatlichen Strukturausgleich in Höhe von 70 € bzw. 67 €. Aufgrund der Beschränkung auf 3 Jahre würde die letzte Zahlung im September 2012 erfolgen.

Weil die regelmäßige Stufenlaufzeit zum Erreichen der Stufe 6 – durchschnittliche Leistung wird unterstellt – fünf Jahre beträgt, steht dem Beschäftigten bis zum Erreichen der Stufe 6, also bis September 2016, der Strukturausgleich zu. Die Bezugsdauer des Strukturausgleiches verlängert sich also um vier Jahre.

Soweit die Tabelle ein Strukturausgleich für eine bestimmte Dauer vorsieht und im Anschluss daran einen zeitlich befristeten oder dauerhaften höheren oder niedrigeren Strukturausgleich als zuvor, gelten folgende Besonderheiten:

Ist der nach Ablauf der ersten Zahlbetrages zu gewährende Strukturausgleich höher als der Ursprungsbetrag, steht der neue Betrag unmittelbar nach Ablauf der Zahldauer des in der Tabelle ausgewiesenen ersten Zahlbetrages zu. Denn der Zweck der Ausnahmeregelung, durch Weiterzahlung des Strukturausgleichs bis zur nächsten Stufensteigerung möglichst finanzielle Einbußen der/des Beschäftigten zu vermeiden, greift hier nicht. Unberührt davon bleibt die Weiterzahlung eines befristeten weiteren Zahlbetrages über die in der Tabelle angegebene Zahldauer hinaus bis zu einem dann greifenden Stufenaufstieg.

Beispiel 15:

Ein vollzeitbeschäftigter Angestellter war in VergGr. Kr. VII eingruppiert. Der Ortszuschlag bestimmte sich nach Stufe 2. Grundvergütung erhielt er nach Stufe 6. Die Überleitung erfolgte in die Entgeltgruppe 9b Stufe 3 der Kr.-Anwendungstabelle gemäß Anlage 4 bzw. 5 TVÜ-VKA. Der Beschäftigte hat nach folgender

Zeile der Tabelle Anspruch auf einen Strukturausgleich von 40 € bzw. von 38 € monatlich für die Dauer von 2 Jahren und danach von 110 € bzw. 106 € für die Dauer von 3 Jahren:

EG	Vergü-tungs-gruppe	Orts-zu-schlag Stufe ½	Über-leitung aus Stufe	nach	für	Betrag Tarif-gebiet West	Betrag Tarif-gebiet Ost
9b	Kr. VII	OZ 2	6	2 Jahren	2 Jahre, danach für 3 Jahre	40,– € 100,– €	38,– € 97,– €

Der Beschäftigte erhält nach zwei Jahren und damit vom 1. Oktober 2007 an einen Strukturausgleich in Höhe von 40 € bzw. 38 €. Danach, also vom 1. Oktober 2009 an, erhält der Beschäftigte einen Strukturausgleich in Höhe von 100 € bzw. 97 €, auch wenn der Aufstieg in die Stufe 4 nach der Kr.-Anwendungstabelle gemäß Anlage 4 bzw. 5 zum TVÜ-VKA erst nach fünf Jahren in Stufe 3 und damit – durchschnittliche Leistung unterstellt – zum 1. Oktober 2010 erfolgt. Der nächste Stufenaufstieg in die Stufe 5 erfolgt bei durchschnittlicher Leistung nach fünf Jahren in Stufe 4 und damit zum 1. Oktober 2015. Obwohl die dreijährige Bezugsdauer des Strukturausgleichs von 100 € bzw. 97 € zum 30. September 2012 endet, erhält der Beschäftigte den Strukturausgleich nach Absatz 3 Satz 2 der Vorbemerkungen bis zum Aufstieg in die Stufe 5 und damit bis zum 30. September 2015 weitergezahlt.

In den meisten solchermaßen ausgebrachten Fallgestaltungen ist der im Anschluss an eine zeitlich befristete Dauer zuzustehende Struktur-ausgleich allerdings niedriger als der ursprüngliche Zahlbetrag. Da die Ausnahmeregelung in Absatz 3 Satz 2 der Vorbemerkungen auf das Ende des Zahlungszeitraumes abstellt, insoweit also auf den gesamten Zeitraum abgestellt wird, für den ein Strukturausgleich zusteht, und nur für diesen Fall die Weiterzahlung bis zum nächsten Stufen-aufstieg vorgesehen ist, steht der niedrigere Betrag auch hier unmittelbar nach Ablauf der Zahldauer des in der Tabelle ausgewiesenen höheren Zahlbetrages zu.

Beispiel 16:

Ein vollzeitbeschäftigter Angestellter war in VergGr Kr. VIII nach fünfjährigem Bewährungsaufstieg aus VergGr Kr. VII eingruppiert und ist in die Entgeltgruppe 9c gemäß der Kr.-Anwendungstabelle

§ 12 VKA I.2 TVÜ — Anhang 1: Hinweise d. VKA

nach Anlage 4 bzw. 5 zum TVÜ-VKA Stufe 3+ übergeleitet worden. Der Ortszuschlag bestimmte sich nach Stufe 1. Grundvergütung erhielt er nach Stufe 5. Der Beschäftigte hat nach folgender Zeile der Tabelle Anspruch auf einen Strukturausgleich von 150 € bzw. von 145 € monatlich für die Dauer von 2 Jahren und danach von 60 € bzw. 58 € für die Dauer von 5 Jahren:

EG	Vergütungsgruppe	Ortszuschlag Stufe 1/2	Überleitung aus Stufe	nach	für	Betrag Tarifgebiet West	Betrag Tarifgebiet Ost
9c	Kr. VII 5 Jahre Kr. VIII	OZ 1	5	3 Jahren	2 Jahre, danach für 5 Jahre	150,– € 60,– €	145,– € 58,– €

Der Beschäftigte erhält nach drei Jahren und damit vom 1. Oktober 2008 an einen Strukturausgleich in Höhe von 150 € bzw. 145 € für 2 Jahre. Danach erhält der Beschäftigte einen Strukturausgleich in Höhe von 60 € bzw. 58 € für 5 Jahre. Am 1. Oktober 2007 steigt der Beschäftigte in die Stufe 4 auf. Der Strukturausgleich von 150 € bzw. 145 € steht 2 Jahre und damit bis zum 30. September 2010 zu. Vom 1. Oktober 2010 an hat die/der Beschäftigte für 5 Jahre Anspruch auf den Strukturausgleich von 60 € bzw. 58 €. Der Aufstieg in die hier gegebene Endstufe 5 nach der Kr.-Anwendungstabelle erfolgt – durchschnittliche Leistung unterstellt – nach 5 Jahren in der Stufe 4 und damit zum 1. Oktober 2012. Da die Stufe 5 vorliegend Endstufe ist, endet der Zahlungsanspruch auf Strukturausgleich am 30. September 2015.

4.2.3 Unterbrechung der Zahlung

Ruht vorübergehend der tarifliche Anspruch auf Entgelt z. B. wegen des Ablaufs der Krankenbezüge, wegen der Inanspruchnahme von Elternzeit oder wegen Sonderurlaubs (§ 28 TVöD) für zumindest einen vollen Kalendermonat, besteht für diesen Kalendermonat auch kein Anspruch auf Zahlung eines Strukturausgleiches (§ 12 Abs. 1 Satz 1). Ist in Spalte 6 der Tabelle eine zeitlich begrenzte Bezugsdauer angegeben, wird dieser Kalenderzeitraum nicht um Unterbrechungszeiten verlängert, sondern rechnet unverändert ab dem Monat des Beginns des Strukturausgleichs (vgl. Ziff. 4.2.1).

Beispiel 17:

Ein Beschäftigter hat ab 1. Oktober 2007 Anspruch auf Zahlung eines Strukturausgleiches für die Dauer von 3 Jahren bis 30. September 2010. Am 10. September 2009 endet seine sechswöchige Bezugsfrist für Entgelt im Krankheitsfall gemäß § 22 Abs. 1 TVöD. Vom 11. September 2009 bis 9. Juni 2010 hat er Anspruch auf Krankengeldzuschuss gemäß § 22 Abs. 2 TVöD. Seine Arbeit nimmt er am 15. Dezember 2010 wieder auf. In der Zeit vom 10. Juni bis 14. Dezember 2010 besteht kein Anspruch auf Entgelt.

Für die Dauer des Erhalts von Entgelt im Krankheitsfall gem. § 22 Abs. 1 TVöD besteht auch Anspruch auf Zahlung des Strukturausgleiches; also bis 10. September 2009 (für September 2009 nur anteilig). Für die Zeit des Anspruchs auf Krankengeldzuschuss gemäß § 22 Abs. 2 TVöD ist der Strukturausgleich in die Berechnung des Krankengeldzuschusses mit einzubeziehen. Ab 10. Juni 2010 und für die weiteren Kalendermonate ohne Entgeltanspruch besteht kein Anspruch auf Zahlung eines Strukturausgleiches. Im September 2010 endet ohnehin der auf einen Kalenderzeitraum von 3 Jahren befristete Strukturausgleich. Eine Verlängerung des im Oktober 2007 beginnenden Bezugszeitraums um Zeiten ohne Anspruch auf Zahlung des Strukturausgleiches, also der drei Monate Juli bis September 2010 ab der Wiederaufnahme der Arbeit im Dezember 2010, findet nicht statt.

4.3 Anrechnungen

Nach § 12 Abs. 4 wird bei Höhergruppierungen der Unterschiedsbetrag zum bisherigen Entgelt auf den Strukturausgleich angerechnet.

4.3.1 Anrechnung bei Höhergruppierung

Bei Höhergruppierungen nach § 17 Abs. 4 TVöD oder nach § 8 Abs. 1 und Abs. 3 1. Alternative wird der Unterschiedsbetrag zum bisherigen Entgelt nach § 12 Abs. 4 auf den Strukturausgleich angerechnet. Dies gilt für alle Höhergruppierungen gleich aus welchem Grund.

Angerechnet werden Höhergruppierungsgewinne infolge einer Höhergruppierung vor Beginn der Zahlung des Strukturausgleichs ebenso wie Höhergruppierungsgewinne nach Zahlungsaufnahme des Strukturausgleichs. Anzurechnen ist der Höhergruppierungsgewinn im Zeitpunkt der Höhergruppierung einschließlich eines etwaigen Garantiebetrages nach § 17 Abs. 4 Satz 2 TVöD sowie ggf. nachfolgende Stufensteigerungen (vgl. Ziff. 4.3.3.). Allgemeine Entgeltanpassungen, ausgenommen die Erhöhung des Bemessungssatzes im Tarifgebiet Ost (vgl. hierzu Ziff. 4.3.3), führen dagegen nicht zu weiterer Verrechnung.

4.3.2 Anrechnung bei vorübergehender Übertragung höherwertiger Tätigkeit

Entgeltsteigerungen wegen der vorübergehenden Übertragung einer höherwertigen Tätigkeit nach § 14 TVöD sind für die Dauer der Übertragung ebenfalls im Sinne des § 12 Abs. 4 auf den Strukturausgleich anzurechnen. Nach Wegfall der für die vorübergehende Übertragung einer höherwertigen Tätigkeit gewährten Zulage ist der Strukturausgleich in Spalte 7 bzw. 8 der Tabelle geregelten Höhe fortzuzahlen, sofern die Voraussetzungen hierfür noch vorliegen.

4.3.3 Höhe des Anrechnungsbetrages

Nach § 12 Abs. 4 wird bei einer Höhergruppierung der Unterschiedsbetrag zum bisherigen Entgelt auf den Strukturausgleich angerechnet. Unterschiedsbetrag ist die Differenz zwischen dem bisherigen Tabellenentgelt, das im Monat vor der Höhergruppierung gezahlt wurde, und dem sich auf Grund der Höhergruppierung ergebenden Entgelt ggf. einschließlich eines Garantiebetrages (vgl. § 17 Abs. 4 TVöD, § 6 Abs. 2 Satz 2).

Beispiel 18:

Eine Angestellte (Tarifgebiet West) ist mit einem fiktiven Vergleichsentgelt von 2.628,84 € in eine individuelle Zwischenstufe zwischen den Stufen 3 und 4 (Stufe 3+) der Entgeltgruppe 9 übergeleitet worden und hat nach folgender Zeile der Tabelle ab 1. Oktober 2007 Anspruch auf einen Strukturausgleich für 5 Jahre in Höhe von 50 € monatlich:

EG	Vergütungsgruppe	Ortszuschlag Stufe ½	Überleitung aus Stufe	nach	für	Betrag Tarifgebiet West	Betrag Tarifgebiet Ost
9	Vb/4J IVb	OZ 1	8	2 Jahren	5 Jahre	50,– €	48,– €

Am 1. Juli 2007 – drei Monate vor Beginn der Zahlung des Strukturausgleiches – wird sie in Entgeltgruppe 10 höhergruppiert und erhält nach § 6 Abs. 2 Satz 1 ein monatliches Tabellenentgelt in Höhe von 2.800 €.

Die Differenz zwischen dem bisherigen und dem neuen Tabellenentgelt beträgt 171,16 € monatlich. Diese Steigerung des Entgelts überschreitet den Ausgleichsbetrag von 50 € um 121,16 € und zehrt deshalb den Ausgleichsbetrag völlig auf. Der dem Grunde nach bestehende Anspruch auf Zahlung des Strukturausgleiches entfällt also auf Grund der Höhergruppierung.

Wird der Strukturausgleich durch die Höhergruppierung nicht vollständig aufgezehrt, erfolgt bei anschließenden Stufenaufstiegen eine weitere Anrechnung. Gleiches gilt bei erneuter Höhergruppierung.

Beispiel 19:

Ein vollzeitbeschäftigter Angestellter ist mit einem fiktiven Vergleichsentgelt von 1.870,68 € (Tarifgebiet West) in eine individuelle Zwischenstufe zwischen den Stufen 3 und 4 (Stufe 3+) der Entgeltgruppe 3 übergeleitet worden, und hat ab Oktober 2007 nach folgender Zeile der Tabelle Anspruch auf einen dauerhaften Strukturausgleich in Höhe von 50 € monatlich:

EG	Vergütungsgruppe	Ortszuschlag Stufe 1/2	Überleitung aus Stufe	nach	für	Betrag Tarifgebiet West	Betrag Tarifgebiet Ost
3	VIII	OZ 2	7	2 Jahren	dauerhaft	50,– €	48,– €

Am 1. Oktober 2007 rückt er gemäß § 6 Abs. 1 Satz 2 in die Stufe 4 der Entgeltgruppe 3 mit einem monatlichen Tabellenentgelt von 1.880 € auf. Am 1. Januar 2009 wird er in Entgeltgruppe 4 Stufe 3 höhergruppiert und erhält nach § 17 Abs. 4 Sätze 1 und 2 TVöD einen Garantiebetrag von 25 €; mithin ein neues Entgelt von 1.905 €.

Die Differenz zwischen dem bisherigen Tabellenentgelt (1.880 €) und dem neuen Entgelt (Tabellenentgelt plus Garantiebetrag) beträgt 25 € monatlich. Die Steigerung des Entgelts um 25 € verringert den Strukturausgleich von ursprünglich 50 € um 25 €. Ab dem 1. Januar 2009 (Höhergruppierung) beträgt die Höhe des Ausgleichsbetrages daher nur noch 25 €. Mit Erreichen der nächsthöheren Stufe 4 in der höheren Entgeltgruppe 4 (1.970 € im Tarifgebiet West) und einem Stufengewinn von 65 € – durchschnittliche Leistung vorausgesetzt – im Januar 2012 entfällt der noch verbliebene Strukturausgleich von 25 € gänzlich.

§ 12 VKA I.2 TVÜ — Anhang 1: Hinweise d. VKA

Im Tarifgebiet Ost wird die sich durch die Steigerung des Bemessungssatzes zum 1. Juli 2006 auf 95,5 v.H. und zum 1. Juli 2007 auf 97 v.H. erfolgte Erhöhung des Entgelts nach einer Höhergruppierung des Beschäftigten ebenfalls auf den Strukturausgleich angerechnet. Nur so wird vermieden, dass eine/ein Beschäftigter bei einer Höhergruppierung nach der Bemessungssatzerhöhung schlechter behandelt wird als vor der Bemessungssatzerhöhung.

Beispiel 20:

Ein verheirateter Angestellter (Tarifgebiet Ost) der VergGr Kr. II, Stufe 2 ist mit einem fiktiven Vergleichsentgelt von 1.772,77 € in eine individuelle Zwischenstufe zwischen den Stufen 4 und 5 (Stufe 4+) der Entgeltgruppe 3a nach der Kr.-Anwendungstabelle gemäß Anlage 5 zum TVÜ-VKA übergeleitet worden und hat ab 1. Oktober 2006 nach folgender Zeile der Tabelle Anspruch auf einen Strukturausgleich für die Dauer von 10 Jahren in Höhe von 53 € monatlich:

EG	Vergütungsgruppe	Ortszuschlag Stufe 1/2	Überleitung aus Stufe	nach	für	Betrag Tarifgebiet West	Betrag Tarifgebiet Ost
3a	Kr. I 3 Jahre Kr. II	OZ 2	2	1 Jahr	10 Jahre	55,– €	53,– €

Zum 1. Juli 2006 hat sich sein Vergleichsentgelt infolge der Bemessungssatzerhöhung auf 95,5 v.H. auf 1.801,06 € erhöht. Am 1. April 2007 wird der Beschäftigte in die Entgeltgruppe 4a, Stufe 3 nach der Kr.-Anwendungstabelle gem. Anlage 5 zum TVÜ-VKA mit einem Tabellenentgelt von 1.815 € höhergruppiert. Der Beschäftigte erhält daher nach § 17 Abs. 4 Sätze 1 und 2 TVöD den Garantiebetrag von 23,88 €; mithin ein neues monatliches Entgelt von 1.824,94 € (Tabellenentgelt und Garantiebetrag). Der seit dem 1. Oktober 2006 zustehende Strukturausgleich von 53 € verringert sich um den diesen Betrag und beträgt vom 1. April 2007 an 29,12 €.

Am 1. Juli 2007 erhöht sich der Bemessungssatz auf 97 v.H. Dadurch erhöht sich das Tabellenentgelt und der Garantiebetrag auf 1.853,10 €. Die Differenz zum bisherigen, ebenfalls aufgrund der Bemessungssteigerung erhöhten Entgelts beläuft sich auf nunmehr 23,75 €. Der Strukturausgleich verringert sich auf Grund der Bemessungssatzerhöhung damit vom 1. Juli 2007 an auf 29,25 €.

Am 1. April 2010 entfällt mit dem Erreichen der nächsthöheren Stufe 4 – durchschnittliche Leistung vorausgesetzt – der Strukturausgleich gänzlich.

4.4 Wegfall

4.4.1 Fallgestaltungen

Während die Einstellung der Entgeltzahlung lediglich eine Unterbrechung bewirkt (siehe Ziff. 4.2.3), entfällt der Anspruch auf Strukturausgleich
- bei Ablauf der festgelegten Dauer (siehe Ziff. 4.2.2),
- bei vollständiger Aufzehrung nach Höhergruppierung (siehe Ziff. 4.3.3)
- bei einer Neuberechnung des Vergleichsentgelts nach § 8 Abs. 2 und Abs. 3 2. Alternative (siehe Ziff. 4.4.1) sowie
- in den Fällen einer Herabgruppierung (siehe Ziff. 4.4.2).

4.4.2 Neuberechnung des Vergleichsentgelts nach § 8 Abs. 2

Ergibt sich bei den Entgeltgruppen 2, 9 bis 15 in der Zeit vom 1. Oktober 2005 bis zum 30. September 2007 nach § 8 Abs. 2 und Abs. 3 2. Alternative ein höheres Vergleichsentgelt, entfällt der Anspruch auf Strukturausgleich mit der Höhergruppierung vollständig (§ 8 Abs. 2 Satz 3). Dies gilt auch dann, wenn der Höhergruppierungsgewinn niedriger ist als der Strukturausgleichsbetrag.

4.4.3 Herabgruppierung

Für den Anspruch auf Strukturausgleich ist die sich nach BAT/BAT-O/BAT-Ostdeutsche Sparkassen ergebende Vergütungsgruppe am 1. Oktober 2005 maßgebend. Bei einer Herabgruppierung nach dem 1. Oktober 2005 entfällt daher die Grundlage für den Anspruch auf den Strukturausgleich. Die tariflichen Regelungen eröffnen keine Berücksichtigung eines neuen, fiktiven Exspektanzverlustes in der niedrigeren Entgeltgruppe. Ein Strukturausgleich aus der Entgeltgruppe, in die die/der Beschäftigte herabgruppiert worden ist, steht auch bei einer Herabgruppierung nach § 6 Abs. 2 Satz 3 vor dem 1. Oktober 2007 nicht zu. Hiernach ist der Beschäftigte zwar so zu stellen, als wenn die Herabgruppierung bereits zum 30. September 2005 erfolgt und die Überleitung aus der niedrigeren Vergütungsgruppe erfolgt wäre. Abgestellt wird aber in § 12 Abs. 1 allein darauf, wie der Beschäftigte am 1. Oktober 2005 bei Weitergeltung des bisherigen Tarifrechts eingruppiert gewesen wäre.

§ 12 VKA I.2 TVÜ — Anhang 1: Hinweise d. VKA

Der Strukturausgleich fällt bei einer Herabgruppierung sowohl vor Zahlungsaufnahme als auch nach Zahlungsaufnahme endgültig weg. Wird der Strukturausgleich bereits gezahlt, werden keine Bedenken erhoben, wenn im Einzelfall der Strukturausgleich ganz oder teilweise weitergezahlt wird, weil dies personalwirtschaftlich, etwa bei einer einvernehmlichen Herabgruppierung, geboten erscheint.

5. Konkurrenzfälle beim Ehegattenanteil im Ortszuschlag

Abweichungen von den unter Ziff. 3 dargestellten Tatbestandsvoraussetzungen wie auch von den unter Ziff. 4 dargestellten Rechtsfolgen ergeben sich in sogenannten Konkurrenzfällen des Ortszuschlags.

Der Anspruch auf den Strukturausgleich knüpft tatbestandlich an den Ortszuschlagsanspruch nach bisherigem Recht an. Dabei sind in Spalte 3 der Tabelle nur Fallgestaltungen des Ortszuschlags 1 und des Ortszuschlags 2 abgebildet. Für den besonderen Fall, dass sich der Ortszuschlag zum 1. Oktober 2005 nach § 29 Abschn. B Abs. 5 BAT/BAT-O/BAT-Ostdeutsche Sparkassen bemessen hätte, sind die Sonderregelungen gemäß Absatz 1 der Vorbemerkungen zu beachten.

5.1 Anwendungsbereich

Absatz 1 der Vorbemerkungen betrifft Fälle, in denen zum Überleitungsstichtag der Ehegatte einer/eines Beschäftigten als Angestellter, Beamter, Richter oder Soldat im öffentlichen Dienst steht oder auf Grund einer Tätigkeit im öffentlichen Dienst nach beamtenrechtlichen Grundsätzen versorgungsberechtigt ist und ihm ebenfalls der Familienzuschlag der Stufe 1 oder der Ortszuschlag der Stufe 2 oder eine entsprechende Leistung in Höhe von mindestens der Hälfte des Unterschiedsbetrages zwischen der Stufe 1 und der Stufe 2 des Ortszuschlages der höchsten Tarifklasse zustünde (vgl. § 29 Abschn. B Abs. 5 BAT/BAT-O/BAT-Ostdeutsche Sparkassen). Keine Anwendung findet die Sonderregelung auf andere nicht verheiratete Beschäftigte, die nach bisherigem Recht den Ortszuschlag der Stufe 2 erhalten haben, wie z. B. Witwen, Geschiedene mit Unterhaltsverpflichtung usw., da auf sie § 29 Abschn. B Abs. 5 BAT/BAT-O/BAT-Ostdeutsche Sparkassen keine Anwendung fand.

Maßgeblich ist, ob § 29 Abschn. B Abs. 5 BAT/BAT-O am Stichtag, also am 1. Oktober 2005, Anwendung finden würde (vgl. Ziff. 3.2). Die Regelung findet daher sowohl für Beschäftigte, deren Ehegatte am Stichtag weiterhin ortszuschlagsberechtigt war, als auch für Beschäftigte, deren Ehegatte zum Stichtag ebenfalls in den TVöD übergeleitet worden ist, Anwendung. Wegen der auf den Stichtag 1. Oktober 2005 bezogenen fiktiven Weitergeltung ist es unerheblich, welche Stufe des Ortszuschlags in das Vergleichsentgelt nach § 5 eingeflossen ist (§ 12 Abs. 1 Satz 2 verweist ausdrücklich nicht auf § 5). Auch wenn also bei einem verheirateten Angestellten in Konkurrenzfällen bei der Überleitung die Stufe 1 des Ortszuschlags z. B. wegen Verbleibs des Ehegatten im BAT/BAT-O zu Grunde gelegt wurde, gilt in diesen Fällen beim Strukturausgleich die Sonderregelung des Absatzes 1 der Vorbemerkungen.

Beispiel 21:

Ein verheirateter Angestellter der VergGr Vb BAT mit noch ausstehendem fünfjährigen Aufstieg nach VergGr IVb ist am 1. Oktober 2005 in die Entgeltgruppe 9 übergeleitet worden. Weil die Ehefrau des Beschäftigten bei einem öffentlichen Arbeitgeber beschäftigt war, welcher über den 30. September 2005 hinaus den BAT/BAT-O anwendete, ging bei Überleitung in den TVöD die Stufe 1 des Ortszuschlags in das Vergleichsentgelt des Beschäftigten ein (§ 5 Abs. 2 Satz 2).

Bei der Prüfung, ob dem Beschäftigten ein Strukturausgleich zusteht, und wenn ja, in welcher Höhe, ist Absatz 1 der Vorbemerkungen anzuwenden. Es sind daher die mit Ortszuschlag der Stufe 2 ausgewiesenen Strukturausgleiche maßgeblich.

Unerheblich ist, ob sich nach dem 1. Oktober 2005 die für den Ortszuschlag relevanten Verhältnisse ändern (siehe Ziff. 3.5).

Beispiel 22:

Heirat nach dem 1. Oktober 2005 oder Ausscheiden des Ehegatten aus dem öffentlichen Dienst nach dem 1. Oktober 2005.

5.2 Für Konkurrenzfälle maßgebliche Ortszuschlagsstufe

In den Fällen der Konkurrenzregelung des § 29 Abschn. B Abs. 5 BAT/BAT-O/BAT-Ostdeutsche Sparkassen sind ausschließlich die mit Ortszuschlag der Stufe 2 ausgewiesenen Strukturausgleiche maßgeblich (siehe Absatz 1 der Vorbemerkungen).

5.3 Höhe des Strukturausgleichs

Sofern die übrigen Tatbestandsvoraussetzungen vorliegen (siehe dazu oben Ziff. 3), steht als Strukturausgleich die Hälfte des Strukturausgleichsbetrages zu, welcher für Beschäftigte mit Ortszuschlag der Stufe 2 ausgewiesen ist, also die Hälfte des in Spalte 7 bzw. 8 genannten Betrages.

Beispiel 23:

Ein verheirateter vollzeitbeschäftigter Angestellter der VergGr III mit achtjährigem Aufstieg nach II, Stufe 7, ist am 1. Oktober 2005 in die Entgeltgruppe 12 übergeleitet worden. Die Ehefrau des Beschäftigten war zum Stichtag ebenfalls im öffentlichen Dienst tätig.

Der Strukturausgleich bestimmt sich grundsätzlich nach der Stufe 2 in Spalte 3 der Tabelle. Demnach ist folgende Zeile der Tabelle heranzuziehen:

EG	Vergütungsgruppe	Ortszuschlag Stufe 1/2	Überleitung aus Stufe	nach	für	Betrag Tarifgebiet West	Betrag Tarifgebiet Ost
12	III/8 J. II	OZ 2	7	4 Jahren	dauerhaft	60,– €	58,– €

Nach Absatz 1 der Vorbemerkungen steht dem Beschäftigten als Strukturausgleich die Hälfte des in Spalte 7 bzw. 8 ausgewiesenen Betrages, also dauerhaft 30 € bzw. 29 € monatlich zu.

5.4 Teilzeitarbeit

Nach § 29 Abschn. B Abs. 5 BAT/BAT-O/BAT-Ostdeutsche Sparkassen war die Höhe des Ortszuschlages bei Teilzeitarbeit in Konkurrenzfällen anders als in Fällen ohne Konkurrenz in bestimmten Fällen nicht zeitratierlich zu bemessen; § 34 Abs. 1 Unterabs. 1 Satz 1 BAT/BAT-O/Ostdeutsche Sparkassen fand auf Grund der Regelung in § 29 Abschn. B Abs. 5 BAT/BAT-O/BAT-Ostdeutsche Sparkassen in bestimmten Fällen der Konkurrenz im Ortszuschlag keine Anwendung (§ 29 Abschn. B Abs. 5 Satz 2 BAT/BAT-O/BAT-Ostdeutsche Sparkassen). Diese Besonderheiten sind durch die Inbezugnahme von § 29 Abschn. B Abs. 5 BAT/BAT-O/BAT-Ostdeutsche Sparkassen in Absatz 1 der Vorbemerkungen auch bei der Ermittlung der Höhe des Strukturausgleichs zu berücksichtigen, werden aber in dieser Vorbemerkung zugleich modifiziert. Dabei gibt Absatz 1 der Vorbemerkungen die Konkurrenzregelungen in § 29 Abschn. B Abs. 5 BAT/BAT-O/BAT-Ostdeutsche Sparkassen nur teilweise wieder. Daraus ergeben sich die folgenden Besonderheiten:

5.4.1 Teilzeitarbeit zum Stichtag

Auch Teilzeitbeschäftigte, deren Ortszuschlag sich zum Stichtag nach § 29 Abschn. B Abs. 5 BAT/BAT-O bemisst, gehören zu den ehemaligen Angestellten mit Anspruch auf Ortszuschlag der Stufe 2 und haben grundsätzlich Anspruch auf Strukturausgleich in Höhe der Hälfte des Strukturausgleichs für Verheiratete. Im Einzelnen gilt Folgendes:

– Beschäftigte, bei denen zum Stichtag mindestens ein Ehepartner vollzeitbeschäftigt ist oder beide Ehegatten mit jeweils mindestens der Hälfte der durchschnittlichen regelmäßigen wöchentlichen Arbeitszeit beschäftigt sind, hätten gem. § 29 Abschn. B Abs. 5 Satz 2 BAT/BAT-O/BAT-Ostdeutsche Sparkassen Anspruch auf Ortszuschlag in Höhe des hälftigen Unterschiedsbetrages zwischen Ortszuschlag der Stufe 1 und Ortszuschlag der Stufe 2. Nach Absatz 1 der Vorbemerkungen erhalten diese Beschäftigten „den entsprechenden Anteil" des Strukturausgleichs, also die Hälfte des Strukturausgleichs für Verheiratete.

Beispiel 24:

Ein verheirateter, mit 60 v.H. teilzeitbeschäftigter Angestellter der VergGr Vc, Stufe 5, ist am 1. Oktober 2005 in die Entgeltgruppe 8 übergeleitet worden. Die Ehefrau des Beschäftigten war zu diesem Zeitpunkt ebenfalls im öffentlichen Dienst tätig und vollzeitbeschäftigt.

Der Strukturausgleich bestimmt sich grundsätzlich nach der Stufe 2 in Spalte 3 der Tabelle. Demnach ist folgende Zeile der Tabelle heranzuziehen:

EG	Vergütungsgruppe	Ortszuschlag Stufe 1/2	Überleitung aus Stufe	nach	für	Betrag Tarifgebiet West	Betrag Tarifgebiet Ost
8	Vc	OZ 2	5	2 Jahren	dauerhaft	120,– €	116,– €

– Zusätzlich ist Absatz 1 der Vorbemerkungen zu beachten; diese Vorschrift findet auch Anwendung für Beschäftigte, bei denen zum Stichtag (1. Oktober 2005) mindestens ein Ehepartner vollzeitbeschäftigt ist oder beide Ehegatten mit jeweils mindestens der Hälfte der durchschnittlichen regelmäßigen wöchentlichen Arbeitszeit beschäftigt sind. Weil der Beschäftigte mit 60 v.H. teilzeitbeschäftigt ist, steht ihm als Strukturausgleich vom 1. Oktober 2007 an die Hälfte des Betrages nach Spalte 7 bzw. 8 der Tabelle zu, also dauerhaft 60 € bzw. 58 € monatlich.

– Anders verhält es sich, wenn mit beiden Ehegatten nicht mindestens die Hälfte der durchschnittlichen regelmäßigen wöchentlichen Arbeitszeit vergleichbarer Vollbeschäftigter vereinbart war. In diesem Fall stand der hälftige Ehegattenanteil jedem Ehegatten nur anteilig zu (§ 29 Abschn. B Abs. 5 BAT/BAT-O/BAT-Ostdeutsche Sparkassen i. V. m. § 34 Abs. 1 Unterabs. 1 Satz 1 BAT/BAT-O/Ostdeutsche Sparkassen). Von den Tarifvertragsparteien war nicht beabsichtigt, in diesen Fällen den Strukturausgleich ebenfalls zur Hälfte zu zahlen. Denn in diesen Fällen „bemisst" sich der Ortszuschlag gerade nicht nach der Ausnahmeregelung des § 29 Abschn. B Abs. 5 BAT/BAT-O/BAT-Ostdeutsche Sparkassen, sondern nach § 34 Abs. 1 Unterabs. 1 Satz 1 BAT/BAT-O/BAT-Ostdeutsche Sparkassen.

Beispiel 25:

Ein verheirateter, mit 40 v.H. teilzeitbeschäftigter Angestellter der VergGr Vb, Stufe 6, ist am 1. Oktober 2005 in die Entgeltgruppe 9 übergeleitet worden. Die Ehefrau des Beschäftigten war zu diesem Zeitpunkt ebenfalls im öffentlichen Dienst tätig und mit 50 v.H. teilzeitbeschäftigt. Der Angestellte erhielt auf Grund anzuwendender Konkurrenzregelung gem. § 34 Abs. 1 Unterabs. 1 Satz 1 BAT/BAT-O/BAT-Ostdeutsche Sparkassen 40 v.H. des hälftigen Ehegattenanteils.

Der Strukturausgleich bestimmt sich grundsätzlich nach der Stufe 2 in Spalte 3 der Tabelle. Demnach ist folgende Zeile der Tabelle heranzuziehen:

EG	Vergütungsgruppe	Ortszuschlag Stufe ½	Überleitung aus Stufe	nach	für	Betrag Tarifgebiet West	Betrag Tarifgebiet Ost
9	Vb	OZ 2	6	2 Jahren	9 Jahre	50,– €	48,– €

– Der Beschäftigte erhält nach zwei Jahren, also vom 1. Oktober 2007 an, für die Dauer von 9 Jahren, 40 v.H. vom ausgewiesenen Strukturausgleich in Höhe von 50 € bzw. 48 €, mithin 20 € bzw. 19,20 € monatlich.

Beispiel 26:
Ein Angestellter war in VergGr Kr. Va nach vorhergehender vierjähriger Tätigkeit in VergGr Kr. V und davor zweijähriger Tätigkeit in VergGr Kr. IV, Stufe 8 eingruppiert. Die Überleitung erfolgte in die Entgeltgruppe 7a nach der Kr.-Anwendungstabelle gem. Anlage 4 bzw. 5 zum TVÜ-VKA. Seine Arbeitszeit betrug 40 v.H. der für Vollbeschäftigte geltenden Arbeitszeit. Der Ehegatte hat einen Beschäftigungsumfang ebenfalls im Umfang von 40 v.H. Der Angestellte erhielt auf Grund anzuwendender Konkurrenzregelung gem. § 34 Abs. 1 Unterabs. 1 Satz 1 BAT/BAT-O/BAT-Ostdeutsche Sparkassen 40 v.H. des hälftigen Ehegattenanteils.

Der Strukturausgleich bestimmt sich grundsätzlich nach der Stufe 2 in Spalte 3 der Tabelle. Demnach ist folgende Zeile der Tabelle heranzuziehen:

EG	Vergütungsgruppe	Ortszuschlag Stufe ½	Überleitung aus Stufe	nach	für	Betrag Tarifgebiet West	Betrag Tarifgebiet Ost
7a	Kr. IV 2 Jahre, Kr. V 4 Jahre, Kr. Va	OZ 2	8	2 Jahren	dauerhaft	20,– €	19,– €

– Der Beschäftigte erhält nach zwei Jahren, also vom 1. Oktober 2007 an, dauerhaft 40 v.H. vom ausgewiesenen Strukturausgleich in Höhe von 20 € bzw. 19 €, mithin 8 € bzw. 7,60 € monatlich.

5.4.2 Spätere Veränderungen des Teilzeitumfangs

Da es auf die Verhältnisse am Stichtag ankommt, also am 1. Oktober 2005, spielt es für den Anspruch auf Strukturausgleich keine Rolle, wie sich das Beschäftigungsverhältnis des Ehegatten der/des Beschäftigten entwickelt. Die Verhältnisse am 1. Oktober 2005 bleiben für die gesamte Zahlungsdauer des Strukturausgleichs maßgeblich, selbst wenn der Ehegatte aus dem Arbeitsverhältnis ausscheidet. Die früheren Konkurrenzregelungen des Ortszuschlagsrechts sind für den weiteren Anspruch auf Strukturausgleich nicht maßgeblich und demzufolge auch nicht weiterzuführen. Änderungen im Umfang der Arbeitszeit wirken sich allerdings unterschiedlich danach aus, ob entsprechend der Vorbemerkungen der Strukturausgleich zur Hälfte aufgrund Vollbeschäftigung eines oder mindestens hälftiger Arbeitszeit beider Ehegatten zu zahlen ist oder ob sich der Ehegattenanteil

§ 12 VKA I.2 TVÜ — Anhang 1: Hinweise d. VKA

im Ortszuschlag bei Eingreifen der Konkurrenzregelung des § 29 Abschn. B Abs. 5 BAT/BAT-O/BAT-Ostdeutsche Sparkassen nach § 34 Abs. 1 Unterabs. 1 Satz 1 BAT/BAT-O/Ostdeutsche Sparkassen) bemessen hat.

– In den Fällen, in denen die Konkurrenzregelung des § 29 Abschn. B Abs. 5 BAT/BAT-O/BAT-Ostdeutsche Sparkassen Anwendung fand und sich der Ehegattenanteil im Ortszuschlag nach § 29 Abschn. B Abs. 5 BAT/BAT-O/BAT-Ostdeutsche Sparkassen bemessen hat (siehe Beispiele 23 und 24), bleibt es beim bisherigen Zahlbetrag, auch wenn die Arbeitszeit weniger als die Hälfte der für Vollbeschäftigte geltenden Arbeitszeit beträgt. Auch bei einer Erhöhung der Arbeitszeit verbleibt es beim bisherigen Zahlbetrag.

Beispiel 27:

Der Beschäftigte in Beispiel 23 erhält vom 1. Oktober 2007 an die Hälfte des für Vollbeschäftigte ausgewiesenen Strukturausgleichs, also 30 € bzw. 29 € monatlich. Der Beschäftigte erhöht zum 1. November 2007 seine Arbeitszeit auf 75 v.H. wöchentlich. Der Strukturausgleich ist in bisheriger Höhe weiter zu zahlen.

Beispiel 28:

Der Beschäftigte in Beispiel 24 reduziert zum 1. Februar 2008 seine Arbeitszeit auf 12 Stunden wöchentlich. Der Strukturausgleich ist in bisheriger Höhe weiter zu zahlen.

– In den Fällen, in denen die Konkurrenzregelung des § 29 Abschn. B Abs. 5 BAT/BAT-O/BAT-Ostdeutsche Sparkassen Anwendung fand und sich der Ehegattenanteil im Ortszuschlag nach § 34 Abs. 1 Unterabs. 1 Satz 1 BAT/BAT-O/BAT-Ostdeutsche Sparkassen bestimmte (siehe Beispiele 25 und 26), bewirken Arbeitszeitänderungen auch die Änderung des bisherigen Zahlbetrages, wobei höchstens die Hälfte des für verheiratete Vollbeschäftigte ausgewiesenen Strukturausgleichs zusteht.

Beispiel 29:

Der Beschäftigte in Beispiel 25 erhöht am 1. November 2007 seine Arbeitszeit auf 70 v.H. der für Vollbeschäftigte geltende Arbeitszeit. Er erhält ab diesem Zeitpunkt die Hälfte des für Vollbeschäftigte ausgewiesenen Strukturausgleichs, also 25 € bzw. 24 € monatlich.

Beispiel 30:

Der Beschäftigte in Beispiel 26 verringert am 1. November 2007 seine Arbeitszeit auf 20 v.H. der für Vollbeschäftigte geltende Arbeitszeit. Er erhält ab diesem Zeitpunkt 20 v.H. des für Voll-

Anhang 1: Hinweise d. VKA TVÜ **§ 12 VKA I.2**

beschäftigte ausgewiesenen Strukturausgleichs, also 4 € bzw. 3,80 € monatlich.

6. Abfindung des Strukturausgleichs

Von der Möglichkeit der einmaligen Abfindung des Strukturausgleichs (§ 12 Abs. 5) kann im gegenseitigen Einvernehmen zwischen Arbeitgeber und Beschäftigten mitbestimmungsfrei Gebrauch gemacht werden. Die Abfindungsregelung eröffnet die Möglichkeit, den Anspruch auf Strukturausgleich durch einen oder mehrere Einmalbeträge abzufinden. Dazu, wie der Abfindungsbetrag zu ermitteln ist, haben die Tarifvertragsparteien keine Vorgaben gemacht. Ein Anspruch auf Abfindung besteht nicht.

§ 13 VKA I.2 — Entgeltfortzahlung

§ 13 Entgeltfortzahlung im Krankheitsfall

(1) ¹Bei Beschäftigten, für die bis zum 30. September 2005 § 71 BAT gegolten hat, wird abweichend von § 22 Abs. 2 TVöD für die Dauer des über den 30. September 2005 hinaus ununterbrochen fortbestehenden Arbeitsverhältnisses der Krankengeldzuschuss in Höhe des Unterschiedsbetrages zwischen dem festgesetzten Nettokrankengeld oder der entsprechenden gesetzlichen Nettoleistung und dem Nettoentgelt (§ 22 Abs. 2 Satz 2 und 3 TVöD) gezahlt. ²Nettokrankengeld ist das um die Arbeitnehmeranteile zur Sozialversicherung reduzierte Krankengeld. ³Für Beschäftigte, die nicht der Versicherungspflicht in der gesetzlichen Krankenversicherung unterliegen, ist bei der Berechnung des Krankengeldzuschusses der Höchstsatz des Nettokrankengeldes, der bei Pflichtversicherung in der gesetzlichen Krankenversicherung zustünde, zugrunde zu legen.

(2) ¹Beschäftigte im Sinne des Absatzes 1 erhalten längstens bis zum Ende der 26. Woche seit dem Beginn ihrer über den 30. September 2005 hinaus ununterbrochen fortbestehenden Arbeitsunfähigkeit infolge derselben Krankheit oder Arbeitsverhinderung infolge einer Maßnahme der medizinischen Vorsorge oder Rehabilitation ihr Entgelt nach § 21 TVöD fortgezahlt. ²Tritt nach dem 1. Oktober 2005 Arbeitsunfähigkeit infolge derselben Krankheit ein, werden die Zeiten der Entgeltfortzahlung nach Satz 1 auf die Fristen gemäß § 22 TVöD angerechnet.

Protokollerklärung zu § 13:
Ansprüche aufgrund von beim Arbeitgeber am 30. September 2005 geltenden Regelungen für die Gewährung von Beihilfen an Arbeitnehmerinnen und Arbeitnehmer im Krankheitsfall bleiben für die von § 1 Abs. 1 erfassten Beschäftigten unberührt. Änderungen von Beihilfevorschriften für Beamte kommen zur Anwendung, soweit auf Landes- bzw. Bundesvorschriften Bezug genommen wird.

Erläuterungen

§ 13 ist eine Besitzstandsregelung für die bei Überleitung in den TVöD unter die Besitzstandsregelung des § 71 BAT fallenden Beschäftigten und sichert diesen weiterhin ein höheres als das an sich tarifvertraglich vorgesehene Entgelt im Krankheitsfall[1]. In der Protokollerklärung zu § 13 ist bestimmt, dass bestimmte Beschäftigte weiterhin Anspruch auf Beihilfe haben.

---

[1] Siehe dazu auch die Erläuterungen zu § 22 TVöD; abgedruckt unter **I.1 § 22**

§ 14 Beschäftigungszeit

(1) Für die Dauer des über den 30. September 2005 hinaus fortbestehenden Arbeitsverhältnisses werden die vor dem 1. Oktober 2005 nach Maßgabe der jeweiligen tarifrechtlichen Vorschriften anerkannten Beschäftigungszeiten als Beschäftigungszeit im Sinne des § 34 Abs. 3 TVöD berücksichtigt.

(2) Für die Anwendung des § 23 Abs. 2 TVöD werden die bis zum 30. September 2005 zurückgelegten Zeiten, die nach Maßgabe
– des BAT anerkannte Dienstzeit,
– des BAT-O/BAT-Ostdeutsche Sparkassen, BMT-G/BMT-G-O anerkannte Beschäftigungszeit

sind, als Beschäftigungszeit im Sinne des § 34 Abs. 3 TVöD berücksichtigt.

(3) Aus dem Geltungsbereich des BMT-G übergeleitete Beschäftigte, die am 30. September 2005 eine Beschäftigungszeit (§ 6 BMT-G ohne die nach § 68a BMT-G berücksichtigten Zeiten) von mindestens zehn Jahren zurückgelegt haben, erwerben abweichend von § 34 Abs. 2 Satz 1 TVöD den besonderen Kündigungsschutz nach Maßgabe des § 52 Abs. 1 BMT-G.

Erläuterungen

Zu § 14 Abs. 1

In Absatz 1 der Vorschrift ist festgelegt, dass Vordienstzeiten als Beschäftigungszeit berücksichtigt werden.

Zu § 14 Abs. 2

In Absatz 2 ist bestimmt, dass für die Festsetzung des Jubiläumsgeldes nach den Vorschriften des TVöD nach altem Recht anerkannte Dienst- (BAT), Beschäftigungs-(BAT-O und MTArb-O) bzw. Jubiläumszeiten (MTArb) berücksichtigt werden.

Zu § 14 Abs. 3

In Absatz 3 haben die Tarifpartner den Erhalt des besonderen Kündigungsschutzes des § 52 Abs. 1 BMT-G für bestimmte Beschäftigte vereinbart, die aufgrund dieser Rechtsstandssicherung auch ohne Beachtung eines Mindestalters unkündbar werden.

§ 15 VKA I.2 — Urlaub

§ 15 Urlaub

(1) ¹Für die Dauer und die Bewilligung des Erholungsurlaubs bzw. von Zusatzurlaub für das Urlaubsjahr 2005 gelten die im September 2005 jeweils maßgebenden Vorschriften bis zum 31. Dezember 2005 fort. ²Die Regelungen des TVöD gelten für die Bemessung des Urlaubsentgelts sowie für eine Übertragung von Urlaub auf das Kalenderjahr 2006.

(2) ¹Aus dem Geltungsbereich des BAT/BAT-O/BAT-Ostdeutsche Sparkassen übergeleitete Beschäftigte der Vergütungsgruppen I und Ia, die für das Urlaubsjahr 2005 einen Anspruch auf 30 Arbeitstage Erholungsurlaub erworben haben, behalten bei einer Fünftagewoche diesen Anspruch für die Dauer des über den 30. September 2005 hinaus ununterbrochen fortbestehenden Arbeitsverhältnisses. ²Die Urlaubsregelungen des TVöD bei abweichender Verteilung der Arbeitszeit gelten entsprechend.

(3) § 42 Abs. 1 BMT-G/BMT-G-O i. V. m. bezirklichen Tarifverträgen zu § 42 Abs. 2 BMT-G und der Tarifvertrag zu § 42 Abs. 2 BMT-G-O (Zusatzurlaub für Arbeiter) gelten bis zum In-Kraft-Treten entsprechender landesbezirklicher Tarifverträge fort; im Übrigen gilt Absatz 1 entsprechend.

(4) ¹In den Fällen des § 48a BAT/BAT-O/BAT-Ostdeutsche Sparkassen oder § 41a BMT-G/BMT-G-O wird der sich nach der Arbeitsleistung im Kalenderjahr 2005 zu bemessende Zusatzurlaub im Kalenderjahr 2006 gewährt. ²Die nach Satz 1 zustehenden Urlaubstage werden auf den nach den Bestimmungen des TVöD im Kalenderjahr 2006 zustehenden Zusatzurlaub für Wechselschichtarbeit und Schichtarbeit angerechnet. ³Absatz 1 Satz 2 gilt entsprechend.

Erläuterungen

Mit dieser Vorschrift haben die Tarifvertragsparteien vom TVöD abweichende Regelungen für das Urlaubsjahr 2005 (und 2006) getroffen.

Zu § 15 Abs. 1

Absatz 1 bestimmt, dass im Urlaubsjahr 2005 für die Dauer und die Bewilligung des Erholungs- und Zusatzurlaubs die im September 2005 geltenden (Alt-)Vorschriften fortgelten (Satz 1).

Für die Bemessung des Urlaubsentgelts und für die Urlaubsübertragung ins Jahr 2006 gelten hingegen die Regelungen des TVöD (Satz 2).

Zu § 15 Abs. 2

Nach dieser Vorschrift erhalten die ehemaligen Angestellten der Vergütungsgruppen I und Ia BAT/BAT-O, die im Zeitpunkt der Überleitung einen Urlaubsanspruch von 30 Arbeitstagen hatten, diesen

Urlaub § 15 VKA I.2

Anspruch für die Dauer des über den 30. September 2005 hinaus ununterbrochen fortbestehenden Arbeitsverhältnisses.

Zu § 15 Abs. 3

Absatz 3 bestimmt, dass die Regelungen des § 49 Abs. 1 und 2 MTArb/MTArb-O i. V. m. dem Tarifvertrag über Zusatzurlaub für gesundheitsgefährdende Arbeiten für Arbeiter des Bundes bis zum Inkrafttreten eines entsprechenden neuen Tarifvertrages des Bundes fortgelten.

Zu § 15 Abs. 4

Hiernach ist der nach den bisherigen Vorschriften über Zusatzurlaub für Wechselschicht-, Schicht- und Nachtarbeit nach den Gegebenheiten des Jahres 2005 zu bemessene Zusatzurlaub im Kalenderjahr 2006 zu gewähren. Dabei ist der nach den Vorschriften des TVöD im Jahr 2006 für Wechselschicht- und Schichtarbeit zustehende Zusatzurlaub anzurechnen. Hinsichtlich des Urlaubsentgelts und der Übertragung ins Folgejahr sind die Regeln des TVöD anzuwenden.

§ 16 VKA I.2 — Abgeltung

§ 16 Abgeltung

¹Durch Vereinbarungen mit der/dem Beschäftigten können Entgeltbestandteile aus Besitzständen, ausgenommen für Vergütungsgruppenzulagen, pauschaliert bzw. abgefunden werden. ²§ 11 Abs. 2 Satz 3 und § 12 Abs. 5 bleiben unberührt.

Protokollerklärung zum 3. Abschnitt:

¹Einvernehmlich werden die Verhandlungen zur Überleitung der Entgeltsicherung bei Leistungsminderung zurückgestellt. ²Da damit die fristgerechte Überleitung bei Beschäftigten, die eine Zahlung nach §§ 25 Abs. 4, 28 Abs. 1 und 2, 28a BMT-G/BMT-G-O bzw. § 56 BAT/BAT-O erhalten, nicht sichergestellt ist, erfolgt am 1. Oktober 2005 eine Fortzahlung der bisherigen Bezüge als zu verrechnender Abschlag auf das Entgelt, das diesen Beschäftigten nach dem noch zu erzielenden künftigen Verhandlungsergebnis zusteht. ³Die in Satz 2 genannten Bestimmungen finden in ihrem jeweiligen Geltungsbereich bis zum In-Kraft-Treten einer Neuregelung weiterhin Anwendung, und zwar auch für Beschäftigte im Sinne des § 1 Abs. 2. ⁴§ 55 Abs. 2 Unterabs. 2 Satz 2 BAT, Nrn. 7 und 10 SR 2o BAT, Nr. 3 SR 2x BAT/BAT-O bleiben in ihrem bisherigen Geltungsbereich unberührt. ⁵Sollte das künftige Verhandlungsergebnis geringer als bis dahin gewährte Leistungen ausfallen, ist eine Rückforderung ausgeschlossen.

Erläuterungen

§ 16 eröffnet – neben den Abfindungsmöglichkeiten des § 11 Abs. 2 Satz 3 (siehe Erläuterungen zu § 11) und § 12 Abs. 6 (siehe Erläuterungen zu § 12 Abs. 6) die Möglichkeit, das Entgelt für bestimmte Besitzstände zu pauschalieren oder abzufinden. Ausdrücklich von dieser Möglichkeit ausgenommen sind lediglich Besitzstandszulagen für Vergütungsgruppenzulagen (siehe Erläuterungen zu § 9).

In einer nach § 16 – also am Ende des dritten Abschnitts des TVÜ – abgedruckten Protokollerklärung haben die Tarifvertragsparteien die Verhandlungen zur Überleitung der Entgeltsicherung bei Leistungsminderung einvernehmlich zurückgestellt. Bei Beschäftigten, die eine Zahlung auf der Grundlage der §§ 25, 37 MTArb/MTArb-O bzw. § 56 BAT/BAT-O erhalten, werden die bisherigen Bezüge bis zu einer entsprechenden Regelung als später zu verrechnender Abschlag gezahlt. Sollte das Verhandlungsergebnis später hinter den vorläufigen Zahlungen zurückbleiben, ist eine Rückforderung ausgeschlossen. Die Regelung des § 55 Abs. 2 Unterabs. 2 Satz 2 BAT (Ausschluss der Kündigung in bestimmten Fällen der Leistungsminderung) bleibt bestehen.

4. Abschnitt
Sonstige vom TVöD abweichende oder ihn ergänzende Bestimmungen

§ 17 Eingruppierung

(1) [1]Bis zum In-Kraft-Treten der Eingruppierungsvorschriften des TVöD (mit Entgeltordnung) gelten die §§ 22, 23, 25 BAT und Anlage 3 zum BAT, §§ 22, 23 BAT-O/BAT-Ostdeutsche Sparkassen einschließlich der Vergütungsordnung sowie die landesbezirklichen Lohngruppenverzeichnisse gemäß Rahmentarifvertrag zu § 20 BMT-G und des Tarifvertrages zu § 20 Abs. 1 BMT-G-O (Lohngruppenverzeichnis) über den 30. September 2005 hinaus fort. [2]In gleicher Weise gilt Nr. 2a SR 2x i. V. m. § 11 Satz 2 BAT/BAT-O fort. [3]Diese Regelungen finden auf übergeleitete und ab dem 1. Oktober 2005 neu eingestellte Beschäftigte im jeweiligen bisherigen Geltungsbereich nach Maßgabe dieses Tarifvertrages Anwendung. [4]An die Stelle der Begriffe Vergütung und Lohn tritt der Begriff Entgelt.

(2) Abweichend von Absatz 1
- gelten Vergütungsordnungen und Lohngruppenverzeichnisse nicht für ab dem 1. Oktober 2005 in Entgeltgruppe 1 TVöD neu eingestellte Beschäftigte,
- gilt die Vergütungsgruppe öl der Vergütungsordnung zum BAT/BAT-O/BAT-Ostdeutsche Sparkassen ab dem 1. Oktober 2005 nicht fort; die Ausgestaltung entsprechender Arbeitsverhältnisse erfolgt außertariflich,
- gilt die Entgeltordnung für Ärztinnen und Ärzte gemäß § 51 BT-K bzw. § 51 BT-B.

(3) [1]Mit Ausnahme der Eingruppierung in die Entgeltgruppe 1 und der Eingruppierung der Ärztinnen und Ärzte sind alle zwischen dem 1. Oktober 2005 und dem In-Kraft-Treten der neuen Entgeltordnung stattfindenden Eingruppierungsvorgänge (Neueinstellungen und Umgruppierungen) vorläufig und begründen keinen Vertrauensschutz und keinen Besitzstand. [2]Dies gilt nicht für Aufstiege gemäß § 8 Abs. 1 Satz 1 und 2 und Abs. 3 1. Alternative.

(4) [1]Anpassungen der Eingruppierung aufgrund des Inkrafttretens der neuen Entgeltordnung erfolgen mit Wirkung für die Zukunft. [2]Bei Rückgruppierungen, die in diesem Zusammenhang erfolgen, sind finanzielle Nachteile im Wege einer nicht dynamischen Besitzstandszulage auszugleichen, solange die Tätigkeit ausgeübt wird. [3]Die Besitzstandszulage vermindert sich nach dem 30. September 2008 bei jedem Stufenaufstieg um die Hälfte des Unterschiedsbetrages zwischen der bisherigen und der neuen Stufe; bei Neueinstellungen (§ 1 Abs. 2) vermindert sich die Besitzstandszulage jeweils um den vollen Unterschiedsbetrag. [4]Die Grundsätze korrigierender Rückgruppierung bleiben unberührt.

§ 17 VKA I.2 — Eingruppierung

Protokollerklärung zu Absatz 4:
Dies gilt auch im Hinblick auf die Problematik des § 2 Abs. 4 des Rahmentarifvertrages zu § 20 Abs. 1 BMT-G (Eckeingruppierung in Lohngruppe 5 Fallgruppe 1 im Bereich des Kommunalen Arbeitgeberverbandes Nordrhein-Westfalen) mit folgenden Maßgaben:
- Neueinstellungen werden anstelle der Entgeltgruppe 5 zunächst der Entgeltgruppe 6 zugeordnet.
- Über deren endgültige Zuordnung werden im Rahmen der Verhandlungen über die neue Entgeltordnung entschieden, die insoweit zunächst auf landesbezirklicher Ebene geführt werden.

(5) [1]Bewährungs-, Fallgruppen- und Tätigkeitsaufstiege gibt es ab dem 1. Oktober 2005 nicht mehr; §§ 8 und 9 bleiben unberührt. [2]Satz 1 gilt auch für Vergütungsgruppenzulagen, es sei denn, dem Tätigkeitsmerkmal einer Vergütungsgruppe der Vergütungsordnung (Anlage 1a zum BAT) ist eine Vergütungsgruppenzulage zugeordnet, die unmittelbar mit Übertragung der Tätigkeit zusteht; bei Übertragung einer entsprechenden Tätigkeit wird diese bis zum In-Kraft-Treten der neuen Entgeltordnung unter den Voraussetzungen des bisherigen Tarifrechts als Besitzstandszulage in der bisherigen Höhe gezahlt; § 9 Abs. 4 gilt entsprechend.

(6) In der Zeit zwischen dem 1. Oktober 2005 und dem In-Kraft-Treten der neuen Entgeltordnung erhalten Beschäftigte, denen ab dem 1. Oktober 2005 eine anspruchsbegründende Tätigkeit übertragen wird, eine persönliche Zulage, die sich betragsmäßig nach der entfallenen Techniker-, Meister- und Programmiererzulage bemisst, soweit die Anspruchsvoraussetzungen nach bisherigem Tarifrecht erfüllt sind.

(7) [1]Für Eingruppierungen zwischen dem 1. Oktober 2005 und dem In-Kraft-Treten der neuen Entgeltordnung werden die Vergütungsgruppen der Vergütungsordnung (Anlage 1a) und die Lohngruppen der Lohngruppenverzeichnisse gemäß Anlage 3 den Entgeltgruppen des TVöD zugeordnet. [2]In den Fällen des § 16 (VKA) Abs. 2a TVöD kann die Eingruppierung unter Anwendung der Anlage 1 in die in dem unmittelbar vorhergehenden Arbeitsverhältnis gemäß § 4 Abs. 1 i. V. m. Anlage 1 TVÜ-VKA, § 8 Abs. 1 und 3 oder durch vergleichbare Regelungen erworbene Entgeltgruppe erfolgen, sofern das unmittelbar vorhergehende Arbeitsverhältnis vor dem 1. Oktober 2005 begründet worden ist. [3]Absatz 1 Satz 2 bleibt unberührt.

Protokollerklärung zu § 17 Abs. 7 Satz 2:
Im vorhergehenden Arbeitsverhältnis noch nicht vollzogene Bewährungs-, Tätigkeits- oder Zeitaufstiege werden in dem neuen Arbeitsverhältnis nicht weitergeführt.

Protokollerklärung zu Absatz 7:
Die Protokollerklärung zu § 4 Abs. 1 gilt entsprechend für übergeleitete und ab dem 1. Oktober 2005 neu eingestellte Pflegekräfte.

Eingruppierung § 17 VKA I.2

(8) ¹Beschäftigte, die zwischen dem 1. Oktober 2005 und dem In-Kraft-Treten der neuen Entgeltordnung in Entgeltgruppe 13 eingruppiert werden und die nach der Vergütungsordnung (Anlage 1a) in Vergütungsgruppe II BAT/BAT-O/BAT-Ostdeutsche Sparkassen mit fünf- bzw. sechsjährigem Aufstieg nach Vergütungsgruppe Ib BAT/BAT-O/BAT-Ostdeutsche Sparkassen eingruppiert wären, erhalten bis zum In-Kraft-Treten der neuen Entgeltordnung eine persönliche Zulage in Höhe des Unterschiedsbetrages zwischen dem Entgelt ihrer Stufe nach Entgeltgruppe 13 und der entsprechenden Stufe der Entgeltgruppe 14. ²Von Satz 1 werden auch Fallgruppen der Vergütungsgruppe Ib BAT/BAT-O/BAT-Ostdeutsche Sparkassen erfasst, deren Tätigkeitsmerkmale eine bestimmte Tätigkeitsdauer voraussetzen. ³Die Sätze 1 und 2 gelten auch für Beschäftigte im Sinne des § 1 Abs. 2.

Niederschriftserklärung zu § 17 Abs. 8:
Mit dieser Regelung ist keine Entscheidung über die Zuordnung und Fortbestand/Besitzstand der Zulage im Rahmen der neuen Entgeltordnung verbunden.

(9) ¹Bis zum In-Kraft-Treten der Eingruppierungsvorschriften des TVöD gelten für Vorarbeiter/innen und Vorhandwerker/innen, Fachvorarbeiter/innen und vergleichbare Beschäftigte die bisherigen landesbezirklichen Regelungen und die Regelungen in Anlage 3 Teil I. des Tarifvertrages zu § 20 Abs. 1 BMT-G-O (Lohngruppenverzeichnis) im bisherigen Geltungsbereich fort; dies gilt auch für Beschäftigte im Sinne des § 1 Abs. 2. ²Satz 1 gilt für Lehrgesellen/innen entsprechend, soweit hierfür besondere tarifliche Regelungen vereinbart sind. ³Ist anlässlich der vorübergehenden Übertragung einer höherwertigen Tätigkeit im Sinne des § 14 TVöD zusätzlich eine Tätigkeit auszuüben, für die nach bisherigem Recht ein Anspruch auf Zahlung einer Zulage für Vorarbeiter/innen und Vorhandwerker/innen, Fachvorarbeiter/innen und vergleichbare Beschäftigte oder Lehrgesellen/innen besteht, erhält die/der Beschäftigte abweichend von den Sätzen 1 und 2 sowie von § 14 Abs. 3 TVöD anstelle der Zulage nach § 14 TVöD für die Dauer der Ausübung sowohl der höherwertigen als auch der zulagenberechtigenden Tätigkeit eine persönliche Zulage in Höhe von 10 v. H. ihres/seines Tabellenentgelts.

Protokollerklärung zu Absatz 9 Satz 1 und 2 (ab 1.1.2008):
¹Die Zulage für Vorarbeiter/innen und Vorhandwerker/innen, Fachvorarbeiter/innen und vergleichbare Beschäftigte oder Lehrgesellen/innen erhöht sich ab 1. Januar 2008 (im Tarifgebiet Ost ab 1. April 2008) um 3,1 v. H., für Beschäftigte, die unter den Geltungsbereich des BT-K fallen, um 1,6 v. H. ²Abweichende Regelungen in landesbezirklichen Tarifverträgen bleiben unberührt.

Protokollerklärung zu Absatz 9 Satz 1 und 2 (ab 1.1.2009):
¹Die Zulage für Vorarbeiter/innen und Vorhandwerker/innen, Fachvorarbeiter/innen und vergleichbare Beschäftigte oder Lehrgesellen/innen erhöht sich ab 1. Januar 2009 um 2,8 v. H. ²Für Beschäftigte, die unter den Geltungsbereich des BT-K fallen, gelten ab 1. Januar 2009 die für die übrigen Beschäftigten geltenden Beträge. ³Abweichende Regelungen in landesbezirklichen Tarifverträgen bleiben unberührt.

§ 17 VKA I.2 — Eingruppierung

(10) Die Absätze 1 bis 9 gelten für besondere tarifvertragliche Vorschriften über die Eingruppierungen entsprechend.

Protokollerklärung zu § 17:
Die Tarifvertragsparteien sind sich darin einig, dass in der noch zu verhandelnden Entgeltordnung die bisherigen unterschiedlichen materiellen Wertigkeiten aus Fachhochschulabschlüssen (einschließlich Sozialpädagogen/innen und Ingenieuren/innen) auf das Niveau der vereinbarten Entgeltwerte der Entgeltgruppe 9 ohne Mehrkosten (unter Berücksichtigung der Kosten für den Personenkreis, der nach der Übergangsphase nicht mehr in eine höhere bzw. niedrigere Entgeltgruppe eingruppiert ist) zusammengeführt werden; die Abbildung von Heraushebungsmerkmalen oberhalb der Entgeltgruppe 9 bleibt davon unberührt.

Erläuterungen

Mit den Regelungen des Vierten Abschnitts (das sind die §§ 17 bis 24) tragen die Tarifpartner dem Umstand Rechnung, dass der TVöD im Wesentlichen zum 1. Oktober 2005 in Kraft tritt, die Überleitung des vorhandenen Personals zu diesem Zeitpunkt erfolgt, neu Eingestellte einer Entgeltgruppe zuzuordnen sind, aber die Eingruppierungsvorschriften des TVöD und eine neue Entgeltordnung noch nicht vereinbart worden sind.

Zu § 17 Abs. 1

Nach Absatz 1 gelten die bisherigen Bestimmungen über die Eingruppierung der Angestellten und Einreihung der Arbeiter grundsätzlich fort[1])

Zu § 17 Abs. 2

Der in Absatz 1 vereinbarte Grundsatz der Weitergeltung des bisherigen Rechts gilt gemäß Absatz 2 der Vorschrift nicht für die ab dem 1. Oktober 2005 in die Entgeltgruppe 1 neu eingestellten Beschäftigten, die ehemaligen Angestellten der Vergütungsgruppe I BAT/BAT-O, die ab dem 1. Oktober 2005 zu außertariflichen Bedingungen weiterbeschäftigt werden und die unter § 51 BT-K bzw. § 51 BT-B fallenden Ärzte.

Zu § 17 Abs. 3

Abgesehen von den Einstellungen in die neue Entgeltgruppe 1 und von Ärzten erfolgen grundsätzlich alle zwischen dem 1. Oktober 2005 und dem Inkrafttreten einer neuen Entgeltordnung stattfindenden

---

[1]) Die §§ 22, 23 BAT sind als Anhang abgedruckt; die Vergütungsordnung zum BAT ist unter **IV** abgedruckt

Eingruppierungs- und Einreihungsvorgänge – sei es im Wege der Umgruppierung als auch bei Neueinstellungen – vorläufig. Vertrauensschutz bzw. Besitzstände werden dadurch nicht begründet. Lediglich die Höhergruppierungen aufgrund besitzstandsweise vollzogener Bewährungsaufstieg im Sinne des § 8 Abs. 1 Satz 1 und 2 (siehe Erläuterungen zu § 8 Abs. 1) bzw. Abs. 3 erfolgen nicht vorläufig (Satz 2).

Zu § 17 Abs. 4

In Absatz 4 wird klargestellt, dass Anpassungen der Eingruppierung aufgrund einer neuen Entgeltordnung mit Wirkung für die Zukunft – also für den Zeitraum nach deren Inkrafttreten – erfolgen. Das bedeutet, dass Zahlungen für davor liegende Zeiträume nicht mehr aufgegriffen werden. Sofern Rückgruppierungen erfolgen, sind Nachteile durch eine nicht dynamische Besitzstandszulage für den Zeitraum der Ausübung der Tätigkeit abzufangen. Dabei wird unterschieden zwischen den übergeleiteten Beschäftigten (Abbau der Besitzstandszulage bei Stufenaufstiegen nach dem 30. September 2008 in Höhe der Hälfte des jeweiligen Steigerungsbetrages) und nach dem 1. Oktober 2005 neu Eingestellten (statt hälftiger Anrechnung der Stufensteigerung Vollanrechnung des jeweiligen Steigerungsbetrages). Nach Satz 4 der Vorschrift bleiben die Grundsätze korrigierender Rückgruppierung unberührt. Dieser Fall kann aber nur gegeben sein, wenn die vorläufige Zuordnung zu einer Entgeltgruppe bereits auf der Grundlage des in diesem Zeitpunkt geltenden Rechts fehlerhaft war (also Bearbeitungsfehler vorlagen).

Zu § 17 Abs. 5

Absatz 5 bestimmt, dass es – abgesehen von den in Folge der Besitzstandsregeln der §§ 8 und 9 erfolgten Aufstiege – ab dem 1. Oktober 2005 keine Aufstiege mehr gibt (Satz 1). Vergütungsgruppenzulagen kommen nach Satz 2 ebenfalls nicht mehr in Betracht – es sei denn, die Vergütungsgruppenzulage steht nach den Regeln der Vergütungsordnung bereits unmittelbar bei Übertragung der Tätigkeit (und nicht erst nach Bewährung) zu. In diesem Fall wird die Vergütungsgruppenzulage bis zum Inkrafttreten der neuen Entgeltordnung gezahlt. § 9 Abs. 4 gilt entsprechend; somit ist auch diese Zulage dynamisch und wird so lange gezahlt, wie die anspruchsbegründende Tätigkeit ununterbrochen ausgeübt wird und die sonstigen Voraussetzungen für eine Vergütungsgruppenzulage bestehen (siehe Erläuterungen zu § 9 Abs. 1).

§ 17 VKA I.2 — Eingruppierung

Zu § 17 Abs. 6

Diese Vorschrift korrespondiert mit der Regelung in der Protokollerklärung zu § 5 Abs. 2 Satz 3 (siehe Erläuterungen zu § 5 Abs. 2) und bestimmt, dass auch Beschäftigten, denen nach dem 1. Oktober 2005 eine anspruchsberechtigende Tätigkeit übertragen wird, bis zum Inkrafttreten der neuen Entgeltordnung eine entsprechende Zulage gezahlt wird.

Zu § 17 Abs. 7

Für die Eingruppierungsvorgänge zwischen dem 1. Oktober 2005 und dem Inkrafttreten der neuen Entgeltordnung gilt gemäß Absatz 7 die eigenständige Zuordnungsregelung der Anlage 3 zum TVÜ.

Mit dem im Zuge des 2. Änderungstarifvertrages vom 31. März 2008 eingefügten neuen Satz 2 haben die Tarifpartner bestimmt, dass in den Fällen des § 16 Abs. 2a TVöD die beim vorangegangenen Arbeitgeber im Wege der Überleitung ermittelte Entgeltgruppe beibehalten werden kann. § 16 Abs. 2a TVöD erfasst die Fälle, in denen Beschäftigte im unmittelbaren Anschluss an ein Beschäftigungsverhältnis im öffentlichen Dienst oder bei einem anderen den TVöD anwendenden Arbeitgeber eingestellt werden.

Im Gleichklang zur Regelung des § 16 Abs. 2a TVöD ist auch die Regelung des § 17 Abs. 7 Satz 2 TVÜ als „Kann-Regelung" ausgestaltet, die in das Ermessen des Arbeitgebers gestellt ist.

Zu § 17 Abs. 8

Absatz 8 bestimmt, dass Angestellte der Vergütungsgruppe II BAT/BAT-O mit fünf- oder sechsjährigem Aufstieg nach Vergütungsgruppe Ib BAT/BAT-O sowie Angestellte der Vergütungsgruppe Ib BAT/BAT-O, deren Tätigkeitsmerkmale eine bestimmte Tätigkeitsdauer voraussetzen, eine Zulage in Höhe des Unterschiedsbetrages zwischen den Entgeltgruppen 14 und 13 erhalten. Nach der Niederschriftserklärung dazu soll durch diese Regelung keine Entscheidung über die Eingruppierung im Rahmen der neuen Entgeltordnung verbunden sein.

Zu § 17 Abs. 9

Nach Maßgabe des Absatzes 9 gelten die bisherigen Regelungen für Vorarbeiter/Handwerker bis zum Inkrafttreten der neuen Entgeltordnung fort. Wurden vorübergehend höherwertige Tätigkeiten übertragen, die nach altem Recht einen Anspruch auf Zahlung einer Vorarbeiter-, Vorhandwerker- oder Lehrgesellenzulage auslösten, so erhält der Betroffene – abweichend von § 14 TVöD – eine Zulage in Höhe von 10 % seines Tabellenentgelts. Dadurch ist sowohl die höherwertige Tätigkeit als auch die Vorarbeitertätigkeit etc. abgegolten. Durch die im Rahmen des 2. Änderungstarifvertrages vom 31. März 2008 vereinbarte Protokollerklärung haben die Tarifpartner eine Teilhabe der Vorarbeiter-/Handwerkerzulage an der zum 1. Januar (Tarifgebiet West) bzw. 1. April (Tarifgebiet Ost) 2008 sowie zum 1. Januar 2009 beschlossenen Entgelterhöhung sichergestellt.

Zu § 17 Abs. 10

Gemäß Absatz 10 gelten die Vorschriften der Absätze 1 bis 9 für „besondere tarifvertragliche Vorschriften über die Eingruppierung" entsprechend. Was sie darunter verstehen, haben die Tarifpartner nicht näher beschrieben.

I.2 VKA § 17 Anhang 1: Auszug BAT

Bundes-Angestelltentarifvertrag (Bund, Länder, Gemeinden) (BAT)

Vom 23. Februar 1961 (GMBl. S. 137)

Zuletzt geändert durch
78. Tarifvertrag zur Änderung des Bundes-Angestelltentarifvertrages vom 31. Januar 2003 (GMBl. S. 392)

– Auszug –

Abschnitt VI
Eingruppierung

§ 22 Eingruppierung

(1) Die Eingruppierung der Angestellten richtet sich nach den Tätigkeitsmerkmalen der Vergütungsordnung (Anlagen 1a und 1b). Der Angestellte erhält Vergütung nach der Vergütungsgruppe, in der er eingruppiert ist.

(2) Der Angestellte ist in der Vergütungsgruppe eingruppiert, deren Tätigkeitsmerkmalen die gesamte von ihm nicht nur vorübergehend auszuübende Tätigkeit entspricht.

Die gesamte auszuübende Tätigkeit entspricht den Tätigkeitsmerkmalen einer Vergütungsgruppe, wenn zeitlich mindestens zur Hälfte Arbeitsvorgänge anfallen, die für sich genommen die Anforderungen eines Tätigkeitsmerkmals oder mehrerer Tätigkeitsmerkmale dieser Vergütungsgruppe erfüllen. Kann die Erfüllung einer Anforderung in der Regel erst bei der Betrachtung mehrerer Arbeitsvorgänge festgestellt werden (z. B. vielseitige Fachkenntnisse), sind diese Arbeitsvorgänge für die Feststellung, ob diese Anforderung erfüllt ist, insoweit zusammen zu beurteilen.

Werden in einem Tätigkeitsmerkmal mehrere Anforderungen gestellt, gilt das in Unterabsatz 2 Satz 1 bestimmte Maß, ebenfalls bezogen auf die gesamte auszuübende Tätigkeit für jede Anforderung.

Ist in einem Tätigkeitsmerkmal ein von Unterabsatz 2 oder 3 abweichendes zeitliches Maß bestimmt, gilt dieses.

Ist in einem Tätigkeitsmerkmal als Anforderung eine Voraussetzung in der Person des Angestellten bestimmt, muß auch diese Anforderung erfüllt sein.

Protokollnotizen zu Absatz 2:

1. Arbeitsvorgänge sind Arbeitsleistungen (einschließlich Zusammenhangsarbeiten), die, bezogen auf den Aufgabenkreis des Angestellten, zu einem bei natürlicher Betrachtung abgrenzbaren Arbeitsergebnis führen (z. B. unterschriftsreife Bearbeitung eines Aktenvorgangs, Erstellung eines EKG, Fertigung einer Bauzeichnung, Eintragung in das Grundbuch, Konstruktion einer Brücke oder eines Brückenteils, Bearbeitung eines Antrags auf Wohngeld, Festsetzung einer Leistung nach dem Bundessozialhilfegesetz). Jeder einzelne Arbeitsvorgang ist als solcher zu bewerten und darf dabei hinsichtlich der Anforderungen zeitlich nicht aufgespalten werden.
2. Eine Anforderung im Sinne des Unterabsatzes 2 ist auch das in einem Tätigkeitsmerkmal geforderte Herausheben der Tätigkeit aus einer niedrigeren Vergütungsgruppe.

(3) Die Vergütungsgruppe des Angestellten ist im Arbeitsvertrag anzugeben.

§ 23 Eingruppierung in besonderen Fällen

Ist dem Angestellten eine andere, höherwertige Tätigkeit nicht übertragen worden, hat sich aber die ihm übertragene Tätigkeit (§ 22 Abs. 2 Unterabs. 1) nicht nur vorübergehend derart geändert, daß sie den Tätigkeitsmerkmalen einer höheren als seiner bisherigen Vergütungsgruppe entspricht (§ 22 Abs. 2 Unterabs. 2 bis 5), und hat der Angestellte die höherwertige Tätigkeit ununterbrochen sechs Monate lang ausgeübt, ist er mit Beginn des darauffolgenden Kalendermonats in der höheren Vergütungsgruppe eingruppiert. Für die zurückliegenden sechs Kalendermonate gilt § 24 Abs. 1 sinngemäß.

Ist die Zeit der Ausübung der höherwertigen Tätigkeit durch Urlaub, Arbeitsbefreiung, Arbeitsunfähigkeit, Kur- oder Heilverfahren oder Vorbereitung auf eine Fachprüfung für die Dauer von insgesamt nicht mehr als sechs Wochen unterbrochen worden, wird die Unterbrechungszeit in die Frist von sechs Monaten eingerechnet. Bei einer längeren Unterbrechung oder bei einer Unterbrechung aus anderen Gründen beginnt die Frist nach der Beendigung der Unterbrechung von neuem.

Wird dem Angestellten vor Ablauf der sechs Monate wieder eine Tätigkeit zugewiesen, die den Tätigkeitsmerkmalen seiner bisherigen Vergütungsgruppe entspricht, gilt § 24 Abs. 1 sinngemäß.

§ 18 VKA I.2 — Vorübergehende höherwertige Tätigkeit

§ 18 Vorübergehende Übertragung einer höherwertigen Tätigkeit nach dem 30. September 2005

(1) [1]Wird aus dem Geltungsbereich des BAT/BAT-O/BAT-Ostdeutsche Sparkassen übergeleiteten Beschäftigten in der Zeit zwischen dem 1. Oktober 2005 und dem 30. September 2007 erstmalig außerhalb von § 10 eine höherwertige Tätigkeit vorübergehend übertragen, findet der TVöD Anwendung. [2]Ist die/der Beschäftigte in eine individuelle Zwischenstufe übergeleitet worden, gilt für die Bemessung der persönlichen Zulage § 6 Abs. 2 Satz 1 und 2 entsprechend. [3]Bei Überleitung in eine individuelle Endstufe gilt § 6 Abs. 4 Satz 2 entsprechend. [4]In den Fällen des § 6 Abs. 5 bestimmt sich die Höhe der Zulage nach § 14 TVöD.

(2) Wird aus dem Geltungsbereich des BMT-G/BMT-G-O übergeleiteten Beschäftigten nach dem 30. September 2005 erstmalig außerhalb von § 10 eine höherwertige Tätigkeit vorübergehend übertragen, gelten bis zum In-Kraft-Treten eines Tarifvertrages über eine persönliche Zulage die bisherigen bezirklichen Regelungen gemäß § 9 Abs. 3 BMT-G und nach Anlage 3 Teil I. des Tarifvertrages zu § 20 Abs. 1 BMT-G-O (Lohngruppenverzeichnis) im bisherigen Geltungsbereich mit der Maßgabe entsprechend, dass sich die Höhe der Zulage nach dem TVöD richtet, soweit sich aus § 17 Abs. 9 Satz 3 nichts anderes ergibt.

(3) Bis zum In-Kraft-Treten der Eingruppierungsvorschriften des TVöD gilt – auch für Beschäftigte im Sinne des § 1 Abs. 2 – § 14 TVöD mit der Maßgabe, dass sich die Voraussetzungen für die übertragene höherwertige Tätigkeit nach § 22 Abs. 2 BAT/BAT-O bzw. den entsprechenden Regelungen für Arbeiter bestimmen.

(4) Die Absätze 1 und 3 gelten in Fällen des § 2 der Anlage 3 zum BAT entsprechend. An die Stelle der Begriffe Grundvergütung, Vergütungsgruppe und Vergütung treten die Begriffe Entgelt und Entgeltgruppe.

Niederschriftserklärungen zu § 18:

1. [1]Abweichend von der Grundsatzregelung des TVöD über eine persönliche Zulage bei vorübergehender Übertragung einer höherwertigen Tätigkeit ist durch einen landesbezirklichen Tarifvertrag im Rahmen eines Katalogs, der die hierfür in Frage kommenden Tätigkeiten aufführt, zu bestimmen, dass die Voraussetzung für die Zahlung einer persönlichen Zulage bereits erfüllt ist, wenn die vorübergehend übertragene Tätigkeit mindestens drei Arbeitstage angedauert hat und der/die Beschäftigte ab dem ersten Tag der Vertretung in Anspruch genommen ist. [2]Die landesbezirklichen Tarifverträge sollen spätestens am 1. Juli 2007 in Kraft treten.
2. Die Niederschriftserklärung zu § 10 Abs. 1 und 2 gilt entsprechend.

Erläuterungen

Diese Vorschrift ergänzt § 10 (siehe dort) und trifft Regelungen für die vorübergehende (oder vertretungsweise – siehe Ziffer 2 der Nieder-

Vorübergehende höherwertige Tätigkeit § 18 VKA I.2

schriftserklärung) Übertragung höherwertiger Tätigkeiten nach dem 1. Oktober 2005 (§ 10 regelt die Fälle vorheriger Übertragung entsprechender Tätigkeiten).

Zu § 18 Abs. 1

Absatz 1 bestimmt, dass bei ehemaligen, zum 1. Oktober 2005 in den TVöD übergeleiteten Angestellten, denen nach dem 1. Oktober 2005 erstmals eine höherwertige Tätigkeit übertragen wird, der TVöD anzuwenden ist (Satz 1).

Besonderheiten gelten nach den Sätzen 2 und 3 allerdings für Beschäftigte, die in eine individuelle Zwischen- oder Endstufe übergeleitet wurden.

Bei Beschäftigten, die mit einer individuellen Zwischenstufe in eine der Entgeltgruppen 2 bis 8 übergeleitet worden sind, wird die persönliche Zulage abweichend von § 14 Abs. 3 Satz 2 TVöD nicht prozentual bestimmt. Sie errechnet sich nach dem Unterschiedsbetrag zwischen dem Vergleichsentgelt und dem Betrag, der sich für den Beschäftigten bei dauerhafter Übertragung der höherwertigen Tätigkeit nach § 17 Abs. 4 Satz 1 und 2 TVöD ergeben würde. Ggf. kommt der Garantiebetrag zum Tragen.

Bei Überleitung in eine individuellen Zwischenstufe der Entgeltgruppen 9 bis 15 gibt es dagegen keine Besonderheiten: Die persönliche Zulage bemisst sich aus dem Unterschiedsbetrag zwischen dem Vergleichsentgelt und dem Betrag, der sich für den Beschäftigten bei dauerhafter Übertragung der höherwertigen Tätigkeit nach § 17 Abs. 4 Satz 1 und 2 TVöD ergeben würde; ggf. einschließlich Garantiebetrag.

Rückt der Beschäftigte aus einer individuellen Zwischenstufe zum 1. Oktober 2007 in die nächsthöhere reguläre Stufe seiner Entgeltgruppe auf (§ 6 Abs. 1 Satz 2 TVÜ), ist die persönliche Zulage – wie bei jedem anderen Stufenaufstieg – anhand des höheren Tabellenentgelts neu zu bemessen.

Satz 3 regelt die Bemessung der Zulage bei Überleitung in eine individuelle Endstufe und verweist insoweit auf die Regelung des § 6 Abs. 4 Satz 2 (es wird also wie bei einer Höhergruppierung aus einer individuellen Endstufe verfahren – siehe Erläuterungen zu § 6 Abs. 4).

Satz 4 bestimmt die Zahlung einer Zulage für die Angestellten, die der Stufe 2 als Mindeststufe gemäß § 6 Abs. 5 zugeordnet worden sind (siehe Erläuterungen zu § 6 Abs. 5). Hier bestimmt sich die Zulage nach den Vorschriften des § 14 TVöD.

§ 18 VKA I.2 Vorübergehende höherwertige Tätigkeit

Zu § 18 Abs. 2

Absatz 2 bestimmt, dass bei ehemaligen, zum 1. Oktober 2005 in den TVöD übergeleiteten Arbeitern, denen nach dem 1. Oktober 2005 erstmals eine höherwertige Tätigkeit übertragen wird, die bisherigen Regeln des MTArb/MTArb-O anzuwenden sind. Lediglich die Höhe der Zulage bestimmt sich nach den Regeln des TVöD.

Zu § 18 Abs. 3

Nach Absatz 3 ist die höherwertige Tätigkeit für die Prüfung der Voraussetzungen der Regelungen des TVöD zur vorübergehenden Übertragung höherwertiger Tätigkeiten bis zum Inkrafttreten der neuen Eingruppierungsvorschriften nach den bisherigen Vorschriften des BAT/MTArb (z. B. § 22 Abs. 2 BAT) zu bestimmen.

Zu § 18 Abs. 4

Absatz 4 erweitert die Regelungen der Absätze 1 bis 3 insoweit, als dass die für Zulagen für vorübergehend ausgeübte höherwertige Tätigkeit geltenden Grundsätze auch in den Fällen des § 2 der Anlage 3 zum BAT zu beachten sind (dort sind Zulagen an Angestellte im kommunalen Verwaltungs- und Kassendienst sowie im Sparkassendienst während Ausbildungs-/Prüfungszeiten geregelt).

Zur Niederschriftserklärung

Die Niederschriftserklärung Nr. 1 enthält den Auftrag, durch einen spätestens zum 1. Juli 2007 in Kraft tretenden Tarifvertrag zu bestimmen, in welchen zu katalogisierenden Tätigkeiten eine Zulage bereits nach einer Frist von drei Tagen (statt einem Monat) gezahlt wird.

§ 19 Entgeltgruppen 2 Ü und 15 Ü, Anwendung der Entgelttabelle auf Lehrkräfte

(1) Zwischen dem 1. Oktober 2005 und dem Inkrafttreten der neuen Entgeltordnung gelten für Beschäftigte, die in die Entgeltgruppe 2 Ü übergeleitet worden sind oder in die Lohngruppe 1 mit Aufstieg nach 2 und 2a oder in die Lohngruppe 2 mit Aufstieg nach 2a eingestellt worden sind oder werden, ab 1. Januar 2008 folgende Tabellenwerte:

Stufe 1	Stufe 2	Stufe 3	Stufe 4	Stufe 5	Stufe 6
1.601,14	1.773,32	1.835,18	1.917,66	1.974,37	2.016,64

Protokollerklärung zu Absatz 1:
Für Beschäftigte, die unter den Geltungsbereich des BT-K fallen, gelten für die Zeit vom 1. Januar 2008 bis 31. Dezember 2008 abweichend von Absatz 1 folgende Tabellenwerte:

Stufe 1	Stufe 2	Stufe 3	Stufe 4	Stufe 5	Stufe 6
1.577,85	1.747,52	1.808,48	1.889,76	1.945,64	1.987,30

(2) ¹Übergeleitete Beschäftigte der Vergütungsgruppe I BAT/BAT-O/BAT-Ostdeutsche Sparkassen unterliegen dem TVöD. ²Sie werden in die Entgeltgruppe 15 Ü übergeleitet. ³Für sie gelten ab 1. Januar 2008 folgende Tabellenwerte:

Stufe 2	Stufe 3	Stufe 4	Stufe 5	Stufe 6
4.515,78	5.005,51	5.469,46	5.778,76	5.850,93

⁴Die Verweildauer in den Stufen 2 bis 5 beträgt jeweils fünf Jahre.

Protokollerklärung zu Absatz 2 Satz 3:
Für Beschäftigte, die unter den Geltungsbereich des BT-K fallen, gelten für die Zeit vom 1. Januar 2008 bis 31. Dezember 2008 abweichend von Absatz 2 Satz 3 folgende Tabellenwerte:

Stufe 2	Stufe 3	Stufe 4	Stufe 5	Stufe 6
4.450,08	4.932,68	5.389,88	5.694,68	5.765,80

(3) ¹Für übergeleitete und für ab 1. Oktober 2005 neu eingestellte Lehrkräfte, die gemäß Nr. 5 der Bemerkung zu allen Vergütungsgruppen nicht unter die Anlage 1a zum BAT fallen, gilt die Entgelttabelle zum TVöD mit der Maßgabe, dass die Tabellenwerte
- der Entgeltgruppen 5 bis 8 um 64,00 Euro und
- der Entgeltgruppen 9 bis 14 um 72,00 Euro

§ 19 VKA I.2 — Entgeltgruppen 2 Ü, 15 Ü, Lehrkräfte

vermindert werden. ²Satz 1 gilt nicht für Lehrkräfte nach § 1 Abs. 1 und 2, die die fachlichen und pädagogischen Voraussetzungen für die Einstellung als Studienrat nach der Besoldungsgruppe A 13 BBesG erfüllen, und für übergeleitete Lehrkräfte, die einen arbeitsvertraglichen Anspruch auf eine allgemeine Zulage wie die unter die Anlage 1a zum BAT fallenden Angestellten haben. ³Die Beträge nach Satz 1 vermindern sich bei jeder nach dem 31. Dezember 2008 wirksam werdenden allgemeinen Tabellenanpassung in

- den Entgeltgruppen 5 bis 8 um 6,40 Euro und
- den Entgeltgruppen 9 bis 13 um 7,20 Euro.

Niederschriftserklärung zu § 19 Abs. 3
Die Tarifvertragsparteien streben für die Zeit nach dem 31. Dezember 2007 eine Harmonisierung mit den Tabellenwerden für die übrigen Beschäftigten an.

(4) Die Regelungen des TVöD über die Bezahlung im Tarifgebiet Ost gelten entsprechend.

Erläuterungen

Die Vorschrift legt die Tabellenwerte der in der Grundentgelttabelle zum TVöD noch nicht definierten Entgeltgruppen 2 Ü und 15 Ü fest. Für das Tarifgebiet Ost ist der jeweilige Bemessungsfaktor zu beachten (Absatz 3).

Zu § 19 Abs. 1

Hierunter fallen die unmittelbar in Entgeltgruppe 2 Ü übergeleiteten Beschäftigten sowie die in Lohngruppe 1 mit Aufstieg nach 2 und 2a und Lohngruppe 2 mit Aufstieg nach 2a eingestellten Beschäftigten.

Ab 1. Januar 2009 lauten die Werte in Absatz 1 wie folgt:

Stufe 1	Stufe 2	Stufe 3	Stufe 4	Stufe 5	Stufe 6
1.645,97	1.822,97	1.886,57	1.971,35	2.029,65	2.073,11

Zu § 19 Abs. 2

Hiervon werden die aus Vergütungsgruppe I BAT/BAT-O übergeleiteten Beschäftigten erfasst. Abweichend von den allgemeinen Grundsätzen beträgt die Verweildauer in den Stufen 2 bis 5 jeweils fünf Jahre. § 6 Abs. 4 (Mindeststufe) findet keine Anwendung.

Ab 1. Januar 2009 lauten die Werte in Absatz 2 wie folgt:

Stufe 2	Stufe 3	Stufe 4	Stufe 5	Stufe 6
4.642,22	5.145,66	5.622,60	5.940,57	6.014,76

Entgeltgruppen 2 Ü, 15 Ü, Lehrkräfte — § 19 VKA I.2

Zu § 19 Abs. 3

Mit der Regelung in Absatz 3 haben die Tarifpartner die nicht von der Vergütungsordnung erfassten Lehrkräfte mit in die Tabelle des TVöD einbezogen. Soweit diese Lehrkräfte nur eine geringere allgemeine Zulage nach altem Recht erhielten, mussten die Tabellenwerte nach unten korrigiert werden. Nach ihrer Niederschriftserklärung strebten Arbeitgeber und Gewerkschaften für die Zeit nach dem 31. 12. 2007 eine Harmonisierung der Tabellenwerte an. In der Lohnrunde 2008 wurde vereinbart, dass die Minderungswerte von 64 bzw. 72 Euro bei jeder nach dem 31. Dezember 2008 wirksam werdenden allgemeinen Tabellenanpassung um 6,40 bzw. 7,20 Euro verringert werden. Damit wird eine Angleichung der Tabellenwerte in zehn Stufen erreicht (siehe Satz 3 n. F. der Vorschrift).

§ 20 VKA I.2 — Jahressonderzahlung 2005/2006

§ 20 Jahressonderzahlung für die Jahre 2005 und 2006

(1) ¹Im Zeitraum vom 1. Oktober bis 31. Dezember 2005 gelten für Beschäftigte nach § 1 Abs. 1 und 2 im jeweiligen Geltungsbereich folgende Tarifverträge bzw. Tarifregelungen als den TVöD ergänzende Tarifverträge bzw. Tarifregelungen:

a) Tarifvertrag über eine Zuwendung für Angestellte vom 12. Oktober 1973,
b) Tarifvertrag über eine Zuwendung für Angestellte (TV Zuwendung Ang-O) vom 10. Dezember 1990,
c) Tarifvertrag über eine Zuwendung für Angestellte (TV Zuwendung Ang-Ostdeutsche Sparkassen) vom 25. Oktober 1990,
d) Tarifvertrag über eine Zuwendung für Arbeiter vom 12. Oktober 1973,
e) Tarifvertrag über eine Zuwendung für Arbeiter (TV Zuwendung Arb-O) vom 10. Dezember 1990,
f) Nr. 7 des Tarifvertrages über die Anwendung von Tarifverträgen auf Arbeiter (TV Arbeiter-Ostdeutsche Sparkassen) vom 25. Oktober 1990.

²Die unter Buchst. a bis f aufgezählten Tarifverträge bzw. Tarifregelungen finden auf Beschäftigte, die unter den Geltungsbereich des TVöD fallen, nach dem 31. Dezember 2005 keine Anwendung mehr.

(2) Im Zeitraum vom 1. Oktober bis 31. Dezember 2005 gelten für Beschäftigte nach § 1 Abs. 1 und 2 im bisherigen Geltungsbereich Nr. 5 SR 2s BAT und Nr. 5 SR 2s BAT-Ostdeutsche Sparkassen als den TVöD ergänzende Regelung mit der Maßgabe, dass Bemessungsgrundlage für die Überstundenpauschvergütung das Vergleichsentgelt (§ 5) zuzüglich einer etwaigen Besitzstandszulage nach § 9 und der kinderbezogenen Entgeltbestandteile gemäß § 11 ist.

(3) Die mit dem Entgelt für den Monat November 2006 zu gewährende Jahressonderzahlung berechnet sich für Beschäftigte nach § 1 Abs. 1 und 2 nach den Bestimmungen des § 20 TVöD mit folgenden Maßgaben:

1. Der Bemessungssatz der Jahressonderzahlung beträgt in allen Entgeltgruppen
   a) bei Beschäftigten, für die nach dem TVöD die Regelungen des Tarifgebiets West Anwendung finden, 82,14 v. H.
   b) bei Beschäftigten, für die nach dem TVöD die Regelungen des Tarifgebiets Ost Anwendung finden, 61,60 v. H.

2. ¹Der sich nach Nr. 1 ergebende Betrag der Jahressonderzahlung erhöht sich um einen Betrag in Höhe von 255,65 Euro. ²Bei Beschäftigten, für die nach dem TVöD die Regelungen des Tarifgebiets West Anwendung finden und denen am 1. Juli 2006 Entgelt nach einer der Entgeltgruppen 1 bis 8 zusteht, erhöht sich dieser Zusatzbetrag auf 332,34 Euro. ³Satz 2 gilt entsprechend bei Beschäftigten – auch für Beschäftigte nach § 1 Abs. 2 – im Tarifgebiet West, denen bei Weitergeltung des BAT Grundvergütung nach der Vergütungsgruppen Kr. VI zugestanden hätte. ⁴Teilzeitbeschäftigte erhalten von dem Zusatzbetrag nach Satz 1 oder 2 den Teil, der dem Anteil ihrer Arbeitszeit an der Arbeitszeit vergleichbarer Vollzeitbeschäf-

tigter entspricht. [5]Der Zusatzbetrag nach den Sätzen 1 bis 3 ist kein zusatzversorgungspflichtiges Entgelt.

3. Der sich nach Nr. 1 ergebende Betrag der Jahressonderzahlung erhöht sich für jedes Kind, für das Beschäftigte im September 2006 kinderbezogene Entgeltbestandteile gemäß § 11 erhalten, um 25,56 Euro.

(4) Absatz 3 gilt nicht für Sparkassen.

Erläuterungen

§ 20 trifft Regelungen über die Jahressonderzahlungen 2005 und 2006 im Bereich der Kommunen. Dies ist mittlerweile ohne praktische Bedeutung.

§ 21 VKA I.2 — Einmalzahlungen 2006/2007

§ 21 Einmalzahlungen für 2006 und 2007

(1) Die von § 1 Abs. 1 und 2 erfassten Beschäftigten im Tarifgebiet West erhalten für die Jahre 2006 und 2007 jeweils eine Einmalzahlung in Höhe von 300 Euro, die in zwei Teilbeträgen in Höhe von jeweils 150 Euro mit den Bezügen für die Monate April und Juli der Jahre 2006 und 2007 ausgezahlt wird.

(2) [1]Der Anspruch auf die Teilbeträge nach Absatz 1 besteht, wenn die/der Beschäftigte an mindestens einem Tag des jeweiligen Fälligkeitsmonats Anspruch auf Bezüge (Entgelt, Urlaubsentgelt oder Entgelt im Krankheitsfall) gegen einen Arbeitgeber im Sinne des § 1 Abs. 1 hat; dies gilt auch für Kalendermonate, in denen nur wegen der Höhe der Barleistungen des Sozialversicherungsträgers Krankengeldzuschuss nicht gezahlt wird. [2]Die jeweiligen Teilbeträge werden auch gezahlt, wenn die Beschäftigte wegen der Beschäftigungsverbote nach § 3 Abs. 2 und § 6 Abs. 1 des Mutterschutzgesetzes in dem jeweiligen Fälligkeitsmonat keine Bezüge erhalten hat.

(3) [1]Nichtvollbeschäftigte erhalten den jeweiligen Teilbetrag der Einmalzahlung, der dem Verhältnis der mit ihnen vereinbarten durchschnittlichen Arbeitszeit zu der regelmäßigen wöchentlichen Arbeitszeit eines entsprechenden Vollbeschäftigten entspricht. [2]Maßgebend sind die jeweiligen Verhältnisse am 1. April bzw. 1. Juli.

(4) Die Einmalzahlungen sind bei der Bemessung sonstiger Leistungen nicht zu berücksichtigen.

(5) [1]Absätze 1 bis 4 gelten für das Jahr 2006 auch für Beschäftigte im Tarifgebiet West, die gem. § 2 Abs. 1 Buchst. d und e TVöD (Ausschluss von Versorgungsbetrieben, in Nahverkehrsbetrieben und in der Wasserwirtschaft in Nordrhein-Westfalen) vom Geltungsbereich des TVöD ausgenommen sind und wenn auf sie nicht der TV-V, TV-WW/NW oder ein TV-N Anwendung findet. [2]Gleiches gilt für das Jahr 2007 nur dann, wenn der Arbeitgeber die Anwendung des TV-V, TV-WW/NW bzw. TV-N ablehnt.

Erläuterungen

§ 21 trifft Regelungen über die Einmalzahlungen 2006 und 2007 im Bereich der Kommunen und ergänzt insoweit den auf das Jahr 2005 begrenzten Tarifvertrag. Die Regelung ist mittlerweile ohne praktische Bedeutung.

Sonderregelungen **§ 22 VKA I.2**

§ 22 Sonderregelungen für Beschäftigte im bisherigen Geltungsbereich der SR 2a, SR 2b und SR 2c zum BAT/BAT-O

(1) Im bisherigen Geltungsbereich der SR 2a, 2b und 2c zum BAT/BAT-O gilt für Beschäftigte gemäß § 1 Abs. 1 und 2 folgendes:
1. ¹Die Regelungen der §§ 45 bis 47 BT-K treten am 1. Januar 2006 in Kraft. ²Bis zum In-Kraft-Treten dieser Regelungen gelten die für Bereitschaftsdienst und Rufbereitschaft einschlägigen tarifvertraglichen Regelungen des BAT/BAT-O abweichend von § 2 fort.
2. Aufgrund einer Betriebs- oder Dienstvereinbarung können bereits vor dem 1. Januar 2006 die Regelungen der §§ 45 bis 47 BT-K angewendet werden.
3. Abweichend von Absatz 1 tritt § 45 Abs. 7 BT-K für die von § 1 Abs. 1 erfassten Beschäftigten erst zum 1. Juli 2006 in Kraft, sofern dessen Anwendung zu Veränderungen führt.

(2) Nr. 7 SR 2a BAT/BAT-O gilt im bisherigen Geltungsbereich bis zum In-Kraft-Treten einer Neuregelung fort.

(3) Nr. 5 SR 2c BAT/BAT-O gilt für übergeleitete Ärztinnen und Ärzte bis zu einer arbeitsvertraglichen Neuregelung deren Nebentätigkeit fort.

(4) Bestehende Regelungen zur Anrechnung von Wege- und Umkleidezeiten auf die Arbeitszeit bleiben durch das In-Kraft-Treten des TVöD unberührt.

Erläuterungen

§ 22 trifft – speziell für den Bereich der Kommunen – Bestimmungen über die befristete Fortgeltung tariflicher Regeln der SR 2a, 2b und 2c (Kranken-, Heil-, Pflege- und Entbindungsanstalten, Heime). Die Vorschrift korrespondiert mit dem Besonderen Teil des TVöD für Krankenhäuser (BT-K)[1].

§ 23 VKA I.2 — Erschwerniszuschläge, Schichtzulagen

§ 23 Erschwerniszuschläge

¹Bis zur Regelung in einem landesbezirklichen Tarifvertrag gelten für die von § 1 Abs. 1 und 2 erfassten Beschäftigten im jeweiligen bisherigen Geltungsbereich
- die jeweils geltenden bezirklichen Regelungen zu Erschwerniszuschlägen gemäß § 23 Abs. 3 BMT-G,
- der Tarifvertrag zu § 23 Abs. 3 BMT-G-O vom 14. Mai 1991,
- der Tarifvertrag über die Gewährung von Zulagen gemäß § 33 Abs. 1 Buchst. c BAT vom 11. Januar 1962 und
- der Tarifvertrag über die Gewährung von Zulagen gemäß § 33 Abs. 1 Buchst. c BAT-O vom 8. Mai 1991

fort. ²Sind die Tarifverhandlungen nach Satz 1 nicht bis zum 31. Dezember 2007 abgeschlossen, gelten die landesbezirklichen Tarifverträge ab 1. Januar 2008 mit der Maßgabe fort, dass die Grenzen und die Bemessungsgrundlagen des § 19 Abs. 4 TVöD zu beachten sind.

Protokollerklärung zu Absatz 1:
Bis zum Inkrafttreten der Eingruppierungsvorschriften des TVöD (mit Entgeltordnung) regeln abweichend von § 19 Abs. 4 TVöD die Tarifvertragsparteien auf landesbezirklicher Ebene die Anpassung der Erschwerniszuschläge bei allgemeinen Entgelterhöhungen.

¹Bis zum In-Kraft-Treten der Entgeltordnung gelten für Beschäftigte gemäß § 1 Abs. 1, auf die bis zum 30. September 2005 der Tarifvertrag betreffend Wechselschicht- und Schichtzulagen für Angestellte vom 1. Juli 1981, der Tarifvetrag betreffend Wechselschicht- und Schichtzulagen für Angestellte (TV Schichtzulagen Ang-O) vom 8. Mai 1991, der Tarifvertrag zu § 24 BTM-G (Schichtlohnzuschlag) vom 1. Juli 1981 oder der Tarifvertrag zu § 24 Abs. 4 Unterabs. 1 BMT-G-O (TV Schichtlohnzuschlag Arb-O) vom 8. Mai 1991 Anwendung gefunden hat, diese Tarifverträge einschließlich der bis zum 30 September 2005 zu ihrer Anwendung maßgebenden Begriffsbestimmungen des BAT/BAT-O/BMT-G/BMT-G-O weiter. ²Für alle übrigen Beschäftigten gelten bis zum In-Kraft-Treten der Entgeltordnung die Regelungen des § 8 Abs. 5 und 6 in Verbindung mit § 7 Abs. 1 und 2 TVöD. ³Satz 1 gilt nicht für § 4 Nrn. 2, 3, 8 und 10 des Tarifvertrages zu § 24 BTM-G (Schichtlohnzuschlag) vom 1. Juli 1981; insoweit findet § 2 Abs. 2 Anwendung.

Erläuterungen

Die Vorschrift bestimmt im Absatz 1, dass die bislang im Bereich der Kommunen einschlägigen tarifvertraglichen Vorschriften über Erschwerniszuschläge bis zur (Neu-)Regelung durch einen landesbezirklichen Tarifvertrag fortgelten. Sofern die entsprechenden Verhandlungen nicht bis zum 31. Dezember 2007 abgeschlossen sein sollten, gelten bei Weitergeltung der landesbezirklichen Regelungen im

Übrigen die Grenzen und Bemessungsgrundlagen des § 19 Abs. 4 TVöD.

Nach Absatz 2 der Vorschrift gelten für übergeleitete Beschäftigte die bisherigen tariflichen Regelungen zu Wechselschicht- und Schichtzulagen fort.

§ 24 VKA I.2 — Bereitschaftszeiten

§ 24 Bereitschaftszeiten

I ¹Die landesbezirklich für Hausmeister und Beschäftigtengruppen mit Bereitschaftszeiten innerhalb ihrer regelmäßigen Arbeitszeit getroffenen Tarifverträge und Tarifregelungen sowie Nr. 3 SR 2r BAT-O gelten fort. ²Dem Anhang zu § 9 TVöD widersprechende Regelungen zur Arbeitszeit sind bis zum 31. Dezember 2005 entsprechend anzupassen.

Erläuterungen

Nach dieser Vorschrift gelten die Nr. 3 SR 2r BAT/BAT-O (Hausmeister) und entsprechende Tarifregelungen für Beschäftigtengruppen, in deren regelmäßige Arbeitszeit Bereitschaftszeiten fallen, fort.

§ 25 Übergangsregelung zur Zusatzversorgungspflicht der Feuerwehrzulage

¹Abweichend von der allgemeinen Regelung, dass die Feuerwehrzulage für Beschäftigte im feuerwehrtechnischen Dienst nicht zusatzversorgungspflichtig ist, ist diese Zulage bei Beschäftigten, die eine Zulage nach Nr. 2 Abs. 2 SR 2x BAT/BAT-O bereits vor dem 1. Januar 1999 erhalten haben und bis zum 30. September 2005 nach Vergütungsgruppen X bis Va/b eingruppiert waren (§ 4 Abs. 1 Satz 1 i. V. m. der Anlage 1), zusatzversorgungspflichtiges Entgelt nach Ablauf des Kalendermonats, in dem sie sieben Jahre lang bezogen worden ist, längstens jedoch bis zum 31. Dezember 2007. ²Auf die Mindestzeit werden auch solche Zeiträume angerechnet, während derer die Feuerwehrzulage nur wegen Ablaufs der Krankenbezugsfristen nicht zugestanden hat. ³Sätze 1 und 2 gelten nicht, wenn der Beschäftigte bis zum 31. Dezember 2007 bei Fortgeltung des BAT/BAT-O oberhalb der Vergütungsgruppe Va/b eingruppiert wäre.

Erläuterungen

Die Übergangsregelung des § 25 TVÜ-VKA stellt sicher, dass die Feuerwehrzulage bei bestimmten Beschäftigten weiterhin zusatzversorgungspflichtiges Entgelt darstellt. Die Voraussetzungen im Einzelnen ergeben sich aus dem Tariftext.

§ 26 VKA I.2

§ 26 Angestellte als Lehrkräfte an Musikschulen

Für die bis zum 30. September 2005 unter den Geltungsbereich der Nr. 1 SR 2 l ll BAT fallenden Angestellten, die am 28. Februar 1987 in einem Arbeitsverhältnis standen, das am 1. März 1987 zu demselben Arbeitgeber bis zum 30. September 2005 fortbestanden hat, wird eine günstigere einzelarbeitsvertragliche Regelung zur Arbeitszeit durch das In-Kraft-Treten des TVöD nicht berührt.

Erläuterungen

Die Vorschrift sichert in Bezug auf die Arbeitszeit den Besitzstand übergeleiteter Musikschullehrer (Altfälle).

Bibliotheksdienst § 27 VKA I.2

§ 27 Angestellte im Bibliotheksdienst

Regelungen gem. Nr. 2 SR 2 m BAT/BAT-O bleiben durch das In-Kraft-Treten des TVöD unberührt.

Erläuterungen

§ 27 gewährleistet weiterhin, dass bei Bibliothekaren, zu deren Aufgaben die Erarbeitung von Bücherkenntnissen und die Besprechung von Neuerscheinungen gehören, dafür Zeiten als Arbeitszeit berücksichtigt werden (Nr. 2 SR 2m).

§ 28 Abrechnung unständiger Bezügebestandteile

Bezüge im Sinne des § 36 Abs. 1 Unterabs. 2 BAT/BAT-O/BAT-Ostdeutsche Sparkassen, § 26 a Abs. 1 Unterabs. 2 BMT-G/BMG-O für Arbeitsleistungen bis zum 30. September 2005 werden nach den bis dahin jeweils geltenden Regelungen abgerechnet, als ob das Arbeitsverhältnis mit Ablauf des 30. September 2005 beendet worden wäre.

Erläuterungen

Mit dieser Vorschrift haben die Tarifpartner bestimmt, dass die bis zum 30. September 2005 „verdienten" unständigen Bezügebestandteile zu diesem Zeitpunkt nach altem Recht in der Weise abgerechnet wurden, als hätte das Beschäftigungsverhältnis zu diesem Zeitpunkt geendet.

Tarifgebiet Ost § 29 VKA I.2

5. Abschnitt
Besondere Regelungen für einzelne Mitgliedsverbände der VKA

§ 29 Tarifgebiet Ost

Mit In-Kraft-Treten dieses Tarifvertrages bleiben
- § 3 Abs. 1 Satz 2 des Vergütungstarifvertrages Nr. 7 zum BAT-O für den Bereich der VKA,
- § 3 Abs. 1 Satz 2 des Vergütungstarifvertrages Nr. 7 zum BAT-Ostdeutsche Sparkassen
- § 3 Abs. 1 Satz 2 des Monatslohntarifvertrages zum BMT-G-O
- § 3 Abs. 1 Satz 2 des Monatslohntarifvertrages für die Arbeiter der ostdeutschen Sparkassen

unberührt.

Erläuterungen

Die Vorschrift stellt klar, dass die in den letzten Vergütungstarifverträgen des Tarifgebietes Ost enthaltene Vereinbarung zum Abschluss der Anpassung des Bemessungssatzes Ost auch nach Inkrafttreten des TVÜ-VKA bestehen bleibt. Diese Vereinbarung sieht die vollständige Anpassung des Bemessungssatzes Ost an die Verhältnisse im Westen bis zum 31. 12. 2007 (alle Arbeiter und Angestellte bis Vergütungsgruppe Vb BAT/Kr. VIII) bzw. 31. 12. 2009 (übrige Angestellte) vor.

§ 30 KAV Berlin

(1) Auf Beschäftigte, die unter den Geltungsbereich des § 2 Abs. 1 bis 6 und 8 des Tarifvertrages über die Geltung des VKA-Tarifrechts für die Angestellten und angestelltenversicherungspflichtigen Auszubildenden der Mitglieder des Kommunalen Arbeitgeberverbandes Berlin (KAV Berlin) – Überleitungs-TV KAV Berlin – vom 9. Dezember 1999 in der jeweils geltenden Fassung fallen und auf deren Arbeitsverhältnis § 27 Abschnitt A BAT/BAT-O in der für den Bund und die Tarifgemeinschaft deutscher Länder geltenden Fassung sowie der Vergütungstarifvertrag für den Bereich des Bundes und der Länder Anwendung findet, findet der TVöD und dieser Tarifvertrag Anwendung, soweit nachfolgend nichts Besonderes bestimmt ist.

(2) [1]Auf überzuleitende Beschäftigte aus dem Geltungsbereich des BAT/BAT-O finden anstelle der §§ 4 bis 6, §§ 12, 17 und 19 Abs. 2 und 3 sowie die Anlagen 1 bis 3 dieses Tarifvertrages die §§ 4 bis 6, §§ 12, 17 und 19 Abs. 2 und 3 sowie die Anlagen 2 bis 4 des Tarifvertrages zur Überleitung der Beschäftigten des Bundes in den TVöD und zur Regelung des Übergangsrechts (TVÜ-Bund) vom 1. Juni 2005 Anwendung. [2]Abweichend von Anlage 2 TVÜ-Bund und von § 16 (VKA) TVöD wird ab Entgeltgruppe 9 die Stufe 6 wie folgt erreicht:

a) Stufe 5a nach fünf Jahren in Stufe 5,

b) Stufe 6 nach fünf Jahren in Stufe 5a, frühestens ab 1. Oktober 2015.

[3]Die Entgeltgruppe 15 Ü wird um die Stufe 6 mit einem Tabellenwert in Höhe von 5.625 Euro erweitert. [4]Die Entgeltstufe 5a entspricht dem Tabellenwert der Stufe 5 zuzüglich des halben Differenzbetrages zwischen den Stufen 5 und 6, kaufmännisch auf volle Eurobeträge gerundet. [5]Mit Erreichen der Stufe 5a entfällt ein etwaiger Strukturausgleich. [6]Mit Erreichen der Stufe 6 findet uneingeschränkt das VKA-Tarifrecht Anwendung.

Niederschriftserklärung zu § 30 Abs. 2:
Der Tabellenwert von 5625 Euro verändert sich zu demselben Zeitpunkt und in derselben Höhe wie der Tabellenwert der Stufe 6 der Entgeltgruppe 15 Ü gemäß § 19 Abs. 2.

(3) [1]Beschäftigte gem. § 38 Abs. 5 TVöD, für die die Tarifregelungen des Tarifgebiets West Anwendung finden, erhalten für das Kalenderjahr 2005 eine Einmalzahlung in Höhe von 100 Euro, zahlbar mit dem Oktoberentgelt (31. Oktober 2005). [2]Der Tarifvertrag über eine Einmalzahlung im Jahr 2005 für den Bereich der VKA – Tarifbereich West – vom 9. Februar 2005 gilt entsprechend. [3]Für die Jahre 2006 und 2007 gilt § 22 dieses Tarifvertrages. [4]Beschäftigte, auf die die Tarifregelungen des Tarifgebiets Ost Anwendung finden, erhalten keine Einmalzahlung.

Niederschriftserklärung zu § 30 Abs. 3 Satz 4:
[1]Der KAV Berlin erhebt keine Einwendungen, wenn eine Einmalzahlung in dem vereinbarten Umfang gewährt wird. [2]Dies gilt hinsichtlich der Mitglieder, die auf die Angestellten die Vergütungstabelle der VKA anwenden.

KAV Berlin § 30 VKA I.2

Niederschriftserklärung zu § 30 Abs. 3:
¹Die Tarifvertragsparteien gehen davon aus, dass die Einmalzahlungen 2005 bis 2007 im Rahmen der ZTV-Verhandlungen für die Berliner Stadtreinigungsbetriebe auf landesbezirklicher Ebene geregelt werden. ²Kommt eine Einigung mindestens für 2005 nicht bis zum 30. November 2005 zustande, wird die Zahlung des Einmalbetrages durch die Tarifvertragsparteien auf Bundesebene verhandelt.

(4) (4) Für Beschäftigte der Gemeinnützige Siedlungs- und Wohnungsbaugesellschaft Berlin mbH gilt bis zum 31. Dezember 2007 das bis zum 30. September 2005 geltende Tarifrecht weiter, wenn nicht vorher ein neuer Tarifvertrag zu Stande kommt.

(5) Der Tarifvertrag über die Fortgeltung des TdL-Tarifrechts für die Angestellten und angestelltenrentenversicherungspflichtigen Auszubildenden der NET-GE Kliniken Berlin GmbH (jetzt Vivantes Netzwerk für Gesundheit GmbH) vom 17. Januar 2001 gilt uneingeschränkt fort; die vorstehenden Absätze 1 bis 4 gelten nicht.

Niederschriftserklärung zu § 30 Abs. 5:
Die Entscheidung, ob und in welcher Höhe Arbeitern, auf die die Tarifregelungen des Tarifgebiets Ost Anwendung finden, eine Einmalzahlung erhalten, bleibt den Tarifvertragsparteien auf landesbezirklicher Ebene vorbehalten.

Niederschriftserklärung zu § 30:
Von den Tarifvertragsparteien auf der landesbezirklichen Ebene ist in Tarifverhandlungen über Hilfestellungen einzutreten, wenn die Überführung der Beschäftigten in die VKA-Entgelttabelle bei einzelnen Mitgliedern des KAV Berlin ab 1. Oktober 2010 zu finanziellen Problemen führt.

Erläuterungen

§ 30 enthält besondere Regelungen, die ausschließlich im Bereich des Kommunalen Arbeitgeberverbandes Berlin (KAV Berlin) gelten.

§ 31 VKA I.2 — KAV Bremen

§ 31 KAV Bremen

(1) Der Tarifvertrag über die Geltung des VKA-Tarifrechts für die Beschäftigten der Mitglieder des KAV Bremen vom 17. Februar 1995 bleibt durch das In-Kraft-Treten des TVöD und dieses Tarifvertrages unberührt und gilt uneingeschränkt fort.

(2) Der Tarifvertrag über die Geltung des VKA-Tarifrechts für die Arbeiter und die arbeiterrentenversicherungspflichtigen Auszubildenden des Landes und der Stadtgemeinde Bremen sowie der Stadt Bremerhaven (Überleitungs-TV Bremen) vom 17. Februar 1995 in der Fassung des Änderungstarifvertrages Nr. 8 vom 31. Januar 2003 gilt mit folgenden Maßgaben weiter:

1. Der TVöD und dieser Tarifvertrag treten an die Stelle der in § 2 Abs. 2 vereinbarten Geltung des BMT-G II.
2. § 2 Abs. 3 und 8 treten mit Wirkung vom 1. Oktober 2005 außer Kraft.
3. In § 2 Abs. 4 bis 7 und 9 wird die Bezugnahme auf den BMT-G II ersetzt durch die Bezugnahme auf den TVöD.
4. In den Anlagen 3 bis 6 wird die Bezugnahme auf den BMT-G II ersetzt durch die inhaltliche Bezugnahme auf die entsprechenden Regelungen des TVöD. Diese Anlagen sind bis zum 31. Dezember 2006 an den TVöD und diesen Tarifvertrag anzupassen.

(3) In Ergänzung der Anlagen 1 und 3 dieses Tarifvertrages werden der Entgeltgruppe 3 ferner folgende für den Bereich des KAV Bremen nach dem Rahmentarifvertrag zu § 20 Abs. 1 BMT-G II vorgesehene und im bremischen Lohngruppenverzeichnis vom 17. Februar 1995 vereinbarte Lohngruppen zugeordnet:

- Lgr. 2 mit Aufstieg nach 2a und 3
- Lgr. 2a mit Aufstieg nach 3 und 3a
- Lgr. 2a mit Aufstieg nach 3

(4) Der Tarifvertrag über die Geltung des VKA-Tarifrechts für die Angestellten und Arbeiter und die angestellten- und arbeiterrentenversicherungspflichtigen Auszubildenden der Entsorgung Nord GmbH Bremen, der Abfallbehandlung Nord GmbH Bremen, der Schadstoffentsorgung Nord GmbH Bremen, der Kompostierung Nord GmbH Bremen sowie der Abwasser Bremen GmbH vom 5. Juni 1998 gilt mit folgender Maßgabe fort:

Der TVöD und dieser Tarifvertrag treten mit folgenden Maßgaben an die Stelle der in § 2 Abs. 2 und 3 vereinbarten Geltung des BAT und BMT-G II:

1. Zu § 17 dieses Tarifvertrages: § 25 BAT findet keine Anwendung.
2. Eine nach § 2 Abs. 2 Nr. 3 Buchst. a bzw. Buchst. b des Tarifvertrages vom 5. Juni 1998 im September 2005 gezahlte Besitzstandszulage fließt in das Vergleichsentgelt gemäß § 5 Abs. 2 dieses Tarifvertrages ein.
3. Übergeleitete Beschäftigte, die am 1. Oktober 2005 bei Fortgeltung des bisherigen Tarifrechts gemäß § 2 Abs. 2 Nr. 3 Buchst. b des Tarifvertrages vom 5. Juni 1998 die für die Zahlung einer persönlichen Zulage erforderliche Zeit der Bewährung zur Hälfte erfüllt haben, erhalten zum Zeitpunkt,

zu dem sie nach bisherigem Recht die persönliche Zulage erhalten würden, in ihrer Entgeltgruppe Entgelt nach derjenigen individuellen Zwischenstufe, Stufe bzw. Endstufe, die sich ergeben hätte, wenn in das Vergleichsentgelt (§ 5 Abs. 2) die persönliche Zulage eingerechnet worden wäre. § 8 Abs. 2 Sätze 2 bis 5 gelten entsprechend.
4. Gegenüber den zum Zeitpunkt der Rechtsformänderung (Betriebsübergang) der Bremer Entsorgungsbetriebe auf die Gesellschaften übergegangenen und unbefristet beschäftigten kündbaren Beschäftigten sind betriebsbedingte Kündigungen ausgeschlossen.

Erläuterungen

In § 31 sind Regelungen getroffen worden, die ausschließlich für den Bereich des Kommunalen Arbeitgeberverbandes Bremen (KAV Bremen) gelten.

§ 32 AV Hamburg

(1) Der als Protokollerklärung bezeichnete Tarifvertrag aus Anlass des Beitritts der Arbeitsrechtlichen Vereinigung Hamburg e.V. (AV Hamburg) zur Vereinigung der kommunalen Arbeitgeberverbände (VKA) am 1. Juli 1955 vom 5. August 1955 bleibt durch das In-Kraft-Treten des TVöD und dieses Tarifvertrages unberührt und gilt uneingeschränkt fort.

(2) [1]Auf überzuleitende Beschäftigte aus dem Geltungsbereich des BAT finden anstelle der §§ 4 bis 6, §§ 12, 17 und 19 Abs. 2 und 3 sowie die Anlagen 1 bis 3 dieses Tarifvertrages die §§ 4 bis 6, §§ 12, 17 und 19 Abs. 2 und 3 sowie die Anlagen 2 bis 4 des Tarifvertrag zur Überleitung der Beschäftigten des Bundes in den TVöD und zur Regelung des Übergangsrechts (TVÜ-Bund) vom 1. Juni 2005 Anwendung. [2]Abweichend von Anlage 2 TVÜ-Bund und von § 16 (VKA) TVöD wird ab Entgeltgruppe 9 die Stufe 6 wie folgt erreicht:
a) Stufe 5a nach 5 Jahren in Stufe 5,
b) Stufe 6 nach 5 Jahren in Stufen 5a, frühestens ab 1. Oktober 2015.

[3]Die Entgeltgruppe 15 Ü wird um die Stufe 6 mit einem Tabellenwert in Höhe von 5.625 Euro erweitert. [4]Die Entgeltstufe 5a entspricht dem Tabellenwert der Stufe 5 zuzüglich des halben Differenzbetrages zwischen den Stufen 5 und 6, kaufmännisch auf volle Eurobeträge gerundet. [5]Mit Erreichen der Stufe 5a entfällt ein etwaiger Strukturausgleich. [6]Mit Erreichen der Stufe 6 findet uneingeschränkt das VKA-Tarifrecht Anwendung.

Niederschriftserklärung zu § 32 Abs. 2:
Der Tabellenwert von 5625 Euro verändert sich zu demselben Zeitpunkt und in derselben Höhe wie der Tabellenwert der Stufe 6 der Entgeltgruppe 15 Ü gemäß § 19 Abs. 2.

(3) In Ergänzung der Anlagen 1 und 3 dieses Tarifvertrages werden der Entgeltgruppe 3 ferner folgende für die Flughafen Hamburg GmbH nach dem Tarifvertrag über die Einreihung der Arbeiter der Flughafen Hamburg GmbH in die Lohngruppen und über die Gewährung von Erschwerniszuschlägen (§ 23 BMT-G) vereinbarte Lohngruppen zugeordnet:
– Lgr. 2 mit Aufstieg nach 2a und 3
– Lgr. 2a mit Aufstieg nach 3 und 3a
– Lgr. 2a mit Aufstieg nach 3

Erläuterungen

§ 32 ist ausschließlich im Bereich der Arbeitsrechtlichen Vereinigung Hamburg e.V. (AV Hamburg) von Bedeutung.

§ 33 Gemeinsame Regelung

(1) ¹Soweit in (landes-)bezirklichen Lohngruppenverzeichnissen bei den Aufstiegen andere Verweildauern als drei Jahre bzw. – für die Eingruppierung in eine a-Gruppe – als vier Jahre vereinbart sind, haben die landesbezirklichen Tarifvertragsparteien die Zuordnung der Lohngruppen zu den Entgeltgruppen gemäß Anlage 1 nach den zu Grunde liegenden Grundsätzen bis zum 31. Dezember 2005 vorzunehmen. ²Für Beschäftigte, die dem Gehaltstarifvertrag für Angestellte in Versorgungs- und Verkehrsbetrieben im Lande Hessen (HGTAV) unterfallen, werden die landesbezirklichen Tarifvertragsparteien über die Fortgeltung des HGTAV bzw. dessen Anpassung an den TVöD spätestens bis zum 30. Juni 2006 eine Regelung vereinbaren. ³Soweit besondere Lohngruppen vereinbart sind, hat eine entsprechende Zuordnung zu den Entgeltgruppen landesbezirklich zu erfolgen. ⁴Am 1. Oktober 2005 erfolgt die Fortzahlung der bisherigen Bezüge als zu verrechnender Abschlag auf das Entgelt, das den Beschäftigten nach der Überleitung zusteht.

(2) ¹Soweit auf das Arbeitsverhältnis von aus dem Geltungsbereich des BAT/BAT-O/ BAT-Ostdeutsche Sparkassen überzuleitende Beschäftigten bei sonstigen Arbeitgebern von Mitgliedern der Mitgliedverbände der VKA nach § 27 Abschn. A BAT/BAT-O in der für den Bund und die Tarifgemeinschaft deutscher Länder geltenden Fassung sowie der Vergütungstarifvertrag für den Bereich des Bundes und der Länder Anwendung findet, haben die landesbezirklichen Tarifvertragsparteien die für die Überleitung notwendigen Regelungen zu vereinbaren. ²Am 1. Oktober 2005 erfolgt die Fortzahlung der bisherigen Bezüge als zu verrechnender Abschlag auf das Entgelt, das diesen Beschäftigten nach der Überleitung zusteht. ³Kommt auf landesbezirklicher Ebene bis zum 31. Dezember 2005 – ggf. nach einer einvernehmlichen Verlängerung – keine tarifliche Regelung zustande, treffen die Tarifvertragsparteien dieses Tarifvertrages die notwendigen Regelungen.

Erläuterungen

§ 33 enthält den Auftrag an die landesbezirklichen Tarifvertragsparteien, in Bezug auf Aufstiegszeiten bestehende (landesbezirkliche) Besonderheiten beim Lohngruppenverzeichnis (Abs. 1) sowie die Anwendung von altem Engruppierungs- Recht in der Bund/Länder-Fassung umgehend abzuschaffen.

§ 34 VKA I.2 — In-Kraft-Treten, Laufzeit

6. Abschnitt
Übergangs- und Schlussvorschriften

§ 34 In-Kraft-Treten, Laufzeit

(1) Dieser Tarifvertrag tritt am 1. Oktober 2005 in Kraft.

(2) ¹Der Tarifvertrag kann ohne Einhaltung einer Frist jederzeit schriftlich gekündigt werden, frühestens zum 31. Dezember 2007. ²Die §§ 17 bis 19 einschließlich Anlagen können ohne Einhaltung einer Frist, jedoch nur insgesamt, schriftlich gekündigt werden, frühestens zum 31. Dezember 2010; die Nachwirkung dieser Vorschriften wird ausgeschlossen.

Niederschriftserklärung zu § 34 Abs. 1:
Im Hinblick auf die notwendigen personalwirtschaftlichen, organisatorischen und technischen Vorarbeiten für die Überleitung der vorhandenen Beschäftigten in den TVöD sehen die Tarifvertragsparteien die Problematik einer fristgerechten Umsetzung der neuen Tarifregelungen zum 1. Oktober 2005. Sie bitten die personalverwaltenden und bezügezahlenden Stellen, im Interesse der Beschäftigten gleichwohl eine zeitnahe Überleitung zu ermöglichen und die Zwischenzeit mit zu verrechnenden Abschlagszahlungen zu überbrücken.

Erläuterungen

Der Tarifvertrag tritt am 1. Oktober 2005 in Kraft (Absatz 1). Die Tarifpartner haben die vorprogrammierten Umsetzungsprobleme bei der Überleitung erkannt, bitten die dafür zuständigen Stellen aber gleichwohl um eine möglichst zügige Umsetzung und regen ggf. Abschlagzahlungen an (Niederschriftserklärung zu Absatz 1).

Frühestmöglicher Kündigungstermin ist nach näherer Maßgabe des Absatzes 2 der 31. Dezember 2007; Kündigungsfristen wurden nicht vereinbart.

Die §§ 17 bis 19 nebst Anlagen dazu können eigenständig frühestens zum 31. Dezember 2010 gekündigt werden (Datum i. d. F. des Änderungstarifvertrages Nr. 2 vom 31. März 2008).

Anlagen VKA I.2

Anlage 1

Zuordnung der Vergütungs- und Lohngruppen zu den Entgeltgruppen für am 30. September/1. Oktober 2005 vorhandene Beschäftigte für die Überleitung (VKA)

Entgeltgruppe	Vergütungsgruppe	Lohngruppe
15 Ü	I	–
15	Ia Ia nach Aufstieg aus Ib Ib mit ausstehendem Aufstieg nach Ia (keine Stufe 6)	–
14	Ib ohne Aufstieg nach Ia Ib nach Aufstieg aus II II mit ausstehendem Aufstieg nach Ib	–
13	II ohne Aufstieg nach Ib	–
12	II nach Aufstieg aus III III mit ausstehendem Aufstieg nach II	–
11	III ohne Aufstieg nach II III nach Aufstieg aus IVa IVa mit ausstehendem Aufstieg nach III	–
10	IVa ohne Aufstieg nach III IVa nach Aufstieg aus IVb IVb mit ausstehendem Aufstieg nach IVa Vb in den ersten sechs Monaten der Berufsausübung, wenn danach IVb mit Aufstieg nach IVa (Zuordnung zur Stufe 1)	–

Anlagen VKA I.2

Anlage 1

Entgeltgruppe	Vergütungsgruppe	Lohngruppe
9	IVb ohne Aufstieg nach IVa IVb nach Aufstieg Vb Vb mit ausstehendem Aufstieg nach IVb Vb ohne Aufstieg nach IVb (Stufe 5 nach 9 Jahren in Stufe 4, keine Stufe 6) Vb nach Aufstieg Vc (Stufe 5 nach 9 Jahren in Stufe 4, keine Stufe 6 Vb nach Aufstieg aus VIb (nur Lehrkräfte) (Stufe 5 nach 9 Jahren in Stufe 4, keine Stufe 6)	9 (Stufe 4 nach 7 Jahren in Stufe 3, keine Stufen 5 und 6)
8	Vc mit ausstehendem Aufstieg nach Vb Vc ohne Aufstieg nach Vb Vc nach Aufstieg aus VIb	8a 8 mit ausstehendem Aufstieg nach 8a 8 nach Aufstieg aus 7 7 mit ausstehendem Aufstieg nach 8 und 8a
7	–	7a 7 mit ausstehendem Aufstieg nach 7a 7 nach Aufstieg aus 6 6 mit ausstehendem Aufstieg nach 7 und 7a
6	VIb mit ausstehendem Aufstieg nach Vb (nur Lehrkräfte) VIb mit ausstehendem Aufstieg nach Vc VIb ohne Aufstieg nach Vc VIb nach Aufstieg aus VII	6a 6 mit ausstehendem Aufstieg nach 6a 6 nach Aufstieg aus 5 5 mit ausstehendem Aufstieg nach 6 und 6a
5	VII mit ausstehendem Aufstieg nach VIb VII ohne Aufstieg nach VIb VII nach Aufstieg aus VIII	5a 5 mit ausstehendem Aufstieg nach 5a 5 nach Aufstieg aus 4 4 mit ausstehendem Aufstieg nach 5 und 5a

Anlage 1 — Anlagen VKA I.2

Entgeltgruppe	Vergütungsgruppe	Lohngruppe
4	–	4a 4 mit ausstehendem Aufstieg nach 4a 4 nach Aufstieg aus 3 3 mit ausstehendem Aufstieg nach 4 und 4a
3	VIII nach Aufstieg aus IXa VIII mit ausstehendem Aufstieg nach VII VIII ohne Aufstieg nach VII	3a 3 mit ausstehendem Aufstieg nach 3a 3 nach Aufstieg aus 2 2 mit ausstehendem Aufstieg nach 3 und 3a
2 Ü	–	2a 2 mit ausstehendem Aufstieg nach 2a 2 nach Aufstieg aus 1 1 mit ausstehendem Aufstieg nach 2 und 2a
2	IXa IX mit ausstehendem Aufstieg nach IX a oder VIII IX nach Aufstieg aus X (keine Stufe 6) X (keine Stufe 6)	1a (keine Stufe 6) 1 mit ausstehendem Aufstieg nach 1a (keine Stufe 6)
1	–	–

Anlagen VKA I.2

Anlage 2

Strukturausgleich für Angestellte (VKA)

Angestellte, deren Ortszuschlag sich nach § 29 Abschnitt B Abs. 5 BAT / BAT-O / Ostdeutsche Sparkassen bemisst, erhalten den entsprechenden Anteil, in jedem Fall aber die Hälfte des Strukturausgleichs für Verheiratete.

Soweit nicht anders ausgewiesen, beginnt die Zahlung des Strukturausgleichs am 1. Oktober 2007. Die Angabe „nach ... Jahren" bedeutet, dass die Zahlung nach den genannten Jahren ab dem In-Kraft-Treten des TVöD beginnt; so wird z. B. bei dem Merkmal „nach 4 Jahren" der Zahlungsbeginn auf den 1. Oktober 2009 festgelegt, wobei die Auszahlung eines Strukturausgleichs mit den jeweiligen Monatsbezügen erfolgt. Die Dauer der Zahlung ist ebenfalls angegeben; dabei bedeutet „dauerhaft" die Zahlung während der Zeit des Arbeitsverhältnisses.

Ist die Zahlung „für" eine bestimmte Zahl von Jahren angegeben, ist der Bezug auf diesen Zeitraum begrenzt (z. B. „für 5 Jahre" bedeutet Beginn der Zahlung im Oktober 2007 und Ende der Zahlung mit Ablauf September 2012). Eine Ausnahme besteht dann, wenn das Ende des Zahlungszeitraumes nicht mit einem Stufenaufstieg in der jeweiligen Entgeltgruppe zeitlich zusammenfällt; in diesen Fällen wird der Strukturausgleich bis zum nächsten Stufenaufstieg fortgezahlt. Diese Ausnahmeregelung gilt nicht, wenn der Stufenaufstieg in die Endstufe erfolgt; in diesen Fällen bleibt es bei der festgelegten Dauer.

Betrifft die Zahlung eines Strukturausgleichs eine Vergütungsgruppe (Fallgruppe) mit Bewährungs- bzw. Zeitaufstieg, wird dies ebenfalls angegeben. Soweit keine Aufstiegszeiten angegeben sind, gelten die Ausgleichsbeträge für alle Aufstiege.

Anlage 2 **Anlagen VKA I.2**

I.
Angestellte (einschl. Lehrkräfte) mit Ausnahme des Pflegepersonals im Sinne der Anlage 1b zum BAT/BAT-O

EG	Vergütungs-gruppe	Ortszu-schlag Stufe 1/2	Über-leitung aus Stufe	nach	für	Betrag Tarif-gebiet West	Betrag Tarif-gebiet Ost
15 Ü	I	OZ 1	9	2 Jahren	5 Jahre	130,- €	126,- €
	I	OZ 2	8	2 Jahren	dauerhaft	50,- €	48,- €
	I	OZ 2	10	2 Jahren	dauerhaft	50,- €	48,- €
	I	OZ 2	11	2 Jahren	dauerhaft	50,- €	48,- €
15	Ia	OZ 1	6	2 Jahren	4 Jahre	60,- €	58,- €
	Ia	OZ 1	8	4 Jahren	dauerhaft	30,- €	29,- €
	Ia	OZ 1	9	2 Jahren	für 5 Jahre	90,- €	87,- €
					danach	30,- €	29,- €
	Ia	OZ 1	10	4 Jahren	dauerhaft	30,- €	29,- €
	Ia	OZ 1	11	2 Jahren	dauerhaft	30,- €	29,- €
	Ia	OZ 2	6	2 Jahren	für 4 Jahre	110,- €	106,- €
					danach	60,- €	58,- €
	Ia	OZ 2	7	4 Jahren	dauerhaft	50,- €	48,- €
	Ia	OZ 2	8	2 Jahren	dauerhaft	80,- €	77,- €
	Ia	OZ 2	9	4 Jahren	dauerhaft	80,- €	77,- €
	Ia	OZ 2	10	2 Jahren	dauerhaft	80,- €	77,- €
14	Ib	OZ 1	5	2 Jahren	4 Jahre	50,- €	48,- €
	Ib	OZ 1	8	2 Jahren	5 Jahre	50,- €	48,- €
	Ib	OZ 2	5	2 Jahren	4 Jahre	130,- €	126,- €
					danach	20,- €	19,- €
	Ib	OZ 2	7	2 Jahren	5 Jahre	90,- €	87,- €
					danach	40,- €	38,- €
	Ib	OZ 2	8	2 Jahren	5 Jahre	110,- €	106,- €
					danach		
						40,- €	38,- €
	Ib	OZ 2	9	2 Jahren	dauerhaft	30,- €	29,- €
14	II/5J. Ib	OZ 1	4	1 Jahr	8 Jahre	110,- €	106,- €
	II/5J. Ib	OZ 1	5	2 Jahren	4 Jahre	50,- €	48,- €
	II/5J. Ib	OZ 1	8	2 Jahren	5 Jahre	50,- €	48,- €
	II/5J. Ib	OZ 2	4	2 Jahren	5 Jahre	90,- €	87,- €
	II/5J. Ib	OZ 2	5	2 Jahren	4 Jahre	130,- €	126,- €
					danach	20,- €	19,- €
	II/5J. Ib	OZ 2	7	4 Jahren	3 Jahre	90,- €	87,- €
					danach	40,- €	38,- €
	II/5J. Ib	OZ 2	8	2 Jahren	5 Jahre	110,- €	106,- €
					danach	40,- €	38,- €
	II/5J. Ib	OZ 2	9	2 Jahren	dauerhaft	30,- €	29,- €

Anlagen VKA I.2 — Anlage 2

EG	Vergütungs-gruppe	Ortszu-schlag Stufe 1/2	Über-leitung aus Stufe	nach	für	Betrag Tarif-gebiet West	Betrag Tarif-gebiet Ost
14	II/6J. Ib	OZ 1	4	2 Jahren	7 Jahre	110,- €	106,- €
	II/6J. Ib	OZ 1	5	2 Jahren	4 Jahre	50,- €	48,- €
	II/6J. Ib	OZ 1	8	2 Jahren	5 Jahre	50,- €	48,- €
	II/6J. Ib	OZ 2	4	2 Jahren	5 Jahre	90,- €	87,- €
	II/6J. Ib	OZ 2	5	2 Jahren	4 Jahre	130,- €	126,- €
					danach	20,- €	19,- €
	II/6J. Ib	OZ 2	7	4 Jahren	3 Jahre	90,- €	87,- €
					danach	40,- €	38,- €
	II/6J. Ib	OZ 2	8	2 Jahren	5 Jahre	110,- €	106,- €
					danach	40,- €	38,- €
	II/6J. Ib	OZ 2	9	2 Jahren	dauerhaft	30,- €	29,- €
13	II	OZ 1	9	2 Jahren	5 Jahre	50,- €	48,- €
	II	OZ 2	8	2 Jahren	5 Jahre	80,- €	77,- €
12	III/5J. II	OZ 1	5	2 Jahren	4 Jahre	90,- €	87,- €
	III/5J. II	OZ 1	8	2 Jahren	5 Jahre	80,- €	77,- €
	III/5J. II	OZ 2	4 (aus III)	1 Jahr	2 Jahre	110,- €	106,- €
	III/5J. II	OZ 2	4 (aus II)	2 Jahren	4 Jahre	90,- €	87,- €
	III/5J. II	OZ 2	6	4 Jahren	dauerhaft	30,- €	29,- €
	III/5J. II	OZ 2	7	4 Jahren	dauerhaft	60,- €	58,- €
	III/5J. II	OZ 2	8	4 Jahren	dauerhaft	50,- €	48,- €
	III/5J. II	OZ 2	9	2 Jahren	dauerhaft	50,- €	48,- €
	III/5J. II	OZ 2	10	2 Jahren	dauerhaft	30,- €	29,- €
12	III/6J. II	OZ 1	5	2 Jahren	4 Jahre	90,- €	87,- €
	III/6J. II	OZ 1	8	2 Jahren	5 Jahre	70,- €	67,- €
	III/6J. II	OZ 2	4 (aus III)	2 Jahren	5 Jahre	70,- €	67,- €
	III/6J. II	OZ 2	4 (aus II)	2 Jahren	4 Jahre	90,- €	87,- €
	III/6J. II	OZ 2	6	4 Jahren	dauerhaft	30,- €	29,- €
	III/6J. II	OZ 2	7	4 Jahren	dauerhaft	60,- €	58,- €
	III/6J. II	OZ 2	8	4 Jahren	dauerhaft	50,- €	48,- €
	III/6J. II	OZ 2	9	2 Jahren	dauerhaft	50,- €	48,- €
	III/6J. II	OZ 2	10	2 Jahren	dauerhaft	30,- €	29,- €
12	III/8J. II	OZ 1	5 (aus III)	2 Jahren	5 Jahre	70,- €	67,- €
	III/8J. II	OZ 1	5 (aus II)	2 Jahren	4 Jahre	90,- €	87,- €
	III/8J. II	OZ 1	8	2 Jahren	5 Jahre	70,- €	67,- €
	III/8J. II	OZ 2	5 (aus III)	2 Jahren	4 Jahre	130,- €	126,- €
	III/8J. II	OZ 2	6	4 Jahren	dauerhaft	30,- €	29,- €
	III/8J. II	OZ 2	7	4 Jahren	dauerhaft	60,- €	58,- €
	III/8J. II	OZ 2	8	4 Jahren	dauerhaft	50,- €	48,- €
	III/8J. II	OZ 2	9	2 Jahren	dauerhaft	50,- €	48,- €
	III/8J. II	OZ 2	10	2 Jahren	dauerhaft	30,- €	29,- €

Anlage 2

Anlagen VKA I.2

EG	Vergütungs-gruppe	Ortszu-schlag Stufe 1/2	Über-leitung aus Stufe	nach	für	Betrag Tarif-gebiet West	Betrag Tarif-gebiet Ost
12	III/10J. II	OZ 1	6 (aus III)	2 Jahren	4 Jahre	90,- €	87,- €
	III/10J. II	OZ 1	8	2 Jahren	5 Jahre	70,- €	67,- €
	III/10J. II	OZ 2	6 (aus III)	2 Jahren	4 Jahre	110,- €	106,- €
					danach	60,- €	58,- €
	III/10J. II	OZ 2	6 (aus II)	4 Jahren	dauerhaft	30,- €	29,- €
	III/10J. II	OZ 2	7	4 Jahren	dauerhaft	60,- €	58,- €
	III/10J. II	OZ 2	8	4 Jahren	dauerhaft	50,- €	48,- €
	III/10J. II	OZ 2	9	2 Jahren	dauerhaft	50,- €	48,- €
	III/10J. II	OZ 2	10	2 Jahren	dauerhaft	30,- €	29,- €
11	III	OZ 1	5	2 Jahren	4 Jahre	90,- €	87,- €
	III	OZ 1	9	2 Jahren	5 Jahre	60,- €	58,- €
	III	OZ 2	4	2 Jahren	4 Jahre	90,- €	87,- €
	III	OZ 2	7	4 Jahren	3 Jahre	90,- €	87,- €
	III	OZ 2	8	2 Jahren	5 Jahre	90,- €	87,- €
11	IVa/4J. III	OZ 1	5	2 Jahren	4 Jahre	90,- €	87,- €
	IVa/4J. III	OZ 1	9	2 Jahren	5 Jahre	60,- €	58,- €
	IVa/4J. III	OZ 2	4	2 Jahren	4 Jahre	90,- €	87,- €
	IVa/4J. III	OZ 2	7	4 Jahren	3 Jahre	90,- €	87,- €
	IVa/4J. III	OZ 2	8	2 Jahren	5 Jahre	90,- €	87,- €
	IVa/6J. III	OZ 1	5	2 Jahren	4 Jahre	90,- €	87,- €
	IVa/6J. III	OZ 1	9	2 Jahren	5 Jahre	60,- €	58,- €
	IVa/6J. III	OZ 2	4	2 Jahren	4 Jahre	90,- €	87,- €
	IVa/6J. III	OZ 2	7	4 Jahren	3 Jahre	90,- €	87,- €
	IVa/6J. III	OZ 2	8	2 Jahren	5 Jahre	100,- €	97,- €
11	IVa/8J. III	OZ 1	5	2 Jahren	4 Jahre	90,- €	87,- €
	IVa/8J. III	OZ 1	9	2 Jahren	5 Jahre	60,- €	58,- €
	IVa/8J. III	OZ 2	5	2 Jahren	9 Jahre	110,- €	106,- €
	IVa/8J. III	OZ 2	7	4 Jahren	3 Jahre	90,- €	87,- €
	IVa/8J. III	OZ 2	8	2 Jahren	5 Jahre	90,- €	87,- €
10	IVa	OZ 2	4	2 Jahren	4 Jahre	30,- €	29,- €
	IVa	OZ 2	7	4 Jahren	dauerhaft	25,- €	24,- €
	IVa	OZ 2	8	2 Jahren	5 Jahre	50,- €	48,- €
					danach	25,- €	24,- €
	IVa	OZ 2	9	2 Jahren	dauerhaft	25,- €	24,- €
10	IVb/2J. IVa	OZ 2	4	2 Jahren	4 Jahre	30,- €	29,- €
	IVb/2J. IVa	OZ 2	7	4 Jahren	dauerhaft	25,- €	24,- €
	IVb/2J. IVa	OZ 2	8	2 Jahren	5 Jahre	50,- €	48,- €
					danach	25,- €	24,- €
	IVb/2J. IVa	OZ 2	9	2 Jahren	dauerhaft	25,- €	24,- €

Anlagen VKA I.2

Anlage 2

EG	Vergütungs-gruppe	Ortszu-schlag Stufe 1/2	Über-leitung aus Stufe	nach	für	Betrag Tarif-gebiet West	Betrag Tarif-gebiet Ost
10	IVb/4J. IVa	OZ 2	4	2 Jahren	4 Jahre	30,- €	29,- €
	IVb/4J. IVa	OZ 2	7	4 Jahren	dauerhaft	25,- €	24,- €
	IVb/4J. IVa	OZ 2	8	2 Jahren	5 Jahre danach	50,- € 25,- €	48,- € 24,- €
	IVb/4J. IVa	OZ 2	9	2 Jahren	dauerhaft	25,- €	24,- €
10	IVb/5J. IVa	OZ 1	4	1 Jahr	8 Jahre	90,- €	87,- €
	IVb/5J. IVa	OZ 2	4	1 Jahr	6 Jahre	90,- €	87,- €
	IVb/5J. IVa	OZ 2	7	4 Jahren	dauerhaft	25,- €	24,- €
	IVb/5J. IVa	OZ 2	8	2 Jahren	5 Jahre danach	50,- € 25,- €	48,- € 24,- €
	IVb/5J. IVa	OZ 2	9	2 Jahren	dauerhaft	25,- €	24,- €
10	IVb/6J. IVa	OZ 1	4	2 Jahren	7 Jahre	90,- €	87,- €
	IVb/6J. IVa	OZ 2	4	2 Jahren	5 Jahre	90,- €	87,- €
	IVb/6J. IVa	OZ 2	7	4 Jahren	dauerhaft	25,- €	24,- €
	IVb/6J. IVa	OZ 2	8	2 Jahren	5 Jahre danach	50,- € 25,- €	48,- € 24,- €
	IVb/6J. IVa	OZ 2	9	2 Jahren	dauerhaft	25,- €	24,- €
10	IVb/8J. IVa	OZ 1	4	4 Jahren	5 Jahre	90,- €	87,- €
	IVb/8J. IVa	OZ 1	5	2 Jahren	7 Jahre	180,- €	174,- €
	IVb/8J. IVa	OZ 2	5	2 Jahren	5 Jahre danach	115,- € 25,- €	111,- € 24,- €
	IVb/8J. IVa	OZ 2	7	4 Jahren	dauerhaft	25,- €	24,- €
	IVb/8J. IVa	OZ 2	8	2 Jahren	5 Jahre danach	50,- € 25,- €	48,- € 24,- €
	IVb/8J. IVa	OZ 2	9	2 Jahren	dauerhaft	25,- €	24,- €
9	IVb	OZ 1	5	2 Jahren	4 Jahre	50,- €	48,- €
	IVb	OZ 1	8	2 Jahren	5 Jahre	50,- €	48,- €
	IVb	OZ 2	4	2 Jahren	4 Jahre	80,- €	77,- €
	IVb	OZ 2	6	2 Jahren	5 Jahre	25,- €	24,- €
	IVb	OZ 2	7	2 Jahren	5 Jahre	90,- €	87,- €
9	Vb/2J. IVb	OZ 1	5	2 Jahren	4 Jahre	50,- €	48,- €
	Vb/2J. IVb	OZ 1	8	2 Jahren	5 Jahre	50,- €	48,- €
	Vb/2J. IVb	OZ 2	4	2 Jahren	4 Jahre	80,- €	77,- €
	Vb/2J. IVb	OZ 2	6	2 Jahren	5 Jahre	25,- €	24,- €
9	Vb/2J. IVb	OZ 2	7	2 Jahren	5 Jahre	90,- €	87,- €
	Vb/4J. IVb	OZ 1	5	2 Jahren	4 Jahre	50,- €	48,- €
	Vb/4J. IVb	OZ 1	8	2 Jahren	5 Jahre	50,- €	48,- €
	Vb/4J. IVb	OZ 2	4	2 Jahren	4 Jahre	80,- €	77,- €
	Vb/4J. IVb	OZ 2	6	2 Jahren	5 Jahre	25,- €	24,- €
	Vb/4J. IVb	OZ 2	7	2 Jahren	5 Jahre	90,- €	87,- €

Anlagen VKA I.2

Anlage 2

EG	Vergütungs-gruppe	Ortszu-schlag Stufe 1/2	Über-leitung aus Stufe	nach	für	Betrag Tarif-gebiet West	Betrag Tarif-gebiet Ost
9	Vb/ 5J. IVb	OZ 1	4	1 Jahr	2 Jahre	110,- €	106,- €
	Vb/5J. IVb	OZ 1	5	2 Jahren	4 Jahre	50,- €	48,- €
	Vb/5J. IVb	OZ 1	8	2 Jahren	5 Jahre	50,- €	48,- €
	Vb/5J. IVb	OZ 2	4	1 Jahr	5 Jahre	80,- €	77,- €
	Vb/5J. IVb	OZ 2	6	2 Jahren	5 Jahre	25,- €	24,- €
	Vb/5J. IVb	OZ 2	7	2 Jahren	5 Jahre	90,- €	87,- €
9	Vb/6J. IVb	OZ 1	5	2 Jahren	4 Jahre	50,- €	48,- €
	Vb/6J. IVb	OZ 1	8	2 Jahren	5 Jahre	50,- €	48,- €
	Vb/6J. IVb	OZ 2	4	2 Jahren	4 Jahre	80,- €	77,- €
	Vb/6J. IVb	OZ 2	6	2 Jahren	5 Jahre	25,- €	24,- €
	Vb/6J. IVb	OZ 2	7	2 Jahren	5 Jahre	90,- €	87,- €
9	Vb	OZ 2	6	2 Jahren	9 Jahre	50,- €	48,- €
8	Vc	OZ 1	2	9 Jahren	dauerhaft	55,- €	53,- €
	Vc	OZ 1	3	9 Jahren	dauerhaft	55,- €	53,- €
	Vc	OZ 1	4	7 Jahren	dauerhaft	55,- €	53,- €
	Vc	OZ 1	5	6 Jahren	dauerhaft	55,- €	53,- €
	Vc	OZ 1	6	2 Jahren	dauerhaft	55,- €	53,- €
	Vc	OZ 1	7	2 Jahren	dauerhaft	55,- €	53,- €
	Vc	OZ 1	8	2 Jahren	dauerhaft	55,- €	53,- €
	Vc	OZ 2	2	5 Jahren	dauerhaft	55,- €	53,- €
	Vc	OZ 2	3	3 Jahren	dauerhaft	120,- €	116,- €
	Vc	OZ 2	4	2 Jahren	dauerhaft	120,- €	116,- €
	Vc	OZ 2	5	2 Jahren	dauerhaft	120,- €	116,- €
	Vc	OZ 2	6	2 Jahren	dauerhaft	120,- €	116,- €
	Vc	OZ 2	7	2 Jahren	dauerhaft	120,- €	116,- €
	Vc	OZ 2	8	2 Jahren	dauerhaft	55,- €	53,- €
6	VIb	OZ 1	2	9 Jahren	dauerhaft	50,- €	48,- €
	VIb	OZ 1	3	9 Jahren	dauerhaft	50,- €	48,- €
	VIb	OZ 1	4	7 Jahren	dauerhaft	50,- €	48,- €
	VIb	OZ 1	5	6 Jahren	dauerhaft	50,- €	48,- €
	VIb	OZ 1	6	6 Jahren	dauerhaft	50,- €	48,- €
	VIb	OZ 1	7	2 Jahren	dauerhaft	50,- €	48,- €
	VIb	OZ 1	8	2 Jahren	dauerhaft	50,- €	48,- €
	VIb	OZ 1	9	2 Jahren	dauerhaft	50,- €	48,- €
	VIb	OZ 2	2	7 Jahren	dauerhaft	90,- €	87,- €
	VIb	OZ 2	3	6 Jahren	dauerhaft	90,- €	87,- €
	VIb	OZ 2	4	6 Jahren	dauerhaft	90,- €	87,- €
	VIb	OZ 2	5	2 Jahren	dauerhaft	90,- €	87,- €
	VIb	OZ 2	6	2 Jahren	dauerhaft	90,- €	87,- €
	VIb	OZ 2	7	2 Jahren	dauerhaft	90,- €	87,- €
	VIb	OZ 2	8	2 Jahren	dauerhaft	50,- €	48,- €
	VIb	OZ 2	9	2 Jahren	dauerhaft	50,- €	48,- €

Anlagen VKA I.2

Anlage 2

EG	Vergütungs-gruppe	Ortszu-schlag Stufe 1/2	Über-leitung aus Stufe	nach	für	Betrag Tarif-gebiet West	Betrag Tarif-gebiet Ost
5	VII	OZ 2	4	4 Jahren	dauerhaft	20,- €	19,- €
	VII	OZ 2	5	2 Jahren	dauerhaft	20,- €	19,- €
	VII	OZ 2	6	2 Jahren	dauerhaft	20,- €	19,- €
	VII	OZ 2	7	2 Jahren	dauerhaft	20,- €	19,- €
	VII	OZ 2	8	2 Jahren	dauerhaft	20,- €	19,- €
3	VIII	OZ 1	7	2 Jahren	4 Jahre	30,- €	29,- €
	VIII	OZ 1	9	2 Jahren	5 Jahre	20,- €	19,- €
	VIII	OZ 2	3	2 Jahren	9 Jahre	40,- €	38,- €
	VIII	OZ 2	4	4 Jahren	3 Jahre	25,- €	24,- €
	VIII	OZ 2	5	2 Jahren	dauerhaft	50,- €	48,- €
3	VIII	OZ 2	6	2 Jahren	dauerhaft	50,- €	48,- €
	VIII	OZ 2	7	2 Jahren	dauerhaft	50,- €	48,- €
	VIII	OZ 2	8	2 Jahren	dauerhaft	50,- €	48,- €
	VIII	OZ 2	9	2 Jahren	dauerhaft	35,- €	33,- €
	VIII	OZ 2	10	2 Jahren	dauerhaft	25,- €	24,- €
2	IX 2J. IXa	OZ 2	4	2 Jahren	5 Jahre	45,- €	43,- €
2	X 2J. IX	OZ 1	5	2 Jahren	4 Jahre	25,- €	24,- €
	X 2J. IX	OZ 2	3	4 Jahren	dauerhaft	40,- €	38,- €
	X 2J. IX	OZ 2	4	4 Jahren	dauerhaft	40,- €	38,- €
	X 2J. IX	OZ 2	5	2 Jahren	dauerhaft	40,- €	38,- €
	X 2J. IX	OZ 2	6	2 Jahren	dauerhaft	40,- €	38,- €
	X 2J. IX	OZ 2	7	2 Jahren	dauerhaft	25,- €	24,- €

II. Angestellte, die aus der Anlage 1b zum BAT/BAT-O übergeleitet werden

EG	Vergütungs-gruppe	Ortszu-schlag Stufe 1/2	Über-leitung aus Stufe	nach	für	Betrag Tarif-gebiet West	Betrag Tarif-gebiet Ost
12a	Kr. XII 5 Jahre Kr. XIII	OZ 2	6	1 Jahr	6 Jahre	90,- €	87,- €
11b	Kr. XI 5 Jahre Kr. XII	OZ 2	6	1 Jahr	6 Jahre	150,- €	145,- €
		OZ 1	6	1 Jahr	6 Jahre	90,- €	87,- €
			7	2 Jahren	5 Jahre	130,- €	126,- €
11a	Kr. X 5 Jahre Kr. XI	OZ 2	4	5 Jahren	2 Jahre	220,- €	213,- €
			5	3 Jahren	4 Jahre	300,- €	291,- €
		OZ 1	5	3 Jahren	4 Jahre	190,- €	184,- €
			6	1 Jahr	6 Jahre	260,- €	252,- €
10a	Kr. IX 5 Jahre Kr. X	OZ 2	5	3 Jahren	2 Jahre, danach dauerhaft	270,- € 20,- €	261,- € 19,- €
			6	4 Jahren	dauerhaft	35,- €	33,- €
			7	2 Jahren	dauerhaft	35,- €	33,- €
			8	2 Jahren	dauerhaft	35,- €	33,- €
		OZ 1	5	3 Jahren	2 Jahre	170,- €	164,- €
			6	1 Jahr	4 Jahre	240,- €	232,- €
9d	Kr. VIII 5 Jahre Kr. IX	OZ 2	5	6 Jahren	dauerhaft	15,- €	14,- €
			6	1 Jahr	3 Jahre, danach dauerhaft	140,- € 15,- €	135,- € 14,- €
			7	2 Jahren	dauerhaft	30,- €	29,- €
			8	2 Jahren	dauerhaft	20,- €	19,- €
		OZ 1	6	1 Jahr	1 Jahr, danach für 2 Jahre	200,- € 60,- €	194,- € 58,- €
9b	Kr. VII	OZ 2	5	4 Jahren	3 Jahre	45,- €	43,- €
			6	2 Jahren	2 Jahre, danach für 3 Jahre	40,- € 100,- €	38,- € 97,- €
			7	2 Jahren	dauerhaft	10,- €	9,- €
			8	2 Jahren	dauerhaft	10,- €	9,- €
		OZ 1	6	6 Jahren	1 Jahr	60,- €	58,- €
			7	4 Jahren	3 Jahre	60,- €	58,- €

Anlagen VKA I.2

Anlage 2

EG	Vergütungs-gruppe	Ortszu-schlag Stufe 1/2	Über-leitung aus Stufe	nach	für	Betrag Tarif-gebiet West	Betrag Tarif-gebiet Ost
9c	Kr. VII 5 Jahre Kr. VIII	OZ 2	4	4 Jahren	2 Jahre, danach für	55,- €	53,- €
					4 Jahre	110,- €	106,- €
			5	4 Jahren	3 Jahre	80,- €	77,- €
			6	1 Jahr	6 Jahre	140,- €	135,- €
		OZ 1	5	3 Jahren	2 Jahre, danach für	150,- €	145,- €
					5 Jahre	60,- €	58,- €
			6	1 Jahr	9 Jahre	150,- €	145,- €
			7	2 Jahren	5 Jahre	100,- €	97,- €
9b	Kr. VI 5 Jahre Kr. VII	OZ 2	6	1 Jahr	6 Jahre	90,- €	87,- €
			7	2 Jahren	dauerhaft	10,- €	9,- €
			8	2 Jahren	dauerhaft	10,- €	9,- €
		OZ 1	5	3 Jahren	2 Jahre	240,- €	232,- €
			6	1 Jahr	1 Jahr	200,- €	194,- €
			7	4 Jahren	3 Jahre	65,- €	63,- €
9b	Kr. VI 7 Jahre Kr. VII	OZ 2	6	4 Jahren	3 Jahre	90,- €	87,- €
			7	1 Jahr	1 Jahr danach für	200,- €	194,- €
					5 Jahre	120,- €	116,- €
			8	2 Jahren	dauerhaft	10,- €	9,- €
		OZ 1	5	4 Jahren	4 Jahre	50,- €	48,- €
			7	1 Jahr	1 Jahr danach für	190,- €	184,- €
					5 Jahre	20,- €	19,- €
9a	Kr VI	OZ 2	4	4 Jahren	3 Jahre	30,- €	29,- €
			5	2 Jahren	5 Jahre	75,- €	72,- €
		OZ 1	5	2 Jahren	8 Jahre	50,- €	48,- €
			6	4 Jahren	3 Jahre	40,- €	38,- €
			7	2 Jahren	5 Jahre	60,- €	58,- €
8a	Kr. Va 3 Jahre, Kr. VI	OZ 2	3	4 Jahren	7 Jahre	45,- €	43,- €
			5	2 Jahren	5 Jahre	60,- €	58,- €
		OZ 1	4	2 Jahren	9 Jahre	55,- €	53,- €
			7	2 Jahren	5 Jahre	60,- €	58,- €
8a	Kr. Va 5 Jahre Kr. VI	OZ 2	3	4 Jahren	7 Jahre	45,- €	43,- €
			5	2 Jahren	5 Jahre	60,- €	58,- €
		OZ 1	3	4 Jahren	3 Jahre	55,- €	53,- €
			4	2 Jahren	9 Jahre	55,- €	53,- €

Anlage 2 **Anlagen VKA I.2**

EG	Vergütungs-gruppe	Ortszu-schlag Stufe 1/2	Über-leitung aus Stufe	nach	für	Betrag Tarif-gebiet West	Betrag Tarif-gebiet Ost
			7	2 Jahren	5 Jahre	60,- €	58,- €
8a	Kr. V 6 Jahre Kr. VI	OZ 2	2	6 Jahren	7 Jahre	30,- €	29,- €
			3	4 Jahren	7 Jahre	35,- €	33,- €
			5	2 Jahren	5 Jahre	60,- €	58,- €
		OZ 1	3	2 Jahren	7 Jahre	120,- €	116,- €
			4	2 Jahren	9 Jahre	55,- €	53,- €
			7	2 Jahren	5 Jahre	60,- €	58,- €
8a	Kr. V 4 Jahre, Kr. Va 2 Jahre, Kr. VI	OZ 2	2	6 Jahren	7 Jahre	60,- €	58,- €
			3	4 Jahren	7 Jahre	60,- €	58,- €
			4	3 Jahren	4 Jahre	25,- €	24,- €
			5	1 Jahr	2 Jahre, danach für	25,- €	24,- €
					4 Jahre	80,- €	77,- €
			7	1 Jahr	1 Jahr	40,- €	38,- €
			8	1 Jahr	1 Jahr	40,- €	38,- €
		OZ 1	3	2 Jahren	5 Jahre	55,- €	53,- €
			4	2 Jahren	4 Jahre, danach für	70,- €	67,- €
					5 Jahre	20,- €	19,- €
			7	2 Jahren	5 Jahre	55,- €	53,- €
7a	Kr. V 4 Jahre Kr. Va	OZ 2	3	4 Jahren	7 Jahre	55,- €	53,- €
			5	4 Jahren	3 Jahre	70,- €	67,- €
			7	2 Jahren	dauerhaft	25,- €	24,- €
			8	2 Jahren	dauerhaft	20,- €	19,- €
		OZ 1	5	2 Jahren	9 Jahre	45,- €	43,- €
			7	2 Jahren	5 Jahre	40,- €	38,- €
7a	Kr. V 5 Jahre Kr. Va	OZ 2	3	4 Jahren	7 Jahre	45,- €	43,- €
			4	2 Jahren	9 Jahre	100,- €	97,- €
			5	4 Jahren	3 Jahre	90,- €	87,- €
			7	2 Jahren	dauerhaft	25,- €	24,- €
			8	2 Jahren	dauerhaft	20,- €	19,- €
		OZ 1	5	2 Jahren	9 Jahre	45,- €	43,- €
			7	2 Jahren	5 Jahre	40,- €	38,- €

Anlagen VKA I.2

Anlage 2

EG	Vergütungs-gruppe	Ortszu-schlag Stufe 1/2	Über-leitung aus Stufe	nach	für	Betrag Tarif-gebiet West	Betrag Tarif-gebiet Ost
7a	Kr. IV 2 Jahre (Hebammen 1 Jahr, Alten-pflegerinnen 3 Jahre) Kr. V 4 Jahre Kr. Va	OZ 2	3	2 Jahren (Altenpfle-gerinnen nach 3 Jahren)	9 Jahre (Altenpfle-gerinnen für 8 Jahre)	50,- €	48,- €
			5	2 Jahren	5 Jahre	55,- €	53,- €
			7	2 Jahren	dauerhaft	25,- €	24,- €
			8	2 Jahren	dauerhaft	20,- €	19,- €
		OZ 1	4	2 Jahren	2 Jahre	20,- €	19,- €
			5	2 Jahren	9 Jahre	55,- €	53,- €
			6	4 Jahren	3 Jahre	10,- €	9,- €
			7	2 Jahren	5 Jahre	60,- €	58,- €
7a	Kr. IV 4 Jahre Kr. V	OZ 2	4	4 Jahren	dauerhaft	25,- €	24,- €
			5	6 Jahren	dauerhaft	25,- €	24,- €
			6	4 Jahren	dauerhaft	35,- €	33,- €
			7	2 Jahren	dauerhaft	65,- €	63,- €
			8	2 Jahren	dauerhaft	40,- €	38,- €
		OZ 1	3	2 Jahren	3 Jahre	100,- €	97,- €
			6	2 Jahren	4 Jahre	40,- €	38,- €
			7	2 Jahren	4 Jahre	90,- €	87,- €
4a	Kr. III 4 Jahre Kr. IV	OZ 2	3	2 Jahren	2 Jahre, danach für	20,- €	19,- €
					7 Jahre	60,- €	58,- €
			4	4 Jahren	3 Jahre	40,- €	38,- €
			5	2 Jahren	5 Jahre	60,- €	58,- €
			7	2 Jahren	dauerhaft	25,- €	24,- €
			8	2 Jahren	dauerhaft	35,- €	33,- €
		OZ 1	5	2 Jahren	9 Jahre	55,- €	53,- €
			7	2 Jahren	5 Jahre	40,- €	38,- €
4a	Kr. II 2 Jahre Kr. III 4 Jahre Kr. IV	OZ 2	3	2 Jahren	9 Jahre	40,- €	38,- €
			4	4 Jahren	3 Jahre	40,- €	38,- €
			5	2 Jahren	5 Jahre	60,- €	58,- €
			7	2 Jahren	dauerhaft	25,- €	24,- €
			8	2 Jahren	dauerhaft	35,- €	33,- €
		OZ 1	5	2 Jahren	9 Jahre	55,- €	53,- €
			7	2 Jahren	5 Jahre	40,- €	38,- €

Anlage 2 — Anlagen VKA I.2

EG	Vergütungs-gruppe	Ortszu-schlag Stufe 1/2	Über-leitung aus Stufe	nach	für	Betrag Tarif-gebiet West	Betrag Tarif-gebiet Ost
3a	Kr. I 3 Jahre Kr. II	OZ 2	2	1 Jahr	10 Jahre	55,- €	53,- €
			7	4 Jahren	dauerhaft	15,- €	14,- €
			8	2 Jahren	dauerhaft	25,- €	24,- €
		OZ 1	2	1 Jahr	3 Jahre	30,- €	29,- €
			4	2 Jahren	9 Jahre	35,- €	33,- €

Anlagen VKA I.2

Anlage 3

Anlage 3

Vorläufige Zuordnung der Vergütungs- und Lohngruppen zu den Entgeltgruppen für zwischen dem 1. Oktober 2005 und dem In-Kraft-Treten der neuen Entgeltordnung stattfindende Eingruppierungsvorgänge (VKA)

Entgeltgruppe	Vergütungsgruppe	Lohngruppe
15	Ia Ib mit Aufstieg nach Ia (zwingend Stufe 1, keine Stufe 6)	–
14	Ib ohne Aufstieg nach Ia	–
13	Beschäftigte mit Tätigkeiten, die eine abgeschlossene wissenschaftliche Hochschulausbildung voraussetzen (II mit und ohne Aufstieg nach Ib [ggf. mit Zulagenregelung nach § 17 Abs. 8 TVÜ-VKA]) und weitere Beschäftigte, die nach der Vergütungsordnung zum BAT/BAT-O/BAT-Ostdeutsche Sparkassen unmittelbar in Verg.Gr. II eingruppiert sind	–
12	III mit Aufstieg nach II	–
11	III ohne Aufstieg nach II IVa mit Aufstieg nach III	–
10	IVa ohne Aufstieg nach III IVb mit Aufstieg nach IVa Vb in den ersten sechs Monaten der Berufsausübung, wenn danach IVb mit Aufstieg nach IVa	–
9	IVb ohne Aufstieg nach IVa Vb mit Aufstieg nach IVb Vb ohne Aufstieg nach IVb (Stufe 5 nach 9 Jahren in Stufe 4, keine Stufe 6)	9 (zwingend Stufe 1, Stufe 4 nach 7 Jahren in Stufe 3, keine Stufen 5 und 6)
8	Vc mit Aufstieg nach Vb Vc ohne Aufstieg nach Vb	7 mit Aufstieg nach 8 und 8a

Anlage 3 **Anlagen VKA I.2**

Entgeltgruppe	Vergütungsgruppe	Lohngruppe
7	Keine	7 mit Aufstieg nach 7a 6 mit Aufstieg nach 7 und 7a
6	VIb mit Aufstieg nach Vc VIb ohne Aufstieg nach Vc	6 mit Aufstieg nach 6a 5 mit Aufstieg nach 6 und 6a
5	VII mit Aufstieg nach VIb VII ohne Aufstieg nach VIb	5 mit Aufstieg nach 5a 4 mit Aufstieg nach 5 und 5a
4	Keine	4 mit Aufstieg nach 4a 3 mit Aufstieg nach 4 und 4a
3	VIII mit Aufstieg nach VII VIII ohne Aufstieg nach VII	3 mit Aufstieg nach 3a 2 mit Aufstieg nach 3 und 3a
2 Ü	Keine	2 mit Aufstieg nach 2a 1 mit Aufstieg nach 2 und 2a
2	IXa mit Aufstieg nach VIII IX mit Aufstieg nach IXa oder VIII X (keine Stufe 6)	1 mit Aufstieg nach 1a (keine Stufe 6)
1	Beschäftigte mit einfachsten Tätigkeiten, zum Beispiel	

- Essens- und Getränkeausgeber/innen
- Garderobenpersonal
- Spülen und Gemüseputzen und sonstige Tätigkeiten im Haus- und Küchenbereich
- Reiniger/innen in Außenbereichen wie Höfe, Wege, Grünanlagen, Parks
- Wärter/innen von Bedürfnisanstalten
- Servierer/innen
- Hausarbeiter/innen
- Hausgehilfe/Hausgehilfin
- Bote/Botin (ohne Aufsichtsfunktion)

Ergänzungen können durch landesbezirklichen Tarifvertrag geregelt werden.

Hinweis: Diese Zuordnung gilt unabhängig von bisherigen tariflichen Zuordnungen zu Vergütungs-/Lohngruppen.

Anlagen VKA I.2

Anlage 4: 1.1.2008 bis 31.12.2008

Anlage 4

Kr-Anwendungstabelle
– Tarifgebiet West (Geltungsbereich § 40 BT-K) –
Gültig vom 1. Januar 2008 bis zum 31. Dezember 2008
(monatlich in Euro)

Werte aus Entgeltgruppe allg. Tabelle	Entgeltgruppe KR	Zuordnungen Vergütungsgruppen KR/KR-Verläufe	Grundentgelt		Entwicklungsstufen			
			Stufe 1	Stufe 2	Stufe 3	Stufe 4	Stufe 5	Stufe 6
EG 12	12a	XII mit Aufstieg nach XIII	–	–	3.302,00	3.657,60 nach 2 J. St. 3	4.114,80 nach 3 J. St. 4	4.318,00
EG 11	11b	XI mit Aufstieg nach XII	–	–	–	3.302,00 nach 2 J. St. 3	3.743,96 nach 5 J. St. 4	3.947,16
	11a	X mit Aufstieg nach XI	–	–	2.997,20	3.302,00 nach 2 J. St. 3	3.743,96 nach 5 J. St. 4	–
EG 10	10a	IX mit Aufstieg nach X	–	–	2.895,60	3.098,80 nach 2 J. St. 3	3.484,88 nach 3 J. St. 4	–

Anlage 4: 1.1.2008 bis 31.12.2008 — **Anlagen VKA I.2**

Werte aus Entgeltgruppe allg. Tabelle	Entgeltgruppe KR	Zuordnungen Vergütungsgruppen KR/KR-Verläufe	Grundentgelt Stufe 1	Stufe 2	Entwicklungsstufen Stufe 3	Stufe 4	Stufe 5	Stufe 6
EG 9, EG 9b	9d	VIII mit Aufstieg nach IX	–	–	2.824,48	3.078,48 nach 4 J. St. 3	3.281,68 nach 2 J. St. 4	–
	9c	VII mit Aufstieg nach VIII	–	–	2.743,20	2.936,24 nach 5 J. St. 3	3.119,12 nach 5 J. St. 4	–
	9b	VI mit Aufstieg nach VII VII ohne Aufstieg	–	–	2.499,36	2.824,48 nach 5 J. St. 3	2.936,24 nach 5 J. St. 4	–
	9a	VI ohne Aufstieg	–	–	2.499,36	2.585,72 nach 5 J. St. 3	2.743,20 nach 5 J. St. 4	–
EG 7, EG 8, EG 9b	8a	Va mit Aufstieg nach VI V mit Aufstieg nach Va und VI V mit Aufstieg nach VI	– 2.082,80	2.214,88	2.326,64	2.418,08	2.585,72	2.743,20
EG 7, EG 8	7a	V mit Aufstieg nach Va IV mit Aufstieg nach V und Va IV mit Aufstieg nach V	– 1.930,40	2.082,80	2.214,88	2.418,08	2.519,68	2.624,33 –

Anlagen VKA I.2

Anlage 4: 1.1.2008 bis 31.12.2008

Werte aus Entgeltgruppe allg. Tabelle	Entgeltgruppe KR	Zuordnungen Vergütungsgruppen KR/KR-Verläufe	Grundentgelt		Entwicklungsstufen			
			Stufe 1	Stufe 2	Stufe 3	Stufe 4	Stufe 5	Stufe 6
EG 4, EG 6	4a	II mit Aufstieg nach III und IV	1.729,23	1.859,28	1.981,20	2.240,28	2.306,32	2.428,24
		III mit Aufstieg nach VI						
EG 3, EG 4	3a	I mit Aufstieg nach II	1.651,00	1.828,80	1.879,60	1.960,88	2.021,84	2.165,10

Anlage 4

Kr-Anwendungstabelle
– Tarifgebiet West (Geltungsbereich § 40 BT-K) –
Gültig ab 1. Januar 2009
(monatlich in Euro)

Werte aus Entgeltgruppe allg. Tabelle	Entgeltgruppe KR	Zuordnungen Vergütungsgruppen KR/KR-Verläufe	Grundentgelt		Entwicklungsstufen			
			Stufe 1	Stufe 2	Stufe 3	Stufe 4	Stufe 5	Stufe 6
EG 12	12a	XII mit Aufstieg nach XIII	–	–	3.444,57	3.815,52 nach 2 J. St. 3	4.292,47 nach 3 J. St. 4	4.504,44
EG 11	11b	XI mit Aufstieg XII	–	–	–	3.444,57	3.905,62	4.117,59
	11a	X mit Aufstieg nach XI	–	–	3.126,61	3.444,57 nach 2 J. St. 3	3.905,62 nach 5 J. St. 4	–
EG 10	10a	IX mit Aufstieg nach X	–	–	3.020,62	3.232,60 nach 2 J. St. 3	3.635,35 nach 3 J. St. 4	–

Anlagen VKA I.2

Anlage 4: ab 1.1.2009

Werte aus Entgeltgruppe allg. Tabelle	Entgeltgruppe KR	Zuordnungen Vergütungsgruppen KR/KR-Verläufe	Grundentgelt Stufe 1	Stufe 2	Entwicklungsstufen Stufe 3	Stufe 4	Stufe 5	Stufe 6
EG 9, EG 9b	9d	VIII mit Aufstieg nach IX	–	–	2.946,43	3.211,40 nach 4 J. St. 3	3.423,37 nach 2 J. St. 4	–
	9c	VII mit Aufstieg nach VIII	–	–	2.861,64	3.063,02 nach 5 J. St. 3	3.253,79 nach 5 J. St. 4	–
	9b	VI mit Aufstieg nach VII VII ohne Aufstieg	–	–	2.607,28	2.946,43 nach 5 J. St. 3	3.063,02 nach 5 J. St. 4	–
	9a	VI ohne Aufstieg	–	–	2.607,28	2.697,37 nach 5 J. St. 3	2.861,64 nach 5 J. St. 4	–
EG 7, EG 8, EG 9b	8a	Va mit Aufstieg nach VI V mit Aufstieg nach Va und VI V mit Aufstieg nach VI	– 2.172,73	2.310,51	2.427,10	2.522,49	2.697,37	2.861,64
EG 7, EG 8	7a	V mit Aufstieg nach Va IV mit Aufstieg nach V und Va IV mit Aufstieg nach V	– 2.013,75	2.172,73	2.310,51	2.522,49	2.628,47	2.737,64 –

Anlage 4: ab 1.1.2009

Anlagen VKA I.2

Werte aus Entgeltgruppe allg. Tabelle	Entgeltgruppe KR	Zuordnungen Vergütungsgruppen KR/KR-Verläufe	Grundentgelt		Entwicklungsstufen			
			Stufe 1	Stufe 2	Stufe 3	Stufe 4	Stufe 5	Stufe 6
EG 4, EG 6	4a	II mit Aufstieg nach III und IV	1.803,89	1.939,56	2.066,74	2.337,01	2.405,90	2.533,08
		III mit Aufstieg nach VI						
EG 3, EG 4	3a	I mit Aufstieg nach II	1.722,29	1.907,76	1.960,76	2.045,55	2.109,14	2.258,58

Anlagen VKA I.2

Anlage 5: 1.1.2008 bis 31.3.2008

Anlage 5

Kr-Anwendungstabelle
– Tarifgebiet Ost (Geltungsbereich § 40 BT-K) –
Gültig vom 1. Januar 2008 bis zum 31. März 2008
(monatlich in Euro)

Werte aus Entgeltgruppe allg. Tabelle	Entgeltgruppe KR	Zuordnungen Vergütungsgruppen KR/KR-Verläufe	Grundentgelt		Entwicklungsstufen			
			Stufe 1	Stufe 2	Stufe 3	Stufe 4	Stufe 5	Stufe 6
EG 12	12a	XII mit Aufstieg nach XIII	–	–	3.104,00	3.444,00 nach 2 J. St. 3	3.880,00 nach 3 J. St. 4	4.074,00
EG 11	11b	XI mit Aufstieg nach XII	–	–	–	3.104,00	3.526,00	3.720,00
	11a	X mit Aufstieg nach XI	–	–	2.813,00	3.104,00 nach 2 J. St. 3	3.526,00 nach 5 J. St. 4	–
EG 10	10a	IX mit Aufstieg nach X	–	–	2.716,00	2.910,00 nach 2 J. St. 3	3.279,00 nach 3 J. St. 4	–

Anlagen VKA I.2
Anlage 5: 1.1.2008 bis 31.3.2008

Werte aus Entgeltgruppe allg. Tabelle	Entgeltgruppe KR	Zuordnungen Vergütungsgruppen KR/KR-Verläufe	Grundentgelt Stufe 1	Stufe 2	Entwicklungsstufen Stufe 3	Stufe 4	Stufe 5	Stufe 6
EG 9, EG 9b	9d	VIII mit Aufstieg nach IX	–	–	2.730,00	2.980,00 nach 4 J. St. 3	3.180,00 nach 2 J. St. 4	–
	9c	VII mit Aufstieg nach VIII	–	–	2.650,00	2.840,00 nach 5 J. St. 3	3.020,00 nach 5 J. St. 4	–
	9b	VI mit Aufstieg nach VII VII ohne Aufstieg	–	–	2.410,00	2.730,00 nach 5 J. St. 3	2.840,00 nach 5 J. St. 4	–
	9a	VI ohne Aufstieg	–	–	2.410,00	2.495,00 nach 5 J. St. 3	2.650,00 nach 5 J. St. 4	–
EG 7, EG 8, EG 9b	8a	Va mit Aufstieg nach VI V mit Aufstieg nach Va und VI	–	2.130,00	2.240,00	2.330,00	2.495,00	2.650,00
		V mit Aufstieg nach VI	2.000,00					
EG 7, EG 8	7a	V mit Aufstieg nach Va	–	2.000,00	2.130,00	2.330,00	2.430,00	2.533,00
		IV mit Aufstieg nach V und Va	1.850,00					
		IV mit Aufstieg nach V						–

Anlagen VKA I.2

Anlage 5: 1.1.2008 bis 31.3.2008

Werte aus Entgeltgruppe allg. Tabelle	Entgeltgruppe KR	Zuordnungen Vergütungsgruppen KR/KR-Verläufe	Grundentgelt		Entwicklungsstufen			
			Stufe 1	Stufe 2	Stufe 3	Stufe 4	Stufe 5	Stufe 6
EG 4, EG 6	4a	II mit Aufstieg nach III und IV	1.652,00	1.780,00	1.900,00	2.155,00	2.220,00	2.340,00
		III mit Aufstieg nach VI						
EG 3, EG 4	3a	I mit Aufstieg nach II	1.575,00	1.750,00	1.800,00	1.880,00	1.940,00	2.081,00

Anlage 5

Kr-Anwendungstabelle
– Tarifgebiet Ost (Geltungsbereich § 40 BT-K) –
Gültig vom 1. April 2008 bis zum 31. Dezember 2008
(monatlich in Euro)

Werte aus Entgeltgruppe allg. Tabelle	Entgeltgruppe KR	Zuordnungen Vergütungsgruppen KR/KR-Verläufe	Grundentgelt		Entwicklungsstufen			
			Stufe 1	Stufe 2	Stufe 3	Stufe 4	Stufe 5	Stufe 6
EG 12	12a	XII mit Aufstieg nach XIII	–	–	3.202,94	3.547,87 nach 2 J. St. 3	3.991,36 nach 3 J. St. 4	4.188,46
EG 11	11b	XI mit Aufstieg XII	–	–	–	3.202,94	3.631,64	3.828,75
	11a	X mit Aufstieg nach XI	–	–	2.907,28	3.202,94 nach 2 J. St. 3	3.631,64 nach 5 J. St. 4	–
EG 10	10a	IX mit Aufstieg nach X	–	–	2.808,73	3.005,84 nach 2 J. St. 3	3.380,33 nach 3 J. St. 4	–

Anlagen VKA I.2

Anlage 5: 1.4.2008 bis 31.12.2008

Werte aus Entgeltgruppe allg. Tabelle	Entgeltgruppe KR	Zuordnungen Vergütungsgruppen KR/KR-Verläufe	Grundentgelt		Entwicklungsstufen			
			Stufe 1	Stufe 2	Stufe 3	Stufe 4	Stufe 5	Stufe 6
EG 9, EG 9b	9d	VIII mit Aufstieg nach IX	–	–	2.824,48	3.078,48 nach 4 J. St. 3	3.281,68 nach 2 J. St. 4	–
	9c	VII mit Aufstieg nach VIII	–	–	2.743,20	2.936,24 nach 5 J. St. 3	3.119,12 nach 5 J. St. 4	–
	9b	VI mit Aufstieg nach VII	–	–	2.499,36	2.824,48 nach 5 J. St. 3	2.936,24 nach 5 J. St. 4	–
		VII ohne Aufstieg						
	9a	VI ohne Aufstieg	–	–	2.499,36	2.585,72 nach 5 J. St. 3	2.743,20 nach 5 J. St. 4	–
EG 7, EG 8, EG 9b	8a	Va mit Aufstieg nach VI	–	2.214,88	2.326,64	2.418,08	2.585,72	2.743,20
		V mit Aufstieg nach Va und VI						
		V mit Aufstieg nach VI	2.082,80					
EG 7, EG 8	7a	V mit Aufstieg nach Va	–	2.082,80	2.214,88	2.418,08	2.519,68	2.624,33
		IV mit Aufstieg nach V und Va	1.930,40					
		IV mit Aufstieg nach V						

Anlage 5: 1.4.2008 bis 31.12.2008

Anlagen VKA I.2

Werte aus Entgeltgruppe allg. Tabelle	Entgeltgruppe KR	Zuordnungen Vergütungsgruppen KR/KR-Verläufe	Grundentgelt		Entwicklungsstufen			
			Stufe 1	Stufe 2	Stufe 3	Stufe 4	Stufe 5	Stufe 6
EG 4, EG 6	4a	II mit Aufstieg nach III und IV	1.729,23	1.859,28	1.981,20	2.240,28	2.306,32	2.428,24
		III mit Aufstieg nach VI						
EG 3, EG 4	3a	I mit Aufstieg nach II	1.651,00	1.828,80	1.879,60	1.960,88	2.021,84	2.165,10

Anlagen VKA I.2

Anlage 5: ab 1.1.2009

Anlage 5

Kr-Anwendungstabelle
– Tarifgebiet Ost (Geltungsbereich § 40 BT-K) –
Gültig ab 1. Januar 2009
(monatlich in Euro)

Werte aus Entgeltgruppe allg. Tabelle	Entgeltgruppe KR	Zuordnungen Vergütungsgruppen KR/KR-Verläufe	Grundentgelt		Entwicklungsstufen			
			Stufe 1	Stufe 2	Stufe 3	Stufe 4	Stufe 5	Stufe 6
EG 12	12a	XII mit Aufstieg nach XIII	–	–	3.341,23	3.701,05 nach 2 J. St. 3	4.163,70 nach 3 J. St. 4	4.369,31
EG 11	11b	XI mit Aufstieg XII	–	–	–	3.341,23 nach 2 J. St. 3	3.788,45	3.994,06
	11a	X mit Aufstieg nach XI	–	–	3.032,81	3.341,23 nach 2 J. St. 3	3.788,45 nach 5 J. St. 4	–
EG 10	10a	IX mit Aufstieg nach X	–	–	2.930,00	3.135,62 nach 2 J. St. 3	3.526,29 nach 3 J. St. 4	–

Anlage 5: ab 1.1.2009 — Anlagen VKA I.2

Werte aus Entgeltgruppe allg. Tabelle	Entgeltgruppe KR	Zuordnungen Vergütungsgruppen KR/KR-Verläufe	Grundentgelt Stufe 1	Stufe 2	Entwicklungsstufen Stufe 3	Stufe 4	Stufe 5	Stufe 6
EG 9, EG 9b	9d	VIII mit Aufstieg nach IX	–	–	2.946,43	3.211,40 nach 4 J. St. 3	3.423,37 nach 2 J. St. 4	–
	9c	VII mit Aufstieg nach VIII	–	–	2.861,64	3.063,02 nach 5 J. St. 3	3.253,79 nach 5 J. St. 4	–
	9b	VI mit Aufstieg nach VII / VII ohne Aufstieg	–	–	2.607,28	2.946,43 nach 5 J. St. 3	3.063,02 nach 5 J. St. 4	–
	9a	VI ohne Aufstieg	–	–	2.607,28	2.697,37 nach 5 J. St. 4	2.861,64 nach 5 J. St. 4	–
EG 7, EG 8, EG 9b	8a	VA mit Aufstieg nach VI / V mit Aufstieg nach VA und VI / V mit Aufstieg nach VI	2.172,73	2.310,51	2.427,10	2.522,49	2.697,37	2.861,64
EG 7, EG 8	7a	V mit Aufstieg nach Va / IV mit Aufstieg nach V und Va / IV mit Aufstieg nach V	2.013,75	2.172,73	2.310,51	2.522,49	2.628,47	2.737,64
								–

Anlagen VKA I.2

Anlage 5: ab 1.1.2009

Werte aus Entgeltgruppe allg. Tabelle	Entgeltgruppe KR	Zuordnungen Vergütungsgruppen KR/KR-Verläufe	Grundentgelt Stufe 1	Stufe 2	Entwicklungsstufen Stufe 3	Stufe 4	Stufe 5	Stufe 6
EG 4, EG 6	4a	II mit Aufstieg nach III und IV	1.803,89	1.939,56	2.066,74	2.337,01	2.405,90	2.533,08
		III mit Aufstieg nach VI						
EG 3, EG 4	3a	I mit Aufstieg nach II	1.722,29	1.907,76	1.960,76	2.045,55	2.109,14	2.258,58

Anlage 6

Kr-Anwendungstabelle
– Tarifgebiet West (Geltungsbereich § 40 BT-B) –
Gültig vom 1. Januar 2008 bis zum 31. Dezember 2008
(monatlich in Euro)

Werte aus Entgeltgruppe allg. Tabelle	Entgeltgruppe KR	Zuordnungen Vergütungsgruppen KR/KR-Verläufe	Grundentgelt		Entwicklungsstufen			
			Stufe 1	Stufe 2	Stufe 3	Stufe 4	Stufe 5	Stufe 6
EG 12	12a	XII mit Aufstieg nach XIII	–	–	3.350,75	3.711,60 nach 2 J. St. 3	4.175,55 nach 3 J. St. 4	4.381,75
EG 11	11b	XI mit Aufstieg nach XII	–	–	–	3.350,75	3.799,24	4.005,44
	11a	X mit Aufstieg nach XI	–	–	3.041,45	3.350,75 nach 2 J. St. 3	3.799,24 nach 5 J. St. 4	–
EG 10	10a	IX mit Aufstieg nach X	–	–	2.938,35	3.144,55 nach 2 J. St. 3	3.536,33 nach 3 J. St. 4	–

Anlagen VKA I.2

Anlage 6: 1.1.2008 bis 31.12.2008

Werte aus Entgeltgruppe allg. Tabelle	Entgeltgruppe KR	Zuordnungen Vergütungsgruppen KR/KR-Verläufe	Grundentgelt Stufe 1	Stufe 2	Entwicklungsstufen Stufe 3	Stufe 4	Stufe 5	Stufe 6
EG 9, EG 9b	9d	VIII mit Aufstieg nach IX	–	–	2.866,18	3.123,93 nach 4 J. St. 3	3.330,13 nach 2 J. St. 4	–
	9c	VII mit Aufstieg nach VIII	–	–	2.783,70	2.979,59 nach 5 J. St. 3	3.165,17 nach 5 J. St. 4	–
	9b	VI mit Aufstieg nach VII VII ohne Aufstieg	–	–	2.536,26	2.866,18 nach 5 J. St. 3	2.979,59 nach 5 J. St. 4	–
	9a	VI ohne Aufstieg	–	–	2.536,26	2.623,90 nach 5 J. St. 3	2.783,70 nach 5 J. St. 4	–
EG 7, EG 8, EG 9b	8a	Va mit Aufstieg nach VI V mit Aufstieg nach Va und VI V mit Aufstieg nach VI	– 2.113,55	2.247,58	2.360,99	2.453,78	2.623,90	2.783,70
EG 7, EG 8	7a	V mit Aufstieg nach Va IV mit Aufstieg nach V und Va IV mit Aufstieg nach V	– 1.958,90	2.113,55	2.247,58	2.453,78	2.556,88	2.663,07

Anlage 6: 1.1.2008 bis 31.12.2008 — **Anlagen VKA I.2**

Werte aus Entgeltgruppe allg. Tabelle	Entgeltgruppe KR	Zuordnungen Vergütungsgruppen KR/KR-Verläufe	Grundentgelt		Entwicklungsstufen			
			Stufe 1	Stufe 2	Stufe 3	Stufe 4	Stufe 5	Stufe 6
EG 4, EG 6	4a	II mit Aufstieg nach III und IV	1.754,76	1.886,73	2.010,45	2.273,36	2.340,37	2.464,09
		III mit Aufstieg nach VI						
EG 3, EG 4	3a	I mit Aufstieg nach II	1.675,38	1.855,80	1.907,35	1.989,83	2.051,69	2.197,06

Anlage 6

Kr-Anwendungstabelle
– Tarifgebiet West (Geltungsbereich § 40 BT-B) –
Gültig ab 1. Januar 2009
(monatlich in Euro)

Werte aus Entgeltgruppe allg. Tabelle	Entgeltgruppe KR	Zuordnungen Vergütungsgruppen KR/KR-Verläufe	Grundentgelt		Entwicklungsstufen			
			Stufe 1	Stufe 2	Stufe 3	Stufe 4	Stufe 5	Stufe 6
EG 12	12a	XII mit Aufstieg nach XIII	–	–	3.444,57	3.815,52 nach 2 J. St. 3	4.292,47 nach 3 J. St. 4	4.504,44
EG 11	11b	XI mit Aufstieg XII	–	–	–	3.444,57	3.905,62 nach 5 J. St. 4	4.117,59
	11a	X mit Aufstieg nach XI	–	–	3.126,61	3.444,57 nach 2 J. St. 3	3.905,62 nach 5 J. St. 4	–
EG 10	10a	IX mit Aufstieg nach X	–	–	3.020,62	3.232,60 nach 2 J. St. 3	3.635,35 nach 3 J. St. 4	–

Anlage 6: ab 1.1.2009 **Anlagen VKA I.2**

Werte aus Entgeltgruppe allg. Tabelle	Entgeltgruppe KR	Zuordnungen Vergütungsgruppen KR/KR-Verläufe	Grundentgelt		Entwicklungsstufen			
			Stufe 1	Stufe 2	Stufe 3	Stufe 4	Stufe 5	Stufe 6
EG 9, EG 9b	9d	VIII mit Aufstieg nach IX	–	–	2.946,43	3.211,40 nach 4 J. St. 3	3.423,37 nach 2 J. St. 4	–
	9c	VII mit Aufstieg nach VIII	–	–	2.861,64	3.063,02 nach 5 J. St. 3	3.253,79 nach 5 J. St. 4	–
	9b	VI mit Aufstieg nach VII VII ohne Aufstieg	–	–	2.607,28	2.946,43 nach 5 J. St. 3	3.063,02 nach 5 J. St. 4	–
	9a	VI ohne Aufstieg	–	–	2.607,28	2.697,37 nach 5 J. St. 3	2.861,64 nach 5 J. St. 4	–
EG 7, EG 8, EG 9b	8a	Va mit Aufstieg nach VI V mit Aufstieg nach Va und VI V mit Aufstieg nach VI	2.172,73	2.310,51	2.427,10	2.522,49	2.697,37	2.861,64
EG 7, EG 8	7a	V mit Aufstieg nach Va IV mit Aufstieg nach V und Va IV mit Aufstieg nach V	– 2.013,75	2.172,73	2.310,51	2.522,49	2.628,47	2.737,64
								–

Anlagen VKA I.2

Anlage 6: ab 1.1.2009

Werte aus Entgeltgruppe allg. Tabelle	Entgeltgruppe KR	Zuordnungen Vergütungsgruppen KR/KR-Verläufe	Grundentgelt Stufe 1	Stufe 2	Entwicklungsstufen Stufe 3	Stufe 4	Stufe 5	Stufe 6
EG 4, EG 6	4a	II mit Aufstieg nach III und IV	1.803,89	1.939,56	2.066,74	2.337,01	2.405,90	2.533,08
		III mit Aufstieg nach VI						
EG 3, EG 4	3a	I mit Aufstieg nach II	1.722,29	1.907,76	1.960,76	2.045,55	2.109,14	2.258,58

Anlage 7: 1.1.2008 bis 31.3.2008

Anlage 7

Kr-Anwendungstabelle
– Tarifgebiet Ost (Geltungsbereich § 40 BT-B) –
Gültig vom 1. Januar 2008 bis zum 31. März 2008
(monatlich in Euro)

Werte aus Entgeltgruppe allg. Tabelle	Entgeltgruppe KR	Zuordnungen Vergütungsgruppen KR/KR-Verläufe	Grundentgelt		Entwicklungsstufen			
			Stufe 1	Stufe 2	Stufe 3	Stufe 4	Stufe 5	Stufe 6
EG 12	12a	XII mit Aufstieg nach XIII	–	–	3.104,00	3.444,00 nach 2 J. St. 3	3.880,00 nach 3 J. St. 4	4.074,00
EG 11	11b	XI mit Aufstieg XII	–	–	–	3.104,00	3.526,00	3.720,00
	11a	X mit Aufstieg nach XI	–	–	2.813,00	3.104,00 nach 2 J. St. 3	3.526,00 nach 5 J. St. 4	–
EG 10	10a	IX mit Aufstieg nach X	–	–	2.716,00	2.910,00 nach 2 J. St. 3	3.279,00 nach 3 J. St. 4	–

Anlagen VKA I.2

Anlage 7: 1.1.2008 bis 31.3.2008

Werte aus Entgeltgruppe allg. Tabelle	Entgeltgruppe KR	Zuordnungen Vergütungsgruppen KR/KR-Verläufe	Grundentgelt		Entwicklungsstufen			
			Stufe 1	Stufe 2	Stufe 3	Stufe 4	Stufe 5	Stufe 6
EG 9, EG 9b	9d	VIII mit Aufstieg nach IX	–	–	2.730,00	2.980,00 nach 4 J. St. 3	3.180,00 nach 2 J. St. 4	–
	9c	VII mit Aufstieg nach VIII	–	–	2.650,00	2.840,00 nach 5 J. St. 3	3.020,00 nach 5 J. St. 4	–
	9b	VI mit Aufstieg nach VII VII ohne Aufstieg	–	–	2.410,00	2.730,00 nach 5 J. St. 3	2.840,00 nach 5 J. St. 4	–
	9a	VI ohne Aufstieg	–	–	2.410,00	2.495,00 nach 5 J. St. 3	2.650,00 nach 5 J. St. 4	–
EG 7, EG 8, EG 9b	8a	Va mit Aufstieg nach VI V mit Aufstieg nach Va und VI	–	2.130,00	2.240,00	2.330,00	2.495,00	2.650,00
		V mit Aufstieg nach VI	2.000,00					
EG 7, EG 8	7a	V mit Aufstieg nach Va IV mit Aufstieg nach V und Va	–	2.000,00	2.130,00	2.330,00	2.430,00	2.533,00
		IV mit Aufstieg nach V	1.850,00					–

Anlage 7: 1.1.2008 bis 31.3.2008 — **Anlagen VKA I.2**

Werte aus Entgeltgruppe allg. Tabelle	Entgeltgruppe KR	Zuordnungen Vergütungsgruppen KR/KR-Verläufe	Grundentgelt		Entwicklungsstufen			
			Stufe 1	Stufe 2	Stufe 3	Stufe 4	Stufe 5	Stufe 6
EG 4, EG 6	4a	II mit Aufstieg nach III und IV	1.652,00	1.780,00	1.900,00	2.155,00	2.220,00	2.340,00
		III mit Aufstieg nach VI						
EG 3, EG 4	3a	I mit Aufstieg nach II	1.575,00	1.750,00	1.800,00	1.880,00	1.940,00	2.081,00

Anlagen VKA I.2

Anlage 7: 1.4.2008 bis 31.12.2008

Anlage 7

Kr-Anwendungstabelle
– Tarifgebiet Ost (Geltungsbereich § 40 BT-B) –
Gültig vom 1. April 2008 bis zum 31. Dezember 2008
(monatlich in Euro)

Werte aus Entgeltgruppe allg. Tabelle	Entgeltgruppe KR	Zuordnungen Vergütungsgruppen KR/KR-Verläufe	Grundentgelt		Entwicklungsstufen			
			Stufe 1	Stufe 2	Stufe 3	Stufe 4	Stufe 5	Stufe 6
EG 12	12a	XII mit Aufstieg nach XIII	–	–	3.250,23	3.600,25 nach 2 J. St. 3	4.050,28 nach 3 J. St. 4	4.250,30
EG 11	11b	XI mit Aufstieg nach XII	–	–	–	3.250,23	3.685,26	3.885,28
	11a	X mit Aufstieg nach XI	–	–	2.950,21	3.250,23 nach 2 J. St. 3	3.685,25 nach 5 J. St. 4	–
EG 10	10a	IX mit Aufstieg nach X	–	–	2.850,20	3.050,21 nach 2 J. St. 3	3.430,24 nach 3 J. St. 4	–

Anlage 7: 1.4.2008 bis 31.12.2008 — **Anlagen VKA I.2**

Werte aus Entgeltgruppe allg. Tabelle	Entgeltgruppe KR	Zuordnungen Vergütungsgruppen KR/KR-Verläufe	Grundentgelt		Entwicklungsstufen			
			Stufe 1	Stufe 2	Stufe 3	Stufe 4	Stufe 5	Stufe 6
EG 9, EG 9b	9d	VIII mit Aufstieg nach IX	–	–	2.866,18	3.123,93 nach 4 J. St. 3	3.330,13 nach 2 J. St. 4	–
	9c	VII mit Aufstieg nach VIII	–	–	2.783,70	2.979,59 nach 5 J. St. 3	3.165,17 nach 5 J. St. 4	–
	9b	VI mit Aufstieg nach VII VII ohne Aufstieg	–	–	2.536,26	2.866,18 nach 5 J. St. 3	2.979,59 nach 5 J. St. 4	–
	9a	VI ohne Aufstieg	–	–	2.536,26	2.623,90 nach 5 J. St. 3	2.783,70 nach 5 J. St. 4	–
EG 7, EG 8, EG 9b	8a	Va mit Aufstieg nach VI V mit Aufstieg nach Va und VI V mit Aufstieg nach VI	– 2.113,55	2.247,58	2.360,99	2.453,78	2.623,90	2.783,70
EG 7, EG 8	7a	V mit Aufstieg nach Va IV mit Aufstieg nach V und Va IV mit Aufstieg nach V	– 1.958,90	2.113,55	2.247,58	2.453,78	2.556,88	2.663,07 –

Anlagen VKA I.2

Anlage 7: 1.4.2008 bis 31.12.2008

Werte aus Entgeltgruppe allg. Tabelle	Entgeltgruppe KR	Zuordnungen Vergütungsgruppen KR/KR-Verläufe	Grundentgelt		Entwicklungsstufen			
			Stufe 1	Stufe 2	Stufe 3	Stufe 4	Stufe 5	Stufe 6
EG 4, EG 6	4a	II mit Aufstieg nach III und IV	1754,76	1.886,73	2.010,45	2.273,36	2.340,37	2.464,09
		III mit Aufstieg nach VI						
EG 3, EG 4	3a	I mit Aufstieg nach II	1.675,38	1.855,80	1.907,35	1.989,83	2.051,69	2.197,06

Anlage 7: ab 1.1.2009

Anlage 7

Kr-Anwendungstabelle
– Tarifgebiet Ost (Geltungsbereich § 40 BT-B) –
Gültig ab 1. Januar 2009
(monatlich in Euro)

Werte aus Entgeltgruppe allg. Tabelle	Entgeltgruppe KR	Zuordnungen Vergütungsgruppen KR/KR-Verläufe	Grundentgelt		Entwicklungsstufen			
			Stufe 1	Stufe 2	Stufe 3	Stufe 4	Stufe 5	Stufe 6
EG 12	12a	XII mit Aufstieg nach XIII	–	–	3.341,23	3.701,05 nach 2 J. St. 3	4.163,70 nach 3 J. St. 4	4.369,31
EG 11	11b	XI mit Aufstieg XII	–	–	–	3.341,23	3.788,45	3.994,06
	11a	X mit Aufstieg nach XI	–	–	3.032,81	3.341,23 nach 2 J. St. 3	3.788,45 nach 5 J. St. 4	–
EG 10	10a	IX mit Aufstieg nach X	–	–	2.930,00	3.135,62 nach 2 J. St. 3	3.526,29 nach 3 J. St. 4	–

Anlagen VKA I.2

Anlage 7: ab 1.1.2009

Werte aus Entgeltgruppe allg. Tabelle	Entgeltgruppe KR	Zuordnungen Vergütungsgruppen KR/KR-Verläufe	Grundentgelt Stufe 1	Stufe 2	Entwicklungsstufen Stufe 3	Stufe 4	Stufe 5	Stufe 6
	9d	VIII mit Aufstieg nach IX	–	–	2.946,43	3.211,40 nach 4 J. St. 3	3.423,37 nach 2 J. St. 4	–
	9c	VII mit Aufstieg nach VIII	–	–	2.861,64	3.063,02 nach 5 J. St. 3	3.253,79 nach 5 J. St. 4	–
	9b	VI mit Aufstieg nach VII VII ohne Aufstieg	–	–	2.607,28	2.946,43 nach 5 J. St. 3	3.063,02 nach 5 J. St. 4	–
	9a	VI ohne Aufstieg	–	–	2.607,28	2.697,37 nach 5 J. St. 3	2.861,64 nach 5 J. St. 4	–
EG 7, EG 8, EG 9b	8a	Va mit Aufstieg nach VI V mit Aufstieg nach Va und VI V mit Aufstieg nach VI	– 2.172,73	2.310,51	2.427,10	2.522,49	2.697,37	2.861,64
EG 7, EG 8	7a	V mit Aufstieg nach Va IV mit Aufstieg nach V und Va IV mit Aufstieg nach V	– 2.013,75	2.172,73	2.310,51	2.522,49	2.628,47	2.737,64
								–

Anlage 7: ab 1.1.2009

Anlagen VKA I.2

Werte aus Entgeltgruppe allg. Tabelle	Entgeltgruppe KR	Zuordnungen Vergütungsgruppen KR/KR-Verläufe	Grundentgelt		Entwicklungsstufen			
			Stufe 1	Stufe 2	Stufe 3	Stufe 4	Stufe 5	Stufe 6
EG 4, EG 6	4a	II mit Aufstieg nach III und IV	1.803,89	1.939,56	2.066,74	2.337,01	2.405,90	2.533,08
		III mit Aufstieg nach VI						
EG 3, EG 4	3a	I mit Aufstieg nach II	1.722,29	1.907,76	1.960,76	2.045,55	2.109,14	2.258,58

Tarifvertrag für Ärztinnen und Ärzte an kommunalen Krankenhäusern im Bereich der Vereinigung der kommunalen Arbeitgeberverbände (TV-Ärzte/VKA)

Vom 17. August 2006[1])

Inhaltsübersicht

Abschnitt I
Allgemeine Vorschriften

§ 1 Geltungsbereich
§ 2 Arbeitsvertrag, Nebenabreden, Probezeit
§ 3 Allgemeine Arbeitsbedingungen
§ 4 Allgemeine Pflichten
§ 5 Versetzung, Abordnung, Zuweisung, Personalgestellung
§ 6 Qualifizierung

Abschnitt II
Arbeitszeit

§ 7 Regelmäßige Arbeitszeit
§ 8 Arbeit an Sonn- und Feiertagen
§ 9 Sonderformen der Arbeit
§ 10 Bereitschaftsdienst und Rufbereitschaft
§ 11 Ausgleich für Sonderformen der Arbeit
§ 12 Bereitschaftsdienstentgelt
§ 13 Teilzeitbeschäftigung
§ 14 Arbeitszeitdokumentation

Abschnitt III
Eingruppierung und Entgelt

§ 15 Allgemeine Eingruppierungsregelungen

---

[1]) Am 1. August 2006 wurden zunächst nur die Eckpunkte vereinbart; die redaktionelle Umsetzung erfolgte zu einem späteren Zeitpunkt.
Trotz Tarifeinigung im Frühjahr 2008 liegt noch kein endgültig verabschiedeter Änderungstarifvertrag vor. Die Eckpunkte der Einigung sind unter **I.3.2** zu finden.

Inhaltsübersicht TV-Ärzte/VKA (Marburger Bund)

§ 16 Eingruppierung
§ 17 Vorübergehende Übertragung einer höherwertigen Tätigkeit
§ 18 Tabellenentgelt
§ 19 Stufen der Entgelttabelle
§ 20 Allgemeine Regelungen zu den Stufen
§ 21 Leistungsentgelt
§ 22 Bemessungsgrundlage für die Entgeltfortzahlung
§ 23 Entgelt im Krankheitsfall
§ 24 Besondere Zahlungen
§ 25 Berechnung und Auszahlung des Entgelts
§ 26 Betriebliche Altersversorgung

Abschnitt IV
Urlaub und Arbeitsbefreiung

§ 27 Erholungsurlaub
§ 28 Zusatzurlaub
§ 29 Sonderurlaub
§ 30 Arbeitsbefreiung

Abschnitt V
Befristung und Beendigung des Arbeitsverhältnisses

§ 31 Befristete Arbeitsverträge
§ 32 Führung auf Probe
§ 33 Führung auf Zeit
§ 34 Beendigung des Arbeitsverhältnisses ohne Kündigung
§ 35 Kündigung des Arbeitsverhältnisses
§ 36 Zeugnis

Abschnitt VI
Übergangs- und Schlussvorschriften

§ 37 Ausschlussfrist
§ 38 Begriffsbestimmungen
§ 39 Existenz- und Beschäftigungssicherung
§ 40 In-Kraft-Treten

Anlage A
Tabellenentgelt Tarifgebiet West

Anlage B
Tabellenentgelt Tarifgebiet Ost

Abschnitt I
Allgemeine Vorschriften

§ 1 Geltungsbereich

(1) Dieser Tarifvertrag gilt für Ärztinnen und Ärzte sowie Zahnärztinnen und Zahnärzte, die in einem Arbeitsverhältnis zu einem Arbeitgeber stehen, der Mitglied eines Mitgliedverbandes der VKA ist, wenn sie in

a) Krankenhäusern einschließlich psychiatrischer Kliniken und psychiatrischer Krankenhäuser,

b) medizinischen Instituten von Krankenhäusern/Kliniken (z. B. pathologischen Instituten, Röntgeninstituten oder Institutsambulanzen) oder in

c) sonstigen Einrichtungen und Heimen (z. B. Reha-Einrichtungen), in denen die betreuten Personen in teilstationärer oder stationärer ärztlicher Behandlung stehen, wenn die ärztliche Behandlung in den Einrichtungen selbst stattfindet,

beschäftigt sind.

(2) Dieser Tarifvertrag gilt nicht für Chefärztinnen und Chefärzte, wenn deren Arbeitsbedingungen einzelvertraglich vereinbart worden sind oder werden.

Protokollerklärung zu Absatz 2:

[1]Dieser Tarifvertrag gilt ferner nicht für Ärztinnen und Ärzte, die sich am 1. August 2006 in der Arbeits- bzw. Freistellungsphase eines Altersteilzeitarbeitsverhältnisses befunden haben. [2]Mit Ärztinnen und Ärzten, die Altersteilzeit vor dem 1. August 2006 vereinbart, diese aber am 1. August 2006 noch nicht begonnen haben, ist auf Verlangen die Aufhebung der Altersteilzeitvereinbarung zu prüfen. [3]Satz 2 gilt entsprechend in den Fällen des Satzes 1,

a) bei Altersteilzeit im Blockmodell, wenn am 1. August 2006 ein Zeitraum von nicht mehr als einem Drittel der Arbeitsphase

b) bei Altersteilzeit im Teilzeitmodell, wenn am 1. August 2006 ein Zeitraum von nicht mehr als einem Drittel der Altersteilzeit

zurückgelegt ist.

§ 2 Arbeitsvertrag, Nebenabreden, Probezeit

(1) Der Arbeitsvertrag wird schriftlich abgeschlossen.

(2) [1]Mehrere Arbeitsverhältnisse zu demselben Arbeitgeber dürfen nur begründet werden, wenn die jeweils übertragenen Tätigkeiten nicht in einem unmittelbaren Sachzusammenhang stehen. [2]Andernfalls gelten sie als ein Arbeitsverhältnis.

(3) ¹Nebenabreden sind nur wirksam, wenn sie schriftlich vereinbart werden. ²Sie können gesondert gekündigt werden, soweit dies einzelvertraglich vereinbart ist.

(4) Die ersten sechs Monate der Beschäftigung gelten als Probezeit, soweit nicht eine kürzere Zeit vereinbart ist.

§ 3 Allgemeine Arbeitsbedingungen

(1) Ärztinnen und Ärzte haben über Angelegenheiten, deren Geheimhaltung durch gesetzliche Vorschriften vorgesehen oder vom Arbeitgeber angeordnet ist, Verschwiegenheit zu wahren; dies gilt auch über die Beendigung des Arbeitsverhältnisses hinaus.

(2) ¹Ärztinnen und Ärzte dürfen von Dritten Belohnungen, Geschenke, Provisionen oder sonstige Vergünstigungen in Bezug auf ihre Tätigkeit nicht annehmen. ²Ausnahmen sind nur mit Zustimmung des Arbeitgebers möglich. ³Werden Ärztinnen und Ärzten derartige Vergünstigungen angeboten, haben sie dies dem Arbeitgeber unverzüglich anzuzeigen.

(3) ¹Nebentätigkeiten gegen Entgelt haben Ärztinnen und Ärzte ihrem Arbeitgeber rechtzeitig vorher schriftlich anzuzeigen. ²Der Arbeitgeber kann die Nebentätigkeit untersagen oder mit Auflagen versehen, wenn diese geeignet ist, die Erfüllung der arbeitsvertraglichen Pflichten von Ärztinnen und Ärzten oder berechtigte Interessen des Arbeitgebers zu beeinträchtigen.

(4) ¹Der Arbeitgeber hat Ärztinnen und Ärzte von etwaigen im Zusammenhang mit dem Arbeitsverhältnis entstandenen Schadensersatzansprüchen Dritter freizustellen, sofern der Eintritt des Schadens nicht durch die Ärztin/den Arzt vorsätzlich oder grob fahrlässig herbeigeführt worden ist. ²Im Übrigen bleiben die allgemeinen Grundsätze zur Arbeitnehmerhaftung unberührt.

(5) ¹Der Arbeitgeber ist bei begründeter Veranlassung berechtigt, Ärztinnen und Ärzte zu verpflichten, durch ärztliche Bescheinigung nachzuweisen, dass sie/er zur Leistung der arbeitsvertraglich geschuldeten Tätigkeit in der Lage ist. ²Bei der beauftragten Ärztin/dem beauftragten Arzt kann es sich um eine Betriebsärztin/einen Betriebsarzt handeln, soweit sich die Betriebsparteien nicht auf eine andere Ärztin/einen anderen Arzt geeinigt haben. ³Die Kosten dieser Untersuchung trägt der Arbeitgeber.

(6) ¹Ärztinnen und Ärzte haben ein Recht auf Einsicht in ihre vollständigen Personalakten. ²Sie können das Recht auf Einsicht auch

durch eine/n hierzu schriftlich Bevollmächtigte/n ausüben lassen. ³Sie können Auszüge oder Kopien aus ihren Personalakten erhalten.

§ 4 Allgemeine Pflichten

(1) ¹Zu den den Ärztinnen und Ärzten obliegenden ärztlichen Pflichten gehört es auch, ärztliche Bescheinigungen auszustellen. ²Die Ärztinnen und Ärzte können vom Arbeitgeber auch verpflichtet werden, im Rahmen einer zugelassenen Nebentätigkeit von leitenden Ärztinnen und Ärzten oder für Belegärztinnen und Belegärzte innerhalb der Einrichtung ärztlich tätig zu werden.

(2) ¹Zu den aus der Haupttätigkeit obliegenden Pflichten der Ärztinnen und Ärzte gehört es ferner, am Rettungsdienst in Notarztwagen und Hubschraubern teilzunehmen. ²Für jeden Einsatz in diesem Rettungsdienst erhalten Ärztinnen und Ärzte einen nicht zusatzversorgungspflichtigen Einsatzzuschlag in Höhe von 20,00 Euro. ³Dieser Betrag verändert sich zu demselben Zeitpunkt und in dem gleichen Ausmaß wie das Tabellenentgelt der Entgeltgruppe II Stufe 1.

Protokollerklärungen zu Absatz 2:
1. Eine Ärztin/Ein Arzt, die/der nach der Approbation noch nicht mindestens ein Jahr klinisch tätig war, ist grundsätzlich nicht zum Einsatz im Rettungsdienst heranzuziehen.
2. Eine Ärztin/Ein Arzt, der/dem aus persönlichen oder fachlichen Gründen (z. B. Vorliegen einer anerkannten Minderung der Erwerbsfähigkeit, die dem Einsatz im Rettungsdienst entgegensteht, Flugunverträglichkeit, langjährige Tätigkeit als Bakteriologin/Bakteriologe) die Teilnahme am Rettungsdienst nicht zumutbar ist, darf grundsätzlich nicht zum Einsatz im Rettungsdienst herangezogen werden.

(3) ¹Die Erstellung von Gutachten, gutachtlichen Äußerungen und wissenschaftlichen Ausarbeitungen, die nicht von einem Dritten angefordert und vergütet werden, gehört zu den den Ärztinnen und Ärzten obliegenden Pflichten aus der Haupttätigkeit.

(4) ¹Die Ärztin/Der Arzt kann vom Arbeitgeber verpflichtet werden, als Nebentätigkeit Unterricht zu erteilen sowie Gutachten, gutachtliche Äußerungen und wissenschaftliche Ausarbeitungen, die von einem Dritten angefordert und vergütet werden, zu erstellen, und zwar auch im Rahmen einer zugelassenen Nebentätigkeit der leitenden Ärztin/des leitenden Arztes. ²Steht die Vergütung für das Gutachten, die gutachtliche Äußerung oder wissenschaftliche Ausarbeitung ausschließlich dem Arbeitgeber zu, hat die Ärztin/der Arzt nach Maßgabe ihrer/seiner Beteiligung einen Anspruch auf einen Teil dieser Vergütung. ³In allen anderen Fällen ist die Ärztin/der Arzt

berechtigt, für die Nebentätigkeit einen Anteil der von dem Dritten zu zahlenden Vergütung anzunehmen. [4]Die Ärztin/Der Arzt kann die Übernahme der Nebentätigkeit verweigern, wenn die angebotene Vergütung offenbar nicht dem Maß ihrer/seiner Beteiligung entspricht. [5]Im Übrigen kann die Übernahme der Nebentätigkeit nur in besonders begründeten Ausnahmefällen verweigert werden.

§ 5 Versetzung, Abordnung, Zuweisung, Personalgestellung

(1) [1]Ärztinnen und Ärzte können aus dienstlichen oder betrieblichen Gründen versetzt oder abgeordnet werden. [2]Sollen Ärztinnen und Ärzte an eine Dienststelle oder einen Betrieb außerhalb des bisherigen Arbeitsortes versetzt oder voraussichtlich länger als drei Monate abgeordnet werden, so sind sie vorher zu hören.

Protokollerklärungen zu Absatz 1:

1. Abordnung ist die Zuweisung einer vorübergehenden Beschäftigung bei einer anderen Dienststelle oder einem anderen Betrieb desselben oder eines anderen Arbeitgebers unter Fortsetzung des bestehenden Arbeitsverhältnisses.
2. Versetzung ist die Zuweisung einer auf Dauer bestimmten Beschäftigung bei einer anderen Dienststelle oder einem anderen Betrieb desselben Arbeitgebers unter Fortsetzung des bestehenden Arbeitsverhältnisses.

Niederschriftserklärung zu § 5 Abs. 1:

Der Begriff „Arbeitsort" ist ein generalisierter Oberbegriff; die Bedeutung unterscheidet sich nicht von dem bisherigen Begriff „Dienstort".

(2) [1]Ärztinnen und Ärzten kann im dienstlichen/betrieblichen oder öffentlichen Interesse mit ihrer Zustimmung vorübergehend eine mindestens gleich vergütete Tätigkeit bei einem Dritten zugewiesen werden. [2]Die Zustimmung kann nur aus wichtigem Grund verweigert werden. [3]Die Rechtsstellung der Ärztinnen und Ärzte bleibt unberührt. [4]Bezüge aus der Verwendung nach Satz 1 werden auf das Entgelt angerechnet.

Protokollerklärung zu Absatz 2:

Zuweisung ist – unter Fortsetzung des bestehenden Arbeitsverhältnisses – die vorübergehende Beschäftigung bei einem Dritten im In- und Ausland, bei dem dieser Tarifvertrag nicht zur Anwendung kommt.

(3) [1]Werden Aufgaben der Ärztinnen und Ärzte zu einem Dritten verlagert, ist auf Verlangen des Arbeitgebers bei weiter bestehendem Arbeitsverhältnis die arbeitsvertraglich geschuldete Arbeitsleistung bei dem Dritten zu erbringen (Personalgestellung). [2]§ 613a BGB sowie gesetzliche Kündigungsrechte bleiben unberührt.

Protokollerklärung zu Absatz 3:

¹Personalgestellung ist – unter Fortsetzung des bestehenden Arbeitsverhältnisses – die auf Dauer angelegte Beschäftigung bei einem Dritten. ²Die Modalitäten der Personalgestellung werden zwischen dem Arbeitgeber und dem Dritten vertraglich geregelt.

§ 6 Qualifizierung

(1) ¹Ein hohes Qualifikationsniveau und lebenslanges Lernen liegen im gemeinsamen Interesse von Arbeitnehmern und Arbeitgebern. ²Qualifizierung dient der Steigerung von Effektivität und Effizienz des öffentlichen Dienstes, der Nachwuchsförderung und der Steigerung von beschäftigungsbezogenen Kompetenzen. ³Die Tarifvertragsparteien verstehen Qualifizierung auch als Teil der Personalentwicklung.

(2) ¹Vor diesem Hintergrund stellt Qualifizierung nach diesem Tarifvertrag ein Angebot dar, aus dem für die Ärztinnen und Ärzte kein individueller Anspruch außer nach Absatz 4 und Absatz 9 abgeleitet, aber das durch freiwillige Betriebsvereinbarung wahrgenommen und näher ausgestaltet werden kann. ²Entsprechendes gilt für Dienstvereinbarungen im Rahmen der personalvertretungsrechtlichen Möglichkeiten. ³Weitergehende Mitbestimmungsrechte werden dadurch nicht berührt.

(3) ¹Qualifizierungsmaßnahmen sind

a) die Fortentwicklung der fachlichen, methodischen und sozialen Kompetenzen für die übertragenen Tätigkeiten (Erhaltungsqualifizierung),

b) der Erwerb zusätzlicher Qualifikationen (Fort- und Weiterbildung),

c) die Qualifizierung zur Arbeitsplatzsicherung (Qualifizierung für eine andere Tätigkeit; Umschulung) und

d) die Einarbeitung bei oder nach längerer Abwesenheit (Wiedereinstiegsqualifizierung).

²Die Teilnahme an einer Qualifizierungsmaßnahme wird dokumentiert und den Ärztinnen und Ärzten schriftlich bestätigt.

(4) ¹Ärztinnen und Ärzte haben – auch in den Fällen des Absatzes 3 Satz 1 Buchst. d – Anspruch auf ein regelmäßiges Gespräch mit der jeweiligen Führungskraft, in dem festgestellt wird, ob und welcher Qualifizierungsbedarf besteht. ²Dieses Gespräch kann auch als Gruppengespräch geführt werden. ³Wird nichts anderes geregelt, ist das Gespräch jährlich zu führen.

(5) ¹Die Kosten einer vom Arbeitgeber veranlassten Qualifizierungsmaßnahme – einschließlich Reisekosten – werden, soweit sie nicht von Dritten übernommen werden, grundsätzlich vom Arbeitgeber getragen. ²Ein möglicher Eigenbeitrag wird durch eine Qualifizierungsvereinbarung geregelt. ³Die Betriebsparteien sind gehalten, die Grundsätze einer fairen Kostenverteilung unter Berücksichtigung des betrieblichen und individuellen Nutzens zu regeln. ⁴Ein Eigenbeitrag der Ärztinnen und Ärzte kann in Geld und/oder Zeit erfolgen.

(6) Zeiten von vereinbarten Qualifizierungsmaßnahmen gelten als Arbeitszeit.

(7) Gesetzliche Förderungsmöglichkeiten können in die Qualifizierungsplanung einbezogen werden.

(8) Für Ärztinnen und Ärzte mit individuellen Arbeitszeiten sollen Qualifizierungsmaßnahmen so angeboten werden, dass ihnen eine gleichberechtigte Teilnahme ermöglicht wird.

(9) ¹Zur Teilnahme an medizinisch wissenschaftlichen Kongressen, ärztlichen Fortbildungsveranstaltungen und ähnlichen Veranstaltungen ist der Ärztin/dem Arzt Arbeitsbefreiung bis zu drei Arbeitstagen im Kalenderjahr unter Fortzahlung des Entgelts zu gewähren. ²Die Arbeitsbefreiung wird auf einen Anspruch nach den Weiterbildungsgesetzen der Länder angerechnet. ³Bei Kostenerstattung durch Dritte kann eine Freistellung für bis zu fünf Arbeitstage erfolgen.

Abschnitt II
Arbeitszeit

§ 7 Regelmäßige Arbeitszeit

(1) ¹Die regelmäßige Arbeitszeit beträgt ausschließlich der Pausen durchschnittlich 40 Stunden wöchentlich. ²Die regelmäßige Arbeitszeit kann auf fünf Tage, aus notwendigen betrieblichen/dienstlichen Gründen auch auf sechs Tage verteilt werden.

(2) ¹Für die Berechnung des Durchschnitts der regelmäßigen wöchentlichen Arbeitszeit ist ein Zeitraum von einem Jahr zugrunde zu legen. ²Abweichend von Satz 1 kann bei Ärztinnen und Ärzten, die ständig Wechselschicht- oder Schichtarbeit zu leisten haben, ein längerer Zeitraum zugrunde gelegt werden.

(3) ¹Soweit es die betrieblichen/dienstlichen Verhältnisse zulassen, wird die Ärztin/der Arzt am 24. Dezember und am 31. Dezember unter Fortzahlung des Entgelts nach § 22 von der Arbeit freigestellt.

²Kann die Freistellung nach Satz 1 aus betrieblichen/dienstlichen Gründen nicht erfolgen, ist entsprechender Freizeitausgleich innerhalb von drei Monaten zu gewähren. ³Die regelmäßige Arbeitszeit vermindert sich für den 24. Dezember und 31. Dezember, sofern sie auf einen Werktag fallen, um die dienstplanmäßig ausgefallenen Stunden.

Protokollerklärung zu Absatz 3 Satz 3:

Die Verminderung der regelmäßigen Arbeitszeit betrifft die Ärztinnen und Ärzte, die wegen des Dienstplans frei haben und deshalb ohne diese Regelung nacharbeiten müssten.

(4) Aus dringenden betrieblichen/dienstlichen Gründen kann auf der Grundlage einer Betriebs-/Dienstvereinbarung im Rahmen des § 7 Abs. 1, 2 und des § 12 ArbZG von den Vorschriften des Arbeitszeitgesetzes abgewichen werden.

(5) ¹Die tägliche Arbeitszeit kann im Schichtdienst auf bis zu zwölf Stunden ausschließlich der Pausen ausgedehnt werden. ²In unmittelbarer Folge dürfen nicht mehr als vier Zwölf-Stunden-Schichten und innerhalb von zwei Kalenderwochen nicht mehr als acht Zwölf-Stunden-Schichten geleistet werden. ³Solche Schichten können nicht mit Bereitschaftsdienst kombiniert werden.

(6) Ärztinnen und Ärzte sind im Rahmen begründeter betrieblicher/dienstlicher Notwendigkeiten zur Leistung von Sonntags-, Feiertags-, Nacht-, Wechselschicht-, Schichtarbeit sowie – bei Teilzeitbeschäftigung aufgrund arbeitsvertraglicher Regelung oder mit ihrer Zustimmung – zu Bereitschaftsdienst, Rufbereitschaft, Überstunden und Mehrarbeit verpflichtet.

(7) ¹Durch Betriebs-/Dienstvereinbarung kann ein wöchentlicher Arbeitszeitkorridor von bis zu 45 Stunden eingerichtet werden. ²Die innerhalb eines Arbeitszeitkorridors geleisteten zusätzlichen Arbeitsstunden werden im Rahmen des nach Absatz 2 Satz 1 festgelegten Zeitraums ausgeglichen.

(8) ¹Durch Betriebs-/Dienstvereinbarung kann in der Zeit von 6 bis 20 Uhr eine tägliche Rahmenzeit von bis zu zwölf Stunden eingeführt werden. ²Die innerhalb der täglichen Rahmenzeit geleisteten zusätzlichen Arbeitsstunden werden im Rahmen des nach Absatz 2 Satz 1 festgelegten Zeitraums ausgeglichen.

(9) ¹Über den Abschluss einer Dienst- bzw. Betriebsvereinbarung nach den Absätzen 4, 7 und 8 sind der jeweilige kommunale Arbeitgeberverband und der entsprechende Landesverband des Marburger Bundes unverzüglich zu informieren. ²Sie haben im

Einzelfall innerhalb von vier Wochen die Möglichkeit, dem In-Kraft-Treten der Dienst- bzw. Betriebsvereinbarung im Hinblick auf die Ärztinnen und Ärzte im Geltungsbereich dieses Tarifvertrages zu widersprechen. ³In diesem Fall wird für Ärztinnen und Ärzte nach Satz 2 die Wirksamkeit der Dienst- bzw. Betriebsvereinbarung ausgesetzt und es sind innerhalb von vier Wochen Tarifverhandlungen zwischen dem jeweiligen kommunalen Arbeitgeberverband und dem Landesverband des Marburger Bundes über diesen Einzelfall aufzunehmen. ⁴Satz 3 gilt entsprechend, wenn eine Dienst- bzw. Betriebsvereinbarung im Hinblick auf die vom Geltungsbereich dieses Tarifvertrages erfassten Ärztinnen und Ärzte nicht zustande kommt und der jeweilige kommunale Arbeitgeberverband oder der jeweilige Landesverband des Marburger Bundes die Aufnahme von Tarifverhandlungen verlangt.

Protokollerklärung zu § 7:

Gleitzeitregelungen sind unter Wahrung der jeweils geltenden Mitbestimmungsrechte unabhängig von den Vorgaben zu Arbeitszeitkorridor und Rahmenzeit (Absätze 7 und 8) möglich.

§ 8 Arbeit an Sonn- und Feiertagen

In Ergänzung zu § 7 Abs. 3 Satz 3 und Abs. 6 gilt für Sonn- und Feiertage Folgendes:

(1) ¹Die Arbeitszeit an einem gesetzlichen Feiertag, der auf einen Werktag fällt, wird durch eine entsprechende Freistellung an einem anderen Werktag bis zum Ende des dritten Kalendermonats – möglichst aber schon bis zum Ende des nächsten Kalendermonats – ausgeglichen, wenn es die betrieblichen Verhältnisse zulassen. ²Kann ein Freizeitausgleich nicht gewährt werden, erhält die Ärztin/der Arzt je Stunde 100 v. H. des auf eine Stunde entfallenden Anteils des monatlichen Entgelts der jeweiligen Entgeltgruppe und Stufe nach Maßgabe der Entgelttabelle. ³§ 11 Abs. 1 Satz 2 Buchst. c bleibt unberührt.

(2) ¹Für Ärztinnen und Ärzte, die regelmäßig nach einem Dienstplan eingesetzt werden, der Wechselschicht- oder Schichtdienst an sieben Tagen in der Woche vorsieht, vermindert sich die regelmäßige Wochenarbeitszeit um ein Fünftel der arbeitsvertraglich vereinbarten durchschnittlichen Wochenarbeitszeit, wenn sie an einem gesetzlichen Feiertag, der auf einen Werktag fällt,

a) Arbeitsleistung zu erbringen haben oder
b) nicht wegen des Feiertags, sondern dienstplanmäßig nicht zur Arbeit eingeteilt sind und deswegen an anderen Tagen der Woche ihre regelmäßige Arbeitszeit erbringen müssen.

²Absatz 1 gilt in diesen Fällen nicht. ³§ 11 Abs. 1 Satz 2 Buchst. c bleibt unberührt.

(3) ¹Ärztinnen und Ärzte, die regelmäßig an Sonn- und Feiertagen arbeiten müssen, erhalten innerhalb von zwei Wochen zwei arbeitsfreie Tage. ²Hiervon soll ein freier Tag auf einen Sonntag fallen.

§ 9 Sonderformen der Arbeit

(1) ¹Wechselschichtarbeit ist die Arbeit nach einem Schichtplan/ Dienstplan, der einen regelmäßigen Wechsel der täglichen Arbeitszeit in Wechselschichten vorsieht, bei denen die Ärztin/der Arzt längstens nach Ablauf eines Monats erneut zu mindestens zwei Nachtschichten herangezogen wird. ²Wechselschichten sind wechselnde Arbeitsschichten, in denen ununterbrochen bei Tag und Nacht, werktags, sonntags und feiertags gearbeitet wird. ³Nachtschichten sind Arbeitsschichten, die mindestens zwei Stunden Nachtarbeit umfassen.

(2) Schichtarbeit ist die Arbeit nach einem Schichtplan, der einen regelmäßigen Wechsel des Beginns der täglichen Arbeitszeit um mindestens zwei Stunden in Zeitabschnitten von längstens einem Monat vorsieht, und die innerhalb einer Zeitspanne von mindestens 13 Stunden geleistet wird.

(3) Nachtarbeit ist die Arbeit zwischen 21 Uhr und 6 Uhr.

(4) Mehrarbeit sind die Arbeitsstunden, die teilzeitbeschäftigte Ärztinnen und Ärzte über die vereinbarte regelmäßige Arbeitszeit hinaus bis zur regelmäßigen wöchentlichen Arbeitszeit von vollbeschäftigten Ärztinnen und Ärzten (§ 7 Abs. 1 Satz 1) leisten.

(5) Überstunden sind die auf Anordnung des Arbeitgebers geleisteten Arbeitsstunden, die über die im Rahmen der regelmäßigen Arbeitszeit von vollbeschäftigten Ärztinnen und Ärzten (§ 7 Abs. 1 Satz 1) für die Woche dienstplanmäßig bzw. betriebsüblich festgesetzten Arbeitsstunden hinausgehen und nicht bis zum Ende der folgenden Kalenderwoche ausgeglichen werden.

(6) Abweichend von Absatz 5 sind nur die Arbeitsstunden Überstunden, die
a) im Falle der Festlegung eines Arbeitszeitkorridors nach § 7 Abs. 7 über 45 Stunden oder über die vereinbarte Obergrenze hinaus,

b) im Falle der Einführung einer täglichen Rahmenzeit nach § 7 Abs. 8 außerhalb der Rahmenzeit,
c) im Falle von Wechselschicht- oder Schichtarbeit über die im Schichtplan festgelegten täglichen Arbeitsstunden einschließlich der im Schichtplan vorgesehenen Arbeitsstunden, die bezogen auf die regelmäßige wöchentliche Arbeitszeit im Schichtplanturnus nicht ausgeglichen werden,

angeordnet worden sind.

§ 10 Bereitschaftsdienst und Rufbereitschaft

(1) [1]Die Ärztin/Der Arzt ist verpflichtet, sich auf Anordnung des Arbeitgebers außerhalb der regelmäßigen Arbeitszeit an einer vom Arbeitgeber bestimmten Stelle aufzuhalten, um im Bedarfsfall die Arbeit aufzunehmen (Bereitschaftsdienst). [2]Der Arbeitgeber darf Bereitschaftsdienst nur anordnen, wenn zu erwarten ist, dass zwar Arbeit anfällt, erfahrungsgemäß aber die Zeit ohne Arbeitsleistung überwiegt.

(2) Wenn in die Arbeitszeit regelmäßig und in erheblichem Umfang Bereitschaftsdienst der Stufen I oder II fällt, kann unter den Voraussetzungen einer

– Prüfung alternativer Arbeitszeitmodelle,
– Belastungsanalyse gemäß § 5 ArbSchG und
– ggf. daraus resultierender Maßnahmen zur Gewährleistung des Gesundheitsschutzes

im Rahmen des § 7 Abs. 1 Nr. 1 und 4, Abs. 2 Nr. 3 ArbZG die tägliche Arbeitszeit im Sinne des Arbeitszeitgesetzes abweichend von den §§ 3, 5 Abs. 1 und 2 und 6 Abs. 2 ArbZG über acht Stunden hinaus auf bis zu 24 Stunden verlängert werden, wenn mindestens die acht Stunden überschreitende Zeit als Bereitschaftsdienst der Stufen I oder II abgeleistet wird.

(3) [1]Wenn in die Arbeitszeit regelmäßig und in erheblichem Umfang Bereitschaftsdienst der Stufe III fällt, kann unter den Voraussetzungen einer

– Prüfung alternativer Arbeitszeitmodelle,
– Belastungsanalyse gemäß § 5 ArbSchG und
– ggf. daraus resultierender Maßnahmen zur Gewährleistung des Gesundheitsschutzes

im Rahmen des § 7 Abs. 1 Nr. 1 und 4, Abs. 2 Nr. 3 ArbZG die tägliche Arbeitszeit im Sinne des Arbeitszeitgesetzes abweichend von den

§§ 3, 5 Abs. 1 und 2 und 6 Abs. 2 ArbZG über acht Stunden hinaus auf bis zu 18 Stunden verlängert werden, wenn mindestens die acht Stunden überschreitende Zeit als Bereitschaftsdienst abgeleistet wird. ²In einer Betriebs-/Dienstvereinbarung kann die tägliche Arbeitszeit über acht Stunden hinaus auf bis zu 24 Stunden unter den Voraussetzungen und im Rahmen des Satzes 1 verlängert werden, wenn mindestens die acht Stunden überschreitende Zeit als Bereitschaftsdienst abgeleistet wird.

(4) Die tägliche Arbeitszeit darf bei Ableistung ausschließlich von Bereitschaftsdienst an Samstagen, Sonn- und Feiertagen max. 24 Stunden betragen, wenn dadurch für die einzelne Ärztin/den einzelnen Arzt mehr Wochenenden und Feiertage frei sind.

(5) ¹Wenn in die Arbeitszeit regelmäßig und in erheblichem Umfang Bereitschaftsdienst fällt, kann im Rahmen des § 7 Abs. 2a ArbZG und innerhalb der Grenzwerte nach den Absätzen 2 und 3 eine Verlängerung der täglichen Arbeitszeit über acht Stunden hinaus auch ohne Ausgleich erfolgen. ²Die wöchentliche Arbeitszeit darf dabei durchschnittlich bis zu 60 Stunden betragen. ³Durch Tarifvertrag auf Landesebene kann in begründeten Einzelfällen eine durchschnittliche wöchentliche Höchstarbeitszeit von bis zu 66 Stunden vereinbart werden.

(6) Für den Ausgleichszeitraum nach den Absätzen 2 bis 5 gilt § 7 Abs. 2 Satz 1.

(7) ¹Soweit Ärztinnen und Ärzte Teilzeitarbeit gemäß § 13 vereinbart haben, verringern sich die Höchstgrenzen der wöchentlichen Arbeitszeit nach den Absätzen 2 bis 5 in demselben Verhältnis, wie die Arbeitszeit dieser Ärztinnen und Ärzte zu der regelmäßigen Arbeitszeit vollbeschäftigter Ärztinnen und Ärzte. ²Mit Zustimmung der Ärztin/des Arztes oder aufgrund von dringenden dienstlichen oder betrieblichen Belangen kann hiervon abgewichen werden.

(8) ¹Der Arzt hat sich auf Anordnung des Arbeitgebers außerhalb der regelmäßigen Arbeitszeit an einer dem Arbeitgeber anzuzeigenden Stelle aufzuhalten, um auf Abruf die Arbeit aufzunehmen (Rufbereitschaft). ²Rufbereitschaft wird nicht dadurch ausgeschlossen, dass der Arzt vom Arbeitgeber mit einem Mobiltelefon oder einem vergleichbaren technischen Hilfsmittel zur Gewährleistung der Erreichbarkeit ausgestattet wird. ³Der Arbeitgeber darf Rufbereitschaft nur anordnen, wenn erfahrungsgemäß lediglich in Ausnahmefällen Arbeit anfällt. ⁴Durch tatsächliche Arbeitsleistung innerhalb der Rufbereit-

schaft kann die tägliche Höchstarbeitszeit von zehn Stunden (§ 3 ArbZG) überschritten werden (§ 7 ArbZG).

(9) § 7 Abs. 4 bleibt im Übrigen unberührt.

§ 11 Ausgleich für Sonderformen der Arbeit

(1) ¹Die Ärztin/Der Arzt erhält neben dem Entgelt für die tatsächliche Arbeitsleistung Zeitzuschläge. ²Die Zeitzuschläge betragen – auch bei teilzeitbeschäftigten Ärztinnen und Ärzten – je Stunde

a) für Überstunden	15 v. H.,
b) für Sonntagsarbeit	25 v. H.,
c) bei Feiertagsarbeit	
– ohne Freizeitausgleich	135 v. H.,
– mit Freizeitausgleich	35 v. H.,
d) für Arbeit am 24. Dezember und am 31. Dezember jeweils ab 6 Uhr	35 v. H.,

des auf eine Stunde entfallenden Anteils des Tabellenentgelts der Stufe 3 der jeweiligen Entgeltgruppe; bei Ärztinnen und Ärzten gemäß § 16 Buchst. c und d der höchsten tariflichen Stufe. ³Die Zeitzuschläge betragen für Nachtarbeit 1,28 Euro und für Arbeit an Samstagen von 13 bis 21 Uhr, soweit diese nicht im Rahmen von Wechselschicht- oder Schichtarbeit anfällt, 0,64 Euro je Stunde. ⁴Beim Zusammentreffen von Zeitzuschlägen nach Satz 2 Buchst. b bis d sowie Satz 3 2. Alt. wird nur der höchste Zeitzuschlag gezahlt.

Protokollerklärung zu Absatz 1 Satz 1:

Bei Überstunden richtet sich das Entgelt für die tatsächliche Arbeitsleistung nach der individuellen Stufe der jeweiligen Entgeltgruppe, höchstens jedoch nach der Stufe 4.

Protokollerklärung zu Absatz 1 Satz 2 Buchst. c:

¹Der Freizeitausgleich muss im Dienstplan besonders ausgewiesen und bezeichnet werden. ²Falls kein Freizeitausgleich gewährt wird, werden als Entgelt einschließlich des Zeitzuschlags und des auf den Feiertag entfallenden Tabellenentgelts höchstens 235 v. H. gezahlt.

(2) Für Arbeitsstunden, die keine Überstunden sind und die aus betrieblichen/dienstlichen Gründen nicht innerhalb des nach § 7 Abs. 2 Satz 1 oder 2 festgelegten Zeitraums mit Freizeit ausgeglichen werden, erhält die Ärztin/der Arzt je Stunde 100 v. H. des auf eine Stunde entfallenden Anteils des Tabellenentgelts der jeweiligen Entgeltgruppe und Stufe.

Protokollerklärung zu Absatz 2 Satz 1:

Mit dem Begriff „Arbeitsstunden" sind nicht die Stunden gemeint, die im Rahmen von Gleitzeitregelungen im Sinne der Protokollerklärung zu § 7 anfallen, es sei denn, sie sind angeordnet worden.

(3) ¹Für die Rufbereitschaft wird eine tägliche Pauschale je Entgeltgruppe bezahlt. ²Sie beträgt für die Tage Montag bis Freitag das Zweifache, für Samstag, Sonntag sowie für Feiertage das Vierfache des auf eine Stunde entfallenden Anteils des Tabellenentgelts der jeweiligen Entgeltgruppe und Stufe. ³Maßgebend für die Bemessung der Pauschale nach Satz 2 ist der Tag, an dem die Rufbereitschaft beginnt. ⁴Hinsichtlich der Arbeitsleistung wird jede einzelne Inanspruchnahme innerhalb der Rufbereitschaft mit einem Einsatz im Krankenhaus einschließlich der hierfür erforderlichen Wegezeiten auf eine volle Stunde gerundet. ⁵Für die Inanspruchnahme wird das Entgelt für Überstunden sowie etwaige Zeitzuschläge nach Absatz 1 gezahlt. ⁶Satz 1 gilt nicht im Falle einer stundenweisen Rufbereitschaft. ⁷Eine Rufbereitschaft im Sinne von Satz 6 liegt bei einer ununterbrochenen Rufbereitschaft von weniger als zwölf Stunden vor. ⁸In diesem Fall wird abweichend von den Sätzen 2 und 3 für jede angefangene Stunde der Rufbereitschaft 12,5 v. H. des auf eine Stunde entfallenden Anteils des Tabellenentgelts der jeweiligen Entgeltgruppe und Stufe gezahlt.

Protokollerklärung zu Absatz 3:

Zur Ermittlung der Tage einer Rufbereitschaft, für die eine Pauschale gezahlt wird, ist auf den Tag des Beginns der Rufbereitschaft abzustellen.

Niederschriftserklärung zu § 11 Abs. 3:

Zur Erläuterung von § 11 Abs. 3 und der dazugehörigen Protokollerklärung sind sich die Tarifvertragsparteien über folgendes Beispiel einig: „Beginnt eine Wochenendrufbereitschaft am Freitag um 15 Uhr und endet am Montag um 7 Uhr, so erhalten Ärztinnen und Ärzte folgende Pauschalen: Zwei Stunden für Freitag, je vier Stunden für Samstag und Sonntag, keine Pauschale für Montag. Sie erhalten somit zehn Stundenentgelte."

(4) ¹Beschäftigte, die ständig Wechselschichtarbeit leisten, erhalten eine Wechselschichtzulage von 105 Euro monatlich. ²Beschäftigte, die nicht ständig Wechselschichtarbeit leisten, erhalten eine Wechselschichtzulage von 0,63 Euro pro Stunde.

(5) ¹Beschäftigte, die ständig Schichtarbeit leisten, erhalten eine Schichtzulage von 40 Euro monatlich. ²Beschäftigte, die nicht ständig Schichtarbeit leisten, erhalten eine Schichtzulage von 0,24 Euro pro Stunde.

§ 12 Bereitschaftsdienstentgelt

(1) ¹Zum Zwecke der Entgeltberechnung wird die Zeit des Bereitschaftsdienstes einschließlich der geleisteten Arbeit nach dem Maß der während des Bereitschaftsdienstes erfahrungsgemäß durchschnittlich anfallenden Arbeitsleistungen wie folgt als Arbeitszeit gewertet:

Stufe	Arbeitsleistung innerhalb des Bereitschaftsdienstes	Bewertung als Arbeitszeit
I	bis zu 25 v. H.	60 v. H.
II	mehr als 25 bis 40 v. H.	75 v. H.
III	mehr als 40 bis 49 v. H.	90 v. H.

²Die Zuweisung zu den einzelnen Stufen des Bereitschaftsdienstes erfolgt als Nebenabrede (§ 2 Abs. 3) zum Arbeitsvertrag. ³Die Nebenabrede ist abweichend von § 2 Abs. 3 Satz 2 mit einer Frist von drei Monaten jeweils zum Ende eines Kalenderhalbjahres kündbar.

(2) ¹Für die als Arbeitszeit gewertete Zeit des Bereitschaftsdienstes wird das nachstehende Entgelt je Stunde gezahlt:

EG I	22,30 Euro,
EG II	27,10 Euro,
EG III	30,00 Euro,
EG IV	32,00 Euro.

(3) ¹Die Ärztin/Der Arzt erhält zusätzlich zu dem Entgelt nach den Absätzen 1 und 2 für jede nach Absatz 1 als Arbeitszeit gewertete Stunde, die an einem Feiertag geleistet worden ist, einen Zeitzuschlag in Höhe von 25 v. H. des Stundenentgelts nach Absatz 2. ²Weitergehende Ansprüche auf Zeitzuschläge bestehen nicht.

(4) ¹Die nach Absatz 1 errechnete Arbeitszeit kann bei Ärztinnen und Ärzten, einschließlich der eines ggf. nach Absatz 3 zu zahlenden Zeitzuschlags 1:1 entsprechenden Arbeitszeit, anstelle der Auszahlung des sich nach den Absätzen 1 bis 3 ergebenden Entgelts bis zum Ende des dritten Kalendermonats auch durch entsprechende Freizeit abgegolten werden (Freizeitausgleich). ²Für die Zeit des Freizeitausgleichs werden das Entgelt (§ 18) und die in Monatsbeträgen festgelegten Zulagen fortgezahlt.

§ 13 Teilzeitbeschäftigung

(1) ¹Mit Ärztinnen und Ärzten soll auf Antrag eine geringere als die vertraglich festgelegte Arbeitszeit vereinbart werden, wenn sie

a) mindestens ein Kind unter 18 Jahren oder

b) einen nach ärztlichem Gutachten pflegebedürftigen sonstigen Angehörigen

tatsächlich betreuen oder pflegen und dringende dienstliche bzw. betriebliche Belange nicht entgegenstehen. ²Die Teilzeitbeschäftigung nach Satz 1 ist auf Antrag auf bis zu fünf Jahre zu befristen. ³Sie kann verlängert werden; der Antrag ist spätestens sechs Monate vor Ablauf der vereinbarten Teilzeitbeschäftigung zu stellen. ⁴Bei der Gestaltung der Arbeitszeit hat der Arbeitgeber im Rahmen der dienstlichen bzw. betrieblichen Möglichkeiten der besonderen persönlichen Situation der Ärztin/des Arztes nach Satz 1 Rechnung zu tragen.

(2) Ärztinnen und Ärzte, die in anderen als den in Absatz 1 genannten Fällen eine Teilzeitbeschäftigung vereinbaren wollen, können von ihrem Arbeitgeber verlangen, dass er mit ihnen die Möglichkeit einer Teilzeitbeschäftigung mit dem Ziel erörtert, zu einer entsprechenden Vereinbarung zu gelangen.

(3) Ist mit früher vollbeschäftigten Ärztinnen und Ärzten auf ihren Wunsch eine nicht befristete Teilzeitbeschäftigung vereinbart worden, sollen sie bei späterer Besetzung eines Vollzeitarbeitsplatzes bei gleicher Eignung im Rahmen der dienstlichen bzw. betrieblichen Möglichkeiten bevorzugt berücksichtigt werden.

§ 14 Arbeitszeitdokumentation

Die Arbeitszeiten der Ärztinnen und Ärzte sind durch elektronische Verfahren oder auf andere Art in geeigneter Weise objektiv zu erfassen und zu dokumentieren.

Protokollerklärung zu Abschnitt II:

Bei In-Kraft-Treten dieses Tarifvertrages bestehende Gleitzeitregelungen bleiben unberührt.

Abschnitt III
Eingruppierung und Entgelt

§ 15 Allgemeine Eingruppierungsregelungen

(1) ¹Die Eingruppierung der Ärztinnen und Ärzte richtet sich nach den Tätigkeitsmerkmalen des § 16. ²Die Ärztin/Der Arzt erhält Entgelt nach der Entgeltgruppe, in der sie/er eingruppiert ist.

§ 16   TV-Ärzte/VKA (Marburger Bund)   I.3

(2) ¹Die Ärztin/Der Arzt ist in der Entgeltgruppe eingruppiert, deren Tätigkeitsmerkmalen die gesamte von ihr/ihm nicht nur vorübergehend auszuübende Tätigkeit entspricht. ²Die gesamte auszuübende Tätigkeit entspricht den Tätigkeitsmerkmalen einer Entgeltgruppe, wenn zeitlich mindestens zur Hälfte Arbeitsvorgänge anfallen, die für sich genommen die Anforderungen eines Tätigkeitsmerkmals oder mehrerer Tätigkeitsmerkmale dieser Entgeltgruppe erfüllen. ³Kann die Erfüllung einer Anforderung in der Regel erst bei der Betrachtung mehrerer Arbeitsvorgänge festgestellt werden, sind diese Arbeitsvorgänge für die Feststellung, ob diese Anforderung erfüllt ist, insoweit zusammen zu beurteilen.⁴Ist in einem Tätigkeitsmerkmal als Anforderung eine Voraussetzung in der Person des Angestellten bestimmt, muss auch diese Anforderung erfüllt sein.

Protokollerklärungen zu § 15 Abs. 2:

1. Arbeitsvorgänge sind Arbeitsleistungen (einschließlich Zusammenhangsarbeiten), die, bezogen auf den Aufgabenkreis der Ärztin/des Arztes, zu einem bei natürlicher Betrachtung abgrenzbaren Arbeitsergebnis führen (z. B. Erstellung eines EKG). Jeder einzelne Arbeitsvorgang ist als solcher zu bewerten und darf dabei hinsichtlich der Anforderungen zeitlich nicht aufgespalten werden.
2. Eine Anforderung im Sinne des Unterabsatzes 2 ist auch das in einem Tätigkeitsmerkmal geforderte Herausheben der Tätigkeit aus einer niedrigeren Vergütungsgruppe.

(3) Die Entgeltgruppe der Ärztin/des Arztes ist im Arbeitsvertrag anzugeben.

§ 16   Eingruppierung

Ärztinnen und Ärzte sind wie folgt eingruppiert:

a) Entgeltgruppe I:
   Ärztin/Arzt mit entsprechender Tätigkeit.

b) Entgeltgruppe II:
   Fachärztin/Facharzt mit entsprechender Tätigkeit

   Protokollerklärung zu Buchst. b:
   Fachärztin/Facharzt ist diejenige Ärztin/derjenige Arzt, die/der aufgrund abgeschlossener Facharztweiterbildung in ihrem/seinem Fachgebiet tätig ist.

c) Entgeltgruppe III:
   Oberärztin/Oberarzt

   Protokollerklärung zu Buchst. c:
   Oberärztin/Oberarzt ist diejenige Ärztin/derjenige Arzt, der/dem die medizinische Verantwortung für selbstständige Teil- oder Funktionsbereiche der

Klinik bzw. Abteilung vom Arbeitgeber ausdrücklich übertragen worden ist.

d) Entgeltgruppe IV:

Leitende Oberärztin/Leitender Oberarzt, ist diejenige Ärztin/derjenige Arzt, der/dem die ständige Vertretung der leitenden Ärztin/des leitenden Arztes (Chefärztin/Chefarzt) vom Arbeitgeber ausdrücklich übertragen worden ist.

Protokollerklärung zu Buchst. d:

Leitende Oberärztin/Leitender Oberarzt ist nur diejenige Ärztin/derjenige Arzt, die/der die leitende Ärztin/den leitenden Arzt in der Gesamtheit ihrer/seiner Dienstaufgaben vertritt. Das Tätigkeitsmerkmal kann daher innerhalb einer Klinik in der Regel nur von einer Ärztin/einem Arzt erfüllt werden.

§ 17 Vorübergehende Übertragung einer höherwertigen Tätigkeit

(1) Wird der Ärztin/dem Arzt vorübergehend eine andere Tätigkeit übertragen, die den Tätigkeitsmerkmalen einer höheren als ihrer/seiner Eingruppierung entspricht, und hat sie/er diese mindestens einen Monat ausgeübt, erhält sie/er für die Dauer der Ausübung eine persönliche Zulage rückwirkend ab dem ersten Tag der Übertragung der Tätigkeit.

Niederschriftserklärung zu § 17 Abs. 1:

Die Tarifvertragsparteien stellen klar, dass die vertretungsweise Übertragung einer höherwertigen Tätigkeit ein Unterfall der vorübergehenden Übertragung einer höherwertigen Tätigkeit ist.

(2) Die persönliche Zulage bemisst sich für Ärztinnen und Ärzte, die in eine der Entgeltgruppen I bis IV eingruppiert sind, aus dem Unterschiedsbetrag zu dem Tabellenentgelt, das sich für die Ärztin/den Arzt bei dauerhafter Übertragung nach § 20 Abs. 4 ergeben hätte.

§ 18 Tabellenentgelt

(1) [1]Die Ärztin/Der Arzt erhält monatlich ein Tabellenentgelt. [2]Die Höhe bestimmt sich nach der Entgeltgruppe, in die sie/er eingruppiert ist, und nach der für sie/ihn geltenden Stufe.

Protokollerklärungen zu Absatz 1:

[1]Für Beschäftigte, für die die Regelungen des Tarifgebiets Ost Anwendung finden, beträgt der Bemessungssatz für das Tabellenentgelt und die sonstigen Entgeltbestandteile in diesem Tarifvertrag sowie in den diesen Tarifvertrag ergänzenden Tarifverträgen und -regelungen 95,5 v. H. der nach den jeweiligen Tarifvorschriften für Beschäftigte, für die die Regelungen des Tarifgebiets West Anwendung finden, geltenden Beträge. [2]Dieser Bemessungssatz erhöht

sich zum 1. Juli 2007 auf 97 v. H. ³Die Sätze 1 und 2 gelten nicht für Ansprüche aus § 24 Abs. 1 und 2.

(2) ¹Ärztinnen und Ärzte, für die die Regelungen des Tarifgebiets West Anwendung finden, erhalten Entgelt nach der Anlage A. ²Ärztinnen und Ärzte, für die die Regelungen des Tarifgebiets Ost Anwendung finden, erhalten Entgelt nach den Anlagen B.

(3) Für Ärztinnen und Ärzte gemäß § 16 Buchst. c und d ist die Vereinbarung eines außertariflichen Entgelts jeweils nach Ablauf einer angemessenen, in der letzten tariflich ausgewiesenen Stufe verbrachten Zeit zulässig.

§ 19 Stufen der Entgelttabelle

(1) Ärztinnen und Ärzte erreichen die jeweils nächste Stufe – in Abhängigkeit von ihrer Leistung gemäß § 20 Abs. 2 – nach den Zeiten einer Tätigkeit innerhalb derselben Entgeltgruppe bei ihrem Arbeitgeber (Stufenlaufzeit) und zwar in

a) Entgeltgruppe I
   Stufe 2: nach einjähriger ärztlicher Tätigkeit
   Stufe 3: nach zweijähriger ärztlicher Tätigkeit
   Stufe 4: nach dreieinhalbjähriger ärztlicher Tätigkeit
   Stufe 5: nach fünfjähriger ärztlicher Tätigkeit,

b) Entgeltgruppe II
   Stufe 2: nach dreijähriger fachärztlicher Tätigkeit
   Stufe 3: nach sechsjähriger fachärztlicher Tätigkeit
   Stufe 4: nach zehnjähriger fachärztlicher Tätigkeit
   Stufe 5: nach fünfzehnjähriger fachärztlicher Tätigkeit,

c) Entgeltgruppe III
   Stufe 2: nach dreijähriger oberärztlicher Tätigkeit.

(2) ¹Bei der Anrechnung von Vorbeschäftigungen werden in der Entgeltgruppe I Zeiten ärztlicher Tätigkeit angerechnet. ²Eine Tätigkeit als Ärztin/Arzt im Praktikum gilt als ärztliche Tätigkeit. ³In der Entgeltgruppe II werden Zeiten fachärztlicher Tätigkeit in der Regel angerechnet. ⁴Zeiten einer vorhergehenden beruflichen Tätigkeit können angerechnet werden, wenn sie für die vorgesehene Tätigkeit förderlich sind.

Protokollerklärung zu Absatz 2:

Zeiten ärztlicher Tätigkeit im Sinne der Sätze 1 bis 3, die im Ausland abgeleistet worden sind, sind nur solche, die von einer Ärztekammer im Gebiet der

Bundesrepublik Deutschland als der inländischen ärztlichen Tätigkeit gleichwertig anerkannt werden.

§ 20 Allgemeine Regelungen zu den Stufen

(1) Ärztinnen und Ärzte erhalten vom Beginn des Monats an, in dem die nächste Stufe erreicht wird, das Tabellenentgelt nach der neuen Stufe.

(2) ¹Bei Leistungen der Ärztin/des Arztes, die erheblich über dem Durchschnitt liegen, kann die erforderliche Zeit für das Erreichen der Stufen 2 bis 5 jeweils verkürzt werden. ²Bei Leistungen, die erheblich unter dem Durchschnitt liegen, kann die erforderliche Zeit für das Erreichen der Stufen 2 bis 5 jeweils verlängert werden. ³Bei einer Verlängerung der Stufenlaufzeit hat der Arbeitgeber jährlich zu prüfen, ob die Voraussetzungen für die Verlängerung noch vorliegen. ⁴Für die Beratung von schriftlich begründeten Beschwerden von Ärztinnen und Ärzten gegen eine Verlängerung nach Satz 2 bzw. 3 ist eine betriebliche Kommission zuständig. ⁵Die Mitglieder der betrieblichen Kommission werden je zur Hälfte vom Arbeitgeber und vom Betriebs-/Personalrat benannt; sie müssen dem Betrieb/der Dienststelle angehören und, soweit sie vom Betriebs-/Personalrat benannt werden, unter diesen Tarifvertrag fallen. ⁶Der Arbeitgeber entscheidet auf Vorschlag der Kommission darüber, ob und in welchem Umfang der Beschwerde abgeholfen werden soll.

Protokollerklärung zu Absatz 2:

Leistungsbezogene Stufenaufstiege unterstützen insbesondere die Anliegen der Personalentwicklung.

Protokollerklärung zu Absatz 2 Satz 2:

Bei Leistungsminderungen, die auf einem anerkannten Arbeitsunfall oder einer Berufskrankheit gemäß §§ 8 und 9 SGB VII beruhen, ist diese Ursache in geeigneter Weise zu berücksichtigen.

Protokollerklärung zu Absatz 2 Satz 6:

Die Mitwirkung der Kommission erfasst nicht die Entscheidung über die leistungsbezogene Stufenzuordnung.

(3) ¹Den Zeiten einer ärztlichen Tätigkeit im Sinne des § 19 Abs. 1 stehen gleich:

a) Schutzfristen nach dem Mutterschutzgesetz,

b) Zeiten einer Arbeitsunfähigkeit nach § 23 bis zu 39 Wochen,

c) Zeiten eines bezahlten Urlaubs,

d) Zeiten eines Sonderurlaubs, bei denen der Arbeitgeber vor dem Antritt schriftlich ein dienstliches bzw. betriebliches Interesse anerkannt hat,

e) Zeiten der vorübergehenden Übertragung einer höherwertigen Tätigkeit.

²Zeiten, in denen Ärztinnen und Ärzte mit einer kürzeren als der regelmäßigen wöchentlichen Arbeitszeit eines entsprechenden Vollbeschäftigten beschäftigt waren, werden voll angerechnet.

(4) Bei einer Eingruppierung in eine höhere oder niedrigere Entgeltgruppe erhält die Ärztin/der Arzt vom Beginn des Monats an, in dem die Veränderung wirksam wird, das Tabellenentgelt der sich aus § 19 Abs. 1 ergebenden Stufe.

(5) ¹Soweit es zur regionalen Differenzierung, zur Deckung des Personalbedarfs oder zur Bindung von qualifizierten Fachkräften erforderlich ist, kann Ärztinnen und Ärzten im Einzelfall, abweichend von dem sich aus der nach § 19 und § 20 Abs. 4 ergebenden Stufe ihrer/seiner jeweiligen Entgeltgruppe zustehendem Entgelt, ein um bis zu zwei Stufen höheres Entgelt ganz oder teilweise vorweggewährt werden. ²Haben Ärztinnen und Ärzte bereits die Endstufe ihrer jeweiligen Entgeltgruppe erreicht, kann ihnen unter den Voraussetzungen des Satzes 1 ein bis zu 20 v. H. der Stufe 2 ihrer jeweiligen Entgeltgruppe höheres Entgelt gezahlt werden.

§ 21 Leistungsentgelt

[derzeit nicht besetzt]

§ 22 Bemessungsgrundlage für die Entgeltfortzahlung

¹In den Fällen der Entgeltfortzahlung nach § 7 Abs. 3 Satz 1, § 23 Abs. 1, § 27, § 28 und § 30 werden das Tabellenentgelt sowie die sonstigen in Monatsbeträgen festgelegten Entgeltbestandteile weitergezahlt. ²Die nicht in Monatsbeträgen festgelegten Entgeltbestandteile werden als Durchschnitt auf Basis der dem maßgebenden Ereignis für die Entgeltfortzahlung vorhergehenden letzten drei vollen Kalendermonate (Berechnungszeitraum) gezahlt. ³Ausgenommen hiervon sind das zusätzlich für Überstunden gezahlte Entgelt (mit Ausnahme der im Dienstplan vorgesehenen Überstunden) sowie besondere Zahlungen nach § 24.

Protokollerklärungen zu den Sätzen 2 und 3:

1. ¹Volle Kalendermonate im Sinne der Durchschnittsberechnung nach Satz 2 sind Kalendermonate, in denen an allen Kalendertagen das Arbeitsver-

hältnis bestanden hat. ²Hat das Arbeitsverhältnis weniger als drei Kalendermonate bestanden, sind die vollen Kalendermonate, in denen das Arbeitsverhältnis bestanden hat, zugrunde zu legen. ³Bei Änderungen der individuellen Arbeitszeit werden die nach der Arbeitszeitänderung liegenden vollen Kalendermonate zugrunde gelegt.

2. ¹Der Tagesdurchschnitt nach Satz 2 beträgt bei einer durchschnittlichen Verteilung der regelmäßigen wöchentlichen Arbeitszeit auf fünf Tage 1/65 aus der Summe der zu berücksichtigenden Entgeltbestandteile, die für den Berechnungszeitraum zugestanden haben. ²Maßgebend ist die Verteilung der Arbeitszeit zu Beginn des Berechnungszeitraums. ³Bei einer abweichenden Verteilung der Arbeitszeit ist der Tagesdurchschnitt entsprechend Satz 1 und 2 zu ermitteln. ⁴Sofern während des Berechnungszeitraums bereits Fortzahlungstatbestände vorlagen, bleiben die in diesem Zusammenhang auf Basis der Tagesdurchschnitte zustehenden Beträge bei der Ermittlung des Durchschnitts nach Satz 2 unberücksichtigt.

3. Tritt die Fortzahlung des Entgelts nach einer allgemeinen Entgeltanpassung ein, ist die Ärztin/der Arzt so zu stellen, als sei die Entgeltanpassung bereits mit Beginn des Berechnungszeitraums eingetreten.

Niederschriftserklärung zu § 22:

¹Bereitschaftsdienst- und Rufbereitschaftsentgelte, einschließlich der Entgelte für Arbeit in der Rufbereitschaft, fallen unter die Regelung des § 22 Satz 2. ²Arbeitsvertraglich hierfür vereinbarte Pauschalen werden von Satz 1 erfasst.

§ 23 Entgelt im Krankheitsfall

(1) ¹Werden Ärztinnen und Ärzte durch Arbeitsunfähigkeit infolge Krankheit an der Arbeitsleistung verhindert, ohne dass sie ein Verschulden trifft, erhalten sie bis zur Dauer von sechs Wochen das Entgelt nach § 22. ²Bei erneuter Arbeitsunfähigkeit infolge derselben Krankheit sowie bei Beendigung des Arbeitsverhältnisses gelten die gesetzlichen Bestimmungen. ³Als unverschuldete Arbeitsunfähigkeit im Sinne der Sätze 1 und 2 gilt auch die Arbeitsverhinderung in Folge einer Maßnahme der medizinischen Vorsorge und Rehabilitation im Sinne von § 9 EFZG.

Protokollerklärung zu Absatz 1 Satz 1:

Ein Verschulden liegt nur dann vor, wenn die Arbeitsunfähigkeit vorsätzlich oder grob fahrlässig herbeigeführt wurde.

(2) ¹Nach Ablauf des Zeitraums gemäß Absatz 1 erhalten die Ärztinnen und Ärzte für die Zeit, für die ihnen Krankengeld oder entsprechende gesetzliche Leistungen gezahlt werden, einen Krankengeldzuschuss in Höhe des Unterschiedsbetrags zwischen den tatsächlichen Barleistungen des Sozialleistungsträgers und dem Nettoent-

gelt. ²Nettoentgelt ist das um die gesetzlichen Abzüge verminderte Entgelt im Sinne des § 22; bei freiwillig Krankenversicherten ist dabei deren Gesamtkranken- und Pflegeversicherungsbeitrag abzüglich Arbeitgeberzuschuss zu berücksichtigen. ³Für Ärztinnen und Ärzte, die wegen Übersteigens der Jahresarbeitsentgeltgrenze nicht der Versicherungspflicht in der gesetzlichen Krankenversicherung unterliegen, ist bei der Berechnung des Krankengeldzuschusses der Krankengeldhöchstsatz, der bei Pflichtversicherung in der gesetzlichen Krankenversicherung zustünde, zugrunde zu legen.

(3) ¹Der Krankengeldzuschuss wird bei einer Beschäftigungszeit (§ 35 Abs. 3)

von mehr als einem Jahr längstens bis zum Ende der 13. Woche und

von mehr als drei Jahren längstens bis zum Ende der 39. Woche

seit dem Beginn der Arbeitsunfähigkeit infolge derselben Krankheit gezahlt. ²Maßgeblich für die Berechnung der Fristen nach Satz 1 ist die Beschäftigungszeit, die im Laufe der krankheitsbedingten Arbeitsunfähigkeit vollendet wird.

(4) ¹Entgelt im Krankheitsfall wird nicht über das Ende des Arbeitsverhältnisses hinaus gezahlt; § 8 EFZG bleibt unberührt. ²Krankengeldzuschuss wird zudem nicht über den Zeitpunkt hinaus gezahlt, von dem an Ärztinnen und Ärzte eine Rente oder eine vergleichbare Leistung auf Grund eigener Versicherung aus der gesetzlichen Rentenversicherung, einem berufsständischen Versorgungswerk der Ärzte/Zahnärzte, aus einer zusätzlichen Alters- und Hinterbliebenenversorgung oder aus einer sonstigen Versorgungseinrichtung erhalten, die nicht allein aus Mitteln der Ärztinnen und Ärzte finanziert ist. ³Überzahlter Krankengeldzuschuss und sonstige Überzahlungen gelten als Vorschuss auf die in demselben Zeitraum zustehenden Leistungen nach Satz 2; die Ansprüche der Ärztinnen und Ärzte gehen insoweit auf den Arbeitgeber über. ⁴Der Arbeitgeber kann von der Rückforderung des Teils des überzahlten Betrags, der nicht durch die für den Zeitraum der Überzahlung zustehenden Bezüge im Sinne des Satzes 2 ausgeglichen worden ist, absehen, es sei denn, die Ärztin/der Arzt hat dem Arbeitgeber die Zustellung des Rentenbescheids schuldhaft verspätet mitgeteilt.

§ 24 Besondere Zahlungen

(1) ¹Nach Maßgabe des Vermögensbildungsgesetzes in seiner jeweiligen Fassung haben Ärztinnen und Ärzte, deren Arbeitsverhältnis voraussichtlich mindestens sechs Monate dauert, einen Anspruch auf

vermögenswirksame Leistungen. ²Für vollbeschäftigte Ärztinnen und Ärzte beträgt die vermögenswirksame Leistung für jeden vollen Kalendermonat 6,65 Euro. ³Der Anspruch entsteht frühestens für den Kalendermonat, in dem die Ärztin/der Arzt dem Arbeitgeber die erforderlichen Angaben schriftlich mitteilt, und für die beiden vorangegangenen Monate desselben Kalenderjahres; die Fälligkeit tritt nicht vor acht Wochen nach Zugang der Mitteilung beim Arbeitgeber ein. ⁴Die vermögenswirksame Leistung wird nur für Kalendermonate gewährt, für die den Ärztinnen und Ärzten Tabellenentgelt, Entgeltfortzahlung oder Krankengeldzuschuss zusteht. ⁵Für Zeiten, für die Krankengeldzuschuss zusteht, ist die vermögenswirksame Leistung Teil des Krankengeldzuschusses. ⁶Die vermögenswirksame Leistung ist kein zusatzversorgungspflichtiges Entgelt.

(2) ¹Ärztinnen und Ärzte erhalten ein Jubiläumsgeld bei Vollendung einer Beschäftigungszeit (§ 35 Abs. 3)

a) von 25 Jahren in Höhe von 350 Euro,

b) von 40 Jahren in Höhe von 500 Euro.

²Teilzeitbeschäftigte Ärztinnen und Ärzte erhalten das Jubiläumsgeld in voller Höhe. ³Durch Betriebs-/Dienstvereinbarung können günstigere Regelungen getroffen werden.

(3) ¹Beim Tod von Ärztinnen und Ärzten, deren Arbeitsverhältnis nicht geruht hat, wird der Ehegattin/dem Ehegatten oder der Lebenspartnerin/dem Lebenspartner im Sinne des Lebenspartnerschaftsgesetzes oder den Kindern ein Sterbegeld gewährt. ²Als Sterbegeld wird für die restlichen Tage des Sterbemonats und – in einer Summe – für zwei weitere Monate das Tabellenentgelt der/des Verstorbenen gezahlt. ³Die Zahlung des Sterbegeldes an einen der Berechtigten bringt den Anspruch der Übrigen gegenüber dem Arbeitgeber zum Erlöschen; die Zahlung auf das Gehaltskonto hat befreiende Wirkung. ⁴Betrieblich können eigene Regelungen getroffen werden.

(4) ¹Die Erstattung von Reise- und ggf. Umzugskosten richtet sich nach den beim Arbeitgeber geltenden Grundsätzen. ²Für Arbeitgeber, die öffentlichem Haushaltsrecht unterliegen, finden, wenn diese nicht nach eigenen Grundsätzen verfahren, die für Beamtinnen und Beamte geltenden Bestimmungen Anwendung.

§ 25 Berechnung und Auszahlung des Entgelts

(1) ¹Bemessungszeitraum für das Tabellenentgelt und die sonstigen Entgeltbestandteile ist der Kalendermonat, soweit tarifvertraglich nicht ausdrücklich etwas Abweichendes geregelt ist. ²Die Zahlung

erfolgt am letzten Tag des Monats (Zahltag) für den laufenden Kalendermonat auf ein von der Ärztin/dem Arzt benanntes Konto innerhalb eines Mitgliedstaats der Europäischen Union. ³Entgeltbestandteile, die nicht in Monatsbeträgen festgelegt sind, sowie der Tagesdurchschnitt nach § 22, sind am Zahltag des zweiten Kalendermonats, der auf ihre Entstehung folgt, fällig.

Protokollerklärungen zu Absatz 1:

1. Teilen Ärztinnen und Ärzte ihrem Arbeitgeber die für eine kostenfreie bzw. kostengünstigere Überweisung in einen anderen Mitgliedstaat der Europäischen Union erforderlichen Angaben nicht rechtzeitig mit, so tragen sie die dadurch entstehenden zusätzlichen Überweisungskosten.

2. Soweit Arbeitgeber die Bezüge am 15. eines jeden Monats für den laufenden Monat zahlen, können sie jeweils im Dezember eines Kalenderjahres den Zahltag vom 15. auf den letzten Tag des Monats gemäß Absatz 1 Satz 1 verschieben.

(2) Soweit tarifvertraglich nicht ausdrücklich etwas anderes geregelt ist, erhalten teilzeitbeschäftigte Ärztinnen und Ärzte das Tabellenentgelt (§ 18) und alle sonstigen Entgeltbestandteile in dem Umfang, der dem Anteil ihrer individuell vereinbarten durchschnittlichen Arbeitszeit an der regelmäßigen Arbeitszeit vergleichbarer vollzeitbeschäftigter Ärztinnen und Ärzte entspricht.

(3) ¹Besteht der Anspruch auf das Tabellenentgelt oder die sonstigen Entgeltbestandteile nicht für alle Tage eines Kalendermonats, wird nur der Teil gezahlt, der auf den Anspruchszeitraum entfällt. ²Besteht nur für einen Teil eines Kalendertags Anspruch auf Entgelt, wird für jede geleistete dienstplanmäßige oder betriebsübliche Arbeitsstunde der auf eine Stunde entfallende Anteil des Tabellenentgelts sowie der sonstigen in Monatsbeträgen festgelegten Entgeltbestandteile gezahlt. ³Zur Ermittlung des auf eine Stunde entfallenden Anteils sind die in Monatsbeträgen festgelegten Entgeltbestandteile durch das 4,348-fache der regelmäßigen wöchentlichen Arbeitszeit (§ 7 Abs. 1 und entsprechende Sonderregelungen) zu teilen.

(4) ¹Ergibt sich bei der Berechnung von Beträgen ein Bruchteil eines Cents von mindestens 0,5, ist er aufzurunden; ein Bruchteil von weniger als 0,5 ist abzurunden. ²Zwischenrechnungen werden jeweils auf zwei Dezimalstellen durchgeführt. ³Jeder Entgeltbestandteil ist einzeln zu runden.

(5) Entfallen die Voraussetzungen für eine Zulage im Laufe eines Kalendermonats, gilt Absatz 3 entsprechend.

(6) Einzelvertraglich können neben dem Tabellenentgelt zustehende Entgeltbestandteile (z. B. Zeitzuschläge, Erschwerniszuschläge) pauschaliert werden.

§ 26 Betriebliche Altersversorgung

(1) Die Ärztinnen und Ärzte haben Anspruch auf Versicherung unter eigener Beteiligung zum Zwecke einer zusätzlichen Alters- und Hinterbliebenenversorgung nach Maßgabe des Tarifvertrages über die betriebliche Altersversorgung der Beschäftigten des öffentlichen Dienstes (Tarifvertrag Altersversorgung – ATV) bzw. des Tarifvertrages über die zusätzliche Altersvorsorge der Beschäftigten des öffentlichen Dienstes – Altersvorsorge-TV-Kommunal – (ATV-K) in ihrer jeweils geltenden Fassung.

(2) Bei pflichtversicherten Ärztinnen und Ärzten im Tarifgebiet Ost beträgt der Arbeitnehmerbeitrag zur Pflichtversicherung anstelle von § 37a Abs. 1 ATV-K ab 1. August 2006 drei v. H. und ab 1. Juli 2007 vier v. H. des zusatzversorgungspflichtigen Entgelts.

Niederschriftserklärung zu Abschnitt III:

Die Tarifvertragsparteien werden zeitnah Tarifverhandlungen zur Regelung der Entgeltsicherung bei Leistungsminderung in Ergänzung des TV-Ärzte/VKA aufnehmen.

Abschnitt IV
Urlaub und Arbeitsbefreiung

§ 27 Erholungsurlaub

(1) [1]Ärztinnen und Ärzte haben in jedem Kalenderjahr Anspruch auf Erholungsurlaub unter Fortzahlung des Entgelts (§ 22). [2]Bei Verteilung der wöchentlichen Arbeitszeit auf fünf Tage in der Kalenderwoche beträgt der Urlaubsanspruch in jedem Kalenderjahr

bis zum vollendeten 30. Lebensjahr	26 Arbeitstage,
bis zum vollendeten 40. Lebensjahr	29 Arbeitstage und
nach dem vollendeten 40. Lebensjahr	30 Arbeitstage.

[3]Maßgebend für die Berechnung der Urlaubsdauer ist das Lebensjahr, das im Laufe des Kalenderjahres vollendet wird. [4]Bei einer anderen Verteilung der wöchentlichen Arbeitszeit als auf fünf Tage in der Woche erhöht oder vermindert sich der Urlaubsanspruch entsprechend. [5]Verbleibt bei der Berechnung des Urlaubs ein Bruchteil, der mindestens einen halben Urlaubstag ergibt, wird er auf einen vollen

Urlaubstag aufgerundet; Bruchteile von weniger als einem halben Urlaubstag bleiben unberücksichtigt. [6]Der Erholungsurlaub muss im laufenden Kalenderjahr gewährt und kann auch in Teilen genommen werden.

Protokollerklärung zu Absatz 1 Satz 6:

Der Urlaub soll grundsätzlich zusammenhängend gewährt werden; dabei soll ein Urlaubsteil von zwei Wochen Dauer angestrebt werden.

(2) Im Übrigen gilt das Bundesurlaubsgesetz mit folgenden Maßgaben:

a) Im Falle der Übertragung muss der Erholungsurlaub in den ersten drei Monaten des folgenden Kalenderjahres angetreten werden. Kann der Erholungsurlaub wegen Arbeitsunfähigkeit oder aus betrieblichen/dienstlichen Gründen nicht bis zum 31. März angetreten werden, ist er bis zum 31. Mai anzutreten.

b) Beginnt oder endet das Arbeitsverhältnis im Laufe eines Jahres, erhält die Ärztin/der Arzt als Erholungsurlaub für jeden vollen Monat des Arbeitsverhältnisses ein Zwölftel des Urlaubsanspruchs nach Absatz 1; § 5 BUrlG bleibt unberührt.

c) Ruht das Arbeitsverhältnis, so vermindert sich die Dauer des Erholungsurlaubs einschließlich eines etwaigen Zusatzurlaubs für jeden vollen Kalendermonat um ein Zwölftel.

d) Das nach Absatz 1 Satz 1 fortzuzahlende Entgelt wird zu dem in § 25 genannten Zeitpunkt gezahlt.

§ 28 Zusatzurlaub

(1) Ärztinnen und Ärzte, die ständig Wechselschichtarbeit nach § 9 Abs. 1 oder ständig Schichtarbeit nach § 9 Abs. 2 leisten und denen die Zulage nach § 11 Abs. 4 Satz 1 oder Abs. 5 Satz 1 zusteht, erhalten

a) bei Wechselschichtarbeit für je zwei zusammenhängende Monate und

b) bei Schichtarbeit für je vier zusammenhängende Monate

einen Arbeitstag Zusatzurlaub.

(2) Im Falle nicht ständiger Wechselschichtarbeit und nicht ständiger Schichtarbeit soll bei annähernd gleicher Belastung die Gewährung zusätzlicher Urlaubstage durch Betriebs-/Dienstvereinbarung geregelt werden.

(3) [1]Ärztinnen und Ärzte erhalten bei einer Leistung im Kalenderjahr von mindestens

150 Nachtarbeitsstunden	1 Arbeitstag
300 Nachtarbeitsstunden	2 Arbeitstage
450 Nachtarbeitsstunden	3 Arbeitstage
600 Nachtarbeitsstunden	4 Arbeitstage

Zusatzurlaub im Kalenderjahr. ²Nachtarbeitsstunden, die in Zeiträumen geleistet werden, für die Zusatzurlaub für Wechselschicht- oder Schichtarbeit zusteht, bleiben unberücksichtigt.

(4) ¹Zusatzurlaub nach diesem Tarifvertrag und sonstigen Bestimmungen mit Ausnahme von § 125 SGB IX wird nur bis zu insgesamt sechs Arbeitstagen im Kalenderjahr gewährt. ²Erholungsurlaub und Zusatzurlaub (Gesamturlaub) dürfen im Kalenderjahr zusammen 35 Arbeitstage, bei Zusatzurlaub wegen Wechselschichtarbeit 36 Tage, nicht überschreiten. ³Bei Ärztinnen und Ärzten, die das 50. Lebensjahr vollendet haben, gilt abweichend von Satz 2 eine Höchstgrenze von 36 Arbeitstagen; § 27 Abs. 1 Satz 3 gilt entsprechend.

(5) Im Übrigen gilt § 27 mit Ausnahme von Absatz 2 Buchst. b entsprechend.

Protokollerklärung zu den Absätzen 1 und 2:

¹Der Anspruch auf Zusatzurlaub bemisst sich nach der abgeleisteten Schicht- oder Wechselschichtarbeit und entsteht im laufenden Jahr, sobald die Voraussetzungen nach Absatz 1 erfüllt sind. ²Für die Feststellung, ob ständige Wechselschichtarbeit oder ständige Schichtarbeit vorliegt, ist eine Unterbrechung durch Arbeitsbefreiung, Freizeitausgleich, bezahlten Urlaub oder Arbeitsunfähigkeit in den Grenzen des § 23 unschädlich.

§ 29 Sonderurlaub

Ärztinnen und Ärzte können bei Vorliegen eines wichtigen Grundes unter Verzicht auf die Fortzahlung des Entgelts Sonderurlaub erhalten.

§ 30 Arbeitsbefreiung

(1) ¹Als Fälle nach § 616 BGB, in denen Ärztinnen und Ärzte unter Fortzahlung des Entgelts nach § 22 im nachstehend genannten Ausmaß von der Arbeit freigestellt werden, gelten nur die folgenden Anlässe:

a)	Niederkunft der Ehefrau/der Lebenspartnerin im Sinne des Lebenspartnerschaftsgesetzes	ein Arbeitstag,

b)	Tod der Ehegattin/des Ehegatten, der Lebenspartnerin/des Lebenspartners im Sinne des Lebenspartnerschaftsgesetzes, eines Kindes oder Elternteils	zwei Arbeitstage,
c)	Umzug aus dienstlichem oder betrieblichem Grund an einen anderen Ort	ein Arbeitstag,
d)	25- und 40-jähriges Arbeitsjubiläum	ein Arbeitstag,
e)	schwere Erkrankung	
	aa) einer/eines Angehörigen, soweit sie/er in demselben Haushalt lebt,	ein Arbeitstag im Kalenderjahr,
	bb) eines Kindes, das das 12. Lebensjahr noch nicht vollendet hat, wenn im laufenden Kalenderjahr kein Anspruch nach § 45 SGB V besteht oder bestanden hat,	bis zu vier Arbeitstage im Kalenderjahr,
	cc) einer Betreuungsperson, wenn Ärztinnen und Ärzte deshalb die Betreuung ihres Kindes, das das 8. Lebensjahr noch nicht vollendet hat oder wegen körperlicher, geistiger oder seelischer Behinderung dauernd pflegebedürftig ist, übernehmen muss,	bis zu vier Arbeitstage im Kalenderjahr.

²Eine Freistellung erfolgt nur, soweit eine andere Person zur Pflege oder Betreuung nicht sofort zur Verfügung steht und die Ärztin/der Arzt in den Fällen der Doppelbuchstaben aa und bb die Notwendigkeit der Anwesenheit der/des Beschäftigten zur vorläufigen Pflege bescheinigt. ³Die Freistellung darf insgesamt fünf Arbeitstage im Kalenderjahr nicht überschreiten.

f)	Ärztliche Behandlung von Ärztinnen und Ärzten, wenn diese während der Arbeitszeit erfolgen muss,	erforderliche nachgewiesene Abwesenheitszeit einschließlich erforderlicher Wegezeiten.

I.3 TV-Ärzte/VKA (Marburger Bund) § 30

Niederschriftserklärung zu § 30 Abs. 1 Buchst. f:

Die ärztliche Behandlung erfasst auch die ärztliche Untersuchung und die ärztlich verordnete Behandlung.

(2) ¹Bei Erfüllung allgemeiner staatsbürgerlicher Pflichten nach deutschem Recht, soweit die Arbeitsbefreiung gesetzlich vorgeschrieben ist und soweit die Pflichten nicht außerhalb der Arbeitszeit, gegebenenfalls nach ihrer Verlegung, wahrgenommen werden können, besteht der Anspruch auf Fortzahlung des Entgelts nach § 22 nur insoweit, als Ärztinnen und Ärzte nicht Ansprüche auf Ersatz des Entgelts geltend machen können. ²Das fortgezahlte Entgelt gilt in Höhe des Ersatzanspruchs als Vorschuss auf die Leistungen der Kostenträger. ³Die Ärztinnen und Ärzte haben den Ersatzanspruch geltend zu machen und die erhaltenen Beträge an den Arbeitgeber abzuführen.

(3) ¹Der Arbeitgeber kann in sonstigen dringenden Fällen Arbeitsbefreiung unter Fortzahlung des Entgelts nach § 22 bis zu drei Arbeitstagen gewähren. ²In begründeten Fällen kann bei Verzicht auf das Entgelt kurzfristige Arbeitsbefreiung gewährt werden, wenn die dienstlichen oder betrieblichen Verhältnisse es gestatten.

Protokollerklärung zu Absatz 3 Satz 2:

Zu den „begründeten Fällen" können auch solche Anlässe gehören, für die nach Absatz 1 kein Anspruch auf Arbeitsbefreiung besteht (z. B. Umzug aus persönlichen Gründen).

(4) ¹Zur Teilnahme an Tagungen kann den gewählten Vertreterinnen/Vertretern der Bezirksvorstände, der Landesvorstände, des Bundesvorstandes sowie der Hauptversammlung auf Anfordern des Marburger Bundes Arbeitsbefreiung bis zu acht Werktagen im Jahr unter Fortzahlung des Entgelts nach § 23 erteilt werden, sofern nicht dringende dienstliche oder betriebliche Interessen entgegenstehen. ²Zur Teilnahme an Tarifverhandlungen mit der VKA oder ihrer Mitgliedverbände kann auf Anfordern des Marburger Bundes Arbeitsbefreiung unter Fortzahlung des Entgelts nach § 22 ohne zeitliche Begrenzung erteilt werden.

(5) Zur Teilnahme an Sitzungen von Prüfungs- und von Berufsbildungsausschüssen nach dem Berufsbildungsgesetz, für eine Tätigkeit in Organen von Sozialversicherungsträgern sowie berufsständischer Versorgungswerke für Ärzte/Zahnärzte kann den Mitgliedern Arbeitsbefreiung unter Fortzahlung des Entgelts nach § 22 gewährt werden, sofern nicht dringende dienstliche oder betriebliche Interessen entgegenstehen.

Abschnitt V
Befristung und Beendigung des Arbeitsverhältnisses

§ 31 Befristete Arbeitsverträge

(1) [1]Befristete Arbeitsverträge sind nach Maßgabe des Teilzeit- und Befristungsgesetzes sowie anderer gesetzlicher Vorschriften über die Befristung von Arbeitsverträgen zulässig. [2]Für Ärztinnen und Ärzte, auf die die Regelungen des Tarifgebiets West Anwendung finden, gelten die in den Absätzen 2 bis 5 geregelten Besonderheiten.

(2) [1]Kalendermäßig befristete Arbeitsverträge mit sachlichem Grund sind nur zulässig, wenn die Dauer des einzelnen Vertrages fünf Jahre nicht übersteigt; weitergehende Regelungen im Sinne von § 23 TzBfG bleiben unberührt. [2]Ärztinnen und Ärzte mit einem Arbeitsvertrag nach Satz 1 sind bei der Besetzung von Dauerarbeitsplätzen bevorzugt zu berücksichtigen, wenn die sachlichen und persönlichen Voraussetzungen erfüllt sind.

(3) [1]Ein befristeter Arbeitsvertrag ohne sachlichen Grund soll in der Regel zwölf Monate nicht unterschreiten; die Vertragsdauer muss mindestens sechs Monate betragen. [2]Vor Ablauf des Arbeitsvertrages hat der Arbeitgeber zu prüfen, ob eine unbefristete oder befristete Weiterbeschäftigung möglich ist.

(4) [1]Bei befristeten Arbeitsverträgen ohne sachlichen Grund gelten die ersten sechs Wochen und bei befristeten Arbeitsverträgen mit sachlichem Grund die ersten sechs Monate als Probezeit. [2]Innerhalb der Probezeit kann der Arbeitsvertrag mit einer Frist von zwei Wochen zum Monatsschluss gekündigt werden.

(5) [1]Eine ordentliche Kündigung nach Ablauf der Probezeit ist nur zulässig, wenn die Vertragsdauer mindestens zwölf Monate beträgt. [2]Nach Ablauf der Probezeit beträgt die Kündigungsfrist in einem oder mehreren aneinandergereihten Arbeitsverhältnissen bei demselben Arbeitgeber

von insgesamt mehr als sechs Monaten	vier Wochen,
von insgesamt mehr als einem Jahr	sechs Wochen
zum Schluss eines Kalendermonats,	
von insgesamt mehr als zwei Jahren	drei Monate,
von insgesamt mehr als drei Jahren	vier Monate
zum Schluss eines Kalendervierteljahres.	

³Eine Unterbrechung bis zu drei Monaten ist unschädlich, es sei denn, dass das Ausscheiden von der Ärztin/dem Arzt verschuldet oder veranlasst war. ⁴Die Unterbrechungszeit bleibt unberücksichtigt.

Protokollerklärung zu Absatz 5:

Bei mehreren aneinandergereihten Arbeitsverhältnissen führen weitere vereinbarte Probezeiten nicht zu einer Verkürzung der Kündigungsfrist.

(6) Die §§ 32, 33 bleiben von den Regelungen der Absätze 3 bis 5 unberührt.

§ 32 Führung auf Probe

(1) ¹Führungspositionen können als befristetes Arbeitsverhältnis bis zur Gesamtdauer von zwei Jahren vereinbart werden. ²Innerhalb dieser Gesamtdauer ist eine höchstens zweimalige Verlängerung des Arbeitsvertrages zulässig. ³Die beiderseitigen Kündigungsrechte bleiben unberührt.

(2) Führungspositionen sind die zugewiesenen Tätigkeiten mit Weisungsbefugnis.

(3) ¹Besteht bereits ein Arbeitsverhältnis mit demselben Arbeitgeber, kann der Ärztin/dem Arzt vorübergehend eine Führungsposition bis zu der in Absatz 1 genannten Gesamtdauer übertragen werden. ²Der Ärztin/Dem Arzt wird für die Dauer der Übertragung eine Zulage in Höhe des Unterschiedsbetrags zwischen den Tabellenentgelten nach der bisherigen Entgeltgruppe und dem sich bei Höhergruppierung nach § 20 Abs. 4 Satz 1 und 2 ergebenden Tabellenentgelt gewährt. ³Nach Fristablauf endet die Erprobung. ⁴Bei Bewährung wird die Führungsfunktion auf Dauer übertragen; ansonsten erhält die Ärztin/der Arzt eine der bisherigen Eingruppierung entsprechende Tätigkeit.

§ 33 Führung auf Zeit

(1) ¹Führungspositionen können als befristetes Arbeitsverhältnis bis zur Dauer von vier Jahren vereinbart werden. ²Es ist eine höchstens dreimalige Verlängerung bis zu einer Gesamtdauer von zwölf Jahren zulässig. ³Die allgemeinen Vorschriften über die Probezeit (§ 2 Abs. 4) und die beiderseitigen Kündigungsrechte bleiben unberührt.

(2) Führungspositionen sind die zugewiesenen Tätigkeiten mit Weisungsbefugnis.

(3) ¹Besteht bereits ein Arbeitsverhältnis mit demselben Arbeitgeber, kann der Ärztin/dem Arzt vorübergehend eine Führungsposition bis zu den in Absatz 1 genannten Fristen übertragen werden. ²Der

Ärztin/Dem Arzt wird für die Dauer der Übertragung eine Zulage gewährt in Höhe des Unterschiedsbetrags zwischen den Tabellenentgelten nach der bisherigen Entgeltgruppe und dem sich bei Höhergruppierung nach § 20 Abs. 4 Satz 1 und 2 ergebenden Tabellenentgelt, zuzüglich eines Zuschlags von 75 v. H. des Unterschiedsbetrags zwischen den Tabellenentgelten der Entgeltgruppe, die der übertragenen Funktion entspricht, zur nächsthöheren Entgeltgruppe nach § 20 Abs. 4 Satz 1 und 2. ³Nach Fristablauf erhält die Ärztin/der Arzt eine der bisherigen Eingruppierung entsprechende Tätigkeit; der Zuschlag entfällt.

§ 34 Beendigung des Arbeitsverhältnisses ohne Kündigung

(1) Das Arbeitsverhältnis endet, ohne dass es einer Kündigung bedarf,

a) mit Ablauf des Monats, in dem die Ärztin/der Arzt das 65. Lebensjahr vollendet hat,

b) jederzeit im gegenseitigen Einvernehmen (Auflösungsvertrag).

(2) ¹Das Arbeitsverhältnis endet ferner mit Ablauf des Monats, in dem der Bescheid eines Rentenversicherungsträgers (Rentenbescheid) oder eines berufsständischen Versorgungswerks für Ärzte/Zahnärzte zugestellt wird, wonach die Ärztin/ der Arzt voll oder teilweise erwerbsgemindert ist. ²Die Ärztin/Der Arzt hat den Arbeitgeber von der Zustellung des Rentenbescheids unverzüglich zu unterrichten. ³Beginnt die Rente erst nach der Zustellung des Rentenbescheids, endet das Arbeitsverhältnis mit Ablauf des dem Rentenbeginn vorangehenden Tages. ⁴Liegt im Zeitpunkt der Beendigung des Arbeitsverhältnisses eine nach § 92 SGB IX erforderliche Zustimmung des Integrationsamtes noch nicht vor, endet das Arbeitsverhältnis mit Ablauf des Tages der Zustellung des Zustimmungsbescheids des Integrationsamtes. ⁵Das Arbeitsverhältnis endet nicht, wenn nach dem Bescheid des Rentenversicherungsträgers oder eines berufsständischen Versorgungswerks für Ärzte/Zahnärzte eine Rente auf Zeit gewährt wird. ⁶In diesem Fall ruht das Arbeitsverhältnis für den Zeitraum, für den eine Rente auf Zeit gewährt wird.

(3) Im Falle teilweiser Erwerbsminderung endet bzw. ruht das Arbeitsverhältnis nicht, wenn die Ärztin/der Arzt nach seinem vom Rentenversicherungsträger bzw. in einem berufsständischen Versorgungswerk für Ärzte/Zahnärzte festgestellten Leistungsvermögen auf seinem bisherigen oder einem anderen geeigneten und freien Arbeitsplatz weiterbeschäftigt werden könnte, soweit dringende dienstliche bzw. betriebliche Gründe nicht entgegenstehen, und die Ärztin/der

Arzt innerhalb von zwei Wochen nach Zugang des Rentenbescheids ihre/seine Weiterbeschäftigung schriftlich beantragt.

(4) [1]Verzögert die Ärztin/der Arzt schuldhaft den Rentenantrag oder bezieht sie/er Altersrente nach § 236 oder § 236a SGB VI oder ist sie/er nicht in der gesetzlichen Rentenversicherung versichert, so tritt an die Stelle des Rentenbescheids das Gutachten einer Amtsärztin/eines Amtsarztes oder einer/eines nach § 3 Abs. 5 Satz 2 bestimmten Ärztin/Arztes. [2]Das Arbeitsverhältnis endet in diesem Fall mit Ablauf des Monats, in dem der Ärztin/dem Arzt das Gutachten bekannt gegeben worden ist.

(5) [1]Soll die Ärztin/der Arzt, deren/dessen Arbeitsverhältnis nach Absatz 1 Buchst. a geendet hat, weiterbeschäftigt werden, ist ein neuer schriftlicher Arbeitsvertrag abzuschließen. [2]Das Arbeitsverhältnis kann jederzeit mit einer Frist von vier Wochen zum Monatsende gekündigt werden, wenn im Arbeitsvertrag nichts anderes vereinbart ist.

§ 35 Kündigung des Arbeitsverhältnisses

(1) [1]Bis zum Ende des sechsten Monats seit Beginn des Arbeitsverhältnisses beträgt die Kündigungsfrist zwei Wochen zum Monatsschluss. [2]Im Übrigen beträgt die Kündigungsfrist bei einer Beschäftigungszeit (Absatz 3 Satz 1 und 2)

bis zu einem Jahr	ein Monat zum Monatsschluss,
von mehr als einem Jahr	6 Wochen,
von mindestens 5 Jahren	3 Monate,
von mindestens 8 Jahren	4 Monate,
von mindestens 10 Jahren	5 Monate,
von mindestens 12 Jahren	6 Monate

zum Schluss eines Kalendervierteljahres.

(2) [1]Arbeitsverhältnisse von Ärztinnen und Ärzten, die das 40. Lebensjahr vollendet haben und für die die Regelungen des Tarifgebiets West Anwendung finden, können nach einer Beschäftigungszeit (Absatz 3 Satz 1 und 2) von mehr als 15 Jahren durch den Arbeitgeber nur aus einem wichtigen Grund gekündigt werden. [2]Soweit Ärztinnen und Ärzte nach den bis zum 30. September 2005 geltenden Tarifregelungen unkündbar waren, verbleibt es dabei.

(3) [1]Beschäftigungszeit ist die bei demselben Arbeitgeber im Arbeitsverhältnis zurückgelegte Zeit, auch wenn sie unterbrochen ist. [2]Unberücksichtigt bleibt die Zeit eines Sonderurlaubs gemäß § 29, es sei

denn, der Arbeitgeber hat vor Antritt des Sonderurlaubs schriftlich ein dienstliches oder betriebliches Interesse anerkannt. ³Wechseln Ärztinnen und Ärzte zwischen Arbeitgebern, die vom Geltungsbereich dieses Tarifvertrages erfasst werden, werden die Zeiten bei dem anderen Arbeitgeber als Beschäftigungszeit anerkannt. ⁴Satz 3 gilt entsprechend bei einem Wechsel von einem anderen öffentlich-rechtlichen Arbeitgeber.

§ 36 Zeugnis

(1) Bei Beendigung des Arbeitsverhältnisses haben die Ärztinnen und Ärzte Anspruch auf ein schriftliches Zeugnis über Art und Dauer ihrer Tätigkeit, das sich auch auf Führung und Leistung erstrecken muss (Endzeugnis).

(2) Aus triftigen Gründen können Ärztinnen und Ärzte auch während des Arbeitsverhältnisses ein Zeugnis verlangen (Zwischenzeugnis).

(3) Bei bevorstehender Beendigung des Arbeitsverhältnisses können die Ärztinnen und Ärzte ein Zeugnis über Art und Dauer ihrer Tätigkeit verlangen (vorläufiges Zeugnis).

(4) ¹Die Zeugnisse gemäß den Absätzen 1 bis 3 sind unverzüglich auszustellen. ²Das Endzeugnis und Zwischenzeugnis sind von der leitenden Ärztin/dem leitenden Arzt und einer vertretungsberechtigten Person des Arbeitgebers zu unterzeichnen.

Abschnitt VI
Übergangs- und Schlussvorschriften

§ 37 Ausschlussfrist

(1) ¹Ansprüche aus dem Arbeitsverhältnis verfallen, wenn sie nicht innerhalb einer Ausschlussfrist von sechs Monaten nach Fälligkeit von der Ärztin/dem Arzt oder vom Arbeitgeber schriftlich geltend gemacht werden. ²Für denselben Sachverhalt reicht die einmalige Geltendmachung des Anspruchs auch für später fällige Leistungen aus.

(2) Absatz 1 gilt nicht für Ansprüche aus einem Sozialplan.

§ 38 Begriffsbestimmungen

(1) Sofern auf die Tarifgebiete Ost und West Bezug genommen wird, gilt Folgendes:

a) Die Regelungen für das Tarifgebiet Ost gelten für die Ärztinnen und Ärzte, deren Arbeitsverhältnis in dem in Art. 3 des Einigungsvertrages genannten Gebiet begründet worden ist und bei denen der Bezug des Arbeitsverhältnisses zu diesem Gebiet fortbesteht.

b) Für die übrigen Ärztinnen und Ärzte gelten die Regelungen für das Tarifgebiet West.

(2) Sofern auf die Begriffe „Betrieb", „betrieblich" oder „Betriebspartei" Bezug genommen wird, gilt die Regelung für Verwaltungen sowie für Parteien nach dem Personalvertretungsrecht entsprechend, es sei denn, es ist etwas anderes bestimmt.

(3) Eine einvernehmliche Dienstvereinbarung liegt nur ohne Entscheidung der Einigungsstelle vor.

(4) Leistungsgeminderte Ärztinnen und Ärzte sind Beschäftigte, die ausweislich einer Bescheinigung des beauftragten Arztes (§ 3 Abs. 5 Satz 2) nicht mehr in der Lage sind, auf Dauer die vertraglich geschuldete Arbeitsleistung in vollem Umfang zu erbringen, ohne deswegen zugleich teilweise oder in vollem Umfang erwerbsgemindert im Sinne des SGB VI zu sein.

§ 39 Existenz- und Beschäftigungssicherung

[1]Zur Vermeidung bzw. Beseitigung wirtschaftlicher Probleme eines Krankenhauses, zu dessen Existenzsicherung oder zur Vermeidung eines Personalabbaus können für Ärztinnen und Ärzte an einzelnen Krankenhäusern durch einen Tarifvertrag zwischen dem jeweiligen kommunalen Arbeitgeberverband und dem Marburger Bund auf Landesebene befristet Abweichungen von den Regelungen dieses Tarifvertrages vereinbart werden.

§ 40 In-Kraft-Treten

(1) [1]Dieser Tarifvertrag tritt am 1. August 2006 in Kraft.

(2) [1]Abweichend von Absatz 1 tritt dieser Tarifvertrag bei vom Marburger Bund oder mit Vollmacht für ihn mit den Mitgliedverbänden der VKA auf Landesebene oder mit der VKA anstelle landesbezirklicher Regelungen abgeschlossenen Sanierungs- bzw. Notlagentarifverträgen, Tarifverträgen zur Zukunftssicherung und anderweitigen Tarifverträgen zur Beschäftigungssicherung erst mit Ablauf der zum Zeitpunkt des Abschlusses des jeweiligen Tarifvertrages geltenden Laufzeit in Kraft. [2]Im Falle der Kündigung eines der unter Satz 1 fallenden Tarifverträge findet Satz 1 mit der Maßgabe Anwendung, dass anstelle des Ablaufs der zum Zeitpunkt des Abschlusses des jeweiligen Tarifvertrages geltenden Laufzeit der Ablauf der Kündigungsfrist tritt. [3]In denjenigen Fällen, in denen Tarifverträge nach

§ 40 TV-Ärzte/VKA (Marburger Bund) I.3

Satz 1 ausschließlich mit anderen Gewerkschaften abgeschlossen worden sind, ist durch die Tarifvertragsparteien auf Landesebene bis zum 31. Januar 2007 über die vollständige oder teilweise Anwendung dieses Tarifvertrages zu verhandeln. ⁴Für Tarifverträge nach Satz 1, deren Laufzeit über den 31. Dezember 2007 hinausgeht, ist ab dem 1. Januar 2008 über die vollständige oder teilweise Anwendung dieses Tarifvertrages bis zum 1. Juli 2008 zu verhandeln.

(3) Dieser Tarifvertrag kann von jeder Tarifvertragspartei mit einer Frist von drei Monaten zum Schluss eines Kalenderhalbjahres schriftlich gekündigt werden, frühestens jedoch zum 31. Dezember 2009.

(4) Abweichend von Absatz 3 können schriftlich gekündigt werden

a) die Vorschriften des § 10 Abs. 1 bis 4 mit einer Frist von drei Monaten zum Schluss eines Kalendermonats, frühestens jedoch zum 31. Dezember 2009;

b) § 10 Abs. 5 mit einer Frist von drei Monaten zum Schluss eines Kalendermonats, frühestens jedoch zum 31. Dezember 2009;

c) §§ 10, 11 Abs. 3 und 12 mit einer Frist von drei Monaten, wenn infolge einer Änderung des Arbeitszeitgesetzes sich materiellrechtliche Auswirkungen ergeben oder weitere Regelungsmöglichkeiten für die Tarifvertragsparteien eröffnet werden; rein formelle Änderungen berechtigen nicht zu einer Ausübung des Kündigungsrechts;

d) § 33 mit einer Frist von drei Monaten zum Schluss eines Kalendermonats, frühestens jedoch zum 31. Dezember 2007. Im Falle einer Kündigung ist eine weitere befristete Verlängerung bzw. ein befristeter Neuabschluss des Arbeitsvertrages gemäß § 33 nach deren Wirksamwerden ausgeschlossen;

e) die Anlage A und die Anlagen B zu § 18 ohne Einhaltung einer Frist, frühestens jedoch zum 31. Dezember 2007.

I.3 TV-Ärzte/VKA (Marburger Bund)

Anlage A
Tabellenentgelt Tarifgebiet West
Tabelle TV-Ärzte/VKA

– Tarifgebiet West –

Entgelt-gruppe	Grund-entgelt	Entwicklungsstufen			
	Stufe 1	Stufe 2	Stufe 3	Stufe 4	Stufe 5
IV	6.500	–	–	–	–
III	5.650	6.000	–	–	–
II	4.450	4.800	5.110	5.300	5.600
I	3.420	3.640	3.760	4.000	4.200

Anlagen B
Tabellenentgelt Tarifgebiet Ost
Tabelle TV-Ärzte/VKA

– Bemessungssatz Tarifgebiet Ost 95,5 v. H. –
(gültig ab 1. August 2006)

Entgelt-gruppe	Grund-entgelt	Entwicklungsstufen			
	Stufe 1	Stufe 2	Stufe 3	Stufe 4	Stufe 5
IV	6.208	–	–	–	–
III	5.396	5.730	–	–	–
II	4.250	4.584	4.880	5.062	5.348
I	3.266	3.476	3.591	3.820	4.011

Tabelle TV-Ärzte/VKA

– Bemessungssatz Tarifgebiet Ost 97 v. H. –
(gültig ab 1. Juli 2007)

Entgelt-gruppe	Grund-entgelt	Entwicklungsstufen			
	Stufe 1	Stufe 2	Stufe 3	Stufe 4	Stufe 5
IV	6.305	–	–	–	–
III	5.481	5.820	–	–	–
II	4.317	4.656	4.957	5.141	5.432
I	3.317	3.531	3.647	3.880	4.074

Tarifvertrag zur Überleitung der Ärztinnen und Ärzte an kommunalen Krankenhäusern in den TV-Ärzte/VKA und zur Regelung des Übergangsrechts (TVÜ-Ärzte/VKA)

Vom 17. August 2006[1])

Abschnitt I
Allgemeine Vorschriften

§ 1 Geltungsbereich

(1) Dieser Tarifvertrag gilt für Ärztinnen und Ärzte sowie Zahnärztinnen und Zahnärzte, deren Arbeitsverhältnis zu einem tarifgebundenen Arbeitgeber, der Mitglied eines Mitgliedverbandes der Vereinigung der kommunalen Arbeitgeberverbände (VKA) ist, über den 31. Juli 2006 hinaus fortbesteht, und die am 1. August 2006 unter den Geltungsbereich des Tarifvertrages für Ärztinnen und Ärzte an kommunalen Krankenhäusern (TV-Ärzte/VKA) fallen, für die Dauer des ununterbrochen fortbestehenden Arbeitsverhältnisses.

Protokollerklärung zu Absatz 1 Satz 1:
In der Zeit bis zum 30. September 2007 sind Unterbrechungen von bis zu einem Monat unschädlich.

(2) Die Bestimmungen des TV-Ärzte/VKA gelten, soweit dieser Tarifvertrag keine abweichenden Regelungen trifft.

§ 2 Ablösung bisheriger Tarifverträge durch den TV-Ärzte/VKA

(1) Der TV-Ärzte/VKA ersetzt in Verbindung mit diesem Tarifvertrag bei tarifgebundenen Arbeitgebern, die Mitglied eines Mitgliedverbandes der VKA sind, den

– Tarifvertrag für den öffentlichen Dienst (TVöD) und den Besonderen Teil Krankenhäuser, Pflege- und Betreuungseinrichtungen (BT-K) jeweils vom 13. September 2005,

– Bundes-Angestelltentarifvertrag (BAT) vom 23. Februar 1961,

---

) Am 1. August 2006 wurden zunächst nur die Eckpunkte vereinbart; die redaktionelle Umsetzung erfolgte zu einem späteren Zeitpunkt.
Trotz Tarifeinigung im Frühjahr 2008 liegt noch kein endgültig verabschiedeter Änderungstarifvertrag vor. Die Eckpunkte der Einigung sind unter **I.3.2** zu finden.

I.3.1 TVÜ-Ärzte/VKA (Marburger Bund) §§ 3–4

– Tarifvertrag zur Anpassung des Tarifrechts – Mantelstarifliche Vorschriften – (BAT-O) vom 10. Dezember 1990,

sowie die diese Tarifverträge ergänzenden Tarifverträge der VKA, soweit in diesem Tarifvertrag oder im TV-Ärzte/VKA nicht ausdrücklich etwas anderes bestimmt ist. ²Die Ersetzung erfolgt mit Wirkung vom 1. August 2006, soweit kein abweichender Termin bestimmt ist.

(2) ¹Die von den Marburger Bund Landesverbänden oder mit Vollmacht für diese mit den Mitgliedverbänden der VKA abgeschlossenen Tarifverträge sind durch diese Tarifvertragsparteien hinsichtlich ihrer Weitergeltung zu prüfen und bei Bedarf bis zum 31. Dezember 2007 an den TV-Ärzte/VKA anzupassen. ²Die Tarifvertragsparteien nach Satz 1 können diese Frist verlängern. ³Das Recht zur Kündigung der in Satz 1 genannten Tarifverträge bleibt unberührt.

Abschnitt II
Überleitungsregelungen

§ 3 Überleitung in den TV-Ärzte/VKA

Die von § 1 Abs. 1 erfassten Ärztinnen und Ärzte werden am 1. August 2006 gemäß den nachfolgenden Regelungen aus dem TVöD und den BT-K bzw. BAT/BAT-O in den TV-Ärzte/VKA übergeleitet.

Protokollerklärung zu § 3:
Änderungen des TVöD und des BT-K (TVöD-K) nach dem 31. Juli 2006 bleiben bei der Überleitung unberücksichtigt.

§ 4 Zuordnung zu den Entgeltgruppen

(1) ¹Für die Überleitung werden Ärztinnen und Ärzte, die sich am 31. Juli 2006 nicht in einer individuellen Zwischenstufe oder individuellen Endstufe befunden und Entgelt
– der Entgeltgruppe 14 Stufen 1 und 2 gem. § 51 BT-K erhalten haben, der Entgeltgruppe I,
– der Entgeltgruppe 14 Stufen 3 und 4 gem. § 51 BT-K sowie Entgeltgruppe 15 Stufen 5 und 6 gem. § 51 BT-K erhalten haben, der Entgeltgruppe II

zugeordnet. ²Ärztinnen und Ärzte ohne Facharztanerkennung, die am 31. Juli 2006 einer individuellen Zwischenstufe oder individuellen Endstufe zugeordnet waren, werden der Entgeltgruppe I, Fachärztinnen und Fachärzte, die am 31. Juli 2006 einer individuellen Zwischenstufe oder individuellen Endstufe zugeordnet waren, werden der Entgeltgruppe II zugeordnet.

(2) Ärztinnen und Ärzte ohne Facharztanerkennung, die am 31. Juli 2006 Vergütung nach einer Vergütungsgruppe des BAT/BAT-O erhalten haben, werden der Entgeltgruppe I, Fachärztinnen und Fachärzte, die am 31. Juli 2006 Vergütung nach einer Vergütungsgruppe des BAT/BAT-O erhalten haben, werden der Entgeltgruppe II zugeordnet.

§ 5 Vergleichsentgelt

(1) [1]Bei der Überleitung aus dem TVöD und dem BT-K wird in den Fällen des § 4 Abs. 1 Satz 2 ein dem Betrag der individuellen Zwischen- bzw Endstufe entsprechendes Vergleichsentgelt gebildet. [2]In den Fällen des § 4 Abs. 1 Satz 1 wird ein Vergleichsentgelt nicht gebildet.

(2) [1]Bei Ärztinnen und Ärzten nach § 4 Abs. 2 wird für die Zuordnung zu den Stufen der Entgelttabelle des TV-Ärzte/VKA ein Vergleichsentgelt auf der Grundlage der im Juli 2006 erhaltenen Bezüge gebildet. [2]Das Vergleichsentgelt nach Satz 1 setzt sich aus der Grundvergütung, der allgemeinen Zulage und – nach den Verhältnissen am 31. Juli 2006 – dem Ortszuschlag der Stufe 1 oder 2 zusammen. [3]Ist auch eine andere Person im Sinne von § 29 Abschn. B Abs. 5 BAT/BAT-O ortszuschlagsberechtigt oder nach beamtenrechtlichen Grundsätzen familienzuschlagsberechtigt, wird nur die Stufe 1 zugrunde gelegt; findet der TV-Ärzte/VKA am 1. August 2006 auch auf die andere Person Anwendung, geht der jeweils individuell zustehende Teil des Unterschiedsbetrages zwischen den Stufen 1 und 2 des Ortszuschlages in das Vergleichsentgelt ein.

(3) [1]Bei teilzeitbeschäftigten Ärztinnen und Ärzten wird das Vergleichsentgelt auf der Grundlage einer/s vergleichbaren vollzeitbeschäftigten Ärztin/Arztes bestimmt. [2]Satz 1 gilt für Ärztinnen und Ärzte, deren Arbeitszeit nach § 3 des Tarifvertrages zur sozialen Absicherung vom 6. Juli 1992 herabgesetzt ist, entsprechend.

Protokollerklärung zu Absatz 3:
[1]Lediglich das Vergleichsentgelt wird auf der Grundlage einer/s entsprechenden vollzeitbeschäftigten Ärztin/Arztes ermittelt; sodann wird nach der Stufenzuordnung das zustehende Entgelt zeitratierlich berechnet. [2] Bei Ärztinnen und Ärzten, die am 31. Juli 2006 Vergütung nach einer Vergütungsgruppe des BAT/BAT-O erhalten haben, unterbleibt diese zeitratierliche Kürzung beim auf den Ehegattenanteil im Ortszuschlag entfallenden Betrag nach Maßgabe des § 29 Abschn. B Abs. 5 Satz 2 BAT/BAT-O. [3]Neue Ansprüche entstehen hierdurch nicht.

(4) [1]Für Ärztinnen und Ärzte, die nicht für alle Tage im Juli 2006 oder für keinen Tag dieses Monats Bezüge erhalten haben, wird das Vergleichsentgelt so bestimmt, als hätten sie für alle Tage dieses Monats Bezüge erhalten. [2]Ärztinnen und Ärzte, die am 31. Juli 2006

I.3.1 TVÜ-Ärzte/VKA (Marburger Bund) § 6

Vergütung nach einer Vergütungsgruppe des BAT/BAT-O erhalten haben, werden in den Fällen des § 27 Abschn. A Abs. 3 Unterabs. 6 und Abschn. B Abs. 3 Unterabs. 4 BAT/BAT-O für das Vergleichsentgelt so gestellt, als hätten sie am 1. Juli 2006 die Arbeit wieder aufgenommen.

(5) Das Vergleichsentgelt wird in den Fällen des § 4 Abs. 1 Satz 2 um den Höhergruppierungsgewinn erhöht, der sich bei Weiteranwendung des BAT/BAT-O durch einen bis zum 31. Juli 2006 eingetretenen Fallgruppenaufstieg (Tätigkeits- oder Zeitaufstieg) ergeben hätte. [2]Voraussetzung dafür ist, dass

– zum individuellen Aufstiegszeitpunkt keine Anhaltspunkte vorliegen, die bei Weiteranwendung des BAT/BAT-O einer Höhergruppierung entgegengestanden hätten, und

– bis zum individuellen Aufstiegszeitpunkt nach Satz 1 weiterhin eine Tätigkeit auszuüben gewesen wäre bzw. ist, die diesen Aufstieg ermöglicht hätte.

[3]Satz 1 findet auf Stufensteigerungen, die bei Weiteranwendung des BAT/BAT-O bis zum 31. Juli 2006 erfolgt wären, entsprechende Anwendung.

(6) Für die Stufenzuordnung wird das Vergleichsentgelt im Tarifgebiet West um den Faktor 0,05 bzw. im Tarifgebiet Ost den Faktor 0,0375 erhöht.

§ 6 Stufenzuordnung der Angestellten

(1) [1]Ärztinnen und Ärzte werden nach den Regeln des TV-Ärzte/VKA der zutreffenden Stufe der gemäß § 4 bestimmten Entgeltgruppe zugeordnet. [2]Übersteigt das Vergleichsentgelt das Entgelt der sich nach Satz 1 ergebenden Stufe, werden sie einer diesem Vergleichsentgelt entsprechenden individuellen Zwischenstufe zugeordnet. [3]Der weitere Stufenaufstieg richtet sich nach den Regelungen des TVÄrzte/VKA. [4]Liegt das Vergleichsentgelt über der höchsten Stufe ihrer/seiner jeweiligen Entgeltgruppe, wird die Ärztin/der Arzt einer diesem Vergleichsentgelt entsprechenden individuellen Endstufe zugeordnet. [5]Das Entgelt der individuellen Zwischenstufe bzw. individuellen Endstufe nach den Sätzen 2 und 4 wird für Ärztinnen und Ärzte, auf die die Regelungen des Tarifgebiets Ost Anwendung finden, am 1. Juli 2007 um den Faktor 0,01571 erhöht.

(2) [1]Soweit die Ärztin/der Arzt die Voraussetzungen der Entgeltgruppe III oder IV erfüllt, erfolgt zunächst die Zuordnung in die Entgeltgruppe II nach den Regeln der §§ 4 bis 6 und anschließend

die Höhergruppierung nach den Regeln des TVÄrzte/VKA. ²Befindet sich die Ärztin/der Arzt in einer individuellen Zwischen- oder Endstufe, so erhält sie/er in der höheren Entgeltgruppe Entgelt nach der regulären Stufe, deren Betrag mindestens der individuellen Zwischen- bzw. Endstufe entspricht. ³Der weitere Stufenaufstieg richtet sich nach den Regelungen des TV-Ärzte/VKA.

Niederschriftserklärung zu § 6 Absatz 2:
¹Die Tarifvertragsparteien gehen davon aus, dass Ärzte, die am 31. Juli 2006 die Bezeichnung „Oberärztin/Oberarzt" führen, ohne die Voraussetzungen für eine Eingruppierung als Oberärztin/Oberarzt nach § 16 TV-Ärzte/VKA zu erfüllen, die Berechtigung zur Führung ihrer bisherigen Bezeichnung nicht verlieren. ²Eine Eingruppierung in die Entgeltgruppe III ist hiermit nicht verbunden.

(3) ¹Werden Ärztinnen und Ärzte, die sich nach dem 1. August 2006 in einer individuellen Zwischen- oder Endstufe befinden, höhergruppiert, so erhält sie/er in der höheren Entgeltgruppe Entgelt nach der regulären Stufe, deren Betrag mindestens der individuellen Zwischen- bzw. Endstufe entspricht. ²Werden Ärztinnen und Ärzte, die sich nach dem 1. August 2006 in einer individuellen Zwischen- oder Endstufe befinden, herabgruppiert, werden sie in der niedrigeren Entgeltgruppe derjenigen individuellen Zwischenstufe zugeordnet, die sich bei Herabgruppierung im Juli 2006 ergeben hätte. ³Der weitere Stufenaufstieg richtet sich nach Regelungen des TV-Ärzte/VKA.

(4) Die individuelle Zwischen- bzw. Endstufe verändert sich um denselben Vomhundertsatz bzw. in demselben Umfang wie die nächst höhere bzw. die höchste Stufe der jeweiligen Entgeltgruppe.

Protokollerklärung zu Abschnitt II:
Die bis zum 31. Juli 2006 erbrachten Arbeitsleistungen sind nach den bis zu diesem Zeitpunkt geltenden Regelungen abzurechnen.

Abschnitt III
Besitzstandsregelungen

§ 7 Arbeitszeit

(1) Ärztinnen und Ärzte im Tarifgebiet West, die bis zum 31. Juli 2006 vollbeschäftigt waren, haben bis zum 15. Januar 2007 die Möglichkeit eine Teilzeitbeschäftigung im Umfang ihrer bisherigen Vollbeschäftigung zu vereinbaren.

(2) ¹Teilzeitbeschäftigte Ärztinnen und Ärzte, deren Arbeitsvertrag die Vereinbarung einer festen Wochenstundenzahl enthält, können mit dem Arbeitgeber individuell vereinbaren, die Wochenstunden-

zahl so zu erhöhen, dass das Verhältnis der neu vereinbarten Wochenstundenzahl zur regelmäßigen Wochenarbeitszeit dem Verhältnis zwischen ihrer bisherigen Wochenstundenzahl und ihrer früher geltenden Wochenarbeitszeit entspricht. ²Die sich daraus rechnerisch ergebende Wochenarbeitszeit kann im Wege der Anwendung der kaufmännischen Rundungsregelungen auf- oder abgerundet werden.

(3) Zur Erleichterung der Nachholung der auf 40 Stunden erhöhten Arbeitszeit im Tarifgebiet West kann abweichend von § 7 Abs. 2 Satz 1 TV-Ärzte/VKA ein längerer Zeitraum zugrunde gelegt werden.

(4) Bestehende Regelungen zur Anrechnung von Wege- und Umkleidezeiten auf die Arbeitszeit bleiben durch das In-Kraft-Treten des TV-Ärzte/VKA unberührt.

§ 8 Fortführung vorübergehend übertragener höherwertiger Tätigkeit

¹ Auf Ärztinnen und Ärzte, denen am 31. Juli 2006 bei Weitergeltung des BAT eine Zulage nach § 24 BAT /BAT-O zugestanden hätte bzw. hat, finden mit Wirkung ab dem 1. August 2006 die Regelungen des TV-Ärzte/VKA über die vorübergehende Übertragung einer höherwertigen Tätigkeit Anwendung. ²Für eine vor dem 1. August 2006 vorübergehend übertragene höherwertige Tätigkeit, für die am 31. Juli 2006 wegen der zeitlichen Voraussetzungen des § 24 Abs. 1 bzw. 2 BAT/BAT-O noch keine Zulage gezahlt worden wäre bzw. wird, ist die Zulage ab dem Zeitpunkt zu zahlen, zu dem nach bisherigem Recht die Zulage zu zahlen gewesen wäre.

§ 9 Kinderbezogene Entgeltbestandteile

(1) ¹Für im September 2005 zu berücksichtigende Kinder werden die kinderbezogenen Entgeltbestandteile des BAT/BAT-O in der für September 2005 zustehenden Höhe als Besitzstandszulage fortgezahlt, solange für diese Kinder Kindergeld nach dem Einkommensteuergesetz (EStG) oder nach dem Bundeskindergeldgesetz (BKGG) ununterbrochen gezahlt wird oder ohne Berücksichtigung des § 64 oder § 65 EStG oder des § 3 oder § 4 BKGG gezahlt würde. ²Die Besitzstandszulage entfällt ab dem Zeitpunkt, zu dem eine andere Person, die im öffentlichen Dienst steht oder auf Grund einer Tätigkeit im öffentlichen Dienst nach beamtenrechtlichen Grundsätzen oder nach einer Ruhelohnordnung versorgungsberechtigt ist, für ein Kind, für welches die Besitzstandszulage gewährt wird, das Kindergeld gezahlt wird; die Änderung der Kindergeldberechtigung hat die Ärztin/der

Arzt dem Arbeitgeber unverzüglich schriftlich anzuzeigen. [3]Unterbrechungen wegen der Ableistung von Grundwehrdienst, Zivildienst oder Wehrübungen sowie die Ableistung eines freiwilligen sozialen oder ökologischen Jahres sind unschädlich; soweit die unschädliche Unterbrechung bereits im Monat September 2005 vorliegt, wird die Besitzstandszulage ab dem Zeitpunkt des Wiederauflebens der Kindergeldzahlung gewährt.

(2) [1]§ 25 Abs. 2 TV-Ärzte/VKA ist anzuwenden. [2]Die Besitzstandszulage nach Absatz 1 Satz 1 verändert sich bei allgemeinen Entgeltanpassungen um den von den Tarifvertragsparteien für die jeweilige Entgeltgruppe festgelegten Vomhundertsatz. [3]Ansprüche nach Absatz 1 können für Kinder ab dem vollendeten 16. Lebensjahr durch Vereinbarung mit der Ärztin/dem Arzt abgefunden werden. [4]§ 6 Abs. 1 Satz 4 findet entsprechende Anwendung.

(3) Die Absätze 1 und 2 gelten entsprechend für zwischen dem 1. Oktober 2005 und dem 31. Dezember 2005 geborene Kinder der übergeleiteten Ärztinnen und Ärzte.

§ 10 Strukturausgleich, Einmalzahlung

(1) Ein Strukturausgleich ist nicht vereinbart.

(2) [1]Eine Einmalzahlung wird nicht gewährt. [2]§ 16 bleibt unberührt.

§ 11 Entgeltfortzahlung im Krankheitsfall

[1]Bei Ärztinnen und Ärzten, für die bis zum 31. Juli 2006 § 71 BAT bei Weitergeltung des BAT Anwendung gefunden hat, wird abweichend von § 23 Abs. 2 TV-Ärzte/VKA für die Dauer des über den 31. Juli 2006 hinaus ununterbrochen fortbestehenden Arbeitsverhältnisses der Krankengeldzuschuss in Höhe des Unterschiedsbetrages zwischen dem festgesetzten Nettokrankengeld oder der entsprechenden gesetzlichen Nettoleistung und dem Nettoentgelt (§ 23 Abs. 2 Satz 2 und 3 TV-Ärzte/VKA) gezahlt. [2]Nettokrankengeld ist das um die Arbeitnehmeranteile zur Sozialversicherung reduzierte Krankengeld. [3]Für Ärztinnen und Ärzte, die nicht der Versicherungspflicht in der gesetzlichen Krankenversicherung unterliegen, ist bei der Berechnung des Krankengeldzuschusses der Höchstsatz des Nettokrankengeldes, der bei Pflichtversicherung in der gesetzlichen Krankenversicherung zustünde, zugrunde zu legen.

Protokollerklärung zu § 11:

[1]Ansprüche aufgrund von beim Arbeitgeber am 31. Juli 2006 geltenden Regelungen für die Gewährung von Beihilfen an Arbeitnehmerinnen und Arbeitnehmer im

Krankheitsfall bleiben für die von § 1 Abs. 1 erfassten Ärztinnen und Ärzten unberührt. ²Änderungen von Beihilfevorschriften für Beamte kommen zur Anwendung, soweit auf Landes- bzw. Bundesvorschriften Bezug genommen wird.

§ 12 Beschäftigungszeit

(1) Für die Dauer des über den 31. Juli 2006 hinaus fortbestehenden Arbeitsverhältnisses werden die vor dem 1. August 2006 nach Maßgabe der jeweiligen tarifrechtlichen Vorschriften anerkannten Beschäftigungszeiten als Beschäftigungszeit im Sinne des § 35 Abs. 3 TV-Ärzte/VKA berücksichtigt.

(2) Für die Anwendung des § 24 Abs. 2 TV-Ärzte/VKA werden die bis zum 31. Juli 2006 zurückgelegten Zeiten, die nach Maßgabe
– des BAT anerkannte Dienstzeit,
– des BAT-O anerkannte Beschäftigungszeit

sind, als Beschäftigungszeit im Sinne des § 35 Abs. 3 TV-Ärzte/VKA berücksichtigt.

§ 13 Urlaub

¹Für die Dauer und die Bewilligung des Erholungsurlaubs für das Urlaubsjahr 2006 gelten die im Juli 2006 jeweils maßgebenden Vorschriften bis zum 31. Dezember 2006 fort. ²Die Regelungen des TV-Ärzte/VKA gelten für die Bemessung des Urlaubsentgelts sowie für eine Übertragung von Urlaub auf das Kalenderjahr 2007.

§ 14 Abgeltung

¹ Durch Vereinbarungen mit der Ärztin/dem Arzt können Entgeltbestandteile aus Besitzständen pauschaliert bzw. abgefunden werden. ²§ 9 Abs. 2 Satz 3 bleibt unberührt.

Abschnitt IV
Sonstige vom TV-Ärzte/VKA abweichende oder ihn ergänzende Bestimmungen

§ 15 Anteilige Zuwendung für das Jahr 2006

¹Ärztinnen und Ärzte erhalten mit dem Entgelt für den Monat Dezember 2006 eine anteilige Zuwendung nach den Zuwendungstarifverträgen für Angestellte. ²Die Zuwendung ist mit folgenden Maßgaben so zu ermitteln, als wenn sie bereits am 31. Juli 2006 zugestanden hätte:

§ 16 TVÜ-Ärzte/VKA (Marburger Bund) **I.3.1**

1. Der Bemessungssatz der Zuwendung beträgt in allen Entgeltgruppen
   a) bei Ärztinnen und Ärzten, für die die Regelungen des Tarifgebiets West Anwendung finden, 82,14 v. H.
   b) bei Ärztinnen und Ärzten, für die die Regelungen des Tarifgebiets Ost Anwendung finden, 61,60 v. H.
2. ¹§ 2 Abs. 1 der Zuwendungstarifverträge findet mit der Maßgabe Anwendung, dass Bemessungszeitraum anstelle des Monats September der Monat Juli ist. ²Etwaig gezahltes Urlaubsgeld und die Einmalzahlung nach § 21 TVÜ-VKA bleiben bei der Berechnung der Zuwendung unberücksichtigt.
3. ¹Von der hiernach ermittelten Zuwendung erhält die Ärztin/der Arzt für jeden der Monate Januar bis Juli 2006 ein Zwölftel für jeden Kalendermonat, in dem die Ärztin/der Arzt Anspruch auf Entgelt/Vergütung oder Fortzahlung des Entgelts/der Vergütung hatte. ²Eine anteilige Zuwendung steht auch für die Kalendermonate Januar bis Juli 2006 zu, in denen
   a) Ärztinnen und Ärzte kein Tabellenentgelt/keine Vergütung erhalten haben wegen
      (1) Ableistung von Grundwehrdienst oder Zivildienst, wenn sie diesen vor dem 1. Dezember beendet und die Beschäftigung unverzüglich wieder aufgenommen haben,
      (2) Beschäftigungsverboten nach § 3 Abs. 2 und § 6 Abs. 1 MuSchG,
      (3) Inanspruchnahme der Elternzeit nach dem Bundeserziehungsgeldgesetz bis zum Ende des Kalenderjahres, in dem das Kind geboren ist, wenn am Tag vor Antritt der Elternzeit Entgeltanspruch bestanden hat;
   b) Ärztinnen und Ärzte nur wegen der Höhe des zustehenden Krankengelds ein Krankengeldzuschuss nicht gezahlt worden ist.

Protokollerklärung zu § 15:
Soweit für das Kalenderjahr 2005 eine Berechnung des Aufschlags nach § 47 Abs. 2 BAT/BAT-O nicht erfolgt ist oder hierauf nicht mehr zurückgegriffen werden kann, gilt für die Herleitung der Urlaubsvergütung im Sinne der Zuwendungstarifverträge § 22 Satz 2 TV-Ärzte/VKA (Bemessungsgrundlage) entsprechend.

§ 16 Einmalbetrag

(1) Ärztinnen und Ärzte gemäß § 16 TV-Ärzte/VKA Buchst. a und b im Tarifgebiet West, deren Vergleichsentgelt oberhalb der höchsten

Stufe ihrer Entgeltgruppe liegt, erhalten mit den Bezügen für den Monat Dezember 2006 einen Einmalbetrag in Höhe von 300,00 Euro und mit den Bezügen für den Monat Oktober 2007 einen Einmalbetrag in Höhe von 600,00 Euro.

(2) [1]Der Anspruch auf die Einmalbeträge nach Absatz 1 besteht, wenn die Ärztin/der Arzt an mindestens einem Tag des jeweiligen Fälligkeitsmonats Anspruch auf Bezüge (Entgelt, Urlaubsentgelt oder Entgelt im Krankheitsfall) gegen einen Arbeitgeber im Sinne des § 1 Abs. 1 hat; dies gilt auch für Kalendermonate, in denen nur wegen der Höhe der Barleistungen des Sozialversicherungsträgers Krankengeldzuschuss nicht gezahlt wird. [2]Die jeweiligen Einmalbeträge werden auch gezahlt, wenn eine Ärztin wegen der Beschäftigungsverbote nach § 3 Abs. 2 und § 6 Abs. 1 des Mutterschutzgesetzes in dem jeweiligen Fälligkeitsmonat keine Bezüge erhalten hat.

(3) [1]Teilzeitbeschäftigte Ärztinnen und Ärzte erhalten den jeweiligen Einmalbetrag, der dem Verhältnis der mit ihnen vereinbarten durchschnittlichen Arbeitszeit zu der regelmäßigen wöchentlichen Arbeitszeit einer/s entsprechenden vollbeschäftigten Ärztin/Arztes entspricht. [2]Maßgebend sind die jeweiligen Verhältnisse am 1. Dezember 2006 bzw. 1. Oktober 2007.

(4) [1]Die Einmalbeträge sind bei der Bemessung sonstiger Leistungen nicht zu berücksichtigen. [2]Sie sind kein zusatzversorgungspflichtiges Entgelt.

Abschnitt V
Übergangs- und Schlussvorschriften

§ 17 In-Kraft-Treten, Laufzeit

(1) Dieser Tarifvertrag tritt am 1. August 2006 in Kraft.

(2) [1]Abweichend von Absatz 1 tritt dieser Tarifvertrag bei vom Marburger Bund oder mit Vollmacht für ihn mit den Mitgliedverbänden der VKA auf Landesebene sowie von der VKA anstelle landesbezirklicher Regelungen abgeschlossenen Sanierungs- bzw. Notlagentarifverträgen, Tarifverträgen zur Zukunftssicherung und anderweitigen Tarifverträgen zur Beschäftigungssicherung erst mit Ablauf der zum Zeitpunkt des Abschlusses des jeweiligen Tarifvertrags geltenden Laufzeit in Kraft. [2]Im Falle der Kündigung eines der unter Satz 1 fallenden Tarifverträge findet Satz 1 mit der Maßgabe Anwendung, dass anstelle des Ablaufs der zum Zeitpunkt des Abschlusses des jeweiligen Tarifvertrages geltenden Laufzeit der Ablauf der Kündi-

§ 17 TVÜ-Ärzte/VKA (Marburger Bund) I.3.1

gungsfrist tritt. ³In denjenigen Fällen, in denen Tarifverträge nach Satz 1 ausschließlich mit anderen Gewerkschaften abgeschlossen worden sind, ist durch die Tarifvertragsparteien auf Landesebene bis zum 31. Januar 2007 über die vollständige oder teilweise Anwendung dieses Tarifvertrages zu verhandeln. ⁴Für Tarifverträge nach Satz 1, deren Laufzeit über den 31. Dezember 2007 hinausgeht, ist ab dem 1. Januar 2008 über die vollständige oder teilweise Anwendung dieses Tarifvertrages bis zum 1. Juli 2008 zu verhandeln.

(3) Der Tarifvertrag kann ohne Einhaltung einer Frist jederzeit schriftlich gekündigt werden, frühestens zum 31. Dezember 2007.

I.3.2 Eckpunktepapier

Tarifeinigung in den Tarifverhandlungen für die Ärztinnen und Ärzte an kommunalen Krankenhäusern

I. Erhöhung der Tabellenentgelte des TV-Ärzte/VKA

Die Anlage A zum TV-Ärzte/VKA erhält ab 1. April 2008 die in der Anlage beigefügte Fassung. Diese Tabellenentgelte werden ab 1. Januar 2009 um 3,8 v. H. erhöht.

Die Anlage A zum TV-Ärzte/VKA findet ab 1. April 2008 auf die Ärztinnen und Ärzte im Tarifgebiet Ost Anwendung.

Mindestlaufzeit bis zum 31. Dezember 2009.

Anlage: Tabelle TV-Ärzte/VKA (gültig ab 1. April 2008)

Entgeltgruppe	Grundentgelt	Entwicklungsstufen			
	Stufe 1	Stufe 2	Stufe 3	Stufe 4	Stufe 5
IV	6.861,90	–	–	–	–
III	5.833,33	6.176,19	–	–	–
II	4.657,14	5.047,62	5.390,48	5.590,48	5.785,71
I	3.528,57	3.728,57	3.871,43	4.119,05	4.414,29

II. Stufenlaufzeit in der Entgeltgruppe II

Die Stufenlaufzeiten der Entgeltgruppe II Stufe 3 und Stufe 4 werden mit Wirkung vom 1. Januar 2009 von 48 bzw. 60 Monaten auf jeweils 24 Monate reduziert.

Die Stufenlaufzeiten der Entgeltgruppe I (§ 19 Abs. 1 Buchst. a TV-Ärzte/VKA) können mit einer Frist von drei Monaten zum Schluss eines Kalendermonats, frühestens jedoch zum 31. Dezember 2009, gekündigt werden.

III. Leistungs- und erfolgsorientierte Bezahlung für Ärztinnen und Ärzte

Die Thematik der leistungs- und erfolgsorientierten Entgeltkomponente für Ärztinnen und Ärzte wird bis zur nächsten Tarifrunde in einer Arbeitsgruppe erörtert.

IV. Weitere Abreden

1. Der Tarifvertrag über den Rationalisierungsschutz für Angestellte vom 9. Januar 1987 wird mit Wirkung vom 1. Januar 2008 wieder in

Kraft gesetzt und im Anschluss daran an den TV-Ärzte/VKA und TVÜ-Ärzte/VKA angepasst.
2. Der Tarifvertrag zur sozialen Absicherung (TVsA) wird mit Wirkung vom 1. Januar 2008 vereinbart und hierbei an den TV-Ärzte/VKA und TVÜ-Ärzte/VKA angepasst.
3. Der Tarifvertrag zur Regelung der Altersteilzeit (TV ATZ) vom 5. Mai 1998 wird mit Wirkung vom 1. August 2006 wieder in Kraft gesetzt und hierbei an den TVÄrzte/VKA und TVÜ-Ärzte/VKA angepasst.
4. Der Tarifvertrag über die betriebliche Altersversorgung der Beschäftigten des öffentlichen Dienstes (Tarifvertrag Altersversorgung – ATV) vom 1. März 2002 und der Tarifvertrag über die zusätzliche Altersversorgung der Beschäftigten des öffentlichen Dienstes (Altersvorsorge-TV-Kommunal – ATV-K) vom 1. März 2002 werden mit Wirkung vom 1. August 2006 wieder in Kraft gesetzt. Zwischenzeitlich erfolgte Änderungen des ATV und ATV-K werden nachvollzogen.
5. Die Protokollerklärung zu § 1 Abs. 1 Satz 1 TVÜ-Ärzte/VKA wird wie folgt gefasst:
„Unterbrechungen von bis zu einem Monat sind unschädlich."

V. Erklärungsfrist

Erklärungsfrist bis zum 30. April 2008.

(2) Dieser Tarifvertrag gilt nicht für

a) Schülerinnen/Schüler in der Krankenpflegehilfe und Altenpflegehilfe sowie Heilerziehungspflegeschüler/innen,

b) Praktikantinnen/Praktikanten und Volontärinnen/Volontäre,

c) Auszubildende, die in Ausbildungsberufen der Landwirtschaft, des Weinbaues oder der Forstwirtschaft ausgebildet werden,

d) körperlich, geistig oder seelisch behinderte Personen, die aufgrund ihrer Behinderung in besonderen Ausbildungswerkstätten, Berufsförderungswerkstätten oder in Lebenshilfeeinrichtungen ausgebildet werden.

(3) Soweit in diesem Tarifvertrag nichts anderes geregelt ist, gelten die jeweils einschlägigen gesetzlichen Vorschriften.

Niederschriftserklärung zu § 1:
Ausbildender im Sinne dieses Tarifvertrages ist, wer andere Personen zur Ausbildung einstellt.

§ 1a Geltungsbereich des Besonderen Teils

(In den Besonderen Teilen geregelt)

§ 2 Ausbildungsvertrag, Nebenabreden

(1) Vor Beginn des Ausbildungsverhältnisses ist ein schriftlicher Ausbildungsvertrag zu schließen, der neben der Bezeichnung des Ausbildungsberufs mindestens Angaben enthält über

a) die maßgebliche Ausbildungs- und Prüfungsordnung in der jeweils geltenden Fassung sowie Art, sachliche und zeitliche Gliederung der Ausbildung,

b) Beginn und Dauer der Ausbildung,

c) Dauer der regelmäßigen täglichen oder wöchentlichen Ausbildungszeit,

d) Dauer der Probezeit,

e) Zahlung und Höhe des Ausbildungsentgelts,

f) Dauer des Urlaubs,

g) Voraussetzungen, unter denen der Ausbildungsvertrag gekündigt werden kann,

h) die Geltung des Tarifvertrages für Auszubildende im öffentlichen Dienst (TVAöD) sowie einen in allgemeiner Form gehaltenen Hinweis auf die auf das Ausbildungsverhältnis anzuwendenden Betriebs-/Dienstvereinbarungen.

(2) ¹Nebenabreden sind nur wirksam, wenn sie schriftlich vereinbart werden. ²Sie können gesondert gekündigt werden, soweit dies einzelvertraglich vereinbart ist.

§ 3 Probezeit

(In den Besonderen Teilen geregelt)

§ 4 Ärztliche Untersuchungen

(1) ¹Auszubildende haben auf Verlangen des Ausbildenden vor ihrer Einstellung ihre gesundheitliche Eignung durch das Zeugnis eines Amts- oder Betriebsarztes nachzuweisen. ²Für Auszubildende, die unter das Jugendarbeitsschutzgesetz fallen, ist ergänzend § 32 Abs. 1 JArbSchG zu beachten.

(2) ¹Der Ausbildende ist bei begründeter Veranlassung berechtigt, Auszubildende zu verpflichten, durch ärztliche Bescheinigung nachzuweisen, dass sie in der Lage sind, die nach dem Ausbildungsvertrag übernommenen Verpflichtungen zu erfüllen. ²Bei dem beauftragten Arzt kann es sich um einen Betriebsarzt handeln, soweit sich die Betriebsparteien nicht auf einen anderen Arzt geeinigt haben. ³Die Kosten dieser Untersuchung trägt der Ausbildende.

(3) Auszubildende, die besonderen Ansteckungsgefahren ausgesetzt, mit gesundheitsgefährdenden Tätigkeiten beschäftigt oder mit der Zubereitung von Speisen beauftragt sind, sind in regelmäßigen Zeitabständen oder auf ihren Antrag bei Beendigung des Ausbildungsverhältnisses ärztlich zu untersuchen.

§ 5 Schweigepflicht, Nebentätigkeiten, Schadenshaftung

(1) Auszubildende haben in demselben Umfang Verschwiegenheit zu wahren wie die Beschäftigten des Ausbildenden.

(2) ¹Nebentätigkeiten gegen Entgelt haben Auszubildende ihrem Ausbildenden rechtzeitig vorher schriftlich anzuzeigen. ²Der Ausbildende kann die Nebentätigkeit untersagen oder mit Auflagen versehen, wenn diese geeignet ist, die nach dem Ausbildungsvertrag übernommenen Verpflichtungen der Auszubildenden oder berechtigte Interessen des Ausbildenden zu beeinträchtigen.

(3) Für die Schadenshaftung der Auszubildenden finden die für die Beschäftigten des Ausbildenden geltenden Bestimmungen des TVöD entsprechende Anwendung.

§ 6 Personalakten

(1) ¹Die Auszubildenden haben ein Recht auf Einsicht in ihre vollständigen Personalakten. ²Sie können das Recht auf Einsicht durch einen hierzu schriftlich Bevollmächtigten ausüben lassen. ³Sie können Auszüge oder Kopien aus ihren Personalakten erhalten.

(2) ¹Beurteilungen sind Auszubildenden unverzüglich bekannt zu geben. ²Die Bekanntgabe ist aktenkundig zu machen.

§ 7 Wöchentliche und tägliche Ausbildungszeit

(In den Besonderen Teilen geregelt)

§ 8 Ausbildungsentgelt

(In den Besonderen Teilen geregelt)

§ 8a Umständige Entgeltbestandteile

Für die Ausbildung an Samstagen, Sonntagen, Feiertagen und Vorfesttagen, für den Bereitschaftsdienst und die Rufbereitschaft, für die Überstunden und für die Zeitzuschläge gelten die für die Beschäftigten des Ausbildenden geltenden Regelungen sinngemäß.

§ 8b Sonstige Entgeltregelungen

(In den Besonderen Teilen geregelt)

§ 9 Urlaub

(1) Auszubildende erhalten in jedem Urlaubsjahr Erholungsurlaub unter Fortzahlung ihres Ausbildungsentgelts (§ 8) in entsprechender Anwendung der für die Beschäftigten des Ausbildenden geltenden Regelungen.

(2) Der Erholungsurlaub ist nach Möglichkeit zusammenhängend während der unterrichtsfreien Zeit zu erteilen und in Anspruch zu nehmen.

§ 10 Ausbildungsmaßnahmen außerhalb der Ausbildungsstätte

(In den Besonderen Teilen geregelt)

§ 10a Familienheimfahrten

(In den Besonderen Teilen geregelt)

§ 11 Schutzkleidung, Ausbildungsmittel

(In den Besonderen Teilen geregelt)

§ 12 Entgelt im Krankheitsfall

(1) Werden Auszubildende durch Arbeitsunfähigkeit infolge Krankheit ohne ihr Verschulden verhindert, ihre Verpflichtungen aus dem Ausbildungsvertrag zu erfüllen, erhalten sie für die Zeit der Arbeitsunfähigkeit für die Dauer von bis zu sechs Wochen sowie nach Maßgabe der gesetzlichen Bestimmungen bei Wiederholungserkrankungen das Ausbildungsentgelt (§ 8) in entsprechender Anwendung der für die Beschäftigten des Ausbildenden geltenden Regelungen fortgezahlt.

(2) Im Übrigen gilt das Entgeltfortzahlungsgesetz.

(3) Bei der jeweils ersten Arbeitsunfähigkeit, die durch einen bei dem Ausbildenden erlittenen Arbeitsunfall oder durch eine bei dem Ausbildenden zugezogene Berufskrankheit verursacht ist, erhalten Auszubildende nach Ablauf des nach Absatz 1 maßgebenden Zeitraums bis zum Ende der 26. Woche seit dem Beginn der Arbeitsunfähigkeit einen Krankengeldzuschuss in Höhe des Unterschiedsbetrages zwischen dem Bruttokrankengeld und dem sich nach Absatz 1 ergebenden Nettoausbildungsentgelt, wenn der zuständige Unfallversicherungsträger den Arbeitsunfall oder die Berufskrankheit anerkennt.

§ 12a Entgeltfortzahlung in anderen Fällen

(1) Auszubildenden ist das Ausbildungsentgelt (§ 8) für insgesamt fünf Ausbildungstage fortzuzahlen, um sich vor den in den Ausbildungsordnungen vorgeschriebenen Abschlussprüfungen ohne Bindung an die planmäßige Ausbildung auf die Prüfung vorbereiten zu können; bei der Sechstagewoche besteht dieser Anspruch für sechs Ausbildungstage.

(2) Der Freistellungsanspruch nach Absatz 1 verkürzt sich um die Zeit, für die Auszubildende zur Vorbereitung auf die Abschlussprüfung besonders zusammengefasst werden; es besteht jedoch mindestens ein Anspruch auf zwei Ausbildungstage.

(3) Im Übrigen gelten die für die Beschäftigten des Ausbildenden maßgebenden Regelungen zur Arbeitsbefreiung entsprechend.

§ 13 Vermögenswirksame Leistungen

(1) [1]Nach Maßgabe des Vermögensbildungsgesetzes in seiner jeweiligen Fassung erhalten Auszubildende eine vermögenswirksame Leistung in Höhe von 13,29 Euro monatlich. [2]Der Anspruch auf vermögenswirksame Leistungen entsteht frühestens für den Kalender-

monat, in dem den Ausbildenden die erforderlichen Angaben mitgeteilt werden, und für die beiden vorangegangenen Monate desselben Kalenderjahres.

(2) Die vermögenswirksamen Leistungen sind kein zusatzversorgungspflichtiges Entgelt.

(3) Der in Absatz 1 Satz 1 genannte Betrag gilt nicht für die Auszubildenden der Sparkassen.

§ 14 Jahressonderzahlung

(In den Besonderen Teilen geregelt)

§ 15 Zusätzliche Altersversorgung

Die Versicherung zum Zwecke einer zusätzlichen Altersversorgung wird durch besonderen Tarifvertrag geregelt.

§ 16 Beendigung des Ausbildungsverhältnisses

(1) ¹Das Ausbildungsverhältnis endet mit Ablauf der Ausbildungszeit; abweichende gesetzliche Regelungen bleiben unberührt. ²Im Falle des Nichtbestehens der Abschlussprüfung verlängert sich das Ausbildungsverhältnis auf Verlangen der Auszubildenden bis zur nächstmöglichen Wiederholungsprüfung, höchstens um ein Jahr.

(2) Können Auszubildende ohne eigenes Verschulden die Abschlussprüfung erst nach beendeter Ausbildungszeit ablegen, gilt Absatz 1 Satz 2 entsprechend.

(3) Beabsichtigt der Ausbildende keine Übernahme in ein Arbeitsverhältnis, hat er dies den Auszubildenden drei Monate vor dem voraussichtlichen Ende der Ausbildungszeit schriftlich mitzuteilen.

(4) Nach der Probezeit (§ 3) kann das Ausbildungsverhältnis unbeschadet der gesetzlichen Kündigungsgründe nur gekündigt werden

a) aus einem sonstigen wichtigen Grund ohne Einhalten einer Kündigungsfrist,

b) von Auszubildenden mit einer Kündigungsfrist von vier Wochen.

(5) Werden Auszubildende im Anschluss an das Ausbildungsverhältnis beschäftigt, ohne dass hierüber ausdrücklich etwas vereinbart worden ist, so gilt ein Arbeitsverhältnis auf unbestimmte Zeit als begründet.

§ 16a Übernahme von Auszubildenden

(In den Besonderen Teilen geregelt)

§ 17 Abschlussprämie

(handschriftlich: 400 € Betrag vorgeben "139")

(1) ¹Bei Beendigung des Ausbildungsverhältnisses aufgrund erfolgreich abgeschlossener Abschlussprüfung bzw. staatlicher Prüfung erhalten Auszubildende eine Abschlussprämie als Einmalzahlung in Höhe von 400 Euro. ²Die Abschlussprämie ist kein zusatzversorgungspflichtiges Entgelt. ³Sie ist nach Bestehen der Abschlussprüfung bzw. der staatlichen Prüfung fällig.

(2) ¹Absatz 1 gilt nicht für Auszubildende, die ihre Ausbildung nach erfolgloser Prüfung aufgrund einer Wiederholungsprüfung abschließen. ²Im Einzelfall kann der Ausbildende von Satz 1 abweichen.

(3) Die Absätze 1 und 2 gelten erstmals für Ausbildungsverhältnisse, die im Jahr 2006 beginnen.

§ 18 Zeugnis

(In den Besonderen Teilen geregelt)

§ 19 Ausschlussfrist

Ansprüche aus dem Ausbildungsverhältnis verfallen, wenn sie nicht innerhalb einer Ausschlussfrist von sechs Monaten nach Fälligkeit von den Auszubildenden oder vom Ausbildenden schriftlich geltend gemacht werden.

§ 20 In-Kraft-Treten, Laufzeit

(1) ¹Dieser Tarifvertrag tritt am 1. Oktober 2005 in Kraft.

(2) Dieser Tarifvertrag kann mit einer Frist von drei Monaten zum Ende eines Kalenderhalbjahres, frühestens zum 31. Dezember 2009, schriftlich gekündigt werden.

(3) Abweichend von Absatz 2 kann § 17 gesondert zum 31. Dezember eines jeden Jahres, frühestens jedoch zum 31. Dezember 2008, schriftlich gekündigt werden.

(4) ¹Dieser Tarifvertrag ersetzt für den Bereich des Bundes die in Anlage 2 aufgeführten Tarifverträge. ²Die Ersetzung erfolgt mit Wirkung vom 1. Oktober 2005, soweit in Anlage 2 kein abweichender Termin bestimmt ist.

(5) Mit In-Kraft-Treten dieses Tarifvertrages finden im Bereich der Mitgliedverbände der VKA die in Anlage 3 aufgeführten Tarifverträge auf die in § 1 Abs. 1 genannten Personen keine Anwendung mehr.

§ 20a In-Kraft-Treten, Laufzeit des Besonderen Teils
(In den Besonderen Teilen geregelt)

Anlage 1 (VKA)
(Mit Wirkung vom 1. Januar weggefallen)

Anlage 3 (VKA)
(zu § 20 Abs. 5 – VKA)

1. Manteltarifvertrag für Auszubildende vom 6. Dezember 1974
2. Manteltarifvertrag für Auszubildende (Mantel-TV Azubi-O) vom 5. März 1991
3. Manteltarifvertrag für Auszubildende (Mantel-TV Azubi-Ostdeutsche Sparkassen) vom 16. Mai 1991
4. Ausbildungsvergütungstarifvertrag Nr. 22 für Auszubildende vom 31. Januar 2003
5. Ausbildungsvergütungstarifvertrag Nr. 7 für Auszubildende (Ost) vom 31. Januar 2003
6. Ausbildungsvergütungstarifvertrag Nr. 7 für Auszubildende der ostdeutschen Sparkassen vom 31. Januar 2003
7. Tarifvertrag über vermögenswirksame Leistungen an Auszubildende vom 17. Dezember 1970
8. Tarifvertrag über vermögenswirksame Leistungen an Auszubildende (TV VL Azubi-O) vom 8. Mai 1991
9. Tarifvertrag über ein Urlaubsgeld für Auszubildende vom 16. März 1977
10. Tarifvertrag über ein Urlaubsgeld für Auszubildende (TV Urlaubsgeld Azubi-O) vom 5. März 1991
11. Tarifvertrag über ein Urlaubsgeld für Auszubildende (TV Urlaubsgeld Azubi-Ostdeutsche Sparkassen) vom 25. Oktober 1990
12. Tarifvertrag zur Regelung der Rechtsverhältnisse der Schülerinnen/Schüler, die nach Maßgabe des Krankenpflegegesetzes oder des Hebammengesetzes ausgebildet werden, vom 28. Februar 1986
13. Tarifvertrag zur Regelung der Rechtsverhältnisse der Schülerinnen/Schüler, die nach Maßgabe des Krankenpflegegesetzes oder des Hebammengesetzes ausgebildet werden (Mantel-TV Schü-O), vom 5. März 1991
14. Ausbildungsvergütungstarifvertrag Nr. 12 für Schülerinnen/Schüler, die nach Maßgabe des Krankenpflegegesetzes oder

Anlage 3 (VKA) TVAöD – Allg. Teil **II.1**

des Hebammengesetzes ausgebildet werden, vom 31. Januar 2003
15. Ausbildungsvergütungstarifvertrag Nr. 7 für Schülerinnen/Schüler, die nach Maßgabe des Krankenpflegegesetzes oder des Hebammengesetzes ausgebildet werden (Ost), vom 31. Januar 2003
16. Tarifvertrag über ein Urlaubsgeld für Schülerinnen/Schüler, die nach Maßgabe des Krankenpflegegesetzes in der Krankenpflege oder in der Kinderkrankenpflege oder nach Maßgabe des Hebammengesetzes ausgebildet werden, vom 21. April 1986
17. Tarifvertrag über ein Urlaubsgeld für Schülerinnen/Schüler, die nach Maßgabe des Krankenpflegegesetzes in der Krankenpflege oder in der Kinderkrankenpflege oder nach Maßgabe des Hebammengesetzes ausgebildet werden (TV Urlaubsgeld Schü-O), vom 5. März 1991

Anlage 4 (VKA)
(Mit Wirkung vom 1. Januar 2008 weggefallen)

Anlage 5
Übergangsregelungen für Schülerinnen/Schüler in der Altenpflege

1. Für Schülerinnen/Schüler in der Altenpflege, deren Ausbildungsverhältnis vor dem 1. Oktober 2005 begonnen hat, gelten die jeweils einzelvertraglich vereinbarten Ausbildungsentgelte bis zur Beendigung des Ausbildungsverhältnisses weiter, soweit einzelvertraglich nichts Abweichendes vereinbart wird.
2. Soweit Ausbildende von Schülerinnen/Schülern in der Altenpflege bis zum 30. September 2005 ein Ausbildungsentgelt gezahlt haben, das niedriger ist als die in § 8 Abs. 1 geregelten Ausbildungsentgelte, gelten für die Ausbildungsentgelte bei Ausbildungsverhältnissen, die nach dem 30. September 2005 beginnen, spätestens ab 1. Januar 2008 die in § 8 Abs. 1 geregelten Beträge.

Tarifvertrag für Auszubildende des öffentlichen Dienstes
– Besonderer Teil BBiG –
(TVAöD – BBiG)

Vom 13. September 2005

Zuletzt geändert durch
Änderungstarifvertrag Nr. 2 vom 31. März 2008[1])

§ 1a Geltungsbereich des Besonderen Teils

(1) ¹Dieser Tarifvertrag gilt nur für die in § 1 Abs. 1 des Tarifvertrages für Auszubildende des öffentlichen Dienstes (TVAöD) – Allgemeiner Teil unter Buchst. a, c und d aufgeführten Auszubildenden. ²Er bildet im Zusammenhang mit dem Allgemeinen Teil des TVAöD den Tarifvertrag für die Auszubildenden des öffentlichen Dienstes nach BBiG (TVAöD – BBiG).

(2) Soweit in den nachfolgenden Bestimmungen auf die §§ 9, 12 und 16 verwiesen wird, handelt es sich um die Regelungen des TVAöD – Allgemeiner Teil –.

§ 3 Probezeit

(1) Die Probezeit beträgt drei Monate.

(2) Während der Probezeit kann das Ausbildungsverhältnis von beiden Seiten jederzeit ohne Einhalten einer Kündigungsfrist gekündigt werden.

) Die Änderungen stehen im Zusammenhang mit der Entgeltrunde 2008. Am 31. März 2008 wurden zunächst nur die Eckpunkte vereinbart; die redaktionelle Umsetzung erfolgte erst Mitte Juli 2008.
Zu seinem Geltungsbereich bestimmt § 3 des Änderungstarifvertrages Nr. 2 Folgendes:
§ 3 Ausnahmen vom Geltungsbereich
¹Für Auszubildende, die spätestens mit Ablauf des 31. März 2008 aus dem Ausbildungsverhältnis ausgeschieden sind, gilt dieser Tarifvertrag nur, wenn sie dies bis 30. September 2008 schriftlich beantragen. ²Für Auszubildende, die spätestens mit Ablauf des 31. März 2008 aufgrund eigenen Verschuldens ausgeschieden sind, gilt dieser Tarifvertrag nicht.

§ 7 Wöchentliche und tägliche Ausbildungszeit

(1) ¹Die regelmäßige durchschnittliche wöchentliche Ausbildungszeit und die tägliche Ausbildungszeit der Auszubildenden, die nicht unter das Jugendarbeitsschutzgesetz fallen, richten sich nach den für die Beschäftigten des Ausbildenden maßgebenden Vorschriften über die Arbeitszeit. ²Für Auszubildende der Mitglieder des Kommunalen Arbeitgeberverbandes Baden-Württemberg im Geltungsbereich des BT-K ist eine abweichende Regelung vereinbart.

(2) Wird das Führen von Berichtsheften (Ausbildungsnachweisen) verlangt, ist den Auszubildenden dazu Gelegenheit während der Ausbildungszeit zu geben.

(3) An Tagen, an denen Auszubildende an einem theoretischen betrieblichen Unterricht von mindestens 270 tatsächlichen Unterrichtsminuten teilnehmen, dürfen sie nicht zur praktischen Ausbildung herangezogen werden.

(4) ¹Unterrichtszeiten einschließlich der Pausen gelten als Ausbildungszeit. ²Dies gilt auch für die notwendige Wegezeit zwischen Unterrichtsort und Ausbildungsstätte, sofern die Ausbildung nach dem Unterricht fortgesetzt wird.

(5) Auszubildende dürfen an Sonn- und Wochenfeiertagen und in der Nacht zur Ausbildung nur herangezogen werden, wenn dies nach dem Ausbildungszweck erforderlich ist.

(6) ¹Auszubildende dürfen nicht über die nach Absatz 1 geregelte Ausbildungszeit hinaus zu Mehrarbeit herangezogen und nicht mit Akkordarbeit beschäftigt werden. ²§§ 21, 23 JArbSchG und § 17 Abs. 3 BBiG bleiben unberührt.

§ 8 Ausbildungsentgelt

(1) Das monatliche Ausbildungsentgelt beträgt ab 1. Januar 2008

im ersten Ausbildungsjahr	687,34 Euro,
im zweiten Ausbildungsjahr	736,15 Euro,
im dritten Ausbildungsjahr	780,93 Euro,
im vierten Ausbildungsjahr	843,06 Euro.

(2) Das Ausbildungsentgelt ist zu demselben Zeitpunkt fällig wie das den Beschäftigten des Ausbildenden gezahlte Entgelt.

(3) Im Geltungsbereich des TV-S wird eine von Absatz 1 abweichende Regelung getroffen.

(4) Ist wegen des Besuchs einer weiterführenden oder einer berufsbildenden Schule oder wegen einer Berufsausbildung in einer sonstigen Einrichtung die Ausbildungszeit verkürzt, gilt für die Höhe des Ausbildungsentgelts der Zeitraum, um den die Ausbildungszeit verkürzt wird, als abgeleistete Ausbildungszeit.

(5) Wird die Ausbildungszeit
a) gemäß § 16 Abs. 1 Satz 2 verlängert oder
b) auf Antrag der Auszubildenden nach § 8 Abs. 2 BBiG von der zuständigen Stelle oder nach § 27b Abs. 2 der Handwerksordnung von der Handwerkskammer verlängert, wenn die Verlängerung erforderlich ist, um das Ausbildungsziel zu erreichen,

wird während des Zeitraums der Verlängerung das Ausbildungsentgelt des letzten regelmäßigen Ausbildungsabschnitts gezahlt.

(6) In den Fällen des § 16 Abs. 2 erhalten Auszubildende bis zur Ablegung der Abschlussprüfung das Ausbildungsentgelt des letzten regelmäßigen Ausbildungsabschnitts, bei Bestehen der Prüfung darüber hinaus rückwirkend von dem Zeitpunkt an, an dem das Ausbildungsverhältnis geendet hat, den Unterschiedsbetrag zwischen dem ihnen gezahlten Ausbildungsentgelt und dem für das vierte Ausbildungsjahr maßgebenden Ausbildungsentgelt.

§ 8b Sonstige Entgeltregelungen

(1a) Auszubildenden im Bereich des Bundes können bei Vorliegen der geforderten Voraussetzungen 50 v. H. der Zulagen gewährt werden, die für Beschäftigte im Sinne des § 38 Abs. 5 Satz 1 TVöD gemäß § 19 Abs. 5 TVöD in Verbindung mit § 33 Abs. 1 Buchst. c und Abs. 6 BAT/BAT-O jeweils vereinbart sind.

(1b) Auszubildenden, die in einem Ausbildungsverhältnis zu einem Ausbildenden stehen, der Mitglied eines Mitgliedverbandes der VKA ist, können bei Vorliegen der geforderten Voraussetzungen 50 v. H. der Zulagen gewährt werden, die für Beschäftigte im Sinne des § 38 Abs. 5 Satz 1 TVöD gemäß § 23 Abs. 1 Satz 1 dritter bzw. vierter Spiegelstrich TVÜ-VKA in Verbindung mit § 33 Abs. 1 Buchst. c und Abs. 6 BAT/BAT-O jeweils vereinbart sind.

(2a) Auszubildenden im Bereich des Bundes, die im Rahmen ihrer Ausbildung in erheblichem Umfang mit Arbeiten beschäftigt werden, für die Beschäftigten im Sinne des § 38 Abs. 5 Satz 2 TVöD nach Maßgabe des § 19 Abs. 5 TVöD Erschwerniszuschläge zustehen, kann im zweiten bis vierten Ausbildungsjahr ein monatlicher Pauschalzuschlag in Höhe von 10 Euro gezahlt werden.

(2b) Auszubildenden, die in einem Ausbildungsverhältnis zu einem Ausbildenden stehen, der Mitglied eines Mitgliedverbandes der VKA ist, und die im Rahmen ihrer Ausbildung in erheblichem Umfang mit Arbeiten beschäftigt werden, für die Beschäftigten im Sinne des § 38 Abs. 5 Satz 2 TVöD nach Maßgabe des § 23 Abs. 1 Satz 1 erster bzw. zweiter Spiegelstrich TVÜ-VKA Erschwerniszuschläge zustehen, kann im zweiten bis vierten Ausbildungsjahr ein monatlicher Pauschalzuschlag in Höhe von 10 Euro gezahlt werden.

(3) Die Absätze 1a und 1b sowie 2a und 2b treten mit dem Inkrafttreten der Entgeltordnung des TVöD außer Kraft.

Niederschriftserklärung zu § 8b TVAöD – Besonderer Teil BBiG:
[1]§ 8b Abs. 1a und 1b gelten für Auszubildende, die in Berufen ausgebildet werden, die vor dem 1. Januar 2005 der Rentenversicherung der Angestellten unterlegen hätten. [2]§ 8b Abs. 2a und 2b gelten für Auszubildende, die in Berufen ausgebildet werden, die vor dem 1. Januar 2005 der Rentenversicherung der Arbeiter unterlegen hätten.

§ 10 Ausbildungsmaßnahmen außerhalb der Ausbildungsstätte

(1) Bei Dienstreisen und Reisen zur Ablegung der in den Ausbildungsordnungen vorgeschriebenen Prüfungen erhalten Auszubildende eine Entschädigung in entsprechender Anwendung der für die Beschäftigten des Ausbildenden geltenden Reisekostenbestimmungen in der jeweiligen Fassung.

(2) [1]Bei Reisen zur Teilnahme an überbetrieblichen Ausbildungsmaßnahmen im Sinne des § 5 Abs. 2 Satz 1 Nr. 6 BBiG außerhalb der politischen Gemeindegrenze der Ausbildungsstätte werden die entstandenen notwendigen Fahrtkosten bis zur Höhe der Kosten der Fahrkarte der jeweils niedrigsten Klasse des billigsten regelmäßig verkehrenden Beförderungsmittels (im Bahnverkehr ohne Zuschläge) erstattet; Möglichkeiten zur Erlangung von Fahrpreisermäßigungen (z. B. Schülerfahrkarten, Monatsfahrkarten, BahnCard) sind auszunutzen. [2]Beträgt die Entfernung zwischen den Ausbildungsstätten hierbei mehr als 300 km, können im Bahnverkehr Zuschläge bzw. besondere Fahrpreise (z. B. für ICE) erstattet werden. [3]Die nachgewiesenen notwendigen Kosten einer Unterkunft am auswärtigen Ort sind, soweit nicht eine unentgeltliche Unterkunft zur Verfügung steht, bis zu 20 Euro pro Übernachtung erstattungsfähig. [4]Zu den Auslagen des bei notwendiger auswärtiger Unterbringung entstehenden Verpflegungsmehraufwands wird für volle Kalendertage der Anwesenheit am auswärtigen Ausbildungsort ein Verpflegungszuschuss in Höhe der nach der Sozialversicherungsentgeltverordnung

maßgebenden Sachbezugswerte für Frühstück, Mittagessen und Abendessen gewährt. ⁵Bei unentgeltlicher Verpflegung wird der jeweilige Sachbezugswert einbehalten. ⁶Bei einer über ein Wochenende oder einen Feiertag hinaus andauernden Ausbildungsmaßnahme werden die dadurch entstandenen Mehrkosten für Unterkunft und Verpflegungsmehraufwand nach Maßgabe der Sätze 3 bis 5 erstattet.

(3) Ist der Besuch einer auswärtigen Berufsschule vom Ausbildenden veranlasst, werden die notwendigen Fahrtkosten sowie die Auslagen für Unterkunft und Verpflegungsmehraufwand nach Maßgabe des Absatzes 2 erstattet.

(4) Bei Abordnungen und Zuweisungen werden die Kosten nach Maßgabe des Absatzes 2 erstattet.

§ 10a Familienheimfahrten

¹Für Familienheimfahrten vom jeweiligen Ort der Ausbildungsstätte oder vom Ort der auswärtigen Berufsschule, deren Besuch vom Ausbildenden veranlasst wurde, zum Wohnort der Eltern, der Erziehungsberechtigten oder der Ehegattin/dem Ehegatten oder der Lebenspartnerin/des Lebenspartners werden den Auszubildenden monatlich einmal die im Bundesgebiet entstandenen notwendigen Fahrtkosten bis zur Höhe der Kosten der Fahrkarte der jeweils niedrigsten Klasse des billigsten regelmäßig verkehrenden Beförderungsmittels (im Bahnverkehr ohne Zuschläge) erstattet; Möglichkeiten zur Erlangung von Fahrpreisermäßigungen (z. B. Schülerfahrkarten, Monatsfahrkarten, BahnCard) sind auszunutzen. ²Beträgt die Entfernung mehr als 300 km, können im Bahnverkehr Zuschläge bzw. besondere Fahrpreise (z. B. für ICE) erstattet werden. ³Die Sätze 1 und 2 gelten nicht, wenn aufgrund geringer Entfernung eine tägliche Rückkehr möglich und zumutbar ist oder der Aufenthalt am jeweiligen Ort der Ausbildungsstätte oder der auswärtigen Berufsschule weniger als vier Wochen beträgt.

Niederschriftserklärung zu § 10a TVAöD – Besonderer Teil BBiG:
Die Fahrtkosten für Familienheimfahrten umfassen die Kosten für die Hin- und Rückfahrt.

§ 11 Schutzkleidung, Ausbildungsmittel

(1) Soweit das Tragen von Schutzkleidung gesetzlich vorgeschrieben oder angeordnet ist, wird sie unentgeltlich zur Verfügung gestellt und bleibt Eigentum des Ausbildenden.

(2) Der Ausbildende hat den Auszubildenden kostenlos die Ausbildungsmittel zur Verfügung zu stellen, die zur Berufsausbildung und zum Ablegen von Zwischen- und Abschlussprüfungen erforderlich sind.

§ 14 Jahressonderzahlung

(1) ¹Auszubildende, die am 1. Dezember in einem Ausbildungsverhältnis stehen, haben Anspruch auf eine Jahressonderzahlung. ²Diese beträgt bei Auszubildenden, für die die Regelungen des Tarifgebiets West Anwendung finden, und für Auszubildende der ostdeutschen Sparkassen 90 v. H. sowie bei den sonstigen Auszubildenden, für die die Regelungen des Tarifgebiets Ost Anwendung finden, 67,5 v. H. des den Auszubildenden für November zustehenden Ausbildungsentgelts (§ 8).

(2) ¹Der Anspruch ermäßigt sich um ein Zwölftel für jeden Kalendermonat, in dem Auszubildende keinen Anspruch auf Ausbildungsentgelt (§ 8), Fortzahlung des Entgelts während des Erholungsurlaubs (§ 9) oder im Krankheitsfall (§ 12) haben. ²Die Verminderung unterbleibt für Kalendermonate, für die Auszubildende wegen Beschäftigungsverboten nach § 3 Abs. 2 und § 6 Abs. 1 des Mutterschutzgesetzes kein Ausbildungsentgelt erhalten haben. ³Die Verminderung unterbleibt ferner für Kalendermonate der Inanspruchnahme der Elternzeit nach dem Bundeselterngeld- und Elternzeitgesetz bis zum Ende des Kalenderjahres, in dem das Kind geboren ist, wenn am Tag vor Antritt der Elternzeit Entgeltanspruch bestanden hat.

Niederschriftserklärung zu § 14 Abs. 2 Satz 1 TVAöD – Besonderer Teil BBiG:
Dem Entgeltanspruch steht der Anspruch auf Zuschuss zum Mutterschaftsgeld gleich.

(3) ¹Die Jahressonderzahlung wird mit dem für November zustehenden Ausbildungsentgelt ausgezahlt. ²Ein Teilbetrag der Jahressonderzahlung kann zu einem früheren Zeitpunkt ausgezahlt werden.

(4) Auszubildende, die im unmittelbaren Anschluss an die Ausbildung von ihrem Ausbildenden in ein Arbeitsverhältnis übernommen werden und am 1. Dezember noch in diesem Arbeitsverhältnis stehen, erhalten zusammen mit der anteiligen Jahressonderzahlung aus dem Arbeitsverhältnis eine anteilige Jahressonderzahlung aus dem Ausbildungsverhältnis.

§ 16a Übernahme von Auszubildenden

¹Die Tarifvertragsparteien wirken darauf hin, dass Auszubildende nach erfolgreich bestandener Abschlussprüfung für mindestens zwölf Monate in ein Arbeitsverhältnis übernommen werden, soweit nicht personen- oder verhaltensbedingte Gründe entgegenstehen. ²Satz 1 gilt nicht, soweit die Verwaltung bzw. der Betrieb über Bedarf ausgebildet hat. ³Diese Regelung tritt mit Ablauf des 31. Dezember 2009 außer Kraft.

§ 18 Zeugnis

¹Der Ausbildende hat den Auszubildenden bei Beendigung des Berufsausbildungsverhältnisses ein Zeugnis auszustellen. ²Das Zeugnis muss Angaben über Art, Dauer und Ziel der Berufsausbildung sowie über die erworbenen Fertigkeiten und Kenntnisse der Auszubildenden enthalten. ³Auf deren Verlangen sind auch Angaben über Führung, Leistung und besondere fachliche Fähigkeiten aufzunehmen.

§ 20a In-Kraft-Treten, Laufzeit des Besonderen Teils

(1) Dieser Tarifvertrag tritt am 1. Oktober 2005 in Kraft.

(2) Er kann mit einer Frist von drei Monaten zum Ende eines Kalenderhalbjahres, frühestens zum 31. Dezember 2009, schriftlich gekündigt werden.

(3) Abweichend von Absatz 2 kann

a) § 8 Abs. 1 mit einer Frist von einem Monat zum Schluss eines Kalendermonats, frühestens jedoch zum 31. Dezember 2009,

b) § 14 zum 31. Dezember eines jeden Jahres, frühestens jedoch zum 31. Dezember 2008,

gesondert schriftlich gekündigt werden.

Tarifvertrag für Auszubildende des öffentlichen Dienstes
– Besonderer Teil Pflege –
(TVAöD – Pflege)

Vom 13. September 2005

Zuletzt geändert durch
Änderungstarifvertrag Nr. 2 vom 31. März 2008[1])

§ 1a Geltungsbereich des Besonderen Teils

(1) ¹Dieser Tarifvertrag gilt nur für die in § 1 Abs. 1 des Tarifvertrages für Auszubildende des öffentlichen Dienstes (TVAöD) – Allgemeiner Teil unter Buchst. b aufgeführten Auszubildenden. ²Er bildet im Zusammenhang mit dem Allgemeinen Teil des TVAöD den Tarifvertrag für die Auszubildenden des öffentlichen Dienstes in Pflegeberufen (TVAöD – Pflege).

(2) Soweit in den nachfolgenden Bestimmungen auf die §§ 9 und 12 verwiesen wird, handelt es sich um die Regelungen des TVAöD – Allgemeiner Teil –.

§ 3 Probezeit

(1) Die Probezeit beträgt sechs Monate.

(2) Während der Probezeit kann das Ausbildungsverhältnis von beiden Seiten jederzeit ohne Einhalten einer Kündigungsfrist gekündigt werden.

) Die Änderungen stehen im Zusammenhang mit der Entgeltrunde 2008. Am 31. März 2008 wurden zunächst nur die Eckpunkte vereinbart; die redaktionelle Umsetzung erfolgte erst Mitte Juli 2008.
Zu seinem Geltungsbereich bestimmt § 2 des Änderungstarifvertrages Nr. 2 Folgendes:
§ 2 Ausnahmen vom Geltungsbereich
¹Für Auszubildende, die spätestens mit Ablauf des 31. März 2008 aus dem Ausbildungsverhältnis ausgeschieden sind, gilt dieser Tarifvertrag nur, wenn sie dies bis 30. September 2008 schriftlich beantragen. ²Für Auszubildende, die spätestens mit Ablauf des 31. März 2008 aufgrund eigenen Verschuldens ausgeschieden sind, gilt dieser Tarifvertrag nicht.

§ 7 Wöchentliche und tägliche Ausbildungszeit

(1) ¹Die regelmäßige durchschnittliche wöchentliche Ausbildungszeit und die tägliche Ausbildungszeit der Auszubildenden, die nicht unter das Jugendarbeitsschutzgesetz fallen, richten sich nach den für die Beschäftigten des Ausbildenden maßgebenden Vorschriften über die Arbeitszeit. ²Für Auszubildende der Mitglieder des Kommunalen Arbeitgeberverbandes Baden-Württemberg im Geltungsbereich des BT-K ist eine abweichende Regelung vereinbart.

(2) Auszubildende dürfen im Rahmen des Ausbildungszwecks auch an Sonntagen und Wochenfeiertagen und in der Nacht ausgebildet werden.

(3) Eine über die durchschnittliche regelmäßige wöchentliche Ausbildungszeit hinausgehende Beschäftigung ist nur ausnahmsweise zulässig.

§ 8 Ausbildungsentgelt

(1) ¹Das monatliche Ausbildungsentgelt beträgt ab 1. Januar 2008

im ersten Ausbildungsjahr	807,00 Euro,
im zweiten Ausbildungsjahr	867,00 Euro,
im dritten Ausbildungsjahr	966,00 Euro.

²Für Auszubildende, für die § 2 Abs. 2 des Änderungstarifvertrages Nr. 1 zum TVAöD – BT Pflege – Anwendung findet, beträgt das monatliche Ausbildungsentgelt ab 1. Januar 2008 für die Laufzeit des jeweiligen Tarifvertrages bzw. bis zum Ablauf der Kündigungsfrist

im ersten Ausbildungsjahr	799,06 Euro,
im zweiten Ausbildungsjahr	858,57 Euro,
im dritten Ausbildungsjahr	954,44 Euro.

³Abweichend von den Sätzen 1 und 2 gelten für Schülerinnen/Schüler in der Altenpflege die Übergangsregelungen in Anlage 5.

(2) Das Ausbildungsentgelt ist zu demselben Zeitpunkt fällig wie das den Beschäftigten des Ausbildenden gezahlte Entgelt.

§ 8a (unbesetzt)

§ 8b Sonstige Entgeltregelungen

(1) Auszubildende erhalten unter denselben Voraussetzungen wie die beim Ausbildenden Beschäftigten im Sinne des § 38 Abs. 5 Satz 1 TVöD 75 v. H. der Zulagenbeträge gemäß § 8 Abs. 5 und 6 TVöD.

(2) Soweit Beschäftigten im Sinne von § 38 Abs. 5 Satz 1 TVöD gemäß § 17 Abs. 1 TVÜ-Bund bzw. § 17 Abs. 1 TVÜ-VKA in Verbindung mit der Protokollerklärung Nr. 1 zu Abschnitt A der Anlage 1b zum BAT oder gemäß § 19 Abs. 5 Satz 2 TVöD bzw. § 23 Abs. 1 TVÜ-VKA in Verbindung mit § 33 Abs. 1 Buchst. c und Abs. 6 BAT/BAT-O eine Zulage zusteht, erhalten Auszubildende unter denselben Voraussetzungen 50 v. H. des entsprechenden Zulagenbetrages.

(3) [1]Falls im Bereich der Mitgliedverbände der VKA im Rahmen des Ausbildungsvertrages eine Vereinbarung über die Gewährung einer Personalunterkunft getroffen wird, ist dies in einer gesondert kündbaren Nebenabrede (§ 2 Abs. 2) festzulegen. [2]Der Wert der Personalunterkunft wird im Bereich der Mitgliedverbände der VKA im Tarifgebiet West nach dem Tarifvertrag über die Bewertung der Personalunterkünfte für Angestellte vom 16. März 1974 in der jeweils geltenden Fassung auf das Ausbildungsentgelt mit der Maßgabe angerechnet, dass der nach § 3 Abs. 1 Unterabs. 1 des genannten Tarifvertrages maßgebende Quadratmetersatz um 15 v. H. zu kürzen ist.

(4) [1]Abweichend von den Absätzen 1 bis 3 gelten für Schülerinnen/Schüler in der Altenpflege, deren Ausbildungsverhältnis vor dem 1. Oktober 2005 begonnen hat, die jeweiligen einzelvertraglichen Vereinbarungen. [2]Soweit Ausbildende von Schülerinnen/Schülern in der Altenpflege bis zum 30. September 2005 sonstige Entgeltbestandteile nicht oder in geringerer Höhe als gemäß den Absätzen 1 bis 3 gezahlt haben, finden die Absätze 1 bis 3 bei Ausbildungsverhältnissen, die nach dem 30. September 2005 begonnen haben bzw. beginnen, spätestens ab 1. Januar 2008 Anwendung.

§ 10 Ausbildungsmaßnahmen außerhalb der Ausbildungsstätte

(1) Bei Dienstreisen erhalten die Auszubildenden eine Entschädigung in entsprechender Anwendung der für die Beschäftigten des Ausbildenden geltenden Reisekostenbestimmungen in der jeweiligen Fassung.

(2) Bei Reisen zur vorübergehenden Ausbildung an einer anderen Einrichtung außerhalb der politischen Gemeindegrenze der Ausbildungsstätte sowie zur Teilnahme an Vorträgen, an Arbeitsgemeinschaften oder an Übungen werden die entstandenen notwendigen Fahrtkosten bis zur Höhe der Kosten für die Fahrkarte der jeweils niedrigsten Klasse des billigsten regelmäßig verkehrenden Beförderungsmittels (im Bahnverkehr ohne Zuschläge) erstattet; Möglich-

keiten zur Erlangung von Fahrpreisermäßigungen (z. B. Schülerfahrkarten, Monatsfahrkarten, BahnCard) sind auszunutzen.

§ 10a Familienheimfahrten

¹Für Familienheimfahrten vom jeweiligen Ort der Ausbildungsstätte zum Wohnort der Eltern, der Erziehungsberechtigten oder der Ehegattin/des Ehegatten oder der Lebenspartnerin/des Lebenspartners werden den Auszubildenden monatlich einmal die im Bundesgebiet entstandenen notwendigen Fahrtkosten bis zur Höhe der Kosten der Fahrkarte der jeweils niedrigsten Klasse des billigsten regelmäßig verkehrenden Beförderungsmittels (im Bahnverkehr ohne Zuschläge) erstattet; Möglichkeiten zur Erlangung von Fahrpreisermäßigungen (z. B. Schülerfahrkarten, Monatsfahrkarten, BahnCard) sind auszunutzen. ²Satz 1 gilt nicht, wenn aufgrund geringer Entfernung eine tägliche Rückkehr möglich und zumutbar ist oder der Aufenthalt am jeweiligen Ort der Ausbildungsstätte weniger als vier Wochen beträgt.

Niederschriftserklärung zu § 10a TVAöD – Besonderer Teil Pflege:
Die Fahrtkosten für Familienheimfahrten umfassen die Kosten für die Hin- und Rückfahrt.

§ 11 Schutzkleidung, Ausbildungsmittel

(1) Für die Gewährung von Schutzkleidung gelten die für die in dem Beruf beim Ausbildenden tätigen Beschäftigten jeweils maßgebenden Bestimmungen, in dem die Auszubildenden ausgebildet werden.

(2) Der Ausbildende hat den Auszubildenden kostenlos die Ausbildungsmittel zur Verfügung zu stellen, die zur Ausbildung und zum Ablegen der staatlichen Prüfung erforderlich sind.

§ 14 Jahressonderzahlung

(1) ¹Auszubildende, die am 1. Dezember in einem Ausbildungsverhältnis stehen, haben Anspruch auf eine Jahressonderzahlung. ²Die Jahressonderzahlung beträgt bei Auszubildenden, für die die Regelungen des Tarifgebiets West Anwendung finden, 90 v. H., bei den Auszubildenden, für die die Regelungen des Tarifgebiets Ost Anwendung finden, 67,5 v. H. des den Auszubildenden in den Kalendermonaten August, September und Oktober durchschnittlich gezahlten Entgelts (Ausbildungsentgelt, in Monatsbeträgen gezahlte Zulagen und unständige Entgeltbestandteile gemäß § 8a und § 8b, soweit diese nicht gemäß § 20 Abs. 2 Satz 1 TVöD von der Bemessung

ausgenommen sind). ³Bei Auszubildenden, deren Ausbildungsverhältnis nach dem 31. Oktober begonnen hat, tritt an die Stelle des Bemessungszeitraums nach Satz 2 der erste volle Kalendermonat.

(2) ¹Der Anspruch ermäßigt sich um ein Zwölftel für jeden Kalendermonat, in dem Auszubildende keinen Anspruch auf Ausbildungsentgelt (§ 8), Fortzahlung des Entgelts während des Erholungsurlaubs (§ 9) oder im Krankheitsfall (§ 12) haben. ²Die Verminderung unterbleibt für Kalendermonate, für die Auszubildende wegen Beschäftigungsverboten nach § 3 Abs. 2 und § 6 Abs. 1 des Mutterschutzgesetzes kein Ausbildungsentgelt erhalten haben. ³Die Verminderung unterbleibt ferner für Kalendermonate der Inanspruchnahme der Elternzeit nach dem Bundeselterngeld- und Elternzeitgesetz bis zum Ende des Kalenderjahres, in dem das Kind geboren ist, wenn am Tag vor Antritt der Elternzeit Entgeltanspruch bestanden hat.

Niederschriftserklärung zu § 14 Abs. 2 Satz 1 TVAöD – Besonderer Teil Pflege:
Dem Entgeltanspruch steht der Anspruch auf Zuschuss zum Mutterschaftsgeld gleich.

(3) ¹Die Jahressonderzahlung wird mit dem für November zustehenden Ausbildungsentgelt ausgezahlt. ²Ein Teilbetrag der Jahressonderzahlung kann zu einem früheren Zeitpunkt ausgezahlt werden.

(4) Auszubildende, die im unmittelbaren Anschluss an die Ausbildung von ihrem Ausbildenden in ein Arbeitsverhältnis übernommen werden und am 1. Dezember noch in diesem Arbeitsverhältnis stehen, erhalten zusammen mit der anteiligen Jahressonderzahlung aus dem Arbeitsverhältnis eine anteilige Jahressonderzahlung aus dem Ausbildungsverhältnis.

§ 20a In-Kraft-Treten, Laufzeit des Besonderen Teils

(1) Dieser Tarifvertrag tritt am 1. Oktober 2005 in Kraft.

(2) Er kann mit einer Frist von drei Monaten zum Ende eines Kalenderhalbjahres, frühestens zum 31. Dezember 2009, schriftlich gekündigt werden.

(3) Abweichend von Absatz 2 kann

a) § 8 Abs. 1 mit einer Frist von einem Monat zum Schluss eines Kalendermonats, frühestens jedoch zum 31. Dezember 2009,

b) § 14 zum 31. Dezember eines jeden Jahres, frühestens jedoch zum 31. Dezember 2008,

gesondert schriftlich gekündigt werden.

Tarifvertrag über die Regelung der Arbeitsbedingungen der Praktikantinnen/Praktikanten (TV Prakt)[1])

Vom 22. März 1991

Zuletzt geändert durch
Änderungstarifvertrag Nr. 12 vom 31. Januar 2003

§ 1 Geltungsbereich

Dieser Tarifvertrag gilt für Praktikantinnen/Praktikanten für den Beruf

a) des Sozialarbeiters, Sozialpädagogen und Heilpädagogen während der praktischen Tätigkeit, die nach Abschluss des Fachhochschulstudiums der staatlichen Anerkennung als Sozialarbeiter, Sozialpädagoge bzw. Heilpädagoge vorauszugehen hat,

b) des pharmazeutisch-technischen Assistenten während der praktischen Tätigkeit nach § 6 des Gesetzes über den Beruf des pharmazeutisch-technischen Assistenten in der Neufassung vom 23. September 1997 (BGBl. I S. 2349),

c) (gestrichen)

d) der Erzieherin während der praktischen Tätigkeit, die nach den geltenden Ausbildungsordnungen der staatlichen Anerkennung als Erzieherin vorauszugehen hat,

e) der Kinderpflegerin während der praktischen Tätigkeit, die nach den geltenden Ausbildungsordnungen der staatlichen Anerkennung als Kinderpflegerin vorauszugehen hat,

f) des Masseurs und medizinischen Bademeisters während der praktischen Tätigkeit nach § 7 des Gesetzes über die Berufe in der Physiotherapie (Masseur- und Physiotherapeutengesetz – MPhG) vom 26. Mai 1994 (BGBl. I S. 1084),

g) des Rettungsassistenten während der praktischen Tätigkeit nach § 7 des Gesetzes über den Beruf der Rettungsassistentin und des Rettungsassistenten (Rettungsassistentengesetz – Rett-AssG) vom 10. Juli 1989 (BGBl. I S. 1384),

die in einem Praktikantenverhältnis zu einem Arbeitgeber stehen, dessen Angestellte unter den Geltungsbereich des BAT fallen.

---

[1]) Zur Weitergeltung dieses Tarifvertrages nach dem Inkrafttreten der Tarifreform siehe den unter **II.1.4** abgedruckten Tarifvertrag.

§ 2 Entgelt und Verheiratetenzuschlag sowie Berechnung und Auszahlung der Bezüge

Das Entgelt und der Verheiratetenzuschlag betragen monatlich

a) vom 1. Januar bis 31. Dezember 2003:

Für die Praktikantin/ den Praktikanten für den Beruf	Entgelt Euro	Verheirateten- zuschlag Euro
des Sozialarbeiters, Sozialpädagogen, Heilpädagogen	1365,71	66,28
der pharm.-techn. Assistentin, Erzieherin	1160,76	63,14
der Kinderpflegerin, des Masseurs und med. Bademeisters, Rettungsassistenten	1108,96	63,14

b) vom 1. Januar bis 30. April 2004:

Für die Praktikantin/ den Praktikanten für den Beruf	Entgelt Euro	Verheiratetenzu- schlag Euro
des Sozialarbeiters, Sozialpädagogen, Heilpädagogen	1379,37	66,94
der pharm.-techn. Assistentin, Erzieherin	1172,37	63,78
der Kinderpflegerin, des Masseurs und med. Bademeisters, Rettungsassistenten	1120,05	63,78

c) vom 1. Mai 2004 an:

Für die Praktikantin/ den Praktikanten für den Beruf	Entgelt Euro	Verheiratetenzu- schlag Euro
des Sozialarbeiters, Sozialpädagogen, Heilpädagogen	1393,16	67,60
der pharm.-techn. Assistentin, Erzieherin	1184,09	64,42
der Kinderpflegerin, des Masseurs und med. Bademeisters, Rettungsassistenten	1131,25	64,42

(2) Für die Zahlung des Verheiratetenzuschlags gilt § 29 Abschn. B Abs. 2, 5 und 7 BAT entsprechend.

(3) Für die Berechnung und Auszahlung der Bezüge gilt § 36 Abs. 1 und 2 BAT entsprechend.

§ 3 Wöchentliche und tägliche Arbeitszeit

Die durchschnittliche regelmäßige wöchentliche Arbeitszeit und die tägliche Arbeitszeit der Praktikantin/des Praktikanten richten sich nach den Bestimmungen, die für die Arbeitszeit der beim Arbeitgeber in dem Beruf beschäftigten Angestellten gelten.

§ 4 (weggefallen)

§ 5 Fernbleiben von der Arbeit

Die Praktikantin/Der Praktikant darf nur mit vorheriger Zustimmung des Arbeitgebers der Arbeit fernbleiben. Kann die Zustimmung den Umständen nach nicht vorher eingeholt werden, ist sie unverzüglich zu beantragen. Bei nicht genehmigtem Fernbleiben besteht kein Anspruch auf Bezüge.

§ 6 Fortzahlung der Bezüge bei Erholungsurlaub sowie Krankenbezüge

(1) Während des Erholungsurlaubs werden als Urlaubsentgelt das Entgelt und der Verheiratetenzuschlag (§ 2 Abs. 1) und die in Monatsbeträgen festgelegten Zulagen weitergezahlt. Der Teil der Bezüge, der nicht in Monatsbeträgen festgelegt ist, wird durch eine Zulage (Aufschlag) für jeden Urlaubstag als Teil des Urlaubsentgelts berücksichtigt. Der Aufschlag ist in sinngemäß entsprechender Anwendung des § 47 Abs. 2 BAT zu errechnen.

(2) Bei unverschuldeter Arbeitsunfähigkeit erhält die Praktikantin/der Praktikant bis zur Dauer von sechs Wochen Krankenbezüge in Höhe des Urlaubsentgelts. Bei der jeweils ersten Arbeitsunfähigkeit, die durch einen bei dem Arbeitgeber erlittenen Arbeitsunfall oder durch eine bei dem Arbeitgeber zugezogene Berufskrankheit verursacht ist, erhält die Praktikantin/der Praktikant nach Ablauf des nach Unterabsatz 1 maßgebenden Zeitraumes bis zum Ende der 26. Woche seit dem Beginn der Arbeitsunfähigkeit als Krankenbezüge einen Krankengeldzuschuss in Höhe des Unterschiedsbetrages zwischen den tatsächlichen Barleistungen des Sozialversicherungsträgers und dem Netto-Urlaubsentgelt, wenn der zuständige Unfallversicherungsträger den Arbeitsunfall oder die Berufskrankheit anerkennt.

Im Übrigen gelten § 37 Abs. 1 und 2, § 37a und § 38 BAT entsprechend.

II.1.3 TV Praktikanten §§ 7–8

§ 7 (weggefallen)

§ 8 Sonstige Arbeitsbedingungen

(1) Für ärztliche Untersuchungen, für Belohnungen und Geschenke, für Nebentätigkeiten, für die Arbeit an Samstagen, Sonntagen, Feiertagen und Vorfesttagen, für die Überstunden, für die Zeitzuschläge, für den Bereitschaftsdienst, für die Rufbereitschaft und für den Erholungsurlaub gelten die Vorschriften sinngemäß, die jeweils für die beim Arbeitgeber in dem künftigen Beruf der Praktikantin/des Praktikanten beschäftigten Angestellten maßgebend sind. Dabei gilt als Stundenvergütung im Sinne des § 35 Abs. 3 Unterabs. 1 BAT der auf die Stunde entfallende Anteil des Entgelts (§ 2 Abs. 1). Zur Ermittlung dieses Anteils ist das jeweilige Entgelt durch das 4,348-fache der durchschnittlichen regelmäßigen wöchentlichen Arbeitszeit (§ 3) zu teilen.

(2) Bei Vorliegen der Voraussetzungen erhält die Praktikantin/der Praktikant

a) die Zulagen, die für Angestellte gemäß § 33 Abs. 1 Buchst. c i. V. m. Abs. 6 BAT, und die Zulagen, die für Angestellte im Heimerziehungsdienst in der Anlage 1a zum BAT jeweils vereinbart sind, in voller Höhe,

b) die Wechselschicht- und Schichtzulage nach § 33a BAT zu drei Vierteln.

(3) Falls im Rahmen des Praktikantenvertrages eine Vereinbarung über die Gewährung einer Personalunterkunft getroffen wird, ist dies in einer gesondert kündbaren Nebenabrede festzulegen. Der Wert der Personalunterkunft wird im Bereich der Tarifgemeinschaft deutscher Länder (TdL) und im Bereich der Vereinigung der kommunalen Arbeitgeberverbände (VKA) nach dem Tarifvertrag über die Bewertung der Personalunterkünfte für Angestellte vom 16. März 1974 in der jeweils geltenden Fassung auf die Bezüge mit der Maßgabe angerechnet, dass der nach § 3 Abs. 1 Unterabs. 1 des genannten Tarifvertrages maßgebende Quadratmetersatz um 15 v. H. zu kürzen ist.

Sachbezüge sind in Höhe der durch Rechtsverordnung nach § 17 Abs. 1 Satz 1 Nr. 3 SGB IV bestimmten Werte anzurechnen. Kann die Praktikantin/der Praktikant während der Zeit, für die nach § 6 und nach Absatz 4 Bezüge zustehen, Sachbezüge aus berechtigtem Grund nicht abnehmen, sind diese nach den Sachbezugswerten abzugelten.

(4) Die §§ 52, 52a BAT gelten entsprechend.

§ 9 Schweigepflicht

Die Praktikantin/Der Praktikant unterliegen bezüglich der Schweigepflicht denselben Bestimmungen wie die beim Arbeitgeber in ihrem/seinem künftigen Beruf beschäftigten Angestellten.

§ 10 Ausschlussfrist

Ansprüche aus dem Praktikantenverhältnis verfallen, wenn sie nicht innerhalb einer Ausschlussfrist von sechs Monaten nach Fälligkeit von der Praktikantin/dem Praktikanten oder vom Arbeitgeber schriftlich geltend gemacht werden, soweit tarifvertraglich nichts anderes bestimmt ist.

Für denselben Sachverhalt reicht die einmalige Geltendmachung des Anspruchs aus, um die Ausschlussfrist auch für später fällig werdende Leistungen unwirksam zu machen.

§ 11 Inkrafttreten, Laufzeit

(1) Dieser Tarifvertrag tritt mit Wirkung vom 1. Januar 1991 in Kraft.

(2) Er kann mit einer Frist von einem Monat jeweils zum Ende eines Kalendervierteljahres schriftlich gekündigt werden. § 2 Abs. 1 tritt mit dem Außerkrafttreten des jeweils geltenden Vergütungstarifvertrages zum BAT außer Kraft.

Tarifvertrag
über die vorläufige Weitergeltung der Regelungen für die Praktikantinnen/Praktikanten

Vom 13. September 2005

Geändert durch
Änderungstarifvertrag Nr. 1 vom 31. März 2008[1])

§ 1

(1) Die nachfolgend aufgeführten Tarifverträge finden in jeweiligen Geltungsbereich über den 30. September 2005 hinaus nach Maßgabe der in § 2 enthaltenen Regelungen Anwendung:

a) Tarifvertrag über die Regelung der Arbeitsbedingungen der Praktikantinnen/Praktikanten (TV Prakt) vom 22. März 1991,

b) Tarifvertrag über die Regelung der Arbeitsbedingungen der Praktikantinnen/Praktikanten (TV Prakt-O) vom 5. März 1991,

c) Tarifvertrag über eine Zuwendung für Praktikantinnen (Praktikanten) vom 12. Oktober 1973 im Bereich der Mitgliedverbände der VKA,

d) Tarifvertrag über eine Zuwendung für Praktikantinnen/Praktikanten (TV Zuwendung Prakt-O) vom 5. März 1991 im Bereich der Mitgliedverbände der VKA.

(2) Soweit in den in Absatz 1 genannten Tarifverträgen auf den BAT/BAT-O verwiesen wird, treten an deren Stelle die entsprechenden Vorschriften des TVöD.

---

[1]) Die Änderungen stehen im Zusammenhang mit der Entgeltrunde 2008. Am 31. März 2008 wurden zunächst nur die Eckpunkte vereinbart; die redaktionelle Umsetzung erst Mitte Juli 2008.
Zu seinem Geltungsbereich bestimmt § 2 Abs. 2 des Änderungstarifvertrages Folgendes:
(2) [1]Für Praktikantinnen/Praktikanten, die spätestens mit Ablauf des 31. März 2008 aus dem Praktikantenverhältnis ausgeschieden sind, gilt dieser Tarifvertrag nur, wenn sie dies bis 30. September 2008 schriftlich beantragen. [2]Für Praktikantinnen/Praktikanten, die spätestens mit Ablauf des 31. März 2008 aufgrund eigenen Verschuldens ausgeschieden sind, gilt dieser Tarifvertrag nicht.

§ 2 Entgelt

(1) Das Entgelt nach § 2 Abs. 1 TV Prakt/TV Prakt-O beträgt für die Praktikantinnen und Praktikanten für den Beruf

- der Sozialarbeiterin/des Sozialarbeiters,
  der Sozialpädagogin/des Sozialpädagogen,
  der Heilpädagogin/des Heilpädagogen   monatlich 1463,16 Euro,
- der pharm.-techn. Assistentin/
  des pharm.-techn. Assistenten
  der Erzieherin/des Erziehers   monatlich 1254,09 Euro,
- der Kinderpflegerin/des Kinderpflegers,
  der Masseurin und med. Bademeisterin/
  des Masseurs und med. Bademeisters,
  der Rettungssanitäterin/
  des Rettungssanitäters   monatlich 1201,25 Euro.

(2) Praktikantinnen und Praktikanten haben keinen Anspruch auf Verheiratetenzuschlag (§ 2 Abs. 1 TV Prakt/TV Prakt-O).

(3) Für Praktikantinnen und Praktikanten, auf welche die Regelungen des TV-Prakt-O Anwendung finden, betragen die Entgelte 100 v. H. der für das Tarifgebiet West geltenden Beträge.

(4) Praktikantinnen/Praktikanten haben Anspruch auf vermögenswirksame Leistungen nach Maßgabe der Vorschriften, die für die beim Arbeitgeber in dem künftigen Beruf der Praktikantin/des Praktikanten Beschäftigten maßgebend sind; die vermögenswirksame Leistung beträgt monatlich 13,29 Euro.

§ 3

Dieser Tarifvertrag tritt am 1. Oktober 2005 in Kraft.

Niederschriftserklärung zu § 3:
Es besteht Einvernehmen, dass zeitnah nach In-Kraft-Treten des TVöD die Verhandlungen zur Anpassung des Praktikantenrechts aufgenommen werden.

III Vergütung, Zulagen, Entgeltumwandlung

III.1.0	Tarifvertrag zur Umsetzung der Anhebung des Bemessungssatzes	674
III.1b	Erläuterungen zur Einführung von Leistungsentgelten gemäß § 18 TVöD	678
III.2	Tarifvertrag über die Gewährung von Zulagen gem. § 33 Abs. 1 Buchst. c BAT	735
III.2b	Tarifvertrag über Zulagen an Angestellte (VKA)	740
III.4	Tarifvertrag über einmalige Sonderzahlungen 2009	747

Tarifvertrag zur Umsetzung der Anhebung des Bemessungssatzes für den Bereich der Vereinigung der kommunalen Arbeitgeberverbände (VKA) – Tarifbereich Ost –

Vom 31. März 2008

§ 1 Geltungsbereich

Dieser Tarifvertrag gilt für Beschäftigte,

a) die in einem Arbeitsverhältnis zu einem Arbeitgeber stehen, der Mitglied eines Mitgliedverbandes der Vereinigung der kommunalen Arbeitgeberverbände (VKA) ist,

b) die unter den Tarifvertrag für den öffentlichen Dienst (TVöD) fallen und

c) auf die die Regelungen des Tarifgebiets Ost Anwendung finden.

§ 2 Beschäftigte der Entgeltgruppen 1 bis 9

[1]Für die Beschäftigten der Entgeltgruppen 1 bis 9 sind gemäß Satz 1 der Protokollerklärung Nr. 2 zu § 15 Abs. 1 TVöD vom 1. Juli 2008 an folgende Beträge maßgebend:

1. TV Schichtzulagen Ang-O

Vorschrift			Bisherige Beträge (in Euro)	Neue Beträge (in Euro)
§ 3 Abs. 2	Buchst. a		133,80	142,34
	Buchst. b	Doppelb. aa	117,08	124,55
		Doppelb. bb	99,52	105,87
		Doppelb. cc	70,25	74,73

2. Die in der Vergütungsordnung zum BAT in festen Beträgen ausgebrachten Zulagen werden in Höhe von 100 v. H. gezahlt.

§ 3 TV Anhebung des Bemessungssatzes (Ost) III.1.0

3. TV Schichtlohnzuschlag Arb-O

Vorschrift			Bisherige Beträge (in Euro)	Neue Beträge (in Euro)
§ 2 Abs. 2	Buchst. a		133,80	142,34
	Buchst. b	Doppelb. aa	117,08	124,55
		Doppelb. bb	99,52	105,87
		Doppelb. cc	70,25	74,73

4. Die Lohnzulagen nach Anlage 3 Abschnitt I Nr. 1 (Vorarbeiterzulage), Nr. 2 (Fachvorarbeiterzulage), Nr. 3 (Aufsichtszulage), Nr. 4 (Zulage für vorübergehend übertragene Tätigkeiten), Nr. 5 (Zulage bei Vertretung eines Angestellten/Beamten) und der Lohnzuschlag nach Anlage 3 Abschnitt II Nr. 7 (Bootsführerzuschlag) des Tarifvertrages zu § 20 Abs. 1 BMT-G-O bestimmen sich nach dem Monatstabellenlohn der Anlage 3 des Monatslohntarifvertrag Nr. 28 zum BMT-G vom 31. Januar 2003.

[2]Soweit der Tarifvertrag über die Gewährung von Zulagen gemäß § 33 Abs. 1 Buchst. c BAT-O vom 8. Mai 1991 nach § 23 Abs. 1 vierter Spiegelstrich TVÜ-VKA Anwendung findet, sind für die Beschäftigten der Entgeltgruppen 1 bis 9 vom 1. Juli 2008 an folgende Beträge maßgebend:

Vorschrift		Bisherige Beträge (in Euro)	Neue Beträge (in Euro)
§ 2 Abs. 1	Nr. 1	7,21	7,67
	Nrn. 2, 6 und 12	9,62	10,23
	Nrn. 3, 4, 8, 9, 11 und 13	12,01	12,78
	Nrn. 5, 7 und 10	14,42	15,34
§ 3 Abs. 1	Nrn. 1, 3 und 4	0,96	1,02

§ 3 Beschäftigte der Entgeltgruppen 10 bis 15Ü

[1]Für die Beschäftigten der Entgeltgruppen 10 bis 15Ü sind gemäß Satz 1 der Protokollerklärung Nr. 2 zu § 15 Abs. 1 TVöD vom 1. Juli 2008 an folgende Beträge maßgebend:

III.1.0 TV Anhebung des Bemessungssatzes (Ost) § 4

1. TV Schichtzulagen Ang-O

Vorschrift			Bisherige Beträge (in Euro)	Neue Beträge (in Euro)
§ 3 Abs. 2	Buchst. a		133,80	138,07
	Buchst. b	Doppelb. aa	117,08	120,81
		Doppelb. bb	99,52	102,69
		Doppelb. cc	70,25	72,49

2. Die in der Vergütungsordnung zum BAT in festen Beträgen ausgebrachten Zulagen werden in Höhe von 97 v. H. gezahlt.

[2]Soweit der Tarifvertrag über die Gewährung von Zulagen gemäß § 33 Abs. 1 Buchst. c BAT-O vom 8. Mai 1991 nach § 23 Abs. 1 vierter Spiegelstrich TVÜ-VKA Anwendung findet, sind für die Beschäftigten der Entgeltgruppen 10 bis 15Ü vom 1. Juli 2008 an folgende Beträge maßgebend:

Vorschrift		Bisherige Beträge (in Euro)	Neue Beträge (in Euro)
§ 2 Abs. 1	Nr. 1	7,21	7,44
	Nrn. 2, 6 und 12	9,62	9,92
	Nrn. 3, 4, 8, 9, 11 und 13	12,01	12,40
	Nrn. 5, 7 und 10	14,42	14,88
§ 3 Abs. 1	Nrn. 1, 3 und 4	0,96	0,99

§ 4 Techniker-, Programmierer- und Meisterzulage

Für alle Beschäftigten sind gemäß Satz 1 der Protokollerklärung Nr. 2 zu § 15 Abs. 1 TVöD vom 1. Juli 2008 an folgende Beträge maßgebend:

1. Technikerzulage gemäß § 3 des Tarifvertrages über Zulagen an Angestellte (TV Zulagen Ang-O) und gemäß § 3 des Tarifvertrages über Zulagen an Angestellte (TV Zulagen Ang-Ostdeutsche Sparkassen) 22,00 Euro,
2. Programmiererzulage gemäß § 4 TV Zulagen Ang-O 22,00 Euro,
3. Meisterzulage gemäß § 4a TV Zulagen Ang-O und gemäß § 4 TV Zulagen Ang-Ostdeutsche Sparkassen 36,50 Euro.

§ 5 Inkrafttreten
Dieser Tarifvertrag tritt am 1. Juli 2008 in Kraft.

Erläuterungen zur Einführung von Leistungsentgelten gemäß § 18 TVöD (VKA)

Auszug aus dem Rundschreiben „M 05/2006" des KAV NW

Inhaltsverzeichnis

1. Philosophie der variablen Bezahlung nach Leistung und Erfolg
2. Vereinbarung eines betrieblichen Systems
3. Ziele der leistungsorientierten Entgelte
4. Ergebnisse zählen
5. Leistungsprämie, Erfolgsprämie, Leistungszulage
6. Betriebliche Ausrichtung auf Ziele
7. Modell 1: Führen über Zielvereinbarung/Leistungsprämie
8. Modell 2: Führen über die Vorgabe wirtschaftlicher Unternehmensziele/Erfolgsprämie
9. Modell 3: Führung über systematische Leistungsbewertung/Leistungszulage
10. Modell 4: Verknüpfungsmodell durch Kombination von Zielvereinbarungen mit systematischer Leistungsbewertung
11. Voraussetzungen für die Auszahlung von Leistungsentgelten
12. Das für Leistungsentgelt zur Verfügung stehende Gesamtvolumen
13. Auszahlungszwang mit Jahresbezug
14. Grundsätze für die Aufteilung
15. Hemmnisse bei der Umsetzung leistungsorientierter Bezahlung
16. Fahrplan zur Einführung leistungsorientierter Bezahlung und Vereinbarung eines betrieblichen Systems
17. Betriebliche Kommission
18. Mitbestimmung durch Personalrat/Betriebsrat
19. Gestaltungselemente einer Dienst-/Betriebsvereinbarung zur Vereinbarung eines betrieblichen Systems
20. Folgen bei nicht rechtzeitigem Abschluss einer Dienst-/Betriebsvereinbarung
21. Verhältnis des Leistungsentgelts zu den leistungsabhängigen Stufenaufstiegen nach § 17 Abs. 2 TVöD
22. Monitoring und Controlling der leistungs- und erfolgsorientierten Bezahlung

Hinweise (M 05/2006) KAV NW **III.1b**

1. Philosophie der variablen Bezahlung nach Leistung und Erfolg

Mit der Vereinbarung des § 18 TVöD bezwecken die Tarifvertragsparteien des öffentlichen Dienstes, dass das neue Tarifrecht eine moderne Managementphilosophie und eine verbesserte Unternehmenskultur auch im öffentlichen Dienstleistungssektor fördern möge, indem Folgendes geschieht:

- gute Leistungen und schlechte Leistungen werden differenziert,
- Entgeltbestandteile werden variabilisiert und widerruflich gemacht,
- die Wende zur Output-Orientierung wird vollzogen: Was zählt, sind tatsächlich erreichte Ergebnisse,
- Verwaltungen und Betriebe stärken ihre Führung, um die jeweiligen betrieblichen Ziele zu definieren, sie den Mitarbeitern zu vermitteln und sie durch abgestimmtes, zielgerichtetes Handeln zu verwirklichen.

Damit wird den kommunalen Arbeitgebern und ihren Beschäftigten ein betriebswirtschaftliches Denken und Handeln in Anlehnung an das neue Steuerungsmodell/Public Management oder auch an das Neue Kommunale Finanzmanagement eröffnet, um im ständig verschärften Wettbewerb mithalten zu können. Oberbürgermeister, Bürgermeister und Landräte sowie die Vorstände der kommunalen Unternehmen und Betriebe, sorgen als erste Führungsebene selbst dafür, dass Leistungsentgelte nach § 18 TVöD offensiv in die Strategien der Verwaltungs- und Betriebsführung eingebaut und als betriebsspezifische eigene Ausgestaltung wirkungsvoll entwickelt werden.

2. Vereinbarung eines betrieblichen Systems

Die Ermächtigung zur Gewährung von Leistungsentgelten liefert der Tarifvertrag (§ 18 TVöD) selbst und unmittelbar. Gleichwohl wird die Vereinbarung eines betrieblichen Systems im Wege einer Dienst- oder Betriebsvereinbarung mit dem Personal/Betriebsrat nach § 18 Abs. 6 Satz 3 TVöD vorausgesetzt. Darin wird vertrauensbildend, akzeptanzfördernd und funktionssichernd gemeinsam von den Betriebsparteien der Rahmen definiert, in dem das neue Instrumentarium praxisnah und konkret auf die eigene Organisation passend gemacht und fortentwickelt wird. Die VKA stellt hierzu das **Muster einer Dienst-/Betriebsvereinbarung** zur Verfügung **(vgl. Seite 32 unter II.)**. Dieses Muster wird im Folgenden erläutert.

Die erstmalige und danach weiter begleitende „Entwicklung des betrieblichen Systems" obliegt dem Arbeitgeber unter Mitwirkung einer „Betrieblichen Kommission", deren Mitglieder je zur Hälfte vom Arbeitgeber und vom Personal-/Betriebsrat aus dem Betrieb benannt werden. Die Benennung der Mitglieder der Betrieblichen Kommission ist der erste organisatorische Schritt zur Einführung von Leistungsentgelten. Unter Nutzung des Musters haben die Betriebsparteien das betriebliche System für die Leistungsbezahlung in ihrer Verwaltung/ihrem Betrieb zu entwickeln und zu regeln. Dabei ist die Betriebliche Kommission zwingend einzuschalten; ihre mitgestaltende Einflussnahme ist Garant für eine ständige Beobachtung des Systems, insbesondere mit Blick auf später notwendige Nachsteuerungen.

Auch die formalen Fragen, nach welcher Geschäftsordnung eine Betriebliche Kommission verfahren soll, sind wichtig und regelungsnotwendig. Zunächst ist die leistungsorientierte Bezahlung gemäß § 18 TVöD selbst zu erläutern:

3. Ziele der leistungsorientierten Entgelte

Als die Ziele leistungs- und erfolgsorientierter Bezahlung hebt § 18 TVöD ausdrücklich hervor:

- Die Verbesserung öffentlicher Dienstleistungen (Abs. 1 Satz 1).
- Die Sicherung und Verbesserung von Effektivität und Effizienz (Abs. 6 Satz 3 3. Punkt).
- Die Stärkung von Motivation, Eigenverantwortung und Führungskompetenz (Abs. 1 Satz 2).

Diese Kernanliegen sind damit für die Betriebsparteien nicht mehr disponibel.

Effektivität und Effizienz werden in der Betriebswirtschaftslehre herkömmlich verstanden als Beurteilungskriterien, mit denen sich beschreiben lässt, a) „ob eine Maßnahme geeignet ist, ein vorgegebenes Ziel zu erreichen" (Effektivität) und b) „ob eine Maßnahme geeignet ist, ein vorgegebenes Ziel in einer bestimmten Art und Weise, insbesondere zur Wahrung der Wirtschaftlichkeit, zu erreichen" (Effizienz). Mit Blick auf die anhaltenden Finanzprobleme der Kommunen und ihrer Gesellschaften sowie die Notwendigkeit, im zunehmenden Wettbewerb bestehen zu können, ist die Verbesserung von Effektivität und Effizienz das Anliegen, welches bei der Gewährung von Leistungsentgelten dominant sein muss. Sie liegt ebenso im Interesse der Kommunen und kommunalen Unternehmen, wie dem ihrer Bürger und Kunden sowie nicht zuletzt der Beschäftigten und ihrer Arbeitsplätze.

Diese zentralen Ziele können in der Dienst-/Betriebsvereinbarung insbesondere im Hinblick auf besondere betriebliche Anforderungen spezifiziert werden. Es kann gleichermaßen genügen, diese im Tarifvertrag ausdrücklich genannten Ziele auch in der Dienst-/Betriebsvereinbarung zu bekräftigen.

4. Ergebnisse zählen

Wer die neue Tarifregelung in ihrem Gesamtzusammenhang bewertet, erkennt, dass nicht etwa das Bemühen, der gute Wille oder die bloße Aufgabenwahrnehmung als solche honoriert werden sollen, sondern immer tatsächlich erreichte Ergebnisse.

§ 18 Abs. 5 TVöD spricht von der Erreichung der Ziele, die in der Zielvereinbarung angestrebt werden, und von der Feststellung der erbrachten Leistung als Voraussetzung für Leistungsentgelte. Verwaltungs- und Unternehmensziele werden nur gefördert, wenn die Beschäftigten konkrete Ergebnisse erreichen. Leistungsentgelte sind in besonderer Weise Werkzeuge in der Hand der Führungskräfte, um die Verwaltung und den Betrieb tatsächlich voranzubringen.

Die Feststellung von Ergebnissen führt auch zur Objektivierung der Entscheidungen des Arbeitgebers über die Gewährung von Leistungsentgelten. Damit wird zugleich die Akzeptanz der Leistungsentgelte gestärkt. Hieraus ergibt sich die Gerechtigkeit der notwendigen Differenzierung.

5. Leistungsprämie, Erfolgsprämie, Leistungszulage

Das Instrumentarium zur Leistungsfeststellung, auf das sich die Tarifvertragsparteien verständigt haben, besteht aus Formen und Methoden: den **Formen** Leistungsprämie, Erfolgsprämie und Leistungszulage im Zusammenwirken mit den **Methoden** der Zielvereinbarung (ZV) einerseits und der systematischen Leistungsbewertung (SLB) andererseits.

Formen und Methoden sind mit Blick auf den gewollten Erfolg in der Praxis nicht beliebig nebeneinander zu stellen. Sie sind die vereinbarten Werkzeuge, mit ihnen muss praxisnah gearbeitet werden.

Der TVöD stellt fest, dass die Leistungsprämie in der Regel eine einmalige Bezahlung ist, allerdings auch in zeitlicher Abfolge gezahlt werden kann. Die Leistungszulage wird als zeitlich befristete, in der Regel monatlich wiederkehrende Zahlung verstanden, die evtl. auch nur einmalig gewährt werden kann. Entscheidender als der vordergründige Auszahlungsmodus ist der innere Zusammenhang der Formen zu den Methoden: Die Leistungsprämie basiert prinzipiell auf einer Zielvereinbarung. Die Leistungszulage soll die anderen Konstellationen abdecken, in denen keine Zielvereinbarung getroffen wird, vielmehr der Tarifvertrag eine systematische Leistungsbewertung vorsieht. Entsprechend stellt die Musterdienst-/Betriebsvereinbarung als praxistypisch die jeweilige Kombination **Leistungsprämie/ Zielvereinbarung** einerseits und **Leistungszulage/systematische Leistungsbewertung** andererseits als die Grundmodelle heraus. Entsprechend sind auch **Erfolgsprämien auf Zielvereinbarungen** über Unternehmensziele gegründet.

Mit Blick auf die Praxiserwartungen in den Verwaltungen gerade in der Startphase wird eine Verknüpfung der Methoden der Zielvereinbarung und der systematischen Leistungsbewertung vorgeschlagen, wie sie (unter 10.) als **Verknüpfungsmodell** beschrieben ist.

6. Betriebliche Ausrichtung auf Ziele

Der TVöD verfolgt eine Verwaltungs- und Unternehmensphilosophie, in der sich die Klarstellung der Ziele der Organisation, eine starke Führung, die Ausrichtung auf Ergebnisse und der Einsatz von Leistungsentgelten als Instrumente gegenseitig ergänzen.

Erfolgreiche Verwaltungs- und Unternehmensführung setzt eine gründliche Befassung mit den Zielen der Organisation voraus. Verwaltungs- und Unternehmensziele sind zu definieren, entsprechend der Hierarchie auf die einzelnen Organisationseinheiten herunterzubrechen und dort zu spezifizieren. In einem Prozess (top-down) sind schließlich Ziele für einzelne Beschäftigte oder Gruppen von ihnen abzuleiten. Damit ist gesichert, dass der Beitrag des Einzelnen sich konstruktiv in die Unternehmensstrategie einfügt. Damit sind bottom-up-Ziele nicht etwa ausgenommen. Um konsistentes Verwaltungs- und Unternehmenshandeln zu sichern, kommt dem Führen über Zielvereinbarungen klar der Vorrang zu.

Im ersten Schritt wird in der Verwaltungs-/Unternehmensspitze selbst Klarheit über die Ziele der Verwaltung/des Unternehmens geschaffen wird. Dies ist geboten, um

– die notwendige Orientierung für das Ableiten von Ober- und Unterzielen zu schaffen
– widersprüchliche Zielverfolgungen für verschiedene Organisationseinheiten zu vermeiden.

Gesamtergebnisse für die Verwaltung/das Unternehmen gelingen erfolgreich nur bei gleichgerichteter Zielverfolgung.

Solange es keine definierte und dokumentierte Zielpyramide gibt (etwa als Ergebnis einer Leitbilddiskussion), wird angeraten, eine Zielkonferenz für die oberen Führungsebenen vorzuschalten. Da Zieldefinition immer nur „Schwerpunktsetzung" ist, geht es nicht um die Kommentierung der kompletten Aufgabenpalette der Kommunalverwaltung oder der Organisationseinheit, sondern um die konzentrierte Darstellung der aktuellen Kernziele für den Zeitraum der Zielvereinbarungen (regelmäßig das Kalender- bzw. Wirtschaftsjahr).

Konkretere Zieldefinitionen sind weiter notwendig, wenn – wie in der Regel – die Umsetzung in den Organisationseinheiten stattfinden soll. Auch hier gilt das Prinzip der **Schwerpunktsetzung**. Es wäre verfehlt, die Stelle-/Aufgabenbeschreibung der Beschäftigten in ihrer ganzen Breite zum Ausgangspunkt von Zielüberlegungen für Leistungsentgelte zu machen. In der Regel sind 2 bis 3 Ziele zu identifizieren und zu vereinbaren.

Mehrfach ist angesprochen, dass Ziele in den einzelnen Organisationseinheiten gesetzt werden können. Sinnvoll sollte die Umsetzung von leistungs- und erfolgsorientierter Bezahlung auf der geeigneten Ebene von Organisationseinheiten erfolgen. Die Musterdienst-/Musterbetriebsvereinbarung sieht vor, dass die Umsetzung (Formen/Methoden) auf der Ebene von Organisationseinheiten (z. B. Dezernate, Fachbereiche, Ämter, Hauptabteilungen) stattfinden kann. Die Eignung ergibt sich daraus, dass das Aufgabenspektrum einer Organisationseinheit einheitlich ist oder eine Vergleichbarkeit der Leistungserbringung zulässt. Die Umsetzung von Leistungsentgelten in den geeigneten Organisationseinheiten dürfte auch die Akzeptanz der Beschäftigten erleichtern.

7. Modell 1: Führen über Zielvereinbarung/Leistungsprämie

Zielvereinbarungen werden im Vorhinein getroffen. Die beiderseitige Absprache bringt Klarheit über die angestrebten Ergebnisse und darüber, welche Leistungsprämie bei Zielerreichung fällig wird. Diese „Transparenz" ist der wesentliche Grund, weshalb auch die Gewerkschaften Zielvereinbarung und Leistungsprämie favorisieren. Eine unsachliche Begünstigung von Mitarbeitern „nach Gutsherrenart" wird schon im Ansatz vermieden. Wenn im Einzelfall keine Zielvereinbarung zustande kommt, kann auch keine Leistungsprämie gezahlt werden.

Laut Niederschriftserklärung Nr. 14 zu § 18 Abs. 5 Satz 2 TVöD
- muss eine Vereinbarung von Zielen freiwillig geschehen,
- kann eine freiwillige Zielvereinbarung auch die Verständigung auf zum Teil vorgegebene oder übergeordnete Ziele sein, z. B. bei der Umsetzung gesetzlicher oder haushaltsrechtlicher Vorgaben, Grundsatzentscheidungen der Verwaltungs-/Unternehmensführung.

Dies verdeutlicht, dass die Führungskraft selbstverständlich auch Ziele aus der vorgegebenen Hierarchie ableiten und vorgeben kann, d. h. mit den jeweiligen Beschäftigten zu einer Verständigung bringen muss.

Zielvereinbarungen können mit Einzelpersonen oder mit Gruppen von Beschäftigten geschlossen werden. Sie sollen Gegenstand von Mitarbeitergesprächen sein. Ebenso ist im Mitarbeitergespräch im Nachhinein zu erörtern, ob die angestrebten Ziele erreicht werden konnten, welche Defizite es gab und was getan werden kann, um z. B. die Leistungsfähigkeit des Beschäftigten in der Zukunft zu verbessern.

8. Modell 2: Führen über die Vorgabe wirtschaftlicher Unternehmensziele/Erfolgsprämie

Die Erfolgsprämie setzt eine vorherige Zielaussage voraus. Sie wird in Abhängigkeit von einem bestimmten wirtschaftlichen Erfolg gewährt. Die Protokollerklärung zu § 18 Abs. 4 Satz 3 TVöD stellt ausdrücklich fest, dass die Verwaltungs-/Unternehmensführung zu Beginn des Wirtschaftsjahres die wirtschaftlichen Unternehmensziele festsetzt. Hier ist Führung schon bei der Oberzielsetzung gefordert. Die detaillierten Zielvereinbarungen geben entsprechende Einzel- oder Teilerfolge zur Erreichung der Unternehmensziele vor.

Für die Führung über Zielvereinbarung/Leistungsprämie und Zielvereinbarung/Erfolgsprämie ergibt sich somit folgender Ablauf:
- Definition der Ziele in Ableitung aus höherrangigen Zielen,
- Zielvereinbarung,
- Leistungserbringung durch die Beschäftigten bzw. Zustandekommen des Unternehmenserfolgs,
- Feststellung der Zielerreichung durch die Führungskraft,
- Mitarbeitergespräch,
- Auszahlung der vereinbarten Leistungsprämie bzw. der in Aussicht gestellten Erfolgsprämie.

Hinweise (M 05/2006) KAV NW **III.1b**

9. Modell 3: Führung über systematische Leistungsbewertung/Leistungszulage

Insbesondere für die Fälle, in denen Zielvereinbarungen nicht möglich sind, bietet § 18 TVöD den Weg der systematischen Leistungsbewertung. Ohne eine Vorabbenennung von Zielen, an denen sich der Erfolg der Leistungen der Beschäftigten messen ließe, wird die Leistung als solche nach sachlichen Maßstäben bewertet. Maßstäbe und Kriterien ergeben sich im Einzelnen aus der Natur der zu erledigenden Aufgabe und der mit ihr angestrebten Resultate. Auch hier kommt es immer entscheidend auf Fakten, d. h. tatsächliche, festgestellte Ergebnisse an.

Hierzu erfolgt die eigentliche Steuerung über die Auswahl der Kriterien der systematischen Leistungsbewertung und die Festlegung der Methodik der Bewertung und Auszahlung.

Es gibt zwei logische Vorgehensweisen bei systematischer Leistungsbewertung (SLB):

1. Die SLB kann **ex ante** erfolgen, bevor die Leistung erbracht ist. Hier wird eine Prognose erstellt, dass in der Zukunft gleich gute Ergebnisse zu erwarten sind. Z. B. wird einem als leistungsfähig bekannten Mitarbeiter, von dem weiterhin gute Ergebnisse erwartet werden, eine Leistungszulage zuerkannt. § 18 Abs. 4 Satz 4 TVöD verlangt dazu ausdrücklich, dass die Leistungszulage zeitlich befristet und vor allen Dingen widerruflich sein muss. Unter dem Blickwinkel der Führungspsychologie ist nicht für alle Beschäftigten sicher, ob derartige „Vorschusslorbeeren" geeignet sind, immer wieder hohe Motivation zu vermitteln.

2. Die SLB kann **ex post** geschehen. Nachdem die Leistung erbracht ist, kann geprüft werden, ob wegen der Quantität oder Qualität der Ergebnisse eine Leistungszulage, dann sinnvoller Weise als Einmalbetrag zuzuerkennen ist. Es sollen auch dort Mehr- oder Besserleistung anerkannt und honoriert werden können, wo keine Zielvereinbarung zustande gekommen ist. Allerdings muss die Frage nach der Führung gestellt werden, wenn abgewartet wird, ob sich ggf. gute Leistungen (von selbst) einstellen. Die SLB ex post mit Gewährung einer Leistungszulage kann eher hilfsweise in Betracht kommen.

Die Tarifvertragsparteien haben sich auch bei der systematischen Leistungsbewertung auf die Bemessung nach objektiven Kriterien verständigt. Expressis verbis ist ausgeschlossen, dass für Leistungsentgelte einfach eine Regelbeurteilung zugrundegelegt wird. (Niederschriftserklärung Nr. 15 zu § 18 Abs. 5 Satz 3 TVöD). Deshalb sind klar zu unterscheiden:

- Die Regelbeurteilung (oder kurz: Beurteilung) wertet Beschäftigte nach bisher gezeigten Leistungen, darüber hinaus auch nach persönlichen Eigenschaften, Verhaltensweisen und Potenzialen. Sie schafft die Grundlage für die individuelle Personalentwicklung.
- Das Leistungsentgelt aufgrund festgestellter Zielerreichung oder systematischer Leistungsbewertung knüpft an – in der Regel bereits erbrachte oder ausnahmsweise auch erwartete – Ergebnisse, Wirkungen oder Produkte an.
- Die systematische Leistungsbewertung soll ggf. die erbrachte Leistung nach möglichst messbaren oder anderweitig objektivierbaren Kriterien feststellen.[1])

10. Modell 4: Verknüpfungsmodell durch Kombination von Zielvereinbarungen mit systematischer Leistungsbewertung

Praktische Erfahrungen aus dem Tarifrecht der Kommunalen Versorgungsunternehmen (TV-V) oder der Privatwirtschaft führen zu der Empfehlung, die Methoden der Zielvereinbarung und der systematischen Leistungsbewertung partiell zu kombinieren. Das gilt besonders für die Startphase, in der erste Erfahrungen mit Leistungsentgelten gemacht werden. Damit soll

- verhindert werden, dass wegen anfänglicher Schwierigkeiten, Ziele zu analysieren und zu vereinbaren, auf Zielvereinbarungen verzichtet wird,
- gesichert werden, dass etwa bei Nichterreichen der vereinbarten Ziele nicht jede Aussicht auf ein Leistungsentgelt entfällt.

Das Verknüpfungsmodell stellt prinzipiell auf Zielvereinbarungen ab und eröffnet zugleich die Anwendung systematischer Leistungsbewertung und somit eine Prämierung für Bereiche, die außerhalb von konkreten Zielabsprachen liegen. Eine Kombination ist vor allem in der Weise denkbar, dass die erfolgreiche Erfüllung der systematischen Leistungsbewertung (Erfüllungsgrad) selbst zu einem der Ziele vereinbart wird und entsprechend mit der Leistungsprämie belohnt werden kann.

) Die Tarifierung der leistungsbezogenen Bezahlung macht es notwendig, das Zusammenspiel von Regelbeurteilung und Gewährung von Leistungsentgelt einer aktualisierenden Betrachtung zu unterziehen. Hierzu wird auf die Niederschriftserklärung Nr. 15 zu § 18 Abs. 5 Satz 3 TVöD verwiesen.

Beispiel:

Ziel	Inhalt	Prämienanteil
1	z. B. Steigerung output	40 %
2	z. B. Terminwahrung	40 %
3	volle Erfüllung system. Leistungsbewertung	20 %

Das Verknüpfungsmodell eröffnet den Führungskräften zusätzliche Handlungsoptionen, um praktische Bedarfe in der jeweiligen Verwaltung/im Unternehmen aufgreifen zu können. Für die Beschäftigten bietet es den Vorteil, dass eine Prämie auch dann wenigstens teilweise möglich wird, wenn die originären Ziele nicht erreicht werden.

11. Voraussetzungen für die Auszahlung von Leistungsentgelten

Voraussetzung für die Auszahlung von Leistungsentgelten ist immer das Vorliegen einer entsprechenden Zielvereinbarung oder systematischen Leistungsbewertung. Daher sind Prämienzahlungen nicht möglich, soweit Zielvereinbarungen nicht abgeschlossen worden sind. Gleiches gilt für den Fall der systematischen Leistungsbewertung, soweit diese durch fehlende Mitwirkung des Beschäftigten nicht durchgeführt werden kann. Ein Beschäftigter, der seiner arbeitsrechtlichen Verpflichtung zur Mitwirkung nicht nachkommt, kann nicht am Leistungsentgeltsystem partizipieren.

Die systematische Leistungsbewertung ist nicht etwa als „Ersatzzugang" zu Leistungsentgelten für Beschäftigte misszuverstehen, die den Abschluss einer Zielvereinbarung verweigern.

Der Arbeitgeber bzw. die von ihm beauftragte Führungskraft entscheidet immer über die Vergabe von Leistungsentgelt im Einzelfall. Die Niederschriftserklärung Nr. 16 zu § 18 Abs. 7 TVöD stellt diese Exklusivität fest, in dem vereinbart ist, dass die Mitwirkungsrechte der Betrieblichen Kommission nicht für die Vergabeentscheidung selbst gelten.

Soweit Zielvereinbarungen zugrunde liegen, vergleicht die Führungskraft die erreichte Leistung mit den in der Zielvereinbarung angestrebten Zielen und stellt fest, dass die Leistungs- oder Erfolgsprämie ganz oder teilweise zur Auszahlung kommt. Wenn die Zielvereinbarung eine Skala von Zielerreichungsgraden festlegt, ist dies bei der Feststellung über die Ausschüttung zu berücksichtigen.

Für die systematische Leistungsbewertung haben die Tarifvertragsparteien zwingend bestimmt, dass objektivierbare Fakten und Maßstäbe zugrunde zu legen sind. Sie haben aber keine Aussage getroffen, ab welchem Grad oder Standard eine erbrachte Leistung eine Leistungszulage verdient. Dass eine Leistung nur durchschnittlich ist, kann dafür nicht genügen. Allein aus den Sachgründen
- der Wahrung gleicher Maßstäbe gegenüber der Umsetzung von Zielvereinbarungen,
- dem Gebot zur Differenzierung von unzureichenden und herausragenden Leistungen und
- der Analogie zu anderen Tarifwerken im Bereich der KAV/der VKA (z. B. § 6 Abs. 5 TV-V)

ist abzuleiten, dass nur erheblich über dem Durchschnitt liegende Leistungen, die möglichst zu einem messbaren wirtschaftlichen Mehrwert oder zu einer Verbesserung der Dienstleistung geführt haben, für eine Gewährung einer Leistungszulage in Frage kommen.

Zur Klarstellung sollte dies schon in der Rahmensetzung der Dienst-/Betriebsvereinbarung zur Vereinbarung des betrieblichen Systems verankert werden. § 18 Abs. 6 Satz 3 TVöD sieht vor, dass das betriebliche System dazu Aussagen macht.

12. Das für Leistungsentgelt zur Verfügung stehende Gesamtvolumen

§ 18 Abs. 3 Satz 1 TVöD definiert präzise, dass für die Auszahlung von Leistungsentgelten ein pflichtiges Gesamtvolumen
- von zunächst 1 % der ständigen Monatsentgelte des Vorjahres aller unter den Geltungsbereich des TVöD fallenden Beschäftigten eines Arbeitgebers

zur Verfügung steht. Die Protokollerklärung zu Abs. 3 Satz 1 spezifiziert, was dazu zählt:
- das Tabellenentgelt ohne Sozialversicherungsbeiträge des Arbeitgebers und dessen Kosten für die betriebliche Altersvorsorge,
- die in Monatsbeträgen festgelegten Zulagen einschließlich Besitzstandszulagen,
- das Entgelt im Krankheitsfall und bei Urlaub, soweit dieses Entgelt in dem betreffenden Kalenderjahr ausgezahlt worden ist.

Die Tarifvertragsparteien haben bereits fest vereinbart, später 8 % der Monatsentgelte als variables Leistungsentgelt ausweisen zu wollen, ohne dafür einen Zeitpunkt jetzt festzuschreiben. Bis dahin kommt eine Erhöhung des pflichtigen Gesamtvolumens von jetzt 1 % nur in

Frage, wenn die Tarifvertragsparteien dies beschließen. Die Betriebsparteien können den Tarifvertrag insoweit nicht korrigieren.

Mittelbar gewährt Satz 2 der Protokollerklärung zu § 18 Abs. 3 Satz 1 TVöD selbst eine Ausnahme: Die Möglichkeit, dass die Betriebsparteien unständige Entgeltbestandteile in das Gesamtvolumen einbeziehen können, verändert die Bemessungsgrundlage entsprechend. Das Volumen wird dadurch größer.

Das Gesamtvolumen darf nur für die Auszahlung von Leistungsprämie, Erfolgsprämie oder Leistungszulage genutzt werden. Eine Nutzung aller dieser Formen des Leistungsentgelts ist nebeneinander zulässig. Ebenso zulässig ist es, das Gesamtvolumen nur für ein oder zwei Formen des Leistungsentgelts einzusetzen. Hier ist Gestaltungsspielraum eröffnet, um den individuellen Möglichkeiten der jeweiligen Organisation Rechnung zu tragen.

Eine weitere Lockerung der strikten Begrenzung der aktuellen Prozentzahl (1 %) für das Gesamtvolumen eröffnet § 18 Abs. 4 Satz 3 TVöD für die Form der Erfolgsprämie. Eine Erfolgsprämie kann in Abhängigkeit von einem bestimmten wirtschaftlichen Erfolg auch neben dem Gesamtvolumen gezahlt werden. Eine Begrenzung ist dafür nicht genannt. Die Entscheidung über ein solches zusätzliches Volumen trifft allein der Arbeitgeber. Er muss kalkulieren, ob bei Eintritt des wirtschaftlichen Erfolgs so viel Mehrwert geschaffen wird, dass sich daraus die Ausschüttung einer Erfolgsprämie unter Überschreitung des 1 %-Volumens rechtfertigen kann. Beschäftigte oder Personalvertretung haben nicht etwa einen Rechtsanspruch auf Ausweisung zusätzlicher Volumina. Da aber die Bereitstellung eines Zusatzvolumens nur Sinn gibt, wenn über die verfolgten Ziele gemeinsam Klarheit erzielt wird, ist auch hier eine Verständigung über das Ziel und die Bedingungen für eine Erfolgsprämie erforderlich.

Ob der Arbeitgeber auch in anderen Fällen von Zielvereinbarung/Leistungsprämie oder systematischer Leistungsbewertung/Leistungszulage oder beim Verknüpfungsmodell zusätzlich über das pflichtige Gesamtvolumen hinausgehende Beträge ausloben kann, ist eine Frage seiner übertariflichen Kompetenz. Soweit ein kommunaler Arbeitgeber dies im Rahmen der wirtschaftlichen Leistungsfähigkeit der Verwaltung/des Unternehmens ermöglichen kann und keine haushaltsrechtlichen oder sonstigen Verbote entgegenstehen, ist ihm grundsätzlich unbenommen, freiwillig zusätzliche Beträge für Leistungsentgelte bereitzustellen. Es handelt sich dann um eine gewillkürte Aufstockung „on top". Gründe der Praktikabilität sprechen dafür, die Formen und Methoden entsprechend wie beim pflichtigen Gesamtvolumen anzuwenden.

13. Auszahlungszwang mit Jahresbezug

Das Gesamtvolumen des § 18 Abs. 3 Satz 2, 1. Halbsatz TVöD ist zweckentsprechend zu verwenden. Auch die Gewerkschaften veröffentlichen hierzu: *„Die Verteilung „mit der Gießkanne" – wie es der TVöD für das Jahr 2007 ermöglicht – ist zwar verlockend und mag der einfachste Weg sein; dem System der LOB wird er nicht gerecht."* – Eine Verteilung „mit der Gießkanne" ist nach dem Tarifvertrag niemals „zweckentsprechend" im Sinne von § 18 Abs. 3 Satz 2 TVöD! Ebenso wenig wie diejenige nach dem verantwortungsscheuen Prinzip des „Wanderpokals": „Jede(r) kommt reihum an die Prämie"! „Zweckentsprechend" heißt immer „leistungsdifferenzierende" und „variabel" gehaltene Ausschüttung des Budgets.

Der Arbeitgeber ist nach § 18 Abs. 3 Satz 2, 2. Halbsatz TVöD zweckentsprechend auch zur jährlichen Auszahlung der Leistungsentgelte verpflichtet. Diese Pflicht zur Auskehr wurde von den Tarifvertragsparteien vor allem mit Rücksicht darauf vereinbart, dass das in Höhe von 1 % bereitgestellte Pflichtvolumen im Wesentlichen aus umgewidmeten Vergütungsbestandteilen zustande gekommen ist. Deshalb muss dieses Volumen an die Beschäftigten fließen und darf auch bei schwieriger Finanzlage einer Verwaltung oder eines Betriebs den Arbeitnehmern nicht vorenthalten und nicht für andere Zwecke verwendet werden. Die „zweckentsprechende" Ausschüttungspflicht muss das Vertrauen im Prozess der Leistungsentgeltgewährung sichern.

Die Handhabung des Ausschüttungszwangs kann u. U. in der Praxis problematisch werden. Während sich die Bemessung des Gesamtvolumens an den ständigen Monatsentgelten des Jahres vor dem Bezugsjahr ausrichtet, legt § 18 Abs. 3 TVöD die jährliche Auszahlung fest. Für den Normalfall heißt dies, die Feststellung der Zielerreichung oder die systematische Leistungsbewertung sowie anschließend die Auszahlung des Leistungsentgelts müssen im Bezugsjahr stattfinden.

Um dies zu gewährleisten, sollten in der Dienst-/Betriebsvereinbarung Fixtermine gesetzt werden

– für den Abschluss von Zielvereinbarungen,
– für die Feststellung der Zielerreichung,
– für die systematische Leistungsbewertung,

Hinweise (M 05/2006) KAV NW **III.1b**

– für die prinzipielle Auskehr der Leistungsentgelte.

In der praktischen Umsetzung können insbesondere Schwierigkeiten bei Projekten und Aufgaben entstehen, die ein Kalenderjahr überschreiten. Sie in Teilprojekte mit einem exakten Jahresbezug zu zerschneiden, kann im Einzelfall der Aufgabenwahrnehmung nicht angemessen sein. Folgende Überlegung kann helfen: Die jährliche Ausschüttung beinhaltet, dass das Gesamtvolumen für die Beschäftigten im ersten Schritt reserviert ist und dass es im zweiten Schritt nach Leistungskriterien differenziert zur Ausschüttung kommt. Welches Jahr dies beim zweiten Schritt ist, muss sich nach dem Zeitpunkt der Leistungsfeststellung der Aufgabe richten. Bei Projekten ist dies das Jahr des Projektabschlusses und bei Aufgaben mit einem Rhythmus, der über das Kalenderjahr hinausgeht, das Ende des Zeitabschnitts. Hier muss auch in einem Folgejahr gezahlt werden dürfen. Durch nachprüfbare Reservierung der Beträge wird garantiert, dass bei noch nicht bewerteten Leistungen die Anteile am Gesamtvolumen in das nächste Jahr übertragen werden, um dort zeitnah nach Zielerreichung ausgekehrt zu werden.

Um das Gesamtvolumen „ohne Reste" zur Ausschüttung zu bringen, bietet sich ein Punktemodell an: Es werden Punkte nach Zielerreichung oder systematischer Leistungsbewertung differenziert vergeben; das Gesamtvolumen wird durch die Gesamtzahl der erzielten Punkte dividiert und der sich je Punkt ergebende Entgeltanteil wird an die Beschäftigten entsprechend der Anzahl der ihnen zugeteilten Punkte verteilt. Hierdurch kann im laufenden Jahr meist das komplette Gesamtvolumen ausgekehrt werden. Allerdings ist im stets nur „relativ" werthaltigen Punktemodell die Voraussehbarkeit einer festen Prämienhöhe nicht möglich. Für manchen geht damit unter Umständen ein Teil Motivation verloren.

14. Grundsätze für die Aufteilung

Das Leistungsentgelt ist eine variable und leistungsdifferenzierende Bezahlung zusätzlich zum Tabellenentgelt. Es gilt daher das **Gebot zur Differenzierung** zwischen schlechten, ergebnisarmen und guten, ergebnisreichen Leistungen: zunächst bei der Zieldefinition, nachher bei der Bewertung der erbrachten Leistung und schließlich bei der Auszahlung von Leistungsentgelt. Die tarifvertragliche Programmaussage, dass Leistungsentgelt grundsätzlich allen Beschäftigten zugänglich sein muss (§ 18 Abs. 4 Satz 6 TVöD), steht dem nicht entgegen: Zugänglichkeit ist gegeben, wenn jede(r) die Chance erhält, bei überdurchschnittlicher Leistung an den leistungsorientierten Bezahlung zu partizipieren.

Bei der Aufteilung des Gesamtvolumens sind viele Gestaltungsvarianten denkbar. Folgende Parameter sollten grundsätzlich berücksichtigt werden:

- Zur neuen Philosophie gehört, dass auch Führungskräfte Empfänger von Leistungsentgelt sein können. Der Ausschluss von Führungskräften im Beamtenrecht etwa ignoriert deren besondere Verantwortung und Initiativfunktion. Gerade Führungskräfte sind verantwortlich für Ergebnisse und tragen entscheidend zu deren Verwirklichung bei. Ihr Anteil an der Herbeiführung der angestrebten Ergebnisse muss ebenfalls durch Leistungsentgelt gewürdigt werden. Um Diskussionen über eine angeblich ungerechte Verteilung der Leistungsentgelte zwischen Führungskräften und anderen Beschäftigten zu vermeiden, können evtl. von vornherein getrennte Leistungsbudgets für Führungskräfte und andere Beschäftigte ausgewiesen werden.
- Einheitliche Umsetzung in der gesamten Verwaltung/dem gesamten Unternehmen oder Aufteilung auf Organisationseinheiten müssen entschieden werden.
- Bei Zielvereinbarungen gilt entweder eine Ja-Nein-Entscheidung zur Auskehrung der vollen Prämie, sobald die Linie der Zielerreichung überschritten ist, oder eine Ausweisung von werthaltigen Zielerreichungsgraden und skalierte Auszahlung.
- Bei der systematischen Leistungsbewertung liegt ebenfalls eine Skalierung nach Stufen der erreichten Quantität oder Qualität einschließlich von Stufen oberhalb von 100 % nahe. Auch dort, wo keine Ziele vorab vereinbart sind, soll die Methodik der Bewertung und Auszahlung möglichst vorab klar sein.
- Es kann auf absolute Zahlen, auf relative Punktwerte in einer Bandbreite oder auf eine nominale Festprämie abgestellt werden. Die Praxis wird erweisen, welche Belohnung geeignet ist, bei Beschäftigten jeweils mehr Motivation zu erreichen. Im weiteren Verlauf der Realisierung von Leistungsentgelt im öffentlichen Dienst werden Erfahrungsaustausche organisiert, um überzeugende und wirkungsvolle Umsetzungsmodelle im Praxisaustausch (best practice) bekannt zu machen.
- Dort, wo Besorgnis besteht, dass vereinbarte Leistungsziele nur von wenigen Überfliegern erreicht würden und sich bei einer Mehrheit der „Erfolglosen" Frustration breit mache, wird empfohlen, eine

Obergrenze zu setzen, die der einzelne Leistungsträger maximal erzielen darf. Die Musterdienst-/Musterbetriebsvereinbarung sieht eine Begrenzung auf ein bestimmtes Vielfaches des Monatstabellenentgelts vor. Ebenso eignet sich das Verknüpfungsmodell, um die Chancen zur Erlangung von Prämien auf eine breitere Basis zu stellen.

– Für die Frage, wie bei länger andauernder Krankheit oder bei vorzeitigem Ausscheiden von Beschäftigten zu verfahren ist, kann es keine allgemein geltende Antwort geben. Zunächst einmal sollten Beschäftigte nur entsprechend der Dauer ihrer Anwesenheit am auszuzahlenden Leistungsentgelt teilhaben können. Es kann, wenn sie bereits dabei den entscheidenden Beitrag zum Erfolg geleistet haben, allerdings auch eine ungekürzte Auskehr des vereinbarten Leistungsentgelts in Betracht kommen.

14.1 Einbeziehung der Beamten

Das tarifliche Leistungsentgelt muss nach § 18 Abs. 4 Satz 6 TVöD grundsätzlich allen (Tarif-) Beschäftigten zugänglich sein. Vor diesem Hintergrund stellt sich für die Kommunalverwaltungen die Frage, inwieweit auch Beamtinnen/Beamte in das Leistungsentgeltsystem des TVöD einbezogen werden können. Nicht nur bei Team-Zielvereinbarungen arbeiten auch Beamte gemeinsam mit Tarifbeschäftigten.

Die Möglichkeiten einer leistungsorientierten Besoldung sind in Nordrhein-Westfalen in der Leistungsprämien- und -zulagenverordnung vom 10. März 1998 geregelt. Im Verhältnis zum TVöD bestehen z. B. große systematische Unterschiede, die eine Integration der Beamtinnen/ Beamte in ein einheitliches betriebliches System erschweren, jedoch nicht völlig ausschließen. Wo die beamtenrechtlichen Regelungen denen des Tarifvertrages entsprechen, sollte die Chance einer Einbeziehung genutzt werden. Dabei ist sicherzustellen, dass die Bestimmungen des § 18 TVöD nicht dysfunktional „verbogen" werden. Die personalwirtschaftlichen Kernanliegen (vgl. unter 1. und 3.) von differenzierenden Leistungsentgelten sind für alle Statusgruppen gleichgerichtet. Es kann gelingen, z. B. in Team-Zielvereinbarungen alle Statusgruppen gleichermaßen einzubeziehen. Für geringfügige Abweichungen z. B. von Laufbahnquotierungen des Besoldungsrechts sind ggf. Dispense oder Experimentierklauseln von Nöten. Gemeinsam mit den Kommunalen Spitzenverbänden sind erste Kontakte zur Landesregierung aufgenommen.

Eine Beamtenfinanzierung aus dem tarifvertraglichen Pflichtvolumen scheidet aus. Die vom Gesetzgeber seinerzeit beabsichtigte Finanzierung der leistungsorientierten Besoldung der Beamtinnen/Beamten aus strukturellen Einsparungen der 1997 neu gefassten Besoldungstabelle ist zu reanimieren. Die bisherige Einsparung dieser Finanzmittel hat viel Vertrauen der Beamten in variable Teilbezüge zerstört.

15. Hemmnisse bei der Umsetzung leistungsorientierter Bezahlung

Es wird vorkommen, dass vereinbarte Ziele nicht erreicht oder vorschnell übererfüllt werden. Wenn dies früh im Kalenderjahr erkennbar wird, kann die Zielvereinbarung ggf. nachgebessert werden. § 18 Abs. 6 Satz 3, 5. Punkt TVöD erwähnt die Anpassung bei wesentlichen Änderungen der Geschäftsgrundlagen. Diese liegen insbesondere vor bei gravierenden, vom Beschäftigten oder Arbeitgeber nicht beeinflussbaren Umständen. Darin kommt der Ausnahmecharakter zum Ausdruck, zumal beide Seiten mit der Änderung einverstanden sein müssen; es besteht kein Einlassungszwang.

Wenn eine Anpassung nicht mehr in Frage kommt, sind Restmittel im Punktesystem an andere Beschäftigte zu verteilen.

Sollte im Einzelfall eine Entscheidung der Führungskraft zur Zielerreichung oder nach systematischer Leistungsbewertung vom Beschäftigten nicht akzeptiert werden und zum Gegenstand eines Beschwerdeverfahrens gemäß § 18 Abs. 7 Satz 2 TVöD werden, muss zur Verhinderung einer Blockade der Gesamtausschüttung die Entscheidung der Führungskraft als Zwischenstand vorläufig Bestand haben. Eine evtl. gebotene Änderung ist dann im nachfolgenden Beschwerdeverfahren zu realisieren.

16. Fahrplan zur Einführung leistungsorientierter Bezahlung und Vereinbarung eines betrieblichen Systems

§ 18 Abs. 2 Satz 1 TVöD bestimmt als Starttermin für die Einführung des Leistungsentgelts den 1. Januar 2007. Von diesem Pflichtdatum abgeleitet ergibt sich für die jeweilige Verwaltung/das jeweilige Unternehmen folgender Fahrplan:

- Zunächst ist die in § 18 Abs. 7 Satz 1 TVöD vorgesehene Betriebliche Kommission zu installieren, die schon in der Startphase aktiv bei der Entwicklung des betrieblichen Systems mitwirken soll. Dies sollte umgehend geschehen.
- Es sollte kurzfristig mit der Verhandlung des betrieblichen Systems begonnen werden. Die Regelungen der abzuschließenden Dienst-/

Betriebsvereinbarung sollten immer in der Betrieblichen Kommission – also bereits hier mit Beteiligung der Arbeitnehmervertreter – vorberaten werden. Die abschließende Mitbestimmung des Personal-/Betriebsrates bleibt stets unberührt (vgl. unter 18.1).
- Spätestens das letzte Quartal 2006 bleibt für die Schulung des Führungspersonals vorbehalten. In diesem Zeitraum sind auch alle Vorbereitungen zur erstmaligen Vereinbarung von Zielen für das Jahr 2007 zu treffen. Zielvereinbarungen sollen spätestens bis Ende des 1. Quartals 2007 abgeschlossen sein. Die Durchführung von Schulungsmaßnahmen der Führungskräfte ist unverzichtbar notwendig. Gleichwohl sind sie keine rechtlich zwingende Voraussetzung und daher kein Argument den Einstieg in die Leistungsentgelte zu verzögern. Im Vordergrund sollte daher der allseitige Kompetenzerwerb durch ein „Lernen durch Tun" stehen; das gilt schon für den Vereinbarungsprozess hin zur betrieblichen Ausgestaltung.
- Nicht zuletzt ist noch im vierten Quartal 2006 die umfassende Information der Beschäftigten sicherzustellen.

17. Betriebliche Kommission

Das neue Tarifrecht (§ 17 Abs. 2 Sätze 4 bis 6, § 18 Abs. 7 TVöD) fordert die Einrichtung einer „Betrieblichen Kommission" (BK) und weist ihr folgende Aufgaben zu:
- Mitwirkung an der Entwicklung des betrieblichen Systems der leistungsbezogenen Bezahlung
- Mitwirkung am Controlling des betrieblichen Systems
- Beratung von schriftlich begründeten Beschwerden, die sich auf Mängel des betrieblichen Systems oder seiner Anwendung beziehen, einschließlich der Einbringung eines Vorschlags zur Abhilfe
- Beratung von schriftlich begründeten Beschwerden gegen die Verlängerung der Stufensteigerung durch den Arbeitgeber nach § 17 Abs. 2 Satz 4 TVöD, einschließlich der Einbringung eines Vorschlags zur Abhilfe.

Aufgrund der Erfahrungen mit ähnlichen paritätischen Kommissionen, z. B. im TV-V, wird empfohlen, die BK mit 2 Personen auf jeder Seite (maximal je 3 Personen bei großen Organisationen) zu besetzen. Diese Personenzahl erlaubt kreatives Denken, hindert aber nicht eine möglichst effektive Abwicklung. Auch zu einzelnen Tagesordnungspunkten gewollte Einbeziehungen von Schwerbehindertenvertretern oder Gleichstellungsbeauftragten dürfen nicht dauerhaft die paritäti-

schen BK aufblähen. Arbeitgeber und Personal-/Betriebsrat sollen der BK eine notwendige Geschäftsordnung geben:
- Sitzungsfolge bei Bedarf,
- Sitzungsleitung jährlich alternierend, kein doppeltes Stimmrecht,
- Schriftführung durch Mitarbeiter der Personalabteilung ohne Stimmrecht,
- Einladungsfristen.

Die BK wird unbeschadet der Rechte der Personalvertretung tätig.

Empfehlenswert ist, vor Zulassung der Beschwerde an die BK zunächst eine Erörterung zwischen Beschwerdeführer und Führungskraft zu verlangen.

18. Mitbestimmung durch Personalrat/Betriebsrat

18.1 Wenngleich die Befassung der BK wegen ihrer paritätischen Besetzung und ihrer umfassenden Sachkunde leichter zur Lösung von Problemen im betrieblichen System der leistungs- und erfolgsorientierten Bezahlung führen dürfte, betont § 18 Abs. 7 Satz 6 TVöD ausdrücklich die gesetzliche Selbstverständlichkeit, dass die Rechte der betrieblichen Mitbestimmung unberührt bleiben. Diese Klarstellung der Gesetzeslage sichert das notwendige Vertrauen der Personalvertretung auch zur BK.

18.2 Voraussetzung dafür, dass die Einführung von Leistungsentgelt beginnt, ist die Vereinbarung des jeweiligen Systems der leistungsbezogenen Bezahlung durch Dienst- oder Betriebsvereinbarung zwischen den Betriebsparteien (§ 70 LPVG NW, § 77 BetrVG).

Falls es sich nicht um eine Betriebsvereinbarung handelt, verlangt § 18 Abs. 6 Satz 3 TVöD den Abschluss einer „einvernehmlichen" Dienstvereinbarung mit dem Personalrat. Gemäß § 38 Abs. 3 TVöD liegt eine einvernehmliche Dienstvereinbarung nur ohne Entscheidung der Einigungsstelle vor. Die Tarifvertragsparteien gehen davon aus, dass keine Betriebspartei „auf Verzögerung spielt".

18.3 Wesentlicher Inhalt der Dienst-/Betriebsvereinbarung ist die Auswahl von Formen von Leistungsentgelten, der Methoden sowie der Kriterien der systematischen Leistungsbewertung (§ 18 Abs. 6 S. 3, 4. Punkt TVöD). Sofern das betriebliche System keine abschließenden für die gesamte Verwaltung/den gesamten Betrieb geltenden Festlegungen trifft, sondern solche Regelungen den Entscheidungsträgern auf der Ebene der geeigneten Organisationseinheiten überlässt, besteht dort eine Pflicht zur Mitbestimmung (§ 72 Abs. 4 Satz 1 Nr. 5 LPVG NW; § 87 Abs. 1 Nr. 10 BetrVG). Beteiligt ist der örtliche

Personalrat. Dies ergibt sich daraus, dass ein Mitbestimmungsrecht des Personal-/Betriebsrats immer dann besteht, wenn der Arbeitgeber abstrakt-generelle Regelungen zur Gewährung leistungsorientierter Bezahlung trifft.

18.4 Die Feststellung des verfügbaren Finanzvolumens für Leistungsentgelte nach § 18 Abs. 3 TVöD obliegt allein dem Arbeitgeber. Er ist durch Tarifrecht verpflichtet, ein Gesamtvolumen von 1 % der ständigen Monatsentgelte des Vorjahres zur Verfügung zu stellen. Dem Personal-/Betriebsrat steht ein Recht zur Überwachung zu (§ 64 Nr. 2 LPVG NW; § 80 Abs. 1 Nr. 1 BetrVG).

Soweit der Arbeitgeber ein darüber hinaus gehendes Leistungsbudget bereitstellen will, trifft er allein die Entscheidung darüber. Dies gilt einerseits für die Zahlung einer Erfolgsprämie zusätzlich zum Startvolumen gemäß § 18 Abs. 4 Satz 3 TVöD. Es gilt andererseits erst recht für eine sonstige Erhöhung des Leistungsbudgets über das pflichtige Gesamtvolumen nach § 18 Abs. 3 TVöD hinaus, soweit daraus erweiterte Leistungsprämien oder Leistungszulagen finanziert werden sollen.

In Fällen, in denen das Gesamtvolumen in einzelne Leistungsbudgets etwa für geeignete Organisationseinheiten aufgeteilt werden soll, ist ein Mitbestimmungsrecht des Personalrats bzw. Betriebsrats anzunehmen.

18.5 Keine Mitbestimmungspflicht besteht
– beim Abschluss von einzelnen Zielvereinbarungen; dies gilt auch für Zielvereinbarungen mit Gruppen von Beschäftigten,
– bei der Feststellung, ob Beschäftigte das jeweils vereinbarte Ziel erreicht haben,
– bei der Leistungsbewertung nach dem vereinbarten System.

18.6 Ein Mitbestimmungsrecht ist gegeben, wenn zur Feststellung von Zielerreichungen oder zur systematischen Leistungsbewertung technische Einrichtungen zur Leistungsmessung eingesetzt werden (§ 72 Abs. 3 Nr. 2 LPVG NW; § 87 Abs. 1 Nr. 6 BetrVG).

18.7 Die allgemeinen Aufgaben des Personals-/Betriebsrats umfassen die Entgegennahme von Beschwerden (§ 64 Nr. 5 LPVG NW; § 85 Abs. 1 BetrVG). Die tarifliche Einbeziehung der Betrieblichen Kommission setzt diese gesetzlichen Tatbestände nicht außer Kraft. Wenn ein Beschäftigter eine Beschwerde z. B. gegen eine Entscheidung zur Leistungsfeststellung oder gegen die Zumessung der Leistungsprämie/-zulage einlegt, ist die BK für die Beratung solcher Beschwerden, die sich auf Mängel des Systems bzw. seiner Anwendung beziehen, zuständig. Die Beurteilung, ob eine Beschwerde im Rahmen des § 18 Abs. 7 Satz 2 TVöD berechtigt ist, kann aus Gründen der Sachkenntnis richtigerweise nur von der BK getroffen werden. Soweit Beschäftigte im Einzelfall Beschwerden an der BK vorbei direkt an die Personalvertretung herantragen, sollten diese von dort zur weiteren Beratung an die BK gegeben werden. Die paritätische Besetzung der BK stellt die Berücksichtigung der Beschäftigteninteressen in besonderer Weise sicher. Soweit der Betriebsrat befasst wird und er bei Meinungsverschiedenheiten über die Berechtigung der Beschwerde nach § 85 Abs. 2 BetrVG entgegen der Absicht der Tarifvertragsparteien doch die Einigungsstelle anruft, wird in diesem Fall der Spruch der Einigungsstelle die Einigung zwischen Arbeitgebern und Betriebsrat ersetzen. Dies gilt allerdings nicht, soweit Gegenstand der Beschwerde ein Rechtsanspruch des Beschäftigten ist (§ 85 Abs. 2 Satz 3 BetrVG).

18.8 Soweit in einer Verwaltung oder einem Betrieb kein Personal-/Betriebsrat vorhanden ist, sollte die BK die Grundlagen für die Gewährung von Leistungsentgelt schaffen, insbesondere die Regelungen für das betriebliche System nach § 18 Abs. 6 Satz 1 TVöD treffen. Die Protokollerklärung zu § 18 Abs. 6 TVöD lässt erkennen, dass die Tarifvertragsparteien der BK eine Ersatzfunktion bei fehlendem Personal-/Betriebsrat zuerkennen wollen.

19. Gestaltungselemente einer Dienst-/Betriebsvereinbarung zur Vereinbarung eines betrieblichen Systems

Der in § 18 Abs. 6 Satz 3 TVöD aufgeführte Katalog von Inhalten einer Dienst-/Betriebsvereinbarung ist nicht abschließend; er will jedoch das Funktionieren des Systems im Sinne des Tarifvertrages sichern. Die Betriebsparteien können auf nicht erforderliche Teilaspekte verzichten oder zusätzliche, die sie jeweils für notwendig erachten, vereinbaren.

Folgende Sachverhalte sollte jede Dienst-/Betriebsvereinbarung beinhalten:

– Startzeitpunkt zum 1. Januar 2007 (zwingend),
– Möglichkeit des differenzierten Vorgehens in Organisationseinheiten,
– Möglichkeit zur Abstufung bei den Zielen durch Vorgabe von Zielerreichungsgraden,
– Neben den Modellen der Zielvereinbarung/Leistungsprämie, Zielvorgabe/Erfolgsprämie, systematische Leistungsbewertung/Leis-

tungszulage auch das Verknüpfungsmodell mit Blick auf seine Gestaltungschancen für die Praxis.

Einzelheiten gibt das Muster der VKA für eine Dienst-/Betriebsvereinbarung vor; es beschränkt sich bewusst auf notwendige Regelungen.

20. Folgen bei nicht rechtzeitigem Abschluss einer Dienst-/Betriebsvereinbarung

In Nr. 1 der Protokollerklärungen zu § 18 Abs. 4 TVöD betonen beide Tarifvertragsparteien nachlesbar, dass die zeitgerechte Einführung des Leistungsentgeltes beiderseitig gewollt ist. Sie fordern die Betriebsparteien auf, die zur Umsetzung des Leistungsentgeltes erforderlichen betrieblichen Systeme rechtzeitig **vor dem 01. Januar 2007** zu vereinbaren. Die Gewerkschaften veröffentlichen hierzu: „... *dass eine zeitnahe Einführung der LOB angebracht ist. Die Verteilung „mit der Gießkanne" – wie es der TVöD für das Jahr 2007 ermöglicht – ist zwar verlockend und mag der einfachste Weg sein; dem System der LOB wird er nicht gerecht."* (vgl. auch unter 13.) Das erste Jahr der Umsetzung ist 2007. Der Fokus aller Beteiligten muss ungeachtet der kurzen Vorbereitungszeit darauf gerichtet sein, noch in diesem Jahr zu einer betrieblichen Verständigung zu gelangen, die das Anfangen und „Lernen durch Tun" zeitgerecht eröffnet.

Selbstverständlich sind sich die Tarifvertragsparteien bewusst, dass sie mit der Vereinbarung von Leistungsentgelten im öffentlichen Dienst „Neuland" betreten. Das gilt auch für die Mitglieder des KAV NW, welche den TV-L NW von 2003 mangels Refinanzierung kaum angewandt haben. Die unbegründete Angst vor Veränderungen, vor scheinbaren Verschlechterungen oder auch davor, bei der Umsetzung Fehler zu machen, sollte vor Ort niemals zu einer Blockade, weder durch den Personal-/Betriebsrat noch durch den Arbeitgeber führen! Falls dennoch in einzelnen Kommunen/Unternehmen der Abschluss einer Dienst-/Betriebsvereinbarung nicht rechtzeitig zum 01. Januar 2007 gelingt, regelt Nr. 1 der Protokollerklärungen zu § 18 Abs. 4 TVöD in den Sätzen 3 bis 6, wie das vorgesehene Finanzvolumen dann – der Intention des Tarifvertrages zuwider – ausnahmsweise (ganz oder teilweise) noch nicht leistungsdifferenziert zu verwenden ist.

Die Aussagen der Sätze 3 bis 6 scheinen dabei unsystematisch, da hierin nur der Einigungsstand in den Tarifverhandlungen „authentisch" wiedergegeben ist, ohne ihn „redaktionell" anschließend lesbarer gemacht zu machen.

Dennoch ist die Systematik des Tarifvertrages eindeutig: Immer dann, wenn sich die Betriebsparteien über ein betriebliches System doch nicht rechtzeitig (= 30. September des jeweiligen Vorjahres) einigen, sieht die Protokollerklärung anstelle eines differenzierten Leistungsentgeltes ab dem Jahr 2008 die Auszahlung in Höhe von nur 6 % des für den Monat September zustehenden Tabellenentgeltes des jeweiligen Kalenderjahres vor. Die Auszahlung ist im Dezember fällig. Hierdurch gelangt von dem zu Beginn des Kalenderjahres bereitzustellenden pflichtigen Gesamtvolumen in Höhe von 1 % der ständigen Monatsentgelte des Vorjahres gemäß Absatz 3 nur etwa die Hälfte der Auszahlung. Die teilweise Nichtauszahlung des tarifvertraglich vorgesehenen Gesamtvolumens soll die Bereitschaft zu einer Verständigung erhöhen. Die nicht zur Auszahlung gelangten Beträge (ggf. einschließlich einer ab 2008 noch zu klärenden Verzinsung) sind nach Satz 4 zwingend in das Gesamtvolumen für das Folgejahr zu übertragen. Es ist ausgeschlossen, dass ein Arbeitgeber seinerseits durch Verzögerungen in der Umsetzung Personalkosteneinsparungen generieren könnte.

Besondere Folgen der Nichteinigung gelten nur im ersten Jahr der Umsetzung (2007). In nicht chronologischer Darstellung haben die Tarifvertragsparteien für das Einstiegsjahr 2007 erst in Satz 6 der Nr. 1 Protokollerklärungen zu Absatz 4 Folgendes vereinbart:

Nach Satz 6, letzter Halbsatz kommen die Regelungen einer bis zum 31. Juli 2007 vereinbarten Dienst-/Betriebsvereinbarung im laufenden Jahr durchaus noch zur Anwendung. Damit wird die nach Satz 2 angestrebte (Regel-)Vereinbarungsfrist zum 01. Januar 2007 um weitere sieben Monate verlängert. Sollte auch innerhalb dieser verlängerten Frist keine betriebliche Vereinbarung gelingen, erhalten die Beschäftigten anstelle eines differenzierten Leistungsentgeltes im Dezember 2007 nur einen Betrag in Höhe von 12 % des für den Monat September 2007 zustehenden Tabellenentgeltes. Hierdurch gelangt das zu Beginn des Kalenderjahres 2007 bereitzustellende Gesamtvolumen in Höhe von 1 % der ständigen Monatsentgelte des Vorjahres gemäß Absatz 3 noch in etwa zur Auszahlung. Eine Überschreitung des Ansatzes ist durch die Regelung des 2. Halbsatzes ausgeschlossen.

Die im Einstiegsjahr 2007 auch rückwirkend mögliche Inkraftsetzung einer Dienst-/Betriebsvereinbarung impliziert, dass auch in den Folgejahren ab 2008 von der Vereinbarungsfrist (= 30. September des Vorjahres) nach Satz 3 abgewichen werden kann. Damit bleibt für diese „Fallgestaltungen" immer die Chance der Betriebsparteien bestehen, eine zu einem späteren Zeitpunkt erreichte Einigung doch noch für das Folgejahr tatsächlich zur Anwendung zu bringen. Sachlogisch wäre jedenfalls nicht zu begründen, warum etwa eine am 15. Oktober 2007 vereinbarte betriebliche Regelung nicht noch für 2008 umgesetzt werden sollte. Die nur teilweise (6 %) Auszahlung des Gesamtvolumens wird bei einer solchen tatsächlichen Anwendung hinfällig.

21. Verhältnis des Leistungsentgelts zu den leistungsabhängigen Stufenaufstiegen nach § 17 Abs. 2 TVöD

Auch die leistungsabhängigen Stufenaufstiege haben weit reichende Wirkungen. Sie modifizieren sogar die Entwicklung im Tabellenentgelt des einzelnen Beschäftigten. Die Protokollerklärung zu § 17 Abs. 2 TVöD stellt heraus, dass die Instrumente der materiellen Leistungsanreize und der leistungsbezogenen Stufenaufstiege unabhängig voneinander bestehen und unterschiedlichen Zielen dienen. Daher sollen leistungsbezogene Stufenaufstiege insbesondere die Anliegen der Personalentwicklung unterstützen. Selbstverständlich haben auch die Stufenaufstiege einen Leistungsbezug: Aufstiege in Entwicklungsstufen sind aus Sicht der Arbeitgeber mit der Erwartung verbunden, dass für die höhere Stufe ein zusätzliches Maß an Leistungsbereitschaft, Engagement und Erfahrung einzubringen ist. Die Möglichkeit, Zeiten für Stufenaufstiege bei erheblich über dem Durchschnitt liegenden Leistungen zu verkürzen bzw. bei erheblich unter dem Durchschnitt liegenden Leistungen zu verlängern, sind Ansporn an die Beschäftigten, ihre Einsatzbereitschaft und ihren Kenntnisstand dauernd positiv zu entwickeln. Dieser Eingriff in das regelmäßige Tabellenentgelt ist – anders als beim variablen Leistungsentgelt – in der Tat schwerpunktmäßig ein Thema der Personalentwicklung.

Damit ist tarifrechtlich der bislang geltende Automatismus von Stufenaufstiegen durch bloßen Zeitablauf abgeschafft. Es entspricht dem Willen der Tarifpartner, die neue Gestaltungsmöglichkeit in der Praxis zu verwirklichen. Voraussetzung ist, dass auch hier das **Gebot der Differenzierung** gilt: Führungskräfte müssen sich mit den festgestellten Potenzialen und Leistungen der Beschäftigten auseinandersetzen und besondere Leistungsträger ebenso wie Leistungsverweigerer entsprechend beurteilen.

In der Methodik der Feststellung erheblich unter/über dem Durchschnitt liegender Leistungen zeigen sich Unterschiede zum Leistungsentgelt: Zielvereinbarung oder systematische Leistungsbewertung eignen sich für Leistungsstufen nicht. Die Leistungsbewertung ist anders, nämlich als Prognoseentscheidung, mit Blick auf die Anforderungen von Stufenaufstiegen anzustellen. Beurteilt wird das gezeigte Leistungsverhalten, aber auch das Potenzial an Kenntnissen und Erfahrungen, um gestellte Aufgaben höherwertig zu erledigen. Nur so rechtfertigt sich eine um Stufenwerte angehobene Bezahlung im regelmäßigen Entgelt.

Nicht gemessen wird etwa eine sog. „Normalleistung", wie man sie von Akkordsystemen kennt: Die Betrachtung setzt am aktuellen Durchschnitt der in einem Aufgabenbereich erbrachten Leistungen an. Nur bei erheblicher Abweichung vom Durchschnitt der Leistungen rechtfertigt sich ein Eingreifen. Eine prozentuale Festlegung, wann eine erhebliche Abweichung gegeben ist, kann nicht aus der Tarifregelung abgeleitet werden. Es ist Aufgabe der Führungskraft, die Leistungen und Potenziale zu bewerten und zu begründen, in welchen Fällen und aufgrund welcher vorgegebenen Kriterien eine erhebliche Abweichung zuerkannt wird.

Die Beschränkung auf „erhebliche" Abweichungen vom Durchschnitt verbietet es, vorzeitige Stufenaufstiege im Übermaß auszusprechen. Erhebliche Personalkostensteigerungen wären die Folge, zumal ein einmal vorgezogener Stufenaufstieg die erhöhte Grundlage für die zeitliche Abfolge weiterer Stufenaufstiege bildet. Um hier Vorkehrungen zu treffen und ein einheitliches, sachbezogenes Vorgehen zu sichern, ist es zweckmäßig, in der Verwaltung/im Unternehmen per Richtlinie oder Dienst-/Betriebsvereinbarung festzulegen, nach welchen Kriterien Beurteilungen für Stufenaufstiege vorzunehmen sind. Praktikabel kann es z. B. sein, ausgewählte Maßstäbe aus dem üblichen Beurteilungssystem einer Verwaltung/eines Unternehmens einzusetzen. Denkbar ist auch, hierbei wiederholt erreichte Leistungsprämien zu fordern.

22. Monitoring und Controlling der leistungs- und erfolgsorientierten Bezahlung

Die Umsetzung von Leistungsentgelten erfordert Aufwand. Es muss daher darauf geachtet werden, dass Leistungsentgelte zu Mehrwerten und Mehrerfolgen beitragen. Vor allem deshalb kann die Umsetzung nicht den Führungskräften ohne weitere Begleitung überlassen sein. Die Verwaltungs-/Unternehmensspitze selbst ist gefordert, dafür zu sorgen, dass termingerechte Zielvereinbarungen abgeschlossen und die Ausschüttung des Gesamtvolumens verwirklicht wird. Insbesondere ist zu prüfen, dass Zielvereinbarungen den übergeordneten Verwaltungs- und Unternehmenszielen entsprechen und weiterhelfen.

Neben dem Controlling des betrieblichen Systems, das immer zuerst der BK obliegt, muss sich die Verwaltungs- und Unternehmensführung ein eigenständiges Bild davon machen, wie das System der Leistungsentgeltgewährung funktioniert und wie es hinreichend zur Leistungssteigerung und besseren Wirtschaftlichkeit der Verwaltung/ des Unternehmens beiträgt. Nur so kann der Erfolgsbeitrag des neuen Instrumentariums „Leistungsentgelte" gesichert werden, den die Tarifvertragsparteien mit der Konzipierung des § 18 TVöD ermöglichen wollen. Welche Stelle dieses Controlling beim Arbeitgeber wahrnehmen soll, muss die Verwaltungs-/Unternehmensspitze vorgeben.

Musterdienst-/Musterbetriebsvereinbarung für ein betriebliches System (§ 18 Abs. 6 Satz 1 TVöD)

Muster

Dienstvereinbarung/Betriebsvereinbarung zur Einführung leistungs- und/oder erfolgsorientierter Entgelte und Vereinbarung eines betrieblichen Systems nach § 18 Abs. 6 Satz 1 TVöD

Die .... (Arbeitgeber), vertreten durch .... und der Personal-/Betriebsrat, vertreten durch .... vereinbaren auf Grundlage der in § 18 TVöD übertragenen Regelungskompetenz folgende Dienst-/Betriebsvereinbarung:

Präambel

Diese Dienst-/Betriebsvereinbarung dient der betrieblichen Vereinbarung eines Systems nach § 18 Abs. 6 Satz 1 TVöD zur Einführung und Entwicklung der leistungs- und/oder erfolgsorientierten Bezahlung zum 01. Januar 2007.

§ 1 Geltungsbereich

(1) Die nachstehenden Regelungen gelten für alle Beschäftigte, auf deren Beschäftigungsverhältnis der TVöD Anwendung findet.

(2) Diese Dienst-/Betriebsvereinbarung gilt nicht für Beschäftigte, die gemäß § 1 Abs. 2 TVöD vom Geltungsbereich dieses Tarifvertrages ausgenommen sind.[1])

§ 2 Verfahren zur Einführung

(1) Die Leistungsentgelte werden in der gesamten Verwaltung/Betrieb/Unternehmen eingeführt.

(2) Die konkrete Umsetzung (Formen, Methoden) kann auf der Ebene von Organisationseinheiten (z. B. Dezernate, Fachbereiche, Ämter, Hauptabteilungen) stattfinden.

(3) [1]Ab dem .... werden Schulungen für alle betroffenen Führungskräfte durchgeführt. [2]Führungskräfte i. S. d. betrieblichen

---

) Ggf. können in dem engen Rahmen des § 18 Abs. 4 Satz 6 und der Protokollerklärung Nr. 2 zu § 18 TVöD betrieblich weitere Beschäftigte ausgenommen werden.

Systems sind alle weisungsbefugten Beschäftigten, die Zielvereinbarungen (ZV) verantwortlich abzuschließen oder systematische Leistungsbewertungen (SLB) vorzunehmen bzw. zu überwachen haben.

(4) ¹Alle Beschäftigten (§ 1 Abs. 1) sind über die Anliegen und wesentlichen Inhalte des betrieblichen Systems ausführlich zu informieren. ²Entsprechendes gilt bei späteren wesentlichen Änderungen der Dienst-/Betriebsvereinbarung.

(5) Die Schulungen und Informationen sind keine Startbedingungen für die Umsetzung der Dienst-/Betriebsvereinbarung ab 01. Januar 2007.

§ 3 Intention leistungs- und/oder erfolgsorientierter Entgelte

(1) Leistungs- und/oder erfolgsorientierte Entgelte sollen gemäß § 18 Abs. 1 Satz 1 TVöD die öffentlichen Dienstleistungen verbessern, die Effektivität und Effizienz der Organisation und Prozesse (§ 18 Abs. 6 Satz 3 TVöD) steigern und zugleich die Motivation, Eigenverantwortung und Führungskompetenz stärken (§ 18 Abs. 1 Satz 2 TVöD).

(2) Eine Verbesserung der öffentlichen Dienstleistung liegt z. B. in einer besseren Dienstleistungsqualität oder Kundenfreundlichkeit vor, die sich insbesondere messen lassen an

– verbesserter Personalpräsenz und Erreichbarkeit
– Qualität der Auskünfte
– Verkürzung/Vereinfachung von Verfahrensabläufen
– Verminderung von Beschwerdefällen.

(3) Eine Verbesserung der Wirtschaftlichkeit kann ermittelt werden durch

– Steigerung der Produktivität
– Steigerung von Leistungsmenge und Umsatz
– Verbesserung von Erträgen/Einnahmen
– Senkung von Prozesskosten und Stückkosten
– Anhebung des Kostendeckungsgrades
– Vermeidung von Kostensteigerungen/Abgabenerhöhungen.

§ 4 Formen und Methoden des Leistungsentgeltes

(1) Leistungsentgelte werden zusätzlich zum Tabellenentgelt in den Formen der Leistungsprämie, der Erfolgsprämie oder der Leistungszulage gewährt; das Verbinden verschiedener Formen des Leistungsentgeltes ist möglich.

(2) ¹Leistungsprämien bzw. Erfolgsprämien werden grundsätzlich auf der Grundlage von Zielvereinbarungen (ZV) gewährt. ²Leistungszulagen werden grundsätzlich auf der Grundlage einer systematischen Leistungsbewertung (SLB) gewährt. ³Die Verknüpfung der Methoden der ZV mit der SLB als eines der Ziele zur Gewährung von Leistungsprämien (Verknüpfungsmodell) ist zulässig.

§ 5 Leistungsprämie

(1) ¹Die Leistungsprämie wird am Ende des Zielvereinbarungszeitraums in der Regel als einmalige Zahlung gewährt. ²Sie kann auch, z. B. abhängig von unterschiedlichen Zielerreichungsgraden, gestaffelt gezahlt werden. ³Prämienzahlungen sind nicht möglich, soweit ZV nicht abgeschlossen worden sind.

(2) ¹Eine ZV ist eine freiwillige Abrede zwischen Führungskraft und einzelnen Beschäftigten oder einer Gruppe von Beschäftigten über Leistungsziele und die Bedingungen ihrer Erfüllung. ²Eine freiwillige Vereinbarung kann auch die Verständigung auf vorgegebene oder übergeordnete Ziele sein, insbesondere bei der Umsetzung gesetzlicher oder haushaltsrechtlicher Vorgaben sowie bei Grundsatzentscheidungen der Verwaltungsführung.

(3) ¹Ziele setzen Schwerpunkte in der Tätigkeit eines Beschäftigten/eines Teams. ²Sie sind nicht gleichzusetzen mit Stellen- oder Tätigkeitsbeschreibungen. ³Die vereinbarten qualitativen und quantitativen Ziele (regelmäßig 2 bis 3) sollten messbar, zählbar oder anderweitig objektivierbar sein. ⁴Die angestrebten Ergebnisse müssen durch den Beschäftigten beeinflussbar und in der regelmäßigen Arbeitszeit erreichbar sein. ⁵Die individuellen Ziele sind grundsätzlich aus den Verwaltungs-/Unternehmenszielen abzuleiten. ⁶Von den Beschäftigten eingebrachte Vorschläge für ZV müssen die Verwaltungs-/Unternehmensziele fördern.[1)]

(4) ¹ZV sind schriftlich zu formulieren und von allen Beteiligten der ZV zu unterschreiben, ggf. in Verbindung mit einem Mitarbeitergespräch. ²ZV sind grundsätzlich spätestens bis zum (bspw. Ende des 1. Quartals) abzuschließen.

[1)] Ggf. können in dem engen Rahmen des § 18 Abs. 4 Satz 6 und der Protokollerklärung Nr. 2 zu § 18 TVöD betrieblich weitere Beschäftigte ausgenommen werden.

(5) ¹ZV beinhalten insbesondere:

- Bezeichnung der Beteiligten
- Beschreibung der zu erreichenden Ziele/ggf. Zielerreichungsgrade/ Teilziele
- Laufzeit/Befristung der ZV [in der Regel bezogen auf das Haushaltsjahr]
- ggf. Festlegung betrieblicher Rahmenbedingungen
- die Bemessung der Prämie – Ausschüttung und Fälligkeit.

²In einem Verknüpfungsmodell nach § 4 Abs. 2 beinhaltet die Vereinbarung als Ziel darüber hinaus auch den Erfüllungsgrad einer SLB.

(6) ¹Die Feststellung der Zielerreichung obliegt der Führungskraft (§ 2 Abs. 3) und ist spätestens bis zum (so rechtzeitig, dass eine Auszahlung im Haushaltsjahr möglich ist) zu treffen. ²Diese erfolgt durch einen Soll-Ist-Vergleich zwischen vereinbarten und erreichten Zielen. ³Die Feststellung ist dem Beschäftigten ggf. in Verbindung mit einem Mitarbeitergespräch bekannt zu geben und schriftlich zu dokumentieren.

(7) ¹Eine Anpassung von ZV ist nur ausnahmsweise bei wesentlichen Änderungen von Geschäftsgrundlagen vorzunehmen. ²Diese liegen insbesondere vor bei gravierenden, vom Beschäftigten oder Arbeitgeber nicht zu beeinflussenden Umständen. ³Die Anpassung ist zwischen Führungskraft und Beschäftigten oder Beschäftigtengruppe zu vereinbaren.

(8) Der Auszahlungspflicht nach § 18 Abs. 3 Satz 2 TVöD wird ausnahmsweise, insbesondere in Fällen von überjährigen Projekten, auch dadurch Rechnung getragen, dass für diese ZV konkret bezifferte Rückstellungen gebildet werden, welche das Leistungsbudget des folgenden Haushaltsjahres entsprechend erhöhen.

§ 6 Erfolgsprämie

(1) ¹Die Erfolgsprämie wird nach Erreichen eines bestimmten, von der Verwaltungs-/Unternehmensführung festgelegten wirtschaftlichen Zieles gewährt. ²Der wirtschaftlicher Erfolg wird festgestellt durch Bezugnahme auf den Erfolg der Gesamtverwaltung/Gesamtunternehmens/Gesamtbetriebes. ³Das gilt auch in Fällen, in denen ein wirtschaftlicher Teilerfolg belohnt werden soll.

(2) Die Erfolgsprämie kann in Abhängigkeit von einem bestimmten wirtschaftlichen Erfolg auch neben dem Startvolumen gemäß § 18 Abs. 3 TVöD gezahlt werden.

§ 7 Leistungszulage

(1) ¹Die Leistungszulage wird als zeitlich befristete, widerrufliche, in der Regel monatliche wiederkehrende Zahlung gewährt; sie kann auch als Einmalzahlung geleistet werden. ²Die SLB ist entweder die auf festgestellten Leistungen beruhende Prognose für eine auch zukünftig erwartete Leistung oder die Feststellung erbrachter Leistungen nur für die Vergangenheit. ³In beiden Fällen muss die Feststellung durch die Führungskraft nach objektivierbaren und möglichst messbaren Kriterien geschehen. ⁴Die SLB ist nicht mit der Regelbeurteilung gleichzusetzen.

(2) ¹Leistungszulagen müssen ebenso wie Leistungsprämien nach Leistung differenzieren. ²Eine Leistungszulage ist grundsätzlich dann zu zahlen, wenn die SLB zu der Feststellung führt, dass erheblich über dem Durchschnitt liegende Leistungen erbracht worden bzw. zu erwarten sind, die z. B. zu einem messbaren wirtschaftlichen Mehrwert oder zur Verbesserung der Dienstleistung geführt haben.

(3) Die Führungskraft erläutert dem Beschäftigten die Ergebnisse der schriftlich festgehaltenen SLB.

§ 8 Bestimmung der Höhe des Finanzvolumens

¹Der Arbeitgeber stellt die Höhe des Finanzvolumens nach Maßgabe des § 18 Abs. 3 TVöD i. V. m. der Protokollerklärung zu Abs. 3 Satz 1 bis zum (möglichst bis Ende Januar) fest.[1]) ²Er informiert den Personal-/Betriebsrat und die Betriebliche Kommission (§ 10) über die Höhe des Finanzvolumens.[2])

---

[1]) Formulierungsvorschlag für eine Verwaltung: Ziele leiten sich aus den fachlichen und fachübergreifenden Anforderungen der Verwaltung ab.

) Fakultativer Textbaustein: „Der Arbeitgeber kann im Rahmen seiner wirtschaftlichen Leistungsfähigkeit vorsehen, dass durch Zielvereinbarungen erwirtschaftete besondere Mehrwerte (erhebliche zusätzliche Einnahmen bzw. verminderte Ausgaben) zu einem bestimmten Anteil zusätzlich in das Finanzvolumen nach Absatz 1 fließen. Es gibt keinen Rechtsanspruch auf

§ 9 Grundsätze der Aufteilung

(1) Soweit die konkrete Umsetzung (§ 2 Abs. 2) in unterschiedlichen Organisationseinheiten erfolgt, sind hierfür jeweils eigene Leistungsbudgets auszuweisen.

(2) Das festgestellte Finanzvolumen kann in getrennte Leistungsbudgets für Führungskräfte und sonstige Beschäftigte aufgeteilt werden.

(3) Die Aufteilung des Finanzvolumens auf die einzelnen Leistungsbudgets nach Absatz 1 und 2 erfolgt nach den Grundsätzen des § 18 Abs. 3 Satz 1 TVöD.

(4) Die Bemessung von Leistungsentgelten aus diesen Budgets erfolgt grundsätzlich durch Zuweisung von Punkten entsprechend der Zielerreichung und/oder SLB oder durch Zahlung von vereinbarten Festbeträgen.[1])

(5) In der Zielvereinbarung wird eine feste Prämie in Höhe von .... % der Summe der individuellen ständigen Monatsentgelte des Vorjahres/von .. Euro für den Fall einer mindestens 100-prozentigen Zielerreichung ausgelobt.[2])

(6) Die Ausschüttung von Leistungsentgelten an einzelne Beschäftigte ist auf das ......-fache des Monatstabellenentgelts begrenzt.

(7) [1]Im Falle von Beschwerden nach § 18 Abs. 7 TVöD kann durch Führungskräfte für die Gesamtverteilung eine vorläufige Feststellung getroffen werden, falls eine Entscheidung über die Beschwerde nicht vorher erfolgt. [2]Eine vorläufige Feststellung kann auch im Fall von § 5 Abs. 8 (überjährige Projekte) erfolgen.

§ 10 Betriebliche Kommission

(1) [1]Die Betriebliche Kommission (BK) besteht aus jeweils zwei vom Arbeitgeber und vom Personalrat benannten Vertretern.[3]) [2]Die Mitglieder der BK müssen in einem aktiven Arbeitsverhältnis zum Arbeitgeber stehen.

) Für Teilzeitbeschäftigte kann gemäß § 18 Abs. 4 Satz 7 TVöD von § 24 Abs. 2 TVöD abgewichen werden.

(2) ¹Die BK wirkt unbeschadet der Beteiligungsrechte des Personalrates bei allen generellen Regelungen im Zusammenhang mit der Entwicklung, Einführung und dem ständigen Controlling des betrieblichen Systems mit. ²Hinsichtlich der vom Arbeitgeber vorgenommenen Entscheidung über Leistungsentgelte berät die BK über schriftlich begründete Beschwerden von Beschäftigten, soweit sich die Beschwerde auf Mängel des Systems oder seiner Anwendung beziehen. ³Für eine Beschwerde gilt eine Ausschlussfrist von sechs Wochen. ⁴Unter Berücksichtigung der Stellungnahme der für die Leistungsentgeltbemessung zuständigen Führungskraft leitet die BK ihre Empfehlung dem ....¹) zu, der abschließend entscheidet.

(3) ¹Arbeitgeber und Personalrat geben der BK eine Geschäftsordnung. ²In der Geschäftsordnung sind zu regeln
- Sitzungsfolge nach Bedarf
- Sitzungsleitung (jährlich alternierend, kein doppeltes Stimmrecht)
- Schriftführung (durch Mitarbeiter der Personalabteilung, kein Stimmrecht)
- Einladung und Einladungsfristen.

³Entscheidungen in der BK werden mit Mehrheit getroffen. ⁴Bei Stimmengleichheit ist ein Antrag abgelehnt.

§ 11 Dokumentation

(1) Die Ergebnisse von ZV und SLB sind von allen Beteiligten vertraulich zu behandeln.

(2) ¹Die Ergebnisse von ZV und SLB sind im Original in die Personalakte aufzunehmen. ²Eine Weitergabe an Dritte außerhalb der zuständigen personalbearbeitenden Stelle findet nicht statt, soweit dies nicht aus Gründen der Zahlbarmachung des Leistungsentgelts, der Personalentwicklung oder aus arbeitsrechtlichen Gründen erforderlich ist. ³Systematische Auswertungen ohne individuellen Personenbezug durch die zuständigen Stellen sind gestattet.

(3) ¹In Kopie können die Ergebnisse von ZV und SLB durch die Führungskraft drei Jahre unter Verschluss aufbewahrt werden. ²Eine Verwendung durch die Führungskraft ist ausschließlich im Sinne einer

---

¹) Die betriebliche Einbeziehung unständiger Entgeltbestandteile ist nach der Protokollerklärung zu § 18 Abs. 3 Satz 1 möglich.

Hinweise (M 05/2006) KAV NW **III.1b**

kontinuierlichen Anwendung des betrieblichen Systems gestattet. ³Spätestens nach Ablauf von drei Jahren sind die entsprechenden Unterlagen zu vernichten.

§ 12 Informationsrechte des Personal-/Betriebsrates

¹Gesetzliche Mitbestimmungsrechte bleiben unberührt. ²Zur Wahrung seiner Rechte aus dieser Dienst-/Betriebsvereinbarung erhält der Personal-/Betriebsrat folgende Informationen und Unterlagen:
– Mitteilung über die Höhe des jährlichen Finanzvolumens
– Auswertung der Ergebnisse von ZV und SLB ohne individuellen Personenbezug.

§ 13 Schlussbestimmungen

(1) ¹Diese Dienst-/Betriebsvereinbarung ist jedem Beschäftigten durch Aushang oder in sonstiger geeigneter Weise bekannt zu geben. ²Die Bekanntgabe erfolgt im Jahr der Einführung außerdem durch Mitarbeiterrundschreiben.

(2) ¹Diese **Dienstvereinbarung** tritt mit sofortiger Wirkung in Kraft. ²Sie kann mit einer Frist von .... (z. B. 3 Monaten, 6 Wochen zum Quartalsende) frühestens zum 31. Dezember 2008 gekündigt werden. ³Im Falle einer Kündigung der Dienstvereinbarung verpflichten sich die Vertragsparteien, unverzüglich über eine neue Dienstvereinbarung in Verhandlungen zu treten mit dem Ziel, innerhalb einer Frist von sechs Monaten eine neue Dienstvereinbarung abzuschließen. ⁴Die Dienstvereinbarung wirkt für die Dauer der Verhandlungen nach. ⁵Darüber hinaus wird die Nachwirkung ausgeschlossen.

(2) ¹Diese **Betriebsvereinbarung** tritt mit sofortiger Wirkung in Kraft. ²Sie kann mit einer Frist von !!!.......... (z. B. 3 Monaten, 6 Wochen zum Quartalsende) insgesamt oder in einzelnen Bestandteilen gekündigt werden. ³Im Falle einer Kündigung der Betriebsvereinbarung verpflichten sich die Vertragsparteien, unverzüglich über eine neue Betriebsvereinbarung in Verhandlungen zu treten mit dem Ziel, innerhalb einer Frist von sechs Monaten eine neue Betriebsvereinbarung abzuschließen. ⁴Die Betriebsvereinbarung wirkt für die Dauer der Verhandlungen nach.

(3) ¹Soweit einzelne Regelungen dieser Dienst-/Betriebsvereinbarung aufgrund anderer rechtlicher oder tarifvertraglicher Regelungen unwirksam sein oder werden sollten, wird die Wirksamkeit der Dienst-/Betriebsvereinbarungen im Übrigen hierdurch nicht berührt.

III.1b KAV NW — Hinweise (M 05/2006)

[2]Die Vertragsparteien verpflichten sich in diesem Fall zu sofortiger Verhandlungsaufnahme mit dem Ziel, die unwirksame Regelung durch eine ihr im Erfolg möglichst gleichkommende wirksame zu ersetzen.

.............................., den ....

....
(Arbeitgeber) (Personal-/Betriebsrat)

Messmethoden für Leistungsentgelte

Auszug aus dem Rundschreiben „R 164/2007" der VKA

Übersicht

I. Methoden der Leistungsfeststellung
II. Zielvereinbarung
III. Systematische Leistungsbewertung
IV. Bewertungszeitpunkt
V. Verknüpfung von ZV und SLB
VI. Auszahlungsformen
VII. Protokollerklärung Nr. 1 zu § 18 Abs. 4 TVöD (sog. Verspätungsklausel)
VIII. „Freiwillige" Teilnahme am Leistungsentgeltsystem

In diesem Rundschreiben geht es noch einmal um die verschiedenen Messungsmethoden für Leistungsentgelte. Ein nachfolgendes Rundschreiben, das derzeit vorbereitet wird, soll sich mit Ausschüttungsmechanismen und Sonderfällen (z. B. Fehlzeiten wegen Krankheit, Mutterschutz, Sonderurlaub oder Altersteilzeit) befassen. Andere Themen werden jeweils bei Bedarf in Rundschreiben behandelt; darin fließen die überall gemachten ersten Erfahrungen ein. Auch sie entheben nicht von der Notwendigkeit selbst zu handeln und eigene Erkenntnisse zu sammeln, damit Kompetenz auf allen Seiten im Umgang mit diesen wichtigen Instrumenten der Personalführung entsteht. Erst das eigene praktische Handeln zeigt auf, welche Defizite in den Verwaltungen und Unternehmen noch in der Führung über Ziele, in der Mitarbeitergesprächs- und Vereinbarungskultur, in der Delegationsfähigkeit etc. anzugehen sind. Erst dann verstehen Führungskräfte und Beschäftigte real, welche Chancen der Veränderung es in Zukunft mit Leistungsentgelten noch zu verwirklichen gilt.

I. Methoden der Leistungsfeststellung

Eine Kernentscheidung bei der Implementierung des betrieblichen Systems ist die Beantwortung der Frage, nach welcher Methode jetzt oder zukünftig die Leistungsfeststellung in der Verwaltung/dem Unternehmen erfolgen soll. Der Tarifvertrag gibt in § 18 Abs. 5 Satz 1 TVöD zwei Varianten vor. Dies sind die Methoden der Zielvereinbarung (ZV) sowie der systematischen Leistungsbewertung (SLB).

Beide Methoden sind nach dem Wortlaut des Tarifvertrages grundsätzlich als gleichberechtigt anzusehen. Sie können alternativ oder kumulativ eingesetzt werden. Allerdings bewirkt die Einführung der Leistungsentgelte neben einer stärkeren Ergebnisorientierung stets auch eine Stärkung der Motivation, Eigenverantwortung und Führungskompetenz (vgl. § 18 Abs. 1 TVöD). In diesem Zusammenhang haben die Tarifvertragsparteien stets die Auffassung vertreten, dass längerfristig hierfür die ZV die am besten geeignete Methode ist. Die ZV gewährleistet eine Funktionalität als Steuerungs- und Führungsinstrument ebenso wie den Aspekt der Mitarbeiterbeteiligung und der Entwicklung einer neuen Kommunikations- und Vereinbarungskultur. Vorbehalte und Vorurteile, die aus nicht systematisierten Bewertungsverfahren herrühren, werden vermieden.

In der praktischen Umsetzung wird die ZV als die effektivere, vor allem nachvollziehbare und messbare angesehen, gleichzeitig wird die ZV aber als die vermeintlich anspruchsvollere Methode der Leistungsfeststellung wahrgenommen. Dies hat dazu geführt, dass eine Vielzahl von Kommunen und kommunalen Unternehmen alternativ zu einer flächendeckenden Umsetzung von ZV,en zunächst auf die scheinbar „einfachere" Methode der SLB gesetzt haben. Um die ZV als weiterbringendes Führungs- und Steuerungsinstrument nicht bereits im Einstieg aus den Augen zu verlieren, ist immer zu empfehlen, auch sie möglichst schon im ersten Schritt, ggf. im Rahmen von innerbetrieblichen Pilotprojekten einzusetzen. Das Einführungsrundschreiben hat hierzu etwa das Kombimodell (mit z. T. SLB plus z. T. ZV) nahegelegt.

Mindestens ebenso wichtig wie Methoden sind die Kompetenzen von Führungskräften und Beschäftigten im Umgang mit den Mechanismen. Diese erwirbt eine Kommune/kommunales Unternehmen nur durch eigenes „Tun", d. h. indem man auch mit ZV,en anfängt.

II. Zielvereinbarung

Bei jeder ZV erfolgt die Feststellung von Leistungen gem. § 18 Abs. 5 Sätze 1 und 2 TVöD durch das Vergleichen von Zielerreichungen mit den jeweils angestrebten Zielen. Hierbei ist die ZV eine freiwillige Abrede zwischen Führungskraft und einzelnen Beschäftigten oder Beschäftigtengruppen über objektivierbare Leistungsziele und die Bedingungen ihrer Erfüllung.

> **Zielvereinbarung nach § 18 Abs. 5 Sätze 1 und 2 TVöD**
>
> „.... freiwillige Abrede ..."
> „.... zwischen Führungskraft und einzelnen Beschäftigten oder Beschäftigtengruppen ..."
> „.... über objektivierbare Leistungsziele ..."
> „.... die Bedingungen ihrer Erfüllung."

Freiwillige Abrede

Zur Freiwilligkeit von ZV,en haben die Tarifvertragsparteien eigens in einer Niederschriftserklärung ausgeführt, dass die Vereinbarung von Zielen „aus Motivationsgründen" freiwillig geschieht. Danach kann eine freiwillige ZV auch die Verständigung auf zum Teil vorgegebene oder übergeordnete Ziele sein, z. B. bei der Umsetzung gesetzlicher oder haushaltsrechtlicher Vorgaben oder von Grundsatzentscheidungen der Verwaltungs-/Unternehmensführung. Hiermit wird verdeutlicht, dass sich einzelne ZV,en regelmäßig aus den (z. B. strategischen) Oberzielen ableiten lassen und der Aufgabenerledigung der Verwaltung/des Unternehmens dienen müssen. Motivationspsychologisch ist es aber unverzichtbar, den/die Beschäftigten für die Umsetzung der jeweiligen, auf den einzelnen Arbeitsplatz oder das Aufgabengebiet eines Teams heruntergebrochenen Verwaltungs-/Unternehmensziele zu „gewinnen". Leichter gewonnen ist der/die Beschäftigte, wenn er/sie eigene Ziele auch selbst einbringen kann. Dies ist originäre Führungsaufgabe. Die Vermittlung von Zielen erfolgt typischerweise in einem zukunftsgerichteten Mitarbeitergespräch. Sieht das betriebliche System (auch im Kombimodell; vgl. V) die ZV als Methode der Leistungsfeststellung vor und kommt dann eine einvernehmliche ZV nicht zustande, so besteht für den Beschäftigten nicht etwa ein Anspruch auf eine SLB als eine Art von Auffangtatbestand.

Die Niederschriftserklärung gewährleistet die Balance zwischen nicht delegierbarer Steuerung und notwendiger inhaltlicher Akzeptanz der Beschäftigten. Eine Verschiebung dieser Balance hin zu einer einseitigen Zielvorgabe (ohne partizipative Einbeziehung der Beschäftigten) ist ebenso schädlich, wie eine ideologische Überinterpretation der Freiwilligkeit im Sinne einer zwingenden „gleichen Augenhöhe" zwischen Beschäftigten und Arbeitgeber. ZV,en können nicht die

III.1b VKA

Verantwortung und Direktionskompetenz des Arbeitgebers ersetzen. Beim Abschluss von einzelnen ZV,en besteht ebenfalls kein Mitbestimmungsrecht der Personalvertretungen. Nicht erforderlich ist es in der Dienst-/Betriebsvereinbarung gesonderte Hinweise zur Freiwilligkeit von ZV,en aufzunehmen. Wo dies dennoch geschieht, empfiehlt es sich, die Niederschriftserklärung der Tarifvertragsparteien selbst zu beziehen.

Formulierungsvorschlag:
„Zielvereinbarungen sind freiwillig im Sinne der Niederschriftserklärung zu § 18 Abs. 5 Satz 2 TVöD."

Einzel- und Teamziele

ZV,en sind für Einzelziele oder Teamziele möglich. Dabei stellen Teamziele eine Möglichkeit dar, den Aufwand für den Abschluss von ZV,en zu vermindern. Gerade im Einstieg, d. h. zu einem Zeitpunkt, in dem noch wenig Erfahrung und Kompetenz im Umgang mit ZV,en besteht, verringert sich der Aufwand für eine Feststellung der individuellen Leistungen der Beschäftigten. Der Tarifvertrag macht keine Vorgaben hinsichtlich der Größe von Teams für Zielfindungen. Im Extremfall erscheint es grundsätzlich auch denkbar, dass alle Beschäftigten eines Arbeitgebers gemeinsam an einem Ziel arbeiten. Die Teamgröße sollte sich regelmäßig an funktionalen Aspekten orientieren. Allerdings kann in unüberschaubaren Teams der individuelle Leistungsbeitrag untergehen, wodurch die Motivation des Einzelnen und die Akzeptanz der Teammitglieder von nur gleichmäßigen Leistungsentgeltzahlungen leidet.

Zielfindung

Die notwendige Ableitung der einzelnen ZV aus den (z. B. strategischen) Oberzielen der Verwaltung/des Unternehmens schafft Klarheit über den eingeschlagenen „Kurs" und verhindert, dass sich Ergebnisse verschiedener ZV,en konterkarieren. In der Literatur wird hierzu auf die Notwendigkeit verwiesen, Ziele idealtypisch für die verschiedenen Hierarchieebenen kaskadierend aus den Oberzielen der Verwaltung/des Unternehmens zu entwickeln. Leitbilder oder Zielkonferenzen können Klarheit über die Oberziele verschaffen. Aber auch in Verwaltung/Unternehmen, wo diese (noch) nicht ausdrücklich formuliert sind, besteht Klarheit über die zu erledigenden Aufgaben. Für einen pragmatischen Einstieg reicht es aus, an dieses in jeder Organisation bestehende Wissen anzuknüpfen. Entgegenzutreten ist der Behauptung, ohne vorgeschaltete Organisationsuntersuchungen könne es keine Ziele für Mehr- oder Besserleistungen geben.

III. Systematische Leistungsbewertung

Neben der ZV sieht der TVöD in § 18 Abs. 5 Satz 1 TVöD die systematische Bewertung von Leistungen, die SLB, vor. Sie ist nach Satz 3 die auf einem betrieblich vereinbarten System beruhende Feststellung der erbrachten Leistung nach möglichst messbaren oder anderweitig objektivierbaren Kriterien. Eine weitere Niederschriftserklärung zu § 18 Abs. 5 Satz 3 TVöD stellt klar, dass die SLB nicht einfach der Regelbeurteilung entspricht.

Systematische Leistungsbewertung nach § 18 Abs. 5 Satz 3 TVöD

„... auf einem betrieblichen System beruhende Feststellung der erbrachten Leistung ..."

„... nach möglichst messbaren oder anderweitig objektivierbaren Kriterien ..."

„... entspricht nicht der Regelbeurteilung."

Nur optionaler Textbaustein für KAV,e, bei denen eine „aufgabenbezogene Bewertung" überhaupt thematisiert wird:
Die in § 18 Abs. 5 Satz 3 TVöD zusätzlich verwandte Formulierung „... oder durch aufgabenbezogene Bewertung" ist für den kommunalen Bereich ohne Bedeutung. Die Formulierung ist in den Tarifverhandlungen nur von den Vertretern des Bundes eingefordert und von den Gewerkschaften akzeptiert worden. Die kommunalen Arbeitgeber sehen keinen Bedarf für diese zusätzliche Kategorie einer „Bewertung/Beurteilung". Sie haben sich der hiermit verfolgten Intention, ein Überklappen der sog. Regelbeurteilung auf die Leistungsfeststellung nach § 18 TVöD doch zu ermöglichen, nicht angeschlossen und dies durch die vorstehende Niederschriftserklärung zu § 18 Abs. 5 Satz 3 TVöD auch zum Ausdruck gebracht. Auch im Tarifvertrag für die Beschäftigten des Bundes (LeistungsTV-Bund) vom 25. 08. 2006 spielen ZV und SLB die entscheidende Rolle als Messmethoden.

Betriebliches System

Das tarifvertragliche Verlangen eines betrieblichen Systems stellt sicher, dass die Vergabe von Leistungsentgelten auf der Basis einer Leistungsbewertung „systematisch" und damit nicht „willkürlich" oder nach „Gutsherrenart" geschieht. Kriterien der SLB sind, ggf. differenziert nach Arbeitsbereichen, im Rahmen einer Betriebsvereinbarung oder einvernehmlichen Dienstvereinbarung (§ 18 Abs. 6 Satz 3 TVöD) unter Beteiligung der Arbeitnehmervertreter entsprechend auszugestalten. Die Vergabe von sog. „Nasenprämien" soll von vornherein ausgeschlossen sein. Führungskräfte müssen ihrer Verantwortung gegenüber den Beschäftigten und dem betrieblichen System gerecht werden, was durchaus auch mit Einschätzungsprärogativen geschehen kann; ihr Handeln muss transparent sein und ggf. plausibel gemacht werden.

Abgrenzung zur Regelbeurteilung

Welche konkreten Kriterien zur Leistungsfeststellung herangezogen werden, ist im Wesentlichen der Entscheidung der Betriebsparteien überlassen. Nach der Niederschriftserklärung ist es unzulässig, eine Rechtfertigung der Leistungsentgelte nur aus der Regelbeurteilung abzuleiten. In ersten vorliegenden Umsetzungsbeispielen wird allerdings pragmatisch der Ansatz verfolgt, allein auf die ergebnisbezogenen Kriterien einer „klassischen" Beurteilung mit aufzubauen. Nicht ergebnisbezogene Elemente (z. B. Potenzialanalyse, Entwicklungsprognose), die eine stärkere subjektive Einschätzung des Beurteilers widerspiegeln, bleiben immer unberücksichtigt. Dieser Ansatz erscheint Führungskräften und Beschäftigten gleichermaßen vertraut und findet insbesondere in Kommunen und kommunalen Unternehmen Akzeptanz, die bisher noch über keine oder wenig Erfahrung mit ZV,en oder einem „contract-management" verfügen. Nachstehender Katalog nennt Beispiele sinnvoller Kriterien:

Beispielkatalog SLB-Kriterien:

- Kundenorientierung
- Fachliche Kompetenz/konzeptionelles Handeln
- Quantität/Arbeitsmenge/Präsenz/Tempo/Vollständigkeit
- Qualität/Fehlerfreiheit/Außenwirkung
- Initiative/Erfolgsorientierung/Selbstständigkeit/Engagement/ Einsatzbereitschaft
- Flexibilität/vielseitige Verwendbarkeit

- Teamorientierung/Kooperation/Zusammenarbeit/
  interne Kommunikation
- Organisation/Planung/Selbstkontrolle/Arbeitssorgfalt
- Wirtschaftlichkeit/kostenbewusstes Handeln

Diese exemplarische Zusammenstellung aus der Praxis von DV,en ist nicht abschließend. Je nach Aufgabenstellung des Beschäftigten ist sie zu ergänzen oder es sind einzelne Kriterien auszuschließen. In der praktischen Umsetzung sind teilweise vorliegende Überschneidungen (z. B. Fehlerfreiheit und Arbeitssorgfalt) zu berücksichtigen. In einer weitergehenden Differenzierung ist es möglich, die Kriterien unterschiedlich zu gewichten und somit Schwerpunkte in der Aufgabenwahrnehmung zu setzen. Welche Kriterien – ggf. auch unter Vorgabe von Höchst- oder Mindestzahl und Gewichtungen – für die individuelle SLB maßgebend sein sollen, ist im Rahmen des betrieblichen Systems zu bestimmen, wobei die Auswahl aus einem vorgegebenen Kriterienkatalog auch der Verantwortung der bewertenden Führungskraft übertragen werden kann. Immer ist die Kriteriendefinition oder -gewichtung auch ein „mittelbares" Steuern der Leistungserbringung hin zu Verbesserungen.

„Leitplanken" zur Operationalisierung von Kriterien

Betrieblich sind möglichst messbare oder anderweitig objektivierbare Kriterien festzulegen. Die Anforderung an die Operationalisierung dieser Kriterien ist offener, als bei der ZV. Während objektivierbare Leistungsziele für die Feststellung der Zielerreichung im Rahmen der ZV (Soll-Ist-Vergleich) notwendig sind, wird dies für die Kriterien der SLB dort gefordert, wo es tatsächlich – auch unter Berücksichtigung eines angemessenen Aufwandes – möglich ist. Im Übrigen bleibt immer ein möglichst reduziertes Maß an Subjektivität möglich und oft notwendig. Darin unterscheidet sich SLB erfahrungsgemäß nicht vom Umgang mit ZV,en.

Eine weitergehende Konkretisierung der zunächst noch sehr abstrakt beschriebenen Kriterien auf der Ebene der Dienst-/Betriebsvereinbarung wirkt der Besorgnis von Arbeitnehmervertretungen oder Beschäftigten vor nur „freihändiger" Vergabe der Leistungsentgelte entgegen. Gleichzeitig bietet sie den Führungskräften eine zusätzliche Orientierung und erleichtert die Festlegung eines einheitlichen Bewertungsmaßstabes innerhalb der Verwaltung/des Unternehmens. Die Konkretisierung kann beispielsweise im Rahmen eines Leitfadens erfolgen, in dem die Kriterien weitergehend beschrieben (verbalisiert) werden. In der Anlage sind verschiedene Praxisbeispiele aus dem

Bereich des TVöD auszugsweise beigefügt. Die vorgestellten Optionen wurden ausgehend von jeweils unterschiedlichen Startvoraussetzungen und Rahmenbedingungen entwickelt und sind daher für die Übernahme durch andere Kommunen/ kommunale Unternehmen jeweils immer nur bedingt geeignet. Sie stellen keine „Empfehlung" der VKA/des KAV dar, geben aber Anregungen für die Entwicklung eigener Leitfäden. Jede „Eins-zu-Eins-Übernahme" wird den Anforderungen an ein funktionales betriebliches System nicht gerecht und ist von den Tarifvertragsparteien nicht gewollt. Kompetenz für den Einsatz der Leistungsentgelte wird in jedem Haus gar erst durch aktives Handeln wachsen.

Die Standardisierung der Kriterien und die geringeren Anforderungen an die Messbarkeit in jedem Einzelfall lassen die SLB im Vergleich zur ZV nur einfacher scheinen. Tatsächlich ist in der Umsetzung eine weitergehende Operationalisierung und Konkretisierung notwendig. Die Beschäftigten müssen vorhersehbar wissen, welches Leistungsverhalten bzw. welche Ergebnisse von ihnen erwartet werden, um das jeweilige Kriterium zu erfüllen. Allerdings wird es kaum gelingen, die Besonderheit jeder einzelnen Tätigkeit in einem betrieblichen Leitfaden zu berücksichtigen. Daher muss die abschließende Konkretisierung der SLB-Kriterien bezogen auf den einzelnen Beschäftigten im Rahmen des Mitarbeitergespräches erfolgen. Auch SLB-Kriterien verfolgen mittelbar Ziele der Leistungsverbesserungen im Aufgabenfeld der Beschäftigten. Im Mitarbeitergespräch verständigen sich Führungskraft und Beschäftigte über erwartete Arbeitsergebnisse oder Verhaltensweisen, die zur Bewertung einzelner Kriterien herangezogen werden sollen. Die Operationalisierung der SLB-Kriterien sollte immer auch als Chance zu einem Einstieg in das Vereinbaren von Zielen genutzt werden. Je besser die Operationalisierung anhand eines bestimmbaren „Ergebnisses" oder gezeigten Verhaltens gelingt, desto mehr nähert sich die SLB bereits einer ZV an.

Entwicklung und Konkretisierung von SLB-Kriterien:

Abteilung des Kriterienkataloges für die SLB auch aus den ergebnisbezogenen Kategorien des „klassischen" Beurteilungswesens

↓

Konkretisierung der Kriterien auf der Ebene der Dienst-/Betriebsvereinbarung durch Erstellung eines Leitfadens

Hinweise (R 164/2007) VKA **III.1b**

↓

> Arbeitsplatzbezogene Konkretisierung der Kriterien in einem
> Mitarbeitergespräch vor Beginn des Bewertungszeitraums

IV. Bewertungszeitpunkt

Mit Rundschreiben R 144/2006 vom 10. Mai 2006 waren zwei logische Vorgehensweisen für die SLB vorgestellt worden,

1. die Bewertung im Voraus (ex ante), bei der aus bisher gezeigten Ergebnissen/Leistungsverhalten eine Prognose auch für die Zukunft erstellt wird, auf deren Basis eine zeitlich befristete, widerrufliche Leistungszulage gezahlt wird,
2. die Bewertung im Nachhinein (ex post), bei der das in einem vorab festgelegten Zeitraum gezeigte Ergebnis/Leistungsverhalten bewertet und durch Zahlung eines Leistungsentgeltes (in der Regel als Einmalbetrag) honoriert wird.

Schon zum Einstieg haben sich die meisten Kommunen/kommunalen Unternehmen, die zum 01. Januar 2007 mit der Umsetzung begonnen haben, für eine Bewertung im Nachhinein in Verbindung mit einer Leistungsprämie als Einmalzahlung am Ende des Bewertungszeitraums entschieden. Dieses Vorgehen erscheint angesichts des höheren Motivationsanreizes als besonders geeignet. Damit ist eine spätere Entwicklung des betrieblichen Systems hin zu einer Bewertung ex ante und die Zahlung von Leistungszulagen zwar nicht ausgeschlossen, aber eben doch eher 2. Wahl, insbesondere wegen des geringeren „Steuerungseffekts".

Hierbei ist die Festlegung des Bewertungszeitraumes nicht zwingend auf das Kalenderjahr beschränkt, vielmehr lässt der Tarifvertrag auch die betriebliche Festlegung jahresübergreifender Bewertungszeiträume (z. B. vom 01. 10. des lfd. Jahres bis 30. 09. des Folgejahres) zu. Vorteile bieten jahresübergreifende Bewertungszeiträume u. a. bei der verfahrensmäßigen Abwicklung des Bewertungsverfahrens und der Auszahlung der Leistungsprämie. Ebenfalls zulässig wäre es, den Bewertungszeitraum im Startjahr 2007 auf weniger als ein Jahr zu verkürzen.

Empfehlung:

Insbesondere für die Verwaltungen und Unternehmen, die noch bis zum 31. 07. 2007 ihr betriebliches System vereinbaren werden, bietet ein verkürzter Bewertungszeitraum die Chance, das erste Leistungsentgelt noch zweckentsprechend zu verwenden (vgl. § 18 Abs. 3 Satz 2 TVöD), d. h. differenziert auszuzahlen. Eine undifferenzierte Auszahlung entsprechend der Protokollerklärung Nr. 1 zu § 18 Abs. 4 TVöD kann hierdurch vermieden werden.

In Kombination mit ZV,en, die auf jahresbezogene Ergebnisse (z. B. abgeleitet aus dem Jahresabschluss) angelegt sind, ist sicherzustellen, dass diese mit jahresübergreifenden Bewertungszeiträumen zur SLB weitestgehend in Einklang gebracht werden.

V. Verknüpfung von ZV und SLB

Die Steuerungsoptionen über ZV,en bedeuten eine entscheidende Chance zur Stützung der Verbesserung öffentlicher Dienstleistungen. Wichtig: Niemand führt das Steuern über Ziele „wegen" der Leistungsentgelte ein, aber Leistungsentgelte verstetigen die längst begonnenen Prozesse der Steuerung und sorgen für Nachhaltigkeit und Verlässlichkeit. Die zunächst flächendeckende Einführung der SLB als vermeintlich eingewöhntes oder „einfacheres" Instrument, darf nicht dazu führen, diese Chance zu vernachlässigen. Aus diesem Grund sollte bereits im Einstieg die Vereinbarung von Zielen als zusätzliche Option angewendet werden. Dies kann auf zwei Wegen
– als Kombimodell
– im Rahmen von Pilotprojekten

geschehen. Der geeignetere Weg für die jeweilige Organisation hängt von der vorhandenen Verwaltungs-/Unternehmenskultur ab.

Kombimodell

Für Kommunen/kommunale Unternehmen, die früh mit einer Vielzahl von ZV,en starten wollen, aber noch nicht die Möglichkeit zu einer flächendeckenden Umsetzung sehen, empfiehlt sich das sog. „Kombimodell". Hierbei kann die Verknüpfung von ZV und SLB in einem gemeinsamen Formular vorgesehen werden, welches insgesamt eine einheitliche Leistungsfeststellung aus beiden Methoden systematisiert und zu einem einheitlichen Leistungsentgelt führt.

Schematische Darstellung Kombi-Modell

Kombi-Modell		Gewichtung:					
Nr.	Ziel	Gewichtung der Ziele	Ergebnis				
			0	1	2	3	4
1.	Zielvereinbarung 1						
2.	Zielvereinbarung 2						

Hinweise (R 164/2007) VKA **III.1b**

Kombi-Modell	Gewichtung:			
3.				
4.				
5. Ergebnis „Systematische Leistungsbewertung"		Übertrag Summe SLB *		
Summe:				

Leistungsbewertung	Gewichtung:					
Nr. Leistungskriterium	Gewichtung der Kriterien	Ergebnis				
		0	1	2	3	4
1.						
2.						
3.						
4.						
...						
Summe Leistungsbewertung:		Summe SLB *				

Ziel:	Beschreibung der Zielvereinbarung. Das betriebliche System kann eine Mindest- bzw. Höchstzahl von Zielen vorgeben.
Leistungskriterien:	Nachvollziehbare und vorhersehbare Beschreibung der Kriterien. Das betriebliche System kann eine Mindest- bzw. Höchstzahl von Kriterien vorgeben.
Gewichtung:	Den einzelnen Zielen oder Leistungskriterien kann eine unterschiedliche Gewichtung beigemessen werden, um leichte und schwere oder wichtige und weniger wichtige zu differenzieren. Dies gilt entsprechend für das Verhältnis Zielvereinbarung und Leistungsbewertung zueinander.
Ergebnis:	Feststellung der Zielerreichung bzw. einer Teilzielerreichung.
Ergebnis Stufen:	Die Anzahl der Stufen sowie die Punktzahl je Stufe werden im betrieblichen System festgelegt.

Über die unterschiedliche Gewichtung einzelner Ziele oder der SLB eröffnen sich zahlreiche Variations- und Steuerungsmöglichkeiten. Je nach der Möglichkeit, Ziele zu vereinbaren, wird die SLB in der Gesamtleistungsfeststellung mehr oder weniger stark berücksichtigt.

Im Extremfall können dies für die SLB 100 % sein, d. h. wenn noch keine Ziele für den einzelnen Aufgabenbereich des Beschäftigten definiert und vereinbart werden können.

Der wesentliche Vorteil dieser Verknüpfung von SLB und ZV besteht darin, dass die Berücksichtigung von Zielen bereits „im System" (von Anfang) an implementiert ist. Werden mit steigender Kompetenz im Zeitverlauf zunehmend Ziele „erkannt" und vereinbart, ist die Anpassung der betrieblichen Systematik in der Fortschreibung der Dienstvereinbarung/Betriebsvereinbarung ein leichtes Unterfangen.

ZV,en als „Piloten"

Kommunen/kommunale Unternehmen mit einer noch weniger auf Ziele und Ergebnisse ausgerichteten Führungs- und Kommunikationskultur, sollten ZV,en zumindest als „Piloten" für Einzelfälle einsetzen.

Zunächst wird eine flächendeckende SLB für alle Beschäftigten vereinbart, über die jedoch (beispielsweise) nur 80 % des Gesamtbudgets nach § 18 Abs. 3 TVöD differenziert ausgezahlt werden. Das verbleibende Restbudget (beispielsweise 20 %) bleibt für die Verteilung über ZV,en vorbehalten. Die Entscheidung, ob ZV,en zusätzlich zur SLB geschlossen werden, kann in das Ermessen der Führungskräfte/Abteilungen/Bereiche gestellt werden, die sich die Vereinbarung von Zielen bereits zutrauen. Mit einem so profilierten Einführungsprozess lässt sich die Umsetzung von ZV,en forcieren und über die SLB hinausgehende Ziele können neben der allgemeinen SLB zusätzlich honoriert werden. Sollte das Budget nicht vollständig ausgeschöpft werden, fließen etwaige Restbeträge immer zweckentsprechend in den „Topf" der SLB.

VI. Auszahlungsformen

Leistungsprämien

Gem. § 18 Abs. 4 Satz 2 TVöD ist die Leistungsprämie eine in der Regel einmalige Zahlung, die im Allgemeinen auf der Grundlage einer ZV erfolgt; sie kann aber auch in zeitlicher Abfolge (z. B. vierteljährlich, halbjährlich) gezahlt werden. Die bewusst offene Formulierung („im Allgemeinen ...") lässt die Zahlung einer Leistungsprämie ebenfalls in Verbindung mit einer SLB zu. Für den Einstieg in die Leistungsorientierung empfiehlt sich wegen des geringeren Gewöhnungseffektes der Einmalzahlung – unabhängig von der jeweiligen Methode der Leistungsmessung – eine Priorisierung dieser Auszahlungsform, insbesondere im Rahmen des Kombi-Modells. Eine spätere Entwicklung des betrieblichen Systems, die dann bei einem Anwachsen des Leistungsbudgets u. U. die Zahlung von Leistungszulagen vorsieht, ist nicht ausgeschlossen.

Leistungszulage

Die Leistungszulage ist gem. § 18 Abs. 4 Satz 4 TVöD eine zeitlich befristete, widerrufliche, in der Regel monatlich wiederkehrende Zahlung. Die Leistungszulage ist grundsätzlich geeignet in Verbindung mit einer SLB im Voraus (vgl. IV. Nr. 1). Die tariflich vorgegebene Befristung und Widerrufsmöglichkeit gewährleistet, dass einerseits eine regelmäßige (d. h. jährliche) Leistungsmessung erfolgt, andererseits bei einem signifikanten Nachlassen der prognostizierten Leistung des Beschäftigten die Leistungszulage unmittelbar angepasst bzw. entzogen werden kann.

Erfolgsprämie

Eine Erfolgsprämie kann gem. § 18 Abs. 4 Satz 3 TVöD in Abhängigkeit von einem bestimmten wirtschaftlichen Erfolg neben dem gem. § 18 Abs. 3 TVöD vereinbarten Startvolumen von 1 % gezahlt werden. Für den Bereich der Entsorgungsbetriebe enthält § 18.1 TVöD-E dazu eine Sonderregelung. Es besteht aber auch die Möglichkeit, die Erfolgsprämie als Instrument für die Auszahlung des pflichtigen Gesamtvolumens von derzeit 1 % heranzuziehen. Erfolgsprämien sind vorrangig, aber nicht ausschließlich mit Zielvereinbarungen auf der Grundlage der Unternehmensziele verbunden. Dabei legt die Verwaltungs-/Unternehmensführung die wirtschaftlichen Unternehmensziele grundsätzlich zu Beginn des Wirtschaftsjahres fest. Ein Mitbestimmungsrecht hinsichtlich dieser Ziele besteht nicht. Die Erfolgsprämie wird in der Praxis besonders für mehrwertfinanzierte Zielvereinbarungen genutzt.

VII. Protokollerklärung Nr. 1 zu § 18 Abs. 4 TVöD (sog. Verspätungsklausel)

In der Protokollerklärung Nr. 1 zu § 18 Abs. 4 TVöD betonen die Tarifvertragsparteien, dass die zeitgerechte Einführung des Leistungsentgeltes beiderseitig gewollt ist und sie fordern die Betriebsparteien auf, die zur Umsetzung des Leistungsentgeltes erforderlichen betrieblichen Systeme rechtzeitig vor dem 01. Januar 2007 zu vereinbaren. Die Einhaltung des tarifvertraglichen Termins konnte aufgrund unterschiedlicher Startvoraussetzungen und Rahmenbedingungen (noch) nicht in allen kommunalen Verwaltungen und Betrieben geschafft werden. Nunmehr gilt es, die flächendeckend begonnenen Umsetzungsanstrengungen kurzfristig abzuschließen, besonders deshalb, weil der Tarifvertrag für das Einstiegsjahr 2007 eine rückwirkende Inkraftsetzung der Dienst-/Betriebsvereinbarung noch bis zum 31. Juli 2007 eröffnet. Jedes Jahr Kompetenzerwerb im Umgang mit leistungsdifferenzierten und variablen Entgelten bedeutet einen strukturellen Vorteil gegenüber anderen, die noch in der „Welt der Alimentation" verharren.

Wenn gleichwohl in Ausnahmefällen die Umsetzung nicht innerhalb der verlängerten Umsetzungsfrist gelingt, regelt die Protokollerklärung Nr. 1 zu § 18 Abs. 4 TVöD in den Sätzen 3 bis 6, wie das vorgesehene Finanzvolumen dann – der eigentlichen Intention des Tarifvertrages zuwider – ganz oder teilweise noch ohne Leistungsdifferenzierung zu verwenden ist. Wenn bis zum 31. Juli 2007 zwischen den Betriebsparteien noch keine Vereinbarung über ein System zur leistungsdifferenzierten Verwendung des Leistungsbudgets vereinbart werden konnte, werden gem. Satz 6 der Protokollerkärung Nr. 1 im Einstiegsjahr 12 v. H. des zustehenden Septembertabellenentgelts im Dezember 2007 „undifferenziert" ausgezahlt. Die Tarifvertragsparteien haben hiermit eine pauschalierende Auszahlungsregelung vereinbart, die das tarifvertragliche Gesamtvolumen nach § 18 Abs. 3 Satz 1 TVöD nahezu gewährleistet. Aufgrund der jeweils unterschiedlichen Bemessungsgrundlage kann bei der „undifferenzierten" Auszahlung ein Restbetrag verbleiben, der das tarifvertragliche Gesamtvolumen nach § 18 Abs. 3 Satz 1 TVöD im Folgejahr (2008) ggf. erhöht.

Die ausnahmsweise undifferenzierte Auszahlung bemisst sich nach den Voraussetzungen der Protokollerklärung Nr. 1 zu § 18 Abs. 4 TVöD:

Das Beschäftigungsverhältnis muss im Monat September bestanden und der Beschäftigte muss für den Monat September ein Tabellenentgelt tatsächlich erhalten haben. Sonstige ständige (z. B. Schichtzulagen, Besitzstandszulagen, Strukturausgleichsbeträge, Mehrarbeits- und Überstundenpauschalen) und auch unständige Entgeltbestandteile fließen nicht mit in die Bemessungsgrundlage ein.

Dem Tabellenentgelt stehen die Fälle der tariflichen Entgeltfortzahlung nach § 6 Abs. 3 Satz 1, § 22 Abs. 1 (ohne Krankengeldzuschuss), § 26, § 27 und § 29 TVöD gleich. Zeiten eines Beschäftigungsverbotes nach § 3 Abs. 1 und § 6 Abs. 2 MuSchG führen ebenfalls nicht zu einer Minderung der Bemessungsgrundlage und sind so zu berücksichtigen, als wenn Tabellenentgelt zugestanden hätte.

Hat der Anspruch auf das Tabellenentgelt im Monat September aus sonstigen Gründen teilweise geruht (z. B. wegen Elternzeit, Sonderurlaub, Arbeitsunfähigkeit ohne Anspruch auf Entgeltfortzahlung im engeren Sinne), wird der entsprechende anteilige Betrag berücksichtigt. Bei vollen Monaten ohne Tabellenentgelt erfolgt keine undifferenzierte Auszahlung.

Für unterjährig ein- bzw. austretende Beschäftigte ist eine anteilige Zahlung entsprechend der Zahl der Beschäftigungsmonate nicht vorgesehen („Zwölftelungsregelung").

Die Beschäftigten erhalten die undifferenzierte Zahlung „mit dem Tabellenentgelt des Monats Dezember". Hierbei handelt es sich um eine Fälligkeitsregelung und nicht etwa um eine zweite Stichtagsregelung. Beschäftigte, die im September ein Tabellenentgelt erhalten haben und vor dem 01. Dezember ausscheiden, erhalten die Zahlung in voller Höhe mit dem Entgelt des letzten Beschäftigungsmonats.

Fallgestaltung:	Anspruch auf 12 % des Tabellenentgelt des Monats September
Austritt zum 31. 08. 2007	kein Anspruch
Austritt zum 30. 09. 2007	Anspruch
Eintritt zum 01. 09. 2007	Anspruch
Eintritt zum 15. 09. 2007	Anspruch (anteilig $^{16}/_{30}$)
Eintritt zum 01. 10. 2007	kein Anspruch

Sollte auch in einer Folgezeit jeweils bis zum 30. September des Vorjahres keine betriebliche Regelung getroffen werden können, erfolgt gem. Sätze 3 bis 5 der Protokollerklärung Nr. 1 zu § 18 Abs. 4 TVöD eine um die Hälfte verminderte (undifferenzierte) Auszahlung des Leistungsbudgets, d. h. nur noch in Höhe von 6 v. H. des Septembertabellenentgelts. Damit haben die Tarifvertragsparteien den Anreiz weiter erhöht, für die Zeit ab 2008 die Leistungsorientierung entsprechend § 18 TVöD umzusetzen. Sollte etwa die Arbeitnehmervertretung auch bis dahin den Abschluss einer Dienst-/Betriebsvereinbarung verweigern, muss sie dies auch im Hinblick auf die Reduzierung der Auszahlung gegenüber den Beschäftigten verantworten. Der Restbetrag des Leistungsbudgets ist wiederum in das Folgejahr – ggf. auch mehrfach – zu übertragen, bis die „zweckentsprechende" Verwendung (leistungsdifferenziert und variabel) sichergestellt ist.

Die im Einstiegsjahr 2007 auch rückwirkend mögliche Inkraftsetzung einer Dienst-/Betriebsvereinbarung impliziert, dass ebenfalls in den

Folgejahren ab 2008 von der Vereinbarungsfrist (= 30. September des Vorjahres) nach Satz 3 der Protokollerklärung Nr. 1 zu § 18 Abs. 4 TVöD abgewichen werden kann. Damit bleibt für diese „Fallgestaltungen" immer die Chance der Betriebsparteien bestehen, eine zu einem späteren Zeitpunkt erreichte Einigung doch noch für das Folgejahr tatsächlich zur Anwendung zu bringen. Es wäre nicht zu begründen, warum etwa eine am 15. Oktober 2007 vereinbarte betriebliche Regelunnicht noch für 2008 umgesetzt werden sollte. Die undifferenzierte, nur gekürzte Auszahlung (6 %) des Gesamtvolumens wird mit jeder tatsächlichen Anwendung hinfällig.

VIII. „Freiwillige" Teilnahme am Leistungsentgeltsystem

Die oft problematisierte freiwillige Teilnahme bzw. Nichtteilnahme von Beschäftigten an der leistungsdifferenzierten und variablen Bezahlung gem. § 18 TVöD ist nicht nur eine rechtliche Fragestellung, sondern auch eine Frage der funktionalen (sinnhaften) Ausrichtung des betrieblichen Systems. Dabei liegt dem tarifvertraglichen Leistungsentgelt gem. § 18 Abs. 1 TVöD eindeutig folgendes Verständis zugrunde:

Leistungsentgelte zielen auf eine Verbesserung von Ergebnissen bzw. des (Leistungs-)Verhaltens der Beschäftigten ab und sollen dazu beitragen, die öffentlichen Dienstleistungen zu verbessern. Zugleich sollen sie Motivation, Eigenverantwortung und die Führung als „Recht und Pflicht" zum Tätigwerden stärken. Erreicht werden kann dies u. a. durch eine Veränderung der Kommunikations- und Unternehmenskultur, die Leistungserwartungen gegenüber den Beschäftigten deutlicher formuliert und nachvollziehbarer macht. Dieser Austausch ist immer verbindlich, denn die Führungskraft muss ihre abschließende Leistungsmessung gegenüber dem Beschäftigten sachlich begründen können; der Beschäftigte kennt seine Aufgaben und hat seinerseits ein Interesse an seiner Leistungsfeststellung, da hiermit seine Arbeit (an-)erkannt wird und ein mögliches Leistungsentgelt verbunden sein kann. Das Leistungsentgelt wird in viel stärkerem Maße zu einem Personalführungsinstrument als dies in bisherigen, nur informellen Mitarbeitergesprächen „ohne Konsequenzen" der Fall war. Dies gilt für Zielvereinbarung und systematische Leistungsbewertung gleichermaßen. Dass Beschäftigte im öffentlichen Dienst sich solcher „Führungskultur" durch einen erklärten Verzicht auf die Leistungsentgelte entziehen könnten, haben die Tarifvertragsparteien nicht vereinbart.

Die freiwillige Teilnahme am Leistungsentgeltsystem ist erstmalig von der Gewerkschaft dbb tarifunion (lange nach Tarifabschluss) im Zusammenhang mit einer geforderten Altersgrenze (ab 55 Jahren) für die Leistungsbemessung erfunden und von verschiedenen Arbeitnehmervertretern vor Ort aufgegriffen worden. Dies ist in einer Zeit älter werdender Belegschaften und einer Anhebung des Renteneintrittsalters auf 67 Jahre nur vor dem „Alimentationshintergrund" des alten BAT überhaupt nachvollziehbar. Zwischenzeitlich sind verschiedene Phantasien – auch eine sog. „grundsätzliche Freiwilligkeit" – bekannt geworden, die bei einem altersbedingten Verzicht des Beschäftigten auf erneute Leistungsbemessung z. T. sogar ein pauschales bzw. das zuletzt festgestellte Leistungsentgelt auf Dauer weitergewähren möchten. Alle diese Flucht-Ansätze sind wegen der fehlenden Leistungsorientierung als sinn- und tarifvertragswidrig abzulehnen.

Bereits die „Freiwilligkeit" der Zielvereinbarung ist in der entsprechenden Niederschriftserklärung zu § 18 Abs. 5 Satz 3 TVöD ausdrücklich als „motivationspsychologischer" Auftrag an die Führungskräfte begrenzt worden. Sie stellt klar, dass die Vereinbarung von Zielen aus Motivationsgründen freiwillig geschieht und gleichwohl die Verständigung auf (vom Arbeitgeber) vorgegebene oder übergeordnete Ziele zulässt (vgl. II.). Eine betriebliche „Überhöhung" der Freiwilligkeit gefährdet die in den Tarifverhandlungen unverändert gesicherte Entscheidungs- und Direktionsbefugnis des Arbeitgebers/der Führungskräfte.

Die von beiden Tarifvertragsparteien gewollte Veränderung der Kommunikations- und Unternehmenskultur wird nur dann gelingen, wenn die hiermit verbundenen Prozesse (Mitarbeitergespräch, Leistungsmessung, Leistungsentgelt) ausnahmslos eingesetzt werden. Insbesondere ist davon auszugehen, dass ein freiwilliger Verzicht auf eine Teilhabe am Leistungsentgelt eher nur von leistungsschwächeren und motivationsarmen Beschäftigten „in Anspruch" genommen würde. Führungsaufgabe muss immer sein, diese Beschäftigten nicht in ihrer Leistungsschwäche und Motivationslosigkeit verharren zu lassen, sondern zu einer mindestens erwartungsgemäßen Leistung zu bringen. Das Leistungsentgelt kann und soll mit helfen, mögliche Potenziale zu erschließen, denn es geht nur zu einem Teil um das „Verteilen von Geld". Der eigentliche Leistungsanreiz liegt nicht in einem materiellen Leistungsentgelt, sondern in der „neuen Qualität" der Aufgabenerledigung, Führung und Zusammenarbeit. Damit ließe sich nicht vereinbaren, wenn ein Arbeitgeber – ohne tarifvertragliche Öffnungsklausel – betrieblich die tatsächliche Anwendung der Leistungsorientierung faktisch in das Belieben seiner Beschäftigten stellt. Alle Beschäftigten wollen zur „Leistung" der Verwaltung/des Unternehmens beitragen. Davon gehen die Tarifvertragsparteien aus.

Hinweise (R 164/2007) VKA **III.1b**

Anlage

Bertungsbogen zur Ermittlung der Leistungsentgelte für 2007

Bewertungspunkte	1	2	3	4	5
1. Qualität der Arbeit Die/Der zu bewertende Beschäftigte	erledigt alle Arbeiten mit nicht mehr ausreichender Qualität, die zu sehr vielen Beanstandungen führt. Die Arbeitsausführung ist qualitativ unzureichend und liegt unter der erwarteten Leistung.	erledigt alle Arbeiten mit noch ausreichender Qualität, die aber zu häufigen Beanstandungen führt. Die Arbeitsausführung ist qualitativ ausreichend, liegt manchmal jedoch unter der erwarteten Leistung.	erledigt alle Arbeiten mit zu erwartender Qualität, die nur gelegentlich zu Beanstandungen führt. Die Arbeitsausführung entspricht qualitativ der erwarteten Leistung.	erledigt alle Arbeiten mit überdurchschnittlicher Qualität, die selten zu Beanstandungen führt. Die Arbeitsausführung liegt qualitativ über der erwarteten Leistung.	erledigt alle Arbeiten mit ständig weit überdurchschnittlicher Qualität, die äußerst selten zu Beanstandungen führt. Die Arbeitsausführung ist qualitativ hervorragend.
2. Tempo der Arbeit Die Arbeitsleistung der/des zu bewertenden Beschäftigten	liegt häufig unter der erwarteten Leistung. Der Mitarbeiter arbeitet mit vermeidbaren Unterbrechungen und Zeitverlusten. Er zeigt nicht immer die erforderliche Ausdauer.	ist ausreichend, liegt jedoch manchmal unter der erwarteten Leistung. Der Mitarbeiter arbeitet mit wenig Ausdauer und gleicht Unterbrechungen und Zeitverluste nicht immer aus.	entspricht der erwarteten Leistung. Der Mitarbeiter arbeitet gleichmäßig und vermeidet Unterbrechungen und Zeitverluste oder gleicht diese aus.	liegt über der erwarteten Leistung. Der Mitarbeiter arbeitet stets gleichmäßig und ohne vermeidbare Zeitverluste.	liegt ständig weit über der erwarteten Leistung. Der Mitarbeiter arbeitet außerordentlich schnell und ausdauernd.
3. Engagement/Einsatzbereitschaft Die/Der zu bewertende Beschäftigte	erledigt die ihr/ihm übertragenen Arbeiten nach Anweisung ohne erkennbares Engagement.	erledigt die ihr/ihm übertragenen Arbeiten zwar selbstständig, aber ohne erkennbares Engagement.	erledigt die ihr/ihm übertragenen Arbeiten selbstständig mit erkennbarem Engagement.	erledigt die ihr/ihm übertragenen Zusatzaufgaben selbstständig und mit viel Engagement.	erledigt nicht nur sehr selbstständig die ihr/ihm übertragenen Arbeiten, sondern übernimmt von sich aus mit großem Engagement auch zusätzliche Aufgaben.

Bewertungspunkte	1	2	3	4	5
4. Kostenbewusstes Verhalten					
Die/Der zu bewertende Beschäftigte	behandelt die ihr/ihm anvertrauten Arbeitsmittel ziemlich gleichgültig. Bei der Verwendung von Materialien ist sie/er in der Regel großzügig. Die Kostenfolgen des Handelns für das Unternehmen werden nicht berücksichtigt.	behandelt die ihr/ihm anvertrauten Arbeitsmittel pfleglich, zeigt aber zuweilen Ansätze von Gleichgültigkeit. Bei der Verwendung von Materialien ist sie/er manchmal großzügig. Die Kostenfolgen des Handelns für das Unternehmen werden teilweise berücksichtigt.	behandelt die ihr/ihm anvertrauten Arbeitsmittel den Erwartungen entsprechend pfleglich. Die Verwendung von Materialien geschieht sparsam. Die Kostenfolgen des Handelns für das Unternehmen werden angemessen berücksichtigt.	legt eine überdurchschnittlich pflegliche Behandlung der ihr/ihm anvertrauten Arbeitsmittel an den Tag. Die Verwendung von Materialien geschieht sehr sparsam. Die Kostenfolgen des Handelns für das Unternehmen werden regelmäßig abgewogen berücksichtigt.	legt eine äußerst pflegliche Behandlung der ihr/ihm übertragenen Arbeitsmittel an den Tag. Die Verwendung von Materialien geschieht äußerst sparsam. Die Kostenfolgen des Handelns für das Unternehmen sind stets ein Entscheidungskriterium.
5. Organisation der Arbeit					
Die/Der zu bewertende Beschäftigte	bedarf bei der Organisation und Durchführung ihrer/seiner Tätigkeit häufiger Unterstützung und Anleitung durch Vorgesetzte oder Arbeitskollegen. Sie/Er muss ständig betreut werden.	benötigt bei der Organisation und Durchführung ihrer/seiner Tätigkeit wiederholt Unterstützung und Anleitung durch Vorgesetzte oder Arbeitskollegen. Sie/Er muss häufig betreut werden.	benötigt bei der Organisation und Durchführung ihrer/seiner Tätigkeit nur gelegentlich Unterstützung durch Vorgesetzte oder Arbeitskollegen. Sie/Er muss gelegentlich betreut werden.	benötigt bei der Organisation und Durchführung ihrer/seiner Tätigkeit selten Unterstützung durch Vorgesetzte oder Arbeitskollegen. Sie/Er muss nur selten betreut werden.	arbeitet ohne Unterstützung durch den Vorgesetzten entsprechend den betrieblichen Erfordernissen. Sie/Er organisiert und führt ihre/seine Tätigkeit vollkommen selbstständig durch, ohne betreut werden zu müssen.

Hinweise (R 164/2007) VKA **III.1b**

Bewertungspunkte	1	2	3	4	5
6. Teamorientierung					
Die/Der zu bewertende Beschäftigte	integriert sich nicht in das Team und behindert die Arbeit im Team. Kontakte bestehen kaum. Sie/Er zeigt geringe Bereitschaft, auf Aufforderung andere zu unterstützen und gibt notwendige Informationen unzureichend weiter. Es wird keine Kritik angenommen.	hat manchmal Probleme in der Zusammenarbeit mit Vorgesetzten und Arbeitskollegen. Kontakte werden normalerweise aufrechterhalten. Sie/Er zeigt Bereitschaft, auf Aufforderung andere zu unterstützen und gibt nicht immer vollständig, aber noch ausreichend notwendige Informationen weiter. Es wird selten Kritik angenommen.	integriert sich in das Team und arbeitet gut mit Vorgesetzten und Arbeitskollegen zusammen. Sie/Er pflegt die erforderlichen Kontakte und ist kooperativ. In der Regel besteht die Bereitschaft andere zu unterstützen und notwendige Informationen werden im sachlich gebotenen Rahmen weitergegeben. Es wird in der Regel Kritik angenommen.	arbeitet überdurchschnittlich gut im Team mit und trägt zum Teamerfolg bei. Sie/Er pflegt gute Kontakte und ist überdurchschnittlich kooperativ. Unterstützungsbedarf wird häufig erkannt und Hilfeleistung im Team erfolgt ohne Aufforderung. Sachdienliche Informationen werden in wesentlichen Belangen lückenlos und zuverlässig weitergegeben. Es wird Kritik angenommen und umgesetzt.	arbeitet mit Vorgesetzten und Arbeitskollegen stets hervorragend zusammen und trägt in außerordentlichem Maße zum Teamerfolg bei. Sie/Er pflegt hervorragende Kontakte und ist sehr kooperativ. Unterstützungsbedarf und Hilfeleistung im eigenen sowie in anderen Teams wird jederzeit erkannt. Es erfolgt eine lückenlose, zuverlässige Weitergabe sachdienlicher Informationen innerhalb des Teams, aber auch an andere Informationsempfänger. Es wird Kritik als Hilfe angenommen und umgesetzt.

III.1b VKA — Hinweise (R 164/2007)

Bewertungspunkte	1	2	3	4	5
7. Kundenorientierung					
Die/Der zu bewertende Beschäftigte	nimmt Kunden wahr. Sie/Er ist bemüht, diese zu kennen und angemessen zu behandeln. Solange die Kunden sie/ihn nicht direkt ansprechen, wird sie/er in keiner Weise tätig. Eine aktive Hinwendung zum Kunden findet nicht statt.	tritt im Allgemeinen angemessen gegenüber Kunden auf. Sie/Er erfüllt die vom Kunden geäußerten Wünsche. Eine aktive Hinwedung zum Kunden findet nur bei Anfragen statt.	hat eine respektvolle Einstellung zum Kunden. Sie/Er ist daran interessiert, dass der Kunde mit seiner Leistung zufrieden ist und sich gut betreut und beraten fühlt. Sie/Er erfüllt die vom Kunden geäußerten Wünsche terminmingetreu. Eine aktive Hinwendung zum Kunden findet im Allgemeinen statt.	besitzt eine wertschätzende Einstellung zum Kunden. Sie/Er ist hochgradig daran interessiert, dass die Kunden mit ihrer/seiner Leistung sehr zufrieden sind und sich sehr gut betreut und beraten fühlen. Sie/Er erfüllt die vom Kunden geäußerten Wünsche terminmingetreu und in seinen Zusagen glaubwürdig. Sie/Er geht von sich aus auf Kunden zu.	prägt sein Verhalten durch eine außergewöhnlich hohe Kundenorientierung. Sie/Er erkennt und erfragt die Wünsche und Bedarfe seiner Kunden. Sie/Er macht proaktiv dem Kunden Vorschläge und zeigt Alternativen auf in einer sehr höflichen und freundlichen Weise. Seine Zusagen sind immer glaubwürdig und werden stets termingetreu eingehalten.
8. Unternehmerisches Denken und Handeln					
Die/Der zu bewertende Beschäftigte	hat sich in ihrer/ seinen Arbeiten mit starrer Routine eingerichtet. Die eigene Tätigkeit wird nicht hinterfragt. Sie/Er plant nicht voraus, sondern überlässt vieles dem Zufall. Das Einarbeiten in neue Sachverhalte fällt ihm/ihr schwer.	äußert Ideen und Veränderungen im Sinne des Unternehmens auf Nachfrage. Die eigene Tätigkeit wird zeitweise hinterfragt. Sie/Er plant gelegentlich im Voraus. Mit entsprechender Unterstützung arbeitet sie/er sich in neue Sachverhalte ein.	äußert Ideen und Veränderungen im Sinne des Unternehmens. Sie/Er ist sich der Konsequenzen ihres/ seines Handelns bewusst. Sie/Er plant häufig im Voraus. Sie/Er stellt sich auf veränderte Rahmenbedingungen ein.	hat beim Großteil ihrer/ seiner Tätigkeiten die Auswirkungen auf das Unternehmen im Blick. Sie/Er plant grundsätzlich im Voraus und leitet Konsequenzen ihrer/seiner Arbeit folgerichtig ab. Sie/Er stellt sich schnell auf veränderte Rahmenbedingungen ein und integriert Neuerungen in ihrer/ seine Arbeit.	hat bei allen ihren/seinen Tätigkeiten die Auswirkung auf das Unternehmen im Blick. Sie/Er plant immer im Voraus und überlässt nichts dem Zufall. Sie/Er leitet aus ihrem/seinem Handeln stets folgerichtig die Konsequenzen ab und setzt diese selbstständig um. Sie/Er stellt sich äußerst schnell auf veränderte Rahmenbedingungen ein und arbeitet sich zügig und selbstständig in neue Sachverhalte ein.

Tarifvertrag
über die Gewährung von Zulagen gem. § 33 Abs. 1 Buchst. c BAT[1])
Vom 11. Januar 1962

... wird gemäß § 33 Abs. 1 Buchst. c und Abs. 6 BAT folgender Tarifvertrag geschlossen:

§ 1 Zulagen in Monatsbeträgen

(1) Zulagen in Monatsbeträgen erhalten:

		Monatsbetrag Euro
1.	Angestellte, die in unterirdischen Anlagen – mit Ausnahme von Kelleranlagen – mit unzureichender Entlüftung oder in fensterlosen überirdischen Betonbunkern mit unzureichender Entlüftung arbeiten	7,67
2.	Angestellte, die Desinfektionsarbeiten – mit Ausnahme der Schädlingsbekämpfung – ausüben	10,23
3.	Angestellte, die bei Arbeiten mit gesundheitsschädigenden, ätzenden oder giftigen Stoffen der Einwirkung dieser Stoffe ausgesetzt sind, wenn sie im Kalendermonat durchschnittlich mindestens 1/4 der regelmäßigen Arbeitszeit in Räumen oder mindestens 1/3 der regelmäßigen Arbeitszeit im Freien dieser Einwirkung ausgesetzt sind	12,78
4.	Angestellte, die Versuchstiere in wissenschaftlichen Anstalten, Lehr-, Versuchs- oder Untersuchungsanstalten pflegen, wenn sie bei der Pflege der Tiere mit diesen in unmittelbare Berührung kommen	12,78
5.	Pflegepersonen in psychiatrischen Krankenhäusern (Heil- und Pflegeanstalten) oder psychiatrischen Kliniken, Abteilungen oder Stationen, Pflegepersonen in neurologischen Kliniken, Abteilungen oder Stationen, die ständig geisteskranke Patienten pflegen,	

---

[1]) Zur vorläufigen Weitergeltung dieses Tarifvertrages → 19 Abs. 5 Satz 2 TVöD und Ziffer 19 der Anlage 1 Teil B zum TVÜ-Bund; für VKA siehe § 23 TVÜ-VKA

III.2 TV Zulagen gem. § 33 BAT § 1

		Monatsbetrag Euro
	Angestellte in psychiatrischen oder neurologischen Krankenhäusern, Kliniken oder Abteilungen, die im EEG-Dienst oder in der Röntgendiagnostik ständig mit geisteskranken Patienten Umgang haben,	
	Angestellte der Krankengymnastik, die überwiegend mit geisteskranken Patienten Umgang haben,	
	sonstige Angestellte, die ständig mit geisteskranken Patienten zu arbeitstherapeutischen Zwecken zusammenarbeiten oder sie hierbei beaufsichtigen	15,34
6.	Angestellte, die in großen Behandlungsbecken (nicht in Badewannen) Unterwassermassagen ausführen, wenn sie im Kalendermonat durchschnittlich mindestens 1/4 der regelmäßigen Arbeitszeit mit diesen Arbeiten beschäftigt sind	10,23
7.	Angestellte als Sektionsgehilfen in der Human- oder Tiermedizin	15,34
8.	Angestellte, die in Leichenschauhäusern oder in Einrichtungen, die die Aufgaben von Leichenschauhäusern zu erfüllen haben, Leichen versorgen und herrichten	12,78
9.	Angestellte, die in Kühlhäusern, Kühlräumen oder Kühlwagen im Kalendermonat durchschnittlich arbeitstäglich mindestens zwei Stunden arbeiten sind den Angestellten Arbeiter unterstellt, so richten sich die Voraussetzungen für die Gewährung der Zulage nach den jeweils für die Arbeiter geltenden Vorschriften	12,78
10.	Angestellte, die in Tropenkammern mit einer Temperatur von über 40° C im Kalendermonat durchschnittlich arbeitstäglich mindestens zwei Stunden arbeiten sind den Angestellten Arbeiter unterstellt, so richten sich die Voraussetzungen für die Gewährung der Zulage nach den jeweils für die Arbeiter geltenden Vorschriften	15,34
11.	Tierpfleger in zoologischen Gärten, die gefährliche Tiere pflegen	12,78
12.	Angestellte, die in unterirdischen Abwässerkanälen im Kalendermonat durchschnittlich mindestens 1/4 der regelmäßigen Arbeitszeit arbeiten	10,23
13.	Angestellte im kommunalen Dienst, die ständig Blitzschutzanlagen zu überprüfen haben	12,78
14.	Angestellte mit Arbeiten in Prüfständen von Motoren für Kettenfahrzeuge oder Schiffe sowie bei Belastungsproben für Panzermotoren	12,78

§ 2   TV Zulagen gem. § 33 BAT   **III.2**

	Monatsbetrag Euro
15. Angestellte mit Prüfungs- oder Kontrollarbeiten an Propellerflugzeugen oder auf Flugzeugmotorenprüfständen bei laufendem Motor	17,90
16. Angestellte mit Prüfungs- oder Kontrollarbeiten an Flugzeugen oder in Prüfständen bei laufendem Düsentriebwerk	25,26

(2) Voraussetzung für die Gewährung der Zulagen nach den Nrn. 1, 2, 4, 8, 11, 14, 15 und 16 ist, daß die zulageberechtigende Tätigkeit regelmäßig und nicht nur in unerheblichem Umfange ausgeführt wird.

(3) Beginnt die zulageberechtigende Tätigkeit nicht am Ersten, sondern im Laufe eines Kalendermonats, so ist in diesem Monat für jeden Kalendertag ab Beginn dieser Tätigkeit 1/30 des Monatsbetrages zu zahlen.

(4) Die Zulage entfällt mit Ablauf des Kalendermonats, in dem die Voraussetzungen für die Gewährung der Zulage weggefallen sind (§ 33 Abs. 3 BAT).

§ 2 Zulagen in Tagesbeträgen

(1) Zulagen in Tagesbeträgen erhalten:

	Tagesbetrag Euro
1. Angestellte, zu deren regelmäßigen Aufgaben das Besteigen von Masten in Höhe von mindestens 10 m über Dach bzw. mindestens 20 m über dem Erdboden gehört	1,02
2. Angestellte des Eichdienstes, die Hochtanks in einer Höhe von mindestens 20 m über dem Erdboden ohne feste Einrüstung vermessen	1,02
3. Angestellte in der Brückenunterhaltung, die Brückenkonstruktionen in einer Höhe von mindestens 20 m über dem Erdboden oder der Wasserfläche ohne feste Einrüstung überwachen	1,02
4. Angestellte, die Schleusentore von mindestens 15 m Höhe ohne ausreichende Sicherungsvorrichtung durch Einsteigen in die Tore überprüfen oder unter Einsteigen den Ein- und Ausbau solcher Tore überwachen	1,02

(2) Die Zulage wird für jeden Tag gewährt, an dem der Angestellte die Tätigkeit ausübt.

§ 3 Sonstige Zulagen

(1) Für Arbeiten am Stromnetz unter Spannung, die nach den einschlägigen Vorschriften zulässig sind, erhalten die Angestellten Zulagen unter den gleichen Voraussetzungen und in der gleichen Höhe, wie sie jeweils die Arbeiter ihres Arbeitgebers erhalten. Soweit ein Arbeitgeber im Zeitpunkt des Inkrafttretens des Tarifvertrages für diese Arbeiten an Angestellte höhere Zulagen zahlt, bleiben diese unberührt.

(2) Die Angestellten im Baggereibetrieb der Bundeswasser- und Schifffahrtsverwaltung erhalten bei Munitionsfunden Zulagen unter den gleichen Voraussetzungen und in der gleichen Höhe, wie sie die Arbeiter der Bundeswasser- und Schifffahrtsverwaltung jeweils erhalten.

(3) Sind in den Fällen der Absätze 1 und 2 die Zulagen für die Arbeiter in Vom-Hundert- Sätzen des Lohnes bemessen, so richten sich die Zulagen der Angestellten nach der bei dem Arbeitgeber jeweils geltenden höchsten Lohngruppe und Dienstzeitzulage.

§ 4 Zusammentreffen von Ansprüchen

(1) Liegen die Voraussetzungen für mehrere Zulagen nach diesem Tarifvertrag vor, so wird jeweils nur die höchste Zulage gezahlt.

(2) Wird für eine Tätigkeit, für die eine Zulage nach diesem Tarifvertrag zusteht, eine Zulage nach § 33 Abs. 1 Buchst. a BAT gezahlt, so wird die Zulage nach diesem Tarifvertrag nur insoweit gewährt, als sie die Zulage nach § 33 Abs. 1 Buchst. a BAT übersteigt.

(3) Neben den Zulagen nach diesem Tarifvertrag werden bei gegebenen Voraussetzungen

a) die Zusatzverpflegung nach § 33 Abs. 4 BAT

b) die Zulagen der Protokollnotizen Nr. 1 zu den Vergütungsgruppen Kr. I bis Kr. VI der Anlage 1b zum BAT

gewährt.

§ 5 Zahlung der Zulagen

Die Zulagen nach diesem Tarifvertrag sind spätestens mit der Vergütung für den übernächsten Monat (§ 36 Abs. 1 BAT) zu zahlen.

§ 6 Besitzstandswahrung

Erhalten Angestellte im Zeitpunkt des Inkrafttretens dieses Tarifvertrages für eine Tätigkeit, für die in den §§ 1 und 2 eine Zulage vereinbart ist, eine höhere Zulage als die nach §§ 1 und 2, so erhalten sie während des zu diesem Zeitpunkt bestehenden Arbeitsverhältnisses die höhere Zulage für die Dauer der Ausübung der Tätigkeit weiter.

§ 7 Inkrafttreten und Laufzeit

(betrifft Inkrafttreten und Kündigungsvorschrift des Tarifvertrages vom 11. Januar 1962)

Tarifvertrag über Zulagen an Angestellte
Vom 17. Mai 1982[1])

§ 1 Geltungsbereich

(1) Dieser Tarifvertrag gilt für die unter die Anlagen 1a und 1b zum Bundes-Angestelltentarifvertrag (BAT) fallenden Angestellten der Mitglieder der Arbeitgeberverbände, die der Vereinigung der kommunalen Arbeitgeberverbände angehören.

Für die Lehrkräfte, die nach Nr. 5 der Bemerkung zu allen Vergütungsgruppen nicht unter die Anlage 1a zum BAT fallen, gelten § 2 Abs. 3 und 4 sowie § 5.

(2) Dieser Tarifvertrag gilt nicht für den Bereich der Arbeitsrechtlichen Vereinigung Hamburg e. V.

§ 2 Allgemeine Zulage[2])

(1) Die Angestellten erhalten eine allgemeine Zulage.

(2) Die allgemeine Zulage beträgt monatlich für die unter Anlagen 1a und 1b zum BAT fallenden Angestellten in den Vergütungsgruppen

a) X bis IXa sowie VIII (soweit in der Protokollerklärung
   Nr. 1 aufgeführt), Kr. I und Kr. II   90,97 Euro,
b) VIII (soweit nicht in der Protokollerklärung Nr. 1 aufgeführt)
   bis Vc sowie Vb (soweit in der Protokollerklärung Nr. 2
   aufgeführt), Kr. III bis Kr. VI   107,44 Euro,
c) Vb (soweit nicht in der Protokollerklärung Nr. 2
   aufgeführt) bis II, Kr. VII bis Kr. XIII   114,60 Euro,
d) Ib bis I   42,98 Euro.

(3) Für die Lehrkräfte, die nach Nr. 5 der
Bemerkung zu allen Vergütungsgruppen
nicht unter die Anlage 1a zum BAT fallen,
beträgt die allgemeine Zulage monatlich   42,98 Euro.

(4) Bei allgemeinen Vergütungs- und Lohnerhöhungen erhöht sich die allgemeine Zulage um den von den Tarifvertragsparteien festgelegten

---

[1]) Zur teilweisen Weitergeltung dieser Tarifverträge siehe § 17 Absatz 6 TVÜ (Meister-, Techniker- und Programmiererzulage)

[2]) Beträge in der ab dem 1. 5. 2004 geltenden Fassung

§ 2 Zulagen an Angestellte (VKA) III.2b

durchschnittlichen Vomhundertsatz der allgemeinen Vergütungs- und Lohnerhöhung.

Protokollerklärungen:

1. Angestellte, die nach einem der folgenden Tätigkeitsmerkmale der Vergütungsgruppe VIII der Anlage 1a zum BAT eingruppiert sind, erhalten die allgemeine Zulage nach Absatz 2 Buchst. a:
   a) VIII Fallgruppen 10, 12, 15, 16 und 18 des § 2 des Tarifvertrages zur Änderung und Ergänzung der Anlage 1a zum BAT (Angestellte in technischen Berufen) vom 15. Juni 1972,
   b) VIII Fallgruppen 7 und 9 des § 1 des Tarifvertrages zur Änderung der Anlage 1a zum BAT (Angestellte in Versorgungsbetrieben) vom 25. April 1991,
   c) VIII Fallgruppe 2 des § 1 des Tarifvertrages zur Änderung der Anlage 1a zum BAT (Schulhausmeister) vom 31. Oktober 1991.

2. Angestellte, die nach einem der folgenden Tätigkeitsmerkmale der Vergütungsgruppe Vb der Anlage 1a zum BAT eingruppiert sind, erhalten die allgemeine Zulage nach Absatz 2 Buchst. b.
   a) Vb Fallgruppe 2 des Tarifvertrages zur Änderung und Ergänzung der Anlage 1a zum BAT (vermessungs- und landkartentechnische Angestellte sowie Angestellte im Gartenbau, in der Landwirtschaft und im Weinbau) vom 23. September 1969,
   b) Vb Fallgruppen 6 bis 10, 13, 15, 16, 16a, 17, 18 und 21 des § 2 des Tarifvertrages zur Änderung und Ergänzung der Anlage 1a zum BAT (Angestellte in technischen Berufen) vom 15. Juni 1972,
   c) Vb Fallgruppen 1c und 2 des § 2 des Tarifvertrages zur Änderung und Ergänzung der Anlage 1a zum BAT (Neufassung der Fallgruppen 1) vom 24. Juni 1975,
   d) Vb Fallgruppen 3 und 4 des § 2 des Tarifvertrages zur Änderung und Ergänzung der Anlage 1a zum BAT (Bezügerechner) vom 28. April 1978,
   e) Vb Fallgruppe 3 des § 1 des Tarifvertrages zur Änderung und Ergänzung der Anlage 1a zum BAT (Angestellte im Sparkassendienst) vom 26. Oktober 1979,
   f) Vb Fallgruppen 1 bis 15 des § 2 des Tarifvertrages zur Änderung und Ergänzung der Anlage 1a zum BAT (Meister, technische Angestellte mit besonderen Aufgaben) vom 18. April 1980,
   g) Vb Fallgruppen 1 bis 3 des § 2 des Tarifvertrages zur Änderung und Ergänzung der Anlage 1a zum BAT (Schwimmmeister und Schwimmmeistergehilfen) vom 18. Februar 1981,
   h) Vb Fallgruppen 1, 2 und 6 bis 8 des § 2 des Tarifvertrages zur Änderung und Ergänzung der Anlage 1a zum BAT (Angestellte in Nahverkehrsbetrieben) vom 11. Juni 1981,
   i) Vb Fallgruppen 1 bis 5, 7 bis 13 und 15 des § 2 des Tarifvertrages zur Änderung der Anlage 1a zum BAT (Angestellte an Theatern und Bühnen) vom 17. Mai 1982,
   k) Vb Fallgruppe 2 des Abschnitts III, Vb Fallgruppen 2, 3, 5 bis 7 des Abschnitts VI und Vb Fallgruppen 2 bis 4 des Abschnitts VII des § 2 des Tarifvertrages zur Änderung der Anlage 1a zum BAT (Angestellte in der Datenverarbeitung) vom 4. November 1983,

III.2b Zulagen an Angestellte (VKA) § 3

l) Vb Fallgruppe 2 des Tarifvertrages zur Änderung der Anlage 1a zum BAT (Musikschullehrer) vom 20. Februar 1987,

m) Vb Fallgruppen 2, 3, 5 und 6 des § 2 Abschn. B des Tarifvertrages zur Änderung der Anlage 1a zum BAT vom 24. April 1991,

n) Vb Fallgruppen 1. c), 4 bis 16 des Tarifvertrages zur Änderung der Anlage 1a zum BAT (Angestellte in Versorgungsbetrieben) vom 25. April 1991,

o) Vb Fallgruppe 2 des § 2 des Tarifvertrages zur Änderung der Anlage 1a zum BAT (Rettungssanitäter, Rettungsassistenten) vom 30. September 1992,

p) Vb einzige Fallgruppe des § 2 des Tarifvertrages zur Änderung der Anlage 1a zum BAT (Angestellte im kommunalen feuerwehrtechnischen Dienst) vom 21. Dezember 1994.

§ 3 Technikerzulage[1])

(1) Angestellte der Vergütungsgruppen Vb bis II mit technischer Ausbildung nach Nr. 2 der Bemerkung zu allen Vergütungsgruppen und entsprechender Tätigkeit sowie sonstige Angestellte, die aufgrund gleichwertiger Fähigkeiten und ihrer Erfahrungen entsprechende Tätigkeiten ausüben, erhalten eine Technikerzulage von monatlich 23,01 Euro.

(2) Absatz 1 gilt entsprechend für

a) gartenbau-, landwirtschafts- und weinbautechnische Angestellte aller Fachrichtungen mit abgeschlossener einschlägiger Fachhochschulausbildung mit entsprechender Tätigkeit sowie sonstige Angestellte, die aufgrund gleichwertiger Fähigkeiten und ihrer Erfahrungen entsprechende Tätigkeiten ausüben,

b) in der Protokollerklärung Nr. 5a des § 2 des Tarifvertrages zur Änderung und Ergänzung der Anlage 1a zum BAT (Angestellte in technischen Berufen) vom 15. Juni 1972 genannte Angestellte,

c) in der Protokollerklärung Nr. 1 des § 2 des Tarifvertrages zur Änderung und Ergänzung der Anlage 1a zum BAT (Angestellte in technischen Berufen) vom 15. Juni 1972 genannte Angestellte.

---

[1]) Zur teilweisen Weitergeltung dieser Tarifverträge siehe § 17 Absatz 6 TVÜ (Meister-, Techniker- und Programmiererzulage)

§ 4 Programmiererzulage

(1) Angestellte der Vergütungsgruppen Vb (soweit nicht in der Protokollerklärung Nr. 2 zu § 2 aufgeführt) bis III sowie II (mit Ausnahme der in der Protokollerklärung genannten Angestellten) erhalten für die Zeit ihrer überwiegenden Beschäftigung im Bereich der Ablaufplanung und Programmierung von Arbeitsverfahren unter Einsatz von elektronischen Datenverarbeitungsanlagen und Systemprogrammen eine Programmiererzulage von monatlich 23,01 Euro.

(2) Die Programmiererzulage ist nicht zusatzversorgungspflichtig.

(3) Die Angestellten der Sparkassen erhalten die Programmiererzulage nicht.

Protokollerklärung:
Angestellte der Vergütungsgruppe II mit abgeschlossener wissenschaftlicher Hochschulbildung und entsprechender Tätigkeit sowie sonstige Angestellte, die aufgrund gleichwertiger Fähigkeiten und ihrer Erfahrungen entsprechende Tätigkeiten ausüben, erhalten die Programmiererzulage nicht.

§ 4a Zulagen für Meister

Angestellte, die nach den Tätigkeitsmerkmalen

a) des § 2 des Tarifvertrages zur Änderung der Anlage 1a zum BAT (Meister, technische Angestellte mit besonderen Aufgaben) vom 18. April 1980,

b) der Vergütungsgruppe VIb Fallgruppe 1, Vc Fallgruppen 1 bis 3 und Vb Fallgruppen 1 bis 3 des Tarifvertrages zur Änderung und Ergänzung der Anlage 1a zum BAT (Schwimmmeister und Schwimmmeistergehilfen) vom 18. Februar 1981,

c) der Vergütungsgruppe VIb Fallgruppen 1 und 2, Vc Fallgruppen 1 bis 3 und Vb Fallgruppen 1 und 2 des Tarifvertrages zur Änderung und Ergänzung der Anlage 1a zum BAT (Angestellte in Nahverkehrsbetrieben) vom 11. Juni 1981,

d) der Vergütungsgruppe VII Fallgruppen 9 und 13, VIb Fallgruppen 2, 4, 9 bis 12, 15, 16 und 18 bis 20, Vc Fallgruppen 1 bis 5, 7 bis 11 und 13 bis 21 und Vb Fallgruppen 1 bis 5 und 7 bis 13 und 15 des Tarifvertrages zur Änderung der Anlage 1a zum BAT (Angestellte an Theatern und Bühnen) vom 17. Mai 1982,

e) der Vergütungsgruppen Vc Fallgruppen 1 und 2, Vb Fallgruppen 1 bis 3 und IVb Fallgruppen 1 und 2 des § 2 Abschn. B des Tarifvertrages zur Änderung der Anlage 1a zum BAT vom 24. April 1991,

f) der Vergütungsgruppen VII Fallgruppen 10 und 11, VIb Fallgruppen 11 bis 15, Vc Fallgruppen 10 bis 16, Vb Fallgruppen 8 bis 16 und IVb Fallgruppen 5 und 6 des Tarifvertrages zur Änderung der Anlage 1a zum BAT (Angestellte in Versorgungsbetrieben) vom 25. April 1991

eingruppiert sind, erhalten eine Meisterzulage von monatlich 38,35 Euro.

§ 5 Gemeinsame Vorschriften

(1) Die Zulagen werden nur für Zeiträume gezahlt, für die Bezüge (Vergütung, Urlaubsvergütung, Krankenbezüge) zustehen.

(2) In den Fällen des § 30 BAT stehen die Zulagen in Höhe des nach dieser Vorschrift für den Angestellten maßgebenden Vomhundertsatzes zu.

(3) Die allgemeine Zulage ist bei der Bemessung des Sterbegeldes (§ 41 BAT), des Übergangsgeldes (§ 63 BAT) und der Überstundenpauschvergütung nach Nr. 5 SR 2s BAT zu berücksichtigen.

(4) Die Programmiererzulage ist auch im Rahmen der Zuwendung nach dem Tarifvertrag über eine Zuwendung für Angestellte nicht zusatzversorgungspflichtig.

§ 6 Anrechnungsvorschriften[1])

Auf die allgemeine Zulage werden die für denselben Zeitraum zustehenden Zulagen nach Nr. 5a und Nr. 6 Abs. 3 SR 2o BAT in den Fällen des

a) § 2 Abs. 2 Buchst. a und b bis zu einem Betrag von 48,00 Euro,
b) § 2 Abs. 2 Buchst. c bis zu einem Betrag von 71,63 Euro

angerechnet; § 2 Abs. 4 gilt für die genannten Beträge entsprechend. Satz 1 gilt nicht, wenn dem Angestellten auch die Technikerzulage oder die Programmiererzulage zusteht.

§ 7 Konkurrenzvorschriften

Neben der Technikerzulage steht die Programmiererzulage nicht zu.

§ 8 (weggefallen)

§ 9 Übergangsregelungen für den Bereich des KAV Bayern

(1) Angestellte in geschlossenen Abteilungen oder Stationen bei psychiatrischen Krankenanstalten, die ausschließlich dem Vollzug von Maßregeln der Sicherung und Besserung dienen, erhalten für die Zeit ihrer überwiegenden Beschäftigung in einer solchen Abteilung oder Station eine Vollzugszulage von monatlich 95,53 Euro.

Die Vollzugszulage ist nicht zusatzversorgungspflichtig. Abweichend von Satz 1 dieses Unterabsatzes ist die Vollzugszulage bei Angestellten, die diese Zulage bereits vor dem 1. Januar 1999 erhalten haben, zusatzversorgungspflichtig nach Ablauf des Kalendermonats, in dem sie sieben Jahre lang bezogen worden ist, längstens jedoch bei Angestellten der Vergütungsgruppen IVb bis I und Kr. IX bis Kr. XIII bis zum 31. Dezember 2004 und bei Angestellten der Vergütungsgruppen X bis Vb und Kr. I bis Kr. VIII bis zum 31. Dezember 2007. Auf die Mindestzeit werden auch solche Zeiträume angerechnet, während derer die Vollzugszulage nur aufgrund von Konkurrenzvorschriften oder nur wegen Ablaufs der Krankenbezugsfristen nicht zugestanden hat.

Steht neben der Vollzugszulage für denselben Zeitraum eine Zulage nach § 1 Abs. 1 Nr. 5 des Tarifvertrages über die Gewährung von Zulagen an Angestellte gemäß § 33 Abs. 1 Buchst. c BAT oder nach der jeweiligen Protokollerklärung Nr. 1 zu den Abschnitten A und B der Anlage 1b zum BAT zu, vermindert sich die Vollzugszulage um die Beträge dieser Zulagen, höchstens jedoch um insgesamt 46,02 Euro. Die Vollzugszulage vermindert sich ferner, wenn daneben für denselben Zeitraum dem Angestellten, der

a) unter die Anlage 1a zum BAT fällt, eine Wechselschicht- oder Schichtzulage nach § 33a Abs. 1 oder 2 BAT zusteht, um die Hälfte dieser Zulage,

b) unter die Anlage 1b zum BAT fällt, eine Wechselschichtzulage nach § 33a Abs. 1 BAT zusteht, um 25,56 Euro.

(2) Angestellte, die bis einschließlich 30. April 1982 aufgrund des Tarifvertrages über Zulagen an Angestellte nach besoldungsrechtlichen Vorschriften vom 28. September 1970 in Verbindung mit Nr. 23 Abs. 1 der Vorbemerkungen zu den Bundesbesoldungsordnungen A und B des Bundesbesoldungsgesetzes eine Zulage erhalten haben, erhalten für die Dauer des fortbestehenden Arbeitsverhältnisses eine Besitzstandszulage von 10,23 Euro.

Für die Besitzstandszulage gilt § 5 Abs. 1 und 2 entsprechend.

Die Besitzstandszulage entfällt, wenn bei Fortgeltung des bisherigen Rechts die Zulage weggefallen wäre.

(3) Auf die allgemeine Zulage der Angestellten, die im Schreibdienst bayerischer Landkreise tätig sind, werden die für denselben Zeitraum nach den Protokollerklärungen Nrn. 4 und 7 zu § 3 Nr. 1 des Tarifvertrages vom 19. Februar 1973 betreffend die Überleitung der Angestellten der bayerischen Landkreise (einschließlich der Kreissparkassen) und der Sparkassenzweckverbände in das Tarifrecht der VKA zustehenden Leistungszulagen bis zu einem Betrag von 67,- DM angerechnet; § 2 Abs. 4 gilt für den genannten Betrag entsprechend.

§ 10
(gestrichen)

§ 11 Inkrafttreten, Laufzeit

§ 10 tritt mit Wirkung vom 1. Januar 1982, die übrigen Vorschriften treten mit Wirkung vom 1. Mai 1982 in Kraft. Dieser Tarifvertrag kann mit einer Frist von einem Monat zum Schluss eines Kalendermonats schriftlich gekündigt werden.

Tarifvertrag über die einmalige Sonderzahlung 2009
Vom 31. März 2008[1)]

§ 1 Geltungsbereich

Dieser Tarifvertrag gilt für Beschäftigte, die in einem Arbeitsverhältnis zum Bund oder zu einem Arbeitgeber stehen, der Mitglied eines Mitgliedverbandes der Vereinigung der kommunalen Arbeitgeberverbände (VKA) ist, und die unter den Geltungsbereich des Tarifvertrages für den öffentlichen Dienst (TVöD) fallen.

§ 2 Einmalige Sonderzahlung

(1) Die Beschäftigten erhalten mit dem Entgelt für den Kalendermonat Januar 2009 eine einmalige Sonderzahlung in Höhe von 225 Euro, wenn sie an mindestens einem Tag dieses Monats Anspruch auf Entgelt haben.

Protokollerklärung zu Absatz 1:

[1]Anspruch auf Entgelt im Sinne des Absatzes 1 sind auch der Anspruch auf Entgeltfortzahlung aus Anlass der in § 21 Satz 1 TVöD genannten Ereignisse und der Anspruch auf Krankengeldzuschuss (§ 22 Abs. 2 TVöD), auch wenn dieser wegen der Höhe der Barleistungen des Sozialversicherungsträgers nicht gezahlt wird. [2]Einem Anspruch auf Entgelt gleichgestellt ist der Bezug von Krankengeld nach § 45 SGB V oder entsprechender gesetzlicher Leistungen und der Bezug von Mutterschaftsgeld nach § 13 MuSchG oder § 200 RVO. [3]Saisonkräfte, die im Januar 2009 in einem unbefristeten Arbeitsverhältnis stehen, erhalten im November 2009 von der ehemaligen Sonderzahlung je angefangenem Beschäftigungsmonat im Kalenderjahr 2009 ein Zwölftel.

(2) [1]§ 24 Abs. 2 TVöD gilt entsprechend. [2]Satz 1 gilt auch für Beschäftigte, für die gemäß § 3 des Tarifvertrages zur sozialen Absicherung (TVsA) vom 13. September 2005 eine herabgesetzte regelmäßige wöchentliche Arbeitszeit gilt. [3]Maßgeblich sind die jeweiligen Verhältnisse am 1. Januar 2009. [4]Beginnt das Arbeitsverhältnis erst nach dem 1. Januar 2009, sind die Verhältnisse des ersten Tages des Arbeitsverhältnisses maßgeblich.

(3) Wird im Laufe des Monats Januar 2009 ein neues Arbeitsverhältnis begonnen, wird kein weiterer Anspruch begründet.

[1)] Die Änderungen stehen im Zusammenhang mit der Entgeltrunde 2008. Am 31. März 2008 wurden zunächst nur die Eckpunkte vereinbart; die redaktionelle Umsetzung erfolgte erst Mitte Juli 2008.

(4) Die einmalige Sonderzahlung ist bei der Bemessung sonstiger Leistungen nicht zu berücksichtigen.

§ 3 Inkrafttreten

Dieser Tarifvertrag tritt am 1. Januar 2009 in Kraft.

IV   Eingruppierung

	Vorbemerkung des Bearbeiters...............................	751
	Stichwortverzeichnis...	755
IV.2	**Allgemeine Vergütungsordnung für den Bereich der Vereinigung der kommunalen Arbeitgeberverbände (Anlage 1a zum BAT)**	
IV.2.1	Bemerkung zu allen Vergütungsgruppen................	761
IV.2.2	Allgemeiner Teil...	781
IV.2.3	Zusätzliche Tätigkeitsmerkmale	
IV.2.3.1	Angestellte im Sparkassendienst.............................	799
IV.2.3.2	Angestellte im Fremdsprachendienst	819
IV.2.3.3	Ärzte, Apotheker, Tierärzte, Zahnärzte	824
IV.2.3.4	Angestellte in der Datenverarbeitung.....................	828
IV.2.3.5	Angestellte im Sozial- und im Erziehungsdienst......	871
IV.2.3.6	Angestellte in Nahverkehrsbetrieben	887
IV.2.3.7	Angestellte an Theatern und Bühnen	895
IV.2.3.8	Angestellte in medizinischen Hilfsberufen und medizinisch-technischen Berufen...........................	907
IV.2.3.9	Angestellte als Bezügerechner................................	936
IV.2.3.10	Angestellte als Forstaufseher und Forstwarte	940
IV.2.3.11	Leiter von landwirtschaftlichen Betrieben..............	942
IV.2.3.12	Angestellte mit Restaurierungs-, Präparierungs- und Konservierungsarbeiten an kunstgeschichtlichen, kulturgeschichtlichen und naturkundlichen Sammlungen und Forschungseinrichtungen, an Archiven und bei der Denkmalpflege	951
IV.2.3.13	Angestellte in technischen Berufen sowie gartenbau-, landwirtschafts- und weinbautechnische Angestellte	971
IV.2.3.14	Angestellte im fernmeldetechnischen Dienst und im Fernmeldebetriebsdienst	1021
IV.2.3.15	Meister, technische Angestellte mit besonderen Aufgaben	1026
IV.2.3.16	Schwimmeister, Schwimmeistergehilfen	1036
IV.2.3.17	Musikschullehrer..	1040

IV.2.3.18	Angestellte in der Fleischuntersuchung	1045
IV.2.3.19	Angestellte in Versorgungsbetrieben	1047
IV.2.3.20	Angestellte als Schulhausmeister	1077
IV.2.3.21	Angestellte im kommunalen feuerwehr-technischen Dienst	1079
IV.2.3.22	Angestellte als Boten, Pförtner, Vervielfältiger, Kanzleivorsteher und im Registraturdienst	1081
IV.2.3.23	Angestellte im Kassen- und Rechnungswesen	1085
IV.2.3.24	Angestellte als Rettungsassistenten, Rettungssanitäter	1089
IV.3	**Vergütungsordnung für Angestellte im Pflegedienst für die Bereiche des Bundes, der Tarifgemeinschaft deutscher Länder und der Vereinigung der kommunalen Arbeitgeberverbände (Anlage 1b zum BAT)**	
IV.3.1	Vorbemerkungen zu den Abschnitten A und B	1093
IV.3.2	A. Pflegepersonal, das unter die Sonderregelung 2a oder 2e III BAT fällt	1095
IV.3.3	B. Pflegepersonal, das nicht unter die Sonderregelung 2a oder 2e III BAT fällt	1118
IV.4	**Eingruppierungsrichtlinien (nur für die Bereiche der Tarifgemeinschaft deutscher Länder und der Vereinigung der kommunalen Arbeitgeberverbände)**	
IV.4.3	Richtlinien über die Eingruppierung der im Angestelltenverhältnis beschäftigten Lehrkräfte an allgemeinbildenden und berufsbildenden Schulen	1126
IV.4.4	Richtlinien der Vereinigung der kommunalen Arbeitgeberverbände (VKA) für die im Angestelltenverhältnis beschäftigten Lehrkräfte an Musikschulen, die nicht unter den Geltungsbereich des BAT fallen (Musikschullehrer-Richtlinien)	1146

Vorbemerkung des Bearbeiters

Die Regelungen über die Eingruppierung gehören zu den wichtigsten tariflichen Vereinbarungen des Bundes-Angestelltentarifvertrages (BAT). Sie umfassen im Abschnitt VI die §§ 22 bis 25 und werden durch die Anlagen 1a (mit den Tätigkeitsmerkmalen für die Angestellten im Verwaltungsdienst) und 1b (mit den Tätigkeitsmerkmalen für die Angestellten im Krankenpflegedienst) konkretisiert.

Von der tarifgerechten Eingruppierung hängt zwar u. U. auch die Dauer des Erholungsurlaubes ab, wichtiger ist jedoch: Aus der richtigen, d. h. tarifgerechten Eingruppierung ergibt sich die Höhe der Vergütung, und von der Höhe der Vergütung hängt die spätere Höhe der Versorgung ab. Grund genug also, den Fragen der Eingruppierung ein besonderes Augenmerk zu schenken.

Die Vielfältigkeit der Arbeitsplätze in der öffentlichen Verwaltung und in den Betrieben sowie die unterschiedlichen Organisationsformen machen das Eingruppierungsrecht nicht gerade anwendungsfreundlich. Um gleichwohl die mannigfachen Funktionen und Aufgaben entsprechend ihrer Wertigkeit feststellen und vergüten zu können, haben die Tarifvertragsparteien des öffentlichen Dienstes ein Bewertungssystem – die Vergütungsordnung – vereinbart, die eine Reihe von Wertebenen, sog. Vergütungsgruppen, enthält. In Tätigkeitsmerkmalen wird dabei konkret (z. B. Angestellte in einer bestimmten Funktion, denen mindestens 3 Angestellte mindestens der Vergütungsgruppe . . . ständig unterstellt sind) oder aber auch abstrakt (z. B. Angestellte, deren Tätigkeit sich dadurch heraushebt, dass sie hochwertige Leistungen bei besonders schwierigen Aufgaben erfordert) beschrieben, welcher Wertebene die von einem Angestellten wahrzunehmenden Aufgaben zugeordnet sind.

Die Vergütungsordnung erfasst nicht jede im öffentlichen Dienst vorkommende Tätigkeit. So gilt sie beispielsweise nicht für Angestellte, die als Lehrkräfte beschäftigt sind (vgl. dazu für den Geltungsbereich des Bundes und der Länder Nr. 5 der Vorbemerkungen zu allen Vergütungsgruppen bzw. für den Bereich der Kommunen Nr. 5 der Bemerkung zu allen Vergütungsgruppen). Soweit Tätigkeitsmerkmale vereinbart sind, wird die Tätigkeit durch ein Tätigkeitsmerkmal des allgemeinen Teils bzw. der tariflichen Re-

IV.1.1 Vorbemerkungen zu allen VergGr. (BL)

gelung für bestimmte Beschäftigtengruppen (z. B. Eingruppierung von Angestellten an Theatern und Bühnen) definiert.

Der Anspruch eines Angestellten auf tarifgerechte Eingruppierung und Bezahlung ist nicht davon abhängig, dass der Haushalt seines Arbeitgebers hierfür die entsprechenden Haushaltsmittel (Planstellen) zur Verfügung stellt. Im Gegensatz zu den Regelungen im Beamtenrecht können daher unter Berufung auf haushaltsrechtliche Vorschriften arbeitsvertragliche Ansprüche auf tarifgerechte Bezahlung nicht zurückgewiesen werden.

Für die Eingruppierung ist § 22 die wesentliche tarifliche Vorschrift.

§ 22 regelt die Eingruppierung

a) bei der Einstellung,

b) bei der Übertragung einer höherwertigen Tätigkeit,

c) beim Eintritt bestimmter persönlicher Voraussetzungen.

Nach § 22 Abs. 3 ist die Vergütungsgruppe im Arbeitsvertrag anzugeben. Dies hat aber keine konstitutive, sondern nur deklaratorische Bedeutung. Eingruppiert i. S. der tariflichen Regelung ist der Angestellte in der Vergütungsgruppe, die von ihrer Wertigkeit her den ihm übertragenen Aufgaben entspricht. Haben sich Arbeitgeber und Arbeitnehmer bei der Bewertung der wahrzunehmenden Aufgaben geirrt (weil sie z. B. die Tätigkeitsmerkmale einer höheren als der tariflich richtigen Vergütungsgruppe für erfüllt hielten), ist zur Berichtigung der Vergütungsgruppe im Arbeitsvertrag eine Kündigung des Arbeitsverhältnisses (Änderungskündigung) notwendig.

Für die Eingruppierung ist die **gesamte** Tätigkeit maßgebend. Dabei kommt es nicht auf die ausgeübte, sondern auf die **auszuübende** Tätigkeit an.

Die gesamte auszuübende Tätigkeit entspricht den Tätigkeitsmerkmalen einer Vergütungsgruppe, wenn zeitlich mindestens zur Hälfte (Grundsatz) oder in einem besonders bestimmten Maß Arbeitsvorgänge anfallen, die – jeder für sich genommen – die Anforderungen eines oder mehrerer Tätigkeitsmerkmale der betreffenden Vergütungsgruppe erfüllen.

In der Praxis bedeutet dies: Die gesamte Tätigkeit eines Angestellten ist in einzelne Arbeitsvorgänge aufzugliedern. Sodann ist für jeden Arbeitsvorgang das in Betracht kommende Tätigkeitsmerkmal zu ermitteln. Sind in der gesamten Tätigkeit **zeitlich** mindestens zur Hälfte Arbeitsvorgänge enthalten, die einer bestimmten Vergütungsgruppe zuzuordnen sind, so ist der Angestellte in dieser Vergütungsgruppe eingruppiert.

Beispiel

Auf seinem Arbeitsplatz hat der Angestellte bestimmte Arbeitsvorgänge zu erledigen. 55 v. H. der Arbeitsvorgänge werden von der Vergütungsgruppe VIII Fallgruppe 1a erfasst; sie nehmen 40 v. H. seiner Arbeitszeit in Anspruch. 45 v. H. der Arbeitsvorgänge werden von der Vergütungsgruppe VII Fallgruppe 1b erfasst; sie nehmen 60 v. H. seiner Arbeitszeit in Anspruch. Der Angestellte ist in der Vergütungsgruppe VII eingruppiert.

Werden in einem Tätigkeitsmerkmal mehrere Anforderungen gestellt (z. B. gründliche und vielseitige Fachkenntnisse einerseits und selbstständige Leistungen – in unterschiedlichem Umfang – andererseits), muss jede Anforderung in dem für die Bewertung der **gesamten** Tätigkeit geforderten zeitlichen Umfang erfüllt sein. Wenn ein besonderes zeitliches Maß nicht verlangt wird, beträgt das zeitliche Maß grundsätzlich die Hälfte.

Der Begriff des „Arbeitsvorgangs" ist im Zusammenhang mit der Neuregelung des § 22 neu in den BAT eingeführt worden. Die Tarifvertragsparteien haben ihn in der Protokollnotiz Nr. 1 näher erläutert. Seine Abgrenzung ergibt sich aus dem jeweiligen konkreten Arbeitsergebnis. So genannte Zusammenhangsarbeiten dürfen als Teil des Arbeitsvorganges nicht besonders und gesondert gewertet werden. Zum besseren Verständnis sind in der Protokollnotiz Nr. 1 einige typische Beispiele für das, was unter einem Arbeitsvorgang zu verstehen ist, aufgenommen worden.

Die Bewertung der von dem Angestellten wahrzunehmenden Aufgaben ist über einen angemessenen Zeitraum vorzunehmen. Angemessen ist ein Zeitraum, in dem die regelmäßig anfallenden Aufgaben sicher und vollständig erfasst werden. Im Allgemeinen dürfte ein Zeitraum von 6 Monaten als ausreichend anzusehen sein.

§ 22 gilt auch für die sog. Funktionsmerkmale (z. B. Kassenleiter, Angestellter . . . mit . . . Unterstellten). In diesen Fällen sind die Arbeitsvorgänge im Tätigkeitsmerkmal selbst bereits pauschal bewertet; einer Bewertung einzelner Arbeitsvorgänge bedarf es daher nicht.

Die Feststellung der Zugehörigkeit zu einer bestimmten Vergütungsgruppe kann im Streitfalle sowohl durch Feststellungs- als

IV.1.1 Vorbemerkungen zu allen VergGr. (BL)

auch durch Leistungsklage beim Arbeitsgericht geltend gemacht werden. Der Anspruch auf Feststellung der zutreffenden Vergütungsgruppe unterliegt nicht der Ausschlussfrist des § 70 BAT; von der Ausschlussfrist werden lediglich die sich aus einer besseren Eingruppierung ergebenden höheren Vergütungsansprüche erfasst und ggf. vernichtet.

Mit dem Tarifvertrag über die Einführung eines Bewährungsaufstiegs (§ 23a BAT) vom 25. März 1966 ist die Vergütungsordnung (Anlage 1a zum BAT) für den Bereich des Bundes und für den Bereich der Tarifgemeinschaft deutscher Länder (TdL) neu geordnet worden. Sie unterscheidet zwischen dem Teil I „Allgemeiner Teil" und den Teilen II bis IV mit zusätzlichen Tätigkeitsmerkmalen für den Bereich des Bundes und der TdL (Teil II), für den Bereich des Bundes (Teil III) und für den Bereich der TdL (Teil IV).

Stichwortverzeichnis

Der besseren Übersichtlichkeit wegen sind in diesem Stichwortverzeichnis die Stichworte aufgeführt, die das neue Recht (TVöD, TVAöD, TVÜ usw.) und die von der Tarifreform nicht berührten Tarifverträge (Altersteilzeitarbeit, Altersversorgung, Zulagen) betreffen.

Für die Eingruppierungsvorschriften/Tätigkeitsmerkmale, die erst später durch eine noch zu vereinbarende Entgeltordnung abgelöst werden sollen, wurde ein spezielles Stichwortverzeichnis erstellt, das Sie am Anfang des Abschnitts IV Eingruppierung" finden.

Abgeltung
- Besitzstände **I.2/TVÜ § 16, I.3.1/TVÜ-Ärzte § 14**
- Überstunden **I.1/TVöD § 8**
- Urlaubsanspruch **I.1/TVöD § 26, I.3/TV-Ärzte § 27**

Abordnung **I.1/TVöD § 4, I.3/TV-Ärzte § 5**
Abrechnung unständiger Bezügebestandteile **I.2/TVÜ § 28**
Abschlussprämie **II.1/TVAöD § 17**
Altersteilzeit **V.2/TV ATZ § 1 ff., V.2.1/AltersteilzeitG § 1 ff.**
Altersversorgung **I.1/TVöD § 25, I.3/TV-Ärzte § 26, II.1/TVAöD § 15, V.1/ATV-K § 1 ff.**
Arbeitnehmer **I.1/TVöD § 1**
Arbeitsausfall, Vergütung **I.1/TVöD § 21, § 22, I.3/TV-Ärzte § 22, § 23, II.1/TVAöD § 12, § 12a**
Arbeitsbedingungen **I.1/TVöD § 3, I.3/TV-Ärzte § 3**
Arbeitsbefreiung **I.1/TVöD § 29, I.3/TV-Ärzte § 30**
- bei geleisteten Überstunden **I.1/TVöD § 6, § 8, I.3/TV Ärzte § 9**

Arbeitsbescheinigung **I.1/TVöD § 3, § 35, I.3/TV-Ärzte § 36, II.1.1/TVAöD BBiG § 18**
Arbeitsfähigkeit
- Bescheinigung **I.1/TVöD § 3, I.3/TV-Ärzte § 3**

Arbeitsunfähigkeit **I.1/TVöD § 22, I.3/TV-Ärzte § 23, II.1/TVAöD § 12**
Arbeitsunfähigkeits-Richtlinien **I.1/TVöD § 22 Anhang 2**
Arbeitsverhältnis
- Ausschlussfrist für Ansprüche **I.1/TVöD § 37, I.3/TV-Ärzte § 37, II.1/TVAöD § 19**
- Beendigung durch Vereinbarung **I.1/TVöD § 33, I.3/TV-Ärzte § 34**
- Beendigung durch Berufsunfähigkeit **I.1/TVöD § 33, I.3/TV-Ärzte § 34**
- Beendigung durch Erreichen der Altersgrenze **I.1/TVöD § 33, I.3/TV-Ärzte § 34**
- Kündigung **I.1/TVöD § 33, § 34, I.3/TV-Ärzte § 34, § 35**

Stichwortverzeichnis

Arbeitsvertrag   I.1/TVöD § 2, I.3/TV-Ärzte § 2
- befristeter   I.1/TVöD § 30, § 31, § 32, I.3/TV-Ärzte § 31, § 32, § 33
- Muster   I.1/TVöD § 2 Anhang 3 bis 6
Arbeitszeit   I.1/TVöD § 6 ff., I.3/TV-Ärzte § 7 ff.
- bei Qualifizierungsmaßnahmen   I.1/TVöD § 5, I.3/TV-Ärzte § 6
Arbeitszeitgesetz   I.1/TVöD § 6 Anhang 1
Arbeitszeitkonto   I.1/TVöD § 10
Ärzte   I.1.4/TVöD BT-K § 51, I.1.5/TVöD BT-B I.3/TV-Ärzte § 1 ff.
Ärztliche Untersuchungen   I.1/TVöD § 3, I.3/TV-Ärzte § 3, II.1/TVAöD § 4
Auflösungsvertrag   I.1/TVöD § 33, I.3/TV-Ärzte § 34
Ausbildung (BBiG)   II.1.1/TVAöD BBiG § 1 ff.
Ausbildung (Pflege)   II.1.2/TVAöD Pflege § 1 ff.
Ausbildungsentgelt   II.1.1/TVAöD BBiG § 8, II.1.2/TVAöD Pflege § 8
Ausbildungsvertrag   II.1/TVAöD § 2
Ausbildungszeit   II.1.1/TVAöD BBiG § 7, II.1.2/TVAöD Pflege § 7
Auslandsbeschäftigung   I.1/TVöD § 1 Anhang 2
Ausschlussfristen allgemein   I.3 TV-Ärzte § 37, II.1/TVAöD § 19
Beendigung des Arbeitsverhältnisses   I.1/TVöD § 33, I.3/TV-Ärzte § 34
Befristete Arbeitsverträge   I.1/TVöD § 30 ff., I.3/TV-Ärzte § 31 ff.
Bereitschaftsdienst   I.1/TVöD § 7, § 8, I.3/TV-Ärzte § 10, § 12
Bereitschaftsdienstentgelt   I.1/TVöD Anlage C, I.3/TV-Ärzte § 12
Bereitschaftszeiten   I.1/TVöD § 9, I.2/TVÜ § 24
Beschäftigungszeit   I.1/TVöD § 34, I.2/TVÜ § 14, I.3/TV-Ärzte § 35, I.3.1/TVÜ-Ärzte VKA § 12
Besitzstandsregelungen   I.2/TVÜ § 1 ff., I.3.1/TVÜ-Ärzte § 1 ff.
Besondere Berufsgruppen
- Sonderregelungen   I.2/TVÜ § 22
Betreuungseinrichtungen
- Sonderregelungen   I.1.5 BT-B § 40 ff.
Bewährungsaufstieg   I.2/TVÜ § 8, § 17
Bildschirmarbeitsverordnung   I.1/TVöD § 3 Anhang 1
Bundesurlaubsgesetz   I.1/TVöD § 26 Anhang 1
Dienstreisen
- Berechnung der Arbeitszeit   I.1/TVöD § 44
- Reisekosten   I.1/TVöD § 44, I.3/TV-Ärzte § 24, I.1.4/TVöD BT-K § 57
Eingruppierung   I.1/TVöD § 12 ff., I.2/TVÜ § 17, I.3/TV-Ärzte § 16 ff.
Einsatzzuschlag   I.3/TV-Ärzte § 4
Endzeugnis   I.1/TVöD § 35, I.3/TV-Ärzte § 36, II.1.1/TVAöD BBiG § 18
Entgelt

Stichwortverzeichnis

- Berechnung I.1/TVöD § 24, I.3/TV-Ärzte § 25
- im Krankheitsfall I.1/TVöD § 22, I.3/TV-Ärzte § 23

Entgeltbestandteile
- Abgeltung I.2/TVÜ § 16, I.3.1/TVÜ-Ärzte VKA § 14
- kinderbezogene I.2/TVÜ § 11, I.3.1/TVÜ-Ärzte VKA § 9

Entgeltfortzahlung I.1/TVöD § 21, § 22, I.2/TVÜ § 13, I.3/TV-Ärzte § 22, § 23, II.1.1/TVAöD § 12, § 12a
Entgeltfortzahlungsgesetz I.1/TVöD § 22 Anhang 1
Entgeltgruppen, Stufen I.1/TVöD § 16, I.3/TV-Ärzte § 19
Entgelttabelle, Stufen I.1/TVöD § 17, I.1/TVöD § 16, I.2/TVÜ § 5 ff., I.3/TV-Ärzte § 19, § 20

Entsorgungsbetriebe
- Sonderregelungen I.1.3/TVöD BT-E § 40 ff.

Erholungsurlaub I.1/TVöD § 26, I.2/TVÜ § 15, I.3/TV-Ärzte § 27, II.1/TVAöD § 9
- Übertragung I.2/TVÜ § 15, I.3.1/TVÜ-Ärzte VKA § 13

Erschwerniszuschläge I.1/TVöD § 19, I.2/TVÜ § 23
Ersetzung bisheriger Tarifverträge I.2/TVÜ § 2, Anlage 1, I.3.1/TVÜ-Ärzte VKA § 2
Erwerbsminderung, teilweise I.1/TVöD § 33, I.3/TV-Ärzte § 34
Fallgruppenaufstieg I.2/TVÜ § 8, § 17
Familienheimfahrten II.1.1/TVAöD BBiG § 10a, II.1.2/TVAöD Pflege § 10a
Feiertagsarbeit I.1/TVöD § 8, I.3/TV-Ärzte § 8

Flughäfen
- Sonderregelungen I.1.6/TVöD BT-F § 40 ff.

Fortgeltung von Tarifverträgen I.1/TVöD § 36, I.2/TVÜ § 2, Anlage 1
Freistellungsanspruch II.1/TVAöD § 12a
Freizeitausgleich I.1/TVöD § 8, I.3/TV-Ärzte § 11
Führung auf Probe I.1/TVöD § 31, I.3/TV-Ärzte § 32
Führung auf Zeit I.1/TVöD § 32, I.3/TV-Ärzte § 33
Führungspositionen I.1/TVöD § 31, § 32, I.3/TV-Ärzte § 32, § 33
Geltungsbereich I.1/TVöD § 1, I.2/TVÜ § 1, I.3/TV-Ärzte § 1, I.3.1/TVÜ-Ärzte VKA § 1, II.1.1/TVAöD § 1
Geschenke, Annahme von I.1/TVöD § 3, I.3/TV-Ärzte § 3
Gruppengespräch/Qualifizierung I.1/TVöD § 5, I.3/TVÜ-Ärzte VKA § 6
Hinterbliebenenversorgung V.1/ATV-K § 1 ff.
Höhergruppierung I.1/TVöD § 14, § 17, I.3/TV-Ärzte § 17, § 20
- persönliche Zulage I.1/TVöD § 14, I.3/TV-Ärzte § 17

Stichwortverzeichnis

- vorübergehende Fortführung   I.2/TVÜ § 10, I.3.1/TVÜ-Ärzte VKA § 8

Höherwertige Tätigkeit
- Fortführung   I.2/TVÜ § 10, I.3.1/TVÜ-Ärzte VKA § 8
- vorübergehende Übertragung   I.1/TVöD § 14, I.3/TVÜ-Ärzte VKA § 17, I.2/TVÜ § 18

Jahressonderzahlung   I.1/TVöD § 20, I.2/TVÜ § 20, II.1.1/TVAöD BBiG § 14, II.1.2/TVAöD Pflege § 14

Jubiläumsgeld   I.1/TVöD § 23, I.3/TV-Ärzte § 24

Kinderbezogene Entgeltbestandteile   I.2/TVÜ § 11, I.3.1/TVÜ-Ärzte VKA § 9

Krankenhäuser
- Sonderregelungen   I.1.4/TVöD BT-K § 40 f.

Krankheitsfall, Entgelt   I.1/TVöD § 22, I.3/TV-Ärzte § 23, II.1/TVAöD § 12

Kündigungsfrist   I.1/TVöD § 34, I.3/TV-Ärzte § 35

Laufzeit
- des TVöD   I.1/TVöD § 39
- des TVÜ   I.2/TVÜ § 34
- des TV-Ärzte   I.3/TV-Ärzte § 40
- des TVÜ-Ärzte   I.3.1/TVÜ-Ärzte VKA § 17
- des TVAöD   II.1/TVAöD § 20
- des TVAöD BBiG   II.1.1/TVAöD BBiG § 20a
- des TVAöD Pflege   II.1.2/TVAöD Pflege § 20a

Lehrkräfte
- Anwendung der Entgelttabelle   I.2/TVÜ § 19
- Sonderregelungen   I.1/TVöD § 51

Leistungsbezogener Stufenaufstieg   I.1/TVöD § 17, I.3/TV-Ärzte § 20

Leistungsentgelt   I.1/TVöD § 18III.1b

Mehrarbeit   I.1/TVöD § 7, I.3/TV-Ärzte § 9

Meistbegünstigungsklausel   I.1.0 § 1

Mitarbeitergespräch   I.1/TVöD § 5, I.3/TV-Ärzte § 6

Musterarbeitsverträge   I.1/TVöD § 2 Anhang 3 bis 6

Nachtarbeit   I.1/TVöD § 7, I.3/TV-Ärzte § 9
- Zusatzurlaub   I.2/TVÜ § 15, I.3/TV-Ärzte § 28

Nachweisgesetz   I.1/TVöD § 2 Anhang 1

Nebenabreden zum Arbeitsvertrag   I.1/TVöD § 2, I.3/TV-Ärzte § 2

Nebentätigkeiten   I.1/TVöD § 3, I.3/TV-Ärzte § 3, § 4, II.1/TVAöD § 5

Niederschrift nach dem Nachweisgesetz   I.1/TVöD § 2 Anhang 2

Personalakte, Einsichtsrecht   I.1/TVöD § 3, I.3/TV-Ärzte § 3, II.1/TVAöD § 6

Stichwortverzeichnis

Personalgestellung I.1/TVöD § 4, I.3/TV-Ärzte § 5
Pflegeeinrichtungen
- Sonderregelungen I.1.5/TVöD BT-B § 40 ff.

Pflegezeitgesetz I.1/TVöD § 29 Anhang 1
Praktikanten
- TV Praktikanten II.1.3 § 1 ff.
- Vorläufige Weitergeltung II.1.4

Probezeit I.1/TVöD § 2, I.3/TV-Ärzte § 2, II.1.1/TVAöD BBiG § 3, II.1.2/TVAöD Pflege § 3
Provisionen, Annahme von I.1/TVöD § 3, I.3/TV-Ärzte § 3
Qualifizierungsmaßnahmen I.1/TVöD § 5, I.3/TV-Ärzte § 6
Reisekosten I.1/TVöD BT-V § 44, I.3/TV-Ärzte § 24
Rufbereitschaft I.1/TVöD § 7, § 8, I.3/TV-Ärzte § 7, § 10, § 11
Schichtarbeit I.1/TVöD § 7, § 8, I.3/TV-Ärzte § 7, § 10, § 11
- Zusatzurlaub I.1/TVöD § 27, I.2/TVÜ § 15, I.3/TV-Ärzte § 28

Schutzkleidung II.1.1/TVAöD BBiG § 11, II.1.2/TVAöD Pflege § 11
Sonderurlaub I.1/TVöD § 28, I.3/TV-Ärzte § 29
Sonderzahlung III.4 § 1 ff.
Sonntagsarbeit I.1/TVöD § 8, I.3/TV-Ärzte § 9, § 11
Sparkassen
- Sonderregelungen I.1.2/TVöD BT-S § 40 ff.

Sterbegeld I.1/TVöD § 23, I.3/TV-Ärzte § 24
Strukturausgleich I.2/TVÜ § 12, Anlage 3, I.3.1/TVÜ-Ärzte VKA § 10
Stufenzuordnung I.1/TVöD § 16, § 17, I.2/TVÜ § 6, § 7, I.3/TV-Ärzte § 19, § 20
Tabellenentgelt I.1/TVöD § 15, I.3/TV-Ärzte § 18
- Bemessungszeitraum I.1/TVöD § 24, I.3/TV-Ärzte § 25
- Vergleichsentgelt bei Arbeitern I.2/TVÜ § 5

Teilzeitbeschäftigung I.1/TVöD § 11, I.3/TV-Ärzte § 13
- Tabellenentgelt I.1/TVöD § 24, I.3/TV-Ärzte § 25
- Vergleichsentgelt I.2/TVÜ § 5

Teilzeit- und Befristungsgesetz I.1/TVöD § 30 Anhang 1
Theater
- Sonderregelungen I.1/TVöD § 55

Trennungsgeld I.1/TVöD § 44, I.3/TV-Ärzte § 24
Tätigkeitsübertragung, höherwertige I.1/TVöD § 14, I.3/TV-Ärzte § 17
Überleitung
- der Ärzte I.3.1/TVÜ-Ärzte VKA § 1 ff.
- der Beschäftigten I.2/TVÜ § 1 ff.

Übernahme von Auszubildenden II.1.1/TVAöD BBiG § 16a

Stichwortverzeichnis

Überstunden I.1/TVöD § 7, § 8, I.3/TV-Ärzte § 9, § 11
Umschulung I.1/TVöD § 5, I.3/TV-Ärzte § 6
Umzugskosten I.1/TVöD § 44, I.3/TV-Ärzte § 24
Urlaub I.1/TVöD § 26 ff., I.3/TV-Ärzte § 27 ff., II.1/TVAöD § 9
Vergleichsentgelt I.2/TVÜ § 5
Vergütungs- und Lohngruppen I.2/TVÜ § 4, **Anlagen 1 und 3,** II.1/TVAöD § 13
Vergütungsgruppenzulagen I.2/TVÜ § 9
Vermögenswirksame Leistungen I.1/TVöD § 23, I.3/TV-Ärzte § 24
Verwaltung
– Sonderregelungen I.1.1/TVöD BT-V § 40 ff.
Verschwiegenheitspflicht I.1/TVöD § 3, I.3/TV-Ärzte § 4
Versetzung I.1/TVöD § 4, I.3/TV-Ärzte § 5
Wechselschicht I.1/TVöD § 7, § 8, I.3/TV-Ärzte § 9, § 11
– Zusatzurlaub I.1/TVöD § 27, I.2/TVÜ § 15, I.3/TV-Ärzte § 28
Weiterbildungskosten, Rückzahlung I.1/TVöD § 5, I.3/TV-Ärzte § 6
Wiedereinstiegsqualifizierung I.1/TVöD § 5, I.3/TV-Ärzte § 6
Wissenschaftszeitvertragsgesetz I.1/TVöD § 30 **Anhang 2**
Zahnärzte I.3/TV-Ärzte § 1 ff.
Zeitzuschläge I.1/TVöD § 8, I.3/TV-Ärzte § 11
Zeugnis I.1/TVöD § 35, I.3/TV-Ärzte § 36, II.1/TVAöD BBiG § 18
Zulagen
– gemäß § 33 Abs. 1 Buchst. c BAT **III.2**
– an Angestellte **III.2b**
Zuordnung der Vergütungs- und Lohngruppen I.2/TVÜ § 4, **Anlagen 1 und 3**
Zusatzurlaub I.1/TVöD § 27, I.2/TVÜ § 15, I.3/TV-Ärzte § 28
Zuweisung I.1/TVöD § 4, I.3/TV-Ärzte § 5
Zwischenzeugnis I.1/TVöD § 35, I.3/TV-Ärzte § 36

Allgemeine Vergütungsordnung für den Bereich der Vereinigung der kommunalen Arbeitgeberverbände (Anlage 1a)

Bemerkung zu allen Vergütungsgruppen

Nr. 1

Bei Tätigkeiten, die sowohl in dieser Tarifordnung wie in der Tarifordnung B für Lohnempfänger im öffentlichen Dienst (TO.B) aufgeführt sind, wird durch die Dienstordnung oder den Arbeitsvertrag bestimmt, ob Beschäftigung als Angestellter oder als Lohnempfänger erfolgen soll.

Nr. 2

Unter „technische Ausbildung" im Sinne des bei den vorstehenden Vergütungsgruppen aufgeführten Tätigkeitsmerkmals „Technische Angestellte mit technischer Ausbildung nach Nr. 2 der Bemerkung zu allen Vergütungsgruppen" ist der erfolgreiche Besuch einer Schule zu verstehen, die in der jeweils geltenden Reichsliste der Fachschulen, deren Abschlusszeugnisse zum Eintritt in die Laufbahn des gehobenen technischen Dienstes berechtigten, aufgeführt ist (MBliV. 1942 S. 402).

Nr. 3

Für Angestellte, deren Tätigkeit in der Anlage 1a außerhalb der Tätigkeitsmerkmale der jeweiligen Fallgruppe 1 des Tarifvertrages zur Änderung und Ergänzung der Anlage 1a zum BAT (Neufassung der Fallgruppen 1) vom 24. Juni 1975 in besonderen Tätigkeitsmerkmalen aufgeführt ist, gelten die Tätigkeitsmerkmale der jeweiligen Fallgruppe 1 des Tarifvertrages vom 24. Juni 1975 weder in der Vergütungsgruppe, in der sie aufgeführt sind, noch in einer höheren Vergütungsgruppe. Dies gilt nicht für sonstige Angestellte der jeweiligen Fallgruppe 1 der Vergütungsgruppe II bis I des Tarifvertrages vom 24. Juni 1975, die aufgrund gleichwertiger Fähigkeiten und ihrer Erfahrungen entsprechende Tätigkeiten ausüben, es sei denn, dass sie außerhalb der Tätigkeitsmerkmale der jeweiligen Fallgruppe 1 dieser Vergütungsgruppen des Tarifvertrages vom 24. Juni 1975 mit besonderen Tätigkeitsmerkmalen aufgeführt sind.

IV.2.1 Bemerkung zu allen Vergütungsgruppen — Anlage 1a

Abweichend von Unterabsatz 1 Satz 1 gelten die Tätigkeitsmerkmale der Fallgruppen 1 der Vergütungsgruppen Ib bis I des Tarifvertrages vom 24. Juni 1975 auch für Ärzte, Apotheker und Zahnärzte, die außerhalb der Anstalten und Heime im Sinne der SR 2a und SR 2b beschäftigt werden, sowie für Tierärzte.

Protokollerklärung:
Besondere Tätigkeitsmerkmale im Sinne des Unterabsatzes 1 sind auch die Tätigkeitsmerkmale des Tarifvertrages zur Änderung und Ergänzung der Anlage 1a zum BAT (Angestellte im Sparkassendienst) vom 26. Oktober 1979. Für Sparkassenangestellte mit Tätigkeiten, die in den übrigen besonderen Tätigkeitsmerkmalen aufgeführt sind, gelten die Tätigkeitsmerkmale des Tarifvertrages vom 26. Oktober 1979 weder in der Vergütungsgruppe, in der sie aufgeführt sind, noch in einer höheren Vergütungsgruppe.

Nr. 3a

Für Angestellte in Versorgungsbetrieben gelten grundsätzlich nur die Tätigkeitsmerkmale des Tarifvertrages zur Änderung der Anlage 1a zum BAT (Angestellte in Versorgungsbetrieben) vom 25. April 1991. Dabei treten im Sinne der Bemerkung Nr. 3 die Tätigkeitsmerkmale der jeweiligen Fallgruppe 1 dieses Tarifvertrages an die Stelle der Tätigkeitsmerkmale der jeweiligen Fallgruppe 1 des Tarifvertrages zur Änderung und Ergänzung der Anlage 1a zum BAT (Neufassung der Fallgruppen 1) vom 24. Juni 1975. Soweit außerhalb der Tätigkeitsmerkmale der jeweiligen Fallgruppe 1 des Tarifvertrages vom 25. April 1991 keine besonderen Tätigkeitsmerkmale aufgeführt sind, gelten die übrigen besonderen Tätigkeitsmerkmale der Anlage 1a. Insoweit gelten die Tätigkeitsmerkmale des Tarifvertrages vom 25. April 1991 nicht.

Nr. 4

Ist in einem Tätigkeitsmerkmal eine Vorbildung oder Ausbildung als Anforderung bestimmt, ohne dass sonstige Angestellte, die aufgrund gleichwertiger Fähigkeiten und ihrer Erfahrungen entsprechende Tätigkeiten ausüben, von ihm miterfasst werden, sind Angestellte, die die geforderte Vorbildung oder Ausbildung nicht besitzen, bei Erfüllung der sonstigen Anforderungen des Tätigkeitsmerkmals in der nächstniedrigeren Vergütungsgruppe eingruppiert. Dies gilt entsprechend für Tätigkeitsmerkmale, die nach Zeitablauf, nach Bewährung oder bei Erfüllung qualifizierter Anforderungen eine höhere Eingruppierung vorsehen. Gegenüber der Vergütungsgruppe VIII gilt hierbei die Vergütungsgruppe IX als nächstniedrigere Vergütungsgruppe.

Anlage 1a   Bemerkung zu allen Vergütungsgruppen   **IV.2.1**

Nr. 5

Die Anlage 1a gilt nicht für Angestellte, die als Lehrkräfte – auch wenn sie nicht unter die SR 2l I fallen – beschäftigt sind, soweit nicht ein besonderes Tätigkeitsmerkmal vereinbart ist.

Nr. 6

Unter „staatlich geprüften Technikern" bzw. „Technikern mit staatlicher Abschlussprüfung" im Sinne der bei den nachstehenden Vergütungsgruppen aufgeführten Tätigkeitsmerkmale für „staatlich geprüfte Techniker bzw. Techniker mit staatlicher Abschlussprüfung nach Nr. 6 der Bemerkung zu allen Vergütungsgruppen" sind Angestellte zu verstehen, die

a) einen nach Maßgabe der Rahmenordnung für die Ausbildung von Technikern (Beschluss der Kultusministerkonferenz vom 27. April 1964 bzw. vom 18. Januar 1973) gestalteten Ausbildungsgang mit der vorgeschriebenen Prüfung erfolgreich abgeschlossen und die Berechtigung zur Führung der Berufsbezeichnung „Staatlich geprüfter Techniker" bzw. „Techniker mit staatlicher Abschlussprüfung" mit einem die Fachrichtung bezeichnenden Zusatz erworben haben, oder

b) einen nach Maßgabe der Rahmenvereinbarung über Fachschulen mit zweijähriger Ausbildungsdauer (Beschluss der Kultusministerkonferenz vom 27. Oktober 1980) gestalteten Ausbildungsgang mit der vorgeschriebenen Prüfung erfolgreich abgeschlossen und die Berechtigung zur Führung der ihrer Fachrichtung/Schwerpunkt zugeordneten Berufsbezeichnung „Staatlich geprüfter Techniker/Staatlich geprüfte Technikerin" erworben haben.

Nr. 7

Unter „technischen Assistenten mit staatlicher Anerkennung" und unter „staatlich geprüften Chemotechnikern" im Sinne der bei den nachstehenden Vergütungsgruppen aufgeführten Tätigkeitsmerkmale für „technische Assistenten mit staatlicher Anerkennung und staatlich geprüften Chemotechnikern nach Nr. 7 der Bemerkung zu allen Vergütungsgruppen" sind Angestellte zu verstehen, die einen nach Maßgabe

a) der Rahmenordnung für die Ausbildung und Prüfung von technischen Assistenten – Assistentinnen – (Beschluss der Kultusministerkonferenz vom 17./18. Dezember 1964) oder

IV.2.1 Bemerkung zu allen Vergütungsgruppen — Anlage 1a

b) der Rahmenordnung der Prüfung für chemisch-technische Assistenten – chemisch-technische Assistentinnen – (Beschluss der Kultusministerkonferenz vom 14./15. Mai 1964) oder

c) der Rahmenordnung der staatlichen Prüfung für Chemotechniker (Beschluss der Kultusministerkonferenz vom 14./15. Mai 1964 bzw. vom 31. Juli 1970)

gestalteten Ausbildungsgang mit der vorgeschriebenen Prüfung erfolgreich abgeschlossen und die Berechtigung zur Führung der Berufsbezeichnung „technischer Assistent" mit einem die Fachrichtung bezeichnenden Zusatz oder „staatlich geprüfter Chemotechniker" erworben haben. Diesen Angestellten werden technische Assistenten und Chemotechniker gleichgestellt, die die staatliche Anerkennung auf Grund früherer Ausbildungs- und Prüfungsbestimmungen erhalten oder erhalten haben.

„Unter technischen Assistenten mit staatlicher Anerkennung" im Sinne der bei den nachstehenden Vergütungsgruppen aufgeführten Tätigkeitsmerkmale für „technische Assistenten mit staatlicher Anerkennung und staatlich geprüfte Chemotechniker nach Nr. 7 der Bemerkung zu allen Vergütungsgruppen" sind ferner Angestellte zu verstehen, die einen nach der Rahmenvereinbarung zur Ausbildung und Prüfung von technischen Assistenten/Assistentinnen an Berufsfachschulen (Beschluss der Kultusministerkonferenz vom 22. Mai 1981) gestalteten Ausbildungsgang mit der vorgeschriebenen Prüfung erfolgreich abgeschlossen und die Berechtigung zur Führung der Berufsbezeichnung „Staatlich geprüfte(r) . . . technische(r) Assistent(in)" oder „Staatlich geprüfte(r) technische(r) Assistent(in) für . . ." mit einem die Fachrichtung bezeichnenden Zusatz erworben haben.

Nr. 8

Unter die in die nachstehenden Vergütungsgruppen durch den Tarifvertrag zur Änderung der Anlage 1a zum BAT (Angestellte in der Datenverarbeitung) vom 4. November 1983 eingefügten Tätigkeitsmerkmale fallen Angestellte als Leiter von DV-Gruppen sowie Angestellte in der DV-Organisation, in der Anwendungsprogrammierung, in der DV-Systemtechnik, in der Datenerfassung, in der Produktionssteuerung und in der Maschinenbedienung ohne Rücksicht auf ihre organisatorische Eingliederung.

DV-Anlagen im Sinne der genannten Tätigkeitsmerkmale sind Maschinen, bei denen alle nachfolgend aufgeführten Merkmale vorhanden sind:

Anlage 1a Bemerkung zu allen Vergütungsgruppen

a) Zentraleinheit (DIN 44 300 Nr. 109),
b) Eingabegerät (DIN 44 300 Nr. 133), Ausgabegerät (DIN 44 300 Nr. 135) und peripherer Speicher (DIN 44 300 Nr. 113) oder entsprechende beeinflussbare Funktionen,
c) Betriebssystem (DIN 44 300 Nr. 59) und
d) vom Programm (DIN 44 300 Nr. 40) her auswechselbarer Speicherinhalt.

Ist für eine Tätigkeit in der Datenverarbeitung eine abgeschlossene wissenschaftliche Hochschulbildung erforderlich, gelten die Tätigkeitsmerkmale für Angestellte mit abgeschlossener wissenschaftlicher Hochschulbildung der Vergütungsgruppen II bis I.

Die in den durch den Tarifvertrag zur Änderung der Anlage 1a zum BAT (Angestellte in der Datenverarbeitung) vom 4. November 1983 eingefügten Tätigkeitsmerkmalen und Protokollerklärungen in Bezug genommenen Begriffsbestimmungen der DIN 44 300 sind im Anhang wiedergegeben. Der Anhang 1 ist Bestandteil der Anlage 1a zum BAT.

Soweit in Protokollerklärungen eine DV-Aus- oder -Fortbildung entsprechend den Rahmenrichtlinien für die DV-Aus- und -Fortbildung in der öffentlichen Verwaltung (BAnz. Nr. 95a vom 22. Mai 1981) gefordert wird, gelten neben diesen bei DV-Aus- oder Fortbildungen nach den Rahmenrichtlinien für die Aus- und Fortbildung im Bereich der Informationstechnik (IT) in der öffentlichen Verwaltung (IT-Aus- und Fortbildungsrichtlinien, BAnz. Nr. 107 vom 14. Juni 1991) die Moduln der Wissens-/Themenbereiche, die sich aus dem Anhang 2 ergeben. Der Anhang 2 ist Bestandteil der Anlage 1a zum BAT.

Nr. 9

Aufgrund des Artikels 37 des Einigungsvertrages und der Vorschriften hierzu als gleichwertig festgestellte Abschlüsse, Prüfungen und Befähigungsnachweise stehen ab dem Zeitpunkt ihres Erwerbs den in den Tätigkeitsmerkmalen geforderten entsprechenden Anforderungen gleich. Ist die Gleichwertigkeit erst nach Erfüllung zusätzlicher Erfordernisse festgestellt worden, gilt die Gleichstellung ab der Feststellung.

IV.2.1 Bemerkung zu allen Vergütungsgruppen — Anlage 1a

Anhang 1

Für den Bereich der Gemeinden
Auszug aus DIN 44 300

Nr.	Benennung	Bestimmung
1	Zeichen	Ein Element aus einer zur Darstellung von Information vereinbarten endlichen Menge von verschiedenen Elementen. Die Menge wird Zeichenvorrat genannt. **Anmerkungen:** *Beispiele für Zeichen sind die abstrakten Inhalte von Buchstaben des gewöhnlichen Alphabets, Ziffern (Nr. 28), Interpunktionszeichen, Steuerzeichen (z. B. für Wagenrücklauf) und andere Ideogramme. Zeichen werden üblicherweise durch Schrift (Schriftzeichen) wiedergegeben oder technisch verwirklicht durch Lochkombinationen, Impulsfolgen und dergleichen.* *„Zeichen" ist nicht gleichbedeutend mit „Symbol", siehe Nr. 17.*
5	binär	genau zweier Werte fähig; die Eigenschaft bezeichnend, eines von zwei Binärzeichen (Nr. 6) als Wert anzunehmen **Anmerkungen:** *Der Ausdruck „logisch" an Stelle von „binär" ist als missverständlich zu vermeiden.* *„binär" ist nicht gleichbedeutend mit „dual", siehe Nr. 28.*
6	Binärzeichen	Jedes der Zeichen (Nr. 1) aus einem Zeichenvorrat (Nr. 1) von zwei Zeichen **Anmerkung:** *Als Binärzeichen können* *beliebige Zeichen benutzt werden, z. B. O und L; wenn keine Verwechslung mit Ziffern (Nr. 28) zu befürchten ist, auch 0 und 1. Auch Ja und Nein. Wahr und Falsch. 12 V und 2 V können Paare von Binärzeichen sein.*
8	Wort	Eine Folge von Zeichen (Nr. 1), die in einem bestimmten Zusammenhang als eine Einheit betrachtet wird **Anmerkung:** *Im Grenzfall kann ein Wort aus einem einzigen Zeichen bestehen.*

Anlage 1a Bemerkung zu allen Vergütungsgruppen **IV.2.1**

Nr.	Benennung	Bestimmung
17	Symbol	Ein Zeichen (Nr. 1) oder Wort (Nr. 8), dem eine Bedeutung beigemessen wird
18	Nachricht	Zeichen (Nr. 1) oder kontinuierliche Funktionen, die zum Zweck der Weitergabe Information auf Grund bekannter oder unterstellter Abmachungen darstellen
19	Daten	Zeichen (Nr. 1) oder kontinuierliche Funktionen, die zum Zweck der Verarbeitung Informationen auf Grund bekannter oder unterstellter Abmachungen darstellen
20	digitale Daten	Daten (Nr. 19), die nur aus Zeichen (Nr. 1) bestehen
22	Datenträger	Ein Mittel, auf dem Daten (Nr. 19) aufbewahrt werden können **Anmerkung:** *Beispiele sind Lochkarten, Magnetbänder, Papier für Druckausgabe.*
23	Signal	Die physikalische Darstellung von Nachrichten (Nr. 18) oder Daten (Nr. 19) **Anmerkung:** *Bei abstrakten Betrachtungen kann die Bezugnahme auf eine bestimmte physikalische Größe entfallen, falls die physikalische Verwirklichung nicht interessiert oder noch nicht festgelegt ist. In diesen Fällen kann auch die mathematische Größe, die der abstrakten Betrachtung zugrunde liegt, Signal genannt werden.*
24	Signalparameter	Diejenige Kenngröße des Signals (Nr. 23), deren Wert oder Werteverlauf die Nachricht (Nr. 18) oder die Daten (Nr. 19) darstellt **Anmerkung:** *Ist das Signal zum Beispiel eine amplitudenmodulierte Wechselspannung, dann ist die Amplitude der Signalparameter.*

IV.2.1 Bemerkung zu allen Vergütungsgruppen — Anlage 1a

Nr.	Benennung	Bestimmung
25	digitales Signal	Ein Signal (Nr. 23), dessen Signalparameter (Nr. 24) eine Nachricht (Nr. 18) oder Daten (Nr. 19) darstellt, die nur aus Zeichen (Nr. 1) besteht bzw. bestehen **Anmerkung:** *Dabei entspricht bestimmten Wertebereichen des Signalparameters jeweils ein Zeichen.*
28	Ziffer	Ein Zeichen (Nr. 1) aus einem Zeichenvorrat (Nr. 1) von N Zeichen, denen als Zahlenwerte die ganzen Zahlen 0,1,2,..., N-1 umkehrbar eindeutig zugeordnet sind. Je nach der Anzahl N nennt man die zugrunde liegenden Ziffern Dualziffern (N = 2), Oktalziffern (N = 8), Dezimalziffern (N = 10), Duodezimalziffern (N = 12), Sedezimalziffern (N = 16). **Anmerkung:** *„dual" ist nicht gleichbedeutend mit „binär" (Nr. 5), sondern bezieht sich auf die Darstellung von Zahlen.*
37	Anweisung	Eine in einer beliebigen Sprache abgefasste Arbeitsvorschrift, die im gegebenen Zusammenhang wie auch im Sinne der benutzten Sprache abgeschlossen ist. Eine Anweisung heißt bedingte Anweisung, wenn sie eine Vorschrift zur Prüfung einer Bedingung enthält. **Anmerkungen:** *Anweisungen können nach Art der Arbeitsvorschriften klassifiziert werden. Wichtige Klassen sind:* *Arithmetische Anweisung* *Boolesche (Nr. 88) Anweisung* *Verzweigungsanweisung* *Sprunganweisung* *Transportanweisung* *Eingabe-, Ausgabeanweisung* *Eine Anweisung kann Teile enthalten, die Anweisungen oder Vereinbarungen (Nr. 39) sind. Siehe aber Befehl (Nr. 38).*
38	Befehl	Eine Anweisung (Nr. 37), die sich in der benutzten Sprache nicht mehr in Teile zerlegen lässt, die selbst Anweisungen sind

Anlage 1a   Bemerkung zu allen Vergütungsgruppen   **IV.2.1**

Nr.	Benennung	Bestimmung
39	Vereinbarung	Eine Absprache über in Anweisungen (Nr. 37) auftretende Sprachelemente **Anmerkungen:** *Vereinbarungen können Teile von Anweisungen (implizite Vereinbarungen) sein oder Anweisungen enthalten. Beispiele für Vereinbarungen sind:* *Namensvereinbarung* *Dimensionsvereinbarung* *Formatvereinbarung* *Prozedurvereinbarung*
40	Programm	Eine zur Lösung einer Aufgabe vollständige Anweisung (Nr. 37) zusammen mit allen erforderlichen Vereinbarungen (Nr. 39) **Anmerkung:** *Anweisung ist hier rekursiv gebraucht; siehe Erläuterungen (nicht abgedruckt).*
41	Programmbaustein	Ein nach Aufbau oder Zusammensetzung abgrenzbares programmtechnisches Gebilde **Anmerkung:** *Ein System von Programmbausteinen kann in einem gegebenen Zusammenhang wieder als ein Programmbaustein aufgefasst werden. Dem Programmbaustein können eine oder mehrere Funktionseinheiten (Nr. 98) entsprechen.*
44	Programmiersprache	Eine zum Abfassen von Programmen (Nr. 40) geschaffene Sprache
59	Betriebssystem	Die Programme (Nr. 40) eines digitalen Rechensystems (Nr. 100), die zusammen mit den Eigenschaften der Rechenanlage (Nr. 129) die Grundlage der möglichen Betriebsarten des digitalen Rechensystems bilden und insbesondere die Abwicklung von Programmen steuern und überwachen
69	Generator	Ein Programm (Nr. 40), das in einer bestimmten Programmiersprache (Nr. 44) abgefasste Programme oder Folgen von Anweisungen (Nr. 37) oder andere Daten (Nr. 19) erzeugt (generiert)
72	Datenfluss	Die Folge zusammengehöriger Vorgänge an Daten (Nr. 19) und Datenträgern (Nr. 22)

IV.2.1 Bemerkung zu allen Vergütungsgruppen — Anlage 1a

Nr.	Benennung	Bestimmung
73	Datenflussplan	Die Darstellung des Datenflusses (Nr. 72), die im Wesentlichen aus Sinnbildern mit zugehörigem Text und orientierten Verbindungslinien besteht **Anmerkung:** *Sinnbilder für Datenflusspläne siehe DIN 66 001.*
86	Schaltvariable	Eine Variable, die nur endlich viele Werte annehmen kann **Anmerkung:** *Die Menge dieser Werte bildet einen Zeichenvorrat (Nr. 1). Am häufigsten sind binäre (Nr. 5) Schaltvariablen.*
87	Schaltfunktion	Eine Funktion, bei der jede Argument-Variable und die Funktion selbst nur endlich viele Werte annehmen können. Wird eine Schaltfunktion mit Hilfe eines Operationssymbols dargestellt, spricht man von Verknüpfung. Boolesche (Nr. 88) Verknüpfungen siehe Tabellen 2 und 3 (nicht abgedruckt).
88	boolesch	binär (Nr. 5), überdies darauf hinweisend, dass über binären Schaltvariablen (Nr. 86) Schaltfunktionen (Nr. 87) der Booleschen Algebra ausgeführt werden (siehe Tabellen 2 und 3 – nicht abgedruckt –) **Anmerkungen:** *In diesem Zusammenhang heißt es also „boolesche Schaltvariable" und „boolesche Verknüpfungen".* *Der Ausdruck „logisch" an Stelle von „boolesch" ist als missverständlich zu vermeiden.*
89	Schaltwerk	Eine Funktionseinheit (Nr. 98) zum Verarbeiten von Schaltvariablen (Nr. 86), wobei der Wert am Ausgang zu einem bestimmten Zeitpunkt abhängt von den Werten am Eingang zu diesem und endlich vielen vorangegangenen Zeitpunkten **Anmerkung:** *Ein Schaltwerk kann somit eine endliche Anzahl von inneren Zuständen annehmen und ist, abstrakt gesehen, ein endlicher Automat.* *Man kann also auch sagen: Der Zustand am Ausgang zu einem bestimmten Zeitpunkt hängt ab vom inneren Zustand und dem Wert am Eingang.*

Anlage 1a   Bemerkung zu allen Vergütungsgruppen   **IV.2.1**

Nr.	Benennung	Bestimmung
98	Funktionseinheit	Ein nach Aufgabe oder Wirkung abgrenzbares Gebilde
		Anmerkungen: *Ein System von Funktionseinheiten kann in einem gegebenen Zusammenhang wieder als eine Funktionseinheit aufgefasst werden. Der Funktionseinheit können eine oder mehrere Baueinheiten (Nr. 128) und/oder Programmbausteine (Nr. 41) entsprechen.*
		Empfohlen wird, bei Benennung bestimmter Funktionseinheiten in Zusammensetzungen vorzugsweise zu gebrauchen (in absteigender Rangfolge):
		-system, -werk, -glied, -element.
99	Rechensystem, Datenverarbeitungssystem	Eine Funktionseinheit (Nr. 98) zur Verarbeitung von Daten (Nr. 19), nämlich zur Durchführung mathematischer, umformender, übertragender und speichernder Operationen
		Anmerkung: *Siehe auch Rechenanlage (Nr. 129).*
100	digitales Rechensystem digitales Datenverarbeitungssystem	Ein Rechensystem (Nr. 99), das als Funktionseinheit (Nr. 98) betrachtet, ein Schaltwerk (Nr. 89) ist
		Anmerkung: *Ein digitales Rechensystem kann also nur digitale Daten (Nr. 20) verarbeiten.*
101	Speicher	Eine Funktionseinheit (Nr. 98) innerhalb eines digitalen Rechensystems (Nr. 100), die digitale Daten (Nr. 20) aufnimmt, aufbewahrt und abgibt
		Anmerkung: *Speicher dieser Art können Digitalspeicher genannt werden, wenn sie von Analogspeichern unterschieden werden sollen.*
102	Rechenwerk	Eine Funktionseinheit (Nr. 98) innerhalb eines digitalen Rechensystems (Nr. 100), die Rechenoperationen ausführt
		Anmerkung: *Zu den Rechenoperationen gehören auch Vergleichen, Umformen, Verschieben, Runden usw.*

IV.2.1 Bemerkung zu allen Vergütungsgruppen — Anlage 1a

Nr.	Benennung	Bestimmung
103	Leitwerk	Eine Funktionseinheit (Nr. 98) innerhalb eines digitalen Rechensystems (Nr. 100), – die die Reihenfolge steuert, in der die Befehle (Nr. 38) eines Programms (Nr. 40) ausgeführt werden, – die diese Befehle entschlüsselt und dabei gegebenenfalls modifiziert und – die die für ihre Ausführung erforderlichen digitalen Signale (Nr. 25) abgibt **Anmerkung:** *Die Befehle können in einem gesonderten Befehlsrechenwerk oder Adressenrechenwerk oder auch im allgemeinen Rechenwerk (Nr. 102) modifiziert werden.*
104	Prozessor	Eine Funktionseinheit (Nr. 98) innerhalb eines digitalen Rechensystems (Nr. 100), die Rechenwerk (Nr. 102) und Leitwerk (Nr. 103) umfasst **Anmerkung:** *Ein Prozessor kann also mehr als Rechenwerk und Leitwerk enthalten. In diesem Fall ist es notwendig, die anderen Bestandteile zu nennen.*
105	Eingabewerk	Eine Funktionseinheit (Nr. 98) innerhalb eines digitalen Rechensystems (Nr. 100), die das Übertragen von Daten (Nr. 19) von Eingabeeinheiten (Nr. 111) oder peripheren Speichern (Nr. 113) in die Zentraleinheit (Nr. 19) steuert und dabei die Daten gegebenenfalls modifiziert
106	Ausgabewerk	Eine Funktionseinheit (Nr. 98) innerhalb eines digitalen Rechensystems (Nr. 100), die das Übertragen von Daten (Nr. 19) von der Zentraleinheit (Nr. 109) in Ausgabeeinheiten (Nr. 112) oder periphere Speicher (Nr. 113) steuert und dabei die Daten gegebenenfalls modifiziert
108	Zentralspeicher	Ein Speicher (Nr. 101), zu dem Rechenwerke (Nr. 102), Leitwerke (Nr. 103) und gegebenenfalls Eingabewerke (Nr. 105) und Ausgabewerke (Nr. 106) unmittelbar Zugang haben

Anlage 1a   Bemerkung zu allen Vergütungsgruppen **IV.2.1**

Nr.	Benennung	Bestimmung
109	Zentraleinheit, Rechner	Eine Funktionseinheit (Nr. 98) innerhalb eines digitalen Rechensystems (Nr. 100), die Prozessoren (Nr. 104), Eingabewerke (Nr. 105), Ausgabewerke (Nr. 106) und Zentralspeicher (Nr. 108) umfasst **Anmerkung:** *Eine Zentraleinheit kann also mehr als Prozessoren, Eingabewerke, Ausgabewerke und Zentralspeicher enthalten. In diesem Fall ist es notwendig, die anderen Bestandteile zu nennen.*
111	Eingabeeinheit	Eine Funktionseinheit (Nr. 98) innerhalb eines digitalen Rechensystems (Nr. 100), mit der das System Daten (Nr. 19) von außen her aufnimmt.
112	Ausgabeeinheit	Eine Funktionseinheit (Nr. 98) innerhalb eines digitalen Rechensystems (Nr. 100), mit der das System Daten (Nr. 19), z. B. Rechenergebnisse, nach außen hin abgibt
113	peripherer Speicher	Jeder Speicher (Nr. 101), der nicht Zentralspeicher (Nr. 108) ist
114	Benutzerstation	Eine Funktionseinheit (Nr. 98) innerhalb eines Rechensystems (Nr. 99), mit deren Hilfe einem Benutzer direkter Informationsaustausch mit dem Rechensystem möglich ist **Anmerkung:** *Benutzerstationen werden oft über größere Entfernungen (Platzbuchungsanlagen, Bankbetrieb) mit dem zugehörigen Rechensystem verbunden. In diesen Fällen kann die Benutzerstation eine Datenstation nach DIN 44 302 sein.*
128	Baueinheit	Ein nach Aufbau oder Zusammensetzung abgrenzbares materielles Gebilde **Anmerkungen:** *Ein System von Baueinheiten kann in einem gegebenen Zusammenhang wieder als eine Baueinheit aufgefasst werden. Der Baueinheit können eine oder mehrere Funktionseinheiten (Nr. 98) entsprechen.* *Empfohlen wird, bei Benennung bestimmter Baueinheiten in Zusammensetzungen vorzugsweise zu gebrauchen (in absteigender Rangfolge):* *-anlage, -gerät, -teil.*

IV.2.1 Bemerkung zu allen Vergütungsgruppen — Anlage 1a

Nr.	Benennung	Bestimmung
129	Rechenanlage, Datenverarbeitungsanlage	Die Gesamtheit der Baueinheiten (Nr. 128), aus denen ein Rechensystem (Nr. 99) aufgebaut ist
133	Eingabegerät	In einer Eingabeeinheit (Nr. 111) eine Baueinheit (Nr. 128), durch die Daten (Nr. 19) in eine Rechenanlage (Nr. 129) eingegeben werden können
135	Ausgabegerät	In einer Ausgabeeinheit (Nr. 112) eine Baueinheit (Nr. 128), durch die Daten (Nr. 19) aus einer Rechenanlage (Nr. 129) ausgegeben werden können
154	Parallelbetrieb	Mehrere Funktionseinheiten (Nr. 98) eines Rechensystems (Nr. 99) arbeiten gleichzeitig an mehreren (unabhängigen) Aufgaben oder an Teilaufgaben derselben Aufgabe **Anmerkung:** *Die einzelne Funktionseinheit arbeitet dabei entweder im Multiplexbetrieb (Nr. 155) oder im seriellen Betrieb (Nr. 156).*
155	Multiplexbetrieb	Eine Funktionseinheit (Nr. 98) bearbeitet mehrere Aufgaben, abwechselnd in Zeitabschnitten verzahnt **Anmerkungen:** *Die Bearbeitung begonnener Aufgaben wird zugunsten anderer, auch neu zu beginnender, Aufgaben unterbrochen.* *Die Zeitabschnitte können von unterschiedlicher Länge sein.*
156	serieller Betrieb	Eine Funktionseinheit (Nr. 98) bearbeitet mehrere Aufgaben, eine nach der anderen
157	Mehrprogrammbetrieb	Ein Betrieb eines Rechensystems (Nr. 99), bei dem das Betriebssystem (Nr. 59) für den Multiplexbetrieb (Nr. 155) der Zentraleinheit(en) (Nr. 109) sorgt
158	Abrufbetrieb	Ein Betrieb eines Rechensystems (Nr. 99), bei dem eine Zentraleinheit (Nr. 109) nach einer festgelegten Vorschrift von Benutzerstationen (Nr. 114) Daten (Nr. 19) abruft

Anlage 1a Bemerkung zu allen Vergütungsgruppen **IV.2.1**

Nr.	Benennung	Bestimmung
159	Anforderungsbetrieb	Ein Betrieb eines Rechensystems (Nr. 99), bei dem eine Zentraleinheit (Nr. 109) von einer Benutzerstation (Nr. 114) zur Übernahme angebotener Daten (Nr. 19) veranlasst wird
160	Stapelbetrieb	Ein Betrieb eines Rechensystems (Nr. 99), bei dem eine Aufgabe aus einer Menge von Aufgaben vollständig gestellt sein muss, bevor mit ihrer Abwicklung begonnen werden kann
161	Realzeitbetrieb	Ein Betrieb eines Rechensystems (Nr. 99), bei dem Programme (Nr. 40) zur Verarbeitung anfallender Daten (Nr. 19) ständig betriebsbereit sind derart, dass die Verarbeitungsergebnisse innerhalb einer vorgegebenen Zeitspanne verfügbar sind. Die Daten können je nach Anwendungsfall nach einer zeitlich zufälligen Verteilung oder zu vorbestimmten Zeitpunkten anfallen.
162	Dialogbetrieb	Ein Betrieb eines Rechensystems (Nr. 99), bei dem zur Abwicklung einer Aufgabe Wechsel zwischen dem Stellen von Teilaufgaben und den Antworten darauf stattfinden können

Wiedergegeben mit Erlaubnis des DIN, Deutsches Institut für Normung e.V., Burggrafenstraße 4–10, 10787 Berlin

IV.2.1 Bemerkung zu allen Vergütungsgruppen — Anlage 1a

Anhang 2

Die Anforderung einer DV-Aus- und -Fortbildung für die Zielgruppen

- DV-Anwendungsorganisator (A)
- Anwendungsprogrammierer (B)
- Ablauf/Belegungsplaner (C)
- Space-Verwalter (D)
- Job-Vor-/Nachbereiter (E)
- Maschinenbediener (F)
- Gerätebediener (G)

ist erfüllt, wenn sie nach Inhalt und Umfang mindestens den nachstehend aufgeführten Moduln der IT-Aus- und -Fortbildungsrichtlinien (BAnz. Nr. 107 vom 14. Juni 1991) in dem in der Übersicht genannten zeitlichen Ausmaß entspricht. Dabei tritt an die Stelle der Themenbereiche Dateiverwaltung und Datenkommunikation der Themenbereich Datenorganisation.

Wissen/Themenbereich	Modul-Nr.	Bezeichnung	Richt-zeit	A	B	C	D	E	F	G
1 Grundwissen										
1.2 **IT-Grundkenntnisse**	1201	Organisation von IT-Anwendungen	1 W	X	X	X	X	X	X	X
	1202	Aufbau und Funktionen von IT-Systemen	1 W	X	X	X	X	X	X	X
1.3 **Anwendungsmodelle von Standardsoftware**	1301	Dokumentenerstellung und -verwaltung	1 T	o	o	.	.	.	.	.
	1302	Tabellenkalkulation	1 T	o	o	.	.	.	.	.
	1303	Präsentationsgrafik	1 T	o	o	.	.	.	.	.
	1304	Informationsspeicherung und -wiedergewinnung	1 T	o	o	.	.	.	.	.
1.4 **Grundlagen des Informationsmanagements**	1401	Einführung in das Informationsmanagement	3 T	X	.	.	.	.	.	.

Anlage 1a Bemerkung zu allen Vergütungsgruppen **IV.2.1**

Wissen/Themenbereich	Modul-Nr.	Bezeichnung	Richtzeit	A	B	C	D	E	F	G
2 **Produktübergreifendes Wissen**										
2.1 **Planung und Organisation des IT-Einsatzes**										
2.1.1 Methodisches Vorgehen und Projektorganisation	2111	Planung und Entwicklung von IT-Anwendungen	1 W	X	.	.	.	.	.	.
2.1.2 Planungs- und Organisationstechniken	2121	Erhebungs-, Analyse- und Darstellungstechniken	2 W	X	.	.	.	.	.	.
	2122	Kreativitätstechniken	3 T	o	.	.	.	.	.	.
	2123	Bewertungstechniken	3 T	X	.	.	.	.	.	.
2.2 **Systementwicklung**										
2.2.1 Systementwurf	2211	Methoden des Systementwurfs	2 W	X	.	.	.	.	.	.
	2212	Entwurf von Dialoganwendungen	1 W	X	X	.	.	.	.	.
	2213	Systemgestaltung mit Standardsoftware nach Anwendungsmodellen	3 T	X	X	.	.	.	.	.
	2214	Masken- und Vordruckentwurf	3 T	X	X	.	.	.	.	.
2.2.2 Programmentwicklung	2221	Programmier- und Verarbeitungslogik	1 W	X	X	.	.	.	.	.
	2222	Methoden des Programmentwurfes	1 W	X	X	.	.	.	.	.
	2223	Programmiersprachen z. B. COBOL, PL/1, C, ASSEMBLER (Richtzeit je Programmiersprache einschließlich Praktikum)	6 W	X	X	.	.	.	.	.
2.2.3 Datenorganisation	2231	Dateiorganisation	3 T	X	X	X	X	X	X	.
	2232	Datenbanksysteme	3 T	X	X	o	o	o	o	.
	2233	Datenbankdesign	1 W	X	X	.	.	.	.	.

IV.2.1 Bemerkung zu allen Vergütungsgruppen — Anlage 1a

Wissen/Themenbereich	Modul-Nr.	Bezeichnung	Richt-zeit	A	B	C	D	E	F	G
2.2.4 Entwurf von wissensbasierten Systemen	2241	Expertensysteme (Grundlagen)	3 T	o	o	.	.	.	.	.
2.2.5 Qualitätssicherung	2251	Softwarequalitätssicherung	3 T	o	o	.	.	.	.	.
	2252	Testmethodik	3 T	X	X	.	.	.	.	.
	2253	Systemabnahme	2 T	o	o	.	.	.	.	.
	2254	Verfahrensfortschreibung und -pflege	2 T	o	o	.	.	.	.	.
		Praktika/Training zu den Wissens-/Themenbereichen 2.1 und 2.2 nach Schwerpunkten	6 W 3 W	X .	. X	.	.	.	.	.
2.3 **Kommunikationstechnik**	2311	Grundlagen der Kommunikationstechnik	1 W	X	X	X	X	X	X	.
	2312	Normung und Standardisierung auf dem Gebiet der Kommunikationstechnik	2 T	o	o	.	.	.	.	.
	2313	Öffentliche Netze und Dienste	2 T	o	o	.	.	.	.	.
	2314	Private Netze und Dienste	2 T	o	o	.	.	.	.	.
	2315	Kommunikationsschnittstellen und -protokolle	2 T	o	o	.	.	.	.	.
2.4 **Rechtliche Aspekte des IT-Einsatzes**	2411	Informationstechnik und Recht (außer Datenschutzrecht)	3 T	o	o	.	.	.	.	.
	2412	Datenschutzrecht und Praxis des Datenschutzes	3 T	X	X	X	X	X	X	X
2.5 **Betrieb von IT-Systemen**										
2.5.1 Organisatorische Grundlagen des Betriebes von IT-Systemen	2511	Betrieb von IT-Systemen in Rechenzentren	3 T	o	.	X	X	X	X	X
	2512	Betrieb von IT-Systemen außerhalb von Rechenzentren	3 T	o	.	X	X	X	.	.

Anlage 1a Bemerkung zu allen Vergütungsgruppen IV.2.1

Wissen/Themenbereich	Modul-Nr.	Bezeichnung	Richt-zeit	A	B	C	D	E	F	G
2.5.2 Sicherheit beim Betrieb von IT-Systemen	2521	Grundlagen der IT-Sicherheit	3 T	X	X	X	X	X	X	X
	2522	Konzepte und Maßnahmen zur IT-Sicherheit beim Betrieb von IT-Systemen in Rechenzentren	2 T	o	.	o	o	o	o	o
	2523	Konzepte und Maßnahmen zur IT-Sicherheit beim Betrieb von IT-Systemen außerhalb von RZ	2 T	o	.	o	o	o	.	.
	2524	Konzepte und Maßnahmen zur IT-Sicherheit in Netzen und bei Diensten	2 T	o	.	o	o	o	o	o
2.6 **Trends und Entwicklungen**	2601	Trends und Perspektiven in der IT	2 T	X	X	.	.	.	.	.
3 **Produktbezogenes Wissen**										
3.1 **Software**										
3.1.1 Betriebssysteme	311x		H	o	X	X	X	X	X	.
3.1.2 Betriebssystemnahe SW	312x		H	o	X	X	X	X	X	.
3.1.3 Datenbanksysteme	313x		H	o	X	o	o	o	o	.
3.1.4 Kommunikations- und Netzwerksoftware	314x		H	.	o	o	o	o	o	.
3.1.5 Anwendungsentwicklungssoftware	315x		H	X	X	.	.	.	.	.
3.1.6 Bürokommunikationssoftware	316x		H	o	o	.	.	.	.	.
3.1.7 Graphiksoftware	317x		H	o	o	.	.	.	.	.
3.1.8 Entwicklungswerkzeuge für Expertensysteme	318x		H	o	o	.	.	.	.	.

IV.2.1 Bemerkung zu allen Vergütungsgruppen — Anlage 1a

Zeichenerklärung:

- T = Tag(e),
- W = Woche(n),
- H = hersteller-/systemabhängig (keine Richtzeitangabe)
- X = erforderlich,
- o = nach Bedarf

Bei der Bezifferung der Richtzeiten wird von 7 Unterrichtsstunden à 45 Minuten je vollen Arbeitstag ausgegangen. Unter Berücksichtigung von Kürzungen an Montagen (Anreise) und an Freitagen (Abreise) werden bei Richtzeiten, die in Wochen festgelegt sind, 30 Unterrichtsstunden à 45 Minuten je Woche angesetzt.

Vergütungsordnung (VKA) – Allg. Teil **IV.2.2**

Allgemeiner Teil [1])

Vergütungsgruppe I

1. a) Angestellte mit abgeschlossener wissenschaftlicher Hochschulbildung und entsprechender Tätigkeit sowie sonstige Angestellte, die aufgrund gleichwertiger Fähigkeiten und ihrer Erfahrungen entsprechende Tätigkeiten ausüben,

    deren Tätigkeit deutlich höher zu bewerten ist als eine Tätigkeit nach Vergütungsgruppe Ia Fallgruppe 1a.

    (Hierzu Protokollerklärung Nr. 2)

   b) Angestellte mit abgeschlossener wissenschaftlicher Hochschulbildung und entsprechender Tätigkeit sowie sonstige Angestellte, die aufgrund gleichwertiger Fähigkeiten und ihrer Erfahrungen entsprechende Tätigkeiten ausüben,

    denen mindestens acht Angestellte mindestens der Vergütungsgruppe II durch ausdrückliche Anordnung ständig unterstellt sind.

    (Hierzu Protokollerklärungen Nrn. 2, 4 und 5)

   c) Angestellte in kommunalen Einrichtungen und Betrieben, deren Tätigkeit wegen der Schwierigkeit der Aufgaben und der Größe ihrer Verantwortung ebenso zu bewerten ist wie Tätigkeiten nach Buchstabe a.

2. Angestellte mit abgeschlossener wissenschaftlicher Hochschulbildung und entsprechender Tätigkeit in der Forschung, deren Tätigkeit deutlich höher zu bewerten ist als eine Tätigkeit nach Vergütungsgruppe Ia Fallgruppe 2.

   (Hierzu Protokollerklärungen Nrn. 2 und 3)

Vergütungsgruppe Ia

1. a) Angestellte mit abgeschlossener wissenschaftlicher Hochschulbildung und entsprechender Tätigkeit sowie sonstige Angestellte, die aufgrund gleichwertiger Fähigkeiten und ihrer Erfahrungen entsprechende Tätigkeiten ausüben,

    deren Tätigkeit sich durch das Maß der damit verbundenen Verantwortung erheblich aus der Vergütungsgruppe Ib Fallgruppe 1a heraushebt.

    (Hierzu Protokollerklärung Nr. 2)

---

[1]) Die Protokollerklärungen sind am Schluss des Beitrags abgedruckt.

b) Angestellte mit abgeschlossener wissenschaftlicher Hochschulbildung und entsprechender Tätigkeit sowie sonstige Angestellte, die aufgrund gleichwertiger Fähigkeiten und ihrer Erfahrungen entsprechende Tätigkeiten ausüben,

> denen mindestens fünf Angestellte mindestens der Vergütungsgruppe II durch ausdrückliche Anordnung ständig unterstellt sind.

(Hierzu Protokollerklärungen Nrn. 2, 4 und 5)

c) Angestellte in kommunalen Einrichtungen und Betrieben, deren Tätigkeit wegen der Schwierigkeit der Aufgaben und der Größer ihrer Verantwortung ebenso zu bewerten ist wie Tätigkeiten nach Buchstabe a.

2. Angestellte mit abgeschlossener wissenschaftlicher Hochschulbildung und entsprechender Tätigkeit in der Forschung, deren Tätigkeit sich dadurch aus der Vergütungsgruppe Ib Fallgruppe 2 heraushebt, daß sie bei schwierigen Forschungsaufgaben hochwertige Leistungen erfordert.

(Hierzu Protokollerklärungen Nrn. 2 und 3)

Vergütungsgruppe Ib

1. a) Angestellte mit abgeschlossener wissenschaftlicher Hochschulbildung und entsprechender Tätigkeit sowie sonstige Angestellte, die aufgrund gleichwertiger Fähigkeiten und ihrer Erfahrungen entsprechende Tätigkeiten ausüben,

> deren Tätigkeit sich durch besondere Schwierigkeit und Bedeutung aus der Vergütungsgruppe II Fallgruppe 1a heraushebt.

(Hierzu Protokollerklärung Nr. 2)

b) Angestellte mit abgeschlossener wissenschaftlicher Hochschulbildung und entsprechender Tätigkeit sowie sonstige Angestellte, die aufgrund gleichwertiger Fähigkeiten und ihrer Erfahrungen entsprechende Tätigkeiten ausüben,

> denen mindestens drei Angestellte mindestens der Vergütungsgruppe II durch ausdrückliche Anordnung ständig unterstellt sind.

(Hierzu Protokollerklärungen Nrn. 2, 4 und 5)

c) Angestellte mit abgeschlossener wissenschaftlicher Hochschulbildung und entsprechender Tätigkeit sowie sonstige Angestellte, die aufgrund gleichwertiger Fähigkeiten und ihrer Erfahrungen entsprechende Tätigkeiten ausüben, deren Tätigkeit sich dadurch aus der Vergütungsgruppe II Fallgruppe 1a heraushebt, daß sie hochwertige Leistungen bei besonders schwierigen Aufgaben erfordert.

(Hierzu Protokollerklärung Nr. 2)

d) Angestellte in kommunalen Einrichtungen und Betrieben, deren Tätigkeit wegen der Schwierigkeit der Aufgaben und der Größe ihrer Verantwortung ebenso zu bewerten ist wie Tätigkeiten nach Buchstabe a oder c.

e) Angestellte mit abgeschlossener wissenschaftlicher Hochschulbildung und entsprechender Tätigkeit sowie sonstige Angestellte, die aufgrund gleichwertiger Fähigkeiten und ihrer Erfahrungen entsprechende Tätigkeiten ausüben,

deren Tätigkeit sich mindestens zu einem Drittel durch besondere Schwierigkeit und Bedeutung aus der Vergütungsgruppe II Fallgruppe 1a heraushebt,

nach sechsjähriger Bewährung in Vergütungsgruppe II Fallgruppe 1b.

(Hierzu Protokollerklärung Nr. 2)

f) Angestellte mit abgeschlossener wissenschaftlicher Hochschulbildung und entsprechender Tätigkeit sowie sonstige Angestellte, die aufgrund gleichwertiger Fähigkeiten und ihrer Erfahrungen entsprechende Tätigkeiten ausüben,

deren Tätigkeit sich dadurch aus der Vergütungsgruppe II Fallgruppe 1a heraushebt, daß sie mindestens zu einem Drittel hochwertige Leistungen bei besonders schwierigen Aufgaben erfordert,

nach sechsjähriger Bewährung in Vergütungsgruppe II Fallgruppe 1c.

(Hierzu Protokollerklärung Nr. 2)

2. Angestellte mit abgeschlossener wissenschaftlicher Hochschulbildung und entsprechender Tätigkeit in der Forschung, deren Tätigkeit sich dadurch aus der Vergütungsgruppe II Fallgruppe 1a heraushebt, daß schwierige Forschungsaufgaben zur selbständigen und verantwortlichen Bearbeitung übertragen sind.

(Hierzu Protokollerklärungen Nrn. 2 und 3)

3. Angestellte mit abgeschlossener wissenschaftlicher Hochschulbildung und entsprechender Tätigkeit in der Forschung, deren Tätigkeit sich dadurch aus der Vergütungsgruppe II Fallgruppe 1a heraushebt, daß mindestens zu einem Drittel schwierige

Forschungsaufgaben zur selbständigen und verantwortlichen Bearbeitung übertragen sind,
> nach sechsjähriger Bewährung in Vergütungsgruppe II Fallgruppe 2.

(Hierzu Protokollerklärungen Nrn. 2 und 3)

Vergütungsgruppe II

1. a) Angestellte mit abgeschlossener wissenschaftlicher Hochschulbildung und entsprechender Tätigkeit sowie sonstige Angestellte, die aufgrund gleichwertiger Fähigkeiten und Erfahrungen entsprechende Tätigkeiten ausüben.
   (Hierzu Protokollerklärung Nr. 2)
   b) Angestellte mit abgeschlossener wissenschaftlicher Hochschulbildung und entsprechender Tätigkeit sowie sonstige Angestellte, die aufgrund gleichwertiger Fähigkeiten und ihrer Erfahrungen entsprechende Tätigkeiten ausüben,
   > deren Tätigkeit sich mindestens zu einem Drittel durch besondere Schwierigkeit und Bedeutung aus Buchstabe a heraushebt.

   (Hierzu Protokollerklärung Nr. 2)
   c) Angestellte mit abgeschlossener wissenschaftlicher Hochschulbildung und entsprechender Tätigkeit sowie sonstige Angestellte, die aufgrund gleichwertiger Fähigkeiten und ihrer Erfahrungen entsprechende Tätigkeiten ausüben,
   > deren Tätigkeit sich dadurch aus Buchstabe a heraushebt, daß sie mindestens zu einem Drittel hochwertige Leistungen bei besonders schwierigen Aufgaben erfordert.

   (Hierzu Protokollerklärung Nr. 2)
   d) Angestellte in kommunalen Einrichtungen und Betrieben, deren Tätigkeit wegen der Schwierigkeit der Aufgaben und der Größe ihrer Verantwortung ebenso zu bewerten ist wie die Tätigkeiten nach Buchstabe a.
   e) Angestellte im Büro-, Buchhalterei-, sonstigen Innendienst und im Außendienst, deren Tätigkeit sich durch das Maß der damit verbundenen Verantwortung erheblich aus der Vergütungsgruppe IVa Fallgruppe 1b heraushebt,
   > nach fünfjähriger Bewährung in Vergütungsgruppe III Fallgruppe 1a.

   (Hierzu Protokollerklärung Nr. 1)

2. Angestellte mit abgeschlossener wissenschaftlicher Hochschulbildung und entsprechender Tätigkeit in der Forschung, deren

Vergütungsordnung (VKA) – Allg. Teil **IV.2.2**

Tätigkeit sich dadurch aus der Fallgruppe 1a heraushebt, daß mindestens zu einem Drittel schwierige Forschungsaufgaben zur selbständigen und verantwortlichen Bearbeitung übertragen sind.
(Hierzu Protokollerklärungen Nrn. 2 und 3)

Vergütungsgruppe III

1. a) Angestellte im Büro-, Buchhalterei-, sonstigen Innendienst und im Außendienst, deren Tätigkeit sich durch das Maß der damit verbundenen Verantwortung erheblich aus der Vergütungsgruppe IVa Fallgruppe 1b heraushebt.
(Hierzu Protokollerklärung Nr. 1)
   b) Angestellte im Büro-, Buchhalterei-, sonstigen Innendienst und im Außendienst, deren Tätigkeit sich durch besondere Schwierigkeit und Bedeutung aus der Vergütungsgruppe IVb Fallgruppe 1a heraushebt,
   nach vierjähriger Bewährung in Vergütungsgruppe IVa Fallgruppe 1b.
(Hierzu Protokollerklärung Nr. 1)

Vergütungsgruppe IVa

1. a) Angestellte im Büro-, Buchhalterei-, sonstigen Innendienst und im Außendienst, deren Tätigkeit sich mindestens zu einem Drittel durch besondere Schwierigkeit und Bedeutung aus der Vergütungsgruppe IVb Fallgruppe 1a heraushebt.
(Hierzu Protokollerklärung Nr. 1)
   b) Angestellte im Büro-, Buchhalterei-, sonstigen Innendienst und im Außendienst, deren Tätigkeit sich durch besondere Schwierigkeit und Bedeutung aus der Vergütungsgruppe IVb Fallgruppe 1a heraushebt.
(Hierzu Protokollerklärung Nr. 1)

Angestellte mit abgeschlossener Fachausbildung für den bibliothekarischen Dienst an öffentlichen Büchereien (Diplom-Bibliothekare)

a) als Leiter von öffentlichen Büchereien mit einem Buchbestand von mindestens 25 000 Bänden und durchschnittlich 100 000 Entleihungen im Jahr.

b) die für öffentliche Büchereien mit einem Buchbestand von mindestens 70 000 Bänden als Berater auf schwierigen Sachgebieten, deren Tätigkeit besonders hervorragende Fachkenntnisse voraussetzt, beschäftigt werden,

IV.2.2 Vergütungsordnung (VKA) – Allg. Teil

c) als Abteilungsleiter von Musikbüchereiabteilungen in öffentlichen Büchereien mit einem Bestand von mindestens 16 000 Bänden oder Tonträgern.

Angestellte in der Tätigkeit von Forstamtmännern.

Angestellte im Forstverwaltungsdienst, die hinsichtlich ihrer Leistung den Forstassessoren gleichzustellen sind.

Vergütungsgruppe IVb

1. a) Angestellte im Büro-, Buchhalterei-, sonstigen Innendienst und im Außendienst, deren Tätigkeit sich dadurch aus der Vergütungsgruppe Vb Fallgruppe 1a heraushebt, daß sie besonders verantwortungsvoll ist.

   (Hierzu Protokollerklärung Nr. 1)

   b) Angestellte im Büro-, Buchhalterei-, sonstigen Innendienst und im Außendienst, deren Tätigkeit sich dadurch aus der Vergütungsgruppe Vb Fallgruppe 1a heraushebt, daß sie mindestens zu einem Drittel besonders verantwortungsvoll ist

   nach vierjähriger Bewährung in Vergütungsgruppe Vb Fallgruppe 1b

   (Hierzu Protokollerklärung Nr. 1)

Angestellte in wissenschaftlichen Bibliotheken mit abgeschlossener Fachausbildung für den gehobenen Dienst an wissenschaftlichen Bibliotheken (Diplombibliothekare) und entsprechender Tätigkeit,

a) denen mindestens ein Diplombibliothekar oder eine gleichwertige Fachkraft der Vergütungsgruppe Vb unterstellt ist, oder

b) die an wissenschaftlichen Bibliotheken mit einem Buchbestand von mindestens 50 000 Bänden mit besonders schwierigen Fachaufgaben beschäftigt werden.

Angestellte an Behördenbüchereien mit abgeschlossener Fachausbildung entweder für den gehobenen Dienst an wissenschaftlichen Bibliotheken (Diplombibliothekare) oder für den bibliothekarischen Dienst an öffentlichen Büchereien (Diplombibliothekare) mit entsprechender Tätigkeit,

a) denen mindestens ein Diplombibliothekar oder eine gleichwertige Fachkraft der Vergütungsgruppe Vb unterstellt ist, oder

b) als fachliche Leiter von Behördenbüchereien mit einem Buchbestand von mindestens 40 000 Bänden.

Angestellte mit abgeschlossener Fachausbildung für den bibliothekarischen Dienst an öffentlichen Büchereien (Diplombibliothekare) mit entsprechender Tätigkeit,
a) denen mindestens ein Diplombibliothekar oder eine gleichwertige Fachkraft der Vergütungsgruppe Vb ständig unterstellt ist,
b) als Leiter von öffentlichen Büchereien mit einem Buchbestand von mindestens 12 000 Bänden und durchschnittlich 48 000 Entleihungen im Jahr,
c) als Leiter von Stadtteilbüchereien (Nebenstellen) mit einem Buchbestand von mindestens 15 000 Bänden und durchschnittlich 60 000 Entleihungen im Jahr,
d) die für öffentliche Büchereien mit einem Buchbestand von mindestens 50 000 Bänden mit besonders schwierigen Fachaufgaben oder mit entsprechenden Tätigkeiten bei staatlichen Büchereistellen beschäftigt werden,
e) als Abteilungsleiter von Musikbüchereiabteilungen in öffentlichen Büchereien mit einem Bestand von mindestens 8000 Bänden oder Tonträgern.

Angestellte mit abgeschlossener Fachausbildung für den gehobenen Archivdienst, denen mehrere Archivangestellte oder gleichwertige Fachkräfte der Vergütungsgruppe Vb unterstellt sind.

Angestellte in der Tätigkeit von Oberförstern.

ehemalige Anlage 1 TO.A:

Angestellte im Pressedienst mit besonderen Fachkenntnissen als Schriftleiter, die sich aus der Gruppe Vb herausheben.

Angestellte im Chiffrierdienst mit besonderen Fachkenntnissen.

Vergütungsgruppe Va (gestrichen) [1]

Vergütungsgruppe Vb

1. a) Angestellte im Büro-, Buchhalterei-, sonstigen Innendienst und im Außendienst, deren Tätigkeit gründliche, umfassende Fachkenntnisse und selbständige Leistungen erfordert.
   (Gründliche, umfassende Fachkenntnisse bedeuten gegenüber den in der Fallgruppe 1b der Vergütungsgruppe VII und in den Fallgruppen 1a der Vergütungsgruppe VIb und Vc

---

[1] Gemäß § 5 Nr. 1 des TV zur Änderung und Ergänzung des BAT für den Bereich der VKA vom 1. 12. 1966 wurden die VergGr. Va gestrichen und die Angestellten in die VergGr. Vb übergeleitet.

IV.2.2 Vergütungsordnung (VKA) – Allg. Teil

geforderten gründlichen und vielseitigen Fachkenntnissen eine Steigerung der Tiefe und der Breite nach.)

(Hierzu Protokollerklärung Nr. 1)

b) Angestellte im Büro-, Buchhalterei-, sonstigen Innendienst und im Außendienst, deren Tätigkeit sich dadurch aus Buchstabe a heraushebt daß sie mindestens zu einem Drittel besonders verantwortungsvoll ist.

(Hierzu Protokollerklärung Nr. 1)

c) Angestellte im Büro-, Buchhalterei-, sonstigen Innendienst und im Außendienst, deren Tätigkeit gründliche und vielseitige Fachkenntnisse und selbständige Leistungen erfordert,

    nach dreijähriger Bewährung in Vergütungsgruppe Vc Fallgruppe 1b.

(Die gründlichen und vielseitigen Fachkenntnisse brauchen sich nicht auf das gesamte Gebiet der Verwaltung [des Betriebes], bei der der Angestellte beschäftigt ist, zu beziehen. Der Aufgabenkreis des Angestellten muß aber so gestaltet sein, daß er nur beim Vorhandensein gründlicher und vielseitiger Fachkenntnisse ordnungsgemäß bearbeitet werden kann. Selbständige Leistungen erfordern ein den vorausgesetzten Fachkenntnissen entsprechendes selbständiges Erarbeiten eines Ergebnisses unter Entwicklung einer eigenen geistigen Initiative; eine leichte geistige Arbeit kann diese Anforderung nicht erfüllen.)

(Hierzu Protokollerklärung Nr. 1)

Angestellte mit abgeschlossener Fachausbildung, für den gehobenen Dienst an wissenschaftlichen Bibliotheken (Diplombibliothekare) mit entsprechender Tätigkeit sowie Angestellte, die aufgrund gleichwertiger Fähigkeiten und ihrer Erfahrungen entsprechende Tätigkeiten ausüben.

Angestellte mit abgeschlossener Fachausbildung für den bibliothekarischen Dienst an öffentlichen Büchereien (Diplombibliothekare) mit entsprechender Tätigkeit sowie Angestellte, die aufgrund gleichwertiger Fähigkeiten und ihrer Erfahrungen entsprechende Tätigkeiten ausüben.

Angestellte mit abgeschlossener Fachausbildung für den gehobenen Archivdienst in der Tätigkeit von Archivinspektoren sowie Angestellte, die aufgrund gleichwertiger Fähigkeiten und ihrer Erfahrungen entsprechende Tätigkeiten ausüben, ferner entsprechende Angestellte in Museen und anderen wissenschaftlichen Anstalten.

Angestellte in der Tätigkeit von Revierförstern.

ehemalige Anlage 1 TO.A:

Angestellte im Pressedienst mit besonderen Fachkenntnissen als Schriftleiter, soweit nicht in Gruppe IV (ab 1. 5. 1956 = IVb) eingereicht.

Angestellte in der Tätigkeit von Betriebsinspektoren.

Angestellte in der Tätigkeit von Maschineninspektoren.

Vergütungsgruppe Vc

1. a) Angestellte im Büro-, Buchhalterei-, sonstigen Innendienst und im Außendienst, deren Tätigkeit gründliche und vielseitige Fachkenntnisse und mindestens zu einem Drittel selbständige Leistungen erfordert.

   (Die gründlichen und vielseitigen Fachkenntnisse brauchen sich nicht auf das gesamte Gebiet der Verwaltung [des Betriebes], bei der der Angestellte beschäftigt ist, zu beziehen. Der Aufgabenkreis des Angestellten muß aber so gestaltet sein, daß er nur beim Vorhandensein gründlicher und vielseitiger Fachkenntnisse ordnungsgemäß bearbeitet werden kann. Selbständige Leistungen erfordern ein den vorausgesetzten Fachkenntnissen entsprechendes selbständiges Erarbeiten eines Ergebnisses unter Entwicklung einer eigenen geistigen Initiative; eine leichte geistige Arbeit kann diese Anforderung nicht erfüllen.)

   (Hierzu Protokollerklärung Nr. 1)

   b) Angestellte im Büro-, Buchhalterei-, sonstigen Innendienst und im Außendienst, deren Tätigkeit gründliche und vielseitige Fachkenntnisse und selbständige Leistungen erfordert.

   (Die gründlichen und vielseitigen Fachkenntnisse brauchen sich nicht auf das gesamte Gebiet der Verwaltung [des Betriebes], bei der der Angestellte beschäftigt ist, zu beziehen. Der Aufgabenkreis des Angestellten muß aber so gestaltet sein, daß er nur beim Vorhandensein gründlicher und vielseitiger Fachkenntnisse ordnungsgemäß bearbeitet werden kann. Selbständige Leistungen erfordern ein den vorausgesetzten Fachkenntnissen entsprechendes selbständiges Erarbeiten eines Ergebnisses unter Entwicklung einer eigenen geistigen Initiative; eine leichte geistige Arbeit kann diese Anforderung nicht erfüllen.)

(Hierzu Protokollerklärung Nr. 1)

Vergütungsgruppe VIb

1. a) Angestellte im Büro-, Buchhalterei-, sonstigen Innendienst und im Außendienst, deren Tätigkeit gründliche und vielseitige Fachkenntnisse und mindestens zu einem Fünftel selbständige Leistungen erfordert.

    (Die gründlichen und vielseitigen Fachkenntnisse brauchen sich nicht auf das gesamte Gebiet der Verwaltung [des Betriebes] bei der der Angestellte beschäftigt ist, zu beziehen. Der Aufgabenkreis des Angestellten muß aber so gestaltet sein, daß er nur beim Vorhandensein gründlicher und vielseitiger Fachkenntnisse ordnungsgemäß bearbeitet werden kann. Selbständige Leistungen erfordern ein den vorausgesetzten Fachkenntnissen entsprechendes selbständiges Erarbeiten eines Ergebnisses unter Entwicklung einer eigenen geistigen Initiative; eine leichte geistige Arbeit kann diese Anforderung nicht erfüllen.)

    (Hierzu Protokollerklärung Nr. 1)

    b) Angestellte im Büro-, Buchhalterei-, sonstigen Innendienst und im Außendienst, deren Tätigkeit gründliche und vielseitige Fachkenntnisse erfordert,

    nach sechsjähriger Bewährung in Vergütungsgruppe VII Fallgruppe 1b.

    (Die gründlichen und vielseitigen Fachkenntnisse brauchen sich nicht auf das gesamte Gebiet der Verwaltung [des Betriebes], bei der der Angestellte beschäftigt ist, zu beziehen. Der Aufgabenkreis des Angestellten muß aber so gestaltet sein, daß er nur beim Vorhandensein gründlicher und vielseitiger Fachkenntnisse ordnungsgemäß bearbeitet werden kann).

    (Hierzu Protokollerklärung Nr. 1)

Angestellte in Büchereien in Tätigkeiten, die gründliche und vielseitige Fachkenntnisse im Bibliotheksdienst und in nicht unerheblichem Umfange selbständige Leistungen erfordern. (Die Klammeranmerkung der Fallgruppe 1 gilt entsprechend).

Angestellte in Archiven in Tätigkeiten, die gründliche und vielseitige Fachkenntnisse im Archivdienst und in nicht unerheblichem

Vergütungsordnung (VKA) – Allg. Teil **IV.2.2**

Umfange selbständige Leistungen erfordern. (Die Klammeranmerkung der Fallgruppe 1 gilt entsprechend).

ehemalige Anlage 1 TO.A:

Faktoren in der Reichsdruckerei, in der Druckerei bei dem Reichsamt für Landesaufnahme und bei anderen großen Druckereien.

Lektoren mit besonderen Fachkenntnissen.

Schiffsführer, Baggerführer und Maschinisten in der Tätigkeit von beamteten Seekapitänen oder Maschinenbetriebsleitern.

Nr. IV der GDO-Reich (so auch Nr. 4e GDO-Gemeinden)

Über die tarifliche Verpflichtung hinaus können mit Zustimmung des Führers der Verwaltung oder des Betriebes oder der von ihm ermächtigten nachgeordneten Stelle Kräfte mit gründlichen Fachkenntnissen, die den technischen Assistenten (Assistentinnen) der Vergütungsgruppe VIb gleichwertig sind und in hygienischen, bakteriologischen, chemischen, röntgenologischen usw. Laboratorien, Forschungsanstalten, Versuchsanstalten und Versuchswerkstätten tätig sind, ausnahmsweise in die Vergütungsgruppe VIb aufrücken, wenn sie sich durch außergewöhnliche selbständige Leistungen auszeichnen. Ein Anspruch auf die Einreihung besteht in keinem Fall.

Vergütungsgruppe VII

1. a) Angestellte im Büro-, Buchhalterei-, sonstigen Innendienst und im Außendienst, deren Tätigkeit gründliche Fachkenntnisse erfordert.

    (Erforderlich sind nähere Kenntnisse von Gesetzen, Verwaltungsvorschriften und Tarifbestimmungen usw. des Aufgabenkreises).

    (Hierzu Protokollerklärung Nr. 1)

    b) Angestellte im Büro-, Buchhalterei-, sonstigen Innendienst und im Außendienst, deren Tätigkeit gründliche und vielseitige Fachkenntnisse erfordert.

    (Die gründlichen und vielseitigen Fachkenntnisse brauchen sich nicht auf das gesamte Gebiet der Verwaltung [des Betriebes], bei der der Angestellte beschäftigt ist, zu beziehen. Der Aufgabenkreis des Angestellten muß aber so gestaltet sein, daß er nur beim Vorhandensein gründlicher und vielseitiger Fachkenntnisse ordnungsgemäß bearbeitet werden kann).

    (Hierzu Protokollerklärung Nr. 1)

c) Angestellte im Büro-, Buchhalterei-, sonstigen Innendienst und im Außendienst, deren Tätigkeit sich dadurch aus der Vergütungsgruppe VIII Fallgruppe 1a heraushebt, daß sie mindestens zu einem Viertel gründliche Fachkenntnisse erfordert,

nach zweijähriger Bewährung in Vergütungsgruppe VIII Fallgruppe 1b.

(Erforderlich sind nähere Kenntnisse von Gesetzen, Verwaltungsvorschriften und Tarifbestimmungen usw. des Aufgabenkreises).

(Hierzu Protokollerklärung Nr. 1)

ehemalige Anlage 1 TO.A:

Registraturangestellte mit gründlichen Fachkenntnissen.[1])

(Erforderlich sind eingehende Kenntnisse im Geschäftsbereich, in der Weiterführung und im Ausbau der Registratur).

Angestellte bei Büchereien mit gründlichen Fachkenntnissen im Bibliotheksdienst.

Angestellte in Archiven, Museen und anderen wissenschaftlichen Anstalten mit gründlichen Fachkenntnissen.

Angestellte für Rechenarbeiten bei wissenschaftlichen Instituten, die sich durch ihre Tätigkeit aus der Gruppe VIII herausheben.

Druckereifaktoren im Angestelltenverhältnis und Hilfsfaktoren bei der Reichsdruckerei und anderen großen Druckereien.

Lektoren, soweit nicht in Vergütungsgruppe VIb.

Magazin- und Lagervorsteher mit besonderer Verantwortung in besonders wertvollen Lagern.

Schiffsführer, Baggerführer und Maschinisten in der Tätigkeit von beamteten Schiffskapitänen oder Ersten Maschinenmeistern oder von Schiffsobermaschinisten.

ehemalige Anlage 1 Kr.T.:

Wirtschaftsvorsteher (Wirtschaftsvorsteherinnen) – z. B. in der Material-, Wäsche- und Küchenverwaltung – in Stellen von besonderer Bedeutung.

---

[1]) vgl. dazu auch das Merkmal in Vergütungsgruppe VII in dem Beitrag unter **IV.2.3.22**

ADO

Funkangestellte auf in See gehenden Dienstfahrzeugen mit dem Seefunkzeugnis 2. Klasse und mindestens zwei Jahren Berufstätigkeit.

Funkangestellte auf Feuerschiffen mit dem Seefunkzeugnis 2. Klasse und mindestens zwei Jahren Berufstätigkeit.

Nr. V der GDO-Reich *(Die Nr. 4d GDO-Gemeinden zur TO.A entspricht sinngemäß der Nr. V GDO-Reich)*

(1) Die obersten Verwaltungsbehörden können in die Vergütungsgruppe VII einreihen:

a) Stenotypisten (Stenotypistinnen) und Fernschreibangestellte in besonderer Stellung, die außergewöhnliche Kenntnisse auf einem größeren Arbeitsgebiet erfordert,

b) Stenotypisten (Stenotypistinnen) und Kanzleiangestellte mit schwieriger Tätigkeit, wenn sie sich durch außergewöhnliche Leistungen und unbedingte Vertrauenswürdigkeit auszeichnen.

Die Einreihungen in Gruppe VII dürfen 25 v. H. der Gesamtzahl der im Kanzleidienst und als Stenotypisten oder Maschinenschreiber verwendeten Angestellten nicht überschreiten.

(2) Ein Anspruch auf die Ausübung der hierdurch erteilten Befugnis besteht in keinem Fall.

(3) Die Befugnis zur Einreihung in die Vergütungsgruppe VII nach Absatz 1 kann nur auf höhere Verwaltungsbehörden übertragen werden.

Vergütungsgruppe VIII

1a.[1]) Angestellte im Büro-, Registratur-, Kassen-, Buchhalterei-, sonstigen Innendienst und im Außendienst mit schwierigerer Tätigkeit (z. B. Mitwirkung bei der Bearbeitung laufender oder gleichartiger Geschäfte nach Anleitung, Entwerfen von dabei zu erledigenden Schreiben nach skizzierten Angaben; Erledigung ständig wiederkehrender Arbeiten in Anlehnung an ähnliche Vorgänge, auch ohne Anleitung; Führung von Brieftagebüchern schwieriger Art; Führung von nach technischen

---

[1]) Die Vertreter der Arbeitgeber in der BAT-Kommission sind lt. Niederschrift über die Besprechung am 21. 10. 1971 mit Mehrheit der vom LAG Frankfurt/Main im Urteil vom 19. 6. 1962 – 4 Sa 80/62 vertretenen Auffassung, daß die zur Regelung und Überwachung des Straßenverkehrs eingesetzten Angestellten (Politessen) in die VergGr. VIII 1. Fallgruppe (ab 1. 12. 1975 Fallgruppe 1a) einzugruppieren sind.

oder wissenschaftlichen Merkmalen geordneten Karteien sowie von solchen Karteien, deren Führung die Kenntnis fremder Sprachen voraussetzt; buchhalterische Übertragungsarbeiten; Zinsstaffelberechnungen; Kontenführung).

1b. Angestellte im Büro-, Buchhalterei-, sonstigen Innendienst und im Außendienst, deren Tätigkeit sich dadurch aus Buchstabe a heraushebt, daß sie mindestens zu einem Viertel gründliche Fachkenntnisse erfordert. (Erforderlich sind nähere Kenntnisse von Gesetzen, Verwaltungsvorschriften und Tarifbestimmungen usw. des Aufgabenkreises).

(Hierzu Protokollerklärung Nr. 1)

ehemalige Anlage 1 TO.A:

Kanzleiangestellte für schwierigere Arbeiten (z. B. große Umdruckverfügungen, auch mit vielen Zusätzen und Änderungen, Anfertigung von fremdsprachlichen Reinschriften oder Schriftsätzen mit zahlreichen fremdsprachlichen Einmischungen sowie von Arbeiten mit zahlreichen chemischen oder mathematischen Formeln oder wissenschaftlichen Fachausdrücken sowie verantwortliches Lesen von Reinschriften. Verantwortliches Lesen von Reinschriften ist nicht davon abhängig, daß der Angestellte durch Namensbezeichnung die Verantwortung für die Richtigkeit der Reinschrift übernimmt).

Stenotypisten und Stenotypistinnen mit schwierigerer Tätigkeit (sie müssen in der Lage sein, einen Teil ihrer Arbeiten selbständig zu erledigen, z. B. kurze Schriftstücke nach Ansage selbständig abzufassen, 150 Silben Stenogramm in der Minute mindestens 5 Minuten lang aufzunehmen und schnell in fehlerfreier deutscher Sprache in Maschinenschrift zu übertragen).

Angestellte mit schwierigerer Tätigkeit in Büchereien, Archiven, Museen und anderen wissenschaftlichen Anstalten.

Angestellte im Funkdienst, die außer der Bedienung der Apparate die Pflege und Unterhaltung ihrer Station ohne technische Hilfe zu besorgen haben.

Angestellte im Telegraphen-, Fernschreibe- und Ferndruckerdienst die theoretisch und praktisch gründlich ausgebildet sind, in der Tätigkeit von Telegraphenassistenten.

Angestellte in Stellen von Küstern.

Angestellte zur Führung von Geld- und Haushaltsvoranschlagskontrollen.

Angestellte, die als Hilfsarbeiter des einfachen mittleren Dienstes Ladungen und Zustellungen bewirken, Benachrichtigungen ausführen, Ausfertigungen, beglaubigte oder einfache Abschriften sowie Bescheinigungen aus den Akten erteilen und das in der Regel von Kräften des einfachen mittleren Dienstes zu erledigende Schreibwerk besorgen.

Angestellte, denen die kanzleimäßige Erledigung von schwierigeren Verfügungen ohne genauere Expedition, insbesondere in Grundbuch- und Registersachen, die Fertigung von Abschriften unübersichtlicher Tabellen oder die Eintragungen in das Grundbuch oder die Register ohne Unterschriftsleistung obliegen.

Angestellte für schwierigere Rechenarbeiten in den vier Grundrechnungsarten bei wissenschaftlichen Instituten.

Krankenbesucher mit mehrjährigen praktischen Erfahrungen und entsprechenden Leistungen in besonders schwieriger Tätigkeit.

Magazin-, Lager- und Lagerhofvorsteher.

Schiffsführer, Baggerführer und Maschinisten in der Tätigkeit
a) von beamteten Kapitänen oder von beamteten Schiffsführern für kleinere Seefahrzeuge,
b) von beamteten Schiffsmaschinisten oder Maschinenmeistern.

ehemalige Anlage 1 Kr.T.:
Wirtschaftsvorsteher (Wirtschaftsvorsteherinnen) – z. B. in der Material-, Wäsche- und Küchenverwaltung.

ADO
Funkangestellte auf in See gehenden Dienstfahrzeugen

Vergütungsgruppe IXa
Angestellte mit Tätigkeiten der Vergütungsgruppe IX nach zweijähriger Bewährung in Vergütungsgruppe IX.
(Hierzu Protokollerklärung Nr. 6)

Vergütungsgruppe IX
Angestellte im Büro-, Registratur-, Kassen-, Buchhalterei-, Kanzlei-, sonstigen Innendienst und im Außendienst mit einfacheren Arbeiten (z. B. nach Schema zu erledigende Arbeiten; Postabfertigung; Führung von Brieftagebüchern, Inhaltsverzeichnissen; Führung von einfachen Karteien, z. B. Zettelkatalogen, nach Eigen- oder Ortsnamen geordneten Karteien; Führung von Kontrolllisten, Einheitswertbogen und statistischen Anschreibungen; Formularverwaltung, Schreibmaterialienverwaltung; Führung von häufig wieder-

kehrendem Schriftwechsel nach Vordruck, insbesondere formularmäßige Bescheinigungen und Benachrichtigungen sowie Erinnerungen und Straffestsetzungen; Lesen von Reinschriften; Heraussuchen von Vorgängen an Hand der Tagebücher).

Angestellte mit Tätigkeiten der Vergütungsgruppe X nach zweijähriger Bewährung in Vergütungsgruppe X.

ehemalige Anlage 1 TO.A:

Stenotypisten und Stenotypistinnen, die vorwiegend und geläufig Stenogramm aufnehmen und diese schnell und in fehlerfreier deutscher Sprache in Maschinenschrift übertragen können.

Angestellte mit einfacherer Tätigkeit in Büchereien, Archiven, Museen und anderen wissenschaftlichen Anstalten.

Technische Angestellte mit einfacher Tätigkeit (z. B. Berechnungen einfacherer Art, Überwachung technischer Anlagen).

Angestellte im Magazindienst mit einfacheren Arbeiten, soweit nicht anderweitig eingereiht.

Angestellte für einfachere Rechenarbeiten in den vier Grundrechnungsarten bei wissenschaftlichen Instituten.

Geldzähler und Geldzählerinnen.

Krankenbesucher.

Schiffsführer, Baggerführer und Maschinisten in der Tätigkeit von beamteten Schiffsführern, Baggerführern oder Obermaschinisten bei der Wehrmacht sowie auf Binnenfahrzeugen, wenn sie als Angestellte beschäftigt sind.

Magazin-, Lager- und Lagerhofverwalter, wenn sie als Angestellte beschäftigt sind.

Telegraphisten, Fernschreiber, Ferndrucker.

ehemalige Anlage 1 Kr.T.:

Wenn sie als Angestellte beschäftigt sind.

Wirtschafter (Wirtschafterinnen) – z. B. in der Material-, Wäsche- und Küchenverwaltung.

Vergütungsgruppe X

Angestellte im Büro-, Registratur-, Kassen-, Buchhalterei-, Kanzlei-, sonstigen Innendienst und im Außendienst mit vorwiegend mechanischer Tätigkeit (z. B. Führung einfacher Kontrollen und Listen, wie Aktenausgabekontrollen, Nummernverzeichnisse; Hilfsleistung bei der Postabfertigung, insbesondere Anfertigung von Anschriften mit der Hand oder auf mechanischem Wege und dgl.; Ausschneiden und Aufkleben von Zeitungsnachrichten nach Anweisung und Herkunftsbezeichnungen dieser Ausschnitte; Einordnung von Karteiblättern; Heraussuchen und Einordnen von Aktenstücken; Anfertigung von Abschriften und Reinschriften in Hand- und Maschinenschrift in deutscher Sprache, auch unter Verwendung von Formularen, und gelegentliches Aufnehmen von Stenogrammen).

ehemalige Anlage 1 TO.A:
Angestellte mit vorwiegend mechanischer Tätigkeit in Büchereien, Archiven, Museen und anderen wissenschaftlichen Anstalten.
Angestellte im Magazindienst mit vorwiegend mechanischer Tätigkeit.
Ferner, wenn sie als Angestellte beschäftigt sind (§ 1 Abs. 2):
Feldhüter.

ehemalige Anlage 1 Kr.T:
Ferner, wenn sie als Angestellte beschäftigt sind (§ 1 Abs. 2):
Waschmeister ohne Fachprüfung.
Wirtschaftsgehilfen (Wirtschaftsgehilfinnen) – z. B. in der Material-, Wäsche- und Küchenverwaltung.

Protokollerklärungen
zum Tarifvertrag zur Änderung und Ergänzung der Anlage 1a zum BAT (Neufassung der Fallgruppen 1) vom 24. Juni 1975.
Nr. 1
Buchhaltereidienst im Sinne dieses Tätigkeitsmerkmals bezieht sich nur auf Tätigkeiten von Angestellten, die mit kaufmännischer Buchführung beschäftigt sind.
Nr. 2
Wissenschaftliche Hochschulen sind Universitäten, Technische Hochschulen sowie andere Hochschulen, die nach Landesrecht als wissenschaftliche Hochschulen anerkannt sind.

Abgeschlossene wissenschaftliche Hochschulbildung liegt vor, wenn das Studium mit einer ersten Staatsprüfung oder mit einer Diplomprüfung beendet worden ist.

Der ersten Staatsprüfung oder der Diplomprüfung steht eine Promotion oder die Akademische Abschlußprüfung (Magisterprüfung) einer Philosophischen Fakultät nur in den Fällen gleich, in denen die Ablegung einer ersten Staatsprüfung oder einer Diplomprüfung nach den einschlägigen Ausbildungsvorschriften nicht vorgesehen ist.

Eine abgeschlossene wissenschaftliche Hochschulbildung setzt voraus, daß die Abschlußprüfung in einem Studiengang abgelegt worden ist, der seinerseits mindestens das Zeugnis der Hochschulreife (allgemeine Hochschulreife oder einschlägige fachgebundene Hochschulreife) als Zugangsvoraussetzung erfordert, und für den Abschluß eine Mindeststudienzeit von mehr als sechs Semestern – ohne etwaige Praxissemester, Prüfungssemester o. ä. – vorgeschrieben war.

Nr. 3

Eine Tätigkeit in der Forschung ist die Wahrnehmung von Forschungsaufgaben. Forschungsaufgaben sind Aufgaben, die dazu bestimmt sind, den wissenschaftlichen Kenntnisstand zu erweitern, neue wissenschaftliche Methoden zu entwickeln, oder wissenschaftliche Kenntnisse und wissenschaftliche Methoden auf bisher nicht beurteilbare Sachverhalte anzuwenden. Die Tätigkeitsmerkmale für Angestellte mit Forschungsaufgaben gelten auch für Ärzte, Apotheker, Tierärzte und Zahnärzte mit Forschungsaufgaben.

Nr. 4

Soweit die Eingruppierung von der Zahl der unterstellten Angestellten abhängt,

a) ist es für die Eingruppierung unschädlich, wenn im Organisations- und Stellenplan zur Besetzung ausgewiesene Stellen nicht besetzt sind,

b) rechnen hierzu auch Beamte vergleichbarer Besoldungsgruppen,

c) zählen Teilbeschäftigte entsprechend dem Verhältnis der mit ihnen im Arbeitsvertrag vereinbarten Arbeitszeit zur regelmäßigen Arbeitszeit eines Vollbeschäftigten.

Nr. 5

Bei der Zahl der Unterstellten zählen nicht mit:

a) Angestellte der Vergütungsgruppe II Fallgruppe 1e,

b) Angestellte der Vergütungsgruppe II Fallgruppen 1 bis 3b des Tarifvertrages vom 15. Juni 1972,

c) Angestellte der Vergütungsgruppe II des Abschnitts I und des Abschnitts IV des Tarifvertrages zur Änderung der Anlage 1a zum BAT (Angestellte in der Datenverarbeitung) vom 4. November 1983,

d) Beamte des gehobenen Dienstes der Besoldungsgruppe A 13.

Nr. 6

Bei der Berechnung der vorgeschriebenen Bewährungszeit für den Aufstieg nach dieser Fallgruppe bleiben Zeiten unberücksichtigt, in denen der Angestellte in einer im Wege eines Bewährungsaufstiegs oder durch Zeitablauf erreichten Fallgruppe der Vergütungsgruppe IX eingruppiert gewesen ist.

Protokollerklärungen

zum Tarifvertrag zur Änderung und Ergänzung der Anlage 1 zur TO.A vom 15. Januar 1960

1. ...

2. Soweit die Eingruppierung von Angestellten von der Zahl der unterstellten Angestellten abhängig ist, rechnen dazu auch unterstellte Beamte.

Angestellte im Sparkassendienst

Vergütungsgruppe X

Angestellte im Sparkassendienst mit vorwiegend mechanischer Tätigkeit z. B. Führung einfacher Kontrollen und Listen; Hilfsleistung bei der Postabfertigung; Ausschneiden und Aufkleben von Zeitungsnachrichten nach Anweisung und Herkunftsbezeichnungen dieser Ausschnitte; Sortieren von Belegen; Einordnen und Heraussuchen von Tagesauszügen, Aktenstücken und Karteiblättern.

Vergütungsgruppe IX

1. Angestellte im Sparkassendienst mit einfacheren Arbeiten z. B. nach Schema zu erledigende Arbeiten; Postabfertigung; Führung von Brieftagebüchern, Inhaltsverzeichnissen; Führung von einfachen Karteien, z. B. Zettelkatalogen, nach Eigen- oder Ortsnamen geordneten Karteien; Führung von Kontrollisten und statistischen Aufzeichnungen; Formularverwaltung, Schreibmaterialverwaltung; Führung von häufig wiederkehrendem Schriftwechsel nach Vordruck, insbesondere formularmäßige Bescheinigungen und Benachrichtigungen sowie Erinnerungen.
2. Angestellte im Sparkassendienst mit Tätigkeiten der Vergütungsgruppe X nach zweijähriger Bewährung in Vergütungsgruppe X. (Hierzu Protokollerklärung Nr. 1)

Vergütungsgruppe IXa

Angestellte im Sparkassendienst mit Tätigkeiten der Vergütungsgruppe X nach einjähriger Bewährung in Vergütungsgruppe IX. (Hierzu Protokollerklärungen Nrn. 1 und 1a)

Vergütungsgruppe VIII

1. Angestellte im Sparkassendienst mit schwierigerer Tätigkeit z. B. Mitwirkung bei der Bearbeitung laufender oder gleichartiger Geschäfte nach Anleitung, Entwerfen von dabei zu erledigenden Schreiben nach skizzierten Angaben; Erledigung ständig wiederkehrender Arbeiten in Anlehnung an ähnliche Vorgänge, auch ohne Anleitung; Zinsstaffelberechnungen, Kontenführung; Schalterdienst mit Tätigkeiten, die keine gründlichen Fachkenntnisse voraussetzen; einfache Kontrollaufgaben.
2. Angestellte im Sparkassendienst, deren Tätigkeit sich dadurch aus der Fallgruppe 1 heraushebt, daß sie mindestens zu einem Viertel gründliche Fachkenntnisse erfordert.

IV.2.3.1 Ang. im Sparkassendienst

(Erforderlich sind nähere Kenntnisse von Gesetzen, Verwaltungsvorschriften und Tarifbestimmungen usw. des Aufgabenkreises.)

3. Kassenboten mit besonderer Verantwortung, z. B. wenn sie in größerem Umfang mit Wechselinkasso beauftragt sind oder häufiger größere Geldbeträge oder sonstige größere Werte entgegenzunehmen haben.
4. Geldzähler nach zweijähriger Bewährung in dieser Tätigkeit.
(Hierzu Protokollerklärung Nr. 1)

Vergütungsgruppe VII

1. Angestellte im Sparkassendienst, deren Tätigkeit gründliche Fachkenntnisse erfordert.
(Erforderlich sind nähere Kenntnisse von Gesetzen, Verwaltungsvorschriften und Tarifbestimmungen usw. des Aufgabenkreises.)
2. Angestellte im Sparkassendienst, deren Tätigkeit gründliche und vielseitige Fachkenntnisse erfordert.
(Die gründlichen und vielseitigen Fachkenntnisse brauchen sich nicht auf den gesamten Sparkassenbereich zu beziehen. Der Aufgabenkreis des Angestellten muß aber so gestaltet sein, daß er nur beim Vorhandensein gründlicher und vielseitiger Fachkenntnisse ordnungsgemäß bearbeitet werden kann.)
3. Angestellte im Sparkassendienst, deren Tätigkeit sich dadurch aus der Vergütungsgruppe VIII Fallgruppe 1 heraushebt, daß sie mindestens zu einem Viertel gründliche Fachkenntnisse erfordert,

   nach zweijähriger Bewährung in Vergütungsgruppe VIII Fallgruppe 2.

   (Erforderlich sind nähere Kenntnisse von Gesetzen, Verwaltungsvorschriften und Tarifbestimmungen usw. des Aufgabenkreises.)
   (Hierzu Protokollerklärung Nr. 1)
4. Kassierer mit einfachsten Kassengeschäften.
(Hierzu Protokollerklärung Nr. 2)

Vergütungsgruppe VIb

1. Angestellte im Sparkassendienst, deren Tätigkeit gründliche und vielseitige Fachkenntnisse und mindestens zu einem Fünftel selbständige Leistungen erfordert.
(Die gründlichen und vielseitigen Fachkenntnisse brauchen sich nicht auf den gesamten Sparkassenbereich zu beziehen. Der Aufgabenkreis des Angestellten muß aber so gestaltet sein, daß er nur beim Vorhandensein gründlicher und vielseitiger Fach-

kenntnisse ordnungsgemäß bearbeitet werden kann. Selbständige Leistungen erfordern ein den vorausgesetzten Fachkenntnissen entsprechendes selbständiges Erarbeiten eines Ergebnisses unter Entwicklung einer eigenen geistigen Initiative; eine leichte geistige Arbeit kann diese Anforderung nicht erfüllen.) – Fußnote –

2. Angestellte im Sparkassendienst mit Tätigkeiten in der Kundenbedienung, die gründliche und vielseitige Fachkenntnisse und mindestens zu einem Viertel selbständige Leistungen erfordern.

(Die gründlichen und vielseitigen Fachkenntnisse brauchen sich nicht auf den gesamten Sparkassenbereich zu beziehen. Der Aufgabenkreis des Angestellten muß aber so gestaltet sein, daß er nur beim Vorhandensein gründlicher und vielseitiger Fachkenntnisse ordnungsgemäß bearbeitet werden kann. Selbständige Leistungen erfordern ein den vorausgesetzten Fachkenntnissen entsprechendes selbständiges Erarbeiten eines Ergebnisses unter Entwicklung einer eigenen geistigen Initiative; eine leichte geistige Arbeit kann diese Anforderungen nicht erfüllen.)

3. Angestellte im Sparkassendienst, deren Tätigkeit gründliche und vielseitige Fachkenntnisse erfordert,

> nach fünfjähriger Bewährung in Vergütungsgruppe VII Fallgruppe 2.

(Die gründlichen und vielseitigen Fachkenntnisse brauchen sich nicht auf den gesamten Sparkassenbereich zu beziehen. Der Aufgabenkreis des Angestellten muß aber so gestaltet sein, daß er nur beim Vorhandensein gründlicher und vielseitiger Fachkenntnisse ordnungsgemäß bearbeitet werden kann.)

(Hierzu Protokollerklärung Nr. 1)

4. Angestellte in Kassen mit on-line-Verfahren als Terminalkassierer.

5. Kassierer.

6. Gruppenleiter, denen

   a) mindestens zwei Angestellte mit Tätigkeiten mindestens der Vergütungsgruppe VII oder

IV.2.3.1 Ang. im Sparkassendienst

b) ein Angestellter mit Tätigkeiten mindestens der Vergütungsgruppe VII und mindestens zwei Angestellte mit Tätigkeiten der Vergütungsgruppe VIII

durch ausdrückliche Anordnung ständig unterstellt sind.
(Hierzu Protokollerklärungen Nrn. 3 und 4)

Fußnote:
Diese Angestellten erhalten nach fünfjähriger Bewährung in dieser Fallgruppe eine monatliche Vergütungsgruppenzulage in Höhe von 5 v. H. der Grundvergütung der Stufe 4 der Vergütungsgruppe VIb. Bei der Berechnung sich ergebende Bruchteile eines Cents unter 0,5 sind abzurunden, Bruchteile von 0,5 und mehr sind aufzurunden. Die Vergütungsgruppenzulage gilt bei der Bemessung des Sterbegeldes (§ 41), des Übergangsgeldes (§ 63) und der Überstundenpauschalvergütung (Nr. 5 SR 2s) als Bestandteil der Grundvergütung.

Vergütungsgruppe Vc

1. Angestellte im Sparkassendienst, deren Tätigkeit gründliche und vielseitige Fachkenntnisse und mindestens zu einem Drittel selbständige Leistungen erfordert.
   (Die gründlichen und vielseitigen Fachkenntnisse brauchen sich nicht auf den gesamten Sparkassenbereich zu beziehen. Der Aufgabenkreis des Angestellten muß aber so gestaltet sein, daß er nur beim Vorhandensein gründlicher und vielseitiger Fachkenntnisse ordnungsgemäß bearbeitet werden kann. Selbständige Leistungen erfordern ein den vorausgesetzten Fachkenntnissen entsprechendes selbständiges Erarbeiten eines Ergebnisses unter Entwicklung einer eigenen geistigen Initiative; eine leichte geistige Arbeit kann diese Anforderung nicht erfüllen.)

2. Angestellte im Sparkassendienst, deren Tätigkeit gründliche und vielseitige Fachkenntnisse und selbständige Leistungen erfordert.
   (Die gründlichen und vielseitigen Fachkenntnisse brauchen sich nicht auf den gesamten Sparkassenbereich zu beziehen. Der Aufgabenkreis des Angestellten muß aber so gestaltet sein, daß er nur beim Vorhandensein gründlicher und vielseitiger Fachkenntnisse ordnungsgemäß bearbeitet werden kann. Selbständige Leistungen erfordern ein den vorausgesetzten Fachkenntnissen entsprechendes selbständiges Erarbeiten eines Ergebnisses unter Entwicklung einer eigenen geistigen Initiative;

eine leichte geistige Arbeit kann diese Anforderung nicht erfüllen.)

3. Angestellte im Sparkassendienst mit Tätigkeiten in der Kundenbedienung, die gründliche und vielseitige Fachkenntnisse und mindestens zu einem Viertel selbständige Leistungen erfordern,
   nach dreijähriger Bewährung in Vergütungsgruppe VIb Fallgruppe 2.
   (Die gründlichen und vielseitigen Fachkenntnisse brauchen sich nicht auf den gesamten Sparkassenbereich zu beziehen. Der Aufgabenkreis des Angestellten muß aber so gestaltet sein, daß er nur beim Vorhandensein gründlicher und vielseitiger Fachkenntnisse ordnungsgemäß bearbeitet werden kann. Selbständige Leistungen erfordern ein den vorausgesetzten Fachkenntnissen entsprechendes selbständiges Erarbeiten eines Ergebnisses unter Entwicklung einer eigenen geistigen Initiative; eine leichte geistige Arbeit kann diese Anforderung nicht erfüllen.)
   (Hierzu Protokollerklärung Nr. 1)
4. Angestellte in Kassen mit on-line-Verfahren als Terminalkassierer mit größerem Kassenverkehr.
   (Hierzu Protokollerklärungen Nrn. 5, 7 und 8)
5. Kassierer mit größerem Kassenverkehr.
   (Hierzu Protokollerklärung Nr. 9)
6. Gruppenleiter, denen
   a) mindestens drei Angestellte mit Tätigkeiten mindestens der Vergütungsgruppe VII
      oder
   b) mindestens zwei Angestellte mit Tätigkeiten mindestens der Vergütungsgruppe VII und mindestens zwei Angestellte mit Tätigkeiten der Vergütungsgruppe VIII
   durch ausdrückliche Anordnung ständig unterstellt sind.
   (Hierzu Protokollerklärungen Nrn. 3 und 4)
7. Leiter von Einmanngeschäftsstellen, in denen im allgemeinen Kassen- und standardisierte Mengengeschäfte bearbeitet werden.

Vergütungsgruppe Vb

1. Angestellte im Sparkassendienst, deren Tätigkeit gründliche, umfassende Fachkenntnisse und selbständige Leistungen erfordert, z. B. als Kundenberater, als Sachbearbeiter im Kredit- oder

IV.2.3.1 Ang. im Sparkassendienst

Wertpapiergeschäft, in der Innenrevision, für Personalangelegenheiten.

(Gründliche, umfassende Fachkenntnisse bedeuten gegenüber den in der Fallgruppe 2 der Vergütungsgruppe VII und in den Fallgruppen 1 der Vergütungsgruppe VIb und Vc geforderten gründlichen und vielseitigen Fachkenntnissen eine Steigerung der Tiefe und der Breite nach.)

2. Angestellte im Sparkassendienst, deren Tätigkeit sich dadurch aus der Fallgruppe 1 heraushebt, daß sie mindestens zu einem Drittel besonders verantwortungsvoll ist, z. B. als Sachbearbeiter im Kreditgeschäft für schwierige Kredite sowie bei besonders verantwortlicher Tätigkeit als Kundenberater oder im Wertpapiergeschäft oder in der Innenrevision bei schwierigen Revisionen oder Teilrevisionen.

3. Angestellte im Sparkassendienst, deren Tätigkeit gründliche und vielseitige Fachkenntnisse und selbständige Leistungen erfordert,

   nach dreijähriger Bewährung in Vergütungsgruppe Vc Fallgruppe 2.

(Die gründlichen und vielseitigen Fachkenntnisse brauchen sich nicht auf den gesamten Sparkassenbereich zu beziehen. Der Aufgabenkreis des Angestellten muß aber so gestaltet sein, daß er nur beim Vorhandensein gründlicher und vielseitiger Fachkenntnisse ordnungsgemäß bearbeitet werden kann. Selbständige Leistungen erfordern ein den vorausgesetzten Fachkenntnissen entsprechendes selbständiges Erarbeiten eines Ergebnisses unter Entwicklung einer eigenen geistigen Initiative; eine leichte geistige Arbeit kann diese Anforderung nicht erfüllen.)

(Hierzu Protokollerklärung Nr. 1)

4. Angestellte in Kassen mit on-line-Verfahren als Terminalkassierer mit umfangreichem Kassenverkehr.

   (Hierzu Protokollerklärungen Nrn. 6 bis 8)

5. Kassierer, die auch den Geldverkehr mit den Zentralkassen sowie den Geldausgleich mit den Schalterkassen der Hauptstelle oder mit Geschäftsstellen zu bewirken haben.

6. Kassierer mit umfangreichem Kassenverkehr.

   (Hierzu Protokollerklärung Nr. 10)

7. Gruppenleiter, denen
   a) mindestens zwei Angestellte mit Tätigkeiten mindestens der Vergütungsgruppe VIb

   oder

   b) ein Angestellter mit Tätigkeiten mindestens der Vergütungsgruppe VIb und mindestens zwei Angestellte mit Tätigkeiten mindestens der Vergütungsgruppe VIII

   durch ausdrückliche Anordnung ständig unterstellt sind.
   (Hierzu Protokollerklärungen Nrn. 3 und 4)

8. (gestrichen)
9. Geschäftsstellenleiter.
10. Geschäftsstellenleiter mit umfangreichem oder schwierigem Geschäftsverkehr.
11. Abteilungsleiter, denen
    a) mindestens zwei Angestellte mit Tätigkeiten mindestens der Vergütungsgruppe VIb

    oder

    b) ein Angestellter mit Tätigkeiten mindestens der Vergütungsgruppe VIb und mindestens zwei Angestellte mit Tätigkeiten mindestens der Vergütungsgruppe VIII

    durch ausdrückliche Anordnung ständig unterstellt sind.
    (Hierzu Protokollerklärungen Nrn. 4 und 11)

Vergütungsgruppe IVb

1. Angestellte im Sparkassendienst, deren Tätigkeit sich dadurch aus der Vergütungsgruppe Vb Fallgruppe 1 heraushebt, daß sie besonders verantwortungsvoll ist, z. B. als Sachbearbeiter im Kreditgeschäft für schwierige Kredite sowie bei besonders verantwortlicher Tätigkeit als Kundenberater oder im Wertpapiergeschäft oder in der Innenrevision bei schwierigen Revisionen oder Teilrevisionen. – Fußnote –
   (Hierzu Protokollerklärung Nr. 12)

2. Angestellte im Sparkassendienst, deren Tätigkeit sich dadurch aus der Vergütungsgruppe Vb Fallgruppe 1 heraushebt, daß sie mindestens zu einem Drittel besonders verantwortungsvoll ist, z. B. als Sachbearbeiter im Kreditgeschäft für schwierige Kredite sowie bei besonders verantwortlicher Tätigkeit als Kundenberater oder im Wertpapiergeschäft oder in der Innenrevision bei schwierigen Revisionen oder Teilrevisionen,

IV.2.3.1 Ang. im Sparkassendienst

nach dreijähriger Bewährung in Vergütungsgruppe Vb Fallgruppe 2.

(Hierzu Protokollerklärung Nr. 1)

3. Kassierer, die ausschließlich oder überwiegend den Geldverkehr mit den Zentralkassen sowie täglich den Geldausgleich mit mindestens 20 Schalterkassen der Hauptstelle oder Geschäftsstellen zu bewirken haben.

4. Gruppenleiter, denen

   a) mindestens ein Angestellter mit Tätigkeiten mindestens der Vergütungsgruppe Vb und ein Angestellter mit Tätigkeiten mindestens der Vergütungsgruppe VIb

   oder

   b) mindestens ein Angestellter mit Tätigkeiten mindestens der Vergütungsgruppe Vb und mindestens zwei Angestellte mit Tätigkeiten mindestens der Vergütungsgruppe VIII

   durch ausdrückliche Anordnung ständig unterstellt sind.

(Hierzu Protokollerklärungen Nrn. 3 und 4)

5. Geschäftsstellenleiter mit umfangreichem und schwierigem Geschäftsverkehr.

6. Geschäftsstellenleiter, denen mindestens zwei Angestellte mit Tätigkeiten mindestens der Vergütungsgruppe VIb und mindestens zwei Angestellte mit Tätigkeiten mindestens der Vergütungsgruppe VIII durch ausdrückliche Anordnung ständig unterstellt sind.

(Hierzu Protokollerklärung Nr. 4)

7. Geschäftsstellenleiter mit umfangreichem oder schwierigem Geschäftsverkehr,

   nach dreijähriger Bewährung in Vergütungsgruppe Vb Fallgruppe 10.

(Hierzu Protokollerklärung Nr. 1)

8. Abteilungsleiter, denen

   a) mindestens ein Angestellter mit Tätigkeiten mindestens der Vergütungsgruppe Vb und ein Angestellter mit Tätigkeiten mindestens der Vergütungsgruppe VIb

   oder

Ang. im Sparkassendienst **IV.2.3.1**

b) mindestens ein Angestellter mit Tätigkeiten mindestens der Vergütungsgruppe Vb und mindestens zwei Angestellte mit Tätigkeiten mindestens der Vergütungsgruppe VIII

durch ausdrückliche Anordnung ständig unterstellt sind.

(Hierzu Protokollerklärungen Nrn. 4 und 11)

Fußnote:

Diese Angestellten erhalten nach sechsjähriger Bewährung in dieser Fallgruppe eine monatliche Vergütungsgruppenzulage in Höhe von 5 v. H. der Grundvergütung der Stufe 4 der Vergütungsgruppe IVb. Bei der Berechnung sich ergebende Bruchteile eines Cents unter 0,5 sind abzurunden, Bruchteile von 0,5 und mehr sind aufzurunden. Die Vergütungsgruppenzulage gilt bei der Bemessung des Sterbegeldes (§ 41) und des Übergangsgeldes (§ 63) als Bestandteil der Grundvergütung.

Vergütungsgruppe IVa

1. Angestellte im Sparkassendienst, deren Tätigkeit sich mindestens zu einem Drittel durch besondere Schwierigkeit und Bedeutung aus der Vergütungsgruppe IVb Fallgruppe 1 heraushebt, z. B. im Kreditgeschäft für besonders schwierige Kredite oder bei größeren Krediten im Geschäftskreditbereich, wenn an die Bearbeitung einschließlich der Auswertung und Beurteilung der Kreditnehmerbilanzen erhöhte Anforderungen zu stellen sind, sowie als Kundenberater für vermögende Kunden oder für bedeutende Firmenkunden, wenn die Beratung und Betreuung dieser Kunden an den Angestellten erhöhte Anforderungen stellt, oder in der Innenrevision bei besonders schwierigen Revisionen oder Teilrevisionen.

2. Angestellte im Sparkassendienst, deren Tätigkeit sich durch besondere Schwierigkeit und Bedeutung aus der Vergütungsgruppe IVb Fallgruppe 1 heraushebt, z. B. im Kreditgeschäft für besonders schwierige Kredite oder bei größeren Krediten im Geschäftskreditbereich, wenn an die Bearbeitung einschließlich der Auswertung und Beurteilung der Kreditnehmerbilanzen erhöhte Anforderungen zu stellen sind, sowie als Kundenberater für vermögende Kunden oder für bedeutende Firmenkunden, wenn die Beratung und Betreuung dieser Kunden an den Angestellten erhöhte Anforderungen stellt, oder in der Innenrevision bei besonders schwierigen Revisionen oder Teilrevisionen.

IV.2.3.1 Ang. im Sparkassendienst

3. Kassierer, die ausschließlich oder überwiegend den Geldverkehr mit den Zentralkassen sowie täglich den Geldausgleich mit mindestens 50 Schalterkassen der Hauptstelle oder Geschäftsstellen zu bewirken haben.

4. Gruppenleiter, denen
   a) mindestens ein Angestellter mit Tätigkeiten mindestens der Vergütungsgruppe IVb und ein Angestellter mit Tätigkeiten mindestens der Vergütungsgruppe VIb oder
   b) mindestens ein Angestellter mit Tätigkeiten mindestens der Vergütungsgruppe IVb und mindestens zwei Angestellte mit Tätigkeiten mindestens der Vergütungsgruppe VIII

   durch ausdrückliche Anordnung ständig unterstellt sind.
   (Hierzu Protokollerklärungen Nrn. 3 und 4)

5. Geschäftsstellenleiter mit besonders umfangreichem und mindestens zu einem Drittel besonders schwierigem Geschäftsverkehr.

6. Geschäftsstellenleiter, denen
   a) mindestens zwei Angestellte mit Tätigkeiten mindestens der Vergütungsgruppe Vb und mindestens zwei Angestellte mit Tätigkeiten mindestens der Vergütungsgruppe VIII
   oder
   b) ein Angestellter mit Tätigkeiten mindestens der Vergütungsgruppe Vb und mindestens zwei Angestellte mit Tätigkeiten mindestens der Vergütungsgruppe VIb

   durch ausdrückliche Anordnung ständig unterstellt sind.
   (Hierzu Protokollerklärung Nr. 4)

7. Abteilungsleiter, denen
   a) mindestens ein Angestellter mit Tätigkeiten mindestens der Vergütungsgruppe IVb und ein Angestellter mit Tätigkeiten mindestens der Vergütungsgruppe VIb
   oder
   b) mindestens ein Angestellter mit Tätigkeiten mindestens der Vergütungsgruppe IVb und mindestens zwei Angestellte mit Tätigkeiten mindestens der Vergütungsgruppe VIII
   oder
   c) als Leiter der Innenrevision mindestens ein Angestellter mit Tätigkeiten mindestens der Vergütungsgruppe Vb

   durch ausdrückliche Anordnung ständig unterstellt sind.
   (Hierzu Protokollerklärungen Nrn. 4 und 11)

Ang. im Sparkassendienst **IV.2.3.1**

8. Ausdrücklich bestellte ständige Vertreter eines in Vergütungsgruppe III eingruppierten Gruppen-, Geschäftsstellen- oder Abteilungsleiters.
(Hierzu Protokollerklärung Nr. 13)

Vergütungsgruppe III

1. Angestellte im Sparkassendienst, deren Tätigkeit sich mindestens zu einem Drittel durch das Maß der damit verbundenen Verantwortung erheblich aus der Vergütungsgruppe IVa Fallgruppe 2 heraushebt.
2. Angestellte im Sparkassendienst, deren Tätigkeit sich durch das Maß der damit verbundenen Verantwortung erheblich aus der Vergütungsgruppe IVa Fallgruppe 2 heraushebt.
3. Angestellte im Sparkassendienst, deren Tätigkeit sich durch besondere Schwierigkeit und Bedeutung aus der Vergütungsgruppe IVb Fallgruppe 1 heraushebt, z. B. im Kreditgeschäft für besonders schwierige Kredite oder bei größeren Krediten im Geschäftskreditbereich, wenn an die Bearbeitung einschließlich der Auswertung und Beurteilung der Kreditnehmerbilanzen erhöhte Anforderungen zu stellen sind, sowie als Kundenberater für vermögende Kunden oder für bedeutende Firmenkunden, wenn die Beratung und Betreuung dieser Kunden an den Angestellten erhöhte Anforderungen stellt, oder in der Innenrevision bei besonders schwierigen Revisionen oder Teilrevisionen,
   nach vierjähriger Bewährung in Vergütungsgruppe IVa Fallgruppe 2.
(Hierzu Protokollerklärung Nr. 1)
4. Gruppenleiter, denen
   a) mindestens ein Angestellter mit Tätigkeiten mindestens der Vergütungsgruppe IVa und mindestens zwei Angestellte mit Tätigkeiten mindestens der Vergütungsgruppe VIb
      oder
   b) mindestens zwei Angestellte mit Tätigkeiten mindestens der Vergütungsgruppe IVb und mindestens zwei Angestellte mit Tätigkeiten mindestens der Vergütungsgruppe VIb
   durch ausdrückliche Anordnung ständig unterstellt sind.
(Hierzu Protokollerklärungen Nrn. 3 und 4)
5. Geschäftsstellenleiter mit besonders umfangreichem und besonders schwierigem Geschäftsverkehr.

IV.2.3.1 Ang. im Sparkassendienst

6. Geschäftsstellenleiter, denen
   a) ein Angestellter mit Tätigkeiten mindestens der Vergütungsgruppe IVb und mindestens zwei Angestellte mit Tätigkeiten mindestens der Vergütungsgruppe VIb
   oder
   b) mindestens drei Angestellte mit Tätigkeiten mindestens der Vergütungsgruppe Vb und mindestens zwei Angestellte mit Tätigkeiten mindestens der Vergütungsgruppe VIb
   durch ausdrückliche Anordnung ständig unterstellt sind.
   (Hierzu Protokollerklärung Nr. 4)
7. Abteilungsleiter, denen
   a) mindestens ein Angestellter mit Tätigkeiten mindestens der Vergütungsgruppe IVa und mindestens zwei Angestellte mit Tätigkeiten mindestens der Vergütungsgruppe VIb
   oder
   b) mindestens zwei Angestellte mit Tätigkeiten mindestens der Vergütungsgruppe IVb und mindestens zwei Angestellte mit Tätigkeiten mindestens der Vergütungsgruppe VIb
   oder
   c) als Leiter der Innenrevision mindestens ein Angestellter mit Tätigkeiten mindestens der Vergütungsgruppe IVb oder mindestens zwei Angestellte mit Tätigkeiten mindestens der Vergütungsgruppe Vb
   durch ausdrückliche Anordnung ständig unterstellt sind.
   (Hierzu Protokollerklärungen Nrn. 4 und 11)
8. Ausdrücklich bestellte ständige Vertreter eines in Vergütungsgruppe II eingruppierten Gruppen-, Geschäftsstellen- oder Abteilungsleiters sowie eines in Vergütungsgruppe Ib Fallgruppe 4 eingruppierten Geschäftsstellenleiters oder eines in Vergütungsgruppe Ib Fallgruppe 6 eingruppierten Abteilungsleiters.
   (Hierzu Protokollerklärung Nr. 13)

Vergütungsgruppe II

1. Angestellte im Sparkassendienst mit abgeschlossener wissenschaftlicher Hochschulbildung und entsprechender Tätigkeit sowie sonstige Angestellte, die aufgrund gleichwertiger Fähigkeiten und ihrer Erfahrungen entsprechende Tätigkeiten ausüben.
   (Hierzu Protokollerklärung Nr. 14)
2. Angestellte im Sparkassendienst mit abgeschlossener wissenschaftlicher Hochschulbildung und entsprechender Tätigkeit

sowie sonstige Angestellte, die aufgrund gleichwertiger Fähigkeiten und ihrer Erfahrungen entsprechende Tätigkeiten ausüben,
> deren Tätigkeit sich mindestens zu einem Drittel durch besondere Schwierigkeit und Bedeutung aus der Fallgruppe 1 heraushebt.

(Hierzu Protokollerklärung Nr. 14)

3. Angestellte im Sparkassendienst, deren Tätigkeit sich durch das Maß der damit verbundenen Verantwortung erheblich aus der Vergütungsgruppe IVa Fallgruppe 2 heraushebt,
> nach fünfjähriger Bewährung in Vergütungsgruppe III Fallgruppe 2.

(Hierzu Protokollerklärung Nr. 1)

4. Gruppenleiter, denen
   a) mindestens ein Angestellter mit Tätigkeiten mindestens der Vergütungsgruppe III und mindestens zwei Angestellte mit Tätigkeiten mindestens der Vergütungsgruppe Vc
   oder
   b) mindestens zwei Angestellte mit Tätigkeiten mindestens der Vergütungsgruppe IVa und mindestens zwei Angestellte mit Tätigkeiten mindestens der Vergütungsgruppe Vc

   durch ausdrückliche Anordnung ständig unterstellt sind.

   (Hierzu Protokollerklärungen Nrn. 3 und 4)

5. Geschäftsstellenleiter, deren Tätigkeit der Tätigkeit von Angestellten mit abgeschlossener wissenschaftlicher Hochschulbildung vergleichbar ist.

   (Hierzu Protokollerklärung Nr. 14)

6. Geschäftsstellenleiter, deren Tätigkeit
   a) der Tätigkeit von Angestellten mit abgeschlossener wissenschaftlicher Hochschulbildung vergleichbar ist
   und
   b) sich mindestens zu einem Drittel durch besondere Schwierigkeit und Bedeutung aus der Fallgruppe 5 heraushebt.

   (Hierzu Protokollerklärung Nr. 14)

7. Geschäftsstellenleiter, denen mindestens zwei Angestellte mit Tätigkeiten mindestens der Vergütungsgruppe IVb und mindestens zwei Angestellte mit Tätigkeiten mindestens der Vergütungsgruppe VIb durch ausdrückliche Anordnung ständig unterstellt sind.

   (Hierzu Protokollerklärung Nr. 4)

IV.2.3.1 Ang. im Sparkassendienst

8. Abteilungsleiter mit abgeschlossener wissenschaftlicher Hochschulbildung und entsprechender Tätigkeit sowie sonstige Abteilungsleiter, die aufgrund gleichwertiger Fähigkeiten und ihrer Erfahrungen entsprechende Tätigkeiten ausüben.
(Hierzu Protokollerklärungen Nrn. 11 und 14)

9. Abteilungsleiter mit abgeschlossener wissenschaftlicher Hochschulbildung und entsprechender Tätigkeit sowie sonstige Abteilungsleiter, die aufgrund gleichwertiger Fähigkeiten und ihrer Erfahrungen entsprechende Tätigkeiten ausüben,
   > deren Tätigkeit sich mindestens zu einem Drittel durch besondere Schwierigkeit und Bedeutung aus der Fallgruppe 8 heraushebt.

(Hierzu Protokollerklärungen Nrn. 11 und 14)

10. Ausdrücklich bestellte ständige Vertreter eines in Vergütungsgruppe Ib Fallgruppe 3 eingruppierten Geschäftsstellenleiters oder eines in Vergütungsgruppe Ib Fallgruppe 5 eingruppierten Abteilungsleiters.
(Hierzu Protokollerklärung Nr. 13)

Vergütungsgruppe Ib

1. Angestellte im Sparkassendienst mit abgeschlossener wissenschaftlicher Hochschulbildung und entsprechender Tätigkeit sowie sonstige Angestellte, die aufgrund gleichwertiger Fähigkeiten und ihrer Erfahrungen entsprechende Tätigkeiten ausüben,
   > deren Tätigkeit sich durch besondere Schwierigkeit und Bedeutung aus der Vergütungsgruppe II Fallgruppe 1 heraushebt.

(Hierzu Protokollerklärungen Nrn. 1 und 14)

2. Angestellte im Sparkassendienst mit abgeschlossener wissenschaftlicher Hochschulbildung und entsprechender Tätigkeit sowie sonstige Angestellte, die aufgrund gleichwertiger Fähigkeiten und ihrer Erfahrungen entsprechende Tätigkeiten ausüben,
   > deren Tätigkeit sich mindestens zu einem Drittel durch besondere Schwierigkeit und Bedeutung aus der Vergütungsgruppe II Fallgruppe 1 heraushebt,

   nach sechsjähriger Bewährung in Vergütungsgruppe II Fallgruppe 2.

(Hierzu Protokollerklärungen Nrn. 1 und 14)

Ang. im Sparkassendienst **IV.2.3.1**

3. Geschäftsstellenleiter, deren Tätigkeit
   a) der Tätigkeit von Angestellten mit abgeschlossener wissenschaftlicher Hochschulbildung vergleichbar ist
   und
   b) sich durch besondere Schwierigkeit und Bedeutung aus der Vergütungsgruppe II Fallgruppe 5 heraushebt.
   (Hierzu Protokollerklärung Nr. 14)

4. Geschäftsstellenleiter, deren Tätigkeit
   a) der Tätigkeit von Angestellten mit abgeschlossener wissenschaftlicher Hochschulbildung vergleichbar ist
   und
   b) sich mindestens zu einem Drittel durch besondere Schwierigkeit und Bedeutung aus der Vergütungsgruppe II Fallgruppe 5 heraushebt,
   nach sechsjähriger Bewährung in Vergütungsgruppe II Fallgruppe 6.
   (Hierzu Protokollerklärungen Nrn. 1 und 14)

5. Abteilungsleiter mit abgeschlossener wissenschaftlicher Hochschulbildung und entsprechender Tätigkeit sowie sonstige Abteilungsleiter, die aufgrund gleichwertiger Fähigkeiten und ihrer Erfahrungen entsprechende Tätigkeiten ausüben,
   deren Tätigkeit sich durch besondere Schwierigkeit und Bedeutung aus der Vergütungsgruppe II Fallgruppe 8 heraushebt.
   (Hierzu Protokollerklärungen Nrn. 11 und 14)

6. Abteilungsleiter mit abgeschlossener wissenschaftlicher Hochschulbildung und entsprechender Tätigkeit sowie sonstige Abteilungsleiter, die aufgrund gleichwertiger Fähigkeiten und ihrer Erfahrungen entsprechende Tätigkeiten ausüben,
   deren Tätigkeit sich mindestens zu einem Drittel durch besondere Schwierigkeit und Bedeutung aus der Vergütungsgruppe II Fallgruppe 8 heraushebt,
   nach sechsjähriger Bewährung in Vergütungsgruppe II Fallgruppe 9.
   (Hierzu Protokollerklärungen Nrn. 1, 11 und 14)

7. Ausdrücklich bestellte ständige Vertreter eines in Vergütungsgruppe Ia eingruppierten Geschäftsstellen- oder Abteilungsleiters.
   (Hierzu Protokollerklärung Nr. 13)

IV.2.3.1 Ang. im Sparkassendienst

Vergütungsgruppe Ia

1. Angestellte im Sparkassendienst mit abgeschlossener wissenschaftlicher Hochschulbildung und entsprechender Tätigkeit sowie sonstige Angestellte, die aufgrund gleichwertiger Fähigkeiten und ihrer Erfahrungen entsprechende Tätigkeiten ausüben,

    deren Tätigkeit sich durch das Maß der damit verbundenen Verantwortung erheblich aus der Vergütungsgruppe Ib Fallgruppe 1 heraushebt.

   (Hierzu Protokollerklärung Nr. 14)

2. Geschäftsstellenleiter, deren Tätigkeit
   a) der Tätigkeit von Angestellten mit abgeschlossener wissenschaftlicher Hochschulbildung vergleichbar ist

      und
   b) sich durch das Maß der damit verbundenen Verantwortung erheblich aus der Vergütungsgruppe Ib Fallgruppe 3 heraushebt.

   (Hierzu Protokollerklärung Nr. 14)

3. Abteilungsleiter mit abgeschlossener wissenschaftlicher Hochschulbildung und entsprechender Tätigkeit sowie sonstige Abteilungsleiter, die aufgrund gleichwertiger Fähigkeiten und ihrer Erfahrungen entsprechende Tätigkeiten ausüben,

    deren Tätigkeit sich durch das Maß der damit verbundenen Verantwortung erheblich aus der Vergütungsgruppe Ib Fallgruppe 5 heraushebt.

   (Hierzu Protokollerklärungen Nrn. 11 und 14)

4. Ausdrücklich bestellte ständige Vertreter eines in Vergütungsgruppe I eingruppierten Abteilungsleiters.

   (Hierzu Protokollerklärung Nr. 13)

Vergütungsgruppe I

Abteilungsleiter mit abgeschlossener wissenschaftlicher Hochschulbildung und entsprechender Tätigkeit sowie sonstige Abteilungsleiter, die aufgrund gleichwertiger Fähigkeiten und ihrer Erfahrungen entsprechende Tätigkeiten ausüben,

   deren Tätigkeit deutlich höher zu bewerten ist als eine Tätigkeit nach Vergütungsgruppe Ia Fallgruppe 3.

(Hierzu Protokollerklärungen Nrn. 11 und 14)

Protokollerklärungen:

Nr. 1
Die geforderte Bewährungszeit kann in besonderen Fällen, insbesondere soweit es zur Deckung des Personalbedarfs erforderlich ist, verkürzt werden.

Nr. 1a
Bei der Berechnung der vorgeschriebenen Bewährungszeit für den Aufstieg nach dieser Fallgruppe bleiben Zeiten unberücksichtigt, in denen der Angestellte in einer im Wege eines Bewährungsaufstiegs oder durch Zeitablauf erreichten Fallgruppe der Vergütungsgruppe IX eingruppiert gewesen ist.

Nr. 2
Die Tätigkeit eines Kassierers liegt auch dann vor, wenn das Ein- und Auszahlungsgeschäft nicht in einem Raum der Sparkasse, sondern beim Kunden abgewickelt wird.

Nr. 3
Gruppenleiter sind Angestellte, die dem Abteilungsleiter oder Geschäftsstellenleiter unmittelbar verantwortlich sind und denen durch ausdrückliche Anordnung eine Gruppe von Angestellten ständig unterstellt ist.

Nr. 4
Soweit die Eingruppierung von der Zahl und der Eingruppierung der unterstellten Angestellten abhängt,

a) werden Angestellte, die in einer im Wege des Bewährungsaufstiegs erreichten Vergütungsgruppe eingruppiert sind, als Angestellte der Vergütungsgruppe gezählt, aus der sie aufgestiegen sind,

b) ist es für die Eingruppierung unschädlich, wenn im Organisations- und Stellenplan zur Besetzung ausgewiesene Stellen nicht besetzt sind,

c) rechnen hierzu auch Beamte vergleichbarer Besoldungsgruppen,

d) zählen Teilbeschäftigte entsprechend dem Verhältnis der mit ihnen im Arbeitsvertrag vereinbarten Arbeitszeit zur regelmäßigen Arbeitszeit eines Vollbeschäftigten,

e) sind Angestellte für Aufgaben von begrenzter Dauer, Aushilfsangestellte sowie Angestellte, deren arbeitsvertraglich vereinbarte durchschnittliche regelmäßige Arbeitszeit weniger als die Hälfte der regelmäßigen Arbeitszeit eines vollbeschäftigten Angestellten beträgt, nicht zu berücksichtigen.

Nr. 5
Größerer Kassenverkehr liegt vor, wenn im Ein- und Auszahlungsverkehr jährlich durchschnittlich 40 000 Posten überschritten werden.

Nr. 6
Umfangreicher Kassenverkehr liegt vor, wenn im Ein- und Auszahlungsverkehr jährlich durchschnittlich 60 000 Posten überschritten werden.

Nr. 7
Als Posten zählen alle Geschäftsvorfälle im Barverkehr, die sich auf den Geschäftsgiroverkehr, den Privatgiroverkehr (Gehalt- und Lohnverkehr), den

IV.2.3.1 Ang. im Sparkassendienst

Sparverkehr, auf Sortengeschäfte oder auf sonstige Barposten beziehen. Unbarposten zählen nicht mit. Im Sortengeschäft zählen Fremdwährungsposten doppelt.

Nr. 8

Die Postenzahlen gelten für den einzelnen Terminalkassierer auch dann, wenn mehrere Terminalkassierer eine Datenstation (Terminal) benutzen.

Nr. 9

Größerer Kassenverkehr liegt vor, wenn im Ein- und Auszahlungsverkehr jährlich durchschnittlich im Giroverkehr 40 000 Posten oder im Sparverkehr bzw. bei besonderen Kassen für den Gehalts- und Lohnverkehr 60 000 Posten überschritten werden.

Bei Kassierern, die nur Einzahlungen oder nur Auszahlungen bewirken, erhöht sich die Postenzahl im Giroverkehr auf 60 000, im Sparverkehr bzw. bei besonderen Kassen für den Gehalts- und Lohnverkehr auf 80 000. Bei Kassen, die sowohl Giro- als auch Sparverkehr abwickeln, werden die Posten im Verhältnis 5 : 7 bewertet.

Nr. 10

Umfangreicher Kassenverkehr liegt vor, wenn im Ein- und Auszahlungsverkehr jährlich durchschnittlich im Giroverkehr 60 000 Posten oder im Sparverkehr bzw. bei besonderen Kassen für den Gehalts- und Lohnverkehr 80 000 Posten überschritten werden.

Bei Kassierern, die nur Einzahlungen oder nur Auszahlungen bewirken, erhöht sich die Postenzahl im Giroverkehr auf 85 000, im Sparverkehr bzw. bei besonderen Kassen für den Gehalts- und Lohnverkehr auf 110 000. Bei Kassen, die sowohl Giro- als auch Sparverkehr abwickeln, werden die Posten im Verhältnis 5 : 7 bewertet.

Die Postenzahl bildet jedoch nicht in allen Fällen den alleinigen Maßstab für die Vergütungsgruppe V b. Es kann z. B. von Bedeutung sein, ob häufig einzelne Posten wegen ihrer Höhe und Zusammensetzung in der Bearbeitung besonderen Zeitaufwand erfordern und ob überwiegend Fremdwährungs- und Sortengeschäfte anfallen.

Nr. 11

Abteilungsleiter sind Angestellte, die dem Vorstand – bei großen Sparkassen einem Hauptabteilungsleiter oder Dezernenten – unmittelbar verantwortlich sind und denen durch ausdrückliche Anordnung eine Gruppe von Angestellten ständig unterstellt ist.

Nr. 12

Hauptbuchhalter als Bilanzbuchhalter sind mindestens in Vergütungsgruppe IV b eingruppiert, wenn zu ihrem Aufgabenbereich insbesondere folgende Tätigkeiten gehören: Aufstellung und Belegung der Jahresabschlußbilanz, Anfertigung von Liquiditäts- und Rentabilitätsberechnungen sowie von Betriebsstatistiken, Erledigung sämtlicher Steuerangelegenheiten.

Nr. 13
Angestellte, die einen Gruppen-, Geschäftsstellen- oder Abteilungsleiter ständig vertreten, sind nicht die Vertreter, die nur in Urlaubs- und sonstigen Abwesenheitsfällen vertreten.
Dieses Tätigkeitsmerkmal gilt auch dann, wenn der Vertretene im Beamtenverhältnis steht. In diesem Falle ist von der Vergütungsgruppe auszugehen, in der der Vertretene eingruppiert wäre, wenn er unter diesen Tarifvertrag fiele.

Nr. 14
Wissenschaftliche Hochschulen sind Universitäten, Technische Hochschulen sowie andere Hochschulen, die nach Landesrecht als wissenschaftliche Hochschulen anerkannt sind.
Abgeschlossene wissenschaftliche Hochschulbildung liegt vor, wenn das Studium mit einer ersten Staatsprüfung oder mit einer Diplomprüfung beendet worden ist.

Der ersten Staatsprüfung oder der Diplomprüfung steht eine Promotion oder die Akademische Abschlußprüfung (Magisterprüfung) einer Philosophischen Fakultät nur in den Fällen gleich, in denen die Ablegung einer ersten Staatsprüfung oder einer Diplomprüfung nach den einschlägigen Ausbildungsvorschriften nicht vorgesehen ist.

Eine abgeschlossene wissenschaftliche Hochschulbildung setzt voraus, daß die Abschlußprüfung in einem Studiengang abgelegt worden ist, der seinerseits mindestens das Zeugnis der Hochschulreife (allgemeine Hochschulreife oder einschlägige fachgebundene Hochschulreife) als Zugangsvoraussetzung erfordert, und für den Abschluß eine Mindeststudienzeit von mehr als sechs Semestern – ohne etwaige Praxissemester, Prüfungssemester o. ä. – vorgeschrieben war.

Hinweis des Bearbeiters:

Die ab 1. Februar 1993 geltende tarifliche Regelung enthält in § 2 die folgenden Übergangsvorschriften:

„§ 2 Übergangsvorschriften

Für die Angestellten, die am 31. Januar 1993 in einem Arbeitsverhältnis gestanden haben, das am 1. Februar 1993 zu demselben Arbeitgeber fortbestanden hat, gilt für die Dauer dieses Arbeitsverhältnisses folgendes:

1. *Hat der Angestellte am 31. Januar 1993 Vergütung (§ 26 BAT) aus einer höheren Vergütungsgruppe erhalten als aus der Vergütungsgruppe, in der er nach diesem Tarifvertrag eingruppiert ist, wird diese Vergütung durch das Inkrafttreten dieses Tarifvertrages nicht berührt.*
2. *Auf die für den Anspruch auf die Vergütungsgruppenzulage in dem Tätigkeitsmerkmal der Vergütungsgruppe*

IV.2.3.1 Ang. im Sparkassendienst

    a) VIb Fallgruppe 1 und
    b) IVb Fallgruppe 1
    geforderte Bewährungszeit wird die vor dem 1. Februar 1993 zurückgelegte Zeit so berücksichtigt, wie sie zu berücksichtigen wäre, wenn dieser Tarifvertrag bereits seit dem Beginn des Arbeitsverhältnisses gegolten hätte.
3. Auf die in dem Tätigkeitsmerkmal der Vergütungsgruppe Vc Fallgruppe 3 in der Fassung dieses Tarifvertrages geforderte Bewährungszeit werden die vor dem 1. Februar 1993 in einer Tätigkeit der Vergütungsgruppe VIb Fallgruppe 1, 5 oder 6 des Tarifvertrages vom 26. Oktober 1979 (Angestellte im Sparkassendienst) in der vor dem 1. Februar 1993 geltenden Fassung zurückgelegten Zeiten zu drei Vierteln angerechnet."

Angestellte im Fremdsprachendienst

I. Fremdsprachliche Hilfskräfte

Vergütungsgruppe Vb

a) Angestellte, die in zwei fremden Sprachen geläufig nach Diktat schreiben oder einfache Übersetzungen aus diesen oder in diesen Sprachen anfertigen und sich durch besondere Leistungen aus der Vergütungsgruppe VIb herausheben.

b) Angestellte, die Gespräche zwischen zwei Personen satzweise inhaltlich und sprachlich richtig aus dem Deutschen in mehrere fremde Sprachen und umgekehrt mündlich übertragen.

Protokollerklärung zu Fallgruppe a):
Besondere Leistungen liegen zum Beispiel vor, wenn der Angestellte in mehr als zwei fremden Sprachen nach Diktat schreibt oder einfache Übersetzungen aus ihnen oder in sie anfertigt.

Vergütungsgruppe VIb

a) Angestellte, die in zwei fremden Sprachen geläufig nach Diktat schreiben oder einfache Übersetzungen aus diesen oder in diese Sprachen anfertigen.

b) Angestellte, die sich in mehrjähriger Tätigkeit in Vergütungsgruppe VII Fallgruppe a) bewährt haben.

c) Angestellte, die Gespräche zwischen zwei Personen satzweise inhaltlich und sprachlich richtig aus dem Deutschen in eine fremde Sprache und umgekehrt mündlich übertragen.

Vergütungsgruppe VII

a) Angestellte, die in einer fremden Sprache geläufig Diktat schreiben oder einfache Übersetzungen aus dieser oder in diese Sprache anfertigen.

b) Angestellte, von denen mit Rücksicht auf die beabsichtigte Beschäftigung als fremdsprachliche Hilfskraft bei der Einstellung gefordert wird, daß sie geläufig in einer fremden Sprache nach Diktat schreiben.

Protokollerklärung zu Fallgruppe b):
Der Anspruch auf Eingruppierung nach der Vergütungsgruppe VII Fallgruppe b) erlischt, wenn nicht spätestens nach Ablauf von drei Jahren nach der Einstellung die endgültige Beschäftigung als fremdsprachliche Hilfskraft erfolgt und während dieser Frist nicht durch alljährlich von der beschäfti-

IV.2.3.2 Ang. im Fremdsprachendienst

genden Behörde anzuordnende Überprüfungen die erforderlichen fremdsprachlichen Kenntnisse und Fähigkeiten nachgewiesen werden.

II. Übersetzer und Überprüfer

Vergütungsgruppe I (jetzt Ib)

Angestellte mit wissenschaftlicher Abschlußprüfung oder langjähriger praktischer Berufserfahrung, die sich nach langjähriger Tätigkeit in der Vergütungsgruppe II dadurch aus dieser Vergütungsgruppe herausheben, daß sie von Übersetzern gefertigte Übersetzungen schwieriger Texte ins Deutsche und in mehrere fremde Sprachen verantwortlich überprüfen, wenn es sich um die Herstellung druckreifer Texte für Gesetze oder Verträge für die hierfür vorgesehenen amtlichen Veröffentlichungsblätter oder um Texte handelt, die ihrer Natur nach zwar von der Veröffentlichung ausgeschlossen sind, jedoch die gleiche Bedeutung wie die genannten druckreifen Texte haben.

Vergütungsgruppe II

Angestellte mit wissenschaftlicher Abschlußprüfung oder langjähriger praktischer Berufserfahrung, die von Übersetzern gefertigte Übersetzungen ins Deutsche und in eine fremde Sprache verantwortlich überprüfen, wenn es sich entweder um die Herstellung druckreifer Texte für Gesetze, Verträge, Verordnungen, Erlasse oder Denkschriften für die hierfür vorgesehenen amtlichen Veröffentlichungsblätter oder um Texte handelt, die ihrer Natur nach zwar von der Veröffentlichung ausgeschlossen sind, jedoch die gleiche Bedeutung wie die genannten druckreifen Texte haben.

Vergütungsgruppe III

a) Angestellte, die in langjähriger Tätigkeit den Nachweis erbracht haben, daß sie schwierige Texte aus zwei fremden Sprachen ins Deutsche und auch in nicht unerheblichem Umfange aus dem Deutschen in mindestens eine fremde Sprache einwandfrei und zuverlässig übersetzen.

b) Angestellte, die aus mehr als zwei fremden Sprachen ins Deutsche oder aus dem Deutschen sowie aus mindestens zwei fremden Sprachen in eine andere fremde Sprache einwandfrei und zuverlässig übersetzen.

c) Angestellte, die Übersetzungen ins Deutsche verantwortlich überprüfen.

Ang. im Fremdsprachendienst IV.2.3.2

Vergütungsgruppe IVa

a) Angestellte, die in langjähriger Tätigkeit den Nachweis erbracht haben, daß sie schwierige Texte aus einer fremden Sprache ins Deutsche und auch in nicht unerheblichem Umfange aus dem Deutschen in die fremde Sprache einwandfrei und zuverlässig übersetzen.

b) Angestellte, die in langjähriger Tätigkeit den Nachweis erbracht haben, daß sie schwierige Texte aus zwei fremden Sprachen ins Deutsche oder aus dem Deutschen sowie aus einer fremden Sprache in eine andere fremde Sprache einwandfrei und zuverlässig übersetzen.

c) Angestellte, die sich in langjähriger Tätigkeit dadurch aus der Vergütungsgruppe IVb Fallgruppe c) herausheben, daß sie aus zwei fremden Sprachen ins Deutsche und nicht nur gelegentlich auch aus einer dritten fremden Sprache ins Deutsche einwandfrei und zuverlässig übersetzen.

d) Angestellte, die in langjähriger Tätigkeit den Nachweis erbracht haben, daß sie aus zwei fremden Sprachen ins Deutsche und auch in nicht unerheblichem Umfange aus dem Deutschen in mindestens eine dieser fremden Sprachen einwandfrei und zuverlässig übersetzen.

e) Angestellte nach langjähriger Bewährung in Vergütungsgruppe IVb Fallgruppe b), die sich auf Grund ihrer wissenschaftlich-technischen Fachkenntnisse aus dieser Vergütungsgruppe herausheben und nicht nur gelegentlich von mehreren Übersetzern anzufertigende Teile von Übersetzungen mit ihnen in Übereinstimmung bringen.

Vergütungsgruppe IVb

a) Angestellte, die aus einer fremden Sprache ins Deutsche und auch in nicht unerheblichem Umfange aus dem Deutschen in eine fremde Sprache einwandfrei und zuverlässig übersetzen.

b) Angestellte, die in mehrjähriger Tätigkeit den Nachweis erbracht haben, daß sie schwierige Texte aus einer fremden Sprache ins Deutsche oder aus dem Deutschen in eine fremde Sprache einwandfrei und zuverlässig übersetzen.

c) Angestellte, die aus zwei fremden Sprachen ins Deutsche oder aus dem Deutschen sowie aus einer fremden Sprache in eine andere fremde Sprache einwandfrei und zuverlässig übersetzen.

IV.2.3.2 Ang. im Fremdsprachendienst

Vergütungsgruppe Vb

Angestellte, die aus einer fremden Sprache ins Deutsche oder aus dem Deutschen in eine fremde Sprache einwandfrei und zuverlässig übersetzen.

Protokollerklärung zu Abschnitt II:
Schwierige Texte sind solche, die
1. stilistisch, syntaktisch, terminologisch und grammatikalisch besondere Übersetzungsschwierigkeiten bieten,
2. voraussetzen, daß der Angestellte auf mehreren einschlägigen wissenschaftlich oder technisch schwierigen Fachgebieten ein entsprechendes Einfühlungs- und Vorstellungsvermögen besitzt.

Der Nachweis der Übersetzung schwieriger Texte erfordert auch, daß der Angestellte den Jahresdurchschnitt an Übersetzungen erreicht, den die Übersetzer in den entsprechenden Vergütungsgruppen aufweisen.

III. Dolmetscher

Vergütungsgruppe I (jetzt Ib)

a) Angestellte mit einschlägiger wissenschaftlicher Abschlußprüfung oder langjähriger Berufserfahrung als Dolmetscher, die aus einer fremden Sprache ins Deutsche und umgekehrt konsekutiv und simultan dolmetschen und die auf Grund ihrer sprachlichen und fachlichen Kenntnisse allseitig verwendet werden.

b) Angestellte mit einschlägiger wissenschaftlicher Abschlußprüfung oder langjähriger Berufserfahrung als Dolmetscher, die aus mehreren fremden Sprachen ins Deutsche und umgekehrt konsekutiv oder aber aus mehreren fremden Sprachen ins Deutsche und aus dem Deutschen in eine fremde Sprache simultan dolmetschen und die auf Grund ihrer sprachlichen und fachlichen Kenntnisse vielseitig verwendet werden.

Vergütungsgruppe II

a) Angestellte mit einschlägiger wissenschaftlicher Abschlußprüfung oder langjähriger Berufserfahrung als Dolmetscher, die aus einer fremden Sprache ins Deutsche und umgekehrt konsekutiv und simultan dolmetschen und die auf Grund ihrer sprachlichen und fachlichen Kenntnisse vielseitig verwendet werden.

b) Angestellte mit einschlägiger wissenschaftlicher Abschlußprüfung oder langjähriger Berufserfahrung als Dolmetscher, die aus mehreren fremden Sprachen ins Deutsche und umgekehrt konsekutiv oder aber aus mehreren fremden Sprachen ins Deutsche und aus dem Deutschen in eine fremde Sprache simultan dolmetschen.

Vergütungsgruppe III
Angestellte mit einschlägiger wissenschaftlicher Abschlußprüfung oder mehrjähriger Berufserfahrung als Dolmetscher, die aus einer fremden Sprache ins Deutsche und umgekehrt konsekutiv oder aber aus der fremden Sprache ins Deutsche oder umgekehrt simultan dolmetschen.

Protokollerklärung zu Abschnitt III:
1. Ein Angestellter dolmetscht konsekutiv, wenn er Ausführungen in einer Sprache unmittelbar anschließend richtig und sprachlich einwandfrei in eine andere Sprache mündlich überträgt. Er muß zusammenhängende Ausführungen von etwa 10 Minuten Dauer übertragen können.
2. Ein Angestellter dolmetscht simultan, wenn er über eine technische Anlage Ausführungen eines Redners hört und sie gleichzeitig inhaltlich richtig und sprachlich einwandfrei in eine andere Sprache mündlich überträgt.
3. Die vielseitige Verwendung erfordert die Fähigkeit, auf mehreren Fachgebieten des Ressorts zu dolmetschen.
4. Die allseitige Verwendung erfordert die Fähigkeit, auf den wesentlichen Fachgebieten des Ressorts und ggf. auch auf einzelnen ressortfremden Fachgebieten – ohne Rücksicht auf die Zahl der Teilnehmer in Konferenzen oder bei Besprechungen zwischen führenden Persönlichkeiten – zu dolmetschen.

IV.2.3.3 Ärzte, Apotheker usw.

Ärzte, Apotheker, Tierärzte, Zahnärzte

Vergütungsgruppe I

1. Ärzte in Anstalten und Heimen gemäß SR 2a, die als ständige Vertreter des leitenden Arztes durch ausdrückliche Anordnung bestellt sind, wenn dem leitenden Arzt mindestens neun Ärzte ständig unterstellt sind.
(Hierzu Protokollerklärungen Nrn. 1 und 2)

2. Apotheker als Leiter von Apotheken, denen mindestens fünf Apotheker durch ausdrückliche Anordnung ständig unterstellt sind.
(Hierzu Protokollerklärung Nr. 2)

3. Zahnärzte in Anstalten und Heimen gemäß SR 2a, die als ständige Vertreter des leitenden Zahnarztes durch ausdrückliche Anordnung bestellt sind, wenn dem leitenden Zahnarzt mindestens neun Zahnärzte ständig unterstellt sind.
(Hierzu Protokollerklärungen Nrn. 1 und 2)

Vergütungsgruppe Ia

1. Fachärzte mit entsprechender Tätigkeit nach achtjähriger ärztlicher Tätigkeit in Vergütungsgruppe Ib.

2. Ärzte in Anstalten und Heimen gemäß SR 2a, die als ständige Vertreter des leitenden Arztes durch ausdrückliche Anordnung bestellt sind, wenn dem leitenden Arzt mindestens sechs Ärzte ständig unterstellt sind.
(Hierzu Protokollerklärungen Nrn. 1 und 2)

3. Ärzte in Anstalten und Heimen gemäß SR 2a, die aufgrund ausdrücklicher Anordnung einem der nachstehenden Gebiete vorstehen und überwiegend auf diesem Gebiet tätig sind, nach vierjähriger Tätigkeit in Vergütungsgruppe Ib Fallgruppe 3:
Anästhesie, Blutzentrale, Pathologie, Röntgenologie, Zentrallaboratorium.

4. Ärzte in Anstalten und Heimen gemäß SR 2a, die aufgrund ausdrücklicher Anordnung einen selbständigen Funktionsbereich innerhalb einer Fachabteilung oder innerhalb eines Fachbereiches leiten und überwiegend in diesem Funktionsbereich tätig sind, nach vierjähriger Tätigkeit in Vergütungsgruppe Ib Fallgruppe 4.
(Hierzu Protokollerklärung Nr. 3)

5. Ärzte, denen mindestens fünf Ärzte oder Zahnärzte durch ausdrückliche Anordnung ständig unterstellt sind.
(Hierzu Protokollerklärung Nr. 2)

6. Ärzte als Leiter von Blutzentralen außerhalb der Anstalten und Heime gemäß SR 2a nach vierjähriger Tätigkeit in Vergütungsgruppe Ib Fallgruppe 6.

7. Apotheker als Leiter von Apotheken, denen mindestens vier Apotheker durch ausdrückliche Anordnung ständig unterstellt sind.
(Hierzu Protokollerklärung Nr. 2)

8. Fachtierärzte mit entsprechender Tätigkeit nach achtjähriger tierärztlicher Tätigkeit in Vergütungsgruppe Ib.

9. Tierärzte, denen mindestens fünf Tierärzte durch ausdrückliche Anordnung ständig unterstellt sind.
(Hierzu Protokollerklärung Nr. 2)

10. Fachzahnärzte mit entsprechender Tätigkeit nach achtjähriger zahnärztlicher Tätigkeit in Vergütungsgruppe Ib.

11. Zahnärzte in Anstalten und Heimen gemäß SR 2a, die als ständige Vertreter des leitenden Zahnarztes durch ausdrückliche Anordnung bestellt sind, wenn dem leitenden Zahnarzt mindestens sechs Zahnärzte ständig unterstellt sind.
(Hierzu Protokollerklärungen Nrn. 1 und 2)

12. Zahnärzte, denen mindestens fünf Zahnärzte durch ausdrückliche Anordnung ständig unterstellt sind.
(Hierzu Protokollerklärung Nr. 2)

Vergütungsgruppe Ib

1. Fachärzte mit entsprechender Tätigkeit.

2. Ärzte in Anstalten und Heimen gemäß SR 2a, die als ständige Vertreter des leitenden Arztes durch ausdrückliche Anordnung bestellt sind.
(Hierzu Protokollerklärung Nr. 1)

3. Ärzte in Anstalten und Heimen gemäß SR 2a, die aufgrund ausdrücklicher Anordnung einem der nachstehenden Gebiete vorstehen und in nicht unerheblichem Umfange auf diesem Gebiet tätig sind:
Anästhesie, Blutzentrale, Pathologie, Röntgenologie, Zentrallaboratorium.
(Hierzu Protokollerklärung Nr. 4)

IV.2.3.3 Ärzte, Apotheker usw.

4. Ärzte in Anstalten und Heimen gemäß SR 2a, die aufgrund ausdrücklicher Anordnung einen selbständigen Funktionsbereich innerhalb einer Fachabteilung oder innerhalb eines Fachbereiches leiten und in nicht unerheblichem Umfange in diesem Funktionsbereich tätig sind.
   (Hierzu Protokollerklärungen Nrn. 3 und 4)

5. Ärzte außerhalb der Anstalten und Heime gemäß SR 2a, denen mindestens zwei Ärzte oder Zahnärzte durch ausdrückliche Anordnung ständig unterstellt sind.
   (Hierzu Protokollerklärung Nr. 2)

6. Ärzte als Leiter von Blutzentralen außerhalb der Anstalten und Heime gemäß SR 2a.

7. Ärzte nach fünfjähriger ärztlicher Tätigkeit.

8. Apotheker als Leiter von Apotheken.

9. Apotheker nach fünfjähriger Tätigkeit als Apotheker.

10. Fachtierärzte mit entsprechender Tätigkeit

11. Tierärzte, denen mindestens zwei Tierärzte durch ausdrückliche Anordnung ständig unterstellt sind.
    (Hierzu Protokollerklärung Nr. 2)

12. Tierärzte nach fünfjähriger tierärztlicher Tätigkeit.

13. Fachzahnärzte mit entsprechender Tätigkeit.

14. Zahnärzte in Anstalten und Heimen gemäß SR 2a, die als ständige Vertreter des leitenden Zahnarztes durch ausdrückliche Anordnung bestellt sind.
    (Hierzu Protokollerklärung Nr. 1)

15. Zahnärzte außerhalb der Anstalten und Heime gemäß SR 2a, denen mindestens zwei Zahnärzte durch ausdrückliche Anordnung ständig unterstellt sind.
    (Hierzu Protokollerklärung Nr. 2)

16. Zahnärzte nach fünfjähriger zahnärztlicher Tätigkeit.

Vergütungsgruppe II

1. Ärzte.
2. Apotheker.
3. Tierärzte.
4. Zahnärzte.

Ärzte, Apotheker usw. **IV.2.3.3**

Protokollerklärungen:

Nr. 1

Ständiger Vertreter im Sinne des Tätigkeitsmerkmals ist nur der Arzt (Zahnarzt), der den leitenden Arzt (Zahnarzt) in der Gesamtheit seiner Dienstaufgaben vertritt. Das Tätigkeitsmerkmal kann daher innerhalb einer Abteilung (Klinik) nur von einem Arzt (Zahnarzt) erfüllt werden.

Nr. 2

Ist die Eingruppierung von der Zahl der unterstellten Ärzte, Apotheker, Tierärzte oder Zahnärzte abhängig, gilt folgendes:

a) Für die Eingruppierung ist es unschädlich, wenn im Organisations- und Stellenplan zur Besetzung ausgewiesene Stellen nicht besetzt sind.

b) Bei der Zahl der unterstellten Ärzte, Apotheker, Tierärzte und Zahnärzte zählen nur diejenigen unterstellten Ärzte, Apotheker, Tierärzte und Zahnärzte mit, die in einem Angestellten- oder Beamtenverhältnis zu demselben Arbeitgeber (Dienstherrn) stehen oder im Krankenhaus von einem sonstigen öffentlichen Arbeitgeber (Dienstherrn) zur Krankenversorgung eingesetzt werden. Gegen Stundenvergütung tätige Ärzte, Apotheker, Tierärzte und Zahnärzte, die im Jahresdurchschnitt nicht mehr als 18 Stunden wöchentlich zur Arbeitsleistung herangezogen werden, und gegen Stückvergütung tätige Tierärzte zählen nicht mit.

c) Teilbeschäftigte zählen entsprechend dem Verhältnis der mit ihnen im Arbeitsvertrag vereinbarten Arbeitszeit zur regelmäßigen Arbeitszeit eines Vollbeschäftigten.

Nr. 3

Funktionsbereiche sind wissenschaftlich anerkannte Spezialgebiete innerhalb eines ärztlichen Fachgebietes, z. B. Nephrologie, Handchirurgie, Neuroradiologie, Elektroenzephalographie, Herzkatheterisierung.

Nr. 4

Der Umfang der Tätigkeit ist nicht mehr unerheblich, wenn er etwa ein Viertel der gesamten Tätigkeit ausmacht.

Angestellte in der Datenverarbeitung [1])

I. Angestellte als Leiter von DV-Gruppen

Vergütungsgruppe IVb

Angestellte, die durch ausdrückliche Anordnung als Leiter einer DV-Gruppe bestellt sind.
(Hierzu Protokollerklärungen Nrn. 1, 2 und 3)

Vergütungsgruppe IVa

1. Angestellte, die durch ausdrückliche Anordnung als Leiter einer DV-Gruppe bestellt sind und sich
   durch die Zahl der durch ausdrückliche Anordnung ständig unterstellten Angestellten in der DV-Organisation oder in der Anwendungsprogrammierung sowie durch den Umfang oder die Schwierigkeit der Koordinierung mit anderen Stellen
   aus der Vergütungsgruppe IVb dieses Abschnitts herausheben.
   (Hierzu Protokollerklärungen Nrn. 1, 2 und 3)

2. Angestellte, die durch ausdrückliche Anordnung als Leiter einer DV-Gruppe bestellt sind,
   nach vierjähriger Bewährung als Leiter einer DV-Gruppe.
   (Hierzu Protokollerklärungen Nrn. 1, 2, 3 und 4)

Vergütungsgruppe III

1. Angestellte, die durch ausdrückliche Anordnung als Leiter einer DV-Gruppe bestellt sind und sich
   durch die Zahl der durch ausdrückliche Anordnung ständig unterstellten Angestellten in der DV-Organisation oder in der Anwendungsprogrammierung sowie durch den Umfang und die Schwierigkeit der Koordinierung mit anderen Stellen
   aus der Vergütungsgruppe IVa Fallgruppe 1 dieses Abschnitts herausheben.
   (Hierzu Protokollerklärungen Nrn. 1, 2 und 3)

2. Angestellte, die durch ausdrückliche Anordnung als Leiter einer DV-Gruppe bestellt sind und sich

---

[1]) Vgl. hierzu auch die Bemerkung Nr. 8 zu allen Vergütungsgruppen unter **IV.2.1**.

Ang. in der Datenverarbeitung IV.2.3.4

durch die Zahl der durch ausdrückliche Anordnung ständig unterstellten Angestellten in der DV-Organisation oder in der Anwendungsprogrammierung sowie durch den Umfang oder die Schwierigkeit der Koordinierung mit anderen Stellen

aus der Vergütungsgruppe IVb dieses Abschnitts herausheben,

nach vierjähriger Bewährung als Leiter einer DV-Gruppe.

(Hierzu Protokollerklärungen Nrn. 1, 2, 3 und 4)

Vergütungsgruppe II

Angestellte, die durch ausdrückliche Anordnung als Leiter einer DV-Gruppe bestellt sind und sich

durch die Zahl der durch ausdrückliche Anordnung ständig unterstellten Angestellten in der DV-Organisation oder in der Anwendungsprogrammierung sowie durch den Umfang und die Schwierigkeit der Koordinierung mit anderen Stellen

aus der Vergütungsgruppe IVa Fallgruppe 1 dieses Abschnitts herausheben,

nach sechsjähriger Bewährung als Leiter einer DV-Gruppe.

(Hierzu Protokollerklärungen Nrn. 1, 2, 3 und 4)

Protokollerklärungen:

Nr. 1

(1) DV-Gruppen haben die folgenden Aufgaben:
a) Entwicklung neuer DV-Verfahren oder wesentliche Änderung bzw. Ergänzung bestehender DV-Verfahren einschließlich jeweils der Einführung,
b) Übernahme von DV-Verfahren einschließlich Einführung oder
c) Pflege eingeführter DV-Verfahren.

Sie befassen sich
a) nur mit DV-Organisation oder nur mit Anwendungsprogrammierung oder
b) mit DV-Organisation und Anwendungsprogrammierung.

(2) Leiter von DV-Gruppen haben neben den allgemeinen Führungsaufgaben – insbesondere Personaleinsatz, Überwachung der Arbeit, Anordnungen in Sonderfällen – und der Aufsicht z. B. folgende besondere Aufgaben:
a) In der DV-Organisation:
   aa) Entgegennahme und Besprechung von Aufträgen der Fachbereiche bzw. der Anwender,
   bb) Entwicklung einer Gesamtvorstellung zur Erledigung eines Auftrags,

IV.2.3.4 Ang. in der Datenverarbeitung

cc) Formulierung von Arbeitsaufträgen und Verteilung an die Angestellten in der DV-Organisation, Koordinierung der Arbeiten einschließlich Terminüberwachung,

dd) Anleitung und Beratung der Angestellten in der DV-Organisation,

ee) Zusammenstellen, Prüfen und Beurteilen der Ergebnisse,

ff) Besprechung der erarbeiteten Verfahrensvorschläge mit der Anwendungsprogrammierung und gegebenenfalls mit der DV-Systemtechnik,

gg) Beobachtung und Auswahl geeigneter DV-Verfahren für eine Übernahme,

hh) Prüfung der organisatorischen Voraussetzungen für die Übernahme und Einführung von DV-Verfahren,

ii) Prüfung der Dokumentation – einschließlich der Anwender- bzw. Benutzerhandbücher –, insbesondere des Ablaufs des maschinellen Verfahrens und der Programmiervorgaben, auf Vollständigkeit und Richtigkeit,

kk) Überwachung der Einführung entwickelter oder übernommener DV-Verfahren einschließlich der Funktionstests.

b) In der Anwendungsprogrammierung:

aa) Entgegennahme und Besprechung von Programmieraufträgen,

bb) Prüfung der organisatorischen Vorgaben aus programmiertechnischer Sicht, gegebenenfalls Ergänzung und Änderung der Vorgabe im Einvernehmen mit der DV-Organisation,

cc) Entwurf einer Konzeption für jedes Programm einschließlich Festlegung der Programmbausteine,

dd) Verteilung der Arbeitsaufträge an die Angestellten in der Anwendungsprogrammierung und Koordinierung der Programmierarbeiten innerhalb der DV-Gruppe einschließlich Terminüberwachung,

ee) Anleitung und Beratung der Angestellten in der Anwendungsprogrammierung,

ff) Prüfung der Programmdokumentation und der Dokumentation für das Rechenzentrum auf Vollständigkeit und Richtigkeit.

(3) Leiter von DV-Gruppen sind nur Angestellte, die auch in der DV-Organisation oder in der Anwendungsprogrammierung tätig sind, z. B. mit folgenden Aufgaben:

a) Zusammenstellen von Arbeitsergebnissen von Angestellten in der DV-Organisation,

b) Wirtschaftlichkeitsbetrachtungen (z. B. betriebswirtschaftliche Investitionsrechnungen, Nutzen-Kosten-Untersuchungen),

Ang. in der Datenverarbeitung IV.2.3.4

c) Verknüpfen der in der DV-Gruppe angefertigten Programme,
d) Prüfung verknüpfter Programme auf Funktionsfähigkeit.

Der Anteil dieser Aufgaben darf 10 v. H. der gesamten Tätigkeit nicht unterschreiten.

Nr. 2

Angestellte im Sinne dieses Tätigkeitsmerkmals sind
a) Angestellte,

> die vor ihrem Einsatz in dieser Tätigkeit gründliche, umfassende Fachkenntnisse im Sinne des Tätigkeitsmerkmals der Vergütungsgruppe Vb Fallgruppe 1a des Tarifvertrages zur Änderung und Ergänzung der Anlage 1a zum BAT (Neufassung der Fallgruppen 1) vom 24. Juni 1975 – außerhalb der Datenverarbeitung – erworben haben,
>
> mit einer zusätzlichen DV-Aus- oder -Fortbildung, die das DV-Grund- und -Fachwissen vermittelt hat, wie es den Rahmenrichtlinien für die DV-Aus- und -Fortbildung in der öffentlichen Verwaltung (BAnz. Nr. 95a vom 22. Mai 1981) für Beschäftigte in der DV-Anwendungsorganisation oder in der Anwendungsprogrammierung entspricht,
>
> sowie
>
> mit einer praktischen Ausbildung oder einer praktischen Tätigkeit von mindestens neun Monaten in der DV-Organisation, der Anwendungsprogrammierung und der Maschinenbedienung
>
> mit entsprechender Tätigkeit,

b) Angestellte mit abgeschlossener einschlägiger Fachhochschulausbildung (z. B. Informatiker) und entsprechender Tätigkeit sowie sonstige Angestellte, die aufgrund gleichwertiger Fähigkeiten und ihrer Erfahrungen entsprechende Tätigkeiten ausüben.

Nr. 3

Eine DV-Gruppe ist nur dann gegeben, wenn dem Leiter mindestens drei Angestellte in der DV-Organisation oder in der Anwendungsprogrammierung mindestens der Vergütungsgruppe Vb Fallgruppe 1 des Abschnitts II oder III durch ausdrückliche Anordnung ständig unterstellt sind. Sind dem Leiter auch Angestellte in der DV-Systemtechnik durch ausdrückliche Anordnung ständig unterstellt, zählen sie mit.

Bei der Zahl der Unterstellten zählen Angestellte mit Tätigkeiten im Sinne der Sätze 1 und 2 mit, die nicht unter diesen Tarifvertrag fallen, wenn sie dem Leiter durch ausdrückliche Anordnung ständig fachlich unterstellt sind.

Soweit die Eingruppierung von der Zahl der ständig unterstellten Personen abhängt,
a) ist es für die Eingruppierung unschädlich, wenn im Organisations- und Stellenplan zur Besetzung ausgewiesene Stellen nicht besetzt sind,
b) rechnen hierzu auch Beamte vergleichbarer Besoldungsgruppen,

IV.2.3.4 Ang. in der Datenverarbeitung

c) zählen Teilbeschäftigte entsprechend dem Verhältnis der mit ihnen im Arbeitsvertrag vereinbarten Arbeitszeit zur regelmäßigen Arbeitszeit eines Vollbeschäftigten.

Nr. 4

Auf die Bewährungszeit sind Zeiten der Bewährung in einer Tätigkeit mindestens der jeweils nächstniedrigeren Vergütungsgruppe der Abschnitt II, III und IV anzurechnen, es sei denn, daß diese Vergütungsgruppe nach Bewährung erreicht worden ist. Zeiten der Bewährung in einer gleichartigen DV-Tätigkeit im Sinne des Satzes 1 und in einer gleichartigen Tätigkeit als Leiter einer DV-Gruppe außerhalb des Geltungsbereichs dieses Tarifvertrages können bis zur Hälfte berücksichtigt werden.

Von der in Tätigkeitsmerkmalen der Vergütungsgruppen III und II geforderten Bewährungszeit muß jedoch mindestens die Hälfte als Leiter einer DV-Gruppe im Geltungsbereich dieses Tarifvertrages zurückgelegt sein.

II. Angestellte in der DV-Organisation

Vergütungsgruppe Vb

1. Angestellte,

    die in der DV-Organisation Fachaufgaben einfachen Schwierigkeitsgrades selbständig bearbeiten.

    (Hierzu Protokollerklärungen Nrn. 1, 2 und 3)

2. Angestellte,

    die in der DV-Organisation im Rahmen von Fachaufgaben mittleren Schwierigkeitsgrades diesem Schwierigkeitsgrad entsprechende DV-Teilaufgaben selbständig bearbeiten.

    (Hierzu Protokollerklärungen Nrn. 1, 2 und 3)

Vergütungsgruppe IVb

1. Angestellte,

    die in der DV-Organisation Fachaufgaben mittleren Schwierigkeitsgrades selbständig bearbeiten.

    (Hierzu Protokollerklärungen Nrn. 1, 2 und 3)

2. Angestellte,

    die in der DV-Organisation Fachaufgaben einfachen Schwierigkeitsgrades selbständig bearbeiten,

    nach vierjähriger Bewährung in Vergütungsgruppe Vb Fallgruppe 1 dieses Abschnitts.

    (Hierzu Protokollerklärungen Nrn. 1, 2, 3, 4 und 5)

Ang. in der Datenverarbeitung **IV.2.3.4**

3. Angestellte,
   die in der DV-Organisation im Rahmen von Fachaufgaben hohen Schwierigkeitsgrades diesem Schwierigkeitsgrad entsprechende DV-Teilaufgaben selbständig bearbeiten.
   (Hierzu Protokollerklärungen Nrn. 1, 2 und 3)

4. Angestellte,
   die in der DV-Organisation im Rahmen von Fachaufgaben mittleren Schwierigkeitsgrades diesem Schwierigkeitsgrad entsprechende DV-Teilaufgaben selbständig bearbeiten,
   nach vierjähriger Bewährung in Vergütungsgruppe Vb Fallgruppe 2 dieses Abschnitts.
   (Hierzu Protokollerklärungen Nrn. 1, 2, 3, 4 und 5)

Vergütungsgruppe IVa

1. Angestellte,
   die in der DV-Organisation Fachaufgaben hohen Schwierigkeitsgrades selbständig bearbeiten.
   (Hierzu Protokollerklärungen Nrn. 1, 2 und 3)

2. Angestellte,
   die in der DV-Organisation Fachaufgaben mittleren Schwierigkeitsgrades selbständig bearbeiten,
   nach vierjähriger Bewährung in Vergütungsgruppe IVb Fallgruppe 1 dieses Abschnitts.
   (Hierzu Protokollerklärungen Nrn. 1, 2, 3, 4 und 5)

3. Angestellte,
   die in der DV-Organisation im Rahmen von Fachaufgaben hohen Schwierigkeitsgrades diesem Schwierigkeitsgrad entsprechende DV-Teilaufgaben selbständig bearbeiten,
   nach sechsjähriger Bewährung in Vergütungsgruppe IVb Fallgruppe 3 dieses Abschnitts.
   (Hierzu Protokollerklärungen Nrn. 1, 2, 3, 4 und 5)

Vergütungsgruppe III

Angestellte,
die in der DV-Organisation Fachaufgaben hohen Schwierigkeitsgrades selbständig bearbeiten
nach sechsjähriger Bewährung in Vergütungsgruppe IVa Fallgruppe 1 dieses Abschnitts.
(Hierzu Protokollerklärungen Nrn. 1, 2, 3, 4 und 5)

IV.2.3.4 Ang. in der Datenverarbeitung

Protokollerklärungen:

Nr. 1

(1) Die DV-Organisation umfaßt die

a) Entwicklung neuer DV-Verfahren und die wesentliche Änderung bzw. Ergänzung bestehender DV-Verfahren für Fachaufgaben mit

   aa) Ist-Aufnahme und -Analyse,

   bb) Erarbeitung von Lösungsvorschlägen bzw. des Sollkonzepts,

   cc) Vorbereitung der Einführung im Rechenzentrum und im Fachbereich bzw. beim Anwender und

   dd) Wirtschaftlichkeitsbetrachtungen (z. B. betriebswirtschaftliche Investitionsrechnungen, Nutzen-Kosten-Untersuchungen)

im allgemeinen in einem phasenweisen Vorgehen (z. B. Voruntersuchung, Hauptuntersuchung, Detailorganisation),

b) Übernahme vorhandener DV-Verfahren für Fachaufgaben mit Vergleich, Bewertung und Auswahl von geeigneten Verfahren sowie Festlegung der erforderlichen Anpassungsmaßnahmen,

c) Einführung neu entwickelter, geänderter oder ergänzter sowie übernommener DV-Verfahren für Fachaufgaben im Fachbereich bzw. beim Anwender und die Mitwirkung an der Einführung im Rechenzentrum und

d) Kontrolle eingeführter DV-Verfahren für Fachaufgaben.

(2) DV-Teilaufgaben im Rahmen des Absatzes 1 sind z. B.:

a) Ist-Aufnahme in einem Bereich,

b) Auswertung von Ergebnissen der Ist-Aufnahme, z. B. Mengengerüst (Fallzahlen, Bearbeitungszeiten, Personaleinsatz), verwendete Daten und Dateien (Inhalt, Zahl und Art der Zeichen, Aufbau, Datenträger, Sortierfolge, Zahl der Fälle), Datenflußpläne (DIN 44 300 Nr. 73),

c) Entwerfen eines Satzaufbaus im Rahmen einer Datenorganisation (Festlegung der Anordnung von Feldern unter Beachtung hierarchischer Abhängigkeiten – z. B. Adresse = Straße, Hausnummer, Postleitzahl, Wohnort –, Festlegung der symbolischen Namen, Festlegung der Speicherungsform, Festlegung der Zeichenzahl).

(3) Angestellte in der DV-Organisation haben bei der Entwicklung neuer DV-Verfahren und bei der wesentlichen Änderung bzw. Ergänzung bestehender DV-Verfahren für Fachaufgaben insbesondere

a) innerhalb der Vor- und der Hauptuntersuchung den Ablauf des DV-Verfahrens mit

   aa) Datenermittlung,

   bb) Datenerfassung (insbesondere Datenerfassungstechnik),

   cc) Dateneingabe (insbesondere Inhalte, Schlüsselsysteme, Plausibilitäten),

Ang. in der Datenverarbeitung IV.2.3.4

- dd) Datenübertragung (insbesondere Einsatz von Benutzerstationen, Netzwerke, Einsatz von Knoten- und Vermittlungsrechnern),
- ee) Datenspeicherung (insbesondere Dateien mit Inhalt, Datenorganisation),
- ff) Datenverarbeitung (insbesondere Verarbeitungsregeln) und
- gg) Datenausgabe

einschließlich der Maßnahmen zur Datensicherung festzulegen und

b) in der Detailorganisation für jedes erforderliche Programm eine spezielle Programmiervorgabe mit folgendem Inhalt zu erarbeiten:
- aa) Funktion des Programms im Gesamtablauf,
- bb) Aufgaben des Programms,
- cc) Aufbau der Ein- und Ausgaben,
- dd) Aufbau der Dateien und
- ee) Verarbeitungsregeln.

Entsprechendes gilt für die Übernahme, Einführung und Kontrolle von DV-Verfahren.

(4) Zur Tätigkeit eines Angestellten in der DV-Organisation kann auch die Organisation konventioneller Arbeitsabläufe im Rahmen eines DV-Verfahrens gehören.

Ist-Aufnahme und -Analyse, Vorbereitung der Einführung und Einführung von DV-Verfahren und Wirtschaftlichkeitsbetrachtungen können auch anderen Angestellten übertragen sein, ohne daß diese damit Angestellte in der DV-Organisation im Sinne dieses Abschnitts sind.

Nr. 2

Angestellte im Sinne dieses Tätigkeitsmerkmals sind

a) Angestellte,

> die vor ihrem Einsatz in dieser Tätigkeit gründliche, umfassende Fachkenntnisse im Sinne des Tätigkeitsmerkmals der Vergütungsgruppe Vb Fallgruppe 1a des Tarifvertrages zur Änderung und Ergänzung der Anlage 1a zum BAT (Neufassung der Fallgruppen 1) vom 24. Juni 1975 – außerhalb der Datenverarbeitung – erworben haben, mit einer zusätzlichen DV-Aus- oder -Fortbildung, die das DV-Grund- und -Fachwissen vermittelt hat, wie es den Rahmenrichtlinien für die DV-Aus- und -Fortbildung in der öffentlichen Verwaltung (BAnz. Nr. 95a vom 22. Mai 1981) für Beschäftigte in der DV-Anwendungsorganisation entspricht,
>
> sowie
>
> mit einer praktischen Ausbildung oder einer praktischen Tätigkeit von mindestens neun Monaten in der DV-Organisation, der Anwendungsprogrammierung und der Maschinenbedienung

mit entsprechender Tätigkeit,

IV.2.3.4 Ang. in der Datenverarbeitung

b) Angestellte mit abgeschlossener einschlägiger Fachhochschulausbildung (z. B. Informatiker) und mit entsprechender Tätigkeit sowie sonstige Angestellte, die aufgrund gleichwertiger Fähigkeiten und ihrer Erfahrungen entsprechende Tätigkeiten ausüben.

Nr. 3

Für die Schwierigkeitsgrade gilt folgendes:

a) Eine Fachaufgabe hat einfachen Schwierigkeitsgrad, wenn die folgenden Bedingungen erfüllt sind:

   aa) Der Untersuchungsbereich umfaßt eine Organisationseinheit;

   bb) die Arbeitsabläufe sind weitgehend linear und enthalten nur wenige verschiedenartige Funktionen;

   cc) der Untersuchungsbereich enthält bis zu drei Datenbestände, die sich in ihrer logischen Struktur unterscheiden;

   und

   dd) der Untersuchungsbereich weist Regeln für die Verknüpfung der Daten auf, die wenige logische Abhängigkeiten enthalten, z. B. eine Gebührenordnung.

b) Eine Fachaufgabe hat mittleren Schwierigkeitsgrad, wenn die folgenden Bedingungen erfüllt sind:

   aa) Der Untersuchungsbereich umfaßt mindestens zwei Organisationseinheiten, die untereinander durch nur wenige fachliche oder ablauforganisatorische Beziehungen verbunden sind;

   bb) die Arbeitsabläufe sind vielfältig verzweigt und enthalten viele verschiedenartige Funktionen;

   cc) der Untersuchungsbereich enthält

   mindestens vier Datenbestände, die sich in ihrer logischen Struktur unterscheiden und wenig gegliedert sind, oder

   bis zu zwei Datenbestände, die sich in ihrer logischen Struktur unterscheiden und von denen im Rahmen der Aufgabenstellungen durchschnittlich mindestens fünf Gliederungselemente zu behandeln sind, oder

   bis zu drei Datenbestände, die unter Anwendung eines Datenbankverwaltungssystems geführt oder genutzt werden;

   und

   dd) der Untersuchungsbereich weist Regeln für die Verknüpfung der Daten auf, die viele logische Abhängigkeiten enthalten, z. B. das Wohngeldgesetz, das Bundesausbildungsförderungsgesetz.

c) Eine Fachaufgabe hat hohen Schwierigkeitsgrad, wenn die folgenden Bedingungen erfüllt sind:

   aa) Der Untersuchungsbereich umfaßt mindestens drei Organisationseinheiten; die Organisationseinheiten müssen untereinander durch vielfältige fachliche und ablauforganisatorische Beziehungen verbunden sein, oder vom Untersuchungsbereich aus müssen Verbindungen zu einem gleichzeitig zu entwickelnden oder vorhandenen DV-Verfahren geknüpft werden;

bb) die Arbeitsabläufe sind vielfältig verzweigt und enthalten viele verschiedenartige Funktionen;

cc) der Untersuchungsbereich enthält

mindestens drei Datenbestände, die sich in ihrer logischen Struktur unterscheiden und von denen im Rahmen der Aufgabenstellungen durchschnittlich mindestens fünf Gliederungselemente zu behandeln sind, oder

mindestens vier Datenbestände, die unter Anwendung eines Datenbankverwaltungssystems geführt oder genutzt werden;

und

dd) der Untersuchungsbereich weist Regeln für die Verknüpfung der Daten auf, die viele logische Abhängigkeiten enthalten, z. B. das Wohngeldgesetz, das Bundesausbildungsförderungsgesetz.

d) Organisationseinheiten im Sinne dieser Protokollerklärung sind funktional abgegrenzte, in sich geschlossene Einheiten, die wegen ihrer Aufgabenstellung in den Untersuchungsbereich fallen und unterschiedliche Anforderungen an das zu entwickelnde Verfahren stellen; es kann sich um Sachgebiete, Abteilungen, Ämter, Dezernate, Behörden handeln.

e) Datenbestand im Sinne dieser Protokollerklärung ist eine gleichartig aufgebaute Sammlung von Daten, die nach bestimmten Merkmalen erfaßt und geordnet, nach anderen bestimmten Merkmalen umgeordnet und ausgewertet werden können.

Gliederungselement im Sinne dieser Protokollerklärung ist die Zusammenfassung von gleichartigen Merkmalen (z. B. alle Einkunftsarten bei der Berechnung des Einkommens).

Datenbankverwaltungssysteme im Sinne dieser Protokollerklärung sind IMS, UDS, ADABAS oder Systeme mit vergleichbarem Funktionsumfang. Datenbestand, der unter Anwendung eines Datenbankverwaltungssystems geführt oder genutzt wird, ist im Sinne dieser Protokollerklärung eine aufgabenbezogene logische Datenmenge (je nach eingesetztem Datenbankverwaltungssystem z. B. eine Datenbank, eine Datei oder ein Subschema).

Nr. 4

Auf die Bewährungszeit sind Zeiten der Bewährung in einer Tätigkeit mindestens der jeweils nächstniedrigeren Vergütungsgruppe der Abschnitte I, III und IV anzurechnen, es sei denn, daß diese Vergütungsgruppe nach Bewährung erreicht worden ist. Zeiten der Bewährung in einer gleichartigen DV-Tätigkeit im Sinne des Satzes 1 und in einer gleichartigen Tätigkeit in der

IV.2.3.4 Ang. in der Datenverarbeitung

DV-Organisation außerhalb des Geltungsbereichs dieses Tarifvertrages können bis zur Hälfte berücksichtigt werden.

Nr. 5

Die Anwendung dieses Tätigkeitsmerkmals setzt voraus

a) bei den in der Protokollerklärung Nr. 2 Buchst. a genannten Angestellten, daß sie, ausgehend von der für sie geforderten zusätzlichen DV-Aus- oder -Fortbildung, vertiefte DV-Kenntnisse einschließlich der anzuwendenden Arbeitstechniken erworben und diese Kenntnisse bei ihrer Tätigkeit anzuwenden haben,

b) bei den in der Protokollerklärung Nr. 2 Buchst. b genannten Angestellten, daß sie vertiefte Fachkenntnisse der im Rahmen der DV-Organisation behandelten Aufgabenbereiche, der Organisation der Verwaltung oder des Betriebes und der angewendeten Arbeitstechniken erworben und diese Kenntnisse bei ihrer Tätigkeit anzuwenden haben.

III. Angestellte in der Anwendungsprogrammierung

Vergütungsgruppe Vc

Angestellte,

die bei der Anfertigung, Änderung, Pflege oder Übernahme und gegebenenfalls Anpassung von Programmen oder Programmbausteinen mitwirken.

(Hierzu Protokollerklärungen Nrn. 1, 2 und 3)

Vergütungsgruppe Vb

1. Angestellte,

    die selbständig Programme oder Programmbausteine für Programmiervorhaben einfachen Schwierigkeitsgrades anfertigen, entsprechende Programme oder Programmbausteine ändern, pflegen oder übernehmen und gegebenenfalls anpassen.

    (Hierzu Protokollerklärungen Nrn. 1, 4 und 5)

2. Angestellte,

    die bei der Anfertigung, Änderung, Pflege oder Übernahme und gegebenenfalls Anpassung von Programmen oder Programmbausteinen mitwirken,

    nach vierjähriger Bewährung in Vergütungsgruppe Vc dieses Abschnitts,

    (Hierzu Protokollerklärungen Nrn. 1, 2, 3 und 6)

Vergütungsgruppe IVb

1. Angestellte,
    die selbständig Programme oder Programmbausteine für Programmiervorhaben mittleren Schwierigkeitsgrades anfertigen, entsprechende Programme oder Programmbausteine ändern, pflegen oder übernehmen und gegebenenfalls anpassen.
    (Hierzu Protokollerklärungen Nrn. 1, 4 und 5)

2. Angestellte,
    die selbständig Programme oder Programmbausteine für Programmiervorhaben einfachen Schwierigkeitsgrades anfertigen, entsprechende Programme oder Programmbausteine ändern, pflegen oder übernehmen und gegebenenfalls anpassen,
    nach vierjähriger Bewährung in Vergütungsgruppe Vb Fallgruppe 1 dieses Abschnitts.
    (Hierzu Protokollerklärungen Nrn. 1, 4, 5, 7 und 8)

Vergütungsgruppe IVa

1. Angestellte,
    die selbständig Programme oder Programmbausteine für Programmiervorhaben hohen Schwierigkeitsgrades anfertigen, entsprechende Programme oder Programmbausteine ändern, pflegen oder übernehmen und gegebenenfalls anpassen.
    (Hierzu Protokollerklärungen Nrn. 1, 4 und 5)

2. Angestellte,
    die selbständig Programme oder Programmbausteine für Programmiervorgaben mittleren Schwierigkeitsgrades anfertigen, entsprechende Programme oder Programmbausteine ändern, pflegen oder übernehmen und gegebenenfalls anpassen.
    nach vierjähriger Bewährung in Vergütungsgruppe IVb Fallgruppe 1 dieses Abschnitts.
    (Hierzu Protokollerklärungen Nrn. 1, 4, 5, 7 und 8)

Vergütungsgruppe III

Angestellte,
    die selbständig Programme oder Programmbausteine für Programmiervorgaben hohen Schwierigkeitsgrades anfertigen, ent-

IV.2.3.4 Ang. in der Datenverarbeitung

sprechende Programme oder Programmbausteine ändern, pflegen oder übernehmen und gegebenenfalls anpassen,

nach sechsjähriger Bewährung in Vergütungsgruppe IVa Fallgruppe 1 dieses Abschnitts.

(Hierzu Protokollerklärungen Nrn. 1, 4, 5, 7 und 8)

Protokollerklärungen:

Nr. 1

(1) Die Anwendungsprogrammierung umfaßt die Neuprogrammierung, die Programmänderung und die Programmpflege, gegebenenfalls auf der Basis der Ergebnisse der DV-Organisation, insbesondere auf der Basis der Festlegung des Ablaufs der maschinellen Verarbeitung und der Programmiervorgaben sowie der Festlegung durch den Leiter der DV-Gruppe; hierzu gehören z. B.

a) der Entwurf oder die Anpassung von Entscheidungstabellen, Struktogrammen, Programmablaufplänen oder entsprechenden graphischen Darstellungen der Programmlogik für jeden Programmbaustein (DIN 44 300 Nr. 41), und im Zusammenhang damit für die Umsetzung der Programmlogik in eine Programmiersprache,

b) der Test der Programme (DIN 44 300 Nr. 40) oder Programmbausteine einschließlich Entwicklung von Testfällen,

c) die Anfertigung oder Anpassung der Dokumentation einschließlich der Unterlagen für das Rechenzentrum.

Dabei ist es unerheblich, wenn für die Lösung der Programmiervorgabe Generatoren (DIN 44 300 Nr. 69) oder Standardprogramme eingesetzt werden.

Unter Standardprogrammen werden problem- oder aufgabenbezogene Programme oder Programmsysteme verstanden, die für eine bestimmte Klasse von Problemen allgemein entwickelt worden sind und bei Anwendung auf ein konkretes Problem durch entsprechende Variation von Kommandos oder Parametern den Besonderheiten dieses Problems angepaßt werden.

(2) Zur Anwendungsprogrammierung gehört auch die Übernahme fremder, d. h. an anderer Stelle entwickelter und gegebenenfalls auch dort weitergepflegter Programme – als spezielle Anwendungsprogramme für eine Aufgabe bzw. ein Aufgabengebiet –, gegebenenfalls aufgrund entsprechender Entscheidungen und Vorgaben der DV-Organisation. Zur Übernahme fremder Programme oder fremder Programmänderungen gehören z. B.

a) geringfügige aufgabenbedingte Änderungen, gegebenenfalls nach entsprechenden Vorgaben der DV-Organisation,

b) Anpassung der Programme oder Programmänderungen an die DV-technischen Bedingungen der übernehmenden Stelle (z. B. Hardware, Betriebssystem und andere Software, Datenbankverwaltungssystem, Einrichtungen für Datenübertragung),

c) Anpassung der Dokumentation – einschließlich der Unterlagen für das Rechenzentrum – und der Unterlagen für die Anwender (z. B. Anwender- bzw. Benutzerhandbuch),

d) Test der Programme oder Programmänderungen,

e) Implementierung der Programme oder Programmänderungen (z. B. Speicherplatzberechnung, Erstellen von Anweisungen für die Produktionssteuerung und die Maschinenbedienung).

Nr. 2

Angestellte im Sinne dieses Tätigkeitsmerkmals sind Angestellte mit einer DV-Aus- oder -Fortbildung, deren Inhalt und Umfang mindestens das DV-Grundwissen sowie das DV-Fachwissen – Themenbereich Programmentwicklung sowie Dateiverwaltung und Datenkommunikation – vermittelt hat, wie es den Rahmenrichtlinien für die DV-Aus- und -Fortbildung in der öffentlichen Verwaltung (BAnz. Nr. 95a vom 22. Mai 1981) entspricht,

sowie

mit einer praktischen Ausbildung oder einer praktischen Tätigkeit von mindestens neun Monaten in der DV-Organisation, der Anwendungsprogrammierung und der Maschinenbedienung.

Nr. 3

Die Mitwirkung besteht z. B. in

a) der Anfertigung von Teilen der Programmdokumentation;

b) dem Entwurf der Programmlogik von einzelnen Funktionen eines Programms oder eines Programmbausteins (z. B. Signierkontrollen im Rahmen von Eingabekontrollen, Druckaufbereitung und Druck) und der anschließenden Umsetzung in eine Programmiersprache oder

der Erstellung von Programm- und Steueranweisungen für Datensammelsysteme, COM-Geräte oder vergleichbare DV-Geräte;

c) dem Entwerfen von Testdaten nach Anweisung,

dem manuellen Erarbeiten der Kontrollergebnisse für die Testdaten,

der maschinellen Durchführung des Tests,

dem Vergleich der manuellen und maschinellen Ergebnisse;

d) der Analyse der Ursache einzelner Fehler.

Die Umsetzung in eine Programmiersprache allein fällt nicht unter die Mitwirkung.

Nr. 4

Angestellte im Sinne dieses Tätigkeitsmerkmals sind

a) Angestellte,

> die vor ihrem Einsatz in dieser Tätigkeit gründliche, umfassende Fachkenntnisse im Sinne des Tätigkeitsmerkmals der Vergütungsgruppe Vb Fallgruppe 1a des Tarifvertrages zur Änderung und Ergänzung der Anlage 1a zum BAT (Neufassung der Fallgruppen 1) vom 24. Juni 1975 – außerhalb der Datenverarbeitung – erworben haben,

IV.2.3.4 Ang. in der Datenverarbeitung

mit einer zusätzlichen DV-Aus- oder -Fortbildung, die das DV-Grund- und -Fachwissen vermittelt hat, wie es den Rahmenrichtlinien für die DV-Aus- und -Fortbildung in der öffentlichen Verwaltung (BAnz. Nr. 95a vom 22. Mai 1981) für Beschäftigte in der Anwendungsprogrammierung entspricht,

sowie

mit einer praktischen Ausbildung oder einer praktischen Tätigkeit von mindestens neun Monaten in der DV-Organisation, der Anwendungsprogrammierung und der Maschinenbedienung

mit entsprechender Tätigkeit,

b) Angestellte mit abgeschlossener einschlägiger Fachhochschulausbildung (z. B. Informatiker) und entsprechender Tätigkeit sowie sonstige Angestellte, die aufgrund gleichwertiger Fähigkeiten und ihrer Erfahrungen entsprechende Tätigkeiten ausüben.

Nr. 5

Für die Schwierigkeitsgrade gilt folgendes:

a) Eine Programmiervorgabe hat einfachen Schwierigkeitsgrad, wenn die folgenden Bedingungen erfüllt sind:

aa) Die Arbeitsabläufe enthalten überwiegend Standardfunktionen, wie z. B. Dateneingabe, Sortieren/Mischen, Abstimmen, Datenausgabe, und sind nicht oder nur in geringem Maß miteinander verflochten;

bb) es sind bis zu zwei Datenbestände zu verarbeiten, die wenig gegliedert sind;

und

cc) die Regeln für die Verknüpfung der Eingabedaten enthalten wenige logische Abhängigkeiten, z. B. eine Gebührenordnung.

b) Eine Programmiervorgabe hat mittleren Schwierigkeitsgrad, wenn die folgenden Bedingungen erfüllt sind:

aa) Die Arbeitsabläufe enthalten neben Standardfunktionen in nicht unerheblichem Umfang problembezogene Funktionen, die für die jeweilige Aufgabenstellung spezifisch sind, und sind in geringem Maß miteinander verflochten;

bb) es sind zu verarbeiten

bis zu zwei Datenbestände, von denen im Rahmen der Aufgabenstellung durchschnittlich mindestens fünf Gliederungselemente zu behandeln sind, oder

mindestens drei Datenbestände, die wenig gegliedert sind, oder

bis zu drei Datenbestände, die unter Anwendung eines Datenbankverwaltungssystems geführt oder genutzt werden;

und

cc) die Regeln für die Verknüpfung der Eingabedaten enthalten wenige logische Abhängigkeiten, z. B. eine Gebührenordnung.

c) Eine Programmiervorgabe hat hohen Schwierigkeitsgrad, wenn die folgenden Bedingungen erfüllt sind:

aa) Die Arbeitsabläufe enthalten überwiegend problembezogene Funktionen, die für die jeweilige Aufgabenstellung spezifisch sind, und sind in hohem Maß miteinander verflochten;

bb) es sind zu verarbeiten

mindestens drei Datenbestände, von denen im Rahmen der Aufgabenstellung durchschnittlich mindestens fünf Gliederungselemente zu behandeln sind, und die nicht unter Anwendung eines Datenbankverwaltungssystems geführt oder genutzt werden, oder

mindestens vier Datenbestände, die unter Anwendung eines Datenbankverwaltungssystems geführt oder genutzt werden, und die nicht linear miteinander verknüpft werden, oder

mindestens zwei Datenbestände, die unter Anwendung verschiedener Datenbankverwaltungssysteme, die keine einheitliche Datenbankschnittstelle haben, geführt oder genutzt werden;

und

cc) die Regeln für die Verknüpfung der Eingabedaten enthalten viele logische Abhängigkeiten, z. B. das Wohngeldgesetz, das Bundesausbildungsförderungsgesetz.

d) Datenbestand im Sinne dieser Protokollerklärung ist eine gleichartig aufgebaute Sammlung von Daten, die nach bestimmten Merkmalen erfaßt und geordnet, nach anderen bestimmten Merkmalen umgeordnet und ausgewertet werden können.

Gliederungselement im Sinne dieser Protokollerklärung ist die Zusammenfassung von gleichartigen Merkmalen (z. B. alle Einkunftsarten bei der Berechnung des Einkommens).

Datenbankverwaltungssysteme im Sinne dieser Protokollerklärung sind IMS, UDS, ADABAS oder Systeme mit vergleichbarem Funktionsumfang. Datenbestand, der unter Anwendung eines Datenbankverwaltungssystems geführt oder genutzt wird, ist im Sinne dieser Protokollerklärung eine aufgabenbezogene logische Datenmenge (je nach eingesetztem Datenbankverwaltungssystem z. B. eine Datenbank, eine Datei oder ein Subschema).

Bei einem Datenbankverwaltungssystem sind Datenbestände nicht linear miteinander verknüpft, wenn in einem unstrukturierten Datenbankverwaltungssystem eine Struktur durch Anwendungsprogramme oder in einem strukturierten Datenbankverwaltungssystem eine Netzstruktur zu verwirklichen ist.

IV.2.3.4 Ang. in der Datenverarbeitung

Nr. 6

Die Anwendung dieses Tätigkeitsmerkmals setzt voraus, daß die Angestellten auch nähere Fachkenntnisse der im Rahmen der Anwendungsprogrammierung behandelten Aufgabenbereiche, der Organisation der Verwaltung oder des Betriebes und der angewendeten Arbeitstechniken erworben und diese Kenntnisse bei ihrer Tätigkeit anzuwenden haben.

Nr. 7

Die Anwendung dieses Tätigkeitsmerkmals setzt voraus

a) bei den in der Protokollerklärung Nr. 4 Buchst. a genannten Angestellten, daß sie, ausgehend von der für sie geforderten zusätzlichen DV-Aus- oder -Fortbildung, vertiefte DV-Kenntnisse einschließlich der anzuwendenden Arbeitstechniken erworben und diese Kenntnisse bei ihrer Tätigkeit anzuwenden haben,

b) bei den in der Protokollerklärung Nr. 4 Buchst. b genannten Angestellten, daß sie vertiefte Fachkenntnisse der im Rahmen der Anwendungsprogrammierung behandelten Aufgabenbereiche, der Organisation der Verwaltung oder des Betriebes und der angewendeten Arbeitstechniken erworben und diese Kenntnisse bei ihrer Tätigkeit anzuwenden haben.

Nr. 8

Auf die Bewährungszeit sind Zeiten der Bewährung in einer Tätigkeit mindestens der jeweils nächstniedrigeren Vergütungsgruppe der Abschnitte I, II und IV anzurechnen, es sei denn, daß diese Vergütungsgruppe nach Bewährung erreicht worden ist. Zeiten der Bewährung in einer gleichartigen DV-Tätigkeit im Sinne des Satzes 1 und in einer gleichartigen Tätigkeit in der Anwendungsprogrammierung außerhalb des Geltungsbereichs dieses Tarifvertrages können bis zur Hälfte berücksichtigt werden.

IV. Angestellte in der DV-Systemtechnik

Vergütungsgruppe Vb

1. Angestellte mit abgeschlossener einschlägiger Fachhochschulausbildung (z. B. Informatiker) und entsprechender Tätigkeit sowie sonstige Angestellte, die aufgrund gleichwertiger Fähigkeiten und ihrer Erfahrungen entsprechende Tätigkeiten ausüben,

    die in der DV-Systemtechnik Aufgaben mit wenig differenzierten Funktionen selbständig bearbeiten.

    (Hierzu Protokollerklärung Nr. 1)

2. Angestellte mit abgeschlossener einschlägiger Fachhochschulausbildung (z. B. Informatiker) und entsprechender Tätigkeit sowie sonstige Angestellte, die aufgrund gleichwertiger Fähig-

Ang. in der Datenverarbeitung IV.2.3.4

keiten und ihrer Erfahrungen entsprechende Tätigkeiten ausüben,

in der DV-Systemtechnik, soweit nicht anderweitig eingruppiert.

(Hierzu Protokollerklärung Nr. 1)

Vergütungsgruppe IVb

1. Angestellte mit abgeschlossener einschlägiger Fachhochschulausbildung (z. B. Informatiker) und entsprechender Tätigkeit sowie sonstige Angestellte, die aufgrund gleichwertiger Fähigkeiten und ihrer Erfahrungen entsprechende Tätigkeiten ausüben,

   die in der DV-Systemtechnik Aufgaben mit einer hohen Funktionsvielfalt selbständig bearbeiten.

   (Hierzu Protokollerklärungen Nrn. 1 und 2)

2. Angestellte mit abgeschlossener einschlägiger Fachhochschulausbildung (z. B. Informatiker) und entsprechender Tätigkeit sowie sonstige Angestellte, die aufgrund gleichwertiger Fähigkeiten und ihrer Erfahrungen entsprechende Tätigkeiten ausüben,

   die in der DV-Systemtechnik Aufgaben mit wenig differenzierten Funktionen selbständig bearbeiten und deren Tätigkeit sich durch die Größe des von ihnen auszufüllenden Gestaltungsspielraums aus der Vergütungsgruppe Vb Fallgruppe 1 dieses Abschnitts heraushebt.

   (Hierzu Protokollerklärungen Nrn. 1 und 3)

3. Angestellte mit abgeschlossener einschlägiger Fachhochschulausbildung (z. B. Informatiker) und entsprechender Tätigkeit sowie sonstige Angestellte, die aufgrund gleichwertiger Fähigkeiten und ihrer Erfahrungen entsprechende Tätigkeiten ausüben,

   die in der DV-Systemtechnik Aufgaben mit wenig differenzierten Funktionen selbständig bearbeiten,

   nach vierjähriger Bewährung in Vergütungsgruppe Vb Fallgruppe 1 dieses Abschnitts.

   (Hierzu Protokollerklärungen Nrn. 1, 4 und 5)

Vergütungsgruppe IVa

1. Angestellte mit abgeschlossener einschlägiger Fachhochschulausbildung (z. B. Informatiker) und entsprechender Tätigkeit sowie sonstige Angestellte, die aufgrund gleichwertiger Fähig-

keiten und ihrer Erfahrungen entsprechende Tätigkeiten ausüben,
> die in der DV-Systemtechnik Aufgaben mit einer hohen Funktionsvielfalt selbständig bearbeiten und deren Tätigkeit sich durch die Größe des von ihnen auszufüllenden Gestaltungsspielraums aus der Vergütungsgruppe IVb Fallgruppe 1 dieses Abschnitts heraushebt.

(Hierzu Protokollerklärungen Nrn. 1, 2 und 3)

2. Angestellte mit abgeschlossener einschlägiger Fachhochschulausbildung (z. B. Informatiker) und entsprechender Tätigkeit sowie sonstige Angestellte, die aufgrund gleichwertiger Fähigkeiten und ihrer Erfahrungen entsprechende Tätigkeiten ausüben,
> die in der DV-Systemtechnik Aufgaben mit einer hohen Funktionsvielfalt selbständig bearbeiten,

nach vierjähriger Bewährung in Vergütungsgruppe IVb Fallgruppe 1 dieses Abschnitts.

(Hierzu Protokollerklärungen Nrn. 1, 2, 4 und 5)

3. Angestellte mit abgeschlossener einschlägiger Fachhochschulausbildung (z. B. Informatiker) und entsprechender Tätigkeit sowie sonstige Angestellte, die aufgrund gleichwertiger Fähigkeiten und ihrer Erfahrungen entsprechende Tätigkeiten ausüben,
> die in der DV-Systemtechnik Aufgaben mit wenig differenzierten Funktionen selbständig bearbeiten und deren Tätigkeit sich durch die Größe des von ihnen auszufüllenden Gestaltungsspielraums aus der Vergütungsgruppe Vb Fallgruppe 1 dieses Abschnitts heraushebt,

nach vierjähriger Bewährung in Vergütungsgruppe IVb Fallgruppe 2 dieses Abschnitts.

(Hierzu Protokollerklärungen Nrn. 1, 3, 4 und 5)

Vergütungsgruppe III

1. Angestellte mit abgeschlossener einschlägiger Fachhochschulausbildung (z. B. Informatiker) und entsprechender Tätigkeit sowie sonstige Angestellte, die aufgrund gleichwertiger Fähigkeiten und ihrer Erfahrungen entsprechende Tätigkeiten ausüben,
> die sich in der DV-Systemtechnik dadurch aus der Vergütungsgruppe IVa Fallgruppe 1 dieses Abschnitts herausheben, daß ihnen durch ausdrückliche Anordnung

Ang. in der Datenverarbeitung **IV.2.3.4**

zusätzlich Leitungs- und Koordinierungstätigkeiten übertragen und mindestens drei Angestellte in der DV-Systemtechnik mindestens der Vergütungsgruppe IVa Fallgruppe 1 dieses Abschnitts ständig unterstellt sind.
(Hierzu Protokollerklärungen Nrn. 1, 2, 3 und 6)

2. Angestellte mit abgeschlossener einschlägiger Fachhochschulausbildung (z. B. Informatiker) und entsprechender Tätigkeit sowie sonstige Angestellte, die aufgrund gleichwertiger Fähigkeiten und ihrer Erfahrungen entsprechende Tätigkeiten ausüben,

    die sich in der DV-Systemtechnik dadurch aus der Vergütungsgruppe IVa Fallgruppe 1 dieses Abschnitts herausheben, daß ihnen durch ausdrückliche Anordnung

    zusätzlich Leitungs- und Koordinierungstätigkeiten übertragen und mindestens drei Angestellte in der DV-Systemtechnik ständig unterstellt sind,

    nach vierjähriger Bewährung in Vergütungsgruppe IVa Fallgruppe 1 dieses Abschnitts.
(Hierzu Protokollerklärungen Nrn. 1, 2, 3, 4, 6 und 7)

3. Angestellte mit abgeschlossener einschlägiger Fachhochschulausbildung (z. B. Informatiker) und entsprechender Tätigkeit sowie sonstige Angestellte, die aufgrund gleichwertiger Fähigkeiten und ihrer Erfahrungen entsprechende Tätigkeiten ausüben,

    die in der DV-Systemtechnik Aufgaben mit einer hohen Funktionsvielfalt selbständig bearbeiten und deren Tätigkeit sich durch die Größe des von ihnen auszufüllenden Gestaltungsspielraums aus der Vergütungsgruppe IVb Fallgruppe 1 dieses Abschnitts heraushebt,

    nach sechsjähriger Bewährung in Vergütungsgruppe IVa Fallgruppe 1 dieses Abschnitts.
(Hierzu Protokollerklärungen Nrn. 1, 2, 3, 4 und 5)

Vergütungsgruppe II

Angestellte mit abgeschlossener und einschlägiger Fachhochschulausbildung (z. B. Informatiker) und entsprechender Tätigkeit sowie sonstige Angestellte, die aufgrund gleichwertiger Fähigkeiten und ihrer Erfahrungen entsprechende Tätigkeiten ausüben,

die sich in der DV-Systemtechnik dadurch aus der Vergütungsgruppe IVa Fallgruppe 1 dieses Abschnitts herausheben, daß ihnen durch ausdrückliche Anordnung

IV.2.3.4 Ang. in der Datenverarbeitung

zusätzlich Leitungs- und Koordinierungstätigkeiten übertragen und mindestens drei Angestellte in der DV-Systemtechnik mindestens der Vergütungsgruppe IVa Fallgruppe 1 dieses Abschnitts ständig unterstellt sind,

nach sechsjähriger Bewährung in Vergütungsgruppe III Fallgruppe 1 dieses Abschnitts.

(Hierzu Protokollerklärungen Nrn. 1, 2, 3, 4, 6 und 7)

Protokollerklärungen:

Nr. 1

Die DV-Systemtechnik umfaßt unterschiedliche, abgrenzbare Teilgebiete, wie z. B. Betriebssysteme, Datenbanksoftware, Datenfernverarbeitungssoftware, Programmiersprachen, Hardware-Konfigurationen, Datenübertragungsnetze. Dem Angestellten in der DV-Systemtechnik obliegt auf mindestens einem Teilgebiet der Entwurf, die Auswahl, Bereitstellung, Implementierung, Überwachung (Fehleranalyse und -beseitigung), Optimierung oder Fortentwicklung der einzusetzenden bzw. eingesetzten Hardware- oder Softwarekomponenten sowie die Beratung und Unterstützung.

Nr. 2

Aufgaben der DV-Systemtechnik haben eine hohe Funktionsvielfalt, wenn

a) bei Software-Aufgaben die Systemsoftware (Grund- und systemnahe Software) viele Funktionen erfüllt, z. B.

Betriebssoftware mit mindestens automatischer Job-Verwaltung, virtueller Speicherplatzverwaltung, paralleler Steuerung von mehreren Nutzungsformen (Betriebsarten, DIN 44 300 Nrn. 154 bis 162) oder vergleichbaren Funktionen,

Datenfernverarbeitungssoftware mit Leitungssteuerung, Warteschlangenverwaltung, Sicherungs- und Wiederanlauffunktionen oder vergleichbaren Funktionen,

Datenbanksoftware zur Verwaltung großer gegliederter Datenbestände mit wahlweiser Speicherplatz- und Zugriffsoptimierung oder vergleichbaren Funktionen,

Job-Abrechnungssysteme auf DV-Anlagen mit hohem Systemdurchsatz, wechselnden Aufgabenprofilen (Art, Ausprägung, Menge der Aufgaben) und einer hohen Zahl von unterschiedlichen Aufträgen

oder

b) bei Hardware-Aufgaben die Hardware-Konfigurationen wechselnden Aufgabenprofilen gerecht werden müssen und den Einsatz von Systemsoftware mit vielen Funktionen erfordern.

Nr. 3

Ein großer Gestaltungsspielraum ist beim Entwurf, bei der Auswahl oder bei der Optimierung und Fortentwicklung von Systemsoftware oder von Hardware, Konfigurationen gegeben.

Ang. in der Datenverarbeitung IV.2.3.4

Nr. 4

Auf die Bewährungszeit sind Zeiten der Bewährung in eine Tätigkeit mindestens der jeweils nächstniedrigeren Vergütungsgruppe der Abschnitte I, II und III anzurechnen, es sei denn, daß diese Vergütungsgruppe nach Bewährung erreicht worden ist. Zeiten der Bewährung in einer gleichartigen DV-Tätigkeit in der DV-Systemtechnik außerhalb des Geltungsbereichs dieses Tarifvertrages können ganz oder teilweise berücksichtigt werden.

Auf die Bewährungszeit können Zeiten der Bewährung in einer Tätigkeit mindestens der jeweils nächstniedrigeren Vergütungsgruppe der Abschnitte VI und VII bis zur Hälfte angerechnet werden, es sei denn, daß diese Vergütungsgruppe nach Bewährung erreicht worden ist.

Von der in dem Tätigkeitsmerkmal der Vergütungsgruppe II geforderten Bewährungszeit muß jedoch mindestens die Hälfte in Vergütungsgruppe III Fallgruppe 1 dieses Abschnitts zurückgelegt sein.

Nr. 5

Die Anwendung dieses Tätigkeitsmerkmals setzt voraus, daß die Angestellten übergreifende Kenntnisse auf den unterschiedlichen Teilgebieten und vertiefte Fachkenntnisse auf mindestens einem Teilgebiet der DV-Systemtechnik erworben und diese Kenntnisse unter Berücksichtigung des Gesamtzusammenhangs der systemtechnischen Fragestellungen anzuwenden haben.

Nr. 6

Soweit die Eingruppierung von der Zahl und der Eingruppierung der ständig unterstellten Personen abhängt,

a) werden Angestellte, die in einer im Wege des Bewährungsaufstiegs erreichten Vergütungsgruppe eingruppiert sind, als Angestellte der Vergütungsgruppe gezählt, aus der sie aufgestiegen sind,

b) ist es für die Eingruppierung unschädlich, wenn im Organisations- und Stellenplan zur Besetzung ausgewiesene Stellen nicht besetzt sind,

c) rechnen hierzu auch Beamte vergleichbarer Besoldungsgruppen,

d) zählen Teilbeschäftigte entsprechend dem Verhältnis der mit ihnen im Arbeitsvertrag vereinbarten Arbeitszeit zur regelmäßigen Arbeitszeit eines Vollbeschäftigten.

Nr. 7

Die Anwendung dieses Tätigkeitsmerkmals setzt voraus, daß die Angestellten übergreifende Kenntnisse auf den unterschiedlichen Teilgebieten der DV-Systemtechnik erworben und diese Kenntnisse in der Leitungs- und Koordinierungstätigkeit zur Gewährleistung des Gesamtzusammenhangs der systemtechnischen Fragestellungen anzuwenden haben.

V. Angestellte in der Datenerfassung

Vergütungsgruppe IX
Angestellte in der Datenerfassung während einer Einarbeitungszeit von mindestens drei Monaten in der Datenerfassung.
(Hierzu Protokollerklärung Nr. 1)

Vergütungsgruppe VIII
Angestellte in der Datenerfassung, soweit nicht anderweitig eingruppiert.
(Hierzu Protokollerklärung Nr. 1)

Vergütungsgruppe VII
Angestellte in der Datenerfassung, die mit vielfältigen Formaten (z. B. Erfassungsbelege, Bildschirmmasken) mit wesentlich unterschiedlichem Inhalt und Aufbau arbeiten oder die aus vielfältigen Formaten mit wesentlich unterschiedlichem Inhalt und Aufbau fehlerhaft erfaßte Daten berichtigen,
nach einjähriger Bewährung in der Datenerfassung.
(Hierzu Protokollerklärung Nr. 1)

Vergütungsgruppe VIb
1. Angestellte, denen mindestens zehn Angestellte in der Datenerfassung durch ausdrückliche Anordnung ständig unterstellt sind.
   (Hierzu Protokollerklärungen Nrn. 1 und 2)
2. Angestellte in der Datenerfassung, die Programm- und Steueranweisungen erfassen und dabei Formalfehler (Abweichungen von üblichen Symboldarstellungen in den Vorlagen) selbständig berichtigen.
   (Hierzu Protokollerklärung Nr. 1)
3. Angestellte in der Datenerfassung, die in erheblichem Umfang Steuergeräte programmgesteuerter Datenerfassungssysteme mit mehreren Datenerfassungsstationen oder von Datensammelsystemen bedienen oder Programm- und Steueranweisungen für entsprechende Systeme aufgrund von Handbüchern erstellen. (Der Umfang der Tätigkeit ist erheblich, wenn er mindestens ein Drittel der gesamten Tätigkeit ausmacht.)
   (Hierzu Protokollerklärung Nr. 1)
4. Angestellte in der Datenerfassung, die sich dadurch aus der Vergütungsgruppe VII dieses Abschnitts herausheben, daß sie in nicht unerheblichem Umfang

nach vorgegebenen Arbeitsanweisungen selbständig Urbelege prüfen und Daten verschlüsseln, offensichtliche Datenfehler berichtigen oder Daten formal ergänzen,

soweit diese zusätzlichen Tätigkeiten gründliche und vielseitige Fachkenntnisse erfordern.

(Der Umfang der Tätigkeit ist nicht mehr unerheblich, wenn er etwa ein Viertel der gesamten Tätigkeit ausmacht.)

(Hierzu Protokollerklärung Nr. 1)

Vergütungsgruppe Vc

Angestellte, denen eine oder mehrere Gruppen mit insgesamt mindestens 25 Angestellten in der Datenerfassung durch ausdrückliche Anordnung ständig unterstellt sind.

(Hierzu Protokollerklärungen Nrn. 1 und 2)

Vergütungsgruppe Vb

Angestellte, denen eine oder mehrere Gruppen mit insgesamt 40 Angestellten in der Datenerfassung durch ausdrückliche Anordnung ständig unterstellt sind.

(Hierzu Protokollerklärungen Nrn. 1 und 2)

Protokollerklärungen:

Nr. 1

(1) Datenerfassung im Sinne dieses Tätigkeitsmerkmals ist die Bedienung eines Gerätes mit Tastatur (Alphazeichen, numerische Zeichen sowie Satz- und Sonderzeichen) oder mit sonstigen Erfassungshilfen (z. B. Funktionstasten, Lichtstift, Digitizer), um

a) Daten von Vorlagen in eine DV-Anlage, ein programmgesteuertes Datenerfassungs- bzw. Datensammelsystem oder auf einen Datenträger (z. B. Lochkarte, Lochstreifen, Magnetband, Diskette) für Zwecke der Datenverarbeitung zu übertragen

oder

b) die Richtigkeit und Vollständigkeit der Datenerfassung zu prüfen und festgestellte Fehler (Abweichung der erfaßten Daten von den Vorlagen) zu berichtigen,

ohne daß – außer in den Fällen der Vergütungsgruppe VIb Fallgruppe 4 dieses Abschnitts – die Daten inhaltlich verändert werden.

Datenerfassung im Sinne dieses Tätigkeitsmerkmals ist auch die Leitung von Datenerfassungsgruppen.

(2) Die Tätigkeit von Schreibkräften in der Texterfassung, z. B. die Direkteingabe in Texterfassungsautomaten oder in andere Texterfassungsmedien sowie die Fertigung von Schreiben oder sonstigen geschlossenen Textteilen

IV.2.3.4 Ang. in der Datenverarbeitung

in maschinenlesbaren Schriftarten (z. B. OCR-Schrift), ist keine Datenerfassung im Sinne dieses Tätigkeitsmerkmals.

(3) Angestellte, die zur Erledigung ihrer fachlichen Aufgaben auch Daten erfassen (z. B. bei wissenschaftlich-technischen Berechnungen im Dialog, bei der Fortschreibung von Datenbeständen einschließlich Auskünften aus den Beständen, im Schalterdienst – z. B. in Kassen und Sparkassen –, im Meldewesen, im Kfz-Halterregister, bei der Patientenaufnahme in Krankenhäusern, bei Buchhaltungstätigkeiten, bei der Lagerhaltung), fallen nicht unter dieses Tätigkeitsmerkmal.

Nr. 2

Soweit die Eingruppierung von der Zahl der ständig unterstellten Personen abhängt

a) ist es für die Eingruppierung unschädlich, wenn im Organisations- und Stellenplan zur Besetzung ausgewiesene Stellen nicht besetzt sind,
b) rechnen hierzu auch Beamte vergleichbarer Besoldungsgruppen,
c) zählen Teilbeschäftigte entsprechend dem Verhältnis der mit ihnen im Arbeitsvertrag vereinbarten Arbeitszeit zur regelmäßigen Arbeitszeit eines Vollbeschäftigten.

VI. Angestellte in der Produktionssteuerung

Vergütungsgruppe VIb

Angestellte,
> die die maschinelle Verarbeitung von Jobs vorbereiten oder die Ergebnisse der maschinellen Verarbeitung von Jobs kontrollieren.

(Hierzu Protokollerklärungen Nrn. 1, 2, 3 und 4)

Vergütungsgruppe Vc

1. Angestellte,
   > die in der Ablaufplanung oder in der Belegungsplanung tätig sind, soweit nicht anderweitig eingruppiert.

   (Hierzu Protokollerklärungen Nrn. 1, 5, 6 und 7)

2. Angestellte,
   > die Systemhilfen oder die Kapazität von Direktzugriffsspeichern verwalten, soweit nicht anderweitig eingruppiert.

   (Hierzu Protokollerklärungen Nrn. 1, 8 und 9)

3. Angestellte,
   > die die maschinelle Verarbeitung von schwierigen Jobs vorbereiten oder die Ergebnisse der maschinellen Verarbeitung von schwierigen Jobs kontrollieren.

   (Hierzu Protokollerklärungen Nrn. 1, 2, 3, 4 und 10)

Ang. in der Datenverarbeitung IV.2.3.4

Vergütungsgruppe Vb

1. Angestellte,
    die in der Ablaufplanung schwierige Aufgaben oder umfangreiche und vielfältige Planungsaufgaben selbständig bearbeiten.
   (Hierzu Protokollerklärungen Nrn. 1, 5, 11, 12 und 13)

2. Angestellte,
    die in der Ablaufplanung selbständig tätig sind,
   nach zweijähriger Bewährung in Vergütungsgruppe Vc Fallgruppe 1 dieses Abschnitts.
   (Hierzu Protokollerklärungen Nrn. 1, 5, 6, 14 und 15)

3. Angestellte,
    die in der Belegungsplanung vielfältige Planungsaufgaben selbständig bearbeiten.
   (Hierzu Protokollerklärungen Nrn. 1, 6, 7 und 16)

4. Angestellte,
    die Datenbanken verwalten, soweit nicht anderweitig eingruppiert.
   (Hierzu Protokollerklärungen Nrn. 1, 11 und 17)

5. Angestellte,
    die vielfältige Systemhilfen oder die Kapazität von Direktzugriffsspeichern bei vielfältigen Speicherungsformen verwalten.
   (Hierzu Protokollerklärungen Nrn. 1, 8, 9 und 18)

6. Angestellte,
    die Systemhilfen oder die Kapazität von Direktzugriffsspeichern verwalten,
   nach dreijähriger Bewährung in Vergütungsgruppe Vc Fallgruppe 2 dieses Abschnitts.
   (Hierzu Protokollerklärungen Nrn. 1, 8, 9 und 15)

7. Angestellte,
    die die maschinelle Verarbeitung von schwierigen Jobs vorbereiten oder die Ergebnisse der maschinellen Verarbeitung von schwierigen Jobs kontrollieren,
   nach dreijähriger Bewährung in Vergütungsgruppe Vc Fallgruppe 3 dieses Abschnitts.
   (Hierzu Protokollerklärungen Nrn. 1, 2, 3, 4, 10 und 15)

IV.2.3.4 Ang. in der Datenverarbeitung

Vergütungsgruppe IVb

1. Angestellte,
   die in der Ablaufplanung schwierige Aufgaben oder umfangreiche und vielfältige Planungsaufgaben selbständig bearbeiten und
   denen durch ausdrückliche Anordnung zusätzlich die Leistungs- und Koordinierungstätigkeiten für den Bereich der Produktionssteuerung übertragen worden sind.
   (Hierzu Protokollerklärungen Nrn. 1, 5, 11, 12, 13 und 19)

2. Angestellte,
   die in der Ablaufplanung schwierige Aufgaben und umfangreiche und vielfältige Planungsaufgaben selbständig bearbeiten.
   (Hierzu Protokollerklärungen Nrn. 1, 5, 11, 12 und 13)

3. Angestellte,
   die in der Ablaufplanung schwierige Aufgaben oder umfangreiche und vielfältige Planungsaufgaben selbständig bearbeiten,
   nach vierjähriger Bewährung in Vergütungsgruppe Vb Fallgruppe 1 dieses Abschnitts.
   (Hierzu Protokollerklärungen Nrn. 1, 5, 11, 12, 13, 14 und 15)

4. Angestellte,
   die Datenbanken verwalten.
   (Hierzu Protokollerklärungen Nrn. 1, 11, 17 und 20)

Vergütungsgruppe IVa

1. Angestellte, die durch ausdrückliche Anordnung als Leiter der Produktionssteuerung bestellt sind und sich
   durch die Zahl der durch ausdrückliche Anordnung ständig unterstellten Angestellten sowie durch die Anzahl und die Schwierigkeit der DV-Verfahren, die Gegenstand der Produktionssteuerung sind,
   aus der Vergütungsgruppe IVb Fallgruppe 1 dieses Abschnitts herausheben.
   (Hierzu Protokollerklärungen Nrn. 1, 11, 21 und 22)

2. Angestellte,
   die in der Ablaufplanung schwierige Aufgaben und umfangreiche und vielfältige Planungsaufgaben selbständig bearbeiten,

nach vierjähriger Bewährung in Vergütungsgruppe IVb Fallgruppe 2 dieses Abschnitts.

(Hierzu Protokollerklärungen Nrn. 1, 5, 11, 12, 13, 14 und 15)

3. Angestellte,
   die Datenbanken verwalten,

nach vierjähriger Bewährung in Vergütungsgruppe IVb Fallgruppe 4 dieses Abschnitts.

(Hierzu Protokollerklärungen Nrn. 1, 11, 15, 17, 20 und 23)

Vergütungsgruppe III

Angestellte, die durch ausdrückliche Anordnung als Leiter der Produktionssteuerung bestellt sind und sich

durch die Zahl der durch ausdrückliche Anordnung ständig unterstellten Angestellten sowie durch die Anzahl und die Schwierigkeit der DV-Verfahren, die Gegenstand der Produktionssteuerung sind,

aus der Vergütungsgruppe IVb Fallgruppe 1 dieses Abschnitts herausheben,

nach sechsjähriger Bewährung in Vergütungsgruppe IVa Fallgruppe 1 dieses Abschnitts.

(Hierzu Protokollerklärungen Nrn. 1, 11, 14, 15, 21 und 22)

Protokollerklärungen:

Nr. 1

(1) Produktionssteuerung umfaßt die Ablaufplanung, die Belegungsplanung, die Datenbankverwaltung, die Verwaltung von Systemhilfen und der Kapazität von Direktzugriffsspeichern sowie die Job-Vor- und -Nachbereitung.

(2) Angestellte, deren Tätigkeit keine spezifischen DV-Kenntnisse verlangt, wie z. B.

a) Kontrolle der Eingabedaten und Verarbeitungsergebnisse anhand von Prüfvorschriften,

b) Datenträgerarchivierung,

werden von den Tätigkeitsmerkmalen des Tarifvertrages vom 4. November 1983 (Angestellte in der Datenverarbeitung) nicht erfaßt.

Nr. 2

Angestellte im Sinne dieses Tätigkeitsmerkmals sind Angestellte mit einer DV-Aus- oder -Fortbildung, deren Inhalt und Umfang mindestens das DV-Grund- und -Fachwissen vermittelt hat, wie es den Rahmenrichtlinien für die DV-Aus- und -Fortbildung in der öffentlichen Verwaltung (BAnz. Nr. 95a vom 22. Mai 1981) für Beschäftigte in der Produktionssteuerung (Job-Vor- und -Nachbereiter) entspricht,

IV.2.3.4 Ang. in der Datenverarbeitung

mit gründlichen Kenntnissen des Aufgabengebiets
sowie
mit einer praktischen Ausbildung von mindestens einem Monat in der Maschinenbedienung.

Nr. 3
Ein Job im Sinne dieses Abschnitts umfaßt ein Anwendungsprogramm oder mehrere Anwendungsprogramme, die arbeitstechnisch zusammengefaßt sind und gegebenenfalls von einer katalogisierten Folge von Steueranweisungen gesteuert werden.

Nr. 4
Die Anwendung dieses Tätigkeitsmerkmals setzt voraus, daß die Angestellten

a) die maschinelle Verarbeitung bei DV-Anlagen mit Betriebssystemen, die den Mehrprogrammbetrieb (DIN 44 300 Nr. 157) ermöglichen, vorbereiten (Job-Vorbereitung) oder
b) die Ergebnisse der maschinellen Verarbeitung kontrollieren (Job-Nachbereitung).

Zur Job-Vorbereitung gehören insbesondere

a) das Überprüfen von Steueranweisungen (z. B. Job-Control, Vorlaufkarten) auf Vollständigkeit, Reihenfolge und Richtigkeit sowie
b) das Anfordern von Arbeitsmitteln (z. B. Datenträger, Formulare, Bedienungsanleitungen, Hilfsmittel zur Druckvorbereitung)

aufgrund der Verfahrensdokumentation sowie aufgrund von Kenntnissen der Verfahren, zu denen die zu erledigenden Aufträge gehören und der eingesetzten Betriebssysteme.

Zur Job-Nachbereitung gehören insbesondere

a) das Prüfen auf Vollständigkeit und maschinelle Richtigkeit der erstellten Unterlagen einschließlich der Ablauffolge und
b) das Veranlassen der Beseitigung von Fehlern.

Nr. 5
Für die Ablaufplanung im Sinne dieses Tätigkeitsmerkmals gilt folgendes:

a) Ablaufplanung ist die Planung der Auftragsabwicklung zur optimalen Nutzung vorhandener personeller und maschineller Ressourcen und Vermeidung von Engpässen und Terminschwierigkeiten. Hierzu gehören:
   aa) Feststellung betrieblicher und terminlicher Auswirkungen neuer DV-Verfahren;
   bb) Feststellung zeitkritischer Aufträge;
   cc) Einplanung von Personal-/Maschinenkapazität zur Gewährleistung termingerechter Erledigung der Aufträge;
   dd) frühzeitige Erkennung von Terminengpässen;
   ee) Beratung der Anwender in der Termingestaltung;

ff) Vorgabe von Ablaufplänen und Prioritäten für die Steuerung der Erledigung der Aufträge;

und

gg) begleitende Kontrolle der Auftragserledigung mit der Analyse, Bearbeitung und Auswertung von Reklamationen der Anwender.

Für die Eingruppierung ist es unschädlich, wenn einzelne dieser Aufgaben nicht wahrgenommen werden.

b) Ein Auftrag umfaßt eine oder mehrere, zu einem Arbeitsgang zusammengefaßte einzelne Arbeiten, die in einem DV-Verfahren erforderlich sind, z. B. Datenerfassung, Erledigung von einem oder mehreren Jobs (Protokollerklärung Nr. 3), Nachbearbeitung (z. B. Trennen, Falzen, Kuvertieren).

Nr. 6

Angestellte im Sinne dieses Tätigkeitsmerkmals sind Angestellte

mit fachlichen Kenntnissen des zu bearbeitenden Aufgabengebiets,

mit einer zusätzlichen DV-Aus- oder -Fortbildung, deren Inhalt und Umfang mindestens das DV-Grund- und -Fachwissen vermittelt hat, wie es den Rahmenrichtlinien für die DV-Aus- und -Fortbildung in der öffentlichen Verwaltung (BAnz. Nr. 95a vom 22. Mai 1981) für Beschäftigte in der Produktionssteuerung (Ablauf- und Belegungsplaner) entspricht,

mit Kenntnissen der eingesetzten DV-Anlagen und Systemsoftware

sowie

mit einer praktischen Ausbildung oder einer praktischen Tätigkeit von mindestens sechs Monaten in der Maschinenbedienung.

Nr. 7

Belegungsplanung im Sinne dieses Tätigkeitsmerkmals ist gegeben, wenn in Rechenzentren mit umfangreichen Anwendungen die folgenden Aufgaben in der lokalen Stapelverarbeitung (Absatz 5 Buchst. a der Protokollerklärung Nr. 1 zu Abschnitt VII) wahrzunehmen sind:

a) Analyse der zu erledigenden Jobs nach ihren Ansprüchen an maschinelle Kapazitäten und ihren zeitlichen und logischen Abhängigkeiten,

b) Ordnung und Zusammenstellung der Jobs mit dem Ziel, die maschinellen Kapazitäten optimal auszunutzen, und

c) Auswertung der Ergebnisse der Beobachtung des Systemverhaltens.

Nr. 8

Angestellte im Sinne dieses Tätigkeitsmerkmals sind Angestellte

mit einer DV-Aus- oder -Fortbildung, deren Inhalt und Umfang mindestens das DV-Grund- und -Fachwissen vermittelt hat, wie es den Rahmenrichtlinien für die DV-Aus- und -Fortbildung in der öffentlichen Verwaltung (BAnz. Nr. 95a vom 22. Mai 1981) für Beschäftigte in der Produktionssteuerung (Verwalter von Systemhilfen und Direktzugriffsspeichern) entspricht,

sowie

IV.2.3.4 Ang. in der Datenverarbeitung

mit einer praktischen Ausbildung oder einer praktischen Tätigkeit von mindestens zwölf Monaten als Angestellte in der Bedienung von DV-Anlagen oder einer vergleichbaren Tätigkeit.

Nr. 9

Systemhilfen sind betriebsablaufunterstützende Dateien, z. B. die Bibliotheken für Produktionsprogramme, Dateienkataloge, Prozedurbibliotheken, Accountingbestände.

Ihre Verwaltung umfaßt die laufende Pflege und zeitgerechte Bereitstellung zur Nutzung durch den Betrieb.

Zum Verwalten von Kapazität von Direktzugriffsspeichern gehören z. B.:

a) Führen eines Verzeichnisses über die Speicherplatzbelegung,

b) Berechnen des Speicherplatzbedarfs für Dateien und Verteilung auf Speichergeräte,

c) Anlegen von neuen Dateien,

d) Durchführen von Sicherungsmaßnahmen,

e) Überwachen der Rekonstruierbarkeit von Dateien,

f) Löschen von Dateien nach Verfall oder Freigabe.

Nr. 10

Schwierige Jobs liegen dann vor, wenn viele unterschiedliche Steueranweisungen zu überprüfen und ein hoher Anteil an unterschiedlichen Arbeitsmitteln zu berücksichtigen oder wenn viele verschiedenartige Unterlagen zu kontrollieren sind.

Nr. 11

Angestellte im Sinne dieses Tätigkeitsmerkmals sind

a) Angestellte,

> die vor ihrem Einsatz in dieser Tätigkeit gründliche, umfassende Fachkenntnisse im Sinne des Tätigkeitsmerkmals der Vergütungsgruppe Vb Fallgruppe 1a des Tarifvertrages zur Änderung und Ergänzung der Anlage 1a zum BAT (Neufassung der Fallgruppen 1) vom 24. Juni 1975 – außerhalb der Datenverarbeitung – erworben haben,
>
> mit einer zusätzlichen DV-Aus- oder -Fortbildung, die das DV-Grund- und -Fachwissen vermittelt hat, wie es den Rahmenrichtlinien für die DV-Aus- und -Fortbildung in der öffentlichen Verwaltung (BAnz. Nr. 95a vom 22. Mai 1981) für Beschäftigte in der DV-Anwendungsorganisation oder in der Anwendungsprogrammierung entspricht – dabei können an die Stelle des Themen-

bereichs Programmentwicklung Ausbildungsinhalte treten, die nur für Ablauf- und Belegungsplaner vorgesehen sind –,

sowie

mit einer praktischen Ausbildung oder einer praktischen Tätigkeit von mindestens neun Monaten in der DV-Organisation, der Anwendungsprogrammierung und der Maschinenbedienung

mit entsprechender Tätigkeit,
b) Angestellte mit abgeschlossener einschlägiger Fachhochschulausbildung (z. B. Informatiker) und entsprechender Tätigkeit sowie sonstige Angestellte, die aufgrund gleichwertiger Fähigkeiten und ihrer Erfahrungen entsprechende Tätigkeiten ausüben.

Nr. 12
Schwierige Aufgaben in der Ablaufplanung sind insbesondere:
a) Mitwirkung an der Verfahrensentwicklung bzw. -änderung mit dem Ziel der zweckmäßigen Gestaltung des Ablaufs von DV-Verfahren zur effektiven Nutzung der Ressourcen des Rechenzentrums,
b) Bereitstellung von Daten für die Planung von Hard- und Software und
c) Ermittlung von Parametern bei automatisierter Job-Ablaufsteuerung.

Es müssen mindestens zwei schwierige Aufgaben wahrgenommen werden.

Nr. 13
Umfangreiche und vielfältige Planungsaufgaben in der Ablaufplanung sind gegeben, wenn
a) Aufträge aus einer Vielzahl verschiedener DV-Verfahren aus unterschiedlichen Anwendungsbereichen (z. B. Materialbewirtschaftung, Personalwesen, Finanzwesen, Einwohnerwesen, Gesundheitswesen) einzuplanen sind und
b) dabei in nicht unerheblichem Umfang

nach Zeitpunkt oder Umfang nicht vorhersehbare Aufträge (z. B. adhoc-Auswertungen für Planungszwecke, Wiederholungsarbeiten, Umfang von on-line-Anwendungen)

oder

zeitkritische Aufträge (z. B. Aufträge mit Tagesfertigkeit)

einzuplanen sind, die eine kurzfristige Festlegung oder Änderung von Prioritäten erfordern.

Nr. 14
Die Anwendung dieses Tätigkeitsmerkmals setzt voraus, daß die Angestellten vertiefte Fachkenntnisse in dem zu bearbeitenden Aufgabengebiet und Fachkenntnisse in der DV-Systemtechnik erworben sowie diese Kenntnisse bei ihrer Tätigkeit anzuwenden haben.

Nr. 15
Auf die Bewährungszeit sind Zeiten der Bewährung in einer Tätigkeit mindestens der jeweils nächstniedrigeren Vergütungsgruppe der Abschnitte I, II,

IV.2.3.4 Ang. in der Datenverarbeitung

III, IV und VII anzurechnen, es sei denn, daß diese Vergütungsgruppe nach Bewährung erreicht worden ist. Zeiten der Bewährung in einer gleichartigen DV-Tätigkeit in der Produktionssteuerung außerhalb des Geltungsbereichs dieses Tarifvertrages können ganz oder teilweise berücksichtigt werden.

Nr. 16

Vielfältige Planungsaufgaben der Belegungsplanung liegen vor, wenn zahlreiche Jobs unterschiedlicher DV-Struktur einzuplanen sind. Sie liegen auch dann vor, wenn unterschiedliche Nutzungsformen wie Stapelverarbeitung und Dialogverarbeitung (Absatz 5 Buchst. b der Protokollerklärung Nr. 1 zu Abschnitt VII) angewendet werden.

Nr. 17

Datenbank ist eine Datenbasis, die – ohne Rücksicht auf die logische Struktur – unter Anwendung eines Datenbankverwaltungssystems (IMS, UDS, ADABAS oder Systeme mit vergleichbarem Funktionsumfang) geführt wird und von mehreren Anwendungsprogrammen gemeinsam genutzt werden kann.

Zur Verwaltung von Datenbanken gehören insbesondere:

a) Zuweisen von Pufferbereichen,

b) Berechnung des Speicherplatzbedarfs,

c) Führen eines Verzeichnisses über Speicherplatzbelegung,

d) Job-Vorbereitung für Aufbau und Pflege von Datenbeschreibungstabellen,

e) Überwachen der Rekonstruierbarkeit von Datenbanken,

f) Veranlassen von Sicherungsläufen und

g) verantwortliche Beteiligung an der Wiederherstellung von Datenbanken.

Nr. 18

Vielfältige Systemhilfen sind zahlreiche, nach Art und Funktion unterschiedliche Systemhilfen.

Vielfältige Speicherungsformen liegen vor, wenn Dateien mit mindestens drei verschiedenen Zugriffsmethoden bei der Verwaltung zu berücksichtigen sind.

Nr. 19

Die Anwendung dieses Tätigkeitsmerkmals setzt voraus, daß dem Angestellten mindestens drei Angestellte in der Produktionssteuerung im Sinne dieses Abschnitts durch ausdrückliche Anordnung ständig unterstellt sind.

Dabei

a) ist es für die Eingruppierung unschädlich, wenn im Organisations- und Stellenplan zur Besetzung ausgewiesene Stellen nicht besetzt sind,

b) rechnen hierzu auch Beamte vergleichbarer Besoldungsgruppen,

c) zählen Teilbeschäftigte entsprechend dem Verhältnis der mit ihnen im Arbeitsvertrag vereinbarten Arbeitszeit zur regelmäßigen Arbeitszeit eines Vollbeschäftigten.

Nr. 20

Die Verwaltung von Datenbanken setzt voraus, daß die Angestellten eingehende Kenntnisse in dem angewendeten Datenbankverwaltungssystem anzuwenden haben und eine praktische Tätigkeit in der Anwendungsprogrammierung oder DV-Systemtechnik von mindestens zwölf Monaten zurückgelegt haben.

Nr. 21

Die Anwendung dieses Tätigkeitsmerkmals setzt voraus, daß dem Angestellten mindestens fünf Angestellte in der Produktionssteuerung im Sinne dieses Abschnitts, davon mindestens zwei Angestellten der Vergütungsgruppe IVb Fallgruppe 2 oder der Vergütungsgruppe IVa, durch ausdrückliche Anordnung ständig unterstellt sind.

Dabei

a) werden Angestellte, die in einer im Wege des Bewährungsaufstiegs erreichten Vergütungsgruppe eingruppiert sind, als Angestellte der Vergütungsgruppe gezählt, aus der sie aufgestiegen sind,

b) ist es für die Eingruppierung unschädlich, wenn im Organisations- und Stellenplan zur Besetzung ausgewiesene Stellen nicht besetzt sind,

c) rechnen hierzu auch Beamte vergleichbarer Besoldungsgruppen,

d) zählen Teilzeitbeschäftigte entsprechend dem Verhältnis der mit ihnen im Arbeitsvertrag vereinbarten Arbeitszeit zur regelmäßigen Arbeitszeit eines Vollbeschäftigten.

Nr. 22

Ein DV-Verfahren im Sinne dieses Tätigkeitsmerkmals ist die Summe aller organisatorischen und programmiertechnischen Arbeitsabläufe, die für die maschinelle Erledigung einer bestimmten Fachaufgabe, z. B. Berechnung und Zahlbarmachung von Wohngeld, erforderlich sind.

Nr. 23

Die Anwendung dieses Tätigkeitsmerkmals setzt voraus, daß die Angestellten vertiefte Fachkenntnisse in dem angewendeten Datenbankverwaltungssystem und Fachkenntnisse in der DV-Systemtechnik erworben sowie diese Kenntnisse bei ihrer Tätigkeit anzuwenden haben.

VII. Angestellte in der Maschinenbedienung

Vergütungsgruppe VIII

Angestellte, die DV-Geräte bedienen, soweit nicht anderweitig eingruppiert.

(Hierzu Protokollerklärungen Nrn. 1 und 2)

IV.2.3.4 Ang. in der Datenverarbeitung

Vergütungsgruppe VII

1. Angestellte, die DV-Anlagen bedienen, wenn die Bedienung einfachen Schwierigkeitsgrad hat, soweit nicht anderweitig eingruppiert.
   (Hierzu Protokollerklärungen Nrn. 1, 3 und 4)

2. Angestellte, die DV-Anlagen bedienen, soweit nicht anderweitig eingruppiert.
   (Hierzu Protokollerklärungen Nrn. 1 und 4)

3. Angestellte, die DV-Geräte bedienen,
   nach zweijähriger Bewährung in Vergütungsgruppe VIII dieses Abschnitts.
   (Hierzu Protokollerklärungen Nrn. 1 und 2)

Vergütungsgruppe VIb

1. Angestellte, die DV-Anlagen bedienen, wenn die Bedienung mittleren Schwierigkeitsgrad hat, soweit nicht anderweitig eingruppiert.
   (Hierzu Protokollerklärungen Nrn. 1, 3 und 4)

2. Angestellte, die DV-Anlagen bedienen, wenn die Bedienung einfachen Schwierigkeitsgrad hat,
   nach sechsmonatiger Einarbeitungszeit in Vergütungsgruppe VII Fallgruppe 1 dieses Abschnitts.
   (Hierzu Protokollerklärungen Nrn. 1, 3, 4 und 5)

3. Angestellte, die DV-Anlagen bedienen,
   nach sechsjähriger Bewährung in Vergütungsgruppe VII Fallgruppe 2 dieses Abschnitts.
   (Hierzu Protokollerklärungen Nrn. 1 und 4)

4. Angestellte, die DV-Geräte bedienen, wenn ihnen durch ausdrückliche Anordnung besondere Befugnisse übertragen worden sind.
   (Hierzu Protokollerklärungen Nrn. 1, 2 und 6)

Vergütungsgruppe Vc

1. Angestellte, die DV-Anlagen bedienen, wenn die Bedienung hohen Schwierigkeitsgrad hat, soweit nicht anderweitig eingruppiert,
   (Hierzu Protokollerklärungen Nrn. 1, 3 und 4)

2. Angestellte, die DV-Anlagen bedienen, wenn die Bedienung mittleren Schwierigkeitsgrad hat,

Ang. in der Datenverarbeitung **IV.2.3.4**

    nach sechsmonatiger Einarbeitungszeit in Vergütungsgruppe VIb Fallgruppe 1 dieses Abschnitts.
(Hierzu Protokollerklärungen Nrn. 1, 3, 4 und 5)

3. Angestellte, die DV-Anlagen bedienen, wenn die Bedienung einfachen Schwierigkeitsgrad hat,
    nach vierjähriger Bewährung in Vergütungsgruppe VIb Fallgruppe 2 dieses Abschnitts.
(Hierzu Protokollerklärungen Nrn. 1, 3, 4 und 7)

4. Angestellte, die DV-Anlagen bedienen, wenn ihnen durch ausdrückliche Anordnung besondere Befugnisse übertragen worden sind.
(Hierzu Protokollerklärungen Nrn. 1, 4 und 6)

Vergütungsgruppe Vb

1. Angestellte mit abgeschlossener einschlägiger Fachhochschulausbildung (z. B. Informatiker) und entsprechender Tätigkeit, die DV-Anlagen bedienen, wenn die Bedienung hohen Schwierigkeitsgrad hat.
(Hierzu Protokollerklärungen Nrn. 1 und 3)

2. Angestellte, die DV-Anlagen bedienen, wenn die Bedienung hohen Schwierigkeitsgrad hat,
    nach einjähriger Einarbeitungszeit in Vergütungsgruppe Vc Fallgruppe 1 dieses Abschnitts.
(Hierzu Protokollerklärungen Nrn. 1, 3, 4 und 5)

3. Angestellte, die DV-Anlagen bedienen, wenn die Bedienung mittleren Schwierigkeitsgrad hat,
    nach vierjähriger Bewährung in Vergütungsgruppe Vc Fallgruppe 2 dieses Abschnitts.
(Hierzu Protokollerklärungen Nrn. 1, 3, 4 und 7)

4. Angestellte, die DV-Anlagen bedienen, wenn die Bedienung einfachen Schwierigkeitsgrad hat, und denen durch ausdrückliche Anordnung besondere Befugnisse übertragen worden sind.
(Hierzu Protokollerklärungen Nrn. 1, 3, 4 und 6)

Vergütungsgruppe IVb

1. Angestellte, denen Leitungs- und Koordinierungstätigkeiten bei mindestens zwei DV-Anlagen durch ausdrückliche Anordnung übertragen worden sind, soweit nicht anderweitig eingruppiert.
(Hierzu Protokollerklärungen Nrn. 1, 4 und 9)

IV.2.3.4 Ang. in der Datenverarbeitung

2. Angestellte mit abgeschlossener einschlägiger Fachhochschulausbildung (z. B. Informatiker) und entsprechender Tätigkeit, die DV-Anlagen bedienen, wenn die Bedienung hohen Schwierigkeitsgrad hat,
   nach vierjähriger Bewährung in Vergütungsgruppe Vb Fallgruppe 1 dieses Abschnitts.
   (Hierzu Protokollerklärungen Nrn. 1, 3 und 7)

3. Angestellte, die DV-Anlagen bedienen, wenn die Bedienung hohen Schwierigkeitsgrad hat,
   nach sechsjähriger Bewährung in Vergütungsgruppe Vb Fallgruppe 2 dieses Abschnitts.
   (Hierzu Protokollerklärungen Nrn. 1, 3, 4 und 7)

4. Angestellte, die DV-Anlagen bedienen, wenn die Bedienung mittleren Schwierigkeitsgrad hat, und denen durch ausdrückliche Anordnung besondere Befugnisse übertragen worden sind.
   (Hierzu Protokollerklärungen Nrn. 1, 3, 4 und 8)

Vergütungsgruppe IVa

1. Angestellte mit abgeschlossener einschlägiger Fachhochschulausbildung (z. B. Informatiker) und entsprechender Tätigkeit sowie sonstige Angestellte, die aufgrund gleichwertiger Fähigkeiten und ihrer Erfahrungen entsprechende Tätigkeiten ausüben,
   denen Leitungs- und Koordinierungstätigkeiten bei mindestens zwei DV-Anlagen, deren Bedienung jeweils mittleren Schwierigkeitsgrad hat, durch ausdrückliche Anordnung übertragen worden sind.
   (Hierzu Protokollerklärungen Nrn. 1, 3 und 9)

2. Angestellte mit abgeschlossener einschlägiger Fachhochschulausbildung (z. B. Informatiker) und entsprechender Tätigkeit sowie sonstige Angestellte, die aufgrund gleichwertiger Fähigkeiten und ihrer Erfahrungen entsprechende Tätigkeiten ausüben,
   die DV-Anlagen bedienen, deren Bedienung hohen Schwierigkeitsgrad hat, und denen durch ausdrückliche Anordnung besondere Befugnisse übertragen worden sind oder an deren Tätigkeit außergewöhnliche Anforderungen gestellt werden.
   (Hierzu Protokollerklärungen Nrn. 1, 3, 10 und 11)

Ang. in der Datenverarbeitung IV.2.3.4

Vergütungsgruppe III

Angestellte mit abgeschlossener einschlägiger Fachhochschulausbildung (z. B. Informatiker) und entsprechender Tätigkeit sowie sonstige Angestellte, die aufgrund gleichwertiger Fähigkeiten und ihrer Erfahrungen entsprechende Tätigkeiten ausüben,

> denen Leitungs- und Koordinierungstätigkeiten bei mindestens zwei DV-Anlagen, deren Bedienung jeweils hohen Schwierigkeitsgrad hat, durch ausdrückliche Anordnung übertragen worden sind.

(Hierzu Protokollerklärungen Nrn. 1, 3 und 9)

Protokollerklärungen:

Nr. 1

(1) Unter diesen Abschnitt fallen Angestellte, die Zentraleinheiten von DV-Anlagen oder DV-Geräte bedienen, sowie Angestellte, die Leitungs- und Koordinierungstätigkeiten ausüben, wie sie üblicherweise bei der Maschinenbedienung anfallen können (z. B. Leitung eines Maschinensaals, Leitung einer Schicht).

Angestellte, die bei Erledigung ihrer Fachaufgaben DV-Anlagen oder DV-Geräte benutzen (z. B. Angestellte in der Textverarbeitung, an Schalterterminals, an Abfragebildschirmen, in der Maschinenbuchhaltung von Amtskassen und Zahlstellen, in der Nachrichtenübermittlung), fallen nicht unter diesen Abschnitt.

(2) Unter Bedienung von DV-Anlagen oder DV-Geräten, wird das Inbetriebsetzen, Steuern, Überwachen, Rüsten und Abschalten verstanden.

(3) DV-Geräte sind technische Einrichtungen wie Bandgeräte, Platteneinheiten, Drucker oder Belegleser, die nicht alle Merkmale, aber mindestens ein Merkmal einer DV-Anlage erfüllen.

(4) Bei technischen Einrichtungen, die sowohl in der Funktion eines DV-Gerätes, sofern sie mit einem zentralen Rechner verbunden und von diesem gesteuert sind, als auch in der Funktion einer selbständigen DV-Anlage betrieben werden können (z. B. RJE-Stationen – das sind räumlich abgesetzte Maschinen mit Ein- und Ausgabefunktion zur Stapelverarbeitung auf DV-Anlagen –, Datensammelsysteme), kommt es für die Eingruppierung darauf an, in welcher Funktion diese technischen Einrichtungen überwiegend genutzt werden.

(5) Der Schwierigkeitsgrad der Bedienung von DV-Anlagen wird – bezogen auf die von dem Angestellten zu bedienende Steuerungseinrichtung (z. B. Steuerpult, Bedienfeld, Konsolbildschirm) – durch die Nutzungsform bestimmt, die entsprechende Hardware-Konfigurationen und Systemsoftware (Protokollerklärung Nr. 2 zu Abschnitt IV) voraussetzt.

IV.2.3.4 Ang. in der Datenverarbeitung

Nutzungsformen in diesem Sinne sind:

a) Stapelverarbeitung (Stapelbetrieb, DIN 44 300 Nr. 160), d. h. eine Aufgabe muß vollständig gestellt sein, bevor mit der Abwicklung begonnen werden kann.

 Wenn die Programme oder Daten im Rechenzentrum eingegeben werden, handelt es sich um lokale Stapelverarbeitung; wenn die Programme oder Daten räumlich entfernt über eine Benutzerstation (DIN 44 300 Nr. 114) eingegeben werden, handelt es sich um Stapelfernverarbeitung.

b) Dialogverarbeitung (Dialogbetrieb, DIN 44 300 Nr. 162), d. h. während der Verarbeitung findet eine aufgabenorientierte Kommunikation zwischen der DV-Anlage und den Benutzern in folgenden Formen statt; dabei lassen sich die Anforderungen nicht über eine Produktionssteuerung koordinieren:

> Teilnehmerbetrieb ist eine benutzergesteuerte Nutzungsform, bei der die Benutzer im Rahmen allgemeiner Betriebsordnungen Zeitpunkt, Art und Umfang ihrer Anforderungen an die DV-Anlage selbst bestimmen.

> Teilhaberbetrieb ist eine ablaufgesteuerte Nutzungsform, bei der die Benutzer nur im Rahmen vorgegebener, auf eine bestimmte Dialoganwendung zugeschnittener Programme arbeiten (z. B. Auskunftssystem).

 Die Nutzung einer DV-Anlage für betriebliche Funktionen (z. B. Bedienung, Systemtechnik, Produktionssteuerung) gilt nicht als Dialogverarbeitung, auch wenn hierfür Benutzerstationen benutzt werden, die an die DV-Anlage angeschlossen sind.

Nr. 2

Angestellte im Sinne dieses Tätigkeitsmerkmals sind Angestellte mit einer DV-Aus- oder -Fortbildung, deren Inhalt und Umfang mindestens die Teile des DV-Grundwissens vermittelt hat, wie es den Rahmenrichtlinien für die DV-Aus- und -Fortbildung in der öffentlichen Verwaltung (BAnz. Nr. 95a vom 22. Mai 1981) für Beschäftigte in der Maschinenbedienung (Gerätebediener) entspricht.

Nr. 3

Für die Schwierigkeitsgrade gilt folgendes:

a) Die Bedienung von DV-Anlagen hat einfachen Schwierigkeitsgrad, wenn

 aa) in der Stapelverarbeitung mindestens 1,5 Jobs gleichzeitig verarbeitet werden oder

Ang. in der Datenverarbeitung IV.2.3.4

- bb) in der Dialogverarbeitung der Ablauf einer Dialoganwendung mit mindestens 20 angeschlossenen und aktiven Benutzerstationen zu steuern ist oder
- cc) gleichzeitig der Ablauf von Stapel- und Dialogverarbeitung zu steuern ist.

b) Die Bedienung von DV-Anlagen hat mittleren Schwierigkeitsgrad, wenn

- aa) in der Stapelverarbeitung mindestens vier Jobs gleichzeitig verarbeitet werden oder
- bb) gleichzeitig Stapel- und Dialogverarbeitung durchzuführen sind und

  in der Stapelverarbeitung mindestens zwei Jobs gleichzeitig verarbeitet werden und

  in der Dialogverarbeitung mindestens fünf Benutzerstationen angeschlossen und aktiv sind oder

- cc) in der Dialogverarbeitung

  der Ablauf einer Dialoganwendung mit mindestens 50 angeschlossenen und aktiven Benutzerstationen zu steuern ist oder zwei verschiedenartige und voneinander unabhängige Dialoganwendungen mit insgesamt mindestens 20 angeschlossenen und aktiven Benutzerstationen zu betreiben sind.

c) Die Bedienung von DV-Anlagen hat hohen Schwierigkeitsgrad, wenn

- aa) in der Stapelverarbeitung sechs Jobs gleichzeitig verarbeitet werden oder
- bb) gleichzeitig Stapel- und Dialogverarbeitung durchzuführen sind und

  in der Stapelverarbeitung mindestens vier Jobs gleichzeitig verarbeitet werden und

  in der Dialogverarbeitung mindestens zehn Benutzerstationen angeschlossen und aktiv sind oder

- cc) gleichzeitig Stapel- und Dialogverarbeitung durchzuführen sind und

  in der Stapelverarbeitung mindestens drei Jobs gleichzeitig verarbeitet werden und in der Dialogverarbeitung entweder mindestens 50 Benutzerstationen angeschlossen und aktiv sind

  oder mindestens zwei verschiedenartige und voneinander unabhängige Dialoganwendungen mit insgesamt mindestens 20 angeschlossenen und aktiven Benutzerstationen zu betreiben sind oder

- dd) Dialogverarbeitung gleichzeitig im Teilnehmer- und Teilhaberbetrieb durchzuführen ist und entweder

  mindestens 100 Benutzerstationen angeschlossen und aktiv sind oder

IV.2.3.4 Ang. in der Datenverarbeitung

mindestens drei verschiedenartige und voneinander unabhängige Dialoganwendungen mit insgesamt mindestens 60 angeschlossenen und aktiven Benutzerstationen zu betreiben sind.

d) Ein Job im Sinne dieser Protokollerklärung umfaßt ein Anwendungsprogramm oder mehrere Anwendungsprogramme, die arbeitstechnisch zusammengefaßt sind und gegebenenfalls von einer katalogisierten Folge von Steueranweisungen gesteuert werden.

Die Zahl der gleichzeitig zu verarbeitenden Jobs ergibt sich aus der Summe der Jobzeiten geteilt durch die produktive Betriebszeit.

Jobzeit ist die Zeit, in der sich ein Job in der DV-Anlage aktiv um Ressourcen bemüht.

Produktive Betriebszeit ist die Zeit, in der die DV-Anlage der Maschinenbedienung zur Durchführung von Stapelverarbeitung betriebsbereit zur Verfügung steht; nicht eingerechnet werden Zeiten der Wartung und technischer Störungen sowie Zeiten, in denen die DV-Anlage wegen Systemgenerierung, Systemstarts oder Dialogbetriebs dem Operating selbst nicht zur Verfügung steht.

Die Zahl der gleichzeitig zu verarbeitenden Jobs wird für jede Steuerungseinrichtung und für jede Schicht ermittelt. Maßgebend ist der Kalenderjahresdurchschnitt. Arbeitet der Angestellte in der Maschinenbedienung dienstplanmäßig oder betriebsüblich in wechselnden Arbeitsschichten, gilt für ihn die Schicht mit dem höchsten Kalenderjahresdurchschnitt. Findet während einer Schicht ein Wechsel zwischen dem Betrieb in einer und mehreren Nutzungsformen statt, so gilt für den Schwierigkeitsgrad der Bedienung der Betrieb in mehreren Nutzungsformen mit dem in Betracht kommenden höchsten Schwierigkeitsgrad für die gesamte Schicht. Der Ermittlung der Anzahl der gleichzeitig in der Stapelverarbeitung verarbeiteten Jobs wird in diesem Fall die produktive Betriebszeit der gesamten Schicht zugrunde gelegt.

Die Zahl der anzurechnenden angeschlossenen und aktiven Benutzerstationen im Sinne dieser Protokollerklärung bestimmt sich aus der Sicht der zu bedienenden DV-Anlage. Zugrunde zu legen ist die Zahl der maximal gleichzeitig um die Ressourcen der DV-Anlage konkurrierenden Benutzerstationen. Eine angeschlossene DV-Anlage wird dabei wie eine Benutzerstation bewertet, es sei denn, sie dient für den Anschluß als Vermittlungsrechner. In diesen Fällen sind alle über den Vermittlungsrechner an die zu bedienende DV-Anlage angeschlossenen aktiven Endgeräte als Benutzerstationen zu werten.

Nr. 4
Angestellte im Sinne dieses Tätigkeitsmerkmals sind Angestellte
mit einer DV-Aus- oder -Fortbildung, deren Inhalt und Umfang mindestens das DV-Grund- und -Fachwissen vermittelt hat, wie es den Rahmenrichtlinien für die DV-Aus- und -Fortbildung in der öffentlichen Verwaltung

(BAnz. Nr. 95a vom 22. Mai 1981) für Beschäftigte in der Maschinenbedienung (Bediener von DV-Anlagen) entspricht,

mit Kenntnissen der eingesetzten DV-Anlagen und Systemsoftware

sowie

mit einer praktischen Ausbildung oder einer praktischen Tätigkeit von mindestens sechs Monaten in der Maschinenbedienung.

Nr. 5

Zeiten, in denen der Angestellte nach diesem Abschnitt als Angestellter in der Bedienung von DV-Anlagen in mindestens dieser Vergütungsgruppe eingruppiert war, werden auf die Einarbeitungszeit angerechnet.

Auf die Einarbeitungszeit können auch Zeiten einer entsprechenden Tätigkeit in der Bedienung von DV-Anlagen außerhalb des Geltungsbereichs dieses Tarifvertrages ganz oder teilweise angerechnet werden. Zeiten, die ihrerseits Einarbeitungszeit sind, werden nicht berücksichtigt.

Nr. 6

Besondere Befugnisse im Sinne dieses Tätigkeitsmerkmals liegen vor, wenn dem Angestellten in der Bedienung von DV-Anlagen und DV-Geräten durch ausdrückliche Anordnung zusätzlich die folgenden Aufgaben übertragen sind:

a) Verantwortung für DV-Anlagen bzw. DV-Geräte und für die betriebliche Sicherheit,

b) Entscheidungen bei Störungen im Betriebsablauf und bei der terminlichen Abwicklung während der Verarbeitung und

c) Einsatzsteuerung von DV-Anlagen bzw. DV-Geräten.

Nr. 7

Auf die Bewährungszeit sind Zeiten der Bewährung in einer Tätigkeit mindestens der jeweils nächstniedrigeren Vergütungsgruppe der Abschnitte I, II, III, IV und VI anzurechnen, es sei denn, daß diese Vergütungsgruppe nach Bewährung erreicht worden ist. Zeiten der Bewährung in einer gleichartigen DV-Tätigkeit in der Bedienung von DV-Anlagen außerhalb des Geltungsbereichs dieses Tarifvertrages können ganz oder teilweise berücksichtigt werden.

Nr. 8

Besondere Befugnisse im Sinne dieses Tätigkeitsmerkmals liegen vor, wenn dem Angestellten in der Bedienung von DV-Anlagen durch ausdrückliche Anordnung für bestimmte DV-Anlagen und DV-Geräte zusätzlich die folgenden Aufgaben in der Schicht übertragen sind:

a) Verantwortung für die DV-Anlagen und DV-Geräte (z. B. Reinigung, Abnahme der Inspektionen, Kontrolle der Störanfälligkeit) und für die betriebliche Sicherheit,

b) Entscheidungen bei Störungen im Betriebsablauf,

c) Entscheidungen über die Prioritätensteuerung während der Verarbeitung die – unter Berücksichtigung der Benutzeranforderungen

IV.2.3.4 Ang. in der Datenverarbeitung

sowie aufgrund der Vorgaben der Produktionssteuerung – eine möglichst wirtschaftliche Ausnutzung der DV-Anlage gewährleisten,
d) fachliche Leistung der übrigen zur Bedienung der DV-Anlagen und DV-Geräte eingesetzten Angestellten und
e) Maschinen- und Arbeitsübergabe.

Nr. 9
Leitungs- und Koordinierungstätigkeiten im Sinne dieses Tätigkeitsmerkmals (Leitung eines Maschinensaals) liegen vor, wenn durch ausdrückliche Anordnung die folgenden Aufgaben übertragen sind:
a) Aufsicht und Koordinierung eines Mehrschichtbetriebes,
b) Gesamtverantwortung für die im Maschinensaal installierten DV-Anlagen, DV-Geräte und sonstigen technischen Einrichtungen sowie für die betriebliche Sicherheit und
c) Vorschläge zur Maschinenausstattung und zur Personalschulung.

Nr. 10
Besondere Befugnisse im Sinne dieses Tätigkeitsmerkmals liegen vor, wenn dem Angestellten in der Bedienung von DV-Anlagen durch ausdrückliche Anordnung für bestimmte DV-Anlagen und DV-Geräte zusätzlich die folgenden Aufgaben in der Schicht übertragen sind:
a) Verantwortung für DV-Anlagen und DV-Geräte (z. B. Reinigung, Abnahme der Inspektionen, Kontrolle der Störanfälligkeit) und für die betriebliche Sicherheit,
b) Entscheidungen bei Störungen im Betriebsablauf,
c) Entscheidungen über die regelmäßigen Umschaltungen von Eingabe- und Speichersträngen in Abhängigkeit von der Belastung der DV-Anlagen und über die Prioritätensteuerung während der Verarbeitung, die – unter Berücksichtigung der Benutzeranforderungen sowie aufgrund der Vorgaben der Produktionssteuerung – einen möglichst wirtschaftlichen und störungssicheren Betrieb der DV-Anlagen gewährleisten,
d) fachliche Leitung der übrigen zur Bedienung der DV-Anlagen und DV-Geräte eingesetzten Angestellten und
e) Maschinen- und Arbeitsübergabe.

Nr. 11
Außergewöhnliche Anforderungen liegen vor, wenn gleichzeitig Stapel- und Dialogverarbeitung durchzuführen sind und
a) in der Stapelverarbeitung mindestens zehn Jobs gleichzeitig verarbeitet werden oder
b) in der Dialogverarbeitung bei Einsatz von mindestens 150 angeschlossenen und aktiven Benutzerstationen mindestens zu einem Drittel Aufgaben der Überwachung (Fehleranalyse und -beseitigung) von Datenfernverarbeitungsnetzen wahrzunehmen sind.

Die Protokollerklärung Nr. 3 Buchst. d gilt entsprechend.

Angestellte im Sozial- und Erziehungsdienst [1]

Vergütungsgruppe IX

Angestellte in der Tätigkeit von Kinderpflegerinnen mit staatlicher Anerkennung.

(Hierzu Protokollerklärung Nr. 1)

Vergütungsgruppe VIII

Kinderpflegerinnen mit staatlicher Anerkennung oder mit staatlicher Prüfung und entsprechender Tätigkeit sowie sonstige Angestellte, die aufgrund gleichwertiger Fähigkeiten und ihrer Erfahrungen entsprechende Tätigkeiten ausüben.

(Hierzu Protokollerklärung Nr. 1)

Vergütungsgruppe VII

1. Kinderpflegerinnen mit staatlicher Anerkennung oder mit staatlicher Prüfung und entsprechender Tätigkeit sowie sonstige Angestellte, die aufgrund gleichwertiger Fähigkeiten und ihrer Erfahrungen entsprechende Tätigkeiten ausüben,

    mit schwierigen fachlichen Tätigkeiten.

    (Hierzu Protokollerklärungen Nrn. 1 und 2)

2. Kinderpflegerinnen mit staatlicher Anerkennung oder mit staatlicher Prüfung und entsprechender Tätigkeit sowie sonstige Angestellte, die aufgrund gleichwertiger Fähigkeiten und ihrer Erfahrungen entsprechende Tätigkeiten ausüben,

    nach zweijähriger Bewährung in Vergütungsgruppe VIII.

    (Hierzu Protokollerklärung Nr. 1)

3. Angestellte in der Tätigkeit von Erzieherinnen mit staatlicher Anerkennung.

    (Hierzu Protokollerklärungen Nrn. 1 und 3)

4. Angestellte im handwerklichen Erziehungsdienst mit abgeschlossener Berufsausbildung.

    (Hierzu Protokollerklärung Nr. 1)

---

[1] Die Eingruppierung der Angestellten im Sozial- und im Erziehungsdienst ist durch den Tarifvertrag vom 24. April 1991 mit Wirkung ab 1. Januar 1991 neu geregelt worden. Zu den Übergangsvorschriften vgl. den Hinweis des Bearbeiters am Schluss dieses Beitrags.

IV.2.3.5 Ang. im Sozial- und Erziehungsdienst

Vergütungsgruppe VIb

1. Kinderpflegerinnen mit staatlicher Anerkennung oder mit staatlicher Prüfung und entsprechender Tätigkeit sowie sonstige Angestellte, die aufgrund gleichwertiger Fähigkeiten und ihrer Erfahrungen entsprechende Tätigkeiten ausüben,
   mit schwierigen fachlichen Tätigkeiten
   nach fünfjähriger Bewährung in Vergütungsgruppe VII Fallgruppe 1.
   (Hierzu Protokollerklärungen Nrn. 1 und 2)

2. Angestellte im handwerklichen Erziehungsdienst mit abgeschlossener Berufsausbildung als Leiter von Ausbildungs- oder Berufsförderungswerkstätten oder Werkstätten für Behinderte.
   (Hierzu Protokollerklärung Nr. 1)

3. Angestellte im handwerklichen Erziehungsdienst mit abgeschlossener Berufsausbildung, die durch ausdrückliche Anordnung als ständige Vertreter von Leitern von Ausbildungs- oder Berufsförderungswerkstätten oder Werkstätten für Behinderte der Vergütungsgruppe Vb Fallgruppe 1 bestellt sind.
   (Hierzu Protokollerklärungen Nrn. 1 und 4)

4. Angestellte im handwerklichen Erziehungsdienst mit abgeschlossener Berufsausbildung
   nach vierjähriger Bewährung in Vergütungsgruppe VII Fallgruppe 4.
   (Hierzu Protokollerklärung Nr. 1)

5. Erzieherinnen mit staatlicher Anerkennung und entsprechender Tätigkeit sowie sonstige Angestellte, die aufgrund gleichwertiger Fähigkeiten und ihrer Erfahrungen entsprechende Tätigkeiten ausüben.
   (Hierzu Protokollerklärungen Nrn. 1, 3 und 5)

Vergütungsgruppe Vc

1. Handwerksmeister, Industriemeister oder Gärtnermeister im handwerklichen Erziehungsdienst als Leiter von Ausbildungs- oder Berufsförderungswerkstätten oder Werkstätten für Behinderte.
   (Hierzu Protokollerklärung Nr. 1)

2. Handwerksmeister, Industriemeister oder Gärtnermeister im handwerklichen Erziehungsdienst, die durch ausdrückliche Anordnung als ständige Vertreter von Leitern von Ausbildungs-

Ang. im Sozial- und Erziehungsdienst IV.2.3.5

oder Berufsförderungswerkstätten oder Werkstätten für Behinderte der Vergütungsgruppe IVb Fallgruppe 1 bestellt sind.
(Hierzu Protokollerklärungen Nrn. 1 und 4)

3. Angestellte im handwerklichen Erziehungsdienst mit abgeschlossener Berufsausbildung als Leiter von Ausbildungs- oder Berufsförderungswerkstätten oder Werkstätten für Behinderte,
    nach vierjähriger Bewährung in Vergütungsgruppe VIb Fallgruppe 2.
(Hierzu Protokollerklärung Nr. 1)

4. Angestellte im handwerklichen Erziehungsdienst, die durch ausdrückliche Anordnung als ständige Vertreter von Leitern von Ausbildungs- oder Berufsförderungswerkstätten oder Werkstätten für Behinderte der Vergütungsgruppe Vb Fallgruppe 1 bestellt sind,
    nach vierjähriger Bewährung in Vergütungsgruppe VIb Fallgruppe 3.
(Hierzu Protokollerklärungen Nrn. 1 und 4)

5. Erzieherinnen mit staatlicher Anerkennung und entsprechender Tätigkeit sowie sonstige Angestellte, die aufgrund gleichwertiger Fähigkeiten und ihrer Erfahrungen entsprechende Tätigkeiten ausüben,
    mit besonders schwierigen fachlichen Tätigkeiten.
(Hierzu Protokollerklärungen Nrn. 1, 3, 5 und 6)

6. Erzieherinnen mit staatlicher Anerkennung und entsprechender Tätigkeit sowie sonstige Angestellte, die aufgrund gleichwertiger Fähigkeiten und ihrer Erfahrungen entsprechende Tätigkeiten ausüben,
    in Schulkindergärten, Vorklassen oder Vermittlungsgruppen für nicht schulpflichtige Kinder. – Fußnote 1 –
(Hierzu Protokollerklärungen Nrn. 5 und 7)

7. Erzieherinnen mit staatlicher Anerkennung und entsprechender Tätigkeit sowie sonstige Angestellte, die aufgrund gleichwertiger Fähigkeiten und ihrer Erfahrungen entsprechende Tätigkeiten ausüben,
    nach dreijähriger Bewährung in Vergütungsgruppe VIb Fallgruppe 5. – Fußnote 2 –
(Hierzu Protokollerklärungen Nrn. 1, 3 und 5)

8. Heilpädagogen mit staatlicher Anerkennung und entsprechender Tätigkeit.
(Hierzu Protokollerklärungen Nrn. 1 und 8)

IV.2.3.5 Ang. im Sozial- und Erziehungsdienst

9. Angestellte in der Tätigkeit von Sozialarbeitern/Sozialpädagogen mit staatlicher Anerkennung.
   (Hierzu Protokollerklärung Nr. 1)
10. Angestellte als Leiter von Kindertagesstätten. – Fußnote 3 –
    (Hierzu Protokollerklärung Nr. 9)
11. Angestellte, die durch ausdrückliche Anordnung als ständige Vertreter von Leitern von Kindertagesstätten mit einer Durchschnittsbelegung von mindestens 40 Plätzen bestellt sind. – Fußnote 3 –
    (Hierzu Protokollerklärungen Nrn. 4, 9 und 10)

Fußnote 1:

Diese Angestellten erhalten nach vierjähriger Tätigkeit in dieser Fallgruppe, frühestens jedoch nach insgesamt siebenjähriger Berufstätigkeit als Erzieherin in Vergütungsgruppe VIb oder Vc eine monatliche Vergütungsgruppenzulage in Höhe von 5 v. H. der Grundvergütung der Stufe 4 der Vergütungsgruppe Vc. Bei der Berechnung sich ergebende Bruchteile eines Cents unter 0,5 sind abzurunden, Bruchteile von 0,5 und mehr sind aufzurunden. Die Vergütungsgruppenzulage gilt bei der Bemessung des Sterbegeldes (§ 41) und des Übergangsgeldes (§ 63) als Bestandteil der Grundvergütung

Fußnote 2:

Diese Angestellten erhalten nach vierjähriger Tätigkeit in dieser Fallgruppe eine monatliche Vergütungsgruppenzulage in Höhe von 5 v. H. der Grundvergütung der Stufe 4 der Vergütungsgruppe Vc. Bei der Berechnung sich ergebende Bruchteile eines Cents unter 0,5 sind abzurunden. Bruchteile von 0,5 und mehr sind aufzurunden. Die Vergütungsgruppenzulage gilt bei der Bemessung des Sterbegeldes (§ 41) und des Übergangsgeldes (§ 63) als Bestandteil der Grundvergütung.

Fußnote 3:

Diese Angestellten erhalten eine monatliche Vergütungsgruppenzulage in Höhe von 6 v. H. der Grundvergütung der Stufe 4 der Vergütungsgruppe Vc. Bei der Berechnung sich ergebende Bruchteile eines Cents unter 0,5 sind abzurunden, Bruchteile von 0,5 und mehr sind aufzurunden. Die Vergütungsgruppenzulage gilt bei der Bemessung des Sterbegeldes (§ 41) und des Übergangsgeldes (§ 63) als Bestandteil der Grundvergütung.

Vergütungsgruppe Vb

1. Handwerksmeister, Industriemeister oder Gärtnermeister im handwerklichen Erziehungsdienst als Leiter von großen Aus-

Ang. im Sozial- und Erziehungsdienst IV.2.3.5

bildungs- oder Berufsförderungswerkstätten oder Werkstätten für Behinderte.

(Hierzu Protokollerklärung Nr. 1)

2. Handwerksmeister, Industriemeister oder Gärtnermeister im handwerklichen Erziehungsdienst als Leiter von Ausbildungs- oder Berufsförderungswerkstätten oder Werkstätten für Behinderte,

   nach vierjähriger Bewährung in Vergütungsgruppe Vc Fallgruppe 1.

(Hierzu Protokollerklärung Nr. 1)

3. Handwerksmeister, Industriemeister oder Gärtnermeister im handwerklichen Erziehungsdienst, die durch ausdrückliche Anordnung als ständige Vertreter von Leitern von Ausbildungs- oder Berufsförderungswerkstätten oder Werkstätten für Behinderte der Vergütungsgruppe IVb Fallgruppe 1 bestellt sind,

   nach vierjähriger Bewährung in Vergütungsgruppe Vc Fallgruppe 2.

(Hierzu Protokollerklärungen Nrn. 1 und 4)

4. Erzieherinnen mit staatlicher Anerkennung und entsprechender Tätigkeit sowie sonstige Angestellte, die aufgrund gleichwertiger Fähigkeiten und ihrer Erfahrungen entsprechende Tätigkeiten ausüben,

   mit fachlich koordinierenden Aufgaben für mindestens drei Angestellte mindestens der Vergütungsgruppe Vc Fallgruppe 5. – Fußnote –

(Hierzu Protokollerklärungen Nrn. 1, 3 und 5)

5. Erzieherinnen mit staatlicher Anerkennung und entsprechender Tätigkeit sowie sonstige Angestellte, die aufgrund gleichwertiger Fähigkeiten und ihrer Erfahrungen entsprechende Tätigkeiten ausüben,

   mit besonders schwierigen fachlichen Tätigkeiten

nach vierjähriger Bewährung in Vergütungsgruppe Vc Fallgruppe 5.

(Hierzu Protokollerklärungen Nrn. 1, 3, 5 und 6)

6. Heilpädagogen mit staatlicher Anerkennung und entsprechender Tätigkeit

   nach vierjähriger Bewährung in Vergütungsgruppe Vc Fallgruppe 8.

(Hierzu Protokollerklärungen Nrn. 1 und 8)

IV.2.3.5 Ang. im Sozial- und Erziehungsdienst

7. Angestellte als Leiter von Kindertagesstätten mit einer Durchschnittsbelegung von mindestens 40 Plätzen.

   (Hierzu Protokollerklärungen Nrn. 9 und 10)

8. Angestellte, die durch ausdrückliche Anordnung als ständige Vertreter von Leitern von Kindertagesstätten mit einer Durchschnittsbelegung von mindestens 70 Plätzen bestellt sind.

   (Hierzu Protokollerklärungen Nrn. 4, 9 und 10)

9. Angestellte, die durch ausdrückliche Anordnung als ständige Vertreter von Leitern von Kindertagesstätten für Behinderte im Sinne des § 39 BSHG oder für Kinder oder Jugendliche mit wesentlichen Erziehungsschwierigkeiten bestellt sind.
   – Fußnote –

   (Hierzu Protokollerklärungen Nrn. 4 und 9)

10. Sozialarbeiter/Sozialpädagogen mit staatlicher Anerkennung und entsprechender Tätigkeit sowie sonstige Angestellte, die aufgrund gleichwertiger Fähigkeiten und ihrer Erfahrungen entsprechende Tätigkeiten ausüben.

    (Hierzu Protokollerklärung Nr. 1)

Fußnote:

Diese Angestellten erhalten nach vierjähriger Bewährung in dieser Fallgruppe eine monatliche Vergütungsgruppenzulage in Höhe von 6 v. H. der Grundvergütung der Stufe 4 der Vergütungsgruppe Vb. Bei der Berechnung sich ergebende Bruchteile eines Cents unter 0,5 sind abzurunden, Bruchteile von 0,5 und mehr sind aufzurunden. Die Vergütungsgruppenzulage gilt bei der Bemessung des Sterbegeldes (§ 41) und des Übergangsgeldes (§ 63) als Bestandteil der Grundvergütung.

Vergütungsgruppe IVb

1. Handwerksmeister, Industriemeister oder Gärtnermeister im handwerklichen Erziehungsdienst als Leiter von Ausbildungs- oder Berufsförderungswerkstätten oder Werkstätten für Behinderte, die sich durch den Umfang und die Bedeutung ihres Aufgabengebietes wesentlich aus der Vergütungsgruppe Vb Fallgruppe 1 herausheben. – Fußnote 1 –

   (Hierzu Protokollerklärung Nr. 1)

2. Handwerksmeister, Industriemeister oder Gärtnermeister im handwerklichen Erziehungsdienst als Leiter von großen Aus-

Ang. im Sozial- und Erziehungsdienst IV.2.3.5

bildungs- oder Berufsförderungswerkstätten oder Werkstätten für Behinderte

    nach vierjähriger Bewährung in Vergütungsgruppe Vb Fallgruppe 1.

(Hierzu Protokollerklärung Nr. 1)

3. Angestellte als Leiter von Kindertagesstätten mit einer Durchschnittsbelegung von mindestens 70 Plätzen. – Fußnote 1 –
(Hierzu Protokollerklärungen Nrn. 9 und 10)

4. Angestellte als Leiter von Kindertagesstätten mit einer Durchschnittsbelegung von mindestens 100 Plätzen.
(Hierzu Protokollerklärungen Nrn. 9 und 10)

5. Angestellte, die durch ausdrückliche Anordnung als ständige Vertreter von Leitern von Kindertagesstätten mit einer Durchschnittsbelegung von mindestens 100 Plätzen bestellt sind. – Fußnote 1 –
(Hierzu Protokollerklärungen Nrn. 4, 9 und 10)

6. Angestellte, die durch ausdrückliche Anordnung als ständige Vertreter von Leitern von Kindertagesstätten mit einer Durchschnittsbelegung von mindestens 130 Plätzen bestellt sind.
(Hierzu Protokollerklärungen Nrn. 4, 9 und 10)

7. Angestellte als Leiter von Kindertagesstätten mit einer Durchschnittsbelegung von mindestens 40 Plätzen

    nach vierjähriger Bewährung in Vergütungsgruppe Vb Fallgruppe 7.

(Hierzu Protokollerklärungen Nrn. 9 und 10)

8. Angestellte, die durch ausdrückliche Anordnung als ständige Vertreter von Leitern von Kindertagesstätten mit einer Durchschnittsbelegung von mindestens 70 Plätzen bestellt sind,

    nach vierjähriger Bewährung in Vergütungsgruppe Vb Fallgruppe 8.

(Hierzu Protokollerklärungen Nrn. 4, 9 und 10)

9. Angestellte als Leiter von Kindertagesstätten für Behinderte im Sinne des § 39 BSHG oder für Kinder oder Jugendliche mit wesentlichen Erziehungsschwierigkeiten. – Fußnote 1 –
(Hierzu Protokollerklärung Nr. 9)

10. Angestellte als Leiter von Kindertagesstätten für Behinderte im Sinne des § 39 BSHG oder für Kinder oder Jugendliche mit wesentlichen Erziehungsschwierigkeiten mit einer Durchschnittsbelegung von mindestens 40 Plätzen.
(Hierzu Protokollerklärungen Nrn. 9 und 10)

IV.2.3.5 Ang. im Sozial- und Erziehungsdienst

11. Angestellte, die durch ausdrückliche Anordnung als ständige Vertreter von Leitern von Kindertagesstätten für Behinderte im Sinne des § 39 BSHG oder für Kinder oder Jugendliche mit wesentlichen Erziehungsschwierigkeiten mit einer Durchschnittsbelegung von mindestens 70 Plätzen bestellt sind.
  (Hierzu Protokollerklärungen Nrn. 4, 9 und 10)

12. Angestellte, die durch ausdrückliche Anordnung als ständige Vertreter von Leitern von Kindertagesstätten für Behinderte im Sinne des § 39 BSHG oder für Kinder oder Jugendliche mit wesentlichen Erziehungsschwierigkeiten mit einer Durchschnittsbelegung von mindestens 40 Plätzen bestellt sind. – Fußnote 1 –
  (Hierzu Protokollerklärungen Nrn. 4, 9 und 10)

13. Angestellte als Leiter von Erziehungsheimen.
  (Hierzu Protokollerklärungen Nrn. 1 und 11)

14. Angestellte, die durch ausdrückliche Anordnung als ständige Vertreter von Leitern von Erziehungsheimen bestellt sind. – Fußnote 1 –
  (Hierzu Protokollerklärungen Nrn. 1, 4 und 11)

15. Angestellte, die durch ausdrückliche Anordnung als ständige Vertreter von Leitern von Erziehungsheimen mit einer Durchschnittsbelegung von mindestens 50 Plätzen bestellt sind.
  (Hierzu Protokollerklärungen Nrn. 1, 4, 10 und 11)

16. Sozialarbeiter/Sozialpädagogen mit staatlicher Anerkennung und entsprechender Tätigkeit sowie sonstige Angestellte, die aufgrund gleichwertiger Fähigkeiten und ihrer Erfahrungen entsprechende Tätigkeiten ausüben,
   mit schwierigen Tätigkeiten. – Fußnote 1 –
  (Hierzu Protokollerklärungen Nrn. 1 und 12)

17. Sozialarbeiter/Sozialpädagogen mit staatlicher Anerkennung und entsprechender Tätigkeit sowie sonstige Angestellte, die aufgrund gleichwertiger Fähigkeiten und ihrer Erfahrungen entsprechende Tätigkeiten ausüben,
   nach zweijähriger Bewährung in Vergütungsgruppe Vb Fallgruppe 10. – Fußnote 2 –
  (Hierzu Protokollerklärung Nr. 1)

Fußnote 1:
Diese Angestellten erhalten nach vierjähriger Bewährung in dieser Fallgruppe eine monatliche Vergütungsgruppenzulage in Höhe von 6 v. H. der Grundvergütung der Stufe 4 der Vergütungsgruppe IVb. Bei der

Berechnung sich ergebende Bruchteile eines Cents unter 0,5 sind abzurunden, Bruchteile von 0,5 und mehr sind aufzurunden. Die Vergütungsgruppenzulage gilt bei der Bemessung des Sterbegeldes (§ 41) und des Übergangsgeldes (§ 63) als Bestandteil der Grundvergütung.

Fußnote 2:

Diese Angestellten erhalten nach sechsjähriger Tätigkeit in dieser Fallgruppe eine monatliche Vergütungsgruppenzulage in Höhe von 5 v. H. der Grundvergütung der Stufe 4 der Vergütungsgruppe IVb. Bei der Berechnung sich ergebende Bruchteile eines Cents unter 0,5 sind abzurunden, Bruchteile von 0,5 und mehr sind aufzurunden. Die Vergütungsgruppenzulage gilt bei der Bemessung des Sterbegeldes (§ 41) und des Übergangsgeldes (§ 63) als Bestandteil der Grundvergütung.

Vergütungsgruppe IVa

1. Angestellte als Leiter von Kindertagesstätten mit einer Durchschnittsbelegung von mindestens 130 Plätzen. – Fußnote –
   (Hierzu Protokollerklärungen Nrn. 9 und 10)

2. Angestellte als Leiter von Kindertagesstätten mit einer Durchschnittsbelegung von mindestens 180 Plätzen.
   (Hierzu Protokollerklärungen Nrn. 9 und 10)

3. Angestellte, die durch ausdrückliche Anordnung als ständige Vertreter von Leitern von Kindertagesstätten mit einer Durchschnittsbelegung von mindestens 180 Plätzen bestellt sind.
   – Fußnote –
   (Hierzu Protokollerklärungen Nrn. 4, 9 und 10)

4. Angestellte als Leiter von Kindertagesstätten mit einer Durchschnittsbelegung von mindestens 100 Plätzen
   nach vierjähriger Bewährung in Vergütungsgruppe IVb Fallgruppe 4.
   (Hierzu Protokollerklärungen Nrn. 9 und 10)

5. Angestellte, die durch ausdrückliche Anordnung als ständige Vertreter von Leitern von Kindertagesstätten mit einer Durchschnittsbelegung von mindestens 130 Plätzen bestellt sind,
   nach vierjähriger Bewährung in Vergütungsgruppe IVb Fallgruppe 6.
   (Hierzu Protokollerklärungen Nrn. 4, 9, und 10)

6. Angestellte als Leiter von Kindertagesstätten für Behinderte im Sinne des § 39 BSHG oder für Kinder oder Jugendliche mit wesentlichen Erziehungsschwierigkeiten mit einer Durchschnittsbelegung von mindestens 70 Plätzen. – Fußnote –
   (Hierzu Protokollerklärungen Nrn. 9 und 10)

IV.2.3.5 Ang. im Sozial- und Erziehungsdienst

7. Angestellte als Leiter von Kindertagesstätten für Behinderte im Sinne des § 39 BSHG oder für Kinder oder Jugendliche mit wesentlichen Erziehungsschwierigkeiten mit einer Durchschnittsbelegung von mindestens 90 Plätzen.
(Hierzu Protokollerklärungen Nrn. 9 und 10)

8. Angestellte als Leiter von Kindertagesstätten für Behinderte im Sinne des § 39 BSHG oder für Kinder oder Jugendliche mit wesentlichen Erziehungsschwierigkeiten mit einer Durchschnittsbelegung von mindestens 40 Plätzen
   nach vierjähriger Bewährung in Vergütungsgruppe IVb Fallgruppe 10.
(Hierzu Protokollerklärungen Nrn. 9 und 10)

9. Angestellte, die durch ausdrückliche Anordnung als ständige Vertreter von Leitern von Kindertagesstätten für Behinderte im Sinne des § 39 BSHG oder für Kinder oder Jugendliche mit wesentlichen Erziehungsschwierigkeiten mit einer Durchschnittsbelegung von mindestens 90 Plätzen bestellt sind. – Fußnote –
(Hierzu Protokollerklärungen Nrn. 4, 9 und 10)

10. Angestellte, die durch ausdrückliche Anordnung als ständige Vertreter von Leitern von Kindertagesstätten für Behinderte im Sinne des § 39 BSHG oder für Kinder oder Jugendliche mit wesentlichen Erziehungsschwierigkeiten mit einer Durchschnittsbelegung von mindestens 70 Plätzen bestellt sind,
    nach vierjähriger Bewährung in Vergütungsgruppe IVb Fallgruppe 11.
(Hierzu Protokollerklärungen Nrn. 4, 9 und 10)

11. Angestellte als Leiter von Erziehungsheimen mit einer Durchschnittsbelegung von mindestens 50 Plätzen.
(Hierzu Protokollerklärungen Nrn. 1, 10 und 11)

12. Angestellte, die durch ausdrückliche Anordnung als ständige Vertreter von Leitern von Erziehungsheimen mit einer Durchschnittsbelegung von mindestens 90 Plätzen bestellt sind.
(Hierzu Protokollerklärungen Nrn. 1, 4, 10 und 11)

13. Angestellte als Leiter von Erziehungsheimen
    nach vierjähriger Bewährung in Vergütungsgruppe IVb Fallgruppe 13.
(Hierzu Protokollerklärungen Nrn. 1 und 11)

14. Angestellte, die durch ausdrückliche Anordnung als ständige Vertreter von Leitern von Erziehungsheimen mit einer Durchschnittsbelegung von mindestens 50 Plätzen bestellt sind,

nach vierjähriger Bewährung in Vergütungsgruppe IVb Fallgruppe 15.

(Hierzu Protokollerklärungen Nrn. 1, 4, 10 und 11)

15. Sozialarbeiter/Sozialpädagogen mit staatlicher Anerkennung und entsprechender Tätigkeit sowie sonstige Angestellte, die aufgrund gleichwertiger Fähigkeiten und ihrer Erfahrungen entsprechende Tätigkeiten ausüben,

    deren Tätigkeit sich durch besondere Schwierigkeit und Bedeutung aus der Vergütungsgruppe IVb Fallgruppe 16 heraushebt.

(Hierzu Protokollerklärung Nr. 1)

16. Sozialarbeiter/Sozialpädagogen mit staatlicher Anerkennung und entsprechender Tätigkeit sowie sonstige Angestellte, die aufgrund gleichwertiger Fähigkeiten und ihrer Erfahrungen entsprechende Tätigkeiten ausüben,

    deren Tätigkeit sich mindestens zu einem Drittel durch besondere Schwierigkeit und Bedeutung aus der Vergütungsgruppe IVb Fallgruppe 16 heraushebt.

(Hierzu Protokollerklärung Nr. 1)

Fußnote:

Diese Angestellten erhalten nach vierjähriger Bewährung in dieser Fallgruppe eine monatliche Vergütungsgruppenzulage in Höhe von 6 v. H. der Grundvergütung der Stufe 4 der Vergütungsgruppe IVa. Bei der Berechnung sich ergebende Bruchteile eines Cents unter 0,5 sind abzurunden, Bruchteile von 0,5 und mehr sind aufzurunden. Die Vergütungsgruppenzulage gilt bei der Bemessung des Sterbegeldes (§ 41) und des Übergangsgeldes (§ 63) als Bestandteil der Grundvergütung.

Vergütungsgruppe III

1. Angestellte als Leiter von Kindertagesstätten mit einer Durchschnittsbelegung von mindestens 180 Plätzen

    nach vierjähriger Bewährung in Vergütungsgruppe IVa Fallgruppe 2.

(Hierzu Protokollerklärungen Nrn. 9 und 10)

2. Angestellte als Leiter von Kindertagesstätten für Behinderte im Sinne des § 39 BSHG oder für Kinder oder Jugendliche mit wesentlichen Erziehungsschwierigkeiten mit einer Durchschnittsbelegung von mindestens 90 Plätzen

IV.2.3.5 Ang. im Sozial- und Erziehungsdienst

nach vierjähriger Bewährung in Vergütungsgruppe IVa Fallgruppe 7.

(Hierzu Protokollerklärungen Nrn. 9 und 10)

3. Angestellte als Leiter von Erziehungsheimen mit einer Durchschnittsbelegung von mindestens 90 Plätzen.

   (Hierzu Protokollerklärungen Nrn. 1, 10 und 11)

4. Angestellte als Leiter von Erziehungsheimen mit einer Durchschnittsbelegung von mindestens 50 Plätzen

   nach vierjähriger Bewährung in Vergütungsgruppe IVa Fallgruppe 11.

   (Hierzu Protokollerklärungen Nrn. 1, 10 und 11)

5. Angestellte, die durch ausdrückliche Anordnung als ständige Vertreter von Leitern von Erziehungsheimen mit einer Durchschnittsbelegung von mindestens 90 Plätzen bestellt sind,

   nach vierjähriger Bewährung in Vergütungsgruppe IVa Fallgruppe 12.

   (Hierzu Protokollerklärungen Nrn. 1, 4, 10 und 11)

6. Sozialarbeiter/Sozialpädagogen mit staatlicher Anerkennung und entsprechender Tätigkeit sowie sonstige Angestellte, die aufgrund gleichwertiger Fähigkeiten und ihrer Erfahrungen entsprechende Tätigkeiten ausüben,

   deren Tätigkeit sich durch das Maß der damit verbundenen Verantwortung erheblich aus der Vergütungsgruppe IVa Fallgruppe 15 heraushebt.

   (Hierzu Protokollerklärung Nr. 1)

7. Sozialarbeiter/Sozialpädagogen mit staatlicher Anerkennung und entsprechender Tätigkeit sowie sonstige Angestellte, die aufgrund gleichwertiger Fähigkeiten und ihrer Erfahrungen entsprechende Tätigkeiten ausüben,

   deren Tätigkeit sich durch besondere Schwierigkeit und Bedeutung aus der Vergütungsgruppe IVb Fallgruppe 16 heraushebt,

   nach vierjähriger Bewährung in Vergütungsgruppe IVa Fallgruppe 15.

   (Hierzu Protokollerklärung Nr. 1)

8. Kinder- und Jugendlichenpsychotherapeuten/Psychagogen mit staatlicher Anerkennung oder staatlich anerkannter Prüfung und entsprechender Tätigkeit.

Ang. im Sozial- und Erziehungsdienst IV.2.3.5

Vergütungsgruppe II

1. Angestellte als Leiter von Erziehungsheimen mit einer Durchschnittsbelegung von mindestens 90 Plätzen

   nach fünfjähriger Bewährung in Vergütungsgruppe III Fallgruppe 3.

   (Hierzu Protokollerklärungen Nrn. 1, 10 und 11)

2. Sozialarbeiter/Sozialpädagogen mit staatlicher Anerkennung und entsprechender Tätigkeit sowie sonstige Angestellte, die aufgrund gleichwertiger Fähigkeiten und ihrer Erfahrungen entsprechende Tätigkeiten ausüben,

   deren Tätigkeit sich durch das Maß der damit verbundenen Verantwortung erheblich aus der Vergütungsgruppe IVa Fallgruppe 15 heraushebt,

   nach fünfjähriger Bewährung in Vergütungsgruppe III Fallgruppe 6.

   (Hierzu Protokollerklärung Nr. 1)

Protokollerklärungen:

1. Der Angestellte – ausgenommen der Angestellte bzw. Meister im handwerklichen Erziehungsdienst – erhält für die Dauer der Tätigkeit in einem Erziehungsheim, einem Kinder- oder einem Jugendwohnheim oder einer vergleichbaren Einrichtung (Heim) eine Zulage in Höhe von 61,36 Euro monatlich, wenn in dem Heim überwiegend Behinderte im Sinne des § 39 BSHG oder Kinder oder Jugendliche mit wesentlichen Erziehungsschwierigkeiten zum Zwecke der Erziehung, Ausbildung oder Pflege ständig untergebracht sind; sind nicht überwiegend solche Personen ständig untergebracht, beträgt die Zulage 30,68 Euro monatlich.

   Für den Angestellten bzw. Meister im handwerklichen Erziehungsdienst in einem Heim im Sinne des Unterabsatzes 1 erster Halbsatz beträgt die Zulage 40,90 Euro monatlich.

   Die Zulage wird nur für Zeiträume gezahlt, für die Bezüge (Vergütung, Urlaubsvergütung, Krankenbezüge) zustehen. Sie ist bei der Bemessung des Sterbegeldes (§ 41) und des Übergangsgeldes (§ 63) zu berücksichtigen.

2. Schwierige fachliche Tätigkeiten sind z. B.
   a) Tätigkeiten in Einrichtungen für Behinderte im Sinne des § 39 BSHG und in psychiatrischen Kliniken,
   b) alleinverantwortliche Betreuung von Gruppen z. B. in Randzeiten,
   c) Tätigkeiten in Integrationsgruppen (Erziehungsgruppen, denen besondere Aufgaben in der gemeinsamen Förderung behinderter und nicht behinderter Kinder zugewiesen sind) mit einem Anteil von

mindestens einem Drittel von Behinderten im Sinne des § 39 BSHG in Einrichtungen der Kindertagesbetreuung,

d) Tätigkeiten in Gruppen von Behinderten im Sinne des § 39 BSHG oder in Gruppen von Kindern oder Jugendlichen mit wesentlichen Erziehungsschwierigkeiten,

e) Tätigkeiten in geschlossenen (gesicherten) Gruppen.

3. Als entsprechende Tätigkeit von Erzieherinnen gilt auch die Betreuung von über 18jährigen Personen (z. B. in Einrichtungen für Behinderte im Sinne des § 39 BSHG oder für Obdachlose).

4. Ständige Vertreter sind nicht Vertreter in Urlaubs- und sonstigen Abwesenheitsfällen.

5. Nach diesem Tätigkeitsmerkmal sind auch

a) Kindergärtnerinnen und Hortnerinnen mit staatlicher Anerkennung oder staatlicher Prüfung

b) Kinderkrankenschwestern, die in Kinderkrippen tätig sind,

eingruppiert.

6. Besonders schwierige fachliche Tätigkeiten sind z. B. die

a) Tätigkeiten in Integrationsgruppen (Erziehungsgruppen, denen besondere Aufgaben in der gemeinsamen Förderung behinderter und nicht behinderter Kinder zugewiesen sind) mit einem Anteil von mindestens einem Drittel von Behinderten im Sinne des § 39 BSHG in Einrichtungen der Kindertagesbetreuung,

b) Tätigkeiten in Gruppen von Behinderten im Sinne des § 39 BSHG oder von Kindern oder Jugendlichen mit wesentlichen Erziehungsschwierigkeiten,

c) Tätigkeiten in Jugendzentren/Häusern der offenen Tür,

d) Tätigkeiten in geschlossenen (gesicherten) Gruppen,

e) fachlichen Koordinierungstätigkeiten für mindestens vier Angestellte mindestens der Vergütungsgruppe VIb,

f) Tätigkeiten eines Facherziehers mit einrichtungsübergreifenden Aufgaben.

7. Die Tätigkeit setzt voraus, daß überwiegend Kinder, die im nächsten Schuljahr schulpflichtig werden, nach einem speziellen pädagogischen Konzept gezielt auf die Schule vorbereitet werden.

8. Unter Heilpädagogen mit staatlicher Anerkennung sind Angestellte zu verstehen, die einen nach Maßgabe der Rahmenvereinbarung über die Ausbildung und Prüfung an Fachschulen für Heilpädagogik (Beschluß der Kultusministerkonferenz vom 12. September 1986) gestalteten Ausbildungsgang mit der vorgeschriebenen Prüfung erfolgreich abgeschlossen und die Berechtigung zur Führung der Berufsbezeichnung „staatlich anerkannter Heilpädagoge/staatlich anerkannte Heilpädagogin" erworben haben.

Ang. im Sozial- und Erziehungsdienst IV.2.3.5

9. Kindertagesstätten im Sinne dieses Tätigkeitsmerkmals sind Krippen, Kindergärten, Horte, Kinderbetreuungsstuben, Kinderhäuser und Tageseinrichtungen der örtlichen Kindererholungsfürsorge.
10. Der Ermittlung der Durchschnittsbelegung ist für das jeweilige Kalenderjahr grundsätzlich die Zahl der vom 1. Oktober bis 31. Dezember des vorangegangenen Kalenderjahres vergebenen, je Tag gleichzeitig belegbaren Plätze zugrunde zu legen.
11. Erziehungsheime sind Heime, in denen überwiegend behinderte Kinder oder Jugendliche im Sinne des § 39 BSHG oder Kinder oder Jugendliche mit wesentlichen Erziehungsschwierigkeiten ständig untergebracht sind.
12. Schwierige Tätigkeiten sind z. B. die
    a) Beratung von Suchtmittel-Abhängigen,
    b) Beratung von HIV-Infizierten oder an AIDS erkrankten Personen,
    c) begleitende Fürsorge für Heimbewohner und nachgehende Fürsorge für ehemalige Heimbewohner,
    d) begleitende Fürsorge für Strafgefangene und nachgehende Fürsorge für ehemalige Strafgefangene,
    e) Koordinierung der Arbeiten mehrerer Angestellter mindestens der Vergütungsgruppe Vb.

Hinweis des Bearbeiters:

Die Tätigkeitsmerkmale des Tarifvertrages sind zuletzt durch den Tarifvertrag zur Änderung der Anlage 1a zum BAT vom 24. April 1991 mit Wirkung ab 1. Januar 1991 geändert worden. § 6 dieses Tarifvertrages enthält dazu die folgende Übergangsvorschrift:

„§ 6 Übergangsvorschriften für den Bereich der Vereinigung der kommunalen Arbeitgeberverbände

Für die Angestellten, die am 31. Dezember 1990 in einem Arbeitsverhältnis gestanden haben, das am 1. Januar 1991 zu demselben Arbeitgeber fortbestanden hat, gilt für die Dauer dieses Arbeitsverhältnisses folgendes:

1. Hat der Angestellte am 31. Dezember 1990 Vergütung (§ 26 BAT) aus einer höheren Vergütungsgruppe erhalten als aus der Vergütungsgruppe, in der er nach diesem Tarifvertrag eingruppiert ist, wird diese Vergütung durch das Inkrafttreten dieses Tarifvertrages nicht berührt.

2. Hängt die Eingruppierung oder der Anspruch auf eine Vergütungsgruppenzulage nach diesem Tarifvertrag von der Zeit einer Tätigkeit oder von der Zeit einer Bewährung in einer bestimmten Vergütungs- und Fallgruppe oder von der Zeit einer Berufstätigkeit ab, wird die vor dem 1. Januar 1991 zurück-

gelegte Zeit vorbehaltlich der nachstehenden Nr. 3 [1]) so berücksichtigt, wie sie zu berücksichtigen wäre, wenn dieser Tarifvertrag bereits seit dem Beginn des Arbeitsverhältnisses gegolten hätte.

3. ...
4. ..."

---

[1]) Die Übergangsvorschrift enthält in Nr. 3 für die Angestellten im Sozial- und Erziehungsdienst keine Besonderheiten.

Angestellte in Nahverkehrsbetrieben [1]

Vergütungsgruppe VIII

1. Angestellte als Fahrtausweis-, Wertmarken- oder Zeitkartenverkäufer.
   (Hierzu Protokollerklärung Nr. 1)
2. Angestellte in Zeitkartenstellen oder in Verkaufsstellen, die zu mindestens einem Viertel ihrer gesamten Tätigkeit unter Prüfung der Berechtigung Zeitkarten ausstellen.
   (Hierzu Protokollerklärung Nr. 1)
3. Kassenschaffner, auch wenn sie weitere Verwaltungsaufgaben, wie z. B. die Überprüfung der Fahrtausweisbestände des Fahrpersonals oder die Verwaltung der Fahrtausweisbestände, vorzunehmen haben.
   (Hierzu Protokollerklärungen Nrn. 1 und 2)
4. Fahrtausweisbestandsprüfer.
   (Hierzu Protokollerklärung Nr. 3)

Vergütungsgruppe VII

1. Angestellte, die den Dienst auf Betriebshöfen einteilen, die Dienstbücher aufstellen oder die tägliche Zuteilung der Dienstnummern für die Fahrer und Schaffner vornehmen.
2. Angestellte als Hilfssachbearbeiter für Fahr- oder Dienstpläne.
3. Angestellte in Zeitkartenstellen oder in Verkaufsstellen, die zu mindestens einem Viertel ihrer gesamten Tätigkeit unter Prüfung der Berechtigung Zeitkarten ausstellen,
   nach vierjähriger Bewährung in Vergütungsgruppe VIII Fallgruppe 2.
   (Hierzu Protokollerklärung Nr. 1)

---

[1] Der BAT und diese Eingruppierungsmerkmale gelten nicht für Angestellte, die von in § 1a Buchst. b BAT genannten Tarifverträgen erfasst werden:

§ 1a Besonderer Geltungsbereich

Soweit in Betrieben für Arbeitnehmer
a) der Tarifvertrag Versorgungsbetriebe (TV-V),
b) ein Spartentarifvertrag Nahverkehrsbetriebe eines Arbeitgeberverbandes, der der Vereinigung der kommunalen Arbeitgeberverbände angehört

gilt, ersetzt dieser Tarifvertrag den BAT.

4. Angestellte als Gruppenleiter, denen mehrere Angestellte mit Tätigkeiten der Vergütungsgruppe VIII Fallgruppe 1 durch ausdrückliche Anordnung ständig unterstellt sind.
(Hierzu Protokollerklärungen Nrn. 4 und 5)

5. Angestellte als Gruppenleiter, denen mindestens drei Angestellte mit Tätigkeiten mindestens der Vergütungsgruppe VIII Fallgruppe 2 durch ausdrückliche Anordnung ständig unterstellt sind.
(Hierzu Protokollerklärungen Nrn. 4 und 5)

6. Angestellte als Gruppenleiter, denen mehrere Kassenschaffner mit Tätigkeiten der Vergütungsgruppe VIII Fallgruppe 3 durch ausdrückliche Anordnung ständig unterstellt sind.
(Hierzu Protokollerklärungen Nrn. 2, 4 und 5)

7. Kassenschaffner, die die von ihnen beim Fahrpersonal festgestellten Kassenüberschüsse oder Kassenfehlbeträge aufzuklären haben.
(Hierzu Protokollerklärung Nr. 2)

8. Fahrtausweisbestandsprüfer, die auch die bei der Prüfung festgestellten Kassenüberschüsse oder Kassenfehlbeträge aufzuklären haben.
(Hierzu Protokollerklärung Nr. 3)

Vergütungsgruppe VIb

1. Verkehrsmeister.
(Hierzu Protokollerklärung Nr. 6)

2. Fahrmeister.
(Hierzu Protokollerklärung Nr. 7)

3. Angestellte, die als ständige Vertreter der Betriebshofleiter der Vergütungsgruppe Vc Fallgruppe 4 durch ausdrückliche Anordnung bestellt sind.
(Hierzu Protokollerklärung Nr. 8)

4. Angestellte, die den Dienst auf Betriebshöfen einteilen, die Dienstbücher aufstellen und die tägliche Zuteilung der Dienstnummern für die Fahrer und Schaffner vornehmen.

5. Angestellte als Gruppenleiter, denen mindestens drei Angestellte mit Tätigkeiten mindestens der Vergütungsgruppe VIII Fallgruppe 2 durch ausdrückliche Anordnung ständig unterstellt sind,

Ang. in Nahverkehrsbetrieben **IV.2.3.6**

nach achtjähriger Bewährung in Vergütungsgruppe VII Fallgruppe 5.
(Hierzu Protokollerklärungen Nrn. 4 und 5)

6. Kassenschaffner, die die von ihnen beim Fahrpersonal festgestellten Kassenüberschüsse oder Kassenfehlbeträge aufzuklären haben,
nach achtjähriger Bewährung in Vergütungsgruppe VII Fallgruppe 7.
(Hierzu Protokollerklärung Nr. 2)

7. Fahrtausweisbestandsprüfer, die auch die bei der Prüfung festgestellten Kassenüberschüsse oder Kassenfehlbeträge aufzuklären haben,
nach achtjähriger Bewährung in Vergütungsgruppe VII Fallgruppe 8.
(Hierzu Protokollerklärung Nr. 3)

Vergütungsgruppe Vc

1. Verkehrsmeister und Fahrmeister, die das Fahrpersonal schulen oder Verkehrsmeistern gegenüber weisungsbefugt sind oder denen andere gleichwertige Aufgaben übertragen sind.
(Hierzu Protokollerklärungen Nrn. 6 und 7)

2. Verkehrsmeister
nach vierjähriger Bewährung in Vergütungsgruppe VIb Fallgruppe 1.
(Hierzu Protokollerklärungen Nrn. 6 und 7a)

3. Fahrmeister
nach vierjähriger Bewährung in Vergütungsgruppe VIb Fallgruppe 2.
(Hierzu Protokollerklärungen Nrn. 7 und 7a)

4. Betriebshofleiter.
(Hierzu Protokollerklärung Nr. 9)

5. Angestellte, die als ständige Vertreter der Betriebshofleiter der Vergütungsgruppe Vb Fallgruppe 3 oder 4 durch ausdrückliche Anordnung bestellt sind.
(Hierzu Protokollerklärung Nr. 8)

6. Angestellte als Sachbearbeiter für Fahr- oder Dienstpläne.
(Hierzu Protokollerklärung Nr. 10)

7. Angestellte, die den Dienst auf Betriebshöfen einteilen, die Dienstbücher aufstellen und die tägliche Zuteilung der Dienstnummern für die Fahrer und Schaffner vornehmen,

IV.2.3.6 Ang. in Nahverkehrsbetrieben

nach vierjähriger Bewährung in Vergütungsgruppe VIb Fallgruppe 4.

Vergütungsgruppe Vb

1. Verkehrsmeister und Fahrmeister, denen mindestens drei Verkehrsmeister oder Fahrmeister mit Tätigkeiten mindestens der Vergütungsgruppe Vc Fallgruppe 1 durch ausdrückliche Anordnung ständig unterstellt sind. – Fußnote –
(Hierzu Protokollerklärungen Nrn. 5, 6 und 7)

2. Verkehrsmeister und Fahrmeister, die das Fahrpersonal schulen oder Verkehrsmeistern gegenüber weisungsbefugt sind oder denen andere gleichwertige Aufgaben übertragen sind,
   nach vierjähriger Bewährung in Vergütungsgruppe Vc Fallgruppe 1.
(Hierzu Protokollerklärungen Nrn. 6, 7 und 7a)

3. Betriebshofleiter,
   a) denen durchschnittlich mindestens 200 Bedienstete unterstellt sind, oder
   b) in deren Betriebshof durchschnittlich mindestens 100 tägliche Fahrerdienste anfallen. – Fußnote –
(Hierzu Protokollerklärungen Nrn. 9, 11 und 12)

4. Betriebshofleiter, denen mindestens drei Verkehrsmeister mit Tätigkeiten mindestens der Vergütungsgruppe Vc Fallgruppe 1 durch ausdrückliche Anordnung ständig unterstellt sind. – Fußnote –
(Hierzu Protokollerklärungen Nrn. 5, 6, 9 und 11)

5. Angestellte, die als ständige Vertreter der Betriebshofleiter der Vergütungsgruppe IVb Fallgruppe 1 durch ausdrückliche Anordnung bestellt sind. – Fußnote –
(Hierzu Protokollerklärung Nr. 8)

6. Fahrlehrer. – Fußnote –
(Hierzu Protokollerklärung Nr. 13)

7. Angestellte, die Personen zum Fahrer von schienengebundenen Fahrzeugen ausbilden. – Fußnote –
(Hierzu Protokollerklärung Nr. 14)

8. Angestellte als Sachbearbeiter für Fahr- oder Dienstpläne
   nach vierjähriger Bewährung in Vergütungsgruppe Vc Fallgruppe 6.
(Hierzu Protokollerklärung Nr. 10)

9. Angestellte als ausdrücklich bestellte Leiter großer zentraler Betriebsleitstellen, die für die Überwachung, Disposition und Steuerung der Verkehrs- und Betriebsabläufe und der betriebstechnischen Einrichtungen verantwortlich sind, wenn die Leitstelle auch für U-Bahnen oder Stadtbahnen zuständig ist.

Fußnote:
Diese Angestellten erhalten nach vierjähriger Bewährung in dieser Fallgruppe eine monatliche Vergütungsgruppenzulage in Höhe von 8 v. H. der Grundvergütung der Stufe 4 der Vergütungsgruppe Vb. Bei der Berechnung sich ergebende Bruchteile eines Cents unter 0,5 sind abzurunden, Bruchteile von 0,5 und mehr sind aufzurunden. Die Vergütungsgruppenzulage gilt bei der Bemessung des Sterbegeldes (§ 41) und des Übergangsgeldes (§ 63) als Bestandteil der Grundvergütung.

Vergütungsgruppe IVb

1. Betriebshofleiter,
   a) denen durchschnittlich mindestens 400 Bedienstete unterstellt sind, oder
   b) in deren Betriebshof durchschnittlich mindestens 200 tägliche Fahrerdienste anfallen. – Fußnote –
   (Hierzu Protokollerklärungen Nrn. 9, 11 und 12)

2. Angestellte, die als ständige Vertreter der Betriebshofleiter der Vergütungsgruppe IVa durch ausdrückliche Anordnung bestellt sind.
   (Hierzu Protokollerklärung Nr. 8)

3. Angestellte als ausdrücklich bestellte Leiter großer zentraler Betriebsleitstellen, die für die Überwachung, Disposition und Steuerung der Verkehrs- und Betriebsabläufe und der betriebstechnischen Einrichtungen verantwortlich sind, wenn die Leitstelle auch für U-Bahnen oder Stadtbahnen zuständig ist,
   nach zweijähriger Bewährung in Vergütungsgruppe Vb Fallgruppe 9.

Fußnote:
Diese Angestellten erhalten nach vierjähriger Bewährung in dieser Fallgruppe eine monatliche Vergütungsgruppenzulage in Höhe von 6 v. H. der Grundvergütung der Stufe 4 der Vergütungsgruppe IVb. Bei der Berechnung sich ergebende Bruchteile eines Cents unter 0,5 sind abzurunden, Bruchteile von 0,5 und mehr sind aufzurunden. Die Vergütungsgruppenzulage gilt bei der Bemessung des Sterbegeldes (§ 41) und des Übergangsgeldes (§ 63) als Bestandteil der Grundvergütung.

IV.2.3.6 Ang. in Nahverkehrsbetrieben

Vergütungsgruppe IVa

Betriebshofleiter,

a) denen durchschnittlich mindestens 600 Bedienstete unterstellt sind, oder
b) in deren Betriebshof durchschnittlich mindestens 300 tägliche Fahrerdienste anfallen.

(Hierzu Protokollerklärungen Nrn. 9, 11 und 12)

Protokollerklärungen:

Nr. 1
Arbeitnehmer, denen die Tätigkeit von Kassenschaffnern, die keine weiteren Verwaltungsaufgaben wahrzunehmen haben, übertragen ist, und Angestellte als Fahrtausweis-, Wertmarken- oder Zeitkartenverkäufer fallen unter § 3 Buchst. o BAT, wenn sie für die von ihnen bisher ausgeübte, der Rentenversicherung der Arbeiter unterliegende Tätigkeit nicht mehr voll leistungsfähig sind.

Nr. 2
Kassenschaffner sind Angestellte, welche die Erlöse aus dem Fahrtausweisverkauf empfangen, die Einnahmen bankfertig machen, den Nachweis über die ausgegebenen Fahrtausweise und das eingenommene Geld führen, die Bestellungen über die zum Verkauf benötigten Fahrtausweise (Fahrscheine, Rollenabschnitte, Mehrfahrtenkarten usw.) entgegennehmen und die angeforderten Fahrtausweise ausgeben.

Nr. 3
Fahrtausweisbestandsprüfer sind Angestellte, welche die Fahrtausweis-, Wertmarken-, Zeitkarten- bzw. Geldbestände des Fahrpersonals, der Betriebshofverwaltungen, der Fahrtausweis-, Wertmarken-, Zeitkartenverkäufer usw. auf ihre rechnerische Richtigkeit überprüfen.

Nr. 4
Bei der Zahl der dem Gruppenleiter Unterstellten sind auch Kassenschaffner bzw. Fahrtausweis-, Wertmarken- oder Zeitkartenverkäufer zu berücksichtigen, die im Arbeiterverhältnis stehen.

Nr. 5
Soweit die Eingruppierung von der Zahl und der Eingruppierung der unterstellten Angestellten abhängt,

a) werden Angestellte, die in einer im Wege des Bewährungsaufstiegs erreichten Vergütungsgruppe eingruppiert sind, als Angestellte der Vergütungsgruppe gezählt, aus der sie aufgestiegen sind,
b) ist es für die Eingruppierung unschädlich, wenn im Organisations- und Stellenplan zur Besetzung ausgewiesene Stellen nicht besetzt sind,
c) rechnen hierzu auch Beamte vergleichbarer Besoldungsgruppen,
d) zählen Teilbeschäftigte entsprechend dem Verhältnis der mit ihnen im Arbeitsvertrag vereinbarten Arbeitszeit zur regelmäßigen Arbeitszeit eines Vollbeschäftigten.

Nr. 6

Verkehrsmeister sind Angestellte, die den Betriebsablauf im Streckennetz überwachen (z. B. Einhaltung des Fahrplanes, Beobachtung des Verkehrsaufkommens und der Fahrzeugbesetzung, Beaufsichtigung der Schaffnertätigkeit, Entgegennahme von Beschwerden und Meldungen), die bei Verkehrs- und Betriebsstörungen sowie Unfällen eingreifen und den Betriebsablauf regeln, die das Fahrpersonal auf Einhaltung der Dienstvorschriften überwachen, belehren und beurteilen, die die Betriebsmittel und Betriebsanlagen auf Betriebssicherheit überwachen.

Es ist unschädlich, wenn dem Angestellten einzelne in Satz 1 genannte Aufgaben nicht übertragen sind.

Nr. 7

Fahrmeister sind Angestellte, welche

a) die Fahrer auf den Fahrzeugen überwachen, unterweisen und beurteilen,

b) gegebenenfalls die Schaffner bezüglich der Beachtung der Bestimmungen für den technischen Fahrdienst beaufsichtigen und unterweisen und

c) die Betriebsmittel und Betriebsanlagen auf Betriebssicherheit überwachen.

Nr. 7a

Für den erstmaligen Bewährungsaufstieg nach einem Tätigkeitsmerkmal für Verkehrsmeister und für Fahrmeister können Zeiten der Bewährung, die bei demselben Arbeitgeber in einem unmittelbar vorangegangenen Arbeiterverhältnis im Fahrdienst als Fahrer zurückgelegt worden sind, zur Hälfte auf die geforderte Bewährungszeit angerechnet werden.

Nr. 8

Ständige Vertreter sind nicht die Vertreter in Urlaubs- und sonstigen Abwesenheitsfällen.

Nr. 9

Betriebshofleiter sind Angestellte, denen die Leitung eines Betriebshofes durch ausdrückliche Anordnung übertragen ist. Zu ihren Aufgaben gehören insbesondere

Dienstzuteilung, Fahrtausweisausgabe, Abrechnung der Fahrtausweiseinnahmen, Fahrtausweisbestandsprüfung, Anhörung bei Fahrgastbeschwerden, Anhörung bei Unfällen, Urlaubsplanung und -genehmigung, Entscheidung bei Freistellungen, dienstliche Beurteilungen, Fahrzeugdispositionen.

Es ist unschädlich, wenn dem Angestellten einzelne in Satz 2 genannte Aufgaben nicht übertragen sind.

Bei den täglichen Fahrerdiensten ist auf die Dienste an Werktagen von Montag bis Freitag abzustellen.

IV.2.3.6 Ang. in Nahverkehrsbetrieben

Nr. 10
Sachbearbeiter sind Angestellte, die unter der Verantwortung des Leiters des Fahrplan- oder Dienstplanbüros selbständig Fahr- oder Dienstpläne erstellen.

Nr. 11
Der Umstand, daß dem Betriebshofleiter die Diensteinteilung von Verkehrsmeistern obliegt, begründet nicht schon ein Unterstellungsverhältnis.

Nr. 12
Für die Eingruppierung ist es unschädlich, wenn der Personalbedarf vorübergehend nicht gedeckt ist.

Nr. 13
Fahrlehrer sind Angestellte, die Personen für die Fahrerlaubnis von Kraftfahrzeugen in der Klasse 2 ausbilden und die für die Ausbildung von Personen zur Erlangung der Fahrerlaubnis zur Fahrgastbeförderung amtlich anerkannt sind.

Nr. 14
Unter dieses Tätigkeitsmerkmal fallen Angestellte, die Personen für die betriebliche Fahrerlaubnis für Schienenfahrzeuge ausbilden und die für diese Ausbildung ausdrücklich schriftlich bestellt sind.

Angestellte an Theatern und Bühnen

Vergütungsgruppe IX
Ferner, wenn sie als Angestellte beschäftigt sind (§ 1 Abs. 2):

1. Hausmeister
   (Hierzu Protokollerklärung Nr. 1)
2. Orchesterwarte.
   (Hierzu Protokollerklärung Nr. 2)

Vergütungsgruppe VIII

1. Eintrittskartenkassierer und Stammkartenkassierer mit geringem Zahlungsverkehr bei einfacheren Abrechnungsverfahren.
2. Hausmeister.
   (Hierzu Protokollerklärung Nr. 1)
3. Magazinmeister (Dekorationsmeister).
   (Hierzu Protokollerklärung Nr. 3)
4. Orchesterwarte.
   (Hierzu Protokollerklärung Nr. 2)
5. Theater- und Kostümmaler.
   (Hierzu Protokollerklärung Nr. 4)
6. Verwalter von Rollen- und Stimmenmaterial.

Ferner, wenn sie als Angestellte beschäftigt sind (§ 1 Abs. 2):

7. Kascheure (Theaterplastiker).
   (Hierzu Protokollerklärung Nr. 5)
8. Maskenbildner.
   (Hierzu Protokollerklärung Nr. 6)

Vergütungsgruppe VII

1. Bearbeiter der Stammieten.
   (Hierzu Protokollerklärung Nr. 7)
2. Eintrittskartenkassierer und Stammkartenkassierer.
3. Hausinspektoren.
   (Hierzu Protokollerklärungen Nrn. 1 und 8)
4. Kascheure (Theaterplastiker), die sich durch besondere Leistungen aus der Vergütungsgruppe VIII Fallgruppe 7 herausheben.
   (Hierzu Protokollerklärung Nr. 5)

5. Magazinmeister (Dekorationsmeister), die sich dadurch aus der Vergütungsgruppe VIII Fallgruppe 3 herausheben, daß sie mindestens sechs Arbeitnehmer beaufsichtigen.
(Hierzu Protokollerklärungen Nrn. 3 und 16)

6. Maskenbildner, die sich durch besondere Leistungen aus der Vergütungsgruppe VIII Fallgruppe 8 herausheben.
(Hierzu Protokollerklärung Nr. 6)

7. Modellbauer.
(Hierzu Protokollerklärung Nr. 9)

8. Orchesterwarte, die zugleich den gesamten Notenfundus verwalten oder in nicht unerheblichem Umfang Orchesterstimmen ausschreiben oder Notenmaterial ergänzen.
(Hierzu Protokollerklärung Nr. 2)

9. Requisitenmeister.
(Hierzu Protokollerklärung Nr. 10)

10. (gestrichen)

11. Theater- und Kostümmaler mit langjähriger Erfahrung.
(Hierzu Protokollerklärung Nr. 4)

12. (gestrichen)

13. Theatertapeziermeister.
(Hierzu Protokollerklärung Nr. 12)

14. Theatertontechniker (Elektroakustiker).
(Hierzu Protokollerklärung Nr. 13)

15. Verwalter von Rollen- und Stimmenmaterial (im Theatersprachgebrauch „Angestellte in Theaterbibliotheken" genannt), die dieses Material auch für den Bühnengebrauch einrichten.

Vergütungsgruppe VIb

1. Angestellte, die durch ausdrückliche Anordnung zu Leitern der Musik- oder Schauspielbibliotheken bestellt sind.

2. Beleuchtungsmeister.
(Hierzu Protokollerklärung Nr. 14)

3. Eintrittskartenkassierer und Stammkartenkassierer, die sich durch den Umfang des Zahlungsverkehrs und die Schwierigkeit des Abrechnungsverfahren aus der Vergütungsgruppe VII Fallgruppe 2 herausheben.

4. Gewandmeister.
(Hierzu Protokollerklärung Nr. 15)

5. Hausinspektoren, denen mehr als 50 Arbeitnehmer ständig unterstellt sind.
   (Hierzu Protokollerklärungen Nrn. 1, 8 und 16)
6. Leiter der Stammkartenbüros.
   (Hierzu Protokollerklärung Nr. 17)
7. Maskenbildner, die durch ausdrückliche Anordnung als ständige Vertreter des Chefmaskenbildners bestellt sind.
   (Hierzu Protokollerklärungen Nrn. 6 und 18)
8. Modellbauer, die sich aus der Vergütungsgruppe VII Fallgruppe 7 durch Tätigkeiten herausheben, die besondere Leistungen erfordern.
   (Hierzu Protokollerklärung Nr. 9)
9. Requisitenmeister, denen mindestens zwei Arbeitnehmer ständig unterstellt sind.
   (Hierzu Protokollerklärungen Nrn. 10 und 16)
10. Requisitenmeister, die mit einem besonderen Maß von Selbständigkeit neben Handrequisiten (Kleinrequisiten) auch andere Requisiten herstellen.
    (Hierzu Protokollerklärung Nr. 10)
11. Requisitenmeister
    nach sechsjähriger Bewährung in Vergütungsgruppe VII Fallgruppe 9.
    (Hierzu Protokollerklärungen Nrn. 10 und 24)
12. Rüstmeister.
    (Hierzu Protokollerklärung Nr. 11)
13. (gestrichen)
14. Theater- und Kostümmaler mit abgeschlossener Ausbildung an einer Kunstfachschule sowie Angestellte, die aufgrund gleichwertiger Fähigkeiten und ihrer Erfahrungen entsprechende Tätigkeiten ausüben.
    (Hierzu Protokollerklärung Nr. 4)
15. Theatermeister (Bühnenmeister).
    (Hierzu Protokollerklärung Nr. 19)
16. Theaterschuhmachermeister.
17. (gestrichen)
18. Theatertapeziermeister, denen mindestens zwei Theatertapezierer ständig unterstellt sind.
    (Hierzu Protokollerklärungen Nrn. 12 und 16)

19. Theatertapeziermeister

    nach sechsjähriger Bewährung in Vergütungsgruppe VII Fallgruppe 13.

    (Hierzu Protokollerklärungen Nrn. 12 und 24)

20. Theatertontechniker (Elektroakustiker) mit Meisterprüfung in einem einschlägigen anerkannten Ausbildungsberuf mit einer Ausbildungsdauer von mindestens zweieinhalb Jahren sowie sonstige Angestellte, die aufgrund gleichwertiger Fähigkeiten und ihrer Erfahrungen entsprechende Tätigkeiten ausüben.

    (Hierzu Protokollerklärung Nr. 13)

Vergütungsgruppe Vc

1. Beleuchtungsmeister an Bühnen mit technisch schwieriger Bühnenanlage oder an Bühnen mit technisch einfacherer Bühnenanlage, an denen ständig mindestens 30 Arbeitnehmer mit der Bedienung der technischen Anlage (insbesondere der Bühnenaufbauten, Dekorationszüge und Versenkungen) sowie der Beleuchtungsanlage und mit der Bereitstellung von Requisiten und von Dekorations-, Polster- und Tapezierwerkstücken zu den Proben und Aufführungen beschäftigt sind.

    (Hierzu Protokollerklärungen Nrn. 14 und 16)

2. Beleuchtungsmeister

    nach vierjähriger Bewährung in Vergütungsgruppe VIb Fallgruppe 2.

    (Hierzu Protokollerklärungen Nrn. 14 und 24)

3. Beleuchtungsobermeister.

    (Hierzu Protokollerklärung Nr. 20)

4. Gewandmeister mit abgeschlossener Gewandmeister- oder gleichwertiger Fachausbildung, denen auch die Aufstellung von Kostenvoranschlägen und die Führung von Fundusbüchern obliegen.

    (Hierzu Protokollerklärung Nr. 15)

5. Gewandmeister

    nach vierjähriger Bewährung in Vergütungsgruppe VIb Fallgruppe 4.

    (Hierzu Protokollerklärungen Nrn. 15 und 24)

6. Hausinspektoren, denen mehr als 75 Arbeitnehmer ständig unterstellt sind.

    (Hierzu Protokollerklärungen Nrn. 1, 8 und 16)

Ang. an Theatern und Bühnen **IV.2.3.7**

7. Requisitenmeister mit einem besonderen Maß von Selbständigkeit bei der Herstellung von Requisiten, denen eine Gruppe von mindestens drei Arbeitnehmern ständig unterstellt ist, wenn diese neben Handrequisiten (Kleinrequisiten) in erheblichem Umfang auch andere Requisiten herstellt.
(Hierzu Protokollerklärungen Nrn. 10 und 16)

8. Requisitenmeister, denen mindestens zwei Arbeitnehmer ständig unterstellt sind,
    nach sechsjähriger Bewährung in Vergütungsgruppe VIb Fallgruppe 9.
(Hierzu Protokollerklärungen Nrn. 10, 16 und 24)

9. Requisitenmeister, die mit einem besonderen Maß von Selbständigkeit neben Handrequisiten (Kleinrequisiten) auch andere Requisiten herstellen,
    nach sechsjähriger Bewährung in Vergütungsgruppe VIb Fallgruppe 10.
(Hierzu Protokollerklärungen Nrn. 10 und 24)

10. Rüstmeister mit einem besonderen Maß von Selbständigkeit bei der Herstellung von Rüstungen und Waffen, denen mindestens ein Facharbeiter ständig unterstellt ist.
(Hierzu Protokollerklärungen Nrn. 11 und 16)

11. Rüstmeister
    nach vierjähriger Bewährung in Vergütungsgruppe VIb Fallgruppe 12.
(Hierzu Protokollerklärungen Nrn. 11 und 24)

12. Theatermaler, die für die Einteilung und den Ablauf der Arbeit von mindestens zehn Theater- und Kostümmalern und Kascheuren verantwortlich sind.
(Hierzu Protokollerklärungen Nrn. 4 und 16)

13. Theatermeister (Bühnenmeister) an Bühnen mit technisch schwieriger Bühnenanlage oder an Bühnen mit technisch einfacherer Bühnenanlage, an denen ständig mindestens 30 Arbeitnehmer mit der Bedienung der technischen Anlage (insbesondere der Bühnenaufbauten, Dekorationszüge und Versenkungen) sowie der Beleuchtungsanlage und mit der Bereitstellung von Requisiten und von Dekorations-, Polster- und Tapezierwerkstücken zu den Proben und Aufführungen beschäftigt sind.
(Hierzu Protokollerklärungen Nrn. 16 und 19)

IV.2.3.7 Ang. an Theatern und Bühnen

14. Theatermeister (Bühnenmeister)
    nach vierjähriger Bewährung in Vergütungsgruppe VIb Fallgruppe 15.
   (Hierzu Protokollerklärungen Nrn. 19 und 24)
15. Theaterobermeister (Bühnenobermeister).
   (Hierzu Protokollerklärung Nr. 21)
16. Theaterschuhmachermeister mit einem besonderen Maß von Selbständigkeit bei der Herstellung von Theaterschuhwerk, wenn ihnen mindestens zwei Arbeitskräfte ständig unterstellt sind, von denen mindestens einer Facharbeiter sein muß.
   (Hierzu Protokollerkärung Nr. 16)
17. Theaterschuhmachermeister
    nach vierjähriger Bewährung in Vergütungsgruppe VIb Fallgruppe 16.
   (Hierzu Protokollerklärung Nr. 24)
18. Theatertapeziermeister mit einem besonderen Maß von Selbständigkeit bei der Herstellung von Dekorations-, Polster- und Tapezierwerkstücken, denen eine Gruppe von mindestens drei Theatertapezierern ständig unterstellt ist, wenn diese in erheblichem Umfang Dekorations-, Polster- und Tapezierwerkstücke herstellt.
   (Hierzu Protokollerklärungen Nrn. 12 und 16)
19. Theatertapeziermeister, denen mindestens zwei Theatertapezierer ständig unterstellt sind,
    nach sechsjähriger Bewährung in Vergütungsgruppe VIb Fallgruppe 18.
   (Hierzu Protokollerklärungen Nrn. 12, 16 und 24)
20. Theatertontechniker (Elektroakustiker) mit Meisterprüfung in einem einschlägigen anerkannten Ausbildungsberuf mit einer Ausbildungsdauer von mindestens zweieinhalb Jahren und mit langjährigen Erfahrungen in dieser Tätigkeit mit einem höheren Maß von Verantwortlichkeit sowie sonstige Angestellte, die aufgrund gleichwertiger Fähigkeiten und ihrer Erfahrungen entsprechende Tätigkeiten ausüben.
   (Hierzu Protokollerklärungen Nr. 13)
21. Theatertontechniker (Elektroakustiker) mit Meisterprüfung in einem einschlägigen anerkannten Ausbildungsberuf mit einer Ausbildungsdauer von mindestens zweieinhalb Jahren sowie sonstige Angestellte, die aufgrund gleichwertiger Fähigkeiten und ihrer Erfahrungen entsprechende Tätigkeiten ausüben,

nach vierjähriger Bewährung in Vergütungsgruppe VIb Fallgruppe 20.
(Hierzu Protokollerkärungen Nrn. 13 und 24)

Vergütungsgruppe Vb

1. Beleuchtungsmeister an Bühnen mit technisch schwieriger Bühnenanlage oder an Bühnen mit technisch einfacherer Bühnenanlage, an denen ständig mindestens 30 Arbeitnehmer mit der Bedienung der technischen Anlage (insbesondere der Bühnenaufbauten, Dekorationszüge und Versenkungen) sowie der Beleuchtungsanlage und mit der Bereitstellung von Requisiten und von Dekorations-, Polster- und Tapezierwerkstücken zu den Proben und Aufführungen beschäftigt sind,
   nach vierjähriger Bewährung in Vergütungsgruppe Vc Fallgruppe 1.
   (Hierzu Protokollerklärungen Nrn. 14, 16 und 24)

2. Beleuchtungsobermeister, denen mindestens zwei Beleuchtungsmeister an einer Bühne im technischen Sinne ständig unterstellt sind. – Fußnote –
   (Hierzu Protokollerklärungen Nrn. 16 und 20)

3. Beleuchtungsobermeister
   nach vierjähriger Bewährung in Vergütungsgruppe Vc Fallgruppe 3
   (Hierzu Protokollerklärungen Nrn. 20 und 24)

4. Gewandmeister mit abgeschlossener Gewandmeister- oder gleichwertiger Fachausbildung mit größerem Aufgabenbereich. – Fußnote –
   (Hierzu Protokollerklärung Nr. 15)

5. Gewandmeister mit abgeschlossener Gewandmeister- oder gleichwertiger Fachausbildung, denen auch die Aufstellung von Kostenvoranschlägen und die Führung von Fundusbüchern obliegen,
   nach vierjähriger Bewährung in Vergütungsgruppe Vc Fallgruppe 4.
   (Hierzu Protokollerklärungen Nrn. 15 und 24)

6. Leiter der Stammkartenbüros, die zugleich in nicht unerheblichem Umfang selbständig Werbeaufgaben erfüllen.
   (Hierzu Protokollerklärung Nr. 17)

7. Requisitenmeister mit einem besonderen Maß von Selbständigkeit bei der Herstellung von Requisiten, denen eine Gruppe von

IV.2.3.7 Ang. an Theatern und Bühnen

mindestens drei Arbeitnehmern ständig unterstellt ist, wenn diese neben Handrequisiten (Kleinrequisiten) in erheblichem Umfang auch andere Requisiten herstellt,

nach sechsjähriger Bewährung in Vergütungsgruppe Vc Fallgruppe 7.

(Hierzu Protokollerklärungen Nrn. 10, 16 und 24)

8. Rüstmeister mit einem besonderen Maß von Selbständigkeit bei der Herstellung von Rüstungen und Waffen, denen mindestens ein Facharbeiter ständig unterstellt ist,

nach vierjähriger Bewährung in Vergütungsgruppe Vc Fallgruppe 10.

(Hierzu Protokollerklärungen Nrn. 11, 16 und 24)

9. Theatermeister (Bühnenmeister) an Bühnen mit technisch schwieriger Bühnenanlage oder an Bühnen mit technisch einfacherer Bühnenanlage, an denen ständig mindestens 30 Arbeitnehmer mit der Bedienung der technischen Anlage (insbesondere der Bühnenaufbauten, Dekorationszüge und Versenkungen) sowie der Beleuchtungsanlage und mit der Bereitstellung von Requisiten und von Dekorations-, Polster- und Tapezierwerkstücken zu den Proben und Aufführungen beschäftigt sind,

nach vierjähriger Bewährung in Vergütungsgruppe Vc Fallgruppe 13.

(Hierzu Protokollerklärungen Nrn. 16, 19 und 24)

10. Theaterobermeister (Bühnenobermeister), denen mindestens zwei Theatermeister an einer Bühne im technischen Sinne ständig unterstellt sind. – Fußnote –

(Hierzu Protokollerklärungen Nrn. 16 und 21)

11. Theaterobermeister (Bühnenobermeister)

nach vierjähriger Bewährung in Vergütungsgruppe Vc Fallgruppe 15.

(Hierzu Protokollerklärungen Nrn. 21 und 24)

12. Theaterschuhmachermeister mit einem besonderen Maß von Selbständigkeit bei der Herstellung von Theaterschuhwerk, wenn ihnen mindestens zwei Arbeitskräfte ständig unterstellt sind, von denen mindestens einer Facharbeiter sein muss,

nach vierjähriger Bewährung in Vergütungsgruppe Vc Fallgruppe 16.

(Hierzu Protokollerklärungen Nrn. 16 und 24)

Ang. an Theatern und Bühnen IV.2.3.7

13. Theatertapeziermeister mit einem besonderen Maß von Selbständigkeit bei der Herstellung von Dekorations-, Polster- und Tapezierwerkstücken, denen eine Gruppe von mindestens drei Theatertapezierern ständig unterstellt ist, wenn diese in erheblichem Umfang Dekorations-, Polster- und Tapezierwerkstücke herstellt,

   nach sechsjähriger Bewährung in Vergütungsgruppe Vc Fallgruppe 18.

   (Hierzu Protokollerklärungen Nrn. 12, 16 und 24)

14. Technische Inspektoren – Fußnote –
   (Hierzu Protokollerklärung Nr. 22)

15. Theatertontechniker (Elektroakustiker) mit Meisterprüfung in einem einschlägigen anerkannten Ausbildungsberuf mit einer Ausbildungsdauer von mindestens zweieinhalb Jahren und mit langjährigen Erfahrungen in dieser Tätigkeit mit einem höheren Maß von Verantwortlichkeit sowie sonstige Angestellte, die aufgrund gleichwertiger Fähigkeiten und ihrer Erfahrungen entsprechende Tätigkeiten ausüben,

   nach vierjähriger Bewährung in Vergütungsgruppe Vc Fallgruppe 20.

   (Hierzu Protokollerklärungen Nrn. 13 und 24)

Fußnote:
Diese Angestellten erhalten nach vierjähriger Bewährung in dieser Fallgruppe eine monatliche Vergütungsgruppenzulage in Höhe von 8 v. H. der Grundvergütung der Stufe 4 der Vergütungsgruppe Vb. Bei der Berechnung sich ergebende Bruchteile eines Cents unter 0,5 sind abzurunden, Bruchteile von 0,5 und mehr sind aufzurunden. Die Vergütungsgruppenzulage gilt bei der Bemessung des Sterbegeldes (§ 41) und des Übergangsgeldes (§ 53) als Bestandteil der Grundvergütung.

Vergütungsgruppe IVb
Technische Oberinspektoren. – Fußnote –
(Hierzu Protokollerklärung Nr. 23)

Fußnote:
Diese Angestellten erhalten nach fünfjähriger Bewährung in dieser Fallgruppe eine monatliche Vergütungsgruppenzulage in Höhe von 8 v. H. der Grundvergütung der Stufe 4 der Vergütungsgruppe IVb. Bei der Berechnung sich ergebende Bruchteile eines Cents unter 0,5 sind abzurunden, Bruchteile von 0,5 und mehr sind aufzurunden. Die Vergütungs-

IV.2.3.7 Ang. an Theatern und Bühnen

gruppenzulage gilt bei der Bemessung des Sterbegeldes (§ 41) und des Übergangsgeldes (§ 63) als Bestandteil der Grundvergütung.

Protokollerklärungen:

Nr. 1
Hausmeister sind Arbeitnehmer, die die Reinigung des Hauses und Hausgrundstückes überwachen, kleine Reparaturen selbst durchführen und größere Reparaturen veranlassen, die allgemeine Hauseinrichtung und das Hausinventar betreuen, das Haus öffnen und schließen und die Aufsicht über das Hauspersonal (Garderoben- und Reinigungspersonal, Pförtner, Schließer usw.) führen.

Nr. 2
Orchesterwarte sind Arbeitnehmer, denen die Bereitstellung und das Einsammeln der Noten und Pulte sowie der größeren Instrumente bei Proben und Aufführungen verantwortlich übertragen sind. Vielfach sind ihnen auch die Verwaltung und die Pflege der Materialien, an einigen kleineren Bühnen auch die Verwaltung des gesamten Notenfundus, übertragen.

Nr. 3
Magazinmeister (Dekorationsmeister) sind Arbeitnehmer, die das Dekorationslager verwalten. Vielfach ist ihnen auch die Leitung der Transportkolonne (Fahrmeister) übertragen. Für die Eingruppierung der Magazinmeister (Dekorationsmeister) in der Vergütungsgruppe VII ist es nicht erforderlich, daß die Arbeitnehmer dem Magazinmeister (Dekorationsmeister) ständig unterstellt sind. Es zählen auch Arbeitnehmer mit, die ihm aus anderen Abteilungen zugeteilt werden.

Nr. 4
Theater- und Kostümmaler sind Angestellte, die nach Entwürfen des Bühnen- oder Kostümbildners in eigener Verantwortung bildliche Darstellungen zum Bühnengebrauch anfertigen.

Nr. 5
Kascheure (Theaterplastiker) sind Angestellte, die nach Anweisung des Bühnenbildners oder eines anderen Künstlerischen Vorstandes in eigener Verantwortung Plastiken herstellen.

Nr. 6
Maskenbildner sind Angestellte, die nach Anweisung des Bühnenbildners, eines anderen Künstlerischen Vorstandes oder des Chefmaskenbildners Masken schminken sowie Bärte, Frisuren, Perücken usw. herstellen.

Nr. 7
Bearbeiter der Stammieten sind Angestellte, die mit Interessenten über Stammieten verhandeln.

Nr. 8
Hausinspektoren sind Hausmeister, denen auch die Kontrolle der ordnungsgemäßen Abwicklung des Publikumsdienstes, die Durchführung der Hausordnung und die Abrechnung von Garderobengebühren, Programmheften usw. obliegen. Soweit die Eingruppierung der Hausinspektoren von der Zahl

der ständig unterstellten Arbeitnehmer abhängig ist, werden nur die Arbeitnehmer gerechnet, die in einem unmittelbaren Arbeitsverhältnis zu dem Arbeitgeber stehen.

Nr. 9
Modellbauer sind Angestellte, die nach Bühnenbildentwürfen Modelle anfertigen.

Nr. 10
Requisitenmeister sind Angestellte, die gegebenenfalls mit ihnen unterstellten Requisiteuren nach näherer Anordnung der Künstlerischen oder Technischen Vorstände Requisiten beschaffen oder herstellen, die Requisiten verwalten und warten und die Requisiten für die Proben und Aufführungen bereithalten.

Nr. 11
Rüstmeister sind Angestellte, die nach näherer Anordnung der Künstlerischen oder Technischen Vorstände Rüstungen, Waffen und andere metallene Gegenstände sowie Feuerwerkskörper, Schmuck usw. beschaffen oder herstellen und für die Proben und Aufführungen bereithalten und gegebenenfalls verwalten und warten.

Nr. 12
Theatertapeziermeister sind Angestellte, die mit ihnen unterstellten Theatertapezierern Dekorations-, Polster- und Tapezierarbeiten durchführen und die hergestellten Werkstücke verwalten, warten und zu den Proben und Aufführungen bereithalten.

Soweit die Eingruppierung der Theatertapeziermeister von der Zahl der ständig unterstellten Theatertapezierer abhängt, werden die ihnen etwa unterstellten Näherinnen nicht mitgezählt.

Nr. 13
Theatertontechniker (Elektroakustiker) sind Arbeitnehmer, die unter der künstlerischen Verantwortung des Theatertonmeisters oder eines Künstlerischen Vorstandes des elektroakustischen Anlagen bedienen und warten.

Nr. 14
Beleuchtungsmeister sind Angestellte, die während der Proben und Aufführungen, zu denen sie eingeteilt sind, nach den ihnen gegebenen Anweisungen (des Regisseurs, des Bühnenbildners, des Leiters des Beleuchtungswesens usw.) die Beleuchtung verantwortlich leiten und durchführen und denen auch die Einrichtung der szenischen Beleuchtung nach den Vorstellungen des Regisseurs usw. obliegt.

Nr. 15
Gewandmeister sind Angestellte, die nach den Entwürfen des Bühnen- oder Kostümbildners die Kostüme beschaffen oder zuschneiden oder deren Anfertigung leiten und überwachen.

Nr. 16
Soweit die Eingruppierung von der Zahl der unterstellten oder der in dem betreffenden Bereich beschäftigten Personen abhängt,

IV.2.3.7 Ang. an Theatern und Bühnen

a) ist es für die Eingruppierung unschädlich, wenn im Organisations- und Stellenplan zur Besetzung ausgewiesene Stellen nicht besetzt sind,
b) rechnen hierzu auch Beamte vergleichbarer Besoldungsgruppen,
c) zählen Teilbeschäftigte entsprechend dem Verhältnis der mit ihnen im Arbeitsvertrag vereinbarten Arbeitszeit zur regelmäßigen Arbeitszeit eines Vollbeschäftigten.

Nr. 17
Leiter der Stammkartenbüros sind Angestellte, die mit einem oder mehreren ihnen unterstellten Mitarbeitern (einschließlich der Stammkartenkassierer) die Abonnementsangelegenheiten des Theaters erledigen.

Nr. 18
Ständige Vertreter sind nicht die Vertreter in Urlaubs- und sonstigen Abwesenheitsfällen.

Nr. 19
Theatermeister (Bühnenmeister) sind Angestellte, die während der Proben und Aufführungen, zu denen sie eingeteilt sind, für die technische Einrichtung (insbesondere Bühnenaufbauten, Dekorationszüge und Versenkungen) mit Ausnahme der Beleuchtungstechnik verantwortlich sind.

Nr. 20
Beleuchtungsobermeister sind Beleuchtungsmeister, denen gegenüber mindestens zwei Beleuchtungsmeistern an einer Bühne im technischen Sinne die Diensteinteilung obliegt.

Nr. 21
Theaterobermeister (Bühnenobermeister) sind Theatermeister (Bühnenmeister), denen gegenüber mindestens zwei Theatermeistern an einer Bühne im technischen Sinne die Diensteinteilung obliegt.

Nr. 22
Technische Inspektoren sind Angestellte, die unter der Leistung des Technischen Direktors bzw. des Technischen Leiters an Theatern und Bühnen für den gesamten technischen Betrieb, gegebenenfalls einschließlich der Werkstätten, verantwortlich sind.

Nr. 23
Technische Oberinspektoren sind Technische Inspektoren als ständige Vertreter des Technischen Direktors bzw. des Technischen Leiters an Theatern und Bühnen mit mindestens einem weiteren Technischen Inspektor.

Nr. 24
Für den erstmaligen Bewährungsaufstieg nach einem Tätigkeitsmerkmal des Tarifvertrages vom 17. Mai 1982 können Zeiten der Bewährung, die bei demselben Arbeitgeber in einem unmittelbar vorangegangen Arbeiterverhältnis als Vorhandwerker im Sinne des bezirklichen Lohngruppenverzeichnisses zurückgelegt worden sind, zur Hälfte auf die geforderte Bewährungszeit angerechnet werden.

Angestellte in medizinischen Hilfsberufen und medizinisch-technischen Berufen [1]

Vergütungsgruppe IVa

1. Audiometristen mit staatlicher Anerkennung oder mit mindestens zweijähriger Fachausbildung in Universitätskliniken oder medizinischen Akademien in einer Tätigkeit der Vergütungsgruppe IV b Fallgruppe 1 nach zweijähriger Bewährung in dieser Tätigkeit.

2. Beschäftigungstherapeuten mit staatlicher Anerkennung in einer Tätigkeit der Vergütungsgruppe IV b Fallgruppe 3 nach zweijähriger Bewährung in dieser Tätigkeit.

3. Diätassistentinnen mit staatlicher Anerkennung in einer Tätigkeit der Vergütungsgruppe IV b Fallgruppe 5 nach zweijähriger Bewährung in dieser Tätigkeit.

4. Leitende Krankengymnasten in einer Tätigkeit der Vergütungsgruppe IV b Fallgruppe 7 nach zweijähriger Bewährung in dieser Tätigkeit.

   (Hierzu Protokollerklärung Nr. 1)

5. Krankengymnasten in einer Tätigkeit der Vergütungsgruppe IV b Fallgruppe 8 nach zweijähriger Bewährung in dieser Tätigkeit.

6. Logopäden mit staatlicher Anerkennung oder mit mindestens zweijähriger Fachausbildung an Universitätskliniken oder medizinischen Akademien mit Prüfung in einer Tätigkeit der Vergütungsgruppe IV b Fallgruppe 10 nach zweijähriger Bewährung in dieser Tätigkeit.

7. Leitende medizinisch-technische Assistentinnen in einer Tätigkeit der Vergütungsgruppe IV b Fallgruppe 13 nach zweijähriger Bewährung in dieser Tätigkeit.

   (Hierzu Protokollerklärung Nr. 6)

8. Medizinisch-technische Assistentinnen in einer Tätigkeit der Vergütungsgruppe IV b Fallgruppe 14 nach zweijähriger Bewährung in dieser Tätigkeit.

---

[1] vgl. dazu auch die Übergangsvorschriften zur Eingruppierung von Beschäftigungstherapeuten, Logopäden, MTA und Orthoptistinnen am Schluss dieses Beitrages

IV.2.3.8 Med. Hilfsberufe – med.-techn. Berufe

9. Orthoptistinnen mit staatlicher Anerkennung oder mit mindestens zweijähriger Fachausbildung an Universitätskliniken oder medizinischen Akademien mit Prüfung in einer Tätigkeit der Vergütungsgruppe IV b Fallgruppe 16 nach zweijähriger Bewährung in dieser Tätigkeit.

   (Hierzu Protokollerklärung Nr. 2)

10. Pharmazeutisch-technische Assistenten in einer Tätigkeit der Vergütungsgruppe IV b Fallgruppe 18 nach zweijähriger Bewährung in dieser Tätigkeit.

11. Zahntechnikermeister in einer Tätigkeit der Vergütungsgruppe IV b Fallgruppe 21 nach zweijähriger Bewährung in dieser Tätigkeit.

Vergütungsgruppe IVb

1. Audiometristen mit staatlicher Anerkennung oder mit mindestens zweijähriger Fachausbildung an Universitätskliniken oder medizinischen Akademien, die als Erste Lehrkräfte an Lehranstalten für Audiometristen eingesetzt sind.

   (Hierzu Protokollerklärungen Nrn. 3 und 4)

2. Audiometristen mit staatlicher Anerkennung oder mit mindestens zweijähriger Fachausbildung an Universitätskliniken oder medizinischen Akademien in einer Tätigkeit der Vergütungsgruppe V b Fallgruppe 2 oder 3 nach zweijähriger Bewährung in einer dieser Tätigkeiten.

3. Beschäftigungstherapeuten mit staatlicher Anerkennung, die als Erste Lehrkräfte an staatlich anerkannten Lehranstalten für Beschäftigungstherapie eingesetzt sind.

   (Hierzu Protokollerklärungen Nrn. 3 und 4)

4. Beschäftigungstherapeuten mit staatlicher Anerkennung in einer Tätigkeit der Vergütungsgruppe V b Fallgruppe 4 oder 6 nach zweijähriger Bewährung in einer dieser Tätigkeiten.

5. Diätassistentinnen mit staatlicher Anerkennung, die als Erste Lehrkräfte an staatlich anerkannten Lehranstalten für Diätassistentinnen eingesetzt sind.

   (Hierzu Protokollerklärungen Nrn. 3 und 4)

6. Diätassistentinnen mit staatlicher Anerkennung in einer Tätigkeit der Vergütungsgruppe V b Fallgruppe 8, 9 oder 10 nach zweijähriger Bewährung in einer dieser Tätigkeiten.

Med. Hilfsberufe – med.-techn. Berufe **IV.2.3.8**

7. Leitende Krankengymnasten, denen mindestens 16 Krankengymnasten oder Angestellte in der Tätigkeit von Krankengymnasten durch ausdrückliche Anordnung ständig unterstellt sind.
(Hierzu Protokollerklärungen Nrn. 1 und 17)

8. Krankengymnasten, die als Erste Lehrkräfte an staatlich anerkannten Lehranstalten für Krankengymnasten eingesetzt sind.
(Hierzu Protokollerklärungen Nrn. 3 und 4)

9. Krankengymnasten in einer Tätigkeit der Vergütungsgruppe Vb Fallgruppe 14, 15 oder 16 nach zweijähriger Bewährung in einer dieser Tätigkeiten.

10. Logopäden mit staatlicher Anerkennung oder mit mindestens zweijähriger Fachausbildung an Universitätskliniken oder medizinischen Akademien mit Prüfung, die als Erste Lehrkräfte an Lehranstalten für Logopäden eingesetzt sind.
(Hierzu Protokollerklärungen Nrn. 3 und 4)

11. Logopäden mit staatlicher Anerkennung oder mit mindestens zweijähriger Fachausbildung an Universitätskliniken oder medizinischen Akademien mit Prüfung in einer Tätigkeit der Vergütungsgruppe Vb Fallgruppe 19 oder 20 nach zweijähriger Bewährung in einer dieser Tätigkeiten.

12. Masseure, Masseure und medizinische Bademeister in einer Tätigkeit der Vergütungsgruppe Vb Fallgruppe 22 nach zweijähriger Bewährung in dieser Tätigkeit.
(Hierzu Protokollerklärung Nr. 5)

13. Leitende medizinisch-technische Assistentinnen, denen mindestens 16 medizinisch-technische Assistentinnen, medizinisch-technische Gehilfinnen oder sonstige Angestellte, die aufgrund gleichwertiger Fähigkeiten und ihrer Erfahrungen entsprechende Tätigkeiten ausüben, durch ausdrückliche Anordnung ständig unterstellt sind.
(Hierzu Protokollerklärungen Nrn. 6 und 17)

14. Medizinisch-technische Assistentinnen, die als Erste Lehrkräfte an staatlich anerkannten Lehranstalten für medizinisch-technische Assistentinnen eingesetzt sind.
(Hierzu Protokollerklärungen Nrn. 3 und 4)

15. Medizinisch-technische Assistentinnen in einer Tätigkeit der Vergütungsgruppe Vb Fallgruppe 24, 26 oder 27 nach zweijähriger Bewährung in einer dieser Tätigkeiten.

16. Orthoptistinnen mit staatlicher Anerkennung oder mit mindestens zweijähriger Fachausbildung an Universitätskliniken oder

medizinischen Akademien mit Prüfung, die als Erste Lehrkräfte an Lehranstalten für Orthoptistinnen eingesetzt sind.
(Hierzu Protokollerklärungen Nrn. 2, 3 und 4)

17. Orthoptistinnen mit staatlicher Anerkennung oder mit mindestens zweijähriger Fachausbildung an Universitätskliniken oder medizinischen Akademien mit Prüfung in einer Tätigkeit der Vergütungsgruppe Vb Fallgruppe 28, 30 oder 31 nach zweijähriger Bewährung in einer dieser Tätigkeiten.
(Hierzu Protokollerklärung Nr. 2)

18. Pharmazeutisch-technische Assistenten, die als Erste Lehrkräfte an staatlich anerkannten Lehranstalten für pharmazeutisch-technische Assistenten eingesetzt sind.
(Hierzu Protokollerklärungen Nrn. 3 und 4)

19. Pharmazeutisch-technische Assistenten in einer Tätigkeit der Vergütungsgruppe Vb Fallgruppe 32, 33 oder 34 nach zweijähriger Bewährung in einer dieser Tätigkeiten.

20. Seehafengesundheitsaufseher (Seehafengesundheitskontrolleure) mit Prüfung in einer Tätigkeit der Vergütungsgruppe Vb Fallgruppe 36 nach dreijähriger Bewährung in dieser Tätigkeit.
(Hierzu Protokollerklärungen Nrn. 8 und 9)

21. Zahntechnikermeister, denen mindestens 16 Zahntechnikermeister oder Zahntechniker durch ausdrückliche Anordnung ständig unterstellt sind.
(Hierzu Protokollerklärung Nr. 17)

22. Zahntechnikermeister oder Zahntechniker mit Abschlussprüfung in einer Tätigkeit der Vergütungsgruppe Vb Fallgruppe 38 oder 40 nach zweijähriger Bewährung in einer dieser Tätigkeiten.

Vergütungsgruppe Vb

1. Audiometristen mit staatlicher Anerkennung oder mit mindestens zweijähriger Fachausbildung an Universitätskliniken oder medizinischen Akademien in einer Tätigkeit der Vergütungsgruppe Vc Fallgruppe 1 nach dreijähriger Bewährung in dieser Tätigkeit.

2. Audiometristen mit staatlicher Anerkennung oder mit mindestens zweijähriger Fachausbildung an Universitätskliniken oder medizinischen Akademien, die als Lehrkräfte an Lehranstalten für Audiometristen eingesetzt sind.
(Hierzu Protokollerklärung Nr. 3)

Med. Hilfsberufe – med.-techn. Berufe **IV.2.3.8**

3. Audiometristen mit staatlicher Anerkennung oder mit mindestens zweijähriger Fachausbildung an Universitätskliniken oder medizinischen Akademien, die als Hilfskräfte bei wissenschaftlichen Forschungsaufgaben mit einem besonders hohen Maß von Verantwortlichkeit tätig sind.
4. Beschäftigungstherapeuten mit staatlicher Anerkennung und entsprechender Tätigkeit, denen mindestens zwei Beschäftigungstherapeuten mit staatlicher Anerkennung oder Angestellte in der Tätigkeit von Beschäftigungstherapeuten durch ausdrückliche Anordnung ständig unterstellt sind.
(Hierzu Protokollerklärung Nr. 17)
5. Beschäftigungstherapeuten mit staatlicher Anerkennung in einer Tätigkeit der Vergütungsgruppe Vc Fallgruppe 3 nach dreijähriger Bewährung in dieser Tätigkeit.
6. Beschäftigungstherapeuten mit staatlicher Anerkennung, die als Lehrkräfte an staatlich anerkannten Lehranstalten für Beschäftigungstherapie eingesetzt sind.
(Hierzu Protokollerklärung Nr. 3)
7. Desinfektoren mit Prüfung in einer Tätigkeit der Vergütungsgruppe Vc Fallgruppe 6 nach dreijähriger Bewährung in dieser Tätigkeit.
8. Diätassistentinnen mit staatlicher Anerkennung als Leiterin von Diätküchen, in denen durchschnittlich mindestens 400 Diätvollportionen täglich hergestellt werden.
(Hierzu Protokollerklärung Nr. 10)
9. Diätassistentinnen mit staatlicher Anerkennung sowie mit zusätzlicher Ausbildung als Ernährungsberaterin und mit entsprechender Tätigkeit.
10. Diätassistentinnen mit staatlicher Anerkennung, die als Lehrkräfte an staatlich anerkannten Lehranstalten für Diätassistentinnen eingesetzt sind.
(Hierzu Protokollerklärung Nr. 3)
11. Diätassistentinnen mit staatlicher Anerkennung in einer Tätigkeit der Vergütungsgruppe Vc Fallgruppe 8, 9 oder 10 nach dreijähriger Bewährung in einer dieser Tätigkeiten.
12. Gesundheitsaufseher mit Prüfung und entsprechender Tätigkeit, denen mindestens fünf Gesundheitsaufseher oder Angestellte in der Tätigkeit von Gesundheitsaufsehern durch ausdrückliche Anordnung ständig unterstellt sind.
(Hierzu Protokollerklärungen Nrn. 8 u. 17)

IV.2.3.8 Med. Hilfsberufe – med.-techn. Berufe

13. Gesundheitsaufseher mit Prüfung in einer Tätigkeit der Vergütungsgruppe Vc Fallgruppe 14 nach dreijähriger Bewährung in dieser Tätigkeit.
(Hierzu Protokollerklärung Nr. 8)

14. Krankengymnasten mit entsprechender Tätigkeit, denen mindestens zwei Krankengymnasten oder Angestellte in der Tätigkeit von Krankengymnasten durch ausdrückliche Anordnung ständig unterstellt sind.
(Hierzu Protokollerklärung Nr. 17)

15. Krankengymnasten, die als Lehrkräfte an staatlich anerkannten Lehranstalten für Krankengymnasten eingesetzt sind.
(Hierzu Protokollerklärung Nr. 3)

16. Krankengymnasten, die als Erste Lehrkräfte an staatlich anerkannten Lehranstalten für Masseure oder für Masseure und medizinische Bademeister eingesetzt sind.
(Hierzu Protokollerklärungen Nrn. 3 u. 4)

17. Krankengymnasten in einer Tätigkeit der Vergütungsgruppe Vc Fallgruppe 16 oder 18 nach dreijähriger Bewährung in einer dieser Tätigkeiten.

18. Logopäden mit staatlicher Anerkennung oder mit mindestens zweijähriger Fachausbildung an Universitätskliniken oder medizinischen Akademien mit Prüfung in einer Tätigkeit der Vergütungsgruppe Vc Fallgruppe 19 nach dreijähriger Bewährung in dieser Tätigkeit.

19. Logopäden mit staatlicher Anerkennung oder mit mindestens zweijähriger Fachausbildung an Universitätskliniken oder medizinischen Akademien mit Prüfung, die als Lehrkräfte an Lehranstalten für Logopäden eingesetzt sind.
(Hierzu Protokollerklärung Nr. 3)

20. Logopäden mit staatlicher Anerkennung oder mit mindestens zweijähriger Fachausbildung an Universitätskliniken oder medizinischen Akademien mit Prüfung und entsprechender Tätigkeit, die als Hilfskräfte bei wissenschaftlichen Forschungsaufgaben mit einem besonders hohen Maß von Verantwortlichkeit tätig sind.

21. Masseure, Masseure und medizinische Bademeister in einer Tätigkeit der Vergütungsgruppe Vc Fallgruppe 21 nach dreijähriger Bewährung in dieser Tätigkeit.
(Hierzu Protokollerklärung Nr. 5)

Med. Hilfsberufe – med.-techn. Berufe IV.2.3.8

22. Masseure, Masseure und medizinische Bademeister, die als Erste Lehrkräfte an staatlich anerkannten Lehranstalten für Masseure oder für Masseure und medizinische Bademeister eingesetzt sind.

    (Hierzu Protokollerklärungen Nrn. 3, 4 und 5)

23. Masseure, Masseure und medizinische Bademeister in einer Tätigkeit der Vergütungsgruppe Vc Fallgruppe 23 nach dreijähriger Bewährung in dieser Tätigkeit.

    (Hierzu Protokollerklärung Nr. 5)

24. Medizinisch-technische Assistentinnen mit entsprechender Tätigkeit, denen mindestens zwei medizinisch-technische Assistentinnen, medizinisch-technische Gehilfinnen oder sonstige Angestellte, die aufgrund gleichwertiger Fähigkeiten und ihrer Erfahrungen entsprechende Tätigkeiten ausüben, durch ausdrückliche Anordnung ständig unterstellt sind.

    (Hierzu Protokollerklärung Nr. 17)

25. Medizinisch-technische Assistentinnen in einer Tätigkeit der Vergütungsgruppe Vc Fallgruppe 24 nach dreijähriger Bewährung in dieser Tätigkeit.

26. Medizinisch-technische Assistentinnen, die als Lehrkräfte an staatlich anerkannten Lehranstalten für medizinisch-technische Assistentinnen eingesetzt sind.

    (Hierzu Protokollerklärung Nr. 3)

27. Medizinisch-technische Assistentinnen mit entsprechender Tätigkeit, die als Hilfskräfte bei wissenschaftlichen Forschungsaufgaben mit einem besonders hohen Maß von Verantwortlichkeit tätig sind.

    (Hierzu Protokollerklärung Nr. 7)

28. Orthoptistinnen mit staatlicher Anerkennung oder mit mindestens zweijähriger Fachausbildung an Universitätskliniken oder medizinischen Akademien mit Prüfung und entsprechender Tätigkeit, denen mindestens zwei Orthoptistinnen oder Angestellte in der Tätigkeit von Orthoptistinnen durch ausdrückliche Anordnung ständig unterstellt sind.

    (Hierzu Protokollerklärungen Nrn. 2 u. 17)

29. Orthoptistinnen mit staatlicher Anerkennung oder mit mindestens zweijähriger Fachausbildung an Universitätskliniken oder medizinischen Akademien mit Prüfung in einer Tätigkeit der

IV.2.3.8 Med. Hilfsberufe – med.-techn. Berufe

Vergütungsgruppe Vc Fallgruppe 27 nach dreijähriger Bewährung in dieser Tätigkeit.

(Hierzu Protokollerklärung Nr. 2)

30. Orthoptistinnen mit staatlicher Anerkennung oder mit mindestens zweijähriger Fachausbildung an Universitätskliniken oder medizinischen Akademien mit Prüfung, die als Lehrkräfte an Lehranstalten für Orthoptistinnen eingesetzt sind.

(Hierzu Protokollerklärungen Nrn. 2 u. 3)

31. Orthoptistinnen mit staatlicher Anerkennung oder mit mindestens zweijähriger Fachausbildung an Universitätskliniken oder medizinischen Akademien mit Prüfung und entsprechender Tätigkeit, die als Hilfskräfte bei wissenschaftlichen Forschungsaufgaben mit einem besonders hohen Maß von Verantwortlichkeit tätig sind.

(Hierzu Protokollerklärung Nr. 2)

32. Pharmazeutisch-technische Assistenten mit entsprechender Tätigkeit, denen mindestens zwei pharmazeutisch-technische Assistenten oder Apothekenhelferinnen mit Tätigkeiten mindestens der Vergütungsgruppe VII durch ausdrückliche Anordnung ständig unterstellt sind.

(Hierzu Protokollerklärungen Nrn. 13 u. 17)

33. Pharmazeutisch-technische Assistenten, die als Lehrkräfte an staatlich anerkannten Lehranstalten für pharmazeutisch-technische Assistenten eingesetzt sind.

(Hierzu Protokollerklärung Nr. 3)

34. Pharmazeutisch-technische Assistenten mit entsprechender Tätigkeit, die als Hilfskräfte bei wissenschaftlichen Forschungsaufgaben mit einem besonders hohen Maß von Verantwortlichkeit tätig sind.

35. Präparatoren in einer Tätigkeit der Vergütungsgruppe Vc Fallgruppe 30 oder 32 nach dreijähriger Bewährung in einer dieser Tätigkeiten.

36. Seehafengesundheitsaufseher (Seehafengesundheitskontrolleure) mit Prüfung und entsprechender Tätigkeit nach sechsmonatiger Berufsausübung nach Ablegen der Prüfung, die überwiegend besonders schwierige Aufgaben im Sinne der Vergütungsgruppe Vc Fallgruppe 33 erfüllen.

(Hierzu Protokollerklärungen Nrn. 8 und 9).

37. Seehafengesundheitsaufseher (Seehafengesundheitskontrolleure) mit Prüfung in einer Tätigkeit der Vergütungsgruppe Vc Fallgruppe 33 nach dreijähriger Bewährung in dieser Tätigkeit.
(Hierzu Protokollerklärungen Nrn. 8 u. 9)

38. Zahntechnikermeister oder Zahntechniker mit Abschlußprüfung und entsprechender Tätigkeit, denen mindestens zwei Angestellte mit Tätigkeiten mindestens der Vergütungsgruppe VIb Fallgruppe 39 durch ausdrückliche Anordnung ständig unterstellt sind.
(Hierzu Protokollerklärung Nr. 17)

39. Zahntechnikermeister mit entsprechenden Tätigkeiten, die Kenntnisse in der kiefer-chirurgischen Prothetik erfordern, oder die Epithesen herstellen nach dreijähriger Bewährung in dieser Tätigkeit nach der Meisterprüfung.

40. Zahntechnikermeister oder Zahntechniker mit Abschlußprüfung und entsprechender Tätigkeit, die als Hilfskräfte bei wissenschaftlichen Forschungsaufgaben mit einem besonders hohen Maß von Verantwortlichkeit tätig sind.

41. Zahntechnikermeister oder Zahntechniker mit Abschlußprüfung an Universitätskliniken, denen die handwerkliche Unterweisung von Studenten in zahntechnischen Arbeiten obliegt.

42. Zahntechniker mit Abschlußprüfung nach fünfjähriger Bewährung in der Vergütungsgruppe Vc Fallgruppe 37.

Vergütungsgruppe Vc

1. Audiometristen mit staatlicher Anerkennung oder mit mindestens zweijähriger Fachausbildung an Universitätskliniken oder medizinischen Akademien mit entsprechender Tätigkeit nach sechsmonatiger Berufsausübung nach erlangter staatlicher Anerkennung bzw. nach Abschluß der genannten Fachausbildung, die überwiegend schwierige Aufgaben im Sinne der Vergütungsgruppe VIb Fallgruppe 4 erfüllen.

2. Audiometristen mit staatlicher Anerkennung oder mit mindestens zweijähriger Fachausbildung an Universitätskliniken oder medizinischen Akademien in einer Tätigkeit der Vergütungsgruppe VIb Fallgruppe 4 nach zweijähriger Bewährung in dieser Tätigkeit.

3. Beschäftigungstherapeuten mit staatlicher Anerkennung und entsprechender Tätigkeit nach sechsmonatiger Berufsausübung nach erlangter staatlicher Anerkennung, die überwiegend

IV.2.3.8 Med. Hilfsberufe – med.-techn. Berufe

schwierige Aufgaben im Sinne der Vergütungsgruppe VIb Fallgruppe 6 erfüllen.

4. Beschäftigungstherapeuten mit staatlicher Anerkennung in einer Tätigkeit der Vergütungsgruppe VIb Fallgruppe 6 nach zweijähriger Bewährung in dieser Tätigkeit.

5. Dermoplastiker (Moulageure) nach fünfjähriger Bewährung in dieser Tätigkeit.

6. Desinfektoren mit Prüfung als Leiter des technischen Betriebes von Desinfektionsanstalten, denen mindestens 18 Desinfektoren mit Prüfung durch ausdrückliche Anordnung ständig unterstellt sind.
(Hierzu Protokollerklärungen Nrn. 11 u. 17)

7. Desinfektoren mit Prüfung in einer Tätigkeit der Vergütungsgruppe VIb Fallgruppe 9 oder 10 nach dreijähriger Bewährung in einer dieser Tätigkeiten.

8. Diätassistentinnen mit staatlicher Anerkennung als Leiterinnen von Diätküchen, in denen durchschnittlich mindestens 200 Diätvollportionen täglich hergestellt werden.
(Hierzu Protokollerklärung Nr. 10)

9. Diätassistentinnen mit staatlicher Anerkennung, die als ständige Vertreterinnen von Leiterinnen von Diätküchen, in denen durchschnittlich mindestens 400 Diätvollportionen täglich hergestellt werden, durch ausdrückliche Anordnung bestellt sind.
(Hierzu Protokollerklärungen Nrn. 10 und 18)

10. Diätassistentinnen mit staatlicher Anerkennung und entsprechender Tätigkeit nach sechsmonatiger Berufsausübung nach erlangter staatlicher Anerkennung, die überwiegend schwierige Aufgaben im Sinne der Vergütungsgruppe VIb Fallgruppe 15 erfüllen.

11. Diätassistentinnen mit staatlicher Anerkennung in einer Tätigkeit der Vergütungsgruppe VIb Fallgruppe 12, 13, 14 oder 15 nach zweijähriger Bewährung in einer dieser Tätigkeiten.

12. Diätassistentinnen mit staatlicher Anerkennung nach sechsjähriger Bewährung in dieser Tätigkeit.

13. Gesundheitsaufseher mit Prüfung und entsprechender Tätigkeit, denen mindestens zwei Gesundheitsaufseher oder Angestellte in der Tätigkeit von Gesundheitsaufsehern durch ausdrückliche Anordnung ständig unterstellt sind.
(Hierzu Protokollerklärungen Nrn. 8 u. 17)

Med. Hilfsberufe – med.-techn. Berufe IV.2.3.8

14. Gesundheitsaufseher mit Prüfung und entsprechender Tätigkeit nach sechsmonatiger Berufsausübung nach Ablegen der Prüfung, die überwiegend schwierige Aufgaben im Sinne der Vergütungsgruppe VIb Fallgruppe 17 erfüllen.
(Hierzu Protokollerklärung Nr. 8)

15. Gesundheitsaufseher mit Prüfung in einer Tätigkeit der Vergütungsgruppe VIb Fallgruppe 17 nach dreijähriger Bewährung in dieser Tätigkeit.
(Hierzu Protokollerklärung Nr. 8)

16. Krankengymnasten mit entsprechender Tätigkeit, nach sechsmonatiger Berufsausübung nach erlangter staatlicher Erlaubnis, die überwiegend schwierige Aufgaben im Sinne der Vergütungsgruppe VIb Fallgruppe 19 erfüllen.

17. Krankengymnasten in einer Tätigkeit der Vergütungsgruppe VIb Fallgruppe 19 nach zweijähriger Bewährung in dieser Tätigkeit.

18. Krankengymnasten, die als Lehrkräfte an staatlich anerkannten Lehranstalten für Masseure oder Masseure und medizinische Bademeister eingesetzt sind.
(Hierzu Protokollerklärung Nr. 3)

19. Logopäden mit staatlicher Anerkennung oder mit mindestens zweijähriger Fachausbildung an Universitätskliniken oder medizinischen Akademien mit Prüfung und entsprechender Tätigkeit nach sechsmonatiger Berufsausübung nach erlangter staatlicher Anerkennung bzw. nach Abschluß der genannten Fachausbildung, die überwiegend schwierige Aufgaben im Sinne der Vergütungsgruppe VIb Fallgruppe 21 erfüllen.

20. Logopäden mit staatlicher Anerkennung oder mit mindestens zweijähriger Fachausbildung an Universitätskliniken oder medizinischen Akademien mit Prüfung in einer Tätigkeit der Vergütungsgruppe VIb Fallgruppe 21 nach zweijähriger Bewährung in dieser Tätigkeit.

21. Masseure, Masseure und medizinische Bademeister mit entsprechender Tätigkeit, denen mindestens acht Masseure, Masseure und medizinische Bademeister oder Angestellte in der Tätigkeit von Masseuren oder Masseuren und medizinischen Bademeistern durch ausdrückliche Anordnung ständig unterstellt sind.
(Hierzu Protokollerklärungen Nrn. 5 u. 17)

IV.2.3.8 Med. Hilfsberufe – med.-techn. Berufe

22. Masseure, Masseure und medizinische Bademeister in einer Tätigkeit der Vergütungsgruppe VIb Fallgruppe 23 oder 24 nach zweijähriger Bewährung in einer dieser Tätigkeiten.
(Hierzu Protokollerklärung Nr. 5)

23. Masseure, Masseure und medizinische Bademeister, die als Lehrkräfte an staatlich anerkannten Lehranstalten für Masseure oder für Masseure und medizinische Bademeister eingesetzt sind.
(Hierzu Protokollerklärungen Nrn. 3 u. 5)

24. Medizinisch-technische Assistentinnen mit entsprechender Tätigkeit nach sechsmonatiger Berufsausübung nach erlangter staatlicher Erlaubnis, die in nicht unerheblichem Umfange eine oder mehrere der folgenden Aufgaben erfüllen:

   Wartung und Justierung von hochwertigen und schwierig zu bedienenden Meßgeräten (z. B. Autoanalyzern) und Anlage der hierzu gehörenden Eichkurven, Bedienung eines Elektronenmikroskops sowie Vorbereitung der Präparate für Elektronenmikroskopie.

   Quantitative Bestimmung von Kupfer und Eisen, Bestimmung der Eisenbindungskapazität, schwierige Hormonbestimmungen, schwierige Fermentaktivitätsbestimmungen, schwierige gerinnungsphysiologische Untersuchungen.

   Virusisolierungen oder ähnliche schwierige mikrobiologische Verfahren, Gewebezüchtungen, schwierige Antikörperbestimmungen (z. B. Coombs-Test, Blutgruppen-Serologie).

   Vorbereitung und Durchführung von röntgenologischen Gefäßuntersuchungen in der Schädel-, Brust- oder Bauchhöhle, Mitwirkung bei Herzkatheterisierungen, Schichtaufnahmen in den drei Dimensionen mit Spezialgeräten, Encephalographien, Ventrikulographien, schwierigen intraoperativen Röntgenaufnahmen.
(Hierzu Protokollerklärung Nr. 12)

25. Medizinisch-technische Assistentinnen in einer Tätigkeit der Vergütungsgruppe VIb Fallgruppe 26 nach zweijähriger Bewährung in dieser Tätigkeit.

26. Medizinisch-technische Assistentinnen mit entsprechender Tätigkeit nach sechsjähriger Bewährung in dieser Tätigkeit.

27. Orthoptistinnen mit staatlicher Anerkennung oder mit mindestens zweijähriger Fachausbildung an Universitätskliniken oder medizinischen Akademien mit Prüfung und entsprechender

Tätigkeit nach sechsmonatiger Berufsausübung nach erlangter staatlicher Anerkennung bzw. nach Abschluß der genannten Fachausbildung, die überwiegend schwierige Aufgaben im Sinne der Vergütungsgruppe VIb Fallgruppe 29 erfüllen.
(Hierzu Protokollerklärung Nr. 2)

28. Orthoptistinnen mit staatlicher Anerkennung oder mit mindestens zweijähriger Fachausbildung an Universitätskliniken oder medizinischen Akademien mit Prüfung in einer Tätigkeit der Vergütungsgruppe VIb Fallgruppe 29 nach zweijähriger Bewährung in dieser Tätigkeit.
(Hierzu Protokollerklärung Nr. 2)

29. Pharmazeutisch-technische Assistenten in einer Tätigkeit der Vergütungsgruppe VIb Fallgruppe 31 nach zweijähriger Bewährung in dieser Tätigekit.

30. Präparatoren, denen mindestens zwei Präparatoren, davon mindestens einer mit Tätigkeiten der Vergütungsgruppe VIb Fallgruppe 34, durch ausdrückliche Anordnung ständig unterstellt sind.
(Hierzu Protokollerklärung Nr. 17)

31. Präparatoren in einer Tätigkeit der Vergütungsgruppe VIb Fallgruppe 33 oder 34 nach dreijähriger Bewährung in einer dieser Tätigkeiten.

32. Präparatoren, die in nicht unerheblichem Umfange schwierige Aufgaben im Sinne der Vergütungsgruppe VIb Fallgruppe 34 erfüllen und mindestens zu einem Drittel ihrer Gesamttätigkeit selbständig Demonstrationen im Hörsaal vorbereiten und bei der Durchführung mitwirken.
(Hierzu Protokollerklärung Nr. 12)

33. Seehafengesundheitsaufseher (Seehafengesundheitskontrolleure) mit Prüfung und entsprechender Tätigkeit, die im gesamten Aufgabenbereich eines Seehafengesundheitsaufsehers in nicht unerheblichem Umfange besonders schwierige Aufgaben erfüllen. („Besonders schwierige Aufgaben" sind z. B. Prüfung und zusammenfassende Darstellung epidemiologischer Situationen an Bord eines Schiffes, auf dem übertragbare Krankheiten aufgetreten sind; Überprüfung und Auswertung der Bordkrankenbücher aufgrund gründlicher allgemeinmedizinischer und spezieller seuchenhygienischer Kenntnisse; Mitwirkung bei der Prüfung und Begutachtung der Ausrüstung der Kauffahrteischiffe einschließlich ihrer Rettungsboote mit Arznei- und anderen Hilfsmitteln der Krankenfürsorge aufgrund ein-

IV.2.3.8 Med. Hilfsberufe – med.-techn. Berufe

schlägiger pharmazeutischer Kenntnisse; Mitwirkung bei der Prüfung des Bestandes und der erfolgten Anwendung der Betäubungsmittel aufgrund einschlägiger Kenntnisse der gesetzlichen Betäubungsmittelvorschriften; Entscheidungsbefugnis für dringende Quarantänemaßnahmen im Rahmen der durch den zuständigen Arzt erteilten Ermächtigung.)
(Hierzu Protokollerklärungen Nrn. 8, 9 und 12)

34. Seehafengesundheitsaufseher (Seehafengesundheitskontrolleure) mit Prüfung und entsprechender Tätigkeit nach dreijähriger Bewährung in dieser Tätigkeit.
(Hierzu Protokollerklärungen Nrn. 8 u. 9)

35. Zahnärztliche Helferinnen mit Abschlußprüfung und entsprechender Tätigkeit, denen mindestens zehn zahnärztliche Helferinnen oder Angestellte in der Tätigkeit von zahnärztlichen Helferinnen durch ausdrückliche Anordnung ständig unterstellt sind.
(Hierzu Protokollerklärung Nr. 17)

36. Zahntechnikermeister mit entsprechender Tätigkeit.

37. Zahntechniker mit Abschlußprüfung und entsprechenden Tätigkeiten, die Kenntnisse in der kieferchirurgischen Prothetik erfordern, oder die Epithesen herstellen nach dreijähriger Bewährung in dieser Tätigkeit.

38. Zahntechniker mit Abschlußprüfung in einer Tätigkeit der Vergütungsgruppe VIb Fallgruppe 39 nach dreijähriger Bewährung in dieser Tätigkeit.

Vergütungsgruppe VIb

1. Apothekenhelferinnen mit Abschlußprüfung in Arzneimittelausgabestellen, denen mindestens drei Apothekenhelferinnen oder Angestellte in der Tätigkeit von Apothekenhelferinnen durch ausdrückliche Anordnung ständig unterstellt sind.
(Hierzu Protokollerklärungen Nrn. 13, 14 und 17)

2. Apothekenhelferinnen mit Abschlußprüfung in einer Tätigkeit der Vergütungsgruppe VII Fallgruppe 7 nach vierjähriger Bewährung in dieser Tätigkeit.
(Hierzu Protokollerklärung Nr. 13)

3. Arzthelferinnen mit Abschlußprüfung in einer Tätigkeit der Vergütungsgruppe VII Fallgruppe 9 nach vierjähriger Bewährung in dieser Tätigkeit.

4. Audiometristen mit staatlicher Anerkennung oder mit mindestens zweijähriger Fachausbildung an Universitätskliniken oder

Med. Hilfsberufe – med.-techn. Berufe IV.2.3.8

medizinischen Akademien mit entsprechender Tätigkeit, die in nicht unerheblichem Umfange schwierige Aufgaben erfüllen. („Schwierige Aufgaben" sind z. B. Fertigung von Sprach-, Spiel- und Reflexaudiogrammen, Gehörprüfung bei Kleinkindern und geistig behinderten Patienten sowie Gehörgeräteanpassung und Gehörerziehung – Hörtraining – bei Kleinkindern.)
(Hierzu Protokollerklärung Nr. 12)

5. Audiometristen mit staatlicher Anerkennung oder mit mindestens zweijähriger Fachausbildung an Universitätskliniken oder medizinischen Akademien und entsprechender Tätigkeit nach sechsmonatiger Berufsausübung nach erlangter staatlicher Anerkennung bzw. nach Abschluß der genannten Fachausbildung.

6. Beschäftigungstherapeuten mit staatlicher Anerkennung und entsprechender Tätigkeit, die in nicht unerheblichem Umfange schwierige Aufgaben erfüllen. („Schwierige Aufgaben" sind z. B. Beschäftigungstherapie bei Querschnittlähmungen, in Kinderlähmungsfällen, mit spastisch Gelähmten in Fällen von Dysmelien, in der Psychiatrie oder Geriatrie.)
(Hierzu Protokollerklärung Nr. 12)

7. Beschäftigungstherapeuten mit staatlicher Anerkennung und entsprechender Tätigkeit nach sechsmonatiger Berufsausübung nach erlangter staatlicher Anerkennung.

8. Dermoplastiker (Moulageure) nach einjähriger Bewährung in dieser Tätigkeit.

9. Desinfektoren mit Prüfung als Leiter des technischen Betriebes von Desinfektionsanstalten, denen mindestens neun Desinfektoren mit Prüfung durch ausdrückliche Anordnung ständig unterstellt sind.
(Hierzu Protokollerklärungen Nrn. 11 u. 17)

10. Desinfektoren mit Prüfung als ausdrücklich bestellte ständige Vertreter von Leitern des technischen Betriebes von Desinfektionsanstalten, denen mindestens 18 Desinfektoren mit Prüfung durch ausdrückliche Anordnung ständig unterstellt sind.
(Hierzu Protokollerklärungen Nrn. 11, 17 und 18)

11. Desinfektoren mit Prüfung in einer Tätigkeit der Vergütungsgruppe VII Fallgruppe 14, 15 oder 16 nach dreijähriger Bewährung in einer dieser Tätigkeiten.

IV.2.3.8 Med. Hilfsberufe – med.-techn. Berufe

12. Diätassistentinnen mit staatlicher Anerkennung als Leiterinnen von Diätküchen, in denen durchschnittlich mindestens 50 Diätvollportionen täglich hergestellt werden.
(Hierzu Protokollerklärung Nr. 10)

13. Diätassistentinnen mit staatlicher Anerkennung, die als ständige Vertreterinnen von Leiterinnen von Diätküchen, in denen durchschnittlich mindestens 200 Diätvollportionen täglich hergestellt werden, durch ausdrückliche Anordnung bestellt sind.
(Hierzu Protokollerklärungen Nrn. 10 u. 18)

14. Diätassistentinnen mit staatlicher Anerkennung als Diätküchenleiterin, die als Diätküchenleiterinnen tätig sind.
(Hierzu Protokollerklärung Nr. 15)

15. Diätassistentinnen mit staatlicher Anerkennung und entsprechender Tätigkeit, die in nicht unerheblichem Umfang schwierige Aufgaben erfüllen. („Schwierige Aufgaben" sind z. B. Diätberatung von einzelnen Patienten, selbständige Durchführung von Ernährungserhebungen, Mitarbeit bei Grundlagenforschung im Fachbereich klinische Ernährungslehre, Herstellung und Berechnung spezifischer Diätformen bei dekompensierten Leberzirrhosen, Niereninsuffizienz, Hyperlipidämien, Stoffwechsel-Bilanz-Studien, Maldigestion und Malabsorption, nach Shuntoperationen, Kalzium-Test-Diäten, spezielle Anfertigung von Sondenernährung für Patienten auf Intensiv- und Wachstationen.)
(Hierzu Protokollerklärung Nr. 12)

16. Diätassistentinnen mit staatlicher Anerkennung und entsprechender Tätigkeit nach sechsmonatiger Berufsausübung nach erlangter staatlicher Anerkennung.

17. Gesundheitsaufseher mit Prüfung und entsprechender Tätigkeit, die in nicht unerheblichem Umfange schwierige Aufgaben im gesamten Aufgabenbereich eines Gesundheitsaufsehers erfüllen. („Schwierige Aufgaben" sind z. B. die Begutachtung von Flächennutzungsplänen und die Begutachtung von großen Bauvorhaben mit noch nicht gesicherter Wasserversorgung und Abwässerbeseitigung. Zur Erfüllung der schwierigen Aufgaben gehört auch, dass der Gesundheitsaufseher den Sachverhalt bewertet, daraus die notwendigen Folgerungen zieht und die hiermit zusammenhängenden Berichte, Gutachten und sonstigen Schreiben entwirft.)
(Hierzu Protokollerklärungen Nrn. 8 u. 12)

Med. Hilfsberufe – med.-techn. Berufe IV.2.3.8

18. Gesundheitsaufseher mit Prüfung und entsprechender Tätigkeit nach dreijähriger Bewährung in dieser Tätigkeit.
(Hierzu Protokollerklärung Nr. 8)

19. Krankengymnasten mit entsprechender Tätigkeit, die in nicht unerheblichem Umfange schwierige Aufgaben erfüllen. („Schwierige Aufgaben" sind z. B. Krankengymnastik nach Lungen- oder Herzoperationen, nach Herzinfarkten, bei Querschnittlähmungen, in Kinderlähmungsfällen, mit spastisch Gelähmten, in Fällen von Dysmelien, nach Verbrennungen, in der Psychiatrie oder Geriatrie, nach Einsatz von Endoprothesen.)
(Hierzu Protokollerklärung Nr. 12)

20. Krankengymnasten mit entsprechender Tätigkeit nach sechsmonatiger Berufsausübung nach erlangter staatlicher Erlaubnis.

21. Logopäden mit staatlicher Anerkennung oder mindestens zweijähriger Fachausbildung an Universitätskliniken oder medizinischen Akademien mit Prüfung und entsprechender Tätigkeit, die in nicht unerheblichem Umfange schwierige Aufgaben erfüllen. („Schwierige Aufgaben" sind z. B. die Behandlung von Kehlkopflosen, von Patienten nach Schlaganfällen oder Gehirnoperationen, von schwachsinnigen Patienten, von Aphasiepatienten, von Patienten mit spastischen Lähmungen im Bereich des Sprachapparates.)
(Hierzu Protokollerklärung Nr. 12)

22. Logopäden mit staatlicher Anerkennung oder mit mindestens zweijähriger Fachausbildung an Universitätskliniken oder medizinischen Akademien mit Prüfung und entsprechender Tätigkeit nach sechsmonatiger Berufsausübung nach erlangter staatlicher Anerkennung bzw. nach Abschluss der genannten Fachausbildung.

23. Masseure, Masseure und medizinische Bademeister mit entsprechender Tätigkeit, denen mindestens vier Masseure, Masseure und medizinische Bademeister oder Angestellte in der Tätigkeit von Masseuren oder Masseuren und medizinischen Bademeistern durch ausdrückliche Anordnung ständig unterstellt sind.
(Hierzu Protokollerklärungen Nrn. 5 u. 17)

24. Masseure, Masseure und medizinische Bademeister mit entsprechender Tätigkeit, denen mindestens zwei Masseure, Masseure und medizinische Bademeister oder Angestellte in der

IV.2.3.8 Med. Hilfsberufe – med.-techn. Berufe

Tätigkeit von Masseuren oder Masseuren und medizinischen Bademeistern durch ausdrückliche Anordnung ständig unterstellt sind und die überwiegend schwierige Aufgaben im Sinne der Vergütungsgruppe VII Fallgruppe 23 oder 25 erfüllen.

(Hierzu Protokollerklärungen Nrn. 5 u. 17)

25. Masseure, Masseure und medizinische Bademeister in einer Tätigkeit der Vergütungsgruppe VII Fallgruppe 22, 23 oder 25 nach zweijähriger Bewährung in einer dieser Tätigkeiten.

(Hierzu Protokollerklärung Nr. 5)

26. Medizinisch-technische Assistentinnen mit entsprechender Tätigkeit, die in nicht unerheblichem Umfange schwierige Aufgaben erfüllen. („Schwierige Aufgaben" sind z. B. der Diagnostik vorausgehende technische Arbeiten bei überwiegend selbständiger Verfahrenswahl auf histologischem, mikrobiologischem, sereologischem und quantitativ klinisch-chemischem Gebiet; ferner schwierige röntgenologische Untersuchungsverfahren, insbesondere zur röntgenologischen Funktionsdiagnostik, meßtechnische Aufgaben und Hilfeleistung bei der Verwendung von radioaktiven Stoffen sowie schwierige medizinisch-fotografische Verfahren.)

(Hierzu Protokollerklärung Nr. 12)

27. Medizinisch-technische Assistentinnen mit entsprechender Tätigkeit nach sechsmonatiger Berufsausübung nach erlangter staatlicher Erlaubnis.

28. Medizinisch-technische Gehilfinnen mit staatlicher Prüfung nach zweisemestriger Ausbildung und mit entsprechender Tätigkeit, die in nicht unerheblichem Umfange schwierige Aufgaben im Sinne der Fallgruppe 26 erfüllen, soweit diese nicht den medizinisch-technischen Assistentinnen vorbehalten sind, und sonstige Angestellte, die aufgrund gleichwertiger Fähigkeiten und ihrer Erfahrungen entsprechende Tätigkeiten ausüben, nach vierjähriger Bewährung in dieser Tätigkeit.

(Hierzu Protokollerklärung Nr. 12)

29. Orthoptistinnen mit staatlicher Anerkennung oder mit mindestens zweijähriger Fachausbildung an Universitätskliniken oder medizinischen Akademien mit Prüfung und entsprechender Tätigkeit, die in nicht unerheblichem Umfange schwierige Aufgaben erfüllen. („Schwierige Aufgaben" sind z. B. die Behand-

lung eingefahrener beidäugiger Anomalien, exentrischer Fixationen und Kleinstanomalien.)
(Hierzu Protokollerklärungen Nrn. 2 u. 12)

30. Orthoptistinnen mit staatlicher Anerkennung oder mit mindestens zweijähriger Fachausbildung an Universitätskliniken oder medizinischen Akademien mit Prüfung und entsprechender Tätigkeit nach sechsmonatiger Berufsausübung nach erlangter staatlicher Anerkennung bzw. nach Abschluß der genannten Fachausbildung.
(Hierzu Protokollerklärung Nr. 2)

31. Pharmazeutisch-technische Assistenten mit entsprechender Tätigkeit, die in nicht unerheblichem Umfange schwierige Aufgaben erfüllen. („Schwierige Aufgaben" sind z. B.: In der chemisch-physikalischen Analyse; gravimetrische, titrimetrische und photometrische Bestimmungen einschl. Komplexometrie, Leitfähigkeitsmessungen und chromatographische Analysen.
In der Pflanzenanalyse: Anfertigung mikroskopischer Schnitte. Schwierige Identitäts- und Reinheitsprüfungen nach dem Deutschen Arzneibuch [Chemikalien, Drogen].
Herstellung und Kontrolle steriler Lösungen der verschiedensten Zusammensetzungen in größerem Umfang unter Verwendung moderner Apparaturen.
Herstellung von sonstigen Arzneimitteln in größerem Umfang unter Verwendung moderner in der Galenik gebräuchlicher Apparaturen [Suppositorien, Salben, Pulvergemische, Ampullen, Tabletten u. a.].
Herstellung von Arzneizubereitungen nach Rezept oder Einzelvorschrift.)
(Hierzu Protokollerklärung Nr. 12)

32. Pharmazeutisch-technische Assistenten mit entsprechender Tätigkeit nach sechsmonatiger Berufsausübung nach erlangter staatlicher Erlaubnis.

33. Präparatoren, denen mindestens zwei Präparatoren durch ausdrückliche Anordnung ständig unterstellt sind.
(Hierzu Protokollerklärung Nr. 17)

34. Präparatoren, die in nicht unerheblichem Umfange schwierige Aufgaben erfüllen. („Schwierige Aufgaben" sind z. B. Herstellung von Korrosionspräparaten, Darstellung feinerer Gefäße und Nerven.)
(Hierzu Protokollerklärung Nr. 12)

IV.2.3.8 Med. Hilfsberufe – med.-techn. Berufe

35. Präparatoren mit entsprechender Tätigkeit nach dreijähriger Bewährung in dieser Tätigkeit.
36. Seehafengesundheitsaufseher (Seehafengesundheitskontrolleure) mit Prüfung und entsprechender Tätigkeit nach sechsmonatiger Berufsausübung nach Ablegen der Prüfung.
(Hierzu Protokollerklärungen Nrn. 8 u. 9)
37. Sektionsgehilfen in einer Tätigkeit der Vergütungsgruppe VII Fallgruppe 33 nach sechsjähriger Bewährung in dieser Tätigkeit.
38. Zahnärztliche Helferinnen mit Abschlußprüfung und entsprechender Tätigkeit, denen mindestens fünf zahnärztliche Helferinnen oder Angestellte in der Tätigkeit von zahnärztlichen Helferinnen durch ausdrückliche Anordnung ständig unterstellt sind.
(Hierzu Protokollerklärung Nr. 17)
39. Zahntechniker mit Abschlußprüfung und entsprechender Tätigkeit, die schwierige Aufgaben erfüllen. („Schwierige Aufgaben" sind z. B. Tätigkeiten in der zahnärztlichen Keramik, in der Kiefer-Orthopädie, in der Parallelometertechnik, in der Vermessungstechnik für Einstückgußprothesen, in der Geschiebetechnik.)
40. Zahntechniker mit Abschlußprüfung in einer Tätigkeit der Vergütungsgruppe VII Fallgruppe 35 nach dreijähriger Bewährung in dieser Tätigkeit.

Vergütungsgruppe VII

1. Angestellte in der Tätigkeit von Audiometristen nach dreijähriger Bewährung in dieser Tätigkeit.
2. Angestellte in der Tätigkeit von Beschäftigungstherapeuten nach dreijähriger Bewährung in dieser Tätigkeit.
3. Angestellte in der Tätigkeit von Diätassistentinnen nach dreijähriger Bewährung in dieser Tätigkeit.
4. Angestellte in der Tätigkeit von Krankengymnasten nach dreijähriger Bewährung in dieser Tätigkeit.
5. Angestellte in der Tätigkeit von Logopäden nach dreijähriger Bewährung in dieser Tätigkeit.
6. Angestellte in der Tätigkeit von Orthoptisten nach dreijähriger Bewährung in dieser Tätigkeit.
(Hierzu Protokollerklärung Nr. 2)
7. Apothekenhelferinnen mit Abschlußprüfung und schwierigen Aufgaben. („Schwierige Aufgaben" sind z. B. Taxieren, Mit-

wirkung bei der Herstellung von sterilen Lösungen oder sonstigen Arzneimitteln unter Verantwortung eines Apothekers.)

(Hierzu Protokollerklärung Nr. 13)

8. Apothekenhelferinnen mit Abschlußprüfung und entsprechender Tätigkeit nach dreijähriger Bewährung in dieser Tätigkeit.

(Hierzu Protokollerklärung Nr. 13)

9. Arzthelferinnen mit Abschlußprüfung und schwierigen Aufgaben. („Schwierige Aufgaben" sind z. B. Patientenabrechnungen im stationären und ambulanten Bereich, Durchführung von Elektro-Kardiogrammen mit allen Ableitungen, Einfärben von cytologischen Präparaten oder gleich schwierige Einfärbungen.)

10. Arzthelferinnen mit Abschlußprüfung und entsprechender Tätigkeit nach dreijähriger Bewährung in dieser Tätigkeit.

11. Audiometristen mit staatlicher Anerkennung oder mit mindestens zweijähriger Fachausbildung an Universitätskliniken oder medizinischen Akademien während der ersten sechs Monate der Berufsausübung nach erlangter staatlicher Anerkennung bzw. nach Abschluß der genannten Fachausbildung.

12. Beschäftigungstherapeuten [1] mit staatlicher Anerkennung während der ersten sechs Monate der Berufsausübung nach erlangter staatlicher Anerkennung.

13. Dermoplastiker (Moulageure) mit entsprechender Tätigkeit.

14. Desinfektoren mit Prüfung als ausdrücklich bestellte ständige Vertreter von Leitern des technischen Betriebes von Desinfektionsanstalten, denen mindestens neun Desinfektoren mit Prüfung durch ausdrückliche Anordnung ständig unterstellt sind.

(Hierzu Protokollerklärungen Nrn. 11, 17 u. 18)

15. Desinfektoren mit Prüfung und entsprechender Tätigkeit, denen mindestens vier Desinfektoren mit Prüfung durch ausdrückliche Anordnung ständig unterstellt sind.

(Hierzu Protokollerklärung Nr. 17)

---

[1] Nach Auffassung des Gruppenausschusses für Krankenanstalten sind Kunsttherapeuten ebenso wie Musiktherapeuten in sinngemäßer Anwendung der Tätigkeitsmerkmale für Beschäftigungstherapeuten einzugruppieren.

IV.2.3.8 Med. Hilfsberufe – med.-techn. Berufe

16. Desinfektoren mit Prüfung, die in nicht unerheblichem Umfange Aufsichtstätigkeit bei Begasungen mit hochgiftigen Stoffen auf Schiffen, schwimmenden Geräten oder an Land in Gebäuden, Silos, Containern und Waggons ausüben.
(Hierzu Protokollerklärungen Nr. 12)
17. Desinfektoren mit Prüfung in einer Tätigkeit der Vergütungsgruppe VIII Fallgruppe 14 oder 15 nach dreijähriger Bewährung in einer dieser Tätigkeiten.
18. Diätassistentinnen mit staatlicher Anerkennung während der ersten sechs Monate der Berufsausübung nach erlangter staatlicher Anerkennung.
19. Gesundheitsaufseher mit Prüfung und entsprechender Tätigkeit nach sechsmonatiger Berufsausübung nach Ablegen der Prüfung.
(Hierzu Protokollerklärung Nr. 8)
20. Krankengymnasten während der ersten sechs Monate der Berufsausübung nach erlangter staatlicher Erlaubnis.
21. Logopäden mit staatlicher Anerkennung oder mit mindestens zweijähriger Fachausbildung an Universitätskliniken oder medizinischen Akademien mit Prüfung während der ersten sechs Monate der Berufsausübung nach erlangter staatlicher Anerkennung bzw. nach Abschluss der genannten Fachausbildung.
22. Masseure, Masseure und medizinische Bademeister mit entsprechender Tätigkeit, denen mindestens zwei Masseure, Masseure und medizinische Bademeister oder Angestellte in der Tätigkeit von Masseuren oder Masseuren und medizinischen Bademeistern durch ausdrückliche Anordnung ständig unterstellt sind.
(Hierzu Protokollerklärungen Nrn. 5 u. 17)
23. Masseure mit entsprechender Tätigkeit, die schwierige Aufgaben erfüllen, nach sechsmonatiger Bewährung in dieser Tätigkeit. („Schwierige Aufgaben" sind z. B. Verabreichung von Kohlesäure- oder Sauerstoffbädern bei Herz- und Kreislaufbeschwerden, Massage- oder Bäderbehandlung nach Schlaganfällen oder bei Kinderlähmung, Massagebehandlung von Frischoperierten.)
24. Masseure mit entsprechender Tätigkeit nach dreijähriger Bewährung in dieser Tätigkeit.
25. Masseure und medizinische Bademeister mit entsprechender Tätigkeit, die schwierige Aufgaben erfüllen. („Schwierige Auf-

gaben" sind z. B. Verabreichung von Kohlesäure- oder Sauerstoffbädern bei Herz- und Kreislaufbeschwerden, Massage- oder Bäderbehandlung nach Schlaganfällen oder bei Kinderlähmung, Massagebehandlung von Frischoperierten.)
(Hierzu Protokollerklärung Nr. 5)

26. Masseure und medizinische Bademeister mit entsprechender Tätigkeit nach zweieinhalbjähriger Bewährung in dieser Tätigkeit.
(Hierzu Protokollerklärung Nr. 5)

27. Medizinisch-technische Assistentinnen[1]) während der ersten sechs Monate der Berufsausübung nach erlangter staatlicher Erlaubnis.

28. Medizinisch-technische Gehilfinnen mit staatlicher Prüfung nach zweisemestriger Ausbildung und mit entsprechender Tätigkeit und sonstige Angestellte, die aufgrund gleichwertiger Fähigkeiten und ihrer Erfahrungen entsprechende Tätigkeiten ausüben, nach dreijähriger Bewährung in dieser Tätigkeit.

29. Orthoptistinnen mit staatlicher Anerkennung oder mit mindestens zweijähriger Fachausbildung an Universitätskliniken oder medizinischen Akademien mit Prüfung während der ersten sechs Monate der Berufsausübung nach erlangter staatlicher Anerkennung bzw. nach Abschluss der genannten Fachausbildung.
(Hierzu Protokollerklärung Nr. 2)

30.[2]) Pharmazeutisch-technische Assistenten während der ersten sechs Monate der Berufsausübung nach erlangter staatlicher Erlaubnis.

31. Präparatoren mit entsprechender Tätigkeit.

32. Seehafengesundheitsaufseher (Seehafengesundheitskontrolleure) mit Prüfung während der ersten sechs Monate der Berufsausübung nach Ablegen der Prüfung.
(Hierzu Protokollerklärungen Nrn. 8 u. 9)

33. Sektionsgehilfen, die in nicht unerheblichem Umfange auch Präparatorentätigkeiten ausüben und denen mindestens zwei Sektionsgehilfen durch ausdrückliche Anordnung ständig unterstellt sind.
(Hierzu Protokollerklärungen Nrn. 12 u. 17)

34. Zahnärztliche Helferinnen mit Abschlussprüfung und entsprechender Tätigkeit nach dreijähriger Bewährung in dieser Tätigkeit.

35. Zahntechniker mit Abschlussprüfung und entsprechender Tätigkeit, wenn sie als Angestellte beschäftigt sind.

Vergütungsgruppe VIII

1. Angestellte in der Tätigkeit von Apothekenhelferinnen nach dreijähriger Bewährung in dieser Tätigkeit.
2. Angestellte in der Tätigkeit von Arzthelferinnen nach dreijähriger Bewährung in dieser Tätigkeit.
3. Angestellte in der Tätigkeit von Audiometristen.
4. Angestellte in der Tätigkeit von Beschäftigungstherapeuten.
5. Angestellte in der Tätigkeit von Diätassistentinnen.
6. Angestellte in der Tätigkeit von Gesundheitsaufsehern nach dreijähriger Bewährung in dieser Tätigkeit.
   (Hierzu Protokollerklärung Nr. 8)
7. Angestellte in der Tätigkeit von Krankengymnasten.
8. Angestellte in der Tätigkeit von Logopäden.
9. Angestellte in der Tätigkeit von Masseuren oder von Masseuren und medizinischen Bademeistern nach dreijähriger Bewährung in dieser Tätigkeit.
   (Hierzu Protokollerklärungen Nrn. 5 u. 16)
10. Angestellte in der Tätigkeit von Orthoptistinnen.
    (Hierzu Protokollerklärung Nr. 2)
11. Angestellte in der Tätigkeit von zahnärztlichen Helferinnen nach dreijähriger Bewährung in dieser Tätigkeit.
12. Apothekenhelferinnen mit Abschlußprüfung und entsprechender Tätigkeit.
    (Hierzu Protokollerklärung Nr. 13)
13. Arzthelferinnen mit Abschlußprüfung und entsprechender Tätigkeit.
14. Desinfektoren mit Prüfung und entsprechender Tätigkeit, wenn sie als Angestellte beschäftigt sind, denen mindestens zwei Desinfektoren mit Prüfung durch ausdrückliche Anordnung ständig unterstellt sind.
    (Hierzu Protokollerklärung Nr. 17)
15. Desinfektoren mit Prüfung und entsprechender Tätigkeit, denen in nicht unerheblichem Umfange auch die Tätigkeiten eines Gesundheitsaufsehers übertragen sind.
    (Hierzu Protokollerklärung Nr. 12)

16. Desinfektoren mit Prüfung und entsprechender Tätigkeit mit einer Handwerker- oder Facharbeiterausbildung, wenn sie als Angestellte beschäftigt sind.
17. Desinfektoren mit Prüfung und entsprechender Tätigkeit nach einjähriger Bewährung in dieser Tätigkeit, wenn sie als Angestellte beschäftigt sind.
18. Gesundheitsaufseher mit Prüfung während der ersten sechs Monate der Berufsausübung nach Ablegen der Prüfung.
(Hierzu Protokollerklärung Nr. 8)
19. Masseure mit entsprechender Tätigkeit.
20. Masseure und medizinische Bademeister mit entsprechender Tätigkeit.
(Hierzu Protokollerklärung Nr. 5)
21. Medizinisch-technische Gehilfinnen mit staatlicher Prüfung nach zweisemestriger Ausbildung und mit entsprechender Tätigkeit und sonstige Angestellte, die aufgrund gleichwertiger Fähigkeiten und ihrer Erfahrungen entsprechende Tätigkeiten ausüben.
22. Sektionsgehilfen nach einjähriger Bewährung in dieser Tätigkeit, wenn sie als Angestellte beschäftigt sind.
23. Zahnärztliche Helferinnen mit Abschlußprüfung und entsprechender Tätigkeit.

Vergütungsgruppe IX
1. Angestellte in der Tätigkeit von Apothekenhelferinnen.
2. Angestellte in der Tätigkeit von Arzthelferinnen.
3. Angestellte in der Tätigkeit von Gesundheitsaufsehern.
(Hierzu Protokollerklärung Nr. 8)
4. Angestellte in der Tätigkeit von Masseuren oder von Masseuren und medizinischen Bademeistern.
(Hierzu Protokollerklärungen Nrn. 5 u. 16)
5. Angestellte in der Tätigkeit von zahnärztlichen Helferinnen.
6. Desinfektoren mit Prüfung und entsprechender Tätigkeit, wenn sie als Angestellte beschäftigt sind.
7. Sektionsgehilfen, wenn sie als Angestellte beschäftigt sind.

Protokollerklärungen:
Nr. 1
Leitende Krankengymnasten sind Krankengymnasten, denen unter der Verantwortung eines Arztes für eine physiotherapeutische Abteilung ins-

IV.2.3.8 Med. Hilfsberufe – med.-techn. Berufe

besondere die Arbeitseinteilung, die Überwachung des Arbeitsablaufs und der Arbeitsausführung durch ausdrückliche Anordnung übertragen sind.

Nr. 2
Angestellte, die beim Inkrafttreten dieses Tarifvertrages im Arbeitsverhältnis stehen und bis dahin bei demselben Arbeitgeber ein Tätigkeitsmerkmal der Anlage 1a zum BAT für „Orthoptistinnen mit Prüfung" in der bis zum Inkrafttreten dieses Tarifvertrages geltenden Fassung erfüllen, ohne die staatliche Anerkennung oder eine mindestens zweijährige Fachausbildung an einer Universitätsklinik oder medizinischen Akademie zu besitzen, werden nach den Tätigkeitsmerkmalen für Orthoptistinnen mit staatlicher Anerkennung eingruppiert.

Nr. 3
Das Tätigkeitsmerkmal ist nur erfüllt, wenn die Lehrtätigkeit überwiegt. Dabei ist von der für die in Betracht kommende Angestelltengruppe geltenden regelmäßigen Arbeitszeit auszugehen.

Nr. 4
Erste Lehrkräfte sind Lehrkräfte, denen auch die Leistungsaufgaben der Lehranstalt unter der Verantwortung des Leiters der Lehranstalt durch ausdrückliche Anordnung übertragen sind.

Nr. 5
Angestellte, die aufgrund des Gesetzes des Freistaates Bayern über Masseure und medizinische Bademeister vom 28. September 1950 (Bayerisches Gesetz- und Verordnungsblatt S. 209) die staatliche Anerkennung als „medizinischer Bademeister" erhalten haben, werden von der Übergangsvorschrift des § 15 Abs. 1 des Bundesgesetzes über die Ausübung der Berufe des Masseurs, des Masseurs und medizinischen Bademeisters und des Krankengymnasten vom 21. Dezember 1958 (BGBl. I S. 985) erfaßt. Sie sind daher nach den Tätigkeitsmerkmalen für „Masseure und medizinische Bademeister" einzugruppieren.

Nr. 6
Leitende medizinisch-technische Assistentinnen im Sinne dieses Tätigkeitsmerkmals sind Assistentinnen, denen unter der Verantwortung eines Arztes für eine Laboratoriumsabteilung oder für eine radiologische Abteilung insbesondere die Arbeitseinteilung, die Überwachung des Arbeitsablaufs und der Arbeitsausführung durch ausdrückliche Anordnung übertragen sind.

Nr. 7
Medizinisch-technische Assistentinnen, die im Rahmen ihrer Tätigkeit als Hilfskräfte bei wissenschaftlichen Forschungsaufgaben mit einem besonders hohen Maß von Verantwortlichkeit tätig sind, werden auch dann als solche eingruppiert, wenn sie im Rahmen dieser Tätigkeit Aufgaben erfüllen, die im Tätigkeitsmerkmal der Vergütungsgruppe Vc Fallgruppe 24 genannt sind.

Nr. 8
Angestellte, die die Tätigkeit eines Gesundheitsaufsehers ausüben und die Prüfung als Gesundheitsaufseher deshalb nicht abgelegt haben, weil in dem

betreffenden Land eine Prüfungsmöglichkeit für Gesundheitsaufseher nicht besteht, werden nach den Tätigkeitsmerkmalen für Gesundheitsaufseher mit Prüfung eingruppiert.

Angestellte, die die Tätigkeit eines Gesundheitsaufsehers ausüben und die Prüfung als Gesundheitsaufseher nicht abgelegt haben, werden nach den Tätigkeitsmerkmalen für Gesundheitsaufseher mit Prüfung eingruppiert, wenn sie am 1. Juni 1964 das 45. Lebensjahr vollendet und sich bereits zehn Jahre als Gesundheitsaufseher bewährt hatten.

Die Unterabsätze 1 und 2 gelten sinngemäß für Seehafengesundheitsaufseher (Seehafengesundheitskontrolleure).

Nr. 9

Die Eingruppierung der Angestellten beim hafenärztlichen Dienst der Freien und Hansestadt Hamburg nach dem Tätigkeitsmerkmal „Angestellte in der Tätigkeit von Betriebsinspektoren" der Vergütungsgruppe Vb bleibt unberührt.

Nr. 10

a) Schonkost ist keine Diätkost.
b) Die Tätigkeitsmerkmale sind auch erfüllt, wenn statt 400, 200 bzw. 50 Diätvollportionen eine entsprechende Zahl von Teilportionen hergestellt wird. Hierbei werden die Teilportionen mit dem Teilbetrag der Diätvollportionen angesetzt, der dem Sachbezugswert nach Nr. 13 Abs. 1 SR 2a, Nr. 9 Abs. 1 SR 2b bzw. Nr. 19 SR 2e III BAT entspricht.
c) Zu den Diätküchen zählen auch die Diätmilchküchen.

Nr. 11

Zu den Desinfektionsanstalten rechnen auch entsprechende Einrichtungen mit anderer Bezeichnung.

Nr. 12

Der Umfang der schwierigen Aufgaben bzw. der Tätigkeiten ist nicht mehr unerheblich, wenn er etwa ein Viertel der gesamten Tätigkeit ausmacht.

Nr. 13 [1])

Den Apothekenhelferinnen mit Abschlussprüfung stehen Drogisten mit Abschlussprüfung gleich.

Nr. 14

Apotheken sind keine Arzneimittelausgabestellen im Sinne dieses Tätigkeitsmerkmals.

Nr. 15

In den Ländern, in denen eine staatliche Anerkennung als Diätküchenleiterin nicht erfolgt, gilt das Tätigkeitsmerkmal als erfüllt, wenn sich die Diätassistentin drei Jahre als Diätküchenleiterin bewährt hat.

---

[1]) Entsprechend einem Beschluss der Mitgliederversammlung der VKA können pharmazeutisch-kaufmännische Angestellte in entsprechender Anwendung der Tätigkeitsmerkmale für Apothekenhelferinnen eingruppiert werden.

IV.2.3.8 Med. Hilfsberufe – med.-techn. Berufe

Nr. 16
Das Tätigkeitsmerkmal erfasst auch die Kneippbademeister, sofern nicht ein anderes Tätigkeitsmerkmal gilt, weil der Kneippbademeister z. B. die Berufsbezeichnung „Masseur" oder „Masseur und medizinischer Bademeister" aufgrund staatlicher Erlaubnis führen darf.

Nr. 17
Soweit die Eingruppierung von der Zahl der unterstellten Angestellten abhängt,
a) ist es für die Eingruppierung unschädlich, wenn im Organisations- und Stellenplan zur Besetzung ausgewiesene Stellen nicht besetzt sind,
b) rechnen hierzu auch Beamte vergleichbarer Besoldungsgruppen,
c) zählen Teilbeschäftigte entsprechend dem Verhältnis der mit ihnen im Arbeitsvertrag vereinbarten Arbeitszeit zur regelmäßigen Arbeitszeit eines Vollbeschäftigten.

Nr. 18
Ständige Vertreter(innen) sind nicht die Vertreter(innen) in Urlaubs- und sonstigen Abwesenheitsfällen.

Hinweis des Bearbeiters:

Zur Anwendung der Tätigkeitsmerkmale zur Eingruppierung der Angestellten in medizinischen Hilfsberufen haben die Tarifvertragsparteien folgende Übergangsvorschriften vereinbart:

„§ 3 Übergangsvorschriften für die unter das MTA-Gesetz fallenden Angestellten

Auf die Angestellten, die die Erlaubnis zur Führung einer Berufsbezeichnung nach § 1 des Gesetzes über technische Assistenten in der Medizin (MTA-Gesetz – MTAG) vom 2. August 1993 (BGBl. I S. 1402) besitzen, werden bis zu einer anderweitigen tariflichen Regelung die Tätigkeitsmerkmale für medizinisch-technische Assistentinnen des Teils II Abschn. D der Anlage 1a zum BAT (Bund/TdL) bzw. der Anlage 1a zum BAT i. d. F. des § 2 des Tarifvertrages zur Änderung und Ergänzung der Anlage 1a zum BAT (Angestellte in medizinischen Hilfsberufen und medizinisch-technischen Berufen) vom 5. August 1971 (VKA) angewendet."

„§ 3 Übergangsvorschrift für die unter das BeArbThG fallenden Angestellten

Auf die Angestellten, die unter das Gesetz über den Beruf des Beschäftigungs- und Arbeitstherapeuten (Beschäftigungs- und Arbeitstherapeutengesetz – BeArbThG) vom 25. Mai 1976 (BGBl. I

S. 1246) fallen, werden bis zu einer anderweitigen tariflichen Regelung die Tätigkeitsmerkmale für Beschäftigungstherapeuten mit staatlicher Anerkennung des Teils II Abschn. D der Anlage 1a zum BAT (Bund/TdL) bzw. der Anlage 1a zum BAT i. d. F. des § 2 des Tarifvertrages zur Änderung und Ergänzung der Anlage 1a zum BAT vom 5. August 1971 (VKA) angewendet."

„**§ 4 Übergangsvorschrift für die unter das Gesetz über den Beruf des Logopäden fallenden Angestellten**

Auf die Angestellten, die unter das Gesetz über den Beruf des Logopäden vom 7. Mai 1980 (BGBl. I S. 529) fallen, werden bis zu einer anderweitigen tariflichen Regelung die Tätigkeitsmerkmale für Logopäden mit staatlicher Anerkennung oder mit mindestens zweijähriger Fachausbildung an Universitätskliniken oder medizinischen Akademien mit Prüfung des Teils II Abschn. D der Anlage 1a zum BAT (Bund/TdL) bzw. der Anlage 1a zum BAT in der Fassung des § 2 des Tarifvertrages zur Änderung und Ergänzung der Anlage 1a zum BAT (Angestellte in medizinischen Hilfsberufen und medizinisch-technischen Berufen) vom 5. August 1971 (VKA) angewendet."

„**§ 7 Übergangsvorschrift für den Bereich der VKA für die unter das Gesetz über den Beruf der Orthoptistin und des Orthoptisten fallenden Angestellten**

Auf die Angestellten, die unter das Gesetz über den Beruf der Orthoptistin und des Orthoptisten vom 28. November 1989 (BGBl. I S. 2061) fallen, werden bis zu einer anderweitigen tariflichen Regelung die Tätigkeitsmerkmale der Anlage 1a zum BAT in der Fassung des § 2 des Tarifvertrages zur Änderung und Ergänzung der Anlage 1a zum BAT (Angestellte in medizinischen Hilfsberufen und medizinisch-technischen Berufen) vom 5. August 1971 für Orthoptistinnen mit staatlicher Anerkennung oder mit mindestens zweijähriger Fachausbildung an Universitätskliniken oder medizinischen Akademien angewendet."

IV.2.3.9 Ang. als Bezügerechner

Angestellte als Bezügerechner

Vergütungsgruppe VII

Berechner von Dienst- oder Versorgungsbezügen, von Vergütungen oder Löhnen einschließlich der Krankenbezüge, Urlaubsvergütungen oder Urlaubslöhne, deren Tätigkeit gründliche Fachkenntnisse erfordert.

(Hierzu Protokollerklärung Nr. 1)

Vergütungsgruppe VIb

1. Angestellte, deren Tätigkeit sich dadurch aus der Vergütungsgruppe II heraushebt, daß sie aufgrund der angegebenen Merkmale Dienst- oder Versorgungsbezüge, Vergütungen oder Löhne einschließlich der Krankenbezüge, Urlaubsvergütungen oder Urlaubslöhne selbständig errechnen.

    (Hierzu Protokollerklärung Nr. 1)

2. Angestellte, deren Tätigkeit sich dadurch aus der Vergütungsgruppe VII heraushebt, daß sie aufgrund der angegebenen Merkmale Vergütungen oder Löhne einschließlich der Krankenbezüge, Urlaubsvergütungen oder Urlaubslöhne selbständig errechnen und den damit zusammenhängenden Schriftwechsel selbständig führen.

    (Hierzu Protokollerklärung Nr. 1)

3. Angestellte, die aufgrund der angegebenen Merkmale die für die Errechnung und Zahlbarmachung der Dienst- oder Versorgungsbezüge, Vergütungen oder Löhne einschließlich der Krankenbezüge, Urlaubsvergütungen oder Urlaubslöhne im DV-Verfahren erforderlichen Arbeiten und Kontrollen zur maschinellen Berechnung verantwortlich vornehmen.

    (Hierzu Protokollerklärung Nr. 1)

4. Angestellte, die aufgrund der angegebenen Merkmale die für die Errechnung und Zahlbarmachung der Dienst- oder Versorgungsbezüge, Vergütungen oder Löhne einschließlich der Krankenbezüge, Urlaubsvergütungen oder Urlaubslöhne im DV-Verfahren erforderlichen Arbeiten und Kontrollen zur maschinellen Berechnung verantwortlich vornehmen und den damit zusammenhängenden Schriftwechsel selbständig führen.

    (Hierzu Protokollerklärung Nr. 1)

Ang. als Bezügerechner **IV.2.3.9**

Vergütungsgruppe Vc

1. Angestellte, deren Tätigkeit sich dadurch aus der Vergütungsgruppe VIb Fallgruppe 1 heraushebt, daß sie aufgrund der angegebenen tatsächlichen Verhältnisse Vergütungen oder Löhne einschließlich der Krankenbezüge, Urlaubsvergütungen oder Urlaubslöhne selbständig errechnen und die damit zusammenhängenden Arbeiten (z. B. Feststellen der Versicherungspflicht in der Sozialversicherung und der Zusatzversicherung, Bearbeiten von Abtretungen und Pfändungen) selbständig ausführen sowie den damit zusammenhängenden Schriftwechsel selbständig führen.

    (Das Tätigkeitsmerkmal ist auch erfüllt, wenn der Angestellte die Beschäftigungszeit, die Dienstzeit sowie die Grundvergütung nach den §§ 27, 28 und die Gesamtvergütung nach § 30 bei der Einstellung nicht festzusetzen und Abtretungen und Pfändungen nicht zu bearbeiten hat.)

    (Hierzu Protokollerklärung Nr. 1)

2. Angestellte, deren Tätigkeit sich dadurch aus der Vergütungsgruppe VII heraushebt, daß sie aufgrund der angegebenen Merkmale Vergütungen oder Löhne einschließlich der Krankenbezüge, Urlaubsvergütungen oder Urlaubslöhne selbständig errechnen und den damit zusammenhängenden Schriftwechsel selbständig führen,

    nach achtjähriger Bewährung in Verg. VIb Fallgruppe 2.

    (Hierzu Protokollerklärung Nr. 1)

3. Angestellte, deren Tätigkeit sich dadurch aus der Vergütungsgruppe VIb Fallgruppe 3 heraushebt, daß sie aufgrund der angegebenen tatsächlichen Verhältnisse die für die Errechnung und Zahlbarmachung der Dienst- oder Versorgungsbezüge, Vergütungen oder Löhne einschließlich der Krankenbezüge, Urlaubsvergütungen oder Urlaubslöhne im DV-Verfahren notwendigen Merkmale und die sonstigen Anspruchsvoraussetzungen feststellen, die erforderlichen Arbeiten (z. B. Feststellen der Versicherungspflicht in der Sozialversicherung und der Zusatzversicherung, Bearbeiten von Abtretungen und Pfändungen) und Kontrollen zur maschinellen Berechnung verantwortlich vornehmen sowie den damit zusammenhängenden Schriftwechsel selbständig führen.

    (Das Tätigkeitsmerkmal ist auch erfüllt, wenn der Angestellte das Besoldungsdienstalter erstmals, die ruhegehaltfähigen Dienstbezüge erstmals, die ruhegehaltfähige Dienstzeit, die Beschäfti-

IV.2.3.9 Ang. als Bezügerechner

gungszeit, die Dienstzeit sowie die Grundvergütung nach den §§ 27, 28 und die Gesamtvergütung nach § 30 bei der Einstellung nicht festzusetzen, keine Widerspruchsbescheide zu erteilen und Abtretungen und Pfändungen nicht zu bearbeiten hat.)
(Hierzu Protokollerklärung Nr. 1)

4. Angestellte, die aufgrund der angegebenen Merkmale die für die Errechnung und Zahlbarmachung der Vergütungen oder Löhne einschließlich der Krankenbezüge, Urlaubsvergütungen oder Urlaubslöhne im DV-Verfahren erforderlichen Arbeiten und Kontrollen zur maschinellen Berechnung verantwortlich vornehmen und den damit zusammenhängenden Schriftwechsel selbständig führen,

   nach achtjähriger Bewährung in Verg. VIb Fallgruppe 4.

(Hierzu Protokollerklärung Nr. 1)

Vergütungsgruppe Vb

1. Angestellte, denen mindestens drei Angestellte mit Tätigkeiten mindestens der Vergütungsgruppe VIb Fallgruppen 1, 2, 3 oder 4 durch ausdrückliche Anordnung ständig unterstellt sind.
(Hierzu Protokollerklärung Nr. 2)

2. Angestellte, denen mindestens vier Angestellte mit Tätigkeiten mindestens der Vergütungsgruppe Vc Fallgruppen 1 oder 3 durch ausdrückliche Anordnung ständig unterstellt sind.
(Hierzu Protokollerklärung Nr. 2)

3. Angestellte, deren Tätigkeit sich dadurch aus der Vergütungsgruppe VIb Fallgruppe 1 heraushebt, daß sie aufgrund der angegebenen tatsächlichen Verhältnisse Vergütungen oder Löhne einschließlich der Krankenbezüge, Urlaubsvergütungen oder Urlaubslöhne selbständig errechnen und die damit zusammenhängenden Arbeiten (z. B. Feststellen der Versicherungspflicht in der Sozialversicherung und der Zusatzversicherung, Bearbeiten von Abtretungen und Pfändungen) selbständig ausführen sowie den damit zusammenhängenden Schriftwechsel selbständig führen,

   nach sechsjähriger Bewährung in Vergütungsgruppe Vc Fallgruppe 1.

(Das Tätigkeitsmerkmal ist auch erfüllt, wenn der Angestellte die Beschäftigungszeit, die Dienstzeit sowie die Grundvergütung nach den §§ 27, 28 und die Gesamtvergütung nach § 30 bei der Einstellung nicht festzusetzen hat und Abtretungen und Pfändungen nicht zu bearbeiten hat.)
(Hierzu Protokollerklärung Nr. 1)

Ang. als Bezügerechner IV.2.3.9

4. Angestellte, deren Tätigkeit sich dadurch aus der Vergütungsgruppe VIb Fallgruppe 3 heraushebt, daß sie aufgrund der angegebenen tatsächlichen Verhältnisse die für die Errechnung und Zahlbarmachung der Vergütungen oder Löhne einschließlich der Krankenbezüge, Urlaubsvergütungen oder Urlaubslöhne im DV-Verfahren notwendigen Merkmale und die sonstigen Anspruchsvoraussetzungen feststellen, die erforderlichen Arbeiten (z. B. Feststellen der Versicherungspflicht in der Sozialversicherung und der Zusatzversicherung, Bearbeiten von Abtretungen und Pfändungen) und Kontrollen zur maschinellen Berechnung verantwortlich vornehmen sowie den damit zusammenhängenden Schriftwechsel selbständig führen,

nach sechsjähriger Bewährung in Vergütungsgruppe Vc Fallgruppe 3.

(Das Tätigkeitsmerkmal ist auch erfüllt, wenn der Angestellte die Beschäftigungszeit, die Dienstzeit sowie die Grundvergütung nach den §§ 27, 28 und die Gesamtvergütung nach § 30 bei der Einstellung nicht festzusetzen und Abtretungen und Pfändungen nicht zu bearbeiten hat.)

(Hierzu Protokollerklärung Nr. 1)

Vergütungsgruppe IV b

Angestellte, denen mindestens vier Angestellte mit Tätigkeiten mindestens der Vergütungsgruppe V c Fallgruppen 1 oder 3 durch ausdrückliche Anordnung ständig unterstellt sind,

nach sechsjähriger Bewährung in Vergütungsgruppe V b Fallgruppe 2.

(Hierzu Protokollerklärung Nr. 2)

Protokollerklärungen:

1. Zu den Dienst-und Versorgungsbezügen, Vergütungen oder Löhnen im Sinne dieses Tätigkeitsmerkmals gehören gegebenenfalls auch sonstige Leistungen, z. B. Kindergeld, Beitragszuschuß nach § 257 SGB V, vermögenswirksame Leistungen.
2. Soweit die Eingruppierung von der Zahl der unterstellten Angestellten abhängt,
   a) ist es für die Eingruppierung unschädlich, wenn im Organisations- und Stellenplan zur Besetzung ausgewiesene Stellen nicht besetzt sind,
   b) rechnen hierzu auch Beamte vergleichbarer Besoldungsgruppen,
   c) zählen Teilbeschäftigte entsprechend dem Verhältnis der mit ihnen im Arbeitsvertrag vereinbarten Arbeitszeit zur regelmäßigen Arbeitszeit eines Vollbeschäftigten.

Forstaufseher und Forstwarte

Vergütungsgruppe Vc

Angestellte mit Forstwartprüfung in der Tätigkeit von Forstwarten mit schwieriger und verantwortlicher Tätigkeit nach fünfjähriger Bewährung in dieser Tätigkeit.

Vergütungsgruppe VIb

Angestellte mit Forstwartprüfung in der Tätigkeit von Forstwarten, die sich durch eine schwierige oder verantwortliche Tätigkeit aus der Vergütungsgruppe VII Fallgruppe 1 herausheben. (Als schwierige Tätigkeiten im Sinne dieser Fallgruppe gelten z. B. Tätigkeiten in Dienstbezirken mit vielfältigen Baumarten oder in Dienstbezirken mit zahlreichen Waldbesitzern. Als verantwortliche Tätigkeit im Sinne dieser Fallgruppe gilt z. B. der Forstschutz in stark besuchten Erholungswaldungen.)

Vergütungsgruppe VII

1. Angestellte mit Forstwartprüfung in der Tätigkeit von Forstwarten nach einjähriger Bewährung in Vergütungsgruppe VIII, wenn ihnen ein Dienstbezirk übertragen ist.
2. Angestellte mit Forstwartprüfung in der Tätigkeit von Forstwarten nach fünfjähriger Bewährung in Vergütungsgruppe VIII.

Vergütungsgruppe VIII

1. Angestellte mit Forstwartprüfung in der Tätigkeit von Forstwarten.
2. Angestellte ohne Forstwartprüfung in der Tätigkeit von Forstwarten nach langjähriger Bewährung in Vergütungsgruppe IX, wenn ihnen ein Dienstbezirk übertragen ist.

Vergütungsgruppe IX

1. Angestellte in der Tätigkeit von Forstaufsehern.
2. Angestellte ohne Forstwartprüfung in der Tätigkeit von Forstwarten.

Protokollerklärungen:

1. Forstaufseher sind Bedienstete, die im Forstschutzdienst eingesetzt sind, auch wenn sie mit einfachen forstlichen Arbeiten beauftragt sind (z. B. Aufnahme von Massensortimenten, Beaufsichtigung von Kulturarbeiten).

… Forstaufseher, Forstwarte **IV.2.3.10**

2. Forstwarte sind Bedienstete des Forstbetriebsdienstes, denen ein kleinerer Dienstbezirk oder ein Dienstbezirk mit einfachen forstlichen Verhältnissen übertragen ist, oder die einem Bediensteten des gehobenen Forstbetriebsdienstes als Gehilfen beigegeben sind.
3. Angestellte ohne Forstwartprüfung, die bei Inkrafttreten dieses Tarifvertrages die Tätigkeit eines Forstwartes zehn Jahre ausgeübt haben, werden den Angestellten mit Forstwartprüfung gleichgestellt. Sind solche Angestellte bei Inkrafttreten diese Tarifvertrages noch nicht zehn Jahre als Forstwarte beschäftigt, so treten die Wirkungen dieses Tarifvertrages für sie in Kraft, sobald sie ununterbrochen zehn Jahre die Tätigkeiten von Forstwarten ausgeübt haben.
4. Die Tätigkeitsmerkmale für Angestellte in der Tätigkeit von Forstwarten gelten nicht für Angestellte, die ständig im Geschäftszimmerdienst (Innendienst) eingesetzt sind.

Leiter von landwirtschaftlichen Betrieben

Vergütungsgruppe II

Leiter von großen und sehr schwierigen landwirtschaftlichen Betrieben mit voller Selbständigkeit
nach zehnjähriger Bewährung in Vergütungsgruppe III Fallgruppe 1.
(Hierzu Protokollerklärungen Nrn. 21 bis 25)

Vergütungsgruppe III

1. Leiter von großen und sehr schwierigen landwirtschaftlichen Betrieben mit voller Selbständigkeit.
   (Hierzu Protokollerklärungen Nrn. 21 bis 25)

2. Leiter von
   a) großen und sehr schwierigen landwirtschaftlichen Betrieben mit eingeschränkter Selbständigkeit,
   b) großen und schwierigen landwirtschaftlichen Betrieben mit voller Selbständigkeit,
   c) mittelgroßen und sehr schwierigen landwirtschaftlichen Betrieben mit voller Selbständigkeit
   nach achtjähriger Bewährung in Vergütungsgruppe IVa Fallgruppe 1.
   (Hierzu Protokollerklärungen Nrn. 21 bis 25)

Vergütungsgruppe IVa

1. Leiter von
   a) großen und sehr schwierigen landwirtschaftlichen Betrieben mit eingeschränkter Selbständigkeit,
   b) großen und schwierigen landwirtschaftlichen Betrieben mit voller Selbständigkeit,
   c) mittelgroßen und sehr schwierigen landwirtschaftlichen Betrieben mit voller Selbständigkeit.
   (Hierzu Protokollerklärungen Nrn. 21 bis 25)

2. Leiter von
   a) großen und sehr schwierigen landwirtschaftlichen Betrieben, die für die Betriebsleitung eingehende Weisungen erhalten,
   b) großen und schwierigen landwirtschaftlichen Betrieben mit eingeschränkter Selbständigkeit,
   c) großen und einfachen landwirtschaftlichen Betrieben mit voller Selbständigkeit,

Leiter von landwirtschaftl. Betrieben IV.2.3.11

  d) mittelgroßen und sehr schwierigen landwirtschaftlichen Betrieben mit eingeschränkter Selbständigkeit,
  e) mittelgroßen und schwierigen landwirtschaftlichen Betrieben mit voller Selbständigkeit,
  f) kleineren und sehr schwierigen landwirtschaftlichen Betrieben mit voller Selbständigkeit

nach achtjähriger Bewährung in Vergütungsgruppe IVb Fallgruppe 1.

(Hierzu Protokollerklärungen Nrn. 21 bis 25)

Vergütungsgruppe IVb

1. Leiter von
   a) großen und sehr schwierigen landwirtschaftlichen Betrieben, die für die Betriebsleitung eingehende Weisungen erhalten,
   b) großen und schwierigen landwirtschaftlichen Betrieben mit eingeschränkter Selbständigkeit,
   c) großen und einfachen landwirtschaftlichen Betrieben mit voller Selbständigkeit,
   d) mittelgroßen und sehr schwierigen landwirtschaftlichen Betrieben mit eingeschränkter Selbständigkeit,
   e) mittelgroßen und schwierigen landwirtschaftlichen Betrieben mit voller Selbständigkeit,
   f) kleineren und sehr schwierigen landwirtschaftlichen Betrieben mit voller Selbständigkeit.

   (Hierzu Protokollerklärungen Nrn. 21 bis 25)

2. Leiter von
   a) großen und schwierigen landwirtschaftlichen Betrieben, die für die Betriebsleitung eingehende Weisungen erhalten,
   b) großen und einfachen landwirtschaftlichen Betrieben mit eingeschränkter Selbständigkeit,
   c) mittelgroßen und sehr schwierigen landwirtschaftlichen Betrieben, die für die Betriebsleitung eingehende Weisungen erhalten,
   d) mittelgroßen und schwierigen landwirtschaftlichen Betrieben mit eingeschränkter Selbständigkeit,
   e) mittelgroßen und einfachen landwirtschaftlichen Betrieben mit voller Selbständigkeit,
   f) kleineren und sehr schwierigen landwirtschaftlichen Betrieben mit eingeschränkter Selbständigkeit,

IV.2.3.11 Leiter von landwirtschaftl. Betrieben

g) kleineren und schwierigen landwirtschaftlichen Betrieben mit voller Selbständigkeit

nach sechsjähriger Bewährung in Vergütungsgruppe Vb Fallgruppe 1.

(Hierzu Protokollerklärungen Nrn. 21 bis 25)

Vergütungsgruppe Vb

1. Leiter von
   a) großen und schwierigen landwirtschaftlichen Betrieben, die für die Betriebsleitung eingehende Weisungen erhalten,
   b) großen und einfachen landwirtschaftlichen Betrieben mit eingeschränkter Selbständigkeit,
   c) mittelgroßen und sehr schwierigen landwirtschaftlichen Betrieben, die für die Betriebsleitung eingehende Weisungen erhalten,
   d) mittelgroßen und schwierigen landwirtschaftlichen Betrieben mit eingeschränkter Selbständigkeit,
   e) mittelgroßen und einfachen landwirtschaftlichen Betrieben mit voller Selbständigkeit,
   f) kleineren und sehr schwierigen landwirtschaftlichen Betrieben mit eingeschränkter Selbständigkeit,
   g) kleineren und schwierigen landwirtschaftlichen Betrieben mit voller Selbständigkeit.

   (Hierzu Protokollerklärungen Nrn. 21 bis 25)

2. Leiter von
   a) großen und einfachen landwirtschaftlichen Betrieben, die für die Betriebsleitung eingehende Weisungen erhalten,
   b) mittelgroßen und schwierigen landwirtschaftlichen Betrieben, die für die Betriebsleitung eingehende Weisungen erhalten,
   c) mittelgroßen und einfachen landwirtschaftlichen Betrieben mit eingeschränkter Selbständigkeit,
   d) kleineren und sehr schwierigen landwirtschaftlichen Betrieben, die für die Betriebsleitung eingehende Weisungen erhalten,
   e) kleineren und schwierigen landwirtschaftlichen Betrieben mit eingeschränkter Selbständigkeit,
   f) kleineren und einfachen landwirtschaftlichen Betrieben mit voller Selbständigkeit

Leiter von landwirtschaftl. Betrieben IV.2.3.11

nach sechsjähriger Bewährung in Vergütungsgruppe Vc Fallgruppe 1.
(Hierzu Protokollerklärungen Nrn. 21 bis 25)

Vergütungsgruppe Vc

1. Leiter von
   a) großen und einfachen landwirtschaftlichen Betrieben, die für die Betriebsleitung eingehende Weisungen erhalten,
   b) mittelgroßen und schwierigen landwirtschaftlichen Betrieben, die für die Betriebsleitung eingehende Weisungen erhalten,
   c) mittelgroßen und einfachen landwirtschaftlichen Betrieben mit eingeschränkter Selbständigkeit,
   d) kleineren und sehr schwierigen landwirtschaftlichen Betrieben, die für die Betriebsleitung eingehende Weisungen erhalten,
   e) kleineren und schwierigen landwirtschaftlichen Betrieben mit eingeschränkter Selbständigkeit,
   f) kleineren und einfachen landwirtschaftlichen Betrieben mit voller Selbständigkeit.
   (Hierzu Protokollerklärungen Nrn. 21 bis 25)

2. Leiter von
   a) mittelgroßen und einfachen landwirtschaftlichen Betrieben, die für die Betriebsleitung eingehende Weisungen erhalten,
   b) kleineren und schwierigen landwirtschaftlichen Betrieben, die für die Betriebsleitung eingehende Weisungen erhalten,
   c) kleineren und einfachen landwirtschaftlichen Betrieben mit eingeschränkter Selbständigkeit
   nach sechsjähriger Bewährung in Vergütungsgruppe VIb Fallgruppe 1.
   (Hierzu Protokollerklärungen Nrn. 21 bis 25)

Vergütungsgruppe VIb

1. Leiter von
   a) mittelgroßen und einfachen landwirtschaftlichen Betrieben, die für die Betriebsleitung eingehende Weisungen erhalten,
   b) kleineren und schwierigen landwirtschftlichen Betrieben, die für die Betriebsleitung eingehende Weisungen erhalten,
   c) kleineren und einfachen landwirtschaftlichen Betrieben mit eingeschränkter Selbständigkeit.
   (Hierzu Protokollerklärungen Nrn. 21 bis 25)

IV.2.3.11 Leiter von landwirtschaftl. Betrieben

2. Leiter von kleineren und einfachen landwirtschaftlichen Betrieben, die für die Betriebsleitung eingehende Weisungen erhalten,
nach vierjähriger Bewährung in Vergütungsgruppe VII einzige Fallgruppe.
(Hierzu Protokollerklärungen Nrn. 21 bis 23)

Vergütungsgruppe VII
Leiter von kleineren und einfachen landwirtschaftlichen Betrieben, die für die Betriebsleitung eingehende Weisungen erhalten.
(Hierzu Protokollerklärungen Nrn. 21 bis 23)

Protokollerklärungen:
Nrn. 1–20 gestrichen

Nr. 21
Landwirtschaftliche Betriebe im Sinne dieses Tätigkeitsmerkmals sind Gartenbau-, Landwirtschafts-, Obstbau- oder Weinbaubetriebe sowie Weinkellereien.

Nr. 22
Für die Unterscheidung der landwirtschaftlichen Betriebe nach Betriebsgrößen gilt folgendes:

a) **Gartenbaubetriebe**

Kleinere Betriebe sind Betriebe bis 20 000 Einheitsquadratmeter Nutzfläche,
mittelgroße Betriebe sind Betriebe bis 60 000 Einheitsquadratmeter Nutzfläche,
große Betriebe sind Betriebe mit mehr als 60 000 Einheitsquadratmeter Nutzfläche.
Für die Berechnung der Einheitsquadratmeter gilt folgender Umrechnungsschlüssel:

Nutzungsart	Freilandfläche	Unterglasfläche	
		heizbar	nicht heizbar
Gemüsebau	1	9	7
Blumen- u. Zierpflanzen	2	18	10
Gehölzbaumschulen	1,3	–	9
Obstbaumschulen	0,8	–	5,6

Leiter von landwirtschaftl. Betrieben IV.2.3.11

b) **Landwirtschaftsbetriebe**

Kleinere Betriebe sind Betriebe bis 60 ha landwirtschaftlicher Nutzfläche,

mittelgroße Betriebe sind Betriebe bis 180 ha landwirtschaftlicher Nutzfläche,

große Betriebe sind Betriebe mit mehr als 180 ha landwirtschaftlicher Nutzfläche.

Mitbewirtschaftete forstwirtschaftliche Nutzflächen gelten zu einem Drittel als landwirtschaftliche Nutzflächen.

c) **Obstbaubetriebe**

Kleinere Betriebe sind Betriebe bis 12 ha Kernobstanlage oder 8 ha Steinobst- oder Beerenobstanlage,

mittelgroße Betriebe sind Betriebe bis 36 ha Kernobstanlage oder 24 ha Steinobst- oder Beerenobstanlage,

große Betriebe sind Betriebe mit mehr als 36 ha Kernobstanlage oder 24 ha Steinobst- oder Beerenobstanlage.

d) **Weinbaubetriebe**

Kleinere Betriebe sind Betriebe bis 6 ha Rebfläche bei gebietsüblichem Umtrieb,

mittelgroße Betriebe sind Betriebe bis 18 ha Rebfläche bei gebietsüblichem Umtrieb,

große Betriebe sind Betriebe mit mehr als 18 ha Rebfläche bei gebietsüblichem Umtrieb.

Bei Rebveredelungsbetrieben sind

kleinere Betriebe solche mit bis zu 150 000 Veredelungen,

mittelgroße Betriebe solche mit bis zu 450 000 Veredelungen,

große Betriebe solche mit mehr als 450 000 Veredelungen

im Jahr.

e) **Weinkellereien**

Kleinere Weinkellereien sind Kellereien mit einem Weinlager bis zu 400 000 Liter Wein,

mittelgroße Weinkellereien sind Kellereien mit einem Weinlager bis zu 1 200 000 Liter Wein,

große Weinkellereien sind Kellereien mit einem Weinlager mit mehr als 1 200 000 Liter Wein

im Durchschnitt der letzten drei Jahre.

Nr. 23

Für die Unterscheidung der landwirtschaftlichen Betriebe nach dem Schwierigkeitsgrad gilt folgendes:

IV.2.3.11 Leiter von landwirtschaftl. Betrieben

a) Schwierig ist der Betrieb,
   1. der mindestens drei Betriebszweige im Sinne der Protokollerklärung Nr. 25 umfaßt;
   2. in dem unter der Verantwortung des Leiters ständig mehrere Auszubildende ausgebildet oder in dem ständig Lehrgänge abgehalten werden oder in dem durch umfangreiche Beratungen und Demonstrationen der Betriebsablauf erheblich erschwert wird;
   3. in dem ständig Versuche nicht einfacher Art anzustellen sind, die die Betriebsführung erheblich erschweren;
   4. in dem wegen extremer Boden- oder Klimaverhältnisse besondere Erschwernisse auftreten;
   5. der überwiegend Strafgefangene oder Anstaltsinsassen zu arbeitstherapeutischen Zwecken im Sinne des § 37 Abs. 5 des Strafvollzugsgesetzes beschäftigt.
b) Sehr schwierig ist der Betrieb, der die Erschwernisgründe von mindestens zwei der in Buchstabe a genannten Nummern aufweist.

Nr. 24
Für die Unterscheidung der Tätigkeit der Leiter von landwirtschaftlichen Betrieben nach dem Grad der Selbständigkeit gilt folgendes:
a) Eingeschränkte Selbständigkeit hat der Betriebsleiter, der nach den von ihm aufgestellten und von der vorgesetzten Stelle genehmigten Organisations-, Wirtschafts-, Finanz-, Anbau-, Ausbau-, Lager-, Zucht- usw. -plänen selbständig handelt und der bei der Einstellung und Entlassung der Bediensteten mitwirkt.
b) Volle Selbständigkeit hat der Betriebsleiter, der die in Buchstabe a genannten Pläne selbständig aufstellt und im Rahmen dieser Pläne selbständig handelt sowie für die Einstellung und Entlassung der Arbeiter verantwortlich ist und bei der Einstellung und Entlassung der übrigen Bediensteten mitwirkt. Die Genehmigung der Organisations-, Wirtschafts- und Finanzpläne durch die vorgesetzte Stelle berührt die volle Selbständigkeit nicht.

Nr. 25
Als Betriebszweige im Sinne der Protokollerklärung Nr. 23 gelten:
Ackerbau,
Hackfruchtbau, wenn mehr als 20 v. H. der landwirtschaftlichen Nutzfläche mit Hackfrucht bestellt sind,
Saatzucht,
Saatgutvermehrung,
Großviehhaltung einschließlich Futterbau,
Schweinehaltung,
Kleintierhaltung einschließlich Schäferei und Imkerei,
Sonderkultur wie Tabakbau, Hopfenbau, Feldgemüsebau,

Obstbau, Weinbau usw.,
Zierpflanzenbau,
gärtnerischer Gemüsebau,
Staudengärtnerei,
Baumschule (Gehölzbaumschule, Obstbaumschule),
Landschaftsgärtnerei,
Friedhofsgärtnerei,
Blumenverarbeitung,
Rebveredelung einschließlich Rebmuttergärten,
Weinausbau,
Obstaufbereitung und -lagerung,
Obst- und Gemüseverarbeitung,
Brennerei,
wenn der Betriebszweig mehr als 15 v. H. des Gesamtarbeitsaufwandes des Betriebes erfordert. Zur Tierhaltung zählt auch die Zucht.

Hinweise des Bearbeiters:

1. *Die Tätigkeitsmerkmale für gartenbau-, landwirtschafts- und weinbautechnische Angestellte nach dem Tarifvertrag zur Änderung und Ergänzung der Anlage 1a zum BAT v. 26. Oktober 1965 sind durch den Tarifvertrag zur Änderung und Ergänzung der Anlage 1a zum BAT vom 15. Juni 1972 gestrichen und neu gefasst worden.[1])*

2. *Die Tätigkeitsmerkmale für Leiter von landwirtschaftlichen Betrieben sind mit Wirkung vom 1. April 1993 durch den Tarifvertrag zur Änderung der Anlage 1a vom 3. Mai 1993 geändert und ergänzt worden. § 3 dieses Tarifvertrages enthält die nachfolgenden Übergangsvorschriften:*

„§ 3 Übergangsvorschriften

Für die Angestellten, die am 31. März 1993 in einem Arbeitsverhältnis gestanden haben, das am 1. April 1993 zu demselben Arbeitgeber fortbestanden hat, gilt für die Dauer dieses Arbeitsverhältnisses folgendes:

1. Hat der Angestellte am 31. März 1993 Vergütung (§ 26 BAT) aus einer höheren Vergütungsgruppe erhalten als aus der Vergütungsgruppe, in der er nach diesem Tarifvertrag eingruppiert ist, wird diese Vergütung durch das Inkrafttreten dieses Tarifvertrages nicht berührt.

---

[1]) abgedruckt unter **IV.2.3.13**

2. Hängt die Eingruppierung nach diesem Tarifvertrag von der Zeit einer Bewährung in einer bestimmten Vergütungs- und Fallgruppe ab, wird die vor dem 1. April 1993 zurückgelegte Zeit so berücksichtigt, wie sie zu berücksichtigen wäre, wenn dieser Tarifvertrag bereits seit dem Beginn des Arbeitsverhältnisses gegolten hätte."

Angestellte mit Restaurierungs-, Präparierungs- und Konservierungsarbeiten an kunstgeschichtlichen, kulturgeschichtlichen und naturkundlichen Sammlungen und Forschungseinrichtungen, an Archiven und bei der Denkmalpflege

Vergütungsgruppe II

Angestellte mit Restaurierungs-, Präparierungs- oder Konservierungsarbeiten, deren Tätigkeiten wegen der Schwierigkeit der Aufgaben und der Größe ihrer Verantwortung ebenso zu bewerten sind wie die Tätigkeiten der an kunstgeschichtlichen und kulturgeschichtlichen Sammlungen und Forschungsinstituten beschäftigten Angestellten mit abgeschlossener wissenschaftlicher Hochschulbildung und mit entsprechender Tätigkeit.
(Hierzu Protokollerklärung Nr. 1)

Vergütungsgruppe III

Angestellte mit Restaurierungs-, Präparierungs- oder Konservierungsarbeiten, die sich durch das Maß ihrer Verantwortung aus der Vergütungsgruppe IVa Fallgruppe 1 dieses Tarifvertrages erheblich herausheben.
(Hierzu Protokollerklärungen Nrn. 1 und 2)

Vergütungsgruppe IVa

1. Angestellte mit Restaurierungs-, Präparierungs- oder Konservierungsarbeiten mit langjähriger Erfahrung in Tätigkeiten mindestens der Vergütungsgruppe Vb Fallgruppe 1 dieses Tarifvertrages, die sich durch besondere Leistungen aus der Vergütungsgruppe IVb Fallgruppe 1 dieses Tarifvertrages herausheben.
(Hierzu Protokollerklärung Nr. 1)

2. Angestellte mit Tätigkeiten der Vergütungsgruppe IVb Fallgruppe 1 dieses Tarifvertrages, denen mindestens drei Angestellte mit Restaurierungs-, Präparierungs- oder Konservierungsarbeiten, davon mindestens ein Angestellter mit Tätigkeiten mindestens der Vergütungsgruppe IVb Fallgruppe 1 dieses Tarifvertrages, durch ausdrückliche Anordnung ständig unterstellt sind.
(Hierzu Protokollerklärung Nr. 1)

IV.2.3.12 Ang. als Restauratoren etc.

Vergütungsgruppe IVb

1. Angestellte, die sich dadurch aus der Vergütungsgruppe Vb Fallgruppe 1 dieses Tarifvertrages herausheben, daß ihre Tätigkeit besondere Fachkenntnisse erfordert.
(Hierzu Protokollerklärungen Nrn. 1 und 3)

2. Angestellte, die besonders schwierige Restaurierungs-, Präparierungs- oder Konservierungsarbeiten selbständig ausführen und denen mehrere Angestellte mit Restaurierungs-, Präparierungs- oder Konservierungsarbeiten, davon mindestens ein Angestellter mit Tätigkeiten mindestens der Vergütungsgruppe Vb Fallgruppe 1 dieses Tarifvertrages, durch ausdrückliche Anordnung ständig unterstellt sind.
(Hierzu Protokollerklärungen Nrn. 1 und 4)

Vergütungsgruppe Vb

1. Angestellte, die besonders schwierige Restaurierungs-, Präparierungs- oder Konservierungsarbeiten selbständig ausführen.
(Hierzu Protokollerklärungen Nrn. 1 und 4)

2. Angestellte, die schwierige Restaurierungs-, Präparierungs- oder Konservierungsarbeiten selbständig ausführen und denen mehrere Angestellte mit Restaurierungs-, Präparierungs- oder Konservierungsarbeiten, davon mindestens ein Angestellter mit Tätigkeiten mindestens der Vergütungsgruppe Vc Fallgruppe 1 oder 2 dieses Tarifvertrages, durch ausdrückliche Anordnung ständig unterstellt sind.
(Hierzu Protokollerklärungen Nrn. 1 und 5)

Vergütungsgruppe Vc

1. Angestellte, die besonders schwierige Restaurierungs-, Präparierungs- oder Konservierungsarbeiten unter Anleitung ausführen.
(Hierzu Protokollerklärungen Nrn. 1 und 4)

2. Angestellte, die schwierige und mindestens zu einem Viertel ihrer Gesamttätigkeit besonders schwierige Restaurierungs-, Präparierungs- oder Konservierungsarbeiten selbständig ausführen.
(Hierzu Protokollerklärungen Nrn. 1, 4 und 5)

3. Angestellte, die Restaurierungs-, Präparierungs- oder Konservierungsarbeiten ausführen und denen mehrere Angestellte mit Restaurierungs-, Präparierungs- oder Konservierungsarbeiten, davon mindestens ein Angestellter mit Tätigkeiten mindestens

der Vergütungsgruppe VIb Fallgruppe 1 dieses Tarifvertrages, durch ausdrückliche Anordnung ständig unterstellt sind.
(Hierzu Protokollerklärung Nr. 1)

Vergütungsgruppe VIb

1. Angestellte, die sich dadurch aus der Vergütungsgruppe VII herausheben, daß sie schwierige Restaurierungs-, Präparierungs- oder Konservierungsarbeiten mindestens zu einem Viertel ihrer Gesamttätigkeit selbständig ausführen.
(Hierzu Protokollerklärungen Nrn. 1 und 5)

2. Angestellte, die Restaurierungs-, Präparierungs- oder Konservierungsarbeiten ausführen und denen mehrere Angestellte mit Restaurierungs-, Präparierungs- oder Konservierungsarbeiten mindestens der Vergütungsgruppe VIII durch ausdrückliche Anordnung ständig unterstellt sind.
(Hierzu Protokollerklärung Nr. 1)

Vergütungsgruppe VII

1. Angestellte, die nicht mehr einfache Restaurierungs-, Präparierungs- oder Konservierungsarbeiten ausführen.
(Hierzu Protokollerklärungen Nrn. 1 und 6)

2. Angestellte, die schwierige Restaurierungs-, Präparierungs- oder Konservierungsarbeiten unter Anleitung ausführen.
(Hierzu Protokollerklärungen Nrn. 1 und 5)

Vergütungsgruppe VIII

Angestellte, die einfache Restaurierungs-, Präparierungs- oder Konservierungsarbeiten ausführen.
(Hierzu Protokollerklärungen Nrn. 1 und 7)

Protokollerklärungen:

Nr. 1

Restaurierungs-, Präparierungs- und Konservierungsarbeiten im Sinne dieses Tätigkeitsmerkmals sind Arbeiten, die zum Ziele haben, Objekte von künstlerischer, kulturhistorischer, wissenschaftlicher oder dokumentarischer Bedeutung oder von didaktischem Wert ohne Rücksicht auf ihren materiellen oder kommerziellen Wert zu bergen, zu erhalten, wiederherzustellen und herzurichten. Restaurierungs-, Präparierungs- und Konservierungsarbeiten sind auch die Nachbildung vom Original, die freie Nachbildung, die Rekonstruktion und der Modellbau, die zum Ziele haben, einen erhaltenswerten Befund der Wissenschaft und der Lehre nutzbar zu machen, sowie die grabungstechnischen Arbeiten. Zu den Restaurierungs-, Präparierungs- und Konservierungsarbeiten gehören auch Tätigkeiten wie: konservatorisch rich-

IV.2.3.12 Ang. als Restauratoren etc.

tige Lagerung der Sammlungsobjekte; Klimatisierung der Ausstellungs- und Depoträume; Ein- und Auspacken, Transport und Montage der Sammlungsobjekte; Mitwirkung bei Ausstellungen; Führen von Zustands- und Arbeitsprotokollen.

Das Tätigkeitsmerkmal gilt nicht für staatlich geprüfte technische Assistenten für naturkundliche Museen und Forschungsinstitute mit entsprechender Tätigkeit.

Nr. 2

Der Angestellte hebt sich durch das Maß seiner Verantwortung erheblich aus der Vergütungsgruppe IVa Fallgruppe 1 z. B. durch folgende Tätigkeiten heraus:

Selbständige schwierige technische Untersuchungen zur Feststellung von bisher nicht bekannten alten Herstellungstechniken, deren Beschreibung und ggf. Anwendung;

Selbständige technische Untersuchungen von Objekten auf ihre Echtheit, die spezielle technologische Kenntnisse erfordern;

Leitung großer und schwieriger Restaurierungsvorhaben von Wandmalereien, z. B. im Zusammenhang mit der Sanierung und Restaurierung eines Bauwerks;

Außergewöhnlich schwierige Restaurierung oder Übertragung von technisch besonders komplizierten Wandmalereien;

Kompliziertes Zusammensetzen und Ergänzen großflächiger Wandmalereien, die nur noch in zahlreichen kleinen Bruchstücken vorhanden sind;

Festlegen sich hebender Farbschichten an Gouache-Blättern oder Buchmalereien;

Regenerieren von geschwärztem Bleiweiß oder geschwärzten Silberauflagen auf Handzeichnungen oder mittelalterlichen Buchmalereien;

Konservieren von verkohltem Papier oder Pergament einschließlich Sichtbarmachen der Schrift;

Restaurieren von außerordentlich wertvollen und außerordentlich empfindlichen Papyri;

Mit besonderem konservatorischem Risiko verbundenes Abnehmen von Firnissen und Übermalungen an Gemälden;

Übertragen von Gemälden auf neue Bildträger;

Restaurieren von Steinskulpturen mit wesentlich gestörter struktureller Festigkeit;

Außergewöhnlich schwieriges Freilegen originaler Fassungen von Skulpturen;

Außergewöhnlich schwieriges Restaurieren von wertvollen historischen Musikinstrumenten zur Wiedergewinnung ihres originalen Klanges;

Technische Leitung großer und schwieriger Grabungen (wie z. B. komplizierte Kirchen-, Burgen- oder Stadtkerngrabungen) und Ausarbeiten der publikationsreifen Grabungsberichte;

Ang. als Restauratoren etc. **IV.2.3.12**

Restaurieren eines vielseitigen Fundkomplexes, dessen Erhaltung für die Forschung von einmaliger Bedeutung ist (z. B. Fürstengrab von Klein-Aspergle);

Präparieren von zoologischen, botanischen und paläontologischen Unica und von Typus-Material (d. h. von Einzelobjekten, die Richtmaß für die systematischen Einheiten in Zoologie, Botanik und Paläontologie sind);

Präparieren von paläontologischen Einzelstücken, die besondere Bedeutung für die Beurteilung der Entwicklungsgeschichte der Tiere und Pflanzen haben (z. B. Archaeopteryx).

Nr. 3
Tätigkeiten, die besondere Fachkenntnisse erfordern, sind z. B.:
a) Rekonstruktion nur fragmentarisch erhaltener figürlicher oder plastisch verzierter Keramik;
   Entwickeln und Erproben neuartiger Restaurierungs- und Konservierungsverfahren bei vorgegebener Aufgabenstellung;
b) Rekonstruktion nur fragmentarisch erhaltener Gläser schwer zu ermittelnder Form;
   Behandlung sehr komplizierter Glasabblätterungen;
   Entwickeln und Erproben neuartiger Restaurierungs- und Konservierungsverfahren bei vorgegebener Aufgabenstellung;
c) Rekonstruktion schlecht und nur fragmentarisch erhaltener Edelmetallgegenstände schwer zu ermittelnder Form;
   Entwickeln und Erproben neuartiger Restaurierungs- und Konservierungsverfahren bei vorgegebener Aufgabenstellung;
d) Rekonstruktion schlecht und nur fragmentarisch erhaltener Gegenstände schwer zu ermittelnder Form aus Kupfer, Bronze, Messing oder sonstigen Nichteisenmetallen;
   Entwickeln und Erproben neuartiger Restaurierungs- und Konservierungsverfahren bei vorgegebener Aufgabenstellung;
e) Rekonstruktion sehr schlecht erhaltener und aus dem ursprünglichen Verband geratener Eisengegenstände, auch nach Röntgenaufnahmen;
   Entwickeln und Erproben neuartiger Restaurierungs- und Konservierungsverfahren bei vorgegebener Aufgabenstellung;
f) Reinigen, Konservieren und Ergänzen stark zerstörter sehr wertvoller alter Textilien;
   Auflegen (Aufnähen) stark zerstörter sehr wertvoller alter Textilien auf stützende Unterlagen;
   Entwickeln und Erproben neuartiger Restaurierungs- und Konservierungsverfahren bei vorgegebener Aufgabenstellung;
g) Rekonstruktion schlecht und nur fragmentarisch erhaltener Ledergegenstände komplizierter Form;
   Reinigen, Konservieren und Ergänzen stark zerstörter komplizierter Gegenstände aus Federn oder aus vergleichbar empfindlichem Material;

IV.2.3.12 Ang. als Restauratoren etc.

Entwickeln und Erproben neuartiger Restaurierungs- und Konservierungsverfahren bei vorgegebener Aufgabenstellung;

h) Sehr komplizierte und umfangreiche Ergänzungen von Mosaiken;
Schwieriges Übertragen von Wandmalereien auf neue Träger, z. B. bei erheblicher Zerstörung der Malschichten;
Schwieriges Ergänzen von Wandmalereien;
Abnehmen von Übermalungen oder Sinterschichten auf Wandmalereien in außergewöhnlich schwierigen Fällen;
Feststellen der Ursachen von Verfallserscheinungen an Wandmalereien;
Technische Untersuchung von Wandmalereien und Putzschichten bei eigener Wahl des Verfahrens als Grundlage für die wissenschaftliche Auswertung;
Entwickeln und Erproben neuartiger Restaurierungs- und Konservierungsverfahren bei vorgegebener Aufgabenstellung;

i) Restaurieren sehr wertvoller und empfindlicher graphischer Blätter auf Grund eigener Farb- und Fleckenanalysen;
Reinigen von Aquarellen und von Handzeichnungen mit wasserlöslichen Farbstoffen durch Bäder und Chemikalien;
Schließen von Rissen und Löchern in sehr wertvollen graphischen Blättern, wenn die bildliche Darstellung wesentlich betroffen ist;
Restaurieren angesengter oder verhärteter Pergamente;
Trennen und Konservieren der Blätter stark eingedrückter und verklebter Papyrusrollen oder Codices;
Restaurieren seltener und hochempfindlicher Beschreibstoffe (z. B. Textilien oder Palmblätter);
Restaurieren sehr wertvoller und empfindlicher Bucheinbände (z. B. mittelalterliche Buchbeutel, Ledermosaikeinbände, Lederschnittbände oder Ledereinbände von Colines oder Krause);
Entwickeln und Erproben neuartiger Restaurierungs- und Konservierungsverfahren bei vorgegebener Aufgabenstellung;

j) Leitung der technischen Arbeiten in einem großen Filmarchiv;

k) Feststellen der Ursachen von Verfallserscheinungen an Gemälden;
Reinigen empfindlicher Gemälde;
Herstellen schwieriger Retuschen an Gemälden;
Doublieren empfindlicher Gemälde;
Technische Untersuchung von Gemälden bei eigener Wahl des Verfahrens als Grundlage für die wissenschaftliche Auswertung;
Entwickeln und Erproben neuartiger Restaurierungs- und Konservierungsverfahren bei vorgegebener Aufgabenstellung;

l) Feststellen der Ursachen von Verfallserscheinungen an Skulpturen;
Schwierige plastische Ergänzungen und Retuschen an Skulpturen;
Schwieriges Freilegen originaler Fassungen von Skulpturen;

Herstellen von Treppenschnitten und Querschnitten an gefaßten Skulpturen in schwierigen Fällen;

Konservieren hochempfindlicher Holzskulpturen bei sehr erheblichen Verfallserscheinungen;

Entsalzen und Festigen bemalter Steinskulpturen;

Entwickeln und Erproben neuartiger Restaurierungs- und Konservierungsverfahren bei vorgegebener Aufgabenstellung;

m) Wiederherstellen vollständiger Mechaniken von historischen Cembali, Hammerklavieren und Kleinorgeln zur Spielbarkeit;

Berechnen und Aufziehen des Saitenbezuges von Musikinstrumenten und seine mitteltönige oder temperierte Einstimmung;

Mensurgerechtes Wiederherstellen von Orgelpfeifen;

Wiederherstellen der inneren Teile historischer Streich- und Zupfinstrumente zur Wiedergewinnung ihres originalen Klanges;

Halsrekonstruktionen an Streich- und Zupfinstrumenten;

Spielbarmachen historischer Holzblasinstrumente durch mensurgerechtes Wiederherstellen stark verzogener Röhrenteile und Anfertigen und Anpassen der einfachen oder der Doppelrohrblätter;

Entwickeln und Erproben neuartiger Restaurierungs- und Konservierungsverfahren bei vorgegebener Aufgabenstellung;

n) Entwickeln und Erproben neuartiger Nachbildungsverfahren bei vorgegebener Aufgabenstellung;

o) Schwierige zeichnerische Rekonstruktion von Sammlungsgegenständen und sonstigen Objekten von wissenschaftlichem Interesse auf der Grundlage eigener Ermittlungen;

p) Schwierige topographische Vermessungen von komplizierten Burgwällen, Grabhügeln und anderen komplizierten Geländedenkmälern einschließlich Anfertigen von Höhenschichtplänen;

Sehr schwierige bautechnische Aufmessungen;

Technische Leitung großer Grabungen;

q) Entwickeln und Erproben neuartiger Präparierungs-, Konservierungs- und Nachbildungsverfahren bei vorgegebener Aufgabenstellung;

r) Entwerfen und Herstellen schwieriger zoologischer, botanischer, paläontologischer oder ethnographischer Dioramen ohne graphische und Kunstmalerarbeiten. (Die Schwierigkeit muß sich sowohl auf den Lebensraum als auch auf die Ausstellungsobjekte beziehen);

s) Präparieren und Aufstellen komplizierter Skelette seltener Tiere, für die unmittelbares Vergleichsmaterial nicht und Fachliteratur nur in unzureichendem Maße herangezogen werden können;

t) Entwickeln und Erproben neuartiger Präparierungs-, Konservierungs- und Nachbildungsverfahren bei vorgegebener Aufgabenstellung;

IV.2.3.12 Ang. als Restauratoren etc.

u) Entwickeln und Erproben neuartiger Präparierungs-, Konservierungs- und Nachbildungsverfahren bei vorgegebener Aufgabenstellung;

Ergänzen und Aufstellen komplizierter Skelette fossiler Tiere, für die unmittelbares Vergleichsmaterial nicht und Fachliteratur nur in unzureichendem Maße herangezogen werden können;

v) Entwickeln und Erproben neuartiger Präparierungs-, Konservierungs- und Nachbildungsverfahren bei vorgegebener Aufgabenstellung.

Nr. 4

Besonders schwierige Restaurierungs-, Präparierungs- und Konservierungsarbeiten sind z. B.:

a) Mechanisches oder chemisches Reinigen, Sortieren, Festigen, Zusammensetzen und Ergänzen von im Scherben sehr brüchiger oder inkrustierter Keramik oder von Keramik mit schlecht haftender Bemalung;

Rekonstruktion nur fragmentarisch erhaltener Keramik (z. B. mittels Drehscheibe und Schablone);

b) Mechanisches oder chemisches Reinigen, Zusammensetzen und Ergänzen schlecht erhaltener (z. B. „durchkorrodierter") Gläser;

Behandlung von Glasabblätterungen;

c) Ausbeulen, Zusammensetzen, Ergänzen und Sichern schlecht erhaltener oder fein verzierter Edelmetallgegenstände;

d) Ausbeulen, Zusammensetzen, Ergänzen und Sichern schlecht erhaltener oder fein verzierter Gegenstände aus Kupfer, Bronze, Messing oder sonstigen Nichteisenmetallen;

e) Festigen und Freischleifen schlecht erhaltener Tauschierungen auf Eisengegenständen;

Sichern und Konservieren der an Eisengegenständen haftenden organischen Reste;

f) Reinigen, Konservieren und Ergänzen brüchiger oder sehr empfindlicher Textilien;

Auflegen (Aufnähen) brüchiger oder sehr empfindlicher Textilien auf stützende Unterlagen;

g) Konservieren feuchter Hölzer nach der Methode Müller-Beck und Haas oder nach anderen gleich schwierigen Verfahren;

Reinigen und Konservieren brüchiger Ledergegenstände;

Reinigen, Konservieren und Ergänzen stark beschädigter oder sehr empfindlicher Gegenstände aus Federn oder aus vergleichbar empfindlichem Material;

h) Kompliziertes und umfangreiches Übertragen oder Wiederverlegen sowie Ergänzen von Mosaiken mit erheblichen Zerstörungen;

Übertragen von Wandmalereien auf neue Träger;

Fixieren der Pigmente pudernder Wandmalereien;

Ang. als Restauratoren etc. **IV.2.3.12**

Abnehmen von Übermalungen und schwer entfernbaren Sinterschichten auf Wandmalereien;

Wiederherstellen von Wandmalereien aus Bruchstücken mit komplizierten Bruchflächen;

Technische Untersuchung von Wandmalerei- und Putzschichten zur Herstellung von Putzschichtplänen;

Einfaches Ergänzen von Wandmalereien;

i) Behandeln von Flecken aller Art auf sehr wertvollen und empfindlichen graphischen Blättern oder Glätten solcher Blätter (z. B. durch Spannen);

Ablösen sehr wertvoller und empfindlicher graphischer Blätter, die mit schwer lösbaren Stoffen aufgeklebt sind;

Schließen von Rissen und Löchern in sehr wertvollen und empfindlichen graphischen Blättern, wenn die bildliche Darstellung betroffen ist;

Strecken von Pergament in schwierigen Fällen (z. B. bei Wachs- oder Fettverfleckung, bei Verhornung oder bei Schrumpfung durch Hitzeeinwirkung);

Manuelles Entfernen von Schimmelpilz auf Pastellen;

Zusammensetzen, Ergänzen und Konservieren von in der Substanz stark beschädigten entweder brüchigen oder in vielen Teilen vorhandenen Archivalien- und Buchblättern;

Aufrollen schlecht erhaltener großer Papyrusrollen, Lösen von Papyruskartonage sowie Trennen und Konservieren der einzelnen Blätter;

Restaurieren deformierter Gegenstände aus Papyruskartonage mit Bemalung;

Restaurieren brüchiger oder sehr empfindlicher Seidenrollbilder;

Konservieren von Siegeln komplizierter Form, deren Festigkeit durch Fremstoffzusätze stark beeinträchtigt ist;

Lederergänzungen an mittelalterlichen Einbänden;

j) Prüfen der photo- und kinematographischen Archivalien auf das Erfordernis von Restaurierungen einschließlich Bestimmen der anzuwendenden Restaurierungsverfahren;

k) Reinigen wenig empfindlicher Gemälde;

Festlegen von Farbabhebungen an Gemälden;

Herstellen einfacher Retuschen an Gemälden;

Doublieren wenig empfindlicher Gemälde;

l) Kompliziertes Reinigen empfindlicher Skulpturen;

Lösen oder Absprengen von späteren Fassungen an Skulpturen unter dem Stereomikroskop;

Herstellen von Treppenschnitten und Querschnitten an gefaßten Skulpturen in einfachen Fällen;

Zusammensetzen, Zusammenkleben und Montieren hochempfindlicher Skulpturen;

IV.2.3.12 Ang. als Restauratoren etc.

Einfache plastische Ergänzungen und Retuschen an Skulpturen;

Konservieren von Skulpturen bei starkem Schädlingsbefall;

m) Schwierige Corpusrestaurierungen von Musikinstrumenten als Voraussetzung für ihre Spielbarmachung;

Nacharbeiten fehlender Teile komplizierter Form von Musikinstrumenten;

Erneuern von Verbrauchsmaterialien wie Klappenpolstern und -federn, Zapfentwicklungen, Saiten, Hammerledern, Dämpferfilzen, Kielen usw. an historischen Musikinstrumenten zur Spielbarkeit;

n) Herstellen von Negativformen von sehr empfindlichen Originalen sehr komplizierter Form und Herstellen der Abgüsse;

Herstellen von Galvanoplastiken nach Originalen sehr komplizierter Form;

Originalgetreues Nachformen von Originalen sehr komplizierter Form;

o) Herstellen schwieriger Modelle von Sammlungsgegenständen und sonstigen Objekten von wissenschaftlichem Interesse nach eigenen Entwürfen auf Grund wissenschaftlicher Unterlagen;

Schwierige zeichnerische Rekonstruktion von Sammlungsgegenständen und sonstigen Objekten von wissenschaftlichem Interesse auf der Grundlage eigener Ausdeutung von gegebenen Unterlagen;

p) Durchführen schwieriger Grabungen (dazu gehören z. B. Planen und Vermessen von Probeschnitten, Anfertigen schwieriger Grabungszeichnungen und schwieriger Grabungs- oder Fundberichte, Photographische Dokumentation);

Topographische Vermessung von Geländedenkmälern nach Lage und Höhe;

Bautechnische Aufmessungen;

q) Erproben neuartiger, schwieriger Präparationsverfahren;

Präparieren von Tieren nach schwierigen Verfahren bei selbständiger Wahl des Verfahrens;

Präparieren kleinster zoologischer Objekte (z. B. Genitalien kleiner Insekten) unter dem Mikroskop;

r) Herstellen schwieriger Dermoplastiken (z. B. solche, die das Muskelspiel wiedergeben, oder solche sehr großer Tiere);

Herstellen zoologischer, botanischer, paläontologischer oder ethnographischer Dioramen – ohne graphische und Kunstmalerarbeiten – nach skizzenhaften Angaben;

s) Präparieren und Aufstellen komplizierter Skelette seltener Tiere unter Verwendung selbst zusammengestellter Fachliteratur;

t) Erproben neuartiger schwieriger Präparierungsverfahren;

Präparieren kleinster Pflanzen und Pflanzenteile unter dem Mikroskop;

Präparieren von Pflanzen nach schwierigen Verfahren bei selbständiger Wahl des Verfahrens;

u) Erproben neuartiger schwieriger Präparierungsverfahren;

Feinpräparieren sehr schlecht erhaltener oder schlecht präparierbarer Fossilien (z. B. weicher oder spröder Fossilien in hartem Gestein), auch mit komplizierten Geräten;

Herstellen sehr schwieriger paläobotanischer Präparate (z. B. Kutikula-Präparate, Präparate für Pollenanalysen);

Herstellen schwieriger Serienschliffe und schwieriger orientierter Dünnschliffe von Fossilien;

Übertragen schlecht erhaltener großer Fossilien auf Lackfilme;

Sehr schwieriges Heraussätzen von empfindlichen Fossilien oder Fossilienteilen;

Präparieren von Mikrofossilien unter dem Mikroskop;

Ergänzen und Aufstellen komplizierter Skelette fossiler Tiere für Schauzwecke;

Sicherung des Fossil-Materials einschließlich topographischer und zeichnerischer Fundaufnahme bei großen paläontologischen Fundkomplexen;

v) Herstellen von Mineralschnitten und von orientierten Gesteinsdünnschliffen;

Herstellen zweiseitig polierter Mineral- und Gesteinsdünnschliffe;

Herstellen von Mineral- und Gesteinspräparaten für Untersuchungen mit der Mikrosonde;

Handauslesen extrem reiner Mineralfraktionen für die Spektralanalyse;

Herauslösen bestimmter Mineralkörner aus Gesteinsdünnschliffen (Mikropräparation);

w) Herstellen originalgetreuer Nachbildungen (einschließlich Negativform und Abguß) sehr kompliziert gestalteter Tiere, Pflanzen und Fossilien;

Herstellen von Rekonstruktionen und Modellen kompliziert gestalteter Tiere oder Pflanzen.

Nr. 5

Schwierige Restaurierungs-, Präparierungs- und Konservierungsarbeiten sind z. B.:

a) Waschen, Sortieren, Festigen, Zusammensetzen und Ergänzen von im Scherben brüchiger Keramik;

b) Zusammensetzen und Ergänzen gut erhaltener dünnwandiger Gläser oder Porzellangegenstände;

Chemisches Entfernen fest anhaftender Auflagen (z. B. Sinter) von gut erhaltenen Gläsern oder von Porzellangegenständen mit Aufglasurmalerei;

c) Mechanisches und chemisches Entfernen von Sinter- und Umsetzungsprodukten (z. B. Salze oder Oxyde) auf empfindlichen Edelmetallgegenständen;

IV.2.3.12 Ang. als Restauratoren etc.

d) Mechanisches Entfernen der Patina, Ergänzen und Festigen von stark korrodierten Gegenständen aus Kupfer, Bronze, Messing oder sonstigen Nichteisenmetallen;

e) Freischleifen, Entchloren, Zusammenkleben und Ergänzen stark korrodierter oder völlig durchkorrodierter Eisengegenstände, auch nach Röntgenaufnahmen;

Freischleifen gut erhaltener Tauschierungen auf Eisengegenständen;

Restaurieren metallisch gut erhaltener Eisengegenstände komplizierter Form;

f) Reinigen und Konservieren empfindlicher oder im Verband gestörter Textilien;

Auflegen (Aufnähen) empfindlicher Textilien auf stützende Unterlagen sowie Unterlegen von Fehlstellen;

g) Reinigen und Konservieren grabungsfrischer Ledergegenstände;

Reinigen und Konservieren schlecht erhaltener Ledergegenstände;

Reinigen und Konservieren beschädigter Gegenstände aus Federn oder aus vergleichbar empfindlichem Material;

h) Übertragen oder Wiederverlegen von Mosaiken kleineren Formats und guten Erhaltungszustandes;

Befestigen loser Farbschollen und Putzstücke von Wandmalereien sowie Verputzen von Fehlstellen;

Putzfestigung unter Wandmalereien und Mosaiken;

Wiederherstellen von Wandmalereien aus Bruchstücken mit einfachen Bruchflächen;

Wiederherstellen von Mosaiken aus Bruchstücken;

Abnehmen schwer entfernbarer Übertünchungen auf Wandmalereien und Mosaiken und schwer entfernbarer Sinterschichten auf Mosaiken;

i) Behandeln von Griffstellen, Wasserrändern oder Stockflecken auf Handzeichnungen in gutem Zustand, empfindlichen handschriftlichen Blättern, kolorierten druckgraphischen Blättern sowie solchen auf empfindlichen Papieren oder Pergamenten oder Glätten solcher Blätter (z. B. durch Spannen);

Sehr schwieriges Entfernen von Flecken (z. B. Öl, Firnis, Kopierstift, Stempelfarbe, Tesaklebstoff) auf graphischen Blättern;

Schließen von Rissen und Löchern in graphischen Blättern, wenn die bildliche Darstellung betroffen ist;

Ausflicken und Einbetten sehr empfindlicher Archivalien- und Buchblätter in Kunststoff-Folien oder Japanpapier;

Lösen zusammengeklebter empfindlicher Archivalien- oder Buchblätter in schwierigen Fällen (z. B. bei starker Verschimmelung);

Glätten und Festigen von Papyri in mittelmäßigem Erhaltungszustand;

Ergänzen von Siegeln komplizierter Form;

Ang. als Restauratoren etc. IV.2.3.12

Heften auf echte Bünde;
Herstellen von handgestochenen Kapitalen in Bucheinbänden;
Herstellen von Buchbeschlägen komplizierter Art;
Festigen, Erneuern und Ergänzen von Bucheinbänden in schwierigen Fällen (z. B. reichornamentierte Holzdeckel);

j) Schwieriges Retuschen an beschädigten photo- und kinematographischen Archivalien;
Sensitometrische Kontrolle von Kopien kinematographischer Archivalien;
Überprüfen von zweistreifigem Nitrofilmbild- und -tonmaterial auf Zusammengehörigkeit einschließlich Synchronlegen und Anbringen der Startzeichen;

k) Kitten von Farbausbrüchen an Gemälden und Wiederbefestigen loser Farbteile;
Entfernen des Oberflächenschmutzes auf gefirnißten Gemälden;

l) Zusammensetzen und -kleben empfindlicher Skulpturen;
Reinigen von Skulpturen mit Lösungs- und Abbeizmitteln;
Abnehmen lockerer Übermalungsschichten auf Skulpturen;
Instandsetzen reich ornamentierter oder reich intarsierter Möbel oder Gemälderahmen;
Durchspülen unbemalter Steingegenstände;

m) Nacharbeiten fehlender Außenteile, komplizierte Verleimungen und entsprechend schwierige Arbeiten an Musikinstrumenten zur äußeren Wiederherstellung bis zur Ausstellungsfähigkeit;

n) Herstellen von Negativformen von empfindlichen Originalen und Herstellen der Abgüsse;
Herstellen von Galvanoplastiken nach Originalen;
Originalgetreues Nachformen von Originalen komplizierter Form;
Originalgetreues Kolorieren von Nachbildungen;

o) Herstellen schwieriger Modelle von Sammlungsgegenständen und sonstigen Objekten von wissenschaftlichem Interesse nach skizzenhaften Angaben;
Schwierige zeichnerische Rekonstruktion von Sammlungsgegenständen und sonstigen Objekten von wissenschaftlichem Interesse;

p) Durchführung kleinerer Grabungen (dazu gehören z. B. Vermessungsarbeiten nach einfachen Methoden, Photographische Dokumentation, Fundkonservierung von empfindlichen Objekten auf dem Grabungsgelände, Anfertigen einfacher maßstäblicher Grabungszeichnungen und einfacher Grabungs- oder Fundberichte, Beaufsichtigung der Grabungsarbeiter);
Anfertigen schwieriger Grabungszeichnungen und schwieriger Grabungs- oder Fundberichte;

q) Herstellen schwieriger anatomischer Präparate (z. B. Nerven- oder Gefäßpräparate);

IV.2.3.12 Ang. als Restauratoren etc.

r) Herstellen einfacher Dermoplastiken (anatomisch genaues Nachbilden des Tierkörpers, Zubereiten der Haut, Überziehen des nachgebildeten Körpers mit der Haut, Färben von nackten Hautteilen, Auswählen und Einsetzen der Augen);

s) Präparieren schwierig zu bearbeitender Wirbeltierskelette;

Herrichten und Aufstellen von Wirbeltierskeletten für Schauzwecke (Bleichen der präparierten Skelette, Aufstellen und Montieren der Stützgerüste und Montieren der Skelette);

Präparieren von Bänderskeletten (Abfleischen und Mazerieren der Knochen unter Erhaltung der Sehnenbänder zwischen den Gelenken; Bleichen, Stützen und Montieren der Skelette);

t) Herstellen schwieriger Präparate von Blüten (z. B. sehr kleine oder stark umgebildete Blüten wie die der Gräser und Sauergräser);

Herstellen schwieriger pflanzenanatomischer Präparate (z. B. embryologische Schnitte oder Chromosomenpräparate);

u) Konservieren von sehr brüchigen Fossilien und von Fossilien auf sich veränderndem Material (z. B. Markasit);

Beseitigen alter Konservierungsmittel aus präparierten Fossilien und erneutes Konservieren;

Feinpräparieren von weichen Fossilien in weichem Gestein und von harten Fossilien in hartem Gestein, auch mit einfachen Geräten (z. B. Vibrotool);

Herstellen von orientierten Anschliffen, von geätzten Dünnschliffen einschließlich Lackfilmabzügen, selektives Anfärben auf bestimmte Mineralien bei Fossilien und fossilhaltigem Gestein;

Herstellen von Dünn- oder Serienschliffen von Fossilien;

Herstellen von Lackfilmen und Folienabzügen großer geologischer Objekte (z. B. Bodenprofile) und gut erhaltener großer Fossilien;

Heraussätzen von Fossilien aus Gestein;

Auslesen von Mikrofossilien und Vorsortieren nach Familien;

Ergänzen und Aufstellen einfacher Skelette fossiler Tiere für Schauzwecke;

Sicherung des Fossil-Materials einschließlich topographischer und zeichnerischer Fundaufnahme bei kleinen paläontologischen Fundkomplexen;

v) Herstellen von Großdünnschliffen von Mineralien und Gesteinen;

Herstellen von Körnerdünnschliffen, von Dünnschliffen von Salzgestein und von polierten Anschliffen kohliger Gesteine;

Ätzen von Erzanschliffen und selektives Anfärben auf bestimmte Mineralien bei mineralogischen oder petrographischen Dünnschliffen;

Aufbereiten und Trennen der Mineralien aus Gesteinen anhand vorgegebener Trennungsstammbäume (z. B. mit Schwerelösungen, Zentrifuge, Magnetscheider, Stoßherd);

Ang. als Restauratoren etc. **IV.2.3.12**

w) Herstellen originalgetreuer Nachbildungen (einschließlich Negativform und Abguß kompliziert gestalteter Tiere, Pflanzen und Fossilien);

Herstellen von Rekonstruktionen und Modellen von Tieren und Pflanzen.

Nr. 6

Nicht mehr einfache Restaurierungs-, Präparierungs- und Konservierungsarbeiten sind Arbeiten, die handwerkliche Fertigkeiten und die Beherrschung besonderer Arbeitstechniken voraussetzen, wie z. B.

a) Waschen, Sortieren, Zusammensetzen und Ergänzen von im Scherben fester verzierter, kompliziert geformter oder sehr zerbrochener Keramik;

Entfernen von Sinter und Auswässern von Salzen oder Bodensäuren bei im Scherben fester Keramik;

Kolorieren von Keramik;

b) Zusammensetzen und Ergänzen gut erhaltener dickwandiger Gläser oder Porzellangegenstände komplizierter Form;

c) –

d) Mechanisches Entfernen der Patina, Entchloren oder Tränken von korrodierten Gegenständen aus Kupfer, Bronze oder Messing;

e) Restaurieren metallisch gut erhaltener Eisengegenstände;

Chemisches und elektrolytisches Entrosten von Eisengegenständen;

Tränken von korrodierten Eisengegenständen im Vakuum;

f) Reinigen, z. B. Waschen und Trocknen, sowie Auflegen, (Aufnähen) beschädigter Textilien;

g) Kontrolliertes Austrocknen feuchter Hölzer;

Reinigen und Konservieren gut erhaltener Gegenstände aus Federn oder aus vergleichbar empfindlichem Material;

h) Mechanisches Abnehmen leicht entfernbarer Sinterschichten und Übertünchungen auf Wandmalereien und Mosaiken mit guter Oberflächenerhaltung und fester Haftung an ihrem Untergrund;

i) Auflegen empfindlicher graphischer Blätter;

Behandeln von Griffstellen, Wasserrändern oder Stockflecken (z. B. durch Wasserbäder ohne scharfe Chemikalien) auf schwarz-weißen druckgraphischen Blättern, auf handschriftlichen und anderen Archivalien-Blättern sowie auf gut erhaltenen Papyri oder Glätten solcher Blätter (z. B. durch Spannen);

Schließen von nicht in die bildliche Darstellung hineingehenden Rissen in graphischen Blättern;

Lösen zusammengeklebter empfindlicher Archivalien- oder Buchblätter;

Nachleimen von Papieren;

Aufziehen beschädigter Urkunden und gedruckter Karten;

Ausflicken und Einbetten von Archivalien- und Buchblätter in Kunststoff-Folien oder Japanpapier;

IV.2.3.12 Ang. als Restauratoren etc.

Neutralisieren alter Tinten;
Reinigen und Konservieren empfindlicher Siegel;
Ergänzen von Siegeln;
Reinigen und Konservieren von Bleibullen;
Herstellen von Pergamenteinbänden;
Heften auf echte Bünde einfacher Art;
j) Chemisches Behandeln chemisch oder bakteriell geschädigter photo- und kinematographischer Archivalien;
Herstellen von Reproduktionen beschädigter photographischer Archivalien einschließlich Retuschen;
Vergleichen und Kennzeichnen von positivem und negativem kinematographischem Archivmaterial zur Herstellung vollständiger Kopien;
Prüfen von photo- und kinematographischen Archivalien auf Chemikalienrückstände;
k) Durchführen provisorischer restauratorischer Sicherungsmaßnahmen an Gemälden (z. B. Sichern von Farbabhebungen);
l) Zusammensetzen und -kleben unempfindlicher Skulpturen;
Reinigen gefaßter Skulpturen mit einfachen Mitteln;
Einfaches Ergänzen ornamentaler Holz- und Metallteile an Möbeln oder an Gemälderahmen;
Mechanisches Abnehmen von Sinter auf unempfindlichen Steingegenständen;
m) Reinigen empfindlicher Teile und Mechaniken von Musikinstrumenten;
Verleimen einfacher Bruchstellen und Risse an äußeren Holzteilen von Musikinstrumenten und entsprechende Reparaturen an Metallblasinstrumenten;
Stimmen von Cembali mit Hilfe eines Stimmgerätes;
n) Herstellen von Negativformen von wenig empfindlichen Originalen komplizierter Form und Herstellen der Abgüsse;
o) Herstellen schwieriger Modelle von Sammlungsgegenständen und sonstigen Objekten von wissenschaftlichem Interesse nach Vorlagen;
Einfache zeichnerische Rekonstruktion von Sammlungsgegenständen und sonstigen Objekten von wissenschaftlichem Interesse;
p) Freilegen und Bergen von Bodenfunden;
Herrichten von Erdprofilen und Grabungsflächen zum Zeichnen und Messen;
Anfertigen von Grabungsskizzen oder einfachen maßstäblichen Grabungszeichnungen und einfachen Grabungs- oder Fundberichten;
Beaufsichtigen von Teilabschnitten bei größeren Grabungen;
q) Methodisches Sammeln von Tieren einschließlich Etikettieren, Messen, Führen des Feldtagebuches und Feldpräparation;
Reinigen von Fellen mit Chemikalien;

Schädlingsbekämpfung an Sammlungsobjekten;

Herstellen schwieriger Naßpräparate von Tieren einschließlich Vorkonservieren (z. B. Injizieren von Konservierungsflüssigkeiten, Überführen, Konzentrationswechsel);

Herstellen einfacher anatomischer Präparate (z. B. Übersichtspräparate von Muskeln oder Organen);

Trockenpräparieren von Fischen, Amphibien und Reptilien;

r) Herstellen schwieriger Stopfpräparate von Vögeln und Säugetieren (z. B. Kolibri, Zwergmaus);

Herrichten und Aufstellen von Frisch- oder Stopfpräparaten von Vögeln und Säugetieren (nicht Dermoplastik) für Schauzwecke in naturgetreuer Haltung (Nachbilden des Körpers; Auswählen, Einführen und Verankern der Drähte);

Stellung geben und Ordnen des Gefieders oder des Fells);

s) Präparieren schwierig zu bearbeitender Rohskelette;

Präparieren einfach zu bearbeitender Wirbeltierskelette (Abkochen der vormazerierten Rohskelette; Säubern mit Bürsten, Schabwerkzeugen und chemisches Reinigen und Entfetten);

t) Methodisches Sammeln von Pflanzen einschließlich Etikettieren, Führen des Feldtagebuches und Feldpräparation;

Schwierige Arbeiten für Herbarien (z. B. Trocknen von dickfleischigen Pflanzen, von Flechten, Orchideen und Pflanzen mit ähnlicher Struktur unter Benutzung komplizierter Apparate oder mit chemischen Methoden);

Herstellen einfacher Präparate von Blüten;

Herstellen einfacher pflanzenanatomischer Präparate;

Herstellen schwieriger Naßpräparate von Pflanzen (ggf. einschließlich Vorkonservieren, z. B. zur Erhaltung des Chlorophylls);

u) Methodisches Sammeln von Fossilien bei einfachen geologischen Verhältnissen einschließlich Etikettieren, Anfertigungen geologischer Fundpunktskizzen und Vorkonservieren an der Fundstätte;

Sortieren von Geländeaufsammlungen nach Fundorten, Fundschichten und Fossilgruppen;

Zusammensetzen und -kleben stark zerbrochener Fossilien;

Reinigen und Festigen von brüchigem Fossil-Material;

Grobpräparieren von in Gestein eingeschlossenen Fossilien;

Feinpräparieren von harten Fossilien in weichem Gestein;

Konservieren präparierter Fossilien;

Herstellen von Lackfilmen und Folienabzügen bei Anschliffen von Gesteinen und einfach gebauten Fossilien;

Aufbereiten von Gesteinsproben durch Schlämmen oder Auffrieren;

IV.2.3.12 Ang. als Restauratoren etc.

Herstellen von Anschliffen von Gesteinen und Fossilien;

Auslesen von leicht erkennbaren Mikrofossilien;

v) Chemisches Reinigen von Mineralstufen;

Herstellen von Anschliffen und polierten Anschliffen von Mineralien, Gesteinen und Erzen;

Herstellen von Mineral- und Gesteinsdünnschliffen in normalem Format (2 × 3 cm);

Herstellen von Körnerstreupräparaten für mineralogische oder petrographische Untersuchungen;

w) Herstellen originalgetreuer Nachbildungen (einschließlich Negativform und Abguß) einfach gestalteter Tiere, Pflanzen und Fossilien.

Nr. 7

Einfache Restaurierungs-, Präparierungs- und Konservierungsarbeiten sind z. B.

a) Waschen, Sortieren und Zusammensetzen von im Scherben fester Keramik sowie Ergänzen und Einfärben kleinerer Fehlstellen;

b) Zusammensetzen gut erhaltener dickwandiger Gläser oder Porzellangegenstände unkomplizierter Form;

c) –

d) –

e) –

f) Knüpfarbeiten an sonst gut erhaltenen Teppichen;

Reinigen, z. B. Waschen und Trocknen, sowie Auflegen (Aufnähen) gut erhaltener Textilien;

g) Tränken und Festigen trockener Hölzer;

Geschmeidigmachen von Ledergegenständen;

h) Reinigen der Oberfläche unempfindlicher Wandmalereien oder empfindlicher Mosaiken ohne scharfe Instrumente oder Chemikalien;

i) Auflegen unempfindlicher graphischer Blätter;

Ausbessern leicht beschädigter Archivalien- und Buchblätter mit Dokumentenlack oder Japanpapier;

Reinigen und Konservieren unempfindlicher Siegel;

Reinigen und Pflegen von Ledereinbänden mit Blind- oder Goldpressung;

j) Kleb- und Umrollarbeiten an stark beschädigten kinematographischen Archivalien;

Synchronlegen von Bild und Ton bei kinematographischen Archivalien mit Startzeichen;

k) Ein- und Ausrahmen von Gemälden;

l) Montieren von Skulpturen und sonstigen Ausstellungsgegenständen;

Zusammensetzen und -leimen von Möbeln;

Ang. als Restauratoren etc. **IV.2.3.12**

Reinigen empfindlicher Steingegenstände ohne scharfe Instrumente oder Chemikalien;
m) Reinigen wenig empfindlicher Teile und Mechaniken von Musikinstrumenten;
n) Herstellen von Negativformen von wenig empfindlichen Originalen einfacher Form und Herstellen der Abgüsse;
o) Herstellen einfacher Modelle von Sammlungsgegenständen und sonstigen Objekten von wissenschaftlichem Interesse nach Vorlagen;
p) Freilegen wenig empfindlicher Bodenfunde;
Fundregistrierung bei Grabungen;
q) Einfaches methodisches Sammeln für zoologische Zwecke;
Waschen und mechanisches Reinigen von Fellen und älteren Präparaten (z. B. Dermoplastiken, Stopfpräparate, Molluskenschalen und sonstige einfache Hartteile von Wirbeltieren und Wirbellosen);
Überprüfen und Nachfüllen der Konservierungsflüssigkeiten in Naßsammlungen;
Herstellen einfacher Naßpräparate von Tieren;
r) Herstellen einfacher Stopfpräparate von Vögeln und Säugetieren (Abbalgen, Reinigen der Gefieder und Felle, Vergiften der Haut gegen Schädlingsbefall, Verarbeiten zu Bälgen);
s) Präparieren einfach zu bearbeitender Rohskelette von Vögeln und Säugetieren (Entfleischen, Wässern, Trocknen und Vorkonservieren der Knochen);
t) Einfaches methodisches Sammeln für botanische Zwecke;
Einfache Arbeiten für Herbarien (z. B. Trocknen, Vergiften, Befestigen und Etikettieren von Pflanzen der verschiedenen systematischen Gruppen, auch unter Benutzung einfacher Apparate);
Herstellen einfacher Naßpräparate von Pflanzen;
u) Einfaches methodisches Sammeln für geologische und paläontologische Zwecke;
Auspacken und Ordnen von Geländeaufsammlungen (Fossil-Material und Gesteinsproben);
Waschen und mechanisches Reinigen von Fossil-Material und Gesteinsproben;
Vorpräparieren fossilhaltigen Gesteins;
Zusammensetzen und -kleben unempfindlicher Fossilien bei einfachen Brüchen;
v) Auspacken und Ordnen von Geländeaufsammlungen (Mineralien und Gesteine);
Waschen und mechanisches Reinigen unempfindlicher Mineralstufen;
Vorrichten mineralogischer oder petrographischer Proben für Dünnschliffe, Anschliffe oder für die Mineraltrennung;
Formatisieren mineralogischer oder petrographischer Handstücke;

IV.2.3.12 Ang. als Restauratoren etc.

w) Herstellen von Nachbildungen (Negativform und Abguß) von Tieren, Pflanzen und Fossilien.

Angestellte in technischen Berufen sowie gartenbau-, landwirtschafts- und weinbautechnische Angestellte

Vergütungsgruppe II

1. Technische Angestellte mit technischer Ausbildung nach Nr. 2 der Bemerkung zu allen Vergütungsgruppen sowie sonstige Angestellte, die aufgrund gleichwertiger Fähigkeiten und ihrer Erfahrungen entsprechende Tätigkeiten ausüben,

   deren Tätigkeit sich durch das Maß der Verantwortung erheblich aus der Vergütungsgruppe III Fallgruppe 1 heraushebt. – Fußnote –

1a. Technische Angestellte mit technischer Ausbildung nach Nr. 2 der Bemerkung zu allen Vergütungsgruppen sowie sonstige Angestellte, die aufgrund gleichwertiger Fähigkeiten und ihrer Erfahrungen entsprechende Tätigkeiten ausüben,

   deren Tätigkeit sich zu mindestens einem Drittel durch das Maß der Verantwortung erheblich aus der Vergütungsgruppe III Fallgruppe 1 heraushebt,

   nach achtjähriger Bewährung in Vergütungsgruppe III Fallgruppe 1a.

1b. Technische Angestellte mit technischer Ausbildung nach Nr. 2 der Bemerkung zu allen Vergütungsgruppen und langjähriger praktischer Erfahrung sowie sonstige Angestellte, die aufgrund gleichwertiger Fähigkeiten und ihrer Erfahrungen entsprechende Tätigkeiten ausüben, mit langjähriger praktischer Erfahrung,

   deren Tätigkeit sich durch besondere Schwierigkeit und Bedeutung oder durch künstlerische oder Spezialaufgaben aus der Vergütungsgruppe IVa Fallgruppe 1 heraushebt,

   nach zehnjähriger Bewährung in Vergütungsgruppe III Fallgruppe 1.

2. Vermessungstechnische und landkartentechnische Angestellte mit technischer Ausbildung nach Nr. 2 der Bemerkung zu allen Vergütungsgruppen sowie sonstige Angestellte, die aufgrund

IV.2.3.13 Ang. in technischen Berufen

gleichwertiger Fähigkeiten und ihrer Erfahrungen entsprechenden Tätigkeiten ausüben,

deren Tätigkeit sich durch das Maß der Verantwortung erheblich aus der Vergütungsgruppe III Fallgruppe 2 heraushebt. – Fußnote –

(Hierzu Protokollerklärung Nr. 1)

2a. Vermessungstechnische und landkartentechnische Angestellte mit technischer Ausbildung nach Nr. 2 der Bemerkung zu allen Vergütungsgruppen sowie sonstige Angestellte, die aufgrund gleichwertiger Fähigkeiten und ihrer Erfahrungen entsprechende Tätigkeiten ausüben,

deren Tätigkeit sich zu mindestens einem Drittel durch das Maß der Verantwortung erheblich aus der Vergütungsgruppe III Fallgruppe 2 heraushebt,

nach achtjähriger Bewährung in Vergütungsgruppe III Fallgruppe 2a.

(Hierzu Protokollerklärung Nr. 1)

2b. Vermessungstechnische und landkartentechnische Angestellte mit technischer Ausbildung nach Nr. 2 der Bemerkung zu allen Vergütungsgruppen und langjähriger praktischer Erfahrung sowie sonstige Angestellte, die aufgrund gleichwertiger Fähigkeiten und ihrer Erfahrungen entsprechende Tätigkeiten ausüben, mit langjähriger praktischer Erfahrung,

deren Tätigkeit sich durch besondere Schwierigkeit und Bedeutung oder durch schöpferische oder Spezialaufgaben aus der Vergütungsgruppe IVa Fallgruppe 2 heraushebt,

nach zehnjähriger Bewährung in Vergütungsgruppe III Fallgruppe 2.

(Hierzu Protokollerklärungen Nrn. 1 und 6)

3. Gartenbau-, landwirtschafts- und weinbautechnische Angestellte aller Fachrichtungen mit abgeschlossener einschlägiger Fachhochschulausbildung sowie sonstige Angestellte, die aufgrund gleichwertiger Fähigkeiten und ihrer Erfahrungen entsprechende Tätigkeiten ausüben,

deren Tätigkeit sich durch das Maß der Verantwortung erheblich aus der Vergütungsgruppe III Fallgruppe 3 heraushebt. – Fußnote –

(Hierzu Protokollerklärungen Nrn. 2, 4 und 5a)

3a. Gartenbau-, landwirtschafts- und weinbautechnische Angestellte aller Fachrichtungen mit abgeschlossener einschlägiger Fachhochschulausbildung sowie sonstige Angestellte, die aufgrund gleichwertiger Fähigkeiten und ihrer Erfahrungen entsprechende Tätigkeiten ausüben,

> deren Tätigkeit sich zu mindestens einem Drittel durch das Maß der Verantwortung erheblich aus der Vergütungsgruppe III Fallgruppe 3 heraushebt,

nach achtjähriger Bewährung in Vergütungsgruppe III Fallgruppe 3a.

(Hierzu Protokollerklärungen Nrn. 2, 4 und 5a)

3b. Gartenbau-, landwirtschafts- und weinbautechnische Angestellte aller Fachrichtungen mit abgeschlossener einschlägiger Fachhochschulausbildung und langjähriger praktischer Erfahrung sowie sonstige Angestellte, die aufgrund gleichwertiger Fähigkeiten und ihrer Erfahrungen entsprechende Tätigkeiten ausüben, mit langjähriger praktischer Erfahrung,

> deren Tätigkeit sich durch besondere Schwierigkeit und Bedeutung oder durch künstlerische oder Spezialaufgaben aus der Vergütungsgruppe IVa Fallgruppe 3 heraushebt,

nach zehnjähriger Bewährung in Vergütungsgruppe III Fallgruppe 3.

(Hierzu Protokollerklärungen Nrn. 2, 5a und 7)

Fußnote:
Diese Angestellte erhalten nach zehnjähriger Bewährung in dieser Fallgruppe eine monatliche Vergütungsgruppenzulage in Höhe von 6,5 v. H. der Grundvergütung der Stufe 4 der Vergütungsgruppe II. Bei der Berechnung sich ergebende Bruchteile eines Cents unter 0,5 sind abzurunden, Bruchteile von 0,5 und mehr sind aufzurunden. Die Vergütungsgruppenzulage gilt bei der Bemessung des Sterbegeldes (§ 41) und des Übergangsgeldes (§ 63) als Bestandteil der Grundvergütung.

Vergütungsgruppe III

1. Technische Angestellte mit technischer Ausbildung nach Nr. 2 der Bemerkung zu allen Vergütungsgruppen und langjähriger praktischer Erfahrung sowie sonstige Angestellte, die aufgrund gleichwertiger Fähigkeiten und ihrer Erfahrungen entsprechende Tätigkeiten ausüben, mit langjähriger praktischer Erfahrung,

   > deren Tätigkeit sich durch besondere Schwierigkeit und Bedeutung oder durch künstlerische oder Spezialaufgaben aus der Vergütungsgruppe IVa Fallgruppe 1 heraushebt.

IV.2.3.13 Ang. in technischen Berufen

1a. Technische Angestellte mit technischer Ausbildung nach Nr. 2 der Bemerkung zu allen Vergütungsgruppen sowie sonstige Angestellte, die aufgrund gleichwertiger Fähigkeiten und ihrer Erfahrungen entsprechende Tätigkeiten ausüben,

    deren Tätigkeit sich zu mindestens einem Drittel durch das Maß der Verantwortung erheblich aus der Fallgruppe 1 heraushebt.

1b. Technische Angestellte mit technischer Ausbildung nach Nr. 2 der Bemerkung zu allen Vergütungsgruppen und langjähriger praktischer Erfahrung sowie sonstige Angestellte, die aufgrund gleichwertiger Fähigkeiten und ihrer Erfahrungen entsprechende Tätigkeiten ausüben, mit langjähriger praktischer Erfahrung,

    deren Tätigkeit sich zu mindestens einem Drittel durch besondere Schwierigkeit und Bedeutung oder durch künstlerische oder Spezialaufgaben aus der Vergütungsgruppe IVa Fallgruppe 1 heraushebt,

nach sechsjähriger Bewährung in Vergütungsgruppe IVa Fallgruppe 1a.

1c. Technische Angestellte mit technischer Ausbildung nach Nr. 2 der Bemerkung zu allen Vergütungsgruppen sowie sonstige Angestellte, die aufgrund gleichwertiger Fähigkeiten und ihrer Erfahrungen entsprechende Tätigkeiten ausüben,

    deren Tätigkeit sich durch besondere Leistungen aus der Vergütungsgruppe IVb Fallgruppe 1 heraushebt,

nach achtjähriger Bewährung in Vergütungsgruppe IVa Fallgruppe 1.

2. Vermessungstechnische und landkartentechnische Angestellte mit technischer Ausbildung nach Nr. 2 der Bemerkung zu allen Vergütungsgruppen und langjähriger praktischer Erfahrung sowie sonstige Angestellte, die aufgrund gleichwertiger Fähigkeiten und ihrer Erfahrungen entsprechende Tätigkeiten ausüben, mit langjähriger praktischer Erfahrung,

    deren Tätigkeit sich durch besondere Schwierigkeit und Bedeutung oder durch schöpferische oder Spezialaufgaben aus der Vergütungsgruppe IVa Fallgruppe 2 heraushebt.

(Hierzu Protokollerklärungen Nrn. 1 und 6)

2a. Vermessungstechnische und landkartentechnische Angestellte mit technischer Ausbildung nach Nr. 2 der Bemerkung zu allen Vergütungsgruppen sowie sonstige Angestellte, die aufgrund gleichwertiger Fähigkeiten und ihrer Erfahrungen entsprechende Tätigkeiten ausüben,

> deren Tätigkeit sich zu mindestens einem Drittel durch das Maß der Verantwortung erheblich aus der Fallgruppe 2 heraushebt.

(Hierzu Protokollerklärung Nr. 1)

2b. Vermessungstechnische und landkartentechnische Angestellte mit technischer Ausbildung nach Nr. 2 der Bemerkung zu allen Vergütungsgruppen und langjähriger praktischer Erfahrung sowie sonstige Angestellte, die aufgrund gleichwertiger Fähigkeiten und ihrer Erfahrungen entsprechende Tätigkeiten ausüben, mit langjähriger praktischer Erfahrung,

> deren Tätigkeit sich zu mindestens einem Drittel durch besondere Schwierigkeit und Bedeutung oder durch schöpferische oder Spezialaufgaben aus der Vergütungsgruppe IVa Fallgruppe 2 heraushebt,

nach sechsjähriger Bewährung in Vergütungsgruppe IVa Fallgruppe 2a.

(Hierzu Protokollerklärungen Nrn. 1 und 6)

2c. Vermessungstechnische und landkartentechnische Angestellte mit technischer Ausbildung nach Nr. 2 der Bemerkung zu allen Vergütungsgruppen in selbständiger Tätigkeit sowie sonstige Angestellte in selbständiger Tätigkeit, die aufgrund gleichwertiger Fähigkeiten und ihrer Erfahrungen entsprechende Tätigkeiten ausüben,

> deren Tätigkeit sich durch besondere Leistungen aus der Vergütungsgruppe IVb Fallgruppe 2 heraushebt,

nach achtjähriger Bewährung in Vergütungsgruppe IVa Fallgruppe 2.

(Hierzu Protokollerklärung Nr. 1)

3. Gartenbau-, landwirtschafts- und weinbautechnische Angestellte aller Fachrichtungen mit abgeschlossener einschlägiger Fachhochschulausbildung und langjähriger praktischer Erfahrung sowie sonstige Angestellte, die aufgrund gleichwertiger Fähigkeiten und ihrer Erfahrungen entsprechende Tätigkeiten ausüben, mit langjähriger praktischer Erfahrung,

> deren Tätigkeit sich durch besondere Schwierigkeit und Bedeutung oder durch künstlerische oder Spezialaufgaben aus der Vergütungsgruppe IVa Fallgruppe 3 heraushebt.

(Hierzu Protokollerklärungen Nrn. 2, 5a und 7)

IV.2.3.13 Ang. in technischen Berufen

3a. Gartenbau-, landwirtschafts- und weinbautechnische Angestellte aller Fachrichtungen mit abgeschlossener einschlägiger Fachhochschulausbildung sowie sonstige Angestellte, die aufgrund gleichwertiger Fähigkeiten und ihrer Erfahrungen entsprechende Tätigkeiten ausüben,

> deren Tätigkeit sich zu mindestens einem Drittel durch das Maß der Verantwortung erheblich aus der Fallgruppe 3 heraushebt.

(Hierzu Protokollerklärungen Nrn. 2, 4 und 5a)

3b. Gartenbau-, landwirtschafts- und weinbautechnische Angestellte aller Fachrichtungen mit abgeschlossener einschlägiger Fachhochschulausbildung und langjähriger praktischer Erfahrung sowie sonstige Angestellte, die aufgrund gleichwertiger Fähigkeiten und ihrer Erfahrungen entsprechende Tätigkeiten ausüben, mit langjähriger praktischer Erfahrung,

> deren Tätigkeit sich zu mindestens einem Drittel durch besondere Schwierigkeit und Bedeutung oder durch künstlerische oder Spezialaufgaben aus der Vergütungsgruppe IVa Fallgruppe 3 heraushebt,

nach sechsjähriger Bewährung in Vergütungsgruppe IVa Fallgruppe 3a.

(Hierzu Protokollerklärungen Nrn. 2, 5a und 7)

3c. Gartenbau-, landwirtschafts- und weinbautechnische Angestellte aller Fachrichtungen mit abgeschlossener einschlägiger Fachhochschulausbildung sowie sonstige Angestellte, die aufgrund gleichwertiger Fähigkeiten und ihrer Erfahrungen entsprechende Tätigkeiten ausüben,

> deren Tätigkeit sich durch besondere Leistungen aus der Vergütungsgruppe IVb Fallgruppe 3 heraushebt,

nach achtjähriger Bewährung in Vergütungsgruppe IVa Fallgruppe 3.

(Hierzu Protokollerklärungen Nrn. 2, 5a und 9)

4. Gartenbau-, landwirtschafts- und weinbautechnische Angestellte aller Fachrichtungen mit abgeschlossener einschlägiger Fachhochschulausbildung als Leiter von Pflanzenbeschaustellen sowie sonstige Angestellte, die aufgrund gleichwertiger Fähigkeiten und ihrer Erfahrungen entsprechende Tätigkeiten ausüben,

Ang. in technischen Berufen **IV.2.3.13**

denen mindestens 16 Pflanzenbeschauer oder Angestellte mit Gutachtertätigkeit in der Pflanzenbeschau durch ausdrückliche Anordnung ständig unterstellt sind.
(Hierzu Protokollerklärungen Nrn. 2, 5 und 5a)

Vergütungsgruppe IVa

1. Technische Angestellte mit technischer Ausbildung nach Nr. 2 der Bemerkung zu allen Vergütungsgruppen sowie sonstige Angestellte, die aufgrund gleichwertiger Fähigkeiten und ihrer Erfahrungen entsprechende Tätigkeiten ausüben,

    deren Tätigkeit sich durch besondere Leistungen aus der Vergütungsgruppe IVb Fallgruppe 1 heraushebt.

(Hierzu Protokollerklärung Nr. 8)

1a. Technische Angestellte mit technischer Ausbildung nach Nr. 2 der Bemerkung zu allen Vergütungsgruppen und langjähriger praktischer Erfahrung sowie sonstige Angestellte, die aufgrund gleichwertiger Fähigkeiten und ihrer Erfahrungen entsprechende Tätigkeiten ausüben, mit langjähriger praktischer Erfahrung,

    deren Tätigkeit sich zu mindestens einem Drittel durch besondere Schwierigkeit und Bedeutung oder durch künstlerische oder Spezialaufgaben aus der Fallgruppe 1 heraushebt.

1b. Technische Angestellte mit technischer Ausbildung nach Nr. 2 der Bemerkung zu allen Vergütungsgruppen sowie sonstige Angestellte, die aufgrund gleichwertiger Fähigkeiten und ihrer Erfahrungen entsprechende Tätigkeiten ausüben,

    deren Tätigkeit sich zu mindestens einem Drittel durch besondere Leistungen aus der Vergütungsgruppe IVb Fallgruppe 1 heraushebt,

nach sechsjähriger Bewährung in Vergütungsgruppe IVb Fallgruppe 1a.
(Hierzu Protokollerklärung Nr. 8)

1c. Technische Angestellte mit technischer Ausbildung nach Nr. 2 der Bemerkung zu allen Vergütungsgruppen und entsprechender Tätigkeit nach sechsmonatiger Berufsausübung nach Ablegung der Prüfung sowie sonstige Angestellte, die aufgrund gleichwertiger Fähigkeiten und ihrer Erfahrungen entsprechende Tätigkeiten ausüben, nach sechsmonatiger Ausübung dieser Tätigkeit, nach achtjähriger Bewährung in Vergütungsgruppe IVb Fallgruppe 1.

2. Vermessungstechnische und landkartentechnische Angestellte mit technischer Ausbildung nach Nr. 2 der Bemerkung zu allen Vergütungsgruppen in selbständiger Tätigkeit sowie sonstige Angestellte in selbständiger Tätigkeit, die aufgrund gleichwertiger Fähigkeiten und ihrer Erfahrungen entsprechende Tätigkeiten ausüben,

deren Tätigkeit sich durch besondere Leistungen aus der Vergütungsgruppe IVb Fallgruppe 2 heraushebt.

(Hierzu Protokollerklärung Nr. 1)

2a. Vermessungstechnische und landkartentechnische Angestellte mit technischer Ausbildung nach Nr. 2 der Bemerkung zu allen Vergütungsgruppen und langjähriger praktischer Erfahrung sowie sonstige Angestellte, die aufgrund gleichwertiger Fähigkeiten und ihrer Erfahrungen entsprechende Tätigkeiten ausüben, mit langjähriger praktischer Erfahrung,

deren Tätigkeit sich zu mindestens einem Drittel durch besondere Schwierigkeit und Bedeutung oder durch schöpferische oder Spezialaufgaben aus der Fallgruppe 2 heraushebt.

(Hierzu Protokollerklärungen Nrn. 1 und 6)

2b. Vermessungstechnische und landkartentechnische Angestellte mit technischer Ausbildung nach Nr. 2 der Bemerkung zu allen Vergütungsgruppen in selbständiger Tätigkeit sowie sonstige Angestellte in selbständiger Tätigkeit, die aufgrund gleichwertiger Fähigkeiten und ihrer Erfahrungen entsprechende Tätigkeiten ausüben,

deren Tätigkeit sich zu mindestens einem Drittel durch besondere Leistungen aus der Vergütungsgruppe IVb Fallgruppe 2 heraushebt,

nach sechsjähriger Bewährung in Vergütungsgruppe IVb Fallgruppe 2a.

(Hierzu Protokollerklärung Nr. 1)

2c. Vermessungstechnische und landkartentechnische Angestellte mit technischer Ausbildung nach Nr. 2 der Bemerkung zu allen Vergütungsgruppen und entsprechender Tätigkeit nach sechsmonatiger Berufsausübung nach Ablegung der Prüfung sowie sonstige Angestellte, die aufgrund gleichwertiger Fähigkeiten und ihrer Erfahrungen entsprechende Tätigkeiten ausüben, nach sechsmonatiger Ausübung dieser Tätigkeiten,

nach achtjähriger Bewährung in Vergütungsgruppe IVb Fallgruppe 2.

(Hierzu Protokollerklärung Nr. 1)

3. Gartenbau-, landwirtschafts- und weinbautechnische Angestellte aller Fachrichtungen mit abgeschlossener einschlägiger Fachhochschulausbildung sowie sonstige Angestellte, die aufgrund gleichwertiger Fähigkeiten und ihrer Erfahrungen entsprechende Tätigkeiten ausüben,

deren Tätigkeit sich durch besondere Leistungen aus der Vergütungsgruppe IVb Fallgruppe 3 heraushebt.

(Hierzu Protokollerklärungen Nrn. 2, 5a und 9)

3a. Gartenbau-, landwirtschafts- und weinbautechnische Angestellte aller Fachrichtungen mit abgeschlossener einschlägiger Fachhochschulausbildung und langjähriger praktischer Erfahrung sowie sonstige Angestellte, die aufgrund gleichwertiger Fähigkeiten und ihrer Erfahrungen entsprechende Tätigkeiten ausüben, mit langjähriger praktischer Erfahrung,

deren Tätigkeit sich zu mindestens einem Drittel durch besondere Schwierigkeit und Bedeutung oder durch künstlerische oder durch Spezialaufgaben aus der Fallgruppe 3 heraushebt.

(Hierzu Protokollerklärungen Nrn. 2, 5a und 7)

3b. Gartenbau-, landwirtschafts- und weinbautechnische Angestellte aller Fachrichtungen mit abgeschlossener einschlägiger Fachhochschulausbildung sowie sonstige Angestellte, die aufgrund gleichwertiger Fähigkeiten und ihrer Erfahrungen entsprechende Tätigkeiten ausüben,

deren Tätigkeit sich zu mindestens einem Drittel durch besondere Leistungen aus der Vergütungsgruppe IVb Fallgruppe 3 heraushebt,

nach sechsjähriger Bewährung in Vergütungsgruppe IVb Fallgruppe 3a.

(Hierzu Protokollerklärungen Nrn. 2, 5a und 9)

3c. Gartenbau-, landwirtschafts- und weinbautechnische Angestellte aller Fachrichtungen mit abgeschlossener einschlägiger Fachhochschulausbildung und entsprechender Tätigkeit nach sechsmonatiger Berufsausübung nach Ablegung der Prüfung sowie sonstige Angestellte, die aufgrund gleichwertiger Fähigkeiten

IV.2.3.13 Ang. in technischen Berufen

und ihrer Erfahrungen entsprechende Tätigkeiten ausüben, nach sechsmonatiger Ausübung dieser Tätigkeit,

nach achtjähriger Bewährung in Vergütungsgruppe IVb Fallgruppe 3.

(Hierzu Protokollerklärungen Nrn. 2, 5a und 14)

4. Gartenbau-, landwirtschafts- und weinbautechnische Angestellte aller Fachrichtungen mit abgeschlossener einschlägiger Fachhochschulausbildung und entsprechender Tätigkeit nach sechsmonatiger Berufsausübung nach Ablegung der Prüfung sowie sonstige Angestellte, die aufgrund gleichwertiger Fähigkeiten und ihrer Erfahrungen entsprechende Tätigkeiten ausüben, nach sechsmonatiger Ausübung dieser Tätigkeiten,

denen mindestens zwei gartenbau-, landwirtschafts- oder weinbautechnische Angestellte mit Tätigkeiten mindestens der Vergütungsgruppe VIb Fallgruppe 1 oder 3 durch ausdrückliche Anordnung ständig unterstellt sind.

(Hierzu Protokollerklärungen Nrn. 2, 5, 5a und 10)

5. Gartenbau-, landwirtschafts- und weinbautechnische Angestellte aller Fachrichtungen mit abgeschlossener einschlägiger Fachhochschulausbildung als Leiter von Pflanzenbeschaustellen sowie sonstige Angestellte, die aufgrund gleichwertiger Fähigkeiten und ihrer Erfahrungen entsprechende Tätigkeiten ausüben,

denen mindestens acht Pflanzenbeschauer oder Angestellte mit Gutachtertätigkeit in der Pflanzenbeschau durch ausdrückliche Anordnung ständig unterstellt sind.

(Hierzu Protokollerklärungen Nrn. 2, 5 und 5a)

6. (gestrichen)

7. Technische Assistenten mit staatlicher Anerkennung (z. B. chemisch-technische Assistenten, physikalisch-technische Assistenten, landwirtschaftlich-technische Assistenten) und staatlich geprüfte Chemotechniker

nach Nr. 7 der Bemerkung zu allen Vergütungsgruppen in einer Tätigkeit der Vergütungsgruppe IVb Fallgruppe 6

nach zweijähriger Tätigkeit in dieser Vergütungs- und Fallgruppe.

Vergütungsgruppe IVb

1. Technische Angestellte mit technischer Ausbildung nach Nr. 2 der Bemerkung zu allen Vergütungsgruppen und entsprechender Tätigkeit nach sechsmonatiger Berufsausübung

Ang. in technischen Berufen IV.2.3.13

nach Ablegung der Prüfung sowie sonstige Angestellte, die aufgrund gleichwertiger Fähigkeiten und ihrer Erfahrungen entsprechende Tätigkeiten ausüben, nach sechsmonatiger Ausübung dieser Tätigkeiten.
(Hierzu Protokollerklärung Nr. 11)

1a. Technische Angestellte mit technischer Ausbildung nach Nr. 2 der Bemerkung zu allen Vergütungsgruppen sowie sonstige Angestellte, die aufgrund gleichwertiger Fähigkeiten und ihrer Erfahrungen entsprechende Tätigkeiten ausüben,

> deren Tätigkeit sich zu mindestens einem Drittel durch besondere Leistungen aus der Fallgruppe 1 heraushebt.

(Hierzu Protokollerklärung Nr. 8)

2. Vermessungstechnische und landkartentechnische Angestellte mit technischer Ausbildung nach Nr. 2 der Bemerkung zu allen Vergütungsgruppen und entsprechender Tätigkeit nach sechsmonatiger Berufsausübung nach Ablegung der Prüfung sowie sonstige Angestellte, die aufgrund gleichwertiger Fähigkeiten und ihrer Erfahrungen entsprechende Tätigkeiten ausüben, nach sechsmonatiger Ausübung dieser Tätigkeiten.
(Hierzu Protokollerklärungen Nrn. 1 und 12)

2a. Vermessungstechnische und landkartentechnische Angestellte mit technischer Ausbildung nach Nr. 2 der Bemerkung zu allen Vergütungsgruppen in selbständiger Tätigkeit sowie sonstige Angestellte in selbständiger Tätigkeit, die aufgrund gleichwertiger Fähigkeiten und ihrer Erfahrungen entsprechende Tätigkeiten ausüben,

> deren Tätigkeit sich zu mindestens einem Drittel durch besondere Leistungen aus der Fallgruppe 2 heraushebt.

(Hierzu Protokollerklärung Nr 1)

3. Gartenbau-, landwirtschafts-, und weinbautechnische Angestellte aller Fachrichtungen mit abgeschlossener einschlägiger Fachhochschulausbildung und entsprechender Tätigkeit nach sechsmonatiger Berufsausübung nach Ablegung der Prüfung sowie sonstige Angestellte, die aufgrund gleichwertiger Fähigkeiten und ihrer Erfahrungen entsprechende Tätigkeiten ausüben, nach sechsmonatiger Ausübung dieser Tätigkeiten.
(Hierzu Protokollerklärungen Nrn. 2, 5a und 9)

3a. Gartenbau-, landwirtschafts- und weinbautechnische Angestellte aller Fachrichtungen mit abgeschlossener einschlägiger Fachhochschulausbildung sowie sonstige Angestellte, die aufgrund

IV.2.3.13 Ang. in technischen Berufen

gleichwertiger Fähigkeiten und ihrer Erfahrungen entsprechende Tätigkeiten ausüben,

deren Tätigkeit sich zu mindestens einem Drittel durch besondere Leistungen aus der Fallgruppe 3 heraushebt.

(Hierzu Protokollerklärungen Nrn. 2, 5a und 14)

4. Gartenbau-, landwirtschafts- und weinbautechnische Angestellte aller Fachrichtungen mit abgeschlossener einschlägiger Fachhochschulausbildung als Leiter kleinerer Pflanzenbeschaustellen oder mit Gutachtertätigkeit in der Pflanzenbeschau nach sechsmonatiger Berufsausübung nach Ablegung der Prüfung sowie sonstige Angestellte, die aufgrund gleichwertiger Fähigkeiten und ihrer Erfahrungen entsprechende Tätigkeiten ausüben, nach sechsmonatiger Ausübung der Tätigkeit eines gartenbau-, landwirtschafts- oder weinbautechnischen Angestellten mit abgeschlossener einschlägiger Fachhochschulausbildung.

(Hierzu Protokollerklärungen Nrn. 2 und 5a)

5. (gestrichen)

6. Technische Assistenten mit staatlicher Anerkennung (z. B. chemisch-technische Assistenten physikalisch-technische Assistenten, landwirtschaftlich-technische Assistenten) und staatlich geprüfter Chemotechniker

nach Nr. 7 der Bemerkung zu allen Vergütungsgruppen mit entsprechender Tätigkeit, die als Lehrkräfte an staatlich anerkannten Lehranstalten für technische Assistenten eingesetzt sind und deren Tätigkeit besondere Kenntnisse und Erfahrungen erfordert.

(Hierzu Protokollerklärung Nr. 13)

7. Technische Assistenten mit staatlicher Anerkennung (z. B. chemisch-technische Assistenten, physikalisch-technische Assistenten, landwirtschaftlich-technische Assistenten) und staatlich geprüfte Chemotechniker

nach Nr. 7 der Bemerkung zu allen Vergütungsgruppen in einer Tätigkeit der Vergütungsgruppe Vb Fallgruppe 11

nach zweijähriger Tätigkeit in dieser Vergütungs- und Fallgruppe.

8. Technische Assistenten mit staatlicher Anerkennung (z. B. chemisch-technische Assistenten, physikalisch-technische Assistenten, landwirtschaftlich-technische Assistenten) und staatlich geprüfte Chemotechniker

nach Nr. 7 der Bemerkung zu allen Vergütungsgruppen in einer Tätigkeit der Vergütungsgruppe Vb Fallgruppe 12
nach dreijähriger Tätigkeit in dieser Vergütungs- und Fallgruppe.

9. Operateure in Kernforschungseinrichtungen im Sinne der Nr. 1 Satz 2 SR 2o in einer Tätigkeit der Vergütungsgruppe Vb Fallgruppe 14 nach sechsjähriger Tätigkeit in dieser Vergütungs- und Fallgruppe.

Vergütungsgruppe Vb

1. Technische Angestellte mit technischer Ausbildung nach Nr. 2 der Bemerkung zu allen Vergütungsgruppen und entsprechender Tätigkeit während der ersten sechs Monate der Berufsausübung nach Ablegung der Prüfung sowie sonstige Angestellte, die aufgrund gleichwertiger Fähigkeiten und ihrer Erfahrungen entsprechende Tätigkeiten ausüben.

(Hierzu Protokollerklärung Nr. 11)

2. Vermessungstechnische und landkartentechnische Angestellte mit technischer Ausbildung nach Nr. 2 der Bemerkung zu allen Vergütungsgruppen und entsprechender Tätigkeit während der ersten sechs Monate der Berufsausübung nach Ablegung der Prüfung sowie sonstige Angestellte, die aufgrund gleichwertiger Fähigkeiten und ihrer Erfahrungen entsprechende Tätigkeiten ausüben.

(Hierzu Protokollerklärungen Nrn. 1 und 12)

3. Gartenbau-, landwirtschafts- und weinbautechnische Angestellte aller Fachrichtungen mit abgeschlossener einschlägiger Fachhochschulausbildung und entsprechender Tätigkeit während der ersten sechs Monate der Berufsausübung nach Ablegung der Prüfung sowie sonstige Angestellte, die aufgrund gleichwertiger Fähigkeiten und ihrer Erfahrungen entsprechende Tätigkeiten ausüben.

(Hierzu Protokollerklärungen Nrn. 2, 5a und 14)

4. Gartenbau-, landwirtschafts- und weinbautechnische Angestellte aller Fachrichtungen mit abgeschlossener einschlägiger Fachhochschulausbildung als Leiter kleinerer Pflanzenbeschaustellen oder mit Gutachtertätigkeit in der Pflanzenbeschau während der ersten sechs Monate der Berufsausübung nach Ablegung der Prüfung sowie sonstige Angestellte, die aufgrund gleich-

IV.2.3.13 Ang. in technischen Berufen

wertiger Fähigkeiten und ihrer Erfahrungen entsprechende Tätigkeiten ausüben.
(Hierzu Protokollerklärungen Nrn. 2 und 5a)

5. (gestrichen)

6. Gartenbau-, landwirtschafts- und weinbautechnische Angestellte (staatlich geprüfte Landwirte und staatlich geprüfte Weinbauer sowie Angestellte mit abgeschlossener gleichwertiger Ausbildung) in einer Tätigkeit der Vergütungsgruppe Vc Fallgruppe 1
sowie sonstige Angestellte, die aufgrund gleichwertiger Fähigkeiten und ihrer Erfahrungen entsprechende Tätigkeiten ausüben,
nach dreijähriger Tätigkeit in dieser Vergütungs- und Fallgruppe.

7. Gartenbau-, landwirtschafts- und weinbautechnische Angestellte aller Fachrichtungen, die eine einschlägige Gehilfenprüfung abgelegt und eine einschlägige Fachschule durchlaufen haben, in einer Tätigkeit der Vergütungsgruppe Vc Fallgruppe 3
sowie sonstige Angestellte, die aufgrund gleichwertiger Fähigkeiten und ihrer Erfahrungen entsprechende Tätigkeiten ausüben,
nach sechsjähriger Tätigkeit in dieser Vergütungs- und Fallgruppe.
(Hierzu Protokollerklärung Nr. 19)

8. Angestellte mit viersemestriger abgeschlossener Ausbildung an einer Landfrauenschule in einer Tätigkeit der Vergütungsgruppe Vc Fallgruppe 5
sowie sonstige Angestellte, die aufgrund gleichwertiger Fähigkeiten und ihrer Erfahrungen entsprechende Tätigkeiten ausüben,
nach dreijähriger Tätigkeit in dieser Vergütungs- und Fallgruppe.

9. Pflanzenbeschauer in einer Tätigkeit der Vergütungsgruppe Vc Fallgruppe 7 nach sechsjähriger Tätigkeit in dieser Vergütungs- und Fallgruppe.

10. Pflanzenbeschauer in einer Tätigkeit der Vergütungsgruppe Vc Fallgruppe 9 nach sechsjähriger Tätigkeit in dieser Vergütungs- und Fallgruppe.

11. Technische Assistenten mit staatlicher Anerkennung (z. B. chemisch-technische Assistenten, physikalisch-technische As-

sistenten, landwirtschaftlich-technische Assistenten) und staatlich geprüfte Chemotechniker

    nach Nr. 7 der Bemerkung zu allen Vergütungsgruppen mit entsprechender Tätigkeit, die als Lehrkräfte an staatlich anerkannten Lehranstalten für technische Assistenten eingesetzt sind.

(Hierzu Protokollerklärung Nr. 13)

12. Technische Assistenten mit staatlicher Anerkennung (z. B. chemisch-technische Assistenten, physikalisch-technische Assistenten, landwirtschaftlich-technische Assistenten) und staatlich geprüfte Chemotechniker

    nach Nr. 7 der Bemerkung zu allen Vergütungsgruppen mit entsprechender Tätigkeit, die schwierige Aufgaben erfüllen, die ein besonders hohes Maß an Verantwortlichkeit erfordern.

13. Technische Assistenten mit staatlicher Anerkennung (z. B. chemisch-technische Assistenten, physikalisch-technische Assistenten, landwirtschaftlich-technische Assistenten) und staatlich geprüfte Chemotechniker

    nach Nr. 7 der Bemerkung zu allen Vergütungsgruppen in einer Tätigkeit der Vergütungsgruppe Vc Fallgruppe 12

sowie Laboranten mit Abschlußprüfung, die aufgrund gleichwertiger Fähigkeiten und ihrer Erfahrungen entsprechende Tätigkeiten ausüben,

nach dreijähriger Tätigkeit in dieser Vergütungs- und Fallgruppe.

14. Operateure in Kernforschungseinrichtungen im Sinne der Nr. 1 Satz 2 SR 2o, die sich aus der Vergütungsgruppe Vc Fallgruppe 14 oder der Vergütungsgruppe VIb Fallgruppe 13 dadurch herausheben, daß an sie aufgrund schwieriger Arbeitsabläufe besonders hohe Anforderungen gestellt werden.

15. Strahlenschutztechniker in Kernforschungseinrichtungen im Sinne der Nr. 1 Satz 2 SR 2o in einer Tätigkeit der Vergütungsgruppe Vc Fallgruppe 15 nach sechsjähriger Tätigkeit in dieser Vergütungs- und Fallgruppe.

16. Staatlich geprüfte Techniker bzw. Techniker mit staatlicher Abschlußprüfung nach Nr. 6 der Bemerkung zu allen Vergütungsgruppen (z. B. Bautechniker, Betriebstechniker, Elektrotechniker, Feinwerktechniker, Heizungstechniker, Kältetechniker, Lüftungstechniker und Maschinenbautechniker) in einer Tätig-

keit der Vergütungsgruppe Vc Fallgruppe 17, die schwierige Aufgaben erfüllen, sowie sonstige Angestellte, die aufgrund gleichwertiger Fähigkeiten und ihrer Erfahrungen entsprechende Tätigkeiten ausüben. – Fußnote –

(Hierzu Protokollerklärungen Nrn. 15 und 16)

16a. Staatlich geprüfte Techniker bzw. Techniker mit staatlicher Abschlußprüfung nach Nr. 6 der Bemerkung zu allen Vergütungsgruppen (z. B. Bautechniker, Betriebstechniker, Elektrotechniker, Feinwerktechniker, Heizungstechniker, Kältetechniker, Lüftungstechniker und Maschinenbautechniker) in einer Tätigkeit der Vergütungsgruppe Vc Fallgruppe 17 sowie sonstige Angestellte, die aufgrund gleichwertiger Fähigkeiten und ihrer Erfahrungen entsprechende Tätigkeiten ausüben,

nach sechsjähriger Tätigkeit in dieser Vergütungs- und Fallgruppe.

(Hierzu Protokollerklärungen Nrn. 15 und 16)

17. Vermessungstechniker und Kartographen mit Abschlußprüfung sowie Landkartentechniker, Flurbereinigungstechniker und Planungstechniker mit verwaltungseigener Abschlußprüfung

in einer Tätigkeit der Vergütungsgruppe Vc Fallgruppe 19

sowie sonstige Angestellte, die aufgrund gleichwertiger Fähigkeiten und ihrer Erfahrungen entsprechende Tätigkeiten ausüben,

nach vierjähriger Tätigkeit in dieser Vergütungs- und Fallgruppe.

(Hierzu Protokollerklärung Nr. 18)

18. Angestellte mit Abschlußprüfung in einem reproduktionstechnischen Beruf in einer Tätigkeit der Vergütungsgruppe Vc Fallgruppe 21

sowie sonstige Angestellte, die aufgrund gleichwertiger Fähigkeiten und ihrer Erfahrungen entsprechende Tätigkeiten ausüben,

nach sechsjähriger Tätigkeit in dieser Vergütungs- und Fallgruppe.

(Hierzu Protokollerklärung Nr. 20)

19. Fotografen mit Abschlussprüfung und entsprechender Tätigkeit sowie sonstige Angestellte, die aufgrund gleichwertiger Fähigkeiten und ihrer Erfahrungen entsprechende Tätigkeiten ausüben,

denen mindestens acht Arbeitnehmer in der Tätigkeit von Fotografen durch ausdrückliche Anordnung ständig unterstellt sind.
(Hierzu Protokollerklärung Nr. 5)

20. Fotografen mit Abschlussprüfung und entsprechender Tätigkeit sowie sonstige Angestellte, die aufgrund gleichwertiger Fähigkeiten und ihrer Erfahrungen entsprechende Tätigkeiten ausüben,

    denen mindestens vier Angestellte in der Tätigkeit von Fotografen der Vergütungsgruppe Vc Fallgruppe 24 durch ausdrückliche Anordnung ständig unterstellt sind.
(Hierzu Protokollerklärung Nr. 5)

21. Modelleure im Bereich des Bau- und Planungswesens in einer Tätigkeit der Vergütungsgruppe Vc Fallgruppe 26 nach sechsjähriger Tätigkeit in dieser Vergütungs- und Fallgruppe.
(Hierzu Protokollerklärung Nr. 17)

Fußnote:
Diese Angestellten erhalten nach sechsjähriger Bewährung in dieser Fallgruppe eine monatliche Vergütungsgruppenzulage in Höhe von 6 v. H. der Grundvergütung der Stufe 4 der Vergütungsgruppe Vb. Bei der Berechnung sich ergebende Bruchteile eines Cents unter 0,5 sind abzurunden, Bruchteile von 0,5 und mehr sind aufzurunden. Die Vergütungsgruppenzulage gilt bei der Bemessung des Sterbegeldes (§ 41) und des Übergangsgeldes (§ 63) als Bestandteil der Grundvergütung.

Vergütungsgruppe Vc

1. Gartenbau-, landwirtschafts- und weinbautechnische Angestellte (staatlich geprüfte Landwirte und staatlich geprüfte Weinbauer sowie Angestellte mit abgeschlossener gleichwertiger Ausbildung), die sich durch den Umfang und die Bedeutung ihres Aufgabengebietes und große Selbständigkeit wesentlich aus der Vergütungsgruppe VIb Fallgruppe 1 herausheben, sowie sonstige Angestellte, die aufgrund gleichwertiger Fähigkeiten und ihrer Erfahrungen entsprechende Tätigkeiten ausüben.
(Hierzu Protokollerklärung Nr. 24)

2. Gartenbau-, landwirtschafts- und weinbautechnische Angestellte (staatlich geprüfte Landwirte und staatlich geprüfte Weinbauer sowie Angestellte mit abgeschlossener gleichwertiger Ausbildung) in einer Tätigkeit der Vergütungsgruppe VIb Fall-

gruppe 1 sowie sonstige Angestellte, die aufgrund gleichwertiger Fähigkeiten und ihrer Erfahrungen entsprechende Tätigkeiten ausüben,

> nach zweijähriger Tätigkeit in dieser Vergütungs- und Fallgruppe.

3. Gartenbau-, landwirtschafts- und weinbautechnische Angestellte aller Fachrichtungen, die eine einschlägige Gehilfenprüfung abgelegt und eine einschlägige Fachschule durchlaufen haben und die sich durch den Umfang und die Bedeutung ihres Aufgabengebietes und große Selbständigkeit wesentlich aus der Vergütungsgruppe VIb Fallgruppe 3 herausheben, sowie sonstige Angestellte, die aufgrund gleichwertiger Fähigkeiten und ihrer Erfahrungen entsprechende Tätigkeiten ausüben.

(Hierzu Protokollerklärungen Nrn. 19 und 24)

4. Gartenbau-, landwirtschafts- und weinbautechnische Angestellte aller Fachrichtungen, die eine einschlägige Gehilfenprüfung abgelegt und eine einschlägige Fachschule durchlaufen haben, in einer Tätigkeit der Vergütungsgruppe VIb Fallgruppe 3 sowie sonstige Angestellte, die aufgrund gleichwertiger Fähigkeiten und ihrer Erfahrungen entsprechende Tätigkeiten ausüben,

> nach sechsjähriger Tätigkeit in dieser Vergütungs- und Fallgruppe.

(Hierzu Protokollerklärung Nr. 19)

5. Angestellte mit viersemestriger abgeschlossener Ausbildung an einer Landfrauenschule, die sich durch den Umfang und die Bedeutung ihres Aufgabengebietes und Selbständigkeit wesentlich aus der Vergütungsgruppe VIb Fallgruppe 5 herausheben, sowie sonstige Angestellte, die aufgrund gleichwertiger Fähigkeiten und ihrer Erfahrungen entsprechende Tätigkeiten ausüben.

(Hierzu Protokollerklärung Nr. 24)

6. Angestellte mit viersemestriger abgeschlossener Ausbildung an einer Landfrauenschule in einer Tätigkeit der Vergütungsgruppe VIb Fallgruppe 5 sowie sonstige Angestellte, die aufgrund gleichwertiger Fähigkeiten und ihrer Erfahrungen entsprechende Tätigkeiten ausüben,

> nach zweijähriger Tätigkeit in dieser Vergütungs- und Fallgruppe.

Ang. in technischen Berufen IV.2.3.13

7. Pflanzenbeschauer, denen mindestens drei Pflanzenbeschauer durch ausdrückliche Anordnung ständig unterstellt sind, als
    Schichtführer oder
    Leiter einer Einlaßstelle
mit Entscheidungsbefugnis über die Zurückweisung von Sendungen.
(Hierzu Protokollerklärung Nr. 5)

8. Pflanzenbeschauer in einer Tätigkeit der Vergütungsgruppe VIb Fallgruppe 7
    nach sechsjähriger Tätigkeit in dieser Vergütungs- und Fallgruppe.

9. Pflanzenbeschauer, die sich dadurch aus der Vergütungsgruppe VIb Fallgruppe 8 herausheben, daß ihnen in Seehäfen überwiegend die selbständige Untersuchung von Seeschiffen auf Vorratsschädlinge und die selbständige Anordnung und Überwachung von Schädlingsbekämpfungsmaßnahmen auf Seeschiffen und sonstigen Transportfahrzeugen übertragen sind.

10. Pflanzenbeschauer in einer Tätigkeit der Vergütungsgruppe VIb Fallgruppe 8
    nach sechsjähriger Tätigkeit in dieser Vergütungs- und Fallgruppe.

11. Dorfhelferinnen mit staatlicher Anerkennung in einer Tätigkeit der Vergütungsgruppe VIb Fallgruppe 9
    nach zweijähriger Tätigkeit in dieser Vergütungs- und Fallgruppe.

12. Technische Assistenten mit staatlicher Anerkennung (z. B. chemisch-technische Assistenten, physikalisch-technische Assistenten, landwirtschaftlich-technische Assistenten) und staatlich geprüfte Chemotechniker
    nach Nr. 7 der Bemerkung zu allen Vergütungsgruppen mit entsprechender Tätigkeit, die schwierige Aufgaben erfüllen und in nicht unerheblichem Umfange verantwortlichere Tätigkeiten verrichten,
sowie Laboranten mit Abschlußprüfung, die aufgrund gleichwertiger Fähigkeiten und ihrer Erfahrungen entsprechende Tätigkeiten ausüben.
(Hierzu Protokollerklärung Nr. 21)

13. Technische Assistenten mit staatlicher Anerkennung (z. B. chemisch-technische Assistenten, physikalisch-technische Assisten-

IV.2.3.13 Ang. in technischen Berufen

ten, landwirtschaftlich-technische Assistenten) und staatlich geprüfte Chemotechniker

nach Nr. 7 der Bemerkung zu allen Vergütungsgruppen in einer Tätigkeit der Vergütungsgruppe VIb Fallgruppe 11

sowie sonstige Angestellte, die aufgrund gleichwertiger Fähigkeiten und ihrer Erfahrungen entsprechende Tätigkeiten ausüben,

nach zweijähriger Tätigkeit in dieser Vergütungs- und Fallgruppe.

14. Operateure in Kernforschungseinrichtungen im Sinne der Nr. 1 Satz 2 SR 2o, die sich aus der Vergütungsgruppe VIb Fallgruppe 13 nach langjährigen Erfahrungen in dieser Vergütungsgruppe durch besondere Zuverlässigkeit herausheben.

15. Strahlenschutztechniker in Kernforschungseinrichtungen im Sinne der Nr. 1 Satz 2 SR 2o, die schwierige Aufgaben erfüllen oder sich durch ein hohes Maß von Verantwortlichkeit aus der Vergütungsgruppe VIb Fallgruppe 15 herausheben.

16. Strahlenschutztechniker in Kernforschungseinrichtungen im Sinne der Nr. 1 Satz 2 SR 2o in einer Tätigkeit der Vergütungsgruppe VIb Fallgruppe 15

nach vierjähriger Tätigkeit in dieser Vergütungs- und Fallgruppe.

17. Staatlich geprüfte Techniker bzw. Techniker mit staatlicher Abschlußprüfung nach Nr. 6 der Bemerkung zu allen Vergütungsgruppen (z. B. Bautechniker, Betriebstechniker, Elektrotechniker, Feinwerktechniker, Heizungstechniker, Kältetechniker, Lüftungstechniker und Maschinenbautechniker) und entsprechender Tätigkeit, die überwiegend selbständig tätig sind, sowie sonstige Angestellte, die aufgrund gleichwertiger Fähigkeiten und ihrer Erfahrungen entsprechende Tätigkeiten ausüben.

(Hierzu Protokollerklärungen Nrn. 15 und 16)

18. Staatlich geprüfte Techniker bzw. Techniker mit staatlicher Abschlußprüfung nach Nr. 6 der Bemerkung zu allen Vergütungsgruppen (z. B. Bautechniker, Betriebstechniker, Elektrotechniker, Feinwerktechniker, Heizungstechniker, Kältetechniker, Lüftungstechniker und Maschinenbautechniker) in einer Tätigkeit der Vergütungsgruppe VIb Fallgruppe 16 sowie sonstige Angestellte, die aufgrund gleichwertiger Fähigkeiten und ihrer Erfahrungen entsprechende Tätigkeiten ausüben,

Ang. in technischen Berufen IV.2.3.13

nach zweijähriger Tätigkeit in dieser Vergütungs- und Fallgruppe.

(Hierzu Protokollerklärungen Nrn. 15 und 16)

18a. Staatlich geprüfte Techniker bzw. Techniker mit staatlicher Abschlußprüfung nach Nr. 6 der Bemerkung zu allen Vergütungsgruppen (z. B. Bautechniker, Betriebstechniker, Elektrotechniker, Feinwerktechniker, Heizungstechniker, Kältetechniker, Lüftungstechniker und Maschinenbautechniker) und entsprechender Tätigkeit sowie sonstige Angestellte, die aufgrund gleichwertiger Fähigkeiten und ihrer Erfahrungen entsprechende Tätigkeiten ausüben,

nach fünfjähriger Tätigkeit in Vergütungsgruppe VIb Fallgruppe 17.

(Hierzu Protokollerklärung Nr. 15)

19. Vermessungstechniker und Kartographen mit Abschlußprüfung sowie Landkartentechniker, Flurbereinigungstechniker, Katastertechniker und Planungstechniker mit verwaltungseigener Abschlußprüfung,

die sich dadurch aus der Vergütungsgruppe VIb Fallgruppe 18 herausheben, daß sie überwiegend schwierige Aufgaben zu erfüllen haben,

sowie sonstige Angestellte, die aufgrund gleichwertiger Fähigkeiten und ihrer Erfahrungen entsprechende Tätigkeiten ausüben.

(Hierzu Protokollerklärungen Nrn. 18 und 23)

19a. Vermessungstechniker und Kartographen mit Abschlußprüfung sowie Landkartentechniker, Flurbereinigungstechniker, Katastertechniker und Planungstechniker mit verwaltungseigener Lehrabschlußprüfung,

die sich dadurch aus der Vergütungsgruppe VIb Fallgruppe 18 herausheben, daß sie mindestens zu einem Drittel schwierige Aufgaben zu erfüllen haben,

sowie sonstige Angestellte, die aufgrund gleichwertiger Fähigkeiten und ihrer Erfahrungen entsprechende Tätigkeiten ausüben.

(Hierzu Protokollerklärungen Nrn. 18 und 23)

20. Vermessungstechniker und Kartographen mit Abschlußprüfung sowie Landkartentechniker, Flurbereinigungstechniker, Katastertechniker und Planungstechniker mit verwaltungseigener Abschlußprüfung

IV.2.3.13 Ang. in technischen Berufen

in einer Tätigkeit der Vergütungsgruppe VIb Fallgruppe 18 sowie sonstige Angestellte, die aufgrund gleichwertiger Fähigkeiten und ihrer Erfahrungen entsprechende Tätigkeiten ausüben,

nach vierjähriger Tätigkeit in dieser Vergütungs- und Fallgruppe.

(Hierzu Protokollerklärung Nr. 18)

21. Angestellte mit Abschlußprüfung in einem reproduktionstechnischen Beruf, die im Vermessungs- und Kartenwesen schwierige Aufgaben besonderer Art erfüllen, sowie sonstige Angestellte, die aufgrund gleichwertiger Fähigkeiten und ihrer Erfahrungen entsprechende Tätigkeiten ausüben.

(Hierzu Protokollerklärungen Nrn. 20 und 25)

22. Reproduktionstechnische Angestellte im Vermessungs- und Kartenwesen mit einschlägiger Abschlußprüfung, die sich dadurch aus der Vergütungsgruppe VIb Fallgruppe 20 herausheben, daß sie überwiegend schwierige Aufgaben zu erfüllen haben, sowie sonstige Angestellte, die aufgrund gleichwertiger Fähigkeiten und ihrer Erfahrungen entsprechende Tätigkeiten ausüben.

(Hierzu Protokollerklärungen Nrn. 26 und 27)

23. Reproduktionstechnische Angestellte im Vermessungs- und Kartenwesen mit einschlägiger Abschlußprüfung in einer Tätigkeit der Vergütungsgruppe VIb Fallgruppe 20 sowie sonstige Angestellte, die aufgrund gleichwertiger Fähigkeiten und ihrer Erfahrungen entsprechende Tätigkeiten ausüben,

nach sechsjähriger Tätigkeit in dieser Vergütungs- und Fallgruppe.

(Hierzu Protokollerklärung Nr. 26)

24. Fotografen mit Abschlußprüfung, die sich durch besonders schwierige Tätigkeit aus der Vergütungsgruppe VIb Fallgruppe 22 herausheben, sowie sonstige Angestellte, die aufgrund gleichwertiger Fähigkeiten und ihrer Erfahrungen entsprechende Tätigkeiten ausüben.

(Hierzu Protokollerklärung Nr. 28)

25. Fotografen mit Abschlußprüfung und entsprechender Tätigkeit sowie sonstige Angestellte, die aufgrund gleichwertiger Fähigkeiten und ihrer Erfahrungen entsprechende Tätigkeiten ausüben,

Ang. in technischen Berufen **IV.2.3.13**

denen mindestens vier Arbeitnehmer in der Tätigkeit von Fotografen durch ausdrückliche Anordnung ständig unterstellt sind.

(Hierzu Protokollerklärung Nr. 5)

26. Modelleure im Bereich des Bau- und Planungswesens, die sich aus der Vergütungsgruppe VIb Fallgruppe 23 durch Tätigkeiten herausheben, die hochwertige Leistungen erfordern.

(Hierzu Protokollerklärung Nr. 17)

27. Modelleure im Bereich des Bau- und Planungswesens in einer Tätigkeit der Vergütungsgruppe VIb Fallgruppe 23

 nach sechsjähriger Tätigkeit in dieser Vergütungs- und Fallgruppe.

(Hierzu Protokollerklärung Nr. 17)

28. Laboranten und Werkstoffprüfer (Physik) mit Abschlußprüfung in einer Tätigkeit der Vergütungsgruppe VIb Fallgruppe 25

 nach fünfjähriger Tätigkeit in dieser Vergütungs- und Fallgruppe.

(Hierzu Protokollerklärung Nr. 22)

Vergütungsgruppe VIb

1. Gartenbau-, landwirtschafts- und weinbautechnische Angestellte (staatlich geprüfte Landwirte und staatlich geprüfte Weinbauer sowie Angestellte mit abgeschlossener gleichwertiger Ausbildung) in Tätigkeiten, die vielseitige Fachkenntnisse und in nicht unerheblichem Umfange selbständige Leistungen erfordern, sowie sonstige Angestellte, die aufgrund gleichwertiger Fähigkeiten und ihrer Erfahrungen entsprechende Tätigkeiten ausüben. (Die selbständigen Leistungen müssen sich auf die Tätigkeit, die der Gesamttätigkeit das Gepräge gibt, beziehen.)

(Hierzu Protokollerklärungen Nrn. 21 und 30)

2. Gartenbau-, landwirtschafts- und weinbautechnische Angestellte (staatlich geprüfte Landwirte und staatlich geprüfte Weinbauer sowie Angestellte mit abgeschlossener gleichwertiger Ausbildung) mit entsprechender Tätigkeit nach sechsmonatiger Berufsausübung nach Abschluß der Ausbildung sowie sonstige Angestellte, die aufgrund gleichwertiger Fähigkeiten und ihrer Erfahrungen entsprechende Tätigkeiten ausüben,

 nach sechsmonatiger Ausübung dieser Tätigkeiten.

IV.2.3.13 Ang. in technischen Berufen

3. Gartenbau-, landwirtschafts- und weinbautechnische Angestellte aller Fachrichtungen, die eine einschlägige Gehilfenprüfung abgelegt und eine einschlägige Fachschule durchlaufen haben, in Tätigkeiten, die vielseitige Fachkenntnisse und in nicht unerheblichem Umfange selbständige Leistungen erfordern, sowie sonstige Angestellte, die aufgrund gleichwertiger Fähigkeiten und ihrer Erfahrungen entsprechende Tätigkeiten ausüben,

   nach zweijähriger Tätigkeit in Vergütungsgruppe VII Fallgruppe 2.

   (Die selbständigen Leistungen müssen sich auf die Tätigkeit, die der Gesamttätigkeit das Gepräge gibt, beziehen.)

   (Hierzu Protokollerklärungen Nrn. 19, 21 und 30)

4. Gartenbau-, landwirtschafts- und weinbautechnische Angestellte aller Fachrichtungen, die eine einschlägige Gehilfenprüfung abgelegt und eine einschlägige Fachschule durchlaufen haben, in einer Tätigkeit der Vergütungsgruppe VII Fallgruppe 2 sowie sonstige Angestellte, die aufgrund gleichwertiger Fähigkeiten und ihrer Erfahrungen entsprechende Tätigkeiten ausüben,

   nach vierjähriger Tätigkeit in dieser Vergütungs- und Fallgruppe.

   (Hierzu Protokollerklärung Nr. 19)

5. Angestellte mit viersemestriger abgeschlossener Ausbildung an einer Landfrauenschule in Tätigkeiten, die vielseitige Fachkenntnisse und in nicht unerheblichem Umfange selbständige Leistungen erfordern, sowie sonstige Angestellte, die aufgrund gleichwertiger Fähigkeiten und ihrer Erfahrungen entsprechende Tätigkeiten ausüben. (Die selbständigen Leistungen müssen sich auf die Tätigkeit, die der Gesamttätigkeit das Gepräge gibt, beziehen.)

   (Hierzu Protokollerklärungen Nrn. 21 und 30)

6. Angestellte mit viersemestriger abgeschlossener Ausbildung an einer Landfrauenschule und entsprechender Tätigkeit nach sechsmonatiger Berufsausübung nach Abschluß der Ausbildung sowie sonstige Angestellte, die aufgrund gleichwertiger Fähigkeiten und ihrer Erfahrungen entsprechende Tätigkeiten ausüben,

   nach sechsmonatiger Ausübung dieser Tätigkeiten.

Ang. in technischen Berufen IV.2.3.13

7. Pflanzenbeschauer als
   Schichtführer oder
   Leiter einer Einlaßstelle
   mit Entscheidungsbefugnis über die Zurückweisung von Sendungen.

8. Pflanzenbeschauer, die sich dadurch aus der Vergütungsgruppe VII Fallgruppe 5 herausheben, daß ihnen in Seehäfen in nicht unerheblichem Umfange die selbständige Untersuchung von Seeschiffen auf Vorratsschädlinge und die selbständige Anordnung und Überwachung von Schädlingsbekämpfungsmaßnahmen auf Seeschiffen und sonstigen Transportfahrzeugen übertragen sind.
   (Hierzu Protokollerklärung Nr. 21)

9. Dorfhelferinnen mit staatlicher Anerkennung und entsprechender Tätigkeit, denen mindestens vier Dorfhelferinnen mit staatlicher Anerkennung oder Angestellte in der Tätigkeit von Dorfhelferinnen durch ausdrückliche Anordnung ständig unterstellt sind.
   (Hierzu Protokollerklärung Nr. 5)

10. Dorfhelferinnen mit staatlicher Anerkennung in einer Tätigkeit der Vergütungsgruppe VII Fallgruppe 7
    nach sechsjähriger Tätigkeit in dieser Vergütungs- und Fallgruppe.

11. Technische Assistenten mit staatlicher Anerkennung (z. B. chemisch-technische Assistenten, physikalisch-technische Assistenten, landwirtschaftlich-technische Assistenten) und staatlich geprüfte Chemotechniker
    nach Nr. 7 der Bemerkung zu allen Vergütungsgruppen mit entsprechender Tätigkeit, die schwierige Aufgaben erfüllen,
    sowie sonstige Angestellte, die aufgrund gleichwertiger Fähigkeiten und ihrer Erfahrungen entsprechende Tätigkeiten ausüben.

12. Technische Assistenten mit staatlicher Anerkennung (z. B. chemisch-technische Assistenten, physikalisch-technische Assistenten, landwirtschaftlich-technische Assistenten) und staatlich geprüfte Chemotechniker
    nach Nr. 7 der Bemerkung zu allen Vergütungsgruppen mit entsprechender Tätigkeit nach sechsmonatiger Berufsaus-

übung nach erlangter staatlicher Anerkennung bzw. nach Ablegung der staatlichen Prüfung

sowie sonstige Angestellte, die aufgrund gleichwertiger Fähigkeiten und ihrer Erfahrungen entsprechende Tätigkeiten ausüben,

nach sechsmonatiger Ausübung dieser Tätigkeiten.

13. Angestellte in Kernforschungseinrichtungen im Sinne der Nr. 1 Satz 2 SR 2o an Reaktoren, Beschleunigeranlagen, Tieftemperaturanlagen, heißen Zellen und vergleichbaren Experimentieranlagen, die eine oder mehrere der nachstehenden Aufgaben erfüllen:
    a) Bedienung des Steuerpults eines Reaktors oder Beschleunigers und der Betriebskreisläufe,
    b) Kontrolle und Bedienung von Experimentieranlagen und -kreisläufen,
    c) Kontrolle und Bedienung der zu den in den Buchstaben a und b genannten Anlagen gehörenden Maschinenanlagen und Behebung von Störungen

    (Operateure).

14. Angestellte in Kernforschungseinrichtungen im Sinne der Nr. 1 Satz 2 SR 2o in einer Tätigkeit der Vergütungsgruppe VII Fallgruppe 10

    nach achtjähriger Tätigkeit in dieser Vergütungs- und Fallgruppe.

15. Angestellte in Kernforschungseinrichtungen im Sinne der Nr. 1 Satz 2 SR 2o im Strahlenschutz, die Kontrollbereiche selbständig überwachen oder Abschirmungs- und Dosisberechnungen durchführen (Strahlenschutztechniker).

16. Staatlich geprüfte Techniker bzw. Techniker mit staatlicher Abschlußprüfung nach Nr. 6 der Bemerkung zu allen Vergütungsgruppen (z. B. Bautechniker, Betriebstechniker, Elektrotechniker, Feinwerktechniker, Heizungstechniker, Kältetechniker, Lüftungstechniker und Maschinenbautechniker) und entsprechender Tätigkeit, die in nicht unerheblichem Umfange selbständig tätig sind, sowie sonstige Angestellte, die aufgrund gleichwertiger Fähigkeiten und ihrer Erfahrungen entsprechende Tätigkeiten ausüben.

    (Hierzu Protokollerklärungen Nrn. 15, 16 und 21)

17. Staatlich geprüfte Techniker bzw. Techniker mit staatlicher Abschlußprüfung nach Nr. 6 der Bemerkung zu allen Vergütungs-

gruppen (z. B. Bautechniker, Betriebstechniker, Elektrotechniker, Feinwerktechniker, Heizungstechniker, Kältetechniker, Lüftungstechniker und Maschinenbautechniker) und entsprechender Tätigkeit sowie sonstige Angestellte, die aufgrund gleichwertiger Fähigkeiten und ihrer Erfahrungen entsprechende Tätigkeiten ausüben.
(Hierzu Protokollerklärung Nr. 15)

18. Vermessungstechniker und Kartographen mit Abschlußprüfung sowie Landkartentechniker, Flurbereinigungstechniker, Katastertechniker und Planungstechniker mit verwaltungseigener Abschlußprüfung,

    die sich dadurch aus der Vergütungsgruppe VII Fallgruppe 14 herausheben, daß sie in nicht unerheblichem Umfange schwierige Aufgaben zu erfüllen haben,

    sowie sonstige Angestellte, die aufgrund gleichwertiger Fähigkeiten und ihrer Erfahrungen entsprechende Tätigkeiten ausüben.
    (Hierzu Protokollerklärungen Nrn. 18, 21 und 23)

19. Vermessungstechniker und Kartographen mit Abschlußprüfung sowie Landkartentechniker, Flurbereinigungstechniker, Katastertechniker und Planungstechniker mit verwaltungseigener Abschlußprüfung

    in einer Tätigkeit der Vergütungsgruppe VII Fallgruppe 14 sowie sonstige Angestellte, die aufgrund gleichwertiger Fähigkeiten und ihrer Erfahrungen entsprechende Tätigkeiten ausüben,

    nach dreijähriger Tätigkeit in dieser Vergütungs- und Fallgruppe.
    (Hierzu Protokollerklärung Nr. 18)

20. Reproduktionstechnische Angestellte im Vermessungs- und Kartenwesen mit einschlägiger Abschlußprüfung, die sich dadurch aus der Vergütungsgruppe VII Fallgruppe 24 herausheben, daß sie in nicht unerheblichem Umfange schwierige Aufgaben zu erfüllen haben, sowie sonstige Angestellte, die aufgrund gleichwertiger Fähigkeiten und ihrer Erfahrungen entsprechende Tätigkeiten ausüben.
    (Hierzu Protokollerklärungen Nrn. 21, 26 und 27)

21. Reproduktionstechnische Angestellte im Vermessungs- und Kartenwesen mit einschlägiger Abschlußprüfung in einer Tätigkeit der Vergütungsgruppe VII Fallgruppe 24 sowie sonstige

IV.2.3.13 Ang. in technischen Berufen

Angestellte, die aufgrund gleichwertiger Fähigkeiten und ihrer Erfahrungen entsprechende Tätigkeiten ausüben,

    nach vierjähriger Tätigkeit in dieser Vergütungs- und Fallgruppe.

(Hierzu Protokollerklärung Nr. 26)

22. Fotografen mit Abschlußprüfung und schwieriger Tätigkeit sowie sonstige Angestellte, die aufgrund gleichwertiger Fähigkeiten und ihrer Erfahrungen entsprechende Tätigkeiten ausüben.
(Hierzu Protokollerklärung Nr. 31)

23. Modelleure im Bereich des Bau- und Planungswesens, die sich aus der Vergütungsgruppe VII Fallgruppe 16 durch Tätigkeiten herausheben, die besondere Leistungen erfordern.
(Hierzu Protokollerklärung Nr. 17)

24. Modelleure im Bereich des Bau- und Planungswesens in einer Tätigkeit der Vergütungsgruppe VII Fallgruppe 16

    nach dreijähriger Tätigkeit in dieser Vergütungs- und Fallgruppe.

(Hierzu Protokollerklärung Nr. 17)

25. Laboranten und Werkstoffprüfer (Physik) mit Abschlußprüfung, die sich durch besondere Bewährung und selbständige Leistungen aus der Vergütungsgruppe VII Fallgruppe 17 herausheben.
(Hierzu Protokollerklärung Nr. 22)

26. Laboranten und Werkstoffprüfer (Physik) mit Abschlußprüfung in einer Tätigkeit der Vergütungsgruppe VII Fallgruppe 17

    nach vierjähriger Tätigkeit in dieser Vergütungs- und Fallgruppe.

(Hierzu Protokollerklärungen Nrn. 22 und 29)

27. Zeichner mit entsprechender Abschlußprüfung (z. B. als Bauzeichner, graphischer Zeichner, technischer Zeichner), die überwiegend Tätigkeiten ausüben, die besondere Leistungen im Sinne der Vergütungsgruppe VII Fallgruppe 20 erfordern, sowie sonstige Angestellte, die aufgrund gleichwertiger Fähigkeiten und ihrer Erfahrungen entsprechende Tätigkeiten ausüben.

28. Baustellenaufseher (Bauaufseher) in einer Tätigkeit der Vergütungsgruppe VII Fallgruppe 22

    nach dreijähriger Tätigkeit in dieser Vergütungs- und Fallgruppe.

Vergütungsgruppe VII

1. Gartenbau-, landwirtschafts- und weinbautechnische Angestellte (staatlich geprüfte Landwirte und staatlich geprüfte Weinbauer sowie Angestellte mit abgeschlossener gleichwertiger Ausbildung) mit entsprechender Tätigkeit während der ersten sechs Monate der Berufsausübung nach Abschluß der Ausbildung sowie sonstige Angestellte, die aufgrund gleichwertiger Fähigkeiten und ihrer Erfahrungen entsprechende Tätigkeiten ausüben.

2. Gartenbau-, landwirtschafts- und weinbautechnische Angestellte aller Fachrichtungen, die eine einschlägige Gehilfenprüfung abgelegt und eine einschlägige Fachschule durchlaufen haben und die sich dadurch aus der Vergütungsgruppe VIII Fallgruppe 1 herausheben, daß sie auf ihrem Fachgebiet in der technischen Beratung einfacherer Art oder bei der Durchführung von Versuchen und sonstigen Arbeiten mit entsprechendem Schwierigkeitsgrad tätig sind, sowie sonstige Angestellte, die aufgrund gleichwertiger Fähigkeiten und ihrer Erfahrungen entsprechende Tätigkeiten ausüben.

   (Hierzu Protokollerklärungen Nrn. 19 und 34)

3. Gartenbau-, landwirtschafts- und weinbautechnische Angestellte aller Fachrichtungen, die eine einschlägige Gehilfenprüfung abgelegt und eine einschlägige Fachschule durchlaufen haben,

   in einer Tätigkeit der Vergütungsgruppe VIII Fallgruppe 1

   sowie sonstige Angestellte, die aufgrund gleichwertiger Fähigkeiten und ihrer Erfahrungen entsprechende Tätigkeiten ausüben,

   nach dreijähriger Tätigkeit in dieser Vergütungs- und Fallgruppe.

   (Hierzu Protokollerklärung Nr. 19)

4. Angestellte mit viersemestriger abgeschlossener Ausbildung an einer Landfrauenschule und entsprechender Tätigkeit während der ersten sechs Monate der Berufsausübung nach Abschluß der Ausbildung sowie sonstige Angestellte, die aufgrund gleichwertiger Fähigkeiten und ihrer Erfahrungen entsprechende Tätigkeiten ausüben.

5. Pflanzenbeschauer in Tätigkeiten, die gründliche Fachkenntnisse erfordern, nach zweijähriger Ausübung in dieser Tätigkeit.

IV.2.3.13 Ang. in technischen Berufen

6. Pflanzenbeschauer in einer Tätigkeit der Vergütungsgruppe VIII Fallgruppe 2
   nach dreijähriger Tätigkeit in dieser Vergütungs- und Fallgruppe.
7. Dorfhelferinnen mit staatlicher Anerkennung und entsprechender Tätigkeit nach sechsmonatiger Berufsausübung nach erlangter staatlicher Anerkennung.
8. Angestellte in einer Tätigkeit von Dorfhelferinnen der Vergütungsgruppe VIII Fallgruppe 4
   nach zweijähriger Tätigkeit in dieser Vergütungs- und Fallgruppe.
9. Technische Assistenten mit staatlicher Anerkennung (z. B. chemisch-technische Assistenten, physikalisch-technische Assistenten, landwirtschaftlich-technische Assistenten) und staatlich geprüfte Chemotechniker
   nach Nr. 7 der Bemerkung zu allen Vergütungsgruppen mit entsprechender Tätigkeit während der ersten sechs Monate der Berufsausübung nach erlangter staatlicher Anerkennung bzw. nach Ablegung der staatlichen Prüfung
   sowie sonstige Angestellte, die aufgrund gleichwertiger Fähigkeiten und ihrer Erfahrungen entsprechende Tätigkeiten ausüben.
10. Angestellte in Kernforschungseinrichtungen im Sinne der Nr. 1 Satz 2 SR 2o während der Ausbildungszeit zum Operateur.
11. Angestellte in Kernforschungseinrichtungen im Sinne der Nr. 1 Satz 2 SR 2o, die einfache Operateuraufgaben selbständig erledigen.
12. Strahlenschutzlaboranten in Kernforschungseinrichtungen im Sinne der Nr. 1 Satz 2 SR 2o, die sich dadurch aus der Vergütungsgruppe VIII Fallgruppe 5 herausheben, daß sie Strahlungsmessungen zu beurteilen und Empfehlungen für strahlenschutzgerechtes Verhalten zu geben haben.
13. (gestrichen)
14. Vermessungstechniker und Kartographen mit Abschlußprüfung sowie Landkartentechniker, Flurbereinigungstechniker, Katastertechniker und Planungstechniker mit verwaltungseigener Abschlußprüfung,
    die sich durch besondere Leistungen aus der Vergütungsgruppe VIII Fallgruppe 6 herausheben,

Ang. in technischen Berufen **IV.2.3.13**

sowie sonstige Angestellte, die aufgrund gleichwertiger Fähigkeiten und ihrer Erfahrungen entsprechende Tätigkeiten ausüben.
(Hierzu Protokollerklärung Nr. 18)

15. Vermessungstechniker und Kartographen mit Abschlußprüfung sowie Landkartentechniker, Flurbereinigungstechniker, Katastertechniker und Planungstechniker mit verwaltungseigener Abschlußprüfung
    in einer Tätigkeit der Vergütungsgruppe VIII Fallgruppe 6
    sowie sonstige Angestellte, die aufgrund gleichwertiger Fähigkeiten und ihrer Erfahrungen entsprechende Tätigkeiten ausüben,
    nach zweijähriger Tätigkeit in dieser Vergütungs- und Fallgruppe.
    (Hierzu Protokollerklärung Nr. 18)

16. Modelleure im Bereich des Bau- und Planungswesens.
    (Hierzu Protokollerklärung Nr. 17)

17. Laboranten und Werkstoffprüfer (Physik) mit Abschlußprüfung, die sich durch besondere Leistungen aus der Vergütungsgruppe VIII Fallgruppe 8 herausheben.
    (Hierzu Protokollerklärungen Nrn. 22 und 29)

18. Laboranten und Werkstoffprüfer (Physik) mit Abschlußprüfung in einer Tätigkeit der Vergütungsgruppe VIII Fallgruppe 8 nach dreijähriger Tätigkeit in dieser Vergütungs- und Fallgruppe.
    (Hierzu Protokollerklärungen Nrn. 22 und 29)

19. Angestellte ohne Abschlußprüfung in der Tätigkeit von Laboranten oder Werkstoffprüfern (Physik) der Vergütungsgruppe VIII Fallgruppe 9 nach dreijähriger Tätigkeit in dieser Vergütungs- und Fallgruppe.

20. Zeichner mit entsprechender Abschlußprüfung (z. B. als Bauzeichner, graphischer Zeichner, technischer Zeichner), die in nicht unerheblichem Umfange Tätigkeiten ausüben, die besondere Leistungen erfordern, sowie sonstige Angestellte, die aufgrund gleichwertiger Fähigkeiten und ihrer Erfahrungen entsprechende Tätigkeiten ausüben.
    (Hierzu Protokollerklärungen Nrn. 21 und 32)

21. Zeichner mit entsprechender Abschlußprüfung (z. B. als Bauzeichner, graphischer Zeichner, technischer Zeichner) in einer Tätigkeit der Vergütungsgruppe VIII Fallgruppe 11 sowie sons-

IV.2.3.13 Ang. in technischen Berufen

tige Angestellte, die aufgrund gleichwertiger Fähigkeiten und ihrer Erfahrungen entsprechende Tätigkeiten ausüben,
nach dreijähriger Tätigkeit in dieser Vergütungs- und Fallgruppe.

22. Baustellenaufseher (Bauaufseher), die sich dadurch aus der Vergütungsgruppe VIII Fallgruppe 13 herausheben, daß sie schwierigere Kontrollarbeiten verrichten.
(Hierzu Protokollerklärung Nr. 33)

23. Baustellenaufseher (Bauaufseher) in einer Tätigkeit der Vergütungsgruppe VIII Fallgruppe 13 nach zweijähriger Tätigkeit in dieser Vergütungs- und Fallgruppe.

Ferner, wenn sie als Angestellte beschäftigt sind (§ 1 Abs. 2):

24. Reproduktionstechnische Angestellte im Vermessungs- und Kartenwesen mit einschlägiger Abschlußprüfung, die sich nach zweijähriger Berufsausübung durch besondere Leistungen aus der Vergütungsgruppe VIII Fallgruppe 14 herausheben, sowie sonstige Angestellte, die aufgrund gleichwertiger Fähigkeiten und ihrer Erfahrungen entsprechende Tätigkeiten ausüben.
(Hierzu Protokollerklärung Nr. 26)

25. Reproduktionstechnische Angestellte im Vermessungs- und Kartenwesen mit einschlägiger Abschlußprüfung in einer Tätigkeit der Vergütungsgruppe VIII Fallgruppe 14 sowie sonstige Angestellte, die aufgrund gleichwertiger Fähigkeiten und ihrer Erfahrungen entsprechende Tätigkeiten ausüben,
nach dreijähriger Tätigkeit in dieser Vergütungs- und Fallgruppe.
(Hierzu Protokollerklärung Nr. 26)

26. Fotografen mit Abschlußprüfung und entsprechender Tätigkeit sowie sonstige Angestellte, die aufgrund gleichwertiger Fähigkeiten und ihrer Erfahrungen entsprechende Tätigkeiten ausüben.

27. Fotolaboranten mit Abschlußprüfung in einer Tätigkeit der Vergütungsgruppe VIII Fallgruppe 17 nach dreijähriger Tätigkeit in dieser Vergütungs- und Fallgruppe.

Vergütungsgruppe VIII

1. Gartenbau-, landwirtschafts- und weinbautechnische Angestellte aller Fachrichtungen, die eine einschlägige Gehilfenprüfung abgelegt und eine einschlägige Fachschule durchlaufen haben, mit entsprechender Tätigkeit sowie sonstige Angestellte, die

Ang. in technischen Berufen **IV.2.3.13**

aufgrund gleichwertiger Fähigkeiten und ihrer Erfahrungen entsprechende Tätigkeiten ausüben.
(Hierzu Protokollerklärung Nr. 19)

2. Pflanzenbeschauer.
3. Dorfhelferinnen mit staatlicher Anerkennung und entsprechender Tätigkeit während der ersten sechs Monate der Berufsausübung nach erlangter staatlicher Anerkennung.
4. Angestellte in der Tätigkeit von Dorfhelferinnen.
5. Angestellte in Kernforschungseinrichtungen im Sinne der Nr. 1 Satz 2 SR 2o, die Strahlungsmessungen durchführen und protokollieren (Strahlenschutzlaboranten).
6. Vermessungstechniker und Kartographen mit Abschlußprüfung sowie Landkartentechniker, Flurbereinigungstechniker, Katastertechniker und Planungstechniker mit verwaltungseigener Abschlußprüfung
   und entsprechender Tätigkeit
sowie sonstige Angestellte, die aufgrund gleichwertiger Fähigkeiten und ihrer Erfahrungen entsprechende Tätigkeiten ausüben.
(Hierzu Protokollerklärung Nr. 18)
7. Modelleure im Bereich des Bau- und Planungswesens während der Einarbeitungszeit.
(Hierzu Protokollerklärung Nr. 17)
8. Laboranten und Werkstoffprüfer (Physik) mit Abschlußprüfung und entsprechender Tätigkeit.
(Hierzu Protokollerklärungen Nrn. 22 und 29)
9. Angestellte ohne Abschlußprüfung in der Tätigkeit von Laboranten oder Werkstoffprüfern (Physik), die sich durch schwierigere Tätigkeiten aus der Vergütungsgruppe IX Fallgruppe 1 herausheben.
10. Angestellte ohne Abschlußprüfung in der Tätigkeit von Laboranten oder Werkstoffprüfern (Physik) der Vergütungsgruppe IX Fallgruppe 1 nach dreijähriger Tätigkeit in dieser Vergütungs- und Fallgruppe.
11. Zeichner mit entsprechender Abschlußprüfung (z. B. als Bauzeichner, graphischer Zeichner, technischer Zeichner) und entsprechender Tätigkeit sowie sonstige Angestellte, die aufgrund gleichwertiger Fähigkeiten und ihrer Erfahrungen entsprechende Tätigkeiten ausüben.

IV.2.3.13 Ang. in technischen Berufen

12. Zeichner in einer Tätigkeit der Vergütungsgruppe IX Fallgruppe 2 nach dreijähriger Tätigkeit in dieser Vergütungs- und Fallgruppe.
13. Angestellte, die die vorgeschriebene Ausführung von Bauarbeiten und das Baumaterial nach Menge und Güte kontrollieren (Baustellenaufseher, Bauaufseher).

Ferner, wenn sie als Angestellte beschäftigt sind (§ 1 Abs. 2):

14. Reproduktionstechnische Angestellte im Vermessungs- und Kartenwesen mit einschlägiger Abschlußprüfung und entsprechender Tätigkeit sowie sonstige Angestellte, die aufgrund gleichwertiger Fähigkeiten und ihrer Erfahrungen entsprechende Tätigkeiten ausüben.
(Hierzu Protokollerklärung Nr. 26)
15. Angestellte in einer Lichtpausetätigkeit der Vergütungsgruppe IX Fallgruppe 3 nach dreijähriger Tätigkeit in dieser Vergütungs- und Fallgruppe.
16. Angestellte in einer Mikroverfilmungstätigkeit der Vergütungsgruppe IX Fallgruppe 5 nach dreijähriger Tätigkeit in dieser Vergütungs- und Fallgruppe.
17. Fotolaboranten mit Abschlußprüfung, die sich durch schwierigere Tätigkeiten aus der Vergütungsgruppe IX Fallgruppe 7 herausheben.
18. Fotolaboranten mit Abschlußprüfung in einer Tätigkeit der Vergütungsgruppe IX Fallgruppe 7 nach dreijähriger Tätigkeit in dieser Vergütungs- und Fallgruppe.

Vergütungsgruppe IX

1. Angestellte ohne Abschlußprüfung in der Tätigkeit von Laboranten oder Werkstoffprüfern (Physik).
2. Zeichner mit einfacher Tätigkeit
(Hierzu Protokollerklärung Nr. 35)

Ferner, wenn sie als Angestellte beschäftigt sind (§ 1 Abs. 2):

3. Angestellte, die bei selbständiger Verfahrenswahl Lichtpausen verschiedenster Art herstellen.
4. Angestellte in einer Lichtpausetätigkeit der Vergütungsgruppe X Fallgruppe 1 nach zweijähriger Tätigkeit in dieser Vergütungs- und Fallgruppe.
5. Angestellte mit schwierigerer Tätigkeit bei der Mikroverfilmung (z. B. bei unterschiedlicher Qualität der Vorlagen).

Ang. in technischen Berufen **IV.2.3.13**

6. Angestellte in einer Mikroverfilmungstätigkeit der Vergütungsgruppe X Fallgruppe 2 nach zweijähriger Tätigkeit in dieser Vergütungs- und Fallgruppe.
7. Fotolaboranten mit Abschlußprüfung und entsprechender Tätigkeit.

Vergütungsgruppe X
Ferner, wenn sie als Angestellte beschäftigt sind (§ 1 Abs. 2):
1. Angestellte, die einfache Lichtpausen herstellen.
2. Angestellte, mit einfacher Tätigkeit bei der Mikroverfilmung.

Protokollerklärungen:

Nr. 1
Vermessungstechnische und landkartentechnische Angestellte, die vor dem 1. Juli 1972 eine der technischen Ausbildung nach Nr. 2 der Bemerkung zu allen Vergütungsgruppen gleichwertige behördliche Prüfung abgelegt haben, werden den vermessungstechnischen und landkartentechnischen Angestellten mit technischer Ausbildung nach Nr. 2 der Bemerkung zu allen Vergütungsgruppen gleichgestellt. Das gleiche gilt, wenn die behördliche Prüfung nach dem 30. Juni 1972 abgelegt wird, die Ausbildung jedoch vor dem 1. Juli 1972 begonnen hat.

Nr. 2
Als Fachrichtungen der gartenbau-, landwirtschafts- und weinbautechnischen Angestellten mit abgeschlossener einschlägiger Fachochschulausbildung gelten:
a) Gartenbau
b) Landbau
c) Weinbau
d) ländliche Hauswirtschaft

mit allen Fachgebieten und Untergebieten, z. B:

In der Fachrichtung Gartenbau die Fachgebiete

Baumschulen, Blumen- und Zierpflanzenbau, Garten- und Landschaftsgestaltung, Obst- und Gemüsebau, Obst- und Gemüseverwertung, Pflanzenschutz, Samenbau u. a.

oder

in der Fachrichtung Landbau die Fachgebiete

Betriebswirtschaft, Obstbau, Pflanzenbau, Pflanzenschutz, Tierhaltung und -fütterung, Tierzucht u. a.

mit den Untergebieten, z. B. in der Betriebswirtschaft:

Arbeitswirtschaft, Betriebsrechnungswesen, Kreditwesen, Landesplanung, Landtechnik, Marktwirtschaft, Raumordnung u. a.

IV.2.3.13 Ang. in technischen Berufen

Nr. 3
Dieses Tätigkeitsmerkmal gilt nicht für Leiter von Pflanzenbeschaustellen.

Nr. 4
Der Angestellte hebt sich durch das Maß seiner Verantwortung erheblich aus der Vergütungsgruppe III z. B. durch folgende Tätigkeiten heraus:
a) Entwickeln arbeitstechnischer Verfahren in der Produktion und in der Aufbereitung der Erzeugnisse;
b) Erarbeiten von Leitbildern für die Arbeitswirtschaft und für die Mechanisierung von Betrieben oder als Muster für die Bauausführung;
c) Beratung aufgrund eigener Auswertung von Arbeitstagebüchern für schwierige Betriebsumstellungen;
d) Fortbildung oder Spezialberatung von Beratungskräften mehrerer Dienststellen in den Vergütungsgruppen Vb Fallgruppen 3 und 5, IVb Fallgruppen 3 und 5, IVa Fallgruppen 3 und 6 und III Fallgruppen 3 und 5 oder vergleichbarer Beratungskräfte außerhalb des öffentlichen Dienstes oder selbständiges Ausarbeiten von Richtlinien für Einzelaufgaben dieser Beratungskräfte;
e) Ausarbeiten von Gutachten über Anträge auf Förderungsmaßnahmen für schwierige umfassende Betriebsumstellungen;
f) Ausarbeiten von Vorschlägen für regionale Strukturprogramme aufgrund selbständiger Auswertung von Strukturdaten;
g) Selbständiges Bestimmen der optimalen Produktionsverfahren der verschiedenen Produktionszweige im Einzelbetrieb;
h) Ausarbeiten von allgemeinen Grundsätzen und Tabellen für die Bewertung von Wirtschaftsgütern (Werttaxen);
i) Ausarbeiten von landeskulturellen Plänen und gutachtlichen landesplanerischen und raumordnerischen Stellungnahmen größeren Umfangs;
k) Spezialtätigkeit mit besonderer Bedeutung und besonderer Schwierigkeit als Hilfskraft bei wissenschaftlichen Aufgaben;
l) Entwickeln von Leitbildern und Planungsgrundsätzen für Raum- und Einrichtungsprogramme, die als Grundlage für übergebietliche Programme dienen;
m) Leiter größerer Sachgebiete (Ämter, Abteilungen, Abschnitte oder Referate) in Gartenbauverwaltungen, wenn ihnen

mindestens vier Angestellte mit Tätigkeiten mindestens der Vergütungsgruppe Vb Fallgruppe 1a) oder b) (TV vom 24. Juni 1975) und mindestens drei Angestellte mit Tätigkeiten mindestens der Vergütungsgruppe VIb Fallgruppe 1, 3 oder 5 (TV vom 15. Juni 1972) oder mindestens der Vergütungsgruppe VIb Fallgruppe 1 (TV vom 24. Juni 1975) oder mindestens der Vergütungsgruppe Vc Fallgruppe 5, 6 oder 7 (TV vom 18. April 1980)

durch ausdrückliche Anordnung ständig unterstellt sind;

Ang. in technischen Berufen **IV.2.3.13**

n) Ausarbeiten besonders schwieriger und umfangreicher Programme und Folgepläne im Rahmen städtebaulicher und landschaftspflegerischer Planungen z. B. als Grundlage für Flächennutzungspläne und Bebauungspläne;

o) Selbständiges Planen und Leiten von Pflanzenschutzaktionen in Gebieten mit vielfältigen Kulturen unter schwierigen geographischen Bedingungen.

Nr. 5
Soweit die Eingruppierung von der Zahl der unterstellten Angestellten abhängt,
a) ist es für die Eingruppierung unschädlich, wenn im Organisations- und Stellenplan zur Besetzung ausgewiesene Stellen nicht besetzt sind,
b) rechnen hierzu auch Beamte vergleichbarer Besoldungsgruppen,
c) zählen Teilbeschäftigte entsprechend dem Verhältnis der mit ihnen im Arbeitsvertrag vereinbarten Arbeitszeit zur regelmäßigen Arbeitszeit eines Vollbeschäftigten.

Nr. 5a
Unter dieses Tätigkeitsmerkmal fallen auch Angestellte, die am 31. März 1991 in einem Arbeitsverhältnis gestanden haben, das am 1. April 1991 zu demselben Arbeitgeber fortbestanden hat, und die vor dem 1. April 1991 die Abschlußprüfung einer sechssemestrigen höheren Fachschule oder die die Abschlußprüfung einer sechssemestrigen höheren Landfrauenschule abgelegt haben und ihrer Abschlußprüfung entsprechende Tätigkeiten ausüben.

Nr. 6
Besonders schwierige Tätigkeiten und bedeutende Aufgaben sind z. B.:
a) Ausführung von umfangreichen Vermessungen zur Fortführung oder Neueinrichtung des Liegenschaftskatasters (Katastervermessungen) mit widersprüchlichen Unterlagen oder von umfangreichen Katastervermessungen mit gleichem Schwierigkeitsgrad (z. B. in Grubensenkungsgebieten);
b) Absteckungen für umfangreiche Ingenieurbauten, z. B. Brücken-, Hochstraßen-, Tunnelabsteckungen oder Absteckungen anderer vergleichbarer Verkehrsbauten, ggf. einschließlich der Vor- und Folgearbeiten;
c) Lagefestpunktvermessungen (Erkundung bzw. Erkundung und Messung) in engbauten Gebieten oder unter gleich schwierigen Verhältnissen (Lagefestpunkte sind trigonometrische, Polygon- und gleichwertige Punkte);
d) Ausführung oder Auswertung von Präzisionsvermessungen in übergeordneten Netzen des Lage- oder Höhenfestpunktfeldes;
e) Aufsichts- und Prüftätigkeit bei der Auswertung von Katastervermessungen mit widersprüchlichen Unterlagen oder bei kartographischen nivellitischen, photogrammetrischen, topographischen

IV.2.3.13 Ang. in technischen Berufen

oder trigonometrischen Arbeiten oder bei Bodenordnungsverfahren mit gleichem Schwierigkeitsgrad. Das Fehlen der Aufsichtstätigkeit ist unerheblich, wenn dem Angestellten besonders schwierige Prüfungen übertragen sind, z. B. Prüftätigkeit zur Übernahme von Messungsschriften bei umfangreichen Fortführungs- oder Neuvermessungen aufgrund neuer Aufnahmenetze;

f) Aufsichts- und Prüftätigkeit bei der Prüfung fertiger Arbeitsergebnisse der Flurbereinigung, ggf. einschließlich der Herstellung der Unterlagen für die Berichtigung des Grundbuches und der vermessungstechnischen Unterlagen für die Berichtigung des Liegenschaftskatasters, oder beim Ausbau der gemeinschaftlichen Anlagen in allen Verfahren eines Flurbereinigungsamtes (bei größeren Flurbereinigungsämtern kann dieses Merkmal auch von mehreren Angestellten erfüllt werden);

g) verantwortliche Ausführung der vermessungstechnischen Ingenieurarbeiten eines Flurbereinigungsverfahrens (ausführender vermessungstechnischer Sachbearbeiter oder erster technischer Sachbearbeiter);

h) vermessungstechnische Auswertung von Bauleitplänen unter besonderen technischen Schwierigkeiten.

Nr. 7
Tätigkeiten im Sinne der Vergütungsgruppen II Fallgruppe 3b, III Fallgruppen 3 und 3b sowie IVa Fallgruppe 3a (TV vom 15. Juni 1972) sind z. B.:

a) Entwickeln von besonderen Methoden für die praktische Durchführung von Versuchen;

b) Erproben neuer arbeitstechnischer Verfahren in der Produktion und in der Aufbereitung der Erzeugnisse;

c) Selbständige Beratung auf besonders schwierigen Gebieten, z. B. Beratung in Umschuldungsfragen, Beratung von Siedlungsträgern oder von Fertigbauherstellern über den hauswirtschaftlichen Raumbedarf oder die Raumausstattung (Einflußnahme auf die Entwicklung neuer Bautypen mit Variationsmöglichkeiten), übergebietliche (Regierungsbezirk oder Kammerbereich) Spezialberatung;

d) Umfassende Planung und Beratung eines ländlichen Haushaltes aufgrund einer Haushaltsanalyse (Stufenplan für mindestens zehn Jahre, geld- und arbeitswirtschaftliche Voranschläge);

e) Beratung aufgrund eigener Auswertung von Arbeitstagebüchern;

f) Beurteilen von Erfolgsrechnungen (Jahresabschlüssen) und Analysieren von Ergebnissen der Betriebs- bzw. Haushaltsrechnungen anhand von errechneten Kenndaten;

g) Erarbeiten von Arbeitsvoranschlägen,

h) Ausarbeiten von Vorschlägen für umfassende Förderungsmaßnahmen zur Schwerpunktbildung im Einzelbetriebe aufgrund eines Betriebsumstellungs- oder Entwicklungsplanes;

i) Selbständiges Auswerten von Strukturdaten;

Ang. in technischen Berufen **IV.2.3.13**

k) Ausarbeiten von Vorschlägen für Strukturmaßnahmen, z. B. Beurteilung der topographischen Verhältnisse, Vorschläge für Gehöftstandorte;

l) Ermitteln der Werte von Pflanzenbeständen und des Wertes des lebenden und toten Inventars eines Gartenbau-, Landwirtschafts- oder Weinbaubetriebes;

m) Selbständiges Planen und Leiten von Pflanzenschutzaktionen;

n) Besonders schwierige Tätigkeiten als Hilfskraft bei wissenschaftlichen Aufgaben;

o) Ausarbeiten von Programmen und Folgeplänen im Rahmen städtebaulicher oder landschaftspflegerischer Planungen, z. B. als Grundlage für Flächennutzungspläne und Bebauungspläne;

p) Leitung des Abschnitts für Planungs- oder Neubau- oder Pflege- und Ordnungsmaßnahmen in Grünflächenwesen oder in der Landschaftspflege, wenn dem Abschnittsleiter mindestens ein Angestellter mit Tätigkeiten mindestens der Vergütungsgruppe IVa Fallgruppe 1.a) oder der Vergütungsgruppe IVb Fallgruppe 1.a) (TV vom 24. Juni 1975) und mindestens zwei Angestellte mit Tätigkeiten mindestens der Vergütungsgruppe VIb Fallgruppe 1, 3 oder 5 (TV vom 15. Juni 1972) oder mindestens der Vergütungsgruppe VIb Fallgruppe 1 (TV vom 24. Juni 1975) oder mindestens der Vergütungsgruppe Vc Fallgruppen 5, 6 oder 7 (TV vom 18. April 1980)
durch ausdrückliche Anordnung ständig unterstellt sind;

q) Aufstellen oder Prüfen von Entwürfen besonders schwieriger Art (z. B. für Bezirkssportanlagen, Ausstellungsparks) einschließlich Massen- und Kostenberechnungen und von Verdingungsunterlagen, deren Bearbeitung besondere Fachkenntnisse und besondere praktische Erfahrung oder künstlerische Begabung voraussetzt;

r) Selbständige Beratung im Pflanzenschutzdienst von Spezialbetrieben, die eine betriebsbezogene Arbeitsplanung zur Durchführung des integrierten Pflanzenschutzes erfordert.

Nr. 8
Besondere Leistungen sind z. B.:
Aufstellung oder Prüfung von Entwürfen, deren Bearbeitung besondere Fachkenntnisse und besondere praktische Erfahrung oder künstlerische Begabung voraussetzt, sowie örtliche Leitung bzw. Mitwirkung bei der Leitung von schwierigen Bauten und Bauabschnitten sowie deren Abrechnung.

Nr. 9
Tätigkeiten im Sinne der Vergütungsgruppen III Fallgruppe 3c, IVa Fallgruppe 3 und 3b sowie IVb Fallgruppe 3a sind z. B.:

a) Selbständiges Planen und Auswerten von Versuchen und Wertprüfungen mit besonderer Schwierigkeit z. B. mit gleichzeitig mehreren Fragestellungen (Komplexversuchen) oder z. B. für landtechnische Verfahren der Innen- und Außenwirtschaft;

IV.2.3.13 Ang. in technischen Berufen

b) Durchführen von Versuchen und Wertprüfungen in größerem Ausmaß, wenn dem Angestellten mehrere gartenbau-, landwirtschafts- oder weinbautechnische Angestellte mindestens in Tätigkeiten der Vergütungsgruppe VIb Fallgruppe 1 oder 3 durch ausdrückliche Anordnung ständig unterstellt sind;

c) Feststellen der Wirkung von Pflanzenschutzmitteln für die Biologische Bundesanstalt für Land- und Forstwirtschaft;

d) Selbständige Beratung in schwierigen Bereichen des Fachgebietes der Angestellten, die besondere Fachkenntnisse und besondere praktische Erfahrung voraussetzt, z. B. Ausarbeiten schwieriger Wirtschaftlichkeitsberechnungen oder schwieriger Finanzierungspläne, Ausarbeiten von Arbeitsvoranschlägen nach der vereinfachten Methode;

e) Selbständige Beratung über einfachere Gemeinschaftsmaßnahmen im Rahmen der Verbesserung der Agrar-, Erzeugungs- und Marktstruktur;

f) Beratung über Maßnahmen für den Fremdenverkehr als Betriebszweig auf dem Bauernhof;

g) Gruppenberatung durch schwierige Fachvorträge;

h) Durchführen von Erwachsenenfortbildungslehrgängen über Rationalisierung im landwirtschaftlichen Haushalt;

i) Ausarbeiten von Vorschlägen zur Durchführung einzelner Maßnahmen im Rahmen von Betriebsumstellungen;

k) Ausarbeiten von Vorschlägen für Baumaßnahmen, z. B. zur Grundrißgestaltung (Raumzuordnung und Einrichtung) für grundlegende technische Einrichtungen, z. B. zentrale Heizungs- und Warmwasserbereitungsanlagen mit Berechnungen der notwendigen Nennheizleistungen, der Wärmedämmung oder des Heizmaterialbedarfs;

l) Selbständige schwierige Erhebungen und Berechnungen für Teilaufgaben bei der Vorplanung von Flurbereinigungen oder sonstigen Maßnahmen zur Verbesserung der Agrarstruktur, z. B. Feststellen der künftigen Acker-, Grünland- und Sonderkulturflächen aufgrund der natürlichen Voraussetzungen, Feststellen von Grenzertragsböden;

m) Selbständiges Erarbeiten der betriebswirtschaftlichen Unterlagen für die Kalkulation von Produktionsverfahren,

n) Ermitteln der Werte von Wirtschaftserschwernissen bei Flächenverlusten;

o) Nachzuchtbeurteilungen für Zuchtwertschätzungen von Vatertieren, z. B. Beurteilung von Jungtieren der Besamungsbullen;

p) Selbständiges Vorbereiten von Entscheidungen im Saatenanerkennungsverfahren bei Vorstufen und Hybridsorten, bei denen verschiedene Zuchtkomponenten zu berücksichtigen sind;

q) Selbständige Planung und Organisation von Pflanzenschutz- oder Schädlingsbekämpfungsmaßnahmen, die sich auf das Gebiet einer oder mehrerer Gemeinden erstrecken, und das Überwachen ihrer Auswirkungen;

r) Herausgabe von Warnmeldungen im Pflanzenschutzdienst für den Beratungsbezirk aufgrund eigener Feststellungen, soweit das Ermitteln der biologischen Daten schwierige Methoden erfordert;

s) Tätigkeit als Hilfskraft bei wissenschaftlichen Aufgaben mit einem besonderen Maß an Verantwortlichkeit;

t) Aufstellen oder Prüfen von Entwürfen einschließlich Massen- und Kostenberechnungen oder Verdingungsunterlagen, deren Bearbeitung besondere Fachkenntnisse und besondere praktische Erfahrung oder künstlerische Begabung voraussetzt;

u) Beaufsichtigen von Schätzern oder verantwortliches Schätzen der Pflanzenbestände und des Inventarbestandes von Kleingartenanlagen oder Kleinsiedlungen in schwierigen Fällen;

v) Örtliche Leitung schwieriger Gartenbau, Landschaftsbau-, Obstbau-, Pflanzenbau-, Pflanzenschutz- oder Weinbaumaßnahmen und deren Abrechnung;

w) Selbständige Beratung über die Bekämpfung von Schädlingen, Krankheiten und Schadpflanzen im Pflanzenschutzdienst einschließlich der selbständigen Beratung über die Anwendung von Pflanzenschutzmitteln und -geräten für hochwertige Spezialkulturen.

Nr. 10

Zu den unterstellten gartenbau-, landwirtschafts- und weinbautechnischen Angestellten mit Tätigkeiten mindestens der Vergütungsgruppe VIb Fallgruppe 1 oder 3 (TV vom 15. Juni 1972) zählen auch technische Assistenten mit Tätigkeiten mindestens der Vergütungsgruppe VIb Fallgruppe 11 (TV vom 15. Juni 1972) sowie Gärtnermeister und gärtnerisch tätige Meister mit Tätigkeiten mindestens der Vergütungsgruppe Vc Fallgruppe 5, 6 oder 7 (TV vom 18. April 1980).

Nr. 11

Entsprechende Tätigkeiten sind z. B.:

1. Aufstellung oder Prüfung von Entwürfen nicht nur einfacher Art einschließlich Massen-, Kosten- und statischen Berechnungen und Verdingungsunterlagen, Bearbeitung der damit zusammenhängenden laufenden technischen Angelegenheiten – auch im technischen Rechnungswesen –, örtliche Leitung oder Mitwirkung bei der Leitung von Bauten und Bauabschnitten sowie deren Abrechnung;

2. Ausführung besonders schwieriger Analysen, Schiedsanalysen oder selbständige Erledigung neuartiger Versuche nach kurzer Weisung in Versuchslaboratorien, Versuchsanstalten und Versuchswerkstätten.

IV.2.3.13 Ang. in technischen Berufen

Nr. 12
Entsprechende Tätigkeiten sind z. B.:
Ausführung oder Auswertung von trigonometrischen oder topographischen Messungen nach Lage und Höhe nicht nur einfacher Art, von Katastermessungen oder von bautechnischen Messungen nicht nur einfacher Art; photogrammetrische Auswertungen und Entzerrungen; kartographische Entwurfs- und Fortführungsarbeiten.

Nr. 13
Das Tätigkeitsmerkmal ist nur erfüllt, wenn die Lehrtätigkeit überwiegt. Dabei ist von der für die in Betracht kommende Angestelltengruppe geltenden regelmäßigen Arbeitszeit auszugehen.

Nr. 14
Tätigkeiten im Sinne der Vergütungsgruppen IVa Fallgruppe 3c, IVb Fallgruppe 3 und Vb Fallgruppe 3 (TV vom 15. Juni 1972) sind z. B.:
a) Selbständiges Planen von Versuchen nach vorgegebener Aufgabenstellung und Auswerten der Versuche nach variationsstatistischen Methoden;
b) Überwachen von mehreren gartenbau-, landwirtschafts- oder weinbautechnischen Angestellten in Tätigkeiten der Vergütungsgruppen VIII bis Vc bei der Durchführung von Versuchen;
c) Anlage und Auswerten von Wertprüfungen;
d) Selbständige produktionstechnische Beratung auf dem Fachgebiet des Angestellten, z. B. Ausarbeiten von Wirtschaftlichkeitsberechnungen, schwierigen Einzelplänen und Geldvoranschlägen; Beratung über einzelne Folgemaßnahmen nach Flurbereinigungen und landeskulturellen Maßnahmen oder nach Betriebsumstellungen;
e) Tierzuchttechnische Beratung, z. B. Auswahl weiblicher Zuchttiere im Einzelbetrieb;
f) Gruppenberatung durch schwierige Fachvorträge auf dem Fachgebiet des Angestellten,
g) Beratung in der ländlichen Hauswirtschaft, insbesondere in der Haushaltsführung, z. B. Ausarbeiten schwieriger Einzelpläne für Organisationspläne, von Plänen für Haushaltseinrichtungen einschließlich technischer Anlagen, Beratung über Vorratshaltung durch Gefrieren und Kühlen;
h) Selbständige Beratung in Gesundheits- und Ernährungsfragen;
i) Aufstellen und Prüfen von Entwürfen nicht nur einfacher Art einschließlich Massen- und Kostenberechnung oder von Verdingungsunterlagen, Bearbeiten der damit zusammenhängenden technischen Angelegenheiten – auch im technischen Rechnungswesen;
k) Örtliche Leitung oder Mitwirkung bei der Leitung von nicht nur einfachen Gartenbau-, Landschaftsbau-, Obstbau-, Pflanzenbau-, Pflanzenschutz- oder Weinbaumaßnahmen und deren Abrechnung;

Ang. in technischen Berufen **IV.2.3.13**

l) Mitwirken bei der Vorplanung von Flurbereinigungen oder von sonstigen Maßnahmen zur Verbesserung der Agrarstruktur, z. B. Erheben und Berechnen von Daten, Beurteilen des Istzustandes;

m) Selbständiges Bearbeiten von Kreditfällen, die innerhalb der Beleihungsgrenze liegen, bei landwirtschaftlichen Förderungsmaßnahmen;

n) Feststellen von betriebswirtschaftlichen Daten für die Kalkulation von Produktionsverfahren;

o) Mitwirken bei Strukturanalysen;

p) Ermitteln von Pachtpreisen für gartenbaulich, landwirtschaftlich oder weinbaulich genutzte Grundstücke;

q) Schätzen des Wertes von Pflanzenbeständen;

r) Selbständiges Vorbereiten von Entscheidungen für die Saatenanerkennung oder für die Körung von Tieren oder für die Ankörung von Obstmuttergehölzen;

s) Selbständige Beratung über die Bekämpfung von Schädlingen, Krankheiten und Schadpflanzen im Pflanzenschutzdienst einschließlich der selbständigen Beratung über die Anwendung von Pflanzenschutzmitteln und -geräten;

t) Herausgabe von Warndienstmeldungen im Pflanzenschutzdienst für den Beratungsbezirk aufgrund eigener Feststellungen, soweit das Ermitteln der biologischen Daten keine schwierigeren Methoden erfordert;

u) Tätigkeit als Hilfskraft bei wissenschaftlichen Aufgaben.

Nr. 15
Unter dieses Tätigkeitsmerkmal fallen auch Kerntechniker, Reaktortechniker, Rechenmaschinentechniker, Synchrotrontechniker, Tieftemperaturtechniker und Vakuumtechniker in Kernforschungseinrichtungen im Sinne der Nr. 1 Satz 2 SR 2o.

Nr. 16
Unter dieses Tätigkeitsmerkmal fallen auch Angestellte, die diese Tätigkeiten unter der Bezeichnung „Baustellenaufseher (Bauaufseher)" oder unter der Bezeichnung „Zeichner" ausüben.

Nr. 17
Modelleure sind Angestellte, die zeichnerisch dargestellte Planaussagen – ggf. ergänzt durch eigene Feststellungen – unter Berücksichtigung der topographischen Verhältnisse in maßstäblich-wirklichkeitsgetreue dreidimensionale Anschauungsobjekte umsetzen, wenn für diese Tätigkeit eine besondere technische und künstlerische Befähigung erforderlich ist.

Nr. 18
Den Vermessungstechnikern mit Abschlußprüfung werden die nach der hessischen Ausbildungs- und Prüfungsordnung für kulturbautechnische Angestellte der Wasserwirtschaftsverwaltung vom 21. Januar 1958 (Staats-

IV.2.3.13 Ang. in technischen Berufen

Anzeiger für das Land Hessen S. 134) ausgebildeten Kulturbautechniker mit verwaltungseigener Lehrabschlußprüfung gleichgestellt.

Nr. 19

Als Fachrichtungen der gartenbau-, landwirtschafts- und weinbautechnischen Angestellten, die eine einschlägige Gehilfenprüfung abgelegt und eine einschlägige Fachschule durchlaufen haben, gelten:

a) Gartenbau
b) Landbau
c) Weinbau
d) ländliche Hauswirtschaft

mit den Fachgebieten und den Untergebieten, z. B.:

In der Fachrichtung Gartenbau die Fachgebiete

Baumschulen, Blumen- und Zierpflanzenbau, Landschaftsgärtnerei, Obst- und Gemüsebau, Obst- und Gemüseverwertung, Pflanzenschutz, Samenbau u. a.

oder

in der Fachrichtung Landbau die Fachgebiete

Obstbau, Pflanzenbau, Pflanzenschutz, Tierhaltung und -fütterung, Tierzucht u. a.

mit den Untergebieten, z. B. in der Tierzucht:

Geflügelzucht, Pferdezucht, Rinderzucht, Schafzucht, Schweinezucht, Ziegenzucht u. a.

Nr. 20

Reproduktionstechnische Berufe sind die in der Protokollerklärung Nr. 26 genannten Berufe.

Nr. 21

Der Umfang der Tätigkeit ist nicht mehr unerheblich, wenn er etwa ein Viertel der gesamten Tätigkeit ausmacht.

Nr. 22

Den Laboranten mit Abschlußprüfung werden milchwirtschaftliche Laboranten mit verwaltungseigener Abschlußprüfung gleichgestellt, wenn die nach der Ausbildungs- und Prüfungsordnung vorgesehene Lehrzeit mindestens drei Jahre beträgt.

Nr. 23

Schwierige Aufgaben sind z. B.:

a) Schwierige Einmessungen der Grenzen von Nutzungsarten oder Bodenklassen;
b) Führung von Schätzungsrissen in Flurbereinigungsverfahren;
c) Anpassen der Schätzungsgrenzen an die neuen Grenzen der Flurbereinigung sowie schwieriges Ausarbeiten der Schätzungsunterlagen (z. B. Rahmenkarten);

Ang. in technischen Berufen **IV.2.3.13**

d) Herstellen der Betriebskarte der Bewertungsstützpunkte bei schwierigen Verhältnissen (z. B. Teilzupachtungen);
e) Gebäudeeinmessungen oder Lageplanvermessungen in bebauten Ortslagen, wenn die Messung behindert ist, oder bei gleich schwierigen Verhältnissen;
f) einfachere Lagepaßpunktbestimmungen;
g) Nivellements zur Bestimmung von Höhenpaßpunkten;
h) Bearbeiten von schwierigeren Vermessungssachen im Innendienst (wie Bearbeiten von Fortführungsvermessungen bei einer größeren Zahl von Nachweisen);
i) in der Luftbildvermessung;

Vorbereiten der Kartenunterlagen für den Bildflug; Paßpunktbestimmung; schwierige Einpassungen von Luftbildern in Kartengrundrisse unter gleichzeitiger topographischer Auswertung; selbständige photogrammetrische Auswertungen an Geräten niederer Ordnung (z. B. Stereotop, Luftbildumzeichner); Radialschlitztriangulationen; Entzerrungen einfacherer Art;

j) schwierige Kartierungen zur Kartenneuherstellung und Kartenfortführung (wie Kartierung von Altstadtgebieten, von schwierigen Straßen- und Wasserlaufvermessungen);
k) schwieriges Einpassen von Kartenteilen;
l) Generalisierung von Situation (ohne Ortsteile) und Gelände (Höhenlinien);
m) besonders schwierige Herstellung und Fortführung von Kartenoriginalen nach Entwurfsvorlagen – einschließlich Randbearbeitung und Ausführung von Korrekturen – in der Kartographie oder für das Liegenschaftskataster;
n) besonders schwierige Montagen bei inhaltsreichen Karten im Maßstab 1 : 25 000 und kleiner;
o) schwierige Übertragung und Generalisierung von Fachplanungen für das Raumordnungskataster (z. B. Neueintragung von Fachplanungen mit Maßstabsumstellung und Neudarstellung);
p) Ausarbeitung von Raumordnungsskizzen im Maßstab 1 : 25 000 für landesplanerische Rahmenprogramme;
q) besonders schwierige Fortführung der Kartenoriginale des Raumordnungskatasters.

Nr. 24
Tätigkeiten im Sinne der Vergütungsgruppe Vc Fallgruppen 1, 3 und 5 sind z. B.:
a) Durchführen und Auswerten schwierigerer Versuche und Gegenüberstellen der Ergebnisse;
b) Überwachen der Leistungsprüfungen an Prüfstationen;

IV.2.3.13 Ang. in technischen Berufen

c) Durchführen von Versuchen zur Feststellung von Sorten, die zu Gefrierverfahren geeignet sind;
d) Produktionstechnische Beratung z. B. in Spezialbetriebszweigen, beim Aufbau von Erzeugerringen, Erzeugergemeinschaften oder Anbaugemeinschaften; Ausarbeiten von Einzelplänen wie Anbauplänen, Düngungsplänen, Fruchtfolgeplänen, Fütterungsplänen, Spritzplänen;
e) Mitwirken bei Gruppen- und Massenberatungen durch Fachvorträge;
f) Beratung bei der Planung von Gemeinschaftseinrichtungen für hauswirtschaftliche Zwecke;
g) Beratung bei der Einrichtung von einzelnen Wohn- und Wirtschaftsräumen;
h) Beratung in der Organisation der Vatertierhaltung;
i) Mitwirken bei Fachlehrgängen der landwirtschaftlichen Berufsausbildung und -fortbildung;
k) Selbständiges Durchführen von Feldbegehungen unter produktionstechnischen Gesichtspunkten;
l) Mitwirken bei Anerkennungsentscheidungen nach Feldbeständen bei der Saatenanerkennung;
m) Arbeitszeitfeststellungen in der ländlichen Hauswirtschaft;
n) Selbständige pflanzenbauliche Beurteilungen und Schätzungen, z. B. Bonitierungen, Schadensfeststellungen oder Identifizierungen von Sorten.

Nr. 25
Schwierige Aufgaben besonderer Art sind z. B.:
Schwieriges Einpassen von Kartenteilen;
besonders schwierige Montagen bei inhaltsreichen Karten im Maßstab 1 : 25 000 und kleiner.

Nr. 26
Die Tätigkeit eines reproduktionstechnischen Angestellten ist die Tätigkeit eines
  Fotografen, Reproduktionsfotografen, Reprographen, Schriftlithographen, Farbenlithographen
mit Abschlußprüfung
sowie die Tätigkeit als Kopierer eines
  Flachdruckers, Offsetvervielfältigers, Siebdruckers
mit Abschlußprüfung.

Nr 27
Schwierige Aufgaben sind z. B.:
Strichaufnahmen oder Halbtonaufnahmen nach Sollmaß und jeden Formats;
Maßausgleich auf gegebenes Sollmaß;
Herstellen von Rasterfilmen ein- und mehrfarbig, von Schummerungsvorlagen über Halbtonaufnahmen;

selbständige Versuchs- und Entwicklungsarbeiten bei der Einführung neuer technischer Verfahren;

Zusammenkopie von einzelnen Kartenteilen mit Kartenrahmen bei der Neuherstellung sowie Einkopierung von Fortführungen in vorhandene Originale auf Folie und Glas mit kartographischer Paßgenauigkeit.

Nr. 28
Besonders schwierige Tätigkeit ist das selbständige Herstellen objektgerechter fotografischer Aufnahmen unter Berücksichtigung der jeweiligen fachlichen Anforderungen bei besonders erschwerten fototechnischen Aufnahmebedingungen, z. B. Aufnahmen von schlecht sichtbaren Spuren im Polizeidienst; Intraoralaufnahmen; Aufnahme eines Lehrfilmes bie einer Shuntoperation im medizinischen Bereich; Aufnahmen, die die besondere Herausarbeitung bestimmter, für die wissenschaftliche Bearbeitung notwendiger Merkmale erfordern, in der Forschung und in der Materialprüfung.

Nr. 29
Die am 16. März 1956 beschäftigt gewesenen Chemielaboranten und Physiklaboranten ohne Abschlußprüfung können in die Vergütungsgruppen VIII Fallgruppe 8, VII Fallgruppen 17 und 18 und VIb Fallgruppe 26 eingruppiert werden, wenn sie aufgrund gleichwertiger Fähigkeiten und ihrer Erfahrungen Tätigkeiten eines Chemielaboranten oder Physiklaboranten mit Abschlußprüfung ausüben.

Die am 1. November 1968 beschäftigt gewesenen Biologielaboranten, Lacklaboranten und Textillaboranten ohne Abschlußprüfung können in die Vergütungsgruppen VIII Fallgruppe 8, VII Fallgruppen 17 und 18 und VIb Fallgruppe 26 eingruppiert werden, wenn sie aufgrund gleichwertiger Fähigkeiten und ihrer Erfahrungen Tätigkeiten eines entsprechenden Laboranten mit Abschlußprüfung ausüben.

Nr. 30
Tätigkeiten im Sinne der Vergütungsgruppe VIb Fallgruppen 1, 3 und 5 sind z. B.:

a) Durchführen und Auswerten von einfachen Versuchen nach statistischen Methoden und Gegenüberstellen der Ergebnisse;

b) Durchführung von landtechnischen Versuchen mit Datenermittlung, z. B. Schlupf- und Zugwiderstandsmessungen, Feststellen von Ladeleistungen;

c) Durchführen von schwierigen Leistungsprüfungen, z. B. Zugleistungsprüfungen bei Pferden einschließlich Auswerten der Meßdiagramme, Ultraschallmessungen bei Schweinen, Messungen am Schlachtkörper;

d) Einfache produktionstechnische oder verwertungstechnische Beratung oder Absatzberatung auf dem Fachgebiet des Angestellten;

e) Aufnahmen des Betriebszustandes und Prüfen der Betriebsverhältnisse für die produktionstechnische Beratung;

f) Laufende Prüfung der Betriebsvorgänge einschließlich Erstellen der Betriebsrechnung;
g) Einfachere Produktionswertberechnungen;
h) Einfache Beratung in der Technik der ländlichen Hauswirtschaft;
i) Herstellen von Beratungs- und Anschauungsmaterial nach Weisung;
k) Mitwirken bei der landwirtschaftlichen Berufsausbildung und -fortbildung;
l) Mitwirken bei pflanzenbaulichen Beurteilungen und Schätzungen, z. B. Bonitierungen, Schadensfeststellungen und Identifizierungen von Sorten;
m) Sortenfeststellung und Güteprüfung nach äußeren Merkmalen bei der Saatgutverkehrskontrolle;
n) Handbonitierung von Qualitätsproben nach Bewertungsschlüsseln;
o) Durchführen von Qualitätsprüfungen;
p) Mitwirken bei amtlichen Überwachungen und Anerkennungen, z. B. bei Saatenanerkennungen oder Körungen;
q) Mitwirken beim Vollzug staatlicher Förderungsmaßnahmen;
r) Mitwirken bei der Erzeugungs- und Marktberichterstattung;
s) Ernteermittlungen;
t) Durchführen der Blattlauskontrolle in virusgefährdeten Kulturen.

Nr. 31
Schwierige Tätigkeit ist das selbständige Herstellen objektgerechter fotografischer Aufnahmen unter Berücksichtigung der jeweiligen fachlichen Anforderungen, z. B. Aufnahmen zur Beweissicherung an Tat- und Unfallorten im Polizeidienst; Operationsaufnahmen im medizinischen Bereich; Aufnahmen bei der Durchführung von Forschungsaufgaben, für Lehrzwecke oder bei Versuchen zur Materialprüfung in den Bereichen der Forschung, der wissenschaftlichen Lehre und der Materialprüfung.

Nr. 32
Besondere Leistungen sind z. B.:
Anfertigung schwieriger Zeichnungen und Pläne nach nur groben Angaben oder nach Unterlagen ohne Anleitung sowie Erstellung der sich daraus ergebenden Detailzeichnungen, Ausführung der hiermit zusammenhängenden technischen Berechnungen wie Massenermittlungen bzw. Aufstellung von Stücklisten, selbständige Ermittlung technischer Daten und Werte und ihre Auswertung bei der Anfertigung von Plänen.

Nr. 33
Schwierigere Kontrollarbeiten sind z. B.:
Festhalten von Zwischenaufmaßen, die während der Bauausführung erforderlich werden; Fertigen von einfacheren Aufmaßskizzen sowie einfacheren Flächen- und Massenberechnungen; Überwachen von Erdarbeiten in schwierigem Gelände; Kontrolle des Gefälles bei Gräben und Rohr-

leitungen; Kontrolle der Materialeinbringung für Stahlbetonarbeiten; Überwachen der Arbeiten zahlreicher Bauwerke auf größeren Baustellen.

Nr. 34

a) Technische Beratungen einfacher Art sind Empfehlungen und Hinweise in produktionstechnischen Fragen nach allgemeinen Richtlinien und dazugehörige technische Berechnungen.

b) Zur Durchführung von Versuchen und sonstigen Arbeiten mit entsprechendem Schwierigkeitsgrad gehören z. B. folgende Tätigkeiten:

Feststellen von Produktionsvorgängen oder Entwicklungsabläufen bei der Durchführung von einfacheren Versuchen aller Art nach Plan;

Beaufsichtigen oder Leiten von Arbeitsgruppen oder Arbeitskolonnen bei Versuchen nach Weisung;

Fachtechnische Arbeiten für Ausstellungen, Schauen, Vorführungen oder Wettbewerbe; Mitwirken bei Feldbegehungen und Besichtigungsfahrten.

Nr. 35

Einfache Tätigkeiten sind z. B.:
Pausarbeiten, Ausziehen und Anlegen von Zeichnungen einfacher Art, Übertragung von Zeichnungen einfacher Art im gleichen Maßstab oder mittels des Pantographen, Herstellung von Schaltungsskizzen usw. einfacherer Art nach Entwürfen oder nach besonderer Anleitung.

Hinweis des Bearbeiters:

Die Tätigkeitsmerkmale des Tarifvertrages sind zuletzt durch den Tarifvertrag zur Änderung der Anlage 1 a zum BAT vom 24. April 1991 mit Wirkung ab 1. Januar 1991 geändert worden. § 6 dieses Tarifvertrages enthält dazu die folgende Übergangsvorschrift:

„§ 6 Übergangsvorschriften für den Bereich der Vereinigung der kommunalen Arbeitgeberverbände

Für die Angestellten, die am 31. Dezember 1990 in einem Arbeitsverhältnis gestanden haben, das am 1. Januar 1991 zu demselben Arbeitgeber fortbestanden hat, gilt für die Dauer dieses Arbeitsverhältnisses folgendes:

1. Hat der Angestellte am 31. Dezember 1990 Vergütung (§ 26 BAT) aus einer höheren Vergütungsgruppe erhalten als aus der Vergütungsgruppe, in der er nach diesem Tarifvertrag eingruppiert ist, wird diese Vergütung durch das Inkrafttreten dieses Tarifvertrages nicht berührt.

2. Hängt die Eingruppierung oder der Anspruch auf eine Vergütungsgruppenzulage nach diesem Tarifvertrag von der Zeit einer Tätigkeit oder von der Zeit einer Bewährung in einer bestimmten Vergütungs- und Fallgruppe oder von der Zeit einer

IV.2.3.13 Ang. in technischen Berufen

Berufstätigkeit ab, wird die vor dem 1. Januar 1991 zurückgelegte Zeit vorbehaltlich der nachstehenden Nr. 3 so berücksichtigt, wie sie zu berücksichtigen wäre, wenn dieser Tarifvertrag bereits seit dem Beginn des Arbeitsverhältnisses gegolten hätte.

3. *Auf die in den nachstehenden Tätigkeitsmerkmalen des Tarifvertrages zur Änderung der Anlage 1a zum BAT (Angestellte in technischen Berufen) vom 15. Juni 1972 in der Fassung dieses Tarifvertrages werden die vor dem 1. Januar 1991 in einer Tätigkeit der nachstehenden Vergütungsgruppen der Anlage 1a zum BAT in der vor dem 1. Januar 1991 geltenden Fassung zurückgelegten Zeiten*

Vergütungsgruppe II *Fallgruppen 1a, 2a und 3a*	*Vergütungsgruppe III*
Vergütungsgruppe III *Fallgruppen 1b, 2b und 3b*	*Vergütungsgruppe IVa*
Vergütungsgruppe IVa *Fallgruppen 1b, 2b und 3b*	*Vergütungsgruppe IVb*

zur Hälfte angerechnet.

4. ..."

Angestellte im fernmeldetechnischen Dienst und im Fernmeldebetriebsdienst

I. Angestellte im fernmeldetechnischen Dienst

Vergütungsgruppe Vb

Angestellte im fernmeldetechnischen Dienst als Fernmelderevisoren, denen mindestens sechs Fernmelderevisoren durch ausdrückliche Anordnung ständig unterstellt sind.
(Hierzu Protokollerklärungen Nrn. 1 und 2)

Vergütungsgruppe Vc

1. Angestellte im fernmeldetechnischen Dienst als Fernmelderevisoren mit besonders schwierigen Tätigkeiten (z. B. Funktionskontrollen einschließlich Eingrenzen und Beseitigen von Fehlern in Nebenstellenanlagen ab Baustufe III gemäß der Fernmeldeordnung der Deutschen Bundespost mit mindestens 800 Anschlußeinheiten).
(Hierzu Protokollerklärung Nr. 1)

2. Angestellte im fernmeldetechnischen Dienst als Fernmelderevisoren, die sich dadurch aus der Vergütungsgruppe VIb herausheben, daß sie an elektronischen Geräten selbständig Funktionsprüfungen durchführen und Fehler beseitigen, wenn dabei schwierige Messungen vorzunehmen sind.
(Hierzu Protokollerklärungen Nrn. 1, 3 und 4)

3. Angestellte im fernmeldetechnischen Dienst als Fernmelderevisoren, denen mindestens ein Fernmelderevisor durch ausdrückliche Anordnung ständig unterstellt ist. (Zu ihren Aufgaben gehören u. a. die Aufsicht über die Entstörungsstelle, das Prüfen und Überwachen des technischen Zustandes der Fernmeldeanlagen gemäß VDE- und DBP-Vorschriften sowie das Prüfen der Wochenberichte unterstellter Fernmelderevisoren.)
(Hierzu Protokollerklärungen Nrn. 1 und 2)

4. Angestellte im fernmeldetechnischen Dienst nach sechsjähriger Bewährung als Fernmelderevisoren in Vergütungsgruppe VIb, denen das Überprüfen und Überwachen des technischen Zustandes der Fernmeldeanlagen gemäß den VDE- und DBP-Vorschriften übertragen ist.
(Hierzu Protokollerklärung Nr. 1)

IV.2.3.14 Ang. im Fernmeldedienst

Vergütungsgruppe VIb

Angestellte im fernmeldetechnischen Dienst als Fernmelderevisoren mit schwierigen Tätigkeiten (z. B. Funktionskontrollen einschließlich Eingrenzen und Beseitigen von Fehlern
    in Nebenstellenanlagen ab Baustufe II G oder, wenn Anlagen verschiedener Fabrikate verwendet sind, ab Baustufe II E gemäß der Fernmeldeordnung der Deutschen Bundespost,
    in Fernschreibvermittlungs- und -übertragungseinrichtungen,
    in übertragungstechnischen Anlagen wie z. B. Funk-, Richtfunk- und Trägerfrequenzanlagen).
(Hierzu Protokollerklärung Nr. 1)

Vergütungsgruppe VII

1. Angestellte im fernmeldetechnischen Dienst mit Lehrabschlußprüfung in einem einschlägigen Lehrberuf, die Anlagen oder Einrichtungen der Fernmeldetechnik unterhalten (prüfen, instandhalten und instandsetzen).
(Hierzu Protokollerklärung Nr. 5)
2. Angestellte im fernmeldetechnischen Dienst als Fernmelderevisoren, soweit nicht anderweitig eingruppiert.
(Hierzu Protokollerklärung Nr. 1)

Vergütungsgruppe VIII

Ferner, wenn sie als Angestellte beschäftigt sind (§ 1 Abs. 2):

1. Angestellte im fernmeldetechnischen Dienst mit Lehrabschlußprüfung in einem einschlägigen Lehrberuf, die Anlagen oder Einrichtungen der Fernmeldetechnik selbständig bedienen, prüfen und instandhalten.
(Hierzu Protokollerklärung Nr. 5)
2. Angestellte im fernmeldetechnischen Dienst, die sich aus der Vergütungsgruppe IX dadurch herausheben, daß sie schwierigere Tätigkeiten bei der Bedienung und Instandhaltung von Anlagen oder Einrichtungen der Fernmeldetechnik ausüben und Störungen nach allgemeinen Anweisungen beseitigen.

Vergütungsgruppe IX

Ferner, wenn sie als Angestellte beschäftigt sind (§ 1 Abs. 2):

Angestellte im fernmeldetechnischen Dienst, die Anlagen oder Einrichtungen der Fernmeldetechnik bedienen und einfache Instandhaltungsarbeiten ausführen.
(Hierzu Protokollerklärung Nr. 5)

II. Angestellte im Fernmeldebetriebsdienst

Vergütungsgruppe Vc

Angestellte in Fernmeldebetriebsstellen, die die Aufsicht über mindestens 18 weitere Angestellte im Fernmeldebetriebsdienst führen.
(Hierzu Protokollerklärung Nr. 2)

Vergütungsgruppe VIb

1. Angestellte in Fernmeldebtriebsstellen, die die Aufsicht über neun weitere Angestellte im Fernmeldebetriebsdienst führen.
   (Hierzu Protokollerklärung Nr. 2)
2. Fernsprecher, die überwiegend fremdsprachlichen Fernsprechverkehr abwickeln, nach sechsmonatiger Ausübung dieser Tätigkeit.

Vergütungsgruppe VII

1. Fernsprecher an Auskunftsplätzen.
   (Auskunftsplätze sind Arbeitsplätze, die von der Verwaltung durch ausdrückliche Anordnung eingerichtet worden sind
   a) zur Vermittlung von Gesprächen, die von der annehmenden Vermittlungskraft nicht routinemäßig vermittelt werden können
      oder
   b) zur Erteilung von Auskünften.) – Fußnote –
2. Fernsprecher, die in nicht unerheblichem Umfang fremdsprachlichen Fernsprechverkehr abwickeln.
   (Der Umfang der fremdsprachlichen Vermittlungstätigkeit ist nicht mehr unerheblich, wenn er etwa ein Viertel der gesamten Tätigkeit ausmacht.) – Fußnote –
3. Angestellte in Fernmeldebetriebsstellen, die die Aufsicht über fünf weitere Angestellte im Fernmeldebetriebsdienst führen.
   (Hierzu Protokollerklärung Nr. 2)
4. Fernsprecher nach dreijähriger Bewährung als Fernsprecher in Vergütungsgruppe VIII. – Fußnote –

Fußnote:
Angestellte, die durch ausdrückliche Anordnung zum Schichtführer bestellt sind, erhalten für die Dauer dieser Tätigkeit eine monatliche Funktionszulage in Höhe von 8 v. H. der Anfangsgrundvergütung (§ 27 Abschn. A Abs. 1) der Vergütungsgruppe VII. Bei der Berechnung sich ergebende Bruchteile eines Cents unter 0,5 sind abzurunden. Bruchteile von 0,5 und mehr sind aufzurunden. Die Funktionszulage gilt bei der

Bemessung des Sterbegeldes (§ 41) und des Übergangsgeldes (§ 63) als Bestandteil der Grundvergütung und wird nur neben der Vergütung nach Vergütungsgruppe VII gezahlt. Sie ist nur für Zeiträume zu zahlen, für die Vergütung, Urlaubsvergütung oder Krankenbezüge zustehen; § 36 Abs. 2 gilt entsprechend.

Die Bestellung zum Schichtführer setzt voraus, dass neben dem Angestellten mindestens ein weiterer Angestellter im Fernmeldebetriebsdienst in dieser Schicht tätig ist und der Schichtführer für den ordnungsgemäßen Ablauf seiner Schicht verantwortlich ist.

Vergütungsgruppe VIII

Fernsprecher, soweit nicht anderweitig eingruppiert. – Fußnote –

Fußnote:

Angestellte, die durch ausdrückliche Anordnung zum Schichtführer bestellt sind, erhalten für die Dauer dieser Tätigkeit eine monatliche Funktionszulage in Höhe von 7,5 v. H. der Anfangsgrundvergütung (§ 27 Abschn. A Abs. 1) der Vergütungsgruppe VIII. Bei der Berechnung sich ergebende Bruchteile eines Cents unter 0,5 sind abzurunden, Bruchteile von 0,5 und mehr sind aufzurunden. Die Funktionszulage gilt bei der Bemessung des Sterbegeldes (§ 41) und des Übergangsgeldes (§ 63) als Bestandteil der Grundvergütung und wird nur neben der Vergütung nach der Vergütungsgruppe VIII gezahlt. Sie ist nur für Zeiträume zu zahlen, für die Vergütung, Urlaubsvergütung oder Krankenbezüge zustehen; § 36 Abs. 2 gilt entsprechend.

Die Bestellung zum Schichtführer setzt voraus, dass neben dem Angestellten mindestens ein weiterer Angestellter im Fernmeldebetriebsdienst in dieser Schicht tätig ist und der Schichtführer für den ordnungsgemäßen Ablauf seiner Schicht verantwortlich ist.

Vergütungsgruppe IX

Fernsprecher während der Einarbeitungszeit.

Protokollerklärungen:

Nr. 1
Fernmelderevisoren sind Angestellte mit Lehrabschlussprüfung in einem einschlägigen Lehrberuf mit Tätigkeiten, die die Fähigkeit voraussetzen, Funktionen und Schaltungsabläufe von Fernmeldeanlagen verschiedener Systeme (Bautechniken) anhand technischer Schaltungsunterlagen (z. B. Stromlaufplänen, Montageplänen, Zeitdiagrammen, Datenflussplänen) so zu erkennen, dass sie in der Lage sind, solche Fernmeldeanlagen selbständig instand zu halten und instand zu setzen.

Nr. 2
Soweit die Eingruppierung von der Zahl der unterstellten bzw. beaufsichtigten Personen abhängt,

Ang. im Fernmeldedienst IV.2.3.14

a) ist es für die Eingruppierung unschädlich, wenn im Organisations- und Stellenplan zur Besetzung ausgewiesene Stellen nicht besetzt sind,
b) rechnen hierzu auch Beamte vergleichbarer Besoldungsgruppen,
c) zählen Teilbeschäftigte entsprechend dem Verhältnis der mit ihnen im Arbeitsvertrag vereinbarten Arbeitszeit zur regelmäßigen Arbeitszeit eines Vollbeschäftigten.

Nr. 3
Elektronische Geräte sind z. B.:
> elektronische Schlüsselgeräte,
> Funkfernschreibübertragungssysteme,
> Richtfunkgeräte,
> Trägerfrequenzgeräte,
> Diversitygeräte,
> automatische Morsegeber (Umsetzgeräte).

Nr. 4
Schwierige Messungen im Sinne dieses Tätigkeitsmerkmals liegen vor, wenn am Fernmeldegerät fehlerhafte Schalt- und Regelvorgänge nicht durch bewegte Teile erkennbar sind, sondern sich als Änderungen vornehmlich elektrischer und magnetischer Größen unter Verwendung entsprechender Prüfgeräte messtechnisch erfassen lassen.

Nr. 5

Bedienen	= beschalten, ein-, aus-, umschalten, beobachten, ablesen;
einfache Instandhaltungsarbeiten	= reinigen, ölen, fetten, schmieren;
Prüfen	= technische Prüfungen (einzelne Prüfungen, Funktionsprüfungen, Prüfgänge, Zustandsprüfungen);
Instand halten	= an Ort und Stelle wieder betriebsbereit machen, reinigen, ölen, fetten, schmieren;
Instand setzen	= entstören, ausbessern.

Meister, technische Angestellte mit besonderen Aufgaben [1]

Vergütungsgruppe VII

1. (gestrichen)
2. Meister mit mehrjähriger Tätigkeit als Handwerker oder Facharbeiter, die die Aufsicht über eine Gruppe von Handwerkern, Facharbeitern oder sonstigen handwerklich tätigen Arbeitern führen.
   (Hierzu Protokollerklärung Nr. 1)
3. Maschinenmeister an kleinen und einfachen Maschinenanlagen.
   (Hierzu Protokollerklärung Nr. 1)
4. (gestrichen)
5. Meister mit mehrjähriger Tätigkeit als Gärtnergehilfen, die die Aufsicht über eine Gruppe von Gärtnergehilfen oder Arbeitern mit gärtnerischen oder landwirtschaftlichen Facharbeiterbrief führen.
   (Hierzu Protokollerklärung Nr. 5)

In Vergütungsgruppe VIb

1. Handwerksmeister, Industriemeister und Meister mit erfolgreich abgeschlossener aufgabenspezifischer Sonderausbildung mit entsprechender Tätigkeit.
   (Hierzu Protokollerklärungen Nrn. 1 und 2)
2. Meister mit mehrjähriger Tätigkeit als Meister in Vergütungsgruppe VII Fallgruppe 2 oder einer entsprechenden Tätigkeit außerhalb des Geltungsbereichs dieses Tarifvertrages, die die Aufsicht über eine größere Gruppe von Handwerkern, Facharbeitern oder sonstigen handwerklich tätigen Arbeitern führen.
   (Hierzu Protokollerklärung Nr. 1)
3. Maschinenmeister, soweit nicht anderweitig eingruppiert.
   (Hierzu Protokollerklärung Nr. 1)
4. Gärtnermeister mit entsprechender Tätigkeit.
   (Hierzu Protokollerklärung Nr. 5)
5. Meister mit mehrjähriger Tätigkeit als Meister in der Vergütungsgruppe VII Fallgruppe 5 oder einer entsprechenden Tätigkeit außerhalb des Geltungsbereichs dieses Tarifvertrages, die

---

[1] vgl. dazu auch die Übergangsvorschriften am Schluss des Beitrags

die Aufsicht über eine größere Gruppe von Gärtnergehilfen oder Arbeitern mit gärtnerischem oder landwirtschaftlichem Facharbeiterbrief führen.

(Hierzu Protokollerklärung Nr. 5)

6. (gestrichen)
7. Meister mit mehrjähriger Tätigkeit als Handwerker oder Facharbeiter, die die Aufsicht über eine Gruppe von Handwerkern, Facharbeitern oder sonstigen handwerklich tätigen Arbeitern führen,

   nach sechsjähriger Bewährung in Vergütungsgruppe VII Fallgruppe 2.

   (Hierzu Protokollerklärungen Nrn. 1 und 8)

8. Maschinenmeister an kleinen und einfachen Maschinenanlagen
   nach sechsjähriger Bewährung in Vergütungsgruppe VII Fallgruppe 3.

   (Hierzu Protokollerklärungen Nrn. 1 und 8)

9. (gestrichen)
10. Meister mit mehrjähriger Tätigkeit als Gärtnergehilfen, die die Aufsicht über eine Gruppe von Gärtnergehilfen oder Arbeitern mit gärtnerischem oder landwirtschaftlichem Facharbeiterbrief führen,

    nach sechsjähriger Bewährung in Vergütungsgruppe VII Fallgruppe 5.

    (Hierzu Protokollerklärungen Nrn. 5 und 8)

Vergütungsgruppe Vc

1. Handwerksmeister, Industriemeister und Meister mit erfolgreich abgeschlossener aufgabenspezifischer Sonderausbildung, sofern sie große Arbeitsstätten (Bereiche, Werkstätten, Abteilungen oder Betriebe) zu beaufsichtigen haben, in denen Handwerker oder Facharbeiter beschäftigt sind.

   (Hierzu Protokollerklärungen Nrn. 1 und 2)

2. Handwerksmeister, Industriemeister und Meister mit erfolgreich abgeschlossener aufgabenspezifischer Sonderausbildung, die sich aus der Vergütungsgruppe VI b Fallgruppe 1 dadurch herausheben, daß sie an einer besonders wichtigen Arbeitsstätte mit einem höheren Maß von Verantwortlichkeit beschäftigt sind.

   (Hierzu Protokollerklärungen Nrn. 1 und 2)

IV.2.3.15 Meister, techn. Ang. mit besond. Aufgaben

3. Meister mit langjähriger Bewährung in der Vergütungsgruppe VI b Fallgruppe 2 oder einer entsprechenden Tätigkeit außerhalb des Geltungsbereichs dieses Tarifvertrages, sofern sie große Arbeitsstätten (Bereiche, Werkstätten, Abteilungen oder Betriebe) zu beaufsichtigen haben, in denen Handwerker oder Facharbeiter beschäftigt sind.
(Hierzu Protokollerklärung Nr. 1)

4. Maschinenmeister an großen und wichtigen Maschinenanlagen.
(Hierzu Protokollerklärung Nr. 1)

5. Gärtnermeister, sofern sie besonders schwierige Arbeitsbereiche zu beaufsichtigen haben, in denen Gärtnergehilfen oder Arbeiter mit gärtnerischem oder landwirtschaftlichem Facharbeiterbrief beschäftigt werden.
(Hierzu Protokollerklärungen Nrn. 5, 6 und 7)

6. Gärtnermeister, die sich dadurch aus der Vergütungsgruppe VI b Fallgruppe 4 herausheben, daß sie in einem besonders bedeutenden Arbeitsbereich mit einem höheren Maß von Verantwortlichkeit beschäftigt sind.
(Hierzu Protokollerklärungen Nrn. 5 und 6)

7. Meister mit langjähriger Bewährung in der Vergütungsgruppe VI b Fallgruppe 5 oder einer entsprechenden Tätigkeit außerhalb des Geltungsbereichs dieses Tarifvertrages, sofern sie besonders schwierige Arbeitsbereiche zu beaufsichtigen haben, in denen Gärtnergehilfen oder Arbeiter mit gärtnerischem oder landwirtschaftlichem Facharbeiterbrief beschäftigt sind.
(Hierzu Protokollerklärungen Nrn. 5, 6 und 7)

8. Handwerksmeister, Industriemeister und Meister mit erfolgreich abgeschlossener aufgabenspezifischer Sonderausbildung
    nach vierjähriger Bewährung in Vergütungsgruppe VI b Fallgruppe 1.
(Hierzu Protokollerklärungen Nrn. 1, 2 und 8)

9. Meister mit mehrjähriger Tätigkeit als Meister in Vergütungsgruppe VII Fallgruppe 2 oder einer entsprechenden Tätigkeit außerhalb des Geltungsbereichs dieses Tarifvertrages, die die Aufsicht über eine größere Gruppe von Handwerkern, Facharbeitern oder sonstigen handwerklich tätigen Arbeitern führen,
    nach sechsjähriger Bewährung in Vergütungsgruppe VI b Fallgruppe 2.
(Hierzu Protokollerklärungen Nrn. 1 und 8)

Meister, techn. Ang. mit besond. Aufgaben **IV.2.3.15**

10. Maschinenmeister
    nach sechsjähriger Bewährung in Vergütungsgruppe VI b Fallgruppe 3.
    (Hierzu Protokollerklärungen Nrn. 1 und 8)

11. Gärtnermeister
    nach vierjähriger Bewährung in Vergütungsgruppe VI b Fallgruppe 4.
    (Hierzu Protokollerklärungen Nrn. 5 und 8)

12. Meister mit mehrjähriger Tätigkeit als Meister in der Vergütungsgruppe VII Fallgruppe 5 oder einer entsprechenden Tätigkeit außerhalb des Geltungsbereichs dieses Tarifvertrages, die die Aufsicht über eine größere Gruppe von Gärtnergehilfen oder Arbeitern mit gärtnerischem oder landwirtschaftlichem Facharbeiterbrief führen,
    nach sechsjähriger Bewährung in Vergütungsgruppe VI b Fallgruppe 5.
    (Hierzu Protokollerklärungen Nrn. 5 und 8)

Vergütungsgruppe Vb

1. Handwerksmeister, Industriemeister und Meister mit erfolgreich abgeschlossener aufgabenspezifischer Sonderausbildung, die sich durch den Umfang und die Bedeutung ihres Aufgabengebietes und große Selbständigkeit wesentlich aus der Vergütungsgruppe V c Fallgruppe 1 herausheben. – Fußnote –
   (Hierzu Protokollerklärungen Nrn. 1 und 2)

2. Handwerksmeister, Industriemeister und Meister mit erfolgreich abgeschlossener aufgabenspezifischer Sonderausbildung, die sich durch den Umfang und die Bedeutung ihres Aufgabengebietes und große Selbständigkeit wesentlich aus der Vergütungsgruppe V c Fallgruppe 2 herausheben. – Fußnote –
   (Hierzu Protokollerklärungen Nrn. 1 und 2)

3. Meister mit langjähriger Bewährung in der Vergütungsgruppe VI b Fallgruppe 2 oder einer entsprechenden Tätigkeit außerhalb des Geltungsbereichs dieses Tarifvertrages, die sich durch den Umfang und die Bedeutung ihres Aufgabengebietes und große Selbständigkeit wesentlich aus der Vergütungsgruppe V c Fallgruppe 3 herausheben. – Fußnote –
   (Hierzu Protokollerklärung Nr. 1)

4. Maschinenmeister, denen mindestens zwei Maschinenmeister der Vergütungsgruppe VI b Fallgruppe 3 oder einer höheren

Vergütungsgruppe durch ausdrückliche Anordnung ständig unterstellt sind. – Fußnote –
(Hierzu Protokollerklärungen Nrn. 1 und 3)

5. Maschinenmeister, die sich durch den Umfang und die Bedeutung ihres Aufgabengebietes und große Selbständigkeit wesentlich aus der Vergütungsgruppe V c Fallgruppe 4 herausheben. – Fußnote –
(Hierzu Protokollerklärung Nr. 1)

6. Gärtnermeister, denen mehrere Gärtnermeister oder Meister, davon mindestens einer mit Tätigkeiten mindestens der Vergütungsgruppe V c Fallgruppen 5, 6 oder 7, durch ausdrückliche Anordnung ständig unterstellt sind oder die regelmäßig vergleichbare Arbeitskräfte von Unternehmern einzusetzen und zu beaufsichtigen haben. – Fußnote –
(Hierzu Protokollerklärungen Nrn. 3 und 5)

7. Gärtnermeister, die in einem besonders bedeutenden Arbeitsbereich mit einem höheren Maß von Verantwortlichkeit beschäftigt sind und sich durch den Umfang und die Bedeutung ihres Aufgabengebietes sowie durch größere Selbständigkeit wesentlich aus der Vergütungsgruppe V c Fallgruppe 5 herausheben. – Fußnote –
(Hierzu Protokollerklärungenen Nrn. 5 und 6)

8. Gärtnermeister, die in einem besonders bedeutenden Arbeitsbereich mit einem höheren Maß von Verantwortlichkeit beschäftigt sind und sich durch den Umfang und die Bedeutung ihres Aufgabengebietes sowie durch große Selbständigkeit wesentlich aus der Vergütungsgruppe V c Fallgruppe 6 herausheben. – Fußnote –
(Hierzu Protokollerklärungen Nrn. 5 und 6)

9. Handwerksmeister, Industriemeister und Meister mit erfolgreich abgeschlossener aufgabenspezifischer Sonderausbildung, sofern sie große Arbeitsstätten (Bereiche, Werkstätten, Abteilungen oder Betriebe) zu beaufsichtigen haben, in denen Handwerker oder Facharbeiter beschäftigt sind,
   nach vierjähriger Bewährung in Vergütungsgruppe V c Fallgruppe 1.
(Hierzu Protokollerklärungen Nrn. 1, 2 und 8)

10. Handwerksmeister, Industriemeister und Meister mit erfolgreich abgeschlossener aufgabenspezifischer Sonderausbildung, die sich aus der Vergütungsgruppe VI b Fallgruppe 1 dadurch he-

Meister, techn. Ang. mit besond. Aufgaben **IV.2.3.15**

rausheben, daß sie an einer besonders wichtigen Arbeitsstätte mit einem höheren Maß von Verantwortlichkeit beschäftigt sind,

> nach vierjähriger Bewährung in Vergütungsgruppe V c Fallgruppe 2.

(Hierzu Protokollerklärungen Nrn. 1, 2 und 8)

11. Meister mit langjähriger Bewährung in der Vergütungsgruppe VI b Fallgruppe 2 oder einer entsprechenden Tätigkeit außerhalb des Geltungsbereichs dieses Tarifvertrages, sofern sie große Arbeitsstätten (Bereiche, Werkstätten, Abteilungen oder Betriebe) zu beaufsichtigen haben, in denen Handwerker oder Facharbeiter beschäftigt sind,

> nach sechsjähriger Bewährung in Vergütungsgruppe V c Fallgruppe 3.

(Hierzu Protokollerklärungen Nrn. 1 und 8)

12. Maschinenmeister an großen und wichtigen Maschinenanlagen
> nach sechsjähriger Bewährung in Vergütungsgruppe V c Fallgruppe 4.

(Hierzu Protokollerklärungen Nrn. 1 und 8)

13. Gärtnermeister, sofern sie besonders schwierige Arbeitsbereiche zu beaufsichtigen haben, in denen Gärtnergehilfen oder Arbeiter mit gärtnerischem oder landwirtschaftlichem Facharbeiterbrief beschäftigt werden,

> nach vierjähriger Bewährung in Vergütungsgruppe V c Fallgruppe 5.

(Hierzu Protokollerklärungen Nrn. 5, 6, 7 und 8)

14. Gärtnermeister, die sich dadurch aus der Vergütungsgruppe VI b Fallgruppe 4 herausheben, daß sie in einem besonders bedeutenden Arbeitsbereich mit einem höheren Maß an Verantwortlichkeit beschäftigt sind,

> nach vierjähriger Bewährung in Vergütungsgruppe V c Fallgruppe 6.

(Hierzu Protokollerklärungen Nrn. 5, 6 und 8)

15. Meister mit langjähriger Bewährung in der Vergütungsgruppe VI b Fallgruppe 5 oder einer entsprechenden Tätigkeit außerhalb des Geltungsbereichs dieses Tarifvertrages, sofern sie besonders schwierige Arbeitsbereiche zu beaufsichtigen haben, in denen Gärtnergehilfen oder Arbeiter mit gärtnerischem oder landwirtschaftlichem Facharbeiterbrief beschäftigt sind,

nach sechsjähriger Bewährung in Vergütungsgruppe V c Fallgruppe 7.

(Hierzu Protokollerklärungen Nrn. 5, 6, 7 und 8)

Fußnote:

Diese Angestellten erhalten nach vierjähriger (Fallgruppen 1, 2, 6 bis 8) bzw. sechsjähriger (Fallgruppen 3 bis 5) Bewährung in ihrer Fallgruppe eine monatliche Vergütungsgruppenzulage in Höhe von 8 v. H. der Grundvergütung der Stufe 4 der Vergütungsgruppe V b. Bei der Berechnung sich ergebende Bruchteile eines Cents unter 0,5 sind abzurunden, Bruchteile von 0,5 und mehr sind aufzurunden. Die Vergütungsgruppenzulage gilt bei der Bemessung des Sterbegeldes (§ 41) und des Übergangsgeldes (§ 63) als Bestandteil der Grundvergütung.

Vergütungsgruppe IVb

Technische Angestellte mit besonders verantwortungsvoller Tätigkeit

a) als Schichtführer in großen thermischen Kraftwerken, großen Heizkraftwerken oder großen Müllverbrennungsanlagen, die außerhalb der regulären Tagesarbeitszeit für den gesamten Betrieb allein verantwortlich sind,

b) in großen E-Lastverteileranlagen, die in der Schicht für die Netzbetriebsführung allein verantwortlich sind,

c) als Leiter von großen und vielschichtig strukturierten Instandsetzungsbereichen

sowie sonstige technische Angestellte mit vergleichbarer Tätigkeit, die wegen der Schwierigkeit der Aufgaben und der Größe der Verantwortung ebenso zu bewerten ist, wie die Tätigkeiten nach Buchstaben a bis c. – Fußnote –

(Hierzu Protokollerklärung Nr. 4)

Fußnote:

Diese Angestellten erhalten nach fünfjähriger Bewährung in dieser Fallgruppe eine monatliche Vergütungsgruppenzulage in Höhe von 8 v. H. der Grundvergütung der Stufe 4 der Vergütungsgruppe IV b. Bei der Berechnung sich ergebende Bruchteile eines Cents unter 0,5 sind abzurunden, Bruchteile von 0,5 und mehr sind aufzurunden. Die Vergütungsgruppenzulage gilt bei der Bemessung des Sterbegeldes (§ 41) und des Übergangsgeldes (§ 63) als Bestandteil der Grundvergütung.

Meister, techn. Ang. mit besond. Aufgaben IV.2.3.15

Protokollerklärungen:

Nr. 1

Meister im Sinne dieses Tätigkeitsmerkmals sind Arbeitnehmer, die
a) eine angestelltenrentenversicherungspflichtige Tätigkeit ausüben und
b) auf handwerklichem Gebiet tätig sind.

Dieses Tätigkeitsmerkmal gilt insbesondere nicht für Meister, die landwirtschaftlich, gärtnerisch, forstwirtschaftlich oder sonst außerhalb der handwerklichen Berufsarbeit tätig sind (z. B. Platzmeister, Lagermeister, Hausmeister, Verkehrsmeister).

Unter den Voraussetzungen des Unterabsatzes 1 Buchst. a werden Wasserbauwerkmeister mit entsprechender Tätigkeit nach den Tätigkeitsmerkmalen für Handwerksmeister eingruppiert.

Nr. 2

Aufgabenspezifische Sonderausbildungen sind Ausbildungen von Handwerkern oder Facharbeitern zum geprüften Kraftwerksmeister, zum geprüften Gasmeister oder zum geprüften Fernwärmemeister sowie Ausbildungen in gleichwertigen Ausbildungsgängen für Handwerker oder Facharbeiter.

Nr. 3

Soweit die Eingruppierung von der Zahl der unterstellten Angestellten abhängt,
a) ist es für die Eingruppierung unschädlich, wenn im Organisations- und Stellenplan zur Besetzung ausgewiesene Stellen nicht besetzt sind,
b) rechnen hierzu auch Beamte vergleichbarer Besoldungsgruppen,
c) zählen Teilbeschäftigte entsprechend dem Verhältnis der mit ihnen im Arbeitsvertrag vereinbarten Arbeitszeit zur regelmäßigen Arbeitszeit eines Vollbeschäftigten.

Nr. 4

Ein vielschichtig strukturierter Bereich liegt vor, wenn in diesem Bereich die Arbeit von mindestens drei Gewerken zu koordinieren ist und mindestens drei Gewerken jeweils Meister vorstehen. Gewerke sind Fachrichtungen im Sinne anerkannter Ausbildungsberufe, in denen die Meisterprüfung abgelegt werden kann.

Im Mehrschichtbetrieb ist es unschädlich, wenn in den mindestens drei Gewerken nicht in allen Schichten jeweils Meister im Sinne des Satzes 1 eingesetzt sind.

Nr. 5

Gärtnermeister und Meister im Sinne dieses Tätigkeitsmerkmals sind Arbeitnehmer, die eine angestelltenrentenversicherungspflichtige Tätigkeit in folgenden Fachgebieten ausüben:

Blumen- und Zierpflanzenanbau, Obstbau, gärtnerischer Gemüsebau, Baumschulen, gärtnerischer Samenbau, Landschaftsgärtnerei, Friedhofsgärtnerei.

IV.2.3.15 Meister, techn. Ang. mit besond. Aufgaben

Nr. 6
Arbeitsbereiche im Sinne dieses Tätigkeitsmerkmals sind z. B. Reviere (Bezirke), Betriebsstätten, Friedhöfe.

Nr. 7
Besonders schwierige Arbeitsbereiche im Sinne dieses Tätigkeitsmerkmals sind solche, die erheblich über den normalen Schwierigkeitsgrad hinausgehen.

Nr. 8
Für den erstmaligen Bewährungsaufstieg nach einem Tätigkeitsmerkmal des Tarifvertrages vom 18. April 1980 können Zeiten der Bewährung, die bei demselben Arbeitgeber in einem unmittelbar vorangegangenen Arbeiterverhältnis als Vorhandwerker im Sinne des bezirklichen Lohngruppenverzeichnisses zurückgelegt worden sind, zur Hälfte auf die geforderte Bewährungszeit angerechnet werden.

Hinweis des Bearbeiters:

Die Tätigkeitsmerkmale des Tarifvertrages sind zuletzt durch den Tarifvertrag zur Änderung der Anlage 1 a zum BAT vom 24. April 1991 mit Wirkung ab 1. Januar 1991 geändert worden. § 6 dieses Tarifvertrages enthält dazu die folgende Übergangsvorschrift:

„§ 6 Übergangsvorschriften für den Bereich der Vereinigung der kommunalen Arbeitgeberverbände

Für die Angestellten, die am 31. Dezember 1990 in einem Arbeitsverhältnis gestanden haben, das am 1. Januar 1991 zu demselben Arbeitgeber fortbestanden hat, gilt für die Dauer dieses Arbeitsverhältnisses folgendes:

1. *Hat der Angestellte am 31. Dezember 1990 Vergütung (§ 26 BAT) aus einer höheren Vergütungsgruppe erhalten als aus der Vergütungsgruppe, in der er nach diesem Tarifvertrag eingruppiert ist, wird diese Vergütung durch das Inkrafttreten dieses Tarifvertrages nicht berührt.*
2. *Hängt die Eingruppierung oder der Anspruch auf eine Vergütungsgruppenzulage nach diesem Tarifvertrag von der Zeit einer Tätigkeit oder von der Zeit einer Bewährung in einer bestimmten Vergütungs- und Fallgruppe oder von der Zeit einer Berufstätigkeit ab, wird die vor dem 1. Januar 1991 zurückgelegte Zeit vorbehaltlich der nachstehenden Nr. 3 so berücksichtigt, wie sie zu berücksichtigen wäre, wenn dieser Tarifvertrag bereits seit dem Beginn des Arbeitsverhältnisses gegolten hätte.*

Meister, techn. Ang. mit besond. Aufgaben **IV.2.3.15**

3. *Auf die in den nachstehenden Tätigkeitsmerkmalen des Tarifvertrages zur Änderung der Anlage 1a zum BAT (Angestellte in technischen Berufen) vom 15. Juni 1972 in der Fassung dieses Tarifvertrages werden die vor dem 1. Januar 1991 in einer Tätigkeit der nachstehenden Vergütungsgruppen der Anlage 1a zum BAT in der vor dem 1. Januar 1991 geltenden Fassung zurückgelegten Zeiten*

Vergütungsgruppe II *Fallgruppen 1a, 2a und 3a*	*Vergütungsgruppe III*
Vergütungsgruppe III *Fallgruppen 1b, 2b und 3b*	*Vergütungsgruppe IVa*
Vergütungsgruppe IVa *Fallgruppen 1b, 2b und 3b*	*Vergütungsgruppe IVb*

zur Hälfte angerechnet.

4. *Bei Angestellten, die unter die Tätigkeitsmerkmale der Vergütungsgruppe Vb Fallgruppen 3, 4 und 5 des Tarifvertrages zur Änderung der Anlage 1a zum BAT (Meister, technische Angestellte mit besonderen Aufgaben) vom 18. April 1980 in der Fassung dieses Tarifvertrages fallen, gilt im Kalenderjahr 1991 für die Anwendung der Fußnote I) zu diesen Tätigkeitsmerkmalen statt der sechsjährigen eine fünfjährige Bewährungszeit."*

Schwimmeister und Schwimmeistergehilfen

Vergütungsgruppe IX

Angestellte in der Tätigkeit von Schwimmeistergehilfen mit Abschlußprüfung.

Vergütungsgruppe VIII

Schwimmeistergehilfen mit Abschlußprüfung und entsprechender Tätigkeit.
(Hierzu Protokollerklärung Nr. 1)

Vergütungsgruppe VII

1. Schwimmeistergehilfen mit Abschlußprüfung, denen als Schichtführer die Aufsicht über mindestens vier Arbeitnehmer oder über mindestens zwei Schwimmeistergehilfen mit Abschlußprüfung bzw. Angestellte in der Tätigkeit von Schwimmeistergehilfen durch ausdrückliche Anordnung ständig übertragen ist.
(Hierzu Protokollerklärungen Nrn. 1, 3 und 4)

2. Schwimmeistergehilfen mit Abschlußprüfung und entsprechender Tätigkeit
    nach zweijähriger Bewährung in dieser Tätigkeit in Vergütungsgruppe VIII.
(Hierzu Protokollerklärung Nr. 1)

Vergütungsgruppe VIb

1. Geprüfte Schwimmeister mit entsprechender Tätigkeit.
(Hierzu Protokollerklärung Nr. 2)

2. Schwimmeistergehilfen mit Abschlußprüfung, denen als Schichtführer die Aufsicht über mindestens vier Arbeitnehmer oder über mindestens zwei Schwimmeistergehilfen mit Abschlußprüfung bzw. Angestellte in der Tätigkeit von Schwimmeistergehilfen durch ausdrückliche Anordnung ständig übertragen ist,
    nach vierjähriger Bewährung in Vergütungsgruppe VII Fallgruppe 1.
(Hierzu Protokollerklärungen Nrn. 1, 3 und 4)

Vergütungsgrupppe Vc

1. Geprüfte Schwimmeister als Betriebsleiter, denen die Aufsicht über mindestens zehn Arbeitnehmer, davon mindestens drei Schwimmeistergehilfen mit Abschlußprüfung bzw. Angestellte

Schwimmeister/Schwimmeistergehilfen **IV.2.3.16**

in der Tätigkeit von Schwimmeistergehilfen, durch ausdrückliche Anordnung ständig übertragen ist.
(Hierzu Protokollerklärungen Nrn. 1 bis 5)

2. Geprüfte Schwimmeister, die durch ausdrückliche Anordnung als ständige Vertreter der in Vergütungsgruppe Vb Fallgruppe 1 eingruppierten Betriebsleiter bestellt sind.
(Hierzu Protokollerklärungen Nrn. 2 und 6)

3. Geprüfte Schwimmeister mit entsprechender Tätigkeit
   nach vierjähriger Bewährung in Vergütungsgruppe VIb Fallgruppe 1.
(Hierzu Protokollerklärungen Nrn. 2 und 7)

Vergütungsgruppe Vb

1. Geprüfte Schwimmeister als Betriebsleiter, denen die Aufsicht über mindestens 18 Arbeitnehmer, davon mindestens fünf Schwimmeistergehilfen mit Abschlußprüfung bzw. Angestellte in der Tätigkeit von Schwimmeistergehilfen, durch ausrückliche Anordnung ständig übertragen ist. – Fußnote –
(Hierzu Protokollerklärungen Nrn. 1 bis 5)

2. Geprüfte Schwimmeister als Betriebsleiter, denen die Aufsicht über mindestens zehn Arbeitnehmer, davon mindestens drei Schwimmeistergehilfen mit Abschlußprüfung bzw. Angestellte in der Tätigkeit von Schwimmeistergehilfen, durch ausdrückliche Anordnung ständig übertragen ist,
   nach vierjähriger Bewährung in Vergütungsgruppe Vc Fallgruppe 1.
(Hierzu Protokollerklärungen Nrn. 1 bis 5 und 7)

3. Geprüfte Schwimmeister, die durch ausdrückliche Anordnung als ständige Vertreter der in Fallgruppe 1 eingruppierten Betriebsleiter bestellt sind,
   nach vierjähriger Bewährung in Vergütungsgruppe Vc Fallgruppe 2.
(Hierzu Protokollerklärungen Nrn. 2, 6 und 7)

Fußnote:
Diese Angestellten erhalten nach vierjähriger Bewährung in dieser Fallgruppe eine monatliche Vergütungsgruppenzulage in Höhe von 8 v. H. der Grundvergütung der Stufe 4 der Vergütungsgruppe Vb. Bei der Berechnung sich ergebende Bruchteile eines Cents unter 0,5 sind abzurunden, Bruchteile von 0,5 und mehr sind aufzurunden. Die Ver-

IV.2.3.16 Schwimmeister/Schwimmeistergehilfen

gütungsgruppenzulage gilt bei der Bemessung des Sterbegeldes (§ 41) und des Übergangsgeldes (§ 63) als Bestandteil der Grundvergütung.

Protokollerklärungen:

Nr. 1

Schwimmmeister mit staatlicher Prüfung gelten als Schwimmmeistergehilfen mit Abschlussprüfung.

Nr. 2

Schwimmmeister mit staatlicher Prüfung, die am 1. Januar 1981

a) das 35. Lebensjahr vollendet haben und

b) zehn Jahre als Schwimmmeister tätig waren,

werden Geprüften Schwimmmeistern gleichgestellt. Schwimmmeister mit staatlicher Prüfung, die am 1. Januar 1981 die Voraussetzungen des Satzes 1 nicht erfüllen, werden Geprüften Schwimmmeistern bis zur Ablegung der Prüfung nach der Verordnung über die berufliche Fortbildung zum Geprüften Schwimmmeister vom 3. Dezember 1975 (BGBl. I S. 2986) längstens bis zum 31. Dezember 1983 gleichgestellt; soweit sie innerhalb dieser Frist die Prüfung nicht abgelegt haben, sind sie eine Vergütungsgruppe niedriger eingruppiert.

Nr. 3

Soweit die Eingruppierung von der Zahl der ständig zu beaufsichtigenden Personen abhängt,

a) ist es für die Eingruppierung unschädlich, wenn im Organisations- und Stellenplan zur Besetzung ausgewiesene Stellen nicht besetzt sind,

b) rechnen hierzu auch Beamte vergleichbarer Besoldungsgruppen,

c) zählen Teilbeschäftigte entsprechend dem Verhältnis der mit ihnen im Arbeitsvertrag vereinbarten Arbeitszeit zur regelmäßigen Arbeitszeit eines Vollbeschäftigten.

Nr. 4

Anstelle eines Angestellten in der Tätigkeit eines Schwimmmeistergehilfen kann auch eine Aufsichtskraft mit Rettungsschwimmernachweis treten.

Nr. 5

Die Aufgaben des Betriebsleiters bestehen – zusätzlich zu den Aufgaben des Badebetriebsleiters (im Wesentlichen: Überwachung des Badebetriebes, der Einhaltung der Haus- und Badeordnung; Einsatz, Beaufsichtigung und Überwachung des Badepersonals; Überwachung der Badeeinrichtungen und Beaufsichtigung der Reinigungsarbeiten) – im Folgenden:

a) **Haushalts- und Kassenangelegenheiten**

Mitwirkung bei der Aufstellung des Haushaltsplanes, Bewirtschaftung der Haushaltsmittel, Auswertung der ermittelten Betriebsergebnisse, Prüfung der Tages- und Monatsabrechnungen.

b) Personalangelegenheiten

Erstellung der Dienstpläne bzw. Mitwirkung bei der Erstellung der Dienstpläne, Prüfung der Stundennachweise, Bearbeitung von Urlaubs- und Krankheitsfällen, Aufsicht über das Verwaltungs- und das betriebstechnische Personal.

c) Allgemeine Verwaltungsangelegenheiten

Aufnahme von Diebstählen und Unfällen, Führen von Statistiken, Fertigen von Berichten, Materialverwaltung.

Es ist unschädlich, wenn dem Betriebsleiter einzelne in den Buchstaben a bis c genannte Aufgaben nicht übertragen sind.

Nr. 6

Geprüfte Schwimmmeister, die einen Betriebsleiter ständig vertreten, sind nicht die Vertreter, die nur in Urlaubs- und sonstigen Abwesenheitsfällen vertreten.

Dieses Tätigkeitsmerkmal gilt auch dann, wenn der Vertretene im Beamtenverhältnis steht. In diesem Falle ist von der Vergütungsgruppe auszugehen, in der der Vertretene eingruppiert wäre, wenn er unter diesen Tarifvertrag fiele.

Nr. 7

Für den erstmaligen Bewährungsaufstieg nach einem Tätigkeitsmerkmal des Tarifvertrages vom 18. Februar 1981 können Zeiten der Bewährung, die bei demselben Arbeitgeber in einem unmittelbar vorangegangenen Arbeitsverhältnis als Vorhandwerker im Sinne des bezirklichen Lohngruppenverzeichnisses zurückgelegt worden sind, zur Hälfte auf die geforderte Bewährungszeit angerechnet werden.

Musikschullehrer [1]

Vergütungsgruppe VIb:
Angestellte in der Tätigkeit von Musikschullehrern während einer Einarbeitungszeit von höchstens einem Jahr.

Vergütungsgruppe Vc:
1. Angestellte in der Tätigkeit von Musikschullehrern.
2. Musikschullehrer im Sinne der Protokollerklärung Nr. 1 Satz 1 Buchst. e und Satz 2 mit entsprechender Tätigkeit während einer Einarbeitungszeit von höchstens einem Jahr.

Vergütungsgruppe Vb:
1. Musikschullehrer mit entsprechender Tätigkeit.
 (Hierzu Protokollerklärungen Nrn. 1 und 2)
2. Angestellte in der Tätigkeit von Musikschullehrern
 nach fünfjähriger Bewährung in
 Vergütungsgruppe Vc Fallgruppe 1.

Vergütungsgruppe IVb:
1. Musikschullehrer, die an Musikschulen einen Fachbereich zu betreuen haben, in dem mindestens 330 Jahreswochenstunden Unterricht erteilt werden.
 (Hierzu Protokollerklärungen Nrn. 1, 3, 4 und 5)
2. Musikschullehrer mit entsprechender Tätigkeit
 nach fünfjähriger Bewährung in
 Vergütungsgruppe Vb Fallgruppe 1.
 (Hierzu Protokollerklärungen Nrn. 1 und 2)
3. Musikschullehrer im Sinne der Protokollerklärung Nr. 1 Satz 1 Buchst. a bis d, die sich dadurch aus der Vergütungsgruppe Vb Fallgruppe 1 herausheben, daß sie durchschnittlich wöchentlich mindestens acht Unterrichtsstunden zu je 45 Minuten
 a) in der studienvorbereitenden Ausbildung tätig sind oder
 b) als Leiter von Ensembles (z. B. Chöre, Orchester) tätig sind, wenn diese Tätigkeit wegen ihrer künstlerischen und pädagogischen Qualität ebenso zu bewerten ist wie die in Buchstabe a genannte Tätigkeit.
 (Hierzu Protokollerklärungen Nrn. 3 und 6)

---

[1] Die Protokollerklärungen sind am Schluss des Beitrags abgedruckt.

Musikschullehrer **IV.2.3.17**

4. Musikschullehrer als Leiter von Musikschulen, soweit nicht anderweitig eingruppiert.
(Hierzu Protokollerklärungen Nrn. 1, 2, 3 und 5)

5. Musikschullehrer als ständige Vertreter des Leiters von Musikschulen, an denen mindestens 190 Jahreswochenstunden Unterricht erteilt werden.
(Hierzu Protokollerklärungen Nrn. 1, 2, 3, 4, 5 und 7)

Vergütungsgruppe IVa:

1. Musikschullehrer als Leiter einer Zweigstelle von Musikschulen, an der mindestens 290 Jahreswochenstunden Unterricht erteilt werden.
(Hierzu Protokollerklärungen Nrn. 1, 3, 4, 5 und 8)

2. Musikschullehrer, die an Musikschulen einen Fachbereich zu betreuen haben, in dem mindestens 330 Jahreswochenstunden Unterricht erteilt werden,
nach fünfjähriger Bewährung in
Vergütungsgruppe IVb Fallgruppe 1.
(Hierzu Protokollerklärungen Nrn. 1, 3, 4 und 5)

3. Musikschullehrer im Sinne der Protokollerklärung Nr. 1 Satz 1 Buchst. a bis d, die sich dadurch aus der Vergütungsgruppe Vb Fallgruppe 1 herausheben, daß sie durchschnittlich wöchentlich mindestens acht Unterrichtsstunden zu je 45 Minuten
   a) in der studienvorbereitenden Ausbildung tätig sind oder
   b) als Leiter von Ensembles (z. B. Chöre, Orchester) tätig sind, wenn diese Tätigkeit wegen ihrer künstlerischen und pädagogischen Qualität ebenso zu bewerten ist wie die in Buchstabe a genannte Tätigkeit,

   nach fünfjähriger Bewährung in Vergütungsgruppe IVb Fallgruppe 3.
(Hierzu Protokollerklärungen Nrn. 3 und 6)

4. Musikschullehrer als Leiter von Musikschulen, an denen mindestens 190 Jahreswochenstunden Unterricht erteilt werden.
(Hierzu Protokollerklärungen Nrn. 1, 3, 4, 5 und 9)

5. Musikschullehrer als ständige Vertreter des Leiters von Musikschulen, an denen mindestens 490 Jahreswochenstunden Unterricht erteilt werden.
(Hierzu Protokollerklärungen Nrn. 1, 3, 4, 5 und 7)

IV.2.3.17 Musikschullehrer

Vergütungsgruppe III:
1. Musikschullehrer als Leiter von Musikschulen, an denen mindestens 490 Jahreswochenstunden Unterricht erteilt werden.
(Hierzu Protokollerklärungen Nrn. 1, 3, 4, 5 und 9)
2. Musikschullehrer als ständige Vertreter des Leiters von Musikschulen, an denen mindestens 850 Jahreswochenstunden Unterricht erteilt werden.
(Hierzu Protokollerklärungen Nrn. 1, 3, 4, 5 und 7)

Vergütungsgruppe II:
1. Musikschullehrer als Leiter von Musikschulen, an denen mindestens 850 Jahreswochenstunden Unterricht erteilt werden.
(Hierzu Protokollerklärungen Nrn. 1, 3, 4, 5 und 9)
2. Musikschullehrer als ständige Vertreter des Leiters von Musikschulen, an denen mindestens 1470 Jahreswochenstunden Unterricht erteilt werden.
(Hierzu Protokollerklärungen Nrn. 1, 3, 4, 5 und 7)

Vergütungsgruppe Ib:
1. Musikschullehrer als Leiter von Musikschulen, an denen mindestens 1470 Jahreswochenstunden Unterricht erteilt werden.
(Hierzu Protokollerklärungen Nrn. 1, 3, 4, 5 und 9)
2. Musikschullehrer als ständige Vertreter des Leiters von Musikschulen, deren Tätigkeit sich aufgrund der Größe und Bedeutung der Schule wesentlich aus der Tätigkeit des Leiters einer Musikschule heraushebt, der nach Vergütungsgruppe Ib eingruppiert ist.
(Hierzu Protokollerklärungen Nrn. 1, 3, 5 und 7)

Vergütungsgruppe Ia:
Musikschullehrer als Leiter von Musikschulen, deren Tätigkeit sich aufgrund der Größe und Bedeutung der Schule wesentlich aus der Tätigkeit des Leiters einer Musikschule heraushebt, der nach Vergütungsgruppe Ib eingruppiert ist.
(Hierzu Protokollerklärungen Nrn. 1, 3, 5 und 9)

Protokollerklärungen

Nr. 1
Musikschullehrer sind Angestellte, die
a) nach einem achtsemestrigen Studium an einer Musikhochschule oder einer Musikakademie die künstlerische Reifeprüfung bzw. die künstlerische Abschlußprüfung bzw. die A-Prüfung für Kirchenmusik,

b) nach einem mindestens sechssemestrigen Studium an einer Musikhochschule oder einer Musikakademie den künstlerischen Teil der künstlerischen Prüfung für das Lehramt am Gymnasium bzw. die Teilprüfung Musik in der Ersten Staatsprüfung für das Lehramt am Gymnasium,

c) an einer staatlichen Hochschule für Musik die Prüfung für Diplom-Musiklehrer,

d) eine staatliche Musiklehrerprüfung im Sinne der Rahmenprüfungsordnung für die staatlichen Privatmusiklehrer (Beschluß der Kultusministerkonferenz vom 7. Oktober 1958) oder eine Prüfung im Sinne der Empfehlung der Kultusministerkonferenz über Rahmenbestimmungen für die Ausbildung und Prüfung von Lehrern an Musikschulen und selbständigen Musiklehrern (Beschluß der Kultusministerkonferenz vom 9. November 1984),

e) eine einer Prüfung im Sinne des Buchstaben d gleichwertige Prüfung (z. B. Erste Staatsprüfung für das Lehramt an Grund- und Hauptschulen mit dem Wahlfach Musik oder die B-Prüfung als Kirchenmusiker)

mit Erfolg abgelegt haben.

Den Musikschullehrern im Sinne des Buchstaben e stehen gleich Angestellte,

a) denen nach Landesrecht die Bezeichnung „staatlich anerkannter Musiklehrer" verliehen worden ist,

b) die keine Prüfung abgelegt haben, jedoch eine entsprechende Ausbildung nachweisen und die aufgrund gleichwertiger Fähigkeiten und ihrer Erfahrungen die Tätigkeit von Musikschullehrern ausüben.

Nr. 2

Der Angestellte erhält, solange er aufgrund ausdrücklicher schriftlicher Anordnung einen Fachbereich, in dem mindestens 150 Jahreswochenstunden Unterricht erteilt werden, zu betreuen hat, eine monatliche Funktionszulage in Höhe von 76,69 Euro.

Nr. 3

Das Tätigkeitsmerkmal setzt voraus, daß der Angestellte durch ausdrückliche schriftliche Anordnung zum Betreuer des Fachbereichs, für den Unterricht in der studienvorbereitenden Ausbildung, zum Leiter des Ensembles, zum Leiter, zum ständigen Vertreter des Leiters bzw. zum Leiter der Zweigstelle der Musikschule bestellt worden ist.

Nr. 4

Die Jahreswochenstunden sind dadurch zu ermitteln, daß die Unterrichtsstunden, die die Lehrkräfte der Musikschule (Leiter, ständiger Vertreter des Leiters, Musikschullehrer und Angestellte in der Tätigkeit von Musikschullehrern, ohne Rücksicht darauf, ob sie unter den BAT fallen) im Schuljahr zu erteilen haben, in Unterrichtsminuten umgerechnet werden und die sich ergebende Summe durch 45 und das Ergebnis durch die Zahl der Wochen geteilt wird, in denen während des Schuljahres Unterricht zu erteilen ist.

IV.2.3.17 Musikschullehrer

Nr. 5
Musikschulen sind Bildungseinrichtungen, die die Aufgabe haben, ihre Schüler an die Musik heranzuführen, ihre Begabungen frühzeitig zu erkennen, sie individuell zu fördern und bei entsprechender Begabung ihnen gegebenenfalls eine studienvorbereitende Ausbildung zu erteilen.

Nr. 6
Die studienvorbereitende Ausbildung setzt voraus, daß der Schüler in mindestens einem Hauptfach und in mindestens einem Nebenfach bzw. einem Ergänzungsfach zur Vorbereitung auf die Aufnahmeprüfung einer Musikhochschule unterrichtet wird.

Nr. 7
Ständige Vertreter sind nicht die Vertreter in Urlaubs- und sonstigen Abwesenheitsfällen.

Nr. 8
Zweigstellen im Sinne dieses Tätigkeitsmerkmals sind auch Einrichtungen mit einer anderen Bezeichnung (z. B. Bezirksstellen, Außenstellen).

Nr. 9
Dieses Tätigkeitsmerkmal gilt auch für Leiter von neu gegründeten Musikschulen, wenn damit zu rechnen ist, daß innerhalb von vier Jahren die geforderte Jahreswochenstundenzahl erreicht wird.

Tarifvertrag zur Änderung der Anlage 1a zum BAT (Angestellte in der Fleischuntersuchung)

Vom 30. Juni 1987

§ 1 Änderung der Anlage 1a zum BAT

Die zuletzt durch den Tarifvertrag zur Änderung der Anlage 1a zum BAT (Musikschullehrer) vom 20. Februar 1987 geänderte Anlage 1a zum BAT wird wie folgt geändert:

1. ...
2. Nachstehende Tätigkeitsmerkmale werden eingefügt:

    a) **In Vergütungsgruppe X:**

    Angestellte als Hilfskräfte im Sinne des § 2 Nr. 1 Buchst. b der Hilfskräfteverordnung – Frisches Fleisch –.

    b) **In Vergütungsgruppe IX:**

    Fleischkontrolleure im Sinne des § 6 Abs. 5 Nr. 3 des Fleischhygienegesetzes.

    c) **In Vergütungsgruppe VIII:**
    1. Fleischkontrolleure im Sinne des § 6 Abs. 5 Nr. 1 und 2 des Fleischhygienegesetzes.
    2. Fleischkontrolleure im Sinne des § 6 Abs. 5 Nr. 3 des Fleischhygienegesetzes in besonderer Stellung.
    3. Geflügelfleischkontrolleure im Sinne der Verordnung über Geflügelfleischkontrolleure.

    d) **In Vergütungsgruppe VII:**
    1. Fleischkontrolleure im Sinne des § 6 Abs. 5 Nr. 1 und 2 des Fleischhygienegesetzes

        nach dreijähriger Bewährung in Vergütungsgruppe VIII Fallgruppe 1.
    2. Fleischkontrolleure im Sinne des § 6 Abs. 5 Nr. 3 des Fleischhygienegesetzes in besonderer Stellung

        nach dreijähriger Bewährung in Vergütungsgruppe VIII Fallgruppe 2.
    3. Geflügelfleischkontrolleure im Sinne der Verordnung über Geflügelfleischkontrolleure

        nach dreijähriger Bewährung in Vergütungsgruppe VIII Fallgruppe 3.

§ 2 Übergangsvorschrift

Soweit die Eingruppierung der unter diesen Tarifvertrag fallenden Angestellten von einer Bewährungszeit abhängt, gilt für die Berücksichtigung von Zeiten, die vor dem 1. Februar 1987 zurückgelegt worden sind, folgendes:

Auf die in den nachstehenden Tätigkeitsmerkmalen in der Fassung dieses Tarifvertrages geforderten Zeiten der Bewährung werden die vor dem 1. Februar 1987 in einer Tätigkeit der nachstehenden Tätigkeitsmerkmale in der Fassung des Tarifvertrages vom 7. Oktober 1981 zurückgelegten Zeiten

Vergütungsgruppe VII	Vergütungsgruppe VIII
Fallgruppe 1	Fallgruppen 1 und 4
Vergütungsgruppe VII	Vergütungsgruppe VIII
Fallgruppe 2	Fallgruppe 2
Vergütungsgruppe VII	Vergütungsgruppe VIII
Fallgruppe 3	Fallgruppe 3

angerechnet.

§ 3 Inkrafttreten

Dieser Tarifvertrag tritt mit Wirkung vom 1. Februar 1987 in Kraft.

Angestellte in Versorgungsbetrieben [1]) [2])

Vergütungsgruppe X

1. Angestellte in Versorgungsbetrieben mit vorwiegend mechanischer Tätigkeit, z. B. Führung einfacher Kontrollen und Listen; Hilfsleistung bei der Postabfertigung; Ausschneiden und Aufkleben von Zeitungsnachrichten nach Anweisung und Herkunftsbezeichnungen dieser Ausschnitte; Heraussuchen und Einordnen von Aktenstücken; Sortieren von Belegen.
(Hierzu Protokollerklärung Nr. 1)

2. Angestellte in Versorgungsbetrieben im Magazindienst mit vorwiegend mechanischer Tätigkeit.
(Hierzu Protokollerklärung Nr. 1)

Vergütungsgruppe IX

1. Angestellte in Versorgungsbetrieben mit einfacheren Arbeiten, z. B. nach Schema zu erledigende Arbeiten; Postabfertigung; Führung von Brieftagebüchern, Inhaltsverzeichnissen; Führung von einfachen Karteien, z. B. Zettelkatalogen, nach Eigen- oder Ortsnamen geordneten Karteien; Führung von Kontrolllisten und statistischen Aufschreibungen; Formularverwaltung, Schreibmaterialienverwaltung; Führung von häufig wiederkehrendem Schriftwechsel nach Vordruck, insbesondere formularmäßige Bescheinigungen und Benachrichtigungen sowie Erinnerungen.
(Hierzu Protokollerklärung Nr. 1)

2. Angestellte in Versorgungsbetrieben als technische Angestellte mit einfacher Tätigkeit, z. B. Berechnungen einfacherer Art, Überwachung technischer Anlagen.
(Hierzu Protokollerklärung Nr. 1)

3. Angestellte in Versorgungsbetrieben im Magazindienst mit einfacheren Arbeiten, soweit nicht anderweitig eingereiht.
(Hierzu Protokollerklärung Nr. 1)

---

[1]) Die Eingruppierung der Angestellten in Versorgungsbetrieben ist durch den TV vom 25. 4. 1991 neu geregelt worden. Angestellten, deren Leistungen dauernd über dem Durchschnitt liegen, kann nach Maßgabe des § 2 dieses Tarifvertrages eine Leistungszulage gezahlt werden. Der Text des § 2 ist am Schluss dieses Beitrages abgedruckt.

[2]) Diese Tätigkeitsmerkmale gelten nicht für Angestellte, die unter den Tarifvertrag Versorgungsbetriebe (TV-V, hier nicht abgedruckt) fallen.

IV.2.3.19 Ang. in Versorgungsbetrieben

4. Angestellte in Versorgungsbetrieben als Abrechnungskassierer.
(Hierzu Protokollerklärung Nr. 1)
5. Angestellte in Versorgungsbetrieben als Magazin-, Lager- und Lagerhofverwalter, wenn sie als Angestellte beschäftigt sind.
(Hierzu Protokollerklärung Nr. 1)
6. Angestellte in Versorgungsbetrieben ohne Abschlussprüfung in der Tätigkeit von Laboranten oder Werkstoffprüfern (Physik).
(Hierzu Protokollerklärung Nr. 1)
7. Angestellte in Versorgungsbetrieben als Zeichner mit einfacher Tätigkeit.
(Hierzu Protokollerklärungen Nrn. 1 und 2)
8. Angestellte in Versorgungsbetrieben mit Tätigkeiten der Vergütungsgruppe X
    nach zweijähriger Bewährung in Vergütungsgruppe X.
(Hierzu Protokollerklärung Nr. 1)

Vergütungsgruppe IXa

Angestellte in Versorgungsbetrieben mit Tätigkeiten der Vergütungsgruppe IX
    nach zweijähriger Bewährung in Vergütungsgruppe IX.
(Hierzu Protokollerklärungen Nrn. 1 und 3)

Vergütungsgruppe VIII

1. a) Angestellte in Versorgungsbetrieben mit schwierigerer Tätigkeit, z. B. Mitwirkung bei der Bearbeitung laufender oder gleichartiger Geschäfte nach Anleitung, Entwerfen von dabei zu erledigenden Schreiben nach skizzierten Angaben; Erledigung ständig wiederkehrender Arbeiten in Anlehnung an ähnliche Vorgänge, auch ohne Anleitung; Führung von nach technischen Merkmalen geordneten Karteien sowie von solchen Karteien, deren Führung die Kenntnis fremder Sprachen voraussetzt; Kontenführung.
(Hierzu Protokollerklärung Nr. 1)
b) Angestellte in Versorgungsbetrieben, deren Tätigkeit sich dadurch aus der Fallgruppe 1. a) heraushebt, daß sie mindestens zu einem Viertel gründliche Fachkenntnisse erfordert. (Erforderlich sind nähere Kenntnisse von Gesetzen, Verwaltungsvorschriften, Tarifbestimmungen usw. des Aufgabenkreises.)
(Hierzu Protokollerklärung Nr. 1)

Ang. in Versorgungsbetrieben IV.2.3.19

2. Angestellte in Versorgungsbetrieben als Abrechnungskassierer mit schwierigerer Tätigkeit. (Eine schwierigere Tätigkeit liegt vor, wenn das Ablesen sich auf mehrere verschiedenartige Meßinstrumente und demzufolge das beim direkten Inkasso mit dem Ablesen verbundene Berechnen und Einziehen auf Tarife mehrerer verschiedenartiger Versorgungsbetriebe erstreckt oder beim gleichzeitigen Berechnen und Einziehen mehrerer Tarifsätze einer der errechneten Beträge die Rechtsnatur einer öffentlich-rechtlichen Gebühr hat oder zum direkten Inkasso aufgrund betrieblicher Ausbildung eine beratende, werbende oder verkaufsvermittelnde Tätigkeit hinzutritt.)
(Hierzu Protokollerklärung Nr. 1)

3. Angestellte in Versorgungsbetrieben als Magazin-, Lager- und Lagerhofvorsteher.
(Hierzu Protokollerklärung Nr. 1)

4. Angestellte in Versorgungsbetrieben als Modelleure im Bereich des Bau- und Planungswesens während der Einarbeitungszeit.
(Hierzu Protokollerklärung Nrn. 1 und 4)

5. Angestellte in Versorgungsbetrieben als Laboranten und Werkstoffprüfer (Physik) mit Abschlußprüfung und entsprechender Tätigkeit.
(Hierzu Protokollerklärungen Nrn. 1 und 5)

6. Angestellte in Versorgungsbetrieben ohne Abschlußprüfung in der Tätigkeit von Laboranten oder Werkstoffprüfern (Physik), die sich durch schwierigere Tätigkeiten aus der Vergütungsgruppe IX Fallgruppe 6 herausheben.
(Hierzu Protokollerklärung Nr. 1)

7. Angestellte in Versorgungsbetrieben ohne Abschlußprüfung in der Tätigkeit von Laboranten oder Werkstoffprüfern (Physik) der Vergütungsgruppe IX Fallgruppe 6
   nach dreijähriger Tätigkeit in Vergütungsgruppe IX Fallgruppe 6.
(Hierzu Protokollerklärung Nr. 1)

8. Angestellte in Versorgungsbetrieben als Zeichner mit entsprechender Abschlußprüfung (z. B. als Bauzeichner, graphischer Zeichner, technischer Zeichner) und entsprechender Tätigkeit sowie sonstige Angestellte, die aufgrund gleichwertiger Fähigkeiten und ihrer Erfahrungen entsprechende Tätigkeiten ausüben.
(Hierzu Protokollerklärung Nr. 1)

IV.2.3.19 Ang. in Versorgungsbetrieben

9. Angestellte in Versorgungsbetrieben als Zeichner in einer Tätigkeit der Vergütungsgruppe IX Fallgruppe 7

    nach dreijähriger Tätigkeit in Vergütungsgruppe IX Fallgruppe 7.

   (Hierzu Protokollerklärung Nr. 1)

Vergütungsgruppe VII

1. a) Angestellte in Versorgungsbetrieben, deren Tätigkeit gründliche Fachkenntnisse erfordert. (Erforderlich sind nähere Kenntnisse von Gesetzen, Verwaltungsvorschriften und Tarifbestimmungen usw. des Aufgabenkreises).
   (Hierzu Protokollerklärung Nr. 1)

   b) Angestellte in Versorgungsbetrieben, deren Tätigkeit gründliche und vielseitige Fachkenntnisse erfordert. (Die gründlichen und vielseitigen Fachkenntnisse brauchen sich nicht auf das gesamte Gebiet des Betriebes, in dem der Angestellte beschäftigt ist, zu beziehen. Der Aufgabenkreis des Angestellten muß aber so gestaltet sein, daß er nur beim Vorhandensein gründlicher und vielseitiger Fachkenntnisse ordnungsgemäß bearbeitet werden kann.)
   (Hierzu Protokollerklärung Nr. 1)

   c) Angestellte in Versorgungsbetrieben, deren Tätigkeit sich dadurch aus der Vergütungsgruppe VIII Fallgruppe 1a heraushebt, daß sie mindestens zu einem Viertel gründliche Fachkenntnisse erfordert,

      nach zweijähriger Bewährung in Vergütungsgruppe VIII Fallgruppe 1b.

   (Erforderlich sind nähere Kenntnisse von Gesetzen, Verwaltungsvorschriften und Tarifbestimmungen usw. des Aufgabenkreises.)
   (Hierzu Protokollerklärung Nr. 1)

2. Angestellte in Versorgungsbetrieben als Magazin- und Lagervorsteher mit besonderer Verantwortung in besonders wertvollen Lagern.
   (Hierzu Protokollerklärung Nr. 1)

3. Angestellte in Versorgungsbetrieben als technische Assistenten mit staatlicher Anerkennung (z. B. chemisch-technische Assistenten, physikalisch-technische Assistenten) und als staatlich geprüfte Chemotechniker

    nach Nr. 7 der Bemerkung zu allen Vergütungsgruppen mit entsprechender Tätigkeit während der ersten sechs Monate

Ang. in Versorgungsbetrieben IV.2.3.19

der Berufsausübung nach erlangter staatlicher Anerkennung bzw. nach Ablegung der staatlichen Prüfung

sowie sonstige Angestellte, die aufgrund gleichwertiger Fähigkeiten und ihrer Erfahrungen entsprechende Tätigkeiten ausüben.

(Hierzu Protokollerklärung Nr. 1)

4. Angestellte in Versorgungsbetrieben als Modelleure im Bereich des Bau- und Planungswesens.
(Hierzu Protokollerklärungen Nrn. 1 und 4)

5. Angestellte in Versorgungsbetrieben als Laboranten und Werkstoffprüfer (Physik) mit Abschlußprüfung, die sich durch besondere Leistungen aus der Vergütungsgruppe VIII Fallgruppe 5 herausheben.
(Hierzu Protokollerklärungen Nrn. 1 und 5)

6. Angestellte in Versorgungsbetrieben als Laboranten und Werkstoffprüfer (Physik) mit Abschlußprüfung in einer Tätigkeit der Vergütungsgruppe VIII Fallgruppe 5

    nach dreijähriger Tätigkeit in Vergütungsgruppe VIII Fallgruppe 5.

(Hierzu Protokollerklärungen Nrn. 1 und 5)

7. Angestellte in Versorgungsbetrieben ohne Abschlußprüfung in der Tätigkeit von Laboranten oder Werkstoffprüfern (Physik) der Vergütungsgruppe VIII Fallgruppe 6

    nach dreijähriger Tätigkeit in Vergütungsgruppe VIII Fallgruppe 6.

(Hierzu Protokollerklärung Nr. 1)

8. Angestellte in Versorgungsbetrieben als Zeichner mit entsprechender Abschlußprüfung (z. B. als Bauzeichner, graphischer Zeichner, technischer Zeichner), die in nicht unerheblichem Umfange Tätigkeiten ausüben, die besondere Leistungen erfordern, sowie sonstige Angestellte, die aufgrund gleichwertiger Fähigkeiten und ihrer Erfahrungen entsprechende Tätigkeiten ausüben.
(Hierzu Protokollerklärungen Nrn. 1, 6 und 7)

9. Angestellte in Versorgungsbetrieben als Zeichner mit entsprechender Abschlußprüfung (z. B. als Bauzeichner, graphischer Zeichner, technischer Zeichner) und entsprechender Tätigkeit sowie sonstige Angestellte, die aufgrund gleichwertiger Fähigkeiten und ihrer Erfahrungen entsprechende Tätigkeiten ausüben,

IV.2.3.19 Ang. in Versorgungsbetrieben

nach dreijähriger Tätigkeit in Vergütungsgruppe VIII Fallgruppe 8.
(Hierzu Protokollerklärung Nr. 1)

10. Meister in Versorgungsbetrieben mit mehrjähriger Tätigkeit als Handwerker oder Facharbeiter, die die Aufsicht über eine Gruppe von Handwerkern, Facharbeitern oder sonstigen handwerklich tätigen Arbeitern führen.
(Hierzu Protokollerklärungen Nrn. 1 und 8)

11. Maschinenmeister in Versorgungsbetrieben an kleinen und einfachen Maschinenanlagen.
(Hierzu Protokollerklärungen Nrn. 1 und 8)

Vergütungsgruppe VIb

1. a) Angestellte in Versorgungsbetrieben, deren Tätigkeit gründliche und vielseitige Fachkenntnisse und mindestens zu einem Fünftel selbständige Leistungen erfordert. (Die gründlichen und vielseitigen Fachkenntnisse brauchen sich nicht auf das gesamte Gebiet des Betriebes, bei dem der Angestellte beschäftigt ist, zu beziehen. Der Aufgabenkreis des Angestellten muß aber so gestaltet sein, daß er nur beim Vorhandensein gründlicher und vielseitiger Fachkenntnisse ordnungsgemäß bearbeitet werden kann. Selbständige Leistungen erfordern ein den vorausgesetzten Fachkenntnissen entsprechendes selbständiges Erarbeiten eines Ergebnisses unter Entwicklung einer eigenen geistigen Initiative; eine leichte geistige Arbeit kann diese Anforderung nicht erfüllen.)
(Hierzu Protokollerklärung Nr. 1)

   b) Angestellte in Versorgungsbetrieben, deren Tätigkeit gründliche und vielseitige Fachkenntnisse erfordert,
   nach sechsjähriger Bewährung in Vergütungsgruppe VII Fallgruppe 1.b).
   (Die gründlichen und vielseitigen Fachkenntnisse brauchen sich nicht auf das gesamte Gebiet des Betriebes, bei dem der Angestellte beschäftigt ist, zu beziehen. Der Aufgabenkreis des Angestellten muß aber so gestaltet sein, daß er nur beim Vorhandensein gründlicher und vielseitiger Fachkenntnisse ordnungsgemäß bearbeitet werden kann.)
   (Hierzu Protokollerklärung Nr. 1)

2. Angestellte in Versorgungsbetrieben als technische Assistenten mit staatlicher Anerkennung (z. B. chemisch-technische Assis-

Ang. in Versorgungsbetrieben **IV.2.3.19**

tenten, physikalisch-technische Assistenten) und als staatlich geprüfte Chemotechniker

  nach Nr. 7 der Bemerkung zu allen Vergütungsgruppen mit entsprechender Tätigkeit, die schwierige Aufgaben erfüllen,

sowie sonstige Angestellte, die aufgrund gleichwertiger Fähigkeiten und ihrer Erfahrungen entsprechende Tätigkeiten ausüben.

(Hierzu Protokollerklärung Nr. 1)

3. Angestellte in Versorgungsbetrieben als technische Assistenten mit staatlicher Anerkennung (z. B. chemisch-technische Assistenten, physikalisch-technische Assistenten) und staatlich geprüfte Chemotechniker

    nach Nr. 7 der Bemerkung zu allen Vergütungsgruppen mit entsprechender Tätigkeit nach sechsmonatiger Berufsausübung nach erlangter staatlicher Anerkennung bzw. nach Ablegung der staatlichen Prüfung

    sowie sonstige Angestellte, die aufgrund gleichwertiger Fähigkeiten und ihrer Erfahrungen entsprechende Tätigkeiten ausüben, nach sechsmonatiger Ausübung dieser Tätigkeiten.

    (Hierzu Protokollerklärung Nr. 1)

4. Angestellte in Versorgungsbetrieben als staatlich geprüfte Techniker bzw. Techniker mit staatlicher Abschlußprüfung nach Nr. 6 der Bemerkung zu allen Vergütungsgruppen (z. B. Bautechniker, Betriebstechniker, Elektrotechniker, Feinwerktechniker, Heizungstechniker, Kältetechniker, Lüftungstechniker und Maschinenbautechniker) und entsprechender Tätigkeit, die in nicht unerheblichem Umfange selbständig tätig sind, sowie sonstige Angestellte, die aufgrund gleichwertiger Fähigkeiten und ihrer Erfahrungen entsprechende Tätigkeiten ausüben.

    (Hierzu Protokollerklärungen Nrn. 1, 6 und 10)

5. Angestellte in Versorgungsbetrieben als staatlich geprüfte Techniker bzw. Techniker mit staatlicher Abschlußprüfung nach Nr. 6 der Bemerkung zu allen Vergütungsgruppen (z. B. Bautechniker, Betriebstechniker, Elektrotechniker, Feinwerktechniker, Heizungstechniker, Kältetechniker, Lüftungstechniker und Maschinenbautechniker) und entsprechender Tätigkeit sowie sonstige Angestellte, die aufgrund gleichwertiger Fähigkeiten und ihrer Erfahrungen entsprechende Tätigkeiten ausüben.

    (Hierzu Protokollerklärung Nr. 1)

IV.2.3.19 Ang. in Versorgungsbetrieben

6. Angestellte in Versorgungsbetrieben als Modelleure im Bereich des Bau- und Planungswesens, die sich aus der Vergütungsgruppe VII Fallgruppe 4 durch Tätigkeiten herausheben, die besondere Leistungen erfordern.
(Hierzu Protokollerklärungen Nrn. 1 und 4)

7. Angestellte in Versorgungsbetrieben als Modelleure im Bereich des Bau- und Planungswesens in einer Tätigkeit der Vergütungsgruppe VII Fallgruppe 4
   nach dreijähriger Tätigkeit in dieser Vergütungs- und Fallgruppe.
(Hierzu Protokollerklärungen Nrn. 1 und 4)

8. Angestellte in Versorgungsbetrieben als Laboranten und Werkstoffprüfer (Physik) mit Abschlußprüfung, die sich durch besondere Bewährung und selbständige Leistungen aus der Vergütungsgruppe VII Fallgruppe 5 herausheben.
(Hierzu Protokollerklärungen Nrn. 1 und 5)

9. Angestellte in Versorgungsbetrieben als Laboranten und Werkstoffprüfer (Physik) mit Abschlußprüfung in einer Tätigkeit der Vergütungsgruppe VII Fallgruppe 5
   nach vierjähriger Tätigkeit in Vergütungsgruppe VII Fallgruppe 5.
(Hierzu Protokollerklärungen Nrn. 1 und 5)

10. Angestellte in Versorgungsbetrieben als Zeichner mit entsprechender Abschlußprüfung (z. B. als Bauzeichner, graphischer Zeichner, technischer Zeichner), die überwiegend Tätigkeiten ausüben, die besondere Leistungen im Sinne der Vergütungsgruppe VII Fallgruppe 8 erfordern, sowie sonstige Angestellte, die aufgrund gleichwertiger Fähigkeiten und ihrer Erfahrungen entsprechende Tätigkeiten ausüben.
(Hierzu Protokollerklärung Nr. 1)

11. Handwerksmeister, Industriemeister und Meister mit erfolgreich abgeschlossener aufgabenspezifischer Sonderausbildung in Versorgungsbetrieben mit entsprechender Tätigkeit.
(Hierzu Protokollerklärungen Nrn. 1, 8 und 9)

12. Meister in Versorgungsbetrieben mit mehrjähriger Tätigkeit als Meister in Vergütungsgruppe VII Fallgruppe 10 oder einer entsprechenden Tätigkeit außerhalb des Geltungsbereichs dieses Tarifvertrages, die die Aufsicht über eine größere Gruppe von

Handwerkern, Facharbeitern oder sonstigen handwerklich tätigen Arbeitern führen.
(Hierzu Protokollerklärungen Nrn. 1 und 8)

13. Maschinenmeister in Versorgungsbetrieben, soweit nicht anderweitig eingruppiert.
(Hierzu Protokollerklärungen Nrn. 1 und 8)

14. Meister in Versorgungsbetrieben mit mehrjähriger Tätigkeit als Handwerker oder Facharbeiter, die die Aufsicht über eine Gruppe von Handwerkern, Facharbeitern oder sonstigen handwerklich tätigen Arbeitern führen,
nach sechsjähriger Bewährung in Vergütungsgruppe VII Fallgruppe 10.
(Hierzu Protokollerklärungen Nrn. 1, 8 und 14)

15. Maschinenmeister in Versorgungsbetrieben an kleinen und einfachen Maschinenanlagen
nach sechsjähriger Bewährung in Vergütungsgruppe VII Fallgruppe 11.
(Hierzu Protokollerklärungen Nrn. 1, 8 und 14)

Vergütungsgruppe Vc

1. a) Angestellte in Versorgungsbetrieben, deren Tätigkeit gründliche und vielseitige Fachkenntnisse und mindestens zu einem Drittel selbständige Leistungen erfordert. (Die gründlichen und vielseitigen Fachkenntnisse brauchen sich nicht auf das gesamte Gebiet des Betriebes, bei dem der Angestellte beschäftigt ist, zu beziehen. Der Aufgabenkreis des Angestellten muß aber so gestaltet sein, daß er nur beim Vorhandensein gründlicher und vielseitiger Fachkenntnisse ordnungsgemäß bearbeitet werden kann. Selbständige Leistungen erfordern ein den vorausgesetzten Fachkenntnissen entsprechendes selbständiges Erarbeiten eines Ergebnisses unter Entwicklung einer eigenen geistigen Initiative; eine leichte geistige Arbeit kann diese Anforderung nicht erfüllen.)
(Hierzu Protokollerklärung Nr. 1)

b) Angestellte in Versorgungsbetrieben, deren Tätigkeit gründliche und vielseitige Fachkenntnisse und selbständige Leistungen erfordert. (Die gründlichen und vielseitigen Fachkenntnisse brauchen sich nicht auf das gesamte Gebiet des Betriebes, bei dem der Angestellte beschäftigt ist, zu beziehen. Der Aufgabenkreis des Angestellten muß aber so ge-

IV.2.3.19 Ang. in Versorgungsbetrieben

staltet sein, daß er nur beim Vorhandensein gründlicher und vielseitiger Fachkenntnisse ordnungsgemäß bearbeitet werden kann. Selbständige Leistungen erfordern ein den vorausgesetzten Fachkenntnissen entsprechendes selbständiges Erarbeiten eines Ergebnisses unter Entwicklung einer eigenen geistigen Initiative; eine leichte geistige Arbeit kann diese Anforderung nicht erfüllen.)

(Hierzu Protokollerklärung Nr. 1)

2. Angestellte in Versorgungsbetrieben als technische Assistenten mit staatlicher Anerkennung (z. B. chemisch-technische Assistenten, physikalisch-technische Assistenten) und staatlich geprüfte Chemotechniker

   nach Nr. 7 der Bemerkung zu allen Vergütungsgruppen mit entsprechender Tätigkeit, die schwierige Aufgaben erfüllen und in nicht unerheblichem Umfange verantwortlichere Tätigkeiten verrichten,

sowie Laboranten mit Abschlußprüfung, die aufgrund gleichwertiger Fähigkeiten und ihrer Erfahrungen entsprechende Tätigkeiten ausüben.

(Hierzu Protokollerklärungen Nrn. 1 und 6)

3. Angestellte in Versorgungsbetrieben als technische Assistenten mit staatlicher Anerkennung (z. B. chemisch-technische Assistenten, physikalisch-technische Assistenten) und staatlich geprüfte Chemotechniker

   nach Nr. 7 der Bemerkung zu allen Vergütungsgruppen in einer Tätigkeit der Vergütungsgruppe VIb Fallgruppe 2

sowie sonstige Angestellte, die aufgrund gleichwertiger Fähigkeiten und ihrer Erfahrungen entsprechende Tätigkeiten ausüben,

   nach zweijähriger Tätigkeit in Vergütungsgruppe VIb Fallgruppe 2.

(Hierzu Protokollerklärung Nr. 1)

4. Angestellte in Versorgungsbetrieben als staatlich geprüfte Techniker bzw. Techniker mit staatlicher Abschlußprüfung nach Nr. 6 der Bemerkung zu allen Vergütungsgruppen (z. B. Bautechniker, Betriebstechniker, Elektrotechniker, Feinwerktechniker, Heizungstechniker, Kältetechniker, Lüftungstechniker und Maschinenbautechniker) und entsprechender Tätigkeit, die überwiegend selbständig tätig sind, sowie sonstige Angestellte, die

Ang. in Versorgungsbetrieben **IV.2.3.19**

aufgrund gleichwertiger Fähigkeiten und ihrer Erfahrungen entsprechende Tätigkeiten ausüben.
(Hierzu Protokollerklärungen Nrn. 1 und 10)

5. Angestellte in Versorgungsbetrieben als staatlich geprüfte Techniker bzw. Techniker mit staatlicher Abschlußprüfung nach Nr. 6 der Bemerkung zu allen Vergütungsgruppen (z. B. Bautechniker, Betriebstechniker, Elektrotechniker, Feinwerktechniker, Heizungstechniker, Kältetechniker, Lüftungstechniker und Maschinenbautechniker) in einer Tätigkeit der Vergütungsgruppe VIb Fallgruppe 4 sowie sonstige Angestellte, die aufgrund gleichwertiger Fähigkeiten und ihrer Erfahrungen entsprechende Tätigkeiten ausüben,

    nach zweijähriger Tätigkeit in Vergütungsgruppe VIb Fallgruppe 4.

(Hierzu Protokollerklärungen Nrn. 1 und 10)

6. Angestellte in Versorgungsbetrieben als staatlich geprüfte Techniker bzw. Techniker mit staatlicher Abschlußprüfung nach Nr. 6 der Bemerkung zu allen Vergütungsgruppen (z. B. Bautechniker, Betriebstechniker, Elektrotechniker, Feinwerktechniker, Heizungstechniker, Kältetechniker, Lüftungstechniker und Maschinenbautechniker) und entsprechender Tätigkeit sowie sonstige Angestellte, die aufgrund gleichwertiger Fähigkeiten und ihrer Erfahrungen entsprechende Tätigkeiten ausüben,

    nach fünfjähriger Bewährung in Vergütungsgruppe VIb Fallgruppe 5.

(Hierzu Protokollerklärung Nr. 1)

7. Angestellte in Versorgungsbetrieben als Modelleure im Bereich des Bau- und Planungswesens, die sich aus der Vergütungsgruppe VIb Fallgruppe 6 durch Tätigkeiten herausheben, die hochwertige Leistungen erfordern.
(Hierzu Protokollerklärungen Nrn. 1 und 4)

8. Angestellte in Versorgungsbetrieben als Modelleure im Bereich des Bau- und Planungswesens in einer Tätigkeit der Vergütungsgruppe VIb Fallgruppe 6

    nach sechsjähriger Tätigkeit in Vergütungsgruppe VIb Fallgruppe 6.

(Hierzu Protokollerklärungen Nrn. 1 und 4)

9. Angestellte in Versorgungsbetrieben als Laboranten und Werkstoffprüfer (Physik) mit Abschlußprüfung in einer Tätigkeit der Vergütungsgruppe VIb Fallgruppe 8

IV.2.3.19 Ang. in Versorgungsbetrieben

nach fünfjähriger Tätigkeit in Vergütungsgruppe VIb Fallgruppe 8.

(Hierzu Protokollerklärungen Nrn. 1 und 5)

10. Handwerksmeister, Industriemeister und Meister mit erfolgreich abgeschlossener aufgabenspezifischer Sonderausbildung in Versorgungsbetrieben, sofern sie große Arbeitsstätten (Bereiche, Werkstätten, Abteilungen oder Betriebe) zu beaufsichtigen haben, in denen Handwerker oder Facharbeiter beschäftigt sind.

(Hierzu Protokollerklärungen Nrn. 1, 8 und 9)

11. Handwerksmeister, Industriemeister und Meister mit erfolgreich abgeschlossener aufgabenspezifischer Sonderausbildung in Versorgungsbetrieben, die sich aus der Vergütungsgruppe VIb Fallgruppe 11 dadurch herausheben, daß sie an einer besonders wichtigen Arbeitsstätte mit einem höheren Maß von Verantwortlichkeit beschäftigt sind.

(Hierzu Protokollerklärungen Nrn. 1, 8 und 9)

12. Meister in Versorgungsbetrieben mit langjähriger Bewährung in der Vergütungsgruppe VIb Fallgruppe 12 oder einer entsprechenden Tätigkeit außerhalb des Geltungsbereichs dieses Tarifvertrages, sofern sie große Arbeitsstätten (Bereiche, Werkstätten, Abteilungen oder Betriebe) zu beaufsichtigen haben, in denen Handwerker oder Facharbeiter beschäftigt sind.

(Hierzu Protokollerklärungen Nrn. 1 und 8)

13. Maschinenmeister in Versorgungsbetrieben an großen und wichtigen Maschinenanlagen.

(Hierzu Protokollerklärungen Nrn. 1 und 8)

14. Handwerksmeister, Industriemeister und Meister mit erfolgreich abgeschlossener aufgabenspezifischer Sonderausbildung in Versorgungsbetrieben

nach vierjähriger Bewährung in Vergütungsgruppe VIb Fallgruppe 11.

(Hierzu Protokollerklärungen Nrn. 1, 8, 9 und 14)

15. Meister in Versorgungsbetrieben mit mehrjähriger Tätigkeit als Meister in Vergütungsgruppe VII Fallgruppe 11 oder einer entsprechenden Tätigkeit außerhalb des Geltungsbereichs dieses Tarifvertrages, die die Aufsicht über eine größere Gruppe von Handwerkern, Facharbeitern oder sonstigen handwerklich tätigen Arbeitern führen,

Ang. in Versorgungsbetrieben IV.2.3.19

nach sechsjähriger Bewährung in Vergütungsgruppe VIb Fallgruppe 12.
(Hierzu Protokollerklärungen Nrn. 1, 8 und 14)

16. Maschinenmeister in Versorgungsbetrieben
nach sechsjähriger Bewährung in Vergütungsgruppe VIb Fallgruppe 13.
(Hierzu Protokollerklärungen Nrn. 1, 8 und 14)

Vergütungsgruppe Vb

1. a) Angestellte in Versorgungsbetrieben, deren Tätigkeit gründliche, umfassende Fachkenntnisse und selbständige Leistungen erfordert. (Gründliche, umfassende Fachkenntnisse bedeuten gegenüber den in der Fallgruppe 1 Buchst. b der Vergütungsgruppe VII und in den Fallgruppen 1. a) und 1. b) der Vergütungsgruppen VIb und Vc geforderten gründlichen und vielseitigen Fachkenntnissen eine Steigerung der Tiefe und der Breite nach.)
(Hierzu Protokollerklärung Nr. 1)

   b) Angestellte in Versorgungsbetrieben, deren Tätigkeit sich dadurch aus der Fallgruppe 1. a) heraushebt, daß sie mindestens zu einem Drittel besonders verantwortungsvoll ist.
(Hierzu Protokollerklärung Nr. 1)

   c) Angestellte in Versorgungsbetrieben, deren Tätigkeit gründliche und vielseitige Fachkenntnisse und selbständige Leistungen erfordert,
   nach dreijähriger Bewährung in Vergütungsgruppe Vc Fallgruppe 1. b).
(Die gründlichen und vielseitigen Fachkenntnisse brauchen sich nicht auf das gesamte Gebiet des Betriebes, bei dem der Angestellte beschäftigt ist, zu beziehen. Der Aufgabenkreis des Angestellten muß aber so gestaltet sein, daß er nur beim Vorhandensein gründlicher und vielseitiger Fachkenntnisse ordnungsgemäß bearbeitet werden kann. Selbständige Leistungen erfordern ein den vorausgesetzten Fachkenntnissen entsprechendes selbständiges Erarbeiten eines Ergebnisses unter Entwicklung einer eigenen geistigen Initiative; eine leichte geistige Arbeit kann diese Anforderung nicht erfüllen.)
(Hierzu Protokollerklärung Nr. 1)

2. Angestellte in Versorgungsbetrieben als technische Angestellte mit technischer Ausbildung nach Nr. 2 der Bemerkung zu allen

IV.2.3.19 Ang. in Versorgungsbetrieben

Vergütungsgruppen und entsprechender Tätigkeit während der ersten sechs Monate der Berufsausübung nach Ablegung der Prüfung sowie sonstige Angestellte, die aufgrund gleichwertiger Fähigkeiten und ihrer Erfahrungen entsprechende Tätigkeiten ausüben.
(Hierzu Protokollerklärungen Nrn. 1 und 11)

3. Angestellte in Versorgungsbetrieben als technische Assistenten mit staatlicher Anerkennung (z. B. chemisch-technische Assistenten, physikalisch-technische Assistenten) und staatlich geprüfte Chemotechniker

    nach Nr. 7 der Bemerkung zu allen Vergütungsgruppen mit entsprechender Tätigkeit, die schwierige Aufgaben erfüllen, die ein besonders hohes Maß an Verantwortlichkeit erfordern.

(Hierzu Protokollerklärung Nr. 1)

4. Angestellte in Versorgungsbetrieben als technische Assistenten mit staatlicher Anerkennung (z. B. chemisch-technische Assistenten, physikalisch-technische Assistenten) und staatlich geprüfte Chemotechniker

    nach Nr. 7 der Bemerkung zu allen Vergütungsgruppen in einer Tätigkeit der Vergütungsgruppe Vc Fallgruppe 2

sowie Laboranten mit Abschlußprüfung, die aufgrund gleichwertiger Fähigkeiten und ihrer Erfahrungen entsprechende Tätigkeiten ausüben,

    nach dreijähriger Tätigkeit in Vergütungsgruppe Vc Fallgruppe 2.

(Hierzu Protokollerklärung Nr. 1)

5. Angestellte in Versorgungsbetrieben als staatlich geprüfte Techniker bzw. Techniker mit staatlicher Abschlußprüfung nach Nr. 6 der Bemerkung zu allen Vergütungsgruppen (z. B. Bautechniker, Betriebstechniker, Elektrotechniker, Feinwerktechniker, Heizungstechniker, Kältetechniker, Lüftungstechniker und Maschinenbautechniker) in einer Tätigkeit der Vergütungsgruppe Vc Fallgruppe 4, die schwierige Aufgaben erfüllen, sowie sonstige Angestellte, die aufgrund gleichwertiger Fähigkeiten und ihrer Erfahrungen entsprechende Tätigkeiten ausüben. – Fußnote 1 –
(Hierzu Protokollerklärungen Nrn. 1 und 10)

6. Angestellte in Versorgungsbetrieben als staatlich geprüfte Techniker bzw. Techniker mit staatlicher Abschlußprüfung nach Nr. 6 der Bemerkung zu allen Vergütungsgruppen (z. B. Bautechniker,

Ang. in Versorgungsbetrieben IV.2.3.19

Betriebstechniker, Elektrotechniker, Feinwerktechniker, Heizungstechniker, Kältetechniker, Lüftungstechniker und Maschinenbautechniker) in einer Tätigkeit der Vergütungsgruppe Vc Fallgruppe 4 sowie sonstige Angestellte, die aufgrund gleichwertiger Fähigkeiten und ihrer Erfahrungen entsprechende Tätigkeiten ausüben,

    nach sechsjähriger Tätigkeit in dieser Vergütungs- und Fallgruppe.

(Hierzu Protokollerklärungen Nrn. 1 und 10)

7. Angestellte in Versorgungsbetrieben als Modelleure im Bereich des Bau- und Planungswesens in einer Tätigkeit der Vergütungsgruppe Vc Fallgruppe 7

    nach sechsjähriger Tätigkeit in Vergütungsgruppe Vc Fallgruppe 7.

(Hierzu Protokollerklärungen Nrn. 1 und 4)

8. Handwerksmeister, Industriemeister und Meister mit erfolgreich abgeschlossener aufgabenspezifischer Sonderausbildung in Versorgungsbetrieben, die sich durch den Umfang und die Bedeutung ihres Aufgabengebietes und große Selbständigkeit wesentlich aus der Vergütungsgruppe Vc Fallgruppe 10 herausheben.
– Fußnote 2 –

(Hierzu Protokollerklärungen Nrn. 1, 8 und 9)

9. Handwerksmeister, Industriemeister und Meister mit erfolgreich abgeschlossener aufgabenspezifischer Sonderausbildung in Versorgungsbetrieben, die sich durch den Umfang und die Bedeutung ihres Aufgabengebietes und große Selbständigkeit wesentlich aus der Vergütungsgruppe Vc Fallgruppe 11 herausheben.
– Fußnote 2 –

(Hierzu Protokollerklärungen Nrn. 1, 8 und 9)

10. Meister in Versorgungsbetrieben mit langjähriger Bewährung in der Vergütungsgruppe VIb Fallgruppe 11 oder einer entsprechenden Tätigkeit außerhalb des Geltungsbereichs dieses Tarifvertrages, die sich durch den Umfang und die Bedeutung ihres Aufgabengebietes und große Selbständigkeit wesentlich aus der Vergütungsgruppe Vc Fallgruppe 12 herausheben.
– Fußnote 3 –

(Hierzu Protokollerklärungen Nrn. 1 und 8)

11. Maschinenmeister in Versorgungsbetrieben, denen mindestens zwei Maschinenmeister der Vergütungsgruppe VIb Fallgrup-

pe 13 oder einer höheren Vergütungsgruppe durch ausdrückliche Anordnung ständig unterstellt sind. – Fußnote 3 –

(Hierzu Protokollerklärungen Nrn. 1, 8 und 12)

12. Maschinenmeister in Versorgungsbetrieben, die sich durch den Umfang und die Bedeutung ihres Aufgabengebietes und große Selbständigkeit wesentlich aus der Vergütungsgruppe Vc Fallgruppe 13 herausheben. – Fußnote 3 –

(Hierzu Protokollerklärungen Nrn. 1 und 8)

13. Handwerksmeister, Industriemeister und Meister mit erfolgreich abgeschlossener aufgabenspezifischer Sonderausbildung in Versorgungsbetrieben, sofern sie große Arbeitsstätten (Bereiche, Werkstätten, Abteilungen oder Betriebe) zu beaufsichtigen haben, in denen Handwerker oder Facharbeiter beschäftigt sind,

nach vierjähriger Bewährung in Vergütungsgruppe Vc Fallgruppe 10.

(Hierzu Protokollerklärungen Nrn. 1, 8, 9 und 14)

14. Handwerksmeister, Industriemeister und Meister mit erfolgreich abgeschlossener aufgabenspezifischer Sonderausbildung in Versorgungsbetrieben, die sich aus der Vergütungsgruppe VIb Fallgruppe 10 dadurch herausheben, daß sie an einer besonders wichtigen Arbeitsstätte mit einem höheren Maß von Verantwortlichkeit beschäftigt sind,

nach vierjähriger Bewährung in Vergütungsgruppe Vc Fallgruppe 11.

(Hierzu Protokollerklärungen Nrn. 1, 8, 9 und 14)

15. Meister in Versorgungsbetrieben mit langjähriger Bewährung in der Vergütungsgruppe VIb Fallgruppe 11 oder einer entsprechenden Tätigkeit außerhalb des Geltungsbereichs dieses Tarifvertrages, sofern sie große Arbeitsstätten (Bereiche, Werkstätten, Abteilungen oder Betriebe) zu beaufsichtigen haben, in denen Handwerker oder Facharbeiter beschäftigt sind,

nach sechsjähriger Bewährung in Vergütungsgruppe Vc Fallgruppe 12.

(Hierzu Protokollerklärungen Nrn. 1, 8 und 14)

16. Maschinenmeister in Versorgungsbetrieben an großen und wichtigen Maschinenanlagen

nach sechsjähriger Bewährung in Vergütungsgruppe Vc Fallgruppe 13.
(Hierzu Protokollerklärungen Nrn. 1, 8 und 14)

Fußnote 1:
Diese Angestellten erhalten nach sechsjähriger Bewährung in dieser Fallgruppe eine monatliche Vergütungsgruppenzulage in Höhe von 8 v. H. der Grundvergütung der Stufe 4 der Vergütungsgruppe Vb. Bei der Berechnung sich ergebende Bruchteile eines Cents unter 0,5 sind abzurunden, Bruchteile von 0,5 und mehr sind aufzurunden. Die Vergütungsgruppenzulage gilt bei der Bemessung des Sterbegeldes (§ 41) und des Übergangsgeldes (§ 63) als Bestandteil der Grundvergütung.

Fußnote 2:
Diese Angestellten erhalten nach vierjähriger Bewährung in dieser Fallgruppe eine monatliche Vergütungsgruppenzulage in Höhe von 10 v. H. der Grundvergütung der Stufe 4 der Vergütungsgruppe Vb. Bei der Berechnung sich ergebende Bruchteile eines Cents unter 0,5 sind abzurunden, Bruchteile von 0,5 und mehr sind aufzurunden. Die Vergütungsgruppenzulage gilt bei der Bemessung des Sterbegeldes (§ 41) und des Übergangsgeldes (§ 63) als Bestandteil der Grundvergütung.

Fußnote 3:
Diese Angestellten erhalten nach sechsjähriger Bewährung in dieser Fallgruppe eine monatliche Vergütungsgruppenzulage in Höhe von 10 v. H. der Grundvergütung der Stufe 4 der Vergütungsgruppe Vb. Bei der Berechnung sich ergebende Bruchteile eines Cents unter 0,5 sind abzurunden, Bruchteilte von 0,5 und mehr sind aufzurunden. Die Vergütungsgruppenzulage gilt bei der Bemessung des Sterbegeldes (§ 41) und des Übergangsgeldes (§ 63) als Bestandteil der Grundvergütung.

Vergütungsgruppe IVb

1. a) Angestellte in Versorgungsbetrieben, deren Tätigkeit sich dadurch aus der Vergütungsgruppe Vb Fallgruppe 1. a) heraushebt, dass sie besonders verantwortungsvoll ist.
   (Hierzu Protokollerklärung Nr. 1)
   b) Angestellte in Versorgungsbetrieben, deren Tätigkeit sich dadurch aus der Vergütungsgruppe Vb Fallgruppe 1. a) heraushebt, dass sie mindestens zu einem Drittel besonders verantwortungsvoll ist,
   nach vierjähriger Bewährung in Vergütungsgruppe Vb Fallgruppe 1. b).
   (Hierzu Protokollerklärung Nr. 1)
2. Angestellte in Versorgungsbetrieben als technische Angestellte mit technischer Ausbildung nach Nr. 2 der Bemerkung zu allen

IV.2.3.19 Ang. in Versorgungsbetrieben

Vergütungsgruppen und entsprechender Tätigkeit nach sechsmonatiger Berufsausübung nach Ablegung der Prüfung sowie sonstige Angestellte, die aufgrund gleichwertiger Fähigkeiten und ihrer Erfahrungen entsprechende Tätigkeiten ausüben, nach sechsmonatiger Ausübung dieser Tätigkeiten.
(Hierzu Protokollerklärungen Nrn. 1 und 11)

3. Angestellte in Versorgungsbetrieben als technische Angestellte mit technischer Ausbildung nach Nr. 2 der Bemerkung zu allen Vergütungsgruppen sowie sonstige Angestellte, die aufgrund gleichwertiger Fähigkeiten und ihrer Erfahrungen entsprechende Tätigkeiten ausüben,
   deren Tätigkeit sich zu mindestens einem Drittel durch besondere Leistungen aus der Fallgruppe 2 heraushebt.
(Hierzu Protokollerklärungen Nrn. 1 und 15)

4. Angestellte in Versorgungsbetrieben als technische Assistenten mit staatlicher Anerkennung (z. B. chemisch-technische Assistenten, physikalisch-technische Assistenten) und als staatlich geprüfte Chemotechniker
   nach Nr. 7 der Bemerkung zu allen Vergütungsgruppen in einer Tätigkeit der Vergütungsgruppe Vb Fallgruppe 3
nach dreijähriger Tätigkeit in Vergütungsgruppe Vb Fallgruppe 3.
(Hierzu Protokollerklärung Nr. 1)

5. Angestellte in Versorgungsbetrieben als technische Angestellte mit besonders verantwortungsvoller Tätigkeit
   a) als Schichtführer in großen thermischen Kraftwerken, großen Heizkraftwerken, die außerhalb der regulären Tagesarbeitszeit für den gesamten Betrieb allein verantwortlich sind,
   b) in großen E-Lastverteileranlagen, die in der Schicht für die Netzbetriebsführung allein verantwortlich sind,
   c) als Leiter von großen und vielschichtig strukturierten Instandsetzungsbereichen
sowie als sonstige technische Angestellte mit vergleichbarer Tätigkeit, die wegen der Schwierigkeit der Aufgaben und der Größe der Verantwortung ebenso zu bewerten ist, wie die Tätigkeiten nach Buchstaben a bis c. – Fußnote –
(Hierzu Protokollerklärungen Nrn. 1 und 13)

6. Handwerksmeister, Industriemeister und Meister mit erfolgreich abgeschlossener aufgabenspezifischer Sonderausbildung in Ver-

Ang. in Versorgungsbetrieben **IV.2.3.19**

sorgungsbetrieben, deren Tätigkeit besondere Sorgfalt und Verantwortung erfordert,

> nach zweijähriger Bewährung in Vergütungsgruppe Vb Fallgruppe 8 oder 9.

(Hierzu Protokollerklärungen Nrn. 1, 8 und 9)

Fußnote:
Diese Angestellten erhalten nach vierjähriger Bewährung in dieser Fallgruppe eine monatliche Vergütungsgruppenzulage in Höhe von 10 v. H. der Grundvergütung der Stufe 4 der Vergütungsgruppe IVb. Bei der Berechnung sich ergebende Bruchteile eines Cents unter 0,5 sind abzurunden, Bruchteile von 0,5 und mehr sind aufzurunden. Die Vergütungsgruppenzulage gilt bei der Bemessung des Sterbegeldes (§ 41) und des Übergangsgeldes (§ 63) als Bestandteil der Grundvergütung.

Vergütungsgruppe IVa

1. a) Angestellte in Versorgungsbetrieben, deren Tätigkeit sich mindestens zu einem Drittel durch besondere Schwierigkeit und Bedeutung aus der Vergütungsgruppe IVb Fallgruppe 1. a) heraushebt.

   (Hierzu Protokollerklärung Nr. 1)

   b) Angestellte in Versorgungsbetrieben, deren Tätigkeit sich durch besondere Schwierigkeit und Bedeutung aus der Vergütungsgruppe IVb Fallgruppe 1. a) heraushebt.

   (Hierzu Protokollerklärung Nr. 1)

2. Angestellte in Versorgungsbetrieben als technische Angestellte mit technischer Ausbildung nach Nr. 2 der Bemerkung zu allen Vergütungsgruppen sowie sonstige Angestellte, die aufgrund gleichwertiger Fähigkeiten und ihrer Erfahrungen entsprechende Tätigkeiten ausüben,

   > die sich durch besondere Leistungen aus der Vergütungsgruppe IVb Fallgruppe 2 herausheben.

   (Hierzu Protokollerklärungen Nrn. 1 und 15)

3. Angestellte in Versorgungsbetrieben als technische Angestellte mit technischer Ausbildung nach Nr. 2 der Bemerkung zu allen Vergütungsgruppen und langjähriger praktischer Erfahrung sowie sonstige Angestellte, die aufgrund gleichwertiger Fähigkeiten und ihrer Erfahrungen entsprechende Tätigkeiten ausüben,

IV.2.3.19 Ang. in Versorgungsbetrieben

deren Tätigkeit sich zu mindestens einem Drittel durch besondere Schwierigkeit und Bedeutung oder durch Spezialaufgaben aus der Fallgruppe 2 heraushebt.
(Hierzu Protokollerklärung Nr. 1)

4. Angestellte in Versorgungsbetrieben als technische Angestellte mit technischer Ausbildung nach Nr. 2 der Bemerkung zu allen Vergütungsgruppen sowie sonstige Angestellte, die aufgrund gleichwertiger Fähigkeiten und ihrer Erfahrungen entsprechende Tätigkeiten ausüben,
   deren Tätigkeit sich zu mindestens einem Drittel durch besondere Leistungen aus der Vergütungsgruppe IVb Fallgruppe 2 heraushebt,
nach sechsjähriger Bewährung in Vergütungsgruppe IVb Fallgruppe 3.
(Hierzu Protokollerklärungen Nrn. 1 und 15)

5. Angestellte in Versorgungsbetrieben als technische Angestellte mit technischer Ausbildung nach Nr. 2 der Bemerkung zu allen Vergütungsgruppen und entsprechender Tätigkeit nach sechsmonatiger Berufsausübung nach Ablegung der Prüfung sowie sonstige Angestellte, die aufgrund gleichwertiger Fähigkeiten und ihrer Erfahrungen entsprechende Tätigkeiten ausüben, nach sechsmonatiger Ausübung dieser Tätigkeiten,
   nach achtjähriger Bewährung in Vergütungsgruppe IVb Fallgruppe 2.
(Hierzu Protokollerklärungen Nrn. 1 und 11)

Vergütungsgruppe III

1. a) Angestellte in Versorgungsbetrieben, deren Tätigkeit sich durch das Maß der damit verbundenen Verantwortung erheblich aus der Vergütungsgruppe IVa Fallgruppe 1. b) heraushebt.
   (Hierzu Protokollerklärung Nr. 1)
   b) Angestellte in Versorgungsbetrieben, deren Tätigkeit sich durch besondere Schwierigkeit und Bedeutung aus der Vergütungsgruppe IVb Fallgruppe 1. a) heraushebt,
      nach vierjähriger Bewährung in Vergütungsgruppe IVa Fallgruppe 1. b).
   (Hierzu Protokollerklärung Nr. 1)

2. Angestellte in Versorgungsbetrieben als technische Angestellte mit technischer Ausbildung nach Nr. 2 der Bemerkung zu allen Vergütungsgruppen und langjähriger praktischer Erfahrung so-

Ang. in Versorgungsbetrieben **IV.2.3.19**

wie sonstige Angestellte, die aufgrund gleichwertiger Fähigkeiten und ihrer Erfahrungen entsprechende Tätigkeiten ausüben,

> deren Tätigkeit sich durch besonders schwierige Tätigkeiten und die Bedeutung ihres Aufgabengebietes oder durch Spezialtätigkeit aus der Vergütungsgruppe IVa Fallgruppe 2 heraushebt.

(Hierzu Protokollerklärung Nr. 1)

3. Angestellte in Versorgungsbetrieben als technische Angestellte mit technischer Ausbildung nach Nr. 2 der Bemerkung zu allen Vergütungsgruppen sowie sonstige Angestellte, die aufgrund gleichwertiger Fähigkeiten und ihrer Erfahrungen entsprechende Tätigkeiten ausüben,

> deren Tätigkeit sich zu mindestens einem Drittel durch das Maß ihrer Verantwortung erheblich aus der Fallgruppe 2 heraushebt.

(Hierzu Protokollerklärung Nr. 1)

4. Angestellte in Versorgungsbetrieben als technische Angestellte mit technischer Ausbildung nach Nr. 2 der Bemerkung zu allen Vergütungsgruppen und langjähriger praktischer Erfahrung sowie sonstige Angestellte, die aufgrund gleichwertiger Fähigkeiten und ihrer Erfahrungen entsprechende Tätigkeiten ausüben, mit langjähriger praktischer Erfahrung,

> deren Tätigkeit sich zu mindestens einem Drittel durch besondere Schwierigkeit und Bedeutung oder durch Spezialaufgaben aus der Vergütungsgruppe IVa Fallgruppe 2 heraushebt,

nach sechsjähriger Bewährung in Vergütungsgruppe IVa Fallgruppe 3.

(Hierzu Protokollerklärung Nr. 1)

5. Angestellte in Versorgungsbetrieben als technische Angestellte mit technischer Ausbildung nach Nr. 2 der Bemerkung zu allen Vergütungsgruppen sowie sonstige Angestellte, die aufgrund gleichwertiger Fähigkeiten und ihrer Erfahrungen entsprechende Tätigkeiten ausüben,

> deren Tätigkeit sich durch besondere Leistungen aus der Vergütungsgruppe IVb Fallgruppe 2 heraushebt,

nach achtjähriger Bewährung in Vergütungsgruppe IVa Fallgruppe 2.

(Hierzu Protokollerklärungen Nrn. 1 und 15)

IV.2.3.19 Ang. in Versorgungsbetrieben

Vergütungsgruppe II

1. a) Angestellte in Versorgungsbetrieben mit abgeschlossener wissenschaftlicher Hochschulbildung und entsprechender Tätigkeit sowie sonstige Angestellte, die aufgrund gleichwertiger Fähigkeiten und ihrer Erfahrungen entsprechende Tätigkeiten ausüben.
   (Hierzu Protokollerklärungen Nrn. 1 und 16)

   b) Angestellte in Versorgungsbetrieben mit abgeschlossener wissenschaftlicher Hochschulbildung und entsprechender Tätigkeit sowie sonstige Angestellte, die aufgrund gleichwertiger Fähigkeiten und ihrer Erfahrungen entsprechende Tätigkeiten ausüben,
   > deren Tätigkeit sich mindestens zu einem Drittel durch besondere Schwierigkeit und Bedeutung aus Buchstabe a heraushebt.

   (Hierzu Protokollerklärungen Nrn. 1 und 16)

   c) Angestellte in Versorgungsbetrieben mit abgeschlossener wissenschaftlicher Hochschulbildung und entsprechender Tätigkeit sowie sonstige Angestellte, die aufgrund gleichwertiger Fähigkeiten und ihrer Erfahrungen entsprechende Tätigkeiten ausüben,
   > deren Tätigkeit sich dadurch aus Buchstabe a heraushebt, dass sie mindestens zu einem Drittel hochwertige Leistungen bei besonders schwierigen Aufgaben erfordert.

   (Hierzu Protokollerklärungen Nrn. 1 und 16)

   d) Angestellte in Versorgungsbetrieben, deren Tätigkeit wegen der Schwierigkeit der Aufgaben und der Größe ihrer Verantwortung ebenso zu bewerten ist wie die Tätigkeiten nach Buchstabe a.
   (Hierzu Protokollerklärung Nr. 1)

   e) Angestellte in Versorgungsbetrieben, deren Tätigkeit sich durch das Maß der damit verbundenen Verantwortung erheblich aus der Vergütungsgruppe IVa Fallgruppe 1. b) heraushebt,
   > nach fünfjähriger Bewährung in Vergütungsgruppe III Fallgruppe 1. a).

   (Hierzu Protokollerklärung Nr. 1)

2. Angestellte in Versorgungsbetrieben als technische Angestellte mit technischer Ausbildung nach Nr. 2 der Bemerkung zu allen Vergütungsgruppen sowie sonstige Angestellte, die aufgrund

Ang. in Versorgungsbetrieben **IV.2.3.19**

gleichwertiger Fähigkeiten und ihrer Erfahrungen entsprechende Tätigkeiten ausüben,

> deren Tätigkeit sich durch das Maß ihrer Verantwortung erheblich aus der Vergütungsgruppe III Fallgruppe 2 herausheben. – Fußnote –

(Hierzu Protokollerklärung Nr. 1)

3. Angestellte in Versorgungsbetrieben als technische Angestellte mit technischer Ausbildung nach Nr. 2 der Bemerkung zu allen Vergütungsgruppen sowie sonstige Angestellte, die aufgrund gleichwertiger Fähigkeiten und ihrer Erfahrungen entsprechende Tätigkeiten ausüben,

> deren Tätigkeit sich durch das Maß ihrer Verantwortung zu einem Drittel erheblich aus der Vergütungsgruppe III Fallgruppe 2 heraushebt,

nach achtjähriger Bewährung in Vergütungsgruppe III Fallgruppe 3.

(Hierzu Protokollerklärung Nr. 1)

4. Angestellte in Versorgungsbetrieben als technische Angestellte mit technischer Ausbildung nach Nr. 2 der Bemerkung zu allen Vergütungsgruppen und langjähriger praktischer Erfahrung sowie sonstige Angestellte, die aufgrund gleichwertiger Fähigkeiten und ihrer Erfahrungen entsprechende Tätigkeiten ausüben, mit langjähriger praktischer Erfahrung,

> deren Tätigkeit sich durch die besondere Schwierigkeit und Bedeutung oder durch Spezialaufgaben aus der Vergütungsgruppe IVa Fallgruppe 2 heraushebt,

nach achtjähriger Bewährung in Vergütungsgruppe III Fallgruppe 2.

(Hierzu Protokollerklärung Nr. 1)

Fußnote:

Diese Angestellten erhalten nach achtjähriger Bewährung in dieser Fallgruppe eine monatliche Vergütungszulage in Höhe von 8 v. H. der Grundvergütung der Stufe 4 der Vergütungsgruppe II. Bei der Berechnung sich ergebende Bruchteile eines Cents unter 0,5 sind abzurunden, Bruchteile von 0,5 und mehr sind aufzurunden. Die Vergütungsgruppenzulage gilt bei der Bemessung des Sterbegeldes (§ 41) und des Übergangsgeldes (§ 63) als Bestandteil der Grundvergütung.

IV.2.3.19 Ang. in Versorgungsbetrieben

Vergütungsgruppe Ib

1. a) Angestellte in Versorgungsbetrieben mit abgeschlossener wissenschaftlicher Hochschulbildung und entsprechender Tätigkeit sowie sonstige Angestellte, die aufgrund gleichwertiger Fähigkeiten und ihrer Erfahrungen entsprechende Tätigkeiten ausüben,

   deren Tätigkeit sich durch besondere Schwierigkeit und Bedeutung aus der Vergütungsgruppe II Fallgruppe 1. a) heraushebt.

   (Hierzu Protokollerklärungen Nrn. 1 und 16)

   b) Angestellte in Versorgungsbetrieben mit abgeschlossener wissenschaftlicher Hochschulbildung und entsprechender Tätigkeit sowie sonstige Angestellte, die aufgrund gleichwertiger Fähigkeiten und ihrer Erfahrungen entsprechende Tätigkeiten ausüben,

   denen mindestens drei Angestellte mindestens der Vergütungsgruppe II durch ausdrückliche Anordnung ständig unterstellt sind.

   (Hierzu Protokollerklärungen Nrn. 1, 12, 16 und 17)

   c) Angestellte in Versorgungsbetrieben mit abgeschlossener wissenschaftlicher Hochschulbildung und entsprechender Tätigkeit sowie sonstige Angestellte, die aufgrund gleichwertiger Fähigkeiten und ihrer Erfahrungen entsprechende Tätigkeiten ausüben,

   deren Tätigkeit sich dadurch aus der Vergütungsgruppe II Fallgruppe 1. a) heraushebt, daß sie hochwertige Leistungen bei besonders schwierigen Aufgaben erfordert.

   (Hierzu Protokollerklärungen Nrn. 1 und 16)

   d) Angestellte in Versorgungsbetrieben, deren Tätigkeit wegen der Schwierigkeit der Aufgaben und der Größe ihrer Verantwortung ebenso zu bewerten ist wie Tätigkeiten nach Buchstabe a oder c.

   (Hierzu Protokollerklärung Nr. 1)

   e) Angestellte in Versorgungsbetrieben mit abgeschlossener wissenschaftlicher Hochschulbildung und entsprechender Tätigkeit sowie sonstige Angestellte, die aufgrund gleichwertiger Fähigkeiten und ihrer Erfahrungen entsprechende Tätigkeiten ausüben,

> deren Tätigkeit sich mindestens zu einem Drittel durch besondere Schwierigkeit und Bedeutung aus der Vergütungsgruppe II Fallgruppe 1. a) heraushebt,

nach sechsjähriger Bewährung in Vergütungsgruppe II Fallgruppe 1. b).

(Hierzu Protokollerklärungen Nrn. 1 und 16)

f) Angestellte in Versorgungsbetrieben mit abgeschlossener wissenschaftlicher Hochschulbildung und entsprechender Tätigkeit sowie sonstige Angestellte, die aufgrund gleichwertiger Fähigkeiten und ihrer Erfahrungen entsprechende Tätigkeiten ausüben,

> deren Tätigkeit sich dadurch aus der Vergütungsgruppe II Fallgruppe 1. a) heraushebt, daß sie mindestens zu einem Drittel hochwertige Leistungen bei besonders schwierigen Aufgaben erfordert,

nach sechsjähriger Bewährung in Vergütungsgruppe II Fallgruppe 1. c).

(Hierzu Protokollerklärungen Nrn. 1 und 16)

Vergütungsgruppe Ia

1. a) Angestellte in Versorgungsbetrieben mit abgeschlossener wissenschaftlicher Hochschulbildung und entsprechender Tätigkeit sowie sonstige Angestellte, die aufgrund gleichwertiger Fähigkeiten und ihrer Erfahrungen entsprechende Tätigkeiten ausüben,

   > deren Tätigkeit sich durch das Maß der damit verbundenen Verantwortung erheblich aus der Vergütungsgruppe Ib Fallgruppe 1. a) heraushebt.

   (Hierzu Protokollerklärungen Nrn. 1 und 16)

b) Angestellte in Versorgungsbetrieben mit abgeschlossener wissenschaftlicher Hochschulbildung und entsprechender Tätigkeit sowie sonstige Angestellte, die aufgrund gleichwertiger Fähigkeiten und ihrer Erfahrungen entsprechende Tätigkeiten ausüben,

   > denen mindestens acht Angestellte mindestens der Vergütungsgruppe II durch ausdrückliche Anordnung ständig unterstellt sind.

   (Hierzu Protokollerklärungen Nrn. 1, 12, 16 und 17)

IV.2.3.19 Ang. in Versorgungsbetrieben

c) Angestellte in Versorgungsbetrieben, deren Tätigkeit wegen der Schwierigkeit der Aufgaben und der Größe ihrer Verantwortung ebenso zu bewerten ist wie Tätigkeiten nach Buchstabe a.
(Hierzu Protokollerklärung Nr. 1)

Vergütunsgruppe I

1. a) Angestellte in Versorgungsbetrieben mit abgeschlossener wissenschaftlicher Hochschulbildung und entsprechender Tätigkeit sowie sonstige Angestellte, die aufgrund gleichwertiger Fähigkeiten und ihrer Erfahrungen entsprechende Tätigkeiten ausüben,

    deren Tätigkeit deutlich höher zu bewerten ist als eine Tätigkeit nach Vergütungsgruppe Ia Fallgruppe 1. a).

    (Hierzu Protokollerklärungen Nrn. 1 und 16)

 b) Angestellte in Versorgungsbetrieben mit abgeschlossener wissenschaftlicher Hochschulbildung und entsprechender Tätigkeit sowie sonstige Angestellte, die aufgrund gleichwertiger Fähigkeiten und ihrer Erfahrungen entsprechende Tätigkeiten ausüben,

    denen mindestens acht Angestellte mindestens der Vergütungsgruppe II durch ausdrückliche Anordnung ständig unterstellt sind.

    (Hierzu Protokollerklärungen Nrn. 1, 12, 16 und 17)

 c) Angestellte in Versorgungsbetrieben, deren Tätigkeit wegen der Schwierigkeit der Aufgaben und der Größe ihrer Verantwortung ebenso zu bewerten ist wie Tätigkeiten nach Buchstabe a.
    (Hierzu Protokollerklärung Nr. 1)

Protokollerklärungen:

Nr. 1

Versorgungsbetriebe im Sinne dieses Tätigkeitsmerkmals sind Gas-, Wasser,- Elektrizitäts- und Fernwärmebetriebe.

Nr. 2

Einfache Tätigkeiten sind z. B.: Pausarbeiten, Ausziehen und Anlegen von Zeichnungen einfacherer Art, Übertragung von Zeichnungen einfacherer Art im gleichen Maßstab oder mittels des Pantographen, Herstellung von Schaltungsskizzen usw. einfacherer Art nach Entwürfen oder nach besonderer Anleitung.

Ang. in Versorgungsbetrieben **IV.2.3.19**

Nr. 3
Bei der Berechnung der vorgeschriebenen Bewährungszeit für den Aufstieg nach dieser Fallgruppe bleiben Zeiten unberücksichtigt, in denen der Angestellte in einer im Wege eines Bewährungsaufstiegs oder durch Zeitablauf erreichten Fallgruppe der Vergütungsgruppe IX eingruppiert gewesen ist.

Nr. 4
Modelleure sind Angestellte, die zeichnerisch dargestellte Planaussagen – ggf. ergänzt durch eigene Feststellungen – unter Berücksichtigung der topographischen Verhältnisse in maßstäblich-wirklichkeitsgetreue dreidimensionale Anschauungsobjekte umsetzen, wenn für diese Tätigkeit eine besondere technische und künstlerische Befähigung erforderlich ist.

Nr. 5
Die am 16. März 1956 beschäftigt gewesenen Chemielaboranten und Physiklaboranten ohne Abschlußprüfung können in die Vergütungsgruppen VIII Fallgruppe 5, VII Fallgruppen 6 und 7 und VIb Fallgruppe 9 eingruppiert werden, wenn sie aufgrund gleichwertiger Fähigkeiten und ihrer Erfahrungen Tätigkeiten eines Chemielaboranten oder Physiklaboranten mit Abschlußprüfung ausüben.

Die am 1. November 1968 beschäftigt gewesenen Biologielaboranten, Lacklaboranten und Textillaboranten ohne Abschlußprüfung können in die Vergütungsgruppen VIII Fallgruppe 5, VII Fallgruppen 6 und 7 und VIb Fallgruppe 9 eingruppiert werden, wenn sie aufgrund gleichwertiger Fähigkeiten und ihrer Erfahrungen Tätigkeiten eines entsprechenden Laboranten mit Abschlußprüfung ausüben.

Nr. 6
Der Umfang der Tätigkeit ist nicht mehr unerheblich, wenn er etwa ein Viertel der gesamten Tätigkeit ausmacht.

Nr. 7
Besondere Leistungen sind z. B.:
Anfertigung schwieriger Zeichnungen und Pläne nach nur groben Angaben oder nach Unterlagen ohne Anleitung sowie Erstellung der sich daraus ergebenden Detailzeichnungen, Ausführung der hiermit zusammenhängenden technischen Berechnungen wie Massenermittlungen bzw. Aufstellung von Stücklisten, selbständiger Ermittlung technischer Daten und Werte und ihre Auswertung bei der Anfertigung von Plänen.

Nr. 8
Meister im Sinne dieses Tätigkeitsmerkmals sind Arbeitnehmer, die
a) eine angestelltenrentenversicherungspflichtige Tätigkeit ausüben und
b) auf handwerklichem Gebiet tätig sind.

Dieses Tätigkeitsmerkmal gilt insbesondere nicht für Meister, die landwirtschaftlich, gärtnerisch, forstwirtschaftlich oder sonst außerhalb der handwerklichen Berufsarbeit tätig sind (z. B. Platzmeister, Lagermeister, Hausmeister, Verkehrsmeister).

IV.2.3.19 Ang. in Versorgungsbetrieben

Nr. 9
Aufgabenspezifische Sonderausbildungen sind Ausbildungen von Handwerkern oder Facharbeitern zum geprüften Kraftwerksmeister, zum geprüften Gasmeister oder zum geprüften Fernwärmemeister sowie Ausbildungen in gleichwertigen Ausbildungsgängen für Handwerker oder Facharbeiter.

Nr. 10
Unter dieses Tätigkeitsmerkmal fallen auch Angestellte, die diese Tätigkeiten unter der Bezeichnung „Baustellenaufseher (Bauaufseher)" oder unter der Bezeichnung „Zeichner" ausüben.

Nr. 11
Entsprechende Tätigkeiten sind z. B.:
a) Aufstellung oder Prüfung von Entwürfen nicht nur einfacher Art einschließlich Massen-, Kosten- und statischen Berechnungen und Verdingungsunterlagen, Bearbeitung der damit zusammenhängenden laufenden technischen Angelegenheiten – auch im technischen Rechnungswesen –, örtliche Leitung oder Mitwirkung bei der Leitung von Bauten und Bauabschnitten sowie deren Abrechnung;
b) Ausführung besonders schwieriger Analysen, Schiedsanalysen oder selbständige Erledigung neuartiger Versuche nach kurzer Weisung in Versuchslaboratorien, Versuchsanstalten und Versuchswerkstätten.

Nr. 12
Soweit die Eingruppierung von der Zahl der unterstellten Angestellten abhängt,
a) ist es für die Eingruppierung unschädlich, wenn im Organisations- und Stellenplan zur Besetzung ausgewiesene Stellen nicht besetzt sind,
b) rechnen hierzu auch Beamte vergleichbarer Besoldungsgruppen,
c) zählen Teilbeschäftigte entsprechend dem Verhältnis der mit ihnen im Arbeitsvertrag vereinbarten Arbeitszeit zur regelmäßigen Arbeitszeit eines Vollbeschäftigten.

Nr. 13
Ein vielschichtig strukturierter Bereich liegt vor, wenn in diesem Bereich die Arbeit von mindestens drei Gewerken zu koordinieren ist und mindestens drei Gewerken jeweils Meister vorstehen. Gewerke sind Fachrichtungen im Sinne anerkannter Ausbildungsberufe, in denen die Meisterprüfung abgelegt werden kann. Im Mehrschichtbetrieb ist es unschädlich, wenn in den mindestens drei Gewerken nicht in allen Schichten jeweils Meister im Sinne des Satzes 1 eingesetzt sind.

Nr. 14
Für den erstmaligen Bewährungsaufstieg werden Zeiten der Bewährung, die bei demselben Arbeitgeber in einem unmittelbar vorausgegangenen Arbeiterverhältnis als Vorhandwerker im Sinne des bezirklichen Lohngruppen-

verzeichnisses zurückgelegt worden sind, zu drei Vierteln auf die geforderte Bewährungszeit angerechnet.

Nr. 15

Besondere Leistungen sind z. B.:

Aufstellung oder Prüfung von Entwürfen, deren Bearbeitung besondere Fachkenntnisse und besondere praktische Erfahrung oder künstlerische Begabung voraussetzt, sowie örtliche Leitung bzw. Mitwirkung bei der Leitung von schwierigen Bauten und Bauabschnitten sowie deren Abrechnung.

Nr. 16

Wissenschaftliche Hochschulen sind Universitäten, Technische Hochschulen sowie andere Hochschulen, die nach Landesrecht als wissenschaftliche Hochschulen anerkannt sind.

Abgeschlossene wissenschaftliche Hochschulbildung liegt vor, wenn das Studium mit einer ersten Staatsprüfung oder mit einer Diplomprüfung beendet worden ist.

Der ersten Staatsprüfung oder der Diplomprüfung steht eine Promotion oder die Akademische Abschlußprüfung (Magisterprüfung) einer Philosophischen Fakultät nur in den Fällen gleich, in denen die Ablegung einer ersten Staatsprüfung oder einer Diplomprüfung nach den einschlägigen Ausbildungsvorschriften nicht vorgesehen ist.

Eine abgeschlossene wissenschaftliche Hochschulbildung setzt voraus, daß die Abschlußprüfung in einem Studiengang abgelegt worden ist, der seinerseits mindestens das Zeugnis der Hochschulreife (allgemeine Hochschulreife oder einschlägige fachgebundene Hochschulreife) als Zugangsvoraussetzung erforderte, und für den Abschluß eine Mindeststudienzeit von mehr als sechs Semestern – ohne etwaige Praxissemester, Prüfungssemester o. ä. – vorgeschrieben war.

Nr. 17

Bei der Zahl der Unterstellten zählen nicht mit:

a) Angestellte der Vergütungsgruppe II Fallgruppe 1. e),

b) Angestellte der Vergütungsgruppe II Fallgruppen 2 bis 4 des Tarifvertrages vom 15. Juni 1972 (Angestellte in technischen Berufen),

c) Angestellte der Vergütungsgruppe II des Abschnitts I und des Abschnitts IV des Tarifvertrages zur Änderung der Anlage 1a zum BAT (Angestellte in der Datenverarbeitung) vom 4. November 1983;

d) Beamte des gehobenen Dienstes der Besoldungsgruppe A 13.

Hinweis des Bearbeiters:

Gemäß § 2 des Tarifvertrages vom 25. April 1991 kann Angestellten, deren Leistungen dauerhaft über dem Durchschnitt liegen, eine Leistungszulage gezahlt werden:

IV.2.3.19 Ang. in Versorgungsbetrieben

„§ 2 Leistungszulagen

Den Angestellten in Versorgungsbetrieben, deren Leistungen dauernd über dem Durchschnitt der Leistungen liegen, die normalerweise von Angestellten der gleichen Tätigkeitsgruppe zu erwarten sind, können im Rahmen der Leistungsfähigkeit des Betriebes widerrufliche Leistungszulagen gezahlt werden. Die Leistungszulage darf im Einzelfall höchstens 10 v. H. der Grundvergütung der Stufe 1 der Vergütungsgruppe des Angestellten betragen. Insgesamt dürfen 3,5 v. H. der Summe der Grundvergütungen der Stufe 1 aller Angestellten des Betriebes nicht überschritten werden. Die Leistungszulagen sind nach einem betrieblich zu vereinbarenden leistungsbezogenen System in DM-Beträgen festzulegen. Über die Leistungszulagen ist jährlich neu zu entscheiden.

Protokollerklärung:
Dauernd über dem Durchschnitt liegende Leistungen werden in der Regel von 25 v. H. der Angestellten der jeweiligen Tätigkeitsgruppe erbracht."

Schulhausmeister [1]

Vergütungsgruppe IX:

Ferner, wenn sie als Angestellte beschäftigt sind (§ 1 Abs. 2):
Schulhausmeister, soweit nicht anderweitig eingruppiert.
(Hierzu Protokollerklärungen Nrn. 1 bis 3)

Vergütungsgruppe VIII:

Ferner, wenn sie als Angestellte beschäftigt sind (§ 1 Abs. 2):
1. Schulhausmeister, denen die verantwortliche Betreuung von mindestens 16 Unterrichtsräumen übertragen ist.
   (Hierzu Protokollerklärungen Nrn. 1 bis 3)
2. Schulhausmeister der Vergütungsgruppe IX
   nach sechsjähriger Bewährung in Vergütungsgruppe IX und IXa
   (Hierzu Protokollerklärungen Nrn. 1 bis 3)

Vergütungsgruppe VII:

1. Schulhausmeister, denen die verantwortliche Betreuung von mindestens 56 Unterrichtsräumen übertragen ist.
   (Hierzu Protokollerklärungen Nrn. 1 bis 3)
2. Schulhausmeister, denen die verantwortliche Betreuung von mindestens 34 Unterrichtsräumen übertragen ist.
   (Hierzu Protokollerklärungen Nrn. 1 bis 3)
3. Schulhausmeister, denen die verantwortliche Betreuung von mindestens 16 Unterrichtsräumen übertragen ist,
   nach sechsjähriger Bewährung in Vergütungsgruppe VIII Fallgruppe 1
   (Hierzu Protokollerklärungen Nrn. 1 bis 3)

Vergütungsgruppe VIb:

1. Schulhausmeister, denen die verantwortliche Betreuung von mindestens 65 Unterrichtsräumen übertragen ist. – Fußnote –
   (Hierzu Protokollerklärungen Nrn. 1 bis 3)
2. Schulhausmeister, denen die verantwortliche Betreuung von mindestens 56 Unterrichtsräumen übertragen ist
   nach sechsjähriger Bewährung in Vergütungsgruppe VII Fallgruppe 1.
   (Hierzu Protokollerklärungen Nrn. 1 bis 3)

---

[1] Die Protokollerklärungen sind am Schluss des Beitrags abgedruckt.

IV.2.3.20 Schulhausmeister

3. Schulhausmeister, denen die verantwortliche Betreuung von mindestens 34 Unterrichtsräumen übertragen ist
nach zwölfjähriger Bewährung in Vergütungsgruppe VII Fallgruppe 2.
(Hierzu Protokollerklärungen Nrn. 1 bis 3)

Fußnote:
Diese Angestellten erhalten nach sechsjähriger Bewährung in dieser Fallgruppe eine monatliche Vergütungsgruppenzulage in Höhe von 5 v. H. der Grundvergütung der Stufe 4 der Vergütungsgruppe VIb. Bei der Berechnung sich ergebende Bruchteile eines Cents unter 0,5 sind abzurunden, Bruchteile von 0,5 und mehr sind aufzurunden. Die Vergütungsgruppenzulage gilt bei der Bemessung des Sterbegeldes (§ 41) und des Übergangsgeldes (§ 63) als Bestandteil der Grundvergütung.

Protokollerklärungen:
1. Schulhausmeister sind Hausmeister in Schulen außer Akademien, Kunsthochschulen, Musikhochschulen, Musikschulen und verwaltungseigenen Schulen.
2. Unterrichtsräume sind Klassenräume, Fachräume, Turnhallen, Gymnastikräume, Therapieräume, Testräume und die Aula. Als Unterrichtsräume gelten auch Lehrschwimmbecken.

   Mehrfachturnhallen werden entsprechend mehrfach gezählt (z. B. eine Dreifachturnhalle dreifach).
3. Schulhausmeister an Sonderschulen erhalten eine monatliche Zulage in Höhe von 6 v. H. der Grundvergütung der Stufe 4 ihrer Vergütungsgruppe.

   Die Zulage wird nur für Zeiträume gezahlt, für die Bezüge (Vergütung, Urlaubsvergütung, Krankenbezüge) zustehen. Sie ist bei der Bemessung des Sterbegeldes (§ 41) und des Übergangsgeldes (§ 63) zu berücksichtigen.

   Sonderschulen sind Tagesschulen für gehörgeschädigte, sprachgeschädigte, sehbehinderte und anderweitig körperbehinderte sowie entwicklungsgestörte und geistig behinderte Kinder.

Angestellte im kommunalen feuerwehrtechnischen Dienst

Vergütungsgruppe VII

Angestellte im kommunalen feuerwehrtechnischen Dienst, soweit nicht anderweitig eingruppiert.

Vergütungsgruppe VIb

1. Angestellte im kommunalen feuerwehrtechnischen Dienst in der Tätigkeit von beamteten Brandmeistern.
2. Angestellte im kommunalen feuerwehrtechnischen Dienst nach fünfjähriger Bewährung in Vergütungsgruppe VII einzige Fallgruppe.

Vergütungsgruppe Vc

Angestellte im kommunalen feuerwehrtechnischen Dienst in der Tätigkeit von beamteten Oberbrandmeistern.

Vergütungsgruppe Vb

Angestellte im kommunalen feuerwehrtechnischen Dienst in der Tätigkeit von beamteten Hauptbrandmeistern – Fußnote –.

Fußnote:

Angestellte, deren Tätigkeit sich aus der Tätigkeit eines beamteten Hauptbrandmeisters dadurch heraushebt, dass sie besonders verantwortungsvoll ist, erhalten nach sechsjähriger Bewährung in dieser Vergütungs- und Fallgruppe eine monatliche Vergütungsgruppenzulage in Höhe von 8 v. H. der Grundvergütung der Stufe 4 der Vergütungsgruppe Vb. Bei der Berechnung sich ergebende Bruchteile eines Cents unter 0,5 sind abzurunden, Bruchteile von 0,5 und mehr sind aufzurunden. Die Vergütungsgruppenzulage gilt bei der Bemessung des Sterbegeldes (§ 41) und des Übergangsgeldes (§ 63) als Bestandteil der Grundvergütung.

Hinweis des Bearbeiters:

Die Tätigkeitsmerkmale des Tarifvertrages sind zuletzt durch den Tarifvertrag zur Änderung der Anlage 1a zum BAT vom 21. Dezember 1994 mit Wirkung ab 1. September 1994 geändert worden. § 3 des Tarifvertrages enthält dazu die folgenden Übergangsvorschriften:

„§ 3 Übergangsvorschriften

Für die Angestellten, die am 31. August 1994 in einem Arbeitsverhältnis gestanden haben, das am 1. September 1994 zu demselben Arbeitgeber fortbestanden hat, gilt für die Dauer dieses Arbeitsverhältnisses Folgendes:

1. *Hat der Angestellte am 31. August 1994 Vergütung aus einer höheren Vergütungsgruppe erhalten als aus der Vergütungsgruppe, in der er nach diesem Tarifvertrag eingruppiert ist, wird diese Vergütung durch das Inkrafttreten dieses Tarifvertrages nicht berührt.*
2. *Hängt die Eingruppierung oder der Anspruch auf eine Vergütungsgruppenzulage nach diesem Tarifvertrag von der Zeit einer Bewährung ab, wird die vor dem 1. September 1994 zurückgelegte Zeit so berücksichtigt, wie sie zu berücksichtigen wäre, wenn dieser Tarifvertrag seit dem Beginn des Arbeitsverhältnisses gegolten hätte."*

Angestellte als Boten, Pförtner, Vervielfältiger, Kanzleivorsteher und in Registraturen

Vergütungsgruppe X

Ferner, wenn sie als Angestellte beschäftigt sind (§ 1 Abs. 2):

Boten nach mindestens dreijähriger Beschäftigung als Bote oder Pförtner im Arbeitsverhältnis im öffentlichen Dienst.

(Hierzu Protokollerklärungen Nrn. 4 und 5)

Pförtner nach mindestens dreijähriger Beschäftigung als Pförtner oder Bote im Arbeitsverhältnis im öffentlichen Dienst.

(Hierzu Protokollerklärungen Nrn. 4 und 5)

Vervielfältiger an Bürovervielfältigungsmaschinen nach mindestens dreijähriger Beschäftigung als Vervielfältiger im Arbeitsverhältnis im öffentlichen Dienst.

(Hierzu Protokollerklärungen Nrn. 4 und 6)

Vergütungsgruppe IX

Ferner, wenn sie im Angestelltenverhältnis beschäftigt sind (§ 1 Abs. 2):

Boten (Botenmeister), denen mindestens drei Boten ständig unterstellt sind.

(Hierzu Protokollerklärungen Nrn. 5 und 8)

Pförtner bei großen kommunalen Verwaltungen und Betrieben in Verwaltungsgebäuden mit starkem Publikumsverkehr, die in größerem Umfange Auskünfte zu erteilen haben, für die die Kenntnis der Zuständigkeit nicht nur der Dienststelle (des Betriebes), bei der sie beschäftigt sind, erforderlich ist.

Vervielfältiger an Bürovervielfältigungsmaschinen mit abgeschlossener Ausbildung in einem einschlägigen Lehrberuf, z. B. als Offset-Vervielfältiger.

(Hierzu Protokollerklärung Nr. 6)

Vergütungsgruppe VII

Leiter von Registraturen.

(Hierzu Protokollerklärung Nr. 2)

IV.2.3.22 Boten, Pförtner, usw.

Registraturangestellte mit gründlichen Fachkenntnissen. [1]
Erforderlich sind eingehende Kenntnisse im Geschäftsbereich, in der Weiterführung und im Ausbau der Registratur).

Vorlesekräfte für Blinde.

Vorsteher von Kanzleien.
(Als solche gelten nur Angestellte, die einer Kanzlei mit mindestens 5 Kanzleikräften vorstehen.)

Vergütungsgruppe VIb

Leiter von Registraturen, denen mindestens zwei Registraturangestellte, davon einer mindestens der Vergütungsgruppe VII, ständig unterstellt sind.
(Hierzu Protokollerklärungen Nrn. 2, 3, 7 und 8)

Leiter von Registraturen, denen mindestens fünf Registraturangestellte ständig unterstellt sind.
(Hierzu Protokollerklärungen Nrn. 2, 3, 7 und 8)

Registraturangestellte in einer nach Sachgesichtspunkten vielfach gegliederten Registratur in Tätigkeiten, die gründliche, umfangreiche Fachkenntnisse des Registraturwesens und eingehende Kenntnisse des verwalteten Schriftgutes erfordern.
(Hierzu Protokollerklärung Nr. 1)

Vorlesekräfte für Blinde mit schwierigerer Tätigkeit.

Vorsteher von Kanzleien mit mindestens 15 Kanzleikräften.

Vergütungsgruppe Vc

Leiter einer nach Sachgesichtspunkten vielfach gegliederten Registratur, denen mindestens drei Registraturangestellte, davon mindestens einer der Vergütungsgruppe VIb, ständig unterstellt sind.
(Hierzu Protokollerklärungen Nrn. 1, 2, 3, 7 und 8)

Leiter von Registraturen, denen mindestens vier Registraturangestellte, davon drei mindestens der Vergütungsgruppe VII, ständig unterstellt sind.
(Hierzu Protokollerklärungen Nrn. 2, 3, 7 und 8)

Leiter von Registraturen, denen mindestens acht Registraturangestellte ständig unterstellt sind.
(Hierzu Protokollerklärungen Nrn. 2, 3, 7 und 8)

---

[1] Das Tätigkeitsmerkmal wurde aus der ehemaligen Anlage 1 TO.A übernommen.

Vorsteher von Kanzleien mit mindestens 25 Kanzleikräften.

Ständige Vertreter von Vorstehern von Kanzleien mit mindestens 60 Kanzleikräften.

Vergütungsgruppe Vb

Leiter einer nach Sachgesichtspunkten vielfach gegliederten Registratur, denen mindestens fünf Registraturangestellte, davon zwei mindestens der Vergütungsgruppe VIb, ständig unterstellt sind.
(Hierzu Protokollerklärungen Nr. 1, 3, 7 und 8)

Leiter einer nach Sachgesichtspunkten vielfach gegliederten Registratur der Vergütungsgruppe Vc, deren Tätigkeit sich durch die besondere Bedeutung der Registratur aus der Vergütungsgruppe Vc heraushebt.

Vorsteher von Kanzleien mit mindestens 40 Kanzleikräften.

Protokollerklärungen:
zum Tarifvertrag zur Änderung und Ergänzung der Anlage 1a zum BAT vom 1. August 1967.

Nr. 1

Eine nach Sachgesichtspunkten vielfach gegliederte Registratur liegt vor, wenn das Schriftgut auf der Grundlage eines eingehenden, systematisch nach Sachgebieten, Oberbegriffen, Untergruppen und Stichworten weit gefächerten Aktenplans unterzubringen ist; nur in alphabetischer oder numerischer Reihenfolge geordnetes Schriftgut erfüllt diese Voraussetzungen nicht.

Nr. 2

Leiter von Registraturen, denen weniger Registraturangestellte als im Tätigkeitsmerkmal gefordert ständig unterstellt sind, sind nach den Tätigkeitsmerkmalen für Registraturangestellte einzugruppieren, wenn dies für sie günstiger ist.

Nr. 3

Zu den Registraturangestellten im Sinne dieses Tätigkeitsmerkmals gehören auch die Angestellten im Registraturdienst der Vergütungsgruppen VIII bis X.

Nr. 4

Auf die dreijährige Beschäftigung können sonstige Zeiten im Arbeitsverhältnis bei demselben Arbeitgeber angerechnet werden.

Nr. 5

Zu den Boten im Sinne dieses Tätigkeitsmerkmals gehören nicht die Kassenboten.

IV.2.3.22 Boten, Pförtner, usw.

Nr. 6
Unter dieses Tätigkeitsmerkmal fallen nur Arbeitnehmer, die bei Beschäftigung im Arbeiterverhältnis als Vervielfältiger, nicht aber z. B. als Drucker einzureihen wären.

Nr. 7
Soweit die Eingruppierung von der Zahl der unterstellten Angestellten abhängig ist, rechnen hierzu auch unterstellte Beamte.

Nr. 8
Für die Eingruppierung ist es unschädlich, wenn im Organisations- und Stellenplan zur Besetzung ausgewiesene Stellen nicht besetzt sind.

Angestellte im Kassen- und Rechnungswesen

Vergütungsgruppe IX
Angestellte an Rechenmaschinen

Vergütungsgruppe VIII
Angestellte, die Buchungen mittels Buchungsmaschinen vornehmen (Maschinenbucher).

Vergütungsgruppe VII
Angestellte in Kassen, die verantwortlich Personen- oder Sachkonten führen oder verwalten.
(Hierzu Protokollerklärungen Nrn. 1, 2 und 4)
Maschinenbucher auf Arbeitsplätzen mit umfangreichem und vielfältigem Buchungsanfall.[1]
Kassiere in kleineren Kassen.
(Hierzu Protokollerklärungen Nrn. 1 und 3)
Zahlstellenverwalter größerer Zahlstellen.
(Hierzu Protokollerklärung Nr. 1)
Verwalter von Einmannkassen.
(Hierzu Protokollerklärung Nr. 1)

Vergütungsgruppe VIb
Angestellte in Kassen, die verantwortlich Personen- oder Sachkonten führen oder verwalten, wenn ihnen in nicht unerheblichem Umfang schwierige buchhalterische Tätigkeiten übertragen sind.

---

[1] *Hinweis des Bearbeiters:*
Zu vorstehendem Tätigkeitsmerkmal bestimmt § 2 Abs. 2 des Tarifvertrages vom 25. Juni 1969 (Angestellte in Kassen- und Rechnungswesen):
„Vollbeschäftigte Maschinenbucher der Vergütungsgruppe VII, die überdurchschnittliche Leistungen erbringen, erhalten für die Dauer dieser Tätigkeit eine monatliche Funktionszulage in Höhe von 8. v. H. der Anfangsgrundvergütung der Vergütungsgruppe VII. Bei der Berechnung sich ergebende Bruchteile eines Cents unter 0,5 sind abzurunden, Bruchteile von 0,5 und mehr sind aufzurunden. Die Funktionszulage gilt bei der Bemessung des Sterbegeldes (§ 41), und des Übergangsgeldes (§ 63) als Bestandteil der Grundvergütung und wird nur neben der Vergütung nach der Vergütungsgruppe VII gezahlt. Sie ist nur für Zeiträume zu zahlen, für die Vergütung, Urlaubsvergütung oder Krankenvergütung zustehen; § 36 Abs. 2 gilt entsprechend."

IV.2.3.23 Ang. im Kassen- u. Rechnungswesen

(Der Umfang der schwierigen buchhalterischen Tätigkeiten ist nicht mehr unerheblich, wenn er etwa ein Viertel der gesamten Tätigkeit ausmacht.)
(Hierzu Protokollerklärungen Nrn. 1, 2, 4 und 5)

Angestellte in Kassen, denen mindestens drei Angestellte mit buchhalterischen Tätigkeiten mindestens der Vergütungsgruppe VIII oder Maschinenbucher ständig unterstellt sind.
(Hierzu Protokollerklärungen Nrn. 1 und 4)

Kassiere in Kassen, soweit nicht anderweitig eingereiht.
(Hierzu Protokollerklärungen Nrn. 1 und 3)

Verwalter von Zahlstellen, in denen ständig nach Art und Umfang besonders schwierige Zahlungsgeschäfte anfallen.
(Hierzu Protokollerklärung Nr. 1)

Leiter von Kassen mit mindestens einem Kassenangestellten der Vergütungsgruppen VII oder VIII.
(Hierzu Protokollerklärung Nr. 1)

Vergütungsgruppe Vc

Angestellte in Kassen, die verantwortlich Personen- oder Sachkonten führen oder verwalten, wenn ihne überwiegend schwierige buchhalterische Tätigkeiten übertragen sind.
(Hierzu Protokollerklärungen Nrn. 1, 2, 4 und 5)

Angestellte in Kassen, denen mindestens drei Angestellte mit buchhalterischen Tätigkeiten mindestens der Vergütungsgruppe VII ständig unterstellt sind.
(Hierzu Protokollerklärungen Nrn. 1 und 4)

Kassiere in Kassen an Arbeitsplätzen mit ständig überdurchschnittlich hohen Postenzahlen.
(Hierzu Protokollerklärungen Nrn. 1 und 3)

Verwalter von Zahlstellen, in denen ständig nach Art und Umfang besonders schwierige Zahlungsgeschäfte anfallen, wenn ihnen mindestens drei Angestellte ständig unterstellt sind.
(Hierzu Protokollerklärung Nr. 1)

Leiter von Kassen mit mindestens drei Kassenangestellten mindestens der Vergütungsgruppe VIII.
(Hierzu Protokollerklärung Nr. 1)

Vergütungsgruppe Vb

Angestellte in gemeindlichen Kassen, die verantwortlich Personen- und Sachkonten führen oder verwalten und für mindestens fünf

Sachbuchhaltereien die Kassenrechnung erstellen und die Haushaltsrechnung vorbereiten.
(Hierzu Protokollerklärungen Nrn. 1 und 2)

Angestellte in gemeindlichen Buchhaltereien, denen mindestens drei Angestellte mit buchhalterischen Tätigkeiten mindestens der Vergütungsgruppe VIb ständig unterstellt sind.
(Hierzu Protokollerklärung Nr. 1)

Kassiere in Kassen, die das Ergebnis mehrerer Kassiere zusammenfassen.
(Hierzu Protokollerklärung Nr. 1)

Kassiere in Kassen mit schwierigem Zahlungsverkehr und ständig außergewöhnlich hohen Barumsätzen.
(Hierzu Protokollerklärung Nr. 1)

Leiter von Kassen mit mindestens fünf Kassenangestellten.
(Hierzu Protokollerklärung Nr. 1)

Leiter von Kassen, die zugleich Leiter der Vollstreckungsstelle sind, soweit nicht in Vergütungsgruppe IVb oder IVa eingereiht.
(Hierzu Protokollerklärung Nr. 1)

Ständige Vertreter der Leiter von Kassen mit mindestens zwölf Kassenangestellten.
(Hierzu Protokollerklärung Nr. 1)

Vergütungsgruppe IVb

Leiter von Kassen mit mindestens zwölf Kassenangestellten.
(Hierzu Protokollerklärung Nr. 1)

Leiter von Kassen mit mindestens sechs Kassenangestellten, wenn sie zugleich Leiter der Vollstreckungsstelle sind.
(Hierzu Protokollerklärung Nr. 1)

Ständige Vertreter der Leiter von Kassen mit mindestens dreißig Kassenangestellten.
(Hierzu Protokollerklärung Nr. 1)

Vergütungsgruppe IVa

Leiter von Kassen mit mindestens dreißig Kassenangestellten.
(Hierzu Protokollerklärung Nr. 1)

Leiter von Kassen mit mindestens fünfzehn Kassenangestellten, wenn sie zugleich Leiter der Vollstreckungsstelle sind.
(Hierzu Protokollerklärung Nr. 1)

IV.2.3.23 Ang. im Kassen- u. Rechnungswesen

Protokollerklärungen:

Nr. 1
Kassen und Zahlstellen im Sinne dieses Tätigkeitsmerkmals sind nur die in der Reichskassenordnung (RKO) und in der Verordnung über das Kassen und Rechnungswesen der Gemeinden (KuRVO) als solche bestimmten.

Nr. 2
Der Angestellte führt oder verwaltet verantwortlich Personen- oder Sachkonten, wenn er die Belege vor der Buchung auf ihre Ordnungsmäßigkeit nach den Kassenvorschriften zu prüfen und für die Richtigkeit der Buchungen die Verantwortung zu tragen hat.

Nr. 3
Unter dieses Tätigkeitsmerkmal fallen auch Kassierer für den unbaren Zahlungsverkehr.

Nr. 4
Dieses Tätigkeitsmerkmal gilt auch für Angestellte, die in Zahlstellen oder Buchungsstellen verantwortlich Personen- oder Sachkonten führen oder verwalten.

Nr. 5
Schwierige buchhalterische Tätigkeiten sind z. B.:
a) Selbständiger Verkehr mit den bewirtschaftenden Stellen;
b) Führen und Verwalten von Darlehens- oder Schuldendienstkonten, wenn die Zins- und Tilgungsleistungen selbständig errechnet werden müssen;
c) Selbständiges Bearbeiten von Vollstreckungsangelegenheiten (mit Ausnahme des Ausstellens von Pfändungsaufträgen und von Amtshilfeersuchen);
d) Bearbeiten schwierig aufzuklärender Verwahrposten;
e) Selbständiges Bearbeiten von Werthinterlegungen einschließlich der Kontenführung;
f) Führen oder Verwalten von Sachkonten für Haushaltsausgaben, wenn damit das Überwachen zahlreicher Abschlagszahlungen verbunden ist;
g) Führen oder Verwalten von Sachkonten, bei denen Deckungsvorschriften nicht nur einfacher Art zu beachten sind (Deckungsvorschriften nur einfacher Art sind z. B.: In Sammelnachweisen zusammengefaßte Ausgaben; gegenseitige oder einseitige Deckungsfähigkeit bei den Personalausgaben oder Deckungsvermerke, die sich auf der Ausgabenseite auf nur zwei Haushaltsstellen beschränken);
h) Führen oder Verwalten von Konten für den Abrechnungsverkehr mit Kassen oder Zahlstellen;
i) Führen oder Verwalten schwieriger Konten der Vermögensrechnung bei gleichzeitigem selbständigen Berechnen von Abschreibungen aufgrund allgemeiner – betraglich nicht festgelegter – Kassen- oder Buchungsanweisungen.

Rettungsassistenten, -sanitäter **IV.2.3.24**

Angestellte als Rettungsassistenten, Rettungssanitäter

Vergütungsgruppe VIII

Rettungssanitäter mit entsprechender Tätigkeit sowie sonstige Angestellte, die aufgrund gleichwertiger Fähigkeiten und ihrer Erfahrungen entsprechende Tätigkeiten ausüben.

Vergütungsgruppe VII

1. Rettungsassistenten mit entsprechender Tätigkeit.
2. Rettungssanitäter mit entsprechender Tätigkeit sowie sonstige Angestellte, die aufgrund gleichwertiger Fähigkeiten und ihrer Erfahrungen entsprechende Tätigkeiten ausüben,
   nach dreijähriger Bewährung in Vergütungsgruppe VIII.

Vergütungsgruppe VIb

1. Rettungsassistenten, die in Rettungsleitstellten tätig sind.
   – Fußnote –
2. Rettungsassistenten, die durch ausdrückliche Anordnung als Leiter einer Rettungswache bestellt sind. – Fußnote –
3. Rettungsassistenten mit entsprechender Tätigkeit
   nach sechsjähriger Bewährung in Vergütungsgruppe VII Fallgruppe 1. – Fußnote –

(Hierzu Protokollerklärung Nr. 1)

Fußnote:
Diese Angestellten erhalten nach sechsjähriger Tätigkeit als Rettungsassistent in Vergütungsgruppe VIb, frühestens jedoch nach insgesamt zwölfjähriger Tätigkeit als Rettungsassistent in Vergütungsgruppe VII oder VIb eine monatliche Vergütungsgruppenzulage in Höhe von 4,5 v. H. der Grundvergütung der Stufe 4 der Vergütungsgruppe VIb. Bei der Berechnung sich ergebende Bruchteile eines Cents unter 0,5 sind abzurunden, Bruchteile von 0,5 und mehr sind aufzurunden. Die Vergütungsgruppenzulage gilt bei der Bemessung des Sterbegeldes (§ 41) und des Übergangsgeldes (§ 63) als Bestandteil der Grundvergütung.
(Hierzu Protokollerklärung Nr. 1)

Vergütungsgruppe Vc

1. Rettungsassistenten, die durch ausdrückliche Anordnung als Leiter einer Rettungsleitstelle bestellt sind.

IV.2.3.24 Rettungsassistenten, -sanitäter

2. Rettungsassistenten, die in Rettungsleitstellen tätig sind,
   nach sechsjähriger Bewährung in Vergütungsgruppe VIb Fallgruppe 1.
   (Hierzu Protokollerklärung Nr. 1)
3. Rettungsassistenten, die durch ausdrückliche Anordnung als Leiter einer Rettungswache bestellt und denen mindestens 16 in der Rettungswache tätige Angestellte durch ausdrückliche Anordnung ständig unterstellt sind,
   nach sechsjähriger Bewährung in Vergütungsgruppe VIb Fallgruppe 2.
   (Hierzu Protokollerklärungen Nrn. 1 und 2)

Vergütungsgruppe Vb

1. Rettungsassistenten, die durch ausdrückliche Anordnung als Leiter einer Rettungsleitstelle bestellt und denen mindestens 16 in der Rettungsleitstelle tätige Angestellte durch ausdrückliche Anordnung ständig unterstellt sind.
   (Hierzu Protokollerklärung Nr. 2)
2. Rettungsassistenten, die durch ausdrückliche Anordnung als Leiter einer Rettungsleitstelle bestellt und denen mindestens zehn in der Rettungsleitstelle tätige Angestellte durch ausdrückliche Anordnung ständig unterstellt sind,
   nach sechsjähriger Bewährung in Vergütungsgruppe Vc Fallgruppe 1.
   (Hierzu Protokollerklärungen Nrn. 1 und 2)

Vergütungsgruppe IVb

Rettungsassistenten, die durch ausdrückliche Anordnung als Leiter einer Rettungsleitstelle bestellt und denen mindestens 16 in der Rettungsleitstelle tätige Angestellte durch ausdrückliche Anordnung ständig unterstellt sind,
   nach sechsjähriger Bewährung in Vergütungsgruppe Vb Fallgruppe 1.
(Hierzu Protokollerklärungen Nrn. 1 und 2)

Protokollerklärungen:

1. Zeiten einer entsprechenden Tätigkeit außerhalb des Geltungsbereichs dieses Tarifvertrages können auf die Bewährungszeit und auf die Zeit der Tätigkeit ganz oder teilweise angerechnet werden, sofern sie anzurechnen wären, wenn sie im Geltungsbereich dieses Tarifvertrages zurückgelegt worden wären.

Rettungsassistenten, -sanitäter **IV.2.3.24**

2. Soweit die Eingruppierung von der Zahl der in dem betreffenden Bereich tätigen unterstellten Angestellten abhängt,
   a) ist es für die Eingruppierung unschädlich, wenn im Organisations- und Stellenplan zur Besetzung ausgewiesene Stellen nicht besetzt sind,
   b) rechnen hierzu auch Beamte,
   c) zählen teilzeitbeschäftigte Angestellte entsprechend dem Verhältnis der mit ihnen im Arbeitsvertrag vereinbarten Arbeitszeit zur regelmäßigen Arbeitszeit eines entsprechenden vollbeschäftigten Angestellten,
   d) zählen unterstellte Angestellte, die zu einem Teil ihrer Arbeitszeit in dem betreffenden Bereich tätig sind, entsprechend dem Verhältnis dieses Anteils zur regelmäßigen Arbeitszeit.

Hinweis des Bearbeiters:

Die tarifliche Regelung zur Eingruppierung von Rettungsassistenten und Rettungssanitätern ist am 1. Oktober 1992 in Kraft getreten. Der entsprechende Tarifvertrag vom 30. September 1992 enthält in § 3 folgende Übergangsvorschriften:

„§ 3 Übergangsvorschriften

Für die Angestellten, die am 30. September 1992 in einem Arbeitsverhältnis gestanden haben, das am 1. Oktober 1992 zu demselben Arbeitgeber fortbestanden hat, gilt für die Dauer dieses Arbeitsverhältnisses folgendes:

1. Hat der Angestellte am 30. September 1992 Vergütung (§ 26 BAT) aus einer höheren Vergütungsgruppe erhalten als aus der Vergütungsgruppe, in der er nach diesem Tarifvertrag eingruppiert ist, wird diese Vergütung durch das Inkrafttreten dieses Tarifvertrages nicht berührt.

2. Auf die in diesem Tarifvertrag in dem Tätigkeitsmerkmal für Rettungssanitäter der Vergütungsgruppe VII Fallgruppe 2 geforderte Zeit einer Bewährung wird die vor dem 1. Oktober 1992 zurückgelegte Zeit so angerechnet, wie sie anzurechnen wäre, wenn dieser Tarifvertrag bereits seit dem Beginn des Arbeitsverhältnisses gegolten hätte.

3. Auf die in diesem Tarifvertrag
   a) in den Tätigkeitsmerkmalen für Rettungsassistenten der Vergütungsgruppen VIb Fallgruppe 3, Vc Fallgruppen 2 und 3, Vb Fallgruppe 2 und IVb geforderte Zeit einer Bewährung und
   b) in der Fußnote zu der Vergütungsgruppe VIb geforderte Zeit einer Tätigkeit

IV.2.3.24 Rettungsassistenten, -sanitäter

wird die vor dem 1. Oktober 1992 als Rettungsassistent zurückgelegte Zeit so angerechnet, wie sie anzurechnen wäre, wenn dieser Tarifvertrag bereits seit dem Beginn des Arbeitsverhältnisses gegolten hätte.

Unterabsatz 1 gilt für die vor der Anerkennung als Rettungsassistent in derselben Tätigkeit als Rettungssanitäter zurückgelegte Zeit mit der Maßgabe entsprechend, daß die sich ergebende Zeit zur Hälfte angerechnet wird."

Allgemeine Vergütungsordnung für Angestellte im Pflegedienst für die Bereiche des Bundes, der Tarifgemeinschaft deutscher Länder und der Vereinigung der kommunalen Arbeitgeberverbände (Anlage 1b zum BAT)

Vorbemerkungen zu den Abschnitten A und B

Nr. 1

Die Bezeichnungen	umfassen auch
Pflegehelferinnen	Pflegehelfer
Krankenpflegehelferinnen	Krankenpflegehelfer
Krankenschwestern	Krankenpfleger, Kinderkrankenschwestern und Kinderkrankenpfleger
Wochenpflegerinnen	Wochenpfleger
Hebammen	Entbindungspfleger
Altenpflegehelferinnen	Altenpflegehelfer
Altenpflegerinnen	Altenpfleger
Schülerinnen	Schüler.

Nr. 2

Krankenschwestern, die Tätigkeiten von Kinderkrankenschwestern bzw. Altenpflegerinnen ausüben, sind als Kinderkrankenschwestern bzw. Altenpflegerinnen eingruppiert.

Nr. 3

Kinderkrankenschwestern, die Tätigkeiten von Krankenschwestern bzw. Altenpflegerinnen ausüben, sind als Krankenschwestern bzw. Altenpflegerinnen eingruppiert.

Nr. 4

Altenpflegerinnen, die Tätigkeiten von Krankenschwestern ausüben, sind als Krankenschwestern eingruppiert; soweit deren Eingruppierung von der Zeit einer Tätigkeit oder von der Zeit einer Berufstätigkeit abhängt, sind jedoch die für Altenpflegerinnen geltenden Zeiten maßgebend.

IV.3.1 Vorbemerkungen zu den Abschn. A u. B

Nr. 5
Bei den Tätigkeitsmerkmalen, die einen Bewährungsaufstieg vorsehen, gelten jeweils auch die Protokollerklärungen zu der in Bezug genommenen Fallgruppe der Vergütungsgruppe, aus der der Bewährungsaufstieg erfolgt.

Nr. 6
Aufgrund des Artikels 37 des Einigungsvertrages und der Vorschriften hierzu als gleichwertig festgestellte Abschlüsse, Prüfungen und Befähigungsnachweise stehen ab dem Zeitpunkt ihres Erwerbs den in den Tätigkeitsmerkmalen geforderten entsprechenden Anforderungen gleich. Ist die Gleichwertigkeit erst nach Erfüllung zusätzlicher Erfordernisse festgestellt worden, gilt die Gleichstellung ab der Feststellung.

A.
Pflegepersonal, das unter die Sonderregelungen 2a oder 2e III fällt

Vergütungsgruppe Kr. I
1. Pflegehelferinnen mit entsprechender Tätigkeit.
   (Hierzu Protokollerklärung Nr. 1)
2. Altenpflegehelferinnen mit entsprechender Tätigkeit.
   (Hierzu Protokollerklärung Nr. 1)

Vergütungsgruppe Kr. II
1. Krankenpflegehelferinnen mit entsprechender Tätigkeit.
   (Hierzu Protokollerklärung Nr. 1)
2. Pflegehelferinnen mit mindestens einjähriger Ausbildung und verwaltungseigener Abschlußprüfung mit entsprechender Tätigkeit.
   (Hierzu Protokollerklärung Nr. 1)
3. Pflegehelferinnen der Vergütungsgruppe Kr. I Fallgruppe 1
   nach dreijähriger Bewährung in dieser Fallgruppe.
   (Hierzu Protokollerklärung Nr. 2)
4. Wochenpflegerinnen mit staatlicher Anerkennung mit entsprechender Tätigkeit.
5. Altenpflegehelferinnen mit mindestens einjähriger Ausbildung und Abschlußprüfung mit entsprechender Tätigkeit.
   (Hierzu Protokollerklärung Nr. 1)
6. Altenpflegehelferinnen der Vergütungsgruppe Kr. I Fallgruppe 2
   nach dreijähriger Bewährung in dieser Fallgruppe.
   (Hierzu Protokollerklärung Nr. 2)

Vergütungsgruppe Kr. III
1. Krankenpflegehelferinnen
   und
   Pflegehelferinnen mit mindestens einjähriger Ausbildung und verwaltungseigener Abschlußprüfung,
   die in Einheiten für Intensivmedizin tätig sind.
   (Hierzu Protokollerklärungen Nrn. 1 und 3)

IV.3.2 Ang. im Pflegedienst

2. Krankenpflegehelferinnen
   und
   Pflegehelferinnen mit mindestens einjähriger Ausbildung und verwaltungseigener Abschlußprüfung, die
   a) im Operationsdienst,
   b) im Anästhesiedienst,
   c) in Dialyseeinheiten,
   d) an der Herz-Lungen-Maschine,
   e) in mindestens zwei Teilgebieten der Endoskopie,
   f) in Gipsräumen oder
   g) in Polikliniken (Ambulanzbereichen) oder Ambulanzen/Nothilfen
   tätig sind.
3. Krankenpflegehelferinnen mit entsprechender Tätigkeit
   und
   Pflegehelferinnen mit mindestens einjähriger Ausbildung und verwaltungseigener Abschlußprüfung mit entsprechender Tätigkeit
   nach zweijähriger Tätigkeit in Vergütungsgruppe Kr. II Fallgruppe 1 oder 2.
   (Hierzu Protokollerklärungen Nrn. 1 und 2)
4. Wochenpflegerinnen mit staatlicher Anerkennung mit entsprechender Tätigkeit
   nach zweijähriger Tätigkeit in Vergütungsgruppe Kr. II Fallgruppe 4.
   (Hierzu Protokollerklärung Nr. 2)
5. Altenpflegehelferinnen mit mindestens einjähriger Ausbildung und Abschlußprüfung mit entsprechender Tätigkeit
   nach zweijähriger Tätigkeit in Vergütungsgruppe Kr. II Fallgruppe 5.
   (Hierzu Protokollerklärungen Nrn. 1 und 2)

Vergütungsgruppe Kr. IV

1. Krankenschwestern mit entsprechender Tätigkeit.
   (Hierzu Protokollerklärung Nr. 1)
2. Krankenpflegehelferinnen
   und
   Pflegehelferinnen mit mindestens einjähriger Ausbildung und verwaltungseigener Abschlußprüfung
   der Vergütungsgruppe Kr. III Fallgruppen 1 bis 3
   nach vierjähriger Bewährung in der jeweiligen Fallgruppe,

Ang. im Pflegedienst IV.3.2

> frühestens jedoch nach sechsjähriger Berufstätigkeit nach Erlangung der staatlichen Erlaubnis bzw. Ablegung der verwaltungseigenen Abschlußprüfung.
> (Hierzu Protokollerklärungen Nrn. 2 und 4)
>
> 3. Wochenpflegerinnen der Vergütungsgruppe Kr. III Fallgruppe 4 nach vierjähriger Bewährung in dieser Fallgruppe.
> (Hierzu Protokollerklärung Nr. 2)
>
> 4. Hebammen mit entsprechender Tätigkeit.
>
> 5. Altenpflegerinnen mit staatlicher Anerkennung/Abschlußprüfung mit entsprechender Tätigkeit.
> (Hierzu Protokollerklärung Nr. 1)
>
> 6. Altenpflegehelferinnen der Vergütungsgruppe Kr. III Fallgruppe 5
>   nach vierjähriger Bewährung in dieser Fallgruppe.
> (Hierzu Protokollerklärung Nr. 2)

Vergütungsgruppe Kr. V

1. Krankenschwestern mit entsprechender Tätigkeit
   nach zweijähriger Tätigkeit in Vergütungsgruppe Kr. IV Fallgruppe 1.
   (Hierzu Protokollerklärungen Nrn. 1 und 2)

2. Krankenschwestern, die in Dialyseeinheiten Kranke pflegen sowie die Geräte bedienen und überwachen.

3. Krankenschwestern in Blutzentralen mit entsprechender Tätigkeit.
   (Hierzu Protokollerklärung Nr. 5)

4. Krankenschwestern, die in besonderen Behandlungs- und Untersuchungsräumen in mindestens zwei Teilgebieten der Endoskopie tätig sind.

5. Krankenschwestern in Polikliniken (Ambulanzbereichen) oder Ambulanzen/Nothilfen mit entsprechender Tätigkeit.

6. Krankenschwestern, die Gipsverbände in Gipsräumen anlegen.

7. Krankenschwestern, die im EEG-Dienst tätig sind.

8. Krankenschwestern, denen mindestens fünf im Krankentransportdienst tätige Pflegepersonen durch ausdrückliche Anordnung ständig unterstellt sind.
   (Hierzu Protokollerklärung Nr. 6)

9. Krankenschwestern, die Pflegeaufgaben an Patienten von psychiatrischen oder neurologischen Krankenhäusern, die nicht in diesen Krankenhäusern untergebracht sind, zu erfüllen haben.

IV.3.2 Ang. im Pflegedienst

10. Krankenschwestern, die in psychiatrischen oder neurologischen Krankenhäusern psychisch kranke Patienten bei der Arbeitstherapie betreuen.
(Hierzu Protokollerklärung Nr. 1)

11. Krankenschwestern in fachärztlichen Untersuchungsstellen der Bundeswehrkrankenhäuser, die dem Arzt bei operativen Eingriffen oder diagnostischen Verrichtungen unmittelbar assistieren und bei der Ausbildung des Sanitätspersonals tätig sind.

12. Krankenschwestern, die in Kinderkrankenhäusern oder Kinderfachabteilungen der Milchküche oder der Frauenmilchsammelstelle vorstehen.
(Hierzu Protokollerklärung Nr. 7)

13. Krankenschwestern, die dem zentralen Sterilisationsdienst vorstehen.
(Hierzu Protokollerklärung Nr. 7)

14.[1]   Krankenschwestern, die im Operationsdienst
   a) als Operationsschwestern oder
   b) als Anästhesieschwestern
   tätig sind
   oder

---

[1] Der Gruppenausschuss der Vereinigung kommunaler Arbeitgeberverbände für Krankenhäuser und Pflegeeinrichtungen und die Mitgliederversammlung der TdL haben sich mehrfach (zuletzt 3./00 Gr.-Auss. und 2./01 Mitgl.-Vers.) mit der Eingruppierung sog. Operationstechnischer Assistenten (OTA) befasst. Nach Auffassung dieser Gremien sind OTA mit dreijähriger Ausbildung und bestandener Abschlussprüfung unter Berücksichtigung ihrer Tätigkeiten und ihrer Einsatzmöglichkeiten wie folgt einzugruppieren:
Vergütungsgruppe Kr. IV
Operationstechnische Assistenten mit entsprechender Tätigkeit
Vergütungsgruppe Kr. V
Operationstechnische Assistenten mit entsprechender Tätigkeit nach zweijähriger Tätigkeit in VergGr. Kr. IV
Vergütungsgruppe Kr. Va
Operationstechnische Assistenten mit entsprechender Tätigkeit nach vierjähriger Bewährung in VergGr. Kr. V
Beide Gremien haben aber keine Bedenken, wenn die für die Eingruppierung in VergGr. Kr. V geforderte zweijährige Tätigkeit in VergGr. Kr. IV verkürzt oder hierauf ganz verzichtet wird.

Ang. im Pflegedienst **IV.3.2**

    in der großen Chirurgie für die fachgerechte Lagerung verantwortlich sind.

15. Krankenschwestern, die die Herz-Lungen-Maschine vorbereiten und während der Operation zur Bedienung der Maschine herangezogen werden.
16. Krankenschwestern, die in Einheiten für Intensivmedizin tätig sind.
    (Hierzu Protokollerklärungen Nrn. 1 und 3)
17. Krankenschwestern, die dem Arzt in erheblichem Umfange bei Herzkatheterisierungen, Dilatationen oder Angiographien unmittelbar assistieren.
18. Krankenschwestern mit erfolgreich abgeschlossener Fortbildung in der Krankenhaushygiene, die als Krankenhaushygieneschwestern stationsübergreifend und verantwortlich eingesetzt sind.
19. Krankenschwestern, die durch ausdrückliche Anordnung als ständige Vertreterinnen von Krankenschwestern der Vergütungsgruppe Kr. VI Fallgruppe 12 bestellt sind.
    (Hierzu Protokollerklärung Nr. 8)
20. Hebammen mit entsprechender Tätigkeit
        nach einjähriger Tätigkeit in Vergütungsgruppe Kr. IV Fallgruppe 4.
    (Hierzu Protokollerklärung Nr. 2)
21. Altenpflegerinnen mit staatlicher Anerkennung/Abschlußprüfung mit entsprechender Tätigkeit
        nach dreijähriger Tätigkeit in Vergütungsgruppe Kr. IV Fallgruppe 5.
    (Hierzu Protokollerklärungen Nrn. 1, 2 und 9)

Vergütungsgruppe Kr. Va

1. bis 3. (gestrichen)
4. Krankenschwestern, die einer Dialyseeinheit vorstehen und denen mindestens zwölf Pflegepersonen durch ausdrückliche Anordnung ständig unterstellt sind.
   (Hierzu Protokollerklärung Nr. 6)
5. Krankenschwestern, die durch ausdrückliche Anordnung als Stationsschwestern oder Gruppenschwestern bestellt sind.
   (Hierzu Protokollerklärungen Nrn. 1, 11 und 12)

IV.3.2 Ang. im Pflegedienst

6. Krankenschwestern, die durch ausdrückliche Anordnung als ständige Vertreterinnen von Stations- oder Gruppenschwestern der Vergütungsgruppe Kr. VI Fallgruppe 13 bestellt sind.
(Hierzu Protokollerklärungen Nrn. 1 und 8)

7. Krankenschwestern der Vergütungsgruppe Kr. V Fallgruppen 1 bis 19
    nach vierjähriger Bewährung in einer dieser Fallgruppen, frühestens jedoch nach sechsjähriger Berufstätigkeit nach Erlangung der staatlichen Erlaubnis.
(Hierzu Protokollerklärungen Nrn. 2 und 4)

8. Hebammen, die durch ausdrückliche Anordnung zur Vorsteherin des Kreißsaals bestellt sind.
(Hierzu Protokollerklärung Nr. 13)

9. Hebammen der Vergütungsgruppe Kr. V Fallgruppe 20
    nach vierjähriger Bewährung in dieser Fallgruppe,
    frühestens jedoch nach sechsjähriger Berufstätigkeit nach Erlangung der staatlichen Erlaubnis.
(Hierzu Protokollerklärungen Nrn. 2 und 4)

10. Altenpflegerinnen mit staatlicher Anerkennung/Abschlußprüfung, die durch ausdrückliche Anordnung als Stationspflegerinnen bestellt sind.
(Hierzu Protokollerklärungen Nrn. 1 und 14)

11. Altenpflegerinnen mit staatlicher Anerkennung/Abschlußprüfung, die durch ausdrückliche Anordnung als ständige Vertreterinnen von Stationspflegerinnen der Vergütungsgruppe Kr. VI Fallgruppe 25 bestellt sind.
(Hierzu Protokollerklärungen Nrn. 1 und 8)

12. Altenpflegerinnen der Vergütungsgruppe Kr. V Fallgruppe 21
    nach vierjähriger Bewährung in dieser Fallgruppe.
(Hierzu Protokollerklärung Nr. 2)

Vergütungsgruppe Kr. VI

1. Krankenschwestern der Vergütungsgruppe Kr. V Fallgruppe 15, denen mindestens vier Angestellte durch ausdrückliche Anordnung ständig unterstellt sind.
(Hierzu Protokollerklärung Nr. 6)

2. Krankenschwestern in Blutzentralen, denen mindestens vier Pflegepersonen durch ausdrückliche Anordnung ständig unterstellt sind.
(Hierzu Protokollerklärungen Nrn. 5 und 6)

Ang. im Pflegedienst IV.3.2

3. Krankenschwestern, die in besonderen Behandlungs- und Untersuchungsräumen in mindestens zwei Teilgebieten der Endoskopie tätig sind, wenn ihnen mindestens vier Pflegepersonen durch ausdrückliche Anordnung ständig unterstellt sind.
(Hierzu Protokollerklärung Nr. 6)

4. Krankenschwestern in Polikliniken (Ambulanzbereichen) oder Ambulanzen/Nothilfen, denen mindestens sechs Pflegepersonen durch ausdrückliche Anordnung ständig unterstellt sind.
(Hierzu Protokollerklärung Nr. 6)

5. Krankenschwestern, die Gipsverbände in Gipsräumen anlegen, denen mindestens fünf Pflegepersonen durch ausdrückliche Anordnung ständig unterstellt sind.
(Hierzu Protokollerklärung Nr. 6)

6. Krankenschwestern, denen mindestens zehn im Krankentransportdienst tätige Pflegepersonen durch ausdrückliche Anordnung ständig unterstellt sind.
(Hierzu Protokollerklärung Nr. 6)

6a. Krankenschwestern mit erfolgreich abgeschlossener Weiterbildung für den Operationsdienst bzw. für den Anästhesiedienst, die im Operationsdienst
   a) als Operationsschwestern oder
   b) als Anästhesieschwestern
   tätig sind.
(Hierzu Protokollerklärung Nr. 10)

6b. Krankenschwestern mit erfolgreich abgeschlossener Weiterbildung in der Intensivpflege/-medizin in Einheiten für Intensivmedizin mit entsprechender Tätigkeit.
(Hierzu Protokollerklärungen Nrn. 1, 3 und 10)

6c. Krankenschwestern mit erfolgreich abgeschlossener Weiterbildung in der Psychiatrie mit entsprechender Tätigkeit.
(Hierzu Protokollerklärungen Nrn. 1 und 10)

7. Krankenschwestern mit erfolgreich abgeschlossener sozialpsychiatrischer Zusatzausbildung und entsprechender Tätigkeit.
(Hierzu Protokollerklärungen Nrn. 1 und 15)

8. Krankenschwestern, die dem Operationsdienst oder Anästhesiedienst vorstehen und denen mindestens vier Pflegepersonen durch ausdrückliche Anordnung ständig unterstellt sind.
(Hierzu Protokollerklärung Nr. 6)

IV.3.2 Ang. im Pflegedienst

9. Krankenschwestern in der Intensivpflege/-medizin, die einer Einheit für Intensivmedizin vorstehen.
(Hierzu Protokollerklärungen Nrn. 1 und 3)

10.¹) Krankenschwestern, die einer Dialyseeinheit vorstehen und denen mindestens 24 Pflegepersonen durch ausdrückliche Anordnung ständig unterstellt sind.
(Hierzu Protokollerklärung Nr. 6)

11. Krankenschwestern, die dem zentralen Sterilisationsdienst vorstehen und denen mindestens acht Arbeitnehmer durch ausdrückliche Anordnung ständig unterstellt sind.
(Hierzu Protokollerklärung Nr. 6)

12. Krankenschwestern, die dem zentralen Sterilisationsdienst vorstehen und denen mindestens 36 Arbeitnehmer durch ausdrückliche Anordnung ständig unterstellt sind.
(Hierzu Protokollerklärung Nr. 6)

13. Krankenschwestern als Stationsschwestern oder Gruppenschwestern, denen mindestens fünf Pflegepersonen durch ausdrückliche Anordnung ständig unterstellt sind.
(Hierzu Protokollerklärungen Nrn. 1, 6, 11 und 12)

14. Krankenschwestern, denen mehrere Stationen, Pflegegruppen oder abgegrenzte Funktionsbereiche mit insgesamt mindestens zwölf Pflegepersonen durch ausdrückliche Anordnung ständig unterstellt sind.
(Hierzu Protokollerklärungen Nrn. 1, 6, 12 und 16)

---

¹) Unter der Voraussetzung, dass in der Dialyseeinheit mehrschichtig gearbeitet wird, bestehen entsprechend einem Beschluss der 6./97 Mitgliederversammlung der TdL keine Bedenken, wenn Krankenschwestern, die durch ausdrückliche Anordnung als ständige Vertreterinnen von Vorsteherinnen von Dialyseeinheiten mit mindestens 24 unterstellten Pflegepersonen bestellt sind, wie folgt eingruppiert werden:

a) Krankenschwestern, die durch ausdrückliche Anordnung als ständige Vertreterinnen von Krankenschwestern der Vergütungsgruppe Kr. VI Fallgruppe 10 (mindestens 24 unterstellte Pflegepersonen) bestellt sind, können in Vergütungsgruppe Kr. Va und nach fünfjähriger Bewährung in Vergütungsgruppe Kr. VI eingruppiert werden.

b) Krankenschwestern, die durch ausdrückliche Anordnung als ständige Vertreterinnen von Krankenschwestern der Vergütungsgruppe Kr. VII Fallgruppe 6 (mindestens 48 unterstellte Pflegepersonen) bestellt sind, können in Vergütungsgruppe Kr. VI und nach fünfjähriger Bewährung in Vergütungsgruppe Kr. VII eingruppiert werden.

Ang. im Pflegedienst **IV.3.2**

15. Krankenschwestern, die durch ausdrückliche Anordnung als ständige Vertreterinnen von Krankenschwestern der Vergütungsgruppe Kr. VII Fallgruppe 4 oder 5 bestellt sind.
(Hierzu Protokollerklärung Nr. 8)

16. Krankenschwestern, die durch ausdrückliche Anordnung als ständige Vertreterinnen von Stations- oder Gruppenschwestern der Vergütungsgruppe Kr. VII Fallgruppe 7 bestellt sind.
(Hierzu Protokollerklärungen Nrn. 1 und 8)

17. Krankenschwestern, die durch ausdrückliche Anordnung als ständige Vertreterinnen von Leitenden Krankenschwestern der Vergütungsgruppe Kr. VII Fallgruppe 9 bestellt sind.
(Hierzu Protokollerklärung Nr. 8)

18. Krankenschwestern, die als Unterrichtsschwestern tätig sind.
(Hierzu Protokollerklärung Nr. 17)

19. Krankenschwestern der Vergütungsgruppe Kr. V Fallgruppen 11 oder 14 bis 18
    nach sechsjähriger Bewährung in der jeweiligen Fallgruppe der Vergütungsgruppe Kr. V
    oder in dieser Tätigkeit in Vergütungsgruppe Kr. Va Fallgruppe 7.
(Hierzu Protokollerklärung Nr. 2)

20. Krankenschwestern der Vergütungsgruppe Kr. Va Fallgruppe 4
    nach dreijähriger Bewährung in dieser Fallgruppe.
(Hierzu Protokollerklärung Nr. 2)

21. Krankenschwestern der Vergütungsgruppe Kr. Va Fallgruppen 5 und 6
    nach fünfjähriger Bewährung in der jeweiligen Fallgruppe.
(Hierzu Protokollerklärung Nr. 2)

22. Hebammen, denen mindestens fünf Hebammen durch ausdrückliche Anordnung ständig unterstellt sind.
(Hierzu Protokollerklärung Nr. 6)

23. Hebammen, die als Lehrhebammen an Hebammenschulen tätig sind.
(Hierzu Protokollerklärung Nr. 18)

24. Hebammen, die durch ausdrückliche Anordnung als ständige Vertreterinnen von Leitenden Hebammen der Vergütungsgruppe Kr. VII Fallgruppe 17 bestellt sind.
(Hierzu Protokollerklärung Nr. 8)

25. Altenpflegerinnen mit staatlicher Anerkennung/Abschlußprüfung, die durch ausdrückliche Anordnung als Stationspfle-

gerinnen bestellt sind und denen mindestens fünf Pflegepersonen durch ausdrückliche Anordnung ständig unterstellt sind.

(Hierzu Protokollerklärungen Nrn. 1, 6 und 14)

26. Altenpflegerinnen mit staatlicher Anerkennung/Abschlußprüfung, die durch ausdrückliche Anordnung als ständige Vertreterinnen von Stationspflegerinnen der Vergütungsgruppe Kr. VII Fallgruppe 23 bestellt sind.

(Hierzu Protokollerklärungen Nrn. 1 und 8)

27. Altenpflegerinnen mit staatlicher Anerkennung/Abschlußprüfung, die durch ausdrückliche Anordnung als ständige Vertreterinnen von Leitenden Altenpflegerinnen der Vergütungsgruppe Kr. VII Fallgruppe 24 bestellt sind.

(Hierzu Protokollerklärung Nr. 8)

28. Altenpflegerinnen mit staatlicher Anerkennung/Abschlußprüfung, die als Unterrichtsaltenpflegerinnen tätig sind.

(Hierzu Protokollerklärung Nr. 19)

29. Altenpflegerinnen der Vergütungsgruppe Kr. Va Fallgruppe 11 nach fünfjähriger Bewährung in dieser Fallgruppe.

(Hierzu Protokollerklärung Nr. 2)

Vergütungsgruppe Kr. VII

1. Krankenschwestern in Blutzentralen, denen mindestens 20 Pflegepersonen durch ausdrückliche **Anordnung** ständig unterstellt sind.

(Hierzu Protokollerklärungen Nrn. 5 und 6)

2. Krankenschwestern in Polikliniken (Ambulanzbereichen) oder Ambulanzen/Nothilfen, denen mindestens 20 Pflegepersonen durch ausdrückliche Anordnung ständig unterstellt sind.

(Hierzu Protokollerklärung Nr. 6)

3. Krankenschwestern, denen mindestens 30 im Krankentransportdienst tätige Pflegepersonen durch ausdrückliche Anordnung ständig unterstellt sind.

(Hierzu Protokollerklärung Nr. 6)

4. Krankenschwestern, die dem Operationsdienst oder Anästhesiedienst vorstehen und denen mindestens zehn Pflegepersonen durch ausdrückliche Anordnung ständig unterstellt sind.

(Hierzu Protokollerklärung Nr. 6)

Ang. im Pflegedienst **IV.3.2**

5. Krankenschwestern, die einer Einheit für Intensivmedizin vorstehen und denen mindestens zwölf Pflegepersonen durch ausdrückliche Anordnung ständig unterstellt sind.
(Hierzu Protokollerklärungen Nrn. 1, 3 und 6)

6.[1]) Krankenschwestern, die einer Dialyseeinheit vorstehen und denen mindestens 48 Pflegepersonen durch ausdrückliche Anordnung ständig unterstellt sind.
(Hierzu Protokollerklärung Nr. 6)

7. Krankenschwestern als Stationsschwestern oder Gruppenschwestern, denen mindestens zwölf Pflegepersonen durch ausdrückliche Anordnung ständig unterstellt sind.
(Hierzu Protokollerklärungen Nrn. 1, 6, 11 und 12)

8. Krankenschwestern, denen mehrere Stationen, Pflegegruppen oder abgegrenzte Funktionsbereiche mit insgesamt mindestens 24 Pflegepersonen durch ausdrückliche Anordnung ständig unterstellt sind.
(Hierzu Protokollerklärungen Nrn. 6, 12 und 16)

9. Leitende Krankenschwestern.
(Hierzu Protokollerklärungen Nrn. 20 und 21)

10. Krankenschwestern, die durch ausdrückliche Anordnung als ständige Vertreterinnen von Krankenschwestern der Vergütungsgruppe Kr. VIII Fallgruppe 1 oder 2 bestellt sind.
(Hierzu Protokollerklärung Nr. 8)

11. Krankenschwestern, die durch ausdrückliche Anordnung als ständige Vertreterinnen von Leitenden Krankenschwestern der Vergütungsgruppe Kr. VIII Fallgruppe 5 bestellt sind.
(Hierzu Protokollerklärung Nr. 8)

12. Krankenschwestern mit mindestens einjähriger erfolgreich abgeschlossener Fachausbildung an Schulen für Unterrichtsschwestern, die als Unterrichtsschwestern an Krankenpflegeschulen oder Schulen für Krankenpflegehilfe tätig sind.
(Hierzu Protokollerklärungen Nrn. 17 und 22)

13. Krankenschwestern mit mindestens einjähriger erfolgreich abgeschlossener Fachausbildung an Schulen für Unterrichtsschwestern, die als Unterrichtsschwestern an Krankenpflegeschulen oder Schulen für Krankenpflegehilfe tätig und durch ausdrückliche Anordnung als ständige Vertreterinnen von Lei-

---

[1]) vgl. dazu den Fußnotenhinweis zu VergGr Kr. VI Fallgruppe 10

IV.3.2 Ang. im Pflegedienst

tenden Unterrichtsschwestern der Vergütungsgruppe Kr. VIII Fallgruppe 8 bestellt sind.
(Hierzu Protokollerklärungen Nrn. 8, 17 und 22)

14. Krankenschwestern der Vergütungsgruppe Kr. VI Fallgruppen 8 bis 10 oder 12 bis 17
    nach fünfjähriger Bewährung in der jeweiligen Fallgruppe.
    (Hierzu Protokollerklärung Nr. 2)

15. Krankenschwestern der Vergütungsgruppe Kr. VI Fallgruppe 18
    nach siebenjähriger Bewährung in dieser Fallgruppe.
    (Hierzu Protokollerklärung Nr. 2)

16. Hebammen, denen mindestens zehn Hebammen durch ausdrückliche Anordnung ständig unterstellt sind.
    (Hierzu Protokollerklärung Nr. 6)

17. Leitende Hebammen in Frauenkliniken mit Hebammenschule.
    (Hierzu Protokollerklärungen Nrn. 21 und 23)

18. Hebammen mit mindestens einjähriger erfolgreich abgeschlossener Fachausbildung an Schulen für Lehrhebammen, die als Lehrhebammen an Hebammenschulen tätig sind.
    (Hierzu Protokollerklärungen Nrn. 18, 22 und 24)

19. Hebammen mit mindestens einjähriger erfolgreich abgeschlossener Fachausbildung an Schulen für Lehrhebammen, die als Lehrhebammen an Hebammenschulen tätig und durch ausdrückliche Anordnung als ständige Vertreterinnen von Ersten Lehrhebammen der Vergütungsgruppe Kr. VIII Fallgruppe 13 bestellt sind.
    (Hierzu Protokollerklärungen Nrn. 8, 18, 22 und 24)

20. Hebammen, die durch ausdrückliche Anordnung als ständige Vertreterinnen von Leitenden Hebammen der Vergütungsgruppe Kr. VIII Fallgruppe 11 bestellt sind.
    (Hierzu Protokollerklärung Nr. 8)

21. Hebammen der Vergütungsgruppe Kr. VI Fallgruppe 22 oder 24
    nach fünfjähriger Bewährung in der jeweiligen Fallgruppe.
    (Hierzu Protokollerklärung Nr. 2)

22. Hebammen der Vergütungsgruppe Kr. VI Fallgruppe 23
    nach siebenjähriger Bewährung in dieser Fallgruppe.
    (Hierzu Protokollerklärung Nr. 2)

23. Altenpflegerinnen mit staatlicher Anerkennung/Abschlußprüfung, die durch ausdrückliche Anordnung als Stationspflegerinnen bestellt sind und denen mindestens zwölf Pflege-

Ang. im Pflegedienst **IV.3.2**

personen durch ausdrückliche Anordnung ständig unterstellt sind.

(Hierzu Protokollerklärungen Nrn. 1, 6 und 14)

24. Altenpflegerinnen mit staatlicher Anerkennung/Abschlußprüfung als Leitende Altenpflegerinnen.

    (Hierzu Protokollerklärung Nr. 25)

25. Altenpflegerinnen mit staatlicher Anerkennung/Abschlußprüfung, die durch ausdrückliche Anordnung als ständige Vertreterinnen von Leitenden Altenpflegerinnen der Vergütungsgruppe Kr. VIII Fallgruppe 15 bestellt sind.

    (Hierzu Protokollerklärung Nr. 8)

26. Altenpflegerinnen mit staatlicher Anerkennung/Abschlußprüfung und mindestens einjähriger erfolgreich abgeschlossener Fachausbildung an Schulen für Unterrichtsaltenpflegerinnen, die als Unterrichtsaltenpflegerinnen an Schulen für Altenpflege tätig sind.

    (Hierzu Protokollerklärungen Nrn. 19, 22 und 24)

27. Altenpflegerinnen mit staatlicher Anerkennung/Abschlußprüfung und mindestens einjähriger erfolgreich abgeschlossener Fachausbildung an Schulen für Unterrichtsaltenpflegerinnen, die durch ausdrückliche Anordnung als ständige Vertreterinnen von Leitenden Unterrichtsaltenpflegerinnen der Vergütungsgruppe Kr. VIII Fallgruppe 17 bestellt sind.

    (Hierzu Protokollerklärungen Nrn. 8, 19, 22 und 24)

28. Altenpflegerinnen der Vergütungsgruppe Kr. VI Fallgruppen 25 bis 27

    nach fünfjähriger Bewährung in der jeweiligen Fallgruppe.

    (Hierzu Protokollerklärung Nr. 2)

29. Altenpflegerinnen der Vergütungsgruppe Kr. VI Fallgruppe 28

    nach siebenjähriger Bewährung in dieser Fallgruppe.

    (Hierzu Protokollerklärung Nr. 2)

Vergütungsgruppe Kr. VIII

1. Krankenschwestern, die dem Operationsdienst oder Anästhesiedienst vorstehen und denen mindestens 20 Pflegepersonen durch ausdrückliche Anordnung ständig unterstellt sind.

   (Hierzu Protokollerklärung Nr. 6)

IV.3.2 Ang. im Pflegedienst

2. Krankenschwestern, die einer Einheit für Intensivmedizin vorstehen und denen mindestens 24 Pflegepersonen durch ausdrückliche Anordnung ständig unterstellt sind.
(Hierzu Protokollerklärungen Nrn. 3 und 6)

3. Krankenschwestern, die durch ausdrückliche Anordnung als ständige Vertreterinnen von Krankenschwestern der Vergütungsgruppe Kr. IX Fallgruppe 1 oder 2 bestellt sind.
(Hierzu Protokollerklärung Nr. 8)

4. Krankenschwestern, denen mehrere Stationen, Pflegegruppen oder abgegrenzte Funktionsbereiche mit insgesamt mindestens 48 Pflegepersonen durch ausdrückliche Anordnung ständig unterstellt sind.
(Hierzu Protokollerklärungen Nrn. 6, 12 und 16)

5. Leitende Krankenschwestern in Krankenhäusern bzw. Pflegebereichen, in denen mindestens 75 Pflegepersonen beschäftigt sind.
(Hierzu Protokollerklärungen Nrn. 6, 20 und 21)

6. Krankenschwestern, die durch ausdrückliche Anordnung als ständige Vertreterinnen von Leitenden Krankenschwestern der Vergütungsgruppe Kr. IX Fallgruppe 4 bestellt sind.
(Hierzu Protokollerklärung Nr. 8)

7. Krankenschwestern mit mindestens einjähriger erfolgreich abgeschlossener Fachausbildung an Schulen für Unterrichtsschwestern, die mindestens zur Hälfte ihrer Arbeitszeit als Lehrkräfte an Fortbildungsstätten für Leitende Krankenschwestern, Unterrichtsschwestern und Stationsschwestern eingesetzt sind.
(Hierzu Protokollerklärungen Nrn. 17 und 22)

8. Krankenschwestern mit mindestens einjähriger erfolgreich abgeschlossener Fachausbildung an Schulen für Unterrichtsschwestern, die als Leitende Unterrichtsschwestern an Krankenpflegeschulen oder Schulen für Krankenpflegehilfe mit durchschnittlich mindestens 40 Lehrgangsteilnehmern tätig sind.
(Hierzu Protokollerklärungen Nrn. 22 und 26)

9. Krankenschwestern mit mindestens einjähriger erfolgreich abgeschlossener Fachausbildung an Schulen für Unterrichtsschwestern, die als Unterrichtsschwestern an Krankenpflegeschulen oder Schulen für Krankenpflegehilfe tätig und durch ausdrückliche Anordnung als ständige Vertreterinnen von Lei-

Ang. im Pflegedienst IV.3.2

tenden Unterrichtsschwestern der Vergütungsgruppe Kr. IX Fallgruppe 6 bestellt sind.
(Hierzu Protokollerklärungen Nrn. 8, 17 und 22)

10. Krankenschwestern der Vergütungsgruppe Kr. VII Fallgruppen 4 bis 13
    nach fünfjähriger Bewährung in der jeweiligen Fallgruppe.
(Hierzu Protokollerklärung Nr. 2)

11. Leitende Hebammen in Frauenkliniken mit Hebammenschule, denen mindestens 75 Pflegepersonen durch ausdrückliche Anordnung ständig unterstellt sind.
(Hierzu Protokollerklärungen Nrn. 6, 21 und 23)

12. Hebammen, die durch ausdrückliche Anordnung als ständige Vertreterinnen von Leitenden Hebammen der Vergütungsgruppe Kr. IX Fallgruppe 9 bestellt sind.
(Hierzu Protokollerklärung Nr. 8)

13. Hebammen mit mindestens einjähriger erfolgreich abgeschlossener Fachausbildung an Schulen für Lehrhebammen, die als Erste Lehrhebammen an Hebammenschulen mit durchschnittlich mindestens 40 Lehrgangsteilnehmern tätig sind.
(Hierzu Protokollerklärungen Nrn. 22, 24 und 27)

14. Hebammen der Vergütungsgruppe Kr. VII Fallgruppen 16 bis 20
    nach fünfjähriger Bewährung in der jeweiligen Fallgruppe.
(Hierzu Protokollerklärung Nr. 2)

15. Altenpflegerinnen mit staatlicher Anerkennung/Abschlußprüfung als Leitende Altenpflegerinnen in Einrichtungen, in denen mindestens 75 Pflegepersonen beschäftigt sind.
(Hierzu Protokollerklärungen Nrn. 6 und 25)

16. Altenpflegerinnen mit staatlicher Anerkennung/Abschlußprüfung, die durch ausdrückliche Anordnung als ständige Vertreterinnen von Leitenden Altenpflegerinnen der Vergütungsgruppe Kr. IX Fallgruppe 11 bestellt sind.
(Hierzu Protokollerklärung Nr. 8)

17. Altenpflegerinnen mit staatlicher Anerkennung/Abschlußprüfung und mindestens einjähriger erfolgreich abgeschlossener Fachausbildung an Schulen für Unterrichtsaltenpflegerinnen, die als Leitende Unterrichtsaltenpflegerinnen an Schulen für Altenpflege mit durchschnittlich mindestens 40 Lehrgangsteilnehmern tätig sind.
(Hierzu Protokollerklärungen Nrn. 22, 24 und 28)

IV.3.2 Ang. im Pflegedienst

18. Altenpflegerinnen mit staatlicher Anerkennung/Abschlußprüfung und mindestens einjähriger erfolgreich abgeschlossener Fachausbildung an Schulen für Unterrichtsaltenpflegerinnen, die durch ausdrückliche Anordnung als ständige Vertreterinnen von Leitenden Unterrichtsaltenpflegerinnen der Vergütungsgruppe Kr. IX Fallgruppe 12 bestellt sind.
(Hierzu Protokollerklärungen Nrn. 8, 19, 22 und 24)

19. Altenpflegerinnen der Vergütungsgruppe Kr. VII Fallgruppen 23 bis 27
    nach fünfjähriger Bewährung in der jeweiligen Fallgruppe.
(Hierzu Protokollerklärung Nr. 2)

Vergütungsgruppe Kr. IX

1. Krankenschwestern, die dem Operationsdienst oder Anästhesiedienst vorstehen und denen mindestens 40 Pflegepersonen durch ausdrückliche Anordnung ständig unterstellt sind.
(Hierzu Protokollerklärung Nr. 6)

2. Krankenschwestern, die einer Einheit für Intensivmedizin vorstehen und denen mindestens 48 Pflegepersonen durch ausdrückliche Anordnung ständig unterstellt sind.
(Hierzu Protokollerklärungen Nrn. 3 und 6)

3. Krankenschwestern, denen mehrere Stationen, Pflegegruppen oder abgegrenzte Funktionsbereiche mit insgesamt mindestens 96 Pflegepersonen durch ausdrückliche Anordnung ständig unterstellt sind.
(Hierzu Protokollerklärungen Nrn. 6, 12 und 16)

4. Leitende Krankenschwestern in Krankenhäusern bzw. Pflegebereichen, in denen mindestens 150 Pflegepersonen beschäftigt sind.
(Hierzu Protokollerklärungen Nrn. 6, 20 und 21)

5. Krankenschwestern, die durch ausdrückliche Anordnung als ständige Vertreterinnen von Leitenden Krankenschwestern der Vergütungsgruppe Kr. X Fallgruppe 2 bestellt sind.
(Hierzu Protokollerklärung Nr. 8)

6. Krankenschwestern mit mindestens einjähriger erfolgreich abgeschlossener Fachausbildung an Schulen für Unterrichtsschwestern, die als Leitende Unterrichtsschwestern an Krankenpflegeschulen oder Schulen für Krankenpflegehilfe mit durchschnittlich mindestens 80 Lehrgangsteilnehmern tätig sind.
(Hierzu Protokollerklärungen Nrn. 22 und 26)

Ang. im Pflegedienst IV.3.2

7. Krankenschwestern mit mindestens einjähriger erfolgreich abgeschlossener Fachausbildung an Schulen für Unterrichtsschwestern, die als Unterrichtsschwestern an Krankenpflegeschulen oder Schulen für Krankenpflegehilfe tätig und durch ausdrückliche Anordnung als ständige Vertreterinnen von Leitenden Unterrichtsschwestern der Vergütungsgruppe Kr. X Fallgruppe 4 bestellt sind.
(Hierzu Protokollerklärungen Nrn. 8, 17 und 22)

8. Krankenschwestern der Vergütungsgruppe Kr. VIII Fallgruppen 1 bis 9
   nach fünfjähriger Bewährung in der jeweiligen Fallgruppe.
(Hierzu Protokollerklärung Nr. 2)

9. Leitende Hebammen in Frauenkliniken mit Hebammenschule, denen mindestens 150 Pflegepersonen durch ausdrückliche Anordnung ständig unterstellt sind.
(Hierzu Protokollerklärungen Nrn. 6, 21 und 23)

10. Hebammen der Vergütungsgruppe Kr. VIII Fallgruppen 11 bis 13
    nach fünfjähriger Bewährung in der jeweiligen Fallgruppe.
(Hierzu Protokollerklärung Nr. 2)

11. Altenpflegerinnen mit staatlicher Anerkennung/Abschlußprüfung als Leitende Altenpflegerinnen in Einrichtungen, in denen mindestens 150 Pflegepersonen beschäftigt sind.
(Hierzu Protokollerklärungen Nrn. 6 und 25)

12. Altenpflegerinnen mit staatlicher Anerkennung/Abschlußprüfung und mindestens einjähriger erfolgreich abgeschlossener Fachausbildung an Schulen für Unterrichtsaltenpflegerinnen, die als Leitende Unterrichtsaltenpflegerinnen an Schulen für Altenpflege mit durchschnittlich mindestens 80 Lehrgangsteilnehmern tätig sind.
(Hierzu Protokollerklärungen Nrn. 22, 24 und 28)

13. Altenpflegerinnen der Vergütungsgruppe Kr. VIII Fallgruppen 15 bis 18
    nach fünfjähriger Bewährung in der jeweiligen Fallgruppe.
(Hierzu Protokollerklärung Nr. 2)

Vergütungsgruppe Kr. X

1. Krankenschwestern, denen mehrere Stationen, Pflegegruppen oder abgegrenzte Funktionsbereiche mit insgesamt mindestens

192 Pflegepersonen durch ausdrückliche Anordnung ständig unterstellt sind.
(Hierzu Protokollerklärungen Nrn. 6, 12 und 16)

2. Leitende Krankenschwestern in Krankenhäusern bzw. Pflegebereichen, in denen mindestens 300 Pflegepersonen beschäftigt sind.
(Hierzu Protokollerklärungen Nrn. 6, 20 und 21)

3. Krankenschwestern, die durch ausdrückliche Anordnung als ständige Vertreterinnen von Leitenden Krankenschwestern der Vergütungsgruppe Kr. XI Fallgruppe 1 bestellt sind.
(Hierzu Protokollerklärung Nr. 8)

4. Krankenschwestern mit mindestens einjähriger erfolgreich abgeschlossener Fachausbildung an Schulen für Unterrichtsschwestern, die als Leitende Unterrichtsschwestern an Krankenpflegeschulen oder Schulen für Krankenpflegehilfe mit durchschnittlich mindestens 160 Lehrgangsteilnehmern tätig sind.
(Hierzu Protokollerklärungen Nrn. 22 und 26)

5. Krankenschwestern der Vergütungsgruppe Kr. IX Fallgruppen 1 bis 7
   nach fünfjähriger Bewährung in der jeweiligen Fallgruppe.
(Hierzu Protokollerklärung Nr. 2)

6. Hebammen der Vergütungsgruppe Kr. IX Fallgruppe 9
   nach fünfjähriger Bewährung in dieser Fallgruppe.
(Hierzu Protokollerklärung Nr. 2)

7. Altenpflegerinnen der Vergütungsgruppe Kr. IX Fallgruppe 11 oder 12
   nach fünfjähriger Bewährung in der jeweiligen Fallgruppe.
(Hierzu Protokollerklärung Nr. 2)

Vergütungsgruppe Kr. XI

1. Leitende Krankenschwestern in Krankenhäusern bzw. Pflegebereichen, in denen mindestens 600 Pflegepersonen beschäftigt sind.
(Hierzu Protokollerklärungen Nrn. 6, 20 und 21)

2. Krankenschwestern, die durch ausdrückliche Anordnung als ständige Vertreterinnen von Leitenden Krankenschwestern der Vergütungsgruppe Kr. XII Fallgruppe 1 bestellt sind.
(Hierzu Protokollerklärung Nr. 8)

Ang. im Pflegedienst **IV.3.2**

3. Krankenschwestern der Vergütungsgruppe Kr. X Fallgruppen 1 bis 4

    nach fünfjähriger Bewährung in der jeweiligen Fallgruppe.
    (Hierzu Protokollerklärung Nr. 2)

Vergütungsgruppe Kr. XII

1. Leitende Krankenschwestern in Krankenhäusern bzw. Pflegebereichen, in denen mindestens 900 Pflegepersonen beschäftigt sind.
   (Hierzu Protokollerklärungen Nrn. 6, 20 und 21)
2. Krankenschwestern der Vergütungsgruppe Kr. XI Fallgruppe 1 oder 2

    nach fünfjähriger Bewährung in der jeweiligen Fallgruppe.
    (Hierzu Protokollerklärung Nr. 2)

Vergütungsgruppe Kr. XIII

Leitende Krankenschwestern der Vergütungsgruppe Kr. XII Fallgruppe 1

    nach fünfjähriger Bewährung in dieser Fallgruppe.
    (Hierzu Protokollerklärung Nr. 2)

Protokollerklärungen:

Nr. 1

(1) Pflegepersonen der Vergütungsgruppen Kr. I bis Kr. VII, die die Grund- und Behandlungspflege zeitlich überwiegend bei

a) an schweren Infektionskrankheiten erkrankten Patienten (z. B. Tuberkulose-Patienten), die wegen der Ansteckungsgefahr in besonderen Infektionsabteilungen oder Infektionsstationen untergebracht sind,

b) Kranken in geschlossenen oder halbgeschlossenen (Open-door-system) psychiatrischen Abteilungen oder Stationen,

c) Kranken in geriatrischen Abteilungen oder Stationen,

d) gelähmten oder an multipler Sklerose erkrankten Patienten,

e) Patienten nach Transplantationen innerer Organe oder von Knochenmark,

f) an AIDS (Vollbild) erkrankten Patienten,

g) Patienten, bei denen Chemotherapien durchgeführt oder die mit Strahlen oder mit inkorporierten radioaktiven Stoffen behandelt werden,

ausüben, erhalten für die Dauer dieser Tätigkeit eine monatliche Zulage von 46,02 Euro.

(1a) Pflegepersonen der Vergütungsgruppen Kr. I bis Kr. VII, die zeitlich überwiegend in Einheiten für Intensivmedizin Patienten pflegen, erhalten für die Dauer dieser Tätigkeit eine monatliche Zulage von 46,02 Euro.

IV.3.2 Ang. im Pflegedienst

(2) Krankenschwestern/Altenpflegerinnen der Vergütungsgruppen Kr. Va bis Kr. VIII, die als

a) Stationsschwestern/Gruppenschwestern/Stationspflegerinnen oder

b) Krankenschwestern/Altenpflegerinnen in anderen Tätigkeiten mit unterstellten Pflegepersonen

eingesetzt sind, erhalten eine Zulage nach Absatz 1 oder 1a ebenfalls, wenn alle ihnen durch ausdrückliche Anordnung ständig unterstellten Pflegepersonen Anspruch auf eine Zulage nach Absatz 1 oder 1a haben. Die Zulage steht auch Krankenschwestern/Altenpflegerinnen zu, die durch ausdrückliche Anordnung als ständige Vertreterinnen einer in Satz 1 genannten Anspruchsberechtigten bestellt sind.

(3) Pflegepersonen der Vergütungsgruppen Kr. I bis Kr. VII, welche die Grund- und Behandlungspflege bei schwerbrandverletzten Patienten in Einheiten für Schwerbrandverletzte, denen durch die Zentralstelle für die Vermittlung Schwerbrandverletzter in der Bundesrepublik Deutschland bei der Behörde für Arbeit, Gesundheit und Soziales der Freien und Hansestadt Hamburg Schwerbrandverletzte vermittelt werden, ausüben, erhalten eine Zulage von 10 v. H. der Stundenvergütung (§ 35 Abs. 3) der Vergütungsgruppe Kr. V für jede volle Arbeitsstunde dieser Pflegetätigkeit. Eine nach Absatz 1, 1a oder 2 zustehende Zulage vermindert sich um den Betrag, der in demselben Kalendermonat nach Satz 1 zusteht.

Nr. 2

Zeiten einer entsprechenden Tätigkeit außerhalb des Geltungsbereichs dieses Tarifvertrages können auf die Zeit der Tätigkeit und auf die Bewährungszeit ganz oder teilweise angerechnet werden, sofern sie anzurechnen wären, wenn sie im Geltungsbereich dieses Tarifvertrages zurückgelegt worden wären.

Nr. 3

Einheiten für Intensivmedizin sind Stationen für Intensivbehandlungen und Intensivüberwachung. Dazu gehören auch Wachstationen, die für Intensivbehandlung und Intensivüberwachung eingerichtet sind.

Nr. 4 [1])

Zeiten einer Tätigkeit im Sinne des § 3 Buchst. n werden nicht als Zeiten einer Berufstätigkeit berücksichtigt.

---

[1]) Da § 3 Buchst. n BAT durch den 77. Tarifvertrag zur Änderung des BAT vom 29. Oktober 2001 mit Wirkung vom 1. Januar 2002 aufgehoben worden ist, läuft die Protokollerklärung Nr. 4 ab diesem Zeitpunkt ins Leere. Hinsichtlich der Berechnung u. a. von Bewährungszeiten und Zeiten einer Tätigkeit bestimmt die Übergangsvorschrift des § 4 Abs. 1 des 77. Änderungs-TV zum BAT jedoch, dass geringfügige Beschäftigungen im Sinne des § 8 SGB IV nur berücksichtigt werden, wenn sie nach dem 31. Dezember 2001 zurückgelegt wurden.

Ang. im Pflegedienst **IV.3.2**

Nr. 5
Als Blutzentralen gelten Einrichtungen, in denen Blut abgenommen, konserviert und verteilt wird.

Nr. 6
Soweit die Eingruppierung von der Zahl der unterstellten oder in dem betreffenden Bereich beschäftigten Personen abhängt,
a) ist es für die Eingruppierung unschädlich, wenn im Organisations- und Stellenplan zur Besetzung ausgewiesene Stellen nicht besetzt sind,
b) zählen teilzeitbeschäftigte Personen entsprechend dem Verhältnis der mit ihnen im Arbeitsvertrag vereinbarten Arbeitszeit zur regelmäßigen Arbeitszeit eines entsprechenden Vollbeschäftigten,
c) zählen Personen, die zu einem Teil ihrer Arbeitszeit unterstellt oder zu einem Teil ihrer Arbeitszeit in einem Bereich beschäftigt sind, entsprechend dem Verhältnis dieses Anteils zur regelmäßigen Arbeitszeit eines entsprechenden Vollbeschäftigten,
d) bleiben Schülerinnen in der Krankenpflege, Kinderkrankenpflege, Krankenpflegehilfe und Entbindungspflege sowie Personen, die sich in einer Ausbildung in der Altenpflege befinden, außer Betracht; für die Berücksichtigung von Stellen, auf die Schülerinnen angerechnet werden, gilt Buchstabe a.

Nr. 7
Dieses Tätigkeitsmerkmal setzt nicht voraus, daß der vorstehenden Krankenschwester weitere Personen unterstellt sind.

Nr. 8
Ständige Vertreterinnen sind nicht die Vertreterinnen in Urlaubs- oder sonstigen Abwesenheitsfällen.

Nr. 9
Für Altenpflegerinnen mit einer dreijährigen Ausbildung verkürzt sich die Zeit der Tätigkeit um ein Jahr.

Nr. 10
Die Weiterbildung setzt voraus, daß mindestens 720 Stunden zu mindestens je 45 Unterrichtsminuten theoretischer und praktischer Unterricht bei Vollzeitausbildung in spätestens einem Jahr und bei berufsbegleitender Ausbildung in spätestens zwei Jahren vermittelt werden.

Nr. 11
Unter Stationsschwestern sind Pflegepersonen zu verstehen, die dem Pflegedienst auf der Station vorstehen. Es handelt sich um das sachliche Vorstehen. In psychiatrischen Krankenhäusern entspricht im allgemeinen eine Abteilung der Station in allgemeinen Krankenhäusern.

Nr. 12
Die Tätigkeitsmerkmale, die auf das Gruppenpflegesystem abgestellt sind, gelten nur in den Krankenhäusern, in denen der Krankenhausträger das Gruppenpflegesystem eingeführt hat. Unter Gruppenschwestern sind die

IV.3.2 Ang. im Pflegedienst

Pflegepersonen zu verstehen, die dem Pflegedienst einer Gruppe vorstehen. Es handelt sich um das sachliche Vorstehen.

Nr. 13

Dieses Tätigkeitsmerkmal setzt nicht voraus, daß der vorstehenden Hebamme weitere Personen unterstellt sind.

Nr. 14

Unter Stationspflegerinnen sind Pflegepersonen zu verstehen, die dem Pflegedienst auf der Station/Abteilung vorstehen. Es handelt sich um das sachliche Vorstehen.

Nr. 15

Eine Zusatzausbildung im Sinne dieses Tätigkeitsmerkmals liegt nur dann vor, wenn sie durch einen mindestens einjährigen Lehrgang oder in mindestens zwei Jahren berufsbegleitend vermittelt wird.

Nr. 16

Wenn in den Funktionsbereichen außer Pflegepersonen auch sonstige Angestellte unterstellt sind, gelten sie als Pflegepersonen.

Nr. 17

Unterrichtsschwestern sind Krankenschwestern, die mindestens zur Hälfte ihrer Arbeitszeit als Lehrkräfte an Krankenpflegeschulen oder Schulen für Krankenpflegehilfe eingesetzt sind.

Nr. 18

Lehrhebammen sind Hebammen, die mindestens zur Hälfte ihrer Arbeitszeit als Lehrkräfte an Hebammenschulen eingesetzt sind.

Nr. 19

Unterrichtsaltenpflegerinnen sind Altenpflegerinnen, die mindestens zur Hälfte ihrer Arbeitszeit als Lehrkräfte an Schulen für Altenpflege eingesetzt sind.

Nr. 20

Leitende Krankenschwestern sind Krankenschwestern, die die Gesamtverantwortung für den Pflegedienst des Krankenhauses bzw. des zugeteilten Pflegebereichs haben; dies setzt voraus, daß ihnen gegenüber keine weitere Leitende Krankenschwester und keine Leitende Hebamme hinsichtlich des Pflegedienstes weisungsbefugt ist.

Nr. 21

Leitende Krankenschwestern/Leitende Hebammen, die durch ausdrückliche schriftliche Anordnung zu Mitgliedern der Krankenhausbetriebsleitung bestellt worden sind, erhalten für die Dauer dieser Tätigkeit eine Zulage in Höhe von 15 v. H. der Anfangsgrundvergütung ihrer Vergütungsgruppe.

Die Zulage wird nur für Zeiträume gezahlt, für die Bezüge (Vergütung, Urlaubsvergütung, Krankenbezüge) zustehen. Sie ist bei der Bemessung des Sterbegeldes (§ 41) und des Übergangsgeldes (§ 63) zu berücksichtigen.

Ang. im Pflegedienst IV.3.2

Nr. 22
Die Fachausbildung setzt voraus, daß mindestens 900 Stunden zu mindestens je 45 Unterrichtsminuten theoretischer Unterricht in spätestens 18 Monaten vermittelt werden.

Nr. 23
Leitende Hebammen sind Hebammen, die die Gesamtverantwortung für den Pflegedienst des Krankenhauses bzw. des zugeteilten Pflegebereichs haben; dies setzt voraus, daß ihnen gegenüber keine weitere Leitende Hebamme und keine Leitende Krankenschwester hinsichtlich des Pflegedienstes weisungsbefugt ist.

Nr. 24
Eine einjährige Fachausbildung an Schulen für Unterrichtsschwestern gilt als einjährige Fachausbildung an Schulen für Lehrhebammen bzw. für Unterrichtsaltenpflegerinnen.

Nr. 25
Leitende Altenpflegerinnen sind Altenpflegerinnen, die die Gesamtverantwortung für den Pflegedienst der Einrichtung haben; dies setzt voraus, daß ihnen gegenüber keine weitere Leitende Altenpflegerin und keine Leitende Krankenschwester weisungsbefugt ist.

Nr. 26
Leitende Unterrichtsschwestern sind Unterrichtsschwestern, die eine Krankenpflegeschule oder Schule für Krankenpflegehilfe allein oder gemeinsam mit einer Ärztin/einem Arzt oder einer Leitenden Krankenschwester leiten (§ 5 Abs. 2 Nr. 1 bzw. § 10 Abs. 2 Nr. 1 des Krankenpflegegesetzes).

Nr. 27
Erste Lehrhebammen sind Lehrhebammen, die eine Hebammenschule allein oder gemeinsam mit einer Ärztin/einem Arzt leiten (§ 6 Abs. 2 Nr. 1 des Hebammengesetzes).

Nr. 28
Leitende Unterrichtsaltenpflegerinnen sind Unterrichtsaltenpflegerinnen, die eine Schule für Altenpflege allein oder als Mitglied der Schulleitung leiten.

B.
Pflegepersonal, das nicht unter die Sonderregelungen 2a oder 2e III fällt

Vorbemerkung zu Abschnitt B:

Krankenschwestern/Altenpflegerinnen sind nach den Tätigkeitsmerkmalen der Vergütungsgruppen Kr. IV oder einer höheren Vergütungsgruppe des Abschnitts A eingruppiert, wenn sie eine diesen Tätigkeitsmerkmalen entsprechende Tätigkeit ausüben und der Abschnitt B ein Tätigkeitsmerkmal für diese Tätigkeit nicht enthält.

Vergütungsgruppe Kr. I

1. Pflegehelferinnen mit entsprechender Tätigkeit.
   (Hierzu Protokollerklärung Nr. 1)
2. Altenpflegehelferinnen mit entsprechender Tätigkeit.
   (Hierzu Protokollerklärung Nr. 1)

Vergütungsgruppe Kr. II

1. Krankenpflegehelferinnen mit entsprechender Tätigkeit.
   (Hierzu Protokollerklärung Nr. 1)
2. Pflegehelferinnen mit mindestens einjähriger Ausbildung und verwaltungseigener Abschlußprüfung mit entsprechender Tätigkeit.
   (Hierzu Protokollerklärung Nr. 1)
3. Pflegehelferinnen der Vergütungsgruppe Kr. I Fallgruppe 1 nach dreijähriger Bewährung in dieser Fallgruppe.
   (Hierzu Protokollerklärung Nr. 2)
4. Altenpflegehelferinnen mit mindestens einjähriger Ausbildung und Abschlußprüfung mit entsprechender Tätigkeit.
   (Hierzu Protokollerklärung Nr. 1)
5. Altenpflegehelferinnen der Vergütungsgruppe Kr. I Fallgruppe 2 nach dreijähriger Bewährung in dieser Fallgruppe.
   (Hierzu Protokollerklärung Nr. 2)

Vergütungsgruppe Kr. III

1. Krankenpflegehelferinnen mit entsprechender Tätigkeit
   und

Ang. im Pflegedienst IV.3.3

Pflegehelferinnen mit mindestens einjähriger Ausbildung und verwaltungseigener Abschlußprüfung mit entsprechender Tätigkeit

nach zweijähriger Tätigkeit in Vergütungsgruppe Kr. II Fallgruppe 1 oder 2.

(Hierzu Protokollerklärungen Nrn. 1 und 2)

2. Altenpflegehelferinnen mit mindestens einjähriger Ausbildung und Abschlußprüfung mit entsprechender Tätigkeit

nach zweijähriger Tätigkeit in Vergütungsgruppe Kr. II Fallgruppe 4.

(Hierzu Protokollerklärungen Nrn. 1 und 2)

Vergütungsgruppe Kr. IV

1. Krankenschwestern mit entsprechender Tätigkeit.
(Hierzu Protokollerklärung Nr. 1)
2. Krankenpflegehelferinnen
und
Pflegehelferinnen mit mindestens einjähriger Ausbildung und verwaltungseigener Abschlußprüfung,
denen mindestens vier Pflegepersonen durch ausdrückliche Anordnung ständig unterstellt sind.
(Hierzu Protokollerklärungen Nrn. 1 und 3)
3. Krankenpflegehelferinnen
und
Pflegehelferinnen mit mindestens einjähriger Ausbildung und verwaltungseigener Abschlußprüfung
der Vergütungsgruppe Kr. III Fallgruppe 1
nach vierjähriger Bewährung in dieser Fallgruppe.
(Hierzu Protokollerklärung Nr. 2)
4. Altenpflegerinnen mit staatlicher Anerkennung/Abschlußprüfung mit entsprechender Tätigkeit.
(Hierzu Protokollerklärung Nr. 1)
5. Altenpflegehelferinnen mit mindestens einjähriger Ausbildung und Abschlußprüfung, denen mindestens vier Pflegepersonen durch ausdrückliche Anordnung ständig unterstellt sind.
(Hierzu Protokollerklärungen Nrn. 1 und 3)
6. Altenpflegehelferinnen der Vergütungsgruppe Kr. III Fallgruppe 2
nach vierjähriger Bewährung in dieser Fallgruppe.
(Hierzu Protokollerklärung Nr. 2)

IV.3.3 Ang. im Pflegedienst

Vergütungsgruppe Kr. V

1. Krankenschwestern mit entsprechender Tätigkeit
    nach zweijähriger Tätigkeit in Vergütungsgruppe Kr. IV Fallgruppe 1.
   (Hierzu Protokollerklärung Nrn. 1 und 2)

2. Krankenschwestern als selbständige Gemeindeschwestern.

3. Krankenpflegehelferinnen
   und
   Pflegehelferinnen mit mindestens einjähriger Ausbildung und verwaltungseigener Abschlußprüfung,
   denen mindestens zehn Pflegepersonen durch ausdrückliche Anordnung ständig unterstellt sind.
   (Hierzu Protokollerklärungen Nrn. 1 und 3)

4. Krankenschwestern, denen mindestens vier Pflegepersonen durch ausdrückliche Anordnung ständig unterstellt sind.
   (Hierzu Protokollerklärungen Nrn. 1 und 3)

5. Krankenpflegehelferinnen
   und
   Pflegehelferinnen mit mindestens einjähriger Ausbildung und verwaltungseigener Abschlußprüfung
   der Vergütungsgruppe Kr. IV Fallgruppe 2
    nach vierjähriger Bewährung in dieser Fallgruppe,
    frühestens jedoch nach sechsjähriger Berufstätigkeit nach Erlangung der staatlichen Erlaubnis bzw. Ablegung der verwaltungseigenen Abschlußprüfung.
   (Hierzu Protokollerklärungen Nrn. 2 und 4)

6. Altenpflegerinnen mit staatlicher Anerkennung/Abschlußprüfung mit entsprechender Tätigkeit
    nach dreijähriger Tätigkeit in Vergütungsgruppe Kr. IV Fallgruppe 4.
   (Hierzu Protokollerklärungen Nrn. 1, 2, 4 und 5)

7. Altenpflegerinnen mit staatlicher Anerkennung/Abschlußprüfung, denen mindestens vier Pflegepersonen durch ausdrückliche Anordnung ständig unterstellt sind.
   (Hierzu Protokollerklärungen Nrn. 1 und 3)

8. Altenpflegehelferinnen mit mindestens einjähriger Ausbildung und Abschlußprüfung, denen mindestens zehn Pflegepersonen durch ausdrückliche Anordnung ständig unterstellt sind.
   (Hierzu Protokollerklärungen Nrn. 1 und 3)

Ang. im Pflegedienst IV.3.3

9. Altenpflegehelferinnen der Vergütungsgruppe Kr. IV Fallgruppe 5

   nach vierjähriger Bewährung in dieser Fallgruppe,

   frühestens jedoch nach sechsjähriger Berufstätigkeit nach Ablegung der Abschlußprüfung.

   (Hierzu Protokollerklärungen Nrn. 2 und 4)

Vergütungsgruppe Kr. Va

1. Krankenschwestern der Vergütungsgruppe Kr. V Fallgruppe 1, 2 oder 4

   nach vierjähriger Bewährung in einer dieser Fallgruppen,

   frühestens jedoch nach sechsjähriger Berufstätigkeit nach Erlangung der staatlichen Erlaubnis.

   (Hierzu Protokollerklärungen Nrn. 2 und 4)

2. Krankenpflegehelferinnen

   und

   Pflegehelferinnen mit mindestens einjähriger Ausbildung und verwaltungseigener Abschlußprüfung

   der Vergütungsgruppe Kr. V Fallgruppe 3

   nach vierjähriger Bewährung in dieser Fallgruppe,

   frühestens jedoch nach sechsjähriger Berufstätigkeit nach Erlangung der staatlichen Erlaubnis bzw. Ablegung der verwaltungseigenen Abschlußprüfung.

   (Hierzu Protokollerklärungen Nrn. 2 und 4)

3. Altenpflegerinnen mit staatlicher Anerkennung/Abschlußprüfung, die durch ausdrückliche Anordnung als ständige Vertreterinnen von Altenpflegerinnen der Vergütungsgruppe Kr. VI Fallgruppe 3 bestellt sind.

   (Hierzu Protokollerklärungen Nrn. 1 und 6)

4. Altenpflegerinnen der Vergütungsgruppe Kr. V Fallgruppe 6 oder 7

   nach vierjähriger Bewährung in einer dieser Fallgruppen,

   frühestens jedoch nach siebenjähriger Berufstätigkeit nach Erlangung der staatlichen Anerkennung/Ablegung der Abschlußprüfung.

   (Hierzu Protokollerklärungen Nrn. 2, 4 und 5)

IV.3.3 Ang. im Pflegedienst

5. Altenpflegehelferinnen der Vergütungsgruppe Kr. V Fallgruppe 8

    nach fünfjähriger Bewährung in dieser Fallgruppe,
    frühestens jedoch nach siebenjähriger Berufstätigkeit nach Ablegung der Abschlußprüfung.

    (Hierzu Protokollerklärungen Nrn. 2 und 4)

Vergütungsgruppe Kr. VI

1. Krankenschwestern, denen mindestens zehn Pflegepersonen durch ausdrückliche Anordnung ständig unterstellt sind.
   (Hierzu Protokollerklärungen Nrn. 1 und 3)

2. Krankenschwestern der Vergütungsgruppe Kr. V Fallgruppe 2

    nach sechsjähriger Bewährung in dieser Fallgruppe der Vergütungsgruppe Kr. V oder in dieser Tätigkeit in Vergütungsgruppe Kr. Va Fallgruppe 1.

    (Hierzu Protokollerklärung Nr. 2)

3. Altenpflegerinnen mit staatlicher Anerkennung/Abschlußprüfung, denen mindestens zehn Pflegepersonen durch ausdrückliche Anordnung ständig unterstellt sind.
   (Hierzu Protokollerklärungen Nrn. 1 und 3)

4. Altenpflegerinnen der Vergütungsgruppe Kr. Va Fallgruppe 3

    nach fünfjähriger Bewährung in dieser Fallgruppe.

    (Hierzu Protokollerklärung Nr. 2)

Vergütungsgruppe Kr. VII

1. Krankenschwestern, denen mindestens 25 Pflegepersonen durch ausdrückliche Anordnung ständig unterstellt sind.
   (Hierzu Protokollerklärung Nr. 3)

2. Krankenschwestern, die durch ausdrückliche Anordnung als ständige Vertreterinnen von Krankenschwestern der Vergütungsgruppe Kr. VIII Fallgruppe 1 bestellt sind.
   (Hierzu Protokollerklärung Nr. 6)

3. Krankenschwestern der Vergütungsgruppe Kr. VI Fallgruppe 1

    nach fünfjähriger Bewährung in dieser Fallgruppe.

    (Hierzu Protokollerklärung Nr. 2)

4. Altenpflegerinnen der Vergütungsgruppe Kr. VI Fallgruppe 3

    nach fünfjähriger Bewährung in dieser Fallgruppe.

    (Hierzu Protokollerklärung Nr. 2)

Ang. im Pflegedienst **IV.3.3**

Vergütungsgruppe Kr. VIII

1. Krankenschwestern, denen mindestens 50 Pflegepersonen durch ausdrückliche Anordnung ständig unterstellt sind.
   (Hierzu Protokollerklärung Nr. 3)

2. Krankenschwestern, die durch ausdrückliche Anordnung als ständige Vertreterinnen von Krankenschwestern der Vergütungsgruppe Kr. IX Fallgruppe 1 bestellt sind.
   (Hierzu Protokollerklärung Nr. 6)

3. Krankenschwestern der Vergütungsgruppe Kr. VII Fallgruppe 1 oder 2
   nach fünfjähriger Bewährung in der jeweiligen Fallgruppe.
   (Hierzu Protokollerklärung Nr. 2)

Vergütungsgruppe Kr. IX

1. Krankenschwestern, denen mindestens 100 Pflegepersonen durch ausdrückliche Anordnung ständig unterstellt sind.
   (Hierzu Protokollerklärung Nr. 3)

2. Krankenschwestern, die durch ausdrückliche Anordnung als ständige Vertreterinnen von Krankenschwestern der Vergütungsgruppe Kr. X Fallgruppe 1 bestellt sind.
   (Hierzu Protokollerklärung Nr. 6)

3. Krankenschwestern der Vergütungsgruppe Kr. VIII Fallgruppe 1 oder 2
   nach fünfjähriger Bewährung in der jeweiligen Fallgruppe.
   (Hierzu Protokollerklärung Nr. 2)

Vergütungsgruppe Kr. X

1. Krankenschwestern, denen mindestens 200 Pflegepersonen durch ausdrückliche Anordnung ständig unterstellt sind.
   (Hierzu Protokollerklärung Nr. 3)

2. Krankenschwestern der Vergütungsgruppe Kr. IX Fallgruppe 1 oder 2
   nach fünfjähriger Bewährung in der jeweiligen Fallgruppe.
   (Hierzu Protokollerklärung Nr. 2)

Vergütungsgruppe Kr. XI

Krankenschwestern der Vergütungsgruppe Kr. X Fallgruppe 1
   nach fünfjähriger Bewährung in dieser Fallgruppe.
   (Hierzu Protokollerklärung Nr. 2)

IV.3.3 Ang. im Pflegedienst

Protokollerklärungen:

Nr. 1

(1) Pflegepersonen der Vergütungsgruppen Kr. I bis Kr. VII, die die Grund- und Behandlungspflege zeitlich überwiegend bei
a) an schweren Infektionskrankheiten erkrankten Patienten (z. B. Tuberkulose-Patienten), die wegen der Ansteckungsgefahr in besonderen Infektionsabteilungen oder Infektionsstationen untergebracht sind,
b) Kranken in geschlossenen oder halbgeschlossenen (Open-door-system) psychiatrischen Abteilungen oder Stationen,
c) Kranken in geriatrischen Abteilungen oder Stationen,
d) gelähmten oder an multipler Sklerose erkrankten Patienten

ausüben, erhalten für die Dauer dieser Tätigkeit eine monatliche Zulage von 46,02 Euro.

(2) Pflegepersonen der Vergütungsgruppen Kr. IV bis Kr. VIII, die als
a) Stationspflegerinnen oder
b) Pflegepersonen in anderen Tätigkeiten mit unterstellten Pflegepersonen

eingesetzt sind, erhalten die Zulage nach Absatz 1 ebenfalls, wenn alle ihnen durch ausdrückliche Anordnung ständig unterstellten Pflegepersonen Anspruch auf eine Zulage nach Absatz 1 haben. Die Zulage steht auch Pflegepersonen zu, die durch ausdrückliche Anordnung als ständige Vertreterinnen einer in Satz 1 genannten Anspruchsberechtigten bestellt sind.

Nr. 2

Zeiten einer entsprechenden Tätigkeit außerhalb des Geltungsbereichs dieses Tarifvertrages können auf die Zeit der Tätigkeit und auf die Bewährungszeit ganz oder teilweise angerechnet werden, sofern sie anzurechnen wären, wenn sie im Geltungsbereich dieses Tarifvertrages zurückgelegt worden wären.

Nr. 3

Soweit die Eingruppierung von der Zahl der unterstellten oder in dem betreffenden Bereich beschäftigten Personen abhängt,
a) es ist für die Eingruppierung unschädlich, wenn im Organisations- und Stellenplan zur Besetzung ausgewiesene Stellen nicht besetzt sind,
b) zählen teilzeitbeschäftigte Personen entsprechend dem Verhältnis der mit ihnen im Arbeitsvertrag vereinbarten Arbeitszeit zur regelmäßigen Arbeitszeit eines entsprechenden Vollbeschäftigten,
c) zählen Personen, die zu einem Teil ihrer Arbeitszeit unterstellt oder zu einem Teil ihrer Arbeitszeit in einem Bereich beschäftigt sind, entsprechend dem Verhältnis dieses Anteils zur regelmäßigen Arbeitszeit eines entsprechenden Vollbeschäftigten,
d) bleiben Schülerinnen in der Krankenpflege und Krankenpflegehilfe sowie Personen, die sich in einer Ausbildung in der Altenpflege befinden, außer Betracht; für die Berücksichtigung von Stellen, auf die Schülerinnen angerechnet werden, gilt Buchstabe a.

Nr. 4 [1])
Zeiten einer Tätigkeit im Sinne des § 3 Buchst. n werden nicht als Zeiten der Berufstätigkeit berücksichtigt.

Nr. 5
Für Altenpflegerinnen mit einer dreijährigen Ausbildung verkürzt sich die Zeit der Tätigkeit und die Zeit der Berufstätigkeit um ein Jahr.

Nr. 6
Ständige Vertreterinnen sind nicht die Vertreterinnen in Urlaubs- oder sonstigen Abwesenheitsfällen.

---

[1]) Da § 3 Buchst. n BAT durch den 77. Tarifvertrag zur Änderung des BAT vom 29. Oktober 2001 mit Wirkung vom 1. Januar 2002 aufgehoben worden ist, läuft die Protokollerklärung Nr. 4 ab diesem Zeitpunkt ins Leere. Hinsichtlich der Berechnung u. a. von Bewährungszeiten und Zeiten einer Tätigkeit bestimmt die Übergangsvorschrift des § 4 Abs. 1 des 77. Änderungs-TV zum BAT jedoch, dass geringfügige Beschäftigungen im Sinne des § 8 SGB IV nur berücksichtigt werden, wenn sie nach dem 31. Dezember 2001 zurückgelegt wurden.

Richtlinien der Vereinigung der kommunalen Arbeitgeberverbände (VKA) über die Eingruppierung der im Angestelltenverhältnis beschäftigten Lehrkräfte an allgemein bildenden und an berufsbildenden Schulen
(Lehrer-Richtlinien der VKA)

Vom 15. Mai 1981

Die Vergütung der im Angestelltenverhältnis an allgemein bildenden und an berufsbildenden Schulen beschäftigten Lehrkräfte, für die nach der Bemerkung Nr. 5 zu allen Vergütungsgruppen die Anlage 1a zum BAT nicht gilt, ist durch Arbeitsvertrag wie folgt zu regeln:

A. Lehrkräfte, bei denen die fachlichen und pädagogischen Voraussetzungen für die Übernahme in das Beamtenverhältnis erfüllt sind

I.

Die Lehrkräfte können in die Vergütungsgruppen des BAT eingruppiert werden, die nach Maßgabe der nachstehenden Übersicht den Besoldungsgruppen entsprechen, denen die vergleichbaren beamteten Lehrkräfte angehören.

Besoldungsgruppe	Vergütungsgruppe
A 7	VIb
A 8	Vc
A 9	Vb
A 10	IVb
A 11 und A 11a	IVa
A 12 und A 12a	III
A 13 und A 13a	II
A 14 und A 14a	Ib
A 15	Ia
A 16	I

Lehrer-Richtlinien der VKA IV.4.3

II.

Auf Lehrkräfte, die die fachlichen und pädagogischen Voraussetzungen für die Einstellung als Studienrat nach der Besoldungsgruppe A 13 des Bundesbesoldungsgesetzes erfüllen, ist Nr. 27 Abs. 1 Buchst. c der Vorbemerkungen zu den Besoldungsordnungen A und B des Bundesbesoldungsgesetzes mit der Maßgabe anzuwenden, dass hierbei

– vom 1. Juli 2003 bis 31. März 2004 ein Betrag von 111,71 Euro
– vom 1. April 2004 bis 31. Juli 2004 ein Betrag von 112,83 Euro
– vom 1. August 2004 an ein Betrag von 113,96 Euro

zugrunde zu legen ist. Auf die Zulage nach dieser Vorschrift ist die allgemeine Zulage nach § 2 Abs. 3 i. V. m. Abs. 4 des Tarifvertrages über eine Zulage für Angestellte vom 17. Mai 1982 anzurechnen.

III.

Lehrkräften, die durch ausdrückliche Anordnung zum Schulleiter oder zum ständigen Vertreter des Schulleiters bestellt sind, kann eine Zulage in der Höhe gezahlt werden, wie sie vergleichbaren beamteten Lehrkräften als Schulleitern bzw. ständigen Vertretern von Schulleitern als Amtszulage nach der Besoldungsordnung A des Bundesbesoldungsgesetzes zusteht.

IV.

Lehrkräfte, die an einer anderen als ihrer Lehrbefähigung entsprechenden Schulform (Schulart) verwendet werden, werden entsprechend ihrer Lehrbefähigung vergütet, jedoch nicht höher als die Lehrkräfte der Schulform (Schulart), an der sie beschäftigt werden. Abweichend von Satz 1 letzter Halbsatz werden Lehrkräfte mit der Befähigung für den Unterricht an Sonderschulen, die an Grund- oder Hauptschulen sonderpädagogische Fördermaßnahmen durchführen, entsprechend ihrer Lehrbefähigung vergütet.

V.

Lehrkräfte, die an verschiedenen Schulformen (Schularten) beschäftigt sind, werden nach ihrer überwiegenden Tätigkeit eingruppiert. Für die Feststellung der überwiegenden Tätigkeit ist von der Pflichtstundenzahl der jeweiligen Schulform (Schulart) auszugehen. Die Sätze 1 und 2 gelten auch für Lehrkräfte, die an additiven/kooperativen Gesamtschulen beschäftigt sind.

VI.

Lehrkräfte an integrierten Gesamtschulen sowie an Orientierungsstufen (Erprobungs-, Förder- oder Beobachtungsstufen) werden entsprechend ihrer Lehrbefähigung vergütet.

B. Sonstige Lehrkräfte im Angestelltenverhältnis

Lehrkräfte im Angestelltenverhältnis, die nicht unter Abschnitt A fallen, können in die Vergütungsgruppen der Anlage 1a zum BAT wie folgt eingruppiert werden:

I. Lehrkräfte an Grund- und Hauptschulen

1. Lehrer in der Tätigkeit von Lehrern an Grund- oder Hauptschulen

    mit abgeschlossenem Studium an einer wissenschaftlichen Hochschule,

    die aufgrund ihres Studiums die Fähigkeit zum Unterrichten in mindestens zwei Fächern haben und die überwiegend Unterricht in mindestens einem ihrem Studium entsprechenden Fach erteilen,

    .... Vergütungsgruppe IVa

    nach mindestens sechsjähriger Bewährung
    in dieser Tätigkeit und in dieser Vergütungsgruppe

    .... Vergütungsgruppe III

2. Ausländische Lehrer an Grund- oder Hauptschulen

    mit abgeschlossener Ausbildung an einer wissenschaftlichen Hochschule und voller Lehrbefähigung ihres Heimatlandes,

    die ausländischen Schülern muttersprachlichen Ergänzungsunterricht im Sinne der Vereinbarung der KMK über den Unterricht für Kinder ausländischer Arbeitnehmer vom 8. April 1976 in der jeweiligen Fassung erteilen,

    .... Vergütungsgruppe IVb

    nach mindestens sechsjähriger Bewährung
    in dieser Tätigkeit und in dieser Vergütungsgruppe

    .... Vergütungsgruppe IVa

    (Auf die Bewährungszeit können Zeiten einer Tätigkeit im Schuldienst des Heimatlandes angerechnet werden.)

2a. Ausländische Lehrer an Grund- oder Hauptschulen

    ohne Ausbildung nach Fallgruppe 2 mit sonstiger Lehrerausbildung (z. B. in Lehrerbildungsinstituten) und voller Lehrbefähigung ihres Heimatlandes, die ausländischen Schülern muttersprachlichen Ergänzungsunterricht im Sinne der Vereinbarung der KMK über den Unterricht für Kinder ausländischer Arbeitnehmer vom 8. April 1976 in der jeweiligen Fassung erteilen,

.... Vergütungsgruppe Vb

nach mindestens sechsjähriger Bewährung
in dieser Tätigkeit und in dieser Vergütungsgruppe

.... Vergütungsgruppe IVb

(Auf die Bewährungszeit können Zeiten einer Tätigkeit im Schuldienst des Heimatlandes angerechnet werden.)

3. Lehrer in der Tätigkeit von Lehrern an Grund- oder Hauptschulen
   mit abgeschlossenem Studium an einer Hochschule nach § 1 HRG,
   die überwiegend Unterricht in mindestens einem wissenschaftlichen Fach erteilen,

.... Vergütungsgruppe IVb

nach mindestens sechsjähriger Bewährung
in dieser Tätigkeit und in dieser Vergütungsgruppe

.... Vergütungsgruppe IVa

(Dieses Merkmal gilt nicht für Angestellte der Fallgruppen 5 bis 19.)

4. Religionslehrer
   mit abgeschlossenem theologischen Studium an einer wissenschaftlichen Hochschule

.... Vergütungsgruppe IVa

nach mindestens sechsjähriger Bewährung
in dieser Tätigkeit und in dieser Vergütungsgruppe

.... Vergütungsgruppe III

(Liegt ein abgeschlossenes theologisches Studium an einer wissenschaftlichen Hochschule nicht vor, legt der zuständige Mitgliedverband der VKA unter Berücksichtigung der durch die anderweitige Ausbildung vermittelten Befähigung und des Tarifgefüges dieser Richtlinien die Eingruppierung in einer niedrigeren Vergütungsgruppe fest.)

5. Diplom-Dolmetscher und Diplom-Übersetzer
   mit mindestens sechssemestrigem Hochschulstudium und Abschlußprüfung, als Sprachlehrer in einem Fach

.... Vergütungsgruppe IVb

nach mindestens sechsjähriger Bewährung
in dieser Tätigkeit und in dieser Vergütungsgruppe

.... Vergütungsgruppe IVa

6. Diplom-Sportlehrer

    mit mindestens sechssemestrigem Hochschulstudium und Abschlußprüfung, mit entsprechender Tätigkeit

    .... Vergütungsgruppe IVb

    nach mindestens sechsjähriger Bewährung
    in dieser Tätigkeit und in dieser Vergütungsgruppe

    .... Vergütungsgruppe IVa

7. Kunsterzieher,

    die nach einem mindestens achtsemestrigen Studium an einer Kunsthochschule oder Kunstakademie zum Meisterschüler ernannt worden sind oder

    nach einem mindestens sechssemestrigen Studium an einer Kunsthochschule oder Kunstakademie den künstlerischen Teil der Künstlerischen Prüfung für das Lehramt am Gymnasium abgelegt haben,

    mit entsprechender Tätigkeit

    .... Vergütungsgruppe IVb

    nach mindestens sechsjähriger Bewährung
    in dieser Tätigkeit und in dieser Vergütungsgruppe

    .... Vergütungsgruppe IVa

8. Musikerzieher,

    die nach einem mindestens achtsemestrigen Studium an einer Musikhochschule oder Musikakademie die künstlerische Reifeprüfung bzw. die künstlerische Abschlußprüfung bzw. die A-Prüfung für Kirchenmusik abgelegt bzw. den Diplomgrad „Diplom-Musiklehrer" erworben haben oder

    nach einem mindestens sechssemestrigen Studium an einer Musikhochschule oder Musikakademie den künstlerischen Teil der Künstlerischen Prüfung für das Lehramt am Gymnasium bzw. die Teilprüfung Musik in der Ersten Staatsprüfung für das Lehramt am Gymnasium abgelegt haben,

    mit entsprechender Tätigkeit

    .... Vergütungsgruppe IVb

    nach mindestens sechsjähriger Bewährung
    in dieser Tätigkeit und in dieser Vergütungsgruppe

    .... Vergütungsgruppe IVa

Lehrer-Richtlinien der VKA IV.4.3

9. Technische Lehrer,
   die in einem Land die fachlichen und pädagogischen Voraussetzungen für die Übernahme in das Beamtenverhältnis für ein Amt mindestens der Besoldungsgruppe A 9 erworben haben

   .... Vergütungsgruppe Vb
   nach mindestens fünfjähriger Bewährung
   in dieser Tätigkeit und in dieser Vergütungsgruppe
   .... Vergütungsgruppe IVb

10. Technische Lehrer
    mit Lehrbefähigung oder mit Unterrichtserlaubnis für mindestens zwei Fächer

    .... Vergütungsgruppe Vb
    nach mindestens fünfjähriger Bewährung
    in dieser Tätigkeit und in dieser Vergütungsgruppe
    .... Vergütungsgruppe IVb

11. Technische Lehrer
    mit Lehrbefähigung oder mit Unterrichtserlaubnis für mindestens ein Fach

    .... Vergütungsgruppe VIb
    nach mindestens fünfjähriger Bewährung
    in dieser Tätigkeit und in dieser Vergütungsgruppe
    .... Vergütungsgruppe Vb

12. Turn-, Sport- und Gymnastiklehrer
    mit staatlicher oder staatlich anerkannter Turn-, Sport- oder Gymnastiklehrerprüfung

    .... Vergütungsgruppe Vc
    nach langjähriger Bewährung
    in dieser Tätigkeit und in dieser Vergütungsgruppe
    .... Vergütungsgruppe Vb

    (Dieses Merkmal gilt nur für Turn-, Sport- und Gymnastiklehrer, deren Ausbildung in der Regel den Abschluß einer Realschule oder eine gleichwertige Schulausbildung voraussetzt und die ein mindestens viersemestriges Studium an einem staatlichen oder staatlich anerkannten Ausbildungsinstitut durchlaufen haben.)

13. Turn-, Sport- und Gymnastiklehrer
    mit der Ausbildung als staatlich geprüfte Vereinsturnlehrer oder als staatlich anerkannte Sportlehrer mit der Befähigung für Freizeitpflege

    .... Vergütungsgruppe VIb

IV.4.3 Lehrer-Richtlinien der VKA

    nach langjähriger Bewährung
        in dieser Tätigkeit und in dieser Vergütungsgruppe
    .... Vergütungsgruppe Vc

14. Werklehrer
    mit Lehrbefähigung für Werkarbeit an Grund-, Haupt-, Real- und höheren Schulen, wenn die Ausbildung den Abschluß einer Realschule und ein mindestens viersemestriges Studium an einem staatlichen oder einem staatlich anerkannten Ausbildungsinstitut voraussetzt
    .... Vergütungsgruppe Vc
    nach langjähriger Bewährung
        in dieser Tätigkeit und in dieser Vergütungsgruppe
    .... Vergütungsgruppe Vb

15. Werklehrer
    mit Lehrbefähigung für Werkarbeit an Grund-, Haupt-, Real- und höheren Schulen
    .... Vergütungsgruppe VIb
    nach langjähriger Bewährung
        in dieser Tätigkeit und in dieser Vergütungsgruppe
    .... Vergütungsgruppe Vc

16. Musiklehrer
    .... Vergütungsgruppe Vc
    nach langjähriger Bewährung
        in dieser Tätigkeit und in dieser Vergütungsgruppe
    .... Vergütungsgruppe Vb

17. Zeichenlehrer
    .... Vergütungsgruppe Vc
    nach langjähriger Bewährung
        in dieser Tätigkeit und in dieser Vergütungsgruppe
    .... Vergütungsgruppe Vb

18. Lehrer
    für Kurzschrift und Maschinenschreiben
    .... Vergütungsgruppe Vc
    nach mindestens fünfjähriger Bewährung
        in dieser Tätigkeit und in dieser Vergütungsgruppe
    .... Vergütungsgruppe Vb

19. Lehrer
    für Kurzschrift oder Maschinenschreiben
    .... Vergütungsgruppe VIb

nach mindestens fünfjähriger Bewährung
in dieser Tätigkeit und in dieser Vergütungsgruppe
.... Vergütungsgruppe Vc

II. Lehrkräfte an Realschulen

1. Lehrer in der Tätigkeit von Realschullehrern
   mit abgeschlossenem Studium an einer wissenschaftlichen Hochschule,
   die aufgrund ihres Studiums die Fähigkeit zum Unterrichten in mindestens zwei Fächern haben und die überwiegend Unterricht in mindestens einem ihrem Studium entsprechenden Fach erteilen,
   .... Vergütungsgruppe III
   nach mindestens sechsjähriger Bewährung
   in dieser Tätigkeit und in dieser Vergütungsgruppe
   .... Vergütungsgruppe II
   (Dieses Merkmal gilt nicht für Diplom-Dolmetscher und Diplom-Übersetzer.)

2. Lehrer in der Tätigkeit von Realschullehrern
   mit abgeschlossenem Studium an einer wissenschaftlichen Hochschule,
   die überwiegend Unterricht in mindestens einem ihrem Studium entsprechenden wissenschaftlichen Fach erteilen,
   .... Vergütungsgruppe IVa
   nach mindestens sechsjähriger Bewährung
   in dieser Tätigkeit und in dieser Vergütungsgruppe
   .... Vergütungsgruppe III

3. Lehrer in der Tätigkeit von Realschullehrern
   mit abgeschlossenem Studium an einer Hochschule nach § 1 HRG,
   die überwiegend Unterricht in mindestens einem wissenschaftlichen Fach erteilen,
   .... Vergütungsgruppe IVb
   nach mindestens sechsjähriger Bewährung
   in dieser Tätigkeit und in dieser Vergütungsgruppe
   .... Vergütungsgruppe IVa
   (Dieses Merkmal gilt nicht für Angestellte der Fallgruppen 5 bis 10.)

IV.4.3 Lehrer-Richtlinien der VKA

4. Religionslehrer

    mit abgeschlossenem theologischen Studium an einer wissenschaftlichen Hochschule

    .... Vergütungsgruppe III

    nach mindestens sechsjähriger Bewährung

    in dieser Tätigkeit und in dieser Vergütungsgruppe

    .... Vergütungsgruppe II

    (Liegt ein abgeschlossenes theologisches Studium an einer wissenschaftlichen Hochschule nicht vor, legt der zuständige Mitgliedverband der VKA unter Berücksichtigung der durch die anderweitige Ausbildung vermittelten Befähigung und des Tarifgefüges dieser Richtlinien die Eingruppierung in einer niedrigeren Vergütungsgruppe fest.)

5. Diplom-Dolmetscher und Diplom-Übersetzer

    mit mindestens sechssemestrigem Hochschulstudium und Abschlußprüfung, als Sprachlehrer

    .... Vergütungsgruppe IVa

    nach mindestens sechsjähriger Bewährung

    in dieser Tätigkeit und in dieser Vergütungsgruppe

    .... Vergütungsgruppe III

6. Diplom-Sportlehrer

    mit mindestens sechssemestrigem Hochschulstudium und Abschlußprüfung,

    mit entsprechender Tätigkeit

    .... Vergütungsgruppe IVa

    nach mindestens sechsjähriger Bewährung

    in dieser Tätigkeit und in dieser Vergütungsgruppe

    .... Vergütungsgruppe III

7. Kunsterzieher,

    die nach einem mindestens achtsemestrigen Studium an einer Kunsthochschule oder Kunstakademie zum Meisterschüler ernannt worden sind oder

    nach einem mindestens sechssemestrigen Studium an einer Kunsthochschule oder Kunstakademie den künstlerischen Teil der Künstlerischen Prüfung für das Lehramt am Gymnasium abgelegt haben,

    mit entsprechender Tätigkeit

    .... Vergütungsgruppe IVa

nach mindestens sechsjähriger Bewährung
in dieser Tätigkeit und in dieser Vergütungsgruppe
.... Vergütungsgruppe III

8. Musikerzieher,
   die nach einem mindestens achtsemestrigen Studium an einer Musikhochschule oder Musikakademie die künstlerische Reifeprüfung bzw. die Künstlerische Abschlußprüfung bzw. die A-Prüfung für Kirchenmusik abgelegt bzw. den Diplomgrad „Diplom-Musiklehrer" erworben haben oder
   nach einem mindestens sechssemestrigen Studium an einer Musikhochschule oder Musikakademie den künstlerischen Teil der Künstlerischen Prüfung für das Lehramt am Gymnasium bzw. die Teilprüfung Musik in der Ersten Staatsprüfung für das Lehramt am Gymnasium abgelegt haben,
   mit entsprechender Tätigkeit
   .... Vergütungsgruppe IVa
   nach mindestens sechsjähriger Bewährung
   in dieser Tätigkeit und in dieser Vergütungsgruppe
   .... Vergütungsgruppe III

9. Musiklehrer
   mit Prüfung für das Fach Musik an Realschulen
   .... Vergütungsgruppe IVb
   nach mindestens sechsjähriger Bewährung
   in dieser Tätigkeit und in dieser Vergütungsgruppe
   .... Vergütungsgruppe IVa

10. Musiklehrer oder Zeichenlehrer
    .... Vergütungsgruppe Vb
    nach mindestens sechsjähriger Bewährung
    in dieser Tätigkeit und in dieser Vergütungsgruppe
    .... Vergütungsgruppe IVb

Die übrigen Lehrkräfte werden wie die entsprechenden Lehrkräfte an Grund- und Hauptschulen (vgl. Ziffer I Fallgruppen 2, 2a, 9 bis 13) eingruppiert.

III. Lehrkräfte an Sonderschulen

1. Lehrer in der Tätigkeit von Sonderschullehrern
   mit Erster Staatsprüfung für das Lehramt an Grund- oder Hauptschulen, die überwiegend Unterricht in mindestens einem ihrem Studium entsprechenden Fach erteilen
   .... Vergütungsgruppe IVa

nach mindestens sechsjähriger Bewährung
in dieser Tätigkeit und in dieser Vergütungsgruppe
.... Vergütungsgruppe III

2. Religionslehrer
mit abgeschlossenem theologischen Studium an einer wissenschaftlichen Hochschule
.... Vergütungsgruppe III
nach mindestens sechsjähriger Bewährung
in dieser Tätigkeit und in dieser Vergütungsgruppe
.... Vergütungsgruppe II

(Liegt ein abgeschlossenes theologisches Studium an einer wissenschaftlichen Hochschule nicht vor, legt der zuständige Mitgliedverband der VKA unter Berücksichtigung der durch die anderweitige Ausbildung vermittelten Befähigung und des Tarifgefüges dieser Richtlinien die Eingruppierung in einer niedrigeren Vergütungsgruppe fest.)

3. Ausländische Lehrer an Sonderschulen
mit abgeschlossener Ausbildung an einer wissenschaftlichen Hochschule und mindestens voller Lehrbefähigung für Grund- und Hauptschulen ihres Heimatlandes,
die ausländischen Schülern muttersprachlichen Ergänzungsunterricht im Sinne der Vereinbarung der KMK über den Unterricht für Kinder ausländischer Arbeitnehmer vom 8. April 1976 in der jeweiligen Fassung erteilen,
.... Vergütungsgruppe IVb
nach mindestens sechsjähriger Bewährung
in dieser Tätigkeit und in dieser Vergütungsgruppe
.... Vergütungsgruppe IVa

(Auf die Bewährungszeit können Zeiten einer Tätigkeit im Schuldienst des Heimatlandes angerechnet werden.)

3a. Ausländische Lehrer an Sonderschulen
ohne Ausbildung nach Fallgruppe 3 mit sonstiger Lehrerausbildung (z. B. in Lehrerbildungsinstituten) und mindestens voller Lehrbefähigung für Grund- und Hauptschulen ihres Heimatlandes,
die ausländischen Schülern muttersprachlichen Ergänzungsunterricht im Sinne der Vereinbarung der KMK über den Unterricht für Kinder ausländischer Arbeitnehmer vom 8. April 1976 in der jeweiligen Fassung erteilen,
.... Vergütungsgruppe Vb

nach mindestens sechsjähriger Bewährungszeit
in dieser Tätigkeit und in dieser Vergütungsgruppe
.... Vergütungsgruppe IVb
(Auf die Bewährungszeit können Zeiten einer Tätigkeit im Schuldienst des Heimatlandes angerechnet werden.)

4. Jugendleiterinnen mit staatlicher Prüfung, Sozialpädagogen mit staatlicher Anerkennung oder Sozialarbeiter mit staatlicher Anerkennung und
   mit abgeschlossener zusätzlicher Spezialausbildung (z. B. heilpädagogischer, sozialtherapeutischer oder sozialpsychiatrischer Ausbildung)
   als pädagogische Unterrichtshilfen
   .... Vergütungsgruppe IVb
   nach mindestens vierjähriger Berufsausübung
   nach Ablegung der Zusatzausbildung
   .... Vergütungsgruppe IVa

5. Jugendleiterinnen mit staatlicher Prüfung, Sozialpädagogen mit staatlicher Anerkennung oder Sozialarbeiter mit staatlicher Anerkennung
   als pädagogische Unterrichtshilfen
   .... Vergütungsgruppe IVb
   nach mindestens achtjähriger Bewährung
   in dieser Tätigkeit und in dieser Vergütungsgruppe
   .... Vergütungsgruppe IVa

6. Erzieher, Kindergärtnerinnen, Hortnerinnen, Krankengymnastinnen, Logopäden und Beschäftigungstherapeuten
   mit entsprechender staatlicher Prüfung oder staatlicher Anerkennung und Zusatzausbildung
   als pädagogische Unterrichtshilfen
   .... Vergütungsgruppe Vb
   nach mindestens vierjähriger Bewährung
   in dieser Tätigkeit und in dieser Vergütungsgruppe
   .... Vergütungsgruppe IVb
   (Die Mitgliedverbände werden ermächtigt, im Einzelfall zu entscheiden, welche sonstigen Angestellten aufgrund einer geeigneten gleichwertigen Ausbildung den Erziehern, Kindergärtnerinnen, Hortnerinnen, Krankengymnastinnen, Logopäden und Beschäftigungstherapeuten gleichgestellt werden können.)

7. Erzieher, Kindergärtnerinnen, Hortnerinnen, Krankengymnastinnen, Logopäden und Beschäftigungstherapeuten

mit entsprechender staatlicher Prüfung oder staatlicher Anerkennung
als pädagogische Unterrichtshilfen

.... Vergütungsgruppe Vc

nach mehrjähriger Bewährung in dieser
Tätigkeit und in dieser Vergütungsgruppe

.... Vergütungsgruppe Vb

(Die Mitgliedverbände werden ermächtigt, im Einzelfall zu entscheiden, welche sonstigen Angestellten aufgrund einer geeigneten gleichwertigen Ausbildung den Erziehern, Kindergärtnerinnen, Hortnerinnen, Krankengymnastinnen, Logopäden und Beschäftigungstherapeuten gleichgestellt werden können.)

8. Sonstige pädagogische Unterrichtshilfen
ohne Ausbildung nach den Fallgruppen 5, 6 oder 7
mit Zusatzausbildung

.... Vergütungsgruppe Vc

nach mehrjähriger Bewährung in dieser
Tätigkeit und in dieser Vergütungsgruppe

.... Vergütungsgruppe Vb

9. Sonstige pädagogische Unterrichtshilfen
ohne Ausbildung nach den Fallgruppen 5, 6 oder 7

.... Vergütungsgruppe VIb

nach mehrjähriger Bewährung in dieser
Tätigkeit und in dieser Vergütungsgruppe

.... Vergütungsgruppe Vc

Die übrigen Lehrer werden wie die entsprechenden Lehrer an Realschulen eingruppiert.

IV. Lehrkräfte an Gymnasien

1. Lehrer in der Tätigkeit von Studienräten
mit abgeschlossenem Studium an einer wissenschaftlichen Hochschule, die aufgrund ihres Studiums die Fähigkeit zum Unterrichten in mindestens zwei Fächern haben und die überwiegend Unterricht in mindestens einem ihrem Studium entsprechenden Fach erteilen,

.... Vergütungsgruppe II

nach mindestens fünfzehnjähriger Bewährung
in dieser Tätigkeit und in dieser Vergütungsgruppe

.... Vergütungsgruppe Ib

(Würde der Lehrer bei Anwendung des Abschnitts A nach Ablauf von 15 Jahren noch nicht in die Vergütungsgruppe Ib höhergruppiert, tritt die nach Abschnitt A erforderliche längere Zeit an die Stelle der fünfzehnjährigen Bewährungszeit.

Dieses Merkmal gilt nicht für die Diplom-Dolmetscher und Diplom-Übersetzer. Soweit in einzelnen Ländern vorübergehend das abgeschlossene Studium in einem wissenschaftlichen Fach, z. B. Mathematik oder in Physik, als Voraussetzung für die Übernahme in den Vorbereitungsdienst für das Lehramt des höheren Dienstes an Gymnasien genügt, kann auf die Fähigkeit zum Unterrichten in einem zweiten Fach verzichtet werden.)

2. Lehrer in der Tätigkeit von Studienräten
   mit abgeschlossenem Studium an einer wissenschaftlichen Hochschule,
   die überwiegend Unterricht in einem ihrem Studium entsprechenden wissenschaftlichen Fach erteilen,
   .... Vergütungsgruppe III
   nach mindestens sechsjähriger Bewährung
   in dieser Tätigkeit und in dieser Vergütungsgruppe
   .... Vergütungsgruppe II

3. Lehrer in der Tätigkeit von Studienräten
   mit abgeschlossenem Studium an einer Hochschule nach § 1 HRG,
   die überwiegend Unterricht in mindestens einem wissenschaftlichen Fach erteilen,
   .... Vergütungsgruppe IVa
   nach mindestens sechsjähriger Bewährung
   in dieser Tätigkeit und in dieser Vergütungsgruppe
   .... Vergütungsgruppe III
   (Dieses Merkmal gilt nicht für Angestellte der Fallgruppen 5 bis 13.)

4. Religionslehrer
   mit abgeschlossenem theologischen Studium an einer wissenschaftlichen Hochschule
   .... Vergütungsgruppe II
   nach mindestens fünfzehnjähriger Bewährung
   in dieser Tätigkeit und in dieser Vergütungsgruppe
   .... Vergütungsgruppe Ib
   (Würde der Lehrer bei Anwendung des Abschnitts A nach Ablauf von 15 Jahren noch nicht in die Vergütungsgruppe Ib hö-

IV.4.3 Lehrer-Richtlinien der VKA

hergruppiert, tritt die nach Abschnitt A erforderliche längere Zeit an die Stelle der fünfzehnjährigen Bewährungszeit.

Liegt ein abgeschlossenes theologisches Studium an einer wissenschaftlichen Hochschule nicht vor, legt der zuständige Mitgliedverband der VKA unter Berücksichtigung der durch die anderweitige Ausbildung vermittelten Befähigung und des Tarifgefüges dieser Richtlinien die Eingruppierung in einer niedrigeren Vergütungsgruppe fest.)

5. Diplom-Dolmetscher und Diplom-Übersetzer
   mit mindestens sechssemestrigem Hochschulstudium und Abschlußprüfung
   als Sprachlehrer
   .... Vergütungsgruppe III

6. Diplom-Sportlehrer
   mit mindestens sechssemestrigem Hochschulstudium und Abschlußprüfung,
   mit entsprechender Tätigkeit
   .... Vergütungsgruppe III

7. Kunsterzieher,
   die nach einem mindestens achtsemestrigen Studium an einer Kunsthochschule oder Kunstakademie zum Meisterschüler ernannt worden sind
   oder
   nach einem mindestens sechssemestrigen Studium an einer Kunsthochschule oder Kunstakademie den künstlerischen Teil der Künstlerischen Prüfung für das Lehramt am Gymnasium abgelegt haben,
   mit entsprechender Tätigkeit
   .... Vergütungsgruppe III

8. Musikerzieher,
   die nach einem mindestens achtsemestrigen Studium an einer Musikhochschule oder Musikakademie die künstlerische Reifeprüfung bzw. die Künstlerische Abschlußprüfung bzw. die A-Prüfung für Kirchenmusik abgelegt bzw. den Diplomgrad „Diplom-Musiklehrer" erworben haben
   oder
   nach einem mindestens sechssemestrigen Studium an einer Musikhochschule oder Musikakademie den künstlerischen Teil der Künstlerischen Prüfung für das Lehramt am Gymnasi-

Lehrer-Richtlinien der VKA **IV.4.3**

um bzw. die Teilprüfung Musik in der Ersten Staatsprüfung für das Lehramt am Gymnasium abgelegt haben, mit entsprechender Tätigkeit
.... Vergütungsgruppe III

9. Musikerzieher
mit achtsemestrigem Studium an einem Seminar für Musikerziehung einer Hochschule für Musik und staatlicher Prüfung für Musiklehrer und Zweiter Prüfung im Fach Jugend- und Volksmusik
.... Vergütungsgruppe IVb
nach mindestens sechsjähriger Bewährung
in dieser Tätigkeit und in dieser Vergütungsgruppe
.... Vergütungsgruppe IVa
(Die Mitgliedverbände werden ermächtigt zuzustimmen, daß sonstige Musiklehrer, die aufgrund ihrer künstlerischen Fähigkeiten und ihrer Erfahrungen als gleichwertig anzusehen sind, entsprechend eingruppiert werden.)

10. Kunsterzieher oder Musikerzieher
ohne Ausbildung nach den Fallgruppen 7, 8 oder 9 mit anderweitiger Ausbildung und besonderen künstlerischen Fähigkeiten und Erfahrungen
.... Vergütungsgruppe IVb
nach mindestens sechsjähriger Bewährung
in dieser Tätigkeit und in dieser Vergütungsgruppe
.... Vergütungsgruppe IVa

11. Kunsterzieher oder Musikerzieher,
die nicht unter die Fallgruppen 7 bis 10 fallen,
.... Vergütungsgruppe Vb
nach mindestens sechsjähriger Bewährung
in dieser Tätigkeit und in dieser Vergütungsgruppe
.... Vergütungsgruppe IVb

12. Turn-, Sport- und Gymnastiklehrer
mit staatlicher oder staatlich anerkannter Turn-, Sport- oder Gymnastiklehrerprüfung
.... Vergütungsgruppe Vb
nach langjähriger Bewährung in dieser
Tätigkeit und in dieser Vergütungsgruppe
.... Vergütungsgruppe IVb
(Dieses Merkmal gilt nur für Turn-, Sport- und Gymnastiklehrer, deren Ausbildung in der Regel den Abschluß einer Realschule

IV.4.3 Lehrer-Richtlinien der VKA

oder eine gleichwertige Schulausbildung voraussetzt und die ein mindestens viersemestriges Studium an einem staatlichen oder einem staatlich anerkannten Ausbildungsinstitut durchlaufen haben.)

13. Turn-, Sport- und Gymnastiklehrer

   mit der Ausbildung als staatlich geprüfte Vereinsturnlehrer oder als staatlich anerkannte Sportlehrer mit der Befähigung für Freizeitpflege

   .... Vergütungsgruppe Vc

   nach langjähriger Bewährung in dieser
   Tätigkeit und in dieser Vergütungsgruppe

   .... Vergütungsgruppe Vb

Die übrigen Lehrkräfte werden wie die entsprechenden Lehrkräfte an Grund- und Hauptschulen eingruppiert.

V. Lehrkräfte an berufsbildenden Schulen

Lehrer

in der Tätigkeit von Fachlehrern, Fachoberlehrern, Fachschullehrern, Fachschuloberlehrern, technischen Lehrern, Werkstattlehrern oder Werkmeistern, wenn der entsprechende Beamte

im Eingangsamt in die Besoldungsgruppe

A 13 eingestuft ist

.... Vergütungsgruppe III

A 12 eingestuft ist

.... Vergütungsgruppe IVa

A 11 eingestuft ist

.... Vergütungsgruppe IVb

A 10 eingestuft ist

.... Vergütungsgruppe Vb

A 9 eingestuft ist

.... Vergütungsgruppe Vc

A 8 eingestuft ist

.... Vergütungsgruppe VIb

Diese Lehrer können nach sechsjähriger Bewährung in dieser Tätigkeit und in dieser Vergütungsgruppe um eine Vergütungsgruppe höhergruppiert werden.

Die übrigen Lehrkräfte werden wie die entsprechenden Lehrkräfte an Gymnasien eingruppiert.

VI. Lehrkräfte an integrierten Gesamtschulen sowie an verselbständigten Orientierungsstufen (Erprobungs-, Förder- und Beobachtungsstufen)

1. Lehrkräfte, die überwiegend in den Klassen (Jahrgangsstufen) 11 bis 13 unterrichten, werden wie die entsprechenden Lehrkräfte an Gymnasien eingruppiert.

2. Lehrkräfte, die überwiegend in den Klassen (Jahrgangsstufen) 7 bis 10 unterrichten, werden wie die entsprechenden Lehrkräfte an Realschulen eingruppiert.

3. Lehrkräfte, die überwiegend in den Klassen (Jahrgangsstufen) 5 und 6 unterrichten, werden wie die entsprechenden Lehrkräfte an Hauptschulen eingruppiert.

VII. Lehrkräfte an Schulkindergärten oder an Vorschulklassen für schulpflichtige Kinder

1. Jugendleiterinnen mit staatlicher Prüfung, Sozialpädagogen mit staatlicher Anerkennung oder Sozialarbeiter mit staatlicher Anerkennung

    mit abgeschlossener zusätzlicher Spezialausbildung (z. B. heilpädagogischer, sozialtherapeutischer oder sozialpsychiatrischer Ausbildung)

    als Leiter eines Schulkindergartens oder einer Vorschulklasse einer Sonderschule

    .... Vergütungsgruppe IVb

    nach mindestens vierjähriger Berufsausübung

    nach Ablegung der Zusatzausbildung

    .... Vergütungsgruppe IVa

2. Jugendleiterinnen mit staatlicher Prüfung, Sozialpädagogen mit staatlicher Anerkennung oder Sozialarbeiter mit staatlicher Anerkennung

    als Leiter eines Schulkindergartens oder einer Vorschulklasse einer Sonderschule

    .... Vergütungsgruppe IVb

    nach mindestens achtjähriger Bewährung

    in dieser Tätigkeit und in dieser Vergütungsgruppe

    .... Vergütungsgruppe IVa

3. Jugendleiterinnen mit staatlicher Prüfung, Sozialpädagogen mit staatlicher Anerkennung oder Sozialarbeiter mit staatlicher Anerkennung
    als Leiter eines Schulkindergartens oder einer Vorschulklasse
    .... Vergütungsgruppe IVb
4. Erzieher, Kindergärtnerinnen, Hortnerinnen, Krankengymnastinnen, Logopäden und Beschäftigungstherapeuten
    mit entsprechender staatlicher Prüfung oder staatlicher Anerkennung und sonderpädagogischer Zusatzausbildung
    als Leiter eines Schulkindergartens oder einer Vorschulklasse
    .... Vergütungsgruppe Vb
nach mindestens vierjähriger Bewährung
    in dieser Tätigkeit und in dieser Vergütungsgruppe
    .... Vergütungsgruppe IVb
5. Erzieher, Kindergärtnerinnen, Hortnerinnen, Krankengymnastinnen, Logopäden und Beschäftigungstherapeuten
    mit entsprechender staatlicher Prüfung oder staatlicher Anerkennung und sonderpädagogischer Zusatzausbildung
    in einem Schulkindergarten oder in einer Vorschulklasse
    .... Vergütungsgruppe Vb
6. Erzieher, Kindergärtnerinnen, Hortnerinnen, Krankengymnastinnen, Logopäden und Beschäftigungstherapeuten
    mit entsprechender staatlicher Prüfung oder staatlicher Anerkennung
    in einem Schulkindergarten oder in einer Vorschulklasse
    .... Vergütungsgruppe Vc
nach mindestens vierjähriger Bewährung
    in dieser Tätigkeit und in dieser Vergütungsgruppe
    .... Vergütungsgruppe Vb

Protokollerklärungen zu Abschnitt B:

Nr. 1

Für die Auslegung des Begriffs „abgeschlossenes Studium an einer wissenschaftlichen Hochschule" gilt die Protokollerklärung Nr. 2 des § 2 Nr. 4 des Tarifvertrages zur Änderung und Ergänzung der Anlage 1a zum BAT (Neufassung der Fallgruppen 1) vom 24. Juni 1975 in der jeweils geltenden Fassung.

Als abgeschlossenes Studium an einer wissenschaftlichen Hochschule gilt auch ein abgeschlossenes Studium an einer ausländischen wissenschaftlichen Hochschule, das der zuständige Landesminister als gleichwertig anerkannt hat.

Lehrer-Richtlinien der VKA **IV.4.3**

Abweichend von Unterabsatz 1 gilt bei der Anwendung der Tätigkeitsmerkmale des Abschnitts B Ziff. I Fallgruppe 1 und Ziffer II Fallgruppen 1 und 2 die Erste Staatsprüfung für das betreffende Lehramt (Erste Lehramtsprüfung) an einer wissenschaftlichen oder einer pädagogischen Hochschule als Nachweis des abgeschlossenen Studiums an einer wissenschaftlichen Hochschule. Entsprechendes gilt für die Erste Staatsprüfung für das Lehramt an der Realschule bei der Anwendung des Tätigkeitsmerkmals der Ziffer IV Fallgruppe 2.

Nr. 2
Soweit Tätigkeitsmerkmale einen Aufstieg (z. B. Bewährungsaufstieg, Tätigkeitsaufstieg) enthalten, gilt § 23b Abschn. B BAT entsprechend.

Auf die Bewährungszeit können Zeiten einer entsprechenden Unterrichtstätigkeit im sonstigen anerkannten Schuldienst oder im kirchlichen Dienst nach Maßgabe des Unterabsatzes 1 angerechnet werden.

Für die Berücksichtigung von vor dem 1. Juli 1991 im Beitrittsgebiet zurückgelegten Zeiten auf die Bewährungszeit gilt § 72 Abschn. B BAT entsprechend.

Nr. 3
Erhalten Lehrer im Beamtenverhältnis für Tätigkeiten in einer bestimmten Schulform (Schulart) Amts- oder Stellenzulagen, wird Lehrern im Angestelltenverhältnis unter den gleichen Voraussetzungen und in der gleichen Höhe eine persönliche Zulage gezahlt, es sei denn, daß die Heraushebung der Tätigkeit bei dem Angestellten durch die Eingruppierung berücksichtigt ist. Die persönliche Zulage ist zusatzversorgungspflichtig, soweit die Stellenzulagen ruhegehaltfähig sind.

Nr. 4
Auf die Bewährungszeiten werden Zeiten, die vor dem 1. August 1971 in einer entsprechenden Tätigkeit zurückgelegt worden sind, auch dann angerechnet, wenn der Angestellte nach Maßgabe der bisherigen Richtlinien in einer niedrigeren Vergütungsgruppe eingruppiert gewesen ist.

Nr. 5
Ziffer V des Abschnitts A gilt entsprechend.

IV.4.4 Musikschullehrer-Richtlinien (VKA)

Richtlinien der Vereinigung der kommunalen Arbeitgeberverbände (VKA) zur Regelung der Rechtsverhältnisse der nicht unter den BAT fallenden Musikschullehrer (Musikschullehrer-Richtlinien-West der VKA)

Vom 18. September 1987

in der Fassung der Änderung vom 24. Juli 2000

I. Geltungsbereich

Diese Richtlinien gelten für Angestellte in der Tätigkeit von Musikschullehrern und für Musikschullehrer im Sinne der Protokollerklärung Nr. 1 des Tarifvertrages zur Änderung der Anlage 1a zum BAT (Musikschullehrer) vom 20. Februar 1987, die gemäß § 3 Buchst. n BAT nicht unter den BAT fallen.

II. Anzuwendende Vorschriften

Für die Schriftform des Arbeitsvertrages, für die Nebenabreden zum Arbeitsvertrag, für die Probezeit, für das Gelöbnis, für die ärztlichen Untersuchungen, für die allgemeinen Pflichten, für die Schweigepflicht, für Belohnungen und Geschenke, für Versetzung, Abordnung und Zuweisung, für die Personalakten, für die Haftung, für das Arbeitsversäumnis, für die Anzeige- und Nachweispflichten, für den Forderungsübergang bei Dritthaftung, für die Beendigung des Arbeitsverhältnisses wegen verminderter Erwerbsfähigkeit, für die Beendigung des Arbeitsverhältnisses durch Erreichung der Altersgrenze und Weiterbeschäftigung sowie für die Ausschlußfrist gelten die Vorschriften sinngemäß, die für die beim Arbeitgeber beschäftigten, unter den BAT fallenden Lehrkräfte an Musikschulen jeweils maßgebend sind.

III. Sonstige Arbeitsbedingungen

1. Vergütung
a) Einzelstundenvergütung

Der Angestellte, mit dem arbeitsvertraglich eine Einzelstundenvergütung vereinbart wird, erhält für je 45 Unterrichtsminuten folgende Einzelstundenvergütung:

Für Angestellte in der Tätigkeit von Musikschullehrern für die Zeit vom

Musikschullehrer-Richtlinien (VKA) IV.4.4

1. August 2000 bis 31. August 2001	33,63 DM
1. September 2001 bis 31. Dezember 2001	34,44 DM
1. Januar 2002 an	17,61 Euro

für Musikschullehrer für die Zeit vom

1. August 2000 bis 31. August 2001	36,40 DM
1. September 2001 bis 31. Dezember 2001	37,27 DM
1. Januar 2002 an	19,06 Euro

Die Vergütung wird nur für angeordnete und tatsächlich geleistete Unterrichtsminuten gezahlt.

b) Monatsstundenvergütung

Mit einem Angestellten, dessen Arbeitsverhältnis voraussichtlich länger als sechs Wochen dauert, kann eine Monatsstundenvergütung vereinbart werden.

§ 15 Abs. 1 Satz 2 BAT gilt mit der Maßgabe, daß ein Zeitraum von einem Jahr zugrunde zu legen ist.

Die Monatsstundenvergütung beträgt für je 45 in der Unterrichtszeit wöchentlich zu leistende Unterrichtsminuten

Für Angestellte in der Tätigkeit von Musikschullehrern für die Zeit vom

1. August 2000 bis 31. August 2001	120,51 DM
1. September 2001 bis 31. Dezember 2001	123,41 DM
1. Januar 2002 an	63,10 Euro

für Musikschullehrer für die Zeit vom

1. August 2000 bis 31. August 2001	130,43 DM
1. September 2001 bis 31. Dezember 2001	133,55 DM
1. Januar 2002 an	68,30 Euro

Sie steht auch während der unterrichtsfreien Zeit zu.

c) Mehrarbeitsstundenvergütung

Wird der Angestellte über die arbeitsvertraglich vereinbarten Unterrichtsminuten hinaus zum Unterricht herangezogen, erhält er für je 45 darüber hinausgehende Unterrichtsminuten die Einzelstundenvergütung nach Buchstabe a.

d) Zusammenhangstätigkeiten

Mit der Vergütung sind alle Zusammenhangstätigkeiten abgegolten (Protokollerklärung zu Nr. 2 Abs. 1 der SR 2 l II BAT).

e) Berechnung und Auszahlung der Bezüge, Vorschüsse

§ 36 BAT findet mit der Maßgabe Anwendung, daß die Vergütung spätestens am 15. des folgenden Monats gezahlt werden soll.

IV.4.4 Musikschullehrer-Richtlinien (VKA)

f) Fortzahlung der Vergütung

Für die Fortzahlung der Vergütung während einer Arbeitsunfähigkeit, während einer von einem Träger der Sozialversicherung oder einer Versorgungsbehörde verordneten Maßnahme der medizinischen Vorsorge oder Rehabilitation, während der Beschäftigungsverbote nach dem Mutterschutzgesetz oder in den sonstigen gesetzlich geregelten Fällen der Freistellung von der Arbeit gelten die gesetzlichen Vorschriften. Die Fortzahlung der Vergütung endet in jedem Fall mit dem Ende des Arbeitsverhältnisses.

2. Erholungsurlaub

Der Angestellte hat Anspruch auf Erholungsurlaub nach dem Bundesurlaubsgesetz. Den Erholungsurlaub hat er während der unterrichtsfreien Zeit zu nehmen. Der Angestellte mit Monatsvergütung erhält die Urlaubsvergütung durch Fortzahlung der Monatsstundenvergütung während der unterrichtsfreien Zeit (Nr. 1 Buchst. b Unterabs. 4). Der Angestellte mit Einzelstundenvergütung erhält für die Zeit des Urlaubs als Urlaubsvergütung die Vergütung, die er ohne Beurlaubung erhalten würde.

3. Kündigung

Bis zum Ende des sechsten Monats seit Beginn des Arbeitsverhältnisses beträgt die Kündigungsfrist zwei Wochen zum Monatsschluß, im übrigen einen Monat zum Monatsschluß. Nach Ablauf der Probezeit bedürfen Kündigungen der Schriftform.

Musikschullehrer-Richtlinien (VKA) **IV.4.4**

Muster für Arbeitsverträge mit Musikschullehrern, für die der BAT nicht gilt
(§ 3 Buchst. n BAT)

Zwischen

....

vertreten durch .... (Arbeitgeber)

und

Herrn/Frau ....

wohnhaft in .... (Angestellte/r)

geboren am: .... wird – vorbehaltlich [1]) ....

.... – folgender

Arbeitsvertrag

geschlossen:

§ 1

Herr/Frau .... wird ab ....
als nichtvollbeschäftigte/r

☐ Musikschullehrer/in [2])

☐ Angestellte/r in der Tätigkeit eines Musikschullehrers/einer Musikschullehrerin [2])

eingestellt, und zwar

☐ auf unbestimmte Zeit [2])

☐ für die Zeit bis [2]) ....

☐ bis zum Eintritt folgenden Ereignisses: [2]) [3]) ....

Die durchschnittliche wöchentliche Unterrichtsverpflichtung beträgt ... Unterrichtsstunden zu je 45 Minuten/zu je ... Minuten [4]) [5]), insgesamt also ... Unterrichtsminuten.

§ 2

(1) Auf das Arbeitsverhältnis finden die Richtlinien der Vereinigung der kommunalen Arbeitgeberverbände (VKA) zur Regelung der Rechtsverhältnisse der gemäß § 3 Buchst. n BAT nicht unter den BAT fallenden Musikschullehrer (Musikschullehrer-Richtlinien der VKA) in ihrer jeweils geltenden Fassung Anwendung. Diese Richtlinien sind Bestandteil dieses Arbeitsvertrages. Sie haben dem Angestellten zur Einsicht vorgelegen. Änderungen dieser Richtlinien werden dem Angestellten zur Kenntnis gegeben.

(2) Soweit in diesem Vertrag nichts anderes geregelt ist, richtet sich das Arbeitsverhältnis nach den gesetzlichen Vorschriften.

§ 3

Der/Die Angestellte erhält Einzelstundenvergütung/Monatsstundenvergütung [4]) nach Maßgabe der Musikschullehrer-Richtlinien der VKA.

IV.4.4 Musikschullehrer-Richtlinien (VKA)

§ 4
Sollte es wegen einer Änderung der Verhältnisse (z. B. Entwicklung der Schülerzahl, Änderung der Nachfrage nach bestimmten Unterrichtsfächern) notwendig werden, die in § 1 vereinbarte durchschnittliche Unterrichtsverpflichtung anzupassen, verpflichtet sich der/die Angestellte, nach Aufforderung durch den Arbeitgeber mit dem Ziel einer Einigung über eine andere Unterrichtsverpflichtung zu verhandeln, damit eine (Änderungs-)Kündigung vermieden werden kann.

§ 5
Es wird folgende **Nebenabrede** vereinbart: ....
....
....

Die Nebenabrede kann mit einer Frist
☐ von zwei Wochen zum Monatsschluß [2])
☐ von ....
☐ zum .... [2])
schriftlich gekündigt werden.[7])

§ 6
Änderungen und Ergänzungen des Arbeitsvertrages einschließlich von Nebenabreden sowie Vereinbarungen weiterer Nebenabreden sind nur wirksam, wenn sie schriftlich vereinbart werden.

.... , den .... 19.....

....
(Für den Arbeitgeber)   (Angestellter)

---

[1]) Auszufüllen, wenn die Wirksamkeit des Vertrages z. B. von dem Ergebnis einer Prüfung oder einer ärztlichen Untersuchung abhängig gemacht wird.

[2]) Zutreffendes bitte ankreuzen!

[3]) Hier sind z. B. Aufgaben von bestimmter Dauer anzuführen, für die der/die Angestellte eingestellt wird.

[4]) Nichtzutreffendes bitte streichen!

[5]) Ist die Dauer einer Unterrichtsstunde auf mehr oder weniger als 45 Minuten festgelegt, ist die in Betracht kommende Zahl der Unterrichtsminuten einzusetzen.

[6]) Hinsichtlich des Wegfalls oder der Verkürzung der Probezeit siehe Abschnitt II der Musikschullehrer-Richtlinien der VKA in Verbindung mit § 5 BAT.

[7]) Für den Fall, daß die vereinbarte Nebenabrede während der Laufzeit des Vertrages nicht gesondert kündbar sein soll, ist dieser Satz zu streichen.

V Alters- und Hinterbliebenenversorgung, Altersteilzeit

V.1 Tarifvertrag über die zusätzliche Altersversorgung der Beschäftigten des öffentlichen Dienstes (Altersvorsorge-TV-Kommunal - ATV-K) 1152

V.2 Tarifvertrag zur Regelung der Altersteilzeitarbeit (TV ATZ) 1197

V.2.1 Altersteilzeitgesetz 1206

Tarifvertrag über die zusätzliche Altersvorsorge der Beschäftigten des öffentlichen Dienstes (Altersvorsorge-TV-Kommunal – ATV-K)

Vom 1. März 2002

Zuletzt geändert durch
Änderungstarifvertrag Nr. 3
vom 14. Juni 2005

Inhaltsübersicht

Erster Teil
Punktemodell

Abschnitt I Geltungsbereich
§ 1 Geltungsbereich

Abschnitt II Versicherung bei der Zusatzversorgungseinrichtung
§ 2 Pflichtversicherung
§ 3 Beitragsfreie Versicherung
§ 4 Überleitung der Versicherung

Abschnitt III Betriebsrente
§ 5 Versicherungsfall und Rentenbeginn
§ 6 Wartezeit
§ 7 Höhe der Betriebsrente
§ 8 Versorgungspunkte
§ 9 Soziale Komponenten
§ 10 Betriebsrente für Hinterbliebene
§ 11 Anpassung und Neuberechnung
§ 12 Nichtzahlung und Ruhen
§ 13 Erlöschen

Abschnitt IV Beschäftigte, die in der gesetzlichen Rentenversicherung nicht versichert sind
§ 14 Sonderregelungen für Beschäftigte, die in der gesetzlichen Rentenversicherung nicht versichert sind

Abschnitt V Finanzierung
§ 15 Finanzierungsgrundsätze und zusatzversorgungspflichtiges Entgelt

- § 16 Umlagen
- § 17 Sanierungsgelder
- § 18 Beiträge im Kapitaldeckungsverfahren
- § 19 Bonuspunkte

Abschnitt VI Verfahren
- § 20 Pflichten der Versicherten und der Betriebsrentenberechtigten
- § 21 Versicherungsnachweise
- § 22 Zahlung und Abfindung
- § 23 Ausschlussfristen
- § 24 Beitragserstattung

Abschnitt VII Zuschüsse des Arbeitgebers zu anderen Zukunftssicherungssystemen
- § 25 Zuschüsse des Arbeitgebers zu anderen Zukunftssicherungssystemen

Zweiter Teil
Freiwillige Versicherung
- § 26 Freiwillige Versicherung
- § 27 Verfahren

Dritter Teil
Übergangs- und Schlussvorschriften
Abschnitt I Übergangsregelungen zur Versicherungspflicht
- § 28 Höherversicherte
- § 29 Von der Pflichtversicherung Befreite

Abschnitt II Übergangsregelungen für die Rentenberechtigten
- § 30 Am 31. Dezember 2001 Versorgungsrentenberechtigte
- § 31 Am 31. Dezember 2001 Versicherungsrentenberechtigte

Abschnitt III Übergangsregelungen für Anwartschaften der Versicherten
- § 32 Grundsätze
- § 33 Höhe der Anwartschaften für am 31. Dezember 2001 schon und am 1. Januar 2002 noch Pflichtversicherte
- § 34 Höhe der Anwartschaften für am 1. Januar 2002 beitragsfrei Versicherte

Abschnitt IV Schlussvorschriften
- § 35 Sterbegeld
- § 36 Sonderregelungen für die Jahre 2001/2002

V.1 ATV-K

§ 37 Sonderregelung für lebensversicherte Beschäftigte eines Arbeitgebers, der erstmalig nach dem 31. Dezember 2000 einem Mitgliedverband der VKA beitritt
§ 37a Sonderregelungen für das Tarifgebiet Ost
§ 38 Sonderregelung zu § 26 Abs. 5
§ 39 In-Kraft-Treten

Anlage 1

Anlage 2

Anlage 3

Anlage 4

Anlage 5

Anlage 1
zum Altersvorsorgeplan 2001

Anlage 2
zum Altersvorsorgeplan 2001

Präambel

Die Tarifvertragsparteien haben sich – auch in Ausfüllung des Beschlusses des Bundesverfassungsgerichts vom 22. März 2000 (1 BvR 1136/96) – am 13. November 2001 auf eine grundlegende Reform der Zusatzversorgung des öffentlichen Dienstes geeinigt, um deren Zukunftsfähigkeit zu sichern; der Altersvorsorgeplan 2001 vom 13. November 2001 ist zugleich Geschäftsgrundlage dieses Tarifvertrages.

Das bisherige Gesamtversorgungssystem wird mit Ablauf des 31. Dezember 2000 geschlossen und durch ein Punktemodell ersetzt, in dem entsprechend den nachfolgenden Regelungen diejenigen Leistungen zugesagt werden, die sich ergeben würden, wenn eine Gesamt-Beitragsleistung von vier v. H. des zusatzversorgungspflichtigen Entgelts vollständig in ein kapitalgedecktes System eingezahlt würde. Das Jahr 2001 wird im Rahmen des Übergangsrechts berücksichtigt.

Bei den Zusatzversorgungseinrichtungen kann als Leistung der betrieblichen Altersversorgung auch eine zusätzliche kapitalgedeckte Altersvorsorge durch eigene Beiträge unter Inanspruchnahme der steuerlichen Förderung durchgeführt werden.

Erster Teil
Punktemodell
Abschnitt I
Geltungsbereich

§ 1 Geltungsbereich

Dieser Tarifvertrag gilt für Arbeitnehmerinnen/Arbeitnehmer und Auszubildende (Beschäftigte), die unter den Geltungsbereich der in der Anlage 1 aufgeführten Tarifverträge des öffentlichen Dienstes fallen, soweit sie nicht bei den an der Versorgungsanstalt des Bundes und der Länder (VBL) beteiligten Mitgliedern der übrigen der Vereinigung der kommunalen Arbeitgeberverbände (VKA) angehörenden Arbeitgeberverbände beschäftigt sind.

Abschnitt II
Versicherung bei der Zusatzversorgungseinrichtung

§ 2 Pflichtversicherung

(1) Die Beschäftigten sind vorbehaltlich der Absätze 2 und 3 mit dem Beginn des Beschäftigungsverhältnisses bei der öffentlichen Zusatz-

versorgungseinrichtung, bei der ihr Arbeitgeber Mitglied/Beteiligter ist, zu versichern, wenn sie das 17. Lebensjahr vollendet haben und vom Beginn der Versicherung bis zur Vollendung des 65. Lebensjahres die Wartezeit (§ 6) erfüllen können, wobei frühere Versicherungszeiten, die auf die Wartezeit angerechnet werden, zu berücksichtigen sind.

Die Pflicht zur Versicherung endet mit der Beendigung des Beschäftigungsverhältnisses.

(2) Beschäftigte mit einer wissenschaftlichen Tätigkeit an Hochschulen oder Forschungseinrichtungen, die für ein befristetes Arbeitsverhältnis eingestellt werden, in dem sie wegen der Dauer der Befristung die Wartezeit nach § 6 Abs. 1 nicht erfüllen können und die bisher keine Pflichtversicherungszeiten in der Zusatzversorgung haben, sind auf ihren schriftlichen Antrag vom Arbeitgeber von der Pflicht zur Versicherung zu befreien. Der Antrag ist innerhalb von zwei Monaten nach Beginn des Arbeitsverhältnisses zu stellen. Zugunsten der nach Satz 1 von der Pflichtversicherung befreiten Beschäftigten werden Versorgungsanwartschaften auf eine freiwillige Versicherung (entsprechend § 26 Abs. 3 Satz 1) mit Beiträgen in Höhe der auf den Arbeitgeber entfallenden Aufwendungen für die Pflichtversicherung, einschließlich eines eventuellen Arbeitnehmerbeitrags nach § 37a Abs. 2 höchstens jedoch mit vier v. H. des zusatzversorgungspflichtigen Entgelts begründet. Wird das Arbeitsverhältnis im Sinne des Satzes 1 verlängert oder fortgesetzt, beginnt die Pflichtversicherung anstelle der freiwilligen Versicherung mit dem Ersten des Monats, in dem die Verlängerung oder Fortsetzung des Arbeitsverhältnisses über fünf Jahre hinaus vereinbart wurde. Eine rückwirkende Pflichtversicherung von Beginn des Arbeitsverhältnisses an ist ausgeschlossen.

(3) Von der Pflicht zur Versicherung ausgenommen sind die von der Anlage 2 erfassten Beschäftigten.

§ 3 Beitragsfreie Versicherung

(1) Die Versicherung bleibt als beitragsfreie Versicherung bestehen, wenn das Beschäftigungsverhältnis endet.

(2) Die beitragsfreie Versicherung endet bei Eintritt des Versicherungsfalles, Überleitung der Versicherung auf eine andere Zusatzversorgungseinrichtung, Tod, Erlöschen der Anwartschaft oder bei Beginn einer erneuten Pflichtversicherung.

§ 4 Überleitung der Versicherung

Die Beschäftigten, die bei einer anderen Zusatzversorgungseinrichtung versichert sind, von der die Versicherung übergeleitet wird, sind verpflichtet, die Überleitung der Versicherung auf die für ihren Arbeitgeber zuständige Zusatzversorgungseinrichtung zu beantragen, es sei denn, dass bei der anderen Zusatzversorgungseinrichtung Pflicht zur Versicherung besteht oder auch bei Überleitung der Versicherung keine Pflicht zur Versicherung bei der für ihren Arbeitgeber zuständigen Zusatzversorgungseinrichtung entstünde. Das Gleiche gilt für die Beschäftigten, die gegen eine in Satz 1 genannte Zusatzversorgungseinrichtung Anspruch auf Rente haben, und zwar auch dann, wenn diese Zusatzversorgungseinrichtung die Rente weiter gewährt.

Abschnitt III
Betriebsrente

§ 5 Versicherungsfall und Rentenbeginn

Der Versicherungsfall tritt am Ersten des Monats ein, von dem an der Anspruch auf gesetzliche Rente wegen Alters als Vollrente bzw. wegen teilweiser oder voller Erwerbsminderung besteht. Der Anspruch ist durch Bescheid des Trägers der gesetzlichen Rentenversicherung nachzuweisen.

Den in der gesetzlichen Rentenversicherung Pflichtversicherten, bei denen der Versicherungsfall nach Satz 1 eingetreten ist und die die Wartezeit nach § 6 erfüllt haben, wird auf ihren schriftlichen Antrag von der Zusatzversorgungseinrichtung eine Betriebsrente gezahlt. Die Betriebsrente beginnt – vorbehaltlich des § 12 – mit dem Beginn der Rente aus der gesetzlichen Rentenversicherung.

§ 6 Wartezeit

(1) Betriebsrenten werden erst nach Erfüllung der Wartezeit von 60 Kalendermonaten gewährt. Dabei wird jeder Kalendermonat berücksichtigt, für den mindestens für einen Tag Aufwendungen für die Pflichtversicherung nach §§ 16, 18 erbracht wurden. Bis zum 31. Dezember 2000 nach dem bisherigen Recht der Zusatzversorgung als Umlagemonate zu berücksichtigende Zeiten zählen für die Erfüllung der Wartezeit. Für die Erfüllung der Wartezeit werden Versicherungsverhältnisse bei Zusatzversorgungseinrichtungen nach § 2 Abs. 1 zusammengerechnet.

(2) Die Wartezeit gilt als erfüllt, wenn der Versicherungsfall durch einen Arbeitsunfall eingetreten ist, der im Zusammenhang mit dem die Pflicht zur Versicherung begründenden Arbeitsverhältnis steht oder wenn die/der Versicherte infolge eines solchen Arbeitsunfalls gestorben ist. Ob ein Arbeitsunfall vorgelegen hat, ist durch Bescheid des Trägers der gesetzlichen Unfallversicherung nachzuweisen.

(3) In den Fällen des § 7 Abs. 5 des Gesetzes über die Rechtsverhältnisse der Mitglieder des Deutschen Bundestages und entsprechender gesetzlicher Vorschriften werden Zeiten einer nach dem Beginn der Pflichtversicherung liegenden Mitgliedschaft im Deutschen Bundestag, im Europäischen Parlament oder in dem Parlament eines Landes auf die Wartezeit angerechnet.

§ 7 Höhe der Betriebsrente

(1) Die monatliche Betriebsrente errechnet sich aus der Summe der bis zum Beginn der Betriebsrente (§ 5 Satz 4) erworbenen Versorgungspunkte (§ 8), multipliziert mit dem Messbetrag von vier Euro.

(2) Die Betriebsrente wegen teilweiser Erwerbsminderung beträgt die Hälfte der Betriebsrente, die sich nach Absatz 1 bei voller Erwerbsminderung ergeben würde.

(3) Die Betriebsrente mindert sich für jeden Monat, für den der Zugangsfaktor nach § 77 SGB VI herabgesetzt ist, um 0,3 v. H., höchstens jedoch um insgesamt 10,8 v. H.

§ 8 Versorgungspunkte

(1) Versorgungspunkte ergeben sich
a) für das zusatzversorgungspflichtige Entgelt (§ 15),
b) für soziale Komponenten (§ 9) und
c) als Bonuspunkte (§ 19).

Die Versorgungspunkte nach Satz 1 Buchst. a und b werden jeweils zum Ende des Kalenderjahres bzw. zum Zeitpunkt der Beendigung des Arbeitsverhältnisses festgestellt und dem Versorgungskonto gutgeschrieben; die Feststellung und Gutschrift der Bonuspunkte erfolgt zum Ende des folgenden Kalenderjahres. Versorgungspunkte werden jeweils auf zwei Nachkommastellen unter gemeinüblicher Rundung berechnet.

(2) Die Anzahl der Versorgungspunkte für ein Kalenderjahr nach Absatz 1 Satz 1 Buchst. a ergibt sich aus dem Verhältnis eines Zwölftels des zusatzversorgungspflichtigen Jahresentgelts zum Referenzentgelt von 1000 Euro, multipliziert mit dem Altersfaktor (Absatz 3); dies

entspricht einer Beitragsleistung von vier v. H. des zusatzversorgungspflichtigen Entgelts. Bei einer vor dem 1. Januar 2003 vereinbarten Altersteilzeit auf der Grundlage des Altersteilzeitgesetzes werden die Versorgungspunkte nach Satz 1 mit dem 1,8-fachen berücksichtigt, soweit sie nicht auf Entgelten beruhen, die in voller Höhe zustehen.

(3) Der Altersfaktor beinhaltet eine jährliche Verzinsung von 3,25 v. H. während der Anwartschaftsphase und von 5,25 v. H. während des Rentenbezuges und richtet sich nach der folgenden Tabelle; dabei gilt als Alter die Differenz zwischen dem jeweiligen Kalenderjahr und dem Geburtsjahr:

Alter	Altersfaktor	Alter	Altersfaktor	Alter	Altersfaktor
17	3,1	33	1,9	49	1,2
18	3,0	34	1,8	50	1,1
19	2,9	35	1,7	51	1,1
20	2,8	36	1,7	52	1,1
21	2,7	37	1,6	53	1,0
22	2,6	38	1,6	54	1,0
23	2,5	39	1,6	55	1,0
24	2,4	40	1,5	56	1,0
25	2,4	41	1,5	57	0,9
26	2,3	42	1,4	58	0,9
27	2,2	43	1,4	59	0,9
28	2,2	44	1,3	60	0,9
29	2,1	45	1,3	61	0,9
30	2,0	46	1,3	62	0,8
31	2,0	47	1,2	63	0,8
32	1,9	48	1,2	64 + älter	0,8

Protokollerklärung zu Absatz 2 Satz 2:
Wird aufgrund einer Einzelregelung ein Beitrag an die gesetzliche Rentenversicherung gezahlt, der den Mindestbeitrag nach § 3 Abs. 1 Nr. 1 Buchst. b des Altersteilzeitgesetzes übersteigt, ist das zusatzversorgungspflichtige Entgelt so zu erhöhen, dass sich nach Anwendung von Absatz 2 Satz 2 so viele Versorgungspunkte ergeben, wie dies dem über den gesetzlichen Mindestbeitrag erhöhten Beitrag zur gesetzlichen Rentenversicherung entspricht.

§ 9 Soziale Komponenten

(1) Für jeden vollen Kalendermonat, in dem das Arbeitsverhältnis wegen einer Elternzeit nach § 15 des Bundeserziehungsgeldgesetzes

ruht, werden für jedes Kind, für das ein Anspruch auf Elternzeit besteht, die Versorgungspunkte berücksichtigt, die sich bei einem zusatzversorgungspflichtigen Entgelt von 500 Euro in diesem Monat ergeben würden. Es werden je Kind höchstens 36 Kalendermonate berücksichtigt; Zeiten nach § 6 Abs 1 MuSchG werden den Zeiten nach Satz 1 gleichgestellt. Bestehen mehrere zusatzversorgungspflichtige Arbeitsverhältnisse im Sinne des Satzes 1, bestimmt die/der Pflichtversicherte, für welches Arbeitsverhältnis die Versorgungspunkte nach Satz 1 berücksichtigt werden.

(2) Bei Eintritt des Versicherungsfalles wegen teilweiser oder voller Erwerbsminderung vor Vollendung des 60. Lebensjahres werden Pflichtversicherten für jeweils zwölf volle, bis zur Vollendung des 60. Lebensjahres fehlende Kalendermonate so viele Versorgungspunkte hinzugerechnet, wie dies dem Verhältnis von durchschnittlichem monatlichem zusatzversorgungspflichtigem Entgelt der letzten drei Kalenderjahre vor Eintritt des Versicherungsfalles zum Referenzentgelt entspricht; bei Berechnung des durchschnittlichen Entgelts werden Monate ohne zusatzversorgungspflichtiges Entgelt nicht berücksichtigt. Ist in diesem Zeitraum kein zusatzversorgungspflichtiges Entgelt angefallen, ist für die Berechnung nach Satz 1 das Entgelt zugrunde zu legen, das sich als durchschnittliches monatliches zusatzversorgungspflichtiges Entgelt im Kalenderjahr vor dem Rentenbeginn ergeben hätte.

(3) Bei Beschäftigten, die am 1. Januar 2002 bereits 20 Jahre pflichtversichert sind, werden für jedes volle Kalenderjahr der Pflichtversicherung bis zum 31. Dezember 2001 mindestens 1,84 Versorgungspunkte berücksichtigt. Bei Beschäftigten, deren Gesamtbeschäftigungsquotient am 31. Dezember 2001 kleiner als 1,0 ist, gilt Satz 1 entsprechend mit der Maßgabe, dass der Faktor 1,84 mit dem am 31. Dezember 2001 maßgebenden Gesamtbeschäftigungsquotienten multipliziert wird.

§ 10 Betriebsrente für Hinterbliebene

(1) Stirbt eine Versicherte/ein Versicherter, die/der die Wartezeit (§ 6) erfüllt hat, oder eine Betriebsrentenberechtigte/ein Betriebsrentenberechtigter, hat die hinterbliebene Ehegattin/der hinterbliebene Ehegatte Anspruch auf eine kleine oder große Betriebsrente für Witwen/Witwer, wenn und solange ein Anspruch auf Witwen-/Witwerrente aus der gesetzlichen Rentenversicherung besteht oder bestehen würde, sofern kein Rentensplitting unter Ehegatten durch-

geführt worden wäre. Art (kleine/große Betriebsrenten für Witwen/Witwer), Höhe (der nach Ablauf des Sterbevierteljahres maßgebende Rentenartfaktor nach § 67 Nrn. 5 und 6 und § 255 Abs 1 SGB VI) und Dauer des Anspruchs richten sich – soweit keine abweichenden Regelungen getroffen sind – nach den entsprechenden Bestimmungen der gesetzlichen Rentenversicherung. Bemessungsgrundlage der Betriebsrenten für Hinterbliebene ist jeweils die Betriebsrente, die die Verstorbene/der Verstorbene bezogen hat oder hätte beanspruchen können, wenn sie/er im Zeitpunkt ihres/seines Todes wegen voller Erwerbsminderung ausgeschieden wäre. Die ehelichen oder diesen gesetzlich gleichgestellten Kinder der/des Verstorbenen haben entsprechend den Sätzen 1 bis 3 Anspruch auf Betriebsrente für Voll- oder Halbwaisen.

Der Anspruch ist durch Bescheid des Trägers der gesetzlichen Rentenversicherung nachzuweisen.

(2) Anspruch auf Betriebsrente für Witwen/Witwer besteht nicht, wenn die Ehe mit der/dem Verstorbenen weniger als zwölf Monate gedauert hat, es sei denn, dass nach den besonderen Umständen des Falles die Annahme nicht gerechtfertigt ist, dass es der alleinige oder überwiegende Zweck der Heirat war, der Witwe/dem Witwer eine Betriebsrente zu verschaffen.

(3) Betriebsrenten für Witwen/Witwer und Waisen dürfen zusammen den Betrag der ihrer Berechnung zugrunde liegenden Betriebsrente nicht übersteigen. Ergeben die Hinterbliebenenrenten in der Summe einen höheren Betrag, werden sie anteilig gekürzt. Erlischt eine der anteilig gekürzten Hinterbliebenenrenten, erhöhen sich die verbleibenden Hinterbliebenenrenten vom Beginn des folgenden Monats entsprechend, jedoch höchstens bis zum vollen Betrag der Betriebsrente der/des Verstorbenen.

§ 11 Anpassung und Neuberechnung

(1) Die Betriebsrenten werden, beginnend ab dem Jahr 2002, zum 1. Juli eines jeden Jahres um 1,0 v. H. dynamisiert.

(2) Die Betriebsrente ist neu zu berechnen, wenn bei einer/einem Betriebsrentenberechtigten ein neuer Versicherungsfall eintritt und seit der Festsetzung der Betriebsrente aufgrund des früheren Versicherungsfalles zusätzliche Versorgungspunkte zu berücksichtigen sind.

Durch die Neuberechnung wird die bisherige Betriebsrente um den Betrag erhöht, der sich als Betriebsrente aufgrund der neu zu berücksichtigenden Versorgungspunkte ergibt; für diese zusätzlichen Versorgungspunkte wird der Abschlagsfaktor nach § 7 Abs. 3 gesondert festgestellt.

Wird aus einer Betriebsrente wegen teilweiser Erwerbsminderung eine Betriebsrente wegen voller Erwerbsminderung oder wegen Alters, wird die bisher nach § 7 Abs. 2 zur Hälfte gezahlte Betriebsrente voll gezahlt. Wird aus einer Betriebsrente wegen voller Erwerbsminderung eine Betriebsrente wegen teilweiser Erwerbsminderung, wird die bisher gezahlte Betriebsrente entsprechend § 7 Abs. 2 zur Hälfte gezahlt. Die Sätze 1 und 2 sind entsprechend anzuwenden, wenn zusätzliche Versorgungspunkte zu berücksichtigen sind.

Bei Neuberechnung der Betriebsrente sind Versorgungspunkte nach § 9 Abs. 2, die aufgrund des früheren Versicherungsfalls berücksichtigt wurden, nur noch insoweit anzurechnen, als sie die zusätzlichen Versorgungspunkte – ohne Bonuspunkte nach § 19 – aus einer Pflichtversicherung übersteigen oder soweit in dem nach § 9 Abs. 2 maßgebenden Zeitraum keine Pflichtversicherung mehr bestanden hat.

Für Hinterbliebene gelten die Sätze 3 und 4 entsprechend.

§ 12 Nichtzahlung und Ruhen

(1) Die Betriebsrente wird von dem Zeitpunkt an nicht gezahlt, von dem an die Rente wegen Alters aus der gesetzlichen Rentenversicherung nach § 100 Abs. 3 Satz 1 in Verbindung mit § 34 Abs. 2 SGB VI endet. Die Betriebsrente ist auf Antrag vom Ersten des Monats an wieder zu zahlen, für den der/dem Rentenberechtigten die Rente wegen Alters aus der gesetzlichen Rentenversicherung wieder geleistet wird.

Wird die Altersrente der gesetzlichen Rentenversicherung nach Eintritt des Versicherungsfalls (§ 5) als Teilrente gezahlt, wird die Betriebsrente nur in Höhe eines entsprechenden Anteils gezahlt.

(2) Ist der Versicherungsfall wegen voller oder teilweiser Erwerbsminderung eingetreten und wird die Rente aus der gesetzlichen Rentenversicherung wegen Hinzuverdienstes nicht oder nur zu einem Anteil gezahlt, wird auch die Betriebsrente nicht oder nur in Höhe eines entsprechenden Anteils gezahlt.

(3) Die Betriebsrente ruht, solange die Rente aus der gesetzlichen Rentenversicherung ganz oder teilweise versagt wird.

(4) Die Betriebsrente ruht ferner, solange die/der Berechtigte ihren/seinen Wohnsitz oder dauernden Aufenthalt außerhalb eines Mitgliedstaates der Europäischen Union hat und trotz Aufforderung der Zusatzversorgungseinrichtung keine Empfangsbevollmächtigte/keinen Empfangsbevollmächtigten im Inland bestellt.

(5) Die Betriebsrente ruht ferner in Höhe des Betrages des für die Zeit nach dem Beginn der Betriebsrente gezahlten Krankengeldes aus der gesetzlichen Krankenversicherung, soweit dieses nicht nach § 96a Abs. 3 SGB VI auf eine Rente wegen teilweiser Erwerbsminderung anzurechnen oder bei einer Rente wegen voller Erwerbsminderung bzw. wegen Alters als Vollrente dem Träger der Krankenversicherung zu erstatten ist.

(6) Für Hinterbliebene gelten die Vorschriften der gesetzlichen Rentenversicherung über das Zusammentreffen von Rente und Einkommen entsprechend mit der Maßgabe, dass eventuelle Freibeträge sowie das Einkommen, das auf die Rente aus der gesetzlichen Rentenversicherung angerechnet wird, unberücksichtigt bleiben.

§ 13 Erlöschen

(1) Der Anspruch auf Betriebsrente erlischt mit dem Ablauf des Monats,

a) in dem die/der Betriebsrentenberechtigte gestorben ist oder

b) für den Rente nach § 43 bzw. § 240 SGB VI letztmals gezahlt worden ist oder

c) der dem Monat vorangeht, von dessen Beginn an die Zusatzversorgungseinrichtung, zu der die Versicherung übergeleitet worden ist, zur Zahlung der Betriebsrente verpflichtet ist.

(2) Der Anspruch auf Betriebsrente für Witwen/Witwer erlischt im Übrigen mit dem Ablauf des Monats, in dem die Witwe/der Witwer geheiratet hat. Für das Wiederaufleben der Betriebsrente für Witwen/Witwer gilt § 46 Abs. 3 SGB VI entsprechend.

Abschnitt IV
Beschäftigte, die in der gesetzlichen Rentenversicherung nicht versichert sind

§ 14 Sonderregelungen für Beschäftigte, die in der gesetzlichen Rentenversicherung nicht versichert sind

Für Beschäftigte, die in der gesetzlichen Rentenversicherung nicht versichert sind, gelten die §§ 2 bis 13 entsprechend. Soweit auf

Regelungen des Rechts der gesetzlichen Rentenversicherung Bezug genommen wird, ist die jeweilige Regelung so entsprechend anzuwenden, wie dies bei unterstellter Versicherung in der gesetzlichen Rentenversicherung der Fall wäre. Bei Anwendung des § 5 sind dabei anstelle der Versicherungszeiten in der gesetzlichen Rentenversicherung die Pflichtversicherungszeiten in der Zusatzversorgung zu berücksichtigen.

Die teilweise oder volle Erwerbsminderung ist durch einen von der Zusatzversorgungseinrichtung zu bestimmenden Facharzt nachzuweisen. Die Betriebsrente ruht, solange sich die Betriebsrentenberechtigten trotz Verlangens der Zusatzversorgungseinrichtung innerhalb einer von dieser zu setzenden Frist nicht fachärztlich untersuchen lassen oder das Ergebnis der Untersuchung der Zusatzversorgungseinrichtung nicht vorlegen. Der Anspruch auf Betriebsrente erlischt mit Ablauf des Monats, der auf den Monat folgt, in dem der/dem Berechtigten die Entscheidung der Zusatzversorgungseinrichtung über das Erlöschen des Anspruchs wegen Wegfalls der Erwerbsminderung zugegangen ist.

Abschnitt V
Finanzierung

§ 15 Finanzierungsgrundsätze und zusatzversorgungspflichtiges Entgelt

(1) Die Finanzierung der Pflichtversicherung wird von den Zusatzversorgungseinrichtungen eigenständig geregelt. Nach den Möglichkeiten der einzelnen Zusatzversorgungseinrichtungen kann die Umlagefinanzierung schrittweise durch eine kapitalgedeckte Finanzierung abgelöst werden (Kombinationsmodell).

(2) Zusatzversorgungspflichtiges Entgelt ist, soweit sich aus Anlage 3 nichts anderes ergibt, der steuerpflichtige Arbeitslohn. Wird Altersteilzeit nach dem 31. Dezember 2002 vereinbart, ist – unter Berücksichtigung des Satzes 1 – zusatzversorgungspflichtiges Entgelt während des Altersteilzeitarbeitsverhältnisses das 1,8-fache der zur Hälfte zustehenden Bezüge nach § 4 TV ATZ zuzüglich derjenigen Bezüge, die in voller Höhe zustehen.

(3) Durch landesbezirklichen Tarifvertrag kann für Mitglieder/Beteiligte einer Zusatzversorgungseinrichtung, die sich in einer wirtschaftlichen Notlage befinden, für die Pflichtversicherung geregelt werden, dass für die Zusage von Leistungen für die Dauer von bis zu drei

Jahren bis zu einer Mindesthöhe von zwei v. H. von der nach § 8 Abs. 2 zugesagten Leistung abgewichen werden kann. Entsprechend der Verminderung der Leistungszusage für die bei dem Mitglied/Beteiligten beschäftigten Pflichtversicherten reduziert sich für die Mitglieder/Beteiligten insoweit die zu tragende Umlagebelastung bzw. der zu zahlende Beitrag an die Zusatzversorgungseinrichtung. Die Feststellung der wirtschaftlichen Notlage wird durch eine paritätisch besetzte Kommission der betroffenen Tarifvertragsparteien getroffen. Die Regelung kann durch landesbezirklichen Tarifvertrag über die in Satz 1 genannte Dauer verlängert werden.

Protokollerklärung zu Absatz 2 Satz 2:
Wird aufgrund einer Einzelregelung ein Beitrag an die gesetzliche Rentenversicherung gezahlt, der den Mindestbeitrag nach § 3 Abs. 1 Nr. 1 Buchst. b des Altersteilzeitgesetzes übersteigt, ist das zusatzversorgungspflichtige Entgelt nach Absatz 2 Satz 2 entsprechend zu erhöhen.

§ 16 Umlagen

(1) Von der Zusatzversorgungseinrichtung festgesetzte monatliche Umlagen in Höhe eines bestimmten Vomhundertsatzes des zusatzversorgungspflichtigen Entgelts der Beschäftigten (Umlagesatz) führt der Arbeitgeber – ggf. einschließlich des von der/dem Beschäftigten zu tragenden Umlage-Beitrags – an die Zusatzversorgungseinrichtung ab. Die Umlage-Beiträge der Beschäftigten behält der Arbeitgeber von deren Arbeitsentgelt ein. Bei Pflichtversicherten bleiben die am 1. November 2001 geltenden Vomhundertsätze für die Erhebung der Umlage-Beiträge bei der jeweiligen Zusatzversorgungseinrichtung maßgebend, soweit sich aus § 37a nichts anderes ergibt.

(2) Der Arbeitgeber hat die auf ihn entfallende Umlage bis zu einem Betrag von monatlich 89,48 Euro pauschal zu versteuern, solange die Pauschalversteuerung rechtlich möglich ist.

(3) Die auf die Umlage entfallenden Pflichtversicherungszeiten und die daraus erworbenen Versorgungspunkte sind von der Zusatzversorgungseinrichtung auf einem personenbezogenen Versorgungskonto zu führen (Versorgungskonto I); umfasst sind auch Aufwendungen und Auszahlungen. Das Weitere regelt die Satzung der Zusatzversorgungseinrichtung.

Protokollerklärung:
Für den Fall, dass die pauschal versteuerte Umlage über den am 1. Januar 2001 geltenden Umfang hinaus in der Sozialversicherung beitragspflichtig werden sollte, werden die Tarifvertragsparteien unverzüglich Verhandlungen aufnehmen mit dem

Ziel, ein dem Zweck der Pauschalversteuerung entsprechendes Ergebnis zu erreichen.

§ 17 Sanierungsgelder

(1) Zur Deckung des infolge der Schließung des Gesamtversorgungssystems und des Wechsels vom Gesamtversorgungssystem zum Punktemodell zusätzlichen Finanzbedarfs, der über die am 1. November 2001 jeweils geltende Umlage hinausgeht, erhebt die Zusatzversorgungseinrichtung vom Arbeitgeber Sanierungsgelder. Diese Sanierungsgelder sind kein steuerpflichtiger Arbeitslohn.

(2) Sanierungsgelder kommen nicht in Betracht, wenn der am 1. November 2001 jeweils gültige Umlagesatz weniger als vier v. H. des zusatzversorgungspflichtigen Entgelts betragen hat.

§ 18 Beiträge im Kapitaldeckungsverfahren

(1) Soweit die Zusatzversorgungseinrichtung für die Pflichtversicherung Beiträge im Kapitaldeckungsverfahren von höchstens vier v. H. des zusatzversorgungspflichtigen Entgelts erhebt, trägt diese der Arbeitgeber, soweit sich aus § 37a nichts anderes ergibt.

(2) Die Beiträge im Sinne des Absatzes 1 einschließlich der darauf entfallenden Erträge sind von der Zusatzversorgungseinrichtung auf einem gesonderten personenbezogenen Versorgungskonto getrennt von den sonstigen Einnahmen zu führen (Versorgungskonto II).

(3) Die Einnahmen und Ausgaben einschließlich der Kapitalanlagen sind gesondert zu führen und zu verwalten.

§ 19 Bonuspunkte

(1) Die Zusatzversorgungseinrichtung stellt jährlich bis zum Jahresende für das vorangegangene Geschäftsjahr fest, in welchem Umfang aus verbleibenden Überschüssen (Absatz 2) Bonuspunkte (§ 8 Abs. 1 Satz 1 Buchst. c) vergeben werden können. Bonuspunkte nach Satz 1 kommen in Betracht für die am Ende des laufenden Geschäftsjahres Pflichtversicherten sowie für die zum gleichen Zeitpunkt beitragsfrei Versicherten, die eine Wartezeit von 120 Umlage-/Beitragsmonaten erfüllt haben. Über die Vergabe von Bonuspunkten entscheidet das zuständige Gremium der Zusatzversorgungseinrichtung auf Vorschlag des Verantwortlichen Aktuars der Zusatzversorgungseinrichtung. Grundlage für die Feststellung und Entscheidung ist eine auf anerkannten versicherungsmathematischen Grundsätzen (Anlage 4) beruhende und durch den verantwortlichen Aktuar erstellte fiktive ver-

sicherungstechnische Bilanz für die Verpflichtungen gegenüber den Pflichtversicherten und den beitragsfrei Versicherten mit erfüllter Wartezeit von 120 Umlage-/Beitragsmonaten. Soweit eine Kapitaldeckung vorhanden ist, werden dabei die tatsächlich erzielten Kapitalerträge veranschlagt. Soweit keine Kapitaldeckung vorhanden ist, wird die durchschnittliche laufende Verzinsung der zehn nach der Bilanzsumme größten Pensionskassen gemäß dem zum Zeitpunkt der Fertigstellung der Bilanz nach Satz 4 jeweils aktuellen Geschäftsbericht des Bundesaufsichtsamtes für das Versicherungswesen bzw. der Nachfolgebehörde zugrunde gelegt. Beschäftigte, deren Arbeitsverhältnis in Folge von Witterungseinflüssen oder wegen anderer Naturereignisse nach besonderen tarifvertraglichen Vorschriften geendet hat und die bei Wiederaufnahme der Arbeit Anspruch auf Wiedereinstellung haben, sowie Saisonbeschäftigte, die bei Beginn der nächsten Saison voraussichtlich wieder eingestellt werden, gelten als Pflichtversicherte im Sinne des Satzes 2.

(2) Ergibt die fiktive versicherungstechnische Bilanz einen Überschuss, wird dieser Überschuss um den Aufwand für soziale Komponenten nach § 9 und um die Verwaltungskosten der Zusatzsorgungseinrichtung vermindert und nach Maßgabe des Absatzes 1 verwendet; soweit keine Kapitaldeckung vorhanden ist, werden für die fiktive Verzinsung nach Absatz 1 Satz 6 als Verwaltungskosten zwei v. H. dieser fiktiven Zinserträge berücksichtigt. Ergibt die versicherungstechnische Bilanz eine Unterdeckung, wird diese vorgetragen. Einzelheiten werden in den Ausführungsbestimmungen zur Satzung der Zusatzversorgungseinrichtung geregelt.

Abschnitt VI
Verfahren

§ 20 Pflichten der Versicherten und der Betriebsrentenberechtigten

(1) Der Zusatzversorgungseinrichtung sind alle für die Prüfung des Anspruchs auf Betriebsrente notwendigen Angaben zu machen und die erforderlichen Nachweise beizubringen.

(2) Kommen Betriebsrentenberechtigte der Verpflichtung nach Absatz 1 nicht nach, kann die Betriebsrente zurückbehalten werden.

(3) Vereinbarungen mit Dritten über die Abtretung, Verpfändung oder Beleihung eines Anspruchs auf Betriebsrente sind vorbehaltlich zwingender gesetzlicher Vorschriften gegenüber dem Arbeitgeber und der Zusatzversorgungseinrichtung unwirksam.

(4) Ist der Versicherungsfall durch ein Verhalten Dritter verursacht worden, sind Schadensersatzansprüche, soweit rechtlich zulässig, bis zur Höhe des Brutto-Betrages der Betriebsrente an die Zusatzversorgungseinrichtung abzutreten; soweit die Abtretung nicht erfolgt oder die zur Durchsetzung des Anspruchs erforderlichen Nachweise nicht vorgelegt werden, kann die Betriebsrente zurückbehalten werden.

(5) Ohne Rechtsgrund gezahlte Betriebsrenten sind in Höhe ihrer Brutto-Beträge zurückzuzahlen. Haben Versicherte oder Betriebsrentenberechtigte ihre Pflichten nach Absatz 1 verletzt, können sie sich nicht auf den Wegfall der Bereicherung berufen.

§ 21 Versicherungsnachweise

(1) Pflichtversicherte erhalten jeweils nach Ablauf des Kalenderjahres bzw. bei Beendigung der Pflichtversicherung einen Nachweis über ihre bisher insgesamt erworbene Anwartschaft auf Betriebsrente wegen Alters nach § 7. Dabei ist neben der Anwartschaft auch die Zahl der Versorgungspunkte und der Messbetrag anzugeben. Im Falle der Kapitaldeckung sind zusätzlich die steuerrechtlich vorgeschriebenen Angaben zu beachten. Der Nachweis ist mit einem Hinweis auf die Ausschlussfrist nach Absatz 2 zu versehen. Wird der Nachweis im Zusammenhang mit der Beendigung der Pflichtversicherung erbracht, ist er um den Hinweis zu ergänzen, dass die aufgrund der Pflichtversicherung erworbene Anwartschaft bis zum erneuten Beginn der Pflichtversicherung bzw. bis zum Eintritt des Versicherungsfalles nicht dynamisiert wird, wenn die Wartezeit von 120 Umlage-/Beitragsmonaten nicht erfüllt ist. Das Weitere regelt die Satzung der Zusatzversorgungseinrichtung.

(2) Die Beschäftigten können nur innerhalb einer Ausschlussfrist von sechs Monaten nach Zugang des Nachweises nach Absatz 1 gegenüber ihrem Arbeitgeber schriftlich beanstanden, dass die vom Arbeitgeber zu entrichtenden Beiträge oder die zu meldenden Entgelte nicht oder nicht vollständig an die Zusatzversorgungseinrichtung abgeführt oder gemeldet wurden. Beanstandungen in Bezug auf die ausgewiesenen Bonuspunkte sind innerhalb der Ausschlussfrist des Satzes 1 schriftlich unmittelbar gegenüber der Zusatzversorgungseinrichtung zu erheben.

§ 22 Zahlung und Abfindung

(1) Die Betriebsrenten werden monatlich im Voraus auf ein Girokonto der Betriebsrentenberechtigten innerhalb eines Mitgliedstaates der Europäischen Union überwiesen. Die Kosten der Überweisung auf ein Konto im Inland, mit Ausnahme der Kosten für die Gutschrift, trägt die Zusatzversorgungseinrichtung.

Besteht der Betriebsrentenanspruch nicht für einen vollen Kalendermonat, wird der Teil gezahlt, der auf den Anspruchszeitraum entfällt.

(2) Die Satzung der Zusatzversorgungseinrichtung kann vorsehen, dass Betriebsrenten, die einen Monatsbetrag von bis zu 30 Euro nicht überschreiten, abgefunden werden. Darüber hinaus kann die Abfindung der Betriebsrente ermöglicht werden, wenn die Kosten der Übermittlung der Betriebsrenten unverhältnismäßig hoch sind.

§ 23 Ausschlussfristen

Der Anspruch auf Betriebsrente für einen Zeitraum, der mehr als zwei Jahre vor dem Ersten des Monats liegt, in dem der Antrag bei der Zusatzversorgungseinrichtung eingegangen ist, kann nicht mehr geltend gemacht werden (Ausschlussfrist). Dem Antrag steht eine Mitteilung der/des Berechtigten gleich, die zu einem höheren Anspruch führt. Die Beanstandung, die mitgeteilte laufende monatliche Betriebsrente, eine Rentennachzahlung, eine Abfindung, eine Beitragserstattung oder eine Rückzahlung sei nicht oder nicht in der mitgeteilten Höhe ausgezahlt worden, ist nur schriftlich und innerhalb einer Ausschlussfrist von einem Jahr zulässig; die Frist beginnt bei laufenden Betriebsrenten mit dem Ersten des Monats, für den die Betriebsrente zu zahlen ist, im Übrigen mit dem Zugang der Mitteilung über die entsprechende Leistung.

Auf die Ausschlussfrist ist in der Mitteilung über die Leistung hinzuweisen.

§ 24 Beitragserstattung

(1) Die beitragsfrei Versicherten, die die Wartezeit (§ 6) nicht erfüllt haben, können bis zur Vollendung ihres 67. Lebensjahres die Erstattung der von ihnen getragenen Beiträge beantragen. Der Antrag auf Beitragserstattung gilt für alle von den Versicherten selbst getragenen Beiträge und kann nicht widerrufen werden. Rechte aus der Versicherung für Zeiten, für die Beiträge erstattet werden, erlöschen mit der Antragstellung. Die Beiträge werden ohne Zinsen erstattet.

(2) Sterben Versicherte nach Antragstellung, aber vor Beitragserstattung, gehen die Ansprüche auf die Hinterbliebenen über, die betriebsrentenberechtigt sind. Mit der Zahlung an einen der Hinterbliebenen erlischt der Anspruch der übrigen Berechtigten gegen die Zusatzversorgungseinrichtung.

(3) Beiträge im Sinne dieser Vorschrift sind

a) die für die Zeit vor dem 1. Januar 1978 entrichteten Pflichtbeiträge einschließlich der Beschäftigtenanteile an den Erhöhungsbeträgen,

b) die für die Zeit nach dem 31. Dezember 1977 entrichteten Beschäftigtenanteile an den Erhöhungsbeträgen,

c) die für die Zeit nach dem 31. Dezember 1998 entrichteten Umlage-Beiträge der Beschäftigten.

Abschnitt VII
Zuschüsse des Arbeitgebers zu anderen Zukunftssicherungssystemen

§ 25 Zuschüsse des Arbeitgebers zu anderen Zukunftssicherungssystemen

(1) Für Beschäftigte, die als Mitglieder einer berufsständischen Versicherung von der Versicherung in der gesetzlichen Rentenversicherung befreit sind, richtet sich die Beteiligung des Arbeitgebers am Beitrag zur berufsständischen Versorgungseinrichtung nach § 172 Abs. 2 SGB VI.

Pflichtversicherte, die nach § 231 Abs. 1 oder § 231a SGB VI von der Versicherungspflicht in der gesetzlichen Rentenversicherung befreit und freiwillig in der gesetzlichen Rentenversicherung versichert sind oder die für sich und ihre Hinterbliebenen eine (befreiende) Lebensversicherung abgeschlossen haben oder die freiwillig im Versorgungswerk der Presse versichert sind, erhalten von ihrem Arbeitgeber auf schriftlichen Antrag für jeden Kalendermonat, für den ihnen Vergütung, Urlaubsvergütung oder Krankenbezüge zustehen, einen Zuschuss in Höhe der Hälfte des Betrages, der zu zahlen wäre, wenn sie in der gesetzlichen Rentenversicherung versichert wären, höchstens jedoch die Hälfte des Beitrages.

Beschäftigte, die freiwilliges Mitglied des Versorgungswerkes der Presse sind und die antragsgemäß (Anlage 2 Satz 2) von der Pflicht zur Versicherung in einer Zusatzversorgungseinrichtung befreit wurden, erhalten auf ihren Antrag für die Zeit, für die ohne die Befreiung die Pflicht zur Versicherung bestünde und für die ihnen Vergütung,

Urlaubsvergütung oder Krankenbezüge zustehen, einen zweckgebundenen Zuschuss zu ihren Beiträgen zur Versicherung im Versorgungswerk der Presse. Der Zuschuss beträgt die Hälfte des Beitrages, höchstens jedoch vier v. H. des zusatzversorgungspflichtigen Entgelts.

Die Zuschüsse nach den Sätzen 1 und 2 dürfen insgesamt den Betrag nicht übersteigen, den der Arbeitgeber zu zahlen hätte, wenn die Beschäftigten in der gesetzlichen Rentenversicherung pflichtversichert wären.

(2) Im Falle der freiwilligen Versicherung in der gesetzlichen Rentenversicherung behält der Arbeitgeber den von den Beschäftigten zu tragenden Teil des Beitrages von deren Bezügen ein und führt den Beitrag nach der Verordnung über die Zahlung von Beiträgen zur gesetzlichen Rentenversicherung ab.

(3) Verfügen die Beschäftigten ohne vorherige Zustimmung des Arbeitgebers durch Abtretung und Verpfändung über ihre Lebensversicherung oder über die sich aus dem Zuschuss nach Absatz 1 Satz 3 ergebende Anwartschaft, wird der Zuschuss nach Absatz 1 Satz 2 bzw. Satz 3 nicht gewährt. Der Zuschuss wird bis zu der in Absatz 1 bestimmten Höhe auch gewährt, wenn im Beitrag Mehrbeträge für Versicherungsleistungen bei Eintritt der vollen oder teilweisen Erwerbsminderung enthalten sind.

Zweiter Teil
Freiwillige Versicherung

§ 26 Freiwillige Versicherung

(1) Den Pflichtversicherten wird die Möglichkeit eröffnet, durch Entrichtung eigener Beiträge unter Inanspruchnahme der steuerlichen Förderung bei der Zusatzversorgungseinrichtung nach deren Satzungsvorschriften eine zusätzliche kapitalgedeckte Altersvorsorge im Rahmen der betrieblichen Altersversorgung aufzubauen. Nach Beendigung der Pflichtversicherung kann die freiwillige Versicherung – unabhängig davon, ob eine steuerliche Förderung möglich ist – längstens bis zum Eintritt des Versicherungsfalles (§ 5) fortgesetzt werden. Die Fortsetzung ist innerhalb einer Ausschlussfrist von drei Monaten nach Beendigung der Pflichtversicherung zu beantragen.

(2) Die eigenen Beiträge der Pflichtversicherten zur freiwilligen Versicherung werden entsprechend deren schriftlicher Ermächtigung vom Arbeitgeber aus dem Arbeitsentgelt an die Zusatzversorgungs-

einrichtung abgeführt. Der Arbeitgeber schuldet auch in Anbetracht von Absatz 5 keine eigenen Beiträge.

(3) Die freiwillige Versicherung kann in Anlehnung an das Punktemodell erfolgen. Wahlweise kann sie auch durch fondsgebundene Rentenversicherung erfolgen, sofern die Zusatzversorgungseinrichtung Entsprechendes anbietet. Unbeschadet etwaiger von der Zusatzversorgungseinrichtung übernommener Zinsgarantien, haftet der Arbeitgeber nach § 1 Abs. 2 Nr. 2 BetrAVG nur für den Erhalt der eingezahlten Beiträge, soweit sie nicht rechnungsmäßig für einen biometrischen Risikoausgleich verbraucht wurden.

Das Nähere regelt die Satzung der Zusatzversorgungseinrichtung.

(4) Die Beschäftigten behalten ihre Anwartschaft, wenn ihr Arbeitsverhältnis vor Eintritt des Versicherungsfalles (§ 5) endet. Eine Abfindung von Anwartschaften ist nur dann möglich, wenn der Beschäftigte die freiwillige Versicherung kündigt. Im Rahmen dieser Abfindung erhält der Beschäftigte seine eingezahlten Beiträge abzüglich der durch die Satzung und die Allgemeinen Versicherungsbedingungen der freiwilligen Versicherung der Zusatzversorgungseinrichtung näher beschriebenen Abschläge zurück. Die Beschäftigten können jedoch verlangen, dass der Barwert ihrer Anwartschaft auf eine andere Zusatzversorgungseinrichtung, auf die die bisherige Pflichtversicherung nach § 4 übergeleitet wird, oder auf ein Versorgungssystem einer überstaatlichen Einrichtung, mit der ein entsprechendes Abkommen besteht, zu übertragen ist, wenn die Versorgungszusage des neuen Arbeitgebers eine dem übertragenen Barwert wertmäßig entsprechende Zusage auf lebenslange Altersvorsorge umfasst. Besteht bei einem Arbeitgeberwechsel die Pflichtversicherung bei der Zusatzversorgungseinrichtung fort, kann verlangt werden, dass die Versorgungszusage des neuen Arbeitgebers eine dem Barwert der bisherigen Anwartschaften wertmäßig entsprechende Zusage auf lebenslange Altersvorsorge umfasst. Das Verlangen ist nur innerhalb einer Ausschlussfrist von sechs Monaten nach Beendigung des Arbeitsverhältnisses möglich. Mit der Versorgungszusage durch den neuen Arbeitgeber erlischt die Verpflichtung des früheren Arbeitgebers.

(5) Der Arbeitgeber kann zu einer freiwilligen Versicherung der Beschäftigten eigene Beiträge außerhalb einer Entgeltumwandlung leisten; Absätze 2 bis 4 gelten entsprechend.

§ 27 Verfahren

(1) Die Zusatzversorgungseinrichtung hat die Beiträge, die im Rahmen der freiwilligen Versicherung entrichtet werden, einschließlich der Erträge auf einem gesonderten personenbezogenen Versicherungskonto getrennt von den sonstigen Einnahmen zu führen; umfasst sind auch Aufwendungen und Auszahlungen.

(2) Die freiwillige Versicherung wird in einem eigenen Abrechnungsverband geführt. Die Einnahmen und Ausgaben einschließlich der Kapitalanlagen sind gesondert zu führen und zu verwalten.

(3) Die freiwillig Versicherten erhalten jeweils nach Ablauf des Kalenderjahres sowie bei Beendigung der freiwilligen Versicherung einen Nachweis mit den steuerlich vorgeschriebenen Angaben bzw. soweit keine steuerliche Förderung möglich ist, über die Höhe der geleisteten Beiträge sowie über Art und Umfang der bisher erworbenen Anwartschaften. Eine unterbliebene oder nicht vollständige Abführung der Beiträge an die Zusatzversorgungseinrichtung kann nur innerhalb einer Ausschlussfrist von sechs Monaten nach Zugang des Nachweises beanstandet werden. Im Übrigen gelten die §§ 20, 21 und 22 Abs. 1 entsprechend.

Dritter Teil
Übergangs- und Schlussvorschriften

Abschnitt I
Übergangsregelungen zur Versicherungspflicht

§ 28 Höherversicherte

Die Beschäftigten, deren zusätzliche Alters- und Hinterbliebenenversorgung im Wege der Höherversicherung bis 31. Dezember 1997 durchgeführt wurde, sind weiterhin nicht zu versichern. Der Arbeitgeber zahlt einen Zuschuss zur Verwendung für eine zusätzliche Alters- und Hinterbliebenenversorgung von 66,47 Euro monatlich.

§ 29 Von der Pflichtversicherung Befreite

(1) Beschäftigte, die am 31. Dezember 1966 im Arbeitsverhältnis gestanden haben, nach der zwischen ihrem Arbeitgeber und der Zusatzversorgungseinrichtung bestehenden Mitgliedschafts-/Beteiligungsvereinbarung nicht zu versichern waren und die keinen Antrag auf Versicherung bei dem Arbeitgeber gestellt haben, bleiben weiterhin von der Pflicht zur Versicherung befreit.

(2) Beschäftigte, deren zusätzliche Alters- und Hinterbliebenenversorgung im Wege der Versicherung bei einem Lebensversicherungsunternehmen durchgeführt worden ist und die keinen Antrag auf Versicherung nach dem im § 39 Abs. 3 aufgeführten Tarifvertrag gestellt haben, sind – entsprechend den bis zum In-Kraft-Treten dieses Tarifvertrages geltenden Regelungen – weiterhin nicht bei der Zusatzversorgungseinrichtung zu versichern.

Abschnitt II
Übergangsregelungen für die Rentenberechtigten

§ 30 Am 31. Dezember 2001 Versorgungsrentenberechtigte

(1) Die Versorgungsrenten, die sich ohne Berücksichtigung von Nichtzahlungs- und Ruhensregelungen ergeben, und die Ausgleichsbeträge nach dem bis zum 31. Dezember 2000 geltenden Zusatzversorgungsrecht werden für die am 31. Dezember 2001 Versorgungsrentenberechtigten und versorgungsrentenberechtigten Hinterbliebenen zum 31. Dezember 2001 festgestellt.

(2) Die nach Absatz 1 festgestellten Versorgungsrenten werden vorbehaltlich des Satzes 3 als Besitzstandsrenten weitergezahlt und entsprechend § 11 Abs. 1 dynamisiert. Die abbaubaren Ausgleichsbeträge werden jeweils in Höhe des Dynamisierungsgewinns abgebaut; die nicht abbaubaren Ausgleichsbeträge werden nicht dynamisiert. Die am Tag vor In-Kraft-Treten dieses Tarifvertrages geltenden Regelungen über die Nichtzahlung und das Ruhen sind entsprechend anzuwenden.

(3) Es gelten folgende Maßgaben:

a) Für Neuberechnungen gilt § 11 Abs. 2 mit der Maßgabe, dass zusätzliche Versorgungspunkte nach Satz 2 zu berücksichtigen sind. Soweit noch Zeiten vor dem 1. Januar 2002 zu berücksichtigen sind, wird eine Startgutschrift entsprechend den §§ 32 bis 34 berechnet; übersteigt der hiernach festgestellte Betrag den Betrag, der sich als Versorgungsrente am 31. Dezember 2001 ergeben hat bzw. ohne Nichtzahlungs- und Ruhensregelungen ergeben hätte, wird die Differenz durch den Messbetrag geteilt und dem Versorgungskonto (§ 8 Abs. 1) als Startgutschrift gutgeschrieben.

b) § 10 Abs. 3 und die §§ 12 bis 14 sowie 20 bis 23 gelten entsprechend.

c) Hat die Versorgungsrente vor dem 1. Januar 2002 geendet und besteht die Möglichkeit einer erneuten Rentengewährung, ist die Versorgungsrente, die sich unter Außerachtlassung von Nichtzahlungs- und Ruhensregelungen und ohne Berücksichtigung eines Ausgleichsbetrages (Absatz 1) am 31. Dezember 2001 ergeben hätte, durch den Messbetrag zu teilen und als Startgutschrift auf dem Versorgungskonto (§ 8 Abs. 1) gutzuschreiben; im Übrigen gelten in diesen Fällen die Vorschriften des Punktemodells. Satz 1 gilt entsprechend, wenn der Versicherungsfall vor dem 1. Januar 2002 eingetreten ist, die Versorgungsrente jedoch erst nach dem 1. Januar 2002 beginnen würde.

(4) Stirbt eine unter Absatz 1 fallende Versorgungsrentenberechtigte/ein unter Absatz 1 fallender Versorgungsrentenberechtigter, gelten die Vorschriften des Punktemodells für Hinterbliebene entsprechend.

(5) Die Absätze 1 bis 4 gelten für Rentenberechtigte entsprechend, deren Rente aus der Zusatzversorgung am 1. Januar 2002 beginnt.

§ 31 Am 31. Dezember 2001 Versicherungsrentenberechtigte

(1) Für Versicherungsrentenberechtigte und versicherungsrentenberechtigte Hinterbliebene, deren Versicherungsrente spätestens am 31. Dezember 2001 begonnen hat, wird die am 31. Dezember 2001 maßgebende Versicherungsrente festgestellt.

(2) Die nach Absatz 1 festgestellten Versicherungsrenten werden als Besitzstandsrenten weitergezahlt und entsprechend § 11 Abs. 1 dynamisiert.

(3) § 30 Abs. 3 bis 5 gilt entsprechend.

(4) Die Absätze 1 bis 3 gelten für Leistungen nach der am Tag vor In-Kraft-Treten dieses Tarifvertrages geltenden Sonderregelung für Arbeitnehmer im Beitrittsgebiet (§ 66a VersTV-G) und für Betriebsrenten nach § 18 BetrAVG, die spätestens am 31. Dezember 2001 begonnen haben, entsprechend.

Abschnitt III
Übergangsregelungen für Anwartschaften der Versicherten

§ 32 Grundsätze

(1) Für die Versicherten werden die Anwartschaften (Startgutschriften) nach dem am 31. Dezember 2000 geltenden Recht der Zusatzversorgung entsprechend den §§ 33 und 34 ermittelt. Die Anwartschaften nach Satz 1 werden ohne Berücksichtigung der Altersfak-

toren in Versorgungspunkte umgerechnet, indem der Anwartschaftsbetrag durch den Messbetrag von vier Euro geteilt wird; sie werden dem Versorgungskonto (§ 8 Abs. 1) ebenfalls gutgeschrieben. Eine Verzinsung findet vorbehaltlich des § 19 Abs 1 nicht statt.

(2) Das Jahr 2001 wird entsprechend dem Altersvorsorgeplan 2001 berücksichtigt; dies gilt auch für im Jahr 2001 eingetretene Rentenfälle. Ist der Versicherungsfall der teilweisen oder vollen Erwerbsminderung im Jahr 2001 eingetreten, gilt Satz 1 mit der Maßgabe, dass die zusatzversorgungsrechtliche Umsetzung der Neuregelungen im gesetzlichen Erwerbsminderungsrecht aus dem 38. Änderungs-TV zum VersTV-G vom 31. Oktober 2001 zu berücksichtigen ist.

(3) Soweit in den §§ 33, 34 und 38 auf Vorschriften des bis zum 31. Dezember 2000 geltenden Zusatzversorgungsrechts verwiesen wird, erfolgt dies durch Benennung der bisherigen entsprechenden Vorschriften des VersTV-G.

(4) Für die Berechnung der Anwartschaften sind, soweit jeweils erforderlich, die Rechengrößen (Entgelt, Gesamtbeschäftigungsquotient, Steuertabelle, Sozialversicherungsbeiträge, Familienstand u. a.) vom 31. Dezember 2001 maßgebend; soweit gesamtversorgungsfähiges Entgelt zu berücksichtigen ist, ergibt sich dieses aus den entsprechenden Kalenderjahren vor 2002, dabei bleibt die Dynamisierung zum 1. Januar 2002 unberücksichtigt. Für die Rentenberechnung nach § 18 Abs 2 BetrAVG ist das am 31. Dezember 2001 geltende Rentenrecht maßgebend (Anlage 4 Nr. 5 Satz 2).

(5) Beanstandungen gegen die mitgeteilte Startgutschrift sind innerhalb einer Ausschlussfrist von sechs Monaten nach Zugang des Nachweises der Zusatzversorgungseinrichtung schriftlich unmittelbar gegenüber der Zusatzversorgungseinrichtung zu erheben. Auf die Ausschlussfrist ist in dem Nachweis hinzuweisen.

§ 33 Höhe der Anwartschaften für am 31. Dezember 2001 schon und am 1. Januar 2002 noch Pflichtversicherte

(1) Die Anwartschaften der am 31. Dezember 2001 schon und am 1. Januar 2002 noch Pflichtversicherten berechnen sich nach § 18 Abs. 2 BetrAVG, soweit sich aus Absatz 2 nichts anderes ergibt. Satz 1 gilt entsprechend für Beschäftigte, die nach den am 31. Dezember 2000 geltenden Vorschriften der Zusatzversorgungseinrichtung als pflichtversichert gelten.

(2) Für Beschäftigte im Tarifgebiet West, die am 1. Januar 2002 das 55. Lebensjahr vollendet haben (rentennahe Jahrgänge), ist Aus-

§ 33 ATV-K **V.1**

gangswert für die bis zum 31. Dezember 2001 in der Zusatzversorgung (Gesamtversorgung) erworbene Anwartschaft die Versorgungsrente, die sich unter Beachtung der Maßgaben des § 32, insbesondere unter Berücksichtigung der Mindestgesamtversorgung (§ 23 Abs 4 VersTV-G) und des § 47 Abs. 4 Satz 2 VersTV-G, für die Berechtigte/den Berechtigten bei Eintritt des Versicherungsfalls am 31. Dezember 2001, frühestens jedoch zum Zeitpunkt der Vollendung des 63. Lebensjahres ergeben würde. Von diesem Ausgangswert ist der Betrag abzuziehen, den die Versicherten aus dem Punktemodell bis zur Vollendung des 63. Lebensjahres vor Berücksichtigung des Abschlags noch erwerben könnten, wenn für sie zusatzversorgungspflichtige Entgelte in Höhe des gesamtversorgungsfähigen Entgelts gezahlt würden. Sind am 31. Dezember 2001 die Voraussetzungen für die Berücksichtigung des § 65g Abs. 3 VersTV-G erfüllt, berechnet sich der Versorgungsvomhundertsatz nach dieser Vorschrift mit der Maßgabe, dass nach § 65g Abs. 3 Buchst. a VersTV-G abzuziehende Monate die Monate sind, die zwischen dem 31. Dezember 1991 und dem Ersten des Monats liegen, der auf die Vollendung des 63. Lebensjahres folgt. Die Sätze 1 bis 3 gelten für Beschäftigte, die am 31. Dezember 2001 das 52. Lebensjahr vollendet haben und eine Rente für schwerbehinderte Menschen beanspruchen könnten, wenn sie zu diesem Zeitpunkt bereits das 60. Lebensjahr vollendet hätten, entsprechend mit der Maßgabe, dass an die Stelle des 63. Lebensjahres das entsprechende, für sie individuell frühestmögliche Eintrittsalter in die abschlagsfreie Rente für schwerbehinderte Menschen maßgeblich ist. Werden in den Fällen des Satzes 4 die Voraussetzungen für die Mindestgesamtversorgung zwischen dem Zeitpunkt der Hochrechnung nach Satz 4 und der Vollendung des 63. Lebensjahres erfüllt, erfolgt die Berechnung der Anwartschaft abweichend von Satz 4 bezogen auf den Zeitpunkt, zu dem die Voraussetzungen der Mindestgesamtversorgung erfüllt wären.

(3) Für Beschäftigte im Tarifgebiet West, die vor dem 14. November 2001 Altersteilzeit oder einen Vorruhestand vereinbart haben, gilt Absatz 2 mit folgenden Maßgaben:

a) An die Stelle des 63. Lebensjahres tritt das vereinbarte Ende des Altersteilzeitarbeitsverhältnisses bzw. in den Fällen des Vorruhestandes das Alter, zu dem nach der Vorruhestandsvereinbarung die Rente beginnen würde.

b) Der anzurechnende Bezug nach Absatz 4 wird in den Fällen, in denen die Mindestgesamtversorgung nach dem bis zum 31. Dezember 2000 geltenden Zusatzversorgungsrecht maßgeblich gewesen wäre, um die Abschläge vermindert, die sich zu dem Zeitpunkt, auf den die Startgutschrift hochgerechnet wird, voraussichtlich ergeben werden; diese Abschläge sind der Zusatzversorgungseinrichtung vom Beschäftigten in geeigneter Weise nachzuweisen. Die Startgutschrift ist in den Fällen des Satzes 1 um den Betrag der sich im Zeitpunkt der Hochrechnung nach Satz 1 voraussichtlich ergebenden Abschläge gemäß § 7 Abs. 3 zu erhöhen.

(3a) Pflichtversicherte, bei denen der Versicherungsfall der vollen Erwerbsminderung vor dem 1. Januar 2007 eingetreten ist, deren Startgutschrift nach Absatz 1 berechnet wurde und die am 31. Dezember 2001

a) das 47. Lebensjahr vollendet sowie

b) mindestens 120 Umlagemonate zurückgelegt hatten,

erhalten in Abweichung von dem üblichen Verfahren eine zusätzliche Startgutschrift in Höhe des Betrages, um den die Startgutschrift nach Absatz 2 die Startgutschrift nach Absatz 1 übersteigt; bei Berechnung der Startgutschrift nach Absatz 2 sind die Maßgaben der Sätze 2 und 3 zu beachten. Die Berechnung erfolgt bezogen auf die Vollendung des 63. Lebensjahres. Als anzurechnender Bezug wird die tatsächliche, entsprechend Absatz 5 auf das vollendete 63. Lebensjahr hochgerechnete gesetzliche Rente zugrunde gelegt. Die sich nach den Sätzen 1 bis 3 ergebende zusätzliche Startgutschrift gilt bei Anwendung des § 19 als soziale Komponente im Sinne des § 9.

(4) Für die Berechnung der Startgutschrift nach Absatz 2 ist die Rentenauskunft des gesetzlichen Rentenversicherungsträgers zum Stichtag 31. Dezember 2001 nach Durchführung einer Kontenklärung maßgebend. Die Pflichtversicherten haben, sofern sie nicht bereits über eine Rentenauskunft aus dem Jahr 2001 verfügen, bis zum 30. September 2002 eine Rentenauskunft zu beantragen und diese unverzüglich der zuständigen Zusatzversorgungseinrichtung zu übersenden. Sofern die Rentenauskunft aus von den Pflichtversicherten zu vertretenden Gründen bis zum 31. Dezember 2003 nicht beigebracht wird, wird die Startgutschrift nach Absatz 1 berechnet. Bei Vorliegen besonderer Gründe kann die Zusatzversorgungseinrichtung eine angemessene Fristverlängerung gewähren. Soweit bis zum 31. Dezember 2002 bereits ein bestands- oder rechtskräftiger Rentenbescheid der gesetzlichen Rentenversicherung vorliegt, ist – abweichend von Satz 1 – dieser Grundlage für die Berechnung nach Absatz 2.

(5) Für die Zeit bis zur Vollendung des 63. Lebensjahres werden Entgeltpunkte in Höhe des jährlichen Durchschnitts der in dem Zeitraum vom 1. Januar 1999 bis 31. Dezember 2001 tatsächlich aus Beitragszeiten erworbenen Entgeltpunkte in Ansatz gebracht. Bei Pflichtversicherten, die nicht in der gesetzlichen Rentenversicherung versichert sind, wird der anzurechnende Bezug nach der bisher geltenden Regelung berücksichtigt; Zuschüsse werden in Höhe des jährlichen Durchschnitts der in der Zeit vom 1. Januar 1999 bis 31. Dezember 2001 tatsächlich gemeldeten Zuschüsse in Ansatz gebracht. Ist in den Jahren 1999 bis 2001 kein zusatzversorgungspflichtiges Entgelt bezogen worden, ist gesamtversorgungsfähiges Entgelt das zusatzversorgungspflichtige Entgelt, das sich ergeben hätte, wenn für den gesamten Monat Dezember 2001 eine Beschäftigung vorgelegen hätte. Sind in den Jahren 1999 bis 2001 keine Entgeltpunkte erworben worden, ist für die Ermittlung der Entgeltpunkte das rentenversicherungspflichtige Entgelt maßgebend, das im Monat Dezember 2001 bezogen worden wäre, wenn während des gesamten Monats eine Beschäftigung vorgelegen hätte; für die Ermittlung der Zuschüsse gilt dies entsprechend.

(6) Für die Berechnung der Startgutschrift nach Absatz 1 und 2 haben die Pflichtversicherten bis zum 31. Dezember 2002 ihrem Arbeitgeber den Familienstand am 31. Dezember 2001 (§ 23 Abs. 2c Satz 1 Buchst. a und b VersTV-G) mitzuteilen. Der Arbeitgeber hat die Daten an die Zusatzversorgungseinrichtung zu melden.

(7) Für die Dynamisierung der Anwartschaften gilt § 19.

§ 34 Höhe der Anwartschaften für am 1. Januar 2002 beitragsfrei Versicherte

(1) Die Startgutschriften der am 1. Januar 2002 beitragsfrei Versicherten werden nach der am 31. Dezember 2001 geltenden Versicherungsrentenberechnung ermittelt. Für die Dynamisierung der Anwartschaften gilt § 19.

(2) Für Beschäftigte, für die § 66a VersTV-G gilt, findet Absatz 1 mit der Maßgabe Anwendung, dass die Startgutschriften nur nach § 47 Abs 4 VersTV-G berechnet werden und dass der Berechnung das Entgelt zugrunde zu legen ist, das bei Pflichtversicherung in den letzten fünf Jahren vor Beendigung des Arbeitsverhältnisses zusatzversorgungspflichtig gewesen wäre. Für Beschäftigte nach Satz 1 gilt die Wartezeit als erfüllt.

(3) Für die freiwillig Weiterversicherten gilt Absatz 1 entsprechend.

Abschnitt IV
Schlussvorschriften

§ 35 Sterbegeld

Sterbegeld wird bei Fortgeltung des bisherigen Rechts Anspruchsberechtigten unter Berücksichtigung des am 31. Dezember 2001 maßgebenden Gesamtbeschäftigungsquotienten in folgender Höhe gezahlt für Sterbefälle

im Jahr 2002	1535 Euro,
im Jahr 2003	1500 Euro,
im Jahr 2004	1200 Euro,
im Jahr 2005	900 Euro,
im Jahr 2006	600 Euro,
im Jahr 2007	300 Euro.

Ab dem Jahr 2008 entfällt das Sterbegeld.

§ 36 Sonderregelungen für die Jahre 2001/2002

(1) Anstelle von § 2 Abs. 2 und des Satzes 1 der Anlage 2 finden bis zum 31. Dezember 2002 der § 4 Abs. 3 und § 5 Abs. 1 bis 3 VersTV-G weiterhin Anwendung.

(2) Soweit bis zum 31. Dezember 2002 zusatzversorgungspflichtiges Entgelt entsprechend § 7 VersTV-G gemeldet wurde, hat es dabei sein Bewenden.

(3) Soweit bis zum 31. Dezember 2002 Beiträge im Sinne des § 25 entsprechend den Vorschriften des VersTV-G gezahlt wurden, hat es dabei sein Bewenden.

§ 37 Sonderregelung für lebensversicherte Beschäftigte eines Arbeitgebers, der erstmalig nach dem 31. Dezember 2000 einem Mitgliedverband der VKA beitritt

Beschäftigte, deren zusätzliche Altersvorsorge bei einem Lebensversicherungsunternehmen durchgeführt worden ist, sind auf ihren schriftlichen Antrag beim Vorliegen der sonstigen Voraussetzungen bei der Zusatzversorgungseinrichtung zu versichern. Der Antrag kann nur bis zum Ablauf von sechs Monaten nach dem Beginn der Mitgliedschaft des Arbeitgebers bei einem Mitgliedverband der Vereinigung der kommunalen Arbeitgeberverbände gestellt werden. Beschäftigte, die den Antrag nach Satz 1 nicht stellen, haben die Lebensversicherung mindestens zu den bisherigen Bedingungen fortzuführen. Der Arbeitgeber hat sich nach den am Tage vor dem Beitritt des Arbeitgebers zu einem Mitgliedverband der Vereinigung der kommunalen Arbeitgeberverbände bestehenden Vereinbarungen an den Beiträgen zur Lebensversicherung zu beteiligen. Daneben hat der Arbeitgeber für die Zeit, für die die Beschäftigten Arbeitsentgelt erhalten, einen zusätzlichen Beitragsanteil in Höhe von 1,5 v. H. des der Beitragsberechnung in der gesetzlichen Rentenversicherung zugrunde liegenden Arbeitsentgelts zu entrichten; dabei bleibt die Beitragsbemessungsgrenze unberücksichtigt. Die Beitragsanteile des Arbeitgebers dürfen den insgesamt zu zahlenden Beitrag nicht übersteigen.

§ 37a Sonderregelungen für das Tarifgebiet Ost

(1) Bei Pflichtversicherten beträgt der Arbeitnehmerbeitrag zur Pflichtversicherung ab 1. Januar 2003 0,2 v. H. und ab 1. Januar 2004 0,5 v. H. des zusatzversorgungspflichtigen Entgelts. Für jeden Prozentpunkt, um den der allgemeine Bemessungssatz Ost über den Bemessungssatz von 92,5 v. H. angehoben wird, erhöht sich zeitgleich der Arbeitnehmerbeitrag um 0,2 Prozentpunkte. Soweit die Anhebung des Bemessungssatzes Ost nicht in vollen Prozentpunkten erfolgt, erhöht sich der Arbeitnehmerbeitrag anteilig. Im Zeitpunkt des Erreichens eines Bemessungssatzes Ost von 97 v. H. steigt der Arbeitnehmerbeitrag auf den Höchstsatz von 2 v. H.

(2) In den Fällen der freiwilligen Versicherung aufgrund von § 2 Abs. 2 wird ein entsprechender Arbeitnehmerbeitrag zur freiwilligen Versicherung erhoben; § 16 Abs. 1 Satz 2 gilt entsprechend.

(3) Der Zuschuss nach § 25 Abs. 1 Satz 4 wird für Beschäftigte im Tarifgebiet Ost um den Betrag gemindert, der sich ohne die Befreiung von der Pflichtversicherung als Arbeitnehmerbeitrag nach Absatz 1 ergeben würde.

Gemeinsame Niederschriftserklärung zu § 37a Abs 1:
Die Tarifvertragsparteien stimmen überein, dass die Erhebung des Arbeitnehmerbeitrags in Höhe von 0,2 v. H. des zusatzversorgungspflichtigen Entgelts ab 1. Januar 2003 im Rahmen des Umlageverfahrens entsprechend § 16 Abs. 1 erfolgt; eine weitere Präjudizierung zum Arbeitnehmerbeitrag erfolgt hierdurch nicht.

§ 38 Sonderregelung zu § 26 Abs. 5

Abweichend von § 26 Abs. 5 gilt für Beschäftigte, für die für Dezember 2001 schon und für Januar 2002 noch eine zusätzliche Umlage nach § 7 Abs. 4 VersTV-G gezahlt wurde, Folgendes: Soweit das monatliche zusatzversorgungspflichtige Entgelt die Summe aus Endgrundvergütung und Familienzuschlag einer/eines kinderlos verheirateten Angestellten der Vergütungsgruppe I BAT (VKA) bzw. BAT-O (VKA) – jährlich einmal einschließlich der Zuwendung, wenn die/der Beschäftigte eine zusatzversorgungspflichtige Zuwendung erhält – übersteigt, ist in diesem Arbeitsverhältnis zusätzlich eine Umlage in Höhe von neun v. H. des übersteigendenden Betrages vom Arbeitgeber zu zahlen. Die sich daraus ergebenden Versorgungspunkte sind zu verdreifachen.

§ 39 In-Kraft-Treten

(1) Dieser Tarifvertrag tritt mit Wirkung vom 1. Januar 2001 in Kraft. Abweichend von Satz 1 tritt § 2 Abs. 2 am 1. Januar 2003 mit der Maßgabe in Kraft, dass er nur für nach dem 31. Dezember 2002 begründete Arbeitsverhältnisse Anwendung findet.

(2) Dieser Tarifvertrag kann jederzeit schriftlich gekündigt werden. Unabhängig von Satz 1 kann § 11 Abs. 1 gesondert ohne Einhaltung einer Frist jederzeit schriftlich gekündigt werden. Die Kündigung nach Satz 1 oder 2 kann jedoch frühestens zum 31. Dezember 2007 erfolgen.

(3) Mit dem In-Kraft-Treten dieses Tarifvertrages tritt – unbeschadet des § 36 – der Tarifvertrag über die Versorgung der Arbeitnehmer kommunaler Verwaltungen und Betriebe (VersTV-G) vom 6. März 1967 außer Kraft.

(4) Soweit vorstehend keine Regelung getroffen ist, findet der als Anlage 5 beigefügte Altersvorsorgeplan vom 13. November 2001 mit seinen Anlagen Anwendung (mit Ausnahme des Ausschlusses der Entgeltumwandlung nach 1.3).

Anlage 1

Geltungsbereich

Tarifverträge im Sinne des § 1 sind der
a) Tarifvertrag für den öffentlichen Dienst (TVöD),
b) Tarifvertrag für die Auszubildenden des öffentlichen Dienstes (TVAöD),
c) Tarifvertrag über die Regelung der Rechtsverhältnisse der nicht vollbeschäftigten amtlichen Tierärzte und Fleischkontrolleure in öffentlichen Schlachthöfen und in Einfuhruntersuchungsstellen (TV Ang iöS),
d) Tarifvertrag über die Regelung der Rechtsverhältnisse der nicht vollbeschäftigten amtlichen Tierärzte und Fleischkontrolleure in öffentlichen Schlachthöfen und in Einfuhruntersuchungsstellen (TV Ang-O iöS),
e) Tarifvertrag Versorgungsbetriebe (TV-V),
f) Spartentarifvertrag Nahverkehrsbetriebe eines Arbeitgeberverbandes, der der Vereinigung der kommunalen Arbeitgeberverbände angehört, soweit die Anwendung des öffentlichen Zusatzversorgungsrechts dort geregelt ist,
g) Tarifvertrag für die Arbeitnehmer/Innen der Wasserwirtschaft in Nordrhein-Westfalen (TV-WW/NW).

Protokollnotiz zu Satz 1:
Soweit in Satz 1 der Anlage 1 in der Fassung des 3. Änderungstarifvertrags aufgeführte Tarifverträge noch nicht durch einen der in Satz 1 der Anlage 1 aufgeführten Tarifverträge abgelöst sind, verbleibt es bis zur Ablösung beim bisherigen Geltungsbereich.

Dieser Tarifvertrag gilt nicht für die Beschäftigten
a) der Mitglieder der Arbeitsrechtlichen Vereinigung Hamburg e.V.,
b) der Mitglieder des Kommunalen Arbeitgeberverbandes Saar e.V.,
c) der Mitglieder des kommunalen Arbeitgeberverbandes Bremen e.V., die unter den Geltungsbereich des Bremischen Ruhelohngesetzes vom 22. Dezember 1998 (BremGBl. S. 371) fallen.

Anlage 2
Ausnahmen von der Versicherungspflicht

Von der Pflicht zur Versicherung sind Beschäftigte ausgenommen worden, die

a) bis zum Beginn der Mitgliedschaft ihres Arbeitgebers bei einer Zusatzversorgungseinrichtung nach einem Tarifvertrag, einer Ruhelohnordnung oder einer entsprechenden Bestimmung für den Fall der Dienstunfähigkeit oder des Erreichens einer Altersgrenze eine Anwartschaft oder einen Anspruch auf eine vom Arbeitgeber zu gewährende lebenslängliche Versorgung und Hinterbliebenenversorgung auf der Grundlage des nach der Regelung ruhegeldfähigen Arbeitsentgelts und der Dauer der Dienstjahre, Betriebszugehörigkeit oder dgl. haben, oder

Protokollerklärung zu Satz 1 Buchst. a:

Eine Anwartschaft im Sinne des Satzes 1 Buchst. a besteht auch dann, wenn nach dem Tarifvertrag, der Ruhelohnordnung oder der entsprechenden Bestimmung ein Anspruch erst nach Ablauf einer Wartezeit entstehen kann und die Arbeitnehmer bei normalem Verlauf des Arbeitslebens die Wartezeit noch erfüllen können.

b) eine Anwartschaft oder einen Anspruch auf lebenslängliche Versorgung nach beamten- oder soldatenrechtlichen Vorschriften oder Grundsätzen oder entsprechenden kirchenrechtlichen Regelungen mindestens in Höhe der beamtenrechtlichen Mindestversorgungsbezüge haben und denen Hinterbliebenenversorgung gewährleistet ist, oder

c) für das von diesem Tarifvertrag erfasste Arbeitsverhältnis aufgrund gesetzlicher, tariflicher oder vertraglicher Vorschrift einer anderen Zusatzversorgungseinrichtung (Versorgungsanstalt der deutschen Bühnen, Versorgungsanstalt der deutschen Kulturorchester, Bahnversicherungsanstalt Abteilung B oder einer gleichartigen Versorgungseinrichtung) angehören müssen, oder

d) aufgrund Tarifvertrages, Arbeitsvertrages, der Satzung der Zusatzversorgungskasse oder der Satzung einer anderen Zusatzversorgungseinrichtung, von der Versicherungen übergeleitet werden, von der Pflicht zur Versicherung befreit worden sind, oder

e) bei der Versorgungsanstalt der deutschen Bühnen oder der Versorgungsanstalt der deutschen Kulturorchester freiwillig weiterversichert sind, und zwar auch dann, wenn diese freiwilligen Weiterversicherungen später als drei Monate nach Beginn des Arbeitsverhältnisses endet, oder

f) Rente wegen Alters nach §§ 35 bis 40 bzw. §§ 236 bis 238 SGB VI als Vollrente erhalten oder bei denen der Versicherungsfall der Betriebsrente wegen Alters (§ 5) bei einer Zusatzversorgungseinrichtung, von der Überleitungen (§ 4) erfolgen, eingetreten ist, oder

g) Anspruch auf Übergangsversorgung nach Nr. 6 SR 2 oder Nr. 4 SR 2x BAT haben, oder

h) mit Rücksicht auf ihre Zugehörigkeit zu einem ausländischen System der sozialen Sicherung nicht der Pflichtversicherung in der gesetzlichen Rentenversicherung unterliegen und sich dort auch nicht freiwillig versichert haben, oder

i) ihre Rentenanwartschaften aus der gesetzlichen Rentenversicherung oder einem sonstigen Alterssicherungssystem auf ein Versorgungssystem der europäischen Gemeinschaften oder ein Versorgungssystem einer europäischen Einrichtung (z. B. Europäisches Patentamt, Europäisches Hochschulinstitut, Eurocontrol) übertragen haben oder

j) im Sinne des § 8 Abs 1 Nr. 2 SGB IV geringfügig beschäftigt sind.

Auf ihren beim Arbeitgeber schriftlich zu stellenden Antrag sind Beschäftigte, solange sie freiwilliges Mitglied des Versorgungswerks der Presse sind, nicht zu versichern; wird der Antrag spätestens zwölf Monate nach Beginn der Pflicht zur Versicherung gestellt, gilt die Pflichtversicherung als nicht entstanden.

Anlage 3

Ausnahmen vom und Sonderregelungen zum zusatzversorgungspflichtigen Entgelt

Kein zusatzversorgungspflichtiges Entgelt sind

a) Bestandteile des Arbeitsentgelts, die auf einer Verweisung auf beamtenrechtliche Vorschriften beruhen, soweit die beamtenrechtlichen Bezüge nicht ruhegehaltfähig sind, sowie Bestandteile des Arbeitsentgelts, die durch Tarifvertrag, Betriebsvereinbarung, Dienstvereinbarung oder Arbeitsvertrag ausdrücklich als nicht zusatzversorgungspflichtig bezeichnet sind,

Protokollerklärung zu Buchst. a:

Für am 30. Juni 2007 bestehende Vereinbarungen in Tarifverträgen, Betriebsvereinbarungen oder Arbeitsverträgen über die Ausnahme von Bestandteilen des Arbeitsentgelts aus der Zusatzversorgung gilt Anlage 3 Satz 1 Buchst. a in der bis zum 1. Januar 2007 geltenden Fassung.

b) Aufwendungen des Arbeitgebers für eine Zukunftssicherung des Beschäftigten,

c) Krankengeldzuschüsse,

d) einmalige Zahlungen (z. B. Zuwendungen, Urlaubsabgeltungen), die aus Anlass der Beendigung, des Eintritts des Ruhens oder nach der Beendigung des Arbeitsverhältnisses gezahlt werden,

Protokollerklärung zu Buchst. d:

Die Teilzuwendung, die dem Arbeitnehmer, der mit Billigung seines bisherigen Arbeitgebers zu einem anderen Arbeitgeber des öffentlichen Dienstes übertritt, der seine Arbeitnehmer bei derselben kommunalen Zusatzversorgungseinrichtung oder bei einer anderen Zusatzversorgungseinrichtung, zu der die Versicherungen übergeleitet werden, versichert, gezahlt wird, ist zusatzversorgungspflichtiges Entgelt.

e) einmalige Zahlungen (z. B. Zuwendungen) insoweit, als bei ihrer Berechnung Zeiten berücksichtigt sind, für die keine Umlagen/Beiträge für laufendes zusatzversorgungspflichtiges Entgelt zu entrichten sind,

f) vermögenswirksame Leistungen, Jubiläumszuwendungen,

g) Sachbezüge, die während eines Zeitraumes gewährt werden, für den kein laufendes zusatzversorgungspflichtiges Entgelt zusteht,

h) geldwerte Vorteile, die steuerlich als Arbeitslohn gelten,

i) geldliche Nebenleistungen wie Ersatz von Werbungskosten (z. B. Aufwendungen für Werkzeuge, Berufskleidung, Fortbildung) sowie Zuschüsse z. B. zu Fahr-, Heizungs-, Wohnungs-, Essens-, Kontoführungskosten,

Anlage 3 ATV-K **V.1**

k) Mietbeiträge an Beschäftigte mit Anspruch auf Trennungsgeld (Trennungsentschädigung),
l) Schulbeihilfen,
m) einmalige Zuwendungen anlässlich des Erwerbs eines Diploms einer Verwaltungs- oder Wirtschaftsakademie,
n) Prämien im Rahmen des behördlichen oder betrieblichen Vorschlagswesens,
o) Erfindervergütungen,
p) Kassenverlustentschädigungen (Mankogelder, Fehlgeldentschädigungen),
q) Einkünfte, die aus ärztlichen Liquidationserlösen zufließen,
r) einmalige Unfallentschädigungen,
s) Aufwandsentschädigungen; reisekostenähnliche Entschädigungen; Entgelte aus Nebentätigkeiten; Tantiemen, Provisionen, Abschlussprämien und entsprechende Leistungen; einmalige und sonstige nicht laufend monatlich gezahlte über- oder außertarifliche Leistungen,
t) Zuschläge für Sonntags-, Feiertags- und Nachtarbeit.

Kein zusatzversorgungspflichtiges Entgelt ist ferner der Teil des steuerpflichtigen Arbeitsentgelts, der nach Anwendung des Satzes 1 den 2,5fachen Wert der monatlichen Beitragsbemessungsgrenze in der gesetzlichen Rentenversicherung (West bzw. Ost) übersteigt; wenn eine zusatzversorgungspflichtige Zuwendung gezahlt wird, ist der vorgenannte Wert jährlich einmal im Monat der Zahlung der Zuwendung zu verdoppeln.

Als zusatzversorgungspflichtiges Entgelt gilt für Kalendermonate, in denen Beschäftigte für mindestens einen Tag Anspruch auf Krankengeldzuschuss haben– auch wenn dieser wegen der Höhe der Barleistungen des Sozialversicherungsträgers nicht gezahlt wird –, das fiktive Entgelt nach § 21 TVöD bzw. entsprechenden tarifvertraglichen Regelungen, das für die Tage, für die tatsächlich Anspruch auf Entgelt, Entgeltfortzahlung oder Krankengeldzuschuss bestand, im Falle eines entsprechenden Entgeltfortzahlungsanspruchs gezahlt worden wäre. In diesem Kalendermonat geleistete einmalige Zahlungen sind neben dem fiktiven Entgelt nach § 21 TVöD bzw. entsprechenden tarifvertraglichen Regelungen nach Maßgabe der Sätze 1 und 2 zusatzversorgungspflichtiges Entgelt.

Für Beschäftigte, die zur Übernahme von Aufgaben der Entwicklungshilfe im Sinne des § 1 Entwicklungshelfergesetz vom 18. Juni 1969 in der jeweils geltenden Fassung ohne Arbeitsentgelt beurlaubt sind, hat der Arbeitgeber für die Zeit der Beurlaubung Umlagen an die Zusatzversorgungseinrichtung abzuführen, wenn der Träger der Entwicklungshilfe die Umlagen erstattet. Für die Bemessung der Umlagen gilt als zusatzversorgungspflichtiges Entgelt das Entgelt, von dem nach § 166 Abs. 1 Nr. 4 SGB VI die Beiträge für die gesetzliche Rentenversicherung zu berechnen sind.

Anlage 4
Versicherungsmathematische Grundsätze für die Bewertung der Verpflichtungen im Rahmen der versicherungstechnischen Bilanz

1. Bewertungsgegenstand
Bewertet werden die Verpflichtungen nach dem Stande vom Bilanzstichtag (= Inventurstichtag). Bereits feststehende allgemeine Leistungsveränderungen, die erst nach dem Stichtag wirksam werden, bleiben unberücksichtigt.

2. Bewertungsmethode
Es wird der versicherungsmathematische Barwert der Verpflichtungen nach dem Grundsatz der Einzelbewertung ermittelt.

3. Rechnungsgrundlagen
Als biometrischen Rechnungsgrundlagen dienen die Richttafeln 1998 von Klaus Heubeck. Als Altersgrenze ist die Vollendung des 65. Lebensjahres in Ansatz zu bringen.

Der Rechnungszins beträgt 3,25 % in der Zeit bis zum Eintritt eines Versorgungsfalles und 5,25 % nach Eintritt eines Versorgungsfalles.

4. Verwaltungskostenrückstellung
Eine Verwaltungskostenrückstellung wird nicht gebildet.

5. Sonstiges
Solange die den Besitzstand abbildenden Versorgungspunkte noch nicht ermittelt sind, werden die anzurechnenden Sozialversicherungsrenten nach dem steuerlichen Näherungsverfahren in Ansatz gebracht. Der in diesem Verfahren anzusetzende Korrekturfaktor wird einheitlich für alle Berechtigten auf 0,9086 festgesetzt, Entgelt und Beitragsbemessungsgrenze sind nach dem Stande vom 31. Dezember 2001 zu berücksichtigen.

Ein nach Feststellung der den Besitzstand abbildenden Versorgungspunkte ermittelter Unterschiedsbetrag gegenüber dem vorläufigen Bewertungsansatz bleibt bei der Ermittlung des Überschusses unberücksichtigt.

Anlage 5

Altersvorsorgeplan 2001

Dieser Tarifvertrag gilt einheitlich für die Tarifgebiete Ost und West

1. Ablösung des Gesamtversorgungssystems

1.1 Das bisherige Gesamtversorgungssystem wird mit Ablauf des 31. Dezember 2000 geschlossen und durch das Punktemodell ersetzt. Zur juristischen Bewertung vgl. Anlage 1.

1.2 Auf ein Zurückfallen der Renten und Anwartschaften auf den Stand des Jahres 2000 wird verzichtet.

1.3 Durch den Systemwechsel erhalten die Arbeitnehmer die Möglichkeit, eine zusätzliche kapitalgedeckte Altersversorgung durch eigene Beiträge unter Inanspruchnahme der steuerlichen Förderung aufzubauen (Riester-Rente). Diese Möglichkeit soll auch bei den Zusatzversorgungskassen eröffnet werden.

Die Möglichkeit der Entgeltumwandlung besteht derzeit – einheitlich für alle Arbeitnehmer – nicht; die Tarifvertragsparteien geben sich eine Verhandlungszusage für eine tarifvertragliche Regelung zur Entgeltumwandlung.

1.4 Die Umlagefinanzierung wird auch nach Systemwechsel beibehalten. Sie kann schrittweise nach den Möglichkeiten der einzelnen Zusatzversorgungskassen durch Kapitaldeckung abgelöst werden (Kombinationsmodell).

2. Punktemodell

2.1 Die Leistungsbemessung erfolgt nach dem Punktemodell. Es werden diejenigen Leistungen zugesagt, die sich ergeben würden, wenn eine Gesamt-Beitragsleistung von 4 v. H. vollständig in ein kapitalgedecktes System eingezahlt würde.

2.2 Soweit eine Kapitaldeckung vorhanden ist, werden die tatsächlich erzielten Kapitalerträge veranschlagt.

Soweit keine Kapitaldeckung vorhanden ist, wird jährlich die laufende Verzinsung der zehn größten Pensionskassen gemäß jeweils aktuellem Geschäftsbericht des Bundesaufsichtsamtes für das Versicherungswesen (bzw. Nachfolgeeinrichtung) zugrunde gelegt.

Überschüsse werden wie bei einer Pensionskasse festgestellt. Von diesen Überschüssen werden nach Abzug der Verwaltungskosten (soweit fiktiv: 2 v. H.) vorrangig die sozialen Komponenten und dann Bonuspunkte finanziert.

Soziale Komponenten sind:

Anlage 5 ATV-K **V.1**

- a) Zurechnungszeiten bei Erwerbsminderungs- und Hinterbliebenenrenten (vgl. Textziffer 2.5)
- b) Kindererziehungszeiten

    Berücksichtigung eines Beitrages von 20 Euro pro Monat pro Kind für die Dauer der gesetzlichen Erziehungszeit (ohne Beschäftigung).
- c) Übergangsregelung für alle Versicherten mit einer Mindestpflichtversicherungszeit von 20 Jahren, die monatlich weniger als 3600 DM brutto verdienen. Ihre erworbenen Anwartschaften werden festgestellt und ggf. auf mindestens 0,8 Versorgungspunkte für jedes volle Kalenderjahr der Pflichtversicherung angehoben (Einbeziehung des Beschäftigungsquotienten).

2.3 Die als Anlage beigefügte Tabelle kommt zur Anwendung. Diese Tabelle basiert auf folgenden Parametern:

Ein Zinssatz entsprechend § 2 der Deckungsrückstellungsverordnung von derzeit 3,25 v. H. vor Eintritt des Versorgungsfalls wird zugrunde gelegt. Nach Eintritt des Versorgungsfalls gilt ein Zinssatz von 5,25 v. H. Bei Änderungen des Verordnungs-Zinssatzes gilt dieser bis zum Wirksamwerden einer entsprechenden tarifvertraglichen Anpassung fort. Die versicherungsmathematischen Berechnungen basieren auf den Richttafeln 1998 von Klaus Heubeck.

2.4 Die Versicherungsfälle entsprechen denen in der gesetzlichen Rentenversicherung (Altersrenten, Erwerbsminderungsrenten, Hinterbliebenenrenten). Bei teilweiser Erwerbsminderung wird die Hälfte des Betrages gezahlt, der bei voller Erwerbsminderung zustünde.

Abschläge werden für jeden Monat der vorzeitigen Inanspruchnahme der Rente (wie gesetzliche Rentenversicherung) in Höhe von 0,3 v. H. erhoben; höchstens jedoch insgesamt 10,8 v. H.

2.5 Bei Erwerbsminderungs- und Hinterbliebenenrenten vor Vollendung des 60. Lebensjahres werden Versorgungspunkte hinzugerechnet. Für ein Referenzentgelt wird für jedes Kalenderjahr vor Vollendung des 60. Lebensjahres je ein Versorgungspunkt hinzugerechnet.

2.6 Von den Verpflichtungen zur Beitragszahlung in der Textziffer 2.1 dieses Tarifvertrages kann bis zu einer Mindesthöhe von zwei v. H. für die Dauer von bis zu drei Jahren im Rahmen eines landesbezirklichen Tarifvertrages abgewichen werden, wenn sich der Betrieb in einer wirtschaftlichen Notlage befindet. Die Feststellung der wirtschaftlichen Notlage wird durch eine paritätisch besetzte Kommission der Tarifvertragsparteien getroffen.

Die Regelung kann verlängert werden.

2.7 Entgelte aus Altersteilzeit werden in Höhe des vereinbarten Entgelts mindestens jedoch mit 90 v. H. des vor Beginn der Altersteilzeit maßgebenden Wertes berücksichtigt (wie nach bisherigem Recht). Fälle des Vorruhestandes werden wie nach altem Recht behandelt.

3. Übergangsrecht

3.1 Die Höhe der laufenden Renten und der Ausgleichsbeträge wird zum 31. Dezember 2001 festgestellt.

3.2 Die laufenden Renten werden als Besitzstandsrenten weitergezahlt. Die abbaubaren Ausgleichsbeträge werden in Höhe des Dynamisierungsgewinns abgebaut.

3.3 Die Besitzstandsrenten und die Neurenten werden beginnend mit dem Jahr 2002 jeweils zum 1. Juli eines Jahres bis 2007 mit 1 v. H. jährlich dynamisiert.

3.4 Die Anwartschaften der am 31. Dezember 2001 schon und am 1. Januar 2002 noch pflichtversicherten Arbeitnehmer werden wie folgt berechnet:

3.4.1 Es gelten die Berechnungsvorgaben des § 18 Abs. 2 BetrAVG. Der danach festgestellte Betrag wird in Versorgungspunkte unter Berücksichtigung eines Zinssatzes von 3,25 umgerechnet und in das Punktemodell transferiert. Die transferierten Versorgungspunkte nehmen an der Dynamisierung nach Ziffer 2.2 teil.

3.4.2 Für Arbeitnehmer im Tarifgebiet West, die am 1. Januar 2002 das 55. Lebensjahr vollendet haben (rentennahe Jahrgänge), gilt folgende Besitzstandsregelung: Auf der Grundlage des am 31. Dezember 2000 geltenden Rechts der Zusatzversorgung ist Ausgangswert für die Bemessung des in das Punktemodell zu transferierenden Betrages die individuell bestimmte Versorgungsrente im Alter von 63 (bei Behinderten Alter entsprechend gesetzlicher Rentenversicherung) unter Berücksichtigung der Mindestgesamtversorgung und des § 44a VBL-Satzung bzw. entsprechende Versorgungsregelung; die gesetzliche Rente ist nach persönlichen Daten anzurechnen; von diesem nach den Bemessungsgrößen per 31. Dezember 2001 einmalig ermittelten

Ausgangswert ist die aus dem Punktemodell noch zu erwerbende Betriebsrente abzuziehen; die Differenz ist die Besitzstandsrente; sie wird in Versorgungspunkte umgerechnet und in das Punktemodell transferiert.

3.4.3 Textziffer 3.4.2 gilt entsprechend für solche Arbeitnehmer, die im Jahre 2001 das 55. Lebensjahr vollendet und vor Inkrafttreten des Tarifvertrages Altersteilzeit bzw. Vorruhestand vereinbart haben.

3.5 Die im bisherigen Versorgungssystem erworbenen Anwartschaften von Arbeitnehmern, die am 1. Januar 2002 nicht mehr pflichtversichert sind und die eine unverfallbare Anwartschaft haben, werden entsprechend der bisherigen Versicherungsrentenberechnung festgestellt, transferiert und nicht dynamisiert.

4. Finanzierung

4.1 Jede Kasse regelt ihre Finanzierung selbst.

Zusätzlicher Finanzbedarf über die tatsächliche Umlage des Jahres 2001 hinaus (Stichtag 1. November 2001) – mindestens jedoch ab Umlagesatz von 4 v. H. – wird durch steuerfreie, pauschale Sanierungsgelder gedeckt.

Im Tarifgebiet West verbleibt es bei den von den Arbeitnehmern bei Zusatzversorgungskassen geleisteten Beiträgen.

4.2 Für die VBL-West gilt:

Ab 2002 betragen die Belastungen der Arbeitgeber 8,45 v. H. Dies teilt sich auf in eine steuerpflichtige, mit 180 DM/Monat pauschal versteuerte Umlage von 6,45 v. H. und steuerfreie pauschale Sanierungsgelder von 2,0 v. H., die zur Deckung eines Fehlbetrages im Zeitpunkt der Schließung dienen sollen.

Ab 2002 beträgt der aus versteuertem Einkommen zu entrichtende Umlagebeitrag der Arbeitnehmer 1,41 v. H.

4.3 Die Verteilung der Sanierungsgelder auf Arbeitgeberseite bestimmt sich nach dem Verhältnis der Entgeltsumme aller Pflichtversicherten zuzüglich der neunfachen Rentensumme aller Renten zu den entsprechenden Werten, die einem Arbeitgeberverband bzw. bei Verbandsfreien, dem einzelnen Arbeitgeber zuzurechnen sind; ist ein verbandsfreier Arbeitgeber einer Gebietskörperschaft mittelbar oder haushaltsmäßig im Wesentlichen zuzuordnen, wird dieser bei der Gebietskörperschaft einbezogen.

Arbeitgebern, die seit dem 1. November 2001 durch Ausgliederung entstanden sind, sind zur Feststellung der Verteilung der

Sanierungszuschüsse Renten in dem Verhältnis zuzurechnen, das dem Verhältnis der Zahl der Pflichtversicherten des Ausgegliederten zu der Zahl der Pflichtversicherten des Ausgliedernden zum 1. November 2001 entspricht.

4.4 Bei abnehmendem Finanzierungsbedarf für die laufenden Ausgaben werden die übersteigenden Einnahmen – getrennt und individualisierbar – zum Aufbau einer Kapitaldeckung eingesetzt.

5. Die Tarifvertragsparteien gehen davon aus, dass mit diesem Tarifvertrag das Abwandern von Betrieben oder Betriebsteilen aus den Zusatzversorgungseinrichtungen des öffentlichen Dienstes verhindert wird.

Während der Laufzeit des Tarifvertrages überprüfen die Tarifvertragsparteien, ob es zu signifikanten Abwanderungen aus einzelnen Zusatzversorgungseinrichtungen gekommen ist. Sie beauftragen einen Gutachter, die Gründe für eventuelle Abwanderungen darzustellen. Dies gilt auch für den Tarifvertrag über sozialverträgliche Begleitmaßnahmen im Zusammenhang mit der Umgestaltung der Bundeswehr.

6. Laufzeit des Tarifvertrages bis zum 31. Dezember 2007.

ATV-K V.1

Anlage 1
zum Altersvorsorgeplan 2001

Juristische Zulässigkeit des rückwirkenden Systemwechsels zum 31. Dezember 2000 (Arbeitskreis 2)

Die Tarifvertragsparteien gehen davon aus, dass der rückwirkende Wechsel vom Gesamtversorgungssystem in ein Punktemodell zum 1. Januar 2001 verfassungsrechtlich zulässig ist. Dies gilt auch für den Transfer der am 31. Dezember 2000 bestehenden Anwartschaften.

Für das Jahr 2001 ist aus verwaltungstechnischen Gründen eine Einführungsphase für das neue System vorgesehen, in der sich Anwartschaften technisch weiterhin nach den Berechnungsmethoden des alten Systems fortentwickeln. Diese für die Betroffenen günstige Übergangsregelung liegt in der Normsetzungsbefugnis der Tarifvertragsparteien.

Seit dem Ergebnis der Tarifrunde 2000 konnte niemand auf den Fortbestand des bisherigen Versorgungssystems vertrauen und deshalb davon ausgehen, dass dieses unverändert bestehen bleiben würde.

Sollte ein Bundesgericht abschließend feststellen, dass Arbeitnehmern oder Versorgungsempfängern mit Vordienstzeiten (Beschäftigungen außerhalb des öffentlichen Dienstes) im neuen System im Hinblick auf den Beschluss des Bundesverfassungsgerichts vom 22. März 2000 (1 BvR 1136/96) höhere als die überführten Ansprüche zustehen, werden den Berechtigten diese Ansprüche auch dann rückwirkend erfüllt, wenn sie sie nicht vor der neuen Entscheidung geltend gemacht haben.

Anlage 2
zum Altersvorsorgeplan 2001

Rentenformel im Punktemodell

ohne Zwischenschaltung eines Regelbeitrages und bei Überschussanteilen in Form von beitragslosen Versorgungspunkten

Die Rentenhöhe ist abhängig von der gesamten Erwerbsbiografie im öffentlichen Dienst. In jedem Beschäftigungsjahr t werden Versorgungspunkte VP_t erworben. Die Höhe der Versorgungspunkte ergibt sich aus der Formel:

$$VP_t = E_t / RE \times Tab_x$$

Ggf. wird VP_t aus Überschüssen erhöht.

Darin bedeuten

VP_t	Versorgungspunkt für das Jahr t
E_t	Entgelt des Versicherten im Jahr t
RE	Referenzentgelt
Tab_x	Tabellenwert für das Alter X des Versicherten im Jahr t

Im Versorgungsfall ergibt sich die Rente nach der Formel

Rente = [Summe aller VP_t] × Messbetrag

Der Messbetrag beträgt 0,4 % des Referenzentgeltes.

X	Tab_x	X	Tab_x	X	Tab_x
17	3,1	33	1,9	49	1,2
18	3,0	34	1,8	50	1,1
19	2,9	35	1,7	51	1,1
20	2,8	36	1,7	52	1,1
21	2,7	37	1,6	53	1,0
22	2,6	38	1,6	54	1,0
23	2,5	39	1,6	55	1,0
24	2,4	40	1,5	56	1,0
25	2,4	41	1,5	57	0,9
26	2,3	42	1,4	58	0,9
27	2,2	43	1,4	59	0,9
28	2,2	44	1,3	60	0,9
29	2,1	45	1,3	61	0,9
30	2,0	46	1,3	62	0,8
31	2,0	47	1,2	63	0,8
32	1,9	48	1,2	64 + älter	0,8

Tarifvertrag zur Regelung der Altersteilzeitarbeit (TV ATZ)

Vom 5. Mai 1998

Zuletzt geändert durch
Änderungs-TV Nr. 2
vom 30. Juni 2000

Präambel

Die Tarifvertragsparteien wollen mit Hilfe dieses Tarifvertrages älteren Beschäftigten einen gleitenden Übergang vom Erwerbsleben in den Ruhestand ermöglichen und dadurch vorrangig Auszubildenden und Arbeitslosen Beschäftigungsmöglichkeiten eröffnen.

§ 1 Geltungsbereich

Dieser Tarifvertrag gilt für die Arbeitnehmer (Angestellte, Arbeiter und Arbeiterinnen), die unter den Geltungsbereich des

a) Bundes-Angestelltentarifvertrages (BAT),

b) Tarifvertrages zur Anpassung des Tarifrechts – Manteltarifliche Vorschriften – (BAT-O),

c) Tarifvertrages zur Anpassung des Tarifrechts – Manteltarifliche Vorschriften – (BAT-Ostdeutsche Sparkassen),

d) Manteltarifvertrages für Arbeiterinnen und Arbeiter des Bundes und der Länder (MTArb),

e) Bundesmanteltarifvertrages für Arbeiter gemeindlicher Verwaltungen und Betriebe – BMT-G II –,

f) Tarifvertrages zur Anpassung des Tarifrechts für Arbeiter an den MTArb (MTArb-O),

g) Tarifvertrages zur Anpassung des Tarifrechts – Manteltarifliche Vorschriften für Arbeiter gemeindlicher Verwaltungen und Betriebe – (BMT-G-O),

h) Tarifvertrages über die Anwendung von Tarifverträgen auf Arbeiter (TV Arbeiter-Ostdeutsche Sparkassen)

fallen.

§ 2 Voraussetzungen der Altersteilzeitarbeit

(1) Der Arbeitgeber kann mit Arbeitnehmern, die
a) das 55. Lebensjahr vollendet haben,
b) eine Beschäftigungszeit (z. B. § 19 BAT/BAT-O) von fünf Jahren vollendet haben und
c) innerhalb der letzten fünf Jahre vor Beginn der Altersteilzeitarbeit mindestens 1 080 Kalendertage in einer versicherungspflichtigen Beschäftigung nach dem Dritten Buch Sozialgesetzbuch gestanden haben,

die Änderung des Arbeitsverhältnisses in ein Altersteilzeitarbeitsverhältnis auf der Grundlage des Altersteilzeitgesetzes vereinbaren; das Altersteilzeitarbeitsverhältnis muss ein versicherungspflichtiges Beschäftigungsverhältnis im Sinne des Dritten Buches Sozialgesetzbuch sein.

(2) Arbeitnehmer, die das 60. Lebensjahr vollendet haben und die übrigen Voraussetzungen des Absatzes 1 erfüllen, haben Anspruch auf Vereinbarung eines Altersteilzeitarbeitsverhältnisses. Der Arbeitnehmer hat den Arbeitgeber drei Monate vor dem geplanten Beginn des Altersteilzeitarbeitsverhältnisses über die Geltendmachung des Anspruchs zu informieren; von dem Fristerfordernis kann einvernehmlich abgewichen werden.

(3) Der Arbeitgeber kann die Vereinbarung eines Altersteilzeitarbeitsverhältnisses ablehnen, soweit dringende dienstliche bzw. betriebliche Gründe entgegenstehen.

(4) Das Altersteilzeitarbeitsverhältnis soll mindestens für die Dauer von zwei Jahren vereinbart werden. Es muss vor dem 1. Januar 2010 beginnen.

§ 3 Reduzierung und Verteilung der Arbeitszeit

(1) Die durchschnittliche wöchentliche Arbeitszeit während des Altersteilzeitarbeitsverhältnisses beträgt die Hälfte der bisherigen wöchentlichen Arbeitszeit.

Als bisherige wöchentliche Arbeitszeit ist die wöchentliche Arbeitszeit zugrunde zu legen, die mit dem Arbeitnehmer vor dem Übergang in die Altersteilzeitarbeit vereinbart war. Zugrunde zu legen ist höchstens die Arbeitszeit, die im Durchschnitt der letzten 24 Monate vor dem Übergang in die Altersteilzeitarbeit vereinbart war. Bei der Ermittlung der durchschnittlichen Arbeitszeit nach Satz 2 dieses Unterabsatzes bleiben Arbeitszeiten, die die tarifliche regelmäßige wöchentliche Arbeitszeit überschritten haben, außer Betracht. Die ermittelte durchschnittliche Arbeitszeit kann auf die nächste volle Stunde gerundet werden.

Protokollerklärungen zu Absatz 1:

1. Für die unter die Pauschallohn-Tarifverträge des Bundes und der Länder fallenden Kraftfahrer gilt für die Anwendung dieses Tarifvertrages die den Pauschalgruppen zugrunde liegende Arbeitszeit als regelmäßige Arbeitszeit. Im Bereich der Vereinigung der kommunalen Arbeitgeberverbände gilt Satz 1 für tarifvertragliche Regelungen für Kraftfahrer entsprechend.
2. Für Arbeitnehmer mit verlängerter regelmäßiger Arbeitszeit nach Nr. 5 Abs. 5 SR 2e I BAT/BAT-O und Nr. 7 Abs. 3 SR 2a des Abschnitts A der Anlage 2 MTArb/Nr. 8 Abs. 4 SR 2a des Abschnitts A der Anlage 2 MTArb-O und entsprechenden Sonderregelungen gilt für die Anwendung dieses Tarifvertrages die dienstplanmäßig zu leistende Arbeitszeit als regelmäßige Arbeitszeit.

(2) Die während der Gesamtdauer des Altersteilzeitarbeitsverhältnisses zu leistende Arbeit kann so verteilt werden, dass sie

a) in der ersten Hälfte des Altersteilzeitarbeitsverhältnisses geleistet und der Arbeitnehmer anschließend von der Arbeit unter Fortzahlung der Bezüge nach Maßgabe der §§ 4 und 5 freigestellt wird (Blockmodell) oder

b) durchgehend geleistet wird (Teilzeitmodell).

Protokollerklärung zu Absatz 2:

Für Arbeitnehmer mit verlängerter regelmäßiger Arbeitszeit und für Kraftfahrer im Sinne der Pauschallohn-Tarifverträge des Bundes und der Länder ist Altersteilzeitarbeit nur im Blockmodell möglich. Im Bereich der Vereinigung der kommunalen Arbeitgeberverbände gilt Satz 1 für tarifvertragliche Regelungen für Kraftfahrer entsprechend.

(3) Der Arbeitnehmer kann vom Arbeitgeber verlangen, dass sein Wunsch nach einer bestimmten Verteilung der Arbeitszeit mit dem Ziel einer einvernehmlichen Regelung erörtert wird.

§ 4 Höhe der Bezüge

(1) Der Arbeitnehmer erhält als Bezüge die sich für entsprechende Teilzeitkräfte bei Anwendung der tariflichen Vorschriften (z. B. § 34 BAT/BAT-O) ergebenden Beträge mit der Maßgabe, dass die Bezügebestandteile, die üblicherweise in die Berechnung des Aufschlags zur Urlaubsvergütung/Zuschlags zum Urlaubslohn einfließen, sowie Wechselschicht- und Schichtzulagen entsprechend dem Umfang der tatsächlich geleisteten Tätigkeit berücksichtigt werden.

V.2 TV Altersteilzeit § 5

Protokollerklärung zu Absatz 1:
Die im Blockmodell über die regelmäßige wöchentliche Arbeitszeit hinaus geleisteten Arbeitsstunden gelten bei Vorliegen der übrigen tariflichen Voraussetzungen als Überstunden.

(2) Als Bezüge im Sinne des Absatzes 1 gelten auch Einmalzahlungen (z. B. Zuwendung, Urlaubsgeld, Jubiläumszuwendung) und vermögenswirksame Leistungen.

§ 5 Aufstockungsleistungen

(1) Die dem Arbeitnehmer nach § 4 zustehenden Bezüge zuzüglich des darauf entfallenden sozialversicherungspflichtigen Teils der vom Arbeitgeber zu tragenden Umlage zur Zusatzversorgungseinrichtung werden um 20 v. H. dieser Bezüge aufgestockt (Aufstockungsbetrag). Bei der Berechnung des Aufstockungsbetrages bleiben steuerfreie Bezügebestandteile, Entgelte für Mehrarbeits- und Überstunden, Bereitschaftsdienste und Rufbereitschaft sowie für Arbeitsbereitschaften (§ 18 Abs. 1 Unterabs. 2 MTArb/MTArb-O bzw. § 67 Nr. 10 BMT-G/BMT-G-O) unberücksichtigt; diese werden, soweit sie nicht unter Absatz 2 Unterabs. 2 und 3 fallen, neben dem Aufstockungsbetrag gezahlt.

(2) Der Aufstockungsbetrag muss so hoch sein, dass der Arbeitnehmer 83 v. H. des Nettobetrages des bisherigen Arbeitsentgelts erhält (Mindestnettobetrag). Als bisheriges Arbeitsentgelt ist anzusetzen das gesamte, dem Grunde nach beitragspflichtige Arbeitsentgelt, das der Arbeitnehmer für eine Arbeitsleistung bei bisheriger wöchentlicher Arbeitszeit (§ 3 Abs. 1 Unterabs. 2) zu beanspruchen hätte; der sozialversicherungspflichtige Teil der vom Arbeitgeber zu tragenden Umlage zur Zusatzversorgungseinrichtung bleibt unberücksichtigt.

Dem bisherigen Arbeitsentgelt nach Unterabsatz 1 Satz 2 zuzurechnen sind Entgelte für Bereitschaftsdienst und Rufbereitschaft – letztere jedoch ohne Entgelte für angefallene Arbeit einschließlich einer etwaigen Wegezeit –, die ohne Reduzierung der Arbeitszeit zugestanden hätten; in diesen Fällen sind die tatsächlich zustehenden Entgelte abweichend von Absatz 1 Satz 2 letzter Halbsatz in die Berechnung des aufzustockenden Nettobetrages einzubeziehen. Die Regelungen zu Bereitschaftsdienst und Rufbereitschaft in Satz 1 dieses Unterabsatzes gelten bei Arbeitern für die Arbeitsbereitschaft nach § 18 Abs. 1 Unterabs. 2 MTArb/MTArb-O bzw. § 67 Nr. 10 BMT-G/BMT-G-O entsprechend.

Haben dem Arbeitnehmer, der die Altersteilzeitarbeit im Blockmodell leistet, seit mindestens zwei Jahren vor Beginn des Altersteilzeitarbeitsverhältnisses ununterbrochen Pauschalen für Überstunden (z. B. nach § 35 Abs. 4 BAT/BAT-O) zugestanden, werden diese der Bemessungsgrundlage nach Unterabsatz 1 Satz 2 in der Höhe zugerechnet, die ohne die Reduzierung der Arbeitszeit maßgebend gewesen wäre; in diesem Fall sind in der Arbeitsphase die tatsächlich zustehenden Pauschalen abweichend von Absatz 1 Satz 2 letzter Halbsatz in die Berechnung des aufzustockenden Nettobetrages einzubeziehen.

Bei Kraftfahrern, die unter die Pauschallohn-Tarifverträge des Bundes und der Länder fallen, ist als bisheriges Arbeitsentgelt im Sinne des Unterabsatzes 1 Satz 2 in der Freistellungsphase der Lohn aus der Pauschalgruppe anzusetzen, die mindestens während der Hälfte der Dauer der Arbeitsphase maßgebend war. Im Bereich der Vereinigung der kommunalen Arbeitgeberverbände gilt Satz 1 für tarifvertragliche Regelungen für Kraftfahrer entsprechend.

Für Arbeitnehmer mit verlängerter regelmäßiger Arbeitszeit nach Nr. 5 Abs. 5 SR 2e I BAT/BAT-O und Nr. 7 Abs. 3 SR 2a des Abschnitts A der Anlage 2 MTArb/Nr. 8 Abs. 4 SR 2a des Abschnitts A der Anlage 2 MTArb-O und entsprechenden Sonderregelungen ist als bisheriges Arbeitsentgelt im Sinne des Unterabsatzes 1 Satz 2 in der Freizeitphase die Vergütung bzw. der Lohn aus derjenigen Stundenzahl anzusetzen, die während der Arbeitsphase, längstens während der letzten 48 Kalendermonate, als dienstplanmäßige Arbeitszeit durchschnittlich geleistet wurde.

Protokollerklärung zu Absatz 2:
Beim Blockmodell können in der Freistellungsphase die in die Bemessungsgrundlage nach Absatz 2 eingehenden, nicht regelmäßig zustehenden Bezügebestandteile (z. B. Erschwerniszuschläge) mit dem für die Arbeitsphase errechneten Durchschnittsbetrag angesetzt werden; dabei werden Krankheits- und Urlaubszeiten nicht berücksichtigt. Allgemeine Bezügeerhöhungen sind zu berücksichtigen, soweit die zugrunde liegenden Bezügebestandteile ebenfalls an allgemeinen Bezügeerhöhungen teilnehmen.

(3) Für die Berechnung des Mindestnettobetrages nach Absatz 2 ist die Rechtsverordnung nach § 15 Satz 1 Nr. 1 des Altersteilzeitgesetzes zugrunde zu legen. Sofern das bei bisheriger Arbeitszeit zustehende Arbeitsentgelt nach Absatz 2 Unterabs. 1 Satz 2 das höchste in dieser Rechtsverordnung ausgewiesene Arbeitsentgelt übersteigt, sind für die Berechnung des Mindestnettobetrages diejenigen gesetzlichen

Abzüge anzusetzen, die bei Arbeitnehmern gewöhnlich anfallen (§ 3 Abs. 1 Nr. 1 Buchst. a des Altersteilzeitgesetzes).

(4) Neben den vom Arbeitgeber zu tragenden Sozialversicherungsbeiträgen für die nach § 4 zustehenden Bezüge entrichtet der Arbeitgeber gemäß § 3 Abs. 1 Nr. 1 Buchst. b des Altersteilzeitgesetzes zusätzliche Beiträge zur gesetzlichen Rentenversicherung für den Unterschiedsbetrag zwischen den nach § 4 zustehenden Bezügen einerseits und 90 v. H. des Arbeitsentgelts im Sinne des Absatzes 2 zuzüglich des sozialversicherungspflichtigen Teils der vom Arbeitgeber zu tragenden Umlage zur Zusatzversorgungseinrichtung, höchstens aber der Beitragsbemessungsgrenze, andererseits.

(5) Ist der Angestellte von der Versicherungspflicht in der gesetzlichen Rentenversicherung befreit, erhöht sich der Zuschuss des Arbeitgebers zu einer anderen Zukunftssicherung um den Betrag, den der Arbeitgeber nach Absatz 4 bei Versicherungspflicht in der gesetzlichen Rentenversicherung zu entrichten hätte.

(6) Die Regelungen der Absätze 1 bis 5 gelten auch in den Fällen, in denen eine aufgrund dieses Tarifvertrages geschlossene Vereinbarung eine Verteilung der Arbeitsleistung (§ 3 Abs. 2) vorsieht, die sich auf einen Zeitraum von mehr als sechs Jahren erstreckt.

(7) Arbeitnehmer, die nach Inanspruchnahme der Altersteilzeit eine Rentenkürzung wegen einer vorzeitigen Inanspruchnahme der Rente zu erwarten haben, erhalten für je 0,3 v. H. Rentenminderung eine Abfindung in Höhe von 5 v. H. der Vergütung (§ 26 BAT/BAT-O/BAT-Ostdeutsche Sparkassen) und der in Monatsbeträgen festgelegten Zulagen bzw. des Monatsregellohnes (§ 21 Abs. 4 MTArb/MTArb-O) ggf. zuzüglich des Sozialzuschlags bzw. des Monatsgrundlohnes (§ 67 Nr. 26b BMT-G/BMT-G-O) und der ständigen Lohnzuschläge, die bzw. der dem Arbeitnehmer im letzten Monat vor dem Ende des Altersteilzeitarbeitsverhältnisses zugestanden hätte, wenn er mit der bisherigen wöchentlichen Arbeitszeit (§ 3 Abs. 1 Unterabs. 2) beschäftigt gewesen wäre. Die Abfindung wird zum Ende des Altersteilzeitarbeitsverhältnisses gezahlt.

§ 6 Nebentätigkeit

Der Arbeitnehmer darf während des Altersteilzeitarbeitsverhältnisses keine Beschäftigungen oder selbständigen Tätigkeiten ausüben, die die Geringfügigkeitsgrenze des § 8 SGB IV überschreiten, es sei denn, diese Beschäftigungen oder selbständigen Tätigkeiten sind bereits innerhalb der letzten fünf Jahre vor Beginn des Altersteilzeitarbeitsverhältnisses ständig ausgeübt worden. Bestehende tarifliche Regelungen über Nebentätigkeiten bleiben unberührt.

§ 7 Urlaub

Für den Arbeitnehmer, der im Rahmen der Altersteilzeit im Blockmodell (§ 3 Abs. 2 Buchst. a) beschäftigt wird, besteht kein Urlaubsanspruch für die Zeit der Freistellung von der Arbeit. Im Kalenderjahr des Übergangs von der Beschäftigung zur Freistellung hat der Arbeitnehmer für jeden vollen Beschäftigungsmonat Anspruch auf ein Zwölftel des Jahresurlaubs.

§ 8 Nichtbestehen bzw. Ruhen der Aufstockungsleistungen

(1) In den Fällen krankheitsbedingter Arbeitsunfähigkeit besteht der Anspruch auf die Aufstockungsleistungen (§ 5) längstens für die Dauer der Entgeltfortzahlung (z. B. § 37 Abs. 2 BAT/BAT-O), der Anspruch auf die Aufstockungsleistungen nach § 5 Abs. 1 und 2 darüber hinaus längstens bis zum Ablauf der Fristen für die Zahlung von Krankenbezügen (Entgeltfortzahlung und Krankengeldzuschuss). Für die Zeit nach Ablauf der Entgeltfortzahlung wird der Aufstockungsbetrag in Höhe des kalendertäglichen Durchschnitts des nach § 5 Abs. 1 und 2 in den letzten drei abgerechneten Kalendermonaten maßgebenden Aufstockungsbetrages gezahlt; Einmalzahlungen bleiben unberücksichtigt.

Im Falle des Bezugs von Krankengeld (§§ 44 ff. SGB V), Versorgungskrankengeld (§§ 16 ff. BVG), Verletztengeld (§§ 45 ff. SGB VII), Übergangsgeld (§§ 49 ff. SGB VII) oder Krankentagegeld von einem privaten Krankenversicherungsunternehmen tritt der Arbeitnehmer für den nach Unterabsatz 1 maßgebenden Zeitraum seine gegen die Bundesanstalt für Arbeit bestehenden Ansprüche auf Altersteilzeitleistungen (§ 10 Abs. 2 des Altersteilzeitgesetzes) an den Arbeitgeber ab.

(2) Ist der Arbeitnehmer, der die Altersteilzeitarbeit im Blockmodell ableistet, während der Arbeitsphase über den Zeitraum der Entgeltfortzahlung (z. B. § 37 Abs. 2 BAT/BAT-O) hinaus arbeitsunfähig erkrankt, verlängert sich die Arbeitsphase um die Hälfte des den Entgeltfortzahlungszeitraum übersteigenden Zeitraums der Arbeitsunfähigkeit; in dem gleichen Umfang verkürzt sich die Freistellungsphase.

(3) Der Anspruch auf die Aufstockungsleistungen ruht während der Zeit, in der der Arbeitnehmer eine unzulässige Beschäftigung oder

selbständige Tätigkeit im Sinne des § 6 ausübt oder über die Altersteilzeitarbeit hinaus Mehrarbeit und Überstunden leistet, die den Umfang der Geringfügigkeitsgrenze des § 8 SGB IV überschreiten. Hat der Anspruch auf die Aufstockungsleistungen mindestens 150 Tage geruht, erlischt er; mehrere Ruhenszeiträume werden zusammengerechnet.

Protokollerklärung:
Wenn der Arbeitnehmer infolge Krankheit den Anspruch auf eine Rente nach Altersteilzeitarbeit nicht zum arbeitsvertraglich festgelegten Zeitpunkt erreicht, verhandeln die Arbeitsvertragsparteien über eine interessengerechte Vertragsanpassung.

§ 9 Ende des Altersteilzeitarbeitsverhältnisses

(1) Das Arbeitsverhältnis endet zu dem in der Altersteilzeitvereinbarung festgelegten Zeitpunkt.

(2) Das Arbeitsverhältnis endet unbeschadet der sonstigen tariflichen Beendigungstatbestände (z. B. §§ 53 bis 60 BAT/BAT-O)

a) mit Ablauf des Kalendermonats vor dem Kalendermonat, für den der Arbeitnehmer eine Rente wegen Alters oder, wenn er von der Versicherungspflicht in der gesetzlichen Rentenversicherung befreit ist, eine vergleichbare Leistung einer Versicherungs- oder Versorgungseinrichtung oder eines Versicherungsunternehmens beanspruchen kann; dies gilt nicht für Renten, die vor dem für den Versicherten maßgebenden Rentenalter in Anspruch genommen werden können oder

b) mit Beginn des Kalendermonats, für den der Arbeitnehmer eine Rente wegen Alters, eine Knappschaftsausgleichsleistung, eine ähnliche Leistung öffentlich-rechtlicher Art oder, wenn er von der Versicherungspflicht in der gesetzlichen Rentenversicherung befreit ist, eine vergleichbare Leistung einer Versicherungs- oder Versorgungseinrichtung oder eines Versicherungsunternehmens bezieht.

Protokollerklärung zu Absatz 2 Buchst. a:
Das Arbeitsverhältnis einer Arbeitnehmerin endet nicht, solange die Inanspruchnahme einer Leistung im Sinne des Absatzes 2 Buchst. a zum Ruhen der Versorgungsrente nach § 41 Abs. 7 VersTV-G, § 65 Abs. 7 VBL-Satzung führen würde.

(3) Endet bei einem Arbeitnehmer, der im Rahmen der Altersteilzeit nach dem Blockmodell (§ 3 Abs. 2 Buchst. a) beschäftigt wird, das Arbeitsverhältnis vorzeitig, hat er Anspruch auf eine etwaige Differenz zwischen den nach den §§ 4 und 5 erhaltenen Bezügen und

Aufstockungsleistungen und den Bezügen für den Zeitraum seiner tatsächlichen Beschäftigung, die er ohne Eintritt in die Altersteilzeit erzielt hätte. Bei Tod des Arbeitnehmers steht dieser Anspruch seinen Erben zu.

§ 10 Mitwirkungspflicht

(1) Der Arbeitnehmer hat Änderungen der ihn betreffenden Verhältnisse, die für den Anspruch auf Aufstockungsleistungen erheblich sind, dem Arbeitgeber unverzüglich mitzuteilen.

(2) Der Arbeitnehmer hat dem Arbeitgeber zu Unrecht gezahlte Leistungen, die die im Altersteilzeitgesetz vorgesehenen Leistungen übersteigen, zu erstatten, wenn er die unrechtmäßige Zahlung dadurch bewirkt hat, dass er Mitwirkungspflichten nach Absatz 1 verletzt hat.

§ 11 Inkrafttreten, Geltungsdauer

Dieser Tarifvertrag tritt mit Wirkung vom 1. Mai 1998 in Kraft. Vor dem 26. Juni 1997 abgeschlossene Vereinbarungen über den Eintritt in ein Altersteilzeitarbeitsverhältnis bleiben unberührt.

Altersteilzeitgesetz

Vom 23. Juli 1996 (BGBl. I S. 1078)

Zuletzt geändert durch
Jahressteuergesetz 2008
vom 20. Dezember 2007 (BGBl. I S. 3150)

§ 1 Grundsatz

(1) Durch Altersteilzeitarbeit soll älteren Arbeitnehmern ein gleitender Übergang vom Erwerbsleben in die Altersrente ermöglicht werden.

(2) Die Bundesagentur für Arbeit (Bundesagentur) fördert durch Leistungen nach diesem Gesetz die Teilzeitarbeit älterer Arbeitnehmer, die ihre Arbeitszeit ab Vollendung des 55. Lebensjahres spätestens ab 31. Dezember 2009 vermindern und damit die Einstellung eines sonst arbeitslosen Arbeitnehmers ermöglichen.

(3) Altersteilzeit im Sinne dieses Gesetzes liegt unabhängig von einer Förderung durch die Bundesagentur auch vor bei einer Teilzeitarbeit älterer Arbeitnehmer, die ihre Arbeitszeit ab Vollendung des 55. Lebensjahres nach dem 31. Dezember 2009 vermindern. Für die Anwendung des § 3 Nr. 28 des Einkommensteuergesetzes kommt es nicht darauf an, dass die Altersteilzeit vor dem 1. Januar 2010 begonnen wurde und durch die Bundesagentur nach § 4 gefördert wird.

§ 2 Begünstigter Personenkreis

(1) Leistungen werden für Arbeitnehmer gewährt, die
1. das 55. Lebensjahr vollendet haben,
2. nach dem 14. Februar 1996 auf Grund einer Vereinbarung mit ihrem Arbeitgeber, die sich zumindest auf die Zeit erstrecken muß, bis eine Rente wegen Alters beansprucht werden kann, ihre Arbeitszeit auf die Hälfte der bisherigen wöchentlichen Arbeitszeit vermindert haben, und versicherungspflichtig beschäftigt im Sinne des Dritten Buches Sozialgesetzbuchs sind (Altersteilzeitarbeit) und
3. innerhalb der letzten fünf Jahre vor Beginn der Altersteilzeitarbeit mindestens 1080 Kalendertage in einer versicherungspflichtigen Beschäftigung nach dem Dritten Buch Sozialgesetzbuch oder nach den Vorschriften eines Mitgliedstaates, in dem die Verordnung (EWG) Nr. 1408/71 des Rates der Europäischen Union Anwendung

§ 2 Altersteilzeitgesetz **V.2.1**

findet, gestanden haben. Zeiten mit Anspruch auf Arbeitslosengeld oder Arbeitslosenhilfe, Zeiten des Bezuges von Arbeitslosengeld II sowie Zeiten, in denen Versicherungspflicht nach § 26 Abs. 2 des Dritten Buches Sozialgesetzbuch bestand, stehen der versicherungspflichtigen Beschäftigung gleich. § 427 Abs. 3 des Dritten Buches Sozialgesetzbuch gilt entsprechend.

(2) Sieht die Vereinbarung über die Altersteilzeitarbeit unterschiedliche wöchentliche Arbeitszeiten oder eine unterschiedliche Verteilung der wöchentlichen Arbeitszeit vor, ist die Voraussetzung nach Absatz 1 Nr. 2 auch erfüllt, wenn

1. die wöchentliche Arbeitszeit im Durchschnitt eines Zeitraums von bis zu drei Jahren oder bei Regelung in einem Tarifvertrag, auf Grund eines Tarifvertrages in einer Betriebsvereinbarung oder in einer Regelung der Kirchen und der öffentlich-rechtlichen Religionsgesellschaften im Durchschnitt eines Zeitraums von bis zu sechs Jahren die Hälfte der bisherigen wöchentlichen Arbeitszeit nicht überschreitet und der Arbeitnehmer versicherungspflichtig beschäftigt im Sinne des Dritten Buches Sozialgesetzbuch ist und

2. das Arbeitsentgelt für die Altersteilzeitarbeit sowie der Aufstockungsbetrag nach § 3 Abs. 1 Nr. 1 Buchstabe a fortlaufend gezahlt werden.

Im Geltungsbereich eines Tarifvertrages nach Satz 1 Nr. 1 kann die tarifvertragliche Regelung im Betrieb eines nicht tarifgebundenen Arbeitgebers durch Betriebsvereinbarung oder, wenn ein Betriebsrat nicht besteht, durch schriftliche Vereinbarung zwischen dem Arbeitgeber und dem Arbeitnehmer übernommen werden. Können auf Grund eines solchen Tarifvertrages abweichende Regelungen in einer Betriebsvereinbarung getroffen werden, kann auch in Betrieben eines nicht tarifgebundenen Arbeitgebers davon Gebrauch gemacht werden. Satz 1 Nr. 1, 2. Alternative gilt entsprechend. In einem Bereich, in dem tarifvertragliche Regelungen zur Verteilung der Arbeitszeit nicht getroffen sind oder üblicherweise nicht getroffen werden, kann eine Regelung im Sinne des Satzes 1 Nr. 1, 2. Alternative auch durch Betriebsvereinbarung oder, wenn ein Betriebsrat nicht besteht, durch schriftliche Vereinbarung zwischen Arbeitgeber und Arbeitnehmer getroffen werden.

(3) Sieht die Vereinbarung über die Altersteilzeitarbeit unterschiedliche wöchentliche Arbeitszeiten oder eine unterschiedliche Verteilung der wöchentlichen Arbeitszeit über einen Zeitraum von mehr als sechs Jahren vor, ist die Voraussetzung nach Absatz 1 Nr. 2 auch erfüllt,

wenn die wöchentliche Arbeitszeit im Durchschnitt eines Zeitraums von sechs Jahren, der innerhalb des Gesamtzeitraums der vereinbarten Altersteilzeitarbeit liegt, die Hälfte der bisherigen wöchentlichen Arbeitszeit nicht überschreitet, der Arbeitnehmer versicherungspflichtig beschäftigt im Sinne des Dritten Buches Sozialgesetzbuch ist und die weiteren Voraussetzungen des Absatzes 2 vorliegen. Die Leistungen nach § 3 Abs. 1 Nr. 1 sind nur in dem in Satz 1 genannten Zeitraum von sechs Jahren zu erbringen.

§ 3 Anspruchsvoraussetzungen

(1) Der Anspruch auf die Leistungen nach § 4 setzt voraus, daß

1. der Arbeitgeber auf Grund eines Tarifvertrages, einer Regelung der Kirchen und der öffentlich-rechtlichen Religionsgesellschaften, einer Betriebsvereinbarung oder einer Vereinbarung mit dem Arbeitnehmer

   a) das Regelarbeitsentgelt für die Altersteilzeitarbeit um mindestens 20 vom Hundert aufgestockt hat, wobei die Aufstockung auch weitere Entgeltbestandteile umfassen kann, und

   b) für den Arbeitnehmer zusätzlich Beiträge zur gesetzlichen Rentenversicherung mindestens in Höhe des Beitrags entrichtet hat, der auf 80 vom Hundert des Regelarbeitsentgelts für die Altersteilzeitarbeit, begrenzt auf den Unterschiedsbetrag zwischen 90 vom Hundert der monatlichen Beitragsbemessungsgrenze und dem Regelarbeitsentgelt, entfällt, höchstens bis zur Beitragsbemessungsgrenze, sowie

2. der Arbeitgeber aus Anlass des Übergangs des Arbeitnehmers in die Altersteilzeitarbeit

   a) einen bei einer Agentur für Arbeit arbeitslos gemeldeten Arbeitnehmer, einen Bezieher von Arbeitslosengeld II oder einen Arbeitnehmer nach Abschluss der Ausbildung auf dem freigemachten oder auf einem in diesem Zusammenhang durch Umsetzung frei gewordenen Arbeitsplatz versicherungspflichtig im Sinne des Dritten Buches Sozialgesetzbuch beschäftigt; bei Arbeitgebern, die in der Regel nicht mehr als 50 Arbeitnehmer beschäftigen, wird unwiderleglich vermutet, dass der Arbeitnehmer auf dem freigemachten oder auf einem in diesem Zusammenhang durch Umsetzung frei gewordenen Arbeitsplatz beschäftigt wird, oder

b) einen Auszubildenden versicherungspflichtig im Sinne des Dritten Buches Sozialgesetzbuch beschäftigt, wenn der Arbeitgeber in der Regel nicht mehr als 50 Arbeitnehmer beschäftigt und

3. die freie Entscheidung des Arbeitgebers bei einer über fünf vom Hundert der Arbeitnehmer des Betriebes hinausgehenden Inanspruchnahme sichergestellt ist oder eine Ausgleichskasse der Arbeitgeber oder eine gemeinsame Einrichtung der Tarifvertragsparteien besteht, wobei beide Voraussetzungen in Tarifverträgen verbunden werden können.

(1a) Die Voraussetzungen des Absatzes 1 Nr. 1 Buchstabe a sind auch erfüllt, wenn Bestandteile des Arbeitsentgelts, die für den Zeitraum der vereinbarten Altersteilzeitarbeit nicht vermindert worden sind, bei der Aufstockung außer Betracht bleiben.

(2) Für die Zahlung der Beiträge nach Absatz 1 Nr. 1 Buchstabe b gelten die Bestimmungen des Sechsten Buches Sozialgesetzbuch über die Beitragszahlung aus dem Arbeitsentgelt.

(3) Hat der in Altersteilzeitarbeit beschäftigte Arbeitnehmer die Arbeitsleistung oder Teile der Arbeitsleistung im voraus erbracht, so ist die Voraussetzung nach Absatz 1 Nr. 2 bei Arbeitszeiten nach § 2 Abs. 2 und 3 erfüllt, wenn die Beschäftigung eines bei einer Agentur für Arbeit arbeitslos gemeldeten Arbeitnehmers oder eines Arbeitnehmers nach Abschluß der Ausbildung auf dem freigemachten oder durch Umsetzung freigewordenen Arbeitsplatz erst nach Erbringung der Arbeitsleistung erfolgt.

§ 4 Leistungen

(1) Die Bundesagentur erstattet dem Arbeitgeber für längstens sechs Jahre

1. den Aufstockungsbetrag nach § 3 Abs. 1 Nr. 1 Buchstabe a in Höhe von 20 vom Hundert des für die Altersteilzeitarbeit gezahlten Regelarbeitsentgelts und

2. den Betrag, der nach § 3 Abs. 1 Nr. 1 Buchstabe b in Höhe des Beitrags geleistet worden ist, der auf den Betrag entfällt, der sich aus 80 vom Hundert des Regelarbeitsentgelts für die Altersteilzeitarbeit ergibt, jedoch höchstens des auf den Unterschiedsbetrag zwischen 90 vom Hundert der monatlichen Beitragsbemessungsgrenze und dem Regelarbeitsentgelt entfallenden Beitrags.

(2) Bei Arbeitnehmern, die nach § 6 Abs. 1 Satz 1 Nr. 1 oder § 231 Abs. 1 und 2 des Sechsten Buches Sozialgesetzbuch von der Versicherungspflicht befreit sind, werden Leistungen nach Absatz 1 auch

erbracht, wenn die Voraussetzung des § 3 Abs. 1 Nr. 1 Buchstabe b nicht erfüllt ist. Dem Betrag nach Absatz 1 Nr. 2 stehen in diesem Fall vergleichbare Aufwendungen des Arbeitgebers bis zur Höhe des Beitrags gleich, den die Bundesagentur nach Absatz 1 Nr. 2 zu tragen hätte, wenn der Arbeitnehmer nicht von der Versicherungspflicht befreit wäre.

§ 5 Erlöschen und Ruhen des Anspruchs

(1) Der Anspruch auf die Leistungen nach § 4 erlischt

1. mit Ablauf des Kalendermonats, in dem der Arbeitnehmer die Altersteilzeitarbeit beendet hat,
2. mit Ablauf des Kalendermonats vor dem Kalendermonat, für den der Arbeitnehmer eine Rente wegen Alters oder, wenn er von der Versicherungspflicht in der gesetzlichen Rentenversicherung befreit ist, das 65. Lebensjahr vollendet hat oder eine der Rente vergleichbare Leistung einer Versicherungs- oder Versorgungseinrichtung oder eines Versicherungsunternehmens beanspruchen kann; dies gilt nicht für Renten, die vor dem für den Versicherten maßgebenden Rentenalter in Anspruch genommen werden können oder
3. mit Beginn des Kalendermonats, für den der Arbeitnehmer eine Rente wegen Alters, eine Knappschaftsausgleichsleistung, eine ähnliche Leistung öffentlich-rechtlicher Art oder, wenn er von der Versicherungspflicht in der gesetzlichen Rentenversicherung befreit ist, eine vergleichbare Leistung einer Versicherungs- oder Versorgungseinrichtung oder eines Versicherungsunternehmens bezieht.

(2) Der Anspruch auf die Leistungen besteht nicht, solange der Arbeitgeber auf dem freigemachten oder durch Umsetzung freigewordenen Arbeitsplatz keinen Arbeitnehmer mehr beschäftigt, der bei Beginn der Beschäftigung die Voraussetzungen des § 3 Abs. 1 Nr. 2 erfüllt hat. Dies gilt nicht, wenn der Arbeitsplatz mit einem Arbeitnehmer, der diese Voraussetzungen erfüllt, innerhalb von drei Monaten erneut wiederbesetzt wird oder der Arbeitgeber insgesamt für vier Jahre die Leistungen erhalten hat.

(3) Der Anspruch auf die Leistungen ruht während der Zeit, in der der Arbeitnehmer neben seiner Altersteilzeitarbeit Beschäftigungen oder selbständige Tätigkeiten ausübt, die die Geringfügigkeitsgrenze des § 8 des Vierten Buches Sozialgesetzbuch überschreiten oder auf Grund solcher Beschäftigungen eine Entgeltersatzleistung erhält. Der

Anspruch auf die Leistungen erlischt, wenn er mindestens 150 Kalendertage geruht hat. Mehrere Ruhenszeiträume sind zusammenzurechnen. Beschäftigungen oder selbständige Tätigkeiten bleiben unberücksichtigt, soweit der altersteilzeitarbeitende Arbeitnehmer sie bereits innerhalb der letzten fünf Jahre vor Beginn der Altersteilzeitarbeit ständig ausgeübt hat.

(4) Der Anspruch auf die Leistungen ruht während der Zeit, in der der Arbeitnehmer über die Altersteilzeitarbeit hinaus Mehrarbeit leistet, die den Umfang der Geringfügigkeitsgrenze des § 8 des Vierten Buches Sozialgesetzbuch überschreitet. Absatz 3 Satz 2 und 3 gilt entsprechend.

(5) § 48 Abs. 1 Nr. 3 des Zehnten Buches Sozialgesetzbuch findet keine Anwendung.

§ 6 Begriffsbestimmungen

(1) Das Regelarbeitsentgelt für die Altersteilzeitarbeit im Sinne dieses Gesetzes ist das auf einen Monat entfallende vom Arbeitgeber regelmäßig zu zahlende sozialversicherungspflichtige Arbeitsentgelt, soweit es die Beitragsbemessungsgrenze des Dritten Buches Sozialgesetzbuch nicht überschreitet. Entgeltbestandteile, die nicht laufend gezahlt werden, sind nicht berücksichtigungsfähig.

(2) Als bisherige wöchentliche Arbeitszeit ist die wöchentliche Arbeitszeit zugrunde zu legen, die mit dem Arbeitnehmer vor dem Übergang in die Altersteilzeitarbeit vereinbart war. Zugrunde zu legen ist höchstens die Arbeitszeit, die im Durchschnitt der letzten 24 Monate vor dem Übergang in die Altersteilzeit vereinbart war. Die ermittelte durchschnittliche Arbeitszeit kann auf die nächste volle Stunde gerundet werden.

§ 7 Berechnungsvorschriften

(1) Ein Arbeitgeber beschäftigt in der Regel nicht mehr als 50 Arbeitnehmer, wenn er in dem Kalenderjahr, das demjenigen, für das die Feststellung zu treffen ist, vorausgegangen ist, für einen Zeitraum von mindestens acht Kalendermonaten nicht mehr als 50 Arbeitnehmer beschäftigt hat. Hat das Unternehmen nicht während des ganzen nach Satz 1 maßgebenden Kalenderjahrs bestanden, so beschäftigt der Arbeitgeber in der Regel nicht mehr als 50 Arbeitnehmer, wenn er während des Zeitraums des Bestehens des Unternehmens in der überwiegenden Zahl der Kalendermonate nicht mehr als 50 Arbeitnehmer beschäftigt hat. Ist das Unternehmen im

Laufe des Kalenderjahrs errichtet worden, in dem die Feststellung nach Satz 1 zu treffen ist, so beschäftigt der Arbeitgeber in der Regel nicht mehr als 50 Arbeitnehmer, wenn nach der Art des Unternehmens anzunehmen ist, dass die Zahl der beschäftigten Arbeitnehmer während der überwiegenden Kalendermonate dieses Kalenderjahrs 50 nicht überschreiten wird.

(2) Für die Berechnung der Zahl der Arbeitnehmer nach § 3 Abs. 1 Nr. 3 ist der Durchschnitt der letzten zwölf Kalendermonate vor dem Beginn der Altersteilzeitarbeit des Arbeitnehmers maßgebend. Hat ein Betrieb noch nicht zwölf Monate bestanden, ist der Durchschnitt der Kalendermonate während des Zeitraums des Bestehens des Betriebes maßgebend.

(3) Bei der Feststellung der Zahl der beschäftigten Arbeitnehmer nach Absatz 1 und 2 bleiben schwerbehinderte Menschen und Gleichgestellte im Sinne des Neunten Buches Sozialgesetzbuch sowie Auszubildende außer Ansatz. Teilzeitbeschäftigte Arbeitnehmer mit einer regelmäßigen wöchentlichen Arbeitszeit von nicht mehr als 20 Stunden sind mit 0,5 und mit einer regelmäßigen wöchentlichen Arbeitszeit von nicht mehr als 30 Stunden mit 0,75 zu berücksichtigen.

(4) Bei der Ermittlung der Zahl der in Altersteilzeitarbeit beschäftigten Arbeitnehmer nach § 3 Abs. 1 Nr. 3 sind schwerbehinderte Menschen und Gleichgestellte im Sinne des Neunten Buches Sozialgesetzbuch zu berücksichtigen.

§ 8 Arbeitsrechtliche Regelungen

(1) Die Möglichkeit eines Arbeitnehmers zur Inanspruchnahme von Altersteilzeitarbeit gilt nicht als eine die Kündigung des Arbeitsverhältnisses durch den Arbeitgeber begründende Tatsache im Sinne des § 1 Abs. 2 Satz 1 des Kündigungsschutzgesetzes; sie kann auch nicht bei der sozialen Auswahl nach § 1 Abs. 3 Satz 1 des Kündigungsschutzgesetzes zum Nachteil des Arbeitnehmers berücksichtigt werden.

(2) Die Verpflichtung des Arbeitgebers zur Zahlung von Leistungen nach § 3 Abs. 1 Nr. 1 kann nicht für den Fall ausgeschlossen werden, daß der Anspruch des Arbeitgebers auf die Leistungen nach § 4 nicht besteht, weil die Voraussetzung des § 3 Abs. 1 Nr. 2 nicht vorliegt. Das gleiche gilt für den Fall, daß der Arbeitgeber die Leistungen nur deshalb nicht erhält, weil er den Antrag nach § 12 nicht, nicht richtig, nicht vollständig oder nicht rechtzeitig gestellt hat oder seinen Mitwirkungspflichten nicht nachgekommen ist, ohne daß dafür eine

Verletzung der Mitwirkungspflichten des Arbeitnehmers ursächlich war.

(3) Eine Vereinbarung zwischen Arbeitnehmer und Arbeitgeber über die Altersteilzeitarbeit, die die Beendigung des Arbeitsverhältnisses ohne Kündigung zu einem Zeitpunkt vorsieht, in dem der Arbeitnehmer Anspruch auf eine Rente wegen Alters hat, ist zulässig.

§ 8a Insolvenzsicherung

(1) Führt eine Vereinbarung über die Altersteilzeitarbeit im Sinne von § 2 Abs. 2 zum Aufbau eines Wertguthabens, das den Betrag des Dreifachen des Regelarbeitsentgelts nach § 6 Abs. 1 einschließlich des darauf entfallenden Arbeitgeberanteils am Gesamtsozialversicherungsbeitrag übersteigt, ist der Arbeitgeber verpflichtet, das Wertguthaben einschließlich des darauf entfallenden Arbeitgeberanteils am Gesamtsozialversicherungsbeitrag mit der ersten Gutschrift in geeigneter Weise gegen das Risiko seiner Zahlungsunfähigkeit abzusichern. Bilanzielle Rückstellungen sowie zwischen Konzernunternehmen (§ 18 des Aktiengesetzes) begründete Einstandspflichten, insbesondere Bürgschaften, Patronatserklärungen oder Schuldbeitritte, gelten nicht als geeignete Sicherungsmittel im Sinne des Satzes 1.

(2) Bei der Ermittlung der Höhe des zu sichernden Wertguthabens ist eine Anrechnung der Leistungen nach § 3 Abs. 1 Nr. 1 Buchstabe a und b und § 4 Abs. 2 sowie der Zahlungen des Arbeitgebers zur Übernahme der Beiträge im Sinne des § 187a des Sechsten Buches Sozialgesetzbuch unzulässig.

(3) Der Arbeitgeber hat dem Arbeitnehmer die zur Sicherung des Wertguthabens ergriffenen Maßnahmen mit der ersten Gutschrift und danach alle sechs Monate in Textform nachzuweisen. Die Betriebsparteien können eine andere gleichwertige Art und Form des Nachweises vereinbaren; Absatz 4 bleibt hiervon unberührt.

(4) Kommt der Arbeitgeber seiner Verpflichtung nach Absatz 3 nicht nach oder sind die nachgewiesenen Maßnahmen nicht geeignet und weist er auf schriftliche Aufforderung des Arbeitnehmers nicht innerhalb eines Monats eine geeignete Insolvenzsicherung des bestehenden Wertguthabens in Textform nach, kann der Arbeitnehmer verlangen, dass Sicherheit in Höhe des bestehenden Wertguthabens geleistet wird. Die Sicherheitsleistung kann nur erfolgen durch Stellung eines tauglichen Bürgen oder Hinterlegung von Geld oder solchen Wertpapieren, die nach § 234 Abs. 1 und 3 des Bürgerlichen Gesetzbuchs zur Sicherheitsleistung geeignet sind. Die Vorschriften

der §§ 233, 234 Abs. 2, §§ 235 und 239 des Bürgerlichen Gesetzbuchs sind entsprechend anzuwenden.

(5) Vereinbarungen über den Insolvenzschutz, die zum Nachteil des in Altersteilzeitarbeit beschäftigten Arbeitnehmers von den Bestimmungen dieser Vorschrift abweichen, sind unwirksam.

(6) Die Absätze 1 bis 5 finden keine Anwendung gegenüber dem Bund, den Ländern, den Gemeinden, Körperschaften, Stiftungen und Anstalten des öffentlichen Rechts, über deren Vermögen die Eröffnung eines Insolvenzverfahrens nicht zulässig ist, sowie solchen juristischen Personen des öffentlichen Rechts, bei denen der Bund, ein Land oder eine Gemeinde kraft Gesetzes die Zahlungsfähigkeit sichert.

§ 9 Ausgleichskassen, gemeinsame Einrichtungen

(1) Werden die Leistungen nach § 3 Abs. 1 Nr. 1 auf Grund eines Tarifvertrages von einer Ausgleichskasse der Arbeitgeber erbracht oder dem Arbeitgeber erstattet, gewährt die Bundesagentur auf Antrag der Tarifvertragsparteien die Leistungen nach § 4 der Ausgleichskasse.

(2) Für gemeinsame Einrichtungen der Tarifvertragsparteien gilt Absatz 1 entsprechend.

§ 10 Soziale Sicherung des Arbeitnehmers

(1) Beansprucht ein Arbeitnehmer, der Altersteilzeitarbeit (§ 2) geleistet hat und für den der Arbeitgeber Leistungen nach § 3 Abs. 1 Nr. 1 erbracht hat, Arbeitslosengeld oder Arbeitslosenhilfe, erhöht sich das Bemessungsentgelt, das sich nach den Vorschriften des Dritten Buches Sozialgesetzbuch ergibt, bis zu dem Betrag, der als Bemessungsentgelt zugrunde zu legen wäre, wenn der Arbeitnehmer seine Arbeitszeit nicht im Rahmen der Altersteilzeit vermindert hätte. Kann der Arbeitnehmer eine Rente wegen Alters in Anspruch nehmen, ist von dem Tage an, an dem die Rente erstmals beansprucht werden kann, das Bemessungsentgelt maßgebend, das ohne die Erhöhung nach Satz 1 zugrunde zu legen gewesen wäre. Änderungsbescheide werden mit dem Tag wirksam, an dem die Altersrente erstmals beansprucht werden konnte.

(2) Bezieht ein Arbeitnehmer, für den die Bundesagentur Leistungen nach § 4 erbracht hat, Krankengeld, Versorgungskrankengeld, Verletztengeld oder Übergangsgeld und liegt der Bemessung dieser Leistungen ausschließlich die Altersteilzeit zugrunde oder bezieht

der Arbeitnehmer Krankentagegeld von einem privaten Krankenversicherungsunternehmen, erbringt die Bundesagentur anstelle des Arbeitgebers die Leistungen nach § 3 Abs. 1 Nr. 1 in Höhe der Erstattungsleistungen nach § 4. Satz 1 gilt soweit und solange nicht, als Leistungen nach § 3 Abs. 1 Nr. 1 vom Arbeitgeber erbracht werden. Durch die Leistungen darf der Höchstförderzeitraum nach § 4 Abs. 1 nicht überschritten werden. § 5 Abs. 1 gilt entsprechend.

(3) Absatz 2 gilt entsprechend für Arbeitnehmer, die nur wegen Inanspruchnahme der Altersteilzeit nach § 2 Abs. 1 Nr. 1 und 2 des Zweiten Gesetzes über die Krankenversicherung der Landwirte versicherungspflichtig in der Krankenversicherung der Landwirte sind, soweit und solange ihnen Krankengeld gezahlt worden wäre, falls sie nicht Mitglied einer landwirtschaftlichen Krankenkasse geworden wären.

(4) Bezieht der Arbeitnehmer Kurzarbeitergeld, gilt für die Berechnung der Leistungen des § 3 Abs. 1 Nr. 1 und des § 4 das Entgelt für die vereinbarte Arbeitszeit als Arbeitsentgelt für die Altersteilzeitarbeit.

(5) Sind für den Arbeitnehmer Aufstockungsleistungen nach § 3 Abs. 1 Nr. 1 Buchstabe a und b gezahlt worden, gilt in den Fällen der nicht zwecksentsprechenden Verwendung von Wertguthaben für die Berechnung der Beiträge zur gesetzlichen Rentenversicherung der Unterschiedsbetrag zwischen dem Betrag, den der Arbeitgeber der Berechnung der Beiträge nach § 3 Abs. 1 Nr. 1 Buchstabe b zugrunde gelegt hat, und dem Doppelten des Regelarbeitsentgelts bis zum Zeitpunkt der nicht zwecksentsprechenden Verwendung, höchstens bis zur Beitragsbemessungsgrenze, als beitragspflichtige Einnahme aus dem Wertguthaben; für die Beiträge zur Krankenversicherung, Pflegeversicherung oder nach dem Recht der Arbeitsförderung gilt § 23b Abs. 2 bis 3 des Vierten Buches Sozialgesetzbuch. Im Falle der Zahlungsunfähigkeit des Arbeitgebers gilt Satz 1 entsprechend, soweit Beiträge gezahlt werden.

§ 11 Mitwirkungspflichten des Arbeitnehmers

(1) Der Arbeitnehmer hat Änderungen der ihn betreffenden Verhältnisse, die für die Leistungen nach § 4 erheblich sind, dem Arbeitgeber unverzüglich mitzuteilen. Werden im Fall des § 9 die Leistungen von der Ausgleichskasse der Arbeitgeber oder der gemeinsamen Einrichtung der Tarifvertragsparteien erbracht, hat der Arbeitnehmer Änderungen nach Satz 1 diesen gegenüber unverzüglich mitzuteilen.

(2) Der Arbeitnehmer hat der Bundesagentur die dem Arbeitgeber zu Unrecht gezahlten Leistungen zu erstatten, wenn der Arbeitnehmer die unrechtmäßige Zahlung dadurch bewirkt hat, daß er vorsätzlich oder grob fahrlässig

1. Angaben gemacht hat, die unrichtig oder unvollständig sind, oder
2. der Mitteilungspflicht nach Absatz 1 nicht nachgekommen ist.

Die zu erstattende Leistung ist durch schriftlichen Verwaltungsakt festzusetzen. Eine Erstattung durch den Arbeitgeber kommt insoweit nicht in Betracht.

§ 12 Verfahren

(1) Die Agentur für Arbeit entscheidet auf schriftlichen Antrag des Arbeitgebers, ob die Voraussetzungen für die Erbringung von Leistungen nach § 4 vorliegen. Der Antrag wirkt vom Zeitpunkt des Vorliegens der Anspruchsvoraussetzungen, wenn er innerhalb von drei Monaten nach deren Vorliegen gestellt wird, andernfalls wirkt er vom Beginn des Monats der Antragstellung. In den Fällen des § 3 Abs. 3 kann die Agentur für Arbeit auch vorab entscheiden, ob die Voraussetzungen des § 2 vorliegen. Mit dem Antrag sind die Namen, Anschriften und Versicherungsnummern der Arbeitnehmer mitzuteilen, für die Leistungen beantragt werden. Zuständig ist die Agentur für Arbeit, in deren Bezirk der Betrieb liegt, in dem der Arbeitnehmer beschäftigt ist. Die Bundesagentur erklärt eine andere Agentur für Arbeit für zuständig, wenn der Arbeitgeber dafür ein berechtigtes Interesse glaubhaft macht.

(2) Die Höhe der Leistungen nach § 4 wird zu Beginn des Erstattungsverfahrens in monatlichen Festbeträgen für die gesamte Förderdauer festgelegt. Die monatlichen Festbeträge werden nur angepasst, wenn sich das berücksichtigungsfähige Regelarbeitsentgelt um mindestens 10 Euro verringert. Leistungen nach § 4 werden auf Antrag erbracht und nachträglich jeweils für den Kalendermonat ausgezahlt, in dem die Anspruchsvoraussetzungen vorgelegen haben. Leistungen nach § 10 Abs. 2 werden auf Antrag des Arbeitnehmers oder, im Falle einer Leistungserbringung des Arbeitgebers an den Arbeitnehmer gemäß § 10 Abs. 2 Satz 2, auf Antrag des Arbeitgebers monatlich nachträglich ausgezahlt.

(3) In den Fällen des § 3 Abs. 3 werden dem Arbeitgeber die Leistungen nach Absatz 1 erst von dem Zeitpunkt an ausgezahlt, in dem der Arbeitgeber auf dem freigemachten oder durch Umsetzung freigewordenen Arbeitsplatz einen Arbeitnehmer beschäftigt, der bei

Beginn der Beschäftigung die Voraussetzungen des § 3 Abs. 1 Nr. 2 erfüllt hat. Endet die Altersteilzeitarbeit in den Fällen des § 3 Abs. 3 vorzeitig, erbringt die Agentur für Arbeit dem Arbeitgeber die Leistungen für zurückliegende Zeiträume nach Satz 3, solange die Voraussetzungen des § 3 Abs. 1 Nr. 2 erfüllt sind und soweit dem Arbeitgeber entsprechende Aufwendungen für Aufstockungsleistungen nach § 3 Abs. 1 Nr. 1 und § 4 Abs. 2 verblieben sind. Die Leistungen für zurückliegende Zeiten werden zusammen mit den laufenden Leistungen jeweils in monatlichen Teilbeträgen ausgezahlt. Die Höhe der Leistungen für zurückliegende Zeiten bestimmt sich nach der Höhe der laufenden Leistungen.

(4) Über die Erbringung von Leistungen kann die Agentur für Arbeit vorläufig entscheiden, wenn die Voraussetzungen für den Anspruch mit hinreichender Wahrscheinlichkeit vorliegen und zu ihrer Feststellung voraussichtlich längere Zeit erforderlich ist. Aufgrund der vorläufigen Entscheidung erbrachte Leistungen sind auf die zustehende Leistung anzurechnen. Sie sind zu erstatten, soweit mit der abschließenden Entscheidung ein Anspruch nicht oder nur in geringerer Höhe zuerkannt wird.

§ 13 Auskünfte und Prüfung

Die §§ 315 und 319 des Dritten Buches und das Zweite Kapitel des Zehnten Buches Sozialgesetzbuch gelten entsprechend. § 2 Abs. 1 Nr. 3 des Schwarzarbeitsbekämpfungsgesetzes bleibt unberührt.

§ 14 Bußgeldvorschriften

(1) Ordnungswidrig handelt, wer vorsätzlich oder fahrlässig

1. entgegen § 11 Abs. 1 oder als Arbeitgeber entgegen § 60 Abs. 1 Nr. 2 des Ersten Buches Sozialgesetzbuch eine Mitteilung nicht, nicht richtig, nicht vollständig oder nicht rechtzeitig macht,

2. entgegen § 13 Satz 1 in Verbindung mit § 315 Abs. 1, 2 Satz 1, Abs. 3 oder 5 Satz 1 des Dritten Buches Sozialgesetzbuch eine Auskunft nicht, nicht richtig, nicht vollständig oder nicht rechtzeitig erteilt,

3. entgegen § 13 Satz 1 in Verbindung mit § 319 Abs. 1 Satz 1 des Dritten Buches Sozialgesetzbuch Einsicht oder Zutritt nicht gewährt oder

4. entgegen § 13 Satz 1 in Verbindung mit § 319 Abs. 2 Satz 1 des Dritten Buches Sozialgesetzbuch Daten nicht, nicht richtig, nicht

vollständig, nicht in der vorgeschriebenen Weise oder nicht rechtzeitig zur Verfügung stellt.

(2) Die Ordnungswidrigkeit kann in den Fällen des Absatzes 1 Nr. 4 mit einer Geldbuße bis zu dreißigtausend Euro, in den übrigen Fällen mit einer Geldbuße bis zu tausend Euro geahndet werden.

(3) Verwaltungsbehörden im Sinne des § 36 Abs. 1 Nr. 1 des Gesetzes über Ordnungswidrigkeiten sind die Agenturen für Arbeit.

(4) Die Geldbußen fließen in die Kasse der Bundesagentur. § 66 des Zehnten Buches Sozialgesetzbuch gilt entsprechend.

(5) Die notwendigen Auslagen trägt abweichend von § 105 Abs. 2 des Gesetzes über Ordnungswidrigkeiten die Bundesagentur; diese ist auch ersatzpflichtig im Sinne des § 110 Abs. 4 des Gesetzes über Ordnungswidrigkeiten.

§ 15 Verordnungsermächtigung

Das Bundesministerium für Arbeit und Soziales kann durch Rechtsverordnung die Mindestnettobeträge nach § 3 Abs. 1 Nr. 1 Buchstabe a in der bis zum 30. Juni 2004 gültigen Fassung bestimmen. Die Vorschriften zum Leistungsentgelt des Dritten Buches Sozialgesetzbuch gelten entsprechend. Das bisherige Arbeitsentgelt im Sinne des § 6 Abs. 1 in der bis zum 30. Juni 2004 gültigen Fassung ist auf den nächsten durch fünf teilbaren Euro-Betrag zu runden. Der Kalendermonat ist mit 30 Tagen anzusetzen.

§ 15a Übergangsregelung nach dem Gesetz zur Reform der Arbeitsförderung

Haben die Voraussetzungen für die Erbringung von Leistungen nach § 4 vor dem 1. April 1997 vorgelegen, erbringt die Bundesagentur die Leistungen nach § 4 auch dann, wenn die Voraussetzungen des § 2 Abs. 1 Nr. 2 und Abs. 2 Nr. 1 in der bis zum 31. März 1997 geltenden Fassung vorliegen.

§ 15b Übergangsregelung nach dem Gesetz zur Reform der gesetzlichen Rentenversicherung

Abweichend von § 5 Abs. 1 Nr. 2 erlischt der Anspruch auf die Leistungen nach § 4 nicht, wenn mit der Altersteilzeit vor dem 1. Juli 1998 begonnen worden ist und Anspruch auf eine ungeminderte Rente wegen Alters besteht, weil 45 Jahre mit Pflichtbeiträgen für eine versicherte Beschäftigung oder Tätigkeit vorliegen.

§ 15c Übergangsregelung nach dem Gesetz zur Fortentwicklung der Altersteilzeit

Ist eine Vereinbarung über Altersteilzeitarbeit vor dem 1. Januar 2000 abgeschlossen worden, erbringt die Bundesagentur die Leistungen nach § 4 auch dann, wenn die Voraussetzungen des § 2 Abs. 1 Nr. 2 und 3 in der bis zum 1. Januar 2000 geltenden Fassung vorliegen.

§ 15d Übergangsregelung zum Zweiten Gesetz zur Fortentwicklung der Altersteilzeit

Ist eine Vereinbarung über Altersteilzeitarbeit vor dem 1. Juli 2000 abgeschlossen worden, gelten § 5 Abs. 2 Satz 2 und § 6 Abs. 2 Satz 2 in der bis zum 1. Juli 2000 geltenden Fassung. Sollen bei einer Vereinbarung nach Satz 1 Leistungen nach § 4 für einen Zeitraum von länger als fünf Jahren beansprucht werden, gilt § 5 Abs. 2 Satz 2 in der ab dem 1. Juli 2000 geltenden Fassung.

§ 15e Übergangsregelung nach dem Gesetz zur Reform der Renten wegen verminderter Erwerbsfähigkeit

Abweichend von § 5 Abs. 1 Nr. 2 erlischt der Anspruch auf die Leistungen nach § 4 nicht, wenn mit der Altersteilzeit vor dem 17. November 2000 begonnen worden ist und Anspruch auf eine ungeminderte Rente wegen Alters besteht, weil die Voraussetzungen nach § 236a Satz 5 Nr. 1 des Sechsten Buches Sozialgesetzbuch vorliegen.

§ 15f Übergangsregelung nach dem Zweiten Gesetz für moderne Dienstleistungen am Arbeitsmarkt

Wurde mit der Altersteilzeit vor dem 1. April 2003 begonnen, gelten Arbeitnehmer, die bis zu diesem Zeitpunkt in einer versicherungspflichtigen Beschäftigung nach dem Dritten Buch Sozialgesetzbuch gestanden haben, auch nach dem 1. April 2003 als versicherungspflichtig beschäftigt, wenn sie die bis zum 31. März 2003 geltenden Voraussetzungen für das Vorliegen einer versicherungspflichtigen Beschäftigung weiterhin erfüllen.

§ 15g Übergangsregelung zum Dritten Gesetz für moderne Dienstleistungen am Arbeitsmarkt

Wurde mit der Altersteilzeitarbeit vor dem 1. Juli 2004 begonnen, sind die Vorschriften in der bis zum 30. Juni 2004 geltenden Fassung mit Ausnahme des § 15 weiterhin anzuwenden. Auf Antrag des Arbeitgebers erbringt die Bundesagentur abweichend von Satz 1 Leistungen nach § 4 in der ab dem 1. Juli 2004 geltenden Fassung, wenn die hierfür ab dem 1. Juli 2004 maßgebenden Voraussetzungen erfüllt sind.

§ 16 Befristung der Förderungsfähigkeit

Für die Zeit ab dem 1. Januar 2010 sind Leistungen nach § 4 nur noch zu erbringen, wenn die Voraussetzungen des § 2 erstmals vor diesem Zeitpunkt vorgelegen haben.

Stichwortverzeichnis

Der besseren Übersichtlichkeit wegen sind in diesem Stichwortverzeichnis die Stichworte aufgeführt, die das neue Recht (TVöD, TVAöD, TVÜ usw.) und die von der Tarifreform nicht berührten Tarifverträge (Altersteilzeitarbeit, Altersversorgung, Zulagen) betreffen.

Für die Eingruppierungsvorschriften/Tätigkeitsmerkmale, die erst später durch eine noch zu vereinbarende Entgeltordnung abgelöst werden sollen, wurde ein spezielles Stichwortverzeichnis erstellt, das Sie am Anfang des Abschnitts IV „Eingruppierung" finden.

Abgeltung
- Besitzstände   I.2/TVÜ § 16, I.3.1/TVÜ-Ärzte § 14
- Überstunden   I.1/TVöD § 8
- Urlaubsanspruch   I.1/TVöD § 26, I.3/TV-Ärzte § 27

Abordnung   I.1/TVöD § 4, I.3/TV-Ärzte § 5

Abrechnung unständiger Bezügebestandteile   I.2/TVÜ § 28

Abschlussprämie   II.1/TVAöD § 17

Altersteilzeit   V.2/TV ATZ § 1 ff., V.2.1/AltersteilzeitG § 1 ff.

Altersversorgung   I.1/TVöD § 25, I.3/TV-Ärzte § 26, II.1/TVAöD § 15, V.1/ATV-K § 1 ff.

Arbeitnehmer   I.1/TVöD § 1

Arbeitsausfall, Vergütung   I.1/TVöD § 21, § 22, I.3/TV-Ärzte § 22, § 23, II.1/TVAöD § 12, § 12a

Arbeitsbedingungen   I.1/TVöD § 3, I.3/TV-Ärzte § 3

Arbeitsbefreiung   I.1/TVöD § 29, I.3/TV-Ärzte § 30
- bei geleisteten Überstunden   I.1/TVöD § 6, § 8, I.3/TV Ärzte § 9

Arbeitsbescheinigung   I.1/TVöD § 3, § 35, I.3/TV-Ärzte § 36, II.1.1/TVAöD BBiG § 18

Arbeitsfähigkeit
- Bescheinigung   I.1/TVöD § 3, I.3/TV-Ärzte § 3

Arbeitsunfähigkeit   I.1/TVöD § 22, I.3/TV-Ärzte § 23, II.1/TVAöD § 12

Arbeitsverhältnis
- Ausschlussfrist für Ansprüche   I.1/TVöD § 37, I.3/TV-Ärzte § 37, II.1/TVAöD § 19
- Beendigung durch Vereinbarung   I.1/TVöD § 33, I.3/TV-Ärzte § 34
- Beendigung durch Berufsunfähigkeit   I.1/TVöD § 33, I.3/TV-Ärzte § 34
- Beendigung durch Erreichen der Altersgrenze   I.1/TVöD § 33, I.3/TV-Ärzte § 34
- Kündigung   I.1/TVöD § 33, § 34, I.3/TV-Ärzte § 34, § 35

Stichwortverzeichnis

Arbeitsvertrag   I.1/TVöD § 2, I.3/TV-Ärzte § 2
- befristeter   I.1/TVöD § 30, § 31, § 32, I.3/TV-Ärzte § 31, § 32, § 33

Arbeitszeit   I.1/TVöD § 6 ff., I.3/TV-Ärzte § 7 ff.
- bei Qualifizierungsmaßnahmen   I.1/TVöD § 5, I.3/TV-Ärzte § 6

Arbeitszeitgesetz   I.1/TVöD § 6 Anhang 1
Arbeitszeitkonto   I.1/TVöD § 10
Ärzte   I.1.4/TVöD BT-K § 51, I.1.5/TVöD BT-B § 40 ff., I.3/TV-Ärzte § 1 ff.
Ärztliche Untersuchungen   I.1/TVöD § 3, I.3/TV-Ärzte § 3, II.1/TVAöD § 4
Auflösungsvertrag   I.1/TVöD § 33, I.3/TV-Ärzte § 34
Ausbildung (BBiG)   II.1.1/TVAöD BBiG § 1 ff.
Ausbildung (Pflege)   II.1.2/TVAöD Pflege § 1 ff.
Ausbildungsentgelt   II.1.1/TVAöD BBiG § 8, II.1.2/TVAöD Pflege § 8
Ausbildungsvertrag   II.1/TVAöD § 2
Ausbildungszeit   II.1.1/TVAöD BBiG § 7, II.1.2/TVAöD Pflege § 7
Ausschlussfristen allgemein   I.3 TV-Ärzte § 37, II.1/TVAöD § 19
Beendigung des Arbeitsverhältnisses   I.1/TVöD § 33, I.3/TV-Ärzte § 34
Befristete Arbeitsverträge   I.1/TVöD § 30 ff., I.3/TV-Ärzte § 31 ff.
Bereitschaftsdienst   I.1/TVöD § 7, § 8, I.3/TV-Ärzte § 10, § 12
Bereitschaftsdienstentgelt   I.1/TVöD Anlage C, I.3/TV-Ärzte § 12
Bereitschaftszeiten   I.1/TVöD § 9, I.2/TVÜ § 24
Beschäftigungszeit   I.1/TVöD § 34, I.2/TVÜ § 14, I.3/TV-Ärzte § 35, I.3.1/TVÜ-Ärzte VKA § 12
Besitzstandsregelungen   I.2/TVÜ § 1 ff., I.3.1/TVÜ-Ärzte § 1 ff.
Besondere Berufsgruppen
- Sonderregelungen   I.2/TVÜ § 22

Betreuungseinrichtungen
- Sonderregelungen   I.1.5 BT-B § 40 ff.

Bewährungsaufstieg   I.2/TVÜ § 8, § 17
Bildschirmarbeitsverordnung   I.1/TVöD § 3 Anhang 1
Bundesurlaubsgesetz   I.1/TVöD § 26 Anhang 1
Dienstreisen
- Berechnung der Arbeitszeit   I.1/TVöD § 44
- Reisekosten   I.1/TVöD § 44, I.3/TV-Ärzte § 24, I.1.4/TVöD BT-K § 57

Eingruppierung   I.1/TVöD § 12 ff., I.2/TVÜ § 17, I.3/TV-Ärzte § 16 ff.
Einsatzzuschlag   I.3/TV-Ärzte § 4

Endzeugnis I.1/TVöD § 35, I.3/TV-Ärzte § 36, II.1.1/TVAöD BBiG § 18
Entgelt
- Berechnung I.1/TVöD § 24, I.3/TV-Ärzte § 25
- im Krankheitsfall I.1/TVöD § 22, I.3/TV-Ärzte § 23
Entgeltbestandteile
- Abgeltung I.2/TVÜ § 16, I.3.1/TVÜ-Ärzte VKA § 14
- kinderbezogene I.2/TVÜ § 11, I.3.1/TVÜ-Ärzte VKA § 9
Entgeltfortzahlung I.1/TVöD § 21, § 22, I.2/TVÜ § 13, I.3/TV-Ärzte § 22, § 23, II.1.1/TVAöD § 12, § 12a
Entgeltfortzahlungsgesetz I.1/TVöD § 22 Anhang 1
Entgeltgruppen, Stufen I.1/TVöD § 16, I.3/TV-Ärzte § 19
Entgelttabelle, Stufen I.1/TVöD § 17, I.1/TVöD § 16, I.2/TVÜ § 5 ff., I.3/TV-Ärzte § 19, § 20
Entsorgungsbetriebe
- Sonderregelungen I.1.3/TVöD BT-E § 40 ff.
Erholungsurlaub I.1/TVöD § 26, I.2/TVÜ § 15, I.3/TV-Ärzte § 27, II.1/TVAöD § 9
- Übertragung I.2/TVÜ § 15, I.3.1/TVÜ-Ärzte VKA § 13
Erschwerniszuschläge I.1/TVöD § 19, I.2/TVÜ § 23
Ersetzung bisheriger Tarifverträge I.2/TVÜ § 2, Anlage 1, I.3.1/TVÜ-Ärzte VKA § 2
Erwerbsminderung, teilweise I.1/TVöD § 33, I.3/TV-Ärzte § 34
Fallgruppenaufstieg I.2/TVÜ § 8, § 17
Familienheimfahrten II.1.1/TVAöD BBiG § 10a, II.1.2/TVAöD Pflege § 10a
Feiertagsarbeit I.1/TVöD § 8, I.3/TV-Ärzte § 8
Flughäfen
- Sonderregelungen I.1.6/TVöD BT-F § 40 ff.
Fortgeltung von Tarifverträgen I.1/TVöD § 36, I.2/TVÜ § 2, Anlage 1
Freistellungsanspruch II.1/TVAöD § 12a
Freizeitausgleich I.1/TVöD § 8, I.3/TV-Ärzte § 11
Führung auf Probe I.1/TVöD § 31, I.3/TV-Ärzte § 32
Führung auf Zeit I.1/TVöD § 32, I.3/TV-Ärzte § 33
Führungspositionen I.1/TVöD § 31, § 32, I.3/TV-Ärzte § 32, § 33
Geltungsbereich I.1/TVöD § 1, I.2/TVÜ § 1, I.3/TV-Ärzte § 1, I.3.1/TVÜ-Ärzte VKA § 1, II.1.1/TVAöD § 1
Geschenke, Annahme von I.1/TVöD § 3, I.3/TV-Ärzte § 3
Gruppengespräch/Qualifizierung I.1/TVöD § 5, I.3/TVÜ-Ärzte VKA § 6

Hinterbliebenenversorgung   V.1/ATV-K § 1 ff.
Höhergruppierung   I.1/TVöD § 14, § 17, I.3/TV-Ärzte § 17, § 20
- persönliche Zulage   I.1/TVöD § 14, I.3/TV-Ärzte § 17
- vorübergehende Fortführung   I.2/TVÜ § 10, I.3.1/TVÜ-Ärzte VKA § 8

Höherwertige Tätigkeit
- Fortführung   I.2/TVÜ § 10, I.3.1/TVÜ-Ärzte VKA § 8
- vorübergehende Übertragung   I.1/TVöD § 14, I.3/TV-Ärzte VKA § 17, I.2/TVÜ § 18

Jahressonderzahlung   I.1/TVöD § 20, I.2/TVÜ § 20, II.1.1/TVAöD BBiG § 14, II.1.2/TVAöD Pflege § 14
Jubiläumsgeld   I.1/TVöD § 23, I.3/TV-Ärzte § 24
Kinderbezogene Entgeltbestandteile   I.2/TVÜ § 11, I.3.1/TVÜ-Ärzte VKA § 9

Krankenhäuser
- Sonderregelungen   I.1.4/TVöD BT-K § 40 f.

Krankheitsfall, Entgelt   I.1/TVöD § 22, I.3/TV-Ärzte § 23, II.1/TVAöD § 12
Kündigungsfrist   I.1/TVöD § 34, I.3/TV-Ärzte § 35

Laufzeit
- des TVöD   I.1/TVöD § 39
- des TVÜ   I.2/TVÜ § 34
- des TV-Ärzte   I.3/TV-Ärzte § 40
- des TVÜ-Ärzte   I.3.1/TVÜ-Ärzte VKA § 17
- des TVAöD   II.1/TVAöD § 20
- des TVAöD BBiG   II.1.1/TVAöD BBiG § 20a
- des TVAöD Pflege   II.1.2/TVAöD Pflege § 20a

Lehrkräfte
- Anwendung der Entgelttabelle   I.2/TVÜ § 19
- Sonderregelungen   I.1/TVöD § 51

Leistungsbezogener Stufenaufstieg   I.1/TVöD § 17, I.3/TV-Ärzte § 20
Leistungsentgelt   I.1/TVöD 18, III.1b
Mehrarbeit   I.1/TVöD § 7, I.3/TV-Ärzte § 9
Mitarbeitergespräch   I.1/TVöD § 5, I.3/TV-Ärzte § 6
Nachtarbeit   I.1/TVöD § 7, I.3/TV-Ärzte § 9
- Zusatzurlaub   I.2/TVÜ § 15, I.3/TV-Ärzte § 28

Nachweisgesetz   I.1/TVöD § 2 Anhang 1
Nebenabreden zum Arbeitsvertrag   I.1/TVöD § 2, I.3/TV-Ärzte § 2
Nebentätigkeiten   I.1/TVöD § 3, I.3/TV-Ärzte § 3, § 4, II.1/TVAöD § 5

Stichwortverzeichnis

Niederschrift nach dem Nachweisgesetz   I.1/TVöD § 2 **Anhang 2**
Personalakte, Einsichtsrecht   I.1/TVöD § 3, I.3/TV-Ärzte § 3,
   II.1/TVAöD § 6
Personalgestellung   I.1/TVöD § 4, I.3/TV-Ärzte § 5
Pflegeeinrichtungen
− Sonderregelungen   I.1.5/TVöD BT-B § 40 ff.
Pflegezeitgesetz   I.1/TVöD § 29 **Anhang 1**
Praktikanten
− TV Praktikanten   II.1.3 § 1 ff.
− Vorläufige Weitergeltung   II.1.4
Probezeit   I.1/TVöD § 2, I.3/TV-Ärzte § 2, II.1.1/TVAöD BBiG § 3,
   II.1.2/TVAöD Pflege § 3
Provisionen, Annahme von   I.1/TVöD § 3, I.3/TV-Ärzte § 3
Qualifizierungsmaßnahmen   I.1/TVöD § 5, I.3/TV-Ärzte § 6
Reisekosten   I.1/TVöD BT-V § 44, I.3/TV-Ärzte § 24
Rufbereitschaft   I.1/TVöD § 7, § 8, I.3/TV-Ärzte § 7, § 10, § 11
Schichtarbeit   I.1/TVöD § 7, § 8, I.3/TV-Ärzte § 7, § 10, § 11
− Zusatzurlaub   I.1/TVöD § 27, I.2/TVÜ § 15, I.3/TV-Ärzte § 28
Schutzkleidung   II.1.1/TVAöD BBiG § 11, II.1.2/TVAöD Pflege § 11
Sonderurlaub   I.1/TVöD § 28, I.3/TV-Ärzte § 29
Sonderzahlungen 2009   III.4 § 1 ff.
Sonntagsarbeit   I.1/TVöD § 8, I.3/TV-Ärzte § 9, § 11
Sparkassen
− Sonderregelungen   I.1.2/TVöD BT-S § 40 ff.
Sterbegeld   I.1/TVöD § 23, I.3/TV-Ärzte § 24
Strukturausgleich   I.2/TVÜ § 12, Anlage 3, I.3.1/TVÜ-Ärzte VKA § 10
Stufenzuordnung   I.1/TVöD § 16, § 17, I.2/TVÜ § 6, § 7, I.3/TV-Ärzte
   § 19, § 20
Tabellenentgelt   I.1/TVöD § 15, I.3/TV-Ärzte § 18
− Bemessungszeitraum   I.1/TVöD § 24, I.3/TV-Ärzte § 25
− Vergleichsentgelt bei Arbeitern   I.2/TVÜ § 5
Teilzeitbeschäftigung   I.1/TVöD § 11, I.3/TV-Ärzte § 13
− Tabellenentgelt   I.1/TVöD § 24, I.3/TV-Ärzte § 25
− Vergleichsentgelt   I.2/TVÜ § 5
Teilzeit- und Befristungsgesetz   I.1/TVöD § 30 **Anhang 1**
Theater
− Sonderregelungen   I.1/TVöD § 55
Trennungsgeld   I.1/TVöD § 44, I.3/TV-Ärzte § 24

Tätigkeitsübertragung, höherwertige   I.1/TVöD § 14, I.3/TV-Ärzte § 17
Überleitung
- der Ärzte   I.3.1/TVÜ-Ärzte VKA § 1 ff.
- der Beschäftigten   I.2/TVÜ § 1 ff.
Übernahme von Auszubildenden   II.1.1/TVAöD BBiG § 16a
Überstunden   I.1/TVöD § 7, § 8, I.3/TV-Ärzte § 9, § 11
Umschulung   I.1/TVöD § 5, I.3/TV-Ärzte § 6
Umzugskosten   I.1/TVöD § 44, I.3/TV-Ärzte § 24
Urlaub   I.1/TVöD § 26 ff., I.3/TV-Ärzte § 27 ff., II.1/TVAöD § 9
Vergleichsentgelt   I.2/TVÜ § 5
Vergütungs- und Lohngruppen   I.2/TVÜ § 4, Anlagen 1 und 3, II.1/TVAöD § 13
Vergütungsgruppenzulagen   I.2/TVÜ § 9
Vermögenswirksame Leistungen   I.1/TVöD § 23, I.3/TV-Ärzte § 24
Verwaltung
- Sonderregelungen   I.1.1/TVöD BT-V § 40 ff.
Verschwiegenheitspflicht   I.1/TVöD § 3, I.3/TV-Ärzte § 4
Versetzung   I.1/TVöD § 4, I.3/TV-Ärzte § 5
Wechselschicht   I.1/TVöD § 7, § 8, I.3/TV-Ärzte § 9, § 11
- Zusatzurlaub   I.1/TVöD § 27, I.2/TVÜ § 15, I.3/TV-Ärzte § 28
Weiterbildungskosten, Rückzahlung   I.1/TVöD § 5, I.3/TV-Ärzte § 6
Wiedereinstiegsqualifizierung   I.1/TVöD § 5, I.3/TV-Ärzte § 6
Wissenschaftszeitvertragsgesetz   I.1/TVöD § 30 Anhang 2
Zahnärzte   I.3/TV-Ärzte § 1 ff.
Zeitzuschläge   I.1/TVöD § 8, I.3/TV-Ärzte § 11
Zeugnis   I.1/TVöD § 35, I.3/TV-Ärzte § 36, II.1.1/TVAöD BBiG § 18
Zulagen
- gemäß § 33 Abs. 1 Buchst. c BAT   III.2
- an Angestellte   III.2b
Zuordnung der Vergütungs- und Lohngruppen   I.2/TVÜ § 4, Anlagen 1 und 3
Zusatzurlaub   I.1/TVöD § 27, I.2/TVÜ § 15, I.3/TV-Ärzte § 28
Zuweisung   I.1/TVöD § 4, I.3/TV-Ärzte § 5
Zwischenzeugnis   I.1/TVöD § 35, I.3/TV-Ärzte § 36

Arbeits- und Tarifrecht – weiterführend empfehlen wir:

Das gesamte Arbeitsrecht. Die rechtlichen Grundlagen zwischen Arbeitgeber und Arbeitnehmer. Die Mitbestimmungsregeln in Betrieb und Unternehmen. Arbeitsschutz, Betriebssicherheit, Sozialversicherungsrecht. Online-Bibliothek. Walhalla Fachverlag, Regensburg.

Die aktuellen aushangpflichtigen Gesetze 2008. Mitarbeiterrechte – Mitarbeiteransprüche. Die wichtigsten Vorschriften im Überblick. Walhalla Fachverlag, Regensburg.

Marburger, Horst: SGB IX – Rehabilitation und Teilhabe behinderter Menschen. Vorschriften und Verordnungen. Mit Kommentierung. Walhalla Fachverlag, Regensburg.

Richter, Achim/Gamisch, Annett: Das Stelleninterview zur Eingruppierung. Stelleninterview, Stellenbeschreibung, Eingruppierung. Nach TVöD, TV-L, TV-V, AVR, BAT-KF. Walhalla Fachverlag, Regensburg.

Richter, Achim/Gamisch Annett: Meine Rechte beim neuen Leistungslohn. Für die Beschäftigten im öffentlichen Dienst, Nach TVöD, TV-L, TV-V. Walhalla Fachverlag.

Richter, Achim/Gamisch, Annett: Stellenbeschreibung für den öffentlichen und kirchlichen Dienst. Nach TVöD, TV-L, TV-V, AVR, BAT-KF. Praxishandbuch mit Musterformulierungen. Walhalla Fachverlag, Regensburg.

Schnellübersicht

I	Tarifverträge für den öffentlichen Dienst	9
II	Auszubildende	641
III	Vergütung, Zulagen, Entgeltumwandlung	673
IV	Vergütungsordnung, Eingruppierung	749
V	Alters- und Hinterbliebenenversorgung, Altersteilzeit	1151
Findex	Stichwortverzeichnis	1221